Holy Bible. Bijbel

English - Dutch parallel text. Engels - Nederlands parallelle tekst

Vol. 2

Holy Bible. Bijbel: English - Dutch parallel text. Engels - Nederlands parallelle tekst. Vol. 2. 2018.

Holy Bible. King James Bible. Job. Psalm. Proverbs. Ecclesiastes. Song of Solomon. Isaiah. Jeremiah. Lamentations. Ezekiel. Daniel. Hosea. Joel. Amos. Obadiah. Jonah. Micah. Nahum. Habakkuk. Zephaniah. Haggai. Zechariah. Malachi.

Bijbel. Dutch Staten Vertaling. Job. Psalmen. Spreuken. Prediker. Hooglied. Jesaja. Jeremia. Klaagliederen. Ezechiël. Daniël. Hosea. Joël. Amos. Obadja. Jona. Micha. Nahum. Habakuk. Zefanja. Haggaï. Zacharia. Maleachi.

parallel.page.link/store

Copyright © 2018 Ivan Kushnir
All rights reserved.
ISBN: 1986661350
ISBN-13: 978-1986661355

Contents

Job	4	Job
Psalm	37	Psalmen
Proverbs	116	Spreuken
Ecclesiastes	144	Prediker
Song of Solomon	153	Hooglied
Isaiah	158	Jesaja
Jeremiah	214	Jeremia
Lamentations	276	Klaagliederen
Ezekiel	282	Ezechiël
Daniel	338	Daniël
Hosea	356	Hosea
Joel	365	Joël
Amos	369	Amos
Obadiah	376	Obadja
Jonah	377	Jona
Micah	380	Micha
Nahum	385	Nahum
Habakkuk	387	Habakuk
Zephaniah	390	Zefanja
Haggai	393	Haggaï
Zechariah	395	Zacharia
Malachi	405	Maleachi

Job - Job

Job (1) Job

	There was a man in the land of Uz, whose name was Job; and that man was perfect and upright, and one that feared God, and eschewed evil.	1	Er was een man in het land Uz, zijn naam was Job; en dezelve man was oprecht, en vroom, en godvrezende, en wijkende van het kwaad.
	And there were born unto him seven sons and three daughters.	2	En hem werden zeven zonen en drie dochteren geboren.
	His substance also was seven thousand sheep, and three thousand camels, and five hundred yoke of oxen, and five hundred she asses, and a very great household; so that this man was the greatest of all the men of the east.	3	Daartoe was zijn vee zeven duizend schapen, en drie duizend kemelen, en vijfhonderd juk ossen, en vijfhonderd ezelinnen; ook was zijn dienstvolk zeer veel; zodat deze man groter was dan al die van het oosten.
	And his sons went and feasted in their houses, every one his day; and sent and called for their three sisters to eat and to drink with them.	4	En zijn zonen gingen, en maakten maaltijden in ieders huis op zijn dag; en zij zonden henen, en nodigden hun drie zusteren, om met hen te eten en te drinken.
	And it was so, when the days of their feasting were gone about, that Job sent and sanctified them, and rose up early in the morning, and offered burnt offerings according to the number of them all: for Job said, It may be that my sons have sinned, and cursed God in their hearts. Thus did Job continually.	5	Het geschiedde dan, als de dagen der maaltijden omgegaan waren, dat Job henenzond, en hen heiligde en des morgens vroeg opstond, en brandofferen offerde naar hun aller getal; want Job zeide: Misschien hebben mijn kinderen gezondigd, en God in hun hart gezegend. Alzo deed Job al die dagen.
	Now there was a day when the sons of God came to present themselves before the LORD, and Satan came also among them.	6	Er was nu een dag, als de kinderen Gods kwamen, om zich voor den HEERE te stellen, dat de satan ook in het midden van hen kwam.
	And the LORD said unto Satan, Whence comest thou? Then Satan answered the LORD, and said, From going to and fro in the earth, and from walking up and down in it.	7	Toen zeide de HEERE tot den satan; Van waar komt gij? En de satan antwoordde den HEERE, en zeide: Van om te trekken op de aarde, en van die te doorwandelen.
	And the LORD said unto Satan, Hast thou considered my servant Job, that there is none like him in the earth, a perfect and an upright man, one that feareth God, and escheweth evil?	8	En de HEERE zeide tot den satan: Hebt gij ook acht geslagen op Mijn knecht Job? Want niemand is op de aarde gelijk hij, een man oprecht en vroom, godvrezende en wijkende van het kwaad.
	Then Satan answered the LORD, and said, Doth Job fear God for nought?	9	Toen antwoordde de satan den HEERE, en zeide: Is het om niet, dat Job God vreest?
	Hast not thou made an hedge about him, and about his house, and about all that he hath on every side? thou hast blessed the work of his hands, and his substance is increased in the land.	10	Hebt Gij niet een betuining gemaakt voor hem, en voor zijn huis, en voor al wat hij heeft rondom? Het werk zijner handen hebt Gij gezegend, en zijn vee is in menigte uitgebroken in den lande.
	But put forth thine hand now, and touch all that he hath, and he will curse thee to thy face.	11	Maar toch strek nu Uw hand uit, en tast aan alles, wat hij heeft; zo hij U niet in Uw aangezicht zal zegenen?
	And the LORD said unto Satan, Behold, all that he hath is in thy power; only upon himself put not forth thine hand. So Satan went forth from the presence of the LORD.	12	En de HEERE zeide tot den satan: Zie, al wat hij heeft, zij in uw hand; alleen aan hem strek uw hand niet uit. En de satan ging uit van het aangezicht des HEEREN.
	And there was a day when his sons and his daughters were eating and drinking wine in their eldest brother's house:	13	Er was nu een dag, als zijn zonen en zijn dochteren aten, en wijn dronken in het huis van hun broeder, den eerstgeborene.
	And there came a messenger unto Job, and said, The oxen were plowing, and the asses feeding beside them:	14	Dat een bode tot Job kwam, en zeide: De runderen waren ploegende, en de ezelinnen weidende aan hun zijden.
	And the Sabeans fell upon them, and took them away; yea, they have slain the servants with the edge of the sword; and I only am escaped alone to tell thee.	15	Doch de Sabeers deden een inval, en namen ze, en sloegen de jongeren met de scherpte des zwaards; en ik ben maar alleen ontkomen, om het u aan te zeggen.
	While he was yet speaking, there came also another, and said, The fire of God is fallen from heaven, and hath burned up the sheep, and the servants, and consumed them; and I only am escaped alone to tell thee.	16	Als deze nog sprak, zo kwam een ander, en zeide: Het vuur Gods viel uit den hemel, en ontstak onder de schapen en onder de jongeren, en verteerde ze; en ik ben maar alleen ontkomen, om het u aan te zeggen.
	While he was yet speaking, there came also another, and said, The Chaldeans made out three bands, and fell upon the camels, and have carried them away, yea, and slain the servants with the edge of the sword; and I only am escaped alone to tell thee.	17	Als deze nog sprak, zo kwam een ander, en zeide: De Chaldeen stelden drie hopen, en vielen op de kemelen aan, en namen ze, en sloegen de jongeren met de scherpte des zwaards; en ik ben maar alleen ontkomen, om het u aan te zeggen.
	While he was yet speaking, there came also another, and said, Thy sons and thy daughters were eating and drinking wine in their eldest brother's house:	18	Als deze nog sprak, zo kwam een ander, en zeide: Uw zonen en uw dochteren aten, en dronken wijn, in het huis van hun broeder, den eerstgeborene.
	And, behold, there came a great wind from the wilderness, and smote the four corners of the house, and it fell upon the young men, and they are dead; and I only am escaped alone to tell thee.	19	En zie, een grote wind kwam van over de woestijn, en stiet aan de vier hoeken van het huis, en het viel op de jongelingen, dat ze stierven; en ik ben maar alleen ontkomen, om het u aan te zeggen.
	Then Job arose, and rent his mantle, and shaved his head, and fell down upon the ground, and worshipped,	20	Toen stond Job op, en scheurde zijn mantel, en schoor zijn hoofd, en viel op de aarde, en boog zich neder;
	And said, Naked came I out of my mother's womb, and naked shall I return thither: the LORD gave, and the LORD hath taken away; blessed be the name of the LORD.	21	En hij zeide: Naakt ben ik uit mijner moeders buik gekomen, en naakt zal ik daarhenen wederkeren. De HEERE heeft gegeven, en de HEERE heeft genomen; de Naam des HEEREN zij geloofd!
	In all this Job sinned not, nor charged God foolishly.	22	In dit alles zondigde Job niet, en schreef Gode niets ongerijmds toe.

Job (2) Job

	Again there was a day when the sons of God came to present themselves before the LORD, and Satan came also among them to present himself before the LORD.	1	Wederom was er een dag, als de kinderen Gods kwamen, om zich voor den HEERE te stellen, dat de satan ook in het midden van hen kwam, om zich voor den HEERE te stellen.

And the LORD said unto Satan, From whence comest thou? And Satan answered the LORD, and said, From going to and fro in the earth, and from walking up and down in it.	2 Toen zeide de HEERE tot den satan: Van waar komt gij? En de satan antwoordde den HEERE, en zeide: Van om te trekken op de aarde, en van die te doorwandelen.
And the LORD said unto Satan, Hast thou considered my servant Job, that there is none like him in the earth, a perfect and an upright man, one that feareth God, and escheweth evil? and still he holdeth fast his integrity, although thou movedst me against him, to destroy him without cause.	3 En de HEERE zeide tot den satan: Hebt gij ook acht geslagen op Mijn knecht Job? Want niemand is op de aarde gelijk hij, een man, oprecht en vroom, godvrezende en wijkende van het kwaad; en hij houdt nog vast aan zijn oprechtigheid, hoewel gij Mij tegen hem opgehitst hebt, om hem te verslinden zonder oorzaak.
And Satan answered the LORD, and said, Skin for skin, yea, all that a man hath will he give for his life.	4 Toen antwoordde de satan den HEERE, en zeide: Huid voor huid, en al wat iemand heeft, zal hij geven voor zijn leven.
But put forth thine hand now, and touch his bone and his flesh, and he will curse thee to thy face.	5 Doch strek nu Uw hand uit, en tast zijn gebeente en zijn vlees aan; zo hij U niet in Uw aangezicht zal zegenen!
And the LORD said unto Satan, Behold, he is in thine hand; but save his life.	6 En de HEERE zeide tot den satan: Zie, hij zij in uw hand, doch verschoon zijn leven.
So went Satan forth from the presence of the LORD, and smote Job with sore boils from the sole of his foot unto his crown.	7 Toen ging de satan uit van het aangezicht des HEEREN, en sloeg Job met boze zweren, van zijn voetzool af tot zijn schedel toe.
And he took him a potsherd to scrape himself withal; and he sat down among the ashes.	8 En hij nam zich een potscherf, om zich daarmede te schrabben, en hij zat neder in het midden der as.
Then said his wife unto him, Dost thou still retain thine integrity? curse God, and die.	9 Toen zeide zijn huisvrouw tot hem: Houdt gij nog vast aan uw oprechtigheid? Zegen God, en sterf.
But he said unto her, Thou speakest as one of the foolish women speaketh. What? shall we receive good at the hand of God, and shall we not receive evil? In all this did not Job sin with his lips.	10 Maar hij zeide tot haar: Gij spreekt als een der zottinnen spreekt; ja, zouden wij het goede van God ontvangen, en het kwade niet ontvangen? In dit alles zondigde Job met zijn lippen niet.
Now when Job's three friends heard of all this evil that was come upon him, they came every one from his own place; Eliphaz the Temanite, and Bildad the Shuhite, and Zophar the Naamathite: for they had made an appointment together to come to mourn with him and to comfort him.	11 Als nu de drie vrienden van Job gehoord hadden al dit kwaad, dat over hem gekomen was, kwamen zij, ieder uit zijn plaats, Elifaz, de Themaniet, en Bildad, de Suhiet, en Zofar, de Naamathiet; en zij waren het eens geworden, dat zij kwamen om hem te beklagen, en om hem te vertroosten.
And when they lifted up their eyes afar off, and knew him not, they lifted up their voice, and wept; and they rent every one his mantle, and sprinkled dust upon their heads toward heaven.	12 En toen zij hun ogen van verre ophieven, kenden zij hem niet, en hieven hun stem op, en weenden; daartoe scheurden zij een ieder zijn mantel, en strooiden stof op hun hoofden naar den hemel.
So they sat down with him upon the ground seven days and seven nights, and none spake a word unto him: for they saw that his grief was very great.	13 Alzo zaten zij met hem op de aarde, zeven dagen en zeven nachten; en niemand sprak tot hem een woord, want zij zagen, dat de smart zeer groot was.

Job (3) Job

After this opened Job his mouth, and cursed his day.	1 Daarna opende Job zijn mond, en vervloekte zijn dag.
And Job spake, and said,	2 Want Job antwoordde en zeide:
Let the day perish wherein I was born, and the night in which it was said, There is a man child conceived.	3 De dag verga, waarin ik geboren ben, en de nacht, waarin men zeide: Een knechtje is ontvangen;
Let that day be darkness; let not God regard it from above, neither let the light shine upon it.	4 Diezelve dag zij duisternis; dat God naar hem niet vrage van boven; en dat geen glans over hem schijne;
Let darkness and the shadow of death stain it; let a cloud dwell upon it; let the blackness of the day terrify it.	5 Dat de duisternis en des doods schaduw hem verontreinigen; dat wolken over hem wonen; dat hem verschrikken de zwarte dampen des dags!
As for that night, let darkness seize upon it; let it not be joined unto the days of the year, let it not come into the number of the months.	6 Diezelve nacht, donkerheid neme hem in; dat hij zich niet verheuge onder de dagen des jaars; dat hij in het getal der maanden niet kome!
Lo, let that night be solitary, let no joyful voice come therein.	7 Ziet, diezelve nacht zij eenzaam; dat geen vrolijk gezang daarin kome;
Let them curse it that curse the day, who are ready to raise up their mourning.	8 Dat hem vervloeken de vervloekers des dags, die bereid zijn hun rouw te verwekken;
Let the stars of the twilight thereof be dark; let it look for light, but have none; neither let it see the dawning of the day:	9 Dat de sterren van zijn schemertijd verduisterd worden; hij wachte naar het licht, en het worde niet; en hij zie niet de oogleden des dageraads!
Because it shut not up the doors of my mother's womb, nor hid sorrow from mine eyes.	10 Omdat hij niet toegesloten heeft de deuren mijns buiks, noch verborgen de moeite van mijn ogen.
Why died I not from the womb? why did I not give up the ghost when I came out of the belly?	11 Waarom ben ik niet gestorven van de baarmoeder af, en heb den geest gegeven, als ik uit den buik voortkwam?
Why did the knees prevent me? or why the breasts that I should suck?	12 Waarom zijn mij de knieen voorgekomen, en waartoe de borsten, opdat ik zuigen zou?
For now should I have lain still and been quiet, I should have slept: then had I been at rest,	13 Want nu zou ik nederliggen, en stil zijn; ik zou slapen, dan zou voor mij rust wezen;
With kings and counsellers of the earth, which built desolate places for themselves;	14 Met de koningen en raadsheren der aarde, die voor zich woeste plaatsen bebouwden;
Or with princes that had gold, who filled their houses with silver:	15 Of met de vorsten, die goud hadden, die hun huizen met zilver vervulden.
Or as an hidden untimely birth I had not been; as infants which never saw light.	16 Of als een verborgene misdracht, zou ik niet zijn; als de kinderkens, die het licht niet gezien hebben.

	There the wicked cease from troubling; and there the weary be at rest.	17	Daar houden de bozen op van beroering, en daar rusten de vermoeiden van kracht;
	There the prisoners rest together; they hear not the voice of the oppressor.	18	Daar zijn de gebondenen te zamen in rust; zij horen de stem des drijvers niet.
	The small and great are there; and the servant is free from his master.	19	De kleine en de grote is daar; en de knecht vrij van zijn heer.
	Wherefore is light given to him that is in misery, and life unto the bitter in soul;	20	Waarom geeft Hij den ellendigen het licht, en het leven den bitterlijk bedroefden van gemoed?
	Which long for death, but it cometh not; and dig for it more than for hid treasures;	21	Die verlangen naar den dood, maar hij is er niet; en graven daarnaar meer dan naar verborgene schatten;
	Which rejoice exceedingly, and are glad, when they can find the grave?	22	Die blijde zijn tot opspringens toe, en zich verheugen, als zij het graf vinden;
	Why is light given to a man whose way is hid, and whom God hath hedged in?	23	Aan den man, wiens weg verborgen is, en dien God overdekt heeft?
	For my sighing cometh before I eat, and my roarings are poured out like the waters.	24	Want voor mijn brood komt mijn zuchting; en mijn brullingen worden uitgestort als water.
	For the thing which I greatly feared is come upon me, and that which I was afraid of is come unto me.	25	Want ik vreesde een vreze, en zij is mij aangekomen; en wat ik schroomde, is mij overkomen.
	I was not in safety, neither had I rest, neither was I quiet; yet trouble came.	26	Ik was niet gerust; en was niet stil, en rustte niet; en de beroering is gekomen.

Job (4) Job

	Then Eliphaz the Temanite answered and said,	1	Toen antwoordde Elifaz, de Themaniet, en zeide:
	If we assay to commune with thee, wilt thou be grieved? but who can withhold himself from speaking?	2	Zo wij een woord opnemen tegen u, zult gij verdrietig zijn? Nochtans wie zal zich van woorden kunnen onthouden?
	Behold, thou hast instructed many, and thou hast strengthened the weak hands.	3	Zie, gij hebt velen onderwezen, en gij hebt slappe handen gesterkt;
	Thy words have upholden him that was falling, and thou hast strengthened the feeble knees.	4	Uw woorden hebben den struikelende opgericht, en de krommende knieen hebt gij vastgesteld;
	But now it is come upon thee, and thou faintest; it toucheth thee, and thou art troubled.	5	Maar nu komt het aan u, en gij zijt verdrietig; het raakt tot u, en gij wordt beroerd.
	Is not this thy fear, thy confidence, thy hope, and the uprightness of thy ways?	6	Was niet uw vreze Gods uw hoop, en de oprechtheid uwer wegen uw verwachting?
	Remember, I pray thee, who ever perished, being innocent? or where were the righteous cut off?	7	Gedenk toch, wie is de onschuldige, die vergaan zij; en waar zijn de oprechten verdelgd?
	Even as I have seen, they that plow iniquity, and sow wickedness, reap the same.	8	Maar gelijk als ik gezien heb: die ondeugd ploegen, en moeite zaaien, maaien dezelve.
	By the blast of God they perish, and by the breath of his nostrils are they consumed.	9	Van den adem Gods vergaan zij, en van het geblaas van Zijn neus worden zij verdaan.
	The roaring of the lion, and the voice of the fierce lion, and the teeth of the young lions, are broken.	10	De brulling des leeuws, en de stem des fellen leeuws, en de tanden der jonge leeuwen worden verbroken.
	The old lion perisheth for lack of prey, and the stout lion's whelps are scattered abroad.	11	De oude leeuw vergaat, omdat er geen roof is, en de jongens eens oudachtigen leeuws worden verstrooid.
	Now a thing was secretly brought to me, and mine ear received a little thereof.	12	Voorts is tot mij een woord heimelijk gebracht, en mijn oor heeft een weinigje daarvan gevat;
	In thoughts from the visions of the night, when deep sleep falleth on men,	13	Onder de gedachten van de gezichten des nachts, als diepe slaap valt op de mensen;
	Fear came upon me, and trembling, which made all my bones to shake.	14	Kwam mij schrik en beving over, en verschrikte de veelheid mijner beenderen.
	Then a spirit passed before my face; the hair of my flesh stood up:	15	Toen ging voorbij mijn aangezicht een geest; hij deed het haar mijns vleses te berge rijzen.
	It stood still, but I could not discern the form thereof: an image was before mine eyes, there was silence, and I heard a voice, saying,	16	Hij stond, doch ik kende zijn gedaante niet; een beeltenis was voor mijn ogen; er was stilte, en ik hoorde een stem, zeggende:
	Shall mortal man be more just than God? shall a man be more pure than his maker?	17	Zou een mens rechtvaardiger zijn dan God? Zou een man reiner zijn dan zijn Maker?
	Behold, he put no trust in his servants; and his angels he charged with folly:	18	Zie, op Zijn knechten zou Hij niet vertrouwen; hoewel Hij in Zijn engelen klaarheid gesteld heeft.
	How much less in them that dwell in houses of clay, whose foundation is in the dust, which are crushed before the moth?	19	Hoeveel te min op degenen, die lemen huizen bewonen, welker grondslag in het stof is? Zij worden verbrijzeld voor de motten.
	They are destroyed from morning to evening: they perish for ever without any regarding it.	20	Van den morgen tot den avond worden zij vermorzeld; zonder dat men er acht op slaat, vergaan zij in eeuwigheid.
	Doth not their excellency which is in them go away? they die, even without wisdom.	21	Verreist niet hun uitnemendheid met hen? Zij sterven, maar niet in wijsheid.

Job (5) Job

	Call now, if there be any that will answer thee; and to which of the saints wilt thou turn?	1	Roep nu, zal er iemand zijn, die u antwoorde? En tot wien van de heiligen zult gij u keren?
	For wrath killeth the foolish man, and envy slayeth the silly one.	2	Want den dwaze brengt de toornigheid om, en de ijver doodt den slechte.

I have seen the foolish taking root: but suddenly I cursed his habitation.	3	Ik heb gezien een dwaas wortelende; doch terstond vervloekte ik zijn woning.
His children are far from safety, and they are crushed in the gate, neither is there any to deliver them.	4	Verre waren zijn zonen van heil; en zij werden verbrijzeld in de poort, en er was geen verlosser.
Whose harvest the hungry eateth up, and taketh it even out of the thorns, and the robber swalloweth up their substance.	5	Wiens oogst de hongerige verteerde, dien hij ook tot uit de doornen gehaald had; de struikrover slokte hun vermogen in.
Although affliction cometh not forth of the dust, neither doth trouble spring out of the ground;	6	Want uit het stof komt het verdriet niet voort, en de moeite spruit niet uit de aarde;
Yet man is born unto trouble, as the sparks fly upward.	7	Maar de mens wordt tot moeite geboren; gelijk de spranken der vurige kolen zich verheffen tot vliegen.
I would seek unto God, and unto God would I commit my cause:	8	Doch ik zou naar God zoeken, en tot God mijn aanspraak richten;
Which doeth great things and unsearchable; marvellous things without number:	9	Die grote dingen doet, die men niet doorzoeken kan; wonderen, die men niet tellen kan;
Who giveth rain upon the earth, and sendeth waters upon the fields:	10	Die den regen geeft op de aarde, en water zendt op de straten;
To set up on high those that be low; that those which mourn may be exalted to safety.	11	Om de vernederden te stellen in het hoge; dat de rouwdragenden door heil verheven worden.
He disappointeth the devices of the crafty, so that their hands cannot perform their enterprise.	12	Hij maakt te niet de gedachten der arglistigen; dat hun handen niet een ding uitrichten.
He taketh the wise in their own craftiness: and the counsel of the froward is carried headlong.	13	Hij vangt de wijzen in hun arglistigheid; dat de raad der verdraaiden gestort wordt.
They meet with darkness in the daytime, and grope in the noonday as in the night.	14	Des daags ontmoeten zij de duisternis, en gelijk des nachts tasten zij in de middag.
But he saveth the poor from the sword, from their mouth, and from the hand of the mighty.	15	Maar Hij verlost den behoeftige van het zwaard, van hun mond, en van de hand des sterken.
So the poor hath hope, and iniquity stoppeth her mouth.	16	Zo is voor den arme verwachting; en de boosheid stopt haar mond toe.
Behold, happy is the man whom God correcteth: therefore despise not thou the chastening of the Almighty:	17	Zie, gelukzalig is de mens, denwelken God straft; daarom verwerp de kastijding des Almachtigen niet.
For he maketh sore, and bindeth up: he woundeth, and his hands make whole.	18	Want Hij doet smart aan, en Hij verbindt; Hij doorwondt, en Zijn handen helen.
He shall deliver thee in six troubles: yea, in seven there shall no evil touch thee.	19	In zes benauwdheden zal Hij u verlossen, en in de zevende zal u het kwaad niet aanroeren.
In famine he shall redeem thee from death: and in war from the power of the sword.	20	In den honger zal Hij u verlossen van den dood, en in den oorlog van het geweld des zwaards.
Thou shalt be hid from the scourge of the tongue: neither shalt thou be afraid of destruction when it cometh.	21	Tegen den gesel der tong zult gij verborgen wezen, en gij zult niet vrezen voor de verwoesting, als zij komt.
At destruction and famine thou shalt laugh: neither shalt thou be afraid of the beasts of the earth.	22	Tegen de verwoesting en tegen den honger zult gij lachen, en voor het gedierte der aarde zult gij niet vrezen.
For thou shalt be in league with the stones of the field: and the beasts of the field shall be at peace with thee.	23	Want met de stenen des velds zal uw verbond zijn, en het gedierte des velds zal met u bevredigd zijn.
And thou shalt know that thy tabernacle shall be in peace; and thou shalt visit thy habitation, and shalt not sin.	24	En gij zult bevinden, dat uw tent in vrede is; en gij zult uw woning verzorgen, en zult niet feilen.
Thou shalt know also that thy seed shall be great, and thine offspring as the grass of the earth.	25	Ook zult gij bevinden, dat uw zaad menigvuldig wezen zal, en uw spruiten als het kruid der aarde.
Thou shalt come to thy grave in a full age, like as a shock of corn cometh in in his season.	26	Gij zult in ouderdom ten grave komen, gelijk de korenhoop te zijner tijd opgevoerd wordt.
Lo this, we have searched it, so it is; hear it, and know thou it for thy good.	27	Zie dit, wij hebben het doorzocht, het is alzo; hoor het, en bemerk gij het voor u.

Job (6) Job

But Job answered and said,	1	Maar Job antwoordde en zeide:
Oh that my grief were throughly weighed, and my calamity laid in the balances together!	2	Och, of mijn verdriet recht gewogen wierd, en men mijn ellende samen in een weegschaal ophief!
For now it would be heavier than the sand of the sea: therefore my words are swallowed up.	3	Want het zou nu zwaarder zijn dan het zand der zeeën; daarom worden mijn woorden opgezwolgen.
For the arrows of the Almighty are within me, the poison whereof drinketh up my spirit: the terrors of God do set themselves in array against me.	4	Want de pijlen des Almachtigen zijn in mij, welker vurig venijn mijn geest uitdrinkt; de verschrikkingen Gods rusten zich tegen mij.
Doth the wild ass bray when he hath grass? or loweth the ox over his fodder?	5	Rochelt ook de woudezel bij het jonge gras? Loeit de os bij zijn voeder?
Can that which is unsavoury be eaten without salt? or is there any taste in the white of an egg?	6	Wordt ook het onsmakelijke gegeten zonder zout? Is er smaak in het witte des dooiers?
The things that my soul refused to touch are as my sorrowful meat.	7	Mijn ziel weigert uw woorden aan te roeren; die zijn als mijn laffe spijze.
Oh that I might have my request; and that God would grant me the thing that I long for!	8	Och, of mijn begeerte kwame, en dat God mijn verwachting gave;
Even that it would please God to destroy me; that he would let loose his hand, and cut me off!	9	En dat het Gode beliefde, dat Hij mij verbrijzelde, Zijn hand losliet, en een einde met mij maakte!

	Then should I yet have comfort; yea, I would harden myself in sorrow: let him not spare; for I have not concealed the words of the Holy One.	10	Dat zou nog mijn troost zijn, en zou mij verkwikken in den weedom, zo Hij niet spaarde; want ik heb de redenen des Heiligen niet verborgen gehouden.
	What is my strength, that I should hope? and what is mine end, that I should prolong my life?	11	Wat is mijn kracht, dat ik hopen zou? Of welk is mijn einde, dat ik mijn leven verlengen zou?
	Is my strength the strength of stones? or is my flesh of brass?	12	Is mijn kracht stenen kracht? Is mijn vlees staal?
	Is not my help in me? and is wisdom driven quite from me?	13	Is dan mijn hulp niet in mij, en is de wijsheid uit mij verdreven?
	To him that is afflicted pity should be shewed from his friend; but he forsaketh the fear of the Almighty.	14	Aan hem, die versmolten is, zou van zijn vriend weldadigheid geschieden; of hij zou de vreze des Almachtigen verlaten.
	My brethren have dealt deceitfully as a brook, and as the stream of brooks they pass away;	15	Mijn broeders hebben trouwelooslijk gehandeld als een beek; als de storting der beken gaan zij door;
	Which are blackish by reason of the ice, and wherein the snow is hid:	16	Die verdonkerd zijn van het ijs, en in dewelke de sneeuw zich verbergt.
	What time they wax warm, they vanish: when it is hot, they are consumed out of their place.	17	Ten tijde, als zij van hitte vervlieten, worden zij uitgedelgd; als zij warm worden, verdwijnen zij uit haar plaats.
	The paths of their way are turned aside; they go to nothing, and perish.	18	De gangen haars wegs wenden zich ter zijde af; zij lopen op in het woeste, en vergaan.
	The troops of Tema looked, the companies of Sheba waited for them.	19	De reizigers van Thema zien ze, de wandelaars van Scheba wachten op haar.
	They were confounded because they had hoped; they came thither, and were ashamed.	20	Zij worden beschaamd, omdat elkeen vertrouwde; als zij daartoe komen, zo worden zij schaamrood.
	For now ye are nothing; ye see my casting down, and are afraid.	21	Voorwaar, alzo zijt gijlieden mij nu niets geworden; gij hebt gezien de ontzetting, en gij hebt gevreesd.
	Did I say, Bring unto me? or, Give a reward for me of your substance?	22	Heb ik gezegd: Brengt mij, en geeft geschenken voor mij van uw vermogen?
	Or, Deliver me from the enemy's hand? or, Redeem me from the hand of the mighty?	23	Of bevrijdt mij van de hand des verdrukkers, en verlost mij van de hand der tirannen?
	Teach me, and I will hold my tongue: and cause me to understand wherein I have erred.	24	Leert mij, en ik zal zwijgen, en geeft mij te verstaan, waarin ik gedwaald heb.
	How forcible are right words! but what doth your arguing reprove?	25	O, hoe krachtig zijn de rechte redenen! Maar wat bestraft het bestraffen, dat van ulieden is?
	Do ye imagine to reprove words, and the speeches of one that is desperate, which are as wind?	26	Zult gij, om te bestraffen, woorden bedenken, en zullen de redenen des mismoedigen voor wind zijn?
	Yea, ye overwhelm the fatherless, and ye dig a pit for your friend.	27	Ook werpt gij u op een wees; en gij graaft tegen uw vriend.
	Now therefore be content, look upon me; for it is evident unto you if I lie.	28	Maar nu, belieft het u, wendt u tot mij, en het zal voor ulieder aangezicht zijn, of ik liege.
	Return, I pray you, let it not be iniquity; yea, return again, my righteousness is in it.	29	Keert toch weder, laat er geen onrecht wezen, ja, keert weder; nog zal mijn gerechtigheid daarin zijn.
	Is there iniquity in my tongue? cannot my taste discern perverse things?	30	Zou onrecht op mijn tong wezen? Zou mijn gehemelte niet de ellenden te verstaan geven?

Job (7) Job

	Is there not an appointed time to man upon earth? are not his days also like the days of an hireling?	1	Heeft niet de mens een strijd op de aarde, en zijn zijn dagen niet als de dagen des dagloners?
	As a servant earnestly desireth the shadow, and as an hireling looketh for the reward of his work:	2	Gelijk de dienstknecht hijgt naar de schaduw, en gelijk de dagloner verwacht zijn werkloon;
	So am I made to possess months of vanity, and wearisome nights are appointed to me.	3	Alzo zijn mij maanden der ijdelheid ten erve geworden, en nachten der moeite zijn mij voorbereid.
	When I lie down, I say, When shall I arise, and the night be gone? and I am full of tossings to and fro unto the dawning of the day.	4	Als ik te slapen lig, dan zeg ik: Wanneer zal ik opstaan, en Hij den avond afgemeten hebben? En ik word zat van woelingen tot aan den schemertijd.
	My flesh is clothed with worms and clods of dust; my skin is broken, and become loathsome.	5	Mijn vlees is met het gewormte en met het gruis des stofs bekleed; mijn huid is gekliefd en verachtelijk geworden.
	My days are swifter than a weaver's shuttle, and are spent without hope.	6	Mijn dagen zijn lichter geweest dan een weversspoel, en zijn vergaan zonder verwachting.
	O remember that my life is wind: mine eye shall no more see good.	7	Gedenk, dat mijn leven een wind is; mijn oog zal niet wederkomen, om het goede te zien.
	The eye of him that hath seen me shall see me no more: thine eyes are upon me, and I am not.	8	Het oog desgenen, die mij nu ziet, zal mij niet zien; uw ogen zullen op mij zijn; maar ik zal niet meer zijn.
	As the cloud is consumed and vanisheth away: so he that goeth down to the grave shall come up no more.	9	Een wolk vergaat en vaart henen; alzo die in het graf daalt, zal niet weder opkomen.
	He shall return no more to his house, neither shall his place know him any more.	10	Hij zal niet meer wederkeren tot zijn huis, en zijn plaats zal hem niet meer kennen.
	Therefore I will not refrain my mouth; I will speak in the anguish of my spirit; I will complain in the bitterness of my soul.	11	Zo zal ik ook mijn mond niet wederhouden, ik zal spreken in benauwdheid mijns geestes; ik zal klagen in bitterheid mijner ziel.
	Am I a sea, or a whale, that thou settest a watch over me?	12	Ben ik dan een zee, of walvis, dat Gij om mij wachten zet?
	When I say, My bed shall comfort me, my couch shall ease my complaint;	13	Wanneer ik zeg: Mijn bedstede zal mij vertroosten, mijn leger zal van mijn klacht wat wegnemen;

	Then thou scarest me with dreams, and terrifiest me through visions:	14	Dan ontzet Gij mij met dromen, en door gezichten verschrikt Gij mij;
	So that my soul chooseth strangling, and death rather than my life.	15	Zodat mijn ziel de verworging kiest; den dood meer dan mijn beenderen.
	I loathe it; I would not live alway: let me alone; for my days are vanity.	16	Ik versmaad ze, ik zal toch in der eeuwigheid niet leven; houd op van mij, want mijn dagen zijn ijdelheid.
	What is man, that thou shouldest magnify him? and that thou shouldest set thine heart upon him?	17	Wat is de mens, dat Gij hem groot acht, en dat Gij Uw hart op hem zet?
	And that thou shouldest visit him every morning, and try him every moment?	18	En dat Gij hem bezoekt in elken morgenstond; dat Gij hem in elken ogenblik beproeft?
	How long wilt thou not depart from me, nor let me alone till I swallow down my spittle?	19	Hoe lang keert Gij U niet af van mij, en laat niet van mij af, totdat ik mijn speeksel inzwelge?
	I have sinned; what shall I do unto thee, O thou preserver of men? why hast thou set me as a mark against thee, so that I am a burden to myself?	20	Heb ik gezondigd, wat zal ik U doen, o Mensenhoeder? Waarom hebt Gij mij U tot een tegenloop gesteld, dat ik mijzelven tot een last zij?
	And why dost thou not pardon my transgression, and take away mine iniquity? for now shall I sleep in the dust; and thou shalt seek me in the morning, but I shall not be.	21	En waarom vergeeft Gij niet mijn overtreding, en doet mijn ongerechtigheid niet weg? Want nu zal ik in het stof liggen; en Gij zult mij vroeg zoeken, maar ik zal niet zijn.

Job (8) Job

	Then answered Bildad the Shuhite, and said,	1	Toen antwoordde Bildad, de Suhiet, en zeide:
	How long wilt thou speak these things? and how long shall the words of thy mouth be like a strong wind?	2	Hoe lang zult gij deze dingen spreken, en de redenen uws monds een geweldige wind zijn?
	Doth God pervert judgment? or doth the Almighty pervert justice?	3	Zou dan God het recht verkeren, en zou de Almachtige de gerechtigheid verkeren?
	If thy children have sinned against him, and he have cast them away for their transgression;	4	Indien uw kinderen gezondigd hebben tegen Hem, Hij heeft hen ook in de hand hunner overtreding geworpen.
	If thou wouldest seek unto God betimes, and make thy supplication to the Almighty;	5	Maar indien gij naar God vroeg zoekt, en tot den Almachtige om genade bidt;
	If thou wert pure and upright; surely now he would awake for thee, and make the habitation of thy righteousness prosperous.	6	Zo gij zuiver en recht zijt, gewisselijk zal Hij nu opwaken, om uwentwil, en Hij zal de woning uwer gerechtigheid volmaken.
	Though thy beginning was small, yet thy latter end should greatly increase.	7	Uw beginsel zal wel gering zijn; maar uw laatste zal zeer vermeerderd worden.
	For inquire, I pray thee, of the former age, and prepare thyself to the search of their fathers:	8	Want vraag toch naar het vorige geslacht, en bereid u tot de onderzoeking hunner vaderen.
	(For we are but of yesterday, and know nothing, because our days upon earth are a shadow:)	9	Want wij zijn van gisteren en weten niet; dewijl onze dagen op de aarde een schaduw zijn.
	Shall not they teach thee, and tell thee, and utter words out of their heart?	10	Zullen die u niet leren, tot u spreken, en uit hun hart redenen voortbrengen?
	Can the rush grow up without mire? can the flag grow without water?	11	Verheft zich de bieze zonder slijk? Groeit het rietgras zonder water?
	Whilst it is yet in his greenness, and not cut down, it withereth before any other herb.	12	Als het nog in zijn groenigheid is, hoewel het niet afgesneden wordt, nochtans verdort het voor alle gras.
	So are the paths of all that forget God; and the hypocrite's hope shall perish:	13	Alzo zijn de paden van allen, die God vergeten; en de verwachting des huichelaars zal vergaan.
	Whose hope shall be cut off, and whose trust shall be a spider's web.	14	Van denwelke zijn hoop walgen zal; en zijn vertrouwen zal zijn een huis der spinnekop.
	He shall lean upon his house, but it shall not stand: he shall hold it fast, but it shall not endure.	15	Hij zal op zijn huis leunen, maar het zal niet bestaan; hij zal zich daaraan vasthouden, maar het zal niet staande blijven.
	He is green before the sun, and his branch shooteth forth in his garden.	16	Hij is sappig voor de zon, en zijn scheuten gaan over zijn hof uit.
	His roots are wrapped about the heap, and seeth the place of stones.	17	Zijn wortelen worden bij de springader ingevlochten; hij ziet een stenige plaats.
	If he destroy him from his place, then it shall deny him, saying, I have not seen thee.	18	Maar als God hem verslindt uit zijn plaats, zo zal zij hem loochenen, zeggende: Ik heb u niet gezien.
	Behold, this is the joy of his way, and out of the earth shall others grow.	19	Zie, dat is vreugde zijns wegs; en uit het stof zullen anderen voortspruiten.
	Behold, God will not cast away a perfect man, neither will he help the evil doers:	20	Zie, God zal den oprechte niet verwerpen; Hij vat ook de boosdoeners niet bij de hand;
	Till he fill thy mouth with laughing, and thy lips with rejoicing.	21	Totdat Hij uw mond met gelach vervulle, en uw lippen met gejuich.
	They that hate thee shall be clothed with shame; and the dwelling place of the wicked shall come to nought.	22	Uw haters zullen met schaamte bekleed worden; en de tent der goddelozen zal niet meer zijn.

Job (9) Job

	Then Job answered and said,	1	Maar Job antwoordde en zeide:
	I know it is so of a truth: but how should man be just with God?	2	Waarlijk, ik weet, dat het zo is; want hoe zou de mens rechtvaardig zijn bij God?
	If he will contend with him, he cannot answer him one of a thousand.	3	Zo Hij lust heeft, om met hem te twisten, niet een uit duizend zal hij Hem beantwoorden.

4	He is wise in heart, and mighty in strength: who hath hardened himself against him, and hath prospered?	4	Hij is wijs van hart, en sterk van kracht; wie heeft zich tegen Hem verhard, en vrede gehad?
5	Which removeth the mountains, and they know not: which overturneth them in his anger.	5	Die de bergen verzet, dat zij het niet gewaar worden, Die ze omkeert in Zijn toorn;
6	Which shaketh the earth out of her place, and the pillars thereof tremble.	6	Die de aarde beweegt uit haar plaats, dat haar pilaren schudden;
7	Which commandeth the sun, and it riseth not; and sealeth up the stars.	7	Die de zon gebiedt, en zij gaat niet op; en verzegelt de sterren;
8	Which alone spreadeth out the heavens, and treadeth upon the waves of the sea.	8	Die alleen de hemelen uitbreidt, en treedt op de hoogten der zee;
9	Which maketh Arcturus, Orion, and Pleiades, and the chambers of the south.	9	Die den Wagen maakt, den Orion, en het Zevengesternte, en de binnenkameren van het Zuiden;
10	Which doeth great things past finding out; yea, and wonders without number.	10	Die grote dingen doet, die men niet doorzoeken kan; en wonderen, die men niet tellen kan.
11	Lo, he goeth by me, and I see him not: he passeth on also, but I perceive him not.	11	Zie, Hij zal voor mij henengaan, en ik zal Hem niet zien; en Hij zal voorbijgaan, en ik zal Hem niet merken.
12	Behold, he taketh away, who can hinder him? who will say unto him, What doest thou?	12	Zie, Hij zal roven, wie zal het Hem doen wedergeven? Wie zal tot Hem zeggen: Wat doet Gij?
13	If God will not withdraw his anger, the proud helpers do stoop under him.	13	God zal Zijn toorn niet afkeren; onder Hem worden gebogen de hovaardige helpers.
14	How much less shall I answer him, and choose out my words to reason with him?	14	Hoeveel te min zal ik Hem antwoorden, en mijn woorden uitkiezen tegen Hem?
15	Whom, though I were righteous, yet would I not answer, but I would make supplication to my judge.	15	Denwelken ik, zo ik rechtvaardig ware, niet zou antwoorden; mijn Rechter zal ik om genade bidden.
16	If I had called, and he had answered me; yet would I not believe that he had hearkened unto my voice.	16	Indien ik roep, en Hij mij antwoordt; ik zal niet geloven, dat Hij mijn stem ter ore genomen heeft.
17	For he breaketh me with a tempest, and multiplieth my wounds without cause.	17	Want Hij vermorzelt mij door een onweder, en vermenigvuldigt mijn wonden zonder oorzaak.
18	He will not suffer me to take my breath, but filleth me with bitterness.	18	Hij laat mij niet toe mijn adem te verhalen; maar Hij verzadigt mij met bitterheden.
19	If I speak of strength, lo, he is strong: and if of judgment, who shall set me a time to plead?	19	Zo het aan de kracht komt, zie, Hij is sterk; en zo het aan het recht komt, wie zal mij dagvaarden?
20	If I justify myself, mine own mouth shall condemn me: if I say, I am perfect, it shall also prove me perverse.	20	Zo ik mij rechtvaardig, mijn mond zal mij verdoemen; ben ik oprecht, Hij zal mij toch verkeerd verklaren.
21	Though I were perfect, yet would I not know my soul: I would despise my life.	21	Ben ik oprecht, zo acht ik toch mijn ziel niet; ik versmaad mijn leven.
22	This is one thing, therefore I said it, He destroyeth the perfect and the wicked.	22	Dat is een ding, daarom zeg ik: Den oprechte en den goddeloze verdoet Hij.
23	If the scourge slay suddenly, he will laugh at the trial of the innocent.	23	Als de gesel haastelijk doodt, bespot Hij de verzoeking der onschuldigen.
24	The earth is given into the hand of the wicked: he covereth the faces of the judges thereof; if not, where, and who is he?	24	De aarde wordt gegeven in de hand des goddelozen; Hij overdekt het aangezicht harer rechteren; zo niet, wie is Hij dan?
25	Now my days are swifter than a post: they flee away, they see no good.	25	En mijn dagen zijn lichter geweest dan een loper; zij zijn weggevloden, zij hebben het goede niet gezien.
26	They are passed away as the swift ships: as the eagle that hasteth to the prey.	26	Zij zijn voorbijgevaren met jachtschepen; gelijk een arend naar het aas toevliegt.
27	If I say, I will forget my complaint, I will leave off my heaviness, and comfort myself:	27	Indien mijn zeggen is: Ik zal mijn klacht vergeten, en ik zal mijn gebaar laten varen, en mij verkwikken;
28	I am afraid of all my sorrows, I know that thou wilt not hold me innocent.	28	Zo schroom ik voor al mijn smarten; ik weet, dat Gij mij niet onschuldig zult houden.
29	If I be wicked, why then labour I in vain?	29	Ik zal toch goddeloos zijn; waarom dan zal ik ijdellijk arbeiden?
30	If I wash myself with snow water, and make my hands never so clean;	30	Indien ik mij wasse met sneeuwwater, en mijn handen zuivere met zeep;
31	Yet shalt thou plunge me in the ditch, and mine own clothes shall abhor me.	31	Dan zult Gij mij in de gracht induiken, en mijn klederen zullen van mij gruwen.
32	For he is not a man, as I am, that I should answer him, and we should come together in judgment.	32	Want Hij is niet een man, als ik, dien ik antwoorden zou, zo wij te zamen in het gericht kwamen.
33	Neither is there any daysman betwixt us, that might lay his hand upon us both.	33	Er is geen scheidsman tussen ons, die zijn hand op ons beiden leggen mocht.
34	Let him take his rod away from me, and let not his fear terrify me:	34	Dat Hij van op mij Zijn roede wegdoe, en dat Zijn verschrikking mij niet verbaasd make;
35	Then would I speak, and not fear him; but it is not so with me.	35	Zo zal ik spreken, en Hem niet vrezen; want zodanig ben ik niet bij mij.

Job (10) Job

1	My soul is weary of my life; I will leave my complaint upon myself; I will speak in the bitterness of my soul.	1	Mijn ziel is verdrietig over mijn leven; ik zal mijn klacht op mij laten; ik zal spreken in bitterheid mijner ziel.
2	I will say unto God, Do not condemn me; shew me wherefore thou contendest with me.	2	Ik zal tot God zeggen: Verdoem mij niet; doe mij weten, waarover Gij met mij twist.

Is it good unto thee that thou shouldest oppress, that thou shouldest despise the work of thine hands, and shine upon the counsel of the wicked?		3	Is het U goed, dat Gij verdrukt, dat Gij verwerpt den arbeid Uwer handen, en over den raad der goddelozen schijnsel geeft?
Hast thou eyes of flesh? or seest thou as man seeth?		4	Hebt Gij vleselijke ogen, ziet Gij, gelijk een mens ziet?
Are thy days as the days of man? are thy years as man's days,		5	Zijn Uw dagen als de dagen van een mens? Zijn Uw jaren als de dagen eens mans?
That thou inquirest after mine iniquity, and searchest after my sin?		6	Dat Gij onderzoekt naar mijn ongerechtigheid, en naar mijn zonde verneemt?
Thou knowest that I am not wicked; and there is none that can deliver out of thine hand.		7	Het is Uw wetenschap, dat ik niet goddeloos ben; nochtans is er niemand, die uit Uw hand verlosse.
Thine hands have made me and fashioned me together round about; yet thou dost destroy me.		8	Uw handen doen mij smart aan, hoewel zij mij gemaakt hebben, te zamen rondom mij zijn zij, en Gij verslindt mij.
Remember, I beseech thee, that thou hast made me as the clay; and wilt thou bring me into dust again?		9	Gedenk toch, dat Gij mij als leem bereid hebt, en mij tot stof zult doen wederkeren.
Hast thou not poured me out as milk, and curdled me like cheese?		10	Hebt Gij mij niet als melk gegoten, en mij als een kaas doen runnen?
Thou hast clothed me with skin and flesh, and hast fenced me with bones and sinews.		11	Met vel en vlees hebt Gij mij bekleed; met beenderen ook en zenuwen hebt Gij mij samengevlochten;
Thou hast granted me life and favour, and thy visitation hath preserved my spirit.		12	Benevens het leven hebt Gij weldadigheid aan mij gedaan, en Uw opzicht heeft mijn geest bewaard.
And these things hast thou hid in thine heart: I know that this is with thee.		13	Maar deze dingen hebt Gij verborgen in Uw hart; ik weet, dat dit bij U geweest is.
If I sin, then thou markest me, and thou wilt not acquit me from mine iniquity.		14	Indien ik zondig, zo zult Gij mij waarnemen, en van mijn misdaad zult Gij mij niet onschuldig houden.
If I be wicked, woe unto me; and if I be righteous, yet will I not lift up my head. I am full of confusion; therefore see thou mine affliction;		15	Zo ik goddeloos ben, wee mij! En ben ik rechtvaardig, ik zal mijn hoofd niet opheffen; ik ben zat van schande, maar aanzie mijn ellende.
For it increaseth. Thou huntest me as a fierce lion: and again thou shewest thyself marvellous upon me.		16	Want zij verheft zich; gelijk een felle leeuw jaagt Gij mij; Gij keert weder en stelt U wonderlijk tegen mij.
Thou renewest thy witnesses against me, and increasest thine indignation upon me; changes and war are against me.		17	Gij vernieuwt Uw getuigen tegenover mij, en vermenigvuldigt Uw toorn tegen mij; verwisselingen, ja, een heirleger, zijn tegen mij.
Wherefore then hast thou brought me forth out of the womb? Oh that I had given up the ghost, and no eye had seen me!		18	En waarom hebt Gij mij uit de baarmoeder voortgebracht? Och, dat ik den geest gegeven had, en geen oog mij gezien had!
I should have been as though I had not been; I should have been carried from the womb to the grave.		19	Ik zou zijn, alsof ik niet geweest ware; van moeders buik zou ik tot het graf gebracht zijn geweest.
Are not my days few? cease then, and let me alone, that I may take comfort a little,		20	Zijn mijn dagen niet weinig? Houd op, zet van mij af, dat ik mij een weinig verkwikke;
Before I go whence I shall not return, even to the land of darkness and the shadow of death;		21	Eer ik henenga (en niet wederkom) in een land der duisternis en der schaduwe des doods;
A land of darkness, as darkness itself; and of the shadow of death, without any order, and where the light is as darkness.		22	Een stikdonker land, als de duisternis zelve, de schaduwe des doods, en zonder ordeningen, en het geeft schijnsel als de duisternis.

Job (11) Job

Then answered Zophar the Naamathite, and said,		1	Toen antwoordde Zofar, de Naamathiet, en zeide:
Should not the multitude of words be answered? and should a man full of talk be justified?		2	Zou de veelheid der woorden niet beantwoord worden, en zou een klapachtig man recht hebben?
Should thy lies make men hold their peace? and when thou mockest, shall no man make thee ashamed?		3	Zouden uw leugenen de lieden doen zwijgen, en zoudt gij spotten, en niemand u beschamen?
For thou hast said, My doctrine is pure, and I am clean in thine eyes.		4	Want gij hebt gezegd: Mijn leer is zuiver, en ik ben rein in uw ogen.
But oh that God would speak, and open his lips against thee;		5	Maar gewisselijk, och, of God sprak, en Zijn lippen tegen u opende;
And that he would shew thee the secrets of wisdom, that they are double to that which is! Know therefore that God exacteth of thee less than thine iniquity deserveth.		6	En u bekend maakte de verborgenheden der wijsheid, omdat zij dubbel zijn in wezen! Daarom weet, dat God voor u vergeet van uw ongerechtigheid.
Canst thou by searching find out God? canst thou find out the Almighty unto perfection?		7	Zult gij de onderzoeking Gods vinden? Zult gij tot de volmaaktheid toe den Almachtige vinden?
It is as high as heaven; what canst thou do? deeper than hell; what canst thou know?		8	Zij is als de hoogten der hemelen, wat kunt gij doen? Dieper dan de hel, wat kunt gij weten?
The measure thereof is longer than the earth, and broader than the sea.		9	Langer dan de aarde is haar maat, en breder dan de zee.
If he cut off, and shut up, or gather together, then who can hinder him?		10	Indien Hij voorbijgaat, opdat Hij overlevere of vergadere, wie zal dan Hem afkeren?
For he knoweth vain men: he seeth wickedness also; will he not then consider it?		11	Want Hij kent de ijdele lieden en Hij ziet de ondeugd; zou Hij dan niet aanmerken?
For vain man would be wise, though man be born like a wild ass's colt.		12	Dan zal een verstandeloos man kloekzinnig worden; hoewel de mens als het veulen eens woudezels geboren is.
If thou prepare thine heart, and stretch out thine hands toward him;		13	Indien gij uw hart bereid hebt, zo breid uw handen tot Hem uit.

	If iniquity be in thine hand, put it far away, and let not wickedness dwell in thy tabernacles.	14		Indien er ondeugd in uw hand is, doe die verre weg; en laat het onrecht in uw tenten niet wonen.
	For then shalt thou lift up thy face without spot; yea, thou shalt be stedfast, and shalt not fear:	15		Want dan zult gij uw aangezicht opheffen uit de gebreken, en zult vast wezen, en niet vrezen.
	Because thou shalt forget thy misery, and remember it as waters that pass away:	16		Want gij zult de moeite vergeten, en harer gedenken als der wateren, die voorbijgegaan zijn.
	And thine age shall be clearer than the noonday; thou shalt shine forth, thou shalt be as the morning.	17		Ja, uw tijd zal klaarder dan de middag oprijzen; gij zult uitvliegen, als de morgenstond zult gij zijn.
	And thou shalt be secure, because there is hope; yea, thou shalt dig about thee, and thou shalt take thy rest in safety.	18		En gij zult vertrouwen, omdat er verwachting zal zijn; en gij zult graven, gerustelijk zult gij slapen;
	Also thou shalt lie down, and none shall make thee afraid; yea, many shall make suit unto thee.	19		En gij zult nederliggen, en niemand zal u verschrikken; en velen zullen uw aangezicht smeken.
	But the eyes of the wicked shall fail, and they shall not escape, and their hope shall be as the giving up of the ghost.	20		Maar de ogen der goddelozen zullen bezwijken, en de toevlucht zal van hen vergaan; en hun verwachting zal zijn de uitblazing der ziel.

Job (12) Job

	And Job answered and said,	1		Maar Job antwoordde en zeide:
	No doubt but ye are the people, and wisdom shall die with you.	2		Trouwens, omdat gijlieden het volk zijt, zo zal de wijsheid met ulieden sterven!
	But I have understanding as well as you; I am not inferior to you: yea, who knoweth not such things as these?	3		Ik heb ook een hart even als gijlieden, ik zwicht niet voor u; en bij wien zijn niet dergelijke dingen?
	I am as one mocked of his neighbour, who calleth upon God, and he answereth him: the just upright man is laughed to scorn.	4		Ik ben het, die zijn vriend een spot is, maar roepende tot God, Die hem verhoort; de rechtvaardige en oprechte is een spot.
	He that is ready to slip with his feet is as a lamp despised in the thought of him that is at ease.	5		Hij is een verachte fakkel, naar de mening desgenen, die gerust is; hij is gereed met den voet te struikelen.
	The tabernacles of robbers prosper, and they that provoke God are secure; into whose hand God bringeth abundantly.	6		De tenten der verwoesters hebben rust, en die Gode tergen, hebben verzekerdheden, om hetgene God met Zijn hand toebrengt.
	But ask now the beasts, and they shall teach thee; and the fowls of the air, and they shall tell thee:	7		En waarlijk, vraag toch de beesten, en elkeen van die zal het u leren; en het gevogelte des hemels, dat zal het u te kennen geven.
	Or speak to the earth, and it shall teach thee: and the fishes of the sea shall declare unto thee.	8		Of spreek tot de aarde, en zij zal het u leren; ook zullen het u de vissen der zee vertellen.
	Who knoweth not in all these that the hand of the LORD hath wrought this?	9		Wie weet niet uit alle deze, dat de hand des HEEREN dit doet?
	In whose hand is the soul of every living thing, and the breath of all mankind.	10		In Wiens hand de ziel is van al wat leeft, en de geest van alle vlees des mensen.
	Doth not the ear try words? and the mouth taste his meat?	11		Zal niet het oor de woorden proeven, gelijk het gehemelte voor zich de spijze smaakt?
	With the ancient is wisdom; and in length of days understanding.	12		In de stokouden is de wijsheid, en in de langheid der dagen het verstand.
	With him is wisdom and strength, he hath counsel and understanding.	13		Bij Hem is wijsheid en macht; Hij heeft raad en verstand.
	Behold, he breaketh down, and it cannot be built again: he shutteth up a man, and there can be no opening.	14		Ziet, Hij breekt af, en het zal niet herbouwd worden; Hij besluit iemand, en er zal niet opengedaan worden.
	Behold, he withholdeth the waters, and they dry up: also he sendeth them out, and they overturn the earth.	15		Ziet, Hij houdt de wateren op, en zij drogen uit; ook laat Hij ze uit, en zij keren de aarde om.
	With him is strength and wisdom: the deceived and the deceiver are his.	16		Bij Hem is kracht en wijsheid; Zijns is de dwalende, en die doet dwalen.
	He leadeth counsellers away spoiled, and maketh the judges fools.	17		Hij voert de raadsheren beroofd weg, en de rechters maakt Hij uitzinnig,
	He looseth the bond of kings, and girdeth their loins with a girdle.	18		Den band der koningen maakt Hij los, en Hij bindt den gordel aan hun lenden.
	He leadeth princes away spoiled, and overthroweth the mighty.	19		Hij voert de oversten beroofd weg, en de machtigen keert Hij om.
	He removeth away the speech of the trusty, and taketh away the understanding of the aged.	20		Hij beneemt den getrouwen de spraak, en der ouden oordeel neemt Hij weg.
	He poureth contempt upon princes, and weakeneth the strength of the mighty.	21		Hij giet verachting over de prinsen uit, en Hij verslapt den riem der geweldigen.
	He discovereth deep things out of darkness, and bringeth out to light the shadow of death.	22		Hij openbaart de diepten uit de duisternis, en des doods schaduwe brengt Hij voort in het licht.
	He increaseth the nations, and destroyeth them: he enlargeth the nations, and straiteneth them again.	23		Hij vermenigvuldigt de volken, en verderft ze; Hij breidt de volken uit, en leidt ze.
	He taketh away the heart of the chief of the people of the earth, and causeth them to wander in a wilderness where there is no way.	24		Hij neemt het hart van de hoofden des volks der aarde weg, en doet hen dwalen in het woeste, waar geen weg is.
	They grope in the dark without light, and he maketh them to stagger like a drunken man.	25		Zij tasten in de duisternis, waar geen licht is; en Hij doet hen dwalen, als een dronkaard.

Job (13) Job

Lo, mine eye hath seen all this, mine ear hath heard and understood it.	1	Ziet, dat alles heeft mijn oog gezien, mijn oor gehoord en verstaan.
What ye know, the same do I know also: I am not inferior unto you.	2	Gelijk gijlieden het weet, weet ik het ook; ik zwicht niet voor u.
Surely I would speak to the Almighty, and I desire to reason with God.	3	Maar ik zal tot den Almachtige spreken, en ben belust mij te verdedigen voor God.
But ye are forgers of lies, ye are all physicians of no value.	4	Want gewisselijk, gij zijt leugenstoffeerders; gij allen zijt nietige medicijnmeesters.
O that ye would altogether hold your peace! and it should be your wisdom.	5	Och, of gij gans stilzweegt! Dat zou ulieden voor wijsheid wezen.
Hear now my reasoning, and hearken to the pleadings of my lips.	6	Hoort toch mijn verdediging, en merkt op de twistingen mijner lippen.
Will ye speak wickedly for God? and talk deceitfully for him?	7	Zult gij voor God onrecht spreken, en zult gij voor Hem bedriegerij spreken?
Will ye accept his person? will ye contend for God?	8	Zult gij Zijn aangezicht aannemen? Zult gij voor God twisten?
Is it good that he should search you out? or as one man mocketh another, do ye so mock him?	9	Zal het goed zijn, als Hij u zal onderzoeken? Zult gij met Hem spotten, gelijk men met een mens spot?
He will surely reprove you, if ye do secretly accept persons.	10	Hij zal u gewisselijk bestraffen, zo gij in het verborgene het aangezicht aanneemt.
Shall not his excellency make you afraid? and his dread fall upon you?	11	Zal u niet Zijn hoogheid verschrikken, en Zijn vreze over u vallen?
Your remembrances are like unto ashes, your bodies to bodies of clay.	12	Uw gedachtenissen zijn gelijk as, uw hoogten als hoogten van leem.
Hold your peace, let me alone, that I may speak, and let come on me what will.	13	Houdt stil van mij, opdat ik spreke, en er ga over mij, wat het zij.
Wherefore do I take my flesh in my teeth, and put my life in mine hand?	14	Waarom zou ik mijn vlees in mijn tanden nemen, en mijn ziel in mijn hand stellen?
Though he slay me, yet will I trust in him: but I will maintain mine own ways before him.	15	Ziet, zo Hij mij doodde, zou ik niet hopen? Evenwel zal ik mijn wegen voor Zijn aangezicht verdedigen.
He also shall be my salvation: for an hypocrite shall not come before him.	16	Ook zal Hij mij tot zaligheid zijn; maar een huichelaar zal voor Zijn aangezicht niet komen.
Hear diligently my speech, and my declaration with your ears.	17	Hoort naarstiglijk mijn rede, en mijn aanwijzing met uw oren.
Behold now, I have ordered my cause; I know that I shall be justified.	18	Ziet nu, ik heb het recht ordentelijk gesteld; ik weet, dat ik rechtvaardig zal verklaard worden.
Who is he that will plead with me? for now, if I hold my tongue, I shall give up the ghost.	19	Wie is hij, die met mij twist? Wanneer ik nu zweeg, zo zou ik den geest geven.
Only do not two things unto me: then will I not hide myself from thee.	20	Alleenlijk doe twee dingen niet met mij; dan zal ik mij van Uw aangezicht niet verbergen.
Withdraw thine hand far from me: and let not thy dread make me afraid.	21	Doe Uw hand verre van op mij, en Uw verschrikking make mij niet verbaasd.
Then call thou, and I will answer: or let me speak, and answer thou me.	22	Roep dan, en ik zal antwoorden; of ik zal spreken, en geef mij antwoord.
How many are mine iniquities and sins? make me to know my transgression and my sin.	23	Hoeveel misdaden en zonden heb ik? Maak mijn overtreding en mijn zonden mij bekend.
Wherefore hidest thou thy face, and holdest me for thine enemy?	24	Waarom verbergt Gij Uw aangezicht, en houdt mij voor Uw vijand?
Wilt thou break a leaf driven to and fro? and wilt thou pursue the dry stubble?	25	Zult Gij een gedreven blad verbrijzelen, en zult Gij een drogen stoppel vervolgen?
For thou writest bitter things against me, and makest me to possess the iniquities of my youth.	26	Want Gij schrijft tegen mij bittere dingen; en Gij doet mij erven de misdaden mijner jonkheid.
Thou puttest my feet also in the stocks, and lookest narrowly unto all my paths; thou settest a print upon the heels of my feet.	27	Gij legt ook mijn voeten in den stok, en neemt waar al mijn paden; Gij drukt U in de wortelen mijner voeten,
And he, as a rotten thing, consumeth, as a garment that is moth eaten.	28	En hij veroudert als een verrotting, als een kleed, dat de mot opeet.

Job (14) Job

Man that is born of a woman is of few days, and full of trouble.	1	De mens, van een vrouw geboren, is kort van dagen, en zat van onrust.
He cometh forth like a flower, and is cut down: he fleeth also as a shadow, and continueth not.	2	Hij komt voort als een bloem, en wordt afgesneden; ook vlucht hij als een schaduw, en bestaat niet.
And dost thou open thine eyes upon such an one, and bringest me into judgment with thee?	3	Nog doet Gij Uw ogen over zulk een open; en Gij betrekt mij in het gericht met U.
Who can bring a clean thing out of an unclean? not one.	4	Wie zal een reine geven uit den onreine? Niet een.
Seeing his days are determined, the number of his months are with thee, thou hast appointed his bounds that he cannot pass;	5	Dewijl zijn dagen bestemd zijn, het getal zijner maanden bij U is, en Gij zijn bepalingen gemaakt hebt, die hij niet overgaan zal;
Turn from him, that he may rest, till he shall accomplish, as an hireling, his day.	6	Wend U van hem af, dat hij rust hebbe, totdat hij als een dagloner aan zijn dag een welgevallen hebbe.

7	For there is hope of a tree, if it be cut down, that it will sprout again, and that the tender branch thereof will not cease.	7	Want voor een boom, als hij afgehouwen wordt, is er verwachting, dat hij zich nog zal veranderen, en zijn scheut niet zal ophouden.
8	Though the root thereof wax old in the earth, and the stock thereof die in the ground;	8	Indien zijn wortel in de aarde veroudert, en zijn stam in het stof versterft;
9	Yet through the scent of water it will bud, and bring forth boughs like a plant.	9	Hij zal van den reuk der wateren weder uitspruiten, en zal een tak maken, gelijk een plant.
10	But man dieth, and wasteth away: yea, man giveth up the ghost, and where is he?	10	Maar een man sterft, als hij verzwakt is, en de mens geeft den geest, waar is hij dan?
11	As the waters fail from the sea, and the flood decayeth and drieth up:	11	De wateren verlopen uit een meer, en een rivier droogt uit en verdort;
12	So man lieth down, and riseth not: till the heavens be no more, they shall not awake, nor be raised out of their sleep.	12	Alzo ligt de mens neder, en staat niet op; totdat de hemelen niet meer zijn, zullen zij niet opwaken, noch uit hun slaap opgewekt worden.
13	O that thou wouldest hide me in the grave, that thou wouldest keep me secret, until thy wrath be past, that thou wouldest appoint me a set time, and remember me!	13	Och, of Gij mij in het graf verstaakt, mij verborgt, totdat Uw toorn zich afkeerde; dat Gij mij een bepaling steldet, en mijner gedachtig waart!
14	If a man die, shall he live again? all the days of my appointed time will I wait, till my change come.	14	Als een man gestorven is, zal hij weder leven? Ik zou al de dagen mijns strijds hopen, totdat mijn verandering komen zou.
15	Thou shalt call, and I will answer thee: thou wilt have a desire to the work of thine hands.	15	Dat Gij zoudt roepen, en ik U zou antwoorden, dat Gij tot het werk Uwer handen zoudt begerig zijn.
16	For now thou numberest my steps: dost thou not watch over my sin?	16	Maar nu telt Gij mijn treden; Gij bewaart mij niet om mijner zonden wil.
17	My transgression is sealed up in a bag, and thou sewest up mine iniquity.	17	Mijn overtreding is in een bundeltje verzegeld, en Gij pakt mijn ongerechtigheid opeen.
18	And surely the mountain falling cometh to nought, and the rock is removed out of his place.	18	En voorwaar, een berg vallende vergaat, en een rots wordt versteld uit haar plaats;
19	The waters wear the stones: thou washest away the things which grow out of the dust of the earth; and thou destroyest the hope of man.	19	De wateren vermalen de stenen, het stof der aarde overstelpt het gewas, dat van zelf daaruit voortkomt; alzo verderft Gij de verwachting des mensen.
20	Thou prevailest for ever against him, and he passeth: thou changest his countenance, and sendest him away.	20	Gij overweldigt hem in eeuwigheid, en hij gaat heen; veranderende zijn gelaat, zo zendt Gij hem weg.
21	His sons come to honour, and he knoweth it not; and they are brought low, but he perceiveth it not of them.	21	Zijn kinderen komen tot eer, en hij weet het niet; of zij worden klein, en hij let niet op hen.
22	But his flesh upon him shall have pain, and his soul within him shall mourn.	22	Maar zijn vlees, nog aan hem zijnde, heeft smart; en zijn ziel, in hem zijnde, heeft rouw.

Job (15) Job

1	Then answered Eliphaz the Temanite, and said,	1	Toen antwoordde Elifaz, de Themaniet, en zeide:
2	Should a wise man utter vain knowledge, and fill his belly with the east wind?	2	Zal een wijs man winderige wetenschap voor antwoord geven, en zal hij zijn buik vullen met oostenwind?
3	Should he reason with unprofitable talk? or with speeches wherewith he can do no good?	3	Bestraffende door woorden, die niet baten, en door redenen, met dewelke hij geen voordeel doet?
4	Yea, thou castest off fear, and restrainest prayer before God.	4	Ja, gij vernietigt de vreze, en neemt het gebed voor het aangezicht Gods weg.
5	For thy mouth uttereth thine iniquity, and thou choosest the tongue of the crafty.	5	Want uw mond leert uw ongerechtigheid, en gij hebt de tong der arglistigen verkoren.
6	Thine own mouth condemneth thee, and not I: yea, thine own lips testify against thee.	6	Uw mond verdoemt u, en niet ik; en uw lippen getuigen tegen u.
7	Art thou the first man that was born? or wast thou made before the hills?	7	Zijt gij de eerste een mens geboren? Of zijt gij voor de heuvelen voortgebracht?
8	Hast thou heard the secret of God? and dost thou restrain wisdom to thyself?	8	Hebt gij den verborgen raad Gods gehoord, en hebt gij de wijsheid naar u getrokken?
9	What knowest thou, that we know not? what understandest thou, which is not in us?	9	Wat weet gij, dat wij niet weten? Wat verstaat gij, dat bij ons niet is?
10	With us are both the grayheaded and very aged men, much elder than thy father.	10	Onder ons is ook een grijze, ja, een stokoude, meerder van dagen dan uw vader.
11	Are the consolations of God small with thee? is there any secret thing with thee?	11	Zijn de vertroostingen Gods u te klein, en schuilt er enige zaak bij u?
12	Why doth thine heart carry thee away? and what do thy eyes wink at,	12	Waarom rukt uw hart u weg, en waarom wenken uw ogen?
13	That thou turnest thy spirit against God, and lettest such words go out of thy mouth?	13	Dat gij uw geest keert tegen God, en zulke redenen uit uw mond laat uitgaan.
14	What is man, that he should be clean? and he which is born of a woman, that he should be righteous?	14	Wat is de mens, dat hij zuiver zou zijn, en die geboren is van een vrouw, dat hij rechtvaardig zou zijn?
15	Behold, he putteth no trust in his saints; yea, the heavens are not clean in his sight.	15	Zie, op Zijn heiligen zou Hij niet vertrouwen, en de hemelen zijn niet zuiver in Zijn ogen.
16	How much more abominable and filthy is man, which drinketh iniquity like water?	16	Hoeveel te meer is een man gruwelijk en stinkende, die het onrecht indrinkt als water?
17	I will shew thee, hear me; and that which I have seen I will declare;	17	Ik zal u wijzen, hoor mij aan, en hetgeen ik gezien heb, dat zal ik vertellen;

Which wise men have told from their fathers, and have not hid it:	18 Hetwelk de wijzen verkondigd hebben, en men voor hun vaderen niet verborgen heeft;
Unto whom alone the earth was given, and no stranger passed among them.	19 Denwelken alleen het land gegeven was, en door welker midden niemand vreemds doorging.
The wicked man travaileth with pain all his days, and the number of years is hidden to the oppressor.	20 Te allen dage doet de goddeloze zichzelven weedom aan; en weinige jaren in getal zijn voor den tiran weggelegd.
A dreadful sound is in his ears: in prosperity the destroyer shall come upon him.	21 Het geluid der verschrikkingen is in zijn oren; in den vrede zelven komt de verwoester hem over.
He believeth not that he shall return out of darkness, and he is waited for of the sword.	22 Hij gelooft niet uit de duisternis weder te keren, maar dat hij beloerd wordt ten zwaarde.
He wandereth abroad for bread, saying, Where is it? he knoweth that the day of darkness is ready at his hand.	23 Hij zwerft heen en weder om brood, waar het zijn mag; hij weet, dat bij zijn hand gereed is de dag der duisternis.
Trouble and anguish shall make him afraid; they shall prevail against him, as a king ready to the battle.	24 Angst en benauwdheid verschrikken hem; zij overweldigt hem, gelijk een koning, bereid ten strijde.
For he stretcheth out his hand against God, and strengtheneth himself against the Almighty.	25 Want hij strekt tegen God zijn hand uit, en tegen den Almachtige stelt hij zich geweldiglijk aan.
He runneth upon him, even on his neck, upon the thick bosses of his bucklers:	26 Hij loopt tegen Hem aan met den hals, met zijn dikke, hoog verhevene schilden.
Because he covereth his face with his fatness, and maketh collops of fat on his flanks.	27 Omdat hij zijn aangezicht met zijn vet bedekt heeft, en rimpelen gemaakt om de weekdarmen;
And he dwelleth in desolate cities, and in houses which no man inhabiteth, which are ready to become heaps.	28 En heeft bewoond verdelgde steden, en huizen, die men niet bewoonde, die gereed waren tot steen hopen te worden.
He shall not be rich, neither shall his substance continue, neither shall he prolong the perfection thereof upon the earth.	29 Hij zal niet rijk worden, en zijn vermogen zal niet bestaan; en hun volmaaktheid zal zich niet uitbreiden op de aarde.
He shall not depart out of darkness; the flame shall dry up his branches, and by the breath of his mouth shall he go away.	30 Hij zal van de duisternis niet ontwijken, de vlam zal zijn scheut verdrogen; hij zal wijken door het geblaas zijns monds.
Let not him that is deceived trust in vanity: for vanity shall be his recompence.	31 Hij betrouwe niet op ijdelheid, waardoor hij verleid wordt; want ijdelheid zal zijn vergelding wezen.
It shall be accomplished before his time, and his branch shall not be green.	32 Als zijn dag nog niet is, zal hij vervuld worden; want zijn tak zal niet groenen.
He shall shake off his unripe grape as the vine, and shall cast off his flower as the olive.	33 Men zal zijn onrijpe druiven afrukken, als van een wijnstok, en zijn bloeisel afwerpen, als van een olijfboom.
For the congregation of hypocrites shall be desolate, and fire shall consume the tabernacles of bribery.	34 Want de vergadering der huichelaren wordt eenzaam, en het vuur verteert de tenten der geschenken.
They conceive mischief, and bring forth vanity, and their belly prepareth deceit.	35 Zijn ontvangen moeite, en baren ijdelheid, en hun buik richt bedrog aan.

Job (16) Job

Then Job answered and said,	1 Maar Job antwoordde en zeide:
I have heard many such things: miserable comforters are ye all.	2 Ik heb vele dergelijke dingen gehoord; gij allen zijt moeilijke vertroosters.
Shall vain words have an end? or what emboldeneth thee that thou answerest?	3 Zal er een einde zijn aan de winderige woorden? Of wat stijft u, dat gij alzo antwoordt?
I also could speak as ye do: if your soul were in my soul's stead, I could heap up words against you, and shake mine head at you.	4 Zou ik ook, als gijlieden, spreken, indien uw ziel ware in mijner ziele plaats? Zou ik woorden tegen u samenhopen, en zou ik over u met mijn hoofd schudden?
But I would strengthen you with my mouth, and the moving of my lips should asswage your grief.	5 Ik zou u versterken met mijn mond, en de beweging mijner lippen zou zich inhouden.
Though I speak, my grief is not asswaged: and though I forbear, what am I eased?	6 Zo ik spreek, mijn smart wordt niet ingehouden; en houd ik op, wat gaat er van mij weg?
But now he hath made me weary: thou hast made desolate all my company.	7 Gewisselijk, Hij heeft mij nu vermoeid; Gij hebt mijn ganse vergadering verwoest.
And thou hast filled me with wrinkles, which is a witness against me: and my leanness rising up in me beareth witness to my face.	8 Dat Gij mij rimpelachtig gemaakt hebt, is tot een getuige; en mijn magerheid staat tegen mij op, zij getuigt in mijn aangezicht.
He teareth me in his wrath, who hateth me: he gnasheth upon me with his teeth; mine enemy sharpeneth his eyes upon me.	9 Zijn toorn verscheurt, en Hij haat mij; Hij knerst over mij met Zijn tanden; mijn wederpartijder scherpt zijn ogen tegen mij.
They have gaped upon me with their mouth; they have smitten me upon the cheek reproachfully; they have gathered themselves together against me.	10 Zij gapen met hun mond tegen mij; zij slaan met smaadheid op mijn kinnebakken; zij vervullen zich te zamen aan mij.
God hath delivered me to the ungodly, and turned me over into the hands of the wicked.	11 God heeft mij den verkeerde overgegeven, en heeft mij afgewend in de handen der goddelozen.
I was at ease, but he hath broken me asunder: he hath also taken me by my neck, and shaken me to pieces, and set me up for his mark.	12 Ik had rust, maar Hij heeft mij verbroken, en bij mijn nek gegrepen, en mij verpletterd; en Hij heeft mij Zich tot een doelwit opgericht.
His archers compass me round about, he cleaveth my reins asunder, and doth not spare; he poureth out my gall upon the ground.	13 Zijn schutters hebben mij omringd; Hij heeft mijn nieren doorspleten, en niet gespaard; Hij heeft mijn gal op de aarde uitgegoten.
He breaketh me with breach upon breach, he runneth upon me like a giant.	14 Hij heeft mij gebroken met breuk op breuk; Hij is tegen mij aangelopen als een geweldige.
I have sewed sackcloth upon my skin, and defiled my horn in the dust.	15 Ik heb een zak over mijn huid genaaid; ik heb mijn hoorn in het stof gedaan.

My face is foul with weeping, and on my eyelids is the shadow of death;	16 Mijn aangezicht is gans bemodderd van wenen, en over mijn oogleden is des doods schaduw.
Not for any injustice in mine hands: also my prayer is pure.	17 Daar toch geen wrevel in mijn handen is, en mijn gebed zuiver is.
O earth, cover not thou my blood, and let my cry have no place.	18 O, aarde! bedek mijn bloed niet; en voor mijn geroep zij geen plaats.
Also now, behold, my witness is in heaven, and my record is on high.	19 Ook nu, zie, in den hemel is mijn Getuige, en mijn Getuige in de hoogten.
My friends scorn me: but mine eye poureth out tears unto God.	20 Mijn vrienden zijn mijn bespotters; doch mijn oog druipt tot God.
O that one might plead for a man with God, as a man pleadeth for his neighbour!	21 Och, mocht men rechten voor een man met God, gelijk een kind des mensen voor zijn vriend.
When a few years are come, then I shall go the way whence I shall not return.	22 Want weinige jaren in getal zullen er nog aankomen, en ik zal het pad henengaan, waardoor ik niet zal wederkeren.

Job (17) Job

My breath is corrupt, my days are extinct, the graves are ready for me.	1 Mijn geest is verdorven, mijn dagen worden uitgeblust, de graven zijn voor mij.
Are there not mockers with me? and doth not mine eye continue in their provocation?	2 Zijn niet bespotters bij mij, en overnacht niet mijn oog in hunlieder verbittering?
Lay down now, put me in a surety with thee; who is he that will strike hands with me?	3 Zet toch bij, stel mij een borg bij U; wie zal hij zijn? Dat in mijn hand geklapt worde.
For thou hast hid their heart from understanding: therefore shalt thou not exalt them.	4 Want hun hart hebt Gij van kloek verstand verborgen; daarom zult Gij hen niet verhogen.
He that speaketh flattery to his friends, even the eyes of his children shall fail.	5 Die met vleiing den vrienden wat aanzegt, ook zijner kinderen ogen zullen versmachten.
He hath made me also a byword of the people; and aforetime I was as a tabret.	6 Doch Hij heeft mij tot een spreekwoord der volken gesteld; zodat ik een trommelslag ben voor ieders aangezicht.
Mine eye also is dim by reason of sorrow, and all my members are as a shadow.	7 Daarom is mijn oog door verdriet verdonkerd, en al mijn ledematen zijn gelijk een schaduw.
Upright men shall be astonied at this, and the innocent shall stir up himself against the hypocrite.	8 De oprechten zullen hierover verbaasd zijn, en de onschuldige zal zich tegen den huichelaar opmaken;
The righteous also shall hold on his way, and he that hath clean hands shall be stronger and stronger.	9 En de rechtvaardige zal zijn weg vasthouden, en die rein van handen is, zal in sterkte toenemen.
But as for you all, do ye return, and come now: for I cannot find one wise man among you.	10 Maar toch gij allen, keert weder, en komt nu; want ik vind onder u geen wijze.
My days are past, my purposes are broken off, even the thoughts of my heart.	11 Mijn dagen zijn voorbijgegaan; uitgerukt zijn mijn gedachten, de bezittingen mijns harten.
They change the night into day: the light is short because of darkness.	12 Den nacht verstellen zij in den dag; het licht is nabij den ondergang vanwege de duisternis.
If I wait, the grave is mine house: I have made my bed in the darkness.	13 Zo ik wacht, het graf zal mijn huis wezen; in de duisternis zal ik mijn bed spreiden.
I have said to corruption, Thou art my father: to the worm, Thou art my mother, and my sister.	14 Tot de groeve roep ik: Gij zijt mijn vader! Tot het gewormte: Mijn moeder, en mijn zuster!
And where is now my hope? as for my hope, who shall see it?	15 Waar zou dan nu mijn verwachting wezen? Ja, mijn verwachting, wie zal ze aanschouwen?
They shall go down to the bars of the pit, when our rest together is in the dust.	16 Zij zullen ondervaren met de handbomen des grafs, als er rust te zamen in het stof wezen zal.

Job (18) Job

Then answered Bildad the Shuhite, and said,	1 Toen antwoordde Bildad, de Suhiet, en zeide:
How long will it be ere ye make an end of words? mark, and afterwards we will speak.	2 Hoe lang is het, dat gijlieden een einde van woorden zult maken? Merkt op, en daarna zullen wij spreken.
Wherefore are we counted as beasts, and reputed vile in your sight?	3 Waarom worden wij geacht als beesten, en zijn onrein in ulieder ogen?
He teareth himself in his anger: shall the earth be forsaken for thee? and shall the rock be removed out of his place?	4 O gij, die zijn ziel verscheurt door zijn toorn! Zal om uwentwil de aarde verlaten worden, en zal een rots versteld worden uit haar plaats?
Yea, the light of the wicked shall be put out, and the spark of his fire shall not shine.	5 Ja, het licht der goddelozen zal uitgeblust worden, en de vonk zijns vuurs zal niet glinsteren.
The light shall be dark in his tabernacle, and his candle shall be put out with him.	6 Het licht zal verduisteren in zijn tent, en zijn lamp zal over hem uitgeblust worden.
The steps of his strength shall be straitened, and his own counsel shall cast him down.	7 De treden zijner macht zullen benauwd worden, en zijn raad zal hem nederwerpen.
For he is cast into a net by his own feet, and he walketh upon a snare.	8 Want met zijn voeten zal hij in het net geworpen worden, en zal in het wargaren wandelen.
The gin shall take him by the heel, and the robber shall prevail against him.	9 De strik zal hem bij de verzenen vatten; de struikrover zal hem overweldigen.
The snare is laid for him in the ground, and a trap for him in the way.	10 Zijn touw is in de aarde verborgen, en zijn val op het pad.
Terrors shall make him afraid on every side, and shall drive him to his feet.	11 De beroeringen zullen hem rondom verschrikken, en hem verstrooien op zijn voeten.

	His strength shall be hungerbitten, and destruction shall be ready at his side.	12	Zijn macht zal hongerig wezen, en het verderf is bereid aan zijn zijde.
	It shall devour the strength of his skin: even the firstborn of death shall devour his strength.	13	De eerstgeborene des doods zal de grendelen zijner huid verteren, zijn grendelen zal hij verteren.
	His confidence shall be rooted out of his tabernacle, and it shall bring him to the king of terrors.	14	Zijn vertrouwen zal uit zijn tent uitgerukt worden; zulks zal hem doen treden tot den koning der verschrikkingen.
	It shall dwell in his tabernacle, because it is none of his: brimstone shall be scattered upon his habitation.	15	Zij zal wonen in zijn tent, waar zij de zijne niet is; zijn woning zal met zwavel overstrooid worden.
	His roots shall be dried up beneath, and above shall his branch be cut off.	16	Van onder zullen zijn wortelen verdorren, en van boven zal zijn tak afgesneden worden.
	His remembrance shall perish from the earth, and he shall have no name in the street.	17	Zijn gedachtenis zal vergaan van de aarde, en hij zal geen naam hebben op de straten.
	He shall be driven from light into darkness, and chased out of the world.	18	Men zal hem stoten van het licht in de duisternis, en men zal hem van de wereld verjagen.
	He shall neither have son nor nephew among his people, nor any remaining in his dwellings.	19	Hij zal geen zoon, noch neef hebben onder zijn volk; en niemand zal in zijn woningen overig zijn.
	They that come after him shall be astonied at his day, as they that went before were affrighted.	20	Over zijn dag zullen de nakomelingen verbaasd zijn, en de ouden met schrik bevangen worden.
	Surely such are the dwellings of the wicked, and this is the place of him that knoweth not God.	21	Gewisselijk, zodanige zijn de woningen des verkeerden, en dit is de plaats desgenen die God niet kent.

Job (19) Job

	Then Job answered and said,	1	Maar Job antwoordde en zeide:
	How long will ye vex my soul, and break me in pieces with words?	2	Hoe lang zult gijlieden mijn ziel bedroeven, en mij met woorden verbrijzelen?
	These ten times have ye reproached me: ye are not ashamed that ye make yourselves strange to me.	3	Gij hebt nu tienmaal mij schande aangedaan; gij schaamt u niet, gij verhardt u tegen mij.
	And be it indeed that I have erred, mine error remaineth with myself.	4	Maar ook ten zij waarlijk, dat ik gedwaald heb, mijn dwaling zal bij mij vernachten.
	If indeed ye will magnify yourselves against me, and plead against me my reproach:	5	Indien gijlieden waarlijk u verheft tegen mij, en mijn smaad tegen mij drijft;
	Know now that God hath overthrown me, and hath compassed me with his net.	6	Weet nu, dat God mij heeft omgekeerd, en mij met Zijn net omsingeld.
	Behold, I cry out of wrong, but I am not heard: I cry aloud, but there is no judgment.	7	Ziet, ik roep, geweld! doch word niet verhoord; ik schreeuw, doch er is geen recht.
	He hath fenced up my way that I cannot pass, and he hath set darkness in my paths.	8	Hij heeft mijn weg toegemuurd, dat ik niet doorgaan kan, en over mijn paden heeft Hij duisternis gesteld.
	He hath stripped me of my glory, and taken the crown from my head.	9	Mijn eer heeft Hij van mij afgetrokken, en de kroon mijns hoofds heeft Hij weggenomen.
	He hath destroyed me on every side, and I am gone: and mine hope hath he removed like a tree.	10	Hij heeft mij rondom afgebroken, zodat ik henenga, en heeft mijn verwachting als een boom weggerukt.
	He hath also kindled his wrath against me, and he counteth me unto him as one of his enemies.	11	Daartoe heeft Hij Zijn toorn tegen mij ontstoken, en mij bij Zich geacht als Zijn vijanden.
	His troops come together, and raise up their way against me, and encamp round about my tabernacle.	12	Zijn benden zijn te zamen aangekomen, en hebben tegen mij haar weg gebaand, en hebben zich gelegerd rondom mijn tent.
	He hath put my brethren far from me, and mine acquaintance are verily estranged from me.	13	Mijn broeders heeft Hij verre van mij gedaan; en die mij kennen, zekerlijk, zij zijn van mij vervreemd.
	My kinsfolk have failed, and my familiar friends have forgotten me.	14	Mijn nabestaanden houden op, en mijn bekenden vergeten mij.
	They that dwell in mine house, and my maids, count me for a stranger: I am an alien in their sight.	15	Mijn huisgenoten en mijn dienstmaagden achten mij voor een vreemde; een uitlander ben ik in hun ogen.
	I called my servant, and he gave me no answer; I intreated him with my mouth.	16	Ik riep mijn knecht, en hij antwoordde niet; ik smeekte met mijn mond tot hem.
	My breath is strange to my wife, though I intreated for the children's sake of mine own body.	17	Mijn adem is mijn huisvrouw vreemd; en ik smeek om der kinderen mijns buiks wil.
	Yea, young children despised me; I arose, and they spake against me.	18	Ook versmaden mij de jonge kinderen; sta ik op, zo spreken zij mij tegen.
	All my inward friends abhorred me: and they whom I loved are turned against me.	19	Alle mensen mijns heimelijken raads hebben een gruwel aan mij; en die ik liefhad, zijn tegen mij gekeerd.
	My bone cleaveth to my skin and to my flesh, and I am escaped with the skin of my teeth.	20	Mijn gebeente kleeft aan mijn huid en aan mijn vlees; en ik ben ontkomen met de huid mijner tanden.
	Have pity upon me, have pity upon me, O ye my friends; for the hand of God hath touched me.	21	Ontfermt u mijner, ontfermt u mijner, o gij, mijn vrienden! want de hand Gods heeft mij aangeraakt.
	Why do ye persecute me as God, and are not satisfied with my flesh?	22	Waarom vervolgt gij mij als God, en wordt niet verzadigd van mijn vlees?
	Oh that my words were now written! oh that they were printed in a book!	23	Och, of nu mijn woorden toch opgeschreven wierden. Och, of zij in een boek ook wierden ingetekend!
	That they were graven with an iron pen and lead in the rock for ever!	24	Dat zij met een ijzeren griffie en lood voor eeuwig in een rots gehouwen wierden!
	For I know that my redeemer liveth, and that he shall stand at the latter day upon the earth:	25	Want ik weet: mijn Verlosser leeft, en Hij zal de laatste over het stof opstaan;

And though after my skin worms destroy this body, yet in my flesh shall I see God:	26 En als zij na mijn huid dit doorknaagd zullen hebben, zal ik uit mijn vlees God aanschouwen;
Whom I shall see for myself, and mine eyes shall behold, and not another; though my reins be consumed within me.	27 Denwelken ik voor mij aanschouwen zal, en mijn ogen zien zullen, en niet een vreemde; mijn nieren verlangen zeer in mijn schoot.
But ye should say, Why persecute we him, seeing the root of the matter is found in me?	28 Voorwaar, gij zoudt zeggen: Waarom vervolgen wij hem? Nademaal de wortel der zaak in mij gevonden wordt.
Be ye afraid of the sword: for wrath bringeth the punishments of the sword, that ye may know there is a judgment.	29 Schroomt u vanwege het zwaard; want de grimmigheid is over de misdaden des zwaards; opdat gij weet, dat er een gericht zij.

Job (20) Job

Then answered Zophar the Naamathite, and said,	1 Toen antwoordde Zofar, de Naamathiet, en zeide:
Therefore do my thoughts cause me to answer, and for this I make haste.	2 Daarom doen mijn gedachten mij antwoorden, en over zulks is mijn verhaasten in mij.
I have heard the check of my reproach, and the spirit of my understanding causeth me to answer.	3 Ik heb aangehoord een bestraffing, die mij schande aandoet; maar de geest zal uit mijn verstand voor mij antwoorden.
Knowest thou not this of old, since man was placed upon earth,	4 Weet gij dit? Van altoos af, van dat God den mens op de wereld gezet heeft,
That the triumphing of the wicked is short, and the joy of the hypocrite but for a moment?	5 Dat het gejuich de goddelozen van nabij geweest is, en de vreugde des huichelaars voor een ogenblik?
Though his excellency mount up to the heavens, and his head reach unto the clouds;	6 Wanneer zijn hoogheid tot den hemel toe opklomme, en zijn hoofd tot aan de wolken raakte;
Yet he shall perish for ever like his own dung: they which have seen him shall say, Where is he?	7 Zal hij, gelijk zijn drek, in eeuwigheid vergaan; die hem gezien hadden, zullen zeggen: Waar is hij?
He shall fly away as a dream, and shall not be found: yea, he shall be chased away as a vision of the night.	8 Hij zal wegvlieden als een droom, dat men hem niet vinden zal, en hij zal verjaagd worden als een gezicht des nachts.
The eye also which saw him shall see him no more; neither shall his place any more behold him.	9 Het oog, dat hem zag, zal het niet meer doen; en zijn plaats zal hem niet meer aanschouwen.
His children shall seek to please the poor, and his hands shall restore their goods.	10 Zijn kinderen zullen zoeken den armen te behagen; en zijn handen zullen zijn vermogen moeten weder uitkeren.
His bones are full of the sin of his youth, which shall lie down with him in the dust.	11 Zijn beenderen zullen vol van zijn verborgene zonden zijn; van welke elkeen met hem op het stof nederliggen zal.
Though wickedness be sweet in his mouth, though he hide it under his tongue;	12 Indien het kwaad in zijn mond zoet is, hij dat verbergt, onder zijn tong,
Though he spare it, and forsake it not; but keep it still within his mouth:	13 Hij dat spaart, en hetzelve niet verlaat, maar dat in het midden van zijn gehemelte inhoudt;
Yet his meat in his bowels is turned, it is the gall of asps within him.	14 Zijn spijze zal in zijn ingewand veranderd worden; gal der adderen zal zij in het binnenste van hem zijn.
He hath swallowed down riches, and he shall vomit them up again: God shall cast them out of his belly.	15 Hij heeft goed ingeslokt, maar zal het uitspuwen; God zal het uit zijn buik uitdrijven.
He shall suck the poison of asps: the viper's tongue shall slay him.	16 Het vergif der adderen zal hij zuigen; de tong der slang zal hem doden.
He shall not see the rivers, the floods, the brooks of honey and butter.	17 De stromen, rivieren, beken van honig en boter zal hij niet zien.
That which he laboured for shall he restore, and shall not swallow it down: according to his substance shall the restitution be, and he shall not rejoice therein.	18 Den arbeid zal hij wedergeven en niet inslokken; naar het vermogen zijner verandering, zo zal hij van vreugde niet opspringen.
Because he hath oppressed and hath forsaken the poor; because he hath violently taken away an house which he builded not;	19 Omdat hij onderdrukt heeft, de armen verlaten heeft, een huis geroofd heeft, dat hij niet opgebouwd had;
Surely he shall not feel quietness in his belly, he shall not save of that which he desired.	20 Omdat hij geen rust in zijn buik gekend heeft, zo zal hij van zijn gewenst goed niet uitbehouden.
There shall none of his meat be left; therefore shall no man look for his goods.	21 Er zal niets overig zijn, dat hij ete; daarom zal hij niet wachten naar zijn goed.
In the fulness of his sufficiency he shall be in straits: every hand of the wicked shall come upon him.	22 Als zijn genoegzaamheid zal vol zijn, zal hem bang zijn; alle hand des ellendigen zal over hem komen.
When he is about to fill his belly, God shall cast the fury of his wrath upon him, and shall rain it upon him while he is eating.	23 Er zij wat om zijn buik te vullen; God zal over hem de hitte Zijns toorns zenden, en over hem regenen op zijn spijze.
He shall flee from the iron weapon, and the bow of steel shall strike him through.	24 Hij zij gevloden van de ijzeren wapenen, de stalen boog zal hem doorschieten.
It is drawn, and cometh out of the body; yea, the glittering sword cometh out of his gall: terrors are upon him.	25 Men zal het zwaard uittrekken, het zal uit het lijf uitgaan, en glinsterende uit zijn gal voortkomen; verschrikkingen zullen over hem zijn.
All darkness shall be hid in his secret places: a fire not blown shall consume him; it shall go ill with him that is left in his tabernacle.	26 Alle duisternis zal verborgen zijn in zijn schuilplaatsen; een vuur, dat niet opgeblazen is, zal hem verteren; den overigen in zijn tent zal het kwalijk gaan.
The heaven shall reveal his iniquity; and the earth shall rise up against him.	27 De hemel zal zijn ongerechtigheid openbaren, en de aarde zal zich tegen hem opmaken.
The increase of his house shall depart, and his goods shall flow away in the day of his wrath.	28 De inkomste van zijn huis zal weggevoerd worden; het zal al henenvloeien in den dag Zijns toorns.
This is the portion of a wicked man from God, and the heritage appointed unto him by God.	29 Dit is het deel des goddelozen mensen van God, en de erve zijner redenen van God.

Job (21) Job

But Job answered and said,	1	Maar Job antwoordde en zeide:
Hear diligently my speech, and let this be your consolations.	2	Hoort aandachtelijk mijn rede, en laat dit zijn uw vertroostingen.
Suffer me that I may speak; and after that I have spoken, mock on.	3	Verdraagt mij, en ik zal spreken; en nadat ik gesproken zal hebben, spot dan.
As for me, is my complaint to man? and if it were so, why should not my spirit be troubled?	4	Is (mij aangaande) mijn klacht tot den mens? Doch of het zo ware, waarom zou mijn geest niet verdrietig zijn?
Mark me, and be astonished, and lay your hand upon your mouth.	5	Ziet mij aan, en wordt verbaasd, en legt de hand op den mond.
Even when I remember I am afraid, and trembling taketh hold on my flesh.	6	Ja, wanneer ik daaraan gedenk, zo word ik beroerd, en mijn vlees heeft een gruwen gevat.
Wherefore do the wicked live, become old, yea, are mighty in power?	7	Waarom leven de goddelozen, worden oud, ja, worden geweldig in vermogen?
Their seed is established in their sight with them, and their offspring before their eyes.	8	Hun zaad is bestendig met hen voor hun aangezicht, en hun spruiten zijn voor hun ogen.
Their houses are safe from fear, neither is the rod of God upon them.	9	Hun huizen hebben vrede zonder vreze, en de roede Gods is op hen niet.
Their bull gendereth, and faileth not; their cow calveth, and casteth not her calf.	10	Zijn stier bespringt, en mist niet; zijn koe kalft, en misdraagt niet.
They send forth their little ones like a flock, and their children dance.	11	Hun jonge kinderen zenden zij uit als een kudde, en hun kinderen huppelen.
They take the timbrel and harp, and rejoice at the sound of the organ.	12	Zij heffen op met de trommel en de harp, en zij verblijden zich op het geluid des orgels.
They spend their days in wealth, and in a moment go down to the grave.	13	In het goede verslijten zij hun dagen; en in een ogenblik dalen zij in het graf.
Therefore they say unto God, Depart from us; for we desire not the knowledge of thy ways.	14	Nochtans zeggen zij tot God: Wijk van ons, want aan de kennis Uwer wegen hebben wij geen lust.
What is the Almighty, that we should serve him? and what profit should we have, if we pray unto him?	15	Wat is de Almachtige, dat wij Hem zouden dienen? En wat baat zullen wij hebben, dat wij Hem aanlopen zouden?
Lo, their good is not in their hand: the counsel of the wicked is far from me.	16	Doch ziet, hun goed is niet in hun hand; de raad der goddelozen is verre van mij.
How oft is the candle of the wicked put out! and how oft cometh their destruction upon them! God distributeth sorrows in his anger.	17	Hoe dikwijls geschiedt het, dat de lamp der goddelozen uitgeblust wordt, en hun verderf hun overkomt; dat God hun smarten uitdeelt in Zijn toorn!
They are as stubble before the wind, and as chaff that the storm carrieth away.	18	Dat zij gelijk stro worden voor den wind, en gelijk kaf, dat de wervelwind wegsteelt;
God layeth up his iniquity for his children: he rewardeth him, and he shall know it.	19	Dat God Zijn geweld weglegt, voor Zijn kinderen, hem vergeldt, dat hij het gewaar wordt;
His eyes shall see his destruction, and he shall drink of the wrath of the Almighty.	20	Dat zijn ogen zijn ondergang zien, en hij drinkt van de grimmigheid des Almachtigen!
For what pleasure hath he in his house after him, when the number of his months is cut off in the midst?	21	Want wat lust zou hij na zich aan zijn huis hebben, als het getal zijner maanden afgesneden is?
Shall any teach God knowledge? seeing he judgeth those that are high.	22	Zal men God wetenschap leren, daar Hij de hogen richt?
One dieth in his full strength, being wholly at ease and quiet.	23	Deze sterft in de kracht zijner volkomenheid, daar hij gans stil en gerust was;
His breasts are full of milk, and his bones are moistened with marrow.	24	Zijn melkvaten waren vol melk, en het merg zijner benen was bevochtigd.
And another dieth in the bitterness of his soul, and never eateth with pleasure.	25	De ander daarentegen sterft met een bittere ziel, en hij heeft van het goede niet gegeten.
They shall lie down alike in the dust, and the worms shall cover them.	26	Zij liggen te zamen neder in het stof, en het gewormte overdekt ze.
Behold, I know your thoughts, and the devices which ye wrongfully imagine against me.	27	Ziet, ik weet ulieder gedachten, en de boze verdichtselen, waarmede gij tegen mij geweld doet.
For ye say, Where is the house of the prince? and where are the dwelling places of the wicked?	28	Want gij zult zeggen: Waar is het huis van den prins, en waar is de tent van de woningen der goddelozen?
Have ye not asked them that go by the way? and do ye not know their tokens,	29	Hebt gijlieden niet gevraagd de voorbijgaanden op den weg, en kent gij hun tekenen niet?
That the wicked is reserved to the day of destruction? they shall be brought forth to the day of wrath.	30	Dat de boze onttrokken wordt ten dage des verderfs; dat zij ten dage der verbolgenheden ontvoerd worden.
Who shall declare his way to his face? and who shall repay him what he hath done?	31	Wie zal hem in het aangezicht zijn weg vertonen? Als hij wat doet, wie zal hem vergelden?
Yet shall he be brought to the grave, and shall remain in the tomb.	32	Eindelijk wordt hij naar de graven gebracht, en is gedurig in den aardhoop.
The clods of the valley shall be sweet unto him, and every man shall draw after him, as there are innumerable before him.	33	De kluiten des dals zijn hem zoet, en hij trekt na zich alle mensen; en dergenen, die voor hem geweest zijn, is geen getal.
How then comfort ye me in vain, seeing in your answers there remaineth falsehood?	34	Hoe vertroost gij mij dan met ijdelheid, dewijl in uw antwoorden overtreding overig is?

Job (22) Job

Then Eliphaz the Temanite answered and said,	1	Toen antwoordde Elifaz, de Themaniet, en zeide:
Can a man be profitable unto God, as he that is wise may be profitable unto himself?	2	Zal ook een man Gode voordelig zijn? Maar voor zichzelven zal de verstandige voordelig zijn.
Is it any pleasure to the Almighty, that thou art righteous? or is it gain to him, that thou makest thy ways perfect?	3	Is het voor den Almachtige nuttigheid, dat gij rechtvaardig zijt; of gewin, dat gij uw wegen volmaakt?
Will he reprove thee for fear of thee? will he enter with thee into judgment?	4	Is het om uw vreze, dat Hij u bestraft, dat Hij met u in het gericht komt?
Is not thy wickedness great? and thine iniquities infinite?	5	Is niet uw boosheid groot, en uwer ongerechtigheden geen einde?
For thou hast taken a pledge from thy brother for nought, and stripped the naked of their clothing.	6	Want gij hebt uw broederen zonder oorzaak pand afgenomen, en de klederen der naakten hebt gij uitgetogen.
Thou hast not given water to the weary to drink, and thou hast withholden bread from the hungry.	7	Den moede hebt gij geen water te drinken gegeven, en van den hongerige hebt gij het brood onthouden.
But as for the mighty man, he had the earth; and the honourable man dwelt in it.	8	Maar was er een man van geweld, voor dien was het land, en een aanzienlijk persoon woonde daarin.
Thou hast sent widows away empty, and the arms of the fatherless have been broken.	9	De weduwen hebt gij ledig weggezonden, en de armen der wezen zijn verbrijzeld.
Therefore snares are round about thee, and sudden fear troubleth thee;	10	Daarom zijn strikken rondom u, en vervaardheid heeft u haastelijk beroerd.
Or darkness, that thou canst not see; and abundance of waters cover thee.	11	Of gij ziet de duisternis niet, en des water overvloed bedekt u.
Is not God in the height of heaven? and behold the height of the stars, how high they are!	12	Is niet God in de hoogte der hemelen? Zie toch het opperste der sterren aan, dat zij verheven zijn.
And thou sayest, How doth God know? can he judge through the dark cloud?	13	Daarom zegt gij: Wat weet er God van? Zal Hij door de donkerheid oordelen?
Thick clouds are a covering to him, that he seeth not; and he walketh in the circuit of heaven.	14	De wolken zijn Hem een verberging, dat Hij niet ziet; en Hij bewandelt den omgang der hemelen.
Hast thou marked the old way which wicked men have trodden?	15	Hebt gij het pad der eeuw waargenomen, dat de ongerechtige lieden betreden hebben?
Which were cut down out of time, whose foundation was overflown with a flood:	16	Die rimpelachtig gemaakt zijn, als het de tijd niet was; een vloed is over hun grond uitgestort;
Which said unto God, Depart from us: and what can the Almighty do for them?	17	Die zeiden tot God: Wijk van ons! En wat had de Almachtige hun gedaan?
Yet he filled their houses with good things: but the counsel of the wicked is far from me.	18	Hij had immers hun huizen met goed gevuld; daarom is de raad der goddelozen verre van mij.
The righteous see it, and are glad: and the innocent laugh them to scorn.	19	De rechtvaardigen zagen het, en waren blijde, en de onschuldige bespotte hen;
Whereas our substance is not cut down, but the remnant of them the fire consumeth.	20	Dewijl onze stand niet verdelgd is, maar het vuur hun overblijfsel verteerd heeft.
Acquaint now thyself with him, and be at peace: thereby good shall come unto thee.	21	Gewen u toch aan Hem, en heb vrede; daardoor zal u het goede overkomen.
Receive, I pray thee, the law from his mouth, and lay up his words in thine heart.	22	Ontvang toch de wet uit Zijn mond, en leg Zijn redenen in uw hart.
If thou return to the Almighty, thou shalt be built up, thou shalt put away iniquity far from thy tabernacles.	23	Zo gij u bekeert tot den Almachtige, gij zult gebouwd worden; doe het onrecht verre van uw tenten.
Then shalt thou lay up gold as dust, and the gold of Ophir as the stones of the brooks.	24	Dan zult gij het goud op het stof leggen, en het goud van Ofir bij den rotssteen der beken;
Yea, the Almighty shall be thy defence, and thou shalt have plenty of silver.	25	Ja, de Almachtige zal uw overvloedig goud zijn, en uw krachtig zilver zijn;
For then shalt thou have thy delight in the Almighty, and shalt lift up thy face unto God.	26	Want dan zult gij u over den Almachtige verlustigen, en gij zult tot God uw aangezicht opheffen.
Thou shalt make thy prayer unto him, and he shall hear thee, and thou shalt pay thy vows.	27	Gij zult tot Hem ernstiglijk bidden, en Hij zal u verhoren; en gij zult uw geloften betalen.
Thou shalt also decree a thing, and it shall be established unto thee: and the light shall shine upon thy ways.	28	Als gij een zaak besluit, zo zal zij u bestendig zijn; en op uw wegen zal het licht schijnen.
When men are cast down, then thou shalt say, There is lifting up; and he shall save the humble person.	29	Als men iemand vernederen zal, en gij zeggen zult: Het zij verhoging; dan zal God den nederige van ogen behouden.
He shall deliver the island of the innocent: and it is delivered by the pureness of thine hands.	30	Ja, Hij zal dien bevrijden, die niet onschuldig is, want hij wordt bevrijd door de zuiverheid uwer handen.

Job (23) Job

Then Job answered and said,	1	Maar Job antwoordde en zeide:
Even to day is my complaint bitter: my stroke is heavier than my groaning.	2	Ook heden is mijn klacht wederspannigheid; mijn plage is zwaar boven mijn zuchten.
Oh that I knew where I might find him! that I might come even to his seat!	3	Och, of ik wist, dat ik Hem vinden zou, ik zou tot Zijn stoel komen;
I would order my cause before him, and fill my mouth with arguments.	4	Ik zou het recht voor Zijn aangezicht ordentelijk voorstellen, en mijn mond zou ik met verdedigingen vervullen.

Job - Job

I would know the words which he would answer me, and understand what he would say unto me.	5 Ik zou de redenen weten, die Hij mij antwoorden zou; en verstaan, wat Hij mij zeggen zou.
Will he plead against me with his great power? No; but he would put strength in me.	6 Zou Hij naar de grootheid Zijner macht met mij twisten? Neen; maar Hij zou acht op mij slaan.
There the righteous might dispute with him; so should I be delivered for ever from my judge.	7 Daar zou de oprechte met Hem pleiten; en ik zou mij in eeuwigheid van mijn Rechter vrijmaken.
Behold, I go forward, but he is not there; and backward, but I cannot perceive him:	8 Zie, ga ik voorwaarts, zo is Hij er niet, of achterwaarts, zo verneem ik Hem niet.
On the left hand, where he doth work, but I cannot behold him: he hideth himself on the right hand, that I cannot see him:	9 Als Hij ter linkerhand werkt, zo aanschouw ik Hem niet; bedekt Hij Zich ter rechterhand, zo zie ik Hem niet.
But he knoweth the way that I take: when he hath tried me, I shall come forth as gold.	10 Doch Hij kent den weg, die bij mij is; Hij beproeve mij; als goud zal ik uitkomen.
My foot hath held his steps, his way have I kept, and not declined.	11 Aan Zijn gang heeft mijn voet vastgehouden; Zijn weg heb ik bewaard, en ben niet afgeweken.
Neither have I gone back from the commandment of his lips; I have esteemed the words of his mouth more than my necessary food.	12 Het gebod Zijner lippen heb ik ook niet weggedaan; de redenen Zijns monds heb ik meer dan mijn bescheiden deel weggelegd.
But he is in one mind, and who can turn him? and what his soul desireth, even that he doeth.	13 Maar is Hij tegen iemand, wie zal dan Hem afkeren? Wat Zijn ziel begeert, dat zal Hij doen.
For he performeth the thing that is appointed for me: and many such things are with him.	14 Want Hij zal volbrengen, dat over mij bescheiden is; en diergelijke dingen zijn er vele bij Hem.
Therefore am I troubled at his presence: when I consider, I am afraid of him.	15 Hierom word ik voor Zijn aangezicht beroerd; aanmerk het, en vrees voor Hem;
For God maketh my heart soft, and the Almighty troubleth me:	16 Want God heeft mijn hart week gemaakt, en de Almachtige heeft mij beroerd;
Because I was not cut off before the darkness, neither hath he covered the darkness from my face.	17 Omdat ik niet uitgedelgd ben voor de duisternis, en dat Hij van mijn aangezicht de donkerheid bedekt heeft.

Job (24) Job

Why, seeing times are not hidden from the Almighty, do they that know him not see his days?	1 Waarom zouden van den Almachtige de tijden niet verborgen zijn, dewijl zij, die Hem kennen, Zijn dagen niet zien?
Some remove the landmarks; they violently take away flocks, and feed thereof.	2 Zij tasten de landpalen aan; de kudden roven zij, en weiden ze.
They drive away the ass of the fatherless, they take the widow's ox for a pledge.	3 Den ezel der wezen drijven zij weg; den os ener weduwe nemen zij te pand.
They turn the needy out of the way: the poor of the earth hide themselves together.	4 Zij doen de nooddruftigen wijken van den weg; te zamen versteken zich de ellendigen des lands.
Behold, as wild asses in the desert, go they forth to their work; rising betimes for a prey: the wilderness yieldeth food for them and for their children.	5 Ziet, zij zijn woudezels in de woestijn; zij gaan uit tot hun werk, makende zich vroeg op ten roof; het vlakke veld is hem tot spijs, en den jongeren.
They reap every one his corn in the field: and they gather the vintage of the wicked.	6 Op het veld maaien zij zijn voeder, en den wijnberg des goddelozen lezen zij af.
They cause the naked to lodge without clothing, that they have no covering in the cold.	7 Den naakten laten zij vernachten zonder kleding, die geen deksel heeft tegen de koude.
They are wet with the showers of the mountains, and embrace the rock for want of a shelter.	8 Van den stroom der bergen worden zij nat, en zonder toevlucht zijnde, omhelzen zij de steenrotsen.
They pluck the fatherless from the breast, and take a pledge of the poor.	9 Zij rukken het weesje van de borst, en dat over den arme is, nemen zij te pand.
They cause him to go naked without clothing, and they take away the sheaf from the hungry;	10 Den naakte doen zij weggaan zonder kleed, en hongerig, die garven dragen.
Which make oil within their walls, and tread their winepresses, and suffer thirst.	11 Tussen hun muren persen zij olie uit, treden de wijnpersen, en zijn dorstig.
Men groan from out of the city, and the soul of the wounded crieth out: yet God layeth not folly to them.	12 Uit de stad zuchten de lieden, en de ziel der verwonden schreeuwt uit; nochtans beschikt God niets ongerijmds.
They are of those that rebel against the light; they know not the ways thereof, nor abide in the paths thereof.	13 Zij zijn onder de wederstrevers des lichts; zij kennen Zijn wegen niet, en zij blijven niet op Zijn paden.
The murderer rising with the light killeth the poor and needy, and in the night is as a thief.	14 Met het licht staat de moorder op, doodt den arme en den nooddruftige; en des nachts is hij als een dief.
The eye also of the adulterer waiteth for the twilight, saying, No eye shall see me: and disguiseth his face.	15 Ook neemt het oog des overspelers de schemering waar, zeggende: Geen oog zal mij zien; en hij legt een deksel op het aangezicht.
In the dark they dig through houses, which they had marked for themselves in the daytime: they know not the light.	16 In de duisternis doorgraaft hij de huizen, die zij zich des daags afgetekend hadden; zij kennen het licht niet.
For the morning is to them even as the shadow of death: if one know them, they are in the terrors of the shadow of death.	17 Want de morgenstond is hun te zamen de schaduw des doods; als men hen kent, zijn zij in de strikken van des doods schaduw.
He is swift as the waters; their portion is cursed in the earth: he beholdeth not the way of the vineyards.	18 Hij is licht op het vlakke der wateren; vervloekt is hun deel op de aarde; hij wendt zich niet tot den weg der wijngaarden.
Drought and heat consume the snow waters: so doth the grave those which have sinned.	19 De droogte mitsgaders de hitte nemen de sneeuwwateren weg; alzo het graf dergenen, die gezondigd hebben.
The womb shall forget him; the worm shall feed sweetly on him; he shall be no more remembered; and wickedness shall be broken as a tree.	20 De baarmoeder vergeet hem, het gewormte is hem zoet, zijns wordt niet meer gedacht; en het onrecht wordt gebroken als een hout.

	English	#	Dutch
	He evil entreateth the barren that beareth not: and doeth not good to the widow.	21	De onvruchtbare, die niet baart, teert hij af, en aan de weduwe doet hij niets goeds.
	He draweth also the mighty with his power: he riseth up, and no man is sure of life.	22	Ook trekt hij de machtigen door zijn kracht; staat hij op, zo is men des levens niet zeker.
	Though it be given him to be in safety, whereon he resteth; yet his eyes are upon their ways.	23	Stelt hem God in gerustigheid, zo steunt hij daarop; nochtans zijn Zijn ogen op hun wegen.
	They are exalted for a little while, but are gone and brought low; they are taken out of the way as all other, and cut off as the tops of the ears of corn.	24	Zij zijn een weinig tijds verheven, daarna is er niemand van hen; zij worden nedergedrukt; gelijk alle anderen worden zij besloten; en gelijk de top ener aar worden zij afgesneden.
	And if it be not so now, who will make me a liar, and make my speech nothing worth?	25	Indien het nu zo niet is, wie zal mij leugenachtig maken, en mijn rede tot niet brengen?

Job (25) Job

	English	#	Dutch
	Then answered Bildad the Shuhite, and said,	1	Toen antwoordde Bildad, de Suhiet, en zeide:
	Dominion and fear are with him, he maketh peace in his high places.	2	Heerschappij en vreze zijn bij Hem, Hij maakt vrede in Zijn hoogten.
	Is there any number of his armies? and upon whom doth not his light arise?	3	Is er een getal Zijner benden? En over wien staat Zijn licht niet op?
	How then can man be justified with God? or how can he be clean that is born of a woman?	4	Hoe zou dan een mens rechtvaardig zijn bij God, en hoe zou hij zuiver zijn, die van een vrouw geboren is?
	Behold even to the moon, and it shineth not; yea, the stars are not pure in his sight.	5	Zie, tot de maan toe, en zij zal geen schijnsel geven; en de sterren zijn niet zuiver in Zijn ogen.
	How much less man, that is a worm? and the son of man, which is a worm?	6	Hoeveel te min de mens, die een made is, en des mensen kind, die een worm is!

Job (26) Job

	English	#	Dutch
	But Job answered and said,	1	Maar Job antwoordde en zeide:
	How hast thou helped him that is without power? how savest thou the arm that hath no strength?	2	Hoe hebt gij geholpen dien, die zonder kracht is, en behouden den arm, die zonder sterkte is?
	How hast thou counselled him that hath no wisdom? and how hast thou plentifully declared the thing as it is?	3	Hoe hebt gij hem geraden, die geen wijsheid heeft, en de zaak, alzo zij is, ten volle bekend gemaakt?
	To whom hast thou uttered words? and whose spirit came from thee?	4	Aan wien hebt gij die woorden verhaald? En wiens geest is van u uitgegaan?
	Dead things are formed from under the waters, and the inhabitants thereof.	5	De doden zullen geboren worden van onder de wateren, en hun inwoners.
	Hell is naked before him, and destruction hath no covering.	6	De hel is naakt voor Hem, en geen deksel is er voor het verderf.
	He stretcheth out the north over the empty place, and hangeth the earth upon nothing.	7	Hij breidt het noorden uit over het woeste; Hij hangt de aarde aan een niet.
	He bindeth up the waters in his thick clouds; and the cloud is not rent under them.	8	Hij bindt de wateren in Zijn wolken; nochtans scheurt de wolk daaronder niet.
	He holdeth back the face of his throne, and spreadeth his cloud upon it.	9	Hij houdt het vlakke Zijns troons vast; Hij spreidt Zijn wolk daarover.
	He hath compassed the waters with bounds, until the day and night come to an end.	10	Hij heeft een gezet perk over het vlakke der wateren rondom afgetekend, tot aan de voleinding toe des lichts met de duisternis.
	The pillars of heaven tremble and are astonished at his reproof.	11	De pilaren des hemels sidderen, en ontzetten zich voor Zijn schelden.
	He divideth the sea with his power, and by his understanding he smiteth through the proud.	12	Door Zijn kracht klieft Hij de zee, en door Zijn verstand verslaat Hij haar verheffing.
	By his spirit he hath garnished the heavens; his hand hath formed the crooked serpent.	13	Door Zijn Geest heeft Hij de hemelen versierd; Zijn hand heeft de langwemelende slang geschapen.
	Lo, these are parts of his ways: but how little a portion is heard of him? but the thunder of his power who can understand?	14	Ziet, dit zijn maar uiterste einden Zijner wegen; en wat een klein stukje der zaak hebben wij van Hem gehoord? Wie zou dan den donder Zijner mogendheden verstaan?

Job (27) Job

	English	#	Dutch
	Moreover Job continued his parable, and said,	1	En Job ging voort zijn spreuk op te heffen, en zeide:
	As God liveth, who hath taken away my judgment; and the Almighty, who hath vexed my soul;	2	Zo waarachtig als God leeft, Die mijn recht weggenomen heeft, en de Almachtige, Die mijner ziel bitterheid heeft aangedaan!
	All the while my breath is in me, and the spirit of God is in my nostrils;	3	Zo lang als mijn adem in mij zal zijn, en het geblaas Gods in mijn neus;
	My lips shall not speak wickedness, nor my tongue utter deceit.	4	Indien mijn lippen onrecht zullen spreken, en indien mijn tong bedrog zal uitspreken!
	God forbid that I should justify you: till I die I will not remove mine integrity from me.	5	Het zij verre van mij, dat ik ulieden rechtvaardigen zou; totdat ik den geest zal gegeven hebben, zal ik mijn oprechtigheid van mij niet wegdoen.
	My righteousness I hold fast, and will not let it go: my heart shall not reproach me so long as I live.	6	Aan mijn gerechtigheid zal ik vasthouden, en zal ze niet laten varen; mijn hart zal die niet versmaden van mijn dagen.
	Let mine enemy be as the wicked, and he that riseth up against me as the unrighteous.	7	Mijn vijand zij als de goddeloze, en die zich tegen mij opmaakt, als de verkeerde.

For what is the hope of the hypocrite, though he hath gained, when God taketh away his soul?		8	Want wat is de verwachting des huichelaars, als hij zal gierig geweest zijn, wanneer God zijn ziel zal uittrekken?
Will God hear his cry when trouble cometh upon him?		9	Zal God zijn geroep horen, als benauwdheid over hem komt?
Will he delight himself in the Almighty? will he always call upon God?		10	Zal hij zich verlustigen in den Almachtige? Zal hij God aanroepen te aller tijd?
I will teach you by the hand of God: that which is with the Almighty will I not conceal.		11	Ik zal ulieden leren van de hand Gods; wat bij den Almachtige is, zal ik niet verhelen.
Behold, all ye yourselves have seen it; why then are ye thus altogether vain?		12	Ziet, gij zelve allen hebt het gezien; en waarom wordt gij dus door ijdelheid verijdeld?
This is the portion of a wicked man with God, and the heritage of oppressors, which they shall receive of the Almighty.		13	Dit is het deel des goddelozen mensen bij God, en de erve der tirannen, die zij van den Almachtige ontvangen zullen.
If his children be multiplied, it is for the sword: and his offspring shall not be satisfied with bread.		14	Indien zijn kinderen vermenigvuldigen, het is ten zwaarde; en zijn spruiten zullen van brood niet verzadigd worden.
Those that remain of him shall be buried in death: and his widows shall not weep.		15	Zijn overgeblevenen zullen in den dood begraven worden, en zijn weduwen zullen niet wenen.
Though he heap up silver as the dust, and prepare raiment as the clay;		16	Zo hij zilver opgehoopt zal hebben als stof, en kleding bereid als leem;
He may prepare it, but the just shall put it on, and the innocent shall divide the silver.		17	Hij zal ze bereiden, maar de rechtvaardige zal ze aantrekken, en de onschuldige zal het zilver delen.
He buildeth his house as a moth, and as a booth that the keeper maketh.		18	Hij bouwt zijn huis als een motte, en als een hoeder de hutte maakt.
The rich man shall lie down, but he shall not be gathered: he openeth his eyes, and he is not.		19	Rijk ligt hij neder, en wordt niet weggenomen; doet hij zijn ogen open, zo is hij er niet.
Terrors take hold on him as waters, a tempest stealeth him away in the night.		20	Verschrikkingen zullen hem als wateren aangrijpen; des nachts zal hem een wervelwind wegstelen.
The east wind carrieth him away, and he departeth: and as a storm hurleth him out of his place.		21	De oostenwind zal hem wegvoeren, dat hij henengaat, en zal hem wegstormen uit zijn plaats.
For God shall cast upon him, and not spare: he would fain flee out of his hand.		22	En God zal dit over hem werpen, en niet sparen; van Zijn hand zal hij snellijk vlieden.
Men shall clap their hands at him, and shall hiss him out of his place.		23	Een ieder zal over hem met zijn handen klappen, en over hem fluiten uit zijn plaats.

Job (28) Job

Surely there is a vein for the silver, and a place for gold where they fine it.		1	Gewisselijk, er is voor het zilver een uitgang, en een plaats voor het goud, dat zij smelten.
Iron is taken out of the earth, and brass is molten out of the stone.		2	Het ijzer wordt uit stof genomen, en uit steen wordt koper gegoten.
He setteth an end to darkness, and searcheth out all perfection: the stones of darkness, and the shadow of death.		3	Het einde, dat God gesteld heeft voor de duisternis, en al het uiterste onderzoekt hij; het gesteente der donkerheid en der schaduw des doods.
The flood breaketh out from the inhabitant; even the waters forgotten of the foot: they are dried up, they are gone away from men.		4	Breekt er een beek door, bij dengene, die daar woont, de wateren vergeten zijnde van den voet, worden van den mens uitgeput, en gaan weg.
As for the earth, out of it cometh bread: and under it is turned up as it were fire.		5	Uit de aarde komt het brood voort, en onder zich wordt zij veranderd, alsof zij vuur ware.
The stones of it are the place of sapphires: and it hath dust of gold.		6	Haar stenen zijn de plaats van den saffier, en zij heeft stofjes van goud.
There is a path which no fowl knoweth, and which the vulture's eye hath not seen:		7	De roofvogel heeft het pad niet gekend, en het oog der kraai heeft het niet gezien.
The lion's whelps have not trodden it, nor the fierce lion passed by it.		8	De jonge hoogmoedige dieren hebben het niet betreden, de felle leeuw is daarover niet heengegaan.
He putteth forth his hand upon the rock; he overturneth the mountains by the roots.		9	Hij legt zijn hand aan de keiachtige rots, hij keert de bergen van den wortel om.
He cutteth out rivers among the rocks; and his eye seeth every precious thing.		10	In de rotsstenen houwt hij stromen uit, en zijn oog ziet al het kostelijke.
He bindeth the floods from overflowing; and the thing that is hid bringeth he forth to light.		11	Hij bindt de rivier toe, dat niet een traan uitkomt, en het verborgene brengt hij uit in het licht.
But where shall wisdom be found? and where is the place of understanding?		12	Maar de wijsheid, van waar zal zij gevonden worden? En waar is de plaats des verstands?
Man knoweth not the price thereof; neither is it found in the land of the living.		13	De mens weet haar waarde niet, en zij wordt niet gevonden in het land der levenden.
The depth saith, It is not in me: and the sea saith, It is not with me.		14	De afgrond zegt: Zij is in mij niet; en de zee zegt: Zij is niet bij mij.
It cannot be gotten for gold, neither shall silver be weighed for the price thereof.		15	Het gesloten goud kan voor haar niet gegeven worden, en met zilver kan haar prijs niet worden opgewogen.
It cannot be valued with the gold of Ophir, with the precious onyx, or the sapphire.		16	Zij kan niet geschat worden tegen fijn goud van Ofir, tegen den kostelijken Schoham, en den Saffier.
The gold and the crystal cannot equal it: and the exchange of it shall not be for jewels of fine gold.		17	Men kan het goud of het kristal haar niet gelijk waarderen; ook is zij niet te verwisselen voor een kleinood van dicht goud.
No mention shall be made of coral, or of pearls: for the price of wisdom is above rubies.		18	De Ramoth en Gabisch zal niet gedacht worden; want de trek der wijsheid is meerder dan der Robijnen.

	The topaz of Ethiopia shall not equal it, neither shall it be valued with pure gold.	19	Men kan de Topaas van Morenland haar niet gelijk waarderen; en bij het fijn louter goud kan zij niet geschat worden.
	Whence then cometh wisdom? and where is the place of understanding?	20	Die wijsheid dan, van waar komt zij, en waar is de plaats des verstands?
	Seeing it is hid from the eyes of all living, and kept close from the fowls of the air.	21	Want zij is verholen voor de ogen aller levenden, en voor het gevogelte des hemels is zij verborgen.
	Destruction and death say, We have heard the fame thereof with our ears.	22	Het verderf en de dood zeggen: Haar gerucht hebben wij met onze oren gehoord.
	God understandeth the way thereof, and he knoweth the place thereof.	23	God verstaat haar weg, en Hij weet haar plaats.
	For he looketh to the ends of the earth, and seeth under the whole heaven;	24	Want Hij schouwt tot aan de einden der aarde, Hij ziet onder al de hemelen.
	To make the weight for the winds; and he weigheth the waters by measure.	25	Als Hij den wind het gewicht maakte, en de wateren opwoog in mate;
	When he made a decree for the rain, and a way for the lightning of the thunder:	26	Als Hij den regen een gezette orde maakte, en een weg voor het weerlicht der donderen;
	Then did he see it, and declare it; he prepared it, yea, and searched it out.	27	Toen zag Hij haar, en vertelde ze; Hij schikte ze, en ook doorzocht Hij ze.
	And unto man he said, Behold, the fear of the Lord, that is wisdom; and to depart from evil is understanding.	28	Maar tot den mens heeft Hij gezegd: Zie, de vreze des HEEREN is de wijsheid, en van het kwade te wijken is het verstand.

Job (29) Job

	Moreover Job continued his parable, and said,	1	En Job ging voort zijn spreuk op te heffen, en zeide:
	Oh that I were as in months past, as in the days when God preserved me;	2	Och, of ik ware, gelijk in de vorige maanden, gelijk in de dagen, toen God mij bewaarde;
	When his candle shined upon my head, and when by his light I walked through darkness;	3	Toen Hij Zijn lamp deed schijnen over mijn hoofd, en ik bij Zijn licht de duisternis doorwandelde;
	As I was in the days of my youth, when the secret of God was upon my tabernacle;	4	Gelijk als ik was in de dagen mijner jonkheid, toen Gods verborgenheid over mijn tent was;
	When the Almighty was yet with me, when my children were about me;	5	Toen de Almachtige nog met mij was, en mijn jongens rondom mij;
	When I washed my steps with butter, and the rock poured me out rivers of oil;	6	Toen ik mijn gangen wies in boter, en de rots bij mij oliebeken uitgoot;
	When I went out to the gate through the city, when I prepared my seat in the street!	7	Toen ik uitging naar de poort door de stad, toen ik mijn stoel op de straat liet bereiden.
	The young men saw me, and hid themselves: and the aged arose, and stood up.	8	De jongens zagen mij, en verstaken zich, en de stokouden rezen op en stonden.
	The princes refrained talking, and laid their hand on their mouth.	9	De oversten hielden de woorden in, en leiden de hand op hun mond.
	The nobles held their peace, and their tongue cleaved to the roof of their mouth.	10	De stem der vorsten verstak zich, en hun tong kleefde aan hun gehemelte.
	When the ear heard me, then it blessed me; and when the eye saw me, it gave witness to me:	11	Als een oor mij hoorde, zo hield het mij gelukzalig; als mij een oog zag, zo getuigde het van mij.
	Because I delivered the poor that cried, and the fatherless, and him that had none to help him.	12	Want ik bevrijdde den ellendige, die riep, en den wees, die geen helper had.
	The blessing of him that was ready to perish came upon me: and I caused the widow's heart to sing for joy.	13	De zegen desgenen, die verloren ging, kwam op mij; en het hart der weduwe deed ik vrolijk zingen.
	I put on righteousness, and it clothed me: my judgment was as a robe and a diadem.	14	Ik bekleedde mij met gerechtigheid, en zij bekleedde mij; mijn oordeel was als een mantel en vorstelijke hoed.
	I was eyes to the blind, and feet was I to the lame.	15	Den blinden was ik tot ogen, en den kreupelen was ik tot voeten.
	I was a father to the poor: and the cause which I knew not I searched out.	16	Ik was den nooddruftigen een vader; en het geschil, dat ik niet wist, dat onderzocht ik.
	And I brake the jaws of the wicked, and plucked the spoil out of his teeth.	17	En ik verbrak de baktanden des verkeerden, en wierp den roof uit zijn tanden.
	Then I said, I shall die in my nest, and I shall multiply my days as the sand.	18	En ik zeide: Ik zal in mijn nest den geest geven, en ik zal de dagen vermenigvuldigen als het zand.
	My root was spread out by the waters, and the dew lay all night upon my branch.	19	Mijn wortel was uitgebreid aan het water, en dauw vernachtte op mijn tak.
	My glory was fresh in me, and my bow was renewed in my hand.	20	Mijn heerlijkheid was nieuw bij mij, en mijn boog veranderde zich in mijn hand.
	Unto me men gave ear, and waited, and kept silence at my counsel.	21	Zij hoorden mij aan, en wachtten, en zwegen op mijn raad.
	After my words they spake not again; and my speech dropped upon them.	22	Na mijn woord spraken zij niet weder, en mijn rede drupte op hen.
	And they waited for me as for the rain; and they opened their mouth wide as for the latter rain.	23	Want zij wachtten naar mij, gelijk naar den regen, en sperden hun mond open, als naar den spaden regen.
	If I laughed on them, they believed it not; and the light of my countenance they cast not down.	24	Lachte ik hun toe, zij geloofden het niet; en het licht mijns aangezichts deden zij niet nedervallen.
	I chose out their way, and sat chief, and dwelt as a king in the army, as one that comforteth the mourners.	25	Verkoos ik hun weg, zo zat ik bovenaan, en woonde als een koning onder de benden, als een, die treurigen vertroost.

Job (30) Job

#	English	Dutch
1	But now they that are younger than I have me in derision, whose fathers I would have disdained to have set with the dogs of my flock.	Maar nu lachen over mij minderen dan ik van dagen, welker vaderen ik versmaad zou hebben, om bij de honden mijner kudde te stellen.
2	Yea, whereto might the strength of their hands profit me, in whom old age was perished?	Waartoe zou mij ook geweest zijn de krachten hunner handen? Zij was door ouderdom in hen vergaan.
3	For want and famine they were solitary; fleeing into the wilderness in former time desolate and waste.	Die door gebrek en honger eenzaam waren, vliedende naar dorre plaatsen, in het donkere, woeste en verwoeste.
4	Who cut up mallows by the bushes, and juniper roots for their meat.	Die ziltige kruiden plukten bij de struiken, en welker spijze was de wortel der jeneveren.
5	They were driven forth from among men, (they cried after them as after a thief;)	Zij werden uit het midden uitgedreven; (men jouwde over hen, als over een dief),
6	To dwell in the clifts of the valleys, in caves of the earth, and in the rocks.	Opdat zij wonen zouden in de kloven der dalen, de holen des stofs en der steenrotsen.
7	Among the bushes they brayed; under the nettles they were gathered together.	Zij schreeuwden tussen de struiken; onder de netelen vergaderden zij zich.
8	They were children of fools, yea, children of base men: they were viler than the earth.	Zij waren kinderen der dwazen, en kinderen van geen naam; zij waren geslagen uit den lande.
9	And now am I their song, yea, I am their byword.	Maar nu ben ik hun een snarenspel geworden, en ik ben hun tot een klapwoord.
10	They abhor me, they flee far from me, and spare not to spit in my face.	Zij hebben een gruwel aan mij, zij maken zich verre van mij, ja, zij onthouden het speeksel niet van mijn aangezicht.
11	Because he hath loosed my cord, and afflicted me, they have also let loose the bridle before me.	Want Hij heeft mijn zeel losgemaakt, en mij bedrukt; daarom hebben zij den breidel voor mijn aangezicht afgeworpen.
12	Upon my right hand rise the youth; they push away my feet, and they raise up against me the ways of their destruction.	Ter rechterhand staat de jeugd op, stoten mijn voeten uit, en banen tegen mij hun verderfelijke wegen.
13	They mar my path, they set forward my calamity, they have no helper.	Zij breken mijn pad af, zij bevorderen mijn ellende; zij hebben geen helper van doen.
14	They came upon me as a wide breaking in of waters: in the desolation they rolled themselves upon me.	Zij komen aan, als door een wijde breuk; onder de verwoesting rollen zij zich aan.
15	Terrors are turned upon me: they pursue my soul as the wind: and my welfare passeth away as a cloud.	Men is met verschrikkingen tegen mij gekeerd; elk een vervolgt als een wind mijn edele ziel, en mijn heil is als een wolk voorbijgegaan.
16	And now my soul is poured out upon me; the days of affliction have taken hold upon me.	Daarom stort zich nu mijn ziel in mij uit; de dagen des druks grijpen mij aan.
17	My bones are pierced in me in the night season: and my sinews take no rest.	Des nachts doorboort Hij mijn beenderen in mij, en mijn polsaderen rusten niet.
18	By the great force of my disease is my garment changed: it bindeth me about as the collar of my coat.	Door de veelheid der kracht is mijn kleed veranderd; Hij omgordt mij als de kraag mijns roks.
19	He hath cast me into the mire, and I am become like dust and ashes.	Hij heeft mij in het slijk geworpen, en ik ben gelijk geworden als stof en as.
20	I cry unto thee, and thou dost not hear me: I stand up, and thou regardest me not.	Ik schrei tot U, maar Gij antwoordt mij niet; ik sta, maar Gij acht niet op mij.
21	Thou art become cruel to me: with thy strong hand thou opposest thyself against me.	Gij zijt veranderd in een wrede tegen mij; door de sterkte Uwer hand wederstaat Gij mij hatelijk.
22	Thou liftest me up to the wind; thou causest me to ride upon it, and dissolvest my substance.	Gij heft mij op in den wind; Gij doet mij daarop rijden, en Gij versmelt mij het wezen.
23	For I know that thou wilt bring me to death, and to the house appointed for all living.	Want ik weet, dat Gij mij ter dood brengen zult, en tot het huis der samenkomst aller levenden.
24	Howbeit he will not stretch out his hand to the grave, though they cry in his destruction.	Maar Hij zal tot een aardhoop de hand niet uitsteken; is er bij henlieden geschrei in zijn verdrukking?
25	Did not I weep for him that was in trouble? was not my soul grieved for the poor?	Weende ik niet over hem, die harde dagen had? Was mijn ziel niet beangst over den nooddruftige?
26	When I looked for good, then evil came unto me: and when I waited for light, there came darkness.	Nochtans toen ik het goede verwachtte, zo kwam het kwade; toen ik hoopte naar het licht, zo kwam de donkerheid.
27	My bowels boiled, and rested not: the days of affliction prevented me.	Mijn ingewand ziedt, en is niet stil; de dagen der verdrukking zijn mij voorgekomen.
28	I went mourning without the sun: I stood up, and I cried in the congregation.	Ik ga zwart daarheen, niet van de zon; opstaande schreeuw ik in de gemeente.
29	I am a brother to dragons, and a companion to owls.	Ik ben den draken een broeder geworden, en een metgezel der jonge struisen.
30	My skin is black upon me, and my bones are burned with heat.	Mijn huid is zwart geworden over mij, en mijn gebeente is ontstoken van dorrigheid.
31	My harp also is turned to mourning, and my organ into the voice of them that weep.	Hierom is mijn harp tot een rouwklage geworden, en mijn orgel tot een stem der wenenden.

Job (31) Job

#	English	Dutch
1	I made a covenant with mine eyes; why then should I think upon a maid?	Ik heb een verbond gemaakt met mijn ogen; hoe zou ik dan acht gegeven hebben op een maagd?
2	For what portion of God is there from above? and what inheritance of the Almighty from on high?	Want wat is het deel Gods van boven, of de erve des Almachtigen uit de hoogten?

	Is not destruction to the wicked? and a strange punishment to the workers of iniquity?	3	Is niet het verderf voor den verkeerde, ja, wat vreemds voor de werkers der ongerechtigheid?
	Doth not he see my ways, and count all my steps?	4	Ziet Hij niet mijn wegen, en telt Hij niet al mijn treden?
	If I have walked with vanity, or if my foot hath hasted to deceit;	5	Zo ik met ijdelheid omgegaan heb, en mijn voet gesneld heeft tot bedriegerij;
	Let me be weighed in an even balance, that God may know mine integrity.	6	Hij wege mij op, in een rechte weegschaal, en God zal mijn oprechtigheid weten.
	If my step hath turned out of the way, and mine heart walked after mine eyes, and if any blot hath cleaved to mine hands;	7	Zo mijn gang uit den weg geweken is, en mijn hart mijn ogen nagevolgd is, en aan mijn handen iets aankleeft;
	Then let me sow, and let another eat; yea, let my offspring be rooted out.	8	Zo moet ik zaaien, maar een ander eten, en mijn spruiten moeten uitgeworteld worden!
	If mine heart have been deceived by a woman, or if I have laid wait at my neighbour's door;	9	Zo mijn hart verlokt is geweest tot een vrouw, of ik aan mijns naasten deur geloerd heb;
	Then let my wife grind unto another, and let others bow down upon her.	10	Zo moet mijn huisvrouw met een ander malen, en anderen zich over haar krommen!
	For this is an heinous crime; yea, it is an iniquity to be punished by the judges.	11	Want dat is een schandelijke daad, en het is een misdaad bij de rechters.
	For it is a fire that consumeth to destruction, and would root out all mine increase.	12	Want dat is een vuur, hetwelk tot de verderving toe verteert, en al mijn inkomen uitgeworteld zou hebben.
	If I did despise the cause of my manservant or of my maidservant, when they contended with me;	13	Zo ik versmaad heb het recht mijns knechts, of mijner dienstmaagd, als zij geschil hadden met mij;
	What then shall I do when God riseth up? and when he visiteth, what shall I answer him?	14	(Want wat zou ik doen, als God opstond? En als Hij bezoeking deed, wat zou ik Hem antwoorden?
	Did not he that made me in the womb make him? and did not one fashion us in the womb?	15	Heeft Hij niet, Die mij in den buik maakte, hem ook gemaakt en Een ons in de baarmoeder bereid?)
	If I have withheld the poor from their desire, or have caused the eyes of the widow to fail;	16	Zo ik den armen hun begeerte onthouden heb, of de ogen der weduwe laten versmachten;
	Or have eaten my morsel myself alone, and the fatherless hath not eaten thereof;	17	En mijn bete alleen gegeten heb, zodat de wees daarvan niet gegeten heeft;
	(For from my youth he was brought up with me, as with a father, and I have guided her from my mother's womb;)	18	(Want van mijn jonkheid af is hij bij mij opgetogen, als bij een vader, en van mijner moeders buik af heb ik haar geleid;)
	If I have seen any perish for want of clothing, or any poor without covering;	19	Zo ik iemand heb zien omkomen, omdat hij zonder kleding was, en dat de nooddruftige geen deksel had;
	If his loins have not blessed me, and if he were not warmed with the fleece of my sheep;	20	Zo zijn lenden mij niet gezegend hebben, toen hij van de vellen mijner lammeren verwarmd werd;
	If I have lifted up my hand against the fatherless, when I saw my help in the gate:	21	Zo ik mijn hand tegen den wees bewogen heb, omdat ik in de poort mijn hulp zag;
	Then let mine arm fall from my shoulder blade, and mine arm be broken from the bone.	22	Mijn schouder valle van het schouderbeen, en mijn arm breke van zijn pijp af!
	For destruction from God was a terror to me, and by reason of his highness I could not endure.	23	Want het verderf Gods was bij mij een schrik, en ik vermocht niet vanwege Zijn hoogheid.
	If I have made gold my hope, or have said to the fine gold, Thou art my confidence;	24	Zo ik het goud tot mijn hoop gezet heb, of tot het fijn goud gezegd heb: Gij zijt mijn vertrouwen;
	If I rejoiced because my wealth was great, and because mine hand had gotten much;	25	Zo ik blijde ben geweest, omdat mijn vermogen groot was, en omdat mijn hand geweldig veel verkregen had;
	If I beheld the sun when it shined, or the moon walking in brightness;	26	Zo ik het licht aangezien heb, wanneer het scheen, of de maan heerlijk voortgaande;
	And my heart hath been secretly enticed, or my mouth hath kissed my hand:	27	En mijn hart verlokt is geweest in het verborgen, dat mijn hand mijn mond gekust heeft;
	This also were an iniquity to be punished by the judge: for I should have denied the God that is above.	28	Dat ware ook een misdaad bij den rechter; want ik zou den God van boven verzaakt hebben.
	If I rejoiced at the destruction of him that hated me, or lifted up myself when evil found him:	29	Zo ik verblijd ben geweest in de verdrukking mijns haters, en mij opgewekt heb, als het kwaad hem vond;
	Neither have I suffered my mouth to sin by wishing a curse to his soul.	30	(Ook heb ik mijn gehemelte niet toegelaten te zondigen, mits door een vloek zijn ziel te begeren).
	If the men of my tabernacle said not, Oh that we had of his flesh! we cannot be satisfied.	31	Zo de lieden mijner tent niet hebben gezegd: Och, of wij van zijn vlees hadden, wij zouden niet verzadigd worden;
	The stranger did not lodge in the street: but I opened my doors to the traveller.	32	De vreemdeling overnachtte niet op de straat; mijn deuren opende ik naar den weg;
	If I covered my transgressions as Adam, by hiding mine iniquity in my bosom:	33	Zo ik, gelijk Adam, mijn overtredingen bedekt heb, door eigenliefde mijn misdaad verbergende!
	Did I fear a great multitude, or did the contempt of families terrify me, that I kept silence, and went not out of the door?	34	Zeker, ik kon wel een grote menigte geweldiglijk onderdrukt hebben; maar de verachtste der huisgezinnen zou mij afgeschrikt hebben; zodat ik gewezen zou hebben, en ter deure niet uitgegaan zijn.
	Oh that one would hear me! behold, my desire is, that the Almighty would answer me, and that mine adversary had written a book.	35	Och, of ik een hadde, die mij hoorde! Zie, mijn oogmerk is, dat de Almachtige mij antwoorde, en dat mijn tegenpartij een boek schrijve.
	Surely I would take it upon my shoulder, and bind it as a crown to me.	36	Zou ik het niet op mijn schouder dragen? Ik zou het op mij binden als een kroon.
	I would declare unto him the number of my steps; as a prince would I go near unto him.	37	Het getal mijner treden zou ik hem aanwijzen; als een vorst zou ik tot hem naderen.

If my land cry against me, or that the furrows likewise thereof complain;	38 Zo mijn land tegen mij roept, en zijn voren te zamen wenen;
If I have eaten the fruits thereof without money, or have caused the owners thereof to lose their life:	39 Zo ik zijn vermogen gegeten heb zonder geld, en de ziel zijner akkerlieden heb doen hijgen;
Let thistles grow instead of wheat, and cockle instead of barley. The words of Job are ended.	40 Dat voor tarwe distelen voortkomen, en voor gerst stinkkruid! De woorden van Job hebben een einde.

Job (32) Job

So these three men ceased to answer Job, because he was righteous in his own eyes.	1 Toen hielden de drie mannen op van Job te antwoorden, dewijl hij in zijn ogen rechtvaardig was.
Then was kindled the wrath of Elihu the son of Barachel the Buzite, of the kindred of Ram: against Job was his wrath kindled, because he justified himself rather than God.	2 Zo ontstak de toorn van Elihu, den zoon van Baracheel, den Buziet, van het geslacht van Ram; tegen Job werd zijn toorn ontstoken, omdat hij zijn ziel meer rechtvaardigde dan God.
Also against his three friends was his wrath kindled, because they had found no answer, and yet had condemned Job.	3 Zijn toorn ontstak ook tegen zijn drie vrienden, omdat zij, geen antwoord vindende, nochtans Job verdoemden.
Now Elihu had waited till Job had spoken, because they were elder than he.	4 Doch Elihu had gewacht op Job in het spreken, omdat zij ouder van dagen waren dan hij.
When Elihu saw that there was no answer in the mouth of these three men, then his wrath was kindled.	5 Als dan Elihu zag, dat er geen antwoord was in den mond van die drie mannen, ontstak zijn toorn.
And Elihu the son of Barachel the Buzite answered and said, I am young, and ye are very old; wherefore I was afraid, and durst not shew you mine opinion.	6 Hierom antwoordde Elihu, de zoon van Baracheel, den Buziet, en zeide: Ik ben minder van dagen, maar gijlieden zijt stokouden; daarom heb ik geschroomd en gevreesd, ulieden mijn gevoelen te vertonen.
I said, Days should speak, and multitude of years should teach wisdom.	7 Ik zeide: Laat de dagen spreken, en de veelheid der jaren wijsheid te kennen geven.
But there is a spirit in man: and the inspiration of the Almighty giveth them understanding.	8 Zekerlijk de geest, die in den mens is, en de inblazing des Almachtigen, maakt henlieden verstandig.
Great men are not always wise: neither do the aged understand judgment.	9 De groten zijn niet wijs, en de ouden verstaan het recht niet.
Therefore I said, Hearken to me; I also will shew mine opinion.	10 Daarom zeg ik: Hoor naar mij; ik zal mijn gevoelen ook vertonen.
Behold, I waited for your words; I gave ear to your reasons, whilst ye searched out what to say.	11 Ziet, ik heb gewacht op ulieder woorden; ik heb het oor gewend tot ulieder aanmerkingen, totdat gij redenen uitgezocht hadt.
Yea, I attended unto you, and, behold, there was none of you that convinced Job, or that answered his words:	12 Als ik nu acht op u gegeven heb, ziet, er is niemand, die Job overreedde, die uit ulieden zijn redenen beantwoordde;
Lest ye should say, We have found out wisdom: God thrusteth him down, not man.	13 Opdat gij niet zegt: Wij hebben de wijsheid gevonden; God heeft hem nedergestoten, geen mens.
Now he hath not directed his words against me: neither will I answer him with your speeches.	14 Nu heeft hij tegen mij geen woorden gericht, en met ulieder woorden zal ik hem niet beantwoorden.
They were amazed, they answered no more: they left off speaking.	15 Zij zijn ontzet, zij antwoorden niet meer; zij hebben de woorden van zich verzet.
When I had waited, (for they spake not, but stood still, and answered no more;)	16 Ik heb dan gewacht, maar zij spreken niet; want zij staan stil; zij antwoorden niet meer.
I said, I will answer also my part, I also will shew mine opinion.	17 Ik zal mijn deel ook antwoorden, ik zal mijn gevoelen ook vertonen.
For I am full of matter, the spirit within me constraineth me.	18 Want ik ben der woorden vol; de geest mijns buiks benauwt mij.
Behold, my belly is as wine which hath no vent; it is ready to burst like new bottles.	19 Ziet, mijn buik is als de wijn, die niet geopend is; gelijk nieuwe lederen zakken zou hij bersten.
I will speak, that I may be refreshed: I will open my lips and answer.	20 Ik zal spreken, opdat ik voor mij lucht krijge; ik zal mijn lippen openen, en zal antwoorden.
Let me not, I pray you, accept any man's person, neither let me give flattering titles unto man.	21 Och, dat ik niemands aangezicht aanneme, en tot den mens geen bijnamen gebruike!
For I know not to give flattering titles; in so doing my maker would soon take me away.	22 Want ik weet geen bijnamen te gebruiken; in kort zou mijn Maker mij wegnemen.

Job (33) Job

Wherefore, Job, I pray thee, hear my speeches, and hearken to all my words.	1 En gewisselijk, o Job! hoor toch mijn redenen, en neem al mijn woorden ter ore.
Behold, now I have opened my mouth, my tongue hath spoken in my mouth.	2 Zie nu, ik heb mijn mond opengedaan; mijn tong spreekt onder mijn gehemelte.
My words shall be of the uprightness of my heart: and my lips shall utter knowledge clearly.	3 Mijn redenen zullen de oprechtigheid mijns harten, en de wetenschap mijner lippen, wat zuiver is, uitspreken.
The Spirit of God hath made me, and the breath of the Almighty hath given me life.	4 De Geest Gods heeft mij gemaakt, en de adem des Almachtigen heeft mij levend gemaakt.
If thou canst answer me, set thy words in order before me, stand up.	5 Zo gij kunt, antwoord mij; schik u voor mijn aangezicht, stel u.
Behold, I am according to thy wish in God's stead: I also am formed out of the clay.	6 Zie, ik ben Godes, gelijk gij; uit het leem ben ik ook afgesneden.
Behold, my terror shall not make thee afraid, neither shall my hand be heavy upon thee.	7 Zie, mijn verschrikking zal u niet beroeren, en mijn hand zal over u niet zwaar zijn.
Surely thou hast spoken in mine hearing, and I have heard the voice of thy words, saying,	8 Zeker, gij hebt gezegd voor mijn oren, en ik heb de stem der woorden gehoord;

	I am clean without transgression, I am innocent; neither is there iniquity in me.	9	Ik ben rein, zonder overtreding; ik ben zuiver, en heb geen misdaad.
	Behold, he findeth occasions against me, he counteth me for his enemy,	10	Zie, Hij vindt oorzaken tegen mij, Hij houdt mij voor Zijn vijand.
	He putteth my feet in the stocks, he marketh all my paths.	11	Hij legt mijn voeten in den stok; Hij neemt al mijn paden waar.
	Behold, in this thou art not just: I will answer thee, that God is greater than man.	12	Zie, hierin zijt gij niet rechtvaardig, antwoord ik u; want God is meerder dan een mens.
	Why dost thou strive against him? for he giveth not account of any of his matters.	13	Waarom hebt gij tegen Hem getwist? Want Hij antwoordt niet van al Zijn daden.
	For God speaketh once, yea twice, yet man perceiveth it not.	14	Maar God spreekt eens of tweemaal; doch men let niet daarop.
	In a dream, in a vision of the night, when deep sleep falleth upon men, in slumberings upon the bed;	15	In den droom, door het gezicht des nachts, als een diepe slaap op de lieden valt, in de sluimering op het leger;
	Then he openeth the ears of men, and sealeth their instruction,	16	Dan openbaart Hij het voor het oor der lieden, en Hij verzegelt hun kastijding;
	That he may withdraw man from his purpose, and hide pride from man.	17	Opdat Hij den mens afwende van zijn werk, en van den man de hovaardij verberge;
	He keepeth back his soul from the pit, and his life from perishing by the sword.	18	Dat Hij zijn ziel van het verderf afhoude; en zijn leven, dat het door het zwaard niet doorga.
	He is chastened also with pain upon his bed, and the multitude of his bones with strong pain:	19	Ook wordt hij gestraft met smart op zijn leger, en de sterke menigte zijner beenderen;
	So that his life abhorreth bread, and his soul dainty meat.	20	Zodat zijn leven het brood zelf verfoeit, en zijn ziel de begeerlijke spijze;
	His flesh is consumed away, that it cannot be seen; and his bones that were not seen stick out.	21	Dat zijn vlees verdwijnt uit het gezicht, en zijn beenderen, die niet gezien werden, uitsteken;
	Yea, his soul draweth near unto the grave, and his life to the destroyers.	22	En zijn ziel nadert ten verderve, en zijn leven tot de dingen, die doden.
	If there be a messenger with him, an interpreter, one among a thousand, to shew unto man his uprightness;	23	Is er dan bij Hem een Gezant, een Uitlegger, een uit duizend, om den mens zijn rechten plicht te verkondigen;
	Then he is gracious unto him, and saith, Deliver him from going down to the pit: I have found a ransom.	24	Zo zal Hij hem genadig zijn, en zeggen: Verlos hem, dat hij in het verderf niet nederdale, Ik heb verzoening gevonden.
	His flesh shall be fresher than a child's: he shall return to the days of his youth:	25	Zijn vlees zal frisser worden dan het was in de jeugd; hij zal tot de dagen zijner jonkheid wederkeren.
	He shall pray unto God, and he will be favourable unto him: and he shall see his face with joy: for he will render unto man his righteousness.	26	Hij zal tot God ernstiglijk bidden, Die in hem een welbehagen nemen zal, en zijn aangezicht met gejuich aanzien; want Hij zal den mens zijn gerechtigheid wedergeven.
	He looketh upon men, and if any say, I have sinned, and perverted that which was right, and it profited me not;	27	Hij zal de mensen aanschouwen, en zeggen: Ik heb gezondigd, en het recht verkeerd, hetwelk mij niet heeft gebaat;
	He will deliver his soul from going into the pit, and his life shall see the light.	28	Maar God heeft mijn ziel verlost, dat zij niet voere in het verderf, zodat mijn leven het licht aanziet.
	Lo, all these things worketh God oftentimes with man,	29	Zie, dit alles werkt God tweemaal of driemaal met een man;
	To bring back his soul from the pit, to be enlightened with the light of the living.	30	Opdat hij zijn ziel afkere van het verderf, en hij verlicht worde met het licht der levenden.
	Mark well, O Job, hearken unto me: hold thy peace, and I will speak.	31	Merk op, o Job! Hoor naar mij; zwijg, en ik zal spreken.
	If thou hast any thing to say, answer me: speak, for I desire to justify thee.	32	Zo er redenen zijn, antwoord mij; spreek, want ik heb lust u te rechtvaardigen.
	If not, hearken unto me: hold thy peace, and I shall teach thee wisdom.	33	Zo niet, hoor naar mij; zwijg, en ik zal u wijsheid leren.

Job (34) Job

	Furthermore Elihu answered and said,	1	Verder antwoordde Elihu, en zeide:
	Hear my words, O ye wise men; and give ear unto me, ye that have knowledge.	2	Hoort, gij wijzen, mijn woorden, en gij verstandigen, neigt de oren naar mij.
	For the ear trieth words, as the mouth tasteth meat.	3	Want het oor proeft de woorden, gelijk het gehemelte de spijze smaakt.
	Let us choose to us judgment: let us know among ourselves what is good.	4	Laat ons kiezen voor ons, wat recht is; laat ons kennen onder ons wat goed is.
	For Job hath said, I am righteous: and God hath taken away my judgment.	5	Want Job heeft gezegd: Ik ben rechtvaardig, en God heeft mijn recht weggenomen.
	Should I lie against my right? my wound is incurable without transgression.	6	Ik moet liegen in mijn recht; mijn pijl is smartelijk zonder overtreding.
	What man is like Job, who drinketh up scorning like water?	7	Wat man is er, gelijk Job? Hij drinkt de bespotting in als water;
	Which goeth in company with the workers of iniquity, and walketh with wicked men.	8	En gaat over weg in gezelschap met de werkers der ongerechtigheid, en wandelt met goddeloze lieden.
	For he hath said, It profiteth a man nothing that he should delight himself with God.	9	Want hij heeft gezegd: Het baat een man niet, als hij welbehagen heeft aan God.
	Therefore hearken unto me, ye men of understanding: far be it from God, that he should do wickedness; and from the Almighty, that he should commit iniquity.	10	Daarom, gij, lieden van verstand, hoort naar mij: Verre zij God van goddeloosheid, en de Almachtige van onrecht!
	For the work of a man shall he render unto him, and cause every man to find according to his ways.	11	Want naar het werk des mensen vergeldt Hij hem, en naar eens ieders weg doet Hij het hem vinden.

	Yea, surely God will not do wickedly, neither will the Almighty pervert judgment.	12	Ook waarlijk, God handelt niet goddelooslijk, en de Almachtige verkeert het recht niet.
	Who hath given him a charge over the earth? or who hath disposed the whole world?	13	Wie heeft Hem gesteld over de aarde, en wie heeft de ganse wereld geschikt?
	If he set his heart upon man, if he gather unto himself his spirit and his breath;	14	Indien Hij Zijn hart tegen hem zette, zijn geest en zijn adem zou Hij tot Zich vergaderen;
	All flesh shall perish together, and man shall turn again unto dust.	15	Alle vlees zou tegelijk den geest geven, en de mens zou tot stof wederkeren.
	If now thou hast understanding, hear this: hearken to the voice of my words.	16	Zo er dan verstand bij u is, hoor dit; neig de oren tot de stem mijner woorden.
	Shall even he that hateth right govern? and wilt thou condemn him that is most just?	17	Zou hij ook, die het recht haat, den gewonde verbinden, en zoudt gij den zeer Rechtvaardige verdoemen?
	Is it fit to say to a king, Thou art wicked? and to princes, Ye are ungodly?	18	Zou men tot een koning zeggen: Gij Belial; tot de prinsen: Gij goddelozen!
	How much less to him that accepteth not the persons of princes, nor regardeth the rich more than the poor? for they all are the work of his hands.	19	Hoe dan tot Dien, Die het aangezicht der vorsten niet aanneemt, en den rijke voor den arme niet kent? Want zij zijn allen Zijner handen werk.
	In a moment shall they die, and the people shall be troubled at midnight, and pass away: and the mighty shall be taken away without hand.	20	In een ogenblik sterven zij; zelfs ter middernacht wordt een volk geschud, dat het doorga; en de machtige wordt weggenomen zonder hand.
	For his eyes are upon the ways of man, and he seeth all his goings.	21	Want Zijn ogen zijn op ieders wegen, en Hij ziet al zijn treden.
	There is no darkness, nor shadow of death, where the workers of iniquity may hide themselves.	22	Er is geen duisternis, en er is geen schaduw des doods, dat aldaar de werkers der ongerechtigheid zich verbergen mochten.
	For he will not lay upon man more than right; that he should enter into judgment with God.	23	Gewisselijk, Hij legt den mens niet te veel op, dat hij tegen God in het gericht zou mogen treden.
	He shall break in pieces mighty men without number, and set others in their stead.	24	Hij vermorzelt de geweldigen, dat men het niet doorzoeken kan, en stelt anderen in hun plaats.
	Therefore he knoweth their works, and he overturneth them in the night, so that they are destroyed.	25	Daarom dat Hij hun werken kent, zo keert Hij hen des nachts om, en zij worden verbrijzeld.
	He striketh them as wicked men in the open sight of others;	26	Hij klopt hen samen als goddelozen, in een plaats, waar aanschouwers zijn;
	Because they turned back from him, and would not consider any of his ways:	27	Daarom dat zij van achter Hem afgeweken zijn, en geen Zijner wegen verstaan hebben;
	So that they cause the cry of the poor to come unto him, and he heareth the cry of the afflicted.	28	Opdat Hij op hem het geroep des armen brenge, en het geroep der ellendigen verhore.
	When he giveth quietness, who then can make trouble? and when he hideth his face, who then can behold him? whether it be done against a nation, or against a man only:	29	Als Hij stilt, wie zal dan beroeren? Als Hij het aangezicht verbergt, wie zal Hem dan aanschouwen, zowel voor een volk, als voor een mens alleen?
	That the hypocrite reign not, lest the people be ensnared.	30	Opdat de huichelachtige mens niet meer regere, en geen strikken des volks zijn.
	Surely it is meet to be said unto God, I have borne chastisement, I will not offend any more:	31	Zekerlijk heeft hij tot God gezegd: Ik heb Uw straf verdragen, ik zal het niet verderven.
	That which I see not teach thou me: if I have done iniquity, I will do no more.	32	Behalve wat ik zie, leer Gij mij; heb ik onrecht gewrocht, ik zal het niet meer doen.
	Should it be according to thy mind? he will recompense it, whether thou refuse, or whether thou choose; and not I: therefore speak what thou knowest.	33	Zal het van u zijn, hoe Hij iets vergelden zal, dewijl gij Hem versmaadt? Zoudt gij dan verkiezen, en niet ik? Wat weet gij dan? Spreek.
	Let men of understanding tell me, and let a wise man hearken unto me.	34	De lieden van verstand zullen met mij zeggen, en een wijs man zal naar mij horen;
	Job hath spoken without knowledge, and his words were without wisdom.	35	Dat Job niet met wetenschap gesproken heeft, en zijn woorden niet met kloek verstand geweest zijn.
	My desire is that Job may be tried unto the end because of his answers for wicked men.	36	Mijn Vader, laat Job beproefd worden tot het einde toe, om zijner antwoorden wil onder de ongerechtige lieden.
	For he addeth rebellion unto his sin, he clappeth his hands among us, and multiplieth his words against God.	37	Want tot zijn zonde zou hij nog overtreding bijvoegen; hij zou onder ons in de handen klappen, en hij zou zijn redenen vermenigvuldigen tegen God.

Job (35) Job

	Elihu spake moreover, and said,	1	Elihu antwoordde verder, en zeide:
	Thinkest thou this to be right, that thou saidst, My righteousness is more than God's?	2	Houdt gij dat voor recht, dat gij gezegd hebt: Mijn gerechtigheid is meerder dan Gods?
	For thou saidst, What advantage will it be unto thee? and, What profit shall I have, if I be cleansed from my sin?	3	Want gij hebt gezegd: Wat zou zij u baten? Wat meer voordeel zal ik daarmede doen, dan met mijn zonde?
	I will answer thee, and thy companions with thee.	4	Ik zal u antwoord geven, en uw vrienden met u.
	Look unto the heavens, and see; and behold the clouds which are higher than thou.	5	Bemerk den hemel en zie; en aanschouw de bovenste wolken, zij zijn hoger dan gij.
	If thou sinnest, what doest thou against him? or if thy transgressions be multiplied, what doest thou unto him?	6	Indien gij zondigt, wat bedrijft gij tegen Hem? Indien uw overtredingen menigvuldig zijn, wat doet gij Hem?
	If thou be righteous, what givest thou him? or what receiveth he of thine hand?	7	Indien gij rechtvaardig zijt, wat geeft gij Hem, of wat ontvangt Hij uit uw hand?

	Thy wickedness may hurt a man as thou art; and thy righteousness may profit the son of man.	8	Uw goddeloosheid zou zijn tegen een man, gelijk gij zijt, en uw gerechtigheid voor eens mensen kind.
	By reason of the multitude of oppressions they make the oppressed to cry: they cry out by reason of the arm of the mighty.	9	Vanwege hun grootheid doen zij de onderdrukten roepen; zij schreeuwen vanwege den arm der groten.
	But none saith, Where is God my maker, who giveth songs in the night;	10	Maar niemand zegt: Waar is God, mijn Maker, Die de psalmen geeft in den nacht?
	Who teacheth us more than the beasts of the earth, and maketh us wiser than the fowls of heaven?	11	Die ons geleerder maakt dan de beesten der aarde, en ons wijzer maakt dan het gevogelte des hemels?
	There they cry, but none giveth answer, because of the pride of evil men.	12	Daar roepen zij; maar Hij antwoordt niet, vanwege den hoogmoed der bozen.
	Surely God will not hear vanity, neither will the Almighty regard it.	13	Gewisselijk zal God de ijdelheid niet verhoren, en de Almachtige zal die niet aanschouwen.
	Although thou sayest thou shalt not see him, yet judgment is before him; therefore trust thou in him.	14	Dat gij ook gezegd hebt: Gij zult Hem niet aanschouwen; er is nochtans gericht voor Zijn aangezicht, wacht gij dan op Hem.
	But now, because it is not so, he hath visited in his anger; yet he knoweth it not in great extremity:	15	Maar nu, dewijl het niets is, dat Zijn toorn Job bezocht heeft, en Hij hem niet zeer in overvloed doorkend heeft;
	Therefore doth Job open his mouth in vain; he multiplieth words without knowledge.	16	Zo heeft Job in ijdelheid zijn mond geopend, en zonder wetenschap woorden vermenigvuldigd.

Job (36) Job

	Elihu also proceeded, and said,	1	Elihu ging nog voort, en zeide:
	Suffer me a little, and I will shew thee that I have yet to speak on God's behalf.	2	Verbeid mij een weinig, en ik zal u aanwijzen, dat er nog redenen voor God zijn.
	I will fetch my knowledge from afar, and will ascribe righteousness to my Maker.	3	Ik zal mijn gevoelen van verre ophalen, en mijn Schepper gerechtigheid toewijzen.
	For truly my words shall not be false: he that is perfect in knowledge is with thee.	4	Want voorwaar, mijn woorden zullen geen valsheid zijn; een, die oprecht is van gevoelen, is bij u.
	Behold, God is mighty, and despiseth not any: he is mighty in strength and wisdom.	5	Zie, God is geweldig, nochtans versmaadt Hij niet; geweldig is Hij in kracht des harten.
	He preserveth not the life of the wicked: but giveth right to the poor.	6	Hij laat den goddeloze niet leven, en het recht der ellendigen beschikt Hij.
	He withdraweth not his eyes from the righteous: but with kings are they on the throne; yea, he doth establish them for ever, and they are exalted.	7	Hij onttrekt Zijn ogen niet van den rechtvaardige, maar met de koningen zijn zij in den troon; daar zet Hij hen voor altoos, en zij worden verheven.
	And if they be bound in fetters, and be holden in cords of affliction;	8	En zo zij, gebonden zijnde in boeien, vast gehouden worden met banden der ellende;
	Then he sheweth them their work, and their transgressions that they have exceeded.	9	Dan geeft Hij hun hun werk te kennen, en hun overtredingen, omdat zij de overhand genomen hebben;
	He openeth also their ear to discipline, and commandeth that they return from iniquity.	10	En Hij openbaart het voor hunlieder oor ter tucht, en zegt, dat zij zich van de ongerechtigheid bekeren zouden.
	If they obey and serve him, they shall spend their days in prosperity, and their years in pleasures.	11	Indien zij horen, en Hem dienen, zo zullen zij hun dagen eindigen in het goede, en hun jaren in liefelijkheden.
	But if they obey not, they shall perish by the sword, and they shall die without knowledge.	12	Maar zo zij niet horen, zo gaan zij door het zwaard door, en zij geven den geest zonder kennis.
	But the hypocrites in heart heap up wrath: they cry not when he bindeth them.	13	En die met het hart huichelachtig zijn, leggen toorn op; zij roepen niet, als Hij hen gebonden heeft.
	They die in youth, and their life is among the unclean.	14	Hun ziel zal in de jonkheid sterven, en hun leven onder de schandjongens.
	He delivereth the poor in his affliction, and openeth their ears in oppression.	15	Hij zal den ellendige in zijn ellende vrijmaken, en in de onderdrukking zal Hij het voor hunlieder oor openbaren.
	Even so would he have removed thee out of the strait into a broad place, where there is no straitness; and that which should be set on thy table should be full of fatness.	16	Alzo zou Hij ook u afgekeerd hebben van den mond des angstes tot de ruimte, onder dewelke geen benauwing zou geweest zijn; en het gerecht uwer tafel zou vol vettigheid geweest zijn.
	But thou hast fulfilled the judgment of the wicked: judgment and justice take hold on thee.	17	Maar gij hebt het gericht des goddelozen vervuld; het gericht en het recht houden u vast.
	Because there is wrath, beware lest he take thee away with his stroke: then a great ransom cannot deliver thee.	18	Omdat er grimmigheid is, wacht u, dat Hij u misschien niet met een klop wegstote; zodat u een groot rantsoen er niet zou afbrengen.
	Will he esteem thy riches? no, not gold, nor all the forces of strength.	19	Zou Hij uw rijkdom achten, dat gij niet in benauwdheid zoudt zijn; of enige versterkingen van kracht?
	Desire not the night, when people are cut off in their place.	20	Haak niet naar dien nacht, als de volken van hun plaats opgenomen worden.
	Take heed, regard not iniquity: for this hast thou chosen rather than affliction.	21	Wacht u, wend u niet tot ongerechtigheid; overmits gij ze in dezen verkoren heb, uit oorzake van de ellende.
	Behold, God exalteth by his power: who teacheth like him?	22	Zie, God verhoogt door Zijn kracht; wie is een Leraar, gelijk Hij?
	Who hath enjoined him his way? or who can say, Thou hast wrought iniquity?	23	Wie heeft Hem gesteld over Zijn weg? Of wie heeft gezegd: Gij hebt onrecht gedaan?
	Remember that thou magnify his work, which men behold.	24	Gedenk, dat gij Zijn werk groot maakt, hetwelk de lieden aanschouwen.
	Every man may see it; man may behold it afar off.	25	Alle mensen zien het aan; de mens schouwt het van verre.

Behold, God is great, and we know him not, neither can the number of his years be searched out.	26	Zie, God is groot, en wij begrijpen het niet; er is ook geen onderzoeking van het getal Zijner jaren.
For he maketh small the drops of water: they pour down rain according to the vapour thereof:	27	Want Hij trekt de druppelen der wateren op, die den regen na zijn damp uitgieten;
Which the clouds do drop and distil upon man abundantly.	28	Welke de wolken uitgieten, en over den mens overvloediglijk afdruipen.
Also can any understand the spreadings of the clouds, or the noise of his tabernacle?	29	Kan men ook verstaan de uitbreidingen der wolken, en de krakingen Zijner hutte?
Behold, he spreadeth his light upon it, and covereth the bottom of the sea.	30	Zie, Hij breidt over hem Zijn licht uit, en de wortelen der zee bedekt Hij.
For by them judgeth he the people; he giveth meat in abundance.	31	Want daardoor richt Hij de volken; Hij geeft spijze ten overvloede.
With clouds he covereth the light; and commandeth it not to shine by the cloud that cometh betwixt.	32	Met handen bedekt Hij het licht, en doet aan hetzelve verbod door dengene, die tussen doorkomt.
The noise thereof sheweth concerning it, the cattle also concerning the vapour.	33	Daarvan verkondigt Zijn geklater, en het vee; ook van den opgaanden damp

Job (37) Job

At this also my heart trembleth, and is moved out of his place.	1	Ook beeft hierover mijn hart, en springt op uit zijn plaats.
Hear attentively the noise of his voice, and the sound that goeth out of his mouth.	2	Hoort met aandacht de beweging Zijner stem, en het geluid, dat uit Zijn mond uitgaat!
He directeth it under the whole heaven, and his lightning unto the ends of the earth.	3	Dat zendt Hij rechtuit onder den gansen hemel, en Zijn licht over de einden der aarde.
After it a voice roareth: he thundereth with the voice of his excellency; and he will not stay them when his voice is heard.	4	Daarna brult Hij met de stem; Hij dondert met de stem Zijner hoogheid, en vertrekt die dingen niet, als Zijn stem zal gehoord worden.
God thundereth marvellously with his voice; great things doeth he, which we cannot comprehend.	5	God dondert met Zijn stem zeer wonderlijk; Hij doet grote dingen, en wij begrijpen ze niet.
For he saith to the snow, Be thou on the earth; likewise to the small rain, and to the great rain of his strength.	6	Want Hij zegt tot de sneeuw: Wees op de aarde; en tot den plasregens des regens; dan is er de plasregen Zijner sterke regenen.
He sealeth up the hand of every man; that all men may know his work.	7	Dan zegelt Hij de hand van ieder mens toe, opdat Hij kenne al de lieden Zijns werks.
Then the beasts go into dens, and remain in their places.	8	En het gedierte gaat in de loerplaatsen, en blijft in zijn holen.
Out of the south cometh the whirlwind: and cold out of the north.	9	Uit de binnenkamer komt de wervelwind, en van de verstrooiende winden de koude.
By the breath of God frost is given: and the breadth of the waters is straitened.	10	Door zijn geblaas geeft God de vorst, zodat de brede wateren verstijfd worden.
Also by watering he wearieth the thick cloud: he scattereth his bright cloud:	11	Ook vermoeit Hij de dikke wolken door klaarheid; Hij verstrooit de wolk Zijns lichts.
And it is turned round about by his counsels: that they may do whatsoever he commandeth them upon the face of the world in the earth.	12	Die keert zich dan naar Zijn wijzen raad door ommegangen, dat zij doen al wat Hij ze gebiedt, op het vlakke der wereld, op de aarde.
He causeth it to come, whether for correction, or for his land, or for mercy.	13	Hetzij dat Hij die tot een roede, of tot Zijn land, of tot weldadigheid beschikt.
Hearken unto this, O Job: stand still, and consider the wondrous works of God.	14	Neem dit, o Job, ter ore; sta, en aanmerk de wonderen Gods.
Dost thou know when God disposed them, and caused the light of his cloud to shine?	15	Weet gij, wanneer God over dezelve orde stelt, en het licht Zijner wolk laat schijnen?
Dost thou know the balancings of the clouds, the wondrous works of him which is perfect in knowledge?	16	Hebt gij wetenschap van de opwegingen der dikke wolken; de wonderheden Desgenen, Die volmaakt is in wetenschappen?
How thy garments are warm, when he quieteth the earth by the south wind?	17	Hoe uw klederen warm worden, als Hij de aarde stil maakt uit het zuiden?
Hast thou with him spread out the sky, which is strong, and as a molten looking glass?	18	Hebt gij met Hem de hemelen uitgespannen, die vast zijn, als een gegoten spiegel?
Teach us what we shall say unto him; for we cannot order our speech by reason of darkness.	19	Onderricht ons, wat wij Hem zeggen zullen; want wij zullen niets ordentelijk voorstellen kunnen vanwege de duisternis.
Shall it be told him that I speak? if a man speak, surely he shall be swallowed up.	20	Zal het Hem verteld worden, als ik zo zou spreken? Denkt iemand dat, gewisselijk, hij zal verslonden worden.
And now men see not the bright light which is in the clouds: but the wind passeth, and cleanseth them.	21	En nu ziet men het licht niet als het helder is in den hemel, als de wind doorgaat, en dien zuivert;
Fair weather cometh out of the north: with God is terrible majesty.	22	Als van het noorden het goud komt; maar bij God is een vreselijke majesteit!
Touching the Almighty, we cannot find him out: he is excellent in power, and in judgment, and in plenty of justice: he will not afflict.	23	Den Almachtige, Dien kunnen wij niet uitvinden; Hij is groot van kracht; doch door gericht en grote gerechtigheid verdrukt Hij niet.
Men do therefore fear him: he respecteth not any that are wise of heart.	24	Daarom vreze Hem de lieden; Hij ziet geen wijzen van harte aan.

Job (38) Job

Then the LORD answered Job out of the whirlwind, and said,	1	Daarna antwoordde de HEERE Job uit een onweder, en zeide:

	Who is this that darkeneth counsel by words without knowledge?	2	Wie is hij, die den raad verduistert met woorden zonder wetenschap?
	Gird up now thy loins like a man; for I will demand of thee, and answer thou me.	3	Gord nu, als een man, uw lenden, zo zal Ik u vragen, en onderricht Mij.
	Where wast thou when I laid the foundations of the earth? declare, if thou hast understanding.	4	Waar waart gij, toen Ik de aarde grondde? Geef het te kennen, indien gij kloek van verstand zijt.
	Who hath laid the measures thereof, if thou knowest? or who hath stretched the line upon it?	5	Wie heeft haar maten gezet, want gij weet het; of wie heeft over haar een richtsnoer getrokken?
	Whereupon are the foundations thereof fastened? or who laid the corner stone thereof;	6	Waarop zijn haar grondvesten nedergezonken, of wie heeft haar hoeksteen gelegd?
	When the morning stars sang together, and all the sons of God shouted for joy?	7	Toen de morgensterren te zamen vrolijk zongen, en al de kinderen Gods juichten.
	Or who shut up the sea with doors, when it brake forth, as if it had issued out of the womb?	8	Of wie heeft de zee met deuren toegesloten, toen zij uitbrak, en uit de baarmoeder voortkwam?
	When I made the cloud the garment thereof, and thick darkness a swaddlingband for it,	9	Toen Ik de wolk tot haar kleding stelde, en de donkerheid tot haar windeldoek;
	And brake up for it my decreed place, and set bars and doors,	10	Toen Ik voor haar met Mijn besluit de aarde doorbrak, en zette grendel en deuren;
	And said, Hitherto shalt thou come, but no further: and here shall thy proud waves be stayed?	11	En zeide: Tot hiertoe zult gij komen, en niet verder, en hier zal hij zich stellen tegen den hoogmoed uwer golven.
	Hast thou commanded the morning since thy days; and caused the dayspring to know his place;	12	Hebt gij van uw dagen den morgenstond geboden? Hebt gij den dageraad zijn plaats aangewezen;
	That it might take hold of the ends of the earth, that the wicked might be shaken out of it?	13	Opdat hij de einden der aarde vatten zou; en de goddelozen uit haar uitgeschud zouden worden?
	It is turned as clay to the seal; and they stand as a garment.	14	Dat zij veranderd zou worden gelijk zegelleem, en zij gesteld worden als een kleed?
	And from the wicked their light is withholden, and the high arm shall be broken.	15	En dat van de goddelozen hun licht geweerd worde, en de hoge arm worde gebroken?
	Hast thou entered into the springs of the sea? or hast thou walked in the search of the depth?	16	Zijt gij gekomen tot aan de oorsprongen der zee, en hebt gij in het onderste des afgronds gewandeld?
	Have the gates of death been opened unto thee? or hast thou seen the doors of the shadow of death?	17	Zijn u de poorten des doods ontdekt, en hebt gij gezien de poorten van de schaduw des doods?
	Hast thou perceived the breadth of the earth? declare if thou knowest it all.	18	Zijt gij met uw verstand gekomen tot aan de breedte der aarde? Geef het te kennen, indien gij dit alles weet.
	Where is the way where light dwelleth? and as for darkness, where is the place thereof,	19	Waar is de weg, daar het licht woont? En de duisternis, waar is haar plaats?
	That thou shouldest take it to the bound thereof, and that thou shouldest know the paths to the house thereof?	20	Dat gij dat brengen zoudt tot zijn pale, en dat gij merken zoudt de paden zijns huizes?
	Knowest thou it, because thou wast then born? or because the number of thy days is great?	21	Gij weet het, want gij waart toen geboren, en uw dagen zijn veel in getal.
	Hast thou entered into the treasures of the snow? or hast thou seen the treasures of the hail,	22	Zijt gij gekomen tot de schatkameren der sneeuw, en hebt gij de schatkameren des hagels gezien?
	Which I have reserved against the time of trouble, against the day of battle and war?	23	Dien Ik ophoude tot den tijd der benauwdheid, tot den dag des strijds en des oorlogs!
	By what way is the light parted, which scattereth the east wind upon the earth?	24	Waar is de weg, daar het licht verdeeld wordt, en de oostenwind zich verstrooit op de aarde?
	Who hath divided a watercourse for the overflowing of waters, or a way for the lightning of thunder;	25	Wie deelt voor den stortregen een waterloop uit, en een weg voor het weerlicht der donderen?
	To cause it to rain on the earth, where no man is; on the wilderness, wherein there is no man;	26	Om te regenen op het land, waar niemand is, op de woestijn, waarin geen mens is;
	To satisfy the desolate and waste ground; and to cause the bud of the tender herb to spring forth?	27	Om het woeste en het verwoeste te verzadigen, en om het uitspruitsel der grasscheutjes te doen wassen.
	Hath the rain a father? or who hath begotten the drops of dew?	28	Heeft de regen een vader, of wie baart de druppelen des dauws?
	Out of whose womb came the ice? and the hoary frost of heaven, who hath gendered it?	29	Uit wiens buik komt het ijs voort, en wie baart den rijm des hemels?
	The waters are hid as with a stone, and the face of the deep is frozen.	30	Als met een steen verbergen zich de wateren, en het vlakke des afgrond wordt omvat.
	Canst thou bind the sweet influences of Pleiades, or loose the bands of Orion?	31	Kunt gij de liefelijkheden van het Zevengesternte binden, of de strengen des Orions losmaken?
	Canst thou bring forth Mazzaroth in his season? or canst thou guide Arcturus with his sons?	32	Kunt gij de Mazzaroth voortbrengen op haar tijd, en den Wagen met zijn kinderen leiden?
	Knowest thou the ordinances of heaven? canst thou set the dominion thereof in the earth?	33	Weet gij de verordeningen des hemels, of kunt gij deszelfs heerschappij op de aarde bestellen?
	Canst thou lift up thy voice to the clouds, that abundance of waters may cover thee?	34	Kunt gij uw stem tot de wolken opheffen, opdat een overvloed van water u bedekke?
	Canst thou send lightnings, that they may go, and say unto thee, Here we are?	35	Kunt gij de bliksemen uitlaten, dat zij henenvaren, en tot u zeggen: Zie, hier zijn wij?
	Who hath put wisdom in the inward parts? or who hath given understanding to the heart?	36	Wie heeft de wijsheid in het binnenste gezet? Of wie heeft den zin het verstand gegeven?
	Who can number the clouds in wisdom? or who can stay the bottles of heaven,	37	Wie kan de wolken met wijsheid tellen, en wie kan de flessen des hemels nederleggen?

When the dust groweth into hardness, and the clods cleave fast together?	38	Als het stof doorgoten is tot vastigheid, en de kluiten samenkleven?
Wilt thou hunt the prey for the lion? or fill the appetite of the young lions,	39	(39:1) Zult gij voor den ouden leeuw roof jagen, of de graagheid der jonge leeuwen vervullen?
When they couch in their dens, and abide in the covert to lie in wait?	40	(39:2) Als zij nederbukken in de holen, en in den kuil zitten, ter loering?
Who provideth for the raven his food? when his young ones cry unto God, they wander for lack of meat.	41	(39:3) Wie bereidt de raaf haar kost, als haar jongen tot God schreeuwen, als zij dwalen, omdat er geen eten is?

Job (39) Job

Knowest thou the time when the wild goats of the rock bring forth? or canst thou mark when the hinds do calve?	1	(39:4) Weet gij den tijd van het baren der steengeiten? Hebt gij waargenomen den arbeid der hinden?
Canst thou number the months that they fulfil? or knowest thou the time when they bring forth?	2	(39:5) Zult gij de maanden tellen, die zij vervullen, en weet gij den tijd van haar baren?
They bow themselves, they bring forth their young ones, they cast out their sorrows.	3	(39:6) Als zij zich krommen, haar jongen met versplijting voortbrengen, haar smarten uitwerpen?
Their young ones are in good liking, they grow up with corn; they go forth, and return not unto them.	4	(39:7) Haar jongen worden kloek, worden groot door het koren; zij gaan uit, en keren niet weder tot dezelve.
Who hath sent out the wild ass free? or who hath loosed the bands of the wild ass?	5	(39:8) Wie heeft den woudezel vrij henengezonden, en wie heeft de banden des wilden ezels gelost?
Whose house I have made the wilderness, and the barren land his dwellings.	6	(39:9) Dien Ik de wildernis tot zijn huis besteld heb, en het ziltige tot zijn woningen.
He scorneth the multitude of the city, neither regardeth he the crying of the driver.	7	(39:10) Hij belacht het gewoel der stad; het menigerlei getier des drijvers hoort hij niet.
The range of the mountains is his pasture, and he searcheth after every green thing.	8	(39:11) Dat hij uitspeurt op de bergen, is zijn weide; en hij zoekt allerlei groensel na.
Will the unicorn be willing to serve thee, or abide by thy crib?	9	(39:12) Zal de eenhoorn u willen dienen? Zal hij vernachten aan uw kribbe?
Canst thou bind the unicorn with his band in the furrow? or will he harrow the valleys after thee?	10	(39:13) Zult gij den eenhoorn met zijn touw aan de voren binden? Zal hij de laagten achter u eggen?
Wilt thou trust him, because his strength is great? or wilt thou leave thy labour to him?	11	(39:14) Zult gij op hem vertrouwen, omdat zijn kracht groot is, en zult gij uw arbeid op hem laten?
Wilt thou believe him, that he will bring home thy seed, and gather it into thy barn?	12	(39:15) Zult gij hem geloven, dat hij uw zaad zal wederbrengen, en vergaderen tot uw dorsvloer?
Gavest thou the goodly wings unto the peacocks? or wings and feathers unto the ostrich?	13	(39:16) Zijn van u de verheugelijke vleugelen der pauwen? Of de vederen des ooievaars, en des struisvogels?
Which leaveth her eggs in the earth, and warmeth them in dust,	14	(39:17) Dat zij haar eieren in de aarde laat, en in het stof die verwarmt.
And forgetteth that the foot may crush them, or that the wild beast may break them.	15	(39:18) En vergeet, dat de voet die drukken kan, en de dieren des velds die vertrappen kunnen?
She is hardened against her young ones, as though they were not hers: her labour is in vain without fear;	16	(39:19) Zij verhardt zich tegen haar jongen, alsof zij de hare niet waren; haar arbeid is te vergeefs, omdat zij zonder vreze is.
Because God hath deprived her of wisdom, neither hath he imparted to her understanding.	17	(39:20) Want God heeft haar van wijsheid ontbloot, en heeft haar des verstands niet medegedeeld.
What time she lifteth up herself on high, she scorneth the horse and his rider.	18	(39:21) Als het tijd is, verheft zij zich in de hoogte; zij belacht het paard en zijn rijder.
Hast thou given the horse strength? hast thou clothed his neck with thunder?	19	(39:22) Zult gij het paard sterkte geven? Kunt gij zijn hals met donder bekleden?
Canst thou make him afraid as a grasshopper? the glory of his nostrils is terrible.	20	(39:23) Zult gij het beroeren als een sprinkhaan? De pracht van zijn gesnuif is een verschrikking.
He paweth in the valley, and rejoiceth in his strength: he goeth on to meet the armed men.	21	(39:24) Het graaft in den grond, en het is vrolijk in zijn kracht; en trekt uit, den geharnaste tegemoet.
He mocketh at fear, and is not affrighted; neither turneth he back from the sword.	22	(39:25) Het belacht de vreze, en wordt niet ontsteld, en keert niet wederom vanwege het zwaard.
The quiver rattleth against him, the glittering spear and the shield.	23	(39:26) Tegen hem ratelt de pijlkoker, het vlammig ijzer des spies en der lans.
He swalloweth the ground with fierceness and rage: neither believeth he that it is the sound of the trumpet.	24	(39:27) Met schudding en beroering slokt het de aarde op, en gelooft niet, dat het is het geluid der bazuin.
He saith among the trumpets, Ha, ha; and he smelleth the battle afar off, the thunder of the captains, and the shouting.	25	(39:28) In het volle geklank der bazuin, zegt het: Heah! en ruikt den krijg van verre, den donder der vorsten en het gejuich.
Doth the hawk fly by thy wisdom, and stretch her wings toward the south?	26	(39:29) Vliegt de sperwer door uw verstand, en breidt hij zijn vleugelen uit naar het zuiden?
Doth the eagle mount up at thy command, and make her nest on high?	27	(39:30) Is het naar uw bevel, dat de arend zich omhoog verheft, en dat hij zijn nest in de hoogte maakt?
She dwelleth and abideth on the rock, upon the crag of the rock, and the strong place.	28	(39:31) Hij woont en vernacht in de steenrots, op de scherpte der steenrots en der vaste plaats.
From thence she seeketh the prey, and her eyes behold afar off.	29	(39:32) Van daar speurt hij de spijze op; zijn ogen zien van verre af.
Her young ones also suck up blood: and where the slain are, there is she.	30	(39:33) Ook zuipen zijn jongen bloed; en waar verslagenen zijn, daar is hij.

Job (40) Job

#	English	#	Dutch
	Moreover the LORD answered Job, and said,	1	(39:34) En de HEERE antwoordde Job, en zeide:
	Shall he that contendeth with the Almighty instruct him? he that reproveth God, let him answer it.	2	(39:35) Is het twisten met den Almachtige onderrichten? Wie God bestraft, die antwoorde daarop.
	Then Job answered the LORD, and said,	3	(39:36) Toen antwoordde Job den HEERE, en zeide:
	Behold, I am vile; what shall I answer thee? I will lay mine hand upon my mouth.	4	(39:37) Zie, ik ben te gering; wat zou ik U antwoorden? Ik leg mijn hand op mijn mond.
	Once have I spoken; but I will not answer: yea, twice; but I will proceed no further.	5	(39:38) Eenmaal heb ik gesproken, maar zal niet antwoorden; of tweemaal, maar zal niet voortvaren.
	Then answered the LORD unto Job out of the whirlwind, and said,	6	(40:1) En de HEERE antwoordde Job uit een onweder, en zeide:
	Gird up thy loins now like a man: I will demand of thee, and declare thou unto me.	7	(40:2) Gord nu als een man uw lenden; Ik zal u vragen, en onderricht Mij.
	Wilt thou also disannul my judgment? wilt thou condemn me, that thou mayest be righteous?	8	(40:3) Zult gij ook Mijn oordeel te niet maken? Zult Gij Mij verdoemen, opdat gij rechtvaardig zijt?
	Hast thou an arm like God? or canst thou thunder with a voice like him?	9	(40:4) Hebt gij een arm gelijk God? En kunt gij, gelijk Hij, met de stem donderen?
	Deck thyself now with majesty and excellency; and array thyself with glory and beauty.	10	(40:5) Versier u nu met voortreffelijkheid en hoogheid, en bekleed u met majesteit en heerlijkheid!
	Cast abroad the rage of thy wrath: and behold every one that is proud, and abase him.	11	(40:6) Strooi de verbolgenheden uws toorns uit, en zie allen hoogmoedige, en verneder hem!
	Look on every one that is proud, and bring him low; and tread down the wicked in their place.	12	(40:7) Zie allen hoogmoedige, en breng hem ten onder; en verpletter de goddelozen in hun plaats!
	Hide them in the dust together; and bind their faces in secret.	13	(40:8) Verberg hen te zamen in het stof; verbind hun aangezichten in het verborgen!
	Then will I also confess unto thee that thine own right hand can save thee.	14	(40:9) Dan zal Ik ook u loven, omdat uw rechterhand u zal verlost hebben.
	Behold now behemoth, which I made with thee; he eateth grass as an ox.	15	(40:10) Zie nu Behemoth, welken Ik gemaakt heb nevens u; hij eet hooi, gelijk een rund.
	Lo now, his strength is in his loins, and his force is in the navel of his belly.	16	(40:11) Zie toch, zijn kracht is in zijn lenden, en zijn macht in den navel zijns buiks.
	He moveth his tail like a cedar: the sinews of his stones are wrapped together.	17	(40:12) Als het hem lust, zijn staart is als een ceder; de zenuwen zijner schaamte zijn doorvlochten.
	His bones are as strong pieces of brass; his bones are like bars of iron.	18	(40:13) Zijn beenderen zijn als vast koper; zijn gebeenten zijn als ijzeren handbomen.
	He is the chief of the ways of God: he that made him can make his sword to approach unto him.	19	(40:14) Hij is een hoofdstuk der wegen Gods; die hem gemaakt heeft, heeft hem zijn zwaard aangehecht.
	Surely the mountains bring him forth food, where all the beasts of the field play.	20	(40:15) Omdat de bergen hem voeder voortbrengen, daarom spelen al de dieren des velds aldaar.
	He lieth under the shady trees, in the covert of the reed, and fens.	21	(40:16) Onder schaduwachtige bomen ligt hij neder, in een schuilplaats des riets en des slijks.
	The shady trees cover him with their shadow; the willows of the brook compass him about.	22	(40:17) De schaduwachtige bomen bedekken hem, elkeen met zijn schaduw; de beekwilgen omringen hem.
	Behold, he drinketh up a river, and hasteth not: he trusteth that he can draw up Jordan into his mouth.	23	(40:18) Zie, hij doet de rivier geweld aan, en verhaast zich niet; hij vertrouwt, dat hij de Jordaan in zijn mond zou kunnen intrekken.
	He taketh it with his eyes: his nose pierceth through snares.	24	(40:19) Zou men hem voor zijn ogen kunnen vangen? Zou men hem met strikken den neus doorboren kunnen?

Job (41) Job

#	English	#	Dutch
	Canst thou draw out leviathan with an hook? or his tongue with a cord which thou lettest down?	1	(40:20) Zult gij den Leviathan met den angel trekken, of zijn tong met een koord, dat gij laat nederzinken?
	Canst thou put an hook into his nose? or bore his jaw through with a thorn?	2	(40:21) Zult gij hem een bieze in den neus leggen, of met een doorn zijn kaak doorboren?
	Will he make many supplications unto thee? will he speak soft words unto thee?	3	(40:22) Zal hij aan u veel smekingen maken? Zal hij zachtjes tot u spreken?
	Will he make a covenant with thee? wilt thou take him for a servant for ever?	4	(40:23) Zal hij een verbond met u maken? Zult gij hem aannemen tot een eeuwigen slaaf?
	Wilt thou play with him as with a bird? or wilt thou bind him for thy maidens?	5	(40:24) Zult gij met hem spelen gelijk met een vogeltje, of zult gij hem binden voor uw jonge dochters?
	Shall the companions make a banquet of him? shall they part him among the merchants?	6	(40:25) Zullen de metgezellen over hem een maaltijd bereiden? Zullen zij hem delen onder de kooplieden?
	Canst thou fill his skin with barbed irons? or his head with fish spears?	7	(40:26) Zult gij zijn huis met haken vullen, of met een visserskrauwel zijn hoofd?
	Lay thine hand upon him, remember the battle, do no more.	8	(40:27) Leg uw hand op hem, gedenk des strijds, doe het niet meer.
	Behold, the hope of him is in vain: shall not one be cast down even at the sight of him?	9	(40:28) Zie, zijn hoop zal feilen; zal hij ook voor zijn gezicht nedergeslagen worden?
	None is so fierce that dare stir him up: who then is able to stand before me?	10	(41:1) Niemand is zo koen, dat hij hem opwekken zou; wie is dan hij, die zich voor Mijn aangezicht stellen zou?

	Who hath prevented me, that I should repay him? whatsoever is under the whole heaven is mine.	11	(41:2) Wie heeft Mij voorgekomen, dat Ik hem zou vergelden? Wat onder den gansen hemel is, is het Mijne.
	I will not conceal his parts, nor his power, nor his comely proportion.	12	(41:3) Ik zal zijn leden niet verzwijgen, noch het verhaal zijner sterkte, noch de bevalligheid zijner gestaltenis.
	Who can discover the face of his garment? or who can come to him with his double bridle?	13	(41:4) Wie zou het opperste zijns kleeds ontdekken? Wie zou met zijn dubbelen breidel hem aankomen?
	Who can open the doors of his face? his teeth are terrible round about.	14	(41:5) Wie zou de deuren zijns aangezichts opendoen? Rondom zijn tanden is verschrikking.
	His scales are his pride, shut up together as with a close seal.	15	(41:6) Zeer uitnemend zijn zijn sterke schilden, elkeen gesloten als met een nauwdrukkend zegel.
	One is so near to another, that no air can come between them.	16	(41:7) Het een is zo na aan het andere, dat de wind daar niet kan tussen komen.
	They are joined one to another, they stick together, that they cannot be sundered.	17	(41:8) Zij kleven aan elkander, zij vatten zich samen, dat zij zich niet scheiden.
	By his neesings a light doth shine, and his eyes are like the eyelids of the morning.	18	(41:9) Elk een zijner niezingen doet een licht schijnen; en zijn ogen zijn als de oogleden des dageraads.
	Out of his mouth go burning lamps, and sparks of fire leap out.	19	(41:10) Uit zijn mond gaan fakkelen, vurige vonken raken er uit.
	Out of his nostrils goeth smoke, as out of a seething pot or caldron.	20	(41:11) Uit zijn neusgaten komt rook voort, als uit een ziedenden pot en ruimen ketel.
	His breath kindleth coals, and a flame goeth out of his mouth.	21	(41:12) Zijn adem zou kolen doen vlammen, en een vlam komt uit zijn mond voort.
	In his neck remaineth strength, and sorrow is turned into joy before him.	22	(41:13) In zijn hals herbergt de sterkte; voor hem springt zelfs de droefheid van vreugde op.
	The flakes of his flesh are joined together: they are firm in themselves; they cannot be moved.	23	(41:14) De stukken van zijn vlees kleven samen; elkeen is vast in hem, het wordt niet bewogen.
	His heart is as firm as a stone; yea, as hard as a piece of the nether millstone.	24	(41:15) Zijn hart is vast gelijk een steen; ja, vast gelijk een deel van den ondersten molensteen.
	When he raiseth up himself, the mighty are afraid: by reason of breakings they purify themselves.	25	(41:16) Van zijn verheffen schromen de sterken; om zijner doorbrekingen wille ontzondigen zij zich.
	The sword of him that layeth at him cannot hold: the spear, the dart, nor the habergeon.	26	(41:17) Raakt hem iemand met het zwaard, dat zal niet bestaan, spies, schicht noch pantsier.
	He esteemeth iron as straw, and brass as rotten wood.	27	(41:18) Hij acht het ijzer voor stro, en het staal voor verrot hout.
	The arrow cannot make him flee: slingstones are turned with him into stubble.	28	(41:19) De pijl zal hem niet doen vlieden, de slingerstenen worden hem in stoppelen veranderd.
	Darts are counted as stubble: he laugheth at the shaking of a spear.	29	(41:20) De werpstenen worden van hem geacht als stoppelen, en hij belacht de drilling der lans.
	Sharp stones are under him: he spreadeth sharp pointed things upon the mire.	30	(41:21) Onder hem zijn scherpe scherven; hij spreidt zich op het puntachtige, als op slijk.
	He maketh the deep to boil like a pot: he maketh the sea like a pot of ointment.	31	(41:22) Hij doet de diepte zieden gelijk een pot; hij stelt de zee als een apothekerskokerij.
	He maketh a path to shine after him; one would think the deep to be hoary.	32	(41:23) Achter zich verlicht hij het pad; men zou den afgrond voor grijzigheid houden.
	Upon earth there is not his like, who is made without fear.	33	(41:24) Op de aarde is niets met hem te vergelijken, die gemaakt is om zonder schrik te wezen.
	He beholdeth all high things: he is a king over all the children of pride.	34	(41:25) Hij aanziet alles, wat hoog is, hij is een koning over alle jonge hoogmoedige dieren.

Job (42) Job

	Then Job answered the LORD, and said,	1	Toen antwoordde Job den HEERE, en zeide:
	I know that thou canst do every thing, and that no thought can be withholden from thee.	2	Ik weet, dat Gij alles vermoogt, en dat geen van Uw gedachten kan afgesneden worden.
	Who is he that hideth counsel without knowledge? therefore have I uttered that I understood not; things too wonderful for me, which I knew not.	3	Wie is hij, zegt Gij, die den raad verbergt zonder wetenschap? Zo heb ik dan verhaald, hetgeen ik niet verstond, dingen, die voor mij te wonderbaar waren, die ik niet wist.
	Hear, I beseech thee, and I will speak: I will demand of thee, and declare thou unto me.	4	Hoor toch, en ik zal spreken; ik zal U vragen, en onderricht Gij mij.
	I have heard of thee by the hearing of the ear: but now mine eye seeth thee.	5	Met het gehoor des oors heb ik U gehoord; maar nu ziet U mijn oog.
	Wherefore I abhor myself, and repent in dust and ashes.	6	Daarom verfoei ik mij, en ik heb berouw in stof en as.
	And it was so, that after the LORD had spoken these words unto Job, the LORD said to Eliphaz the Temanite, My wrath is kindled against thee, and against thy two friends: for ye have not spoken of me the thing that is right, as my servant Job hath.	7	Het geschiedde nu, nadat de HEERE die woorden tot Job gesproken had, dat de HEERE tot Elifaz, den Themaniet, zeide: Mijn toorn is ontstoken tegen u, en tegen uw twee vrienden, want gijlieden hebt niet recht van Mij gesproken, gelijk Mijn knecht Job.
	Therefore take unto you now seven bullocks and seven rams, and go to my servant Job, and offer up for yourselves a burnt offering; and my servant Job shall pray for you: for him will I accept: lest I deal with you after your folly, in that ye have not spoken of me the thing which is right, like my servant Job.	8	Daarom neemt nu voor ulieden zeven varren en zeven rammen, en gaat henen tot Mijn knecht Job, en offert brandoffer voor ulieden, en laat Mijn knecht Job voor ulieden bidden; want zekerlijk, Ik zal zijn aangezicht aannemen, opdat Ik aan ulieden niet doe naar uw dwaasheid; want gijlieden hebt niet recht van Mij gesproken, gelijk Mijn knecht Job.

	So Eliphaz the Temanite and Bildad the Shuhite and Zophar the Naamathite went, and did according as the LORD commanded them: the LORD also accepted Job.	9	Toen gingen Elifaz, de Themaniet, en Bildad, de Suhiet, en Zofar, de Naamathiet, henen, en deden, gelijk als de HEERE tot hen gesproken had; en de HEERE nam het aangezicht van Job aan.

So Eliphaz the Temanite and Bildad the Shuhite and Zophar the Naamathite went, and did according as the LORD commanded them: the LORD also accepted Job.

And the LORD turned the captivity of Job, when he prayed for his friends: also the LORD gave Job twice as much as he had before.

Then came there unto him all his brethren, and all his sisters, and all they that had been of his acquaintance before, and did eat bread with him in his house: and they bemoaned him, and comforted him over all the evil that the LORD had brought upon him: every man also gave him a piece of money, and every one an earring of gold.

So the LORD blessed the latter end of Job more than his beginning: for he had fourteen thousand sheep, and six thousand camels, and a thousand yoke of oxen, and a thousand she asses.

He had also seven sons and three daughters.

And he called the name of the first, Jemima; and the name of the second, Kezia; and the name of the third, Kerenhappuch.

And in all the land were no women found so fair as the daughters of Job: and their father gave them inheritance among their brethren.

After this lived Job an hundred and forty years, and saw his sons, and his sons' sons, even four generations.

So Job died, being old and full of days.

---

9 Toen gingen Elifaz, de Themaniet, en Bildad, de Suhiet, en Zofar, de Naamathiet, henen, en deden, gelijk als de HEERE tot hen gesproken had; en de HEERE nam het aangezicht van Job aan.

10 En de HEERE wendde de gevangenis van Job, toen hij gebeden had voor zijn vrienden; en de HEERE vermeerderde al hetgeen Job gehad had tot dubbel zoveel.

11 Ook kwamen tot hem al zijn broeders, en al zijn zusters, en allen, die hem te voren gekend hadden, en aten brood met hem in zijn huis, en beklaagden hem, en vertroostten hem over al het kwaad, dat de HEERE over hem gebracht had; en zij gaven hem een iegelijk een stuk gelds, een iegelijk ook een gouden voorhoofdsiersel.

12 En de HEERE zegende Jobs laatste meer dan zijn eerste; want hij had veertien duizend schapen, en zes duizend kemelen, en duizend juk runderen, en duizend ezelinnen.

13 Daartoe had hij zeven zonen en drie dochteren.

14 En hij noemde den naam der eerste Jemima, en den naam der tweede Kezia, en den naam der derde Keren-Happuch.

15 En er werden zo schone vrouwen niet gevonden in het ganse land, als de dochteren van Job; en haar vader gaf haar erfdeel onder haar broederen.

16 En Job leefde na dezen honderd en veertig jaren, dat hij zag zijn kinderen, en de kinderen zijner kinderen, tot in vier geslachten.

17 En Job stierf, oud en der dagen zat.

Psalm - Psalmen

Psalm (1) Psalmen

1 Blessed is the man that walketh not in the counsel of the ungodly, nor standeth in the way of sinners, nor sitteth in the seat of the scornful.
2 But his delight is in the law of the LORD; and in his law doth he meditate day and night.
3 And he shall be like a tree planted by the rivers of water, that bringeth forth his fruit in his season; his leaf also shall not wither; and whatsoever he doeth shall prosper.
4 The ungodly are not so: but are like the chaff which the wind driveth away.
5 Therefore the ungodly shall not stand in the judgment, nor sinners in the congregation of the righteous.
6 For the LORD knoweth the way of the righteous: but the way of the ungodly shall perish.

1 Welgelukzalig is de man, die niet wandelt in de raad der goddelozen, noch staat op den weg der zondaren, noch zit in het gestoelte der spotters;
2 Maar zijn lust is in des HEEREN wet, en hij overdenkt Zijn wet dag en nacht.
3 Want hij zal zijn als een boom, geplant aan waterbeken, die zijn vrucht geeft op zijn tijd, en welks blad niet afvalt; en al wat hij doet, zal wel gelukken.
4 Alzo zijn de goddelozen niet, maar als het kaf, dat de wind henendrijft.
5 Daarom zullen de goddelozen niet bestaan in het gericht, noch de zondaars in de vergadering der rechtvaardigen.
6 Want de HEERE kent den weg der rechtvaardigen; maar de weg der goddelozen zal vergaan.

Psalm (2) Psalmen

1 Why do the heathen rage, and the people imagine a vain thing?
2 The kings of the earth set themselves, and the rulers take counsel together, against the LORD, and against his anointed, saying,
3 Let us break their bands asunder, and cast away their cords from us.
4 He that sitteth in the heavens shall laugh: the Lord shall have them in derision.
5 Then shall he speak unto them in his wrath, and vex them in his sore displeasure.
6 Yet have I set my king upon my holy hill of Zion.
7 I will declare the decree: the LORD hath said unto me, Thou art my Son; this day have I begotten thee.
8 Ask of me, and I shall give thee the heathen for thine inheritance, and the uttermost parts of the earth for thy possession.
9 Thou shalt break them with a rod of iron; thou shalt dash them in pieces like a potter's vessel.
10 Be wise now therefore, O ye kings: be instructed, ye judges of the earth.
11 Serve the LORD with fear, and rejoice with trembling.
12 Kiss the Son, lest he be angry, and ye perish from the way, when his wrath is kindled but a little. Blessed are all they that put their trust in him.

1 Waarom woeden de heidenen, en bedenken de volken ijdelheid?
2 De koningen der aarde stellen zich op, en de vorsten beraadslagen te zamen tegen den HEERE, en tegen Zijn Gezalfde, zeggende:
3 Laat ons hun banden verscheuren, en hun touwen van ons werpen.
4 Die in den hemel woont, zal lachen; de HEERE zal hen bespotten.
5 Dan zal Hij tot hen spreken in Zijn toorn, en in Zijn grimmigheid zal Hij hen verschrikken.
6 Ik toch heb Mijn Koning gezalfd over Sion, den berg Mijner heiligheid.
7 Ik zal van het besluit verhalen: de HEERE heeft tot Mij gezegd: Gij zijt Mijn Zoon, heden heb Ik U gegenereerd.
8 Eis van Mij, en Ik zal de heidenen geven tot Uw erfdeel, en de einden der aarde tot Uw bezitting.
9 Gij zult hen verpletteren met een ijzeren scepter; Gij zult hen in stukken slaan als een pottenbakkersvat.
10 Nu dan, gij koningen, handelt verstandiglijk; laat u tuchtigen, gij rechters der aarde!
11 Dient den HEERE met vreze, en verheugt u met beving.
12 Kust den Zoon, opdat Hij niet toorne, en gij op den weg vergaat, wanneer Zijn toorn maar een weinig zou ontbranden. Welgelukzalig zijn allen, die op Hem betrouwen.

Psalm (3) Psalmen

1 {A Psalm of David, when he fled from Absalom his son.} LORD, how are they increased that trouble me! many are they that rise up against me.
2 Many there be which say of my soul, There is no help for him in God. Selah.
3 But thou, O LORD, art a shield for me; my glory, and the lifter up of mine head.
4 I cried unto the LORD with my voice, and he heard me out of his holy hill. Selah.
5 I laid me down and slept; I awaked; for the LORD sustained me.
6 I will not be afraid of ten thousands of people, that have set themselves against me round about.
7 Arise, O LORD; save me, O my God: for thou hast smitten all mine enemies upon the cheek bone; thou hast broken the teeth of the ungodly.
8 Salvation belongeth unto the LORD: thy blessing is upon thy people. Selah.

1 Een psalm van David, als hij vlood voor het aangezicht van zijn zoon Absalom. (1a) O HEERE! hoe zijn mijn tegenpartijders vermenigvuldigd; velen staan tegen mij op.
2 Velen zeggen van mijn ziel: Hij heeft geen heil bij God. Sela.
3 Doch Gij, HEERE! zijt een Schild voor mij, mijn eer, en Die mijn hoofd opheft.
4 Ik riep met mijn stem tot den HEERE, en Hij verhoorde mij van den berg Zijner heiligheid. Sela.
5 Ik lag neder en sliep; ik ontwaakte, want de HEERE ondersteunde mij.
6 Ik zal niet vrezen voor tienduizenden des volks, die zich rondom tegen mij zetten.
7 Sta op, HEERE, verlos mij, mijn God; want Gij hebt al mijn vijanden op het kinnebakken geslagen; de tanden der goddelozen hebt Gij verbroken.
8 [(Psalms 3:9) Het heil is des HEEREN; Uw zegen is over Uw volk. Sela.]

Psalm (4) Psalmen

1 {To the chief Musician on Neginoth, A Psalm of David.} Hear me when I call, O God of my righteousness: thou hast enlarged me when I was in distress; have mercy upon me, and hear my prayer.

1 Een psalm van David, voor den opperzangmeester, op de Neginoth. (1a) Als ik roep, verhoor mij, o God mijner gerechtigheid! In benauwdheid hebt Gij mij ruimte gemaakt; wees mij genadig, en hoor mijn gebed.

O ye sons of men, how long will ye turn my glory into shame? how long will ye love vanity, and seek after leasing? Selah.

But know that the LORD hath set apart him that is godly for himself: the LORD will hear when I call unto him.

Stand in awe, and sin not: commune with your own heart upon your bed, and be still. Selah.

Offer the sacrifices of righteousness, and put your trust in the LORD.

There be many that say, Who will shew us any good? LORD, lift thou up the light of thy countenance upon us.

Thou hast put gladness in my heart, more than in the time that their corn and their wine increased.

I will both lay me down in peace, and sleep: for thou, LORD, only makest me dwell in safety.

2 Gij, mannen, hoe lang zal mijn eer tot schande zijn? Hoe lang zult gij de ijdelheid beminnen, de leugen zoeken? Sela.

3 Weet toch, dat de HEERE Zich een gunstgenoot heeft afgezonderd; de HEERE zal horen, als ik tot Hem roep.

4 Zijt beroerd, en zondigt niet; spreekt in ulieder hart op uw leger, en zijt stil. Sela.

5 Offert offeranden der gerechtigheid, en vertrouwt op den HEERE.

6 Velen zeggen: Wie zal ons het goede doen zien? Verhef Gij over ons het licht Uws aanschijns, o HEERE!

7 Gij hebt vreugde in mijn hart gegeven, meer dan ter tijd, als hun koren en hun most vermenigvuldigd zijn.

8 [(Psalms 4:9) Ik zal in vrede te zamen nederliggen en slapen; want Gij, o HEERE! alleen zult mij doen zeker wonen.]

Psalm (5) Psalmen

{To the chief Musician upon Nehiloth, A Psalm of David.} Give ear to my words, O LORD, consider my meditation.

Hearken unto the voice of my cry, my King, and my God: for unto thee will I pray.

My voice shalt thou hear in the morning, O LORD; in the morning will I direct my prayer unto thee, and will look up.

For thou art not a God that hath pleasure in wickedness: neither shall evil dwell with thee.

The foolish shall not stand in thy sight: thou hatest all workers of iniquity.

Thou shalt destroy them that speak leasing: the LORD will abhor the bloody and deceitful man.

But as for me, I will come into thy house in the multitude of thy mercy: and in thy fear will I worship toward thy holy temple.

Lead me, O LORD, in thy righteousness because of mine enemies; make thy way straight before my face.

For there is no faithfulness in their mouth; their inward part is very wickedness; their throat is an open sepulchre; they flatter with their tongue.

Destroy thou them, O God; let them fall by their own counsels; cast them out in the multitude of their transgressions; for they have rebelled against thee.

But let all those that put their trust in thee rejoice: let them ever shout for joy, because thou defendest them: let them also that love thy name be joyful in thee.

For thou, LORD, wilt bless the righteous; with favour wilt thou compass him as with a shield.

1 Een psalm van David, voor den opperzangmeester, op de Nechiloth. (1a) O HEERE, neem mijn redenen ter ore; versta mijn overdenking.

2 Merk op de stem mijns geroeps, o mijn Koning en mijn God! Want tot U zal ik bidden.

3 Des morgens, HEERE, zult Gij mijn stem horen; des morgens zal ik mij tot U schikken, en wacht houden.

4 Want Gij zijt geen God, Die lust heeft aan goddeloosheid; de boze zal bij U niet verkeren.

5 De onzinnigen zullen voor Uw ogen niet bestaan; Gij haat alle werkers der ongerechtigheid.

6 Gij zult de leugensprekers verdoen; van den man des bloeds en des bedrogs heeft de HEERE een gruwel.

7 Maar ik zal door de grootheid Uwer goedertierenheid in Uw huis ingaan; ik zal mij buigen naar het paleis Uwer heiligheid, in Uw vreze.

8 HEERE! Leid mij in Uw gerechtigheid, om mijner verspieders wil; richt Uw weg voor mijn aangezicht.

9 Want in hun mond is niets rechts, hun binnenste is enkel verderving, hun keel is een open graf, met hun tong vleien zij.

10 Verklaar hen schuldig, o God; laat hen vervallen van hun raadslagen; drijf hen henen om de veelheid hunner overtredingen, want zij zijn wederspannig tegen U.

11 Maar laat verblijd zijn allen, die op U betrouwen, tot in eeuwigheid; laat hen juichen, omdat Gij hen overdekt; en laat in U van vreugde opspringen, die Uw Naam liefhebben.

12 [(Psalms 5:13) Want Gij, HEERE, zult den rechtvaardige zegenen; Gij zult hem met goedgunstigheid kronen, als met een rondas.]

Psalm (6) Psalmen

{To the chief Musician on Neginoth upon Sheminith, A Psalm of David.} O LORD, rebuke me not in thine anger, neither chasten me in thy hot displeasure.

Have mercy upon me, O LORD; for I am weak: O LORD, heal me; for my bones are vexed.

My soul is also sore vexed: but thou, O LORD, how long?

Return, O LORD, deliver my soul: oh save me for thy mercies' sake.

For in death there is no remembrance of thee: in the grave who shall give thee thanks?

I am weary with my groaning; all the night make I my bed to swim; I water my couch with my tears.

Mine eye is consumed because of grief; it waxeth old because of all mine enemies.

Depart from me, all ye workers of iniquity; for the LORD hath heard the voice of my weeping.

The LORD hath heard my supplication; the LORD will receive my prayer.

Let all mine enemies be ashamed and sore vexed: let them return and be ashamed suddenly.

1 Een psalm van David, voor den opperzangmeester, op de Neginoth, op de Scheminith. (1a) O HEERE, straf mij niet in Uw toorn, en kastijd mij niet in Uw grimmigheid!

2 Wees mij genadig, HEERE, want ik ben verzwakt; genees mij, HEERE, want mijn beenderen zijn verschrikt.

3 Ja, mijn ziel is zeer verschrikt; en Gij, HEERE, hoe lange?

4 Keer weder, HEERE, red mijn ziel; verlos mij, om Uwer goedertierenheid wil.

5 Want in de dood is Uwer geen gedachtenis; wie zal U loven in het graf?

6 Ik ben moede van mijn zuchten; ik doe mijn bed den gansen nacht zwemmen; ik doornat mijn bedstede met mijn tranen.

7 Mijn oog is doorknaagd van verdriet, is veroud, vanwege al mijn tegenpartijders.

8 Wijkt van mij, al gij werkers der ongerechtigheid; want de HEERE heeft de stem mijns geweens gehoord.

9 De HEERE heeft mijn smeking gehoord; de HEERE zal mijn gebed aannemen.

10 [(Psalms 6:11) Al mijn vijanden zullen zeer beschaamd en verbaasd worden; zij zullen terugkeren, zij zullen in een ogenblik beschaamd worden.]

Psalm (7) Psalmen

1 {Shiggaion of David, which he sang unto the LORD, concerning the words of Cush the Benjamite.} O LORD my God, in thee do I put my trust: save me from all them that persecute me, and deliver me:

2 Lest he tear my soul like a lion, rending it in pieces, while there is none to deliver.

3 O LORD my God, if I have done this; if there be iniquity in my hands;

4 If I have rewarded evil unto him that was at peace with me; (yea, I have delivered him that without cause is mine enemy:)

5 Let the enemy persecute my soul, and take it; yea, let him tread down my life upon the earth, and lay mine honour in the dust. Selah.

6 Arise, O LORD, in thine anger, lift up thyself because of the rage of mine enemies: and awake for me to the judgment that thou hast commanded.

7 So shall the congregation of the people compass thee about: for their sakes therefore return thou on high.

8 The LORD shall judge the people: judge me, O LORD, according to my righteousness, and according to mine integrity that is in me.

9 Oh let the wickedness of the wicked come to an end; but establish the just: for the righteous God trieth the hearts and reins.

10 My defence is of God, which saveth the upright in heart.

11 God judgeth the righteous, and God is angry with the wicked every day.

12 If he turn not, he will whet his sword; he hath bent his bow, and made it ready.

13 He hath also prepared for him the instruments of death; he ordaineth his arrows against the persecutors.

14 Behold, he travaileth with iniquity, and hath conceived mischief, and brought forth falsehood.

15 He made a pit, and digged it, and is fallen into the ditch which he made.

16 His mischief shall return upon his own head, and his violent dealing shall come down upon his own pate.

17 I will praise the LORD according to his righteousness: and will sing praise to the name of the LORD most high.

1 Davids Schiggajon, dat hij den HEERE gezongen heeft, over de woorden van Cusch, den zoon van Jemini. (1a) HEERE, mijn God, op U betrouw ik; verlos mij van al mijn vervolgers, en red mij.

2 Opdat hij mijn ziel niet rove als een leeuw, verscheurende, terwijl er geen verlosser is.

3 HEERE, mijn God, indien ik dat gedaan heb, indien er onrecht in mijn handen is;

4 Indien ik kwaad vergolden heb dien, die vrede met mij had; (ja, ik heb dien gered die mij zonder oorzaak benauwde!)

5 Zo vervolge de vijand mijn ziel, en achterhale ze, en vertrede mijn leven ter aarde, en doe mijn eer in het stof wonen! Sela.

6 Sta op, HEERE, in Uw toorn, verhef U om de verbolgenheden mijner benauwers, en ontwaak tot mij; Gij hebt het gericht bevolen.

7 Zo zal de vergadering der volken U omsingelen; keer dan boven haar weder in de hoogte.

8 De HEERE zal den volken recht doen; richt mij, HEERE, naar mijn gerechtigheid, en naar mijn oprechtigheid, die bij mij is.

9 Laat toch de boosheid der goddelozen een einde nemen, maar bevestig den rechtvaardige, Gij, Die harten en nieren beproeft, o rechtvaardige God!

10 Mijn schild is bij God, Die de oprechten van hart behoudt.

11 God is een rechtvaardige Rechter, en een God, Die te allen dage toornt.

12 Indien hij zich niet bekeert, zo zal Hij Zijn zwaard wetten; Hij heeft Zijn boog gespannen, en dien bereid.

13 En heeft dodelijke wapenen voor hem gereed gemaakt; Hij zal Zijn pijlen tegen de hittige vervolgers te werk stellen.

14 Ziet, hij is in arbeid van ongerechtigheid, en is zwanger van moeite, hij zal leugen baren.

15 Hij heeft een kuil gedolven, en dien uitgegraven, maar hij is gevallen in de groeve, die hij gemaakt heeft.

16 Zijn moeite zal op zijn hoofd wederkeren, en zijn geweld op zijn schedel nederdalen.

17 [(Psalms 7:18) Ik zal den HEERE loven naar Zijn gerechtigheid, en den Naam des HEEREN, des Allerhoogsten, psalmzingen.]

Psalm (8) Psalmen

1 {To the chief Musician upon Gittith, A Psalm of David.} O LORD our Lord, how excellent is thy name in all the earth! who hast set thy glory above the heavens.

2 Out of the mouth of babes and sucklings hast thou ordained strength because of thine enemies, that thou mightest still the enemy and the avenger.

3 When I consider thy heavens, the work of thy fingers, the moon and the stars, which thou hast ordained;

4 What is man, that thou art mindful of him? and the son of man, that thou visitest him?

5 For thou hast made him a little lower than the angels, and hast crowned him with glory and honour.

6 Thou madest him to have dominion over the works of thy hands; thou hast put all things under his feet:

7 All sheep and oxen, yea, and the beasts of the field;

8 The fowl of the air, and the fish of the sea, and whatsoever passeth through the paths of the seas.

9 O LORD our Lord, how excellent is thy name in all the earth!

1 Een psalm van David, voor den opperzangmeester, op de Gitthith. (1a) O HEERE, onze Heere! hoe heerlijk is Uw Naam op de ganse aarde! Gij, die Uw majesteit gesteld hebt boven de hemelen.

2 Uit de mond der kinderkens en der zuigelingen hebt Gij sterkte gegrondvest, om Uwer tegenpartijen wil, om den vijand en wraakgierige te doen ophouden.

3 Als ik Uw hemel aanzie, het werk Uwer vingeren, de maan en de sterren, die Gij bereid hebt;

4 Wat is de mens, dat Gij zijner gedenkt, en de zoon des mensen, dat Gij hem bezoekt?

5 En hebt hem een weinig minder gemaakt dan de engelen, en hebt hem met eer en heerlijkheid gekroond?

6 Gij doet hem heersen over de werken Uwer handen; Gij hebt alles onder zijn voeten gezet;

7 Schapen en ossen, alle die; ook mede de dieren des velds.

8 Het gevogelte des hemels, en de vissen der zee; hetgeen de paden der zeeen doorwandelt.

9 [(Psalms 8:10) O HEERE, onze Heere! hoe heerlijk is Uw Naam op de ganse aarde!]

Psalm (9) Psalmen

1 {To the chief Musician upon Muthlabben, A Psalm of David.} I will praise thee, O LORD, with my whole heart; I will shew forth all thy marvellous works.

2 I will be glad and rejoice in thee: I will sing praise to thy name, O thou most High.

3 When mine enemies are turned back, they shall fall and perish at thy presence.

1 Een psalm van David, voor den opperzangmeester, op Muth-Labben. (1a) Ik zal den HEERE loven met mijn ganse hart; ik zal al Uw wonderen vertellen.

2 In U zal ik mij verblijden, en van vreugde opspringen; ik zal Uw Naam psalmzingen, o Allerhoogste!

3 Omdat mijn vijanden achterwaarts gekeerd, gevallen en vergaan zijn van Uw aangezicht.

4	For thou hast maintained my right and my cause; thou satest in the throne judging right.	4	Want Gij hebt mijn recht en mijn rechtszaak afgedaan; Gij hebt gezeten op den troon, o Rechter, der gerechtigheid.
5	Thou hast rebuked the heathen, thou hast destroyed the wicked, thou hast put out their name for ever and ever.	5	Gij hebt de heidenen gescholden, den goddeloze verdaan, hun naam uitgedelgd, tot in eeuwigheid en altoos.
6	O thou enemy, destructions are come to a perpetual end: and thou hast destroyed cities; their memorial is perished with them.	6	O vijand! zijn de verwoestingen voleind in eeuwigheid, en hebt gij de steden uitgeroeid? Hunlieder gedachtenis is met hen vergaan.
7	But the LORD shall endure for ever: he hath prepared his throne for judgment.	7	Maar de HEERE zal in eeuwigheid zitten; Hij heeft Zijn troon bereid ten gerichte.
8	And he shall judge the world in righteousness, he shall minister judgment to the people in uprightness.	8	En Hij Zelf zal de wereld richten in gerechtigheid, en de volken oordelen in rechtmatigheden.
9	The LORD also will be a refuge for the oppressed, a refuge in times of trouble.	9	En de HEERE zal een Hoog Vertrek zijn voor de verdrukte, een Hoog Vertrek in tijden van benauwdheid.
10	And they that know thy name will put their trust in thee: for thou, LORD, hast not forsaken them that seek thee.	10	En die Uw Naam kennen, zullen op U vertrouwen, omdat Gij, HEERE, niet hebt verlaten degenen, die U zoeken.
11	Sing praises to the LORD, which dwelleth in Zion: declare among the people his doings.	11	Psalmzingt den HEERE, Die te Sion woont; verkondigt onder de volken Zijn daden.
12	When he maketh inquisition for blood, he remembereth them: he forgetteth not the cry of the humble.	12	Want Hij zoekt de bloedstortingen, Hij gedenkt derzelve; Hij vergeet het geroep der ellendigen niet.
13	Have mercy upon me, O LORD; consider my trouble which I suffer of them that hate me, thou that liftest me up from the gates of death:	13	Wees mij genadig, HEERE, zie mijn ellende aan, van mijn haters mij aangedaan, Gij, Die mij verhoogt uit de poorten des doods;
14	That I may shew forth all thy praise in the gates of the daughter of Zion: I will rejoice in thy salvation.	14	Opdat ik Uw gansen lof in de poorten der dochter van Sion vertelle, dat ik mij verheuge in Uw heil.
15	The heathen are sunk down in the pit that they made: in the net which they hid is their own foot taken.	15	De heidenen zijn gezonken in de groeve, die zij gemaakt hadden; hunlieder voet is gevangen in het net, dat zij verborgen hadden.
16	The LORD is known by the judgment which he executeth: the wicked is snared in the work of his own hands. Higgaion. Selah.	16	De HEERE is bekend geworden; Hij heeft recht gedaan; de goddeloze is verstrikt in het werk zijner handen! Higgajon, Sela.
17	The wicked shall be turned into hell, and all the nations that forget God.	17	De goddelozen zullen terugkeren, naar de hel toe, alle godvergetende heidenen.
18	For the needy shall not alway be forgotten: the expectation of the poor shall not perish for ever.	18	Want de nooddruftige zal niet voor altoos vergeten worden, noch de verwachting der ellendigen in eeuwigheid verloren zijn.
19	Arise, O LORD; let not man prevail: let the heathen be judged in thy sight.	19	Sta op, HEERE, laat de mens zich niet versterken; laat de heidenen voor Uw aangezicht geoordeeld worden.
20	Put them in fear, O LORD: that the nations may know themselves to be but men. Selah.	20	[(Psalms 9:21) O HEERE! jaag hun vreze aan; laat de heidenen weten, dat zij mensen zijn. Sela.]

Psalm (10) Psalmen

1	Why standest thou afar off, O LORD? why hidest thou thyself in times of trouble?	1	O HEERE! waarom staat Gij van verre? waarom verbergt Gij U in tijden van benauwdheid?
2	The wicked in his pride doth persecute the poor: let them be taken in the devices that they have imagined.	2	De goddeloze vervolgt hittiglijk in hoogmoed de ellendige; laat hen gegrepen worden in de aanslagen, die zij bedacht hebben.
3	For the wicked boasteth of his heart's desire, and blesseth the covetous, whom the LORD abhorreth.	3	Want de goddeloze roemt over den wens zijner ziel; hij zegent den gierigaard, hij lastert den HEERE.
4	The wicked, through the pride of his countenance, will not seek after God: God is not in all his thoughts.	4	De goddeloze, gelijk hij zijn neus omhoog steekt, onderzoekt niet; al zijn gedachten zijn, dat er geen God is.
5	His ways are always grievous; thy judgments are far above out of his sight: as for all his enemies, he puffeth at them.	5	Zijn wegen maken ten allen tijde smarte; Uw oordelen zijn een hoogte, verre van hem; al zijn tegenpartijders, die blaast hij aan.
6	He hath said in his heart, I shall not be moved: for I shall never be in adversity.	6	Hij zegt in zijn hart; Ik zal niet wankelen; want ik zal van geslacht tot geslacht in geen kwaad zijn.
7	His mouth is full of cursing and deceit and fraud: under his tongue is mischief and vanity.	7	Zijn mond is vol van vloek, en bedriegerijen, en list; onder zijn tong is moeite en ongerechtigheid.
8	He sitteth in the lurking places of the villages: in the secret places doth he murder the innocent: his eyes are privily set against the poor.	8	Hij zit in de achterlage der hoeven, in verborgene plaatsen doodt hij den onschuldige; zijn ogen verbergen zich tegen den arme.
9	He lieth in wait secretly as a lion in his den: he lieth in wait to catch the poor: he doth catch the poor, when he draweth him into his net.	9	Hij legt lagen in een verborgen plaats, gelijk een leeuw in zijn hol; hij legt lagen, om den ellendige te roven; hij rooft den ellendige, als hij hem trekt in zijn net.
10	He croucheth, and humbleth himself, that the poor may fall by his strong ones.	10	Hij duikt neder, hij buigt zich; en de arme hoop valt in zijn sterke poten.
11	He hath said in his heart, God hath forgotten: he hideth his face; he will never see it.	11	Hij zegt in zijn hart: God heeft het vergeten, Hij heeft Zijn aangezicht verborgen, Hij ziet niet in eeuwigheid.
12	Arise, O LORD; O God, lift up thine hand: forget not the humble.	12	Sta op, HEERE God! hef Uw hand op, vergeet de ellendigen niet.
13	Wherefore doth the wicked contemn God? he hath said in his heart, Thou wilt not require it.	13	Waarom lastert de goddeloze God? zegt in zijn hart: Gij zult het niet zoeken?
14	Thou hast seen it; for thou beholdest mischief and spite, to requite it with thy hand: the poor committeth himself unto thee; thou art the helper of the fatherless.	14	Gij ziet het immers; want Gij aanschouwt de moeite en het verdriet, opdat men het in Uw hand geve; op U verlaat zich de arme, Gij zijt geweest een Helper van den wees.
15	Break thou the arm of the wicked and the evil man: seek out his wickedness till thou find none.	15	Breek den arm des goddelozen en bozen. zoek zijn goddeloosheid, totdat Gij haar niet vindt.

The LORD is King for ever and ever: the heathen are perished out of his land.		16	De HEERE is Koning eeuwiglijk en altoos; de heidenen zijn vergaan uit Zijn land.
LORD, thou hast heard the desire of the humble: thou wilt prepare their heart, thou wilt cause thine ear to hear:		17	HEERE! Gij hebt den wens der zachtmoedigen gehoord; Gij zult hun hart sterken, Uw oor zal opmerken;
To judge the fatherless and the oppressed, that the man of the earth may no more oppress.		18	Om den wees en verdrukte recht te doen; opdat een mens van de aarde niet meer voortvare geweld te bedrijven.

Psalm (11) Psalmen

{To the chief Musician, A Psalm of David.} In the LORD put I my trust: how say ye to my soul, Flee as a bird to your mountain?		1	Een psalm van David, voor den opperzangmeester. Ik betrouw op den HEERE; hoe zegt gijlieden tot mijn ziel: Zwerft henen naar ulieder gebergte, als een vogel?
For, lo, the wicked bend their bow, they make ready their arrow upon the string, that they may privily shoot at the upright in heart.		2	Want ziet, de goddelozen spannen den boog, zij schikken hun pijlen op de pees, om in het donkere te schieten naar de oprechten van harte.
If the foundations be destroyed, what can the righteous do?		3	Zekerlijk, de fondamenten worden omgestoten; wat heeft de rechtvaardige bedreven?
The LORD is in his holy temple, the LORD'S throne is in heaven: his eyes behold, his eyelids try, the children of men.		4	De HEERE is in het paleis Zijner heiligheid, des HEEREN troon is in den hemel; Zijn ogen aanschouwen, Zijn oogleden proeven de mensenkinderen.
The LORD trieth the righteous: but the wicked and him that loveth violence his soul hateth.		5	De HEERE proeft den rechtvaardige; maar den goddeloze, en dien, die geweld liefheeft, haat Zijn ziel.
Upon the wicked he shall rain snares, fire and brimstone, and an horrible tempest: this shall be the portion of their cup.		6	Hij zal op de goddelozen regenen strikken, vuur en zwavel; en een geweldige stormwind zal het deel huns bekers zijn.
For the righteous LORD loveth righteousness; his countenance doth behold the upright.		7	Want de HEERE is rechtvaardig, Hij heeft gerechtigheden lief; Zijn aangezicht aanschouwt den oprechte.

Psalm (12) Psalmen

{To the chief Musician upon Sheminith, A Psalm of David.} Help, LORD; for the godly man ceaseth; for the faithful fail from among the children of men.		1	Een psalm van David, voor den opperzangmeester, op de Scheminith. (1a) Behoud, o HEERE; want de goedertierene ontbreekt, want de getrouwen zijn weinig geworden onder de mensenkinderen.
They speak vanity every one with his neighbour: with flattering lips and with a double heart do they speak.		2	Zij spreken valsheid, een ieder met zijn naaste, met vleiende lippen; zij spreken met een dubbel hart.
The LORD shall cut off all flattering lips, and the tongue that speaketh proud things:		3	De HEERE snijde af alle vleiende lippen, de grootsprekende tong.
Who have said, With our tongue will we prevail; our lips are our own: who is lord over us?		4	Die daar zeggen: Wij zullen de overhand hebben met onze tong; onze lippen zijn onze! Wie is heer over ons?
For the oppression of the poor, for the sighing of the needy, now will I arise, saith the LORD; I will set him in safety from him that puffeth at him.		5	Om de verwoesting der ellendigen, om het kermen der nooddruftigen, zal Ik nu opstaan, zegt de HEERE; Ik zal in behoudenis zetten, dien hij aanblaast.
The words of the LORD are pure words: as silver tried in a furnace of earth, purified seven times.		6	De redenen des HEEREN zijn reine redenen, zilver, gelouterd in een aarden smeltkroes, gezuiverd zevenmaal.
Thou shalt keep them, O LORD, thou shalt preserve them from this generation for ever.		7	Gij, HEERE, zult hen bewaren; Gij zult hen behoeden voor dit geslacht, tot in eeuwigheid.
The wicked walk on every side, when the vilest men are exalted.		8	[(Psalms 12:9) De goddelozen draven rondom, wanneer de snoodsten van des mensenkinderen verhoogd worden.]

Psalm (13) Psalmen

{To the chief Musician, A Psalm of David.} How long wilt thou forget me, O LORD? for ever? how long wilt thou hide thy face from me?		1	Een psalm van David, voor den opperzangmeester.
How long shall I take counsel in my soul, having sorrow in my heart daily? how long shall mine enemy be exalted over me?		2	Hoe lang, HEERE, zult Gij mij steeds vergeten? Hoe lang zult Gij Uw aangezicht voor mij verbergen?
Consider and hear me, O LORD my God: lighten mine eyes, lest I sleep the sleep of death;		3	Hoe lang zal ik raadslagen voornemen in mijn ziel, droefenis in mijn hart bij dag? Hoe lang zal mijn vijand over mij verhoogd zijn?
Lest mine enemy say, I have prevailed against him; and those that trouble me rejoice when I am moved.		4	Aanschouw, verhoor mij, HEERE, mijn God; verlicht mijn ogen, opdat ik in de dood niet ontslape;
But I have trusted in thy mercy; my heart shall rejoice in thy salvation.		5	Opdat niet mijn vijand zegge: Ik heb hem overmocht; mijn tegenpartijders zich verheugen, wanneer ik zou wankelen.
I will sing unto the LORD, because he hath dealt bountifully with me.		6	Maar ik vertrouw op Uw goedertierenheid; mijn hart zal zich verheugen in Uw heil; ik zal den HEERE zingen, omdat Hij aan mij welgedaan heeft.

Psalm (14) Psalmen

{To the chief Musician, A Psalm of David.} The fool hath said in his heart, There is no God. They are corrupt, they have done abominable works, there is none that doeth good.		1	Een psalm van David, voor den opperzangmeester. De dwaas zegt in zijn hart: Er is geen God. Zij verderven het, zij maken het gruwelijk met hun werk; er is niemand, die goed doet.
The LORD looked down from heaven upon the children of men, to see if there were any that did understand, and seek God.		2	De HEERE heeft uit den hemel nedergezien op de mensenkinderen, om te zien, of iemand verstandig ware, die God zocht.
They are all gone aside, they are all together become filthy: there is none that doeth good, no, not one.		3	Zij zijn allen afgeweken, te zamen zijn zij stinkende geworden; er is niemand, die goed doet, ook niet een.

	Have all the workers of iniquity no knowledge? who eat up my people as they eat bread, and call not upon the LORD.	4	Hebben dan alle werkers der ongerechtigheid geen kennis, die mijn volk opeten, alsof zij brood aten? Zij roepen den HEERE niet aan.
	There were they in great fear: for God is in the generation of the righteous.	5	Aldaar zijn zij met vervaardheid vervaard; want God is bij het geslacht des rechtvaardigen.
	Ye have shamed the counsel of the poor, because the LORD is his refuge.	6	Gijlieden beschaamt den raad des ellendigen, omdat de HEERE zijn Toevlucht is.
	Oh that the salvation of Israel were come out of Zion! when the LORD bringeth back the captivity of his people, Jacob shall rejoice, and Israel shall be glad.	7	Och, dat Israels verlossing uit Sion kwam! Als de HEERE de gevangenen Zijns volks zal doen wederkeren, dan zal zich Jakob verheugen, Israel zal verblijd zijn.

Psalm (15) Psalmen

	{A Psalm of David.} LORD, who shall abide in thy tabernacle? who shall dwell in thy holy hill?	1	Een psalm van David. HEERE, wie zal verkeren in Uw tent? Wie zal wonen op den berg Uwer heiligheid?
	He that walketh uprightly, and worketh righteousness, and speaketh the truth in his heart.	2	Die oprecht wandelt, en gerechtigheid werkt, en die met zijn hart de waarheid spreekt;
	He that backbiteth not with his tongue, nor doeth evil to his neighbour, nor taketh up a reproach against his neighbour.	3	Die met zijn tong niet achterklapt, zijn metgezellen geen kwaad doet, en geen smaadrede opneemt tegen zijn naaste;
	In whose eyes a vile person is contemned; but he honoureth them that fear the LORD. He that sweareth to his own hurt, and changeth not.	4	In wiens ogen de verworpene veracht is, maar hij eert degenen, die den HEERE vrezen; heeft hij gezworen tot zijn schade, evenwel verandert hij niet;
	He that putteth not out his money to usury, nor taketh reward against the innocent. He that doeth these things shall never be moved.	5	Die zijn geld niet geeft op woeker, en geen geschenk neemt tegen den onschuldige. Die deze dingen doet, zal niet wankelen in eeuwigheid.

Psalm (16) Psalmen

	{Michtam of David.} Preserve me, O God: for in thee do I put my trust.	1	Een gouden kleinood van David. Bewaar mij, o God! want ik betrouw op U.
	O my soul, thou hast said unto the LORD, Thou art my Lord: my goodness extendeth not to thee;	2	O mijn ziel! gij hebt tot den HEERE gezegd: Gij zijt de HEERE, mijn goedheid raakt niet tot U;
	But to the saints that are in the earth, and to the excellent, in whom is all my delight.	3	Maar tot de heiligen, die op de aarde zijn, en de heerlijken, in dewelke al mijn lust is.
	Their sorrows shall be multiplied that hasten after another god: their drink offerings of blood will I not offer, nor take up their names into my lips.	4	De smarten dergenen, die een anderen God begiftigen, zullen vermenigvuldigd worden; ik zal hun drankofferen van bloed niet offeren, en hun namen op mijn lippen niet nemen.
	The LORD is the portion of mine inheritance and of my cup: thou maintainest my lot.	5	De HEERE is het deel mijner erve, en mijns bekers; Gij onderhoudt mijn lot.
	The lines are fallen unto me in pleasant places; yea, I have a goodly heritage.	6	De snoeren zijn mij in liefelijke plaatsen gevallen; ja, een schone erfenis is mij geworden.
	I will bless the LORD, who hath given me counsel: my reins also instruct me in the night seasons.	7	Ik zal den HEERE loven, Die mij raad heeft gegeven; zelfs bij nacht onderwijzen mij mijn nieren.
	I have set the LORD always before me: because he is at my right hand, I shall not be moved.	8	Ik stel den HEERE geduriglijk voor mij, omdat Hij aan mijn rechterhand is, zal ik niet wankelen.
	Therefore my heart is glad, and my glory rejoiceth: my flesh also shall rest in hope.	9	Daarom is mijn hart verblijd, en mijn eer verheugt zich; ook zal mijn vlees zeker wonen.
	For thou wilt not leave my soul in hell; neither wilt thou suffer thine Holy One to see corruption.	10	Want Gij zult mijn ziel in de hel niet verlaten; Gij zult niet toelaten, dat Uw Heilige de verderving zie.
	Thou wilt shew me the path of life: in thy presence is fulness of joy; at thy right hand there are pleasures for evermore.	11	Gij zult mij het pad des levens bekend maken; verzadiging der vreugde is bij Uw aangezicht; liefelijkheden zijn in Uw rechterhand, eeuwiglijk.

Psalm (17) Psalmen

	{A Prayer of David.} Hear the right, O LORD, attend unto my cry, give ear unto my prayer, that goeth not out of feigned lips.	1	Een gebed van David. HEERE! hoor de gerechtigheid, merk op mijn geschrei, neem ter ore mijn gebed, met onbedriegelijke lippen gesproken.
	Let my sentence come forth from thy presence; let thine eyes behold the things that are equal.	2	Laat mijn recht van voor Uw aangezicht uitgaan, laat Uw ogen de billijkheden aanschouwen.
	Thou hast proved mine heart; thou hast visited me in the night; thou hast tried me, and shalt find nothing; I am purposed that my mouth shall not transgress.	3	Gij hebt mijn hart geproefd, des nachts bezocht, Gij hebt mij getoetst. Gij vindt niets; hetgeen ik gedacht heb, overtreedt mijn mond niet.
	Concerning the works of men, by the word of thy lips I have kept me from the paths of the destroyer.	4	Aangaande de handelingen des mensen, ik heb mij, naar het woord Uwer lippen, gewacht voor de paden des inbrekers;
	Hold up my goings in thy paths, that my footsteps slip not.	5	Houdende mijn gangen in Uw sporen, opdat mijn voetstappen niet zouden wankelen.
	I have called upon thee, for thou wilt hear me, O God: incline thine ear unto me, and hear my speech.	6	Ik roep U aan, omdat Gij mij verhoort; o God! neig Uw oor tot mij; hoor mijn rede.
	Shew thy marvellous lovingkindness, O thou that savest by thy right hand them which put their trust in thee from those that rise up against them.	7	Maak Uw weldadigheden wonderbaar, Gij, Die verlost degenen, die op U betrouwen, van degenen, die tegen Uw rechterhand opstaan!
	Keep me as the apple of the eye, hide me under the shadow of thy wings,	8	Bewaar mij als het zwart des oogappels, verberg mij onder de schaduw Uwer vleugelen,
	From the wicked that oppress me, from my deadly enemies, who compass me about.	9	Voor het aangezicht der goddelozen, die mij verwoesten, mijner doodsvijanden, die mij omringen.

	They are inclosed in their own fat: with their mouth they speak proudly.	10	Met hun vet besluiten zij zich, met hun mond spreken zij hovaardelijk.
	They have now compassed us in our steps: they have set their eyes bowing down to the earth;	11	In onzen gang hebben zij ons nu omsingeld, zij zetten hun ogen op ons ter aarde nederbukkende.
	Like as a lion that is greedy of his prey, and as it were a young lion lurking in secret places.	12	Hij is gelijk als een leeuw, die begeert te roven, en als een jonge leeuw, zittende in verborgen plaatsen.
	Arise, O LORD, disappoint him, cast him down: deliver my soul from the wicked, which is thy sword:	13	Sta op, HEERE, kom zijn aangezicht voor, vel hem neder; bevrijd mijn ziel met Uw zwaard van den goddeloze;
	From men which are thy hand, O LORD, from men of the world, which have their portion in this life, and whose belly thou fillest with thy hid treasure: they are full of children, and leave the rest of their substance to their babes.	14	Met Uw hand van de lieden, o HEERE! van de lieden, die van de wereld zijn, welker deel in dit leven is, welker buik Gij vervult met Uw verborgen schat; de kinderen worden verzadigd, en zij laten hun overschot hun kinderkens achter.
	As for me, I will behold thy face in righteousness: I shall be satisfied, when I awake, with thy likeness.	15	Maar ik zal Uw aangezicht in gerechtigheid aanschouwen, ik zal verzadigd worden met Uw beeld, als ik zal opwaken.

Psalm (18) Psalmen

	{To the chief Musician, A Psalm of David, the servant of the LORD, who spake unto the LORD the words of this song in the day that the LORD delivered him from the hand of all his enemies, and from the hand of Saul: And he said,} I will love thee, O LORD, my strength.	1	Voor den opperzangmeester, een psalm van David, de knecht des HEEREN, die de woorden dezes lieds tot den HEERE gesproken heeft, ten dage, als de HEERE hem gered had uit de hand van al zijn vijanden, en uit de hand van Saul. (1a) Hij zeide dan: Ik zal U hartelijk liefhebben, HEERE, mijn Sterkte!
	The LORD is my rock, and my fortress, and my deliverer; my God, my strength, in whom I will trust; my buckler, and the horn of my salvation, and my high tower.	2	De HEERE is mijn Steenrots, en mijn Burg, en mijn Uithelper; mijn God, mijn Rots, op Welken ik betrouw; mijn Schild, en de Hoorn mijns heils, mijn Hoog Vertrek.
	I will call upon the LORD, who is worthy to be praised: so shall I be saved from mine enemies.	3	Ik riep den HEERE aan, Die te prijzen is, en werd verlost van mijn vijanden.
	The sorrows of death compassed me, and the floods of ungodly men made me afraid.	4	Banden des doods hadden mij omvangen, en beken Belials verschrikten mij.
	The sorrows of hell compassed me about: the snares of death prevented me.	5	Banden der hel omringden mij, strikken des doods bejegenden mij.
	In my distress I called upon the LORD, and cried unto my God: he heard my voice out of his temple, and my cry came before him, even into his ears.	6	Als mij bange was, riep ik den HEERE aan, en riep tot mijn God; Hij hoorde mijn stem uit Zijn paleis, en mijn geroep voor Zijn aangezicht kwam in Zijn oren.
	Then the earth shook and trembled; the foundations also of the hills moved and were shaken, because he was wroth.	7	Toen daverde en beefde de aarde, en de gronden der bergen beroerden zich en daverden, omdat Hij ontstoken was.
	There went up a smoke out of his nostrils, and fire out of his mouth devoured: coals were kindled by it.	8	Rook ging op van Zijn neus, en een vuur uit Zijn mond verteerde; kolen werden daarvan aangestoken.
	He bowed the heavens also, and came down: and darkness was under his feet.	9	En Hij boog den hemel, en daalde neder, en donkerheid was onder Zijn voeten.
	And he rode upon a cherub, and did fly: yea, he did fly upon the wings of the wind.	10	En Hij voer op een cherub, en vloog; ja, Hij vloog snellijk op de vleugelen des winds.
	He made darkness his secret place; his pavilion round about him were dark waters and thick clouds of the skies.	11	Duisternis zette Hij tot Zijn verberging; rondom Hem was Zijn tent, duisterheid der wateren, wolken des hemels.
	At the brightness that was before him his thick clouds passed, hail stones and coals of fire.	12	Van den glans, die voor Hem was, dreven Zijn wolken daarhenen, hagel en vurige kolen.
	The LORD also thundered in the heavens, and the Highest gave his voice; hail stones and coals of fire.	13	En de HEERE donderde in den hemel, en de Allerhoogste gaf Zijn stem, hagel en vurige kolen.
	Yea, he sent out his arrows, and scattered them; and he shot out lightnings, and discomfited them.	14	En Hij zond Zijn pijlen uit, en verstrooide ze; en Hij vermenigvuldigde de bliksemen, en verschrikte ze.
	Then the channels of waters were seen, and the foundations of the world were discovered at thy rebuke, O LORD, at the blast of the breath of thy nostrils.	15	En de diepe kolken der wateren werden gezien, en de gronden der wereld werden ontdekt, van Uw schelden, o HEERE! van het geblaas des winds van Uw neus.
	He sent from above, he took me, he drew me out of many waters.	16	Hij zond van de hoogte, Hij nam mij, Hij trok mij op uit grote wateren.
	He delivered me from my strong enemy, and from them which hated me: for they were too strong for me.	17	Hij verloste mij van mijn sterken vijand, en van mijn haters, omdat zij machtiger waren dan ik.
	They prevented me in the day of my calamity: but the LORD was my stay.	18	Zij hadden mij bejegend ten dage mijns ongevals; maar de HEERE was mij tot een Steunsel.
	He brought me forth also into a large place; he delivered me, because he delighted in me.	19	En Hij voerde mij uit in de ruimte, Hij rukte mij uit, want Hij had lust aan mij.
	The LORD rewarded me according to my righteousness; according to the cleanness of my hands hath he recompensed me.	20	De HEERE vergold mij naar mijn gerechtigheid, Hij gaf mij weder naar de reinigheid mijner handen.
	For I have kept the ways of the LORD, and have not wickedly departed from my God.	21	Want ik heb des HEEREN wegen gehouden, en ben van mijn God niet goddelooslijk afgegaan.
	For all his judgments were before me, and I did not put away his statutes from me.	22	Want al Zijn rechten waren voor mij, en Zijn inzettingen deed ik niet van mij weg.
	I was also upright before him, and I kept myself from mine iniquity.	23	Maar ik was oprecht bij Hem, en ik wachtte mij voor mijn ongerechtigheid.
	Therefore hath the LORD recompensed me according to my righteousness, according to the cleanness of my hands in his eyesight.	24	Zo gaf mij de HEERE weder naar mijn gerechtigheid, naar de reinigheid mijner handen, voor Zijn ogen.

	With the merciful thou wilt shew thyself merciful; with an upright man thou wilt shew thyself upright;	25	Bij den goedertierene houdt Gij U goedertieren, bij den oprechten man houdt Gij U oprecht.
	With the pure thou wilt shew thyself pure; and with the froward thou wilt shew thyself froward.	26	Bij den reine houdt Gij U rein, maar bij den verkeerde bewijst Gij U een Worstelaar.
	For thou wilt save the afflicted people; but wilt bring down high looks.	27	Want Gij verlost het bedrukte volk, maar de hoge ogen vernedert Gij.
	For thou wilt light my candle: the LORD my God will enlighten my darkness.	28	Want Gij doet mijn lamp lichten; de HEERE, mijn God, doet mijn duisternis opklaren.
	For by thee I have run through a troop; and by my God have I leaped over a wall.	29	Want met U loop ik door een bende, en met mijn God spring ik over een muur.
	As for God, his way is perfect: the word of the LORD is tried: he is a buckler to all those that trust in him.	30	Gods weg is volmaakt; de rede des HEEREN is doorlouterd; Hij is een Schild allen, die op Hem betrouwen.
	For who is God save the LORD? or who is a rock save our God?	31	Want wie is God, behalve de HEERE? En wie is een Rotssteen, dan alleen onze God?
	It is God that girdeth me with strength, and maketh my way perfect.	32	Het is God, Die mij met kracht omgordt; en Hij heeft mijn weg volkomen gemaakt.
	He maketh my feet like hinds' feet, and setteth me upon my high places.	33	Hij maakt mijn voeten gelijk als der hinden, en Hij stelt mij op mijn hoogten.
	He teacheth my hands to war, so that a bow of steel is broken by mine arms.	34	Hij leert mijn handen ten strijde, zodat een stalen boog met mijn armen verbroken is.
	Thou hast also given me the shield of thy salvation: and thy right hand hath holden me up, and thy gentleness hath made me great.	35	Ook hebt Gij mij het schild Uws heils gegeven, en Uw rechterhand heeft mij ondersteund, en Uw zachtmoedigheid heeft mij groot gemaakt.
	Thou hast enlarged my steps under me, that my feet did not slip.	36	Gij hebt mijn voetstap ruim gemaakt onder mij, en mijn enkelen hebben niet gewankeld.
	I have pursued mine enemies, and overtaken them: neither did I turn again till they were consumed.	37	Ik vervolgde mijn vijanden, en trof hen aan; en ik keerde niet weder, totdat ik hen verdaan had.
	I have wounded them that they were not able to rise: they are fallen under my feet.	38	Ik doorstak hen, dat zij niet weder konden opstaan; zij vielen onder mijn voeten.
	For thou hast girded me with strength unto the battle: thou hast subdued under me those that rose up against me.	39	Want Gij omgorddet mij met kracht ten strijde; Gij deedt onder mij nederbukken, die tegen mij opstonden.
	Thou hast also given me the necks of mine enemies; that I might destroy them that hate me.	40	En Gij gaaft mij den nek mijner vijanden, en mijn haters, die vernielde ik.
	They cried, but there was none to save them: even unto the LORD, but he answered them not.	41	Zij riepen, maar er was geen verlosser; tot den HEERE, maar Hij antwoordde hun niet.
	Then did I beat them small as the dust before the wind: I did cast them out as the dirt in the streets.	42	Toen vergruisde ik hen als stof voor den wind; ik ruimde hen weg als slijk der straten.
	Thou hast delivered me from the strivings of the people; and thou hast made me the head of the heathen: a people whom I have not known shall serve me.	43	Gij hebt mij uitgeholpen van de twisten des volks; Gij hebt mij gesteld tot een hoofd der heidenen; het volk, dat ik niet kende, heeft mij gediend.
	As soon as they hear of me, they shall obey me: the strangers shall submit themselves unto me.	44	Zo haast als hun oor van mij hoorde, hebben zij mij gehoorzaamd; vreemden hebben zich mij geveinsdelijk onderworpen.
	The strangers shall fade away, and be afraid out of their close places.	45	Vreemden zijn vervallen, en hebben gesidderd uit hun sloten.
	The LORD liveth; and blessed be my rock; and let the God of my salvation be exalted.	46	De HEERE leeft, en geloofd zij mijn Rotssteen, en verhoogd zij de God mijns heils!
	It is God that avengeth me, and subdueth the people under me.	47	De God, Die mij volkomen wraak geeft, en de volken onder mij brengt;
	He delivereth me from mine enemies: yea, thou liftest me up above those that rise up against me: thou hast delivered me from the violent man.	48	Die mij uithelpt van mijn vijanden; ja, Gij verhoogt mij boven degenen, die tegen mij opstaan; Gij redt mij van den man des gewelds.
	Therefore will I give thanks unto thee, O LORD, among the heathen, and sing praises unto thy name.	49	Daarom zal ik U, o HEERE! loven onder de heidenen; en Uw Naam zal ik psalmzingen;
	Great deliverance giveth he to his king; and sheweth mercy to his anointed, to David, and to his seed for evermore.	50	[(Psalms 18:51) Die de verlossingen Zijns konings groot maakt, en goedertierenheid doet aan Zijn gezalfde, aan David en aan zijn zaad tot in eeuwigheid.]

Psalm (19) Psalmen

	{To the chief Musician, A Psalm of David.} The heavens declare the glory of God; and the firmament sheweth his handywork.	1	Een psalm van David, voor den opperzangmeester. (1a) De hemelen vertellen Gods eer, en het uitspansel verkondigt Zijner handen werk.
	Day unto day uttereth speech, and night unto night sheweth knowledge.	2	De dag aan den dag stort overvloediglijk spraak uit, en de nacht aan den nacht toont wetenschap.
	There is no speech nor language, where their voice is not heard.	3	Geen spraak, en geen woorden zijn er, waar hun stem niet wordt gehoord.
	Their line is gone out through all the earth, and their words to the end of the world. In them hath he set a tabernacle for the sun,	4	Hun richtsnoer gaat uit over de ganse aarde, en hun redenen aan het einde der wereld; Hij heeft in dezelve een tent gesteld voor de zon.
	Which is as a bridegroom coming out of his chamber, and rejoiceth as a strong man to run a race.	5	En die is als een bruidegom, uitgaande uit zijn slaapkamer; zij is vrolijk als een held, om het pad te lopen.

Psalm - Psalmen

His going forth is from the end of the heaven, and his circuit unto the ends of it: and there is nothing hid from the heat thereof.	6 Haar uitgang is van het einde des hemels, en haar omloop tot aan de einden deszelven; en niets is verborgen voor haar hitte.
The law of the LORD is perfect, converting the soul: the testimony of the LORD is sure, making wise the simple.	7 De wet des HEEREN is volmaakt, bekerende de ziel; de getuigenis des HEEREN is gewis, den slechten wijsheid gevende.
The statutes of the LORD are right, rejoicing the heart: the commandment of the LORD is pure, enlightening the eyes.	8 De bevelen des HEEREN zijn recht, verblijdende het hart; het gebod des HEEREN is zuiver, verlichtende de ogen.
The fear of the LORD is clean, enduring for ever: the judgments of the LORD are true and righteous altogether.	9 De vreze des HEEREN is rein, bestaande tot in eeuwigheid, de rechten des HEEREN zijn waarheid, samen zijn zij rechtvaardig.
More to be desired are they than gold, yea, than much fine gold: sweeter also than honey and the honeycomb.	10 Zij zijn begeerlijker dan goud, ja, dan veel fijn goud; en zoeter dan honig en honigzeem.
Moreover by them is thy servant warned: and in keeping of them there is great reward.	11 Ook wordt Uw knecht door dezelve klaarlijk vermaand; in het houden van die is grote loon.
Who can understand his errors? cleanse thou me from secret faults.	12 Wie zou de afdwalingen verstaan? Reinig mij van de verborgene afdwalingen.
Keep back thy servant also from presumptuous sins; let them not have dominion over me: then shall I be upright, and I shall be innocent from the great transgression.	13 Houd Uw knecht ook terug van trotsheden; laat ze niet over mij heersen; dan zal ik oprecht zijn en rein van grote overtreding.
Let the words of my mouth, and the meditation of my heart, be acceptable in thy sight, O LORD, my strength, and my redeemer.	14 [(Psalms 19:15) Laat de redenen mijns monds, en de overdenking mijns harten welbehagelijk zijn voor Uw aangezicht, o HEERE, mijn Rotssteen en mijn Verlosser!]

Psalm (20) Psalmen

{To the chief Musician, A Psalm of David.} The LORD hear thee in the day of trouble; the name of the God of Jacob defend thee;	1 Een psalm van David, voor den opperzangmeester. (1a) De HEERE verhore u in den dag der benauwdheid; de Naam van den God Jakobs zette u in een hoog vertrek.
Send thee help from the sanctuary, and strengthen thee out of Zion;	2 Hij zende uw hulp uit het heiligdom, en ondersteune u uit Sion.
Remember all thy offerings, and accept thy burnt sacrifice; Selah.	3 Hij gedenke al uwer spijsoffers, en make uw brandoffer tot as. Sela.
Grant thee according to thine own heart, and fulfil all thy counsel.	4 Hij geve u naar uw hart, en vervulle al uw raad.
We will rejoice in thy salvation, and in the name of our God we will set up our banners: the LORD fulfil all thy petitions.	5 Wij zullen juichen over Uw heil, en de vaandelen opsteken in den Naam onzes Gods. De HEERE vervulle al uw begeerten.
Now know I that the LORD saveth his anointed; he will hear him from his holy heaven with the saving strength of his right hand.	6 Alsnu weet ik, dat de HEERE Zijn Gezalfde behoudt; Hij zal Hem verhoren uit den hemel Zijner heiligheid; het heil Zijner rechterhand zal zijn met mogendheden.
Some trust in chariots, and some in horses: but we will remember the name of the LORD our God.	7 Dezen vermelden van wagens, en die van paarden; maar wij zullen vermelden van den Naam des HEEREN, onzes Gods.
They are brought down and fallen: but we are risen, and stand upright.	8 Zij hebben zich gekromd, en zijn gevallen; maar wij zijn gerezen en staande gebleven.
Save, LORD: let the king hear us when we call.	9 [(Psalms 20:10) O HEERE! behoud; die Koning verhore ons ten dage van ons roepen.]

Psalm (21) Psalmen

{To the chief Musician, A Psalm of David.} The king shall joy in thy strength, O LORD; and in thy salvation how greatly shall he rejoice!	1 Een psalm van David, voor den opperzangmeester. (1a) O HEERE! de koning is verblijd over Uw sterkte; en hoezeer is hij verheugd over Uw heil!
Thou hast given him his heart's desire, and hast not withholden the request of his lips. Selah.	2 Gij hebt hem zijns harten wens gegeven, en de uitspraak zijner lippen hebt Gij niet geweerd. Sela.
For thou preventest him with the blessings of goodness: thou settest a crown of pure gold on his head.	3 Want Gij komt hem voor met zegeningen van het goede; op zijn hoofd zet Gij een kroon van fijn goud.
He asked life of thee, and thou gavest it him, even length of days for ever and ever.	4 Het leven heeft hij van U begeerd. Gij hebt het hem gegeven; lengte van dagen, eeuwiglijk en altoos.
His glory is great in thy salvation: honour and majesty hast thou laid upon him.	5 Groot is zijn eer door Uw heil; majesteit en heerlijkheid hebt Gij hem toegevoegd.
For thou hast made him most blessed for ever: thou hast made him exceeding glad with thy countenance.	6 Want Gij zet hem tot zegeningen in eeuwigheid; Gij vervrolijkt hem door vreugde met Uw aangezicht.
For the king trusteth in the LORD, and through the mercy of the most High he shall not be moved.	7 Want de koning vertrouwt op den HEERE, en door de goedertierenheid des Allerhoogsten zal hij niet wankelen.
Thine hand shall find out all thine enemies: thy right hand shall find out those that hate thee.	8 Uw hand zal alle vijanden vinden; uw rechterhand zal uw haters vinden.
Thou shalt make them as a fiery oven in the time of thine anger: the LORD shall swallow them up in his wrath, and the fire shall devour them.	9 Gij zult hen zetten als een vurige oven ter tijd uws toornigen aangezichts; de HEERE zal hen in Zijn toorn verslinden, en het vuur zal hen verteren.
Their fruit shalt thou destroy from the earth, and their seed from among the children of men.	10 Gij zult hun vrucht van de aarde verdoen, en hun zaad van de kinderen der mensen.
For they intended evil against thee: they imagined a mischievous device, which they are not able to perform.	11 Want zij hebben kwaad tegen U aangelegd; zij hebben een schandelijke daad bedacht, doch zullen niets vermogen.
Therefore shalt thou make them turn their back, when thou shalt make ready thine arrows upon thy strings against the face of them.	12 Want Gij zult hen zetten tot een wit; met Uw pezen zult Gij het op hun aangezicht toeleggen.

	Be thou exalted, LORD, in thine own strength: so will we sing and praise thy power.	13	[(Psalms 21:14) Verhoog U, HEERE! in Uw sterkte; zo zullen wij zingen, en Uw macht met psalmen loven.]

Psalm (22) Psalmen

	{To the chief Musician upon Aijeleth Shahar, A Psalm of David.} My God, my God, why hast thou forsaken me? why art thou so far from helping me, and from the words of my roaring?	1	Een psalm van David, voor den opperzangmeester, op Aijeleth hasschachar. (1a) Mijn God, mijn God! waarom hebt Gij mij verlaten, verre zijnde van mijn verlossing, van de woorden mijns brullens?
	O my God, I cry in the daytime, but thou hearest not; and in the night season, and am not silent.	2	Mijn God! Ik roep des daags, maar Gij antwoordt niet; en des nachts, en ik heb geen stilte.
	But thou art holy, O thou that inhabitest the praises of Israel.	3	Doch Gij zijt heilig, wonende onder de lofzangen Israels.
	Our fathers trusted in thee: they trusted, and thou didst deliver them.	4	Op U hebben onze vaders vertrouwd; zij hebben vertrouwd, en Gij hebt hen uitgeholpen.
	They cried unto thee, and were delivered: they trusted in thee, and were not confounded.	5	Tot U hebben zij geroepen, en zijn uitgered; op U hebben zij vertrouwd, en zijn niet beschaamd geworden.
	But I am a worm, and no man; a reproach of men, and despised of the people.	6	Maar ik ben een worm en geen man, een smaad van mensen, en veracht van het volk.
	All they that see me laugh me to scorn: they shoot out the lip, they shake the head, saying,	7	Allen, die mij zien, bespotten mij; zij steken de lip uit, zij schudden het hoofd, zeggende:
	He trusted on the LORD that he would deliver him: let him deliver him, seeing he delighted in him.	8	Hij heeft het op den HEERE gewenteld, dat Hij hem nu uithelpe, dat Hij hem redde, dewijl Hij lust aan hem heeft!
	But thou art he that took me out of the womb: thou didst make me hope when I was upon my mother's breasts.	9	Gij zijt het immers, Die mij uit den buik hebt uitgetogen; Die mij hebt doen vertrouwen, zijnde aan mijner moeders borsten.
	I was cast upon thee from the womb: thou art my God from my mother's belly.	10	Op U ben ik geworpen van de baarmoeder af; van den buik mijner moeder aan zijt Gij mijn God.
	Be not far from me; for trouble is near; for there is none to help.	11	Zo wees niet verre van mij, want benauwdheid is nabij; want er is geen helper.
	Many bulls have compassed me: strong bulls of Bashan have beset me round.	12	Vele varren hebben mij omsingeld, sterke stieren van Basan hebben mij omringd.
	They gaped upon me with their mouths, as a ravening and a roaring lion.	13	Zij hebben hun mond tegen mij opgesperd, als een verscheurende en brullende leeuw.
	I am poured out like water, and all my bones are out of joint: my heart is like wax; it is melted in the midst of my bowels.	14	Ik ben uitgestort als water, en al mijn beenderen hebben zich vaneen gescheiden; mijn hart is als was, het is gesmolten in het midden mijns ingewands.
	My strength is dried up like a potsherd; and my tongue cleaveth to my jaws; and thou hast brought me into the dust of death.	15	Mijn kracht is verdroogd als een potscherf, en mijn tong kleeft aan mijn gehemelte; en Gij legt mij in het stof des doods.
	For dogs have compassed me: the assembly of the wicked have inclosed me: they pierced my hands and my feet.	16	Want honden hebben mij omsingeld; een vergadering van boosdoeners heeft mij omgeven; zij hebben mijn handen en mijn voeten doorgraven.
	I may tell all my bones: they look and stare upon me.	17	Al mijn beenderen zou ik kunnen tellen; zij schouwen het aan, zij zien op mij.
	They part my garments among them, and cast lots upon my vesture.	18	Zij delen mijn klederen onder zich, en werpen het lot over mijn gewaad.
	But be not thou far from me, O LORD: O my strength, haste thee to help me.	19	Maar Gij, HEERE! wees niet verre; mijn Sterkte! haast U tot mijn hulp.
	Deliver my soul from the sword; my darling from the power of the dog.	20	Red mijn ziel van het zwaard, mijn eenzame van het geweld des honds.
	Save me from the lion's mouth: for thou hast heard me from the horns of the unicorns.	21	Verlos mij uit des leeuwen muil; en verhoor mij van de hoornen der eenhoornen.
	I will declare thy name unto my brethren: in the midst of the congregation will I praise thee.	22	Zo zal ik Uw Naam mijn broederen vertellen; in het midden der gemeente zal ik U prijzen.
	Ye that fear the LORD, praise him; all ye the seed of Jacob, glorify him; and fear him, all ye the seed of Israel.	23	Gij, die den HEERE vreest! prijst Hem; al gij zaad van Jakob! vereert Hem; en ontziet u voor Hem, al gij zaad van Israel!
	For he hath not despised nor abhorred the affliction of the afflicted; neither hath he hid his face from him; but when he cried unto him, he heard.	24	Want Hij heeft niet veracht, noch verfoeid de verdrukking des verdrukten, noch Zijn aangezicht voor hem verborgen; maar Hij heeft gehoord, als die tot Hem riep.
	My praise shall be of thee in the great congregation: I will pay my vows before them that fear him.	25	Van U zal mijn lof zijn in een grote gemeente; ik zal mijn geloften betalen in tegenwoordigheid dergenen, die Hem vrezen.
	The meek shall eat and be satisfied: they shall praise the LORD that seek him: your heart shall live for ever.	26	De zachtmoedigen zullen eten en verzadigd worden; zij zullen den HEERE prijzen, die Hem zoeken; ulieder hart zal in eeuwigheid leven.
	All the ends of the world shall remember and turn unto the LORD: and all the kindreds of the nations shall worship before thee.	27	Alle einden der aarde zullen het gedenken, en zich tot den HEERE bekeren; en alle geslachten der heidenen zullen voor Uw aangezicht aanbidden.
	For the kingdom is the LORD'S: and he is the governor among the nations.	28	Want het koninkrijk is des HEEREN, en Hij heerst onder de heidenen.
	All they that be fat upon earth shall eat and worship: all they that go down to the dust shall bow before him: and none can keep alive his own soul.	29	Alle vetten op aarde zullen eten, en aanbidden; allen, die in het stof nederdalen, zullen voor Zijn aangezicht nederbukken; en die zijn ziel bij het leven niet kan houden.
	A seed shall serve him; it shall be accounted to the Lord for a generation.	30	Het zaad zal Hem dienen; het zal den HEERE aangeschreven worden tot in geslachten.

They shall come, and shall declare his righteousness unto a people that shall be born, that he hath done this.		31	[(Psalms 22:32) Zij zullen aankomen, en Zijn gerechtigheid verkondigen den volke, dat geboren wordt, omdat Hij het gedaan heeft.]

Psalm (23) Psalmen

{A Psalm of David.} The LORD is my shepherd; I shall not want.		1	Een psalm van David. De HEERE is mijn Herder, mij zal niets ontbreken.
He maketh me to lie down in green pastures: he leadeth me beside the still waters.		2	Hij doet mij nederliggen in grazige weiden; Hij voert mij zachtjes aan zeer stille wateren.
He restoreth my soul: he leadeth me in the paths of righteousness for his name's sake.		3	Hij verkwikt mijn ziel; Hij leidt mij in het spoor der gerechtigheid, om Zijns Naams wil.
Yea, though I walk through the valley of the shadow of death, I will fear no evil: for thou art with me; thy rod and thy staff they comfort me.		4	Al ging ik ook in een dal der schaduw des doods, ik zou geen kwaad vrezen, want Gij zijt met mij; Uw stok en Uw staf, die vertroosten mij.
Thou preparest a table before me in the presence of mine enemies: thou anointest my head with oil; my cup runneth over.		5	Gij richt de tafel toe voor mijn aangezicht, tegenover mijn tegenpartijders; Gij maakt mijn hoofd vet met olie, mijn beker is overvloeiende.
Surely goodness and mercy shall follow me all the days of my life: and I will dwell in the house of the LORD for ever.		6	Immers zullen mij het goede en de weldadigheid volgen al de dagen mijns levens; en ik zal in het huis des HEEREN blijven in lengte van dagen.

Psalm (24) Psalmen

{A Psalm of David.} The earth is the LORD'S, and the fulness thereof; the world, and they that dwell therein.		1	Een psalm van David. De aarde is des HEEREN, mitsgaders haar volheid, de wereld, en die daarin wonen.
For he hath founded it upon the seas, and established it upon the floods.		2	Want Hij heeft ze gegrond op de zeeen, en heeft ze gevestigd op de rivieren.
Who shall ascend into the hill of the LORD? or who shall stand in his holy place?		3	Wie zal klimmen op den berg des HEEREN, en wie zal staan in de plaats Zijner heiligheid?
He that hath clean hands, and a pure heart; who hath not lifted up his soul unto vanity, nor sworn deceitfully.		4	Die rein van handen, en zuiver van hart is, die zijn ziel niet opheft tot ijdelheid, en die niet bedriegelijk zweert;
He shall receive the blessing from the LORD, and righteousness from the God of his salvation.		5	Die zal den zegen ontvangen van den HEERE, en gerechtigheid van den God zijns heils.
This is the generation of them that seek him, that seek thy face, O Jacob. Selah.		6	Dat is het geslacht dergenen, die naar Hem vragen, die Uw aangezicht zoeken, dat is Jakob! Sela.
Lift up your heads, O ye gates; and be ye lift up, ye everlasting doors; and the King of glory shall come in.		7	Heft uw hoofden op, gij poorten, en verheft u, gij eeuwige deuren, opdat de Koning der ere inga!
Who is this King of glory? The LORD strong and mighty, the LORD mighty in battle.		8	Wie is de Koning der ere? De HEERE, sterk en geweldig, de HEERE, geweldig in den strijd.
Lift up your heads, O ye gates; even lift them up, ye everlasting doors; and the King of glory shall come in.		9	Heft uw hoofden op, gij poorten, ja, heft op, gij eeuwige deuren! opdat de Koning der ere inga!
Who is this King of glory? The LORD of hosts, he is the King of glory. Selah.		10	Wie is Hij, deze Koning der ere? De HEERE der heirscharen, Die is de Koning der ere. Sela.

Psalm (25) Psalmen

{A Psalm of David.} Unto thee, O LORD, do I lift up my soul.		1	Een psalm van David. Aleph. Tot U, o HEERE! hef ik mijn ziel op.
O my God, I trust in thee: let me not be ashamed, let not mine enemies triumph over me.		2	Beth. Mijn God! op U vertrouw ik; laat mij niet beschaamd worden; laat mijn vijanden niet van vreugde opspringen over mij.
Yea, let none that wait on thee be ashamed: let them be ashamed which transgress without cause.		3	Gimel. Ja, allen, die U verwachten, zullen niet beschaamd worden; zij zullen beschaamd worden, die trouwelooslijk handelen zonder oorzaak.
Shew me thy ways, O LORD; teach me thy paths.		4	Daleth. HEERE! maak mij Uw wegen bekend, leer mij Uw paden.
Lead me in thy truth, and teach me: for thou art the God of my salvation; on thee do I wait all the day.		5	He. Vau. Leid mij in Uw waarheid, en leer mij, want Gij zijt de God mijns heils; U verwacht ik den ganse dag.
Remember, O LORD, thy tender mercies and thy lovingkindnesses; for they have been ever of old.		6	Zain. Gedenk, HEERE! Uwer barmhartigheden en Uwer goedertierenheden, want die zijn van eeuwigheid.
Remember not the sins of my youth, nor my transgressions: according to thy mercy remember thou me for thy goodness' sake, O LORD.		7	Cheth. Gedenk niet der zonden mijner jonkheid, noch mijner overtredingen; gedenk mijner naar Uw goedertierenheid, om Uwer goedheid wil, o HEERE!
Good and upright is the LORD: therefore will he teach sinners in the way.		8	Teth. De HEERE is goed en recht; daarom zal Hij de zondaars onderwijzen in den weg.
The meek will he guide in judgment: and the meek will he teach his way.		9	Jod. Hij zal de zachtmoedigen leiden in het recht, en Hij zal den zachtmoedigen Zijn weg leren.
All the paths of the LORD are mercy and truth unto such as keep his covenant and his testimonies.		10	Caph. Alle paden des HEEREN zijn goedertierenheid en waarheid, dengenen, die Zijn verbond en Zijn getuigenissen bewaren.
For thy name's sake, O LORD, pardon mine iniquity; for it is great.		11	Lamed. Om Uws Naams wil, HEERE! zo vergeef mijn ongerechtigheid, want die is groot.
What man is he that feareth the LORD? him shall he teach in the way that he shall choose.		12	Mem. Wie is de man, die den HEERE vreest? Hij zal hem onderwijzen in den weg, dien hij zal hebben te verkiezen.
His soul shall dwell at ease; and his seed shall inherit the earth.		13	Nun. Zijn ziel zal vernachten in het goede, en zijn zaad zal de aarde beerven.

	The secret of the LORD is with them that fear him; and he will shew them his covenant.	14	Samech. De verborgenheid des HEEREN is voor degenen, die Hem vrezen; en Zijn verbond, om hun die bekend te maken.
	Mine eyes are ever toward the LORD; for he shall pluck my feet out of the net.	15	Ain. Mijn ogen zijn gedurigllijk op den HEERE, want Hij zal mijn voeten uit het net uitvoeren.
	Turn thee unto me, and have mercy upon me; for I am desolate and afflicted.	16	Pe. Wend U tot mij, en wees mij genadig, want ik ben eenzaam en ellendig.
	The troubles of my heart are enlarged: O bring thou me out of my distresses.	17	Tsade. De benauwdheden mijns harten hebben zich wijd uitgestrekt; voer mij uit mijn noden.
	Look upon mine affliction and my pain; and forgive all my sins.	18	Resch. Aanzie mijn ellende, en mijn moeite, en neem weg al mijn zonden.
	Consider mine enemies; for they are many; and they hate me with cruel hatred.	19	Resch. Aanzie mijn vijanden, want zij vermenigvuldigen, en zij haten mij met een wreveligen haat.
	O keep my soul, and deliver me: let me not be ashamed; for I put my trust in thee.	20	Schin. Bewaar mijn ziel, en red mij; laat mij niet beschaamd worden, want ik betrouw op U.
	Let integrity and uprightness preserve me; for I wait on thee.	21	Thau. Laat oprechtigheid en vroomheid mij behoeden, want ik verwacht U.
	Redeem Israel, O God, out of all his troubles.	22	O God! verlos Israel uit al zijn benauwdheden.

Psalm (26) Psalmen

	{A Psalm of David.} Judge me, O LORD; for I have walked in mine integrity: I have trusted also in the LORD; therefore I shall not slide.	1	Een psalm van David! Doe mij recht, HEERE! want ik wandel in mijn oprechtigheid; en ik vertrouw op den HEERE, ik zal niet wankelen.
	Examine me, O LORD, and prove me; try my reins and my heart.	2	Proef mij, HEERE, en verzoek mij; toets mijn nieren en mijn hart.
	For thy lovingkindness is before mine eyes: and I have walked in thy truth.	3	Want Uw goedertierenheid is voor mijn ogen, en ik wandel in Uw waarheid.
	I have not sat with vain persons, neither will I go in with dissemblers.	4	Ik zit niet bij ijdele lieden, en met bedekte lieden ga ik niet om.
	I have hated the congregation of evil doers; and will not sit with the wicked.	5	Ik haat de vergadering der boosdoeners, en bij de goddelozen zit ik niet.
	I will wash mine hands in innocency: so will I compass thine altar, O LORD:	6	Ik was mijn handen in onschuld, en ik ga rondom uw altaar, o HEERE!
	That I may publish with the voice of thanksgiving, and tell of all thy wondrous works.	7	Om te doen horen de stem des lofs, en om te vertellen al Uw wonderen.
	LORD, I have loved the habitation of thy house, and the place where thine honour dwelleth.	8	HEERE! ik heb lief de woning van Uw huis, en de plaats des tabernakels Uwer eer.
	Gather not my soul with sinners, nor my life with bloody men:	9	Raap mijn ziel niet weg met de zondaren, noch mijn leven met de mannen des bloeds;
	In whose hands is mischief, and their right hand is full of bribes.	10	In welker handen schandelijk bedrijf is, en welker rechterhand vol geschenken is.
	But as for me, I will walk in mine integrity: redeem me, and be merciful unto me.	11	Maar ik wandel in mijn oprechtigheid, verlos mij dan en wees mij genadig.
	My foot standeth in an even place: in the congregations will I bless the LORD.	12	Mijn voet staat op effen baan; ik zal den HEERE loven in de vergaderingen.

Psalm (27) Psalmen

	{A Psalm of David.} The LORD is my light and my salvation; whom shall I fear? the LORD is the strength of my life; of whom shall I be afraid?	1	Een psalm van David. De HEERE is mijn Licht en mijn Heil, voor wien zou ik vrezen? De HEERE is mijns levens kracht, voor wien zou ik vervaard zijn?
	When the wicked, even mine enemies and my foes, came upon me to eat up my flesh, they stumbled and fell.	2	Als de bozen, mijn tegenpartijen, en mijn vijanden tegen mij, tot mij naderden, om mijn vlees te eten, stieten zij zelven aan, en vielen.
	Though an host should encamp against me, my heart shall not fear: though war should rise against me, in this will I be confident.	3	Ofschoon mij een leger belegerde, mijn hart zou niet vrezen; ofschoon een oorlog tegen mij opstond, zo vertrouw ik hierop.
	One thing have I desired of the LORD, that will I seek after; that I may dwell in the house of the LORD all the days of my life, to behold the beauty of the LORD, and to inquire in his temple.	4	Een ding heb ik van den HEERE begeerd, dat zal ik zoeken: dat ik al de dagen mijns levens mocht wonen in het huis des HEEREN, om de liefelijkheid des HEEREN te aanschouwen, en te onderzoeken in Zijn tempel.
	For in the time of trouble he shall hide me in his pavilion: in the secret of his tabernacle shall he hide me; he shall set me up upon a rock.	5	Want Hij versteekt mij in Zijn hut, ten dage des kwaads; Hij verbergt mij in het verborgene Zijner tent; Hij verhoogt mij op een rotssteen.
	And now shall mine head be lifted up above mine enemies round about me: therefore will I offer in his tabernacle sacrifices of joy; I will sing, yea, I will sing praises unto the LORD.	6	Ook nu zal mijn hoofd verhoogd worden boven mijn vijanden, die rondom mij zijn, en ik zal in Zijn tent offeranden des geklanks offeren; ik zal zingen, ja, psalmzingen den HEERE.
	Hear, O LORD, when I cry with my voice: have mercy also upon me, and answer me.	7	Hoor, HEERE! mijn stem, als ik roep; en wees mij genadig, en antwoord mij.
	When thou saidst, Seek ye my face; my heart said unto thee, Thy face, LORD, will I seek.	8	Mijn hart zegt tot U: Gij zegt: Zoek Mijn aangezicht; ik zoek Uw aangezicht, o HEERE!
	Hide not thy face far from me; put not thy servant away in anger: thou hast been my help; leave me not, neither forsake me, O God of my salvation.	9	Verberg Uw aangezicht niet voor mij, keer Uw knecht niet af in toorn; Gij zijt mijn Hulp geweest, begeef mij niet, en verlaat mij niet, o God mijns heils!

	When my father and my mother forsake me, then the LORD will take me up.	10	Want mijn vader en mijn moeder hebben mij verlaten, maar de HEERE zal mij aannemen.
	Teach me thy way, O LORD, and lead me in a plain path, because of mine enemies.	11	HEERE! leer mij Uw weg, en leid mij in het rechte pad, om mijner verspieders wil.
	Deliver me not over unto the will of mine enemies: for false witnesses are risen up against me, and such as breathe out cruelty.	12	Geef mij niet over in de begeerte mijner tegenpartijders; want valse getuigen zijn tegen mij opgestaan, mitsgaders die wrevel uitblaast.
	I had fainted, unless I had believed to see the goodness of the LORD in the land of the living.	13	Zo ik niet had geloofd, dat ik het goede des HEEREN zou zien in het land der levenden, ik ware vergaan.
	Wait on the LORD: be of good courage, and he shall strengthen thine heart: wait, I say, on the LORD.	14	Wacht op den HEERE, zijt sterk, en Hij zal uw hart versterken, ja, wacht op den HEERE.

Psalm (28) Psalmen

	{A Psalm of David.} Unto thee will I cry, O LORD my rock; be not silent to me: lest, if thou be silent to me, I become like them that go down into the pit.	1	Een psalm van David. Tot U roep ik, HEERE! mijn Rotssteen, houd U niet als doof van mij af; opdat ik niet, zo Gij U van mij stil houdt, vergeleken worde met degenen, die in den kuil nederdalen.
	Hear the voice of my supplications, when I cry unto thee, when I lift up my hands toward thy holy oracle.	2	Hoor de stem mijner smekingen, als ik tot U roep, als ik mijn handen ophef naar de aanspraakplaats Uwer heiligheid.
	Draw me not away with the wicked, and with the workers of iniquity, which speak peace to their neighbours, but mischief is in their hearts.	3	Trek mij niet weg met de goddelozen, en met de werkers der ongerechtigheid, die van vrede spreken met hun naasten, maar kwaad is in hun hart.
	Give them according to their deeds, and according to the wickedness of their endeavours: give them after the work of their hands; render to them their desert.	4	Geef hun naar hun doen, en naar de boosheid hunner handelingen; geef hun naar hunner handen werk; doe hun vergelding tot hen wederkeren.
	Because they regard not the works of the LORD, nor the operation of his hands, he shall destroy them, and not build them up.	5	Omdat zij niet letten op de daden des HEEREN, noch op het werk Zijner handen, zo zal Hij hen afbreken en zal hen niet bouwen.
	Blessed be the LORD, because he hath heard the voice of my supplications.	6	Geloofd zij de HEERE, want Hij heeft de stem mijner smekingen gehoord.
	The LORD is my strength and my shield; my heart trusted in him, and I am helped: therefore my heart greatly rejoiceth; and with my song will I praise him.	7	De HEERE is mijn Sterkte en mijn Schild; op Hem heeft mijn hart vertrouwd, en ik ben geholpen; dies springt mijn hart van vreugde, en ik zal Hem met mijn gezang loven.
	The LORD is their strength, and he is the saving strength of his anointed.	8	De HEERE is hunlieder Sterkte, en Hij is de Sterkheid der verlossingen Zijns Gezalfden.
	Save thy people, and bless thine inheritance: feed them also, and lift them up for ever.	9	Verlos Uw volk, en zegen Uw erve, en weid hen, en verhef hen tot in eeuwigheid.

Psalm (29) Psalmen

	{A Psalm of David.} Give unto the LORD, O ye mighty, give unto the LORD glory and strength.	1	Een psalm van David. Geeft den HEERE, gij kinderen der machtigen! geeft den HEERE eer en sterkte.
	Give unto the LORD the glory due unto his name; worship the LORD in the beauty of holiness.	2	Geeft den HEERE de eer Zijns Naams, aanbidt den HEERE in de heerlijkheid des heiligdoms.
	The voice of the LORD is upon the waters: the God of glory thundereth: the LORD is upon many waters.	3	De stem des HEEREN is op de wateren, de God der ere dondert; de HEERE is op de grote wateren.
	The voice of the LORD is powerful; the voice of the LORD is full of majesty.	4	De stem des HEEREN is met kracht, de stem des HEEREN is met heerlijkheid.
	The voice of the LORD breaketh the cedars; yea, the LORD breaketh the cedars of Lebanon.	5	De stem des HEEREN breekt de cederen; ja, de HEERE verbreekt de cederen van Libanon.
	He maketh them also to skip like a calf; Lebanon and Sirion like a young unicorn.	6	En Hij doet ze huppelen als een kalf, de Libanon en Sirjon als een jongen eenhoorn.
	The voice of the LORD divideth the flames of fire.	7	De stem des HEEREN houwt er vlammen vuurs uit.
	The voice of the LORD shaketh the wilderness; the LORD shaketh the wilderness of Kadesh.	8	De stem des HEEREN doet de woestijn beven; de HEERE doet de woestijn Kades beven.
	The voice of the LORD maketh the hinds to calve, and discovereth the forests: and in his temple doth every one speak of his glory.	9	De stem des HEEREN doet de hinden jongen werpen, en ontbloot de wouden; maar in Zijn tempel zegt Hem een iegelijk eer.
	The LORD sitteth upon the flood; yea, the LORD sitteth King for ever.	10	De HEERE heeft gezeten over den watervloed; ja, de HEERE zit, Koning in eeuwigheid.
	The LORD will give strength unto his people; the LORD will bless his people with peace.	11	De HEERE zal Zijn volk sterkte geven; de HEERE zal Zijn volk zegenen met vrede.

Psalm (30) Psalmen

	{A Psalm and Song at the dedication of the house of David.} I will extol thee, O LORD; for thou hast lifted me up, and hast not made my foes to rejoice over me.	1	Een psalm, een lied der inwijding van Davids huis. (1a) Ik zal U verhogen, HEERE, want Gij hebt mij opgetrokken, en mijn vijanden over mij niet verblijd.
	O LORD my God, I cried unto thee, and thou hast healed me.	2	HEERE, mijn God! ik heb tot U geroepen, en Gij hebt mij genezen.
	O LORD, thou hast brought up my soul from the grave: thou hast kept me alive, that I should not go down to the pit.	3	HEERE! Gij hebt mijn ziel uit het graf opgevoerd; Gij hebt mij bij het leven behouden, dat ik in den kuil niet ben nedergedaald.
	Sing unto the LORD, O ye saints of his, and give thanks at the remembrance of his holiness.	4	Psalmzingt den HEERE, gij Zijn gunstgenoten! en zegt lof ter gedachtenis Zijner heiligheid.

For his anger endureth but a moment; in his favour is life: weeping may endure for a night, but joy cometh in the morning.	5	Want een ogenblik is er in Zijn toorn, maar een leven in Zijn goedgunstigheid; des avonds vernacht het geween, maar des morgens is er gejuich.
And in my prosperity I said, I shall never be moved.	6	Ik zeide wel in mijn voorspoed: Ik zal niet wankelen in eeuwigheid.
LORD, by thy favour thou hast made my mountain to stand strong: thou didst hide thy face, and I was troubled.	7	Want, HEERE! Gij hadt mijn berg door Uw goedgunstigheid vastgezet; maar toen Gij Uw aangezicht verborgt, werd ik verschrikt.
I cried to thee, O LORD; and unto the LORD I made supplication.	8	Tot U, HEERE! riep ik, en ik smeekte tot den HEERE:
What profit is there in my blood, when I go down to the pit? Shall the dust praise thee? shall it declare thy truth?	9	Wat gewin is er in mijn bloed, in mijn nederdalen tot de groeve? Zal U het stof loven? Zal het Uw waarheid verkondigen?
Hear, O LORD, and have mercy upon me: LORD, be thou my helper.	10	Hoor, HEERE! en wees mij genadig; HEERE! wees mij een Helper.
Thou hast turned for me my mourning into dancing: thou hast put off my sackcloth, and girded me with gladness;	11	Gij hebt mij mijn weeklage veranderd in een rei; Gij hebt mijn zak ontbonden, en mij met blijdschap omgord;
To the end that my glory may sing praise to thee, and not be silent. O LORD my God, I will give thanks unto thee for ever.	12	[(Psalms 30:13) Opdat mijn eer U psalmzinge, en niet zwijge. HEERE, mijn God! in eeuwigheid zal ik U loven.]

Psalm (31) Psalmen

{To the chief Musician, A Psalm of David.} In thee, O LORD, do I put my trust; let me never be ashamed: deliver me in thy righteousness.	1	Een psalm van David, voor den opperzangmeester. (1a) Op U, o HEERE! betrouw ik, laat mij niet beschaamd worden in eeuwigheid; help mij uit door Uw gerechtigheid.
Bow down thine ear to me; deliver me speedily: be thou my strong rock, for an house of defence to save me.	2	Neig Uw oor tot mij, red mij haastelijk; wees mij tot een sterke Rotssteen, tot een zeer vast Huis, om mij te behouden.
For thou art my rock and my fortress; therefore for thy name's sake lead me, and guide me.	3	Want Gij zijt mijn Steenrots en mijn Burg; leid mij dan, en voer mij, om Uws Naams wil.
Pull me out of the net that they have laid privily for me: for thou art my strength.	4	Doe mij uitgaan uit het net, dat zij voor mij verborgen hebben, want Gij zijt mijn Sterkte.
Into thine hand I commit my spirit: thou hast redeemed me, O LORD God of truth.	5	In Uw hand beveel ik mijn geest; Gij hebt mij verlost, HEERE, Gij, God der waarheid!
I have hated them that regard lying vanities: but I trust in the LORD.	6	Ik haat degenen, die op valse ijdelheden acht nemen, en ik betrouw op den HEERE.
I will be glad and rejoice in thy mercy: for thou hast considered my trouble; thou hast known my soul in adversities;	7	Ik zal mij verheugen en verblijden in Uw goedertierenheid, omdat Gij mijn ellende hebt aangezien, en mijn ziel in benauwdheden gekend;
And hast not shut me up into the hand of the enemy: thou hast set my feet in a large room.	8	En mij niet hebt overgeleverd in de hand des vijands; Gij hebt mijn voeten doen staan in de ruimte.
Have mercy upon me, O LORD, for I am in trouble: mine eye is consumed with grief, yea, my soul and my belly.	9	Wees mij genadig, HEERE! want mij is bange; van verdriet is doorknaagd mijn oog, mijn ziel en mijn buik.
For my life is spent with grief, and my years with sighing: my strength faileth because of mine iniquity, and my bones are consumed.	10	Want mijn leven is verteerd van droefenis, en mijn jaren van zuchten; mijn kracht is vervallen door mijn ongerechtigheid, en mijn beenderen zijn doorknaagd.
I was a reproach among all mine enemies, but especially among my neighbours, and a fear to mine acquaintance: they that did see me without fled from me.	11	Vanwege al mijn wederpartijders ben ik, ook mijn naburen, grotelijks tot een smaad geworden, en mijn bekenden tot een schrik; die mij op de straten zien, vlieden van mij weg.
I am forgotten as a dead man out of mind: I am like a broken vessel.	12	Ik ben uit het hart vergeten als een dode; ik ben geworden als een bedorven vat.
For I have heard the slander of many: fear was on every side: while they took counsel together against me, they devised to take away my life.	13	Want ik hoorde de naspraak van velen; vreze is van rondom, dewijl zij te zamen tegen mij raadslaan; zij denken mijn ziel te nemen.
But I trusted in thee, O LORD: I said, Thou art my God.	14	Maar ik vertrouw op U, o HEERE! Ik zeg: Gij zijt mijn God.
My times are in thy hand: deliver me from the hand of mine enemies, and from them that persecute me.	15	Mijn tijden zijn in Uw hand; red mij van de hand mijner vijanden, en van mijn vervolgers.
Make thy face to shine upon thy servant: save me for thy mercies' sake.	16	Laat Uw aangezicht over Uw knecht lichten; verlos mij door Uw goedertierenheid.
Let me not be ashamed, O LORD; for I have called upon thee: let the wicked be ashamed, and let them be silent in the grave.	17	HEERE! laat mij niet beschaamd worden, want ik roep U aan; laat de goddelozen beschaamd worden, laat hen zwijgen in het graf.
Let the lying lips be put to silence; which speak grievous things proudly and contemptuously against the righteous.	18	Laat de valse lippen stom worden, die hard spreken tegen den rechtvaardige, in hoogmoed en verachting.
Oh how great is thy goodness, which thou hast laid up for them that fear thee; which thou hast wrought for them that trust in thee before the sons of men!	19	O, hoe groot is Uw goed, dat Gij weggelegd hebt voor degenen, die U vrezen; dat Gij gewrocht hebt voor degenen, die op U betrouwen, in de tegenwoordigheid der mensenkinderen!
Thou shalt hide them in the secret of thy presence from the pride of man: thou shalt keep them secretly in a pavilion from the strife of tongues.	20	Gij verbergt hen in het verborgene Uws aangezichts voor de hoogmoedigheden des mans; Gij versteekt hen in een hut voor de twist der tongen.
Blessed be the LORD: for he hath shewed me his marvellous kindness in a strong city.	21	Geloofd zij de HEERE, want Hij heeft Zijn goedertierenheid aan mij wonderlijk gemaakt, mij voerende als in een vaste stad.
For I said in my haste, I am cut off from before thine eyes: nevertheless thou heardest the voice of my supplications when I cried unto thee.	22	Ik zeide wel in mijn haasten: Ik ben afgesneden van voor Uw ogen; dan nog hoordet Gij de stem mijner smekingen, als ik tot U riep.

O love the LORD, all ye his saints: for the LORD preserveth the faithful, and plentifully rewardeth the proud doer.	23 Hebt den HEERE lief, gij, al Zijn gunstgenoten! want de HEERE behoedt de gelovigen, en vergeldt overvloediglijk dengene, die hoogmoed bedrijft.
Be of good courage, and he shall strengthen your heart, all ye that hope in the LORD.	24 [(Psalms 31:25) Zijt sterk, en Hij zal ulieder hart versterken, allen gij, die op den HEERE hoopt!]

Psalm (32) Psalmen

{A Psalm of David, Maschil.} Blessed is he whose transgression is forgiven, whose sin is covered.	1 Een onderwijzing van David. Welgelukzalig is hij, wiens overtreding vergeven, wiens zonde bedekt is.
Blessed is the man unto whom the LORD imputeth not iniquity, and in whose spirit there is no guile.	2 Welgelukzalig is de mens, dien de HEERE de ongerechtigheid niet toerekent, en in wiens geest geen bedrog is.
When I kept silence, my bones waxed old through my roaring all the day long.	3 Toen ik zweeg, werden mijn beenderen verouderd, in mijn brullen den gansen dag.
For day and night thy hand was heavy upon me: my moisture is turned into the drought of summer. Selah.	4 Want Uw hand was dag en nacht zwaar op mij; mijn sap werd veranderd in zomerdroogten. Sela.
I acknowledged my sin unto thee, and mine iniquity have I not hid. I said, I will confess my transgressions unto the LORD; and thou forgavest the iniquity of my sin. Selah.	5 Mijn zonde maakte ik U bekend, en mijn ongerechtigheid bedekte ik niet. Ik zeide: Ik zal belijdenis van mijn overtredingen doen voor den HEERE; en Gij vergaaft de ongerechtigheid mijner zonde. Sela.
For this shall every one that is godly pray unto thee in a time when thou mayest be found: surely in the floods of great waters they shall not come nigh unto him.	6 Hierom zal U ieder heilige aanbidden in vindenstijd; ja, in een overloop van grote wateren zullen zij hem niet aanraken.
Thou art my hiding place; thou shalt preserve me from trouble; thou shalt compass me about with songs of deliverance. Selah.	7 Gij zijt mij een Verberging; Gij behoedt mij voor benauwdheid; Gij omringt mij met vrolijke gezangen van bevrijding. Sela.
I will instruct thee and teach thee in the way which thou shalt go: I will guide thee with mine eye.	8 Ik zal u onderwijzen, en u leren van den weg, dien gij gaan zult; Ik zal raad geven, Mijn oog zal op u zijn.
Be ye not as the horse, or as the mule, which have no understanding: whose mouth must be held in with bit and bridle, lest they come near unto thee.	9 Weest niet gelijk een paard, gelijk een muilezel, hetwelk geen verstand heeft, welks muil men breidelt met toom en gebit, opdat het tot u niet genake.
Many sorrows shall be to the wicked: but he that trusteth in the LORD, mercy shall compass him about.	10 De goddeloze heeft veel smarten, maar die op den HEERE vertrouwt, dien zal de goedertierenheid omringen.
Be glad in the LORD, and rejoice, ye righteous: and shout for joy, all ye that are upright in heart.	11 Verblijdt u in den HEERE, en verheugt u, gij rechtvaardigen! en zingt vrolijk, alle gij oprechten van harte!

Psalm (33) Psalmen

Rejoice in the LORD, O ye righteous: for praise is comely for the upright.	1 Gij rechtvaardigen! zingt vrolijk in den HEERE; lof betaamt den oprechten.
Praise the LORD with harp: sing unto him with the psaltery and an instrument of ten strings.	2 Looft den HEERE met de harp; psalmzingt Hem met de luit, en het tiensnarig instrument.
Sing unto him a new song; play skilfully with a loud noise.	3 Zingt Hem een nieuw lied; speelt wel met vrolijk geschal.
For the word of the LORD is right; and all his works are done in truth.	4 Want des HEEREN woord is recht, en al Zijn werk getrouw.
He loveth righteousness and judgment: the earth is full of the goodness of the LORD.	5 Hij heeft gerechtigheid en gericht lief; de aarde is vol van de goedertierenheid des HEEREN.
By the word of the LORD were the heavens made; and all the host of them by the breath of his mouth.	6 Door het Woord des HEEREN zijn de hemelen gemaakt, en door den Geest Zijns monds al hun heir.
He gathereth the waters of the sea together as an heap: he layeth up the depth in storehouses.	7 Hij vergadert de wateren der zee als op een hoop; Hij stelt den afgronden schatkameren.
Let all the earth fear the LORD: let all the inhabitants of the world stand in awe of him.	8 Laat de ganse aarde voor den HEERE vrezen; laat alle inwoners van de wereld voor Hem schrikken.
For he spake, and it was done; he commanded, and it stood fast.	9 Want Hij spreekt, en het is er; Hij gebiedt, en het staat er.
The LORD bringeth the counsel of the heathen to nought: he maketh the devices of the people of none effect.	10 De HEERE vernietigt den raad der heidenen; Hij breekt de gedachten der volken.
The counsel of the LORD standeth for ever, the thoughts of his heart to all generations.	11 Maar de raad des HEEREN bestaat in eeuwigheid, de gedachten Zijns harten van geslacht tot geslacht.
Blessed is the nation whose God is the LORD; and the people whom he hath chosen for his own inheritance.	12 Welgelukzalig is het volk, welks God de HEERE is; het volk, dat Hij Zich ten erve verkoren heeft.
The LORD looketh from heaven; he beholdeth all the sons of men.	13 De HEERE schouwt uit den hemel, en ziet alle mensenkinderen.
From the place of his habitation he looketh upon all the inhabitants of the earth.	14 Hij ziet uit van Zijn vaste woonplaats op alle inwoners der aarde.
He fashioneth their hearts alike; he considereth all their works.	15 Hij formeert hun aller hart; Hij let op al hun werken.
There is no king saved by the multitude of an host: a mighty man is not delivered by much strength.	16 Een koning wordt niet behouden door een groot heir; een held wordt niet gered door grote kracht;
An horse is a vain thing for safety: neither shall he deliver any by his great strength.	17 Het paard feilt ter overwinning, en bevrijdt niet door zijn grote sterkte.
Behold, the eye of the LORD is upon them that fear him, upon them that hope in his mercy;	18 Ziet, des HEEREN oog is over degenen, die Hem vrezen, op degenen, die op Zijn goedertierenheid hopen.
To deliver their soul from death, and to keep them alive in famine.	19 Om hun ziel van den dood te redden, en om hen bij het leven te houden in den honger.
Our soul waiteth for the LORD: he is our help and our shield.	20 Onze ziel verbeidt den HEERE: Hij is onze Hulp en ons Schild.

	For our heart shall rejoice in him, because we have trusted in his holy name.	21	Want ons hart is in Hem verblijd, omdat wij op den Naam Zijner heiligheid vertrouwen.
	Let thy mercy, O LORD, be upon us, according as we hope in thee.	22	Uw goedertierenheid, HEERE! zij over ons; gelijk als wij op U hopen.

Psalm (34) Psalmen

	{A Psalm of David, when he changed his behaviour before Abimelech; who drove him away, and he departed.} I will bless the LORD at all times: his praise shall continually be in my mouth.	1	Een psalm van David, als hij zijn gelaat veranderd had voor het aangezicht van Abimelech, die hem wegjoeg, dat hij doorging. (1a) Aleph. Ik zal den HEERE loven te aller tijd; Zijn lof zal gedurigljik in mijn mond zijn.
	My soul shall make her boast in the LORD: the humble shall hear thereof, and be glad.	2	Beth. Mijn ziel zal zich beroemen in den HEERE; de zachtmoedigen zullen het horen en verblijd zijn.
	O magnify the LORD with me, and let us exalt his name together.	3	Gimel. Maakt den HEERE met mij groot, en laat ons Zijn Naam samen verhogen.
	I sought the LORD, and he heard me, and delivered me from all my fears.	4	Daleth. Ik heb den HEERE gezocht, en Hij heeft mij geantwoord, en mij uit al mijn vrezen gered.
	They looked unto him, and were lightened: and their faces were not ashamed.	5	He. Vau. Zij hebben op Hem gezien, ja, Hem als een waterstroom aangelopen; en hun aangezichten zijn niet schaamrood geworden.
	This poor man cried, and the LORD heard him, and saved him out of all his troubles.	6	Zain. Deze ellendige riep, en de HEERE hoorde; en Hij verloste hem uit al zijn benauwdheden.
	The angel of the LORD encampeth round about them that fear him, and delivereth them.	7	Cheth. De Engel des HEEREN legert Zich rondom degenen, die Hem vrezen, en rukt hen uit.
	O taste and see that the LORD is good: blessed is the man that trusteth in him.	8	Teth. Smaakt en ziet, dat de HEERE goed is; welgelukzalig is de man, die op Hem betrouwt.
	O fear the LORD, ye his saints: for there is no want to them that fear him.	9	Jod. Vreest den HEERE, gij Zijn heiligen! want die Hem vrezen, hebben geen gebrek.
	The young lions do lack, and suffer hunger: but they that seek the LORD shall not want any good thing.	10	Caph. De jonge leeuwen lijden armoede, en hongeren; maar die den HEERE zoeken, hebben geen gebrek aan enig goed.
	Come, ye children, hearken unto me: I will teach you the fear of the LORD.	11	Lamed. Komt, gij, kinderen! hoort naar mij! ik zal u des HEEREN vreze leren.
	What man is he that desireth life, and loveth many days, that he may see good?	12	Mem. Wie is de man, die lust heeft ten leven, die dagen liefheeft, om het goede te zien?
	Keep thy tongue from evil, and thy lips from speaking guile.	13	Nun. Bewaar uw tong van het kwaad, en uw lippen van bedrog te spreken.
	Depart from evil, and do good; seek peace, and pursue it.	14	Samech. Wijk af van het kwaad, en doe het goede; zoek den vrede, en jaag dien na.
	The eyes of the LORD are upon the righteous, and his ears are open unto their cry.	15	Ain. De ogen des HEEREN zijn op de rechtvaardigen, en Zijn oren tot hun geroep.
	The face of the LORD is against them that do evil, to cut off the remembrance of them from the earth.	16	Pe. Het aangezicht des HEEREN is tegen degenen, die kwaad doen, om hun gedachtenis van de aarde uit te roeien.
	The righteous cry, and the LORD heareth, and delivereth them out of all their troubles.	17	Tsade. Zij roepen, en de HEERE hoort, en Hij redt hen uit al hun benauwdheden.
	The LORD is nigh unto them that are of a broken heart; and saveth such as be of a contrite spirit.	18	Koph. De HEERE is nabij de gebrokenen van harte, en Hij behoudt de verslagenen van geest.
	Many are the afflictions of the righteous: but the LORD delivereth him out of them all.	19	Resch. Vele zijn de tegenspoeden des rechtvaardigen; maar uit alle die redt hem de HEERE.
	He keepeth all his bones: not one of them is broken.	20	Schin. Hij bewaart al zijn beenderen; niet een van die wordt gebroken.
	Evil shall slay the wicked: and they that hate the righteous shall be desolate.	21	Thau. De boosheid zal den goddeloze doden; en die den rechtvaardige haten, zullen schuldig verklaard worden.
	The LORD redeemeth the soul of his servants: and none of them that trust in him shall be desolate.	22	[(Psalms 34:23) De HEERE verlost de ziel Zijner knechten; en allen, die op Hem betrouwen, zullen niet schuldig verklaard worden.]

Psalm (35) Psalmen

	{A Psalm of David.} Plead my cause, O LORD, with them that strive with me: fight against them that fight against me.	1	Een psalm van David. Twist, HEERE! met mijn twisters; strijd met mijn bestrijders.
	Take hold of shield and buckler, and stand up for mine help.	2	Grijp het schild en de rondas, en sta op tot mijn hulp.
	Draw out also the spear, and stop the way against them that persecute me: say unto my soul, I am thy salvation.	3	En breng de spies voort, en sluit den weg toe, mijn vervolgers tegemoet; zeg tot mijn ziel: Ik ben uw Heil.
	Let them be confounded and put to shame that seek after my soul: let them be turned back and brought to confusion that devise my hurt.	4	Laat hen beschaamd en te schande worden, die mijn ziel zoeken; laat hen achterwaarts gedreven en schaamrood worden, die kwaad tegen mij bedenken.
	Let them be as chaff before the wind: and let the angel of the LORD chase them.	5	Laat hen worden als kaf voor den wind, en de Engel des HEEREN drijve hen weg.
	Let their way be dark and slippery: and let the angel of the LORD persecute them.	6	Hun weg zij duister en gans slibberig; en de Engel des HEEREN vervolge hen.
	For without cause have they hid for me their net in a pit, which without cause they have digged for my soul.	7	Want zij hebben zonder oorzaak de groeve van hun net voor mij verborgen; zij hebben zonder oorzaak gegraven voor mijn ziel.

	Let destruction come upon him at unawares; and let his net that he hath hid catch himself: into that very destruction let him fall.	8	De verwoesting overkome hem, dat hij het niet wete, en zijn net, dat hij verborgen heeft, vange hemzelven; hij valle daarin met verwoesting.
	And my soul shall be joyful in the LORD: it shall rejoice in his salvation.	9	Zo zal mijn ziel zich verheugen in den HEERE; zij zal vrolijk zijn in Zijn heil.
	All my bones shall say, LORD, who is like unto thee, which deliverest the poor from him that is too strong for him, yea, the poor and the needy from him that spoileth him?	10	Al mijn beenderen zullen zeggen: HEERE, wie is U gelijk! U, Die den ellendige redt van dien, die sterker is dan hij, en den ellendige en nooddruftige van zijn berover.
	False witnesses did rise up; they laid to my charge things that I knew not.	11	Wrevelige getuigen staan er op; hetgeen ik niet weet, eisen zij van mij.
	They rewarded me evil for good to the spoiling of my soul.	12	Zij vergelden mij kwaad voor goed, de beroving mijner ziel.
	But as for me, when they were sick, my clothing was sackcloth: I humbled my soul with fasting; and my prayer returned into mine own bosom.	13	Mij aangaande daarentegen, als zij krank waren, was een zak mijn kleed; ik kwelde mijn ziel met vasten, en mijn gebed keerde weder in mijn boezem.
	I behaved myself as though he had been my friend or brother: I bowed down heavily, as one that mourneth for his mother.	14	Ik ging steeds, alsof het een vriend, alsof het mij een broeder geweest ware; ik ging gebukt in het zwart, als een, die over zijn moeder treurt.
	But in mine adversity they rejoiced, and gathered themselves together: yea, the abjects gathered themselves together against me, and I knew it not; they did tear me, and ceased not:	15	Maar als ik hinkte, waren zij verblijd, en verzamelden zich; zij verzamelden zich tot mij als geslagenen, en ik merkte niets; zij scheurden hun klederen, en zwegen niet stil.
	With hypocritical mockers in feasts, they gnashed upon me with their teeth.	16	Onder de huichelende spotachtige tafelbroeders knersten zij over mij met hun tanden.
	Lord, how long wilt thou look on? rescue my soul from their destructions, my darling from the lions.	17	HEERE! hoe lang zult Gij toezien? Breng mijn ziel weder van hunlieder verwoestingen, mijn eenzame van de jonge leeuwen.
	I will give thee thanks in the great congregation: I will praise thee among much people.	18	Zo zal ik U loven in de grote gemeente; onder machtig veel volks zal ik U prijzen.
	Let not them that are mine enemies wrongfully rejoice over me: neither let them wink with the eye that hate me without a cause.	19	Laat hen zich niet verblijden over mij, die mij om valse oorzaken vijanden zijn; noch wenken met de ogen, die mij zonder oorzaak haten.
	For they speak not peace: but they devise deceitful matters against them that are quiet in the land.	20	Want zij spreken niet van vrede, maar zij bedenken bedriegelijke zaken tegen de stillen in het land.
	Yea, they opened their mouth wide against me, and said, Aha, aha, our eye hath seen it.	21	En zij sperren hun mond wijd op tegen mij; zij zeggen: Ha, ha, ons oog heeft het gezien.
	This thou hast seen, O LORD: keep not silence: O Lord, be not far from me.	22	HEERE! Gij hebt het gezien, zwijg niet; HEERE! wees niet verre van mij.
	Stir up thyself, and awake to my judgment, even unto my cause, my God and my Lord.	23	Ontwaak en word wakker tot mijn recht; mijn God en HEERE! tot mijn twistzaak.
	Judge me, O LORD my God, according to thy righteousness; and let them not rejoice over me.	24	Doe mij recht naar Uw gerechtigheid, HEERE, mijn God! en laat hen zich over mij niet verblijden.
	Let them not say in their hearts, Ah, so would we have it: let them not say, We have swallowed him up.	25	Laat hen niet zeggen in hun hart: Heah, onze ziel! laat hen niet zeggen: Wij hebben hem verslonden!
	Let them be ashamed and brought to confusion together that rejoice at mine hurt: let them be clothed with shame and dishonour that magnify themselves against me.	26	Laat hen beschaamd en te zamen schaamrood worden, die zich in mijn kwaad verblijden; laat hen met schaamte en schande bekleed worden, die zich tegen mij groot maken.
	Let them shout for joy, and be glad, that favour my righteous cause: yea, let them say continually, Let the LORD be magnified, which hath pleasure in the prosperity of his servant.	27	Laat hen vrolijk zingen en verblijd zijn, die lust hebben tot mijn gerechtigheid; en laat hen gedurigljik zeggen: Groot gemaakt zij de HEERE, Die lust heeft tot den vrede Zijns knechts!
	And my tongue shall speak of thy righteousness and of thy praise all the day long.	28	Zo zal mijn tong vermelden Uw gerechtigheid, en Uw lof den gansen dag.

Psalm (36) Psalmen

	{To the chief Musician, A Psalm of David the servant of the LORD.} The transgression of the wicked saith within my heart, that there is no fear of God before his eyes.	1	Een psalm van David, den knecht des HEEREN, voor den opperzangmeester. (1a) De overtreding des goddelozen spreekt in het binnenste van mijn hart: Er is geen vreze Gods voor zijn ogen.
	For he flattereth himself in his own eyes, until his iniquity be found to be hateful.	2	Want hij vleit zichzelven in zijn ogen, als men zijn ongerechtigheid bevindt, die te haten is.
	The words of his mouth are iniquity and deceit: he hath left off to be wise, and to do good.	3	De woorden zijns monds zijn onrecht en bedrog; hij laat na te verstaan tot weldoen.
	He deviseth mischief upon his bed; he setteth himself in a way that is not good; he abhorreth not evil.	4	Hij bedenkt onrecht op zijn leger; hij stelt zich op een weg, die niet goed is; het kwaad verwerpt hij niet.
	Thy mercy, O LORD, is in the heavens; and thy faithfulness reacheth unto the clouds.	5	O HEERE! Uw goedertierenheid is tot in de hemelen; Uw waarheid tot de bovenste wolken toe.
	Thy righteousness is like the great mountains; thy judgments are a great deep: O LORD, thou preservest man and beast.	6	Uw gerechtigheid is als de bergen Gods; Uw oordelen zijn een grote afgrond; HEERE! Gij behoudt mensen en beesten.
	How excellent is thy lovingkindness, O God! therefore the children of men put their trust under the shadow of thy wings.	7	Hoe dierbaar is Uw goedertierenheid, o God! Dies de mensenkinderen onder de schaduw Uwer vleugelen toevlucht nemen.
	They shall be abundantly satisfied with the fatness of thy house; and thou shalt make them drink of the river of thy pleasures.	8	Zij worden dronken van de vettigheid Uws huizes; en Gij drenkt hen uit de beek Uwer wellusten.
	For with thee is the fountain of life: in thy light shall we see light.	9	Want bij U is de fontein des levens; in Uw licht zien wij het licht.
	O continue thy lovingkindness unto them that know thee; and thy righteousness to the upright in heart.	10	Strek Uw goedertierenheid uit over degenen, die U kennen, en Uw gerechtigheid over de oprechten van hart.

Let not the foot of pride come against me, and let not the hand of the wicked remove me.	11 De voet der hovaardigen kome niet over mij, en de hand der goddelozen doe mij niet omzwerven.
There are the workers of iniquity fallen: they are cast down, and shall not be able to rise.	12 [(Psalms 36:13) Aldaar zijn de werkers der ongerechtigheid gevallen; zij zijn nedergestoten, en kunnen niet weder opstaan.]

Psalm (37) Psalmen

{A Psalm of David.} Fret not thyself because of evildoers, neither be thou envious against the workers of iniquity.	1 Een psalm van David. Aleph. Ontsteek u niet over de boosdoeners; benijd hen niet, die onrecht doen.
For they shall soon be cut down like the grass, and wither as the green herb.	2 Want als gras zullen zij haast worden afgesneden, en als de groene grasscheutjes zullen zij afvallen.
Trust in the LORD, and do good; so shalt thou dwell in the land, and verily thou shalt be fed.	3 Beth. Vertrouw op den HEERE, en doe het goede; bewoon de aarde, en voed u met getrouwigheid.
Delight thyself also in the LORD; and he shall give thee the desires of thine heart.	4 En verlustig u in den HEERE, zo zal Hij u geven de begeerten uws harten.
Commit thy way unto the LORD; trust also in him; and he shall bring it to pass.	5 Gimel. Wentel uw weg op den HEERE, en vertrouw op Hem; Hij zal het maken;
And he shall bring forth thy righteousness as the light, and thy judgment as the noonday.	6 En zal uw gerechtigheid doen voortkomen als het licht, en uw recht als den middag.
Rest in the LORD, and wait patiently for him: fret not thyself because of him who prospereth in his way, because of the man who bringeth wicked devices to pass.	7 Daleth. Zwijg den HEERE, en verbeid Hem; ontsteek u niet over dengene, wiens weg voorspoedig is; over een man, die listige aanslagen uitvoert.
Cease from anger, and forsake wrath: fret not thyself in any wise to do evil.	8 He. Laat af van toorn, en verlaat de grimmigheid; ontsteek u niet, immers niet, om kwaad te doen.
For evildoers shall be cut off: but those that wait upon the LORD, they shall inherit the earth.	9 Want de boosdoeners zullen uitgeroeid worden, maar die den HEERE verwachten, die zullen de aarde erfelijk bezitten.
For yet a little while, and the wicked shall not be: yea, thou shalt diligently consider his place, and it shall not be.	10 Vau. En nog een weinig, en de goddeloze zal er niet zijn; en gij zult acht nemen op zijn plaats, maar hij zal er niet wezen.
But the meek shall inherit the earth; and shall delight themselves in the abundance of peace.	11 De zachtmoedigen daarentegen zullen de aarde erfelijk bezitten, en zich verlustigen over groten vrede.
The wicked plotteth against the just, and gnasheth upon him with his teeth.	12 Zain. De goddeloze bedenkt listige aanslagen tegen den rechtvaardige, en hij knerst over hem met zijn tanden.
The Lord shall laugh at him: for he seeth that his day is coming.	13 De Heere belacht hem, want Hij ziet, dat zijn dag komt.
The wicked have drawn out the sword, and have bent their bow, to cast down the poor and needy, and to slay such as be of upright conversation.	14 Cheth. De goddelozen hebben het zwaard uitgetrokken, en hun boog gespannen, om den ellendige en nooddruftige neder te vellen, om te slachten, die oprecht van weg zijn.
Their sword shall enter into their own heart, and their bows shall be broken.	15 Hun zwaard zal in hunlieder hart gaan; en hun bogen zullen verbroken worden.
A little that a righteous man hath is better than the riches of many wicked.	16 Teth. Het weinige, dat de rechtvaardige heeft, is beter dan de overvloed veler goddelozen.
For the arms of the wicked shall be broken: but the LORD upholdeth the righteous.	17 Want de armen der goddelozen zullen verbroken worden; maar de HEERE ondersteunt de rechtvaardigen.
The LORD knoweth the days of the upright: and their inheritance shall be for ever.	18 Jod. De HEERE kent de dagen der oprechten; en hun erfenis zal in eeuwigheid blijven.
They shall not be ashamed in the evil time: and in the days of famine they shall be satisfied.	19 Zij zullen niet beschaamd worden in den kwade tijd, en in de dagen des hongers zullen zij verzadigd worden.
But the wicked shall perish, and the enemies of the LORD shall be as the fat of lambs: they shall consume; into smoke shall they consume away.	20 Caph. Maar de goddelozen zullen vergaan, en de vijanden des HEEREN zullen verdwijnen, als het kostelijkste der lammeren; met den rook zullen zij verdwijnen.
The wicked borroweth, and payeth not again: but the righteous sheweth mercy, and giveth.	21 Lamed. De goddeloze ontleent en geeft niet weder; maar de rechtvaardige ontfermt zich, en geeft.
For such as be blessed of him shall inherit the earth; and they that be cursed of him shall be cut off.	22 Want zijn gezegenden zullen de aarde erfelijk bezitten; maar zijn vervloekten zullen uitgeroeid worden.
The steps of a good man are ordered by the LORD: and he delighteth in his way.	23 Mem. De gangen deszelven mans worden van den HEERE bevestigd; en Hij heeft lust aan zijn weg.
Though he fall, he shall not be utterly cast down: for the LORD upholdeth him with his hand.	24 Als hij valt, zo wordt hij niet weggeworpen, want de HEERE ondersteunt zijn hand.
I have been young, and now am old; yet have I not seen the righteous forsaken, nor his seed begging bread.	25 Nun. Ik ben jong geweest, ook ben ik oud geworden, maar heb niet gezien den rechtvaardige verlaten, noch zijn zaad zoekende brood.
He is ever merciful, and lendeth; and his seed is blessed.	26 Den gansen dag ontfermt hij zich, en leent; en zijn zaad is tot zegening.
Depart from evil, and do good; and dwell for evermore.	27 Samech. Wijk af van het kwade, en doe het goede, en woon in eeuwigheid.
For the LORD loveth judgment, and forsaketh not his saints; they are preserved for ever: but the seed of the wicked shall be cut off.	28 Want de HEERE heeft het recht lief, en zal Zijn gunstgenoten niet verlaten; in eeuwigheid worden zij bewaard; maar het zaad der goddelozen wordt uitgeroeid.
The righteous shall inherit the land, and dwell therein for ever.	29 De rechtvaardigen zullen de aarde erfelijk bezitten, en in eeuwigheid daarop wonen.
The mouth of the righteous speaketh wisdom, and his tongue talketh of judgment.	30 Pe. De mond des rechtvaardigen vermeldt wijsheid, en zijn tong spreekt het recht.
The law of his God is in his heart; none of his steps shall slide.	31 De wet zijns Gods is in zijn hart; zijn gangen zullen niet slibberen.

The wicked watcheth the righteous, and seeketh to slay him.	32 Tsade. De goddeloze loert op den rechtvaardige, en zoekt hem te doden.
The LORD will not leave him in his hand, nor condemn him when he is judged.	33 Maar de HEERE laat hem niet in zijn hand; en Hij verdoemt hem niet, als hij geoordeeld wordt.
Wait on the LORD, and keep his way, and he shall exalt thee to inherit the land: when the wicked are cut off, thou shalt see it.	34 Koph. Wacht op den HEERE, en houd Zijn weg, en Hij zal u verhogen, om de aarde erfelijk te bezitten; gij zult zien, dat de goddelozen worden uitgeroeid.
I have seen the wicked in great power, and spreading himself like a green bay tree.	35 Resch. Ik heb gezien een gewelddrijvende goddeloze, die zich uitbreidde als een groene inlandse boom.
Yet he passed away, and, lo, he was not: yea, I sought him, but he could not be found.	36 Maar hij ging door, en zie, hij was er niet meer; en ik zocht hem, maar hij werd niet gevonden.
Mark the perfect man, and behold the upright: for the end of that man is peace.	37 Schin. Let op den vrome, en zie naar den oprechte; want het einde van dien man zal vrede zijn.
But the transgressors shall be destroyed together: the end of the wicked shall be cut off.	38 Maar de overtreders worden te zamen verdelgd. het einde der goddelozen wordt uitgeroeid.
But the salvation of the righteous is of the LORD: he is their strength in the time of trouble.	39 Thau. Doch het heil der rechtvaardigen is van den HEERE; hun Sterkte ter tijd van benauwdheid.
And the LORD shall help them, and deliver them: he shall deliver them from the wicked, and save them, because they trust in him.	40 En de HEERE zal hen helpen, en zal hen bevrijden; Hij zal ze bevrijden van de goddelozen, en zal ze behouden; want zij betrouwen op Hem.

Psalm (38) Psalmen

{A Psalm of David, to bring to remembrance.} O LORD, rebuke me not in thy wrath: neither chasten me in thy hot displeasure.	1 Een psalm van David, om te doen gedenken. (1a) O HEERE! straf mij niet in Uw groten toorn, en kastijd mij niet in Uw grimmigheid.
For thine arrows stick fast in me, and thy hand presseth me sore.	2 Want Uw pijlen zijn in mij gedaald, en Uw hand is op mij nedergedaald.
There is no soundness in my flesh because of thine anger; neither is there any rest in my bones because of my sin.	3 Er is niets geheels in mijn vlees, vanwege Uw gramschap; er is geen vrede in mijn beenderen, vanwege mijn zonde.
For mine iniquities are gone over mine head: as an heavy burden they are too heavy for me.	4 Want mijn ongerechtigheden gaan over mijn hoofd; als een zware last zijn zij mij te zwaar geworden.
My wounds stink and are corrupt because of my foolishness.	5 Mijn etterbuilen stinken, zij zijn vervuild, vanwege mijn dwaasheid.
I am troubled; I am bowed down greatly; I go mourning all the day long.	6 Ik ben krom geworden, ik ben uitermate zeer nedergebogen; ik ga den gansen dag in het zwart.
For my loins are filled with a loathsome disease: and there is no soundness in my flesh.	7 Want mijn darmen zijn vol van een verachtelijke plage, en er is niets geheels in mijn vlees.
I am feeble and sore broken: I have roared by reason of the disquietness of my heart.	8 Ik ben verzwakt, en uitermate zeer verbrijzeld; ik brul van het geruis mijns harten.
Lord, all my desire is before thee; and my groaning is not hid from thee.	9 HEERE! voor U is al mijn begeerte; en mijn zuchten is voor U niet verborgen.
My heart panteth, my strength faileth me: as for the light of mine eyes, it also is gone from me.	10 Mijn hart keert om en om, mijn kracht heeft mij verlaten; en het licht mijner ogen, ook zij zelven zijn niet bij mij.
My lovers and my friends stand aloof from my sore; and my kinsmen stand afar off.	11 Mijn liefhebbers en mijn vrienden staan van tegenover mijn plage, en mijn nabestaanden staan van verre.
They also that seek after my life lay snares for me: and they that seek my hurt speak mischievous things, and imagine deceits all the day long.	12 En die mijn ziel zoeken, leggen mij strikken; en die mijn kwaad zoeken, spreken verdervingen, en zij overdenken den gansen dag listen.
But I, as a deaf man, heard not; and I was as a dumb man that openeth not his mouth.	13 Ik daarentegen ben als een dove, ik hoor niet, en als een stomme, die zijn mond niet opendoet.
Thus I was as a man that heareth not, and in whose mouth are no reproofs.	14 Ja, ik ben als een man, die niet hoort, en in wiens mond geen tegenredenen zijn.
For in thee, O LORD, do I hope: thou wilt hear, O Lord my God.	15 Want op U, HEERE! hoop ik; Gij zult verhoren, HEERE, mijn God!
For I said, Hear me, lest otherwise they should rejoice over me: when my foot slippeth, they magnify themselves against me.	16 Want ik zeide: Dat zij zich toch over mij niet verblijden! Wanneer mijn voet zou wankelen, zo zouden zij zich tegen mij groot maken.
For I am ready to halt, and my sorrow is continually before me.	17 Want ik ben tot hinken gereed, en mijn smart is steeds voor mij.
For I will declare mine iniquity; I will be sorry for my sin.	18 Want ik maak U mijn ongerechtigheid bekend, ik ben bekommerd vanwege mijn zonde.
But mine enemies are lively, and they are strong: and they that hate me wrongfully are multiplied.	19 Maar mijn vijanden zijn levende, worden machtig; en die mij om valse oorzaken haten, worden groot.
They also that render evil for good are mine adversaries; because I follow the thing that good is.	20 En die kwaad voor goed vergelden, staan mij tegen, omdat ik het goede najaag.
Forsake me not, O LORD: O my God, be not far from me.	21 Verlaat mij niet, o HEERE, mijn God! wees niet verre van mij.
Make haste to help me, O Lord my salvation.	22 [(Psalms 38:23) Haast U tot mijn hulp, HEERE, mijn Heil!]

Psalm (39) Psalmen

{To the chief Musician, even to Jeduthun, A Psalm of David.} I said, I will take heed to my ways, that I sin not with my tongue: I will keep my mouth with a bridle, while the wicked is before me.	1 Een psalm van David, voor den opperzangmeester, voor Jeduthun. (1a) Ik zeide: Ik zal mijn wegen bewaren, dat ik niet zondige met mijn tong; ik zal mijn mond met een breidel bewaren, terwijl de goddeloze nog tegenover mij is.

	I was dumb with silence, I held my peace, even from good; and my sorrow was stirred.	2	Ik was verstomd door stilzwijgen, ik zweeg van het goede; maar mijn smart werd verzwaard.
	My heart was hot within me, while I was musing the fire burned: then spake I with my tongue,	3	Mijn hart werd heet in mijn binnenste, een vuur ontbrandde in mijn overdenking; toen sprak ik met mijn tong:
	LORD, make me to know mine end, and the measure of my days, what it is; that I may know how frail I am.	4	HEERE! maak mij bekend mijn einde, en welke de mate mijner dagen zij; dat ik wete, hoe vergankelijk ik zij.
	Behold, thou hast made my days as an handbreadth; and mine age is as nothing before thee: verily every man at his best state is altogether vanity. Selah.	5	Zie, Gij hebt mijn dagen een handbreed gesteld, en mijn leeftijd is als niets voor U; immers is een ieder mens, hoe vast hij staat, enkel ijdelheid. Sela.
	Surely every man walketh in a vain shew: surely they are disquieted in vain: he heapeth up riches, and knoweth not who shall gather them.	6	Immers wandelt de mens als in een beeld, immers woelen zij ijdelijk; men brengt bijeen, en men weet niet, wie het naar zich nemen zal.
	And now, Lord, what wait I for? my hope is in thee.	7	En nu, wat verwacht ik, o HEERE! Mijn hoop, die is op U.
	Deliver me from all my transgressions: make me not the reproach of the foolish.	8	Verlos mij van al mijn overtredingen; en stel mij niet tot een smaad des dwazen.
	I was dumb, I opened not my mouth; because thou didst it.	9	Ik ben verstomd, ik zal mijn mond niet opendoen, want Gij hebt het gedaan.
	Remove thy stroke away from me: I am consumed by the blow of thine hand.	10	Neem Uw plage van op mij weg, ik ben bezweken van de bestrijding Uwer hand.
	When thou with rebukes dost correct man for iniquity, thou makest his beauty to consume away like a moth: surely every man is vanity. Selah.	11	Kastijdt Gij iemand met straffingen om de ongerechtigheid, zo doet Gij zijn bevalligheid smelten als een mot; immers is een ieder mens ijdelheid. Sela.
	Hear my prayer, O LORD, and give ear unto my cry; hold not thy peace at my tears: for I am a stranger with thee, and a sojourner, as all my fathers were.	12	Hoor, HEERE! mijn gebed, en neem mijn geroep ter ore; zwijg niet tot mijn tranen; want ik ben een vreemdeling bij U, een bijwoner, gelijk al mijn vaders.
	O spare me, that I may recover strength, before I go hence, and be no more.	13	[(Psalms 39:14) Wend U van mij af, dat ik mij verkwikke, eer dat ik heenga, en ik niet meer zij.]

Psalm (40) Psalmen

	{To the chief Musician, A Psalm of David.} I waited patiently for the LORD; and he inclined unto me, and heard my cry.	1	Davids psalm, voor den opperzangmeester. (1a) Ik heb den HEERE lang verwacht; en Hij heeft Zich tot mij geneigd, en mijn geroep gehoord.
	He brought me up also out of an horrible pit, out of the miry clay, and set my feet upon a rock, and established my goings.	2	En Hij heeft mij uit een ruisenden kuil, uit modderig slijk opgehaald, en heeft mijn voeten op een rotssteen gesteld, Hij heeft mijn gangen vastgemaakt.
	And he hath put a new song in my mouth, even praise unto our God: many shall see it, and fear, and shall trust in the LORD.	3	En Hij heeft een nieuw lied in mijn mond gegeven, een lofzang onzen Gode; velen zullen het zien, en vrezen, en op den HEERE vertrouwen.
	Blessed is that man that maketh the LORD his trust, and respecteth not the proud, nor such as turn aside to lies.	4	Welgelukzalig is de man, die den HEERE tot zijn vertrouwen stelt, en niet omziet naar de hovaardigen, en die tot leugen afwijken.
	Many, O LORD my God, are thy wonderful works which thou hast done, and thy thoughts which are to us-ward: they cannot be reckoned up in order unto thee: if I would declare and speak of them, they are more than can be numbered.	5	Gij, o HEERE, mijn God! hebt Uw wonderen en Uw gedachten aan ons vele gemaakt, men kan ze niet in orde bij U verhalen; zal ik ze verkondigen en uitspreken, zo zijn zij menigvuldiger dan dat ik ze zou kunnen vertellen.
	Sacrifice and offering thou didst not desire; mine ears hast thou opened: burnt offering and sin offering hast thou not required.	6	Gij hebt geen lust gehad aan slachtoffer en spijsoffer; Gij hebt mij de oren doorboord; brandoffer en zondoffer hebt Gij niet geeist.
	Then said I, Lo, I come: in the volume of the book it is written of me,	7	Toen zeide ik: Zie, ik kom; in de rol des boeks is van mij geschreven.
	I delight to do thy will, O my God: yea, thy law is within my heart.	8	Ik heb lust, o mijn God! om Uw welbehagen te doen; en Uw wet is in het midden mijns ingewands.
	I have preached righteousness in the great congregation: lo, I have not refrained my lips, O LORD, thou knowest.	9	Ik boodschap de gerechtigheid in de grote gemeente; zie, mijn lippen bedwing ik niet; HEERE! Gij weet het.
	I have not hid thy righteousness within my heart; I have declared thy faithfulness and thy salvation: I have not concealed thy lovingkindness and thy truth from the great congregation.	10	Uw gerechtigheid bedek ik niet in het midden mijns harten; Uw waarheid en Uw heil spreek ik uit; Uw weldadigheid en Uw trouw verheel ik niet in de grote gemeente.
	Withhold not thou thy tender mercies from me, O LORD: let thy lovingkindness and thy truth continually preserve me.	11	Gij, o HEERE! zult Uw barmhartigheden van mij niet onthouden; laat Uw weldadigheid en Uw trouw mij gedurigelijk behoeden.
	For innumerable evils have compassed me about: mine iniquities have taken hold upon me, so that I am not able to look up; they are more than the hairs of mine head: therefore my heart faileth me.	12	Want kwaden, tot zonder getal toe, hebben mij omgeven; mijn ongerechtigheden hebben mij aangegrepen, dat ik niet heb kunnen zien; zij zijn menigvuldiger dan de haren mijns hoofds, en mijn hart heeft mij verlaten.
	Be pleased, O LORD, to deliver me: O LORD, make haste to help me.	13	Het behage U, HEERE! mij te verlossen; HEERE! haast U tot mijn hulp.
	Let them be ashamed and confounded together that seek after my soul to destroy it; let them be driven backward and put to shame that wish me evil.	14	Laat hen te zamen beschaamd en schaamrood worden, die mijn ziel zoeken, om die te vernielen; laat hen achterwaarts gedreven worden, en te schande worden, die lust hebben aan mijn kwaad.
	Let them be desolate for a reward of their shame that say unto me, Aha, aha.	15	Laat hen verwoest worden tot loon hunner beschaming, die van mij zeggen: Ha, ha!
	Let all those that seek thee rejoice and be glad in thee: let such as love thy salvation say continually, The LORD be magnified.	16	Laat in U vrolijk en verblijd zijn allen, die U zoeken; laat de liefhebbers Uws heils gedurigelijk zeggen: De HEERE zij groot gemaakt!

But I am poor and needy; yet the Lord thinketh upon me: thou art my help and my deliverer; make no tarrying, O my God.

17 [(Psalms 40:18) Ik ben wel ellendig en nooddruftig, maar de HEERE denkt aan mij; Gij zijt mijn Hulp en mijn Bevrijder; o mijn God! vertoef niet.]

Psalm (41) Psalmen

{To the chief Musician, A Psalm of David.} Blessed is he that considereth the poor: the LORD will deliver him in time of trouble.

The LORD will preserve him, and keep him alive; and he shall be blessed upon the earth: and thou wilt not deliver him unto the will of his enemies.

The LORD will strengthen him upon the bed of languishing: thou wilt make all his bed in his sickness.

I said, LORD, be merciful unto me: heal my soul; for I have sinned against thee.

Mine enemies speak evil of me, When shall he die, and his name perish?

And if he come to see me, he speaketh vanity: his heart gathereth iniquity to itself; when he goeth abroad, he telleth it.

All that hate me whisper together against me: against me do they devise my hurt.

An evil disease, say they, cleaveth fast unto him: and now that he lieth he shall rise up no more.

Yea, mine own familiar friend, in whom I trusted, which did eat of my bread, hath lifted up his heel against me.

But thou, O LORD, be merciful unto me, and raise me up, that I may requite them.

By this I know that thou favourest me, because mine enemy doth not triumph over me.

And as for me, thou upholdest me in mine integrity, and settest me before thy face for ever.

Blessed be the LORD God of Israel from everlasting, and to everlasting. Amen, and Amen.

1 Een psalm van David, voor den opperzangmeester. (1a) Welgelukzalig is hij, die zich verstandiglijk gedraagt jegens een ellendige; de HEERE zal hem bevrijden ten dage des kwaads.

2 De HEERE zal hem bewaren, en zal hem bij het leven behouden; hij zal op aarde gelukzalig gemaakt worden. Geef hem ook niet over in zijner vijanden begeerte.

3 De HEERE zal hem ondersteunen op het ziekbed; in zijn krankheid verandert Gij zijn ganse leger.

4 Ik zeide: O HEERE! wees mij genadig; genees mijn ziel, want ik heb tegen U gezondigd.

5 Mijn vijanden spreken kwaad van mij, zeggende: Wanneer zal hij sterven, en zijn naam vergaan?

6 En zo iemand van hen komt, om mij te zien, hij spreekt valsheid; zijn hart vergadert zich onrecht; gaat hij uit naar buiten, hij spreekt er van.

7 Al mijn haters mompelen te zamen tegen mij; ze bedenken tegen mij, hetgeen mij kwaad is, zeggende:

8 Een Belialsstuk kleeft hem aan; en hij, die nederligt, zal niet weder opstaan.

9 Zelfs de man mijns vredes, op welken ik vertrouwde, die mijn brood at, heeft de verzenen tegen mij grotelijks verheven.

10 Maar Gij, o HEERE! wees mij genadig, en richt mij op; en ik zal het hun vergelden.

11 Hierbij weet ik, dat Gij lust aan mij hebt, dat mijn vijand over mij niet zal juichen.

12 Want mij aangaande, Gij onderhoudt mij in mijn oprechtigheid, en Gij stelt mij voor Uw aangezicht in eeuwigheid.

13 [(Psalms 41:14) Geloofd zij de HEERE, de God Israels, van eeuwigheid en tot in eeuwigheid! Amen, ja, amen.]

Psalm (42) Psalmen

{To the chief Musician, Maschil, for the sons of Korah.} As the hart panteth after the water brooks, so panteth my soul after thee, O God.

My soul thirsteth for God, for the living God: when shall I come and appear before God?

My tears have been my meat day and night, while they continually say unto me, Where is thy God?

When I remember these things, I pour out my soul in me: for I had gone with the multitude, I went with them to the house of God, with the voice of joy and praise, with a multitude that kept holyday.

Why art thou cast down, O my soul? and why art thou disquieted in me? hope thou in God: for I shall yet praise him for the help of his countenance.

O my God, my soul is cast down within me: therefore will I remember thee from the land of Jordan, and of the Hermonites, from the hill Mizar.

Deep calleth unto deep at the noise of thy waterspouts: all thy waves and thy billows are gone over me.

Yet the LORD will command his lovingkindness in the daytime, and in the night his song shall be with me, and my prayer unto the God of my life.

I will say unto God my rock, Why hast thou forgotten me? why go I mourning because of the oppression of the enemy?

As with a sword in my bones, mine enemies reproach me; while they say daily unto me, Where is thy God?

Why art thou cast down, O my soul? and why art thou disquieted within me? hope thou in God: for I shall yet praise him, who is the health of my countenance, and my God.

1 Een onderwijzing, voor den opperzangmeester, onder de kinderen van Korach. (1a) Gelijk een hert schreeuwt naar de waterstromen, alzo schreeuwt mijn ziel tot U, o God!

2 Mijn ziel dorst naar God, naar den levenden God; wanneer zal ik ingaan, en voor Gods aangezicht verschijnen?

3 Mijn tranen zijn mij tot spijs dag en nacht; omdat zij den gansen dag tot mij zeggen: Waar is uw God?

4 Ik gedenk daaraan, en stort mijn ziel uit in mij, omdat ik placht heen te gaan onder de schare, en met hen te treden naar Gods huis, met een stem van vreugdegezang en lof, onder de feesthoudende menigte.

5 Wat buigt gij u neder, o mijn ziel! en zijt onrustig in mij? Hoop op God, want ik zal Hem nog loven voor de verlossingen Zijns aangezichts.

6 O mijn God! mijn ziel buigt zich neder in mij, daarom gedenk ik Uwer uit het land van de Jordaan, en Hermon, uit het klein gebergte.

7 De afgrond roept tot den afgrond, bij het gedruis Uwer watergoten; al Uw baren en Uw golven zijn over mij heengegaan.

8 Maar de HEERE zal des daags Zijn goedertierenheid gebieden, en des nachts zal Zijn lied bij mij zijn; het gebed tot den God mijns levens.

9 Ik zal zeggen tot God: Mijn Steenrots! waarom vergeet Gij mij? Waarom ga ik in het zwart, vanwege des vijands onderdrukking?

10 Met een doodsteek in mijn beenderen honen mij mijn wederpartijders, als zij den gansen dag tot mij zeggen: Waar is uw God?

11 [(Psalms 42:12) Wat buigt gij u neder, o mijn ziel! en wat zijt gij onrustig in mij? Hoop op God, want ik zal Hem nog loven; Hij is de menigvuldige Verlossing mijns aangezichts, en mijn God.]

Psalm (43) Psalmen

Judge me, O God, and plead my cause against an ungodly nation: O deliver me from the deceitful and unjust man.

1 Doe mij recht, o God! en twist Gij mijn twistzaak; bevrijd mij van het ongoedertieren volk, van den man des bedrogs en des onrechts.

For thou art the God of my strength: why dost thou cast me off? why go I mourning because of the oppression of the enemy?	2	Want Gij zijt de God mijner sterkte; waarom verstoot Gij mij dan? Waarom ga ik steeds in het zwart, vanwege des vijands onderdrukking?
O send out thy light and thy truth: let them lead me; let them bring me unto thy holy hill, and to thy tabernacles.	3	Zend Uw licht en Uw waarheid, dat die mij leiden; dat zij mij brengen tot den berg Uwer heiligheid, en tot Uw woningen;
Then will I go unto the altar of God, unto God my exceeding joy: yea, upon the harp will I praise thee, O God my God.	4	En dat ik inga tot Gods altaar, tot den God der blijdschap mijner verheuging, en U met de harp love, o God, mijn God!
Why art thou cast down, O my soul? and why art thou disquieted within me? hope in God: for I shall yet praise him, who is the health of my countenance, and my God.	5	Wat buigt gij u neder, o mijn ziel! en wat zijt gij onrustig in mij? Hoop op God, want ik zal Hem nog loven; Hij is de menigvuldige Verlossing mijns aangezichts, en mijn God.

Psalm (44) Psalmen

{To the chief Musician for the sons of Korah, Maschil.} We have heard with our ears, O God, our fathers have told us, what work thou didst in their days, in the times of old.	1	Een onderwijzing, voor den opperzangmeester, onder de kinderen van Korach. (1a) O God! wij hebben het met onze oren gehoord, onze vaders hebben het ons verteld: Gij hebt een werk gewrocht in hun dagen, in de dagen van ouds.
How thou didst drive out the heathen with thy hand, and plantedst them; how thou didst afflict the people, and cast them out.	2	Gij hebt de heidenen met Uw hand uit de bezitting verdreven, maar henlieden geplant; Gij hebt de volken geplaagd, henlieden daarentegen doen voortschieten.
For they got not the land in possession by their own sword, neither did their own arm save them: but thy right hand, and thine arm, and the light of thy countenance, because thou hadst a favour unto them.	3	Want zij hebben het land niet geerfd door hun zwaard, en hun arm heeft hun geen heil gegeven; maar Uw rechterhand, en Uw arm, en het licht Uws aangezichts, omdat Gij een welbehagen in hen hadt.
Thou art my King, O God: command deliverances for Jacob.	4	Gij Zelf zijt mijn Koning, o God! gebied de verlossingen Jakobs.
Through thee will we push down our enemies: through thy name will we tread them under that rise up against us.	5	Door U zullen wij onze wederpartijders met hoornen stoten; in Uw Naam zullen wij vertreden, die tegen ons opstaan.
For I will not trust in my bow, neither shall my sword save me.	6	Want ik vertrouw niet op mijn boog, en mijn zwaard zal mij niet verlossen.
But thou hast saved us from our enemies, and hast put them to shame that hated us.	7	Maar Gij verlost ons van onze wederpartijders, en Gij maakt onze haters beschaamd.
In God we boast all the day long, and praise thy name for ever. Selah.	8	In God roemen wij den gansen dag, en Uw Naam zullen wij loven in eeuwigheid. Sela.
But thou hast cast off, and put us to shame; and goest not forth with our armies.	9	Maar nu hebt Gij ons verstoten en te schande gemaakt, dewijl Gij met onze krijgsheiren niet uittrekt.
Thou makest us to turn back from the enemy: and they which hate us spoil for themselves.	10	Gij doet ons achterwaarts keren van den wederpartijder; en onze haters beroven ons voor zich.
Thou hast given us like sheep appointed for meat; and hast scattered us among the heathen.	11	Gij geeft ons over als schapen ter spijze, en Gij verstrooit ons onder de heidenen.
Thou sellest thy people for nought, and dost not increase thy wealth by their price.	12	Gij verkoopt Uw volk om geen waardij; en Gij verhoogt hun prijs niet.
Thou makest us a reproach to our neighbours, a scorn and a derision to them that are round about us.	13	Gij stelt ons onze naburen tot smaad, tot spot en schimp dengenen, die rondom ons zijn.
Thou makest us a byword among the heathen, a shaking of the head among the people.	14	Gij stelt ons tot een spreekwoord onder de heidenen, tot een hoofdschudding onder de volken.
My confusion is continually before me, and the shame of my face hath covered me,	15	Mijn schande is den gansen dag voor mij, en de schaamte mijns aangezichts bedekt mij;
For the voice of him that reproacheth and blasphemeth; by reason of the enemy and avenger.	16	Om de stem des honers en des lasteraars, vanwege den vijand en den wraakgierige.
All this is come upon us; yet have we not forgotten thee, neither have we dealt falsely in thy covenant.	17	Dit alles is ons overkomen, nochtans hebben wij U niet vergeten, noch valselijk gehandeld tegen Uw verbond.
Our heart is not turned back, neither have our steps declined from thy way;	18	Ons hart is niet achterwaarts gekeerd, noch onze gang geweken van Uw pad.
Though thou hast sore broken us in the place of dragons, and covered us with the shadow of death.	19	Hoewel Gij ons verpletterd hebt in een plaats der draken, en ons met een doodsschaduw bedekt hebt.
If we have forgotten the name of our God, or stretched out our hands to a strange god;	20	Zo wij den Naam onzes Gods hadden vergeten, en onze handen tot een vreemden God uitgebreid.
Shall not God search this out? for he knoweth the secrets of the heart.	21	Zou God zulks niet onderzoeken? Want Hij weet de verborgenheden des harten.
Yea, for thy sake are we killed all the day long; we are counted as sheep for the slaughter.	22	Maar om Uwentwil worden wij den gansen dag gedood; wij worden geacht als slachtschapen.
Awake, why sleepest thou, O Lord? arise, cast us not off for ever.	23	Waak op, waarom zoudt Gij slapen, HEERE! Ontwaak, verstoot niet in eeuwigheid.
Wherefore hidest thou thy face, and forgettest our affliction and our oppression?	24	Waarom zoudt Gij Uw aangezicht verbergen, onze ellende en onze onderdrukking vergeten?
For our soul is bowed down to the dust: our belly cleaveth unto the earth.	25	Want onze ziel is in het stof nedergebogen; onze buik kleeft aan de aarde.
Arise for our help, and redeem us for thy mercies' sake.	26	[(Psalms 44:27) Sta op, ons ter hulp, en verlos ons om Uwer goedertierenheid wil.]

Psalm (45) Psalmen

{To the chief Musician upon Shoshannim, for the sons of Korah, Maschil, A Song of loves.} My heart is inditing a good matter: I speak of the things which I have made touching the king: my tongue is the pen of a ready writer.

Thou art fairer than the children of men: grace is poured into thy lips: therefore God hath blessed thee for ever.

Gird thy sword upon thy thigh, O most mighty, with thy glory and thy majesty.

And in thy majesty ride prosperously because of truth and meekness and righteousness; and thy right hand shall teach thee terrible things.

Thine arrows are sharp in the heart of the king's enemies; whereby the people fall under thee.

Thy throne, O God, is for ever and ever: the sceptre of thy kingdom is a right sceptre.

Thou lovest righteousness, and hatest wickedness: therefore God, thy God, hath anointed thee with the oil of gladness above thy fellows.

All thy garments smell of myrrh, and aloes, and cassia, out of the ivory palaces, whereby they have made thee glad.

Kings' daughters were among thy honourable women: upon thy right hand did stand the queen in gold of Ophir.

Hearken, O daughter, and consider, and incline thine ear; forget also thine own people, and thy father's house;

So shall the king greatly desire thy beauty: for he is thy Lord; and worship thou him.

And the daughter of Tyre shall be there with a gift; even the rich among the people shall intreat thy favour.

The king's daughter is all glorious within: her clothing is of wrought gold.

She shall be brought unto the king in raiment of needlework: the virgins her companions that follow her shall be brought unto thee.

With gladness and rejoicing shall they be brought: they shall enter into the king's palace.

Instead of thy fathers shall be thy children, whom thou mayest make princes in all the earth.

I will make thy name to be remembered in all generations: therefore shall the people praise thee for ever and ever.

1 Een onderwijzing, een lied der liefde, voor den opperzangmeester, onder de kinderen van Korach, op Schoschannim. (1a) Mijn hart geeft een goede rede op; ik zegge mijn gedichten uit van een Koning; mijn tong is een pen eens vaardigen schrijvers.

2 Gij zijt veel schoner dan de mensenkinderen; genade is uitgestort in Uw lippen; daarom heeft U God gezegend in eeuwigheid.

3 Gord Uw zwaard aan de heup, o Held! Uw Majesteit en Uw heerlijkheid.

4 En rijd voorspoediglijk in Uw heerlijkheid, op het woord der waarheid en rechtvaardige zachtmoedigheid; en Uw rechterhand zal U vreselijke dingen leren.

5 Uw pijlen zijn scherp; volken zullen onder U vallen; zij treffen in het hart van des Konings vijanden.

6 Uw troon, o God! is eeuwiglijk en altoos; de scepter Uws Koninkrijks is een scepter der rechtmatigheid.

7 Gij hebt gerechtigheid lief, en haat goddeloosheid; daarom heeft U, o God! Uw God gezalfd met vreugdeolie, boven Uw medegenoten.

8 Al Uw klederen zijn mirre, en aloe, en kassie; uit de elpenbenen paleizen, van waar zij U verblijden.

9 Dochters van koningen zijn onder Uw kostelijke staatsdochteren; de Koningin staat aan Uw rechterhand, in het fijnste goud van Ofir.

10 Hoor, o Dochter! en zie, en neig uw oor; en vergeet uw volk en uws vaders huis.

11 Zo zal de Koning lust hebben aan uw schoonheid; dewijl Hij uw Heere is, zo buig u voor Hem neder.

12 En de dochter van Tyrus, de rijken onder het volk, zullen uw aangezicht met geschenk smeken.

13 Des Konings Dochter is geheel verheerlijkt inwendig; haar kleding is van gouden borduursel.

14 In gestikte klederen zal zij tot den Koning geleid worden; de jonge dochteren, die achter haar zijn, haar medegezellinnen, zullen tot u gebracht worden.

15 Zij zullen geleid worden met alle blijdschap en verheuging; zij zullen ingaan in des Konings paleis.

16 In plaats van Uw vaderen zullen Uw zonen zijn; Gij zult hen tot vorsten zetten over de ganse aarde.

17 [(Psalms 45:18) Ik zal Uws Naams doen gedenken van elk geslacht tot geslacht; daarom zullen U de volken loven eeuwiglijk en altoos.]

Psalm (46) Psalmen

{To the chief Musician for the sons of Korah, A Song upon Alamoth.} God is our refuge and strength, a very present help in trouble.

Therefore will not we fear, though the earth be removed, and though the mountains be carried into the midst of the sea;

Though the waters thereof roar and be troubled, though the mountains shake with the swelling thereof. Selah.

There is a river, the streams whereof shall make glad the city of God, the holy place of the tabernacles of the most High.

God is in the midst of her; she shall not be moved: God shall help her, and that right early.

The heathen raged, the kingdoms were moved: he uttered his voice, the earth melted.

The LORD of hosts is with us; the God of Jacob is our refuge. Selah.

Come, behold the works of the LORD, what desolations he hath made in the earth.

He maketh wars to cease unto the end of the earth; he breaketh the bow, and cutteth the spear in sunder; he burneth the chariot in the fire.

Be still, and know that I am God: I will be exalted among the heathen, I will be exalted in the earth.

The LORD of hosts is with us; the God of Jacob is our refuge. Selah.

1 Een lied op Alamoth, voor den opperzangmeester, onder de kinderen van Korach. (1a) God is ons een Toevlucht en Sterkte; Hij is krachtelijk bevonden een Hulp in benauwdheden.

2 Daarom zullen wij niet vrezen, al veranderde de aarde haar plaats, en al werden de bergen verzet in het hart der zeeen;

3 Laat haar wateren bruisen, laat ze beroerd worden; laat de bergen daveren, door derzelver verheffing! Sela.

4 De beekjes der rivier zullen verblijden de stad Gods, het heiligdom der woningen des Allerhoogsten.

5 God is in het midden van haar, zij zal niet wankelen; God zal haar helpen in het aanbreken van den morgenstond.

6 De heidenen raasden, de koninkrijken bewogen zich; Hij verhief Zijn stem, de aarde versmolt.

7 De HEERE der heirscharen is met ons; de God van Jakob is ons een Hoog Vertrek. Sela.

8 Komt, aanschouwt de daden des HEEREN, Die verwoestingen op aarde aanricht.

9 Die de oorlogen doet ophouden tot aan het einde der aarde, de boog verbreekt, en de spies aan twee slaat, de wagenen met vuur verbrandt.

10 Laat af, en weet, dat Ik God ben; Ik zal verhoogd worden onder de heidenen, Ik zal verhoogd worden op de aarde.

11 [(Psalms 46:12) De HEERE der heirscharen is met ons; de God van Jakob is ons een Hoog Vertrek. Sela.]

Psalm (47) Psalmen

	English		Dutch
	{To the chief Musician, A Psalm for the sons of Korah.} O clap your hands, all ye people; shout unto God with the voice of triumph.	1	Een psalm, voor den opperzangmeester, onder de kinderen van Korach. (1a) Al gij volken, klapt in de hand; juicht Gode met een stem van vreugdegezang.
	For the LORD most high is terrible; he is a great King over all the earth.	2	Want de HEERE, de Allerhoogste, is vreselijk, een groot Koning over de ganse aarde.
	He shall subdue the people under us, and the nations under our feet.	3	Hij brengt de volken onder ons, en de natien onder onze voeten.
	He shall choose our inheritance for us, the excellency of Jacob whom he loved. Selah.	4	Hij verkiest voor ons onze erfenis, de heerlijkheid van Jakob, dien Hij heeft liefgehad. Sela.
	God is gone up with a shout, the LORD with the sound of a trumpet.	5	God vaart op met gejuich, de HEERE met geklank der bazuin.
	Sing praises to God, sing praises: sing praises unto our King, sing praises.	6	Psalmzingt Gode, psalmzingt! Psalmzingt onzen Koning, psalmzingt!
	For God is the King of all the earth: sing ye praises with understanding.	7	Want God is een Koning der ganse aarde; psalmzingt met een onderwijzing!
	God reigneth over the heathen: God sitteth upon the throne of his holiness.	8	God regeert over de heidenen; God zit op den troon Zijner heiligheid.
	The princes of the people are gathered together, even the people of the God of Abraham: for the shields of the earth belong unto God: he is greatly exalted.	9	[(Psalms 47:10) De edelen der volken zijn verzameld tot het volk van den God van Abraham; want de schilden der aarde zijn Godes. Hij is zeer verheven!]

Psalm (48) Psalmen

	English		Dutch
	{A Song and Psalm for the sons of Korah.} Great is the LORD, and greatly to be praised in the city of our God, in the mountain of his holiness.	1	Een lied, een psalm, voor de kinderen van Korach. (1a) De HEERE is groot en zeer te prijzen, in de stad onzes Gods, op den berg Zijner heiligheid.
	Beautiful for situation, the joy of the whole earth, is mount Zion, on the sides of the north, the city of the great King.	2	Schoon van gelegenheid, een vreugde der ganse aarde is de berg Sion, aan de zijden van het noorden; de stad des groten Konings.
	God is known in her palaces for a refuge.	3	God is in haar paleizen; Hij is er bekend voor een Hoog Vertrek.
	For, lo, the kings were assembled, they passed by together.	4	Want ziet, de koningen waren vergaderd; zij waren te zamen doorgetogen.
	They saw it, and so they marvelled; they were troubled, and hasted away.	5	Gelijk zij het zagen, alzo waren zij verwonderd; zij werden verschrikt, zij haastten weg.
	Fear took hold upon them there, and pain, as of a woman in travail.	6	Beving greep hen aldaar aan, smart als van een barende vrouw.
	Thou breakest the ships of Tarshish with an east wind.	7	Met een oostenwind verbreekt Gij de schepen van Tharsis.
	As we have heard, so have we seen in the city of the LORD of hosts, in the city of our God: God will establish it for ever. Selah.	8	Gelijk wij gehoord hadden, alzo hebben wij gezien in de stad des HEEREN der heirscharen, in de stad onzes Gods; God zal haar bevestigen tot in eeuwigheid. Sela.
	We have thought of thy lovingkindness, O God, in the midst of thy temple.	9	O God! wij gedenken Uwer weldadigheid, in het midden Uws tempels.
	According to thy name, O God, so is thy praise unto the ends of the earth: thy right hand is full of righteousness.	10	Gelijk Uw Naam is, o God! alzo is Uw roem tot aan de einden der aarde; Uw rechterhand is vol van gerechtigheid.
	Let mount Zion rejoice, let the daughters of Judah be glad, because of thy judgments.	11	Laat de berg Sion blijde zijn; laat de dochteren van Juda zich verheugen, om Uwer oordelen wil.
	Walk about Zion, and go round about her: tell the towers thereof.	12	Gaat rondom Sion, en omringt haar; telt haar torens;
	Mark ye well her bulwarks, consider her palaces; that ye may tell it to the generation following.	13	Zet uw hart op haar vesting; beschouwt onderscheidenlijk haar paleizen, opdat gij het aan het navolgende geslacht vertelt.
	For this God is our God for ever and ever: he will be our guide even unto death.	14	[(Psalms 48:15) Want deze God is onze God eeuwiglijk en altoos; Hij zal ons geleiden tot den dood toe.]

Psalm (49) Psalmen

	English		Dutch
	{To the chief Musician, A Psalm for the sons of Korah.} Hear this, all ye people; give ear, all ye inhabitants of the world:	1	Een psalm, voor den opperzangmeester, onder de kinderen van Korach. (1a) Hoort dit, alle gij volken! neemt ter ore, alle inwoners der wereld,
	Both low and high, rich and poor, together.	2	Zowel slechten als aanzienlijken, te zamen rijk en arm!
	My mouth shall speak of wisdom; and the meditation of my heart shall be of understanding.	3	Mijn mond zal enkel wijsheid spreken, en de overdenking mijns harten zal vol verstand zijn.
	I will incline mine ear to a parable: I will open my dark saying upon the harp.	4	Ik zal mijn oor neigen tot een spreuk; ik zal mijn verborgene rede openen op de harp.
	Wherefore should I fear in the days of evil, when the iniquity of my heels shall compass me about?	5	Waarom zou ik vrezen in kwade dagen, als de ongerechtigen, die op de hielen zijn, mij omringen?
	They that trust in their wealth, and boast themselves in the multitude of their riches;	6	Aangaande degenen, die op hun goed vertrouwen; en op de veelheid huns rijkdoms roemen;
	None of them can by any means redeem his brother, nor give to God a ransom for him:	7	Niemand van hen zal zijn broeder immermeer kunnen verlossen; hij zal Gode zijn rantsoen niet kunnen geven;
	(For the redemption of their soul is precious, and it ceaseth for ever:)	8	(Want de verlossing hunner ziel is te kostelijk, en zal in eeuwigheid ophouden);

	That he should still live for ever, and not see corruption.	9	Dat hij ook voortaan geduriglijk zou leven, en de verderving niet zien.
	For he seeth that wise men die, likewise the fool and the brutish person perish, and leave their wealth to others.	10	Want hij ziet, dat de wijzen sterven, dat te zamen een dwaas en een onvernuftige omkomen, en hun goed anderen nalaten.
	Their inward thought is, that their houses shall continue for ever, and their dwelling places to all generations; they call their lands after their own names.	11	Hun binnenste gedachte is, dat hun huizen zullen zijn in eeuwigheid, hun woningen van geslacht tot geslacht; zij noemen de landen naar hun namen.
	Nevertheless man being in honour abideth not: he is like the beasts that perish.	12	De mens nochtans, die in waarde is, blijft niet; hij wordt gelijk als de beesten, die vergaan.
	This their way is their folly: yet their posterity approve their sayings. Selah.	13	Deze hun weg is een dwaasheid van hen; nochtans hebben hun nakomelingen een welbehagen in hun woorden. Sela.
	Like sheep they are laid in the grave; death shall feed on them; and the upright shall have dominion over them in the morning; and their beauty shall consume in the grave from their dwelling.	14	Men zet hen als schapen in het graf, de dood zal hen afweiden; en de oprechten zullen over hen heersen in dien morgenstond; en het graf zal hun gedaante verslijten, elk uit zijn woning.
	But God will redeem my soul from the power of the grave: for he shall receive me. Selah.	15	Maar God zal mijn ziel van het geweld des grafs verlossen, want Hij zal mij opnemen. Sela.
	Be not thou afraid when one is made rich, when the glory of his house is increased;	16	Vrees niet, wanneer een man rijk wordt, wanneer de eer van zijn huis groot wordt;
	For when he dieth he shall carry nothing away: his glory shall not descend after him.	17	Want hij zal in zijn sterven niet met al medenemen, zijn eer zal hem niet nadalen.
	Though while he lived he blessed his soul: and men will praise thee, when thou doest well to thyself.	18	Hoewel hij zijn ziel in zijn leven zegent, en zij u loven, omdat gij uzelven goed doet;
	He shall go to the generation of his fathers; they shall never see light.	19	Zo zal zij toch komen tot het geslacht harer vaderen; tot in eeuwigheid zullen zij het licht niet zien.
	Man that is in honour, and understandeth not, is like the beasts that perish.	20	[(Psalms 49:21) De mens, die in waarde is, en geen verstand heeft, wordt gelijk als de beesten, die vergaan.]

Psalm (50) Psalmen

	{A Psalm of Asaph.} The mighty God, even the LORD, hath spoken, and called the earth from the rising of the sun unto the going down thereof.	1	Een psalm van Asaf. De God der goden, de HEERE spreekt, en roept de aarde, van den opgang der zon tot aan haar ondergang.
	Out of Zion, the perfection of beauty, God hath shined.	2	Uit Sion, de volkomenheid der schoonheid, verschijnt God blinkende.
	Our God shall come, and shall not keep silence: a fire shall devour before him, and it shall be very tempestuous round about him.	3	Onze God zal komen en zal niet zwijgen; een vuur voor Zijn aangezicht zal verteren, en rondom Hem zal het zeer stormen.
	He shall call to the heavens from above, and to the earth, that he may judge his people.	4	Hij zal roepen tot den hemel van boven, en tot de aarde, om Zijn volk te richten.
	Gather my saints together unto me; those that have made a covenant with me by sacrifice.	5	Verzamelt Mij Mijn gunstgenoten, die Mijn verbond maken met offerande!
	And the heavens shall declare his righteousness: for God is judge himself. Selah.	6	En de hemelen verkondigen Zijn gerechtigheid; want God Zelf is Rechter. Sela.
	Hear, O my people, and I will speak; O Israel, and I will testify against thee: I am God, even thy God.	7	Hoort, Mijn volk! en Ik zal spreken; Israel! en Ik zal onder u betuigen; Ik, God, ben uw God.
	I will not reprove thee for thy sacrifices or thy burnt offerings, to have been continually before me.	8	Om uw offeranden zal Ik u niet straffen, want uw brandofferen zijn steeds voor Mij.
	I will take no bullock out of thy house, nor he goats out of thy folds.	9	Ik zal uit uw huis geen var nemen, noch bokken uit uw kooien;
	For every beast of the forest is mine, and the cattle upon a thousand hills.	10	Want al het gedierte des wouds is Mijn, de beesten op duizend bergen.
	I know all the fowls of the mountains: and the wild beasts of the field are mine.	11	Ik ken al het gevogelte der bergen, en het wild des velds is bij Mij.
	If I were hungry, I would not tell thee: for the world is mine, and the fulness thereof.	12	Zo Mij hongerde, Ik zou het u niet zeggen; want Mijn is de wereld en haar volheid.
	Will I eat the flesh of bulls, or drink the blood of goats?	13	Zou Ik stierenvlees eten, of bokkenbloed drinken?
	Offer unto God thanksgiving; and pay thy vows unto the most High:	14	Offert Gode dank, en betaalt den Allerhoogste uw geloften.
	And call upon me in the day of trouble: I will deliver thee, and thou shalt glorify me.	15	En roept Mij aan in den dag der benauwdheid; Ik zal er u uithelpen, en gij zult Mij eren.
	But unto the wicked God saith, What hast thou to do to declare my statutes, or that thou shouldest take my covenant in thy mouth?	16	Maar tot den goddeloze zegt God: Wat hebt gij Mijn inzettingen te vertellen, en neemt Mijn verbond in uw mond?
	Seeing thou hatest instruction, and castest my words behind thee.	17	Dewijl gij de kastijding haat, en Mijn woorden achter u henenwerpt.
	When thou sawest a thief, then thou consentedst with him, and hast been partaker with adulterers.	18	Indien gij een dief ziet, zo loopt gij met hem; en uw deel is met de overspelers.
	Thou givest thy mouth to evil, and thy tongue frameth deceit.	19	Uw mond slaat gij in het kwade, en uw tong koppelt bedrog.
	Thou sittest and speakest against thy brother; thou slanderest thine own mother's son.	20	Gij zit, gij spreekt tegen uw broeder; tegen den zoon uwer moeder geeft gij lastering uit.
	These things hast thou done, and I kept silence; thou thoughtest that I was altogether such an one as thyself: but I will reprove thee, and set them in order before thine eyes.	21	Deze dingen doet gij, en Ik zwijg; gij meent, dat Ik te enenmale ben, gelijk gij; Ik zal u straffen, en zal het ordentelijk voor uw ogen stellen.

| | Now consider this, ye that forget God, lest I tear you in pieces, and there be none to deliver. | 22 | Verstaat dit toch, gij godvergetenden! opdat Ik niet verscheure en niemand redde. |
| | Whoso offereth praise glorifieth me: and to him that ordereth his conversation aright will I shew the salvation of God. | 23 | Wie dankoffert, die zal Mij eren; en wie zijn weg wel aanstelt, dien zal Ik Gods heil doen zien. |

Psalm (51) Psalmen

		1	Een psalm van David, voor den opperzangmeester. (1a) Toen de profeet Nathan tot hem was gekomen, nadat hij tot Bathseba was ingegaan. (1b) Wees mij genadig, o God! naar Uw goedertierenheid; delg mijn overtreding uit, naar de grootheid Uwer barmhartigheden.
	{To the chief Musician, A Psalm of David, when Nathan the prophet came unto him, after he had gone in to Bathsheba.} Have mercy upon me, O God, according to thy lovingkindness: according unto the multitude of thy tender mercies blot out my transgressions.		
	Wash me throughly from mine iniquity, and cleanse me from my sin.	2	Was mij wel van mijn ongerechtigheid, en reinig mij van mijn zonde.
	For I acknowledge my transgressions: and my sin is ever before me.	3	Want ik ken mijn overtredingen, en mijn zonde is steeds voor mij.
	Against thee, thee only, have I sinned, and done this evil in thy sight: that thou mightest be justified when thou speakest, and be clear when thou judgest.	4	Tegen U, U alleen, heb ik gezondigd, en gedaan, dat kwaad is in Uw ogen; opdat Gij rechtvaardig zijt in Uw spreken, en rein zijt in Uw richten.
	Behold, I was shapen in iniquity; and in sin did my mother conceive me.	5	Zie, ik ben in ongerechtigheid geboren, en in zonde heeft mij mijn moeder ontvangen.
	Behold, thou desirest truth in the inward parts: and in the hidden part thou shalt make me to know wisdom.	6	Zie, Gij hebt lust tot waarheid in het binnenste, en in het verborgene maakt Gij mij wijsheid bekend.
	Purge me with hyssop, and I shall be clean: wash me, and I shall be whiter than snow.	7	Ontzondig mij met hysop, en ik zal rein zijn; was mij, en ik zal witter zijn dan sneeuw.
	Make me to hear joy and gladness; that the bones which thou hast broken may rejoice.	8	Doe mij vreugde en blijdschap horen; dat de beenderen zich verheugen, die Gij verbrijzeld hebt.
	Hide thy face from my sins, and blot out all mine iniquities.	9	Verberg Uw aangezicht van mijn zonden, en delg uit al mijn ongerechtigheden.
	Create in me a clean heart, O God; and renew a right spirit within me.	10	Schep mij een rein hart, o God! en vernieuw in het binnenste van mij een vasten geest.
	Cast me not away from thy presence; and take not thy holy spirit from me.	11	Verwerp mij niet van Uw aangezicht, en neem Uw Heiligen Geest niet van mij.
	Restore unto me the joy of thy salvation; and uphold me with thy free spirit.	12	Geef mij weder de vreugde Uws heils; en de vrijmoedige geest ondersteune mij.
	Then will I teach transgressors thy ways; and sinners shall be converted unto thee.	13	Zo zal ik de overtreders Uw wegen leren; en de zondaars zullen zich tot U bekeren.
	Deliver me from bloodguiltiness, O God, thou God of my salvation: and my tongue shall sing aloud of thy righteousness.	14	Verlos mij van bloedschulden, o God, Gij, God mijns heils! zo zal mijn tong Uw gerechtigheid vrolijk roemen.
	O Lord, open thou my lips; and my mouth shall shew forth thy praise.	15	Heere, open mijn lippen, zo zal mijn mond Uw lof verkondigen.
	For thou desirest not sacrifice; else would I give it: thou delightest not in burnt offering.	16	Want Gij hebt geen lust tot offerande, anders zou ik ze geven; in brandofferen hebt Gij geen behagen.
	The sacrifices of God are a broken spirit: a broken and a contrite heart, O God, thou wilt not despise.	17	De offeranden Gods zijn een gebroken geest; een gebroken en verslagen hart zult Gij, o God! niet verachten.
	Do good in thy good pleasure unto Zion: build thou the walls of Jerusalem.	18	[(Psalms 51:20) Doe wel bij Sion naar Uw welbehagen; bouw de muren van Jeruzalem op.]
	Then shalt thou be pleased with the sacrifices of righteousness, with burnt offering and whole burnt offering: then shall they offer bullocks upon thine altar.	19	[(Psalms 51:21) Dan zult Gij lust hebben aan de offeranden der gerechtigheid, aan brandoffer en een offer, dat gans verteerd wordt; dan zullen zij varren offeren op Uw altaar.]

Psalm (52) Psalmen

	{To the chief Musician, Maschil, A Psalm of David, when Doeg the Edomite came and told Saul, and said unto him, David is come to the house of Ahimelech.} Why boastest thou thyself in mischief, O mighty man? the goodness of God endureth continually.	1	Een onderwijzing van David, voor den opperzangmeester. (1a) Als Doeg, de Edomiet, gekomen was, en Saul te kennen gegeven, en tot hem gezegd had: David is gekomen ten huize van Achimelech. (1b) Wat beroemt gij u in het kwaad, o gij geweldige? Gods goedertierenheid duurt toch den gansen dag.
	Thy tongue deviseth mischiefs; like a sharp rasor, working deceitfully.	2	Uw tong denkt enkel schade als een geslepen scheermes, werkende bedrog.
	Thou lovest evil more than good; and lying rather than to speak righteousness. Selah.	3	Gij hebt het kwade liever dan het goede, de leugen, dan gerechtigheid te spreken. Sela.
	Thou lovest all devouring words, O thou deceitful tongue.	4	Gij hebt lief alle woorden van verslinding, en een tong des bedrogs.
	God shall likewise destroy thee for ever, he shall take thee away, and pluck thee out of thy dwelling place, and root thee out of the land of the living. Selah.	5	God zal u ook afbreken in eeuwigheid; Hij zal u wegrapen en u uit de tent uitrukken; ja, Hij zal u uitwortelen uit het land der levenden. Sela.
	The righteous also shall see, and fear, and shall laugh at him:	6	En de rechtvaardigen zullen het zien, en vrezen; en zij zullen over hem lachen, zeggende:
	Lo, this is the man that made not God his strength; but trusted in the abundance of his riches, and strengthened himself in his wickedness.	7	Ziet den man, die God niet stelde tot Zijn Sterkte, maar vertrouwde op de veelheid zijns rijkdoms; hij was sterk geworden door zijn beschadigen.
	But I am like a green olive tree in the house of God: I trust in the mercy of God for ever and ever.	8	[(Psalms 52:10) Maar ik zal zijn als een groene olijfboom in Gods huis; ik vertrouw op Gods goedertierenheid eeuwiglijk en altoos.]

I will praise thee for ever, because thou hast done it: and I will wait on thy name; for it is good before thy saints.	9 [(Psalms 52:11) Ik zal U loven in eeuwigheid, omdat Gij het gedaan hebt; en ik zal Uw Naam verwachten; want hij is goed voor Uw gunstgenoten.]

Psalm (53) Psalmen

{To the chief Musician upon Mahalath, Maschil, A Psalm of David.} The fool hath said in his heart, There is no God. Corrupt are they, and have done abominable iniquity: there is none that doeth good.	1 Een onderwijzing van David, voor den opperzangmeester, op Machalath. (1a) De dwaas zegt in zijn hart: Er is geen God; zij verderven het, en zij bedrijven gruwelijk onrecht; er is niemand, die goed doet.
God looked down from heaven upon the children of men, to see if there were any that did understand, that did seek God.	2 God heeft van den hemel nedergezien op de mensenkinderen, om te zien, of iemand verstandig ware, die God zocht.
Every one of them is gone back: they are altogether become filthy; there is none that doeth good, no, not one.	3 Een ieder van hen is teruggekeerd, te zamen zijn zij stinkende geworden, er is niemand, die goed doet, ook niet een.
Have the workers of iniquity no knowledge? who eat up my people as they eat bread: they have not called upon God.	4 Hebben dan de werkers der ongerechtigheid geen kennis, die Mijn volk opeten, alsof zij brood aten? Zij roepen God niet aan.
There were they in great fear, where no fear was: for God hath scattered the bones of him that encampeth against thee: thou hast put them to shame, because God hath despised them.	5 Aldaar zijn zij met vervaardheid vervaard geworden, waar geen vervaardheid was; want God heeft de beenderen desgenen, die u belegerde, verstrooid; gij hebt hen beschaamd gemaakt, want God heeft hen verworpen.
Oh that the salvation of Israel were come out of Zion! When God bringeth back the captivity of his people, Jacob shall rejoice, and Israel shall be glad.	6 [(Psalms 53:7) Och, dat Israels verlossingen uit Sion kwamen! Als God de gevangenen Zijns volks zal doen wederkeren, dan zal zich Jakob verheugen, Israel zal verblijd zijn.]

Psalm (54) Psalmen

{To the chief Musician on Neginoth, Maschil, A Psalm of David, when the Ziphims came and said to Saul, Doth not David hide himself with us?} Save me, O God, by thy name, and judge me by thy strength.	1 Een onderwijzing van David, voor den opperzangmeester, op de Neginoth; (1a) Als de Zifieten gekomen waren, en tot Saul gezegd hadden: Verbergt zich David niet bij ons? (1b) O God! verlos mij door Uw Naam, en doe mij recht door Uw macht.
Hear my prayer, O God; give ear to the words of my mouth.	2 O God! hoor mijn gebed; neig de oren tot de redenen mijns monds.
For strangers are risen up against me, and oppressors seek after my soul: they have not set God before them. Selah.	3 Want vreemden staan tegen mij op, en tirannen zoeken mijn ziel; zij stellen God niet voor hun ogen. Sela.
Behold, God is mine helper: the Lord is with them that uphold my soul.	4 Ziet, God is mij een Helper; de Heere is onder degenen, die mijn ziel ondersteunen.
He shall reward evil unto mine enemies: cut them off in thy truth.	5 Hij zal dit kwaad mijn verspieders vergelden; roei hen uit door Uw waarheid.
I will freely sacrifice unto thee: I will praise thy name, O LORD; for it is good.	6 [(Psalms 54:8) Ik zal U met vrijwilligheid offeren; ik zal Uw Naam, o HEERE! loven, want Hij is goed.]
For he hath delivered me out of all trouble: and mine eye hath seen his desire upon mine enemies.	7 [(Psalms 54:9) Want Hij heeft mij gered uit alle benauwdheid; en mijn oog heeft gezien op mijn vijanden.]

Psalm (55) Psalmen

{To the chief Musician on Neginoth, Maschil, A Psalm of David.} Give ear to my prayer, O God; and hide not thyself from my supplication.	1 Een onderwijzing van David, voor den opperzangmeester, op de Neginoth. (1a) O God! neem mijn gebed ter oren, en verberg U niet voor mijn smeking.
Attend unto me, and hear me: I mourn in my complaint, and make a noise;	2 Merk op mij, en verhoor mij; ik bedrijf misbaar in mijn klacht, en maak getier;
Because of the voice of the enemy, because of the oppression of the wicked: for they cast iniquity upon me, and in wrath they hate me.	3 Om den roep des vijands, vanwege de beangstiging des goddelozen; want zij schuiven ongerechtigheid op mij, en in toorn haten zij mij.
My heart is sore pained within me: and the terrors of death are fallen upon me.	4 Mijn hart smart in het binnenste van mij, en verschrikkingen des doods zijn op mij gevallen.
Fearfulness and trembling are come upon me, and horror hath overwhelmed me.	5 Vrees en beving komt mij aan, en gruwen overdekt mij;
And I said, Oh that I had wings like a dove! for then would I fly away, and be at rest.	6 Zodat ik zeg: Och, dat mij iemand vleugelen, als ener duive, gave! ik zou henenvliegen, waar ik blijven mocht.
Lo, then would I wander far off, and remain in the wilderness. Selah.	7 Ziet, ik zou ver wegzwerven, ik zou vernachten in de woestijn. Sela.
I would hasten my escape from the windy storm and tempest.	8 Ik zou haasten, dat ik ontkwame, van den drijvenden wind, van den storm.
Destroy, O Lord, and divide their tongues: for I have seen violence and strife in the city.	9 Verslind hen, HEERE! deel hun tong; want ik zie wrevel en twist in de stad.
Day and night they go about it upon the walls thereof: mischief also and sorrow are in the midst of it.	10 Dag en nacht omringen zij haar op haar muren; en ongerechtigheid en overlast is binnen in haar.
Wickedness is in the midst thereof: deceit and guile depart not from her streets.	11 Enkel verderving is binnen in haar; en list en bedrog wijkt niet van haar straat.
For it was not an enemy that reproached me; then I could have borne it: neither was it he that hated me that did magnify himself against me; then I would have hid myself from him:	12 Want het is geen vijand, die mij hoont, anders zou ik het hebben gedragen; het is mijn hater niet, die zich tegen mij groot maakt, anders zou ik mij voor hem verborgen hebben.
But it was thou, a man mine equal, my guide, and mine acquaintance.	13 Maar gij zijt het, o mens, als van mijn waardigheid, mijn leidsman en mijn bekende!
We took sweet counsel together, and walked unto the house of God in company.	14 Wij, die te zamen in zoetigheid heimelijk raadpleegden; wij wandelden in gezelschap ten huize Gods.

	Let death seize upon them, and let them go down quick into hell: for wickedness is in their dwellings, and among them.	15	Dat hun de dood als een schuldeiser overvalle, dat zij als levend ter helle nederdalen; want boosheden zijn in hun woning, in het binnenste van hen.
	As for me, I will call upon God; and the LORD shall save me.	16	Mij aangaande, ik zal tot God roepen, en de HEERE zal mij verlossen.
	Evening, and morning, and at noon, will I pray, and cry aloud: and he shall hear my voice.	17	Des avonds, en des morgens, en des middags zal ik klagen en getier maken; en Hij zal mijn stem horen.
	He hath delivered my soul in peace from the battle that was against me: for there were many with me.	18	Hij heeft mijn ziel in vrede verlost van den strijd tegen mij; want met menigte zijn zij tegen mij geweest.
	God shall hear, and afflict them, even he that abideth of old. Selah. Because they have no changes, therefore they fear not God.	19	God zal horen, en zal hen plagen, als die van ouds zit, Sela; dewijl bij hen gans geen verandering is, en zij God niet vrezen.
	He hath put forth his hands against such as be at peace with him: he hath broken his covenant.	20	Hij slaat zijn handen aan degenen, die vrede met Hem hadden; hij ontheiligt Zijn verbond.
	The words of his mouth were smoother than butter, but war was in his heart: his words were softer than oil, yet were they drawn swords.	21	Zijn mond is gladder dan boter, maar zijn hart is krijg; zijn woorden zijn zachter dan olie, maar dezelve zijn blote zwaarden.
	Cast thy burden upon the LORD, and he shall sustain thee: he shall never suffer the righteous to be moved.	22	Werp uw zorg op den HEERE, en Hij zal u onderhouden; Hij zal in eeuwigheid niet toelaten, dat de rechtvaardige wankele.
	But thou, O God, shalt bring them down into the pit of destruction: bloody and deceitful men shall not live out half their days; but I will trust in thee.	23	[(Psalms 55:24) Maar Gij, o God! zult die doen nederdalen in den put des verderfs; de mannen des bloeds en bedrogs zullen hun dagen niet ter helft brengen; ik, daarentegen, zal op U vertrouwen.]

Psalm (56) Psalmen

	{To the chief Musician upon Jonathelemrechokim, Michtam of David, when the Philistines took him in Gath.} Be merciful unto me, O God: for man would swallow me up; he fighting daily oppresseth me.	1	Een gouden kleinood van David, voor den opperzangmeester, op Jonath Elem Rechokim; als de Filistijnen hem gegrepen hadden te Gath. (1a) Wees mij genadig, o God! want de mens zoekt mij op te slokken; den gansen dag dringt mij de bestrijder.
	Mine enemies would daily swallow me up: for they be many that fight against me, O thou most High.	2	Mijn verspieders zoeken mij den gansen dag op te slokken; want ik heb veel bestrijders, o Allerhoogste!
	What time I am afraid, I will trust in thee.	3	Ten dage, als ik zal vrezen, zal ik op U vertrouwen.
	In God I will praise his word, in God I have put my trust; I will not fear what flesh can do unto me.	4	In God zal ik Zijn woord prijzen; ik vertrouw op God, ik zal niet vrezen; wat zoude mij vlees doen?
	Every day they wrest my words: all their thoughts are against me for evil.	5	Den gansen dag verdraaien zij mijn woorden; al hun gedachten zijn tegen mij ten kwade.
	They gather themselves together, they hide themselves, they mark my steps, when they wait for my soul.	6	Zij rotten samen, zij versteken zich, zij passen op mijn hielen; als die op mijn ziel wachten.
	Shall they escape by iniquity? in thine anger cast down the people, O God.	7	Zouden zij om hun ongerechtigheid vrijgaan? Stort de volken neder in toorn, o God!
	Thou tellest my wanderings: put thou my tears into thy bottle: are they not in thy book?	8	Gij hebt mijn omzwerven geteld; leg mijn tranen in uw fles; zijn zij niet in Uw register?
	When I cry unto thee, then shall mine enemies turn back: this I know; for God is for me.	9	Dan zullen mijn vijanden achterwaarts keren, ten dage als ik roepen zal; dit weet ik, dat God met mij is.
	In God will I praise his word: in the LORD will I praise his word.	10	In God zal ik het woord prijzen; in den HEERE zal ik het woord prijzen.
	In God have I put my trust: I will not be afraid what man can do unto me.	11	Ik vertrouw op God, ik zal niet vrezen; wat zou mij de mens doen?
	Thy vows are upon me, O God: I will render praises unto thee.	12	O God! op mij zijn Uw geloften; ik zal U dankzeggingen vergelden;
	For thou hast delivered my soul from death: wilt not thou deliver my feet from falling, that I may walk before God in the light of the living?	13	[(Psalms 56:14) Want Gij hebt mijn ziel gered van den dood; ook niet mijn voeten van aanstoot, om voor Gods aangezicht te wandelen in het licht der levenden?]

Psalm (57) Psalmen

	{To the chief Musician, Altaschith, Michtam of David, when he fled from Saul in the cave.} Be merciful unto me, O God, be merciful unto me: for my soul trusteth in thee: yea, in the shadow of thy wings will I make my refuge, until these calamities be overpast.	1	Een gouden kleinood van David, voor den opperzangmeester, Altascheth; als hij voor Sauls aangezicht vlood in de spelonk. (1a) Wees mij genadig, o God! Wees mij genadig, want mijn ziel betrouwt op U, en ik neem mijn toevlucht onder de schaduw Uwer vleugelen, totdat de verdervingen zullen voorbij zijn gegaan.
	I will cry unto God most high; unto God that performeth all things for me.	2	Ik zal roepen tot God, den Allerhoogste, tot God, Die het aan mij voleinden zal.
	He shall send from heaven, and save me from the reproach of him that would swallow me up. Selah. God shall send forth his mercy and his truth.	3	Hij zal van den hemel zenden, en mij verlossen, te schande makende dengene, die mij zoekt op te slokken. Sela. God zal Zijn goedertierenheid en Zijn waarheid zenden.
	My soul is among lions: and I lie even among them that are set on fire, even the sons of men, whose teeth are spears and arrows, and their tongue a sharp sword.	4	Mijn ziel is in het midden der leeuwen, ik lig onder stokebranden, mensenkinderen, welker tanden spiesen en pijlen zijn, en hun tong een scherp zwaard.
	Be thou exalted, O God, above the heavens; let thy glory be above all the earth.	5	Verhef U boven de hemelen, o God! Uw eer zij over de ganse aarde.

	They have prepared a net for my steps; my soul is bowed down: they have digged a pit before me, into the midst whereof they are fallen themselves. Selah.	6	Zij hebben een net bereid voor mijn gangen, mijn ziel was nedergebukt; zij hebben een kuil voor mijn aangezicht gegraven; zij zijn er midden in gevallen. Sela.
	My heart is fixed, O God, my heart is fixed: I will sing and give praise.	7	Mijn hart is bereid, o God! mijn hart is bereid; ik zal zingen, en psalmzingen.
	Awake up, my glory; awake, psaltery and harp: I myself will awake early.	8	Waak op, mijn eer! waak op, gij, luit en harp! ik zal in den dageraad opwaken.
	I will praise thee, O Lord, among the people: I will sing unto thee among the nations.	9	Ik zal U loven onder de volken, o Heere! ik zal U psalmzingen onder de natien.
	For thy mercy is great unto the heavens, and thy truth unto the clouds.	10	Want Uw goedertierenheid is groot tot aan de hemelen, en Uw waarheid tot aan de bovenste wolken.
	Be thou exalted, O God, above the heavens: let thy glory be above all the earth.	11	[(Psalms 57:12) Verhef U boven de hemelen, o God! Uw eer zij over de ganse aarde.]

Psalm (58) Psalmen

	{To the chief Musician, Altaschith, Michtam of David.} Do ye indeed speak righteousness, O congregation? do ye judge uprightly, O ye sons of men?	1	Een gouden kleinood van David, voor den opperzangmeester, Altascheth. (1a) Spreekt gijlieden waarlijk gerechtigheid, gij, vergadering? Oordeelt gij billijkheden, gij, mensenkinderen?
	Yea, in heart ye work wickedness; ye weigh the violence of your hands in the earth.	2	Ja, gij werkt ongerechtigheden in het hart; gij weegt het geweld uwer handen op de aarde.
	The wicked are estranged from the womb: they go astray as soon as they be born, speaking lies.	3	De goddelozen zijn vervreemd van de baarmoeder aan; de leugensprekers dolen van moeders buik aan.
	Their poison is like the poison of a serpent: they are like the deaf adder that stoppeth her ear;	4	Zij hebben vurig venijn, naar gelijkheid van vurig slangenvenijn; zij zijn als een dove adder, die haar oren toestopt;
	Which will not hearken to the voice of charmers, charming never so wisely.	5	Opdat zij niet hore naar de stem der belezers, desgenen, die ervaren is met bezweringen om te gaan.
	Break their teeth, O God, in their mouth: break out the great teeth of the young lions, O LORD.	6	O God! verbreek hun tanden in hun mond; breek af de baktanden der jonge leeuwen, o HEERE!
	Let them melt away as waters which run continually: when he bendeth his bow to shoot his arrows, let them be as cut in pieces.	7	Laat hen smelten als water, laat hen daarhenen drijven; legt hij zijn pijlen aan, laat hen zijn, alsof zij afgesneden waren.
	As a snail which melteth, let every one of them pass away: like the untimely birth of a woman, that they may not see the sun.	8	Laat hem henengaan, als een smeltende slak; laat hen, als ener vrouwe misdracht, de zon niet aanschouwen.
	Before your pots can feel the thorns, he shall take them away as with a whirlwind, both living, and in his wrath.	9	Eer dan uw potten den doornstruik gewaar worden, zal Hij hem als levend, als in heten toorn wegstormen.
	The righteous shall rejoice when he seeth the vengeance: he shall wash his feet in the blood of the wicked.	10	De rechtvaardige zal zich verblijden, als hij de wraak aanschouwt; hij zal zijn voeten wassen in het bloed des goddelozen.
	So that a man shall say, Verily there is a reward for the righteous: verily he is a God that judgeth in the earth.	11	[(Psalms 58:12) En de mens zal zeggen: Immers is er vrucht voor den rechtvaardige; immers is er een God, Die op de aarde richt.]

Psalm (59) Psalmen

	{To the chief Musician, Altaschith, Michtam of David; when Saul sent, and they watched the house to kill him.} Deliver me from mine enemies, O my God: defend me from them that rise up against me.	1	Een gouden kleinood van David, voor den opperzangmeester, Altascheth; toen Saul gezonden had, die zijn huis bewaren zouden, om hem te doden. (1a) Red mij van mijn vijanden, o mijn God! stel mij in een hoog vertrek voor degenen, die tegen mij opstaan.
	Deliver me from the workers of iniquity, and save me from bloody men.	2	Red mij van de werkers der ongerechtigheid, en verlos mij van de mannen des bloeds.
	For, lo, they lie in wait for my soul: the mighty are gathered against me; not for my transgression, nor for my sin, O LORD.	3	Want zie, zij leggen mijner ziel lagen; sterken rotten zich tegen mij; zonder mijn overtreding, en zonder mijn zonde, o HEERE!
	They run and prepare themselves without my fault: awake to help me, and behold.	4	Zij lopen en bereiden zich zonder mijn misdaad; waak op mij tegemoet, en zie.
	Thou therefore, O LORD God of hosts, the God of Israel, awake to visit all the heathen: be not merciful to any wicked transgressors. Selah.	5	Ja, Gij HEERE, God der heirscharen, God Israels! ontwaak, om al deze heidenen te bezoeken; wees niemand van hen genadig, die trouwelooslijk ongerechtigheid bedrijven. Sela.
	They return at evening: they make a noise like a dog, and go round about the city.	6	Tegen den avond keren zij weder, zij tieren als een hond, en zij gaan rondom de stad.
	Behold, they belch out with their mouth: swords are in their lips: for who, say they, doth hear?	7	Zie, zij storten overvloediglijk uit met hun mond; zwaarden zijn op hun lippen; want wie hoort het?
	But thou, O LORD, shalt laugh at them; thou shalt have all the heathen in derision.	8	Maar Gij, HEERE! zult hen belachen; Gij zult alle heidenen bespotten.
	Because of his strength will I wait upon thee: for God is my defence.	9	Tegen zijn sterkte zal ik op U wachten; want God is mijn Hoog Vertrek.
	The God of my mercy shall prevent me: God shall let me see my desire upon mine enemies.	10	De God mijner goedertierenheid zal mij voorkomen; God zal mij op mijn verspieders doen zien.
	Slay them not, lest my people forget: scatter them by thy power; and bring them down, O Lord our shield.	11	Dood hen niet, opdat mijn volk het niet vergete; doe hen omzwerven door Uw macht, en werp hen neder, o Heere, ons Schild!
	For the sin of their mouth and the words of their lips let them even be taken in their pride: and for cursing and lying which they speak.	12	Om de zonde huns monds, om het woord hunner lippen; en laat hen gevangen worden in hun hoogmoed; en om den vloek, en om de leugen, die zij vertellen.

Consume them in wrath, consume them, that they may not be: and let them know that God ruleth in Jacob unto the ends of the earth. Selah.

And at evening let them return; and let them make a noise like a dog, and go round about the city.

Let them wander up and down for meat, and grudge if they be not satisfied.

But I will sing of thy power; yea, I will sing aloud of thy mercy in the morning: for thou hast been my defence and refuge in the day of my trouble.

Unto thee, O my strength, will I sing: for God is my defence, and the God of my mercy.

13 Verteer hen in grimmigheid; verteer hen, dat zij er niet zijn, en laat hen weten, dat God heerser is in Jakob, ja, tot aan de einden der aarde. Sela.

14 Laat hen dan tegen de avond wederkeren, laat hen tieren als een hond, en rondom de stad gaan;

15 Laat hen zelfs omzwerven om spijs; en laat hen vernachten, al zijn zij niet verzadigd.

16 Maar ik zal Uw sterkte zingen, en des morgens Uw goedertierenheid vrolijk roemen, omdat Gij mij een Hoog Vertrek zijt geweest, en een Toevlucht ten dage, als mij bange was.

17 [(Psalms 59:18) Van U, o mijn Sterkte! zal ik psalmzingen; want God is mijn Hoog Vertrek, de God mijner goedertierenheid.]

Psalm (60) Psalmen

{To the chief Musician upon Shushaneduth, Michtam of David, to teach; when he strove with Aramnaharaim and with Aramzobah, when Joab returned, and smote of Edom in the valley of salt twelve thousand.} O God, thou hast cast us off, thou hast scattered us, thou hast been displeased; O turn thyself to us again.

Thou hast made the earth to tremble; thou hast broken it: heal the breaches thereof; for it shaketh.

Thou hast shewed thy people hard things: thou hast made us to drink the wine of astonishment.

Thou hast given a banner to them that fear thee, that it may be displayed because of the truth. Selah.

That thy beloved may be delivered; save with thy right hand, and hear me.

God hath spoken in his holiness; I will rejoice, I will divide Shechem, and mete out the valley of Succoth.

Gilead is mine, and Manasseh is mine; Ephraim also is the strength of mine head; Judah is my lawgiver;

Moab is my washpot; over Edom will I cast out my shoe: Philistia, triumph thou because of me.

Who will bring me into the strong city? who will lead me into Edom?

Wilt not thou, O God, which hadst cast us off? and thou, O God, which didst not go out with our armies?

Give us help from trouble: for vain is the help of man.

Through God we shall do valiantly: for he it is that shall tread down our enemies.

1 Een gouden kleinood van David tot lering, voor den opperzangmeester, op Schusan Eduth; (1a) Als hij gevochten had met de Syriers van Mesopotamie, en met de Syriers van Zoba; en Joab wederkwam, en de Edomieten sloeg in het Zoutdal, twaalf duizend. (1b) O God! Gij hadt ons verstoten, Gij hadt ons gescheurd, Gij zijt toornig geweest; keer weder tot ons.

2 Gij hebt het land geschud, Gij hebt het gespleten; genees zijn breuken, want het wankelt.

3 Gij hebt Uw volk een harde zaak doen zien; Gij hebt ons gedrenkt met zwijmelwijn.

4 Maar nu hebt Gij dengenen, die U vrezen, een banier gegeven, om die op te werpen, vanwege de waarheid. Sela.

5 Opdat Uw beminden zouden bevrijd worden; geef heil door Uw rechterhand, en verhoor ons.

6 God heeft gesproken in Zijn heiligdom; dies zal ik van vreugde opspringen; ik zal Sichem delen, en het dal van Sukkoth zal ik afmeten.

7 Gilead is mijn, en Manasse is mijn, en Efraim is de sterkte mijns hoofds; Juda is mijn wetgever.

8 Moab is mijn waspot; op Edom zal ik mijn schoen werpen! juich over mij, o gij Palestina!

9 Wie zal mij voeren in een vaste stad? Wie zal mij leiden tot in Edom?

10 Zult Gij het niet zijn, o God! Die ons verstoten hadt, en niet uittoogt, o God! met onze heirkrachten?

11 [(Psalms 60:13) Geef Gij ons hulp uit de benauwdheid, want 's mensen heil is ijdelheid.]

12 [(Psalms 60:14) In God zullen wij kloeke daden doen, en Hij zal onze wederpartijders vertreden.]

Psalm (61) Psalmen

{To the chief Musician upon Neginah, A Psalm of David.} Hear my cry, O God; attend unto my prayer.

From the end of the earth will I cry unto thee, when my heart is overwhelmed: lead me to the rock that is higher than I.

For thou hast been a shelter for me, and a strong tower from the enemy.

I will abide in thy tabernacle for ever: I will trust in the covert of thy wings. Selah.

For thou, O God, hast heard my vows: thou hast given me the heritage of those that fear thy name.

Thou wilt prolong the king's life: and his years as many generations.

He shall abide before God for ever: O prepare mercy and truth, which may preserve him.

So will I sing praise unto thy name for ever, that I may daily perform my vows.

1 Een psalm van David, voor den opperzangmeester, op de Neginoth. (1a) O God! hoor mijn geschrei, merk op mijn gebed.

2 Van het einde des lands roep ik tot U als mijn hart overstelpt is; leid mij op een rotssteen, die mij te hoog zou zijn.

3 Want Gij zijt mij een Toevlucht geweest, een sterke Toren voor den vijand.

4 Ik zal in Uw hut verkeren in eeuwigheden; ik zal mijn toevlucht nemen in het verborgene Uwer vleugelen. Sela.

5 Want Gij, o God! hebt gehoord naar mijn geloften; Gij hebt mij gegeven de erfenis dergenen, die Uw Naam vrezen.

6 Gij zult dagen tot des konings dagen toedoen; zijn jaren zullen zijn als van geslacht tot geslacht;

7 Hij zal eeuwiglijk voor Gods aangezicht zitten; bereid goedertierenheid en waarheid, dat zij hem behoeden.

8 [(Psalms 61:9) Zo zal ik Uw Naam psalmzingen in eeuwigheid; opdat ik mijn geloften betale, dag bij dag.]

Psalm (62) Psalmen

{To the chief Musician, to Jeduthun, A Psalm of David.} Truly my soul waiteth upon God: from him cometh my salvation.

He only is my rock and my salvation; he is my defence; I shall not be greatly moved.

How long will ye imagine mischief against a man? ye shall be slain all of you: as a bowing wall shall ye be, and as a tottering fence.

1 Een psalm van David, voor den opperzangmeester, over Jeduthun. (1a) Immers is mijn ziel stil tot God; van Hem is mijn heil.

2 Immers is Hij mijn Rotssteen en mijn Heil, mijn Hoog Vertrek, ik zal niet grotelijks wankelen.

3 Hoe lang zult gijlieden kwaad aanstichten tegen een man? Gij allen zult gedood worden; gij zult zijn als een ingebogen wand, een aangestoten muur.

They only consult to cast him down from his excellency: they delight in lies: they bless with their mouth, but they curse inwardly. Selah.	4 Zij raadslagen slechts, om hem van zijn hoogheid te verstoten; zij hebben behagen in leugen; met hun mond zegenen zij; maar met hun binnenste vloeken zij. Sela.
My soul, wait thou only upon God; for my expectation is from him.	5 Doch gij, o mijn ziel! zwijg Gode; want van Hem is mijn verwachting.
He only is my rock and my salvation: he is my defence; I shall not be moved.	6 Hij is immers mijn Rotssteen en mijn Heil, mijn Hoog Vertrek; ik zal niet wankelen.
In God is my salvation and my glory: the rock of my strength, and my refuge, is in God.	7 In God is mijn Heil en mijn Eer; de Rotssteen mijner sterkte, mijn Toevlucht is in God.
Trust in him at all times; ye people, pour out your heart before him: God is a refuge for us. Selah.	8 Vertrouw op Hem te aller tijd, o gij volk! Stort ulieder hart uit voor Zijn aangezicht; God is ons een Toevlucht. Sela.
Surely men of low degree are vanity, and men of high degree are a lie: to be laid in the balance, they are altogether lighter than vanity.	9 Immers zijn de gemene lieden ijdelheid, de grote lieden zijn leugen; in de weegschaal opgewogen, zouden zij samen lichter zijn dan de ijdelheid.
Trust not in oppression, and become not vain in robbery: if riches increase, set not your heart upon them.	10 Vertrouwt niet op onderdrukking, noch op roverij; wordt niet ijdel, als het vermogen overvloedig aanwast, en zet er het hart niet op.
God hath spoken once; twice have I heard this; that power belongeth unto God.	11 God heeft een ding gesproken, ik heb dit tweemaal gehoord: dat de sterkte Godes is.
Also unto thee, O Lord, belongeth mercy: for thou renderest to every man according to his work.	12 [(Psalms 62:13) En de goedertierenheid, o Heere! is Uwe; want Gij zult een iegelijk vergelden naar zijn werk.]

Psalm (63) Psalmen

{A Psalm of David, when he was in the wilderness of Judah.} O God, thou art my God; early will I seek thee: my soul thirsteth for thee, my flesh longeth for thee in a dry and thirsty land, where no water is;	1 Een psalm van David, als hij was in de woestijn van Juda. (1a) O God! Gij zijt mijn God! ik zoek U in den dageraad; mijn ziel dorst naar U; mijn vlees verlangt naar U, in een land, dor en mat, zonder water.
To see thy power and thy glory, so as I have seen thee in the sanctuary.	2 Voorwaar, ik heb U in het heiligdom aanschouwd, ziende Uw sterkheid en Uw eer;
Because thy lovingkindness is better than life, my lips shall praise thee.	3 Want Uw goedertierenheid is beter dan het leven; mijn lippen zouden U prijzen.
Thus will I bless thee while I live: I will lift up my hands in thy name.	4 Alzo zou ik U loven in mijn leven; in Uw Naam zou ik mijn handen opheffen.
My soul shall be satisfied as with marrow and fatness; and my mouth shall praise thee with joyful lips:	5 Mijn ziel zou als met smeer en vettigheid verzadigd worden, en mijn mond zou roemen met vrolijk zingende lippen.
When I remember thee upon my bed, and meditate on thee in the night watches.	6 Als ik Uwer gedenk op mijn legerstede, zo peins ik aan U in de nachtwaken.
Because thou hast been my help, therefore in the shadow of thy wings will I rejoice.	7 Want Gij zijt mij een hulp geweest; en in de schaduw Uwer vleugelen zal ik vrolijk zingen.
My soul followeth hard after thee: thy right hand upholdeth me.	8 Mijn ziel kleeft U achteraan; Uw rechterhand ondersteunt mij.
But those that seek my soul, to destroy it, shall go into the lower parts of the earth.	9 Maar dezen, die mijn ziel zoeken tot verwoesting, zullen komen in de onderste plaatsen der aarde.
They shall fall by the sword: they shall be a portion for foxes.	10 Men zal hen storten door het geweld des zwaards; zij zullen de vossen ten deel worden.
But the king shall rejoice in God; every one that sweareth by him shall glory: but the mouth of them that speak lies shall be stopped.	11 [(Psalms 63:12) Maar de koning zal zich in God verblijden; een iegelijk, die bij Hem zweert, zal zich beroemen; want de mond der leugensprekers zal gestopt worden.]

Psalm (64) Psalmen

{To the chief Musician, A Psalm of David.} Hear my voice, O God, in my prayer: preserve my life from fear of the enemy.	1 Een psalm van David, voor den opperzangmeester. (1a) Hoor, o God! mijn stem in mijn geklag; behoed mijn leven voor des vijands schrik.
Hide me from the secret counsel of the wicked; from the insurrection of the workers of iniquity:	2 Verberg mij voor den heimelijken raad der boosdoeners, voor de oproerigheid van de werkers der ongerechtigheid.
Who whet their tongue like a sword, and bend their bows to shoot their arrows, even bitter words:	3 Die hun tong scherpen als een zwaard, een bitter woord aanleggen als hun pijl;
That they may shoot in secret at the perfect: suddenly do they shoot at him, and fear not.	4 Om in verborgen plaatsen den oprechte te schieten; haastig schieten zij naar hem, en vrezen niet.
They encourage themselves in an evil matter: they commune of laying snares privily; they say, Who shall see them?	5 Zij sterken zichzelven in een boze zaak; zij houden spraak van strikken te verbergen; zij zeggen: Wie zal ze zien?
They search out iniquities; they accomplish a diligent search: both the inward thought of every one of them, and the heart, is deep.	6 Zij doorzoeken allerlei schalkheid; ten uiterste doorzoeken zij, wat te doorzoeken is; zelfs het binnenste eens mans, en het diepe hart.
But God shall shoot at them with an arrow; suddenly shall they be wounded.	7 Maar God zal hen haastig met een pijl schieten; hun plagen zijn er.
So they shall make their own tongue to fall upon themselves: all that see them shall flee away.	8 En hun tong zal hen doen aanstoten tegen zichzelven; een ieder, die hen ziet, zal zich wegpakken.
And all men shall fear, and shall declare the work of God; for they shall wisely consider of his doing.	9 En alle mensen zullen vrezen, en Gods werk verkondigen, en Zijn doen verstandelijk aanmerken.
The righteous shall be glad in the LORD, and shall trust in him; and all the upright in heart shall glory.	10 [(Psalms 64:11) De rechtvaardige zal zich verblijden in den HEERE, en op Hem betrouwen; en alle oprechten van hart zullen zich beroemen.]

Psalm (65) Psalmen

{To the chief Musician, A Psalm and Song of David.} Praise waiteth for thee, O God, in Sion: and unto thee shall the vow be performed.

O thou that hearest prayer, unto thee shall all flesh come.

Iniquities prevail against me: as for our transgressions, thou shalt purge them away.

Blessed is the man whom thou choosest, and causest to approach unto thee, that he may dwell in thy courts: we shall be satisfied with the goodness of thy house, even of thy holy temple.

By terrible things in righteousness wilt thou answer us, O God of our salvation; who art the confidence of all the ends of the earth, and of them that are afar off upon the sea:

Which by his strength setteth fast the mountains; being girded with power:

Which stilleth the noise of the seas, the noise of their waves, and the tumult of the people.

They also that dwell in the uttermost parts are afraid at thy tokens: thou makest the outgoings of the morning and evening to rejoice.

Thou visitest the earth, and waterest it: thou greatly enrichest it with the river of God, which is full of water: thou preparest them corn, when thou hast so provided for it.

Thou waterest the ridges thereof abundantly: thou settlest the furrows thereof: thou makest it soft with showers: thou blessest the springing thereof.

Thou crownest the year with thy goodness; and thy paths drop fatness.

They drop upon the pastures of the wilderness: and the little hills rejoice on every side.

The pastures are clothed with flocks; the valleys also are covered over with corn; they shout for joy, they also sing.

1 Een psalm van David, een lied, voor den opperzangmeester. (1a) De lofzang is in stilheid tot U, o God! in Sion; en U zal de gelofte betaald worden.

2 Gij hoort het gebed; tot U zal alle vlees komen.

3 Ongerechtige dingen hadden de overhand over mij; maar onze overtredingen, die verzoent Gij.

4 Welgelukzalig is hij, dien Gij verkiest, en doet naderen, dat hij wone in Uw voorhoven; wij zullen verzadigd worden met het goed van Uw huis, met het heilige van Uw paleis.

5 Vreselijke dingen zult Gij ons in gerechtigheid antwoorden, o God onzes heils! o Vertrouwen aller einden der aarde, en der verre gelegenen aan de zee!

6 Die de bergen vastzet door Zijn kracht, omgord zijnde met macht.

7 Die het bruisen der zeeen stilt, het bruisen harer golven, en het rumoer der volken.

8 En die op de einden wonen, vrezen voor Uw tekenen; Gij doet de uitgangen des morgens en des avonds juichen.

9 Gij bezoekt het land, en hebbende het begerig gemaakt, verrijkt Gij het grotelijks; de rivier Gods is vol waters; wanneer Gij het alzo bereid hebt, maakt Gij hunlieder koren gereed.

10 Gij maakt zijn omgeploegde aarde dronken; Gij doet ze dalen in zijn voren; Gij maakt het week door de druppelen; Gij zegent zijn uitspruitsel.

11 Gij kroont het jaar Uwer goedheid; en Uw voetstappen druipen van vettigheid.

12 Zij bedruipen de weiden der woestijn; en de heuvelen zijn aangegord met verheuging.

13 [(Psalms 65:14) De velden zijn bekleed met kudden, en de dalen zijn bedekt met koren; zij juichen, ook zingen zij.]

Psalm (66) Psalmen

{To the chief Musician, A Song or Psalm.} Make a joyful noise unto God, all ye lands:

Sing forth the honour of his name: make his praise glorious.

Say unto God, How terrible art thou in thy works! through the greatness of thy power shall thine enemies submit themselves unto thee.

All the earth shall worship thee, and shall sing unto thee; they shall sing to thy name. Selah.

Come and see the works of God: he is terrible in his doing toward the children of men.

He turned the sea into dry land: they went through the flood on foot: there did we rejoice in him.

He ruleth by his power for ever; his eyes behold the nations: let not the rebellious exalt themselves. Selah.

O bless our God, ye people, and make the voice of his praise to be heard:

Which holdeth our soul in life, and suffereth not our feet to be moved.

For thou, O God, hast proved us: thou hast tried us, as silver is tried.

Thou broughtest us into the net; thou laidst affliction upon our loins.

Thou hast caused men to ride over our heads; we went through fire and through water: but thou broughtest us out into a wealthy place.

I will go into thy house with burnt offerings: I will pay thee my vows,

Which my lips have uttered, and my mouth hath spoken, when I was in trouble.

I will offer unto thee burnt sacrifices of fatlings, with the incense of rams; I will offer bullocks with goats. Selah.

Come and hear, all ye that fear God, and I will declare what he hath done for my soul.

I cried unto him with my mouth, and he was extolled with my tongue.

1 Een lied, een psalm, voor den opperzangmeester. Juicht Gode, gij ganse aarde!

2 Psalmzingt de eer Zijns Naams; geeft eer Zijn lof.

3 Zegt tot God: Hoe vreselijk zijt Gij in Uw werken! Om de grootheid Uwer sterkte zullen zich Uw vijanden geveinsdelijk aan U onderwerpen.

4 De ganse aarde aanbidde U, en psalmzinge U; zij psalmzinge Uw Naam. Sela.

5 Komt en ziet Gods daden; Hij is vreselijk van werking aan de mensenkinderen.

6 Hij heeft de zee veranderd in het droge; zij zijn te voet doorgegaan door de rivier; daar hebben wij ons in Hem verblijd.

7 Hij heerst eeuwiglijk met Zijn macht; Zijn ogen houden wacht over de heidenen; laat de afvalligen niet verhoogd worden. Sela.

8 Looft, gij volken! onzen God; en laat horen de stem Zijns roems.

9 Die onze zielen in het leven stelt, en niet toelaat, dat onze voet wankele.

10 Want Gij hebt ons beproefd, o God! Gij hebt ons gelouterd, gelijk men het zilver loutert;

11 Gij hadt ons in het net gebracht; Gij hadt een engen band om onze lenden gelegd;

12 Gij hadt den mens op ons hoofd doen rijden; wij waren in het vuur en in het water gekomen; maar Gij hebt ons uitgevoerd in een overvloeiende verversing.

13 Ik zal met brandofferen in Uw huis gaan; ik zal U mijn geloften betalen,

14 Die mijn lippen hebben geuit, en mijn mond heeft uitgesproken, als mij bange was.

15 Brandofferen van mergbeesten zal ik U offeren, met rookwerk van rammen; ik zal runderen met bokken bereiden. Sela.

16 Komt, hoort toe, o allen gij, die God vreest, en ik zal vertellen, wat Hij aan mijn ziel gedaan heeft.

17 Ik riep tot Hem met mijn mond, en Hij werd verhoogd onder mijn tong.

If I regard iniquity in my heart, the Lord will not hear me:	18	Had ik naar ongerechtigheid met mijn hart gezien, de Heere zou niet gehoord hebben.
But verily God hath heard me; he hath attended to the voice of my prayer.	19	Maar zeker, God heeft gehoord; Hij heeft gemerkt op de stem mijns gebeds.
Blessed be God, which hath not turned away my prayer, nor his mercy from me.	20	Geloofd zij God, Die mijn gebed niet heeft afgewend, noch Zijn goedertierenheid van mij.

Psalm (67) Psalmen

{To the chief Musician on Neginoth, A Psalm or Song.} God be merciful unto us, and bless us; and cause his face to shine upon us; Selah.	1	Een psalm, een lied, voor den opperzangmeester, op de Neginoth. (1a) God zij ons genadig en zegene ons; Hij doe Zijn aanschijn aan ons lichten. Sela.
That thy way may be known upon earth, thy saving health among all nations.	2	Opdat men op de aarde Uw weg kenne, onder alle heidenen Uw heil.
Let the people praise thee, O God; let all the people praise thee.	3	De volken zullen U, o God! loven; de volken, altemaal, zullen U loven.
O let the nations be glad and sing for joy: for thou shalt judge the people righteously, and govern the nations upon earth. Selah.	4	De natien zullen zich verblijden en juichen, omdat Gij de volken zult richten in rechtmatigheid; en de natien op de aarde die zult Gij leiden. Sela.
Let the people praise thee, O God; let all the people praise thee.	5	De volken zullen U, o God! loven; de volken, altemaal, zullen U loven.
Then shall the earth yield her increase; and God, even our own God, shall bless us.	6	De aarde geeft haar gewas; God, onze God, zal ons zegenen.
God shall bless us; and all the ends of the earth shall fear him.	7	[(Psalms 67:8) God zal ons zegenen; en alle einden der aarde zullen Hem vrezen.]

Psalm (68) Psalmen

{To the chief Musician, A Psalm or Song of David.} Let God arise, let his enemies be scattered: let them also that hate him flee before him.	1	Een psalm, een lied van David, voor den opperzangmeester. (1a) God zal opstaan, Zijn vijanden zullen verstrooid worden, en Zijn haters zullen van Zijn aangezicht vlieden.
As smoke is driven away, so drive them away: as wax melteth before the fire, so let the wicked perish at the presence of God.	2	Gij zult hen verdrijven, gelijk rook verdreven wordt; gelijk was voor het vuur smelt, zullen de goddelozen vergaan van Gods aangezicht.
But let the righteous be glad; let them rejoice before God: yea, let them exceedingly rejoice.	3	Maar de rechtvaardigen zullen zich verblijden; zij zullen van vreugde opspringen voor Gods aangezicht, en van blijdschap vrolijk zijn.
Sing unto God, sing praises to his name: extol him that rideth upon the heavens by his name JAH, and rejoice before him.	4	Zingt Gode, psalmzingt Zijn Naam; hoogt de wegen voor Dien, Die in de vlakken velden rijdt, omdat Zijn Naam is HEERE; en springt op van vreugde voor Zijn aangezicht.
A father of the fatherless, and a judge of the widows, is God in his holy habitation.	5	Hij is een Vader der wezen, en een Rechter der weduwen; God, in de woonstede Zijner heiligheid.
God setteth the solitary in families: he bringeth out those which are bound with chains: but the rebellious dwell in a dry land.	6	Een God, Die de eenzamen zet in een huisgezin, uitvoert, die in boeien gevangen zijn; maar de afvalligen wonen in het dorre.
O God, when thou wentest forth before thy people, when thou didst march through the wilderness; Selah:	7	O God! toen Gij voor het aangezicht Uws volks uittoogt, toen Gij daarhenen tradt in de woestijn; Sela.
The earth shook, the heavens also dropped at the presence of God: even Sinai itself was moved at the presence of God, the God of Israel.	8	Daverde de aarde, ook dropen de hemelen voor Gods aanschijn; zelfs deze Sinai, voor het aanschijn Gods, des Gods van Israel.
Thou, O God, didst send a plentiful rain, whereby thou didst confirm thine inheritance, when it was weary.	9	Gij hebt zeer milden regen doen druipen, o God! en Gij hebt Uw erfenis gesterkt, als zij mat was geworden.
Thy congregation hath dwelt therein: thou, O God, hast prepared of thy goodness for the poor.	10	Uw hoop woonde daarin; Gij bereiddet ze door Uw goedheid voor den ellendige, o God!
The Lord gave the word: great was the company of those that published it.	11	De HEERE gaf te spreken; der boodschappers van goede tijdingen was een grote heirschaar.
Kings of armies did flee apace: and she that tarried at home divided the spoil.	12	De koningen der heirscharen vloden weg, zij vloden weg; en zij, die te huis bleef, deelde den roof uit.
Though ye have lien among the pots, yet shall ye be as the wings of a dove covered with silver, and her feathers with yellow gold.	13	Al laagt gijlieden tussen twee rijen van stenen, zo zult gij toch worden als vleugelen ener duive, overdekt met zilver, en welker vederen zijn met uitgegraven geluwen goud.
When the Almighty scattered kings in it, it was white as snow in Salmon.	14	Als de Almachtige de koningen daarin verstrooide, werd zij sneeuwwit als op Zalmon.
The hill of God is as the hill of Bashan; an high hill as the hill of Bashan.	15	De berg Basan is een berg Gods; de berg Basan is een bultige berg.
Why leap ye, ye high hills? this is the hill which God desireth to dwell in; yea, the LORD will dwell in it for ever.	16	Waarom springt gij op, gij bultige bergen? Deze berg heeft God begeerd tot Zijn woning; ook zal er de HEERE wonen in eeuwigheid.
The chariots of God are twenty thousand, even thousands of angels: the Lord is among them, as in Sinai, in the holy place.	17	Gods wagenen zijn tweemaal tien duizend, de duizenden verdubbeld. De Heere is onder hen, een Sinai in heiligheid!
Thou hast ascended on high, thou hast led captivity captive: thou hast received gifts for men; yea, for the rebellious also, that the LORD God might dwell among them.	18	Gij zijt opgevaren in de hoogte; Gij hebt de gevangenis gevankelijk gevoerd; Gij hebt gaven genomen om uit te delen onder de mensen; ja, ook de wederhorigen om bij U te wonen, o HEERE God!
Blessed be the Lord, who daily loadeth us with benefits, even the God of our salvation. Selah.	19	Geloofd zij de HEERE; dag bij dag overlaadt Hij ons. Die God is onze Zaligheid. Sela.

	He that is our God is the God of salvation; and unto GOD the Lord belong the issues from death.	20	Die God is ons een God van volkomene Zaligheid; en bij den HEERE, den Heere, zijn uitkomsten tegen den dood.
	But God shall wound the head of his enemies, and the hairy scalp of such an one as goeth on still in his trespasses.	21	Voorzeker zal God den kop Zijner vijanden verslaan, den harigen schedel desgenen, die in zijn schulden wandelt.
	The Lord said, I will bring again from Bashan, I will bring my people again from the depths of the sea:	22	De Heere heeft gezegd: Ik zal wederbrengen uit Basan; Ik zal wederbrengen uit de diepten der zee;
	That thy foot may be dipped in the blood of thine enemies, and the tongue of thy dogs in the same.	23	Opdat gij uw voet, ja, de tong uwer honden, moogt steken in het bloed van de vijanden, van een iegelijk van hen.
	They have seen thy goings, O God; even the goings of my God, my King, in the sanctuary.	24	O God! zij hebben Uw gangen gezien, de gangen mijns Gods, mijns Konings, in het heiligdom.
	The singers went before, the players on instruments followed after; among them were the damsels playing with timbrels.	25	De zangers gingen voor, de speellieden achter, in het midden de trommelende maagden.
	Bless ye God in the congregations, even the Lord, from the fountain of Israel.	26	Looft God in de gemeenten, den Heere, gij, die zijt uit den springader van Israël!
	There is little Benjamin with their ruler, the princes of Judah and their council, the princes of Zebulun, and the princes of Naphtali.	27	Daar is Benjamin de kleine, die over hen heerste, de vorsten van Juda, met hun vergadering, de vorsten van Zebulon, de vorsten van Nafthali.
	Thy God hath commanded thy strength: strengthen, O God, that which thou hast wrought for us.	28	Uw God heeft uw sterkte geboden; sterk, o God, wat Gij aan ons gewrocht hebt!
	Because of thy temple at Jerusalem shall kings bring presents unto thee.	29	Om Uws tempels wil te Jeruzalem, zullen U de koningen geschenk toebrengen.
	Rebuke the company of spearmen, the multitude of the bulls, with the calves of the people, till every one submit himself with pieces of silver: scatter thou the people that delight in war.	30	Scheld het wild gediert des riets, de vergadering der stieren met de kalveren der volken; en dien, die zich onderwerpt met stukken zilvers; Hij heeft de volken verstrooid, die lust hebben in oorlogen.
	Princes shall come out of Egypt; Ethiopia shall soon stretch out her hands unto God.	31	Prinselijke gezanten zullen komen uit Egypte; Morenland zal zich haasten zijn handen tot God uit te strekken.
	Sing unto God, ye kingdoms of the earth; O sing praises unto the Lord; Selah:	32	Gij koninkrijken der aarde, zingt Gode; psalmzingt den Heere! Sela.
	To him that rideth upon the heavens of heavens, which were of old; lo, he doth send out his voice, and that a mighty voice.	33	Dien, Die daar rijdt in den hemel der hemelen, Die van ouds is; ziet, Hij geeft Zijn stem, een stem der sterkte.
	Ascribe ye strength unto God: his excellency is over Israel, and his strength is in the clouds.	34	Geeft Gode sterkte! Zijn hoogheid is over Israël, en Zijn sterkte in de bovenste wolken.
	O God, thou art terrible out of thy holy places: the God of Israel is he that giveth strength and power unto his people. Blessed be God.	35	[(Psalms 68:36) O God! Gij zijt vreselijk uit Uw heiligdommen; de God Israëls, Die geeft den volke sterkte en krachten. Geloofd zij God!]

Psalm (69) Psalmen

	{To the chief Musician upon Shoshannim, A Psalm of David.} Save me, O God; for the waters are come in unto my soul.	1	Een psalm van David, voor den opperzangmeester, op Schoschannim. (1a) Verlos mij, o God! want de wateren zijn gekomen tot aan de ziel.
	I sink in deep mire, where there is no standing: I am come into deep waters, where the floods overflow me.	2	Ik ben gezonken in grondeloze modder, waar men niet kan staan; ik ben gekomen in de diepten der wateren, en de vloed overstroomt mij.
	I am weary of my crying: my throat is dried: mine eyes fail while I wait for my God.	3	Ik ben vermoeid van mijn roepen, mijn keel is ontstoken, mijn ogen zijn bezweken, daar ik ben hopende op mijn God.
	They that hate me without a cause are more than the hairs of mine head: they that would destroy me, being mine enemies wrongfully, are mighty: then I restored that which I took not away.	4	Die mij zonder oorzaak haten, zijn meer dan de haren mijns hoofds; die mij zoeken te vernielen, die mij om valse oorzaken vijand zijn, zijn machtig geworden; wat ik niet geroofd heb, moet ik alsdan wedergeven.
	O God, thou knowest my foolishness; and my sins are not hid from thee.	5	O God! Gij weet van mijn dwaasheid, en mijn schulden zijn voor U niet verborgen.
	Let not them that wait on thee, O Lord GOD of hosts, be ashamed for my sake: let not those that seek thee be confounded for my sake, O God of Israel.	6	Laat hen door mij niet beschaamd worden, die U verwachten, o Heere, HEERE der heirscharen, laat hen door mij niet te schande worden, die U zoeken, o God Israëls!
	Because for thy sake I have borne reproach; shame hath covered my face.	7	Want om Uwentwil draag ik versmaadheid; schande heeft mijn aangezicht bedekt.
	I am become a stranger unto my brethren, and an alien unto my mother's children.	8	Ik ben mijn broederen vreemd geworden, en onbekend aan mijner moeders kinderen.
	For the zeal of thine house hath eaten me up; and the reproaches of them that reproached thee are fallen upon me.	9	Want de ijver van Uw huis heeft mij verteerd; en de smaadheden dergenen, die U smaden, zijn op mij gevallen.
	When I wept, and chastened my soul with fasting, that was to my reproach.	10	En ik heb geweend in het vasten mijner ziel; maar het is mij geworden tot allerlei smaad.
	I made sackcloth also my garment; and I became a proverb to them.	11	En ik heb een zak tot mijn kleed aangedaan; maar ik ben hun tot een spreekwoord geworden.
	They that sit in the gate speak against me; and I was the song of the drunkards.	12	Die in de poort zitten, klappen van mij; en ik ben een snarenspel dergenen, die sterken drank drinken.
	But as for me, my prayer is unto thee, O LORD, in an acceptable time: O God, in the multitude of thy mercy hear me, in the truth of thy salvation.	13	Maar mij aangaande, mijn gebed is tot U, o HEERE; er is een tijd des welbehagens, o God! door de grootheid Uwer goedertierenheid; verhoor mij door de getrouwheid Uws heils.
	Deliver me out of the mire, and let me not sink: let me be delivered from them that hate me, and out of the deep waters.	14	Ruk mij uit het slijk, en laat mij niet verzinken; laat mij gered worden van mijn haters, en uit de diepten der wateren.

Let not the waterflood overflow me, neither let the deep swallow me up, and let not the pit shut her mouth upon me.	15 Laat de watervloed mij niet overstromen, en laat de diepte mij niet verslinden; en laat den put zijn mond over mij niet toesluiten.
Hear me, O LORD; for thy lovingkindness is good: turn unto me according to the multitude of thy tender mercies.	16 Verhoor mij, o HEERE, want Uw goedertierenheid is goed; zie mij aan naar de grootheid Uwer barmhartigheden.
And hide not thy face from thy servant; for I am in trouble: hear me speedily.	17 En verberg Uw aangezicht niet van Uw knecht, want mij is bange; haast U, verhoor mij.
Draw nigh unto my soul, and redeem it: deliver me because of mine enemies.	18 Nader tot mijn ziel, bevrijd ze; verlos mij om mijner vijanden wil.
Thou hast known my reproach, and my shame, and my dishonour: mine adversaries are all before thee.	19 Gij weet mijn versmaadheid, en mijn schaamte, en mijn schande; al mijn benauwers zijn voor U.
Reproach hath broken my heart; and I am full of heaviness: and I looked for some to take pity, but there was none; and for comforters, but I found none.	20 De versmaadheid heeft mijn hart gebroken, en ik ben zeer zwak; en ik heb gewacht naar medelijden, maar er is geen; en naar vertroosters, maar heb ze niet gevonden.
They gave me also gall for my meat; and in my thirst they gave me vinegar to drink.	21 Ja, zij hebben mij gal tot mijn spijs gegeven; en in mijn dorst hebben zij mij edik te drinken gegeven.
Let their table become a snare before them: and that which should have been for their welfare, let it become a trap.	22 Hun tafel worde voor hun aangezicht tot een strik, en tot volle vergelding tot een valstrik.
Let their eyes be darkened, that they see not; and make their loins continually to shake.	23 Laat hun ogen duister worden, dat zij niet zien; en doe hun lenden gedurig waggelen.
Pour out thine indignation upon them, and let thy wrathful anger take hold of them.	24 Stort over hen Uw gramschap uit; en de hittigheid Uws toorns grijpe hen aan.
Let their habitation be desolate; and let none dwell in their tents.	25 Hun paleis zij verwoest; in hun tenten zij geen inwoner.
For they persecute him whom thou hast smitten; and they talk to the grief of those whom thou hast wounded.	26 Want zij vervolgen, dien Gij geslagen hebt; en maken een praat van de smart Uwer verwonden.
Add iniquity unto their iniquity: and let them not come into thy righteousness.	27 Doe misdaad tot hun misdaad, en laat hen niet komen tot Uw gerechtigheid.
Let them be blotted out of the book of the living, and not be written with the righteous.	28 Laat hen uitgedelgd worden uit het boek des levens, en met de rechtvaardigen niet aangeschreven worden.
But I am poor and sorrowful: let thy salvation, O God, set me up on high.	29 Doch ik ben ellendig en in smart; Uw heil, o God! zette mij in een hoog vertrek.
I will praise the name of God with a song, and will magnify him with thanksgiving.	30 Ik zal Gods Naam prijzen met gezang, en Hem met dankzegging grootmaken.
This also shall please the LORD better than an ox or bullock that hath horns and hoofs.	31 En het zal den HEERE aangenamer zijn dan een os, of een gehoornde var, die de klauwen verdeelt.
The humble shall see this, and be glad: and your heart shall live that seek God.	32 De zachtmoedigen, dit gezien hebbende, zullen zich verblijden; en gij, die God zoekt, ulieder hart zal leven.
For the LORD heareth the poor, and despiseth not his prisoners.	33 Want de HEERE hoort de nooddruftigen, en Hij veracht Zijn gevangenen niet.
Let the heaven and earth praise him, the seas, and every thing that moveth therein.	34 Dat Hem prijzen de hemel en de aarde, de zeeen, en al wat daarin wriemelt.
For God will save Zion, and will build the cities of Judah: that they may dwell there, and have it in possession.	35 Want God zal Sion verlossen, en de steden van Juda bouwen; en aldaar zullen zij wonen, en haar erfelijk bezitten;
The seed also of his servants shall inherit it: and they that love his name shall dwell therein.	36 [(Psalms 69:37) En het zaad Zijner knechten zal haar beerven; en de liefhebbers Zijns Naams zullen daarin wonen.]

Psalm (70) Psalmen

{To the chief Musician, A Psalm of David, to bring to remembrance.} Make haste, O God, to deliver me; make haste to help me, O LORD.	1 Een psalm van David, voor den opperzangmeester, om te doen gedenken. (1a) Haast U, o God, om mij te verlossen, o HEERE, tot mijn hulp.
Let them be ashamed and confounded that seek after my soul: let them be turned backward, and put to confusion, that desire my hurt.	2 Laat hen beschaamd en schaamrood worden, die mijn ziel zoeken; laat hen achterwaarts gedreven en te schande worden, die lust hebben aan mijn kwaad.
Let them be turned back for a reward of their shame that say, Aha, aha.	3 Laat hen terugkeren tot loon hunner beschaming, die daar zeggen: Ha, ha!
Let all those that seek thee rejoice and be glad in thee: and let such as love thy salvation say continually, Let God be magnified.	4 Laat in U vrolijk en verblijd zijn allen, die U zoeken; laat de liefhebbers Uws heils geduriglijk zeggen: God zij groot gemaakt!
But I am poor and needy: make haste unto me, O God: thou art my help and my deliverer; O LORD, make no tarrying.	5 [(Psalms 70:6) Doch ik ben ellendig en nooddruftig; o God, haast U tot mij; Gij zijt mijn Hulp en mijn Bevrijder; HEERE, vertoef niet!]

Psalm (71) Psalmen

In thee, O LORD, do I put my trust: let me never be put to confusion.	1 Op U, o HEERE! betrouw ik; laat mij niet beschaamd worden in eeuwigheid.
Deliver me in thy righteousness, and cause me to escape: incline thine ear unto me, and save me.	2 Red mij door Uw gerechtigheid, en bevrijd mij; neig Uw oor tot mij, en verlos mij.
Be thou my strong habitation, whereunto I may continually resort: thou hast given commandment to save me; for thou art my rock and my fortress.	3 Wees mij tot een Rotssteen, om daarin te wonen, om geduriglijk daarin te gaan; Gij hebt bevel gegeven, om mij te verlossen, want Gij zijt mijn Steenrots en mijn Burg.
Deliver me, O my God, out of the hand of the wicked, out of the hand of the unrighteous and cruel man.	4 Mijn God, bevrijd mij van de hand des goddelozen, van de hand desgenen, die verkeerdelijk handelt, en des opgeblazenen.

	For thou art my hope, O Lord GOD: thou art my trust from my youth.	5	Want Gij zijt mijn Verwachting, Heere, HEERE! mijn Vertrouwen van mijn jeugd aan.
	By thee have I been holden up from the womb: thou art he that took me out of my mother's bowels: my praise shall be continually of thee.	6	Op U heb ik gesteund van den buik aan; van mijner moeders ingewand aan zijt Gij mijn Uithelper; mijn lof is gedurigelijk van U.
	I am as a wonder unto many; but thou art my strong refuge.	7	Ik ben velen als een wonder geweest; doch Gij zijt mijn sterke Toevlucht.
	Let my mouth be filled with thy praise and with thy honour all the day.	8	Laat mijn mond vervuld worden met Uw lof, den gansen dag met Uw heerlijkheid.
	Cast me not off in the time of old age; forsake me not when my strength faileth.	9	Verwerp mij niet in den tijd des ouderdoms; verlaat mij niet, terwijl mijn kracht vergaat.
	For mine enemies speak against me; and they that lay wait for my soul take counsel together,	10	Want mijn vijanden spreken van mij, en die op mijn ziel loeren, beraadslagen te zamen,
	Saying, God hath forsaken him: persecute and take him; for there is none to deliver him.	11	Zeggende: God heeft hem verlaten; jaagt na, en grijpt hem, want er is geen verlosser.
	O God, be not far from me: O my God, make haste for my help.	12	O God, wees niet verre van mij; mijn God! haast U tot mijn hulp.
	Let them be confounded and consumed that are adversaries to my soul; let them be covered with reproach and dishonour that seek my hurt.	13	Laat hen beschaamd worden, laat hen verteerd worden, die mijn ziel tegen zijn; laat hen met smaad en schande overdekt worden, die mijn kwaad zoeken.
	But I will hope continually, and will yet praise thee more and more.	14	Doch ik zal geduriglijk hopen, en zal al Uw lof nog groter maken.
	My mouth shall shew forth thy righteousness and thy salvation all the day; for I know not the numbers thereof.	15	Mijn mond zal Uw gerechtigheid vertellen, den gansen dag Uw heil; hoewel ik de getallen niet weet.
	I will go in the strength of the Lord GOD: I will make mention of thy righteousness, even of thine only.	16	Ik zal heengaan in de mogendheden des Heeren HEEREN; ik zal Uw gerechtigheid vermelden, de Uwe alleen.
	O God, thou hast taught me from my youth: and hitherto have I declared thy wondrous works.	17	O God! Gij hebt mij geleerd van mijn jeugd aan, en tot nog toe verkondig ik Uw wonderen.
	Now also when I am old and grayheaded, O God, forsake me not; until I have shewed thy strength unto this generation, and thy power to every one that is to come.	18	Daarom ook, terwijl de ouderdom en grijsheid daar is, verlaat mij niet, o God, totdat ik dezen geslachte verkondige Uw arm, allen nakomelingen Uw macht.
	Thy righteousness also, O God, is very high, who hast done great things: O God, who is like unto thee!	19	Ook is Uw gerechtigheid, o God, tot in de hoogte; Gij, Die grote dingen gedaan hebt; o God! wie is U gelijk?
	Thou, which hast shewed me great and sore troubles, shalt quicken me again, and shalt bring me up again from the depths of the earth.	20	Gij, Die mij veel benauwdheden en kwaden hebt doen zien, zult mij weder levend maken, en zult mij weder ophalen uit de afgronden der aarde.
	Thou shalt increase my greatness, and comfort me on every side.	21	Gij zult mijn grootheid vermeerderen, en mij rondom vertroosten.
	I will also praise thee with the psaltery, even thy truth, O my God: unto thee will I sing with the harp, O thou Holy One of Israel.	22	Ook zal ik U loven met het instrument der luit, Uw trouw, mijn God; ik zal U psalmzingen met de harp, o Heilige Israels!
	My lips shall greatly rejoice when I sing unto thee; and my soul, which thou hast redeemed.	23	Mijn lippen zullen juichen, wanneer ik U zal psalmzingen, en mijn ziel, die Gij verlost hebt.
	My tongue also shall talk of thy righteousness all the day long: for they are confounded, for they are brought unto shame, that seek my hurt.	24	Ook zal mijn tong Uw gerechtigheid den gansen dag uitspreken, want zij zijn beschaamd, want zij zijn schaamrood geworden, die mijn kwaad zoeken.

Psalm (72) Psalmen

	{A Psalm for Solomon.} Give the king thy judgments, O God, and thy righteousness unto the king's son.	1	Voor Salomo. O God! geef den koning Uw rechten, en Uw gerechtigheid den zoon des konings.
	He shall judge thy people with righteousness, and thy poor with judgment.	2	Zo zal hij Uw volk richten met gerechtigheid, en Uw ellendigen met recht.
	The mountains shall bring peace to the people, and the little hills, by righteousness.	3	De bergen zullen den volke vrede dragen, ook de heuvelen, met gerechtigheid.
	He shall judge the poor of the people, he shall save the children of the needy, and shall break in pieces the oppressor.	4	Hij zal de ellendigen des volks richten; hij zal de kinderen des nooddruftigen verlossen, en den verdrukker verbrijzelen.
	They shall fear thee as long as the sun and moon endure, throughout all generations.	5	Zij zullen U vrezen, zolang de zon en maan zullen zijn, van geslacht tot geslacht.
	He shall come down like rain upon the mown grass: as showers that water the earth.	6	Hij zal nederdalen als een regen op het nagras, als de druppelen, die de aarde bevochtigen.
	In his days shall the righteous flourish; and abundance of peace so long as the moon endureth.	7	In zijn dagen zal de rechtvaardige bloeien, en de veelheid van vrede, totdat de maan niet meer zij.
	He shall have dominion also from sea to sea, and from the river unto the ends of the earth.	8	En hij zal heersen van de zee tot aan de zee, en van de rivier tot aan de einden der aarde.
	They that dwell in the wilderness shall bow before him; and his enemies shall lick the dust.	9	De ingezetenen van dorre plaatsen zullen voor zijn aangezicht knielen, en zijn vijanden zullen het stof lekken.
	The kings of Tarshish and of the isles shall bring presents: the kings of Sheba and Seba shall offer gifts.	10	De koningen van Tharsis en de eilanden zullen geschenken aanbrengen; de koningen van Scheba en Seba zullen vereringen toevoeren.
	Yea, all kings shall fall down before him: all nations shall serve him.	11	Ja, alle koningen zullen zich voor hem nederbuigen, alle heidenen zullen hem dienen.
	For he shall deliver the needy when he crieth; the poor also, and him that hath no helper.	12	Want hij zal den nooddruftige redden, die daar roept, mitsgaders den ellendige, en die geen helper heeft.

He shall spare the poor and needy, and shall save the souls of the needy.	13 Hij zal den arme en nooddruftige verschonen, en de zielen der nooddruftigen verlossen.
He shall redeem their soul from deceit and violence: and precious shall their blood be in his sight.	14 Hij zal hun zielen van list en geweld bevrijden, en hun bloed zal dierbaar zijn in zijn ogen.
And he shall live, and to him shall be given of the gold of Sheba: prayer also shall be made for him continually; and daily shall he be praised.	15 En hij zal leven; en men zal hem geven van het goud van Scheba, en men zal geduriglijk voor hem bidden; den gansen dag zal men hem zegenen.
There shall be an handful of corn in the earth upon the top of the mountains; the fruit thereof shall shake like Lebanon: and they of the city shall flourish like grass of the earth.	16 Is er een hand vol koren in het land op de hoogte der bergen, de vrucht daarvan zal ruisen als de Libanon; en die van de stad zullen bloeien als het kruid der aarde.
His name shall endure for ever: his name shall be continued as long as the sun: and men shall be blessed in him: all nations shall call him blessed.	17 Zijn naam zal zijn tot in eeuwigheid; zolang als er de zon is, zal zijn naam van kind tot kind voortgeplant worden; en zij zullen in hem gezegend worden; alle heidenen zullen hem welgelukzalig roemen.
Blessed be the LORD God, the God of Israel, who only doeth wondrous things.	18 Geloofd zij de HEERE God, de God Israels, Die alleen wonderen doet.
And blessed be his glorious name for ever: and let the whole earth be filled with his glory; Amen, and Amen.	19 En geloofd zij de Naam Zijner heerlijkheid tot in eeuwigheid; en de ganse aarde worde met Zijn heerlijkheid vervuld. Amen, ja, amen.
The prayers of David the son of Jesse are ended.	20 De gebeden van David, den zoon van Isai, hebbende een einde.

Psalm (73) Psalmen

{A Psalm of Asaph.} Truly God is good to Israel, even to such as are of a clean heart.	1 Een psalm van Asaf. Immers is God Israel goed, dengenen, die rein van harte zijn.
But as for me, my feet were almost gone; my steps had well nigh slipped.	2 Maar mij aangaande, mijn voeten waren bijna uitgeweken; mijn treden waren bijkans uitgeschoten.
For I was envious at the foolish, when I saw the prosperity of the wicked.	3 Want ik was nijdig op de dwazen, ziende der goddelozen vrede.
For there are no bands in their death: but their strength is firm.	4 Want er zijn geen banden tot hun dood toe, en hun kracht is fris.
They are not in trouble as other men; neither are they plagued like other men.	5 Zij zijn niet in de moeite als andere mensen, en worden met andere mensen niet geplaagd.
Therefore pride compasseth them about as a chain; violence covereth them as a garment.	6 Daarom omringt hen de hovaardij als een keten; het geweld bedekt hen als een gewaad.
Their eyes stand out with fatness: they have more than heart could wish.	7 Hun ogen puilen uit van vet; zij gaan de inbeeldingen des harten te boven.
They are corrupt, and speak wickedly concerning oppression: they speak loftily.	8 Zij mergelen de lieden uit, en spreken boselijk van verdrukking; zij spreken uit de hoogte.
They set their mouth against the heavens, and their tongue walketh through the earth.	9 Zij zetten hun mond tegen den hemel, en hun tong wandelt op de aarde.
Therefore his people return hither: and waters of a full cup are wrung out to them.	10 Daarom keert zich Zijn volk hiertoe, als hun wateren eens vollen bekers worden uitgedrukt,
And they say, How doth God know? and is there knowledge in the most High?	11 Dat zij zeggen: Hoe zou het God weten, en zou er wetenschap zijn bij den Allerhoogste?
Behold, these are the ungodly, who prosper in the world; they increase in riches.	12 Ziet, dezen zijn goddeloos; nochtans hebben zij rust in de wereld; zij vermenigvuldigen het vermogen.
Verily I have cleansed my heart in vain, and washed my hands in innocency.	13 Immers heb ik tevergeefs mijn hart gezuiverd, en mijn handen in onschuld gewassen.
For all the day long have I been plagued, and chastened every morning.	14 Dewijl ik den gansen dag geplaagd ben, en mijn straffing is er alle morgens.
If I say, I will speak thus; behold, I should offend against the generation of thy children.	15 Indien ik zou zeggen: Ik zal ook alzo spreken; ziet, zo zou ik trouweloos zijn aan het geslacht Uwer kinderen.
When I thought to know this, it was too painful for me;	16 Nochtans heb ik gedacht om dit te mogen verstaan; maar het was moeite in mijn ogen;
Until I went into the sanctuary of God; then understood I their end.	17 Totdat ik in Gods heiligdommen inging, en op hun einde merkte.
Surely thou didst set them in slippery places: thou castedst them down into destruction.	18 Immers zet Gij hen op gladde plaatsen; Gij doet hen vallen in verwoestingen.
How are they brought into desolation, as in a moment! they are utterly consumed with terrors.	19 Hoe worden zij als in een ogenblik tot verwoesting, nemen een einde, worden te niet van verschrikkingen!
As a dream when one awaketh; so, O Lord, when thou awakest, thou shalt despise their image.	20 Als een droom na het ontwaken! Als Gij opwaakt, o Heere, dan zult Gij hun beeld verachten.
Thus my heart was grieved, and I was pricked in my reins.	21 Als mijn hart opgezwollen was, en ik in mijn nieren geprikkeld werd,
So foolish was I, and ignorant: I was as a beast before thee.	22 Toen was ik onvernuftig, en wist niets; ik was een groot beest bij U.
Nevertheless I am continually with thee: thou hast holden me by my right hand.	23 Ik zal dan geduriglijk bij U zijn; Gij hebt mijn rechterhand gevat;
Thou shalt guide me with thy counsel, and afterward receive me to glory.	24 Gij zult mij leiden door Uw raad; en daarna zult Gij mij in heerlijkheid opnemen.
Whom have I in heaven but thee? and there is none upon earth that I desire beside thee.	25 Wien heb ik nevens U in den hemel? Nevens U lust mij ook niets op de aarde!

	My flesh and my heart faileth: but God is the strength of my heart, and my portion for ever.	26	Bezwijkt mijn vlees en mijn hart, zo is God de Rotssteen mijns harten, en mijn Deel in eeuwigheid.
	For, lo, they that are far from thee shall perish: thou hast destroyed all them that go a whoring from thee.	27	Want ziet, die verre van U zijn, zullen vergaan; Gij roeit uit, al wie van U afhoereert.
	But it is good for me to draw near to God: I have put my trust in the Lord GOD, that I may declare all thy works.	28	Maar mij aangaande, het is mij goed nabij God te wezen; ik zet mijn betrouwen op den Heere HEERE, om al Uw werken te vertellen.

Psalm (74) Psalmen

	{Maschil of Asaph.} O God, why hast thou cast us off for ever? why doth thine anger smoke against the sheep of thy pasture?	1	Een onderwijzing, voor Asaf. O God! waarom verstoot Gij in eeuwigheid? Waarom zou Uw toorn roken tegen de schapen Uwer weide?
	Remember thy congregation, which thou hast purchased of old; the rod of thine inheritance, which thou hast redeemed; this mount Zion, wherein thou hast dwelt.	2	Gedenk aan Uw vergadering, die Gij van ouds verworven hebt; de roede Uwer erfenis, die Gij verlost hebt; den berg Sion, waarop Gij gewoond hebt.
	Lift up thy feet unto the perpetual desolations; even all that the enemy hath done wickedly in the sanctuary.	3	Hef Uw voeten op tot de eeuwige verwoestingen; de vijand heeft alles in het heiligdom verdorven.
	Thine enemies roar in the midst of thy congregations; they set up their ensigns for signs.	4	Uw wederpartijders hebben in het midden van Uw vergaderplaatsen gebruld; zij hebben hun tekenen tot tekenen gesteld.
	A man was famous according as he had lifted up axes upon the thick trees.	5	Een ieder werd er bekend als een, die de bijlen omhoog aanbrengt in de dichtigheid van een geboomte.
	But now they break down the carved work thereof at once with axes and hammers.	6	Alzo hebben zij nu derzelver graveerselen samen met houwelen en beukhamers in stukken geslagen.
	They have cast fire into thy sanctuary, they have defiled by casting down the dwelling place of thy name to the ground.	7	Zij hebben Uw heiligdommen in het vuur gezet; ter aarde toe hebben zij de woning Uws Naams ontheiligd.
	They said in their hearts, Let us destroy them together: they have burned up all the synagogues of God in the land.	8	Zij hebben in hun hart gezegd: Laat ze ons te zamen uitplunderen; zij hebben alle Gods vergaderplaatsen in het land verbrand.
	We see not our signs: there is no more any prophet: neither is there among us any that knoweth how long.	9	Wij zien onze tekenen niet; er is geen profeet meer, noch iemand bij ons, die weet, hoe lang.
	O God, how long shall the adversary reproach? shall the enemy blaspheme thy name for ever?	10	Hoe lang, o God! zal de wederpartijder smaden? Zal de vijand Uw Naam in eeuwigheid lasteren?
	Why withdrawest thou thy hand, even thy right hand? pluck it out of thy bosom.	11	Waarom trekt Gij Uw hand, ja, Uw rechterhand af? Trek haar uit het midden van Uw boezem; maak een einde.
	For God is my King of old, working salvation in the midst of the earth.	12	Evenwel is God mijn Koning van ouds af, Die verlossingen werkt in het midden der aarde.
	Thou didst divide the sea by thy strength: thou brakest the heads of the dragons in the waters.	13	Gij hebt door Uw sterkte de zee gespleten; Gij hebt de koppen der draken in de wateren verbroken.
	Thou brakest the heads of leviathan in pieces, and gavest him to be meat to the people inhabiting the wilderness.	14	Gij hebt de koppen des Leviathans verpletterd; Gij hebt hem tot spijs gegeven aan het volk in dorre plaatsen.
	Thou didst cleave the fountain and the flood: thou driedst up mighty rivers.	15	Gij hebt een fontein en beek gekliefd; Gij hebt sterke rivieren uitgedroogd.
	The day is thine, the night also is thine: thou hast prepared the light and the sun.	16	De dag is Uwe, ook is de nacht Uwe; Gij hebt het licht en de zon bereid.
	Thou hast set all the borders of the earth: thou hast made summer and winter.	17	Gij hebt al de palen der aarde gesteld; zomer en winter, die hebt Gij geformeerd.
	Remember this, that the enemy hath reproached, O LORD, and that the foolish people have blasphemed thy name.	18	Gedenk hieraan; de vijand heeft den HEERE gesmaad, en een dwaas volk heeft Uw Naam gelasterd.
	O deliver not the soul of thy turtledove unto the multitude of the wicked: forget not the congregation of thy poor for ever.	19	Geef aan het wild gedierte de ziel Uwer tortelduif niet over; vergeet den hoop Uwer ellendigen niet in eeuwigheid.
	Have respect unto the covenant: for the dark places of the earth are full of the habitations of cruelty.	20	Aanschouw het verbond; want de duistere plaatsen des lands zijn vol woningen van geweld.
	O let not the oppressed return ashamed: let the poor and needy praise thy name.	21	Laat den verdrukte niet beschaamd wederkeren; laat den ellendige en nooddruftige Uw Naam prijzen.
	Arise, O God, plead thine own cause: remember how the foolish man reproacheth thee daily.	22	Sta op, o God! twist Uw twistzaak; gedenk der smaadheid, die U van den dwaze wedervaart den gansen dag.
	Forget not the voice of thine enemies: the tumult of those that rise up against thee increaseth continually.	23	Vergeet niet het geroep Uwer wederpartijders; het getier dergenen, die tegen U opstaan, klimt geduriglijk op.

Psalm (75) Psalmen

	{To the chief Musician, Altaschith, A Psalm or Song of Asaph.} Unto thee, O God, do we give thanks, unto thee do we give thanks: for that thy name is near thy wondrous works declare.	1	Voor den opperzangmeester, Altascheth; een psalm, een lied, voor Asaf. (1a) Wij loven U, o God; wij loven, dat Uw Naam nabij is; men vertelt Uw wonderen.
	When I shall receive the congregation I will judge uprightly.	2	Als ik het bestemde ambt zal ontvangen hebben, zo zal ik gans recht richten.
	The earth and all the inhabitants thereof are dissolved: I bear up the pillars of it. Selah.	3	Het land en al zijn inwoners waren versmolten; maar ik heb zijn pilaren vastgemaakt. Sela.
	I said unto the fools, Deal not foolishly: and to the wicked, Lift not up the horn:	4	Ik heb gezegd tot de onzinnigen: Weest niet onzinnig; en tot de goddelozen: Verhoogt den hoorn niet.
	Lift not up your horn on high: speak not with a stiff neck.	5	Verhoogt uw hoorn niet omhoog; spreekt niet met stijven hals.

Psalm - Psalmen

For promotion cometh neither from the east, nor from the west, nor from the south.	6 Want het verhogen komt niet uit het oosten, noch uit het westen, noch uit de woestijn;
But God is the judge: he putteth down one, and setteth up another.	7 Maar God is Rechter; Hij vernedert dezen, en verhoogt genen.
For in the hand of the LORD there is a cup, and the wine is red; it is full of mixture; and he poureth out of the same: but the dregs thereof, all the wicked of the earth shall wring them out, and drink them.	8 Want in des HEEREN hand is een beker, en de wijn is beroerd, vol van mengeling, en Hij schenkt daaruit; doch alle goddelozen der aarde zullen zijn droesemen uitzuigende drinken.
But I will declare for ever; I will sing praises to the God of Jacob.	9 En ik zal het in eeuwigheid verkondigen; ik zal den God Jakobs psalmzingen.
All the horns of the wicked also will I cut off; but the horns of the righteous shall be exalted.	10 [(Psalms 75:11) En ik zal alle hoornen der goddelozen afhouwen; de hoornen des rechtvaardigen zullen verhoogd worden.]

Psalm (76) Psalmen

{To the chief Musician on Neginoth, A Psalm or Song of Asaph.} In Judah is God known: his name is great in Israel.	1 Een psalm, een lied van Asaf, voor den opperzangmeester, op de Neginoth. (1a) God is bekend in Juda; Zijn Naam is groot in Israel.
In Salem also is his tabernacle, and his dwelling place in Zion.	2 En in Salem is Zijn hut, en Zijn woning in Sion.
There brake he the arrows of the bow, the shield, and the sword, and the battle. Selah.	3 Aldaar heeft Hij verbroken de vurige pijlen van den boog, het schild, en het zwaard, en den krijg. Sela.
Thou art more glorious and excellent than the mountains of prey.	4 Gij zijt doorluchtiger en heerlijker dan de roofbergen.
The stouthearted are spoiled, they have slept their sleep: and none of the men of might have found their hands.	5 De stouthartigen zijn beroofd geworden; zij hebben hun slaap gesluimerd; en geen van de dappere mannen hebben hun handen gevonden.
At thy rebuke, O God of Jacob, both the chariot and horse are cast into a dead sleep.	6 Van Uw schelden, o God van Jakob! is samen wagen en paard in slaap gezonken.
Thou, even thou, art to be feared: and who may stand in thy sight when once thou art angry?	7 Gij, vreselijk zijt Gij; en wie zal voor Uw aangezicht bestaan, van den tijd Uws toorns af?
Thou didst cause judgment to be heard from heaven; the earth feared, and was still,	8 Gij deedt een oordeel horen uit den hemel; de aarde vreesde en werd stil,
When God arose to judgment, to save all the meek of the earth. Selah.	9 Als God opstond ten oordeel, om alle zachtmoedigen der aarde te verlossen. Sela.
Surely the wrath of man shall praise thee: the remainder of wrath shalt thou restrain.	10 Want de grimmigheid des mensen zal U loffelijk maken; het overblijfsel der grimmigheden zult Gij opbinden.
Vow, and pay unto the LORD your God: let all that be round about him bring presents unto him that ought to be feared.	11 Doet geloften en betaalt ze den HEERE, uw God, gij allen, die rondom Hem zijt! Laat hen Dien, Die te vrezen is, geschenken brengen;
He shall cut off the spirit of princes: he is terrible to the kings of the earth.	12 [(Psalms 76:13) Die den geest der vorsten als druiven afsnijdt; Die den koningen der aarde vreselijk is.]

Psalm (77) Psalmen

{To the chief Musician, to Jeduthun, A Psalm of Asaph.} I cried unto God with my voice, even unto God with my voice; and he gave ear unto me.	1 Een psalm van Asaf, voor den opperzangmeester, over Jeduthun. (1a) Mijn stem is tot God, en ik roep; mijn stem is tot God, en Hij zal het oor tot mij neigen.
In the day of my trouble I sought the Lord: my sore ran in the night, and ceased not: my soul refused to be comforted.	2 Ten dage mijner benauwdheid zocht ik den HEERE; mijn hand was des nachts uitgestrekt, en liet niet af; mijn ziel weigerde getroost te worden.
I remembered God, and was troubled: I complained, and my spirit was overwhelmed. Selah.	3 Dacht ik aan God, zo maakte ik misbaar; peinsde ik, zo werd mijn ziel overstelpt. Sela.
Thou holdest mine eyes waking: I am so troubled that I cannot speak.	4 Gij hieldt mijn ogen wakende; ik was verslagen, en sprak niet.
I have considered the days of old, the years of ancient times.	5 Ik overdacht de dagen van ouds, de jaren der eeuwen.
I call to remembrance my song in the night: I commune with mine own heart: and my spirit made diligent search.	6 Ik dacht aan mijn snarenspel; in den nacht overlegde ik in mijn hart, en mijn geest onderzocht:
Will the Lord cast off for ever? and will he be favourable no more?	7 Zal dan de Heere in eeuwigheden verstoten, en voortaan niet meer goedgunstig zijn?
Is his mercy clean gone for ever? doth his promise fail for evermore?	8 Houdt Zijn goedertierenheid in eeuwigheid op? Heeft de toezegging een einde, van geslacht tot geslacht?
Hath God forgotten to be gracious? hath he in anger shut up his tender mercies? Selah.	9 Heeft God vergeten genadig te zijn? Heeft Hij Zijn barmhartigheden door toorn toegesloten? Sela.
And I said, This is my infirmity: but I will remember the years of the right hand of the most High.	10 Daarna zeide ik: Dit krenkt mij; maar de rechterhand des Allerhoogsten verandert.
I will remember the works of the LORD: surely I will remember thy wonders of old.	11 Ik zal de daden des HEEREN gedenken; ja, ik zal gedenken Uw wonderen van ouds her;
I will meditate also of all thy work, and talk of thy doings.	12 En zal al Uw werken betrachten, en van Uw daden spreken.
Thy way, O God, is in the sanctuary: who is so great a God as our God?	13 O God! Uw weg is in het heiligdom; wie is een groot God, gelijk God?
Thou art the God that doest wonders: thou hast declared thy strength among the people.	14 Gij zijt die God, Die wonder doet; Gij hebt Uw sterkte bekend gemaakt onder de volken.

	Thou hast with thine arm redeemed thy people, the sons of Jacob and Joseph. Selah.	15	Gij hebt Uw volk door Uw arm verlost; de kinderen van Jakob en van Jozef. Sela.
	The waters saw thee, O God, the waters saw thee; they were afraid: the depths also were troubled.	16	De wateren zagen U, o God! de wateren zagen U, zij beefden; ook waren de afgronden beroerd.
	The clouds poured out water: the skies sent out a sound: thine arrows also went abroad.	17	De dikke wolken goten water uit; de bovenste wolken gaven geluid; ook gingen Uw pijlen daarhenen.
	The voice of thy thunder was in the heaven: the lightnings lightened the world: the earth trembled and shook.	18	Het geluid Uws donders was in het ronde; de bliksemen verlichtten de wereld; de aarde werd beroerd en daverde.
	Thy way is in the sea, and thy path in the great waters, and thy footsteps are not known.	19	Uw weg was in de zee, en Uw pad in grote wateren, en Uw voetstappen werden niet bekend.
	Thou leddest thy people like a flock by the hand of Moses and Aaron.	20	[(Psalms 77:21) Gij leiddet Uw volk, als een kudde door de hand van Mozes en Aaron.]

Psalm (78) Psalmen

	{Maschil of Asaph.} Give ear, O my people, to my law: incline your ears to the words of my mouth.	1	Een onderwijzing van Asaf. O mijn volk! neem mijn leer ter oren; neigt ulieder oor tot de redenen mijns monds.
	I will open my mouth in a parable: I will utter dark sayings of old:	2	Ik zal mijn mond opendoen met spreuken; ik zal verborgenheden overvloediglijk uitstorten, van ouds her;
	Which we have heard and known, and our fathers have told us.	3	Die wij gehoord hebben en weten ze, en onze vaders ons verteld hebben.
	We will not hide them from their children, shewing to the generation to come the praises of the LORD, and his strength, and his wonderful works that he hath done.	4	Wij zullen het niet verbergen voor hun kinderen, voor het navolgende geslacht, vertellende de loffelijkheden des HEEREN, en Zijn sterkheid, en Zijn wonderen, die Hij gedaan heeft.
	For he established a testimony in Jacob, and appointed a law in Israel, which he commanded our fathers, that they should make them known to their children:	5	Want Hij heeft een getuigenis opgericht in Jakob, en een wet gesteld in Israel; die Hij onzen vaderen geboden heeft, dat zij ze hun kinderen zouden bekend maken;
	That the generation to come might know them, even the children which should be born; who should arise and declare them to their children:	6	Opdat het navolgende geslacht die weten zou, de kinderen, die geboren zouden worden; en zouden opstaan, en vertellen ze hun kinderen;
	That they might set their hope in God, and not forget the works of God, but keep his commandments:	7	En dat zij hun hoop op God zouden stellen, en Gods daden niet vergeten, maar Zijn geboden bewaren;
	And might not be as their fathers, a stubborn and rebellious generation; a generation that set not their heart aright, and whose spirit was not stedfast with God.	8	En dat zij niet zouden worden gelijk hun vaders, een wederhorig en wederspannig geslacht; een geslacht, dat zijn hart niet richtte, en welks geest niet getrouw was met God.
	The children of Ephraim, being armed, and carrying bows, turned back in the day of battle.	9	(De kinderen van Efraim, gewapende boogschutters, keerden om ten dage des strijds.)
	They kept not the covenant of God, and refused to walk in his law;	10	Zij hielden Gods verbond niet, en weigerden te wandelen in Zijn wet.
	And forgat his works, and his wonders that he had shewed them.	11	En zij vergaten Zijn daden, en Zijn wonderen, die Hij hun had doen zien.
	Marvellous things did he in the sight of their fathers, in the land of Egypt, in the field of Zoan.	12	Voor hun vaderen had Hij wonder gedaan, in Egypteland, in het veld van Zoan.
	He divided the sea, and caused them to pass through; and he made the waters to stand as an heap.	13	Hij kliefde de zee, en deed er hen doorgaan; en de wateren deed Hij staan als een hoop.
	In the daytime also he led them with a cloud, and all the night with a light of fire.	14	En Hij leidde hen des daags met een wolk, en den gansen nacht met een licht des vuurs.
	He clave the rocks in the wilderness, and gave them drink as out of the great depths.	15	Hij kliefde de rotsstenen in de woestijn, en drenkte hen overvloedig, als uit afgronden.
	He brought streams also out of the rock, and caused waters to run down like rivers.	16	Want Hij bracht stromen voort uit de steenrots, en deed de wateren afdalen als rivieren.
	And they sinned yet more against him by provoking the most High in the wilderness.	17	Nog voeren zij wijders voort tegen Hem te zondigen, verbitterende den Allerhoogste in de dorre wildernis.
	And they tempted God in their heart by asking meat for their lust.	18	En zij verzochten God in hun hart, begerende spijs naar hun lust.
	Yea, they spake against God; they said, Can God furnish a table in the wilderness?	19	En zij spraken tegen God, zij zeiden: Zou God een tafel kunnen toerichten in de woestijn?
	Behold, he smote the rock, that the waters gushed out, and the streams overflowed; can he give bread also? can he provide flesh for his people?	20	Ziet, Hij heeft den rotssteen geslagen, dat er wateren uitvloeiden, en beken overvloediglijk uitbraken, zou Hij ook brood kunnen geven? Zou Hij Zijn volke vlees toebereiden?
	Therefore the LORD heard this, and was wroth: so a fire was kindled against Jacob, and anger also came up against Israel;	21	Daarom hoorde de HEERE, en werd verbolgen; en een vuur werd ontstoken tegen Jakob, en toorn ging ook op tegen Israel;
	Because they believed not in God, and trusted not in his salvation:	22	Omdat zij in God niet geloofden, en op Zijn heil niet vertrouwden.
	Though he had commanded the clouds from above, and opened the doors of heaven,	23	Daar Hij den wolken van boven gebood, en de deuren des hemels opende;
	And had rained down manna upon them to eat, and had given them of the corn of heaven.	24	En regende op hen het Man om te eten, en gaf hun hemels koren.
	Man did eat angels' food: he sent them meat to the full.	25	Een iegelijk at het brood der Machtigen; Hij zond hun teerkost tot verzadiging.
	He caused an east wind to blow in the heaven: and by his power he brought in the south wind.	26	Hij dreef den oostenwind voort in den hemel, en voerde den zuidenwind aan door Zijn sterkte;

Psalm - Psalmen

	He rained flesh also upon them as dust, and feathered fowls like as the sand of the sea:	27	En regende op hen vlees als stof, en gevleugeld gevogelte als zand der zeeen;
	And he let it fall in the midst of their camp, round about their habitations.	28	En deed het vallen in het midden zijns legers, rondom zijn woningen.
	So they did eat, and were well filled: for he gave them their own desire;	29	Toen aten zij, en werden zeer zat; zodat Hij hun hun lust toebracht.
	They were not estranged from their lust. But while their meat was yet in their mouths,	30	Zij waren nog niet vervreemd van hun lust; hun spijs was nog in hun mond,
	The wrath of God came upon them, and slew the fattest of them, and smote down the chosen men of Israel.	31	Als Gods toorn tegen hen opging, dat Hij van hun vetsten doodde, en de uitgelezenen van Israel nedervelde.
	For all this they sinned still, and believed not for his wondrous works.	32	Boven dit alles zondigden zij nog, en geloofden niet, door Zijn wonderen.
	Therefore their days did he consume in vanity, and their years in trouble.	33	Dies deed Hij hun dagen vergaan in ijdelheid, en hun jaren in verschrikking.
	When he slew them, then they sought him: and they returned and inquired early after God.	34	Als Hij hen doodde, zo vraagden zij naar Hem, en keerden weder, en zochten God vroeg;
	And they remembered that God was their rock, and the high God their redeemer.	35	En gedachten, dat God hun Rotssteen was, en God, de Allerhoogste, hun Verlosser.
	Nevertheless they did flatter him with their mouth, and they lied unto him with their tongues.	36	En zij vleiden Hem met hun mond, en logen Hem met hun tong.
	For their heart was not right with him, neither were they stedfast in his covenant.	37	Want hun hart was niet recht met Hem, en zij waren niet getrouw in Zijn verbond.
	But he, being full of compassion, forgave their iniquity, and destroyed them not: yea, many a time turned he his anger away, and did not stir up all his wrath.	38	Doch Hij, barmhartig zijnde, verzoende de ongerechtigheid, en verdierf hen niet; maar wendde dikwijls Zijn toorn af, en wekte Zijn ganse grimmigheid niet op.
	For he remembered that they were but flesh; a wind that passeth away, and cometh not again.	39	En Hij dacht, dat zij vlees waren, een wind, die henengaat en niet wederkeert.
	How oft did they provoke him in the wilderness, and grieve him in the desert!	40	Hoe dikwijls verbitterden zij Hem in de woestijn, deden Hem smart aan in de wildernis!
	Yea, they turned back and tempted God, and limited the Holy One of Israel.	41	Want zij kwamen alweder, en verzochten God, en stelden den Heilige Israels een perk.
	They remembered not his hand, nor the day when he delivered them from the enemy.	42	Zij dachten niet aan Zijn hand, aan den dag, toen Hij hen van den wederpartijder verloste;
	How he had wrought his signs in Egypt, and his wonders in the field of Zoan:	43	Hoe Hij Zijn tekenen stelde in Egypte, en Zijn wonderheden in het veld van Zoan;
	And had turned their rivers into blood; and their floods, that they could not drink.	44	En hun vloeden in bloed veranderde, en hun stromen, opdat zij niet zouden drinken.
	He sent divers sorts of flies among them, which devoured them; and frogs, which destroyed them.	45	Hij zond een vermenging van ongedierte onder hen, dat hen verteerde, en vorsen, die hen verdierven.
	He gave also their increase unto the caterpiller, and their labour unto the locust.	46	En Hij gaf hun gewas den kruidworm, en hun arbeid den sprinkhaan.
	He destroyed their vines with hail, and their sycomore trees with frost.	47	Hij doodde hun wijnstok door den hagel, en hun wilde vijgebomen door vurigen hagelsteen.
	He gave up their cattle also to the hail, and their flocks to hot thunderbolts.	48	Ook gaf Hij hun vee den hagel over, en hun beesten aan de vurige kolen.
	He cast upon them the fierceness of his anger, wrath, and indignation, and trouble, by sending evil angels among them.	49	Hij zond onder hen de hittigheid Zijns toorns, verbolgenheid, en verstoordheid, en benauwdheid, met uitzending der boden van veel kwaads.
	He made a way to his anger; he spared not their soul from death, but gave their life over to the pestilence;	50	Hij woog een pad voor Zijn toorn; Hij onttrok hun ziel niet van den dood; en hun gedierte gaf Hij aan de pestilentie over.
	And smote all the firstborn in Egypt; the chief of their strength in the tabernacles of Ham:	51	En Hij sloeg al het eerstgeborene in Egypte, het beginsel der krachten in de tenten van Cham.
	But made his own people to go forth like sheep, and guided them in the wilderness like a flock.	52	En Hij voerde Zijn volk als schapen, en leidde hen, als een kudde, in de woestijn.
	And he led them on safely, so that they feared not: but the sea overwhelmed their enemies.	53	Ja, Hij leidde hen zeker, zodat zij niet vreesden; want de zee had hun vijanden overdekt.
	And he brought them to the border of his sanctuary, even to this mountain, which his right hand had purchased.	54	En Hij bracht hen tot de landpale Zijner heiligheid, tot dezen berg, dien Zijn rechterhand verkregen heeft.
	He cast out the heathen also before them, and divided them an inheritance by line, and made the tribes of Israel to dwell in their tents.	55	En Hij verdreef voor hun aangezicht de heidenen, en deed hen vallen in het snoer hunner erfenis, en deed de stammen Israels in hun tenten wonen.
	Yet they tempted and provoked the most high God, and kept not his testimonies:	56	Maar zij verzochten en verbitterden God, den Allerhoogste, en onderhielden Zijn getuigenissen niet.
	But turned back, and dealt unfaithfully like their fathers: they were turned aside like a deceitful bow.	57	En zij weken terug, en handelden trouwelooslijk, gelijk hun vaders; zij zijn omgekeerd, als een bedriegelijke boog.
	For they provoked him to anger with their high places, and moved him to jealousy with their graven images.	58	En zij verwekten Hem tot toorn door hun hoogten, en verwekten Hem tot ijver door hun gesneden beelden.
	When God heard this, he was wroth, and greatly abhorred Israel:	59	God hoorde het en werd verbolgen, en versmaadde Israel zeer.
	So that he forsook the tabernacle of Shiloh, the tent which he placed among men;	60	Dies verliet Hij den tabernakel te Silo, de tent, die Hij tot een woning gesteld had onder de mensen.
	And delivered his strength into captivity, and his glory into the enemy's hand.	61	En Hij gaf Zijn sterkte in de gevangenis, en Zijn heerlijkheid in de hand des wederpartijders.

	He gave his people over also unto the sword; and was wroth with his inheritance.	62	En Hij leverde Zijn volk over ten zwaarde, en werd verbolgen tegen Zijn erfenis.
	The fire consumed their young men; and their maidens were not given to marriage.	63	Het vuur verteerde hun jongelingen, en hun jonge dochters werden niet geprezen.
	Their priests fell by the sword; and their widows made no lamentation.	64	Hun priesters vielen door het zwaard, en hun weduwen weenden niet.
	Then the Lord awaked as one out of sleep, and like a mighty man that shouteth by reason of wine.	65	Toen ontwaakte de Heere, als een slapende, als een held, die juicht van den wijn.
	And he smote his enemies in the hinder parts: he put them to a perpetual reproach.	66	En Hij sloeg Zijn wederpartijders aan het achterste; Hij deed hun eeuwige smaadheid aan.
	Moreover he refused the tabernacle of Joseph, and chose not the tribe of Ephraim:	67	Doch Hij verwierp de tent van Jozef, en den stam van Efraim verkoos Hij niet.
	But chose the tribe of Judah, the mount Zion which he loved.	68	Maar Hij verkoos den stam van Juda, den berg Sion, dien Hij liefhad.
	And he built his sanctuary like high palaces, like the earth which he hath established for ever.	69	En Hij bouwde Zijn heiligdom als hoogten, als de aarde, die Hij gegrond heeft in eeuwigheid.
	He chose David also his servant, and took him from the sheepfolds:	70	En Hij verkoos Zijn knecht David, en nam hem van de schaapskooien;
	From following the ewes great with young he brought him to feed Jacob his people, and Israel his inheritance.	71	Van achter de zogende schapen deed Hij hem komen, om te weiden Jakob, Zijn volk, en Israel, Zijn erfenis.
	So he fed them according to the integrity of his heart; and guided them by the skilfulness of his hands.	72	Ook heeft hij hen geweid naar de oprechtheid zijns harten, en heeft hen geleid met een zeer verstandig beleid zijner handen.

Psalm (79) Psalmen

	{A Psalm of Asaph.} O God, the heathen are come into thine inheritance; thy holy temple have they defiled; they have laid Jerusalem on heaps.	1	Een psalm van Asaf. O God! Heidenen zijn gekomen in Uw erfenis; zij hebben den tempel Uwer heiligheid verontreinigd; zij hebben Jeruzalem tot steenhopen gesteld.
	The dead bodies of thy servants have they given to be meat unto the fowls of the heaven, the flesh of thy saints unto the beasts of the earth.	2	Zij hebben de dode lichamen Uwer knechten aan het gevogelte des hemels tot spijs gegeven; het vlees Uwer gunstgenoten aan het gedierte des lands.
	Their blood have they shed like water round about Jerusalem; and there was none to bury them.	3	Zij hebben hun bloed rondom Jeruzalem als water vergoten; en er was niemand, die hen begroef.
	We are become a reproach to our neighbours, a scorn and derision to them that are round about us.	4	Wij zijn onzen naburen een smaadheid geworden; een spot en schimp dien, die rondom ons zijn.
	How long, LORD? wilt thou be angry for ever? shall thy jealousy burn like fire?	5	Hoe lang, HEERE? Zult Gij eeuwiglijk toornen? Zal Uw ijver als vuur branden?
	Pour out thy wrath upon the heathen that have not known thee, and upon the kingdoms that have not called upon thy name.	6	Stort Uw grimmigheid uit over de heidenen, die U niet kennen, en over de koninkrijken, die Uw Naam niet aanroepen.
	For they have devoured Jacob, and laid waste his dwelling place.	7	Want men heeft Jakob opgegeten, en zij hebben zijn liefelijke woning verwoest.
	O remember not against us former iniquities: let thy tender mercies speedily prevent us: for we are brought very low.	8	Gedenk ons de vorige misdaden niet; haast U, laat Uw barmhartigheden ons voorkomen; want wij zijn zeer dun geworden.
	Help us, O God of our salvation, for the glory of thy name: and deliver us, and purge away our sins, for thy name's sake.	9	Help ons, o God onzes heils! ter oorzake van de eer Uws Naams; en red ons, en doe verzoening over onze zonden, om Uws Naams wil.
	Wherefore should the heathen say, Where is their God? let him be known among the heathen in our sight by the revenging of the blood of thy servants which is shed.	10	Waarom zouden de heidenen zeggen: Waar is hun God? Laat de wraak des vergoten bloeds Uwer knechten onder de heidenen voor onze ogen bekend worden.
	Let the sighing of the prisoner come before thee; according to the greatness of thy power preserve thou those that are appointed to die;	11	Laat het gekerm der gevangenen voor Uw aanschijn komen; behoud overig de kinderen des doods, naar de grootheid Uws arms.
	And render unto our neighbours sevenfold into their bosom their reproach, wherewith they have reproached thee, O Lord.	12	En geef onze naburen zevenvoudig weder in hun schoot hun smaad, waarmede zij U, o Heere! gesmaad hebben.
	So we thy people and sheep of thy pasture will give thee thanks for ever: we will shew forth thy praise to all generations.	13	Zo zullen wij, Uw volk en de schapen Uwer weide, U loven in eeuwigheid, van geslacht tot geslacht; wij zullen Uw roem vertellen.

Psalm (80) Psalmen

	{To the chief Musician upon ShoshannimEduth, A Psalm of Asaph.} Give ear, O Shepherd of Israel, thou that leadest Joseph like a flock; thou that dwellest between the cherubims, shine forth.	1	Voor den opperzangmeester, op Schoschannim; een getuigenis, een psalm van Asaf. (1a) O Herder Israels! neem ter ore, Die Jozef als schapen leiddet; Die tussen de cherubim zit, verschijn blinkende.
	Before Ephraim and Benjamin and Manasseh stir up thy strength, and come and save us.	2	Wek Uw macht op voor het aangezicht van Efraim, en Benjamin, en Manasse, en kom tot onze verlossing.
	Turn us again, O God, and cause thy face to shine; and we shall be saved.	3	O God! breng ons weder, en laat Uw aanschijn lichten, zo zullen wij verlost worden.
	O LORD God of hosts, how long wilt thou be angry against the prayer of thy people?	4	O HEERE, God der heirscharen! hoe lang zult Gij roken tegen het gebed Uws volks?
	Thou feedest them with the bread of tears; and givest them tears to drink in great measure.	5	Gij spijst hen met tranenbrood, en drenkt hen met tranen uit een drieling.
	Thou makest us a strife unto our neighbours: and our enemies laugh among themselves.	6	Gij hebt ons onzen naburen tot een twist gesteld, en onze vijanden spotten onder zich.

Turn us again, O God of hosts, and cause thy face to shine; and we shall be saved.	7 O God der heirscharen! breng ons weder, en laat Uw aangezicht lichten; zo zullen wij verlost worden.
Thou hast brought a vine out of Egypt: thou hast cast out the heathen, and planted it.	8 Gij hebt een wijnstok uit Egypte overgebracht, hebt de heidenen verdreven, en hebt denzelven geplant;
Thou preparedst room before it, and didst cause it to take deep root, and it filled the land.	9 Gij hebt de plaats voor hem bereid, en zijn wortelen doen inwortelen, zodat hij het land vervuld heeft.
The hills were covered with the shadow of it, and the boughs thereof were like the goodly cedars.	10 De bergen zijn met zijn schaduw bedekt geweest, en zijn ranken waren als cederbomen Gods.
She sent out her boughs unto the sea, and her branches unto the river.	11 Hij schoot zijn ranken uit tot aan de zee, en zijn scheuten tot aan de rivier.
Why hast thou then broken down her hedges, so that all they which pass by the way do pluck her?	12 Waarom hebt Gij zijn muren doorgebroken, zodat allen, die den weg voorbijgaan, hem plukken?
The boar out of the wood doth waste it, and the wild beast of the field doth devour it.	13 Het zwijn uit het woud heeft hem uitgewroet, en het wild des velds heeft hem afgeweid.
Return, we beseech thee, O God of hosts: look down from heaven, and behold, and visit this vine;	14 O God der heirscharen! keer toch weder; aanschouw uit den hemel, en zie, en bezoek dezen wijnstok,
And the vineyard which thy right hand hath planted, and the branch that thou madest strong for thyself.	15 En den stam, dien Uw rechterhand geplant heeft, en dat om den zoon, dien Gij U gesterkt hebt!
It is burned with fire, it is cut down: they perish at the rebuke of thy countenance.	16 Hij is met vuur verbrand; hij is afgehouwen; zij komen om van het schelden Uws aangezichts.
Let thy hand be upon the man of thy right hand, upon the son of man whom thou madest strong for thyself.	17 Uw hand zij over den man Uwer rechterhand, over des mensen zoon, dien Gij U gesterkt hebt.
So will not we go back from thee: quicken us, and we will call upon thy name.	18 Zo zullen wij van U niet terugkeren; behoud ons in het leven, zo zullen wij Uw Naam aanroepen.
Turn us again, O LORD God of hosts, cause thy face to shine; and we shall be saved.	19 [(Psalms 80:20) O HEERE, God der heirscharen! breng ons weder; laat Uw aanschijn lichten, zo zullen wij verlost worden.]

Psalm (81) Psalmen

{To the chief Musician upon Gittith, A Psalm of Asaph.} Sing aloud unto God our strength: make a joyful noise unto the God of Jacob.	1 Voor den opperzangmeester, op de Gittith, een psalm van Asaf. (1a) Zingt vrolijk Gode, onze Sterkte; juicht den God van Jakob.
Take a psalm, and bring hither the timbrel, the pleasant harp with the psaltery.	2 Heft een psalm op, en geeft de trommel; de liefelijke harp met de luit.
Blow up the trumpet in the new moon, in the time appointed, on our solemn feast day.	3 Blaast de bazuin in de nieuwe maan, ter bestemder tijd, op onzen feestdag.
For this was a statute for Israel, and a law of the God of Jacob.	4 Want dit is een inzetting in Israel, een recht van den God Jakobs.
This he ordained in Joseph for a testimony, when he went out through the land of Egypt: where I heard a language that I understood not.	5 Hij heeft het gezet tot een getuigenis in Jozef, als Hij uitgetogen was tegen Egypteland; alwaar ik gehoord heb een spraak, die ik niet verstond;
I removed his shoulder from the burden: his hands were delivered from the pots.	6 Ik heb zijn schouder van den last onttrokken; zijn handen zijn van de potten ontslagen.
Thou calledst in trouble, and I delivered thee; I answered thee in the secret place of thunder: I proved thee at the waters of Meribah. Selah.	7 In de benauwdheid riept gij, en Ik hielp u uit; Ik antwoordde u uit de schuilplaats des donders; Ik beproefde u aan de wateren van Meriba. Sela.
Hear, O my people, and I will testify unto thee: O Israel, if thou wilt hearken unto me;	8 Mijn volk, zeide Ik hoor toe, en Ik zal onder u betuigen, Israel, of gij naar Mij hoordet!
There shall no strange god be in thee; neither shalt thou worship any strange god.	9 Er zal onder u geen uitlands god wezen, en gij zult u voor geen vreemden god nederbuigen.
I am the LORD thy God, which brought thee out of the land of Egypt: open thy mouth wide, and I will fill it.	10 Ik ben de Heere, uw God, Die u heb opgevoerd uit het land van Egypte; doe uw mond wijd open, en Ik zal hem vervullen.
But my people would not hearken to my voice; and Israel would none of me.	11 Maar Mijn volk heeft Mijn stem niet gehoord; en Israel heeft Mijner niet gewild.
So I gave them up unto their own hearts' lust: and they walked in their own counsels.	12 Dies heb Ik het overgegeven in het goeddunken huns harten, dat zij wandelden in hun raadslagen.
Oh that my people had hearkened unto me, and Israel had walked in my ways!	13 Och, dat Mijn volk naar Mij gehoord had, dat Israel in Mijn wegen gewandeld had!
I should soon have subdued their enemies, and turned my hand against their adversaries.	14 In kort zou Ik hun vijanden gedempt hebben, en Mijn hand gewend hebben tegen hun wederpartijders.
The haters of the LORD should have submitted themselves unto him: but their time should have endured for ever.	15 Die den HEERE haten, zouden zich Hem geveinsdelijk onderworpen hebben, maar hunlieder tijd zou eeuwig geweest zijn.
He should have fed them also with the finest of the wheat: and with honey out of the rock should I have satisfied thee.	16 [(Psalms 81:17) En Hij zou het gespijsd hebben met het vette der tarwe; ja, Ik zou u verzadigd hebben met honig uit de rotsstenen.]

Psalm (82) Psalmen

{A Psalm of Asaph.} God standeth in the congregation of the mighty; he judgeth among the gods.	1 Een psalm van Asaf. God staat in de vergadering Godes; Hij oordeelt in het midden der goden;
How long will ye judge unjustly, and accept the persons of the wicked? Selah.	2 Hoe lang zult gijlieden onrecht oordelen, en het aangezicht der goddelozen aannemen? Sela.
Defend the poor and fatherless: do justice to the afflicted and needy.	3 Doet recht den arme en den wees; rechtvaardigt den verdrukte en den arme.

	Deliver the poor and needy: rid them out of the hand of the wicked.	4	Verlost den arme en den behoeftige, rukt hem uit der goddelozen hand.
	They know not, neither will they understand; they walk on in darkness: all the foundations of the earth are out of course.	5	Zij weten niet, en verstaan niet; zij wandelen steeds in duisternis; dies wankelen alle fondamenten der aarde.
	I have said, Ye are gods; and all of you are children of the most High.	6	Ik heb wel gezegd: Gij zijt goden; en gij zijt allen kinderen des Allerhoogsten;
	But ye shall die like men, and fall like one of the princes.	7	Nochtans zult gij sterven als een mens; en als een van de vorsten zult gij vallen.
	Arise, O God, judge the earth: for thou shalt inherit all nations.	8	Sta op, o God! oordeel het aardrijk, want Gij bezit alle natien.

Psalm (83) Psalmen

	{A Song or Psalm of Asaph.} Keep not thou silence, O God: hold not thy peace, and be not still, O God.	1	Een lied, een psalm van Asaf. (1a) O God! zwijg niet, houd U niet als doof, en zijt niet stil, o God!
	For, lo, thine enemies make a tumult: and they that hate thee have lifted up the head.	2	Want zie, Uw vijanden maken getier, en Uw haters steken het hoofd op.
	They have taken crafty counsel against thy people, and consulted against thy hidden ones.	3	Zij maken listiglijk een heimelijken aanslag tegen Uw volk, en beraadslagen zich tegen Uw verborgenen.
	They have said, Come, and let us cut them off from being a nation; that the name of Israel may be no more in remembrance.	4	Zij hebben gezegd: Komt, en laat ons hen uitroeien, dat zij geen volk meer zijn; dat aan den naam Israels niet meer gedacht worde.
	For they have consulted together with one consent: they are confederate against thee:	5	Want zij hebben in het hart te zamen geraadslaagd; tegen U hebben zij een verbond gemaakt;
	The tabernacles of Edom, and the Ishmaelites; of Moab, and the Hagarenes;	6	De tenten van Edom en der Ismaelieten, Moab en de Hagarenen;
	Gebal, and Ammon, and Amalek; the Philistines with the inhabitants of Tyre;	7	Gebal, en Ammon, en Amalek, Palestina met de inwoners van Tyrus.
	Assur also is joined with them: they have holpen the children of Lot. Selah.	8	Ook heeft zich Assur bij hen gevoegd; zij zijn den kinderen van Lot tot een arm geweest. Sela.
	Do unto them as unto the Midianites; as to Sisera, as to Jabin, at the brook of Kison:	9	Doe hun als Midian, als Sisera, als Jabin aan de beek Kison;
	Which perished at Endor: they became as dung for the earth.	10	Die verdelgd zijn te Endor; zij zijn geworden tot drek der aarde.
	Make their nobles like Oreb, and like Zeeb: yea, all their princes as Zebah, and as Zalmunna:	11	Maak hen en hun prinsen als Oreb en als Zeeb, en al hun vorsten als Zebah en als Zalmuna;
	Who said, Let us take to ourselves the houses of God in possession.	12	Die zeiden: Laat ons de schone woningen Gods voor ons in erfelijke bezitting nemen.
	O my God, make them like a wheel; as the stubble before the wind.	13	Mijn God! maak hen als een wervel, als stoppelen voor den wind.
	As the fire burneth a wood, and as the flame setteth the mountains on fire;	14	Gelijk het vuur een woud verbrandt, en gelijk de vlam de bergen aansteekt;
	So persecute them with thy tempest, and make them afraid with thy storm.	15	Vervolg hen alzo met Uw onweder, en verschrik hen met Uw draaiwind.
	Fill their faces with shame; that they may seek thy name, O LORD.	16	Maak hun aangezicht vol schande, opdat zij, o HEERE! Uw Naam zoeken.
	Let them be confounded and troubled for ever; yea, let them be put to shame, and perish:	17	Laat hen beschaamd en verschrikt wezen tot in eeuwigheid, en laat hen schaamrood worden, en omkomen;
	That men may know that thou, whose name alone is JEHOVAH, art the most high over all the earth.	18	[(Psalms 83:19) Opdat zij weten, dat Gij alleen met Uw Naam zijt de HEERE, de Allerhoogste over de ganse aarde.]

Psalm (84) Psalmen

	{To the chief Musician upon Gittith, A Psalm for the sons of Korah.} How amiable are thy tabernacles, O LORD of hosts!	1	Voor den opperzangmeester, op de Gittith; een psalm, voor de kinderen van Korach. (1a) Hoe liefelijk zijn Uw woningen, o HEERE der heirscharen!
	My soul longeth, yea, even fainteth for the courts of the LORD: my heart and my flesh crieth out for the living God.	2	Mijn ziel is begerig, en bezwijkt ook van verlangen, naar de voorhoven des HEEREN; mijn hart en mijn vlees roepen uit tot den levenden God.
	Yea, the sparrow hath found an house, and the swallow a nest for herself, where she may lay her young, even thine altars, O LORD of hosts, my King, and my God.	3	Zelfs vindt de mus een huis, en de zwaluw een nest voor zich, waar zij haar jongen legt, bij Uw altaren, HEERE der heirscharen, mijn Koning, en mijn God!
	Blessed are they that dwell in thy house: they will be still praising thee. Selah.	4	Welgelukzalig zijn zij, die in Uw huis wonen; zij prijzen U gestadiglijk. Sela.
	Blessed is the man whose strength is in thee; in whose heart are the ways of them.	5	Welgelukzalig is de mens, wiens sterkte in U is, in welker hart de gebaande wegen zijn.
	Who passing through the valley of Baca make it a well; the rain also filleth the pools.	6	Als zij door het dal der moerbezienbomen doorgaan, stellen zij Hem tot een fontein; ook zal de regen hen gans rijkelijk overdekken.
	They go from strength to strength, every one of them in Zion appeareth before God.	7	Zij gaan van kracht tot kracht; een iegelijk van hen zal verschijnen voor God in Sion.
	O LORD God of hosts, hear my prayer: give ear, O God of Jacob. Selah.	8	HEERE, God der heirscharen! hoor mijn gebed; neem het ter oren, o God van Jakob! Sela.
	Behold, O God our shield, and look upon the face of thine anointed.	9	O God, ons Schild! zie, en aanschouw het aangezicht Uws gezalfden.

For a day in thy courts is better than a thousand. I had rather be a doorkeeper in the house of my God, than to dwell in the tents of wickedness.

For the LORD God is a sun and shield: the LORD will give grace and glory: no good thing will he withhold from them that walk uprightly.

O LORD of hosts, blessed is the man that trusteth in thee.

10 Want een dag in Uw voorhoven is beter dan duizend elders; ik koos liever aan den dorpel in het huis mijns Gods te wezen, dan lang te wonen in de tenten der goddeloosheid.

11 Want God, de HEERE, is een Zon en Schild; de HEERE zal genade en eer geven; Hij zal het goede niet onthouden dengenen, die in oprechtheid wandelen.

12 [(Psalms 84:13) HEERE der heirscharen! welgelukzalig is de mens, die op U vertrouwt.]

Psalm (85) Psalmen

{To the chief Musician, A Psalm for the sons of Korah.} LORD, thou hast been favourable unto thy land: thou hast brought back the captivity of Jacob.

Thou hast forgiven the iniquity of thy people, thou hast covered all their sin. Selah.

Thou hast taken away all thy wrath: thou hast turned thyself from the fierceness of thine anger.

Turn us, O God of our salvation, and cause thine anger toward us to cease.

Wilt thou be angry with us for ever? wilt thou draw out thine anger to all generations?

Wilt thou not revive us again: that thy people may rejoice in thee?

Shew us thy mercy, O LORD, and grant us thy salvation.

I will hear what God the LORD will speak: for he will speak peace unto his people, and to his saints: but let them not turn again to folly.

Surely his salvation is nigh them that fear him; that glory may dwell in our land.

Mercy and truth are met together; righteousness and peace have kissed each other.

Truth shall spring out of the earth; and righteousness shall look down from heaven.

Yea, the LORD shall give that which is good; and our land shall yield her increase.

Righteousness shall go before him; and shall set us in the way of his steps.

1 Een psalm, voor den opperzangmeester, onder de kinderen van Korach. (1a) Gij zijt Uw lande gunstig geweest, HEERE! de gevangenis van Jakob hebt Gij gewend.

2 De misdaad Uws volks hebt Gij weggenomen; Gij hebt al hun zonden bedekt. Sela.

3 Gij hebt weggenomen al Uw verbolgenheid; Gij hebt U gewend van de hittigheid Uws toorns.

4 Breng ons weder, o God onzes heils! en doe te niet Uw toornigheid over ons.

5 Zult Gij eeuwiglijk tegen ons toornen? Zult Gij Uw toorn uitstrekken van geslacht tot geslacht?

6 Zult Gij ons niet weder levend maken, opdat Uw volk zich in U verblijde?

7 Toon ons Uw goedertierenheid, o HEERE, en geef ons Uw heil.

8 Ik zal horen, wat God, de HEERE, spreken zal; want Hij zal tot Zijn volk en tot Zijn gunstgenoten van vrede spreken; maar dat zij niet weder tot dwaasheid keren.

9 Zekerlijk, Zijn heil is nabij degenen, die Hem vrezen, opdat in ons land eer wone.

10 De goedertierenheid en waarheid zullen elkander ontmoeten; de gerechtigheid en vrede zullen elkander kussen.

11 De waarheid zal uit de aarde spruiten, en gerechtigheid zal van den hemel nederzien.

12 Ook zal de HEERE het goede geven; en ons land zal zijn vrucht geven.

13 [(Psalms 85:14) De gerechtigheid zal voor Zijn aangezicht henengaan, en Hij zal ze zetten op den weg Zijner voetstappen.]

Psalm (86) Psalmen

{A Prayer of David.} Bow down thine ear, O LORD, hear me: for I am poor and needy.

Preserve my soul; for I am holy: O thou my God, save thy servant that trusteth in thee.

Be merciful unto me, O Lord: for I cry unto thee daily.

Rejoice the soul of thy servant: for unto thee, O Lord, do I lift up my soul.

For thou, Lord, art good, and ready to forgive; and plenteous in mercy unto all them that call upon thee.

Give ear, O LORD, unto my prayer; and attend to the voice of my supplications.

In the day of my trouble I will call upon thee: for thou wilt answer me.

Among the gods there is none like unto thee, O Lord; neither are there any works like unto thy works.

All nations whom thou hast made shall come and worship before thee, O Lord; and shall glorify thy name.

For thou art great, and doest wondrous things: thou art God alone.

Teach me thy way, O LORD; I will walk in thy truth: unite my heart to fear thy name.

I will praise thee, O Lord my God, with all my heart: and I will glorify thy name for evermore.

For great is thy mercy toward me: and thou hast delivered my soul from the lowest hell.

O God, the proud are risen against me, and the assemblies of violent men have sought after my soul; and have not set thee before them.

But thou, O Lord, art a God full of compassion, and gracious, longsuffering, and plenteous in mercy and truth.

O turn unto me, and have mercy upon me; give thy strength unto thy servant, and save the son of thine handmaid.

1 Een gebed van David. HEERE! neig Uw oor, verhoor mij; want ik ben ellendig en nooddruftig.

2 Bewaar mijn ziel, want ik ben Uw gunstgenoot, o Gij, mijn God! verlos Uw knecht die op U betrouwt.

3 Zijt mij genadig, HEERE! want ik roep tot U den gansen dag.

4 Verheug de ziel Uws knechts; want tot U, HEERE! verhef ik mijn ziel.

5 Want Gij, HEERE! zijt goed, en gaarne vergevende, en van grote goedertierenheid allen, die U aanroepen.

6 HEERE! neem mijn gebed ter ore, en merk op de stem mijner smekingen.

7 In den dag mijner benauwdheid roep ik U aan, want Gij verhoort mij.

8 Onder de goden is niemand U gelijk, Heere! en er zijn geen gelijk Uw werken.

9 Al de heidenen, Heere! die Gij gemaakt hebt, zullen komen, en zullen zich voor Uw aanschijn nederbuigen, en Uw Naam eren.

10 Want Gij zijt groot, en doet wonderwerken; Gij alleen zijt God.

11 Leer mij, HEERE! Uw weg; ik zal in Uw waarheid wandelen; verenig mijn hart tot de vreze Uws Naams.

12 Heere, mijn God! ik zal U met mijn ganse hart loven, en ik zal Uw Naam eren in eeuwigheid;

13 Want Uw goedertierenheid is groot over mij; en Gij hebt mijn ziel uit het onderste des grafs uitgerukt.

14 O God! de hovaardigen staan tegen mij op, en de vergaderingen der tirannen zoeken mijn ziel; en zij stellen U niet voor hun ogen.

15 Maar Gij, Heere! zijt een barmhartig en genadig God, lankmoedig, en groot van goedertierenheid en waarheid.

16 Wend U tot mij, en zijt mij genadig, geef Uw knecht Uw sterkte, en verlos den zoon Uwer dienstmaagd.

	Shew me a token for good; that they which hate me may see it, and be ashamed: because thou, LORD, hast holpen me, and comforted me.	17	Doe aan mij een teken ten goede, opdat het mijn haters zien, en beschaamd worden, als Gij, HEERE! mij geholpen, en mij getroost zult hebben.

Psalm (87) Psalmen

	{A Psalm or Song for the sons of Korah.} His foundation is in the holy mountains.	1	Een psalm, een lied voor de kinderen van Korach. Zijn grondslag is op de bergen der heiligheid.
	The LORD loveth the gates of Zion more than all the dwellings of Jacob.	2	De HEERE bemint de poorten van Sion boven alle woningen van Jakob.
	Glorious things are spoken of thee, O city of God. Selah.	3	Zeer heerlijke dingen worden van u gesproken, o stad Gods! Sela.
	I will make mention of Rahab and Babylon to them that know me: behold Philistia, and Tyre, with Ethiopia; this man was born there.	4	Ik zal Rahab en Babel vermelden, onder degenen, die Mij kennen; ziet, de Filistijn, en de Tyriër, met den Moor, deze is aldaar geboren.
	And of Zion it shall be said, This and that man was born in her: and the highest himself shall establish her.	5	En van Sion zal gezegd worden: Die en die is daarin geboren; en de Allerhoogste Zelf zal hen bevestigen.
	The LORD shall count, when he writeth up the people, that this man was born there. Selah.	6	De HEERE zal hen rekenen in het opschrijven der volken, zeggende: Deze is aldaar geboren. Sela.
	As well the singers as the players on instruments shall be there: all my springs are in thee.	7	En de zangers, gelijk de speellieden, mitsgaders al mijn fonteinen, zullen binnen u zijn.

Psalm (88) Psalmen

	{A Song or Psalm for the sons of Korah, to the chief Musician upon Mahalath Leannoth, Maschil of Heman the Ezrahite.} O LORD God of my salvation, I have cried day and night before thee:	1	Een lied, een psalm voor de kinderen van Korach, voor den opperzangmeester, op Machalath Leannoth; een onderwijzing van Heman, den Ezrahiet. (1a) O HEERE, God mijns heils! bij dag, bij nacht roep ik voor U.
	Let my prayer come before thee: incline thine ear unto my cry;	2	Laat mijn gebed voor Uw aanschijn komen; neig Uw oor tot mijn geschrei.
	For my soul is full of troubles: and my life draweth nigh unto the grave.	3	Want mijn ziel is der tegenheden zat, en mijn leven raakt tot aan het graf.
	I am counted with them that go down into the pit: I am as a man that hath no strength:	4	Ik ben gerekend met degenen, die in de kuil nederdalen; ik ben geworden als een man, die krachteloos is;
	Free among the dead, like the slain that lie in the grave, whom thou rememberest no more: and they are cut off from thy hand.	5	Afgezonderd onder de doden, gelijk de verslagenen, die in het graf liggen, die Gij niet meer gedenkt, en zij zijn afgesneden van Uw hand.
	Thou hast laid me in the lowest pit, in darkness, in the deeps.	6	Gij hebt mij in den ondersten kuil gelegd, in duisternissen, in diepten.
	Thy wrath lieth hard upon me, and thou hast afflicted me with all thy waves. Selah.	7	Uw grimmigheid ligt op mij; Gij hebt mij nedergedrukt met al Uw baren. Sela.
	Thou hast put away mine acquaintance far from me; thou hast made me an abomination unto them: I am shut up, and I cannot come forth.	8	Mijn bekenden hebt Gij verre van mij gedaan, Gij hebt mij hun tot een groten gruwel gesteld; ik ben besloten, en kan niet uitkomen.
	Mine eye mourneth by reason of affliction: LORD, I have called daily upon thee, I have stretched out my hands unto thee.	9	Mijn oog treurt vanwege verdrukking; HEERE! ik roep tot U den gansen dag; ik strek mijn handen uit tot U.
	Wilt thou shew wonders to the dead? shall the dead arise and praise thee? Selah.	10	Zult Gij wonder doen aan de doden? Of zullen de overledenen opstaan, zullen zij U loven? Sela.
	Shall thy lovingkindness be declared in the grave? or thy faithfulness in destruction?	11	Zal Uw goedertierenheid in het graf verteld worden, Uw getrouwheid in het verderf?
	Shall thy wonders be known in the dark? and thy righteousness in the land of forgetfulness?	12	Zullen Uw wonderen bekend worden in de duisternis, en Uw gerechtigheid in het land der vergetelheid?
	But unto thee have I cried, O LORD; and in the morning shall my prayer prevent thee.	13	Maar ik, HEERE! roep tot U, en mijn gebed komt U voor in den morgenstond.
	LORD, why castest thou off my soul? why hidest thou thy face from me?	14	HEERE! waarom verstoot Gij mijn ziel, en verbergt Uw aanschijn voor mij?
	I am afflicted and ready to die from my youth up: while I suffer thy terrors I am distracted.	15	Van der jeugd aan ben ik bedrukt en doodbrakende; ik draag Uw vervaarnissen, ik ben twijfelmoedig.
	Thy fierce wrath goeth over me; thy terrors have cut me off.	16	Uw hittige toornigheden gaan over mij; Uw verschrikkingen doen mij vergaan.
	They came round about me daily like water; they compassed me about together.	17	Den gansen dag omringen zij mij als water; te zamen omgeven zij mij.
	Lover and friend hast thou put far from me, and mine acquaintance into darkness.	18	[(Psalms 88:19) Gij hebt vriend en metgezel verre van mij gedaan; mijn bekenden zijn in duisternis.]

Psalm (89) Psalmen

	{Maschil of Ethan the Ezrahite.} I will sing of the mercies of the LORD for ever: with my mouth will I make known thy faithfulness to all generations.	1	Een onderwijzing van Ethan, den Ezrahiet. (1a) Ik zal de goedertierenheid des HEEREN eeuwiglijk zingen; ik zal Uw waarheid met mijn mond bekend maken, van geslacht tot geslacht.
	For I have said, Mercy shall be built up for ever: thy faithfulness shalt thou establish in the very heavens.	2	Want ik heb gezegd: Uw goedertierenheid zal eeuwiglijk gebouwd worden; in de hemelen zelve hebt Gij Uw waarheid bevestigd, zeggende:
	I have made a covenant with my chosen, I have sworn unto David my servant,	3	Ik heb een verbond gemaakt met Mijn uitverkorene; Ik heb Mijn knecht David gezworen:

Psalm - Psalmen

	Thy seed will I establish for ever, and build up thy throne to all generations. Selah.	4	Ik zal uw zaad tot in eeuwigheid bevestigen, en uw troon opbouwen van geslacht tot geslacht. Sela.
	And the heavens shall praise thy wonders, O LORD: thy faithfulness also in the congregation of the saints.	5	Dies loven de hemelen Uw wonderen, o HEERE! ook is Uw getrouwheid in de gemeente der heiligen.
	For who in the heaven can be compared unto the LORD? who among the sons of the mighty can be likened unto the LORD?	6	Want wie mag in den hemel tegen den HEERE geschat worden? Wie is den HEERE gelijk, onder de kinderen der sterken?
	God is greatly to be feared in the assembly of the saints, and to be had in reverence of all them that are about him.	7	God is grotelijks geducht in den raad der heiligen, en vreselijk boven allen, die rondom Hem zijn.
	O LORD God of hosts, who is a strong LORD like unto thee? or to thy faithfulness round about thee?	8	O HEERE, God der heirscharen! wie is als Gij, grootmachtig, o HEERE! en Uw getrouwheid is rondom U.
	Thou rulest the raging of the sea: when the waves thereof arise, thou stillest them.	9	Gij heerst over de opgeblazenheid der zee; wanneer haar baren zich verheffen, zo stilt Gij ze.
	Thou hast broken Rahab in pieces, as one that is slain; thou hast scattered thine enemies with thy strong arm.	10	Gij hebt Rahab verbrijzeld als een verslagene; Gij hebt Uw vijanden verstrooid met den arm Uwer sterkte.
	The heavens are thine, the earth also is thine: as for the world and the fulness thereof, thou hast founded them.	11	De hemel is Uwe, ook is de aarde Uwe; de wereld en haar volheid, die hebt Gij gegrond.
	The north and the south thou hast created them: Tabor and Hermon shall rejoice in thy name.	12	Het noorden en het zuiden, die hebt Gij geschapen; Thabor en Hermon juichen in Uw Naam.
	Thou hast a mighty arm: strong is thy hand, and high is thy right hand.	13	Gij hebt een arm met macht; Uw hand is sterk, Uw rechterhand is hoog.
	Justice and judgment are the habitation of thy throne: mercy and truth shall go before thy face.	14	Gerechtigheid en gericht zijn de vastigheid Uws troons; goedertierenheid en waarheid gaan voor Uw aanschijn henen.
	Blessed is the people that know the joyful sound: they shall walk, O LORD, in the light of thy countenance.	15	Welgelukzalig is het volk, hetwelk het geklank kent; o HEERE! zij zullen in het licht Uws aanschijns wandelen.
	In thy name shall they rejoice all the day: and in thy righteousness shall they be exalted.	16	Zij zullen zich den gansen dag verheugen in Uw Naam, en door Uw gerechtigheid verhoogd worden.
	For thou art the glory of their strength: and in thy favour our horn shall be exalted.	17	Want Gij zijt de heerlijkheid hunner sterkte; en door Uw welbehagen zal onze hoorn verhoogd worden.
	For the LORD is our defence; and the Holy One of Israel is our king.	18	Want ons schild is van den HEERE, en onze koning is van den Heilige Israels.
	Then thou spakest in vision to thy holy one, and saidst, I have laid help upon one that is mighty; I have exalted one chosen out of the people.	19	Toen hebt Gij in een gezicht gesproken van Uw heilige, en gezegd: Ik heb hulp besteld bij een held; Ik heb een verkorene uit het volk verhoogd.
	I have found David my servant; with my holy oil have I anointed him:	20	Ik heb David, Mijn knecht, gevonden; met Mijn heilige olie heb Ik hem gezalfd;
	With whom my hand shall be established: mine arm also shall strengthen him.	21	Met welken Mijn hand vast blijven zal; ook zal hem Mijn arm versterken.
	The enemy shall not exact upon him; nor the son of wickedness afflict him.	22	De vijand zal hem niet dringen, en de zoon der ongerechtigheid zal hem niet onderdrukken.
	And I will beat down his foes before his face, and plague them that hate him.	23	Maar Ik zal zijn wederpartijders verpletteren voor zijn aangezicht, en die hem haten, zal Ik plagen.
	But my faithfulness and my mercy shall be with him: and in my name shall his horn be exalted.	24	En Mijn getrouwheid en Mijn goedertierenheid zullen met hem zijn; en zijn hoorn zal in Mijn Naam verhoogd worden.
	I will set his hand also in the sea, and his right hand in the rivers.	25	En Ik zal zijn hand in de zee zetten, en zijn rechterhand in de rivieren.
	He shall cry unto me, Thou art my father, my God, and the rock of my salvation.	26	Hij zal Mij noemen: Gij zijt mijn Vader! mijn God, en de Rotssteen mijns heils!
	Also I will make him my firstborn, higher than the kings of the earth.	27	Ook zal Ik hem ten eerstgeborenen zoon stellen, ten hoogste over de koningen der aarde.
	My mercy will I keep for him for evermore, and my covenant shall stand fast with him.	28	Ik zal hem Mijn goedertierenheid in eeuwigheid houden, en Mijn verbond zal hem vast blijven.
	His seed also will I make to endure for ever, and his throne as the days of heaven.	29	En Ik zal zijn zaad in eeuwigheid zetten, en zijn troon als de dagen der hemelen.
	If his children forsake my law, and walk not in my judgments;	30	Indien zijn kinderen Mijn wet verlaten, en in Mijn rechten niet wandelen;
	If they break my statutes, and keep not my commandments;	31	Indien zij Mijn inzettingen ontheiligen, en Mijn geboden niet houden;
	Then will I visit their transgression with the rod, and their iniquity with stripes.	32	Zo zal Ik hun overtreding met de roede bezoeken, en hun ongerechtigheid met plagen.
	Nevertheless my lovingkindness will I not utterly take from him, nor suffer my faithfulness to fail.	33	Maar Mijn goedertierenheid zal Ik van hem niet wegnemen, en in Mijn getrouwheid niet feilen.
	My covenant will I not break, nor alter the thing that is gone out of my lips.	34	Ik zal Mijn verbond niet ontheiligen, en hetgeen uit Mijn lippen gegaan is, zal Ik niet veranderen.
	Once have I sworn by my holiness that I will not lie unto David.	35	Ik heb eens gezworen bij Mijn heiligheid: Zo Ik aan David liege!
	His seed shall endure for ever, and his throne as the sun before me.	36	Zijn zaad zal in der eeuwigheid zijn, en zijn troon zal voor Mij zijn gelijk de zon.
	It shall be established for ever as the moon, and as a faithful witness in heaven. Selah.	37	Hij zal eeuwiglijk bevestigd worden, gelijk de maan; en de Getuige in den hemel is getrouw. Sela.
	But thou hast cast off and abhorred, thou hast been wroth with thine anointed.	38	Maar Gij hebt hem verstoten en verworpen; Gij zijt verbolgen geworden tegen Uw gezalfde.

Thou hast made void the covenant of thy servant: thou hast profaned his crown by casting it to the ground.

Thou hast broken down all his hedges; thou hast brought his strong holds to ruin.

All that pass by the way spoil him: he is a reproach to his neighbours.

Thou hast set up the right hand of his adversaries; thou hast made all his enemies to rejoice.

Thou hast also turned the edge of his sword, and hast not made him to stand in the battle.

Thou hast made his glory to cease, and cast his throne down to the ground.

The days of his youth hast thou shortened: thou hast covered him with shame. Selah.

How long, LORD? wilt thou hide thyself for ever? shall thy wrath burn like fire?

Remember how short my time is: wherefore hast thou made all men in vain?

What man is he that liveth, and shall not see death? shall he deliver his soul from the hand of the grave? Selah.

Lord, where are thy former lovingkindnesses, which thou swarest unto David in thy truth?

Remember, Lord, the reproach of thy servants; how I do bear in my bosom the reproach of all the mighty people;

Wherewith thine enemies have reproached, O LORD; wherewith they have reproached the footsteps of thine anointed.

Blessed be the LORD for evermore. Amen, and Amen.

39 Gij hebt het verbond Uws knechts te niet gedaan; Gij hebt zijn kroon ontheiligd tegen de aarde.

40 Gij hebt al zijn muren doorgebroken; Gij hebt zijn vestingen nedergeworpen.

41 Allen, die den weg voorbijgingen, hebben hem beroofd; zijn naburen is hij tot een smaad geweest.

42 Gij hebt de rechterhand zijner wederpartijders verhoogd; Gij hebt al zijn vijanden verblijd.

43 Gij hebt ook de scherpte zijns zwaards omgekeerd, en hebt hem niet staande gehouden in den strijd.

44 Gij hebt zijn schoonheid doen ophouden; en Gij hebt zijn troon ter aarde nedergestoten.

45 Gij hebt de dagen zijner jeugd verkort; Gij hebt hem met schaamte overdekt. Sela.

46 Hoe lang, o HEERE! zult Gij U steeds verbergen, zal Uw grimmigheid branden als een vuur?

47 Gedenk van hoedanige eeuw ik ben; waarom zoudt Gij aller mensenkinderen tevergeefs geschapen hebben?

48 Wat man leeft er, die den dood niet zien zal, die zijn ziel zal bevrijden van het geweld des grafs? Sela.

49 HEERE! waar zijn Uw vorige goedertierenheden, die Gij David gezworen hebt bij Uw trouw?

50 Gedenk, HEERE! aan de smaad Uwer knechten, dien ik in mijn boezem draag, van alle grote volken.

51 Waarmede, o HEERE! Uw vijanden smaden, waarmede zij de voetstappen Uws gezalfden smaden.

52 [(Psalms 89:53) Geloofd zij de HEERE in eeuwigheid! Amen, ja, amen.]

Psalm (90) Psalmen

{A Prayer of Moses the man of God.} Lord, thou hast been our dwelling place in all generations.

Before the mountains were brought forth, or ever thou hadst formed the earth and the world, even from everlasting to everlasting, thou art God.

Thou turnest man to destruction; and sayest, Return, ye children of men.

For a thousand years in thy sight are but as yesterday when it is past, and as a watch in the night.

Thou carriest them away as with a flood; they are as a sleep: in the morning they are like grass which groweth up.

In the morning it flourisheth, and groweth up; in the evening it is cut down, and withereth.

For we are consumed by thine anger, and by thy wrath are we troubled.

Thou hast set our iniquities before thee, our secret sins in the light of thy countenance.

For all our days are passed away in thy wrath: we spend our years as a tale that is told.

The days of our years are threescore years and ten; and if by reason of strength they be fourscore years, yet is their strength labour and sorrow; for it is soon cut off, and we fly away.

Who knoweth the power of thine anger? even according to thy fear, so is thy wrath.

So teach us to number our days, that we may apply our hearts unto wisdom.

Return, O LORD, how long? and let it repent thee concerning thy servants.

O satisfy us early with thy mercy; that we may rejoice and be glad all our days.

Make us glad according to the days wherein thou hast afflicted us, and the years wherein we have seen evil.

Let thy work appear unto thy servants, and thy glory unto their children.

And let the beauty of the LORD our God be upon us: and establish thou the work of our hands upon us; yea, the work of our hands establish thou it.

1 Een gebed van Mozes, den man Gods. HEERE! Gij zijt ons geweest een Toevlucht van geslacht tot geslacht.

2 Eer de bergen geboren waren, en Gij de aarde en de wereld voortgebracht hadt, ja, van eeuwigheid tot eeuwigheid zijt Gij God.

3 Gij doet den mens wederkeren tot verbrijzeling, en zegt: Keert weder, gij mensenkinderen!

4 Want duizend jaren zijn in Uw ogen als de dag van gisteren, als hij voorbijgegaan is, en als een nachtwaak.

5 Gij overstroomt hen; zij zijn gelijk een slaap; in den morgenstond zijn zij gelijk het gras, dat verandert;

6 In den morgenstond bloeit het, en het verandert; des avonds wordt het afgesneden, en het verdort.

7 Want wij vergaan door Uw toorn; en door Uw grimmigheid worden wij verschrikt.

8 Gij stelt onze ongerechtigheden voor U, onze heimelijke zonden in het licht Uws aanschijns.

9 Want al onze dagen gaan henen door Uw verbolgenheid; wij brengen onze jaren door als een gedachte.

10 Aangaande de dagen onzer jaren, daarin zijn zeventig jaren, of, zo wij zeer sterk zijn, tachtig jaren; en het uitnemendste van die is moeite en verdriet; want het wordt snellijk afgesneden, en wij vliegen daarheen.

11 Wie kent de sterkte Uws toorns, en Uw verbolgenheid, naardat Gij te vrezen zijt?

12 Leer ons alzo onze dagen tellen, dat wij een wijs hart bekomen.

13 Keer weder, HEERE! tot hoe lange? en het berouwe U over Uw knechten.

14 Verzadig ons in den morgenstond met Uw goedertierenheid, zo zullen wij juichen, en verblijd zijn in al onze dagen.

15 Verblijd ons naar de dagen, in dewelke Gij ons gedrukt hebt, naar de jaren, in dewelke wij het kwaad gezien hebben.

16 Laat Uw werk aan Uw knechten gezien worden, en Uw heerlijkheid over hun kinderen.

17 En de liefelijkheid des HEEREN, onzes Gods; zij over ons; en bevestig Gij het werk onzer handen over ons, ja, het werk onzer handen, bevestig dat.

Psalm (91) Psalmen

He that dwelleth in the secret place of the most High shall abide under the shadow of the Almighty.

1 Die in de schuilplaats des Allerhoogsten is gezeten, die zal vernachten in de schaduw des Almachtigen.

I will say of the LORD, He is my refuge and my fortress: my God; in him will I trust.		2	Ik zal tot den HEERE zeggen: Mijn Toevlucht en mijn Burg! mijn God, op Welken ik vertrouw!
Surely he shall deliver thee from the snare of the fowler, and from the noisome pestilence.		3	Want Hij zal u redden van den strik des vogelvangers, van de zeer verderfelijke pestilentie.
He shall cover thee with his feathers, and under his wings shalt thou trust: his truth shall be thy shield and buckler.		4	Hij zal u dekken met Zijn vlerken, en onder Zijn vleugelen zult gij betrouwen; Zijn waarheid is een rondas en beukelaar.
Thou shalt not be afraid for the terror by night; nor for the arrow that flieth by day;		5	Gij zult niet vrezen voor den schrik des nachts, voor den pijl, die des daags vliegt;
Nor for the pestilence that walketh in darkness; nor for the destruction that wasteth at noonday.		6	Voor de pestilentie, die in de donkerheid wandelt; voor het verderf, dat op den middag verwoest.
A thousand shall fall at thy side, and ten thousand at thy right hand; but it shall not come nigh thee.		7	Aan uw zijden zullen er duizend vallen, en tien duizend aan uw rechterhand; tot u zal het niet genaken.
Only with thine eyes shalt thou behold and see the reward of the wicked.		8	Alleenlijk zult gij het met uw ogen aanschouwen; en gij zult de vergelding der goddelozen zien.
Because thou hast made the LORD, which is my refuge, even the most High, thy habitation;		9	Want Gij, HEERE! zijt mijn Toevlucht! De Allerhoogste hebt gij gesteld tot uw Vertrek;
There shall no evil befall thee, neither shall any plague come nigh thy dwelling.		10	U zal geen kwaad wedervaren, en geen plage zal uw tent naderen.
For he shall give his angels charge over thee, to keep thee in all thy ways.		11	Want Hij zal Zijn engelen van u bevelen, dat zij u bewaren in al uw wegen.
They shall bear thee up in their hands, lest thou dash thy foot against a stone.		12	Zij zullen u op de handen dragen, opdat gij uw voet aan geen steen stoot.
Thou shalt tread upon the lion and adder: the young lion and the dragon shalt thou trample under feet.		13	Op den fellen leeuw en de adder zult gij treden, gij zult den jongen leeuw en den draak vertreden.
Because he hath set his love upon me, therefore will I deliver him: I will set him on high, because he hath known my name.		14	Dewijl hij Mij zeer bemint, spreekt God, zo zal Ik hem uithelpen; Ik zal hem op een hoogte stellen, want hij kent Mijn Naam.
He shall call upon me, and I will answer him: I will be with him in trouble; I will deliver him, and honour him.		15	Hij zal Mij aanroepen, en Ik zal hem verhoren; in de benauwdheid zal Ik bij hem zijn. Ik zal er hem uittrekken, en zal hem verheerlijken.
With long life will I satisfy him, and shew him my salvation.		16	Ik zal hem met langheid der dagen verzadigen, en Ik zal hem Mijn heil doen zien.

Psalm (92) Psalmen

{A Psalm or Song for the sabbath day.} It is a good thing to give thanks unto the LORD, and to sing praises unto thy name, O most High:		1	Een psalm, een lied, op den sabbatdag. (1a) Het is goed, dat men den HEERE love, en Uw Naam psalmzinge, o Allerhoogste!
To shew forth thy lovingkindness in the morning, and thy faithfulness every night,		2	Dat men in den morgenstond Uw goedertierenheid verkondige, en Uw getrouwheid in de nachten;
Upon an instrument of ten strings, and upon the psaltery; upon the harp with a solemn sound.		3	Op het tiensnarig instrument en op de luit, met een voorbedacht lied op de harp.
For thou, LORD, hast made me glad through thy work: I will triumph in the works of thy hands.		4	Want Gij hebt mij verblijd, HEERE! met Uw daden, ik zal juichen over de werken Uwer handen.
O LORD, how great are thy works! and thy thoughts are very deep.		5	O HEERE! hoe groot zijn Uw werken! zeer diep zijn Uw gedachten.
A brutish man knoweth not; neither doth a fool understand this.		6	Een onvernuftig man weet er niet van, en een dwaas verstaat ditzelve niet;
When the wicked spring as the grass, and when all the workers of iniquity do flourish; it is that they shall be destroyed for ever:		7	Dat de goddelozen groeien als het kruid, en al de werkers der ongerechtigheid bloeien, opdat zij tot in der eeuwigheid verdelgd worden.
But thou, LORD, art most high for evermore.		8	Maar Gij zijt de Allerhoogste in eeuwigheid de HEERE!
For, lo, thine enemies, O LORD, for, lo, thine enemies shall perish; all the workers of iniquity shall be scattered.		9	Want zie, Uw vijanden, o HEERE! want zie, Uw vijanden zullen vergaan; al de werkers der ongerechtigheid zullen verstrooid worden.
But my horn shalt thou exalt like the horn of an unicorn: I shall be anointed with fresh oil.		10	Maar Gij zult mijn hoorn verhogen, gelijk eens eenhoorns; ik ben met verse olie overgoten.
Mine eye also shall see my desire on mine enemies, and mine ears shall hear my desire of the wicked that rise up against me.		11	En mijn oog zal mijn verspieders aanschouwen; mijn oren zullen het horen, aangaande de boosdoeners, die tegen mij opstaan.
The righteous shall flourish like the palm tree: he shall grow like a cedar in Lebanon.		12	De rechtvaardige zal groeien als een palmboom; hij zal wassen als een cederboom op Libanon.
Those that be planted in the house of the LORD shall flourish in the courts of our God.		13	Die in het huis des HEEREN geplant zijn, dien zal gegeven worden te groeien in de voorhoven onzes Gods.
They shall still bring forth fruit in old age; they shall be fat and flourishing;		14	In den grijzen ouderdom zullen zij nog vruchten dragen; zij zullen vet en groen zijn,
To shew that the LORD is upright: he is my rock, and there is no unrighteousness in him.		15	[(Psalms 92:16) Om te verkondigen, dat de HEERE recht is; Hij is mijn Rotssteen, en in Hem is geen onrecht.]

Psalm (93) Psalmen

The LORD reigneth, he is clothed with majesty; the LORD is clothed with strength, wherewith he hath girded himself: the world also is stablished, that it cannot be moved.		1	De HEERE regeert, Hij is met hoogheid bekleed; de HEERE is bekleed met sterkte, Hij heeft Zich omgord. Ook is de wereld bevestigd, zij zal niet wankelen.
Thy throne is established of old: thou art from everlasting.		2	Van toen af is Uw troon bevestigd, Gij zijt van eeuwigheid af.

The floods have lifted up, O LORD, the floods have lifted up their voice; the floods lift up their waves.	3 De rivieren verheffen, o HEERE! de rivieren verheffen haar bruisen; de rivieren verheffen haar aanstoting.
The LORD on high is mightier than the noise of many waters, yea, than the mighty waves of the sea.	4 Doch de HEERE in de hoogte is geweldiger dan het bruisen van grote wateren, dan de geweldige baren der zee.
Thy testimonies are very sure: holiness becometh thine house, O LORD, for ever.	5 Uw getuigenissen zijn zeer getrouw; de heiligheid is Uw huize sierlijk, HEERE! tot lange dagen.

Psalm (94) Psalmen

O LORD God, to whom vengeance belongeth; O God, to whom vengeance belongeth, shew thyself.	1 O God der wraken! o HEERE, God der wraken! verschijn blinkende.
Lift up thyself, thou judge of the earth: render a reward to the proud.	2 Gij, Rechter der aarde! verhef U; breng vergelding weder over de hovaardigen.
LORD, how long shall the wicked, how long shall the wicked triumph?	3 Hoe lang zullen de goddelozen, o HEERE! hoe lang zullen de goddelozen van vreugde opspringen?
How long shall they utter and speak hard things? and all the workers of iniquity boast themselves?	4 Uitgieten? hard spreken? alle werkers der ongerechtigheid zich beroemen?
They break in pieces thy people, O LORD, and afflict thine heritage.	5 O HEERE! zij verbrijzelen Uw volk, en zij verdrukken Uw erfdeel.
They slay the widow and the stranger, and murder the fatherless.	6 De weduwe en den vreemdeling doden zij, en zij vermoorden de wezen.
Yet they say, The LORD shall not see, neither shall the God of Jacob regard it.	7 En zeggen: De HEERE ziet het niet, en de God van Jakob merkt het niet.
Understand, ye brutish among the people: and ye fools, when will ye be wise?	8 Aanmerkt, gij onvernuftigen onder het volk! en gij dwazen! wanneer zult gij verstandig worden?
He that planted the ear, shall he not hear? he that formed the eye, shall he not see?	9 Zou Hij, Die het oor plant, niet horen? zou Hij, Die het oog formeert, niet aanschouwen?
He that chastiseth the heathen, shall not he correct? he that teacheth man knowledge, shall not he know?	10 Zou Hij, Die de heidenen tuchtigt, niet straffen, Hij, Die den mens wetenschap leert?
The LORD knoweth the thoughts of man, that they are vanity.	11 De HEERE weet de gedachten des mensen, dat zij ijdelheid zijn.
Blessed is the man whom thou chastenest, O LORD, and teachest him out of thy law;	12 Welgelukzalig is de man, o HEERE! dien Gij tuchtigt, en dien Gij leert uit Uw wet,
That thou mayest give him rest from the days of adversity, until the pit be digged for the wicked.	13 Om hem rust te geven van de kwade dagen; totdat de kuil voor den goddeloze gegraven wordt.
For the LORD will not cast off his people, neither will he forsake his inheritance.	14 Want de HEERE zal Zijn volk niet begeven, en Hij zal Zijn erve niet verlaten.
But judgment shall return unto righteousness: and all the upright in heart shall follow it.	15 Want het oordeel zal wederkeren tot de gerechtigheid; en alle oprechten van hart zullen hetzelve navolgen.
Who will rise up for me against the evildoers? or who will stand up for me against the workers of iniquity?	16 Wie zal voor mij staan tegen de boosdoeners? Wie zal zich voor mij stellen tegen de werkers der ongerechtigheid?
Unless the LORD had been my help, my soul had almost dwelt in silence.	17 Ten ware dat de HEERE mij een Hulp geweest ware, mijn ziel had bijna in de stilte gewoond.
When I said, My foot slippeth; thy mercy, O LORD, held me up.	18 Als ik zeide: Mijn voet wankelt; Uw goedertierenheid, o HEERE! ondersteunde mij.
In the multitude of my thoughts within me thy comforts delight my soul.	19 Als mijn gedachten binnen in mij vermenigvuldigd werden, hebben Uw vertroostingen mijn ziel verkwikt.
Shall the throne of iniquity have fellowship with thee, which frameth mischief by a law?	20 Zou zich de stoel der schadelijkheden met U vergezelschappen, die moeite verdicht bij inzetting?
They gather themselves together against the soul of the righteous, and condemn the innocent blood.	21 Zij rotten zich samen tegen de ziel des rechtvaardigen, en zij verdoemen onschuldig bloed.
But the LORD is my defence; and my God is the rock of my refuge.	22 Doch de HEERE is mij geweest tot een Hoog Vertrek, en mijn God tot een Steenrots mijner toevlucht.
And he shall bring upon them their own iniquity, and shall cut them off in their own wickedness; yea, the LORD our God shall cut them off.	23 En Hij zal hun ongerechtigheid op hen doen wederkeren, en Hij zal hen in hun boosheid verdelgen; de HEERE, onze God, zal hen verdelgen.

Psalm (95) Psalmen

O come, let us sing unto the LORD: let us make a joyful noise to the rock of our salvation.	1 Komt, laat ons den HEERE vrolijk zingen; laat ons juichen den Rotssteen onzes heils.
Let us come before his presence with thanksgiving, and make a joyful noise unto him with psalms.	2 Laat ons Zijn aangezicht tegemoet gaan met lof; laat ons Hem juichen met psalmen.
For the LORD is a great God, and a great King above all gods.	3 Want de HEERE is een groot God; ja, een groot Koning boven alle goden;
In his hand are the deep places of the earth: the strength of the hills is his also.	4 In Wiens hand de diepste plaatsen der aarde zijn, en de hoogten der bergen zijn Zijne;
The sea is his, and he made it: and his hands formed the dry land.	5 Wiens ook de zee is, want Hij heeft ze gemaakt; en Zijn handen hebben het droge geformeerd.
O come, let us worship and bow down: let us kneel before the LORD our maker.	6 Komt, laat ons aanbidden en nederbukken; laat ons knielen voor den HEERE, Die ons gemaakt heeft.
For he is our God; and we are the people of his pasture, and the sheep of his hand. To day if ye will hear his voice,	7 Want Hij is onze God, en wij zijn het volk Zijner weide, en de schapen Zijner hand. Heden, zo gij Zijn stem hoort,

Harden not your heart, as in the provocation, and as in the day of temptation in the wilderness:	8 Verhardt uw hart niet, gelijk te Meriba, gelijk ten dage van Massa in de woestijn;
When your fathers tempted me, proved me, and saw my work.	9 Waar Mij uw vaders verzochten, Mij beproefden, ook Mijn werk zagen.
Forty years long was I grieved with this generation, and said, It is a people that do err in their heart, and they have not known my ways:	10 Veertig jaren heb Ik verdriet gehad aan dit geslacht, en heb gezegd: Zij zijn een volk, dwalende van hart, en zij kennen Mijn wegen niet.
Unto whom I sware in my wrath that they should not enter into my rest.	11 Daarom heb Ik in Mijn toorn gezworen: Zo zij in Mijn rust zullen ingaan!

Psalm (96) Psalmen

O sing unto the LORD a new song: sing unto the LORD, all the earth.	1 Zingt den HEERE een nieuw lied; zingt de HEERE, gij ganse aarde!
Sing unto the LORD, bless his name; shew forth his salvation from day to day.	2 Zingt den HEERE, looft Zijn Naam; boodschapt Zijn heil van dag tot dag.
Declare his glory among the heathen, his wonders among all people.	3 Vertelt onder de heidenen Zijn eer, onder alle volken Zijn wonderen.
For the LORD is great, and greatly to be praised: he is to be feared above all gods.	4 Want de HEERE is groot, en zeer te prijzen; Hij is vreselijk boven alle goden.
For all the gods of the nations are idols: but the LORD made the heavens.	5 Want al de goden der volken zijn afgoden; maar de HEERE heeft de hemelen gemaakt.
Honour and majesty are before him: strength and beauty are in his sanctuary.	6 Majesteit en heerlijkheid zijn voor Zijn aangezicht, sterkte en sieraad in Zijn heiligdom.
Give unto the LORD, O ye kindreds of the people, give unto the LORD glory and strength.	7 Geeft den HEERE, gij geslachten der volken! geeft den HEERE eer en sterkte.
Give unto the LORD the glory due unto his name: bring an offering, and come into his courts.	8 Geeft den HEERE de eer Zijns Naams; brengt offer, en komt in Zijn voorhoven.
O worship the LORD in the beauty of holiness: fear before him, all the earth.	9 Aanbidt den HEERE in de heerlijkheid des heiligdoms; schrikt voor Zijn aangezicht, gij ganse aarde.
Say among the heathen that the LORD reigneth: the world also shall be established that it shall not be moved: he shall judge the people righteously.	10 Zegt onder de heidenen: De HEERE regeert; ook zal de wereld bevestigd worden, zij zal niet bewogen worden; Hij zal de volken richten in alle rechtmatigheid.
Let the heavens rejoice, and let the earth be glad; let the sea roar, and the fulness thereof.	11 Dat de hemelen zich verblijden, en de aarde zich verheuge, dat de zee bruise met haar volheid.
Let the field be joyful, and all that is therein: then shall all the trees of the wood rejoice	12 Dat het veld huppele van vreugde met al wat er in is, dat dan al de bomen des wouds juichen.
Before the LORD: for he cometh, for he cometh to judge the earth: he shall judge the world with righteousness, and the people with his truth.	13 Voor het aangezicht des HEEREN; want Hij komt, want Hij komt, om de aarde te richten; Hij zal de wereld richten met gerechtigheid, en de volken met Zijn waarheid.

Psalm (97) Psalmen

The LORD reigneth; let the earth rejoice; let the multitude of isles be glad thereof.	1 De HEERE regeert, de aarde verheuge zich; dat veel eilanden zich verblijden.
Clouds and darkness are round about him: righteousness and judgment are the habitation of his throne.	2 Rondom Hem zijn wolken en donkerheid, gerechtigheid en gericht zijn de vastigheid Zijns troons.
A fire goeth before him, and burneth up his enemies round about.	3 Een vuur gaat voor Zijn aangezicht heen, en het steekt Zijn wederpartijen rondom aan brand.
His lightnings enlightened the world: the earth saw, and trembled.	4 Zijn bliksemen verlichten de wereld; het aardrijk ziet ze en het beeft.
The hills melted like wax at the presence of the LORD, at the presence of the Lord of the whole earth.	5 De bergen smelten als was voor het aanschijn des HEEREN, voor het aanschijn des HEEREN der ganse aarde.
The heavens declare his righteousness, and all the people see his glory.	6 De hemelen verkondigen Zijn gerechtigheid, en alle volken zien Zijn eer.
Confounded be all they that serve graven images, that boast themselves of idols: worship him, all ye gods.	7 Beschaamd moeten wezen allen, die de beelden dienen, die zich op afgoden beroemen; buigt u neder voor Hem, alle gij goden!
Zion heard, and was glad; and the daughters of Judah rejoiced because of thy judgments, O LORD.	8 Sion heeft gehoord, en het heeft zich verblijd, en de dochteren van Juda hebben zich verheugd vanwege Uw oordelen, o HEERE!
For thou, LORD, art high above all the earth: thou art exalted far above all gods.	9 Want Gij, HEERE! zijt de Allerhoogste over de gehele aarde; Gij zijt zeer hoog verheven boven alle goden.
Ye that love the LORD, hate evil: he preserveth the souls of his saints; he delivereth them out of the hand of the wicked.	10 Gij liefhebbers des HEEREN! haat het kwade; Hij bewaart de zielen Zijner gunstgenoten; Hij redt hen uit der goddelozen hand.
Light is sown for the righteous, and gladness for the upright in heart.	11 Het licht is voor den rechtvaardige gezaaid, en vrolijkheid voor de oprechten van hart.
Rejoice in the LORD, ye righteous; and give thanks at the remembrance of his holiness.	12 Gij rechtvaardigen! verblijdt u in den HEERE, en spreekt lof ter gedachtenis Zijner heiligheid.

Psalm (98) Psalmen

{A Psalm.} O sing unto the LORD a new song; for he hath done marvellous things: his right hand, and his holy arm, hath gotten him the victory.	1 Een psalm. Zingt den HEERE een nieuw lied; want Hij heeft wonderen gedaan; Zijn rechterhand, en de arm Zijner heiligheid, heeft Hem heil gegeven.

	The LORD hath made known his salvation: his righteousness hath he openly shewed in the sight of the heathen.	2	De HEERE heeft Zijn heil bekend gemaakt; Hij heeft Zijn gerechtigheid geopenbaard voor de ogen der heidenen.
	He hath remembered his mercy and his truth toward the house of Israel: all the ends of the earth have seen the salvation of our God.	3	Hij is gedachtig geweest Zijner goedertierenheid, en Zijner waarheid aan het huis Israels; en al de einden der aarde hebben gezien het heil onzes Gods.
	Make a joyful noise unto the LORD, all the earth: make a loud noise, and rejoice, and sing praise.	4	Juicht den HEERE, gij ganse aarde! roept uit van vreugde, en zingt vrolijk, en psalmzingt.
	Sing unto the LORD with the harp; with the harp, and the voice of a psalm.	5	Psalmzingt den HEERE met de harp, met de harp en met de stem des gezangs,
	With trumpets and sound of cornet make a joyful noise before the LORD, the King.	6	Met trompetten en bazuinengeklank; juicht voor het aangezicht des Konings, des HEEREN.
	Let the sea roar, and the fulness thereof; the world, and they that dwell therein.	7	De zee bruise met haar volheid, de wereld met degenen, die daarin wonen.
	Let the floods clap their hands: let the hills be joyful together	8	Dat de rivieren met de handen klappen, dat tegelijk de gebergten vreugde bedrijven,
	Before the LORD; for he cometh to judge the earth: with righteousness shall he judge the world, and the people with equity.	9	Voor het aangezicht des HEEREN, want Hij komt, om de aarde te richten; Hij zal de wereld richten in gerechtigheid, en de volken in alle rechtmatigheid.

Psalm (99) Psalmen

	The LORD reigneth; let the people tremble: he sitteth between the cherubims; let the earth be moved.	1	De HEERE regeert, dat de volken beven; Hij zit tussen de cherubim; de aarde bewege zich.
	The LORD is great in Zion; and he is high above all the people.	2	De HEERE is groot in Sion, en Hij is hoog boven alle volken.
	Let them praise thy great and terrible name; for it is holy.	3	Dat zij Uw groten en vreselijken Naam loven, die heilig is;
	The king's strength also loveth judgment; thou dost establish equity, thou executest judgment and righteousness in Jacob.	4	En de sterkte des Konings, die het recht lief heeft. Gij hebt billijkheden bevestigd, Gij hebt recht en gerechtigheid gedaan in Jakob.
	Exalt ye the LORD our God, and worship at his footstool; for he is holy.	5	Verheft den HEERE, onzen God, en buigt u neder voor de voetbank Zijner voeten; Hij is heilig!
	Moses and Aaron among his priests, and Samuel among them that call upon his name; they called upon the LORD, and he answered them.	6	Mozes en Aaron waren onder Zijn priesters, en Samuel onder de aanroepers Zijns Naams; zij riepen tot den HEERE, en Hij verhoorde hen.
	He spake unto them in the cloudy pillar: they kept his testimonies, and the ordinance that he gave them.	7	Hij sprak tot hen in een wolkkolom; zij hebben Zijn getuigenissen onderhouden, en de inzettingen, die Hij hun gegeven had.
	Thou answeredst them, O LORD our God: thou wast a God that forgavest them, though thou tookest vengeance of their inventions.	8	O HEERE, onze God! Gij hebt hen verhoord, Gij zijt hun geweest een vergevend God, hoewel wraak doende over hun daden.
	Exalt the LORD our God, and worship at his holy hill; for the LORD our God is holy.	9	Verheft den HEERE, onzen God, en buigt u voor den berg Zijner heiligheid; want de HEERE, onze God, is heilig.

Psalm (100) Psalmen

	{A Psalm of praise.} Make a joyful noise unto the LORD, all ye lands.	1	Een lofzang. Gij ganse aarde! juicht den HEERE.
	Serve the LORD with gladness: come before his presence with singing.	2	Dient den HEERE met blijdschap, komt voor Zijn aanschijn met vrolijk gezang.
	Know ye that the LORD he is God: it is he that hath made us, and not we ourselves; we are his people, and the sheep of his pasture.	3	Weet, dat de HEERE is God; Hij heeft ons gemaakt (en niet wij), Zijn volk en de schapen Zijner weide.
	Enter into his gates with thanksgiving, and into his courts with praise: be thankful unto him, and bless his name.	4	Gaat in tot Zijn poorten met lof, in Zijn voorhoven met lofgezang; looft Hem, prijst Zijn Naam.
	For the LORD is good; his mercy is everlasting; and his truth endureth to all generations.	5	Want de HEERE is goed; Zijn goedertierenheid is in der eeuwigheid, en Zijn getrouwheid van geslacht tot geslacht.

Psalm (101) Psalmen

	{A Psalm of David.} I will sing of mercy and judgment: unto thee, O LORD, will I sing.	1	Een psalm van David. Ik zal van goedertierenheid en recht zingen; U zal ik psalmzingen, o HEERE!
	I will behave myself wisely in a perfect way. O when wilt thou come unto me? I will walk within my house with a perfect heart.	2	Ik zal verstandelijk handelen in den oprechten weg; wanneer zult Gij tot mij komen? Ik zal in het midden mijns huizes wandelen, in oprechtigheid mijns harten.
	I will set no wicked thing before mine eyes: I hate the work of them that turn aside; it shall not cleave to me.	3	Ik zal geen Belials-stuk voor mijn ogen stellen; ik haat het doen der afvalligen, het zal mij niet aankleven.
	A froward heart shall depart from me: I will not know a wicked person.	4	Het verkeerde hart zal van mij wijken; den boze zal ik niet kennen.
	Whoso privily slandereth his neighbour, him will I cut off: him that hath an high look and a proud heart will not I suffer.	5	Die zijn naaste in het heimelijke achterklapt; dien zal ik verdelgen; die hoog van ogen is, en trots van hart, die zal ik niet vermogen.
	Mine eyes shall be upon the faithful of the land, that they may dwell with me: he that walketh in a perfect way, he shall serve me.	6	Mijn ogen zullen zijn op de getrouwen in het land, dat zij bij mij zitten; die in den oprechten weg wandelt, die zal mij dienen.
	He that worketh deceit shall not dwell within my house: he that telleth lies shall not tarry in my sight.	7	Wie bedrog pleegt, zal binnen mijn huis niet blijven; die leugenen spreekt, zal voor mijn ogen niet bevestigd worden.

I will early destroy all the wicked of the land; that I may cut off all wicked doers from the city of the LORD.	8 Allen morgen zal ik alle goddelozen des lands verdelgen, om uit de stad des HEEREN alle werkers der ongerechtigheid uit te roeien.

Psalm (102) Psalmen

{A Prayer of the afflicted, when he is overwhelmed, and poureth out his complaint before the LORD.} Hear my prayer, O LORD, and let my cry come unto thee.	1 Een gebed des verdrukten, als hij overstelpt is, en zijn klacht uitstort voor het aangezicht des HEEREN. (1a) O HEERE! hoor mijn gebed, en laat mijn geroep tot U komen.
Hide not thy face from me in the day when I am in trouble; incline thine ear unto me: in the day when I call answer me speedily.	2 Verberg Uw aangezicht niet voor mij, neig Uw oor tot mij ten dage mijner benauwdheid; ten dagen als ik roep, verhoor mij haastelijk.
For my days are consumed like smoke, and my bones are burned as an hearth.	3 Want mijn dagen zijn vergaan als rook, en mijn gebeenten zijn uitgebrand als een haard.
My heart is smitten, and withered like grass; so that I forget to eat my bread.	4 Mijn hart is geslagen en verdord als gras, zodat ik vergeten heb mijn brood te eten.
By reason of the voice of my groaning my bones cleave to my skin.	5 Mijn gebeente kleeft aan mijn vlees, vanwege de stem mijns zuchtens.
I am like a pelican of the wilderness: I am like an owl of the desert.	6 Ik ben een roerdomp der woestijn gelijk geworden, ik ben geworden als een steenuil der wildernissen.
I watch, and am as a sparrow alone upon the house top.	7 Ik waak, en ben geworden als een eenzame mus op het dak.
Mine enemies reproach me all the day; and they that are mad against me are sworn against me.	8 Mijn vijanden smaden mij al den dag; die tegen mij razen, zweren bij mij.
For I have eaten ashes like bread, and mingled my drink with weeping,	9 Want ik eet as als brood, en vermeng mijn drank met tranen.
Because of thine indignation and thy wrath: for thou hast lifted me up, and cast me down.	10 Vanwege Uw verstoordheid en Uw groten toorn; want Gij hebt mij verheven, en mij weder nedergeworpen.
My days are like a shadow that declineth; and I am withered like grass.	11 Mijn dagen zijn als een afgaande schaduw, en ik verdor als gras.
But thou, O LORD, shalt endure for ever; and thy remembrance unto all generations.	12 Maar Gij, HEERE! blijft in eeuwigheid, en Uw gedachtenis van geslacht tot geslacht.
Thou shalt arise, and have mercy upon Zion: for the time to favour her, yea, the set time, is come.	13 Gij zult opstaan, Gij zult U ontfermen over Sion, want de tijd om haar genadig te zijn, want de bestemde tijd is gekomen.
For thy servants take pleasure in her stones, and favour the dust thereof.	14 Want Uw knechten hebben een welgevallen aan haar stenen, en hebben medelijden met haar gruis.
So the heathen shall fear the name of the LORD, and all the kings of the earth thy glory.	15 Dan zullen de heidenen den Naam des HEEREN vrezen, en alle koningen der aarde Uw heerlijkheid.
When the LORD shall build up Zion, he shall appear in his glory.	16 Als de HEERE Sion zal opgebouwd hebben, in Zijn heerlijkheid zal verschenen zijn,
He will regard the prayer of the destitute, and not despise their prayer.	17 Zich gewend zal hebben tot het gebed desgenen, die gans ontbloot is, en niet versmaad hebben hunlieder gebed;
This shall be written for the generation to come: and the people which shall be created shall praise the LORD.	18 Dat zal geschreven worden voor het navolgende geslacht; en het volk, dat geschapen zal worden, zal den HEERE loven;
For he hath looked down from the height of his sanctuary; from heaven did the LORD behold the earth;	19 Omdat Hij uit de hoogte Zijns heiligdoms zal hebben nederwaarts gezien; dat de HEERE uit den hemel op de aarde geschouwd zal hebben;
To hear the groaning of the prisoner; to loose those that are appointed to death;	20 Om het zuchten der gevangenen te horen, om los te maken de kinderen des doods;
To declare the name of the LORD in Zion, and his praise in Jerusalem;	21 Opdat men den Naam des HEEREN vertelle te Sion, en Zijn lof te Jeruzalem;
When the people are gathered together, and the kingdoms, to serve the LORD.	22 Wanneer de volken samen zullen vergaderd worden, ook de koninkrijken, om den HEERE te dienen.
He weakened my strength in the way; he shortened my days.	23 Hij heeft mijn kracht op den weg ter nedergedrukt; mijn dagen heeft Hij verkort.
I said, O my God, take me not away in the midst of my days: thy years are throughout all generations.	24 Ik zeide: Mijn God! neem mij niet weg in het midden mijner dagen; Uw jaren zijn van geslacht tot geslacht.
Of old hast thou laid the foundation of the earth: and the heavens are the work of thy hands.	25 Gij hebt voormaals de aarde gegrond, en de hemelen zijn het werk Uwer handen;
They shall perish, but thou shalt endure: yea, all of them shall wax old like a garment; as a vesture shalt thou change them, and they shall be changed:	26 Die zullen vergaan, maar Gij zult staande blijven; en zij alle zullen als een kleed verouden; Gij zult ze veranderen als een gewaad, en zij zullen veranderd zijn.
But thou art the same, and thy years shall have no end.	27 Maar Gij zijt Dezelfde, en Uw jaren zullen niet geeindigd worden.
The children of thy servants shall continue, and their seed shall be established before thee.	28 [(Psalms 102:29) De kinderen Uwer knechten zullen wonen, en hun zaad zal voor Uw aangezicht bevestigd worden.]

Psalm (103) Psalmen

{A Psalm of David.} Bless the LORD, O my soul: and all that is within me, bless his holy name.	1 Een psalm van David. Loof den HEERE, mijn ziel, en al wat binnen in mij is, Zijn heiligen Naam.
Bless the LORD, O my soul, and forget not all his benefits:	2 Loof den HEERE, mijn ziel, en vergeet geen van Zijn weldaden;
Who forgiveth all thine iniquities; who healeth all thy diseases;	3 Die al uw ongerechtigheid vergeeft, die al uw krankheden geneest;
Who redeemeth thy life from destruction; who crowneth thee with lovingkindness and tender mercies;	4 Die uw leven verlost van het verderf, die u kroont met goedertierenheid en barmhartigheden;

	Who satisfieth thy mouth with good things; so that thy youth is renewed like the eagle's.	5	Die uw mond verzadigt met het goede, uw jeugd vernieuwt als eens arends.
	The LORD executeth righteousness and judgment for all that are oppressed.	6	De HEERE doet gerechtigheid en gerichten al dengenen, die onderdrukt worden.
	He made known his ways unto Moses, his acts unto the children of Israel.	7	Hij heeft Mozes Zijn wegen bekend gemaakt, den kinderen Israels Zijn daden.
	The LORD is merciful and gracious, slow to anger, and plenteous in mercy.	8	Barmhartig en genadig is de HEERE, lankmoedig en groot van goedertierenheid.
	He will not always chide: neither will he keep his anger for ever.	9	Hij zal niet altoos twisten, noch eeuwiglijk den toorn behouden.
	He hath not dealt with us after our sins; nor rewarded us according to our iniquities.	10	Hij doet ons niet naar onze zonden, en vergeldt ons niet naar onze ongerechtigheden.
	For as the heaven is high above the earth, so great is his mercy toward them that fear him.	11	Want zo hoog de hemel is boven de aarde, is Zijn goedertierenheid geweldig over degenen, die Hem vrezen.
	As far as the east is from the west, so far hath he removed our transgressions from us.	12	Zo ver het oosten is van het westen, zo ver doet Hij onze overtredingen van ons.
	Like as a father pitieth his children, so the LORD pitieth them that fear him.	13	Gelijk zich een vader ontfermt over de kinderen, ontfermt Zich de HEERE over degenen, die Hem vrezen.
	For he knoweth our frame; he remembereth that we are dust.	14	Want Hij weet, wat maaksel wij zijn, gedachtig zijnde, dat wij stof zijn.
	As for man, his days are as grass: as a flower of the field, so he flourisheth.	15	De dagen des mensen zijn als het gras, gelijk een bloem des velds, alzo bloeit hij.
	For the wind passeth over it, and it is gone; and the place thereof shall know it no more.	16	Als de wind daarover gegaan is, zo is zij niet meer, en haar plaats kent haar niet meer.
	But the mercy of the LORD is from everlasting to everlasting upon them that fear him, and his righteousness unto children's children;	17	Maar de goedertierenheid des HEEREN is van eeuwigheid en tot eeuwigheid over degenen, die Hem vrezen, en Zijn gerechtigheid aan kindskinderen.
	To such as keep his covenant, and to those that remember his commandments to do them.	18	Aan degenen, die Zijn verbond houden, en die aan Zijn bevelen denken, om die te doen.
	The LORD hath prepared his throne in the heavens; and his kingdom ruleth over all.	19	De HEERE heeft Zijn troon in de hemelen bevestigd, en Zijn Koninkrijk heerst over alles.
	Bless the LORD, ye his angels, that excel in strength, that do his commandments, hearkening unto the voice of his word.	20	Looft den HEERE, Zijn engelen! gij krachtige helden, die Zijn woord doet, gehoorzamende de stem Zijns woords.
	Bless ye the LORD, all ye his hosts; ye ministers of his, that do his pleasure.	21	Looft den HEERE, al Zijn heirscharen! gij Zijn dienaars, die Zijn welbehagen doet!
	Bless the LORD, all his works in all places of his dominion: bless the LORD, O my soul.	22	Looft den HEERE, al Zijn werken! aan alle plaatsen Zijner heerschappij. Loof den HEERE, mijn ziel!

Psalm (104) Psalmen

	Bless the LORD, O my soul. O LORD my God, thou art very great; thou art clothed with honour and majesty.	1	Loof den HEERE, mijn ziel! O HEERE, mijn God! Gij zijt zeer groot, Gij zijt bekleed met majesteit en heerlijkheid.
	Who coverest thyself with light as with a garment: who stretchest out the heavens like a curtain:	2	Hij bedekt Zich met het licht, als met een kleed; Hij rekt den hemel uit als een gordijn.
	Who layeth the beams of his chambers in the waters: who maketh the clouds his chariot: who walketh upon the wings of the wind:	3	Die Zijn opperzalen zoldert in de wateren, Die van de wolken Zijn wagen maakt, Die op de vleugelen des winds wandelt.
	Who maketh his angels spirits; his ministers a flaming fire:	4	Hij maakt Zijn engelen geesten, Zijn dienaars tot een vlammend vuur.
	Who laid the foundations of the earth, that it should not be removed for ever.	5	Hij heeft de aarde gegrond op haar grondvesten; zij zal nimmermeer noch eeuwiglijk wankelen.
	Thou coveredst it with the deep as with a garment: the waters stood above the mountains.	6	Gij hadt ze met den afgrond als een kleed overdekt; de wateren stonden boven de bergen.
	At thy rebuke they fled; at the voice of thy thunder they hasted away.	7	Van Uw schelden vloden zij, zij haastten zich weg voor de stem Uws donders.
	They go up by the mountains; they go down by the valleys unto the place which thou hast founded for them.	8	De bergen rezen op, de dalen daalden, ter plaatse, die Gij voor hen gegrond hadt.
	Thou hast set a bound that they may not pass over; that they turn not again to cover the earth.	9	Gij hebt een paal gesteld, dien zij niet overgaan zullen; zij zullen de aarde niet weder bedekken.
	He sendeth the springs into the valleys, which run among the hills.	10	Die de fonteinen uitzendt door de dalen, dat zij tussen de gebergten henen wandelen.
	They give drink to every beast of the field: the wild asses quench their thirst.	11	Zij drenken al het gedierte des velds; de woudezels breken er hun dorst mede.
	By them shall the fowls of the heaven have their habitation, which sing among the branches.	12	Bij dezelve woont het gevogelte des hemels, een stem gevende van tussen de takken.
	He watereth the hills from his chambers: the earth is satisfied with the fruit of thy works.	13	Hij drenkt de bergen uit Zijn opperzalen; de aarde wordt verzadigd van de vrucht Uwer werken.
	He causeth the grass to grow for the cattle, and herb for the service of man: that he may bring forth food out of the earth;	14	Hij doet het gras uitspruiten voor de beesten, en het kruid tot dienst des mensen, doende het brood uit de aarde voortkomen.
	And wine that maketh glad the heart of man, and oil to make his face to shine, and bread which strengtheneth man's heart.	15	En den wijn, die het hart des mensen verheugt, doende het aangezicht blinken van olie; en het brood, dat het hart des mensen sterkt.
	The trees of the LORD are full of sap; the cedars of Lebanon, which he hath planted;	16	De bomen des HEEREN worden verzadigd, de cederbomen van Libanon, die Hij geplant heeft;

	Where the birds make their nests: as for the stork, the fir trees are her house.	17	Alwaar de vogeltjes nestelen; des ooievaars huis zijn de dennebomen.
	The high hills are a refuge for the wild goats; and the rocks for the conies.	18	De hoge bergen zijn voor de steenbokken; de steenrotsen zijn een vertrek voor de konijnen.
	He appointed the moon for seasons: the sun knoweth his going down.	19	Hij heeft de maan gemaakt tot de gezette tijden, de zon weet haar ondergang.
	Thou makest darkness, and it is night: wherein all the beasts of the forest do creep forth.	20	Gij beschikt de duisternis, en het wordt nacht, in denwelken al het gediert des wouds uittreedt:
	The young lions roar after their prey, and seek their meat from God.	21	De jonge leeuwen, briesende om een roof, en om hun spijs van God te zoeken.
	The sun ariseth, they gather themselves together, and lay them down in their dens.	22	De zon opgaande, maken zij zich weg, en liggen neder in hun holen.
	Man goeth forth unto his work and to his labour until the evening.	23	De mens gaat dan uit tot zijn werk, en naar zijn arbeid tot den avond toe.
	O LORD, how manifold are thy works! in wisdom hast thou made them all: the earth is full of thy riches.	24	Hoe groot zijn Uw werken, o HEERE! Gij hebt ze alle met wijsheid gemaakt; het aardrijk is vol van Uw goederen.
	So is this great and wide sea, wherein are things creeping innumerable, both small and great beasts.	25	Deze zee, die groot en wijd van ruimte is, daarin is het wriemelende gediert, en dat zonder getal, kleine gedierten met grote.
	There go the ships: there is that leviathan, whom thou hast made to play therein.	26	Daar wandelen de schepen, en de Leviathan, dien Gij geformeerd hebt, om daarin te spelen.
	These wait all upon thee; that thou mayest give them their meat in due season.	27	Zij allen wachten op U, dat Gij hun hun spijze geeft te zijner tijd.
	That thou givest them they gather: thou openest thine hand, they are filled with good.	28	Geeft Gij ze hun, zij vergaderen ze; doet Gij Uw hand open, zij worden met goed verzadigd.
	Thou hidest thy face, they are troubled: thou takest away their breath, they die, and return to their dust.	29	Verbergt Gij Uw aangezicht, zij worden verschrikt; neemt Gij hun adem weg, zij sterven, en zij keren weder tot hun stof.
	Thou sendest forth thy spirit, they are created: and thou renewest the face of the earth.	30	Zendt Gij Uw Geest uit, zo worden zij geschapen, en Gij vernieuwt het gelaat des aardrijks.
	The glory of the LORD shall endure for ever: the LORD shall rejoice in his works.	31	De heerlijkheid des HEEREN zij tot in der eeuwigheid; de HEERE verblijde Zich in Zijn werken.
	He looketh on the earth, and it trembleth: he toucheth the hills, and they smoke.	32	Als Hij de aarde aanschouwt, zo beeft zij; als Hij de bergen aanroert, zo roken zij.
	I will sing unto the LORD as long as I live: I will sing praise to my God while I have my being.	33	Ik zal den HEERE zingen in mijn leven; ik zal mijn God psalmzingen, terwijl ik nog ben.
	My meditation of him shall be sweet: I will be glad in the LORD.	34	Mijn overdenking van Hem zal zoet zijn; ik zal mij in den HEERE verblijden.
	Let the sinners be consumed out of the earth, and let the wicked be no more. Bless thou the LORD, O my soul. Praise ye the LORD.	35	De zondaars zullen van de aarde verdaan worden, en de goddelozen zullen niet meer zijn. Loof den HEERE, mijn ziel! Hallelujah!

Psalm (105) Psalmen

	O give thanks unto the LORD; call upon his name: make known his deeds among the people.	1	Looft den HEERE, roept Zijn Naam aan, maakt Zijn daden bekend onder de volken.
	Sing unto him, sing psalms unto him: talk ye of all his wondrous works.	2	Zingt Hem, psalmzingt Hem, spreekt aandachtelijk van al Zijn wonderen.
	Glory ye in his holy name: let the heart of them rejoice that seek the LORD.	3	Roemt u in den Naam Zijner heiligheid; het hart dergenen, die den HEERE zoeken, verblijde zich.
	Seek the LORD, and his strength: seek his face evermore.	4	Vraagt naar den HEERE en Zijn sterkte; zoekt Zijn aangezicht geduriglijk.
	Remember his marvellous works that he hath done; his wonders, and the judgments of his mouth;	5	Gedenkt Zijner wonderen, die Hij gedaan heeft, Zijner wondertekenen, en der oordelen Zijns monds.
	O ye seed of Abraham his servant, ye children of Jacob his chosen.	6	Gij zaad van Abraham, Zijn knecht, gij kinderen van Jakob, Zijn uitverkorene!
	He is the LORD our God: his judgments are in all the earth.	7	Hij is de HEERE, onze God; Zijn oordelen zijn over de gehele aarde.
	He hath remembered his covenant for ever, the word which he commanded to a thousand generations.	8	Hij gedenkt Zijns verbonds tot in der eeuwigheid, des woords, dat Hij ingesteld heeft, tot in duizend geslachten;
	Which covenant he made with Abraham, and his oath unto Isaac;	9	Des verbonds, dat Hij met Abraham heeft gemaakt, en Zijns eeds aan Izak;
	And confirmed the same unto Jacob for a law, and to Israel for an everlasting covenant:	10	Welken Hij ook gesteld heeft aan Jakob tot een inzetting, aan Israel tot een eeuwig verbond,
	Saying, Unto thee will I give the land of Canaan, the lot of your inheritance:	11	Zeggende: Ik zal u geven het land Kanaän, het snoer van ulieder erfdeel.
	When they were but a few men in number; yea, very few, and strangers in it.	12	Als zij weinig mensen in getal waren, ja, weinig en vreemdelingen daarin;
	When they went from one nation to another, from one kingdom to another people;	13	En wandelden van volk tot volk, van het ene koninkrijk tot het andere volk;
	He suffered no man to do them wrong: yea, he reproved kings for their sakes;	14	Hij liet geen mens toe hen te onderdrukken; ook bestrafte Hij koningen om hunnentwil, zeggende:
	Saying, Touch not mine anointed, and do my prophets no harm.	15	Tast Mijn gezalfden niet aan, en doet Mijn profeten geen kwaad.

	Moreover he called for a famine upon the land: he brake the whole staff of bread.	16	Hij riep ook een honger in het land; Hij brak allen staf des broods.
	He sent a man before them, even Joseph, who was sold for a servant:	17	Hij zond een man voor hun aangezicht henen; Jozef werd verkocht tot een slaaf.
	Whose feet they hurt with fetters: he was laid in iron:	18	Men drukte zijn voeten in den stok; zijn persoon kwam in de ijzers.
	Until the time that his word came: the word of the LORD tried him.	19	Tot den tijd toe, dat Zijn woord kwam, heeft hem de rede des HEEREN doorlouterd.
	The king sent and loosed him; even the ruler of the people, and let him go free.	20	De koning zond, en deed hem ontslaan; de heerser der volken liet hem los.
	He made him lord of his house, and ruler of all his substance:	21	Hij zette hem tot een heer over zijn huis, en tot een heerser over al zijn goed;
	To bind his princes at his pleasure; and teach his senators wisdom.	22	Om zijn vorsten te binden naar zijn lust, en zijn oudsten te onderwijzen.
	Israel also came into Egypt; and Jacob sojourned in the land of Ham.	23	Daarna kwam Israel in Egypte, en Jakob verkeerde als vreemdeling in het land van Cham.
	And he increased his people greatly; and made them stronger than their enemies.	24	En Hij deed Zijn volk zeer wassen, en maakte het machtiger dan Zijn tegenpartijders.
	He turned their heart to hate his people, to deal subtilly with his servants.	25	Hij keerde hun hart om, dat zij Zijn volk haatten, dat zij met Zijn knechten listiglijk handelden.
	He sent Moses his servant; and Aaron whom he had chosen.	26	Hij zond Mozes, Zijn knecht, en Aaron, dien Hij verkoren had.
	They shewed his signs among them, and wonders in the land of Ham.	27	Zij deden onder hen de bevelen Zijner tekenen, en de wonderwerken in het land van Cham.
	He sent darkness, and made it dark; and they rebelled not against his word.	28	Hij zond duisternis, en maakte het duister; en zij waren Zijn woord niet wederspannig.
	He turned their waters into blood, and slew their fish.	29	Hij keerde hun wateren in bloed, en Hij doodde hun vissen.
	Their land brought forth frogs in abundance, in the chambers of their kings.	30	Hun land bracht vorsen voort in overvloed, tot in de binnenste kameren hunner koningen.
	He spake, and there came divers sorts of flies, and lice in all their coasts.	31	Hij sprak, en er kwam een vermenging van ongedierte, luizen, in hun ganse landpale.
	He gave them hail for rain, and flaming fire in their land.	32	Hij maakte hun regen tot hagel, vlammig vuur in hun land.
	He smote their vines also and their fig trees; and brake the trees of their coasts.	33	En Hij sloeg hun wijnstok en hun vijgeboom, en Hij brak het geboomte hunner landpalen.
	He spake, and the locusts came, and caterpillers, and that without number,	34	Hij sprak, en er kwamen sprinkhanen en kevers, en dat zonder getal;
	And did eat up all the herbs in their land, and devoured the fruit of their ground.	35	Die al het kruid in hun land opaten, ja, aten de vrucht hunner landbouwe op.
	He smote also all the firstborn in their land, the chief of all their strength.	36	Hij versloeg ook alle eerstgeborenen in hun land, de eerstelingen al hunner krachten.
	He brought them forth also with silver and gold: and there was not one feeble person among their tribes.	37	En Hij voerde hen uit met zilver en goud; en onder hun stammen was niemand, die struikelde.
	Egypt was glad when they departed: for the fear of them fell upon them.	38	Egypte was blijde, als zij uittrokken, want hun verschrikking was op hen gevallen.
	He spread a cloud for a covering; and fire to give light in the night.	39	Hij breidde een wolk uit tot een deksel, en vuur om den nacht te verlichten.
	The people asked, and he brought quails, and satisfied them with the bread of heaven.	40	Zij baden, en Hij deed kwakkelen komen, en Hij verzadigde hen met hemels brood.
	He opened the rock, and the waters gushed out; they ran in the dry places like a river.	41	Hij opende een steenrots, en er vloeiden wateren uit, die gingen door de dorre plaatsen als een rivier.
	For he remembered his holy promise, and Abraham his servant.	42	Want Hij dacht aan Zijn heilig woord, aan Abraham, Zijn knecht.
	And he brought forth his people with joy, and his chosen with gladness:	43	Alzo voerde Hij Zijn volk uit met vrolijkheid, Zijn uitverkorenen met gejuich.
	And gave them the lands of the heathen: and they inherited the labour of the people;	44	En Hij gaf hun de landen der heidenen, zodat zij in erfenis bezaten den arbeid der volken;
	That they might observe his statutes, and keep his laws. Praise ye the LORD.	45	Opdat zij Zijn inzettingen onderhielden, en Zijn wetten bewaarden. Hallelujah!

Psalm (106) Psalmen

	Praise ye the LORD. O give thanks unto the LORD; for he is good: for his mercy endureth for ever.	1	Hallelujah! Looft den HEERE, want Hij is goed, want Zijn goedertierenheid is in der eeuwigheid.
	Who can utter the mighty acts of the LORD? who can shew forth all his praise?	2	Wie zal de mogendheden des HEEREN uitspreken, al Zijn lof verkondigen?
	Blessed are they that keep judgment, and he that doeth righteousness at all times.	3	Welgelukzalig zijn zij, die het recht onderhouden, die te aller tijd gerechtigheid doet.
	Remember me, O LORD, with the favour that thou bearest unto thy people: O visit me with thy salvation;	4	Gedenk mijner, o HEERE! naar het welbehagen tot Uw volk, bezoek mij met Uw heil;
	That I may see the good of thy chosen, that I may rejoice in the gladness of thy nation, that I may glory with thine inheritance.	5	Opdat ik aanschouwe het goede Uwer uitverkorenen; opdat ik mij verblijde met de blijdschap Uws volks; opdat ik mij beroeme met Uw erfdeel.
	We have sinned with our fathers, we have committed iniquity, we have done wickedly.	6	Wij hebben gezondigd, mitsgaders onze vaderen, wij hebben verkeerdelijk gedaan; wij hebben goddelooslijk gehandeld.

Our fathers understood not thy wonders in Egypt; they remembered not the multitude of thy mercies; but provoked him at the sea, even at the Red sea.	7 Onze vaders in Egypte hebben niet gelet op Uw wonderen; zij zijn der menigte Uwer goedertierenheid niet gedachtig geweest; maar zij waren wederspannig aan de zee, bij de Schelfzee.
Nevertheless he saved them for his name's sake, that he might make his mighty power to be known.	8 Doch Hij verloste hen om Zijns Naams wil, opdat Hij Zijn mogendheid bekend maakte.
He rebuked the Red sea also, and it was dried up: so he led them through the depths, as through the wilderness.	9 En Hij schold de Schelfzee, zodat zij verdroogde, en Hij deed hen wandelen door de afgronden, als door een woestijn.
And he saved them from the hand of him that hated them, and redeemed them from the hand of the enemy.	10 En Hij verloste hen uit de hand des haters, en Hij bevrijdde hen van de hand des vijands.
And the waters covered their enemies: there was not one of them left.	11 En de wateren overdekten hun wederpartijders; niet een van hen bleef over.
Then believed they his words; they sang his praise.	12 Toen geloofden zij aan Zijn woorden; zij zongen Zijn lof.
They soon forgat his works; they waited not for his counsel:	13 Doch zij vergaten haast Zijn werken, zij verbeidden naar Zijn raad niet.
But lusted exceedingly in the wilderness, and tempted God in the desert.	14 Maar zij werden belust met lust in de woestijn, en zij verzochten God in de wildernis.
And he gave them their request; but sent leanness into their soul.	15 Toen gaf Hij hun hun begeerte; maar Hij zond aan hun zielen een magerheid.
They envied Moses also in the camp, and Aaron the saint of the LORD.	16 En zij benijdden Mozes in het leger, en Aaron, den heilige des HEEREN.
The earth opened and swallowed up Dathan, and covered the company of Abiram.	17 De aarde deed zich open, en verslond Dathan, en overdekte de vergadering van Abiram.
And a fire was kindled in their company; the flame burned up the wicked.	18 En een vuur brandde onder hun vergadering, een vlam stak de goddelozen aan brand.
They made a calf in Horeb, and worshipped the molten image.	19 Zij maakten een kalf bij Horeb, en zij bogen zich voor een gegoten beeld.
Thus they changed their glory into the similitude of an ox that eateth grass.	20 En zij veranderden hun Eer in de gedaante van een os, die gras eet.
They forgat God their saviour, which had done great things in Egypt;	21 Zij vergaten God, hun Heiland, Die grote dingen gedaan had in Egypte;
Wondrous works in the land of Ham, and terrible things by the Red sea.	22 Wonderdaden in het land van Cham; vreselijke dingen aan de Schelfzee.
Therefore he said that he would destroy them, had not Moses his chosen stood before him in the breach, to turn away his wrath, lest he should destroy them.	23 Dies Hij zeide, dat Hij hen verdelgen zou, ten ware Mozes, Zijn uitverkorene, in de scheure voor Zijn aangezicht gestaan had, om Zijn grimmigheid af te keren, dat Hij hen niet verdierf.
Yea, they despised the pleasant land, they believed not his word:	24 Zij versmaadden ook het gewenste land; zij geloofden Zijn woord niet.
But murmured in their tents, and hearkened not unto the voice of the LORD.	25 Maar zij murmureerden in hun tenten; naar de stem des HEEREN hoorden zij niet.
Therefore he lifted up his hand against them, to overthrow them in the wilderness:	26 Dies hief Hij tegen hen Zijn hand op, zwerende dat Hij hen nedervellen zou in de woestijn;
To overthrow their seed also among the nations, and to scatter them in the lands.	27 En dat Hij hun zaad zou nedervellen onder de heidenen, en hen verstrooien zou door de landen.
They joined themselves also unto Baalpeor, and ate the sacrifices of the dead.	28 Ook hebben zij zich gekoppeld aan Baal-Peor, en zij hebben de offeranden der doden gegeten.
Thus they provoked him to anger with their inventions: and the plague brake in upon them.	29 En zij hebben den HEERE tot toorn verwekt met hun daden, zodat de plaag een inbreuk onder hen deed.
Then stood up Phinehas, and executed judgment: and so the plague was stayed.	30 Toen stond Pinehas op, en hij oefende gericht, en de plaag werd opgehouden.
And that was counted unto him for righteousness unto all generations for evermore.	31 En het is hem gerekend tot gerechtigheid, van geslacht tot geslacht tot in eeuwigheid.
They angered him also at the waters of strife, so that it went ill with Moses for their sakes:	32 Zij maakten Hem ook zeer toornig aan het twistwater, en het ging Mozes kwalijk om hunnentwil.
Because they provoked his spirit, so that he spake unadvisedly with his lips.	33 Want zij verbitterden zijn geest, zodat hij wat onbedachtelijk voortbracht met zijn lippen.
They did not destroy the nations, concerning whom the LORD commanded them:	34 Zij hebben die volken niet verdelgd, die de HEERE hun gezegd had;
But were mingled among the heathen, and learned their works.	35 Maar zij vermengden zich met de heidenen, en leerden derzelver werken.
And they served their idols: which were a snare unto them.	36 En zij dienden hun afgoden, en zij werden hun tot een strik.
Yea, they sacrificed their sons and their daughters unto devils,	37 Daarenboven hebben zij hun zonen en hun dochteren den duivelen geofferd.
And shed innocent blood, even the blood of their sons and of their daughters, whom they sacrificed unto the idols of Canaan: and the land was polluted with blood.	38 En zij hebben onschuldig bloed vergoten, het bloed hunner zonen en hunner dochteren, die zij den afgoden van Kanaän hebben opgeofferd; zodat het land door deze bloedschulden is ontheiligd geworden.
Thus were they defiled with their own works, and went a whoring with their own inventions.	39 En zij ontreinigden zich door hun werken, en zij hebben gehoereerd door hun daden.
Therefore was the wrath of the LORD kindled against his people, insomuch that he abhorred his own inheritance.	40 Dies is de toorn des HEEREN ontstoken tegen Zijn volk, en Hij heeft een gruwel gehad aan Zijn erfdeel.
And he gave them into the hand of the heathen; and they that hated them ruled over them.	41 En Hij gaf hen in de hand der heidenen, en hun haters heersten over hen.

	Their enemies also oppressed them, and they were brought into subjection under their hand.	42	En hun vijanden hebben hen verdrukt, en zij zijn vernederd geworden onder hun hand.
	Many times did he deliver them; but they provoked him with their counsel, and were brought low for their iniquity.	43	Hij heeft hen menigmaal gered; maar zij verbitterden Hem door hun raad, en werden uitgeteerd door hun ongerechtigheid.
	Nevertheless he regarded their affliction, when he heard their cry:	44	Nochtans zag Hij hun benauwdheid aan, als Hij hun geschrei hoorde.
	And he remembered for them his covenant, and repented according to the multitude of his mercies.	45	En Hij dacht tot hun beste aan Zijn verbond, en het berouwde Hem naar de veelheid Zijner goedertierenheden.
	He made them also to be pitied of all those that carried them captives.	46	Dies gaf Hij hun barmhartigheid voor het aangezicht van allen, die hen gevangen hadden.
	Save us, O LORD our God, and gather us from among the heathen, to give thanks unto thy holy name, and to triumph in thy praise.	47	Verlos ons, HEERE, onze God! en verzamel ons uit de heidenen, opdat wij den Naam Uwer heiligheid loven, ons beroemende in Uw lof.
	Blessed be the LORD God of Israel from everlasting to everlasting: and let all the people say, Amen. Praise ye the LORD.	48	Geloofd zij de HEERE, de God Israels, van eeuwigheid en tot in eeuwigheid; en al het volk zegge: Amen, Hallelujah!

Psalm (107) Psalmen

	O give thanks unto the LORD, for he is good: for his mercy endureth for ever.	1	Looft den HEERE, want Hij is goed; want Zijn goedertierenheid is in der eeuwigheid.
	Let the redeemed of the LORD say so, whom he hath redeemed from the hand of the enemy;	2	Dat zulks de bevrijden des HEEREN zeggen, die Hij van de hand der wederpartijders bevrijd heeft.
	And gathered them out of the lands, from the east, and from the west, from the north, and from the south.	3	En die Hij uit de landen verzameld heeft, van het oosten en van het westen, van het noorden en van de zee.
	They wandered in the wilderness in a solitary way; they found no city to dwell in.	4	Die in de woestijn dwaalden, in een weg der wildernis, die geen stad ter woning vonden;
	Hungry and thirsty, their soul fainted in them.	5	Zij waren hongerig, ook dorstig; hun ziel was in hen overstelpt.
	Then they cried unto the LORD in their trouble, and he delivered them out of their distresses.	6	Doch roepende tot den HEERE in de benauwdheid, die zij hadden, heeft Hij hen gered uit hun angsten;
	And he led them forth by the right way, that they might go to a city of habitation.	7	En Hij leidde hen op een rechten weg, om te gaan tot een stad ter woning.
	Oh that men would praise the LORD for his goodness, and for his wonderful works to the children of men!	8	Laat hen voor den HEERE Zijn goedertierenheid loven, en Zijn wonderwerken voor de kinderen der mensen.
	For he satisfieth the longing soul, and filleth the hungry soul with goodness.	9	Want Hij heeft de dorstige ziel verzadigd, en de hongerige ziel met goed vervuld;
	Such as sit in darkness and in the shadow of death, being bound in affliction and iron;	10	Die in duisternis en de schaduw des doods zaten, gebonden met verdrukking en ijzer;
	Because they rebelled against the words of God, and contemned the counsel of the most High:	11	Omdat zij wederspannig waren geweest tegen Gods geboden, en den raad des Allerhoogsten onwaardiglijk verworpen hadden.
	Therefore he brought down their heart with labour; they fell down, and there was none to help.	12	Waarom Hij hun het hart door zwarigheid vernederd heeft; zij zijn gestruikeld, en er was geen helper.
	Then they cried unto the LORD in their trouble, and he saved them out of their distresses.	13	Doch roepende tot den HEERE in de benauwdheid, die zij hadden, verloste Hij hen uit hun angsten.
	He brought them out of darkness and the shadow of death, and brake their bands in sunder.	14	Hij voerde hen uit de duisternis en de schaduw des doods, en Hij brak hun banden.
	Oh that men would praise the LORD for his goodness, and for his wonderful works to the children of men!	15	Laat hen voor den HEERE Zijn goedertierenheid loven, en Zijn wonderwerken voor de kinderen der mensen;
	For he hath broken the gates of brass, and cut the bars of iron in sunder.	16	Want Hij heeft de koperen deuren gebroken, en de ijzeren grendelen in stukken gehouwen.
	Fools because of their transgression, and because of their iniquities, are afflicted.	17	De zotten worden om den weg hunner overtreding, en om hun ongerechtigheden geplaagd;
	Their soul abhorreth all manner of meat; and they draw near unto the gates of death.	18	Hun ziel gruwelde van alle spijze, en zij waren tot aan de poorten des doods gekomen.
	Then they cry unto the LORD in their trouble, and he saveth them out of their distresses.	19	Doch roepende tot den HEERE in de benauwdheid, die zij hadden, verloste Hij hen uit hun angsten.
	He sent his word, and healed them, and delivered them from their destructions.	20	Hij zond Zijn woord uit, en heelde hen, en rukte hen uit hun kuilen.
	Oh that men would praise the LORD for his goodness, and for his wonderful works to the children of men!	21	Laat hen voor den HEERE Zijn goedertierenheid loven, en Zijn wonderwerken voor de kinderen der mensen.
	And let them sacrifice the sacrifices of thanksgiving, and declare his works with rejoicing.	22	En dat zij lofofferen offeren, en met gejuich Zijn werken vertellen.
	They that go down to the sea in ships, that do business in great waters;	23	Die met schepen ter zee afvaren, handel doende op grote wateren;
	These see the works of the LORD, and his wonders in the deep.	24	Die zien de werken des HEEREN, en Zijn wonderwerken in de diepte.
	For he commandeth, and raiseth the stormy wind, which lifteth up the waves thereof.	25	Als Hij spreekt, zo doet Hij een stormwind opstaan, die haar golven omhoog verheft.
	They mount up to the heaven, they go down again to the depths: their soul is melted because of trouble.	26	Zij rijzen op naar den hemel; zij dalen neder tot in de afgronden; hun ziel versmelt van angst.
	They reel to and fro, and stagger like a drunken man, and are at their wits' end.	27	Zij dansen en waggelen als een dronken man, en al hun wijsheid wordt verslonden.

	Then they cry unto the LORD in their trouble, and he bringeth them out of their distresses.	28	Doch roepende tot den HEERE in de benauwdheid, die zij hadden, zo voerde Hij hen uit hun angsten.
	He maketh the storm a calm, so that the waves thereof are still.	29	Hij doet de storm stilstaan, zodat hun golven stilzwijgen.
	Then are they glad because they be quiet; so he bringeth them unto their desired haven.	30	Dan zijn zij verblijd, omdat zij gestild zijn, en dat Hij hen tot de haven hunner begeerte geleid heeft.
	Oh that men would praise the LORD for his goodness, and for his wonderful works to the children of men!	31	Laat hen voor den HEERE Zijn goedertierenheid loven, en Zijn wonderwerken voor de kinderen der mensen.
	Let them exalt him also in the congregation of the people, and praise him in the assembly of the elders.	32	En Hem verhogen in de gemeente des volks, en in het gestoelte der oudsten Hem roemen.
	He turneth rivers into a wilderness, and the watersprings into dry ground;	33	Hij stelt de rivieren tot een woestijn, en watertochten tot dorstig land.
	A fruitful land into barrenness, for the wickedness of them that dwell therein.	34	Het vruchtbaar land tot zouten grond, om de boosheid dergenen, die daarin wonen.
	He turneth the wilderness into a standing water, and dry ground into watersprings.	35	Hij stelt de woestijn tot een waterpoel, en het dorre land tot watertochten.
	And there he maketh the hungry to dwell, that they may prepare a city for habitation;	36	En Hij doet de hongerigen aldaar wonen, en zij stichten een stad ter woning;
	And sow the fields, and plant vineyards, which may yield fruits of increase.	37	En bezaaien akkers, en planten wijngaarden, die inkomende vrucht voortbrengen.
	He blesseth them also, so that they are multiplied greatly; and suffereth not their cattle to decrease.	38	En Hij zegent hen, zodat zij zeer vermenigvuldigen, en hun vee vermindert Hij niet.
	Again, they are minished and brought low through oppression, affliction, and sorrow.	39	Daarna verminderen zij, en komen ten onder, door verdrukking, kwaad en droefenis.
	He poureth contempt upon princes, and causeth them to wander in the wilderness, where there is no way.	40	Hij stort verachting uit over de prinsen, en doet hen dwalen in het woeste, waar geen weg is.
	Yet setteth he the poor on high from affliction, and maketh him families like a flock.	41	Maar Hij brengt den nooddruftige uit de verdrukking in een hoog vertrek, en maakt de huisgezinnen als kudden.
	The righteous shall see it, and rejoice: and all iniquity shall stop her mouth.	42	De oprechten zien het, en zijn verblijd, maar alle ongerechtigheid stopt haar mond.
	Whoso is wise, and will observe these things, even they shall understand the lovingkindness of the LORD.	43	Wie is wijs? Die neme deze dingen waar; en dat zij verstandelijk letten op de goedertierenheden des HEEREN.

Psalm (108) Psalmen

	{A Song or Psalm of David.} O God, my heart is fixed; I will sing and give praise, even with my glory.	1	Een lied, een psalm van David. (1a) O God! mijn hart is bereid; ik zal zingen en psalmzingen, ook mijn eer.
	Awake, psaltery and harp: I myself will awake early.	2	Waak op, gij luit en harp! ik zal in den dageraad opwaken.
	I will praise thee, O LORD, among the people: and I will sing praises unto thee among the nations.	3	Ik zal U loven onder de volken, o HEERE! en ik zal U psalmzingen onder de natien.
	For thy mercy is great above the heavens: and thy truth reacheth unto the clouds.	4	Want Uw goedertierenheid is groot tot boven de hemelen, en Uw waarheid tot aan de bovenste wolken.
	Be thou exalted, O God, above the heavens: and thy glory above all the earth;	5	Verhef U, o God! boven de hemelen, en Uw eer over de ganse aarde.
	That thy beloved may be delivered: save with thy right hand, and answer me.	6	Opdat Uw beminden bevrijd worden; geef heil door Uw rechterhand, en verhoor ons.
	God hath spoken in his holiness; I will rejoice, I will divide Shechem, and mete out the valley of Succoth.	7	God heeft gesproken in Zijn heiligdom, dies zal ik van vreugde opspringen; ik zal Sichem delen, en het dal van Sukkoth zal ik afmeten.
	Gilead is mine; Manasseh is mine; Ephraim also is the strength of mine head; Judah is my lawgiver;	8	Gilead is mijn, Manasse is mijn, en Efraim is de sterkte mijns hoofds; Juda is mijn wetgever.
	Moab is my washpot; over Edom will I cast out my shoe; over Philistia will I triumph.	9	Moab is mijn waspot; op Edom zal ik mijn schoen werpen; over Palestina zal ik juichen.
	Who will bring me into the strong city? who will lead me into Edom?	10	Wie zal mij voeren in een vaste stad? Wie zal mij leiden tot in Edom?
	Wilt not thou, O God, who hast cast us off? and wilt not thou, O God, go forth with our hosts?	11	Zult Gij het niet zijn, o God! Die ons verstoten hadt, en Die niet uittoogt, o God! met onze heirkrachten?
	Give us help from trouble: for vain is the help of man.	12	Geef Gij ons hulp uit de benauwdheid; want des mensen heil is ijdelheid.
	Through God we shall do valiantly: for he it is that shall tread down our enemies.	13	[(Psalms 108:14) In God zullen wij kloeke daden doen, en Hij zal onze wederpartijders vertreden.]

Psalm (109) Psalmen

	{To the chief Musician, A Psalm of David.} Hold not thy peace, O God of my praise;	1	Een psalm van David, voor den opperzangmeester. O God mijns lofs! zwijg niet.
	For the mouth of the wicked and the mouth of the deceitful are opened against me: they have spoken against me with a lying tongue.	2	Want de mond des goddelozen en de mond des bedrogs zijn tegen mij opengedaan; zij hebben met mij gesproken met een valse tong.
	They compassed me about also with words of hatred; and fought against me without a cause.	3	En met hatelijke woorden hebben zij mij omsingeld; ja, zij hebben mij bestreden zonder oorzaak.
	For my love they are my adversaries: but I give myself unto prayer.	4	Voor mijn liefde, staan zij mij tegen; maar ik was steeds in het gebed.

	And they have rewarded me evil for good, and hatred for my love.	5	En zij hebben mij kwaad voor goed opgelegd, en haat voor mijn liefde.
	Set thou a wicked man over him: and let Satan stand at his right hand.	6	Stel een goddeloze over hem, en de satan sta aan zijn rechterhand.
	When he shall be judged, let him be condemned: and let his prayer become sin.	7	Als hij gericht wordt, zo ga hij schuldig uit, en zijn gebed zij tot zonde.
	Let his days be few; and let another take his office.	8	Dat zijn dagen weinig zijn; een ander neme zijn ambt;
	Let his children be fatherless, and his wife a widow.	9	Dat zijn kinderen wezen worden, en zijn vrouw weduwe.
	Let his children be continually vagabonds, and beg: let them seek their bread also out of their desolate places.	10	En dat zijn kinderen hier en daar omzwerven, en bedelen, en de nooddruft uit hun verwoeste plaatsen zoeken.
	Let the extortioner catch all that he hath; and let the strangers spoil his labour.	11	Dat de schuldeiser aansla al wat hij heeft, en dat de vreemden zijn arbeid roven.
	Let there be none to extend mercy unto him: neither let there be any to favour his fatherless children.	12	Dat hij niemand hebbe, die weldadigheid over hem uitstrekke, en dat er niemand zij, die zijn wezen genadig zij.
	Let his posterity be cut off; and in the generation following let their name be blotted out.	13	Dat zijn nakomelingen uitgeroeid worden; hun naam worde uitgedelgd in het andere geslacht.
	Let the iniquity of his fathers be remembered with the LORD; and let not the sin of his mother be blotted out.	14	De ongerechtigheid zijner vaderen worde gedacht bij den HEERE, en de zonde zijner moeder worde niet uitgedelgd.
	Let them be before the LORD continually, that he may cut off the memory of them from the earth.	15	Dat zij gedurig voor den HEERE zijn; en Hij roeie hun gedachtenis uit van de aarde.
	Because that he remembered not to shew mercy, but persecuted the poor and needy man, that he might even slay the broken in heart.	16	Omdat hij niet gedacht heeft weldadigheid te doen, maar heeft den ellendigen en den nooddruftigen man vervolgd, en den verslagene van hart, om hem te doden.
	As he loved cursing, so let it come unto him: as he delighted not in blessing, so let it be far from him.	17	Dewijl hij den vloek heeft liefgehad, dat die hem overkome, en geen lust gehad heeft tot den zegen, zo zij die verre van hem.
	As he clothed himself with cursing like as with his garment, so let it come into his bowels like water, and like oil into his bones.	18	En hij zij bekleed met den vloek, als met zijn kleed, en dat die ga tot in het binnenste van hem als het water, en als de olie in zijn beenderen.
	Let it be unto him as the garment which covereth him, and for a girdle wherewith he is girded continually.	19	Die zij hem als een kleed, waarmede hij zich bedekt, en tot een gordel, waarmede hij zich steeds omgordt.
	Let this be the reward of mine adversaries from the LORD, and of them that speak evil against my soul.	20	Dit zij het werkloon mijner tegenstanders van den HEERE, en dergenen, die kwaad spreken tegen mijn ziel.
	But do thou for me, O GOD the Lord, for thy name's sake: because thy mercy is good, deliver thou me.	21	Maar Gij, o HEERE Heere! maak het met mij om Uws Naams wil; dewijl Uw goedertierenheid goed is, verlos mij.
	For I am poor and needy, and my heart is wounded within me.	22	Want ik ben ellendig en nooddruftig, en mijn hart is in het binnenste van mij doorwond.
	I am gone like the shadow when it declineth: I am tossed up and down as the locust.	23	Ik ga heen gelijk een schaduw, wanneer zij zich neigt; ik worde omgedreven als een sprinkhaan.
	My knees are weak through fasting; and my flesh faileth of fatness.	24	Mijn knieën struikelen van vasten, en mijn vlees is vermagerd, zodat er geen vet aan is.
	I became also a reproach unto them: when they looked upon me they shaked their heads.	25	Nog ben ik hun een smaad; als zij mij zien, zo schudden zij hun hoofd.
	Help me, O LORD my God: O save me according to thy mercy:	26	Help mij, HEERE, mijn God! verlos mij naar Uw goedertierenheid.
	That they may know that this is thy hand; that thou, LORD, hast done it.	27	Opdat zij weten, dat dit Uw hand is, dat Gij het, HEERE! gedaan hebt.
	Let them curse, but bless thou: when they arise, let them be ashamed; but let thy servant rejoice.	28	Laat hen vloeken, maar zegen Gij; laat hen zich opmaken, maar dat zij beschaamd worden; doch dat zich Uw knecht verblijde.
	Let mine adversaries be clothed with shame, and let them cover themselves with their own confusion, as with a mantle.	29	Laat mijn tegenstanders met schande bekleed worden, en dat zij met hun beschaamdheid zich bedekken, als met een mantel.
	I will greatly praise the LORD with my mouth; yea, I will praise him among the multitude.	30	Ik zal den HEERE met mijn mond zeer loven, en in het midden van velen zal ik Hem prijzen.
	For he shall stand at the right hand of the poor, to save him from those that condemn his soul.	31	Want Hij zal den nooddruftige ter rechterhand staan, om hem te verlossen van degenen, die zijn ziel veroordelen.

Psalm (110) Psalmen

	{A Psalm of David.} The LORD said unto my Lord, Sit thou at my right hand, until I make thine enemies thy footstool.	1	Een psalm van David. De HEERE heeft tot mijn Heere gesproken: Zit aan Mijn rechterhand, totdat Ik Uw vijanden gezet zal hebben tot een voetbank Uwer voeten.
	The LORD shall send the rod of thy strength out of Zion: rule thou in the midst of thine enemies.	2	De HEERE zal de scepter Uwer sterkte zenden uit Sion, zeggende: Heers in het midden Uwer vijanden.
	Thy people shall be willing in the day of thy power, in the beauties of holiness from the womb of the morning: thou hast the dew of thy youth.	3	Uw volk zal zeer gewillig zijn op den dag Uwer heirkracht, in heilig sieraad; uit de baarmoeder des dageraads zal U de dauw Uwer jeugd zijn.
	The LORD hath sworn, and will not repent, Thou art a priest for ever after the order of Melchizedek.	4	De HEERE heeft gezworen, en het zal Hem niet berouwen: Gij zijt Priester in eeuwigheid, naar de ordening van Melchizedek.
	The Lord at thy right hand shall strike through kings in the day of his wrath.	5	De HEERE is aan Uw rechterhand; Hij zal koningen verslaan ten dage Zijns toorns.
	He shall judge among the heathen, he shall fill the places with the dead bodies; he shall wound the heads over many countries.	6	Hij zal recht doen onder de heidenen; Hij zal het vol dode lichamen maken; Hij zal verslaan dengene, die het hoofd is over een groot land.
	He shall drink of the brook in the way: therefore shall he lift up the head.	7	Hij zal op den weg uit de beek drinken; daarom zal Hij het hoofd omhoog heffen.

Psalm (111) Psalmen

Praise ye the LORD. I will praise the LORD with my whole heart, in the assembly of the upright, and in the congregation.	1	Hallelujah! Aleph. Ik zal den HEERE loven van ganser harte; Beth. In den raad en vergadering der oprechten.
The works of the LORD are great, sought out of all them that have pleasure therein.	2	Gimel. De werken des HEEREN zijn groot; Daleth. zij worden gezocht van allen, die er lust in hebben.
His work is honourable and glorious: and his righteousness endureth for ever.	3	He. Zijn doen is majesteit en heerlijkheid, Vau. en zijn gerechtigheid bestaat in der eeuwigheid.
He hath made his wonderful works to be remembered: the LORD is gracious and full of compassion.	4	Zain. Hij heeft Zijn wonderen een gedachtenis gemaakt; Cheth. de HEERE is genadig en barmhartig.
He hath given meat unto them that fear him: he will ever be mindful of his covenant.	5	Teth. Hij heeft degenen, die Hem vrezen, spijs gegeven; Jod. Hij gedenkt in der eeuwigheid aan Zijn verbond.
He hath shewed his people the power of his works, that he may give them the heritage of the heathen.	6	Caph. Hij heeft de kracht Zijner werken Zijn volke bekend gemaakt; Lamed. hun gevende de erve der heidenen.
The works of his hands are verity and judgment; all his commandments are sure.	7	Mem. De werken Zijner handen zijn waarheid en oordeel; Nun. al Zijn bevelen zijn getrouw.
They stand fast for ever and ever, and are done in truth and uprightness.	8	Samech. Zij zijn ondersteund voor altoos, en in eeuwigheid; Ain. zijnde gedaan in waarheid en oprechtigheid.
He sent redemption unto his people: he hath commanded his covenant for ever: holy and reverend is his name.	9	Pe. Hij heeft Zijn volke verlossing gezonden; Tsade. Hij heeft Zijn verbond in eeuwigheid geboden; Koph. Zijn Naam is heilig en vreselijk.
The fear of the LORD is the beginning of wisdom: a good understanding have all they that do his commandments: his praise endureth for ever.	10	Resch. De vreze des HEEREN is het beginsel der wijsheid; Schin. allen, die ze doen, hebben goed verstand; Thau. Zijn lof bestaat tot in der eeuwigheid.

Psalm (112) Psalmen

Praise ye the LORD. Blessed is the man that feareth the LORD, that delighteth greatly in his commandments.	1	Hallelujah! Aleph. Welgelukzalig is de man, die den HEERE vreest; Beth. die groten lust heeft in Zijn geboden.
His seed shall be mighty upon earth: the generation of the upright shall be blessed.	2	Gimel. Zijn zaad zal geweldig zijn op aarde; Daleth. het geslacht der oprechten zal gezegend worden.
Wealth and riches shall be in his house: and his righteousness endureth for ever.	3	He. In zijn huis zal have en rijkdom wezen; Vau. en zijn gerechtigheid bestaat in eeuwigheid.
Unto the upright there ariseth light in the darkness: he is gracious, and full of compassion, and righteous.	4	Zain. Den oprechten gaat het licht op in de duisternis; Cheth. Hij is genadig, en barmhartig, en rechtvaardig.
A good man sheweth favour, and lendeth: he will guide his affairs with discretion.	5	Teth. Wel dien man, die zich ontfermt en uitleent; Jod. hij beschikt zijn zaken met recht.
Surely he shall not be moved for ever: the righteous shall be in everlasting remembrance.	6	Caph. Zekerlijk, hij zal in der eeuwigheid niet wankelen; Lamed. de rechtvaardige zal in eeuwige gedachtenis zijn.
He shall not be afraid of evil tidings: his heart is fixed, trusting in the LORD.	7	Mem. Hij zal voor geen kwaad gerucht vrezen; Nun. zijn hart is vast, betrouwende op den HEERE.
His heart is established, he shall not be afraid, until he see his desire upon his enemies.	8	Samech. Zijn hart, wel ondersteund zijnde, zal niet vrezen; Ain. totdat hij op zijn wederpartijen zie.
He hath dispersed, he hath given to the poor; his righteousness endureth for ever; his horn shall be exalted with honour.	9	Pe. Hij strooit uit, hij geeft den nooddruftige; Tsade. zijn gerechtigheid bestaat in eeuwigheid; Koph. zijn hoorn zal verhoogd worden in eer.
The wicked shall see it, and be grieved; he shall gnash with his teeth, and melt away: the desire of the wicked shall perish.	10	Resch. De goddeloze zal het zien, en hij zal zich vertoornen; Schin. hij zal met zijn tanden knersen en smelten. Thau. de wens der goddelozen zal vergaan.

Psalm (113) Psalmen

Praise ye the LORD. Praise, O ye servants of the LORD, praise the name of the LORD.	1	Hallelujah! Looft, gij knechten des HEEREN! looft den Naam des HEEREN.
Blessed be the name of the LORD from this time forth and for evermore.	2	De Naam des HEEREN zij geprezen, van nu aan tot in der eeuwigheid.
From the rising of the sun unto the going down of the same the LORD'S name is to be praised.	3	Van den opgang der zon af tot haar nedergang, zij de Naam des HEEREN geloofd.
The LORD is high above all nations, and his glory above the heavens.	4	De HEERE is hoog boven alle heidenen, boven de hemelen is Zijn heerlijkheid.
Who is like unto the LORD our God, who dwelleth on high,	5	Wie is gelijk de HEERE, onze God? Die zeer hoog woont.
Who humbleth himself to behold the things that are in heaven, and in the earth!	6	Die zeer laag ziet, in den hemel en op de aarde.
He raiseth up the poor out of the dust, and lifteth the needy out of the dunghill;	7	Die den geringe uit het stof opricht, en den nooddruftige uit den drek verhoogt;
That he may set him with princes, even with the princes of his people.	8	Om te doen zitten bij de prinsen, bij de prinsen Zijns volks.
He maketh the barren woman to keep house, and to be a joyful mother of children. Praise ye the LORD.	9	Die de onvruchtbare doet wonen met een huisgezin, een blijde moeder van kinderen. Hallelujah!

Psalm (114) Psalmen

When Israel went out of Egypt, the house of Jacob from a people of strange language;	1	Toen Israel uit Egypte toog, het huis Jakobs van een volk, dat een vreemde taal had;

Judah was his sanctuary, and Israel his dominion.	2 Zo werd Juda tot Zijn heiligdom, Israel Zijn volkomene heerschappij.
The sea saw it, and fled: Jordan was driven back.	3 De zee zag het, en vlood; de Jordaan keerde achterwaarts.
The mountains skipped like rams, and the little hills like lambs.	4 De bergen sprongen als rammen, de heuvelen als lammeren.
What ailed thee, O thou sea, that thou fleddest? thou Jordan, that thou wast driven back?	5 Wat was u, gij zee! dat gij vloodt? gij Jordaan! dat gij achterwaarts keerdet?
Ye mountains, that ye skipped like rams; and ye little hills, like lambs?	6 Gij bergen, dat gij opsprongt als rammen? gij heuvelen! als lammeren?
Tremble, thou earth, at the presence of the Lord, at the presence of the God of Jacob;	7 Beef, gij aarde! voor het aangezicht des Heeren, voor het aangezicht van den God Jakobs;
Which turned the rock into a standing water, the flint into a fountain of waters.	8 Die den rotssteen veranderde in een watervloed, den keisteen in een waterfontein.

Psalm (115) Psalmen

Not unto us, O LORD, not unto us, but unto thy name give glory, for thy mercy, and for thy truth's sake.	1 Niet ons, o HEERE! niet ons, maar Uw Naam geef eer, om Uwer goedertierenheid, om Uwer waarheid wil.
Wherefore should the heathen say, Where is now their God?	2 Waarom zouden de heidenen zeggen: Waar is nu hun God?
But our God is in the heavens: he hath done whatsoever he hath pleased.	3 Onze God is toch in den hemel, Hij doet al wat Hem behaagt.
Their idols are silver and gold, the work of men's hands.	4 Hunlieder afgoden zijn zilver en goud, het werk van des mensen handen;
They have mouths, but they speak not: eyes have they, but they see not:	5 Zij hebben een mond, maar spreken niet; zij hebben ogen, maar zien niet;
They have ears, but they hear not: noses have they, but they smell not:	6 Oren hebben zij, maar horen niet; zij hebben een neus, maar zij rieken niet;
They have hands, but they handle not: feet have they, but they walk not: neither speak they through their throat.	7 Hun handen hebben zij, maar tasten niet; hun voeten, maar gaan niet; zij geven geen geluid door hun keel.
They that make them are like unto them; so is every one that trusteth in them.	8 Dat die hen maken hun gelijk worden, en al wie op hen vertrouwt.
O Israel, trust thou in the LORD: he is their help and their shield.	9 Israel! vertrouw gij op den HEERE; Hij is hun Hulp en hun Schild.
O house of Aaron, trust in the LORD: he is their help and their shield.	10 Gij huis van Aaron! vertrouw op den HEERE; Hij is hun Hulp en hun Schild.
Ye that fear the LORD, trust in the LORD: he is their help and their shield.	11 Gijlieden, die den HEERE vreest! vertrouwt op den HEERE; Hij is hun Hulp en hun Schild.
The LORD hath been mindful of us: he will bless us; he will bless the house of Israel; he will bless the house of Aaron.	12 De HEERE is onzer gedachtig geweest, Hij zal zegenen; Hij zal het huis van Israel zegenen, Hij zal het huis van Aaron zegenen.
He will bless them that fear the LORD, both small and great.	13 Hij zal zegenen, die den HEERE vrezen, de kleinen met de groten.
The LORD shall increase you more and more, you and your children.	14 De HEERE zal den zegen over ulieden vermeerderen, over ulieden en over uw kinderen.
Ye are blessed of the LORD which made heaven and earth.	15 Gijlieden zijt den HEERE gezegend, Die den hemel en de aarde gemaakt heeft.
The heaven, even the heavens, are the LORD'S: but the earth hath he given to the children of men.	16 Aangaande den hemel, de hemel is des HEEREN; maar de aarde heeft Hij de mensenkinderen gegeven.
The dead praise not the LORD, neither any that go down into silence.	17 De doden zullen den HEERE niet prijzen, noch die in de stilte nedergedaald zijn.
But we will bless the LORD from this time forth and for evermore. Praise the LORD.	18 Maar wij zullen den HEERE loven van nu aan tot in der eeuwigheid. Hallelujah!

Psalm (116) Psalmen

I love the LORD, because he hath heard my voice and my supplications.	1 Ik heb lief, want de HEERE hoort mijn stem, mijn smekingen;
Because he hath inclined his ear unto me, therefore will I call upon him as long as I live.	2 Want Hij neigt Zijn oor tot mij; dies zal ik Hem in mijn dagen aanroepen.
The sorrows of death compassed me, and the pains of hell gat hold upon me: I found trouble and sorrow.	3 De banden des doods hadden mij omvangen, en de angsten der hel hadden mij getroffen; ik vond benauwdheid en droefenis.
Then called I upon the name of the LORD; O LORD, I beseech thee, deliver my soul.	4 Maar ik riep den Naam des HEEREN aan, zeggende: Och HEERE! bevrijd mijn ziel.
Gracious is the LORD, and righteous; yea, our God is merciful.	5 De HEERE is genadig en rechtvaardig, en onze God is ontfermende.
The LORD preserveth the simple: I was brought low, and he helped me.	6 De HEERE bewaart de eenvoudigen; ik was uitgeteerd, doch Hij heeft mij verlost.
Return unto thy rest, O my soul; for the LORD hath dealt bountifully with thee.	7 Mijn ziel! keer weder tot uw rust, want de HEERE heeft aan u welgedaan.
For thou hast delivered my soul from death, mine eyes from tears, and my feet from falling.	8 Want Gij, HEERE! hebt mijn ziel gered van de dood, mijn ogen van tranen, mijn voet van aanstoot.
I will walk before the LORD in the land of the living.	9 Ik zal wandelen voor het aangezicht des HEEREN, in de landen der levenden.
I believed, therefore have I spoken: I was greatly afflicted:	10 Ik heb geloofd, daarom sprak ik; ik ben zeer bedrukt geweest.
I said in my haste, All men are liars.	11 Ik zeide in mijn haasten: Alle mensen zijn leugenaars.

	What shall I render unto the LORD for all his benefits toward me?	12	Wat zal ik den HEERE vergelden voor al Zijn weldaden aan mij bewezen?
	I will take the cup of salvation, and call upon the name of the LORD.	13	Ik zal den beker der verlossingen opnemen, en den Naam des HEEREN aanroepen.
	I will pay my vows unto the LORD now in the presence of all his people.	14	Mijn geloften zal ik den HEERE betalen, nu, in de tegenwoordigheid van al Zijn volk.
	Precious in the sight of the LORD is the death of his saints.	15	Kostelijk is in de ogen des HEEREN de dood Zijner gunstgenoten.
	O LORD, truly I am thy servant; I am thy servant, and the son of thine handmaid: thou hast loosed my bonds.	16	Och, HEERE! zekerlijk ik ben Uw knecht, ik ben Uw knecht, een zoon Uwer dienstmaagd; Gij hebt mijn banden losgemaakt.
	I will offer to thee the sacrifice of thanksgiving, and will call upon the name of the LORD.	17	Ik zal U offeren, offerande van dankzegging, en den Naam des HEEREN aanroepen.
	I will pay my vows unto the LORD now in the presence of all his people,	18	Mijn geloften zal ik den HEERE betalen, nu, in de tegenwoordigheid van al Zijn volk.
	In the courts of the LORD'S house, in the midst of thee, O Jerusalem. Praise ye the LORD.	19	In de voorhoven van het huis des HEEREN, in het midden van u, o Jeruzalem! Hallelujah!

Psalm (117) Psalmen

	O praise the LORD, all ye nations: praise him, all ye people.	1	Looft den HEERE, alle heidenen; prijst Hem, alle natien!
	For his merciful kindness is great toward us: and the truth of the LORD endureth for ever. Praise ye the LORD.	2	Want Zijn goedertierenheid is geweldig over ons, en de waarheid des HEEREN is in der eeuwigheid! Hallelujah!

Psalm (118) Psalmen

	O give thanks unto the LORD; for he is good: because his mercy endureth for ever.	1	Looft den HEERE, want Hij is goed; want Zijn goedertierenheid is in der eeuwigheid.
	Let Israel now say, that his mercy endureth for ever.	2	Dat Israel nu zegge, dat Zijn goedertierenheid in der eeuwigheid is.
	Let the house of Aaron now say, that his mercy endureth for ever.	3	Het huis van Aaron zegge nu, dat Zijn goedertierenheid in der eeuwigheid is.
	Let them now that fear the LORD say, that his mercy endureth for ever.	4	Dat degenen, die den HEERE vrezen, nu zeggen, dat Zijn goedertierenheid in der eeuwigheid is.
	I called upon the LORD in distress: the LORD answered me, and set me in a large place.	5	Uit de benauwdheid heb ik den HEERE aangeroepen; de HEERE heeft mij verhoord, stellende mij in de ruimte.
	The LORD is on my side; I will not fear: what can man do unto me?	6	De HEERE is bij mij, ik zal niet vrezen; wat zal mij een mens doen?
	The LORD taketh my part with them that help me: therefore shall I see my desire upon them that hate me.	7	De HEERE is bij mij onder degenen, die mij helpen; daarom zal ik mijn lust zien aan degenen, die mij haten.
	It is better to trust in the LORD than to put confidence in man.	8	Het is beter tot den HEERE toevlucht te nemen, dan op den mens te vertrouwen.
	It is better to trust in the LORD than to put confidence in princes.	9	Het is beter tot den HEERE toevlucht te nemen, dan op prinsen te vertrouwen.
	All nations compassed me about: but in the name of the LORD will I destroy them.	10	Alle heidenen hadden mij omringd; het is in den Naam des HEEREN, dat ik ze verhouwen heb.
	They compassed me about; yea, they compassed me about: but in the name of the LORD I will destroy them.	11	Zij hadden mij omringd, ja, zij hadden mij omringd; het is in den Naam des HEEREN, dat ik ze verhouwen heb.
	They compassed me about like bees; they are quenched as the fire of thorns: for in the name of the LORD I will destroy them.	12	Zij hadden mij omringd als bijen; zij zijn uitgeblust als een doornenvuur; het is in den Naam des HEEREN, dat ik ze verhouwen heb.
	Thou hast thrust sore at me that I might fall: but the LORD helped me.	13	Gij hadt mij zeer hard gestoten, tot vallens toe, maar de HEERE heeft mij geholpen.
	The LORD is my strength and song, and is become my salvation.	14	De HEERE is mijn Sterkte en Psalm, want Hij is mij tot heil geweest.
	The voice of rejoicing and salvation is in the tabernacles of the righteous: the right hand of the LORD doeth valiantly.	15	In de tenten der rechtvaardigen is een stem des gejuichs en des heils; de rechterhand des HEEREN doet krachtige daden.
	The right hand of the LORD is exalted: the right hand of the LORD doeth valiantly.	16	De rechterhand des HEEREN is verhoogd; de rechterhand des HEEREN doet krachtige daden.
	I shall not die, but live, and declare the works of the LORD.	17	Ik zal niet sterven, maar leven; en ik zal de werken des HEEREN vertellen.
	The LORD hath chastened me sore: but he hath not given me over unto death.	18	De HEERE heeft mij wel hard gekastijd; maar Hij heeft mij ter dood niet overgegeven.
	Open to me the gates of righteousness: I will go into them, and I will praise the LORD:	19	Doet mij de poorten der gerechtigheid open, ik zal daardoor ingaan, ik zal den HEERE loven.
	This gate of the LORD, into which the righteous shall enter.	20	Dit is de poort des HEEREN, door dewelke de rechtvaardigen zullen ingaan.
	I will praise thee: for thou hast heard me, and art become my salvation.	21	Ik zal U loven, omdat Gij mij verhoord hebt, en mij tot heil geweest zijt.
	The stone which the builders refused is become the head stone of the corner.	22	De steen, dien de bouwlieden verworpen hadden, is tot een hoofd des hoeks geworden.
	This is the LORD'S doing; it is marvellous in our eyes.	23	Dit is van den HEERE geschied, en het is wonderlijk in onze ogen.
	This is the day which the LORD hath made; we will rejoice and be glad in it.	24	Dit is de dag, dien de HEERE gemaakt heeft; laat ons op denzelven ons verheugen, en verblijd zijn.

	Save now, I beseech thee, O LORD: O LORD, I beseech thee, send now prosperity.	25	Och HEERE! geef nu heil; och HEERE! geef nu voorspoed.
	Blessed be he that cometh in the name of the LORD: we have blessed you out of the house of the LORD.	26	Gezegend zij hij, die daar komt in den Naam des HEEREN! Wij zegenen ulieden uit het huis des HEEREN.
	God is the LORD, which hath shewed us light: bind the sacrifice with cords, even unto the horns of the altar.	27	De HEERE is God, Die ons licht gegeven heeft. Bindt het feestoffer met touwen tot aan de hoornen van het altaar.
	Thou art my God, and I will praise thee: thou art my God, I will exalt thee.	28	Gij zijt mijn God, daarom zal ik U loven; o mijn God! ik zal U verhogen.
	O give thanks unto the LORD; for he is good: for his mercy endureth for ever.	29	Loof den HEERE, want Hij is goed; want Zijn goedertierenheid is in der eeuwigheid.

Psalm (119) Psalmen

	Blessed are the undefiled in the way, who walk in the law of the LORD.	1	Aleph. Welgelukzalig zijn de oprechten van wandel, die in de wet des HEEREN gaan.
	Blessed are they that keep his testimonies, and that seek him with the whole heart.	2	Welgelukzalig zijn zij, die Zijn getuigenissen onderhouden, die Hem van ganser harte zoeken;
	They also do no iniquity: they walk in his ways.	3	Ook geen onrecht werken, maar wandelen in Zijn wegen.
	Thou hast commanded us to keep thy precepts diligently.	4	HEERE! Gij hebt geboden, dat men Uw bevelen zeer bewaren zal.
	O that my ways were directed to keep thy statutes!	5	Och, dat mijn wegen gericht werden, om Uw inzettingen te bewaren!
	Then shall I not be ashamed, when I have respect unto all thy commandments.	6	Dan zou ik niet beschaamd worden, wanneer ik merken zou op al Uw geboden.
	I will praise thee with uprightness of heart, when I shall have learned thy righteous judgments.	7	Ik zal U loven in oprechtheid des harten, als ik de rechten Uwer gerechtigheid geleerd zal hebben.
	I will keep thy statutes: O forsake me not utterly.	8	Ik zal Uw inzettingen bewaren; verlaat mij niet al te zeer.
	Wherewithal shall a young man cleanse his way? by taking heed thereto according to thy word.	9	Beth. Waarmede zal de jongeling zijn pad zuiver houden? Als hij dat houdt naar Uw woord.
	With my whole heart have I sought thee: O let me not wander from thy commandments.	10	Ik zoek U met mijn gehele hart, laat mij van Uw geboden niet afdwalen.
	Thy word have I hid in mine heart, that I might not sin against thee.	11	Ik heb Uw rede in mijn hart verborgen, opdat ik tegen U niet zondigen zou.
	Blessed art thou, O LORD: teach me thy statutes.	12	HEERE! Gij zijt gezegend; leer mij Uw inzettingen.
	With my lips have I declared all the judgments of thy mouth.	13	Ik heb met mijn lippen verteld al de rechten Uws monds.
	I have rejoiced in the way of thy testimonies, as much as in all riches.	14	Ik ben vrolijker in den weg Uwer getuigenissen, dan over allen rijkdom.
	I will meditate in thy precepts, and have respect unto thy ways.	15	Ik zal Uw bevelen overdenken, en op Uw paden letten.
	I will delight myself in thy statutes: I will not forget thy word.	16	Ik zal mijzelven vermaken in Uw inzettingen; Uw woord zal ik niet vergeten.
	Deal bountifully with thy servant, that I may live, and keep thy word.	17	Gimel. Doe wel bij Uw knecht, dat ik leve en Uw woord beware.
	Open thou mine eyes, that I may behold wondrous things out of thy law.	18	Ontdek mijn ogen, dat ik aanschouwe de wonderen van Uw wet.
	I am a stranger in the earth: hide not thy commandments from me.	19	Ik ben een vreemdeling op de aarde, verberg Uw geboden voor mij niet.
	My soul breaketh for the longing that it hath unto thy judgments at all times.	20	Mijn ziel is verbroken vanwege het verlangen naar Uw oordelen te aller tijd.
	Thou hast rebuked the proud that are cursed, which do err from thy commandments.	21	Gij scheldt de vervloekte hovaardigen, die van Uw geboden afdwalen.
	Remove from me reproach and contempt; for I have kept thy testimonies.	22	Wentel van mij versmaadheid en verachting, want ik heb Uw getuigenissen onderhouden.
	Princes also did sit and speak against me: but thy servant did meditate in thy statutes.	23	Als zelfs de vorsten zittende tegen mij gesproken hebben, heeft Uw knecht Uw inzettingen betracht.
	Thy testimonies also are my delight and my counsellers.	24	Ook zijn Uw getuigenissen mijn vermakingen, en mijn raadslieden.
	My soul cleaveth unto the dust: quicken thou me according to thy word.	25	Daleth. Mijn ziel kleeft aan het stof; maak mij levend naar Uw woord.
	I have declared my ways, and thou heardest me: teach me thy statutes.	26	Ik heb U mijn wegen verteld, en Gij hebt mij verhoord; leer mij Uw inzettingen.
	Make me to understand the way of thy precepts: so shall I talk of thy wondrous works.	27	Geef mij den weg Uwer bevelen te verstaan, opdat ik Uw wonderen betrachte.
	My soul melteth for heaviness: strengthen thou me according unto thy word.	28	Mijn ziel druipt weg van treurigheid; richt mij op naar Uw woord.
	Remove from me the way of lying: and grant me thy law graciously.	29	Wend van mij den weg der valsheid, en verleen mij genadiglijk Uw wet.
	I have chosen the way of truth: thy judgments have I laid before me.	30	Ik heb verkoren den weg der waarheid, Uw rechten heb ik mij voorgesteld.
	I have stuck unto thy testimonies: O LORD, put me not to shame.	31	Ik kleef vast aan Uw getuigenissen; o HEERE! beschaam mij niet.
	I will run the way of thy commandments, when thou shalt enlarge my heart.	32	Ik zal den weg Uwer geboden lopen, als Gij mijn hart verwijd zult hebben.

Psalm - Psalmen

Teach me, O LORD, the way of thy statutes; and I shall keep it unto the end.	33 He. HEERE! leer mij den weg Uwer inzettingen, en ik zal hem houden ten einde toe.
Give me understanding, and I shall keep thy law; yea, I shall observe it with my whole heart.	34 Geef mij het verstand, en ik zal Uw wet houden; ja, ik zal ze onderhouden met gansen harte.
Make me to go in the path of thy commandments; for therein do I delight.	35 Doe mij treden op het pad Uwer geboden, want daarin heb ik lust.
Incline my heart unto thy testimonies, and not to covetousness.	36 Neig mijn hart tot Uw getuigenissen, en niet tot gierigheid.
Turn away mine eyes from beholding vanity; and quicken thou me in thy way.	37 Wend mijn ogen af, dat zij geen ijdelheid zien; maak mij levend door Uw wegen.
Stablish thy word unto thy servant, who is devoted to thy fear.	38 Bevestig Uw toezeggingen aan Uw knecht, die Uw vreze toegedaan is.
Turn away my reproach which I fear: for thy judgments are good.	39 Wend mijn smaadheid af, die ik vreze, want Uw rechten zijn goed.
Behold, I have longed after thy precepts: quicken me in thy righteousness.	40 Zie, ik heb een begeerte tot Uw bevelen; maak mij levend door Uw gerechtigheid.
Let thy mercies come also unto me, O LORD, even thy salvation, according to thy word.	41 Vau. En dat mij Uw goedertierenheden overkomen, o HEERE! Uw heil, naar Uw toezegging;
So shall I have wherewith to answer him that reproacheth me: for I trust in thy word.	42 Opdat ik mijn smader wat heb te antwoorden, want ik vertrouw op Uw woord.
And take not the word of truth utterly out of my mouth; for I have hoped in thy judgments.	43 En ruk het woord der waarheid van mijn mond niet al te zeer, want ik hoop op Uw rechten.
So shall I keep thy law continually for ever and ever.	44 Zo zal ik Uw wet steeds onderhouden, eeuwiglijk en altoos.
And I will walk at liberty: for I seek thy precepts.	45 En ik zal wandelen in de ruimte, omdat ik Uw bevelen gezocht heb.
I will speak of thy testimonies also before kings, and will not be ashamed.	46 Ook zal ik voor koningen spreken van Uw getuigenissen, en mij niet schamen.
And I will delight myself in thy commandments, which I have loved.	47 En ik zal mij vermaken in Uw geboden, die ik liefheb.
My hands also will I lift up unto thy commandments, which I have loved; and I will meditate in thy statutes.	48 En ik zal mijn handen opheffen naar Uw geboden, die ik liefheb, en ik zal Uw inzettingen betrachten.
Remember the word unto thy servant, upon which thou hast caused me to hope.	49 Zain. Gedenk des woords, tot Uw knecht gesproken, op hetwelk Gij mij hebt doen hopen.
This is my comfort in my affliction: for thy word hath quickened me.	50 Dit is mijn troost in mijn ellende, want Uw toezegging heeft mij levend gemaakt.
The proud have had me greatly in derision: yet have I not declined from thy law.	51 De hovaardigen hebben mij boven mate zeer bespot; nochtans ben ik van Uw wet niet geweken.
I remembered thy judgments of old, O LORD; and have comforted myself.	52 Ik heb gedacht, o HEERE! aan Uw oordelen van ouds aan, en heb mij getroost.
Horror hath taken hold upon me because of the wicked that forsake thy law.	53 Grote beroering heeft mij bevangen vanwege de goddelozen, die Uw wet verlaten.
Thy statutes have been my songs in the house of my pilgrimage.	54 Uw inzettingen zijn mij gezangen geweest, ter plaatse mijner vreemdelingschappen.
I have remembered thy name, O LORD, in the night, and have kept thy law.	55 HEERE! des nachts ben ik Uws Naams gedachtig geweest, en heb Uw wet bewaard.
This I had, because I kept thy precepts.	56 Dat is mij geschied, omdat ik Uw bevelen bewaard heb.
Thou art my portion, O LORD: I have said that I would keep thy words.	57 Cheth. De HEERE is mijn deel, ik heb gezegd, dat ik Uw woorden zal bewaren.
I intreated thy favour with my whole heart: be merciful unto me according to thy word.	58 Ik heb Uw aanschijn ernstelijk gebeden van ganser harte, wees mij genadig naar Uw toezegging.
I thought on my ways, and turned my feet unto thy testimonies.	59 Ik heb mijn wegen bedacht, en heb mijn voeten gekeerd tot Uw getuigenissen.
I made haste, and delayed not to keep thy commandments.	60 Ik heb gehaast, en niet vertraagd Uw geboden te onderhouden.
The bands of the wicked have robbed me: but I have not forgotten thy law.	61 De goddeloze hopen hebben mij beroofd; nochtans heb ik Uw wet niet vergeten.
At midnight I will rise to give thanks unto thee because of thy righteous judgments.	62 Te middernacht sta ik op, om U te loven voor de rechten Uwer gerechtigheid.
I am a companion of all them that fear thee, and of them that keep thy precepts.	63 Ik ben een gezel van allen, die U vrezen, en van hen, die Uw bevelen onderhouden.
The earth, O LORD, is full of thy mercy: teach me thy statutes.	64 HEERE! de aarde is vol van Uw goedertierenheid; leer mij Uw inzettingen.
Thou hast dealt well with thy servant, O LORD, according unto thy word.	65 Teth. Gij hebt bij Uw knecht goed gedaan, HEERE, naar Uw woord.
Teach me good judgment and knowledge: for I have believed thy commandments.	66 Leer mij een goeden zin en wetenschap, want ik heb aan Uw geboden geloofd.
Before I was afflicted I went astray: but now have I kept thy word.	67 Eer ik verdrukt werd, dwaalde ik, maar nu onderhoud ik Uw woord.
Thou art good, and doest good; teach me thy statutes.	68 Gij zijt goed en goeddoende; leer mij Uw inzettingen.
The proud have forged a lie against me: but I will keep thy precepts with my whole heart.	69 De hovaardigen hebben leugens tegen mij gestoffeerd; doch ik bewaar Uw bevelen van ganser harte.
Their heart is as fat as grease; but I delight in thy law.	70 Hun hart is vet als smeer; maar ik heb vermaak in Uw wet.

	It is good for me that I have been afflicted; that I might learn thy statutes.	71	Het is mij goed, dat ik verdrukt ben geweest, opdat ik Uw inzettingen leerde.
	The law of thy mouth is better unto me than thousands of gold and silver.	72	De wet Uws monds is mij beter, dan duizenden van goud of zilver.
	Thy hands have made me and fashioned me: give me understanding, that I may learn thy commandments.	73	Jod. Uw handen hebben mij gemaakt, en bereid; maak mij verstandig, opdat ik Uw geboden lere.
	They that fear thee will be glad when they see me; because I have hoped in thy word.	74	Die U vrezen, zullen mij aanzien, en zich verblijden, omdat ik op Uw woord gehoopt heb.
	I know, O LORD, that thy judgments are right, and that thou in faithfulness hast afflicted me.	75	Ik weet, HEERE! dat Uw gerichten de gerechtigheid zijn, en dat Gij mij uit getrouwheid verdrukt hebt.
	Let, I pray thee, thy merciful kindness be for my comfort, according to thy word unto thy servant.	76	Laat toch Uw goedertierenheid zijn om mij te troosten, naar Uw toezegging aan Uw knecht.
	Let thy tender mercies come unto me, that I may live: for thy law is my delight.	77	Laat mij Uw barmhartigheden overkomen, opdat ik leve, want Uw wet is al mijn vermaking.
	Let the proud be ashamed; for they dealt perversely with me without a cause: but I will meditate in thy precepts.	78	Laat de hovaardigen beschaamd worden, omdat zij mij met leugen nedergestoten hebben; doch ik betracht Uw geboden.
	Let those that fear thee turn unto me, and those that have known thy testimonies.	79	Laat hen tot mij keren, die U vrezen, en die Uw getuigenissen kennen.
	Let my heart be sound in thy statutes; that I be not ashamed.	80	Laat mijn hart oprecht zijn tot Uw inzettingen, opdat ik niet beschaamd worde.
	My soul fainteth for thy salvation: but I hope in thy word.	81	Caph. Mijn ziel is bezweken van verlangen naar Uw heil; op Uw woord heb ik gehoopt.
	Mine eyes fail for thy word, saying, When wilt thou comfort me?	82	Mijn ogen zijn bezweken van verlangen naar Uw toezegging, terwijl ik zeide: Wanneer zult Gij mij vertroosten?
	For I am become like a bottle in the smoke; yet do I not forget thy statutes.	83	Want ik ben geworden als een lederen zak in den rook; doch Uw inzettingen heb ik niet vergeten.
	How many are the days of thy servant? when wilt thou execute judgment on them that persecute me?	84	Hoe vele zullen de dagen Uws knechts zijn? Wanneer zult Gij recht doen over mijn vervolgers?
	The proud have digged pits for me, which are not after thy law.	85	De hovaardigen hebben mij putten gegraven, hetwelk niet is naar Uw wet.
	All thy commandments are faithful: they persecute me wrongfully; help thou me.	86	Al Uw geboden zijn waarheid; zij vervolgen mij met leugen, help mij.
	They had almost consumed me upon earth; but I forsook not thy precepts.	87	Zij hebben mij bijna vernietigd op de aarde, maar ik heb Uw bevelen niet verlaten.
	Quicken me after thy lovingkindness; so shall I keep the testimony of thy mouth.	88	Maak mij levend naar Uw goedertierenheid, dan zal ik de getuigenis Uws monds onderhouden.
	For ever, O LORD, thy word is settled in heaven.	89	Lamed. O HEERE! Uw woord bestaat in der eeuwigheid in de hemelen.
	Thy faithfulness is unto all generations: thou hast established the earth, and it abideth.	90	Uw goedertierenheid is van geslacht tot geslacht; Gij hebt de aarde vastgemaakt, en zij blijft staan;
	They continue this day according to thine ordinances: for all are thy servants.	91	Naar Uw verordeningen blijven zij nog heden staan, want zij allen zijn Uw knechten.
	Unless thy law had been my delights, I should then have perished in mine affliction.	92	Indien Uw wet niet ware geweest al mijn vermaking, ik ware in mijn druk al lang vergaan.
	I will never forget thy precepts: for with them thou hast quickened me.	93	Ik zal Uw bevelen in der eeuwigheid niet vergeten, want door dezelve hebt Gij mij levend gemaakt.
	I am thine, save me; for I have sought thy precepts.	94	Ik ben Uw, behoud mij, want ik heb Uw bevelen gezocht.
	The wicked have waited for me to destroy me: but I will consider thy testimonies.	95	De goddelozen hebben op mij gewacht, om mij te doen vergaan; ik neem acht op Uw getuigenissen.
	I have seen an end of all perfection: but thy commandment is exceeding broad.	96	In alle volmaaktheid heb ik een einde gezien; maar Uw gebod is zeer wijd.
	O how love I thy law! it is my meditation all the day.	97	Mem. Hoe lief heb ik Uw wet! Zij is mijn betrachting den gansen dag.
	Thou through thy commandments hast made me wiser than mine enemies: for they are ever with me.	98	Zij maakt mij door Uw geboden wijzer, dan mijn vijanden zijn, want zij is in eeuwigheid bij mij.
	I have more understanding than all my teachers: for thy testimonies are my meditation.	99	Ik ben verstandiger dan al mijn leraars, omdat Uw getuigenissen mijn betrachting zijn.
	I understand more than the ancients, because I keep thy precepts.	100	Ik ben voorzichtiger dan de ouden, omdat ik Uw bevelen bewaard heb.
	I have refrained my feet from every evil way, that I might keep thy word.	101	Ik heb mijn voeten geweerd van alle kwade paden, opdat ik Uw woord zou onderhouden.
	I have not departed from thy judgments: for thou hast taught me.	102	Ik ben niet geweken van Uw rechten, want Gij hebt mij geleerd.
	How sweet are thy words unto my taste! yea, sweeter than honey to my mouth!	103	Hoe zoet zijn Uw redenen mijn gehemelte geweest, meer dan honig mijn mond!
	Through thy precepts I get understanding: therefore I hate every false way.	104	Uit Uw bevelen krijg ik verstand, daarom haat ik alle leugenpaden.
	Thy word is a lamp unto my feet, and a light unto my path.	105	Nun. Uw woord is een lamp voor mijn voet, en een licht voor mijn pad.
	I have sworn, and I will perform it, that I will keep thy righteous judgments.	106	Ik heb gezworen, en zal het bevestigen, dat ik onderhouden zal de rechten Uwer gerechtigheid.

Psalm - Psalmen

I am afflicted very much: quicken me, O LORD, according unto thy word.	107 Ik ben gans zeer verdrukt, HEERE! maak mij levend naar Uw woord.
Accept, I beseech thee, the freewill offerings of my mouth, O LORD, and teach me thy judgments.	108 Laat U toch, o HEERE! welgevallen de vrijwillige offeranden mijns monds, en leer mij Uw rechten.
My soul is continually in my hand: yet do I not forget thy law.	109 Mijn ziel is gedurigleik in mijn hand; nochtans vergeet ik Uw wet niet.
The wicked have laid a snare for me: yet I erred not from thy precepts.	110 De goddelozen hebben mij een strik gelegd; nochtans ben ik niet afgedwaald van Uw bevelen.
Thy testimonies have I taken as an heritage for ever: for they are the rejoicing of my heart.	111 Ik heb Uw getuigenissen genomen tot een eeuwige erve, want zij zijn mijns harten vrolijkheid.
I have inclined mine heart to perform thy statutes alway, even unto the end.	112 Ik heb mijn hart geneigd, om Uw inzettingen eeuwiglijk te doen, ten einde toe.
I hate vain thoughts: but thy law do I love.	113 Samech. Ik haat de kwade ranken, maar heb Uw wet lief.
Thou art my hiding place and my shield: I hope in thy word.	114 Gij zijt mijn Schuilplaats en mijn Schild; op Uw Woord heb ik gehoopt.
Depart from me, ye evildoers: for I will keep the commandments of my God.	115 Wijkt van mij, gij boosdoeners! dat ik de geboden mijns Gods moge bewaren.
Uphold me according unto thy word, that I may live: and let me not be ashamed of my hope.	116 Ondersteun mij naar Uw toezegging, opdat ik leve; en laat mij niet beschaamd worden over mijn hope.
Hold thou me up, and I shall be safe: and I will have respect unto thy statutes continually.	117 Ondersteun mij, zo zal ik behouden zijn; dan zal ik mij steeds in Uw inzettingen vermaken.
Thou hast trodden down all them that err from thy statutes: for their deceit is falsehood.	118 Gij vertreedt al degenen, die van Uw inzettingen afdwalen, want hun bedrog is leugen.
Thou puttest away all the wicked of the earth like dross: therefore I love thy testimonies.	119 Gij doet alle goddelozen der aarde weg als schuim, daarom heb ik Uw getuigenissen lief.
My flesh trembleth for fear of thee; and I am afraid of thy judgments.	120 Het haar mijns vleses is te berge gerezen van verschrikking voor U, en ik heb gevreesd voor Uw oordelen.
I have done judgment and justice: leave me not to mine oppressors.	121 Ain. Ik heb recht en gerechtigheid gedaan; geef mij niet over aan mijn onderdrukkers.
Be surety for thy servant for good: let not the proud oppress me.	122 Wees borg voor Uw knecht ten goede; laat de hovaardigen mij niet onderdrukken.
Mine eyes fail for thy salvation, and for the word of thy righteousness.	123 Mijn ogen zijn bezweken van verlangen naar Uw heil, en naar de toezegging Uwer rechtvaardigheid.
Deal with thy servant according unto thy mercy, and teach me thy statutes.	124 Doe bij Uw knecht naar Uw goedertierenheid, en leer mij Uw inzettingen.
I am thy servant; give me understanding, that I may know thy testimonies.	125 Ik ben Uw knecht, maak mij verstandig, en ik zal Uw getuigenissen kennen.
It is time for thee, LORD, to work: for they have made void thy law.	126 Het is tijd voor den HEERE, dat Hij werke, want zij hebben Uw wet verbroken.
Therefore I love thy commandments above gold; yea, above fine gold.	127 Daarom heb ik Uw geboden lief, meer dan goud, ja, meer dan het fijnste goud.
Therefore I esteem all thy precepts concerning all things to be right; and I hate every false way.	128 Daarom heb ik alle Uw bevelen, van alles, voor recht gehouden; maar alle valse pad heb ik gehaat.
Thy testimonies are wonderful: therefore doth my soul keep them.	129 Pe. Uw getuigenissen zijn wonderbaar, daarom bewaart ze mijn ziel.
The entrance of thy words giveth light; it giveth understanding unto the simple.	130 De opening Uwer woorden geeft licht, de slechten verstandig makende.
I opened my mouth, and panted: for I longed for thy commandments.	131 Ik heb mijn mond wijd opengedaan, en gehijgd, want ik heb verlangd naar Uw geboden.
Look thou upon me, and be merciful unto me, as thou usest to do unto those that love thy name.	132 Zie mij aan, wees mij genadig, naar het recht aan degenen, die Uw Naam beminnen.
Order my steps in thy word: and let not any iniquity have dominion over me.	133 Maak mijn voetstappen vast in Uw Woord, en laat geen ongerechtigheid over mij heersen.
Deliver me from the oppression of man: so will I keep thy precepts.	134 Verlos mij van des mensen overlast, en ik zal Uw bevelen onderhouden.
Make thy face to shine upon thy servant; and teach me thy statutes.	135 Doe Uw aangezicht lichten over Uw knecht, en leer mij Uw inzettingen.
Rivers of waters run down mine eyes, because they keep not thy law.	136 Waterbeken vlieten af uit mijn ogen, omdat zij Uw wet niet onderhouden.
Righteous art thou, O LORD, and upright are thy judgments.	137 Tsade. HEERE! Gij zijt rechtvaardig, en elkeen Uwer oordelen is recht.
Thy testimonies that thou hast commanded are righteous and very faithful.	138 Gij hebt de gerechtigheid Uwer getuigenissen, en de waarheid hogelijk geboden.
My zeal hath consumed me, because mine enemies have forgotten thy words.	139 Mijn ijver heeft mij doen vergaan, omdat mijn wederpartijders Uw woorden vergeten hebben.
Thy word is very pure: therefore thy servant loveth it.	140 Uw woord is zeer gelouterd, en Uw knecht heeft het lief.
I am small and despised: yet do not I forget thy precepts.	141 Ik ben klein en veracht, doch Uw bevelen vergeet ik niet.
Thy righteousness is an everlasting righteousness, and thy law is the truth.	142 Uw gerechtigheid is gerechtigheid in eeuwigheid, en Uw wet is de waarheid.
Trouble and anguish have taken hold on me: yet thy commandments are my delights.	143 Benauwdheid en angst hebben mij getroffen, doch Uw geboden zijn mijn vermakingen.

	The righteousness of thy testimonies is everlasting: give me understanding, and I shall live.	144	De gerechtigheid Uwer getuigenissen is in der eeuwigheid; doe ze mij verstaan, zo zal ik leven.
	I cried with my whole heart; hear me, O LORD: I will keep thy statutes.	145	Koph. Ik heb van ganser harte geroepen: verhoor mij, o HEERE! ik zal Uw inzettingen bewaren.
	I cried unto thee; save me, and I shall keep thy testimonies.	146	Ik heb U aangeroepen, verlos mij, en ik zal Uw getuigenissen onderhouden.
	I prevented the dawning of the morning, and cried: I hoped in thy word.	147	Ik ben de morgen schemering voorgekomen, en heb geschrei gemaakt; op Uw woord heb ik gehoopt.
	Mine eyes prevent the night watches, that I might meditate in thy word.	148	Mijn ogen komen de nacht waken voor, om Uw rede te betrachten.
	Hear my voice according unto thy lovingkindness: O LORD, quicken me according to thy judgment.	149	Hoor mijn stem naar Uw goedertierenheid, o HEERE! maak mij levend naar Uw recht.
	They draw nigh that follow after mischief: they are far from thy law.	150	Die kwade praktijken najagen, genaken mij, zij wijken verre van Uw wet.
	Thou art near, O LORD; and all thy commandments are truth.	151	Maar Gij, HEERE! zijt nabij, en al Uw geboden zijn waarheid.
	Concerning thy testimonies, I have known of old that thou hast founded them for ever.	152	Van ouds heb ik geweten van Uw getuigenissen, dat Gij ze in eeuwigheid gegrond hebt.
	Consider mine affliction, and deliver me: for I do not forget thy law.	153	Resch. Zie mijn ellende aan, en help mij uit, want Uw wet heb ik niet vergeten.
	Plead my cause, and deliver me: quicken me according to thy word.	154	Twist mijn twistzaak, en verlos mij, maak mij levend, naar Uw toezegging.
	Salvation is far from the wicked: for they seek not thy statutes.	155	Het heil is verre van de goddelozen, want zij zoeken Uw inzettingen niet.
	Great are thy tender mercies, O LORD: quicken me according to thy judgments.	156	HEERE! Uw barmhartigheden zijn vele; maak mij levend naar Uw rechten.
	Many are my persecutors and mine enemies; yet do I not decline from thy testimonies.	157	Mijn vervolgers en mijn wederpartijders zijn vele, maar van Uw getuigenissen wijk ik niet.
	I beheld the transgressors, and was grieved; because they kept not thy word.	158	Ik heb gezien degenen, die trouwelooslijk handelen, en het verdroot mij, dat zij Uw woord niet onderhielden.
	Consider how I love thy precepts: quicken me, O LORD, according to thy lovingkindness.	159	Zie aan, dat ik Uw bevelen lief heb, o HEERE! maak mij levend naar Uw goedertierenheid.
	Thy word is true from the beginning: and every one of thy righteous judgments endureth for ever.	160	Het begin Uws woords is waarheid, en in der eeuwigheid is al het recht Uwer gerechtigheid.
	Princes have persecuted me without a cause: but my heart standeth in awe of thy word.	161	Schin. De vorsten hebben mij vervolgd zonder oorzaak; maar mijn hart heeft gevreesd voor Uw woord.
	I rejoice at thy word, as one that findeth great spoil.	162	Ik ben vrolijk over Uw toezegging, als een, die een groten buit vindt.
	I hate and abhor lying: but thy law do I love.	163	Ik haat de valsheid, en heb er een gruwel van; maar Uw wet heb ik lief.
	Seven times a day do I praise thee because of thy righteous judgments.	164	Ik loof U zeven maal des daags, over de rechten Uwer gerechtigheid.
	Great peace have they which love thy law: and nothing shall offend them.	165	Die Uw wet beminnen, hebben groten vrede, en zij hebben geen aanstoot.
	LORD, I have hoped for thy salvation, and done thy commandments.	166	O HEERE! ik hoop op Uw heil, en doe Uw geboden.
	My soul hath kept thy testimonies; and I love them exceedingly.	167	Mijn ziel onderhoudt Uw getuigenissen, en ik heb ze zeer lief.
	I have kept thy precepts and thy testimonies: for all my ways are before thee.	168	Ik onderhoud Uw bevelen en Uw getuigenissen, want al mijn wegen zijn voor U.
	Let my cry come near before thee, O LORD: give me understanding according to thy word.	169	Thau. O HEERE! laat mijn geschrei voor Uw aanschijn genaken, maak mij verstandig naar Uw woord.
	Let my supplication come before thee: deliver me according to thy word.	170	Laat mijn smeken voor Uw aanschijn komen, red mij naar Uw toezegging.
	My lips shall utter praise, when thou hast taught me thy statutes.	171	Mijn lippen zullen Uw lof overvloediglijk uitstorten, als Gij mij Uw inzettingen zult geleerd hebben.
	My tongue shall speak of thy word: for all thy commandments are righteousness.	172	Mijn tong zal spraak houden van Uw rede, want al Uw geboden zijn rechtvaardigheid.
	Let thine hand help me; for I have chosen thy precepts.	173	Laat Uw hand mij te hulp komen, want ik heb Uw bevelen verkoren.
	I have longed for thy salvation, O LORD; and thy law is my delight.	174	O HEERE! ik verlang naar Uw heil, en Uw wet is al mijn vermaking.
	Let my soul live, and it shall praise thee; and let thy judgments help me.	175	Laat mijn ziel leven, en zij zal U loven, en laat Uw rechten mij helpen.
	I have gone astray like a lost sheep; seek thy servant; for I do not forget thy commandments.	176	Ik heb gedwaald als een verloren schaap; zoek Uw knecht, want Uw geboden heb ik niet vergeten.

Psalm (120) Psalmen

	{A Song of degrees.} In my distress I cried unto the LORD, and he heard me.	1	Een lied op Hammaaloth. Ik heb tot den HEERE geroepen in mijn benauwdheid, en Hij heeft mij verhoord.
	Deliver my soul, O LORD, from lying lips, and from a deceitful tongue.	2	O HEERE! red mijn ziel van de valse lippen, van de bedriegelijke tong.

What shall be given unto thee? or what shall be done unto thee, thou false tongue?	3	Wat zal U de bedriegelijke tong geven, of wat zal zij U toevoegen?
Sharp arrows of the mighty, with coals of juniper.	4	Scherpe pijlen eens machtigen, mitsgaders gloeiende jeneverkolen.
Woe is me, that I sojourn in Mesech, that I dwell in the tents of Kedar!	5	O, wee mij, dat ik een vreemdeling ben in Mesech, dat ik in de tenten Kedars wone.
My soul hath long dwelt with him that hateth peace.	6	Mijn ziel heeft lang gewoond bij degenen, die den vrede haten.
I am for peace: but when I speak, they are for war.	7	Ik ben vreedzaam; maar als ik spreek, zijn zij aan den oorlog.

Psalm (121) Psalmen

{A Song of degrees.} I will lift up mine eyes unto the hills, from whence cometh my help.	1	Een lied Hammaaloth. Ik hef mijn ogen op naar de bergen, van waar mijn hulp komen zal.
My help cometh from the LORD, which made heaven and earth.	2	Mijn hulp is van den HEERE, Die hemel en aarde gemaakt heeft.
He will not suffer thy foot to be moved: he that keepeth thee will not slumber.	3	Hij zal uw voet niet laten wankelen; uw Bewaarder zal niet sluimeren.
Behold, he that keepeth Israel shall neither slumber nor sleep.	4	Ziet, de Bewaarder Israels zal niet sluimeren, noch slapen.
The LORD is thy keeper: the LORD is thy shade upon thy right hand.	5	De HEERE is uw Bewaarder, de HEERE is uw Schaduw, aan uw rechterhand.
The sun shall not smite thee by day, nor the moon by night.	6	De zon zal u des daags niet steken, noch de maan des nachts.
The LORD shall preserve thee from all evil: he shall preserve thy soul.	7	De HEERE zal u bewaren van alle kwaad; uw ziel zal Hij bewaren.
The LORD shall preserve thy going out and thy coming in from this time forth, and even for evermore.	8	De HEERE zal uw uitgang en uw ingang bewaren, van nu aan tot in der eeuwigheid.

Psalm (122) Psalmen

{A Song of degrees of David.} I was glad when they said unto me, Let us go into the house of the LORD.	1	Een lied Hammaaloth, van David. Ik verblijd mij in degenen, die tot mij zeggen: Wij zullen in het huis des HEEREN gaan.
Our feet shall stand within thy gates, O Jerusalem.	2	Onze voeten zijn staande in uw poorten, o Jeruzalem!
Jerusalem is builded as a city that is compact together:	3	Jeruzalem is gebouwd, als een stad, die wel samengevoegd is;
Whither the tribes go up, the tribes of the LORD, unto the testimony of Israel, to give thanks unto the name of the LORD.	4	Waarheen de stammen opgaan, de stammen des HEEREN, tot de getuigenis Israels, om den Naam des HEEREN te danken.
For there are set thrones of judgment, the thrones of the house of David.	5	Want daar zijn de stoelen des gerichts gezet, de stoelen van het huis van David.
Pray for the peace of Jerusalem: they shall prosper that love thee.	6	Bidt om den vrede van Jeruzalem; wel moeten zij varen, die u beminnen.
Peace be within thy walls, and prosperity within thy palaces.	7	Vrede zij in uw vesting, welvaren in uw paleizen.
For my brethren and companions' sakes, I will now say, Peace be within thee.	8	Om mijner broederen en mijner vrienden wil, zal ik nu spreken, vrede zij in u!
Because of the house of the LORD our God I will seek thy good.	9	Om des huizes des HEEREN, onzes Gods wil, zal ik het goede voor u zoeken.

Psalm (123) Psalmen

{A Song of degrees.} Unto thee lift I up mine eyes, O thou that dwellest in the heavens.	1	Een lied op Hammaaloth. Ik hef mijn ogen op tot U, Die in de hemelen zit.
Behold, as the eyes of servants look unto the hand of their masters, and as the eyes of a maiden unto the hand of her mistress; so our eyes wait upon the LORD our God, until that he have mercy upon us.	2	Zie, gelijk de ogen der knechten zijn op de hand hunner heren; gelijk de ogen der dienstmaagd zijn op de hand harer vrouw; alzo zijn onze ogen op den HEERE, onze God, totdat Hij ons genadig zij.
Have mercy upon us, O LORD, have mercy upon us: for we are exceedingly filled with contempt.	3	Zijt ons genadig, o HEERE! zijt ons genadig, want wij zijn der verachting veel te zat.
Our soul is exceedingly filled with the scorning of those that are at ease, and with the contempt of the proud.	4	Onze ziel is veel te zat des spots der weelderigen, der verachting der hovaardigen.

Psalm (124) Psalmen

{A Song of degrees of David.} If it had not been the LORD who was on our side, now may Israel say;	1	Een lied Hammaaloth, van David. Ten ware de HEERE, Die bij ons geweest is, zegge nu Israel,
If it had not been the LORD who was on our side, when men rose up against us:	2	Ten ware de HEERE, Die bij ons geweest is, als de mensen tegen ons opstonden;
Then they had swallowed us up quick, when their wrath was kindled against us:	3	Toen zouden zij ons levend verslonden hebben, als hun toorn tegen ons ontstak.
Then the waters had overwhelmed us, the stream had gone over our soul:	4	Toen zouden ons de wateren overlopen hebben; een stroom zou over onze ziel gegaan zijn.
Then the proud waters had gone over our soul.	5	Toen zouden de stoute wateren over onze ziel gegaan zijn.
Blessed be the LORD, who hath not given us as a prey to their teeth.	6	De HEERE zij geloofd, Die ons in hun tanden niet heeft overgegeven tot een roof.
Our soul is escaped as a bird out of the snare of the fowlers: the snare is broken, and we are escaped.	7	Onze ziel is ontkomen, als een vogel uit den strik der vogelvangers; de strik is gebroken, en wij zijn ontkomen.
Our help is in the name of the LORD, who made heaven and earth.	8	Onze hulp is in den Naam des HEEREN, Die hemel en aarde gemaakt heeft.

Psalm (125) Psalmen

1 {A Song of degrees.} They that trust in the LORD shall be as mount Zion, which cannot be removed, but abideth for ever.
2 As the mountains are round about Jerusalem, so the LORD is round about his people from henceforth even for ever.
3 For the rod of the wicked shall not rest upon the lot of the righteous; lest the righteous put forth their hands unto iniquity.
4 Do good, O LORD, unto those that be good, and to them that are upright in their hearts.
5 As for such as turn aside unto their crooked ways, the LORD shall lead them forth with the workers of iniquity: but peace shall be upon Israel.

1 Een lied Hammaaloth. Die op den HEERE vertrouwen, zijn als de berg Sion, die niet wankelt, maar blijft in eeuwigheid.
2 Rondom Jeruzalem zijn bergen; alzo is de HEERE rondom Zijn volk, van nu aan tot in der eeuwigheid.
3 Want de scepter der goddeloosheid zal niet rusten op het lot der rechtvaardigen; opdat de rechtvaardigen hun handen niet uitstrekken tot onrecht.
4 HEERE! doe den goeden wel, en dengenen, die oprecht zijn in hun harten.
5 Maar die zich neigen tot hun kromme wegen, die zal de HEERE weg doen gaan met de werkers der ongerechtigheid. Vrede zal over Israel zijn!

Psalm (126) Psalmen

1 {A Song of degrees.} When the LORD turned again the captivity of Zion, we were like them that dream.
2 Then was our mouth filled with laughter, and our tongue with singing: then said they among the heathen, The LORD hath done great things for them.
3 The LORD hath done great things for us; whereof we are glad.
4 Turn again our captivity, O LORD, as the streams in the south.
5 They that sow in tears shall reap in joy.
6 He that goeth forth and weepeth, bearing precious seed, shall doubtless come again with rejoicing, bringing his sheaves with him.

1 Een lied Hammaaloth. Als de HEERE de gevangenen Sions wederbracht, waren wij gelijk degenen, die dromen.
2 Toen werd onze mond vervuld met lachen, en onze tong met gejuich; toen zeide men onder de heidenen: De HEERE heeft grote dingen aan dezen gedaan.
3 De HEERE heeft grote dingen bij ons gedaan; dies zijn wij verblijd.
4 O HEERE! wend onze gevangenis, gelijk waterstromen in het zuiden.
5 Die met tranen zaaien, zullen met gejuich maaien.
6 Die het zaad draagt, dat men zaaien zal, gaat al gaande en wenende; maar voorzeker zal hij met gejuich wederkomen, dragende zijn schoven.

Psalm (127) Psalmen

1 {A Song of degrees for Solomon.} Except the LORD build the house, they labour in vain that build it: except the LORD keep the city, the watchman waketh but in vain.
2 It is vain for you to rise up early, to sit up late, to eat the bread of sorrows: for so he giveth his beloved sleep.
3 Lo, children are an heritage of the LORD: and the fruit of the womb is his reward.
4 As arrows are in the hand of a mighty man; so are children of the youth.
5 Happy is the man that hath his quiver full of them: they shall not be ashamed, but they shall speak with the enemies in the gate.

1 Een lied Hammaaloth, van Salomo. Zo de HEERE het huis niet bouwt, tevergeefs arbeiden deszelfs bouwlieden daaraan; zo de HEERE de stad niet bewaart, tevergeefs waakt de wachter.
2 Het is tevergeefs, dat gijlieden vroeg opstaat, laat opblijft, eet brood der smarten; het is alzo, dat Hij het Zijn beminden als in den slaap geeft.
3 Ziet, de kinderen zijn een erfdeel des HEEREN; des buiks vrucht is een beloning.
4 Gelijk de pijlen zijn in de hand eens helds, zodanig zijn de zonen der jeugd.
5 Welgelukzalig is de man, die zijn pijlkoker met dezelve gevuld heeft; zij zullen niet beschaamd worden, als zij met de vijanden spreken zullen in de poort.

Psalm (128) Psalmen

1 {A Song of degrees.} Blessed is every one that feareth the LORD; that walketh in his ways.
2 For thou shalt eat the labour of thine hands: happy shalt thou be, and it shall be well with thee.
3 Thy wife shall be as a fruitful vine by the sides of thine house: thy children like olive plants round about thy table.
4 Behold, that thus shall the man be blessed that feareth the LORD.
5 The LORD shall bless thee out of Zion: and thou shalt see the good of Jerusalem all the days of thy life.
6 Yea, thou shalt see thy children's children, and peace upon Israel.

1 Een lied Hammaaloth. Welgelukzalig is een iegelijk, die den HEERE vreest, die in Zijn wegen wandelt.
2 Want gij zult eten den arbeid uwer handen; welgelukzalig zult gij zijn, en het zal u welgaan.
3 Uw huisvrouw zal wezen als een vruchtbare wijnstok aan de zijden van uw huis; uw kinderen als olijfplanten rondom uw tafel.
4 Ziet, alzo zal zekerlijk de man gezegend worden, die den HEERE vreest.
5 De HEERE zal u zegenen uit Sion, en gij zult het goede van Jeruzalem aanschouwen al de dagen uws levens;
6 En gij zult uw kindskinderen zien. Vrede over Israel!

Psalm (129) Psalmen

1 {A Song of degrees.} Many a time have they afflicted me from my youth, may Israel now say:
2 Many a time have they afflicted me from my youth: yet they have not prevailed against me.
3 The plowers plowed upon my back: they made long their furrows.
4 The LORD is righteous: he hath cut asunder the cords of the wicked.
5 Let them all be confounded and turned back that hate Zion.
6 Let them be as the grass upon the housetops, which withereth afore it groweth up:

1 Een lied Hammaaloth. Zij hebben mij dikwijls benauwd van mijn jeugd af, zegge nu Israel;
2 Zij hebben mij dikwijls van mijn jeugd af benauwd; evenwel hebben zij mij niet overmocht.
3 Ploegers hebben op mijn rug geploegd; zij hebben hun voren lang getogen.
4 De HEERE, Die rechtvaardig is, heeft de touwen der goddelozen afgehouwen.
5 Laat hen beschaamd en achterwaarts gedreven worden, allen, die Sion haten.
6 Laat hen worden als gras op de daken, hetwelk verdort, eer men het uittrekt;

Wherewith the mower filleth not his hand; nor he that bindeth sheaves his bosom.	7 Waarmede de maaier zijn hand niet vult, noch de garvenbinder zijn arm;
Neither do they which go by say, The blessing of the LORD be upon you: we bless you in the name of the LORD.	8 En die voorbijgaan, niet zeggen: De zegen des HEEREN zij bij u! Wij zegenen ulieden in den Naam des HEEREN.

Psalm (130) Psalmen

{A Song of degrees.} Out of the depths have I cried unto thee, O LORD.	1 Een lied Hammaaloth. Uit de diepten roep ik tot U, o HEERE!
Lord, hear my voice: let thine ears be attentive to the voice of my supplications.	2 HEERE! hoor naar mijn stem; laat Uw oren opmerkende zijn op de stem mijner smekingen.
If thou, LORD, shouldest mark iniquities, O Lord, who shall stand?	3 Zo Gij, HEERE! de ongerechtigheden gadeslaat; HEERE! wie zal bestaan?
But there is forgiveness with thee, that thou mayest be feared.	4 Maar bij U is vergeving, opdat Gij gevreesd wordt.
I wait for the LORD, my soul doth wait, and in his word do I hope.	5 Ik verwacht den HEERE; mijn ziel verwacht, en ik hoop op Zijn Woord.
My soul waiteth for the Lord more than they that watch for the morning: I say, more than they that watch for the morning.	6 Mijn ziel wacht op den HEERE, meer dan de wachters op den morgen; de wachters op den morgen.
Let Israel hope in the LORD: for with the LORD there is mercy, and with him is plenteous redemption.	7 Israel hope op den HEERE; want bij den HEERE is goedertierenheid, en bij Hem is veel verlossing.
And he shall redeem Israel from all his iniquities.	8 En Hij zal Israel verlossen van al zijn ongerechtigheden.

Psalm (131) Psalmen

{A Song of degrees of David.} LORD, my heart is not haughty, nor mine eyes lofty: neither do I exercise myself in great matters, or in things too high for me.	1 Een lied Hammaaloth, van David. O HEERE! mijn hart is niet verheven, en mijn ogen zijn niet hoog; ook heb ik niet gewandeld in dingen mij te groot en te wonderlijk.
Surely I have behaved and quieted myself, as a child that is weaned of his mother: my soul is even as a weaned child.	2 Zo ik mijn ziel niet heb gezet en stil gehouden, gelijk een gespeend kind bij zijn moeder! Mijn ziel is als een gespeend kind in mij.
Let Israel hope in the LORD from henceforth and for ever.	3 Israel hope op den HEERE van nu aan tot in der eeuwigheid.

Psalm (132) Psalmen

A Song of degrees. LORD, remember David, and all his afflictions:	1 Een lied Hammaaloth. O HEERE! gedenk aan David, aan al zijn lijden;
How he sware unto the LORD, and vowed unto the mighty God of Jacob;	2 Dat hij den HEERE gezworen heeft, den Machtige Jakobs gelofte gedaan heeft, zeggende:
Surely I will not come into the tabernacle of my house, nor go up into my bed;	3 Zo ik in de tent mijns huizes inga, zo ik op de koets van mijn bed klimme!
I will not give sleep to mine eyes, or slumber to mine eyelids,	4 Zo ik mijn ogen slaap geve, mijn oogleden sluimering;
Until I find out a place for the LORD, an habitation for the mighty God of Jacob.	5 Totdat ik voor den HEERE een plaats gevonden zal hebben, woningen voor den Machtige Jakobs!
Lo, we heard of it at Ephratah: we found it in the fields of the wood.	6 Ziet, wij hebben van haar gehoord in Efratha; wij hebben haar gevonden in de velden van Jaar.
We will go into his tabernacles: we will worship at his footstool.	7 Wij zullen in Zijn woningen ingaan, wij zullen ons nederbuigen voor de voetbank Zijner voeten.
Arise, O LORD, into thy rest; thou, and the ark of thy strength.	8 Sta op, HEERE! tot Uw rust, Gij en de ark Uwer sterkte!
Let thy priests be clothed with righteousness; and let thy saints shout for joy.	9 Dat Uw priesters bekleed worden met gerechtigheid, en dat Uw gunstgenoten juichen.
For thy servant David's sake turn not away the face of thine anointed.	10 Weer het aangezicht Uws Gezalfden niet af, om Davids, Uws knechts wil.
The LORD hath sworn in truth unto David; he will not turn from it; Of the fruit of thy body will I set upon thy throne.	11 De HEERE heeft David de waarheid gezworen, waarvan Hij niet wijken zal, zeggende: Van de vrucht uws buiks zal Ik op uw troon zetten.
If thy children will keep my covenant and my testimony that I shall teach them, their children shall also sit upon thy throne for evermore.	12 Indien uw zonen Mijn verbond zullen houden, en Mijn getuigenissen, die Ik hun leren zal; zo zullen ook hun zonen tot in eeuwigheid op uw troon zitten.
For the LORD hath chosen Zion; he hath desired it for his habitation.	13 Want de HEERE heeft Sion verkoren, Hij heeft het begeerd tot Zijn woonplaats, zeggende:
This is my rest for ever: here will I dwell; for I have desired it.	14 Dit is Mijn rust tot in eeuwigheid, hier zal Ik wonen, want Ik heb ze begeerd.
I will abundantly bless her provision: I will satisfy her poor with bread.	15 Ik zal haar kost rijkelijk zegenen, haar nooddruftigen zal Ik met brood verzadigen.
I will also clothe her priests with salvation: and her saints shall shout aloud for joy.	16 En haar priesters zal Ik met heil bekleden, en haar gunstgenoten zullen zeer juichen.
There will I make the horn of David to bud: I have ordained a lamp for mine anointed.	17 Daar zal Ik David een hoorn doen uitspruiten; Ik heb voor Mijn Gezalfde een lamp toegericht.
His enemies will I clothe with shame: but upon himself shall his crown flourish.	18 Ik zal zijn vijanden met schaamte bekleden; maar op hem zal zijn kroon bloeien.

Psalm (133) Psalmen

{A Song of degrees of David.} Behold, how good and how pleasant it is for brethren to dwell together in unity!	1 Een lied Hammaaloth, van David. Ziet, hoe goed en hoe liefelijk is het, dat broeders ook samenwonen.

	It is like the precious ointment upon the head, that ran down upon the beard, even Aaron's beard: that went down to the skirts of his garments;	2	Het is, gelijk de kostelijke olie op het hoofd, nederdalende op den baard, den baard van Aaron, die nederdaalt tot op den zoom zijner klederen.
	As the dew of Hermon, and as the dew that descended upon the mountains of Zion: for there the LORD commanded the blessing, even life for evermore.	3	Het is gelijk de dauw van Hermon, en die nederdaalt op de bergen van Sion, want de HEERE gebiedt aldaar den zegen en het leven tot in der eeuwigheid.

Psalm (134) Psalmen

	{A Song of degrees.} Behold, bless ye the LORD, all ye servants of the LORD, which by night stand in the house of the LORD.	1	Een lied Hammaaloth. Ziet, looft den HEERE, alle gij knechten des HEEREN! gij, die allen nacht in het huis des HEEREN staat.
	Lift up your hands in the sanctuary, and bless the LORD.	2	Heft uw handen op naar het heiligdom, en looft den HEERE.
	The LORD that made heaven and earth bless thee out of Zion.	3	De HEERE zegene u uit Sion, Hij, Die den hemel en de aarde gemaakt heeft.

Psalm (135) Psalmen

	Praise ye the LORD. Praise ye the name of the LORD; praise him, O ye servants of the LORD.	1	Hallelujah! Prijst den Naam des HEEREN, prijst Hem, gij knechten des HEEREN!
	Ye that stand in the house of the LORD, in the courts of the house of our God,	2	Gij, die staat in het huis des HEEREN, in de voorhoven van het huis onzes Gods!
	Praise the LORD; for the LORD is good: sing praises unto his name; for it is pleasant.	3	Looft den HEERE, want de HEERE is goed; psalmzingt Zijn Naam, want Hij is liefelijk.
	For the LORD hath chosen Jacob unto himself, and Israel for his peculiar treasure.	4	Want de HEERE heeft Zich Jakob verkoren, Israel tot Zijn eigendom.
	For I know that the LORD is great, and that our Lord is above all gods.	5	Want ik weet, dat de HEERE groot is, en dat onze Heere boven alle goden is.
	Whatsoever the LORD pleased, that did he in heaven, and in earth, in the seas, and all deep places.	6	Al wat den HEERE behaagt, doet Hij, in de hemelen, en op de aarde, in de zeeen en alle afgronden.
	He causeth the vapours to ascend from the ends of the earth; he maketh lightnings for the rain; he bringeth the wind out of his treasuries.	7	Hij doet dampen opklimmen van het einde der aarde; Hij maakt de bliksemen met den regen; Hij brengt den wind uit Zijn schatkameren voort.
	Who smote the firstborn of Egypt, both of man and beast.	8	Die de eerstgeborenen van Egypte sloeg, van den mens af tot het vee toe.
	Who sent tokens and wonders into the midst of thee, O Egypt, upon Pharaoh, and upon all his servants.	9	Hij zond tekenen en wonderen in het midden van u, o Egypte! tegen Farao en tegen al zijn knechten.
	Who smote great nations, and slew mighty kings;	10	Die veel volken sloeg, en machtige koningen doodde;
	Sihon king of the Amorites, and Og king of Bashan, and all the kingdoms of Canaan:	11	Sihon, den koning der Amorieten, en Og, den koning van Basan, en al de koninkrijken van Kanaän,
	And gave their land for an heritage, an heritage unto Israel his people.	12	En Hij gaf hun land ten erve, ten erve aan Zijn volk Israel.
	Thy name, O LORD, endureth for ever; and thy memorial, O LORD, throughout all generations.	13	O HEERE! Uw Naam is in eeuwigheid; HEERE! Uw gedachtenis is van geslacht tot geslacht.
	For the LORD will judge his people, and he will repent himself concerning his servants.	14	Want de HEERE zal Zijn volk richten, en het zal Hem berouwen over Zijn knechten.
	The idols of the heathen are silver and gold, the work of men's hands.	15	De afgoden der heidenen zijn zilver en goud, een werk van mensenhanden.
	They have mouths, but they speak not; eyes have they, but they see not;	16	Zij hebben een mond, maar spreken niet; zij hebben ogen, maar zien niet;
	They have ears, but they hear not; neither is there any breath in their mouths.	17	Oren hebben zij, maar horen niet; ook is er geen adem in hun mond.
	They that make them are like unto them: so is every one that trusteth in them.	18	Dat die ze maken, hun gelijk worden, en al wie op hen vertrouwt.
	Bless the LORD, O house of Israel: bless the LORD, O house of Aaron:	19	Gij huis Israels! looft den HEERE; gij huis Aarons! looft den HEERE.
	Bless the LORD, O house of Levi: ye that fear the LORD, bless the LORD.	20	Gij huis van Levi! looft den HEERE; gij die den HEERE vreest! looft den HEERE.
	Blessed be the LORD out of Zion, which dwelleth at Jerusalem. Praise ye the LORD.	21	Geloofd zij de HEERE uit Sion, Die te Jeruzalem woont. Hallelujah!

Psalm (136) Psalmen

	O give thanks unto the LORD; for he is good: for his mercy endureth for ever.	1	Looft den HEERE, want Hij is goed; want Zijn goedertierenheid is in der eeuwigheid;
	O give thanks unto the God of gods: for his mercy endureth for ever.	2	Looft den God der goden; want Zijn goedertierenheid is in der eeuwigheid.
	O give thanks to the Lord of lords: for his mercy endureth for ever.	3	Looft den Heere der heren; want Zijn goedertierenheid is in der eeuwigheid.
	To him who alone doeth great wonders: for his mercy endureth for ever.	4	Dien, Die alleen grote wonderen doet; want Zijn goedertierenheid is in der eeuwigheid.
	To him that by wisdom made the heavens: for his mercy endureth for ever.	5	Dien, die de hemelen met verstand gemaakt heeft; want Zijn goedertierenheid is in der eeuwigheid.
	To him that stretched out the earth above the waters: for his mercy endureth for ever.	6	Dien, Die de aarde op het water uitgespannen heeft; want Zijn goedertierenheid is in der eeuwigheid.

To him that made great lights: for his mercy endureth for ever:	7 Dien, Die de grote lichten heeft gemaakt; want Zijn goedertierenheid is in der eeuwigheid.
The sun to rule by day: for his mercy endureth for ever:	8 De zon tot heerschappij op den dag; want Zijn goedertierenheid is in der eeuwigheid.
The moon and stars to rule by night: for his mercy endureth for ever.	9 De maan en sterren tot heerschappij in den nacht; want Zijn goedertierenheid is in der eeuwigheid.
To him that smote Egypt in their firstborn: for his mercy endureth for ever:	10 Dien, Die de Egyptenaren geslagen heeft in hun eerstgeborenen; want Zijn goedertierenheid is in der eeuwigheid.
And brought out Israel from among them: for his mercy endureth for ever:	11 En heeft Israel uit het midden van hen uitgebracht; want Zijn goedertierenheid is in der eeuwigheid.
With a strong hand, and with a stretched out arm: for his mercy endureth for ever:	12 Met een sterke hand, en met een uitgestrekte arm; want Zijn goedertierenheid is in der eeuwigheid.
To him which divided the Red sea into parts: for his mercy endureth for ever:	13 Dien, Die de Schelfzee in delen deelde; want Zijn goedertierenheid is in der eeuwigheid.
And made Israel to pass through the midst of it: for his mercy endureth for ever:	14 En voerde Israel door het midden van dezelve; want Zijn goedertierenheid is in der eeuwigheid.
But overthrew Pharaoh and his host in the Red sea: for his mercy endureth for ever.	15 Hij heeft Farao met zijn heir gestort in de Schelfzee; want Zijn goedertierenheid is in der eeuwigheid.
To him which led his people through the wilderness: for his mercy endureth for ever.	16 Die Zijn volk door de woestijn geleid heeft; want Zijn goedertierenheid is in der eeuwigheid.
To him which smote great kings: for his mercy endureth for ever:	17 Die grote koningen geslagen heeft; want Zijn goedertierenheid is in der eeuwigheid.
And slew famous kings: for his mercy endureth for ever:	18 En heeft heerlijke koningen gedood; want Zijn goedertierenheid is in der eeuwigheid.
Sihon king of the Amorites: for his mercy endureth for ever:	19 Sihon, de Amoritischen koning; want Zijn goedertierenheid is in der eeuwigheid.
And Og the king of Bashan: for his mercy endureth for ever:	20 En Og, den koning van Basan; want Zijn goedertierenheid is in der eeuwigheid.
And gave their land for an heritage: for his mercy endureth for ever:	21 En heeft hun land ten erve gegeven; want Zijn goedertierenheid is in der eeuwigheid.
Even an heritage unto Israel his servant: for his mercy endureth for ever.	22 Ten erve aan Zijn knecht Israel; want Zijn goedertierenheid is in der eeuwigheid.
Who remembered us in our low estate: for his mercy endureth for ever:	23 Die aan ons gedacht heeft in onze nederigheid; want Zijn goedertierenheid is in der eeuwigheid.
And hath redeemed us from our enemies: for his mercy endureth for ever.	24 En Hij heeft ons onzen tegenpartijders ontrukt; want Zijn goedertierenheid is in der eeuwigheid.
Who giveth food to all flesh: for his mercy endureth for ever.	25 Die allen vlees spijs geeft; want Zijn goedertierenheid is in der eeuwigheid.
O give thanks unto the God of heaven: for his mercy endureth for ever.	26 Looft den God des hemels; want Zijn goedertierenheid is in der eeuwigheid.

Psalm (137) Psalmen

By the rivers of Babylon, there we sat down, yea, we wept, when we remembered Zion.	1 Aan de rivieren van Babel, daar zaten wij, ook weenden wij, als wij gedachten aan Sion.
We hanged our harps upon the willows in the midst thereof.	2 Wij hebben onze harpen gehangen aan de wilgen, die daarin zijn.
For there they that carried us away captive required of us a song; and they that wasted us required of us mirth, saying, Sing us one of the songs of Zion.	3 Als zij, die ons aldaar gevangen hielden, de woorden eens lieds van ons begeerden, en zij, die ons overhoop geworpen hadden, vreugd, zeggende: Zingt ons een van de liederen Sions;
How shall we sing the LORD'S song in a strange land?	4 Wij zeiden: Hoe zouden wij een lied des HEEREN zingen in een vreemd land?
If I forget thee, O Jerusalem, let my right hand forget her cunning.	5 Indien ik u vergeet, o Jeruzalem! zo vergete mijn rechterhand zichzelve!
If I do not remember thee, let my tongue cleave to the roof of my mouth; if I prefer not Jerusalem above my chief joy.	6 Mijn tong kleve aan mijn gehemelte, zo ik aan u niet gedenke, zo ik Jeruzalem niet verheffe boven het hoogste mijner blijdschap!
Remember, O LORD, the children of Edom in the day of Jerusalem; who said, Rase it, rase it, even to the foundation thereof.	7 HEERE! gedenk aan de kinderen van Edom, aan den dag van Jeruzalem; die daar zeiden: Ontbloot ze, ontbloot ze, tot haar fondament toe!
O daughter of Babylon, who art to be destroyed; happy shall he be, that rewardeth thee as thou hast served us.	8 O dochter van Babel! die verwoest zult worden, welgelukzalig zal hij zijn, die u uw misdaad vergelden zal, die gij aan ons misdaan hebt.
Happy shall he be, that taketh and dasheth thy little ones against the stones.	9 Welgelukzalig zal hij zijn, die uw kinderkens grijpen, en aan de steenrots verpletteren zal.

Psalm (138) Psalmen

{A Psalm of David.} I will praise thee with my whole heart: before the gods will I sing praise unto thee.	1 Een psalm van David. Ik zal U loven met mijn gehele hart; in de tegenwoordigheid der goden zal ik U psalmzingen.

	I will worship toward thy holy temple, and praise thy name for thy lovingkindness and for thy truth: for thou hast magnified thy word above all thy name.	2	Ik zal mij nederbuigen naar het paleis Uwer heiligheid, en ik zal Uw Naam loven, om Uw goedertierenheid en om Uw waarheid; want Gij hebt vanwege Uw gansen Naam Uw woord groot gemaakt.
	In the day when I cried thou answeredst me, and strengthenedst me with strength in my soul.	3	Ten dage, als ik riep, zo hebt Gij mij verhoord; Gij hebt mij versterkt met kracht in mijn ziel.
	All the kings of the earth shall praise thee, O LORD, when they hear the words of thy mouth.	4	Alle koningen der aarde zullen U, o HEERE! loven, wanneer zij gehoord zullen hebben de redenen Uws monds.
	Yea, they shall sing in the ways of the LORD: for great is the glory of the LORD.	5	En zij zullen zingen van de wegen des HEEREN, want de heerlijkheid des HEEREN is groot.
	Though the LORD be high, yet hath he respect unto the lowly: but the proud he knoweth afar off.	6	Want de HEERE is hoog, nochtans ziet Hij de nederige aan, en den verhevene kent Hij van verre.
	Though I walk in the midst of trouble, thou wilt revive me: thou shalt stretch forth thine hand against the wrath of mine enemies, and thy right hand shall save me.	7	Als ik wandel in het midden der benauwdheid, maakt Gij mij levend; Uw hand strekt Gij uit tegen den toorn mijner vijanden, en Uw rechterhand behoudt mij.
	The LORD will perfect that which concerneth me: thy mercy, O LORD, endureth for ever: forsake not the works of thine own hands.	8	De HEERE zal het voor mij voleinden; Uw goedertierenheid, HEERE! is in der eeuwigheid; en laat niet varen de werken Uwer handen.

Psalm (139) Psalmen

	{To the chief Musician, A Psalm of David.} O LORD, thou hast searched me, and known me.	1	Een psalm van David, voor den opperzangmeester. HEERE! Gij doorgrondt en kent mij.
	Thou knowest my downsitting and mine uprising, thou understandest my thought afar off.	2	Gij weet mijn zitten en mijn opstaan; Gij verstaat van verre mijn gedachten.
	Thou compassest my path and my lying down, and art acquainted with all my ways.	3	Gij omringt mijn gaan en mijn liggen; en Gij zijt al mijn wegen gewend.
	For there is not a word in my tongue, but, lo, O LORD, thou knowest it altogether.	4	Als er nog geen woord op mijn tong is, zie, HEERE! Gij weet het alles.
	Thou hast beset me behind and before, and laid thine hand upon me.	5	Gij bezet mij van achteren en van voren, en Gij zet Uw hand op mij.
	Such knowledge is too wonderful for me; it is high, I cannot attain unto it.	6	De kennis is mij te wonderbaar, zij is hoog, ik kan er niet bij.
	Whither shall I go from thy spirit? or whither shall I flee from thy presence?	7	Waar zou ik heengaan voor Uw Geest en waar zou ik heenvlieden voor Uw aangezicht?
	If I ascend up into heaven, thou art there: if I make my bed in hell, behold, thou art there.	8	Zo ik opvoer ten hemel, Gij zijt daar; of bedde ik mij in de hel, zie, Gij zijt daar.
	If I take the wings of the morning, and dwell in the uttermost parts of the sea;	9	Nam ik vleugelen des dageraads, woonde ik aan het uiterste der zee;
	Even there shall thy hand lead me, and thy right hand shall hold me.	10	Ook daar zou Uw hand mij geleiden, en Uw rechterhand zou mij houden.
	If I say, Surely the darkness shall cover me; even the night shall be light about me.	11	Indien ik zeide: De duisternis zal mij immers bedekken; dan is de nacht een licht om mij.
	Yea, the darkness hideth not from thee; but the night shineth as the day: the darkness and the light are both alike to thee.	12	Ook verduistert de duisternis voor U niet; maar de nacht licht als de dag; de duisternis is als het licht.
	For thou hast possessed my reins: thou hast covered me in my mother's womb.	13	Want Gij bezit mijn nieren; Gij hebt mij in mijner moeders buik bedekt.
	I will praise thee; for I am fearfully and wonderfully made: marvellous are thy works; and that my soul knoweth right well.	14	Ik loof U, omdat ik op een heel vreselijke wijze wonderbaarlijk gemaakt ben; wonderlijk zijn Uw werken! ook weet het mijn ziel zeer wel.
	My substance was not hid from thee, when I was made in secret, and curiously wrought in the lowest parts of the earth.	15	Mijn gebeente was voor U niet verholen, als ik in het verborgene gemaakt ben, en als een borduursel gewrocht ben, in de nederste delen der aarde.
	Thine eyes did see my substance, yet being unperfect; and in thy book all my members were written, which in continuance were fashioned, when as yet there was none of them.	16	Uw ogen hebben mijn ongevormden klomp gezien; en al deze dingen waren in Uw boek geschreven, de dagen als zij geformeerd zouden worden, toen nog geen van die was.
	How precious also are thy thoughts unto me, O God! how great is the sum of them!	17	Daarom, hoe kostelijk zijn mij, o God, Uw gedachten! hoe machtig veel zijn haar sommen!
	If I should count them, they are more in number than the sand: when I awake, I am still with thee.	18	Zoude ik ze tellen? Harer is meer, dan des zands; word ik wakker, zo ben ik nog bij U.
	Surely thou wilt slay the wicked, O God: depart from me therefore, ye bloody men.	19	O God! dat Gij den goddeloze ombracht! en gij, mannen des bloeds, wijkt van mij!
	For they speak against thee wickedly, and thine enemies take thy name in vain.	20	Die van U schandelijk spreken, en Uw vijanden ijdellijk verheffen.
	Do not I hate them, O LORD, that hate thee? and am not I grieved with those that rise up against thee?	21	Zou ik niet haten HEERE! die U haten? en verdriet hebben in degenen, die tegen U opstaan?
	I hate them with perfect hatred: I count them mine enemies.	22	Ik haat hen met volkomen haat, tot vijanden zijn zij mij.
	Search me, O God, and know my heart: try me, and know my thoughts:	23	Doorgrond mij, o God! en ken mijn hart; beproef mij, en ken mijn gedachten.
	And see if there be any wicked way in me, and lead me in the way everlasting.	24	En zie, of bij mij een schadelijke weg zij; en leid mij op den eeuwigen weg.

Psalm (140) Psalmen

{To the chief Musician, A Psalm of David.} Deliver me, O LORD, from the evil man: preserve me from the violent man; | 1 | Een psalm van David, voor den opperzangmeester. (1a) Red mij, HEERE! van den kwaden mens; behoed mij voor den man alles gewelds;

Which imagine mischiefs in their heart; continually are they gathered together for war. | 2 | Die veel kwaads in het hart denken, allen dag samenkomen om te oorlogen.

They have sharpened their tongues like a serpent; adders' poison is under their lips. Selah. | 3 | Zij scherpen hun tong, als een slang; heet addervergift is onder hun lippen. Sela.

Keep me, O LORD, from the hands of the wicked; preserve me from the violent man; who have purposed to overthrow my goings. | 4 | Bewaar mij, HEERE! van de handen des goddelozen; behoed mij van den man alles gewelds; van hen, die mijn voeten denken weg te stoten.

The proud have hid a snare for me, and cords; they have spread a net by the wayside; they have set gins for me. Selah. | 5 | De hovaardigen hebben mij een strik verborgen, en koorden; zij hebben een net uitgespreid aan de zijde des wegs; valstrikken hebben zij mij gezet. Sela.

I said unto the LORD, Thou art my God: hear the voice of my supplications, O LORD. | 6 | Ik heb tot den HEERE gezegd: Gij zijt mijn God; neem ter ore, o HEERE! de stem mijner smekingen.

O GOD the Lord, the strength of my salvation, thou hast covered my head in the day of battle. | 7 | HEERE, Heere, Sterkte mijns heils! Gij hebt mijn hoofd bedekt ten dage der wapening.

Grant not, O LORD, the desires of the wicked: further not his wicked device; lest they exalt themselves. Selah. | 8 | Geef, HEERE! de begeerten des goddelozen niet; bevorder zijn kwaad voornemen niet; zij zouden zich verheffen. Sela.

As for the head of those that compass me about, let the mischief of their own lips cover them. | 9 | Aangaande het hoofd dergenen, die mij omringen, de overlast hunner lippen overdekke hen.

Let burning coals fall upon them: let them be cast into the fire; into deep pits, that they rise not up again. | 10 | Vurige kolen moeten op hen geschud worden; Hij doe hen vallen in het vuur, in diepe kuilen, dat zij niet weder opstaan.

Let not an evil speaker be established in the earth: evil shall hunt the violent man to overthrow him. | 11 | Een man van kwade tong zal op de aarde niet bevestigd worden; een boos man des gewelds, dien zal men jagen, totdat hij geheel verdreven is.

I know that the LORD will maintain the cause of the afflicted, and the right of the poor. | 12 | Ik weet, dat de HEERE de rechtzaak des ellendigen, en het recht der nooddruftigen zal uitvoeren.

Surely the righteous shall give thanks unto thy name: the upright shall dwell in thy presence. | 13 | [(Psalms 140:14) Gewisselijk, de rechtvaardigen zullen Uw Naam loven; de oprechten zullen voor Uw aangezicht blijven.]

Psalm (141) Psalmen

{A Psalm of David.} LORD, I cry unto thee: make haste unto me; give ear unto my voice, when I cry unto thee. | 1 | Een psalm van David. HEERE! ik roep U aan, haast U tot mij; neem mijn stem ter ore, als ik tot U roep.

Let my prayer be set forth before thee as incense; and the lifting up of my hands as the evening sacrifice. | 2 | Mijn gebed worde gesteld als reukwerk voor Uw aangezicht, de opheffing mijner handen als het avondoffer.

Set a watch, O LORD, before my mouth; keep the door of my lips. | 3 | HEERE! zet een wacht voor mijn mond, behoed de deur mijner lippen.

Incline not my heart to any evil thing, to practise wicked works with men that work iniquity: and let me not eat of their dainties. | 4 | Neig mijn hart niet tot een kwade zaak, om enigen handel in goddeloosheid te handelen, met mannen, die ongerechtigheid werken; en dat ik niet ete van hun lekkernijen.

Let the righteous smite me; it shall be a kindness: and let him reprove me; it shall be an excellent oil, which shall not break my head: for yet my prayer also shall be in their calamities. | 5 | De rechtvaardige sla mij, het zal weldadigheid zijn; en hij bestraffe mij, het zal olie des hoofds zijn, het zal mijn hoofd niet breken; want nog zal ook mijn gebed voor hen zijn in hun tegenspoeden.

When their judges are overthrown in stony places, they shall hear my words; for they are sweet. | 6 | Hun rechters zijn aan de zijde der steenrots vrijgelaten geweest, en hebben gehoord mijn redenen, dat zij aangenaam waren.

Our bones are scattered at the grave's mouth, as when one cutteth and cleaveth wood upon the earth. | 7 | Onze beenderen zijn verstrooid aan den mond des grafs, gelijk of iemand op de aarde iets gekloofd en verdeeld had.

But mine eyes are unto thee, O GOD the Lord: in thee is my trust; leave not my soul destitute. | 8 | Doch op U zijn mijn ogen, HEERE, Heere! op U betrouw ik, ontbloot mijn ziel niet.

Keep me from the snares which they have laid for me, and the gins of the workers of iniquity. | 9 | Bewaar mij voor het geweld des striks, dien zij mij gelegd hebben, en voor de valstrikken van de werkers der ongerechtigheid.

Let the wicked fall into their own nets, whilst that I withal escape. | 10 | Dat de goddelozen elk in zijn garen vallen, te zamen, totdat ik zal zijn voorbijgegaan.

Psalm (142) Psalmen

{Maschil of David; A Prayer when he was in the cave.} I cried unto the LORD with my voice; with my voice unto the LORD did I make my supplication. | 1 | Een onderwijzing van David, een gebed, als hij in de spelonk was. (1a) Ik riep met mijn stem tot den HEERE; ik smeekte tot den HEERE met mijn stem.

I poured out my complaint before him; I shewed before him my trouble. | 2 | Ik stortte mijn klacht uit voor Zijn aangezicht; ik gaf te kennen voor Zijn aangezicht mijn benauwdheid.

When my spirit was overwhelmed within me, then thou knewest my path. In the way wherein I walked have they privily laid a snare for me. | 3 | Als mijn geest in mij overstelpt was, zo hebt Gij mijn pad gekend. Zij hebben mij een strik verborgen op den weg, dien ik gaan zou.

I looked on my right hand, and beheld, but there was no man that would know me: refuge failed me; no man cared for my soul. | 4 | Ik zag uit ter rechterhand, en ziet, zo was er niemand, die mij kende, er was geen ontvlieden voor mij; niemand zorgde voor mijn ziel.

I cried unto thee, O LORD: I said, Thou art my refuge and my portion in the land of the living. | 5 | Tot U riep ik, o HEERE! ik zeide: Gij zijt mijn Toevlucht, mijn Deel in het land der levenden.

Attend unto my cry; for I am brought very low: deliver me from my persecutors; for they are stronger than I.

Bring my soul out of prison, that I may praise thy name: the righteous shall compass me about; for thou shalt deal bountifully with me.

6 Let op mijn geschrei, want ik ben zeer uitgeteerd; red mij van mijn vervolgers, want zij zijn machtiger dan ik.

7 [(Psalms 142:8) Voer mijn ziel uit de gevangenis, om Uw Naam te loven; de rechtvaardigen zullen mij omringen, wanneer Gij wel bij mij zult gedaan hebben.]

Psalm (143) Psalmen

{A Psalm of David.} Hear my prayer, O LORD, give ear to my supplications: in thy faithfulness answer me, and in thy righteousness.

1 Een psalm van David. O HEERE! hoor mijn gebed, neig de oren tot mijn smekingen; verhoor mij naar Uw waarheid, naar Uw gerechtigheid.

And enter not into judgment with thy servant: for in thy sight shall no man living be justified.

2 En ga niet in het gericht met Uw knecht; want niemand, die leeft, zal voor Uw aangezicht rechtvaardig zijn.

For the enemy hath persecuted my soul; he hath smitten my life down to the ground; he hath made me to dwell in darkness, as those that have been long dead.

3 Want de vijand vervolgt mijn ziel, hij vertreedt mijn leven ter aarde; hij legt mij in duisternissen, als degenen, die over lang dood zijn.

Therefore is my spirit overwhelmed within me; my heart within me is desolate.

4 Daarom wordt mijn geest overstelpt in mij, mijn hart is verbaasd in het midden van mij.

I remember the days of old; I meditate on all thy works; I muse on the work of thy hands.

5 Ik gedenk aan de dagen van ouds; ik overleg al Uw daden; ik spreek bij mijzelven van de werken Uwer handen.

I stretch forth my hands unto thee: my soul thirsteth after thee, as a thirsty land. Selah.

6 Ik breid mijn handen uit tot U; mijn ziel is voor U als een dorstig land. Sela.

Hear me speedily, O LORD: my spirit faileth: hide not thy face from me, lest I be like unto them that go down into the pit.

7 Verhoor mij haastelijk, HEERE! mijn geest bezwijkt; verberg Uw aangezicht niet van mij, want ik zou gelijk worden dengenen, die in den kuil dalen.

Cause me to hear thy lovingkindness in the morning; for in thee do I trust: cause me to know the way wherein I should walk; for I lift up my soul unto thee.

8 Doe mij Uw goedertierenheid in den morgenstond horen, want ik betrouw op U; maak mij bekend den weg, dien ik te gaan heb, want ik hef mijn ziel tot U op.

Deliver me, O LORD, from mine enemies: I flee unto thee to hide me.

9 Red mij, HEERE! van mijn vijanden; bij U schuil ik.

Teach me to do thy will; for thou art my God: thy spirit is good; lead me into the land of uprightness.

10 Leer mij Uw welbehagen doen, want Gij zijt mijn God! Uw goede Geest geleide mij in een effen land.

Quicken me, O LORD, for thy name's sake: for thy righteousness' sake bring my soul out of trouble.

11 O HEERE! maak mij levend, om Uws Naams wil; voer mijn ziel uit de benauwdheid, om Uw gerechtigheid.

And of thy mercy cut off mine enemies, and destroy all them that afflict my soul: for I am thy servant.

12 En roei mijn vijanden uit, om Uw goedertierenheid, en breng hen om, allen, die mijn ziel beangstigen; want ik ben Uw knecht.

Psalm (144) Psalmen

{A Psalm of David.} Blessed be the LORD my strength, which teacheth my hands to war, and my fingers to fight:

1 Een psalm van David. Gezegend zij de HEERE, mijn Rotssteen, Die mijn handen onderwijst ten strijde, mijn vingeren ten oorlog;

My goodness, and my fortress; my high tower, and my deliverer; my shield, and he in whom I trust; who subdueth my people under me.

2 Mijn Goedertierenheid en mijn Burg, mijn Hoog Vertrek en mijn Bevrijder voor mij, mijn Schild, en op Wien ik mij betrouwe; Die mijn volk aan mij onderwerpt!

LORD, what is man, that thou takest knowledge of him! or the son of man, that thou makest account of him!

3 O HEERE! wat is de mens, dat Gij hem kent, het kind des mensen, dat Gij het acht?

Man is like to vanity: his days are as a shadow that passeth away.

4 De mens is der ijdelheid gelijk; zijn dagen zijn als een voorbijgaande schaduw.

Bow thy heavens, O LORD, and come down: touch the mountains, and they shall smoke.

5 Neig Uw hemelen, HEERE! en daal neder; raak de bergen aan, dat zij roken.

Cast forth lightning, and scatter them: shoot out thine arrows, and destroy them.

6 Bliksem bliksem, en verstrooi hen; zend Uw pijlen uit, en verdoe hen.

Send thine hand from above; rid me, and deliver me out of great waters, from the hand of strange children;

7 Steek Uw handen van de hoogte uit; ontzet mij, en ruk mij uit de grote wateren, uit de hand der vreemden;

Whose mouth speaketh vanity, and their right hand is a right hand of falsehood.

8 Welker mond leugen spreekt, en hun rechterhand is een rechterhand der valsheid.

I will sing a new song unto thee, O God: upon a psaltery and an instrument of ten strings will I sing praises unto thee.

9 O God! ik zal U een nieuw lied zingen; met de luit en het tiensnarig instrument zal ik U psalmzingen.

It is he that giveth salvation unto kings: who delivereth David his servant from the hurtful sword.

10 Gij, die den koningen overwinning geeft, Die Zijn knecht David ontzet van het boze zwaard;

Rid me, and deliver me from the hand of strange children, whose mouth speaketh vanity, and their right hand is a right hand of falsehood:

11 Ontzet mij en red mij van de hand der vreemden, welker mond leugen spreekt, en hun rechterhand is een rechterhand der valsheid;

That our sons may be as plants grown up in their youth; that our daughters may be as corner stones, polished after the similitude of a palace:

12 Opdat onze zonen zijn als planten, welke groot geworden zijn in hun jeugd; onze dochter als hoekstenen, uitgehouwen naar de gelijkenis van een paleis.

That our garners may be full, affording all manner of store: that our sheep may bring forth thousands and ten thousands in our streets:

13 Dat onze winkelen vol zijnde, den enen voorraad na den anderen uitgeven; dat onze kudden bij duizenden werpen, ja, bij tienduizenden op onze hoeven vermenigvuldigen.

That our oxen may be strong to labour; that there be no breaking in, nor going out; that there be no complaining in our streets.

14 Dat onze ossen wel geladen zijn; dat geen inbreuk, noch uitval, noch gekrijs zij op onze straten.

Happy is that people, that is in such a case: yea, happy is that people, whose God is the LORD.

15 Welgelukzalig is het volk, dien het alzo gaat; welgelukzalig is het volk, wiens God de HEERE is.

Psalm - Psalmen

Psalm (145) Psalmen

#	English	Dutch
1	{David's Psalm of praise.} I will extol thee, my God, O king; and I will bless thy name for ever and ever.	Een lofzang van David. Aleph. O mijn God, Gij Koning! ik zal U verhogen, en Uw Naam loven in eeuwigheid en altoos.
2	Every day will I bless thee; and I will praise thy name for ever and ever.	Beth. Te allen dage zal ik U loven, en Uw Naam prijzen in eeuwigheid en altoos.
3	Great is the LORD, and greatly to be praised; and his greatness is unsearchable.	Gimel. De HEERE is groot en zeer te prijzen, en Zijn grootheid is ondoorgrondelijk.
4	One generation shall praise thy works to another, and shall declare thy mighty acts.	Daleth. Geslacht aan geslacht zal Uw werken roemen; en zij zullen Uw mogendheden verkondigen.
5	I will speak of the glorious honour of thy majesty, and of thy wondrous works.	He. Ik zal uitspreken de heerlijkheid der eer Uwer majesteit, en Uw wonderlijke daden.
6	And men shall speak of the might of thy terrible acts: and I will declare thy greatness.	Vau. En zij zullen vermelden de kracht Uwer vreselijke daden; en Uw grootheid, die zal ik vertellen.
7	They shall abundantly utter the memory of thy great goodness, and shall sing of thy righteousness.	Zain. Zij zullen de gedachtenis der grootheid Uwer goedheid overvloediglijk uitstorten, en zij zullen Uw gerechtigheid met gejuich verkondigen.
8	The LORD is gracious, and full of compassion; slow to anger, and of great mercy.	Cheth. Genadig en barmhartig is de HEERE, lankmoedig en groot van goedertierenheid.
9	The LORD is good to all: and his tender mercies are over all his works.	Teth. De HEERE is aan allen goed, en Zijn barmhartigheden zijn over al Zijn werken.
10	All thy works shall praise thee, O LORD; and thy saints shall bless thee.	Jod. Al Uw werken, HEERE, zullen U loven, en Uw gunstgenoten zullen U zegenen.
11	They shall speak of the glory of thy kingdom, and talk of thy power;	Caph. Zij zullen de heerlijkheid Uws Koninkrijks vermelden, en Uw mogendheid zullen zij uitspreken.
12	To make known to the sons of men his mighty acts, and the glorious majesty of his kingdom.	Lamed. Om de mensenkinderen bekend te maken Zijn mogendheden, en de eer der heerlijkheid Zijns Koninkrijks.
13	Thy kingdom is an everlasting kingdom, and thy dominion endureth throughout all generations.	Mem. Uw Koninkrijk is een Koninkrijk van alle eeuwen, en Uw heerschappij is in alle geslacht en geslacht.
14	The LORD upholdeth all that fall, and raiseth up all those that be bowed down.	Samech. De HEERE ondersteunt allen, die vallen, en Hij richt op alle gebogenen.
15	The eyes of all wait upon thee; and thou givest them their meat in due season.	Ain. Aller ogen wachten op U; en Gij geeft hun hun spijs te zijner tijd.
16	Thou openest thine hand, and satisfiest the desire of every living thing.	Pe. Gij doet Uw hand open, en verzadigt al wat er leeft, naar Uw welbehagen.
17	The LORD is righteous in all his ways, and holy in all his works.	Tsade. De HEERE is rechtvaardig in al Zijn wegen, en goedertieren in al Zijn werken.
18	The LORD is nigh unto all them that call upon him, to all that call upon him in truth.	Koph. De HEERE is nabij allen, die Hem aanroepen, allen, die Hem aanroepen in der waarheid.
19	He will fulfil the desire of them that fear him: he also will hear their cry, and will save them.	Resch. Hij doet het welbehagen dergenen, die Hem vrezen, en Hij hoort hun geroep, en verlost hen.
20	The LORD preserveth all them that love him: but all the wicked will he destroy.	Schin. De HEERE bewaart al degenen, die Hem liefhebben; maar Hij verdelgt alle goddelozen.
21	My mouth shall speak the praise of the LORD: and let all flesh bless his holy name for ever and ever.	Thau. Mijn mond zal den prijs des HEEREN uitspreken, en alle vlees zal Zijn heiligen Naam loven in der eeuwigheid en altoos.

Psalm (146) Psalmen

#	English	Dutch
1	Praise ye the LORD. Praise the LORD, O my soul.	Hallelujah! O mijn ziel! prijs den HEERE.
2	While I live will I praise the LORD: I will sing praises unto my God while I have any being.	Ik zal den HEERE prijzen in mijn leven; ik zal mijn God psalmzingen, terwijl ik nog ben.
3	Put not your trust in princes, nor in the son of man, in whom there is no help.	Vertrouwt niet op prinsen, op des mensen kind, bij hetwelk geen heil is.
4	His breath goeth forth, he returneth to his earth; in that very day his thoughts perish.	Zijn geest gaat uit, hij keert wederom tot zijn aarde; te dienzelfden dage vergaan zijn aanslagen.
5	Happy is he that hath the God of Jacob for his help, whose hope is in the LORD his God:	Welgelukzalig is hij, die den God Jakobs tot zijn Hulp heeft, wiens verwachting op den HEERE, zijn God is;
6	Which made heaven, and earth, the sea, and all that therein is: which keepeth truth for ever:	Die den hemel en de aarde gemaakt heeft, de zee en al wat in dezelve is; Die trouwe houdt in der eeuwigheid.
7	Which executeth judgment for the oppressed: which giveth food to the hungry. The LORD looseth the prisoners:	Die den verdrukte recht doet, Die den hongerige brood geeft; de HEERE maakt de gevangenen los.
8	The LORD openeth the eyes of the blind: the LORD raiseth them that are bowed down: the LORD loveth the righteous:	De HEERE opent de ogen der blinden; de HEERE richt de gebogenen op; de HEERE heeft de rechtvaardigen lief.
9	The LORD preserveth the strangers; he relieveth the fatherless and widow: but the way of the wicked he turneth upside down.	De HEERE bewaart de vreemdelingen; Hij houdt den wees en de weduwe staande; maar der goddelozen weg keert Hij om.
10	The LORD shall reign for ever, even thy God, O Zion, unto all generations. Praise ye the LORD.	De HEERE zal in eeuwigheid regeren; uw God, o Sion! is van geslacht tot geslacht. Hallelujah!

Psalm (147) Psalmen

#	English	Dutch
1	Praise ye the LORD: for it is good to sing praises unto our God; for it is pleasant; and praise is comely.	Looft den HEERE, want onzen God te psalmzingen is goed, dewijl Hij liefelijk is; de lof is betamelijk.

	The LORD doth build up Jerusalem: he gathereth together the outcasts of Israel.	2	De HEERE bouwt Jeruzalem; Hij vergadert Israels verdrevenen.
	He healeth the broken in heart, and bindeth up their wounds.	3	Hij geneest de gebrokenen van hart, en Hij verbindt hen in hun smarten.
	He telleth the number of the stars; he calleth them all by their names.	4	Hij telt het getal der sterren; Hij noemt ze allen bij namen.
	Great is our Lord, and of great power: his understanding is infinite.	5	Onze Heere is groot en van veel kracht; Zijns verstands is geen getal.
	The LORD lifteth up the meek: he casteth the wicked down to the ground.	6	De HEERE houdt de zachtmoedigen staande; de goddelozen vernedert Hij, tot de aarde toe.
	Sing unto the LORD with thanksgiving; sing praise upon the harp unto our God:	7	Zingt den HEERE bij beurte met dankzegging; psalmzingt onzen God op de harp.
	Who covereth the heaven with clouds, who prepareth rain for the earth, who maketh grass to grow upon the mountains.	8	Die de hemelen met wolken bedekt, Die voor de aarde regen bereidt; Die het gras op de bergen doet uitspruiten;
	He giveth to the beast his food, and to the young ravens which cry.	9	Die het vee zijn voeder geeft; aan de jonge raven, als zij roepen.
	He delighteth not in the strength of the horse: he taketh not pleasure in the legs of a man.	10	Hij heeft geen lust aan de sterkte des paards; Hij heeft geen welgevallen aan de benen des mans.
	The LORD taketh pleasure in them that fear him, in those that hope in his mercy.	11	De HEERE heeft een welgevallen aan hen, die Hem vrezen, die op Zijn goedertierenheid hopen.
	Praise the LORD, O Jerusalem; praise thy God, O Zion.	12	O Jeruzalem! roem den HEERE; o Sion! loof uw God.
	For he hath strengthened the bars of thy gates; he hath blessed thy children within thee.	13	Want Hij maakt de grendelen uwer poorten sterk; Hij zegent uw kinderen binnen in u.
	He maketh peace in thy borders, and filleth thee with the finest of the wheat.	14	Die uw landpalen in vrede stelt; Hij verzadigt u met het vette der tarwe.
	He sendeth forth his commandment upon earth: his word runneth very swiftly.	15	Hij zendt Zijn bevel op aarde; Zijn woord loopt zeer snel.
	He giveth snow like wool: he scattereth the hoarfrost like ashes.	16	Hij geeft sneeuw als wol; Hij strooit den rijm als as.
	He casteth forth his ice like morsels: who can stand before his cold?	17	Hij werpt Zijn ijs heen als stukken; wie zou bestaan voor Zijn koude?
	He sendeth out his word, and melteth them: he causeth his wind to blow, and the waters flow.	18	Hij zendt Zijn woord, en doet ze smelten; Hij doet Zijn wind waaien, de wateren vloeien henen.
	He sheweth his word unto Jacob, his statutes and his judgments unto Israel.	19	Hij maakt Jakob Zijn woorden bekend, Israel Zijn inzettingen en Zijn rechten.
	He hath not dealt so with any nation: and as for his judgments, they have not known them. Praise ye the LORD.	20	Alzo heeft Hij geen volk gedaan; en Zijn rechten, die kennen zij niet. Hallelujah!

Psalm (148) Psalmen

	Praise ye the LORD. Praise ye the LORD from the heavens: praise him in the heights.	1	Hallelujah! Looft den HEERE uit de hemelen; looft Hem in de hoogste plaatsen!
	Praise ye him, all his angels: praise ye him, all his hosts.	2	Looft Hem, al Zijn engelen! Looft Hem, al Zijn heirscharen!
	Praise ye him, sun and moon: praise him, all ye stars of light.	3	Looft Hem, zon en maan! Looft Hem, alle gij lichtende sterren!
	Praise him, ye heavens of heavens, and ye waters that be above the heavens.	4	Looft Hem, gij hemelen der hemelen! en gij wateren, die boven de hemelen zijt!
	Let them praise the name of the LORD: for he commanded, and they were created.	5	Dat zij den Naam des HEEREN loven; want als Hij het beval, zo werden zij geschapen.
	He hath also stablished them for ever and ever: he hath made a decree which shall not pass.	6	En Hij heeft ze bevestigd voor altoos in eeuwigheid; Hij heeft hun een orde gegeven, die geen van hen zal overtreden.
	Praise the LORD from the earth, ye dragons, and all deeps:	7	Looft den HEERE, van de aarde; gij walvissen en alle afgronden!
	Fire, and hail; snow, and vapour; stormy wind fulfilling his word:	8	Vuur en hagel, sneeuw en damp; gij stormwind, die Zijn woord doet!
	Mountains, and all hills; fruitful trees, and all cedars:	9	Gij bergen en alle heuvelen; vruchtbomen en alle cederbomen!
	Beasts, and all cattle; creeping things, and flying fowl:	10	Het wild gedierte en alle vee; kruipend gedierte en gevleugeld gevogelte!
	Kings of the earth, and all people; princes, and all judges of the earth:	11	Gij koningen der aarde, en alle volken, gij vorsten, en alle rechters der aarde!
	Both young men, and maidens; old men, and children:	12	Jongelingen en ook maagden; gij ouden met de jongen!
	Let them praise the name of the LORD: for his name alone is excellent; his glory is above the earth and heaven.	13	Dat zij den Naam des HEEREN loven; want Zijn Naam alleen is hoog verheven; Zijn majesteit is over de aarde en den hemel.
	He also exalteth the horn of his people, the praise of all his saints; even of the children of Israel, a people near unto him. Praise ye the LORD.	14	En Hij heeft den hoorn Zijns volks verhoogd, den roem al Zijner gunstgenoten, der kinderen Israels, des volks, dat nabij Hem is. Hallelujah!

Psalm (149) Psalmen

	Praise ye the LORD. Sing unto the LORD a new song, and his praise in the congregation of saints.	1	Hallelujah! Zingt den HEERE een nieuw lied; Zijn lof zij in de gemeente Zijner gunstgenoten.
	Let Israel rejoice in him that made him: let the children of Zion be joyful in their King.	2	Dat Israel zich verblijde in Dengene, Die hem gemaakt heeft; dat de kinderen Sions zich verheugen over hun Koning.
	Let them praise his name in the dance: let them sing praises unto him with the timbrel and harp.	3	Dat zij Zijn Naam loven op de fluit; dat zij Hem psalmzingen op de trommel en harp.

	For the LORD taketh pleasure in his people: he will beautify the meek with salvation.	4	Want de HEERE heeft een welgevallen aan Zijn volk; Hij zal de zachtmoedigen versieren met heil.
	Let the saints be joyful in glory: let them sing aloud upon their beds.	5	Dat Zijn gunstgenoten van vreugde opspringen, om die eer; dat zij juichen op hun legers.
	Let the high praises of God be in their mouth, and a twoedged sword in their hand;	6	De verheffingen Gods zullen in hun keel zijn; en een tweesnijdend zwaard in hun hand;
	To execute vengeance upon the heathen, and punishments upon the people;	7	Om wraak te doen over de heidenen, en bestraffingen over de volken;
	To bind their kings with chains, and their nobles with fetters of iron;	8	Om hun koningen te binden met ketenen, en hun achtbaren met ijzeren boeien;
	To execute upon them the judgment written: this honour have all his saints. Praise ye the LORD.	9	Om het beschreven recht over hen te doen. Dit zal de heerlijkheid van al Zijn gunstgenoten zijn. Hallelujah!

Psalm (150) Psalmen

	Praise ye the LORD. Praise God in his sanctuary: praise him in the firmament of his power.	1	Hallelujah! Looft God in Zijn heiligdom; looft Hem in het uitspansel Zijner sterkte!
	Praise him for his mighty acts: praise him according to his excellent greatness.	2	Looft Hem vanwege Zijn mogendheden; looft Hem naar de menigvuldigheid Zijner grootheid!
	Praise him with the sound of the trumpet: praise him with the psaltery and harp.	3	Looft Hem met geklank der bazuin; looft Hem met de luit en met de harp!
	Praise him with the timbrel and dance: praise him with stringed instruments and organs.	4	Looft Hem met de trommel en fluit; looft Hem met snarenspel en orgel!
	Praise him upon the loud cymbals: praise him upon the high sounding cymbals.	5	Looft Hem met hel klinkende cimbalen; looft Hem met cimbalen van vreugdegeluid!
	Let every thing that hath breath praise the LORD. Praise ye the LORD.	6	Alles, wat adem heeft, love den HEERE! Hallelujah!

Proverbs - Spreuken
Proverbs (1) Spreuken

	The proverbs of Solomon the son of David, king of Israel;	1	De spreuken van Salomo, den zoon van David, den koning van Israel,
	To know wisdom and instruction; to perceive the words of understanding;	2	Om wijsheid en tucht te weten; om te verstaan redenen des verstands;
	To receive the instruction of wisdom, justice, and judgment, and equity;	3	Om aan te nemen onderwijs van goed verstand, gerechtigheid, en recht, en billijkheden;
	To give subtilty to the simple, to the young man knowledge and discretion.	4	Om den slechten kloekzinnigheid te geven, den jongeling wetenschap en bedachtzaamheid.
	A wise man will hear, and will increase learning; and a man of understanding shall attain unto wise counsels:	5	Die wijs is, zal horen, en zal in lere toenemen; en die verstandig is, zal wijzen raad bekomen.
	To understand a proverb, and the interpretation; the words of the wise, and their dark sayings.	6	Om te verstaan een spreuk en de uitlegging, de woorden der wijzen en hun raadselen.
	The fear of the LORD is the beginning of knowledge: but fools despise wisdom and instruction.	7	De vrees des HEEREN is het beginsel der wetenschap; de dwazen verachten wijsheid en tucht.
	My son, hear the instruction of thy father, and forsake not the law of thy mother:	8	Mijn zoon! hoor de tucht uws vaders, en verlaat de leer uwer moeder niet;
	For they shall be an ornament of grace unto thy head, and chains about thy neck.	9	Want zij zullen uw hoofd een aangenaam toevoegsel zijn, en ketenen aan uw hals.
	My son, if sinners entice thee, consent thou not.	10	Mijn zoon! indien de zondaars u aanlokken, bewillig niet;
	If they say, Come with us, let us lay wait for blood, let us lurk privily for the innocent without cause:	11	Indien zij zeggen: Ga met ons, laat ons loeren op bloed, ons versteken tegen den onschuldige, zonder oorzaak;
	Let us swallow them up alive as the grave; and whole, as those that go down into the pit:	12	Laat ons hen levend verslinden, als het graf; ja, geheel en al, gelijk die in den kuil nederdalen;
	We shall find all precious substance, we shall fill our houses with spoil:	13	Alle kostelijk goed zullen wij vinden, onze huizen zullen wij met roof vullen.
	Cast in thy lot among us; let us all have one purse:	14	Gij zult uw lot midden onder ons werpen; wij zullen allen een buidel hebben.
	My son, walk not thou in the way with them; refrain thy foot from their path:	15	Mijn zoon! wandel niet met hen op den weg; weer uw voet van hun pad.
	For their feet run to evil, and make haste to shed blood.	16	Want hun voeten lopen ten boze; en zij haasten zich om bloed te storten.
	Surely in vain the net is spread in the sight of any bird.	17	Zekerlijk, het net wordt tevergeefs gespreid voor de ogen van allerlei gevogelte;
	And they lay wait for their own blood; they lurk privily for their own lives.	18	En deze loeren op hun eigen bloed, en versteken zich tegen hun zielen.
	So are the ways of every one that is greedy of gain; which taketh away the life of the owners thereof.	19	Zo zijn de paden van een iegelijk, die gierigheid pleegt; zij zal de ziel van haar meester vangen.
	Wisdom crieth without; she uttereth her voice in the streets:	20	De opperste Wijsheid roept overluid daar buiten; Zij verheft haar stem op de straten.
	She crieth in the chief place of concourse, in the openings of the gates: in the city she uttereth her words, saying,	21	Zij roept in het voorste der woelingen; aan de deuren der poorten spreekt Zij Haar redenen in de stad;
	How long, ye simple ones, will ye love simplicity? and the scorners delight in their scorning, and fools hate knowledge?	22	Gij slechten! hoe lang zult gij de slechtigheid beminnen, en de spotters voor zich de spotternij begeren, en de zotten wetenschap haten?
	Turn you at my reproof: behold, I will pour out my spirit unto you, I will make known my words unto you.	23	Keert u tot Mijn bestraffing; ziet, Ik zal Mijn Geest ulieden overvloediglijk uitstorten; Ik zal Mijn woorden u bekend maken.
	Because I have called, and ye refused; I have stretched out my hand, and no man regarded;	24	Dewijl Ik geroepen heb, en gijlieden geweigerd hebt; Mijn hand uitgestrekt heb, en er niemand was, die opmerkte;
	But ye have set at nought all my counsel, and would none of my reproof:	25	En gij al Mijn raad verworpen, en Mijn bestraffing niet gewild hebt;
	I also will laugh at your calamity; I will mock when your fear cometh;	26	Zo zal Ik ook in ulieder verderf lachen; Ik zal spotten, wanneer uw vreze komt.
	When your fear cometh as desolation, and your destruction cometh as a whirlwind; when distress and anguish cometh upon you.	27	Wanneer uw vreze komt gelijk een verwoesting, en uw verderf aankomt als een wervelwind; wanneer u benauwdheid en angst overkomt;
	Then shall they call upon me, but I will not answer; they shall seek me early, but they shall not find me:	28	Dan zullen zij tot Mij roepen, maar Ik zal niet antwoorden; zij zullen Mij vroeg zoeken, maar zullen Mij niet vinden;
	For that they hated knowledge, and did not choose the fear of the LORD:	29	Daarom, dat zij de wetenschap gehaat hebben, en de vreze des HEEREN niet hebben verkoren.
	They would none of my counsel: they despised all my reproof.	30	Zij hebben in Mijn raad niet bewilligd; al Mijn bestraffingen hebben zij versmaad;
	Therefore shall they eat of the fruit of their own way, and be filled with their own devices.	31	Zo zullen zij eten van de vrucht van hun weg, en zich verzadigen met hun raadslagen.
	For the turning away of the simple shall slay them, and the prosperity of fools shall destroy them.	32	Want de afkering der slechten zal hen doden, en de voorspoed der zotten zal hen verderven.

But whoso hearkeneth unto me shall dwell safely, and shall be quiet from fear of evil.		33	Maar die naar Mij hoort, zal zeker wonen, en hij zal gerust zijn van de vreze des kwaads.

Proverbs (2) Spreuken

My son, if thou wilt receive my words, and hide my commandments with thee;	1		Mijn zoon! zo gij mijn redenen aanneemt, en mijn geboden bij u weglegt;
So that thou incline thine ear unto wisdom, and apply thine heart to understanding;	2		Om uw oren naar wijsheid te doen opmerken; zo gij uw hart tot verstandigheid neigt;
Yea, if thou criest after knowledge, and liftest up thy voice for understanding;	3		Ja, zo gij tot het verstand roept, uw stem verheft tot de verstandigheid;
If thou seekest her as silver, and searchest for her as for hid treasures;	4		Zo gij haar zoekt als zilver, en naspeurt als verborgen schatten;
Then shalt thou understand the fear of the LORD, and find the knowledge of God.	5		Dan zult gij de vreze des HEEREN verstaan, en zult de kennis van God vinden.
For the LORD giveth wisdom: out of his mouth cometh knowledge and understanding.	6		Want de HEERE geeft wijsheid; uit Zijn mond komt kennis en verstand.
He layeth up sound wisdom for the righteous: he is a buckler to them that walk uprightly.	7		Hij legt weg voor de oprechten een bestendig wezen; Hij is een Schild dengenen, die oprechtelijk wandelen;
He keepeth the paths of judgment, and preserveth the way of his saints.	8		Opdat zij de paden des rechts houden; en Hij zal den weg Zijner gunstgenoten bewaren.
Then shalt thou understand righteousness, and judgment, and equity; yea, every good path.	9		Dan zult gij verstaan gerechtigheid, en recht, en billijkheden, en alle goed pad.
When wisdom entereth into thine heart, and knowledge is pleasant unto thy soul;	10		Als de wijsheid in uw hart zal gekomen zijn, en de wetenschap voor uw ziel zal liefelijk zijn;
Discretion shall preserve thee, understanding shall keep thee:	11		Zo zal de bedachtzaamheid over u de wacht houden, de verstandigheid zal u behoeden;
To deliver thee from the way of the evil man, from the man that speaketh froward things;	12		Om u te redden van den kwaden weg, van den man, die verkeerdheden spreekt;
Who leave the paths of uprightness, to walk in the ways of darkness;	13		Van degenen, die de paden der oprechtheid verlaten, om te gaan in de wegen der duisternis;
Who rejoice to do evil, and delight in the frowardness of the wicked;	14		Die blijde zijn in het kwaad doen, zich verheugen in de verkeerdheden des kwaden;
Whose ways are crooked, and they froward in their paths:	15		Welker paden verkeerd zijn, en afwijkende in hun sporen;
To deliver thee from the strange woman, even from the stranger which flattereth with her words;	16		Om u te redden van de vreemde vrouw, van de onbekende, die met haar redenen vleit;
Which forsaketh the guide of her youth, and forgetteth the covenant of her God.	17		Die den leidsman harer jonkheid verlaat, en het verbond haars Gods vergeet;
For her house inclineth unto death, and her paths unto the dead.	18		Want haar huis helt naar den dood, en haar paden naar de overledenen.
None that go unto her return again, neither take they hold of the paths of life.	19		Allen die tot haar ingaan, zullen niet wederkomen, en zullen de paden des levens niet aantreffen;
That thou mayest walk in the way of good men, and keep the paths of the righteous.	20		Opdat gij wandelt op den weg der goeden, en houdt de paden der rechtvaardigen.
For the upright shall dwell in the land, and the perfect shall remain in it.	21		Want de vromen zullen de aarde bewonen, en de oprechten zullen daarin overblijven;
But the wicked shall be cut off from the earth, and the transgressors shall be rooted out of it.	22		Maar de goddelozen zullen van de aarde uitgeroeid worden, en de trouwelozen zullen er van uitgerukt worden.

Proverbs (3) Spreuken

My son, forget not my law; but let thine heart keep my commandments:	1		Mijn zoon! vergeet mijn wet niet, maar uw hart beware mijn geboden.
For length of days, and long life, and peace, shall they add to thee.	2		Want langheid van dagen, en jaren van leven, en vrede zullen zij u vermeerderen.
Let not mercy and truth forsake thee: bind them about thy neck; write them upon the table of thine heart:	3		Dat de goedertierenheid en de trouw u niet verlaten; bind ze aan uw hals, schrijf zij op de tafel uws harten.
So shalt thou find favour and good understanding in the sight of God and man.	4		En vind gunst en goed verstand, in de ogen Gods en der mensen.
Trust in the LORD with all thine heart; and lean not unto thine own understanding.	5		Vertrouw op den HEERE met uw ganse hart, en steun op uw verstand niet.
In all thy ways acknowledge him, and he shall direct thy paths.	6		Ken Hem in al uw wegen, en Hij zal uw paden recht maken.
Be not wise in thine own eyes: fear the LORD, and depart from evil.	7		Zijt niet wijs in uw ogen; vrees den HEERE, en wijk van het kwade.
It shall be health to thy navel, and marrow to thy bones.	8		Het zal een medicijn voor uw navel zijn, en een bevochtiging voor uw beenderen.
Honour the LORD with thy substance, and with the firstfruits of all thine increase:	9		Vereer den HEERE van uw goed, en van de eerstelingen al uwer inkomsten;
So shall thy barns be filled with plenty, and thy presses shall burst out with new wine.	10		Zo zullen uw schuren met overvloed vervuld worden, en uw perskuipen van most overlopen.
My son, despise not the chastening of the LORD; neither be weary of his correction:	11		Mijn zoon! verwerp de tucht des HEEREN niet, en wees niet verdrietig over Zijn kastijding;

	For whom the LORD loveth he correcteth; even as a father the son in whom he delighteth.	12	Want de HEERE kastijdt dengene, dien Hij liefheeft, ja, gelijk een vader den zoon, in denwelken hij een welbehagen heeft.
	Happy is the man that findeth wisdom, and the man that getteth understanding.	13	Welgelukzalig is de mens, die wijsheid vindt, en de mens, die verstandigheid voortbrengt!
	For the merchandise of it is better than the merchandise of silver, and the gain thereof than fine gold.	14	Want haar koophandel is beter dan de koophandel van zilver, en haar inkomst dan het uitgegraven goud.
	She is more precious than rubies: and all the things thou canst desire are not to be compared unto her.	15	Zij is kostelijker dan robijnen en al; wat u lusten mag, is met haar niet te vergelijken.
	Length of days is in her right hand; and in her left hand riches and honour.	16	Langheid der dagen is in haar rechterhand, in haar linkerhand rijkdom en eer.
	Her ways are ways of pleasantness, and all her paths are peace.	17	Haar wegen zijn wegen der liefelijkheid, en al haar paden vrede.
	She is a tree of life to them that lay hold upon her: and happy is every one that retaineth her.	18	Zij is een boom des levens dengenen, die ze aangrijpen, en elkeen, die ze vasthoudt, wordt gelukzalig.
	The LORD by wisdom hath founded the earth; by understanding hath he established the heavens.	19	De HEERE heeft de aarde door wijsheid gegrond, de hemelen door verstandigheid bereid.
	By his knowledge the depths are broken up, and the clouds drop down the dew.	20	Door Zijn wetenschap zijn de afgronden gekloofd, en de wolken druipen dauw.
	My son, let not them depart from thine eyes: keep sound wisdom and discretion:	21	Mijn zoon! laat ze niet afwijken van uw ogen; bewaar de bestendige wijsheid en bedachtzaamheid.
	So shall they be life unto thy soul, and grace to thy neck.	22	Want zij zullen het leven voor uw ziel zijn, en een aangenaamheid voor uw hals.
	Then shalt thou walk in thy way safely, and thy foot shall not stumble.	23	Dan zult gij uw weg zeker wandelen, en gij zult uw voet niet stoten.
	When thou liest down, thou shalt not be afraid: yea, thou shalt lie down, and thy sleep shall be sweet.	24	Zo gij nederligt, zult gij niet schrikken; maar gij zult nederliggen en uw slaap zal zoet wezen.
	Be not afraid of sudden fear, neither of the desolation of the wicked, when it cometh.	25	Vrees niet voor haastigen schrik, noch voor de verwoesting der goddelozen, als zij komt.
	For the LORD shall be thy confidence, and shall keep thy foot from being taken.	26	Want de HEERE zal met uw hoop wezen, en Hij zal uw voet bewaren van gevangen te worden.
	Withhold not good from them to whom it is due, when it is in the power of thine hand to do it.	27	Onthoud het goed van zijn meesters niet, als het in het vermogen uwer hand is te doen.
	Say not unto thy neighbour, Go, and come again, and to morrow I will give; when thou hast it by thee.	28	Zeg niet tot uw naaste: Ga heen, en kom weder, en morgen zal ik geven, dewijl het bij u is.
	Devise not evil against thy neighbour, seeing he dwelleth securely by thee.	29	Smeed geen kwaad tegen uw naaste, aangezien hij met vertrouwen bij u woont.
	Strive not with a man without cause, if he have done thee no harm.	30	Twist met een mens niet zonder oorzaak, zo hij u geen kwaad gedaan heeft.
	Envy thou not the oppressor, and choose none of his ways.	31	Zijt niet nijdig over een man des gewelds, en verkies geen van zijn wegen.
	For the froward is abomination to the LORD: but his secret is with the righteous.	32	Want de afwijker is den HEERE een gruwel; maar Zijn verborgenheid is met den oprechte.
	The curse of the LORD is in the house of the wicked: but he blesseth the habitation of the just.	33	De vloek des HEEREN is in het huis des goddelozen; maar de woning der rechtvaardigen zal Hij zegenen.
	Surely he scorneth the scorners: but he giveth grace unto the lowly.	34	Zekerlijk, de spotters zal Hij bespotten, maar den zachtmoedigen zal Hij genade geven.
	The wise shall inherit glory: but shame shall be the promotion of fools.	35	De wijzen zullen eer beerven; maar elkeen der zotten neemt schande op zich.

Proverbs (4) Spreuken

	Hear, ye children, the instruction of a father, and attend to know understanding.	1	Hoort, gij kinderen! de tucht des vaders, en merkt op, om verstand te weten.
	For I give you good doctrine, forsake ye not my law.	2	Dewijl ik ulieden goede leer geve, verlaat mijn wet niet.
	For I was my father's son, tender and only beloved in the sight of my mother.	3	Want ik was mijns vaders zoon, teder, en een enige voor het aangezicht mijner moeder.
	He taught me also, and said unto me, Let thine heart retain my words: keep my commandments, and live.	4	Hij nu leerde mij, en zeide tot mij: Uw hart houde mijn woorden vast, onderhoud mijn geboden, en leef.
	Get wisdom, get understanding: forget it not; neither decline from the words of my mouth.	5	Verkrijg wijsheid, verkrijg verstand; vergeet niet, en wijk niet van de redenen mijns monds.
	Forsake her not, and she shall preserve thee: love her, and she shall keep thee.	6	Verlaat ze niet, en zij zal u behoeden; heb ze lief, en zij zal u bewaren.
	Wisdom is the principal thing; therefore get wisdom: and with all thy getting get understanding.	7	De wijsheid is het voornaamste; verkrijg dan wijsheid, en verkrijg verstand met al uw bezitting.
	Exalt her, and she shall promote thee: she shall bring thee to honour, when thou dost embrace her.	8	Verhef ze, en zij zal u verhogen; zij zal u vereren, als gij haar omhelzen zult.
	She shall give to thine head an ornament of grace: a crown of glory shall she deliver to thee.	9	Zij zal uw hoofd een aangenaam toevoegsel geven, een sierlijke kroon zal zij u leveren.
	Hear, O my son, and receive my sayings; and the years of thy life shall be many.	10	Hoor, mijn zoon! en neem mijn redenen aan, en de jaren des levens zullen u vermenigvuldigd worden.
	I have taught thee in the way of wisdom; I have led thee in right paths.	11	Ik onderwijs u in den weg der wijsheid; ik doe u treden in de rechte sporen.

	When thou goest, thy steps shall not be straitened; and when thou runnest, thou shalt not stumble.	12	In uw gaan zal uw tred niet benauwd worden, en indien gij loopt, zult gij niet struikelen.
	Take fast hold of instruction; let her not go: keep her; for she is thy life.	13	Grijp de tucht aan, laat niet af; bewaar ze, want zij is uw leven.
	Enter not into the path of the wicked, and go not in the way of evil men.	14	Kom niet op het pad der goddelozen, en treed niet op den weg der bozen.
	Avoid it, pass not by it, turn from it, and pass away.	15	Verwerp dien, ga er niet door, wijk er van, en ga voorbij.
	For they sleep not, except they have done mischief; and their sleep is taken away, unless they cause some to fall.	16	Want zij slapen niet, zo zij geen kwaad gedaan hebben; en hun slaap wordt weggenomen, zo zij niet iemand hebben doen struikelen.
	For they eat the bread of wickedness, and drink the wine of violence.	17	Want zij eten brood der goddeloosheid, en drinken wijn van enkel geweld.
	But the path of the just is as the shining light, that shineth more and more unto the perfect day.	18	Maar het pad der rechtvaardigen is gelijk een schijnend licht, voortgaande en lichtende tot den vollen dag toe.
	The way of the wicked is as darkness: they know not at what they stumble.	19	De weg der goddelozen is als donkerheid, zij weten niet, waarover zij struikelen zullen.
	My son, attend to my words; incline thine ear unto my sayings.	20	Mijn zoon! merk op mijn woorden, neig uw oor tot mijn redenen.
	Let them not depart from thine eyes; keep them in the midst of thine heart.	21	Laat ze niet wijken van uw ogen, behoud ze in het midden uws harten.
	For they are life unto those that find them, and health to all their flesh.	22	Want zij zijn het leven dengenen, die ze vinden, en een medicijn voor hun gehele vlees.
	Keep thy heart with all diligence; for out of it are the issues of life.	23	Behoed uw hart boven al wat te bewaren is, want daaruit zijn de uitgangen des levens.
	Put away from thee a froward mouth, and perverse lips put far from thee.	24	Doe de verkeerdheid des monds van u weg, en doe de verdraaidheid der lippen verre van u.
	Let thine eyes look right on, and let thine eyelids look straight before thee.	25	Laat uw ogen rechtuit zien, en uw oogleden zich recht voor u heen houden.
	Ponder the path of thy feet, and let all thy ways be established.	26	Weeg den gang uws voets, en laat al uw wegen wel gevestigd zijn.
	Turn not to the right hand nor to the left: remove thy foot from evil.	27	Wijk niet ter rechter hand of ter linkerhand, wend uw voet af van het kwade.

Proverbs (5) Spreuken

	My son, attend unto my wisdom, and bow thine ear to my understanding:	1	Mijn zoon! merk op mijn wijsheid, neig uw oor tot mijn verstand;
	That thou mayest regard discretion, and that thy lips may keep knowledge.	2	Opdat gij alle bedachtzaamheid behoudt, en uw lippen wetenschap bewaren.
	For the lips of a strange woman drop as an honeycomb, and her mouth is smoother than oil:	3	Want de lippen der vreemde vrouw druppen honigzeem, en haar gehemelte is gladder dan olie.
	But her end is bitter as wormwood, sharp as a twoedged sword.	4	Maar het laatste van haar is bitter als alsem, scherp als een tweesnijdend zwaard.
	Her feet go down to death; her steps take hold on hell.	5	Haar voeten dalen naar den dood, haar treden houden de hel vast.
	Lest thou shouldest ponder the path of life, her ways are moveable, that thou canst not know them.	6	Opdat gij het pad des levens niet zoudt wegen, zijn haar gangen ongestadig, dat gij het niet merkt.
	Hear me now therefore, O ye children, and depart not from the words of my mouth.	7	Nu dan, gij kinderen! hoort naar mij, en wijkt niet van de redenen mijns monds.
	Remove thy way far from her, and come not nigh the door of her house:	8	Maak uw weg verre van haar, en nader niet tot de deur van haar huis;
	Lest thou give thine honour unto others, and thy years unto the cruel:	9	Opdat gij anderen uw eer niet geeft, en uw jaren den wrede;
	Lest strangers be filled with thy wealth; and thy labours be in the house of a stranger;	10	Opdat de vreemden zich niet verzadigen van uw vermogen, en al uw smartelijke arbeid niet kome in het huis des onbekenden;
	And thou mourn at the last, when thy flesh and thy body are consumed,	11	En gij in uw laatste brult, als uw vlees, en uw lijf verteerd is;
	And say, How have I hated instruction, and my heart despised reproof;	12	En zegt: Hoe heb ik de tucht gehaat, en mijn hart de bestraffing versmaad!
	And have not obeyed the voice of my teachers, nor inclined mine ear to them that instructed me!	13	En heb niet gehoord naar de stem mijner onderwijzers, noch mijn oren geneigd tot mijn leraars!
	I was almost in all evil in the midst of the congregation and assembly.	14	Ik ben bijna in alle kwaad geweest, in het midden der gemeente en der vergadering!
	Drink waters out of thine own cistern, and running waters out of thine own well.	15	Drink water uit uw bak, en vloeden uit het midden van uw bornput.
	Let thy fountains be dispersed abroad, and rivers of waters in the streets.	16	Laat uw fonteinen zich buiten verspreiden, en de waterbeken op de straten;
	Let them be only thine own, and not strangers' with thee.	17	Laat ze de uwe alleen zijn, en van geen vreemde met u.
	Let thy fountain be blessed: and rejoice with the wife of thy youth.	18	Uw springader zij gezegend; en verblijd u vanwege de huisvrouw uwer jeugd;
	Let her be as the loving hind and pleasant roe; let her breasts satisfy thee at all times; and be thou ravished always with her love.	19	Een zeer liefelijke hinde, en een aangenaam steengeitje; laat u haar borsten te allen tijd dronken maken; dool steeds in haar liefde.

	And why wilt thou, my son, be ravished with a strange woman, and embrace the bosom of a stranger?	20	En waarom zoudt gij, mijn zoon, in een vreemde dolen, en den schoot der onbekende omvangen?
	For the ways of man are before the eyes of the LORD, and he pondereth all his goings.	21	Want eens iegelijks wegen zijn voor de ogen des HEEREN, en Hij weegt al zijne gangen.
	His own iniquities shall take the wicked himself, and he shall be holden with the cords of his sins.	22	Den goddeloze zullen zijn ongerechtigheden vangen, en met de banden zijner zonden zal hij vastgehouden worden.
	He shall die without instruction; and in the greatness of his folly he shall go astray.	23	Hij zal sterven, omdat hij zonder tucht geweest is, en in de grootheid zijner dwaasheid zal hij verdwalen.

Proverbs (6) Spreuken

	My son, if thou be surety for thy friend, if thou hast stricken thy hand with a stranger,	1	Mijn zoon! zo gij voor uw naaste borg geworden zijt, voor een vreemde uw hand toegeklapt hebt;
	Thou art snared with the words of thy mouth, thou art taken with the words of thy mouth.	2	Gij zijt verstrikt met de redenen uws monds; gij zijt gevangen met de redenen uws monds.
	Do this now, my son, and deliver thyself, when thou art come into the hand of thy friend; go, humble thyself, and make sure thy friend.	3	Doe nu dit, mijn zoon! en red u, dewijl gij in de hand uws naasten gekomen zijt; ga, onderwerp uzelven, en sterk uw naaste.
	Give not sleep to thine eyes, nor slumber to thine eyelids.	4	Laat uw ogen geen slaap toe, noch uw oogleden sluimering.
	Deliver thyself as a roe from the hand of the hunter, and as a bird from the hand of the fowler.	5	Red u, als een ree uit de hand des jagers, en als een vogel uit de hand des vogelvangers.
	Go to the ant, thou sluggard; consider her ways, and be wise:	6	Ga tot de mier, gij luiaard! zie haar wegen, en word wijs;
	Which having no guide, overseer, or ruler,	7	Dewelke, geen overste, ambtman noch heerser hebbende,
	Provideth her meat in the summer, and gathereth her food in the harvest.	8	Haar brood bereidt in den zomer, haar spijs vergadert in den oogst.
	How long wilt thou sleep, O sluggard? when wilt thou arise out of thy sleep?	9	Hoe lang zult gij, luiaard, nederliggen? Wanneer zult gij van uw slaap opstaan?
	Yet a little sleep, a little slumber, a little folding of the hands to sleep:	10	Een weinig slapens, een weinig sluimerens, een weinig handvouwens, al nederliggende;
	So shall thy poverty come as one that travelleth, and thy want as an armed man.	11	Zo zal uw armoede u overkomen als een wandelaar, en uw gebrek als een gewapend man.
	A naughty person, a wicked man, walketh with a froward mouth.	12	Een Belialsmens, een ondeugdzaam man gaat met verkeerdheid des monds om;
	He winketh with his eyes, he speaketh with his feet, he teacheth with his fingers;	13	Wenkt met zijn ogen, spreekt met zijn voeten, leert met zijn vingeren;
	Frowardness is in his heart, he deviseth mischief continually; he soweth discord.	14	In zijn hart zijn verkeerdheden, hij smeedt te aller tijd kwaad; hij werpt twisten in.
	Therefore shall his calamity come suddenly; suddenly shall he be broken without remedy.	15	Daarom zal zijn verderf haastelijk komen; hij zal schielijk verbroken worden, dat er geen genezen aan zij.
	These six things doth the LORD hate: yea, seven are an abomination unto him:	16	Deze zes haat de HEERE; ja, zeven zijn Zijn ziel een gruwel:
	A proud look, a lying tongue, and hands that shed innocent blood,	17	Hoge ogen, een valse tong, en handen, die onschuldig bloed vergieten;
	An heart that deviseth wicked imaginations, feet that be swift in running to mischief,	18	Een hart, dat ondeugdzame gedachten smeedt; voeten, die zich haasten, om tot kwaad te lopen;
	A false witness that speaketh lies, and he that soweth discord among brethren.	19	Een vals getuige, die leugenen blaast; en die tussen broederen krakelen inwerpt.
	My son, keep thy father's commandment, and forsake not the law of thy mother:	20	Mijn zoon, bewaar het gebod uws vaders, en verlaat de wet uwer moeder niet.
	Bind them continually upon thine heart, and tie them about thy neck.	21	Bind ze steeds aan uw hart, hecht ze aan uw hals.
	When thou goest, it shall lead thee; when thou sleepest, it shall keep thee; and when thou awakest, it shall talk with thee.	22	Als gij wandelt, zal dat u geleiden; als gij nederligt, zal het over u de wacht houden; als gij wakker wordt, zal hetzelve met u spreken.
	For the commandment is a lamp; and the law is light; and reproofs of instruction are the way of life:	23	Want het gebod is een lamp, en de wet is een licht, en de bestraffingen der tucht zijn de weg des levens;
	To keep thee from the evil woman, from the flattery of the tongue of a strange woman.	24	Om u te bewaren voor de kwade vrouw, voor het gevlei der vreemde tong.
	Lust not after her beauty in thine heart; neither let her take thee with her eyelids.	25	Begeer haar schoonheid niet in uw hart, en laat ze u niet vangen met haar oogleden.
	For by means of a whorish woman a man is brought to a piece of bread: and the adulteress will hunt for the precious life.	26	Want door een vrouw, die een hoer is, komt men tot een stuk broods; en eens mans huisvrouw jaagt de kostelijke ziel.
	Can a man take fire in his bosom, and his clothes not be burned?	27	Zal iemand vuur in zijn boezem nemen, dat zijn klederen niet verbrand worden?
	Can one go upon hot coals, and his feet not be burned?	28	Zal iemand op kolen gaan, dat zijn voeten niet branden?
	So he that goeth in to his neighbour's wife; whosoever toucheth her shall not be innocent.	29	Alzo die tot zijns naasten huisvrouw ingaat; al wie haar aanroert, zal niet onschuldig gehouden worden.
	Men do not despise a thief, if he steal to satisfy his soul when he is hungry;	30	Men doet een dief geen verachting aan, als hij steelt om zijn ziel te vullen, dewijl hij honger heeft;
	But if he be found, he shall restore sevenfold; he shall give all the substance of his house.	31	En gevonden zijnde, vergeldt hij het zevenvoudig; hij geeft al het goed van zijn huis.

	But whoso committeth adultery with a woman lacketh understanding: he that doeth it destroyeth his own soul.	32	Maar die met een vrouw overspel doet, is verstandeloos; hij verderft zijn ziel, die dat doet;
	A wound and dishonour shall he get; and his reproach shall not be wiped away.	33	Plage en schande zal hij vinden, en zijn smaad zal niet uitgewist worden.
	For jealousy is the rage of a man: therefore he will not spare in the day of vengeance.	34	Want jaloersheid is een grimmigheid des mans; en in den dag der wraak zal hij niet verschonen.
	He will not regard any ransom; neither will he rest content, though thou givest many gifts.	35	Hij zal geen verzoening aannemen; en hij zal niet bewilligen, ofschoon gij het geschenk vergroot.

Proverbs (7) Spreuken

	My son, keep my words, and lay up my commandments with thee.	1	Mijn zoon, bewaar mijn redenen, en leg mijn geboden bij u weg.
	Keep my commandments, and live; and my law as the apple of thine eye.	2	Bewaar mijn geboden, en leef, en mijn wet als den appel uwer ogen.
	Bind them upon thy fingers, write them upon the table of thine heart.	3	Bind ze aan uw vingeren, schrijf ze op de tafels uws harten.
	Say unto wisdom, Thou art my sister; and call understanding thy kinswoman:	4	Zeg tot de wijsheid: Gij zijt mijn zuster; en heet het verstand uw bloedvriend;
	That they may keep thee from the strange woman, from the stranger which flattereth with her words.	5	Opdat zij u bewaren voor een vreemde vrouw, voor de onbekende, die met haar redenen vleit.
	For at the window of my house I looked through my casement,	6	Want door het venster van mijn huis, door mijn tralie keek ik uit;
	And beheld among the simple ones, I discerned among the youths, a young man void of understanding,	7	En ik zag onder de slechten; ik merkte onder de jonge gezellen een verstandelozen jongeling;
	Passing through the street near her corner; and he went the way to her house,	8	Voorbijgaande op de straat, nevens haar hoek, en hij trad op den weg van haar huis.
	In the twilight, in the evening, in the black and dark night:	9	In de schemering, in den avond des daags, in den zwarten nacht en de donkerheid;
	And, behold, there met him a woman with the attire of an harlot, and subtil of heart.	10	En ziet, een vrouw ontmoette hem in hoerenversiersel, en met het hart op haar hoede.
	(She is loud and stubborn; her feet abide not in her house:	11	Deze was woelachtig en wederstrevig, haar voeten bleven in haar huis niet;
	Now is she without, now in the streets, and lieth in wait at every corner.)	12	Nu buiten, dan op de straten zijnde, en bij alle hoeken loerende;
	So she caught him, and kissed him, and with an impudent face said unto him,	13	En zij greep hem aan, en kuste hem; zij sterkte haar aangezicht, en zeide tot hem:
	I have peace offerings with me; this day have I payed my vows.	14	Dankoffers zijn bij mij, ik heb heden mijn geloften betaald;
	Therefore came I forth to meet thee, diligently to seek thy face, and I have found thee.	15	Daarom ben ik uitgegaan u tegemoet, om uw aangezicht naarstiglijk te zoeken, en ik heb u gevonden.
	I have decked my bed with coverings of tapestry, with carved works, with fine linen of Egypt.	16	Ik heb mijn bedstede met tapijtsieraad toegemaakt, met uitgehouwen werken, met fijn linnen van Egypte;
	I have perfumed my bed with myrrh, aloes, and cinnamon.	17	Ik heb mijn leger met mirre, aloe en kaneel welriekende gemaakt;
	Come, let us take our fill of love until the morning: let us solace ourselves with loves.	18	Kom, laat ons dronken worden van minnen tot den morgen toe; laat ons ons vrolijk maken in grote liefde.
	For the goodman is not at home, he is gone a long journey:	19	Want de man is niet in zijn huis, hij is een verren weg getogen;
	He hath taken a bag of money with him, and will come home at the day appointed.	20	Hij heeft een bundel gelds in zijn hand genomen; ten bestemden dage zal hij naar zijn huis komen.
	With her much fair speech she caused him to yield, with the flattering of her lips she forced him.	21	Zij bewoog hem door de veelheid van haar onderricht, zij dreef hem aan door het gevlei harer lippen.
	He goeth after her straightway, as an ox goeth to the slaughter, or as a fool to the correction of the stocks;	22	Hij ging haar straks achterna, gelijk een os ter slachting gaat, en gelijk een dwaas tot de tuchtiging der boeien.
	Till a dart strike through his liver; as a bird hasteth to the snare, and knoweth not that it is for his life.	23	Totdat hem de pijl zijn lever doorsneed; gelijk een vogel zich haast naar den strik, en niet weet, dat dezelve tegen zijn leven is.
	Hearken unto me now therefore, O ye children, and attend to the words of my mouth.	24	Nu dan, kinderen, hoort naar mij, en luistert naar de redenen mijns monds.
	Let not thine heart decline to her ways, go not astray in her paths.	25	Laat uw hart tot haar wegen niet wijken, dwaalt niet op haar paden.
	For she hath cast down many wounded: yea, many strong men have been slain by her.	26	Want zij heeft veel gewonden nedergeveld, en al haar gedoden zijn machtig vele.
	Her house is the way to hell, going down to the chambers of death.	27	Haar huis zijn wegen des grafs, dalende naar de binnenkameren des doods.

Proverbs (8) Spreuken

	Doth not wisdom cry? and understanding put forth her voice?	1	Roept de Wijsheid niet, en verheft niet de Verstandigheid Haar stem?
	She standeth in the top of high places, by the way in the places of the paths.	2	Op de spits der hoge plaatsen, aan den weg, ter plaatse, waar paden zijn, staat Zij;
	She crieth at the gates, at the entry of the city, at the coming in at the doors.	3	Aan de zijde der poorten, voor aan de stad, aan den ingang der deuren roept Zij overluid:

Unto you, O men, I call; and my voice is to the sons of man.

O ye simple, understand wisdom: and, ye fools, be ye of an understanding heart.

Hear; for I will speak of excellent things; and the opening of my lips shall be right things.

For my mouth shall speak truth; and wickedness is an abomination to my lips.

All the words of my mouth are in righteousness; there is nothing froward or perverse in them.

They are all plain to him that understandeth, and right to them that find knowledge.

Receive my instruction, and not silver; and knowledge rather than choice gold.

For wisdom is better than rubies; and all the things that may be desired are not to be compared to it.

I wisdom dwell with prudence, and find out knowledge of witty inventions.

The fear of the LORD is to hate evil: pride, and arrogancy, and the evil way, and the froward mouth, do I hate.

Counsel is mine, and sound wisdom: I am understanding; I have strength.

By me kings reign, and princes decree justice.

By me princes rule, and nobles, even all the judges of the earth.

I love them that love me; and those that seek me early shall find me.

Riches and honour are with me; yea, durable riches and righteousness.

My fruit is better than gold, yea, than fine gold; and my revenue than choice silver.

I lead in the way of righteousness, in the midst of the paths of judgment:

That I may cause those that love me to inherit substance; and I will fill their treasures.

The LORD possessed me in the beginning of his way, before his works of old.

I was set up from everlasting, from the beginning, or ever the earth was.

When there were no depths, I was brought forth; when there were no fountains abounding with water.

Before the mountains were settled, before the hills was I brought forth:

While as yet he had not made the earth, nor the fields, nor the highest part of the dust of the world.

When he prepared the heavens, I was there: when he set a compass upon the face of the depth:

When he established the clouds above: when he strengthened the fountains of the deep:

When he gave to the sea his decree, that the waters should not pass his commandment: when he appointed the foundations of the earth:

Then I was by him, as one brought up with him: and I was daily his delight, rejoicing always before him;

Rejoicing in the habitable part of his earth; and my delights were with the sons of men.

Now therefore hearken unto me, O ye children: for blessed are they that keep my ways.

Hear instruction, and be wise, and refuse it not.

Blessed is the man that heareth me, watching daily at my gates, waiting at the posts of my doors.

For whoso findeth me findeth life, and shall obtain favour of the LORD.

But he that sinneth against me wrongeth his own soul: all they that hate me love death.

4 Tot u, o mannen! roep Ik, en Mijn stem is tot de mensenkinderen.

5 Gij slechten! verstaat kloekzinnigheid, en gij zotten! verstaat met het hart.

6 Hoort, want ik zal vorstelijke dingen spreken, en de opening Mijner lippen zal enkel billijkheid zijn.

7 Want Mijn gehemelte zal de waarheid bedachtelijk uitspreken, en de goddeloosheid is Mijn lippen een gruwel.

8 Al de redenen Mijns monds zijn in gerechtigheid; er is niets verdraaids, noch verkeerds in.

9 Zij zijn alle recht voor dengene, die verstandig is, en rechtmatig voor degenen, die wetenschap vinden.

10 Neemt Mijn tucht aan, en niet zilver, en wetenschap, meer dan het uitgelezen uitgegraven goud.

11 Want wijsheid is beter dan robijnen, en al wat men begeren mag, is met haar niet te vergelijken.

12 Ik, Wijsheid, woon bij de kloekzinnigheid, en vinde de kennis van alle bedachtzaamheid.

13 De vreze des HEEREN is, te haten het kwade, de hovaardigheid, en den hoogmoed, en den kwaden weg; Ik haat ook den mond der verkeerdheden.

14 Raad en het wezen zijn Mijne; Ik ben het Verstand, Mijne is de Sterkte.

15 Door Mij regeren de koningen, en de vorsten stellen gerechtigheid.

16 Door Mij heersen de heersers, en de prinsen, al de rechters der aarde.

17 Ik heb lief, die Mij liefhebben; en die Mij vroeg zoeken, zullen Mij vinden.

18 Rijkdom en eer is bij Mij, duurachtig goed en gerechtigheid.

19 Mijn vrucht is beter dan uitgegraven goud, en dan dicht goud; en Mijn inkomen dan uitgelezen zilver.

20 Ik doe wandelen op den weg der gerechtigheid, in het midden van de paden des rechts;

21 Opdat Ik Mijn liefhebbers doe beerven dat bestendig is, en Ik zal hun schatkameren vervullen.

22 De HEERE bezat Mij in het beginsel Zijns wegs, voor Zijn werken, van toen aan.

23 Ik ben van eeuwigheid af gezalfd geweest; van den aanvang, van de oudheden der aarde aan.

24 Ik was geboren, als de afgronden nog niet waren, als nog geen fonteinen waren, zwaar van water;

25 Aleer de bergen ingevest waren, voor de heuvelen was Ik geboren.

26 Hij had de aarde nog niet gemaakt, noch de velden, noch de aanvang van de stofjes der wereld.

27 Toen Hij de hemelen bereidde, was Ik daar; toen Hij een cirkel over het vlakke des afgronds beschreef;

28 Toen Hij de opperwolken van boven vestigde; toen Hij de fonteinen des afgronds vastmaakte;

29 Toen Hij der zee haar perk zette, opdat de wateren Zijn bevel niet zouden overtreden; toen Hij de grondvesten der aarde stelde;

30 Toen was Ik een voedsterling bij Hem, en Ik was dagelijks Zijn vermakingen, te aller tijd voor Zijn aangezicht spelende;

31 Spelende in de wereld Zijns aardrijks, en Mijn vermakingen zijn met de mensenkinderen.

32 Nu dan, kinderen! hoort naar Mij; want welgelukzalig zijn zij, die Mijn wegen bewaren.

33 Hoort de tucht, en wordt wijs, en verwerpt die niet.

34 Welgelukzalig is de mens, die naar Mij hoort, dagelijks wakende aan Mijn poorten, waarnemende de posten Mijner deuren.

35 Want die Mij vindt, vindt het leven, en trekt een welgevallen van den HEERE.

36 Maar die tegen Mij zondigt, doet zijn ziel geweld aan; allen, die Mij haten, hebben den dood lief.

Proverbs (9) Spreuken

Wisdom hath builded her house, she hath hewn out her seven pillars:

1 De opperste Wijsheid heeft Haar huis gebouwd; Zij heeft Haar zeven pilaren gehouwen.

#	English	Dutch
2	She hath killed her beasts; she hath mingled her wine; she hath also furnished her table.	Zij heeft Haar slachtvee geslacht. Zij heeft Haar wijn gemengd; ook heeft Zij Haar tafel toegericht.
3	She hath sent forth her maidens: she crieth upon the highest places of the city,	Zij heeft Haar dienstmaagden uitgezonden; Zij nodigt op de tinnen van de hoogten der stad:
4	Whoso is simple, let him turn in hither: as for him that wanteth understanding, she saith to him,	Wie is slecht? Hij kere zich herwaarts! Tot de verstandeloze zegt Zij:
5	Come, eat of my bread, and drink of the wine which I have mingled.	Komt, eet van Mijn brood, en drinkt van den wijn, dien Ik gemengd heb.
6	Forsake the foolish, and live; and go in the way of understanding.	Verlaat de slechtigheden, en leeft; en treedt in den weg des verstands.
7	He that reproveth a scorner getteth to himself shame: and he that rebuketh a wicked man getteth himself a blot.	Wie den spotter tuchtigt, behaalt zich schande; en die den goddeloze bestraft, zijn schandvlek.
8	Reprove not a scorner, lest he hate thee: rebuke a wise man, and he will love thee.	Bestraf den spotter niet, opdat hij u niet hate; bestraf den wijze, en hij zal u liefhebben.
9	Give instruction to a wise man, and he will be yet wiser: teach a just man, and he will increase in learning.	Leer den wijze, zo zal hij nog wijzer worden; onderwijs den rechtvaardige, zo zal hij in leer toenemen.
10	The fear of the LORD is the beginning of wisdom: and the knowledge of the holy is understanding.	De vreze des HEEREN is het beginsel der wijsheid, en de wetenschap der heiligen is verstand.
11	For by me thy days shall be multiplied, and the years of thy life shall be increased.	Want door Mij zullen uw dagen vermenigvuldigen, en de jaren des levens zullen u toegedaan worden.
12	If thou be wise, thou shalt be wise for thyself: but if thou scornest, thou alone shalt bear it.	Indien gij wijs zijt, gij zijt wijs voor uzelven; en zijt gij een spotter, gij zult het alleen dragen.
13	A foolish woman is clamorous: she is simple, and knoweth nothing.	Een zotte vrouw is woelachtig, de slechtigheid zelve, en weet niet met al.
14	For she sitteth at the door of her house, on a seat in the high places of the city,	En zij zit aan de deur van haar huis, op een stoel, op de hoge plaatsen der stad;
15	To call passengers who go right on their ways:	Om te roepen degenen, die op den weg voorbijgaan, die hun paden recht maken, zeggende:
16	Whoso is simple, let him turn in hither: and as for him that wanteth understanding, she saith to him,	Wie is slecht? Hij kere zich herwaarts; en tot den verstandeloze zegt zij:
17	Stolen waters are sweet, and bread eaten in secret is pleasant.	De gestolen wateren zijn zoet, en het verborgen brood is liefelijk.
18	But he knoweth not that the dead are there; and that her guests are in the depths of hell.	Maar hij weet niet, dat aldaar doden zijn; haar genoden zijn in de diepten der hel.

Proverbs (10) Spreuken

#	English	Dutch
1	The proverbs of Solomon. A wise son maketh a glad father: but a foolish son is the heaviness of his mother.	De spreuken van Salomo. Een wijs zoon verblijdt den vader; maar een zot zoon is zijner moeder droefheid.
2	Treasures of wickedness profit nothing: but righteousness delivereth from death.	Schatten der goddeloosheid doen geen nut; maar de gerechtigheid redt van den dood.
3	The LORD will not suffer the soul of the righteous to famish: but he casteth away the substance of the wicked.	De HEERE laat de ziel des rechtvaardigen niet hongeren; maar de have der goddelozen stoot Hij weg.
4	He becometh poor that dealeth with a slack hand: but the hand of the diligent maketh rich.	Die met een bedriegelijke hand werkt, wordt arm; maar de hand der vlijtigen maakt rijk.
5	He that gathereth in summer is a wise son: but he that sleepeth in harvest is a son that causeth shame.	Die in den zomer vergadert, is een verstandig zoon; maar die in den oogst vast slaapt, is een zoon die beschaamd maakt.
6	Blessings are upon the head of the just: but violence covereth the mouth of the wicked.	Zegeningen zijn op het hoofd des rechtvaardigen; maar het geweld bedekt den mond der goddelozen.
7	The memory of the just is blessed: but the name of the wicked shall rot.	De gedachtenis des rechtvaardigen zal tot zegening zijn; maar de naam der goddelozen zal verrotten.
8	The wise in heart will receive commandments: but a prating fool shall fall.	Die wijs van hart is, neemt de geboden aan; maar die dwaas is van lippen, zal omgeworpen worden.
9	He that walketh uprightly walketh surely: but he that perverteth his ways shall be known.	Die in oprechtheid wandelt, wandelt zeker; maar die zijn wegen verkeert, zal bekend worden.
10	He that winketh with the eye causeth sorrow: but a prating fool shall fall.	Die met het oog wenkt, richt smart aan; en een dwaas van lippen zal omgeworpen worden.
11	The mouth of a righteous man is a well of life: but violence covereth the mouth of the wicked.	De mond des rechtvaardigen is een springader des levens; maar het geweld bedekt den mond der goddelozen.
12	Hatred stirreth up strifes: but love covereth all sins.	Haat verwekt krakelen; maar de liefde dekt alle overtredingen toe.
13	In the lips of him that hath understanding wisdom is found: but a rod is for the back of him that is void of understanding.	In de lippen des verstandigen wordt wijsheid gevonden; maar op den rug des verstandelozen de roede.
14	Wise men lay up knowledge: but the mouth of the foolish is near destruction.	De wijzen leggen wetenschap weg; maar den mond des dwazen is de verstoring nabij.
15	The rich man's wealth is his strong city: the destruction of the poor is their poverty.	Des rijken goed is een stad zijner sterkte; de armoede der geringen is hun verstoring.
16	The labour of the righteous tendeth to life: the fruit of the wicked to sin.	Het werk des rechtvaardigen is ten leven; de inkomst des goddelozen is ter zonde.
17	He is in the way of life that keepeth instruction: but he that refuseth reproof erreth.	Het pad tot het leven is desgenen die de tucht bewaart; maar die de bestraffing verlaat, doet dwalen.

	He that hideth hatred with lying lips, and he that uttereth a slander, is a fool.	18	Die den haat bedekt, is van valse lippen, en die een kwaad gerucht voortbrengt, is een zot.
	In the multitude of words there wanteth not sin: but he that refraineth his lips is wise.	19	In de veelheid der woorden ontbreekt de overtreding niet; maar die zijn lippen wederhoudt, is kloek verstandig.
	The tongue of the just is as choice silver: the heart of the wicked is little worth.	20	De tong des rechtvaardigen is uitgelezen zilver; het hart der goddelozen is weinig waard.
	The lips of the righteous feed many: but fools die for want of wisdom.	21	De lippen des rechtvaardigen voeden er velen; maar de dwazen sterven door gebrek van verstand.
	The blessing of the LORD, it maketh rich, and he addeth no sorrow with it.	22	De zegen des HEEREN, die maakt rijk; en Hij voegt er geen smart bij.
	It is as sport to a fool to do mischief: but a man of understanding hath wisdom.	23	Het is voor den zot als spel, schandelijkheid te doen; maar voor een man van verstand, wijsheid te plegen.
	The fear of the wicked, it shall come upon him: but the desire of the righteous shall be granted.	24	De vreze des goddelozen, die zal hem overkomen; maar de begeerte der rechtvaardigen zal God geven.
	As the whirlwind passeth, so is the wicked no more: but the righteous is an everlasting foundation.	25	Gelijk een wervelwind voorbijgaat, alzo is de goddeloze niet meer; maar de rechtvaardige is een eeuwige grondvest.
	As vinegar to the teeth, and as smoke to the eyes, so is the sluggard to them that send him.	26	Gelijk edik den tanden, en gelijk rook den ogen is zo is de luie dengenen, die hem uitzenden.
	The fear of the LORD prolongeth days: but the years of the wicked shall be shortened.	27	De vreze des HEEREN vermeerdert de dagen; maar de jaren der goddelozen worden verkort.
	The hope of the righteous shall be gladness: but the expectation of the wicked shall perish.	28	De hoop der rechtvaardigen is blijdschap; maar de verwachting der goddelozen zal vergaan.
	The way of the LORD is strength to the upright: but destruction shall be to the workers of iniquity.	29	De weg des HEEREN is voor den oprechte sterkte; maar voor de werkers der ongerechtigheid verstoring.
	The righteous shall never be removed: but the wicked shall not inhabit the earth.	30	De rechtvaardige zal in eeuwigheid niet bewogen worden; maar de goddelozen zullen de aarde niet bewonen.
	The mouth of the just bringeth forth wisdom: but the froward tongue shall be cut out.	31	De mond des rechtvaardigen brengt overvloediglijk wijsheid voort; maar de tong der verkeerdheden zal uitgeroeid worden.
	The lips of the righteous know what is acceptable: but the mouth of the wicked speaketh frowardness.	32	De lippen des rechtvaardigen weten wat welgevallig is; maar de mond der goddelozen enkel verkeerdheid.

Proverbs (11) Spreuken

	A false balance is abomination to the LORD: but a just weight is his delight.	1	Een bedriegelijke weegschaal is den HEERE een gruwel; maar een volkomen weegsteen is Zijn welgevallen.
	When pride cometh, then cometh shame: but with the lowly is wisdom.	2	Als de hovaardigheid komt, zal de schande ook komen; maar met de ootmoedigen is wijsheid.
	The integrity of the upright shall guide them: but the perverseness of transgressors shall destroy them.	3	De oprechtheid der oprechten leidt hen; maar de verkeerdheid der trouwelozen verstoort hen.
	Riches profit not in the day of wrath: but righteousness delivereth from death.	4	Goed doet geen nut ten dage der verbolgenheid; maar de gerechtigheid redt van den dood.
	The righteousness of the perfect shall direct his way: but the wicked shall fall by his own wickedness.	5	De gerechtigheid des oprechten maakt zijn weg recht; maar de goddeloze valt door zijn goddeloosheid.
	The righteousness of the upright shall deliver them: but transgressors shall be taken in their own naughtiness.	6	De gerechtigheid der vromen zal hen redden; maar de trouwelozen worden gevangen in hun verkeerdheid.
	When a wicked man dieth, his expectation shall perish: and the hope of unjust men perisheth.	7	Als de goddeloze mens sterft, vergaat zijn verwachting; zelfs is de allersterkste hoop vergaan.
	The righteous is delivered out of trouble, and the wicked cometh in his stead.	8	De rechtvaardige wordt uit benauwdheid bevrijd; en de goddeloze komt in zijn plaats.
	An hypocrite with his mouth destroyeth his neighbour: but through knowledge shall the just be delivered.	9	De huichelaar verderft zijn naaste door den mond; maar door wetenschap worden de rechtvaardigen bevrijd.
	When it goeth well with the righteous, the city rejoiceth: and when the wicked perish, there is shouting.	10	Een stad springt op van vreugde over het welvaren der rechtvaardigen; en als de goddelozen vergaan, is er gejuich.
	By the blessing of the upright the city is exalted: but it is overthrown by the mouth of the wicked.	11	Door den zegen der oprechten wordt een stad verheven; maar door den mond der goddelozen wordt zij verbroken.
	He that is void of wisdom despiseth his neighbour: but a man of understanding holdeth his peace.	12	Die verstandeloos is, veracht zijn naaste; maar een man van groot verstand zwijgt stil.
	A talebearer revealeth secrets: but he that is of a faithful spirit concealeth the matter.	13	Die als een achterklapper wandelt, openbaart het heimelijke; maar die getrouw is van geest, bedekt de zaak.
	Where no counsel is, the people fall: but in the multitude of counsellers there is safety.	14	Als er geen wijze raadslagen zijn, vervalt het volk; maar de behoudenis is in de veelheid der raadslieden.
	He that is surety for a stranger shall smart for it: and he that hateth suretiship is sure.	15	Als iemand voor een vreemde borg geworden is, hij zal zekerlijk verbroken worden; maar wie degenen haat, die in de hand klappen, is zeker.
	A gracious woman retaineth honour: and strong men retain riches.	16	Een aangename huisvrouw houdt de eer vast, gelijk de geweldigen den rijkdom vasthouden.
	The merciful man doeth good to his own soul: but he that is cruel troubleth his own flesh.	17	Een goedertieren mens doet zijn ziel wel; maar die wreed is, beroert zijn vlees.
	The wicked worketh a deceitful work: but to him that soweth righteousness shall be a sure reward.	18	De goddeloze doet een vals werk; maar voor degene, die gerechtigheid zaait, is trouwe loon.
	As righteousness tendeth to life: so he that pursueth evil pursueth it to his own death.	19	Alzo is de gerechtigheid ten leven, gelijk die het kwade najaagt, naar zijn dood jaagt.

	They that are of a froward heart are abomination to the LORD: but such as are upright in their way are his delight.	20	De verkeerden van hart zijn den HEERE een gruwel; maar de oprechten van weg zijn Zijn welgevallen.
	Though hand join in hand, the wicked shall not be unpunished: but the seed of the righteous shall be delivered.	21	Hand aan hand zal de boze niet onschuldig zijn; maar het zaad der rechtvaardigen zal ontkomen.
	As a jewel of gold in a swine's snout, so is a fair woman which is without discretion.	22	Een schone vrouw, die van rede afwijkt, is een gouden bagge in een varkenssnuit.
	The desire of the righteous is only good: but the expectation of the wicked is wrath.	23	De begeerte der rechtvaardigen is alleenlijk het goede; maar de verwachting der goddelozen is verbolgenheid.
	There is that scattereth, and yet increaseth; and there is that withholdeth more than is meet, but it tendeth to poverty.	24	Er is een, die uitstrooit, denwelken nog meer toegedaan wordt; en een, die meer inhoudt dan recht is, maar het is tot gebrek.
	The liberal soul shall be made fat: and he that watereth shall be watered also himself.	25	De zegenende ziel zal vet gemaakt worden; en die bevochtigt, zal ook zelf een vroege regen worden.
	He that withholdeth corn, the people shall curse him: but blessing shall be upon the head of him that selleth it.	26	Wie koren inhoudt, dien vloekt het volk; maar de zegening zal zijn over het hoofd des verkopers.
	He that diligently seeketh good procureth favour: but he that seeketh mischief, it shall come unto him.	27	Wie het goede vroeg nazoekt, zoekt welgevalligheid; maar wie het kwade natracht, dien zal het overkomen.
	He that trusteth in his riches shall fall: but the righteous shall flourish as a branch.	28	Wie op zijn rijkdom vertrouwt, die zal vallen; maar de rechtvaardigen zullen groenen als loof.
	He that troubleth his own house shall inherit the wind: and the fool shall be servant to the wise of heart.	29	Wie zijn huis beroert, zal wind erven; en de dwaas zal een knecht zijn desgenen, die wijs van hart is.
	The fruit of the righteous is a tree of life; and he that winneth souls is wise.	30	De vrucht des rechtvaardigen is een boom des levens; en wie zielen vangt, is wijs.
	Behold, the righteous shall be recompensed in the earth: much more the wicked and the sinner.	31	Ziet, den rechtvaardige wordt vergolden op de aarde, hoeveel te meer den goddeloze en zondaar!

Proverbs (12) Spreuken

	Whoso loveth instruction loveth knowledge: but he that hateth reproof is brutish.	1	Wie de tucht liefheeft, die heeft de wetenschap lief; maar wie de bestraffing haat, is onvernuftig.
	A good man obtaineth favour of the LORD: but a man of wicked devices will he condemn.	2	De goede zal een welgevallen trekken van den HEERE; maar een man van schandelijke verdichtselen zal Hij verdoemen.
	A man shall not be established by wickedness: but the root of the righteous shall not be moved.	3	De mens zal niet bevestigd worden door goddeloosheid; maar de wortel der rechtvaardigen zal niet bewogen worden.
	A virtuous woman is a crown to her husband: but she that maketh ashamed is as rottenness in his bones.	4	Een kloeke huisvrouw is een kroon haars heren; maar die beschaamd maakt, is als verrotting in zijn beenderen.
	The thoughts of the righteous are right: but the counsels of the wicked are deceit.	5	Der rechtvaardigen gedachten zijn recht; der goddelozen raadslagen zijn bedrog.
	The words of the wicked are to lie in wait for blood: but the mouth of the upright shall deliver them.	6	De woorden der goddelozen zijn om op bloed te loeren; maar de mond der oprechten zal ze redden.
	The wicked are overthrown, and are not: but the house of the righteous shall stand.	7	De goddelozen worden omgekeerd, dat zij niet meer zijn; maar het huis der rechtvaardigen zal bestaan.
	A man shall be commended according to his wisdom: but he that is of a perverse heart shall be despised.	8	Een ieder zal geprezen worden, naardat zijn verstandigheid is; maar die verkeerd van hart is, zal tot verachting wezen.
	He that is despised, and hath a servant, is better than he that honoureth himself, and lacketh bread.	9	Beter is, die zich gering acht, en een knecht heeft, dan die zichzelven eert, en des broods gebrek heeft.
	A righteous man regardeth the life of his beast: but the tender mercies of the wicked are cruel.	10	De rechtvaardige kent het leven van zijn beest; maar de barmhartigheden der goddelozen zijn wreed.
	He that tilleth his land shall be satisfied with bread: but he that followeth vain persons is void of understanding.	11	Die zijn land bouwt, zal van brood verzadigd worden; maar die ijdele mensen volgt, is verstandeloos.
	The wicked desireth the net of evil men: but the root of the righteous yieldeth fruit.	12	De goddeloze begeert het net der bozen; maar de wortel der rechtvaardigen zal uitgeven.
	The wicked is snared by the transgression of his lips: but the just shall come out of trouble.	13	In de overtreding der lippen is de strik des bozen; maar de rechtvaardige zal uit de benauwdheid uitkomen.
	A man shall be satisfied with good by the fruit of his mouth: and the recompence of a man's hands shall be rendered unto him.	14	Een ieder wordt van de vrucht des monds met goed verzadigd; en de vergelding van des mensen handen zal hij tot zich wederbrengen.
	The way of a fool is right in his own eyes: but he that hearkeneth unto counsel is wise.	15	De weg des dwazen is recht in zijn ogen; maar die naar raad hoort, is wijs.
	A fool's wrath is presently known: but a prudent man covereth shame.	16	De toorn des dwazen wordt ten zelven dage bekend; maar die kloekzinnig is, bedekt de schande.
	He that speaketh truth sheweth forth righteousness: but a false witness deceit.	17	Die waarheid voortbrengt, maakt gerechtigheid bekend; maar een getuige der valsheden, bedrog.
	There is that speaketh like the piercings of a sword: but the tongue of the wise is health.	18	Daar is een, die woorden als steken van een zwaard onbedachtelijk uitspreekt; maar de tong der wijzen is medicijn.
	The lip of truth shall be established for ever: but a lying tongue is but for a moment.	19	Een waarachtige lip zal bevestigd worden in eeuwigheid; maar een valse tong is maar voor een ogenblik.
	Deceit is in the heart of them that imagine evil: but to the counsellers of peace is joy.	20	Bedrog is in het hart dergenen, die kwaad smeden; maar degenen die vrede raden, hebben blijdschap.
	There shall no evil happen to the just: but the wicked shall be filled with mischief.	21	Den rechtvaardigen zal geen leed wedervaren; maar de goddelozen zullen met kwaad vervuld worden.
	Lying lips are abomination to the LORD: but they that deal truly are his delight.	22	Valse lippen zijn den HEERE een gruwel; maar die trouwelijk handelen, zijn Zijn welgevallen.

A prudent man concealeth knowledge: but the heart of fools proclaimeth foolishness.	23	Een kloekzinnig mens bedekt de wetenschap; maar het hart der zotten roept dwaasheid uit.
The hand of the diligent shall bear rule: but the slothful shall be under tribute.	24	De hand der vlijtigen zal heersen; maar de bedriegers zullen onder cijns wezen.
Heaviness in the heart of man maketh it stoop: but a good word maketh it glad.	25	Bekommernis in het hart des mensen buigt het neder; maar een goed woord verblijdt het.
The righteous is more excellent than his neighbour: but the way of the wicked seduceth them.	26	De rechtvaardige is voortreffelijker dan zijn naaste; maar de weg der goddelozen doet hen dwalen.
The slothful man roasteth not that which he took in hunting: but the substance of a diligent man is precious.	27	Een bedrieger zal zijn jachtvang niet braden; maar het kostelijk goed des mensen is des vlijtigen.
In the way of righteousness is life; and in the pathway thereof there is no death.	28	In het pad der gerechtigheid is het leven; en in den weg van haar voetpad is de dood niet.

Proverbs (13) Spreuken

A wise son heareth his father's instruction: but a scorner heareth not rebuke.	1	Een wijs zoon hoort de tucht des vaders; maar een spotter hoort de bestraffing niet.
A man shall eat good by the fruit of his mouth: but the soul of the transgressors shall eat violence.	2	Een ieder zal van de vrucht des monds het goede eten; maar de ziel der trouwelozen het geweld.
He that keepeth his mouth keepeth his life: but he that openeth wide his lips shall have destruction.	3	Die zijn mond bewaart, behoudt zijn ziel; maar voor hem is verstoring, die zijn lippen wijd opendoet.
The soul of the sluggard desireth, and hath nothing: but the soul of the diligent shall be made fat.	4	De ziel des luiaards is begerig, doch er is niets; maar de ziel der vlijtigen zal vet gemaakt worden.
A righteous man hateth lying: but a wicked man is loathsome, and cometh to shame.	5	De rechtvaardige haat leugentaal; maar de goddeloze maakt zich stinkende, en doet zich schaamte aan.
Righteousness keepeth him that is upright in the way: but wickedness overthroweth the sinner.	6	De gerechtigheid bewaart den oprechte van weg; maar de goddeloosheid zal den zondaar omkeren.
There is that maketh himself rich, yet hath nothing: there is that maketh himself poor, yet hath great riches.	7	Er is een, die zichzelven rijk maakt, en niet met al heeft, en een, die zichzelven arm maakt, en heeft veel goed.
The ransom of a man's life are his riches: but the poor heareth not rebuke.	8	Het rantsoen van ieders ziel is zijn rijkdom; maar de arme hoort het schelden niet.
The light of the righteous rejoiceth: but the lamp of the wicked shall be put out.	9	Het licht der rechtvaardigen zal zich verblijden; maar de lamp der goddelozen zal uitgeblust worden.
Only by pride cometh contention: but with the well advised is wisdom.	10	Door hovaardigheid maakt men niet dan gekijf; maar bij de beradenen is wijsheid.
Wealth gotten by vanity shall be diminished: but he that gathereth by labour shall increase.	11	Goed, van ijdelheid gekomen, zal verminderd worden; maar die met de hand vergadert, zal het vermeerderen.
Hope deferred maketh the heart sick: but when the desire cometh, it is a tree of life.	12	De uitgestelde hoop krenkt het hart; maar de begeerte, die komt, is een boom des levens.
Whoso despiseth the word shall be destroyed: but he that feareth the commandment shall be rewarded.	13	Die het woord veracht, die zal verdorven worden; maar wie het gebod vreest, dien zal vergolden worden.
The law of the wise is a fountain of life, to depart from the snares of death.	14	Des wijzen leer is een springader des levens, om af te wijken van de strikken des doods.
Good understanding giveth favour: but the way of transgressors is hard.	15	Goed verstand geeft aangenaamheid; maar de weg der trouwelozen is streng.
Every prudent man dealeth with knowledge: but a fool layeth open his folly.	16	Al wie kloekzinnig is, handelt met wetenschap; maar een zot breidt dwaasheid uit.
A wicked messenger falleth into mischief: but a faithful ambassador is health.	17	Een goddeloze bode zal in het kwaad vallen; maar een trouw gezant is medicijn.
Poverty and shame shall be to him that refuseth instruction: but he that regardeth reproof shall be honoured.	18	Armoede en schande is desgenen, die de tucht verwerpt; maar die de bestraffing waarneemt; zal geeerd worden.
The desire accomplished is sweet to the soul: but it is abomination to fools to depart from evil.	19	De begeerte, die geschiedt, is zoet voor de ziel; maar het is den zotten een gruwel van het kwade af te wijken.
He that walketh with wise men shall be wise: but a companion of fools shall be destroyed.	20	Die met de wijzen omgaat, zal wijs worden; maar die der zotten metgezel is, zal verbroken worden.
Evil pursueth sinners: but to the righteous good shall be repayed.	21	Het kwaad zal de zondaars vervolgen; maar den rechtvaardige zal men goed vergelden.
A good man leaveth an inheritance to his children's children: and the wealth of the sinner is laid up for the just.	22	De goede zal zijner kinders kinderen doen erven; maar het vermogen des zondaars is voor de rechtvaardige weggelegd.
Much food is in the tillage of the poor: but there is that is destroyed for want of judgment.	23	Het ploegen der armen geeft veelheid der spijze; maar daar is een, die verteerd wordt door gebrek van oordeel.
He that spareth his rod hateth his son: but he that loveth him chasteneth him betimes.	24	Die zijn roede inhoudt, haat zijn zoon; maar die hem liefheeft, zoekt hem vroeg met tuchtiging.
The righteous eateth to the satisfying of his soul: but the belly of the wicked shall want.	25	De rechtvaardige eet tot verzadiging zijner ziel toe; maar de buik der goddelozen zal gebrek hebben.

Proverbs (14) Spreuken

Every wise woman buildeth her house: but the foolish plucketh it down with her hands.	1	Elke wijze vrouw bouwt haar huis; maar die zeer dwaas is, breekt het af met haar handen.
He that walketh in his uprightness feareth the LORD: but he that is perverse in his ways despiseth him.	2	Die in zijn oprechtheid wandelt, vreest den HEERE; maar die afwijkt in zijn wegen, veracht Hem.

	In the mouth of the foolish is a rod of pride: but the lips of the wise shall preserve them.	3	In den mond des dwazen is een roede des hoogmoeds; maar de lippen der wijzen bewaren hen.
	Where no oxen are, the crib is clean: but much increase is by the strength of the ox.	4	Als er geen ossen zijn, zo is de krib rein; maar door de kracht van den os is der inkomsten veel.
	A faithful witness will not lie: but a false witness will utter lies.	5	Een waarachtig getuige zal niet liegen; maar een vals getuige blaast leugens.
	A scorner seeketh wisdom, and findeth it not: but knowledge is easy unto him that understandeth.	6	De spotter zoekt wijsheid, en er is gene; maar de wetenschap is voor den verstandige licht.
	Go from the presence of a foolish man, when thou perceivest not in him the lips of knowledge.	7	Ga weg van de tegenwoordigheid eens zotten mans; want gij zoudt bij hem geen lippen der wetenschap merken.
	The wisdom of the prudent is to understand his way: but the folly of fools is deceit.	8	De wijsheid des kloekzinnigen is zijn weg te verstaan; maar dwaasheid der zotten is bedriegerij.
	Fools make a mock at sin: but among the righteous there is favour.	9	Elke dwaas zal de schuld verbloemen; maar onder de oprechten is goedwilligheid.
	The heart knoweth his own bitterness; and a stranger doth not intermeddle with his joy.	10	Het hart kent zijn eigen bittere droefheid; en een vreemde zal zich met deszelfs blijdschap niet vermengen.
	The house of the wicked shall be overthrown: but the tabernacle of the upright shall flourish.	11	Het huis der goddelozen zal verdelgd worden; maar de tent der oprechten zal bloeien.
	There is a way which seemeth right unto a man, but the end thereof are the ways of death.	12	Er is een weg, die iemand recht schijnt; maar het laatste van dien zijn wegen des doods.
	Even in laughter the heart is sorrowful; and the end of that mirth is heaviness.	13	Het hart zal ook in het lachen smart hebben; en het laatste van die blijdschap is droefheid.
	The backslider in heart shall be filled with his own ways: and a good man shall be satisfied from himself.	14	Die afkerig van hart is, zal van zijn wegen verzadigd worden; maar een goed man van zichzelven.
	The simple believeth every word: but the prudent man looketh well to his going.	15	De slechte gelooft alle woord; maar de kloekzinnige merkt op zijn gang.
	A wise man feareth, and departeth from evil: but the fool rageth, and is confident.	16	De wijze vreest, en wijkt van het kwade; maar de zot is oplopende toornig, en zorgeloos.
	He that is soon angry dealeth foolishly: and a man of wicked devices is hated.	17	Die haastig is tot toorn, zal dwaasheid doen; en een man van schandelijke verdichtselen zal gehaat worden.
	The simple inherit folly: but the prudent are crowned with knowledge.	18	De slechten erven dwaasheid; maar de kloekzinnigen zullen zich met wetenschap kronen.
	The evil bow before the good; and the wicked at the gates of the righteous.	19	De kwaden buigen voor het aangezicht der goeden neder, en de goddelozen voor de poorten des rechtvaardigen.
	The poor is hated even of his own neighbour: but the rich hath many friends.	20	De arme wordt zelfs van zijn vriend gehaat; maar de liefhebbers des rijken zijn vele.
	He that despiseth his neighbour sinneth: but he that hath mercy on the poor, happy is he.	21	Die zijn naaste veracht, zondigt; maar die zich der nederigen ontfermt, die is welgelukzalig.
	Do they not err that devise evil? but mercy and truth shall be to them that devise good.	22	Dwalen zij niet, die kwaad stichten? Maar weldadigheid en trouw is voor degenen, die goed stichten.
	In all labour there is profit: but the talk of the lips tendeth only to penury.	23	In allen smartelijke arbeid is overschot; maar het woord der lippen strekt alleen tot gebrek.
	The crown of the wise is their riches: but the foolishness of fools is folly.	24	Der wijzen kroon is hun rijkdom; de dwaasheid der zotten is dwaasheid.
	A true witness delivereth souls: but a deceitful witness speaketh lies.	25	Een waarachtig getuige redt de zielen; maar die leugens blaast, is een bedrieger.
	In the fear of the LORD is strong confidence: and his children shall have a place of refuge.	26	In de vreze des HEEREN is een sterk vertrouwen, en Hij zal Zijn kinderen een Toevlucht wezen.
	The fear of the LORD is a fountain of life, to depart from the snares of death.	27	De vreze des HEEREN is een springader des levens, om af te wijken van de strikken des doods.
	In the multitude of people is the king's honour: but in the want of people is the destruction of the prince.	28	In de menigte des volks is des konings heerlijkheid; maar in gebrek van volk is eens vorsten verstoring.
	He that is slow to wrath is of great understanding: but he that is hasty of spirit exalteth folly.	29	De lankmoedige is groot van verstand; maar die haastig is van gemoed, verheft de dwaasheid.
	A sound heart is the life of the flesh: but envy the rottenness of the bones.	30	Een gezond hart is het leven des vleses; maar nijd is verrotting der beenderen.
	He that oppresseth the poor reproacheth his Maker: but he that honoureth him hath mercy on the poor.	31	Die den arme verdrukt, smaadt deszelfs Maker; maar die zich des nooddruftigen ontfermt, eert Hem.
	The wicked is driven away in his wickedness: but the righteous hath hope in his death.	32	De goddeloze zal heengedreven worden in zijn kwaad; maar de rechtvaardige betrouwt zelfs in zijn dood.
	Wisdom resteth in the heart of him that hath understanding: but that which is in the midst of fools is made known.	33	Wijsheid rust in het hart des verstandigen; maar wat in het binnenste der zotten is, wordt bekend.
	Righteousness exalteth a nation: but sin is a reproach to any people.	34	Gerechtigheid verhoogt een volk, maar de zonde is een schandvlek der natien.
	The king's favour is toward a wise servant: but his wrath is against him that causeth shame.	35	Het welbehagen des konings is over een verstandigen knecht; maar zijn verbolgenheid zal zijn over dengene, die beschaamd maakt.

Proverbs (15) Spreuken

	A soft answer turneth away wrath: but grievous words stir up anger.	1	Een zacht antwoord keert de grimmigheid af; maar een smartend woord doet den toorn oprijzen.

	The tongue of the wise useth knowledge aright: but the mouth of fools poureth out foolishness.	2	De tong der wijzen maakt de wetenschap goed; maar de mond der zotten stort overvloediglijk dwaasheid uit.
	The eyes of the LORD are in every place, beholding the evil and the good.	3	De ogen des HEEREN zijn in alle plaatsen, beschouwende de kwaden en de goeden.
	A wholesome tongue is a tree of life: but perverseness therein is a breach in the spirit.	4	De medicijn der tong is een boom des levens; maar de verkeerdheid in dezelve is een breuk in den geest.
	A fool despiseth his father's instruction: but he that regardeth reproof is prudent.	5	Een dwaas zal de tucht zijns vaders versmaden; maar die de bestraffing waarneemt, zal kloekzinniglijk handelen.
	In the house of the righteous is much treasure: but in the revenues of the wicked is trouble.	6	In het huis des rechtvaardigen is een grote schat; maar in des goddelozen inkomst is beroerte.
	The lips of the wise disperse knowledge: but the heart of the foolish doeth not so.	7	De lippen der wijzen zullen de wetenschap uitstrooien; maar het hart der zotten niet alzo.
	The sacrifice of the wicked is an abomination to the LORD: but the prayer of the upright is his delight.	8	Het offer der goddelozen is den HEERE een gruwel; maar het gebed der oprechten is Zijn welgevallen.
	The way of the wicked is an abomination unto the LORD: but he loveth him that followeth after righteousness.	9	De weg der goddelozen is den HEERE een gruwel; maar dien, die de gerechtigheid najaagt, zal Hij liefhebben.
	Correction is grievous unto him that forsaketh the way: and he that hateth reproof shall die.	10	De tucht is onaangenaam voor dengene die het pad verlaat; en die de bestraffing haat, zal sterven.
	Hell and destruction are before the LORD: how much more then the hearts of the children of men?	11	De hel en het verderf zijn voor den HEERE; hoeveel te meer de harten van des mensenkinderen?
	A scorner loveth not one that reproveth him: neither will he go unto the wise.	12	De spotter zal niet liefhebben, die hem bestraft; hij zal niet gaan tot de wijzen.
	A merry heart maketh a cheerful countenance: but by sorrow of the heart the spirit is broken.	13	Een vrolijk hart zal het aangezicht blijde maken; maar door smart des harten wordt de geest verslagen.
	The heart of him that hath understanding seeketh knowledge: but the mouth of fools feedeth on foolishness.	14	Een verstandig hart zal de wetenschap opzoeken; maar de mond der zotten zal met dwaasheid gevoed worden.
	All the days of the afflicted are evil: but he that is of a merry heart hath a continual feast.	15	Al de dagen des bedrukten zijn kwaad; maar een vrolijk hart is een gedurige maaltijd.
	Better is little with the fear of the LORD than great treasure and trouble therewith.	16	Beter is weinig met de vreze des HEEREN, dan een grote schat, en onrust daarbij.
	Better is a dinner of herbs where love is, than a stalled ox and hatred therewith.	17	Beter is een gerecht van groen moes, waar ook liefde is, dan een gemeste os, en haat daarbij.
	A wrathful man stirreth up strife: but he that is slow to anger appeaseth strife.	18	Een grimmig man zal gekijf verwekken; maar de lankmoedige zal den twist stillen.
	The way of the slothful man is as an hedge of thorns: but the way of the righteous is made plain.	19	De weg des luiaards is als een doornheg; maar het pad der oprechten is wel gebaand.
	A wise son maketh a glad father: but a foolish man despiseth his mother.	20	Een wijs zoon zal den vader verblijden; maar een zot mens veracht zijn moeder.
	Folly is joy to him that is destitute of wisdom: but a man of understanding walketh uprightly.	21	De dwaasheid is den verstandeloze blijdschap; maar een man van verstand zal recht wandelen.
	Without counsel purposes are disappointed: but in the multitude of counsellers they are established.	22	De gedachten worden vernietigd, als er geen raad is; maar door veelheid der raadslieden zal elkeen bestaan.
	A man hath joy by the answer of his mouth: and a word spoken in due season, how good is it!	23	Een man heeft blijdschap in het antwoord zijns monds; en hoe goed is een woord op zijn tijd!
	The way of life is above to the wise, that he may depart from hell beneath.	24	De weg des levens is den verstandige naar boven; opdat hij afwijke van de hel, beneden.
	The LORD will destroy the house of the proud: but he will establish the border of the widow.	25	Het huis der hovaardigen zal de HEERE afrukken; maar de landpale der weduwe zal Hij vastzetten.
	The thoughts of the wicked are an abomination to the LORD: but the words of the pure are pleasant words.	26	Des bozen gedachten zijn den HEERE een gruwel; maar der reinen zijn liefelijke redenen.
	He that is greedy of gain troubleth his own house; but he that hateth gifts shall live.	27	Die gierigheid pleegt, beroert zijn huis; maar die geschenken haat, zal leven.
	The heart of the righteous studieth to answer: but the mouth of the wicked poureth out evil things.	28	Het hart des rechtvaardigen bedenkt zich, om te antwoorden; maar de mond der goddelozen zal overvloediglijk kwade dingen uitstorten.
	The LORD is far from the wicked: but he heareth the prayer of the righteous.	29	De HEERE is ver van de goddelozen; maar het gebed der rechtvaardigen zal Hij verhoren.
	The light of the eyes rejoiceth the heart: and a good report maketh the bones fat.	30	Het licht der ogen verblijdt het hart; een goed gerucht maakt het gebeente vet.
	The ear that heareth the reproof of life abideth among the wise.	31	Het oor, dat de bestraffing des levens hoort, zal in het midden der wijzen vernachten.
	He that refuseth instruction despiseth his own soul: but he that heareth reproof getteth understanding.	32	Die de tucht verwerpt, die versmaadt zijn ziel; maar die de bestraffing hoort, krijgt verstand.
	The fear of the LORD is the instruction of wisdom; and before honour is humility.	33	De vreze des HEEREN is de tucht der wijsheid; en de nederigheid gaat voor de eer.

Proverbs (16) Spreuken

	The preparations of the heart in man, and the answer of the tongue, is from the LORD.	1	De mens heeft schikkingen des harten; maar het antwoord der tong is van den HEERE.
	All the ways of a man are clean in his own eyes; but the LORD weigheth the spirits.	2	Alle wegen des mans zijn zuiver in zijn ogen; maar de HEERE weegt de geesten.

Commit thy works unto the LORD, and thy thoughts shall be established.	3 Wentel uw werken op den HEERE, en uw gedachten zullen bevestigd worden.
The LORD hath made all things for himself: yea, even the wicked for the day of evil.	4 De HEERE heeft alles gewrocht om Zijns Zelfs wil; ja, ook den goddeloze tot den dag des kwaads.
Every one that is proud in heart is an abomination to the LORD: though hand join in hand, he shall not be unpunished.	5 Al wie hoog is van hart, is den HEERE een gruwel; hand aan hand, zal hij niet onschuldig zijn.
By mercy and truth iniquity is purged: and by the fear of the LORD men depart from evil.	6 Door goedertierenheid en trouw wordt de misdaad verzoend; en door de vreze des HEEREN wijkt men af van het kwade.
When a man's ways please the LORD, he maketh even his enemies to be at peace with him.	7 Als iemands wegen den HEERE behagen, zo zal Hij ook zijn vijanden met hem bevredigen.
Better is a little with righteousness than great revenues without right.	8 Beter is een weinig met gerechtigheid, dan de veelheid der inkomsten zonder recht.
A man's heart deviseth his way: but the LORD directeth his steps.	9 Het hart des mensen overdenkt zijn weg; maar de HEERE stiert zijn gang.
A divine sentence is in the lips of the king: his mouth transgresseth not in judgment.	10 Waarzegging is op de lippen des konings; zijn mond zal niet overtreden in het gericht.
A just weight and balance are the LORD'S: all the weights of the bag are his work.	11 Een rechte waag en weegschaal zijn des HEEREN; alle weegstenen des zaks zijn Zijn werk.
It is an abomination to kings to commit wickedness: for the throne is established by righteousness.	12 Het is der koningen gruwel goddeloosheid te doen; want door gerechtigheid wordt de troon bevestigd.
Righteous lips are the delight of kings; and they love him that speaketh right.	13 De lippen der gerechtigheid zijn het welgevallen der koningen; en elkeen van hen zal liefhebben dien, die rechte dingen spreekt.
The wrath of a king is as messengers of death: but a wise man will pacify it.	14 De grimmigheid des konings is als de boden des doods; maar een wijs man zal die verzoenen.
In the light of the king's countenance is life; and his favour is as a cloud of the latter rain.	15 In het licht van des konings aangezicht is leven; en zijn welgevallen is als een wolk des spaden regens.
How much better is it to get wisdom than gold! and to get understanding rather to be chosen than silver!	16 Hoeveel beter is het wijsheid te bekomen, dan uitgegraven goud, en uitnemender, verstand te bekomen, dan zilver!
The highway of the upright is to depart from evil: he that keepeth his way preserveth his soul.	17 De baan der oprechten is van het kwaad af te wijken; hij behoedt zijn ziel, die zijn weg bewaart.
Pride goeth before destruction, and an haughty spirit before a fall.	18 Hovaardigheid is voor de verbreking, en hoogheid des geestes voor den val.
Better it is to be of an humble spirit with the lowly, than to divide the spoil with the proud.	19 Het is beter nederig van geest te zijn met de zachtmoedigen, dan roof te delen met de hovaardigen.
He that handleth a matter wisely shall find good: and whoso trusteth in the LORD, happy is he.	20 Die op het woord verstandelijk let, zal het goede vinden; en die op den HEERE vertrouwt, is welgelukzalig.
The wise in heart shall be called prudent: and the sweetness of the lips increaseth learning.	21 De wijze van hart zal verstandig genoemd worden; en de zoetheid der lippen zal de lering vermeerderen.
Understanding is a wellspring of life unto him that hath it: but the instruction of fools is folly.	22 Het verstand dergenen, die het bezitten, is een springader des levens; maar de tucht der dwazen is dwaasheid.
The heart of the wise teacheth his mouth, and addeth learning to his lips.	23 Het hart eens wijzen maakt zijn mond verstandig, en zal op zijn lippen de lering vermeerderen.
Pleasant words are as an honeycomb, sweet to the soul, and health to the bones.	24 Liefelijke redenen zijn een honigraat, zoet voor de ziel, en medicijn voor het gebeente.
There is a way that seemeth right unto a man, but the end thereof are the ways of death.	25 Er is een weg, die iemand recht schijnt; maar het laatste van dien zijn wegen des doods.
He that laboureth laboureth for himself; for his mouth craveth it of him.	26 De ziel des arbeidzamen arbeidt voor zichzelven; want zijn mond buigt zich voor hem.
An ungodly man diggeth up evil: and in his lips there is as a burning fire.	27 Een Belialsman graaft kwaad; en op zijn lippen is als brandend vuur.
A froward man soweth strife: and a whisperer separateth chief friends.	28 Een verkeerd man zal krakeel inwerpen; en een oorblazer scheidt den voornaamsten vriend.
A violent man enticeth his neighbour, and leadeth him into the way that is not good.	29 Een man des gewelds verlokt zijn naaste, en hij leidt hem in een weg, die niet goed is.
He shutteth his eyes to devise froward things: moving his lips he bringeth evil to pass.	30 Hij sluit zijn ogen, om verkeerdheden te bedenken; zijn lippen bijtende, volbrengt hij het kwaad.
The hoary head is a crown of glory, if it be found in the way of righteousness.	31 De grijsheid is een sierlijke kroon; zij wordt op den weg der gerechtigheid gevonden.
He that is slow to anger is better than the mighty; and he that ruleth his spirit than he that taketh a city.	32 De lankmoedige is beter dan de sterke; en die heerst over zijn geest, dan die een stad inneemt.
The lot is cast into the lap; but the whole disposing thereof is of the LORD.	33 Het lot wordt in den schoot geworpen; maar het gehele beleid daarvan is van den HEERE.

Proverbs (17) Spreuken

Better is a dry morsel, and quietness therewith, than an house full of sacrifices with strife.	1 Een droge bete, en rust daarbij, is beter, dan een huis vol van geslachte beesten met twist.
A wise servant shall have rule over a son that causeth shame, and shall have part of the inheritance among the brethren.	2 Een verstandig knecht zal heersen over een zoon, die beschaamd maakt, en in het midden der broederen zal hij erfenis delen.
The fining pot is for silver, and the furnace for gold: but the LORD trieth the hearts.	3 De smeltkroes is voor het zilver, en de oven voor het goud; maar de HEERE proeft de harten.

4	A wicked doer giveth heed to false lips; and a liar giveth ear to a naughty tongue.	4	De boosdoener merkt op de ongerechtige lip; een leugenaar neigt het oor tot de verkeerde tong.
5	Whoso mocketh the poor reproacheth his Maker: and he that is glad at calamities shall not be unpunished.	5	Die den arme bespot, smaadt deszelfs Maker; die zich verblijdt in het verderf, zal niet onschuldig zijn.
6	Children's children are the crown of old men; and the glory of children are their fathers.	6	De kroon der ouden zijn de kindskinderen, en der kinderen sieraad zijn hun vaderen.
7	Excellent speech becometh not a fool: much less do lying lips a prince.	7	Een voortreffelijke lip past een dwaze niet, veelmin een prins een leugenachtige lip.
8	A gift is as a precious stone in the eyes of him that hath it: whithersoever it turneth, it prospereth.	8	Het geschenk is in de ogen zijner heren een aangenaam gesteente; waarhenen het zich zal wenden, zal het wel gedijen.
9	He that covereth a transgression seeketh love; but he that repeateth a matter separateth very friends.	9	Die de overtreding toedekt, zoekt liefde; maar die de zaak weder ophaalt, scheidt den voornaamsten vriend.
10	A reproof entereth more into a wise man than an hundred stripes into a fool.	10	De bestraffing gaat dieper in den verstandige, dan den zot honderd maal te slaan.
11	An evil man seeketh only rebellion: therefore a cruel messenger shall be sent against him.	11	Zekerlijk, de wederspannige zoekt het kwaad; maar een wrede bode zal tegen hem gezonden worden.
12	Let a bear robbed of her whelps meet a man, rather than a fool in his folly.	12	Dat een beer, die van jongen beroofd is, een man tegemoet kome, maar niet een zot in zijn dwaasheid.
13	Whoso rewardeth evil for good, evil shall not depart from his house.	13	Die kwaad voor goed vergeldt, het kwaad zal van zijn huis niet wijken.
14	The beginning of strife is as when one letteth out water: therefore leave off contention, before it be meddled with.	14	Het begin des krakeels is gelijk een, die het water opening geeft; daarom verlaat den twist, eer hij zich vermengt.
15	He that justifieth the wicked, and he that condemneth the just, even they both are abomination to the LORD.	15	Wie den goddeloze rechtvaardigt, en den rechtvaardige verdoemt, zijn den HEERE een gruwel, ja, die beiden.
16	Wherefore is there a price in the hand of a fool to get wisdom, seeing he hath no heart to it?	16	Waarom toch zou in de hand des zots het koopgeld zijn, om wijsheid te kopen, dewijl hij geen verstand heeft?
17	A friend loveth at all times, and a brother is born for adversity.	17	Een vriend heeft te aller tijd lief; en een broeder wordt in de benauwdheid geboren.
18	A man void of understanding striketh hands, and becometh surety in the presence of his friend.	18	Een verstandeloos mens klapt in de hand, zich borg stellende bij zijn naaste.
19	He loveth transgression that loveth strife: and he that exalteth his gate seeketh destruction.	19	Die het gekijf liefheeft, heeft de overtreding lief; die zijn deur verhoogt, zoekt verbreking.
20	He that hath a froward heart findeth no good: and he that hath a perverse tongue falleth into mischief.	20	Wie verdraaid is van hart, zal het goede niet vinden; en die verkeerd is met zijn tong, zal in het kwaad vallen.
21	He that begetteth a fool doeth it to his sorrow: and the father of a fool hath no joy.	21	Wie een zot genereert, die zal hem tot droefheid zijn; en de vader des dwazen zal zich niet verblijden.
22	A merry heart doeth good like a medicine: but a broken spirit drieth the bones.	22	Een blij hart zal een medicijn goed maken; maar een verslagen geest zal het gebeente verdrogen.
23	A wicked man taketh a gift out of the bosom to pervert the ways of judgment.	23	De goddeloze zal het geschenk uit den schoot nemen, om de paden des rechts te buigen.
24	Wisdom is before him that hath understanding; but the eyes of a fool are in the ends of the earth.	24	In het aangezicht des verstandigen is wijsheid; maar de ogen des zots zijn in het einde der aarde.
25	A foolish son is a grief to his father, and bitterness to her that bare him.	25	Een zotte zoon is een verdriet voor zijn vader, en bittere droefheid voor degene, die hem gebaard heeft.
26	Also to punish the just is not good, nor to strike princes for equity.	26	Het is niet goed, den rechtvaardige ook te doen boeten, dat de prinsen iemand slaan zouden om hetgeen recht is.
27	He that hath knowledge spareth his words: and a man of understanding is of an excellent spirit.	27	Wie wetenschap weet, houdt zijn woorden in; en een man van verstand is kostelijk van geest.
28	Even a fool, when he holdeth his peace, is counted wise: and he that shutteth his lips is esteemed a man of understanding.	28	Een dwaas zelfs, die zwijgt, zal wijs geacht worden, en die zijn lippen toesluit, verstandig.

Proverbs (18) Spreuken

1	Through desire a man, having separated himself, seeketh and intermeddleth with all wisdom.	1	Die zich afzondert, tracht naar wat begeerlijks; hij vermengt zich in alle bestendige wijsheid.
2	A fool hath no delight in understanding, but that his heart may discover itself.	2	De zot heeft geen lust aan verstandigheid, maar daarin, dat zijn hart zich ontdekt.
3	When the wicked cometh, then cometh also contempt, and with ignominy reproach.	3	Als de goddeloze komt, komt ook de verachting en met schande versmaadheid.
4	The words of a man's mouth are as deep waters, and the wellspring of wisdom as a flowing brook.	4	De woorden van den mond eens mans zijn diepe wateren; en de springader der wijsheid is een uitstortende beek.
5	It is not good to accept the person of the wicked, to overthrow the righteous in judgment.	5	Het is niet goed, het aangezicht des goddelozen aan te nemen, om den rechtvaardige in het gericht te buigen.
6	A fool's lips enter into contention, and his mouth calleth for strokes.	6	De lippen des zots komen in twist, en zijn mond roept naar slagen.
7	A fool's mouth is his destruction, and his lips are the snare of his soul.	7	De mond des zots is hemzelven een verstoring, en zijn lippen een strik zijner ziel.
8	The words of a talebearer are as wounds, and they go down into the innermost parts of the belly.	8	De woorden des oorblazers zijn als dergenen, die geslagen zijn, en die dalen in het binnenste des buiks.
9	He also that is slothful in his work is brother to him that is a great waster.	9	Ook die zich slap aanstelt in zijn werk, die is een broeder van een doorbrenger.

	The name of the LORD is a strong tower: the righteous runneth into it, and is safe.	10	De Naam des HEEREN is een Sterke Toren; de rechtvaardige zal daarhenen lopen, en in een Hoog Vertrek gesteld worden.
	The rich man's wealth is his strong city, and as an high wall in his own conceit.	11	Des rijken goed is de stad zijner sterkte, en als een verheven muur in zijn inbeelding.
	Before destruction the heart of man is haughty, and before honour is humility.	12	Voor de verbreking zal des mensen hart zich verheffen; en de nederigheid gaat voor de eer.
	He that answereth a matter before he heareth it, it is folly and shame unto him.	13	Die antwoord geeft, eer hij zal gehoord hebben, dat is hem dwaasheid en schande.
	The spirit of a man will sustain his infirmity; but a wounded spirit who can bear?	14	De geest eens mans zal zijn krankheid ondersteunen; maar een verslagen geest, wie zal dien opheffen?
	The heart of the prudent getteth knowledge; and the ear of the wise seeketh knowledge.	15	Het hart der verstandigen bekomt wetenschap, en het oor der wijzen zoekt wetenschap.
	A man's gift maketh room for him, and bringeth him before great men.	16	De gift des mensen maakt hem ruimte, en zij geleidt hem voor het aangezicht der groten.
	He that is first in his own cause seemeth just; but his neighbour cometh and searcheth him.	17	Die de eerste is in zijn twistzaak, schijnt rechtvaardig te zijn; maar zijn naaste komt, en hij onderzoekt hem.
	The lot causeth contentions to cease, and parteth between the mighty.	18	Het lot doet de geschillen ophouden, en maakt scheiding tussen machtigen.
	A brother offended is harder to be won than a strong city: and their contentions are like the bars of a castle.	19	Een broeder is wederspanniger dan een sterke stad; en de geschillen zijn als een grendel van een paleis.
	A man's belly shall be satisfied with the fruit of his mouth; and with the increase of his lips shall he be filled.	20	Van de vrucht van ieders mond zal zijn buik verzadigd worden; hij zal verzadigd worden van de inkomst zijner lippen.
	Death and life are in the power of the tongue: and they that love it shall eat the fruit thereof.	21	Dood en leven zijn in het geweld der tong; en een ieder, die ze liefheeft, zal haar vrucht eten.
	Whoso findeth a wife findeth a good thing, and obtaineth favour of the LORD.	22	Die een vrouw gevonden heeft, heeft een goede zaak gevonden, en hij heeft welgevallen getrokken van den HEERE.
	The poor useth intreaties; but the rich answereth roughly.	23	De arme spreekt smekingen; maar de rijke antwoordt harde dingen.
	A man that hath friends must shew himself friendly: and there is a friend that sticketh closer than a brother.	24	Een man, die vrienden heeft, heeft zich vriendelijk te houden; want er is een liefhebber, die meer aankleeft dan een broeder.

Proverbs (19) Spreuken

	Better is the poor that walketh in his integrity, than he that is perverse in his lips, and is a fool.	1	De arme, in zijn oprechtheid wandelende, is beter dan de verkeerde van lippen, en die een zot is.
	Also, that the soul be without knowledge, it is not good; and he that hasteth with his feet sinneth.	2	Ook is de ziel zonder wetenschap niet goed; en die met de voeten haastig is, zondigt.
	The foolishness of man perverteth his way: and his heart fretteth against the LORD.	3	De dwaasheid des mensen zal zijn weg verkeren; en zijn hart zal zich tegen den HEERE vergrammen.
	Wealth maketh many friends; but the poor is separated from his neighbour.	4	Het goed brengt veel vrienden toe; maar de arme wordt van zijn vriend gescheiden.
	A false witness shall not be unpunished, and he that speaketh lies shall not escape.	5	Een vals getuige zal niet onschuldig zijn; en die leugen blaast, zal niet ontkomen.
	Many will intreat the favour of the prince: and every man is a friend to him that giveth gifts.	6	Velen smeken het aangezicht des prinsen; en een ieder is een vriend desgenen, die giften geeft.
	All the brethren of the poor do hate him: how much more do his friends go far from him? he pursueth them with words, yet they are wanting to him.	7	Al de broeders des armen haten hem; hoeveel te meer gaan zijn vrienden verre van hem! Hij loopt hen na met woorden die niets zijn.
	He that getteth wisdom loveth his own soul: he that keepeth understanding shall find good.	8	Die verstand bekomt, heeft zijn ziel lief; hij neemt de verstandigheid waar, om het goede te vinden.
	A false witness shall not be unpunished, and he that speaketh lies shall perish.	9	Een vals getuige zal niet onschuldig zijn; en die leugen blaast, zal vergaan.
	Delight is not seemly for a fool; much less for a servant to have rule over princes.	10	De weelde staat een zot niet wel; hoeveel te min een knecht te heersen over vorsten!
	The discretion of a man deferreth his anger; and it is his glory to pass over a transgression.	11	Het verstand des mensen vertrekt zijn toorn; en zijn sieraad is de overtreding voorbij te gaan.
	The king's wrath is as the roaring of a lion; but his favour is as dew upon the grass.	12	Des konings gramschap is als het brullen eens jongen leeuws; maar zijn welgevallen is als dauw op het kruid.
	A foolish son is the calamity of his father: and the contentions of a wife are a continual dropping.	13	Een zotte zoon is zijn vader grote ellende; en de kijvingen ener vrouw als een gestadig druipen.
	House and riches are the inheritance of fathers: and a prudent wife is from the LORD.	14	Huis en goed is een erve van de vaderen; maar een verstandige vrouw is van den HEERE.
	Slothfulness casteth into a deep sleep; and an idle soul shall suffer hunger.	15	Luiheid doet in diepen slaap vallen; en een bedriegelijke ziel zal hongeren.
	He that keepeth the commandment keepeth his own soul; but he that despiseth his ways shall die.	16	Die het gebod bewaart, bewaart zijn ziel; die zijn wegen veracht, zal sterven.
	He that hath pity upon the poor lendeth unto the LORD; and that which he hath given will he pay him again.	17	Die zich des armen ontfermt, leent den HEERE, en Hij zal hem zijn weldaad vergelden.
	Chasten thy son while there is hope, and let not thy soul spare for his crying.	18	Tuchtig uw zoon, als er nog hoop is; maar verhef uw ziel niet, om hem te doden.
	A man of great wrath shall suffer punishment: for if thou deliver him, yet thou must do it again.	19	Die groot is van grimmigheid, zal straf dragen; want zo gij hem uitredt, zo zult gij nog moeten voortvaren.

	Hear counsel, and receive instruction, that thou mayest be wise in thy latter end.	20	Hoor raad, en ontvang tucht, opdat gij in uw laatste wijs zijt.
	There are many devices in a man's heart; nevertheless the counsel of the LORD, that shall stand.	21	In het hart des mans zijn veel gedachten; maar de raad des HEEREN, die zal bestaan.
	The desire of a man is his kindness: and a poor man is better than a liar.	22	De wens des mensen is zijn weldadigheid; maar de arme is beter dan een leugenachtig man.
	The fear of the LORD tendeth to life: and he that hath it shall abide satisfied; he shall not be visited with evil.	23	De vreze des HEEREN is ten leven; want men zal verzadigd zijnde vernachten; met het kwaad zal men niet bezocht worden.
	A slothful man hideth his hand in his bosom, and will not so much as bring it to his mouth again.	24	Een luiaard verbergt de hand in den boezem, en hij zal ze niet weder aan zijn mond brengen.
	Smite a scorner, and the simple will beware: and reprove one that hath understanding, and he will understand knowledge.	25	Sla de spotter, zo zal de slechte kloekzinnig worden; en bestraf den verstandige, hij zal wetenschap begrijpen.
	He that wasteth his father, and chaseth away his mother, is a son that causeth shame, and bringeth reproach.	26	Wie de vader verwoest, of de moeder verjaagt, is een zoon, die beschaamd maakt, en schande aandoet.
	Cease, my son, to hear the instruction that causeth to err from the words of knowledge.	27	Laat af, mijn zoon, horende de tucht, af te dwalen van de redenen der wetenschap.
	An ungodly witness scorneth judgment: and the mouth of the wicked devoureth iniquity.	28	Een Belialsgetuige bespot het recht; en de mond der goddelozen slokt de ongerechtigheid in.
	Judgments are prepared for scorners, and stripes for the back of fools.	29	Gerichten zijn voor de spotters bereid, en slagen voor den rug der zotten.

Proverbs (20) Spreuken

	Wine is a mocker, strong drink is raging: and whosoever is deceived thereby is not wise.	1	De wijn is een spotter, de sterke drank is woelachtig; al wie daarin dwaalt, zal niet wijs zijn.
	The fear of a king is as the roaring of a lion: whoso provoketh him to anger sinneth against his own soul.	2	De schrik des konings is als het brullen eens jongen leeuws; die zich tegen hem vergramt, zondigt tegen zijn ziel.
	It is an honour for a man to cease from strife: but every fool will be meddling.	3	Het is eer voor een man, van twist af te blijven; maar ieder dwaas zal er zich in mengen.
	The sluggard will not plow by reason of the cold; therefore shall he beg in harvest, and have nothing.	4	Om den winter zal de luiaard niet ploegen; daarom zal hij bedelen in den oogst, maar er zal niet zijn.
	Counsel in the heart of man is like deep water; but a man of understanding will draw it out.	5	De raad in het hart eens mans is als diepe wateren; maar een man van verstand zal dien uithalen.
	Most men will proclaim every one his own goodness: but a faithful man who can find?	6	Elk van de menigte der mensen roept zijn weldadigheid uit; maar wie zal een recht trouwen man vinden?
	The just man walketh in his integrity: his children are blessed after him.	7	De rechtvaardige wandelt steeds in zijn oprechtheid; welgelukzalig zijn zijn kinderen na hem.
	A king that sitteth in the throne of judgment scattereth away all evil with his eyes.	8	Een koning, zittende op den troon des gerichts, verstrooit alle kwaad met zijn ogen.
	Who can say, I have made my heart clean, I am pure from my sin?	9	Wie kan zeggen: Ik heb mijn hart gezuiverd, ik ben rein van mijn zonde?
	Divers weights, and divers measures, both of them are alike abomination to the LORD.	10	Tweeerlei weegsteen, tweeerlei efa is den HEERE een gruwel, ja die beide.
	Even a child is known by his doings, whether his work be pure, and whether it be right.	11	Een jongen zal ook door zijn handelingen zich bekend maken, of zijn werk zuiver, en of het recht zal wezen.
	The hearing ear, and the seeing eye, the LORD hath made even both of them.	12	Een horend oor, en een ziend oog heeft de HEERE gemaakt, ja, die beide.
	Love not sleep, lest thou come to poverty; open thine eyes, and thou shalt be satisfied with bread.	13	Heb den slaap niet lief, opdat gij niet arm wordt; open uw ogen, verzadig u met brood.
	It is naught, it is naught, saith the buyer: but when he is gone his way, then he boasteth.	14	Het is kwaad, het is kwaad! zal de koper zeggen; maar als hij weggegaan is, dan zal hij zich beroemen.
	There is gold, and a multitude of rubies: but the lips of knowledge are a precious jewel.	15	Goud is er, en menigte van robijnen; maar de lippen de wetenschap zijn een kostelijk kleinood.
	Take his garment that is surety for a stranger: and take a pledge of him for a strange woman.	16	Als iemand voor een vreemde borg geworden is, neem zijn kleed; en pand hem voor de onbekenden.
	Bread of deceit is sweet to a man; but afterwards his mouth shall be filled with gravel.	17	Het brood der leugen is den mens zoet; maar daarna zal zijn mond vol van zandsteentjes worden.
	Every purpose is established by counsel: and with good advice make war.	18	Elke gedachte wordt door raad bevestigd, daarom voer oorlog met wijze raadslagen.
	He that goeth about as a talebearer revealeth secrets: therefore meddle not with him that flattereth with his lips.	19	Die als een achterklapper wandelt, openbaart het heimelijke; vermeng u dan niet met hem, die met zijn lippen verlokt.
	Whoso curseth his father or his mother, his lamp shall be put out in obscure darkness.	20	Wie zijn vader of zijn moeder vloekt, diens lamp zal uitgeblust worden in zwarte duisternis.
	An inheritance may be gotten hastily at the beginning; but the end thereof shall not be blessed.	21	Als een erfenis in het eerste verhaast wordt, zo zal haar laatste niet gezegend worden.
	Say not thou, I will recompense evil; but wait on the LORD, and he shall save thee.	22	Zeg niet: Ik zal het kwaad vergelden; wacht op den HEERE, en Hij zal u verlossen.
	Divers weights are an abomination unto the LORD; and a false balance is not good.	23	Tweeerlei weegsteen is den HEERE een gruwel, en de bedriegelijke weegschaal is niet goed.
	Man's goings are of the LORD; how can a man then understand his own way?	24	De treden des mans zijn van den HEERE; hoe zou dan een mens zijn weg verstaan?

It is a snare to the man who devoureth that which is holy, and after vows to make inquiry.	25	Het is een strik des mensen, dat hij het heilige verslindt, en na gedane geloften, onderzoek te doen.
A wise king scattereth the wicked, and bringeth the wheel over them.	26	Een wijs koning verstrooit de goddelozen, en hij brengt het rad over hen.
The spirit of man is the candle of the LORD, searching all the inward parts of the belly.	27	De ziel des mensen is een lamp des HEEREN, doorzoekende al de binnenkameren des buiks.
Mercy and truth preserve the king: and his throne is upholden by mercy.	28	Weldadigheid en waarheid bewaren den koning, en door weldadigheid ondersteunt hij zijn troon.
The glory of young men is their strength: and the beauty of old men is the gray head.	29	Der jongelingen sieraad is hun kracht, en der ouden heerlijkheid is de grijsheid.
The blueness of a wound cleanseth away evil: so do stripes the inward parts of the belly.	30	Gezwellen der wonde zijn in den boze een zuivering, mitsgaders de slagen van het binnenste des buiks.

Proverbs (21) Spreuken

The king's heart is in the hand of the LORD, as the rivers of water: he turneth it whithersoever he will.	1	Des konings hart is in de hand des HEEREN als waterbeken. Hij neigt het tot al wat Hij wil.
Every way of a man is right in his own eyes: but the LORD pondereth the hearts.	2	Alle weg des mensen is recht in zijn ogen; maar de HEERE weegt de harten.
To do justice and judgment is more acceptable to the LORD than sacrifice.	3	Gerechtigheid en recht te doen is bij den HEERE uitgelezener dan offer.
An high look, and a proud heart, and the plowing of the wicked, is sin.	4	Hoogheid der ogen, en trotsheid des harten, en de ploeging der goddelozen, zijn zonde.
The thoughts of the diligent tend only to plenteousness; but of every one that is hasty only to want.	5	De gedachten des vlijtigen zijn alleen tot overschot; maar van een ieder, die haastig is, alleen tot gebrek.
The getting of treasures by a lying tongue is a vanity tossed to and fro of them that seek death.	6	Te arbeiden om schatten met een valse tong, is een voortgedrevene ijdelheid dergenen, die den dood zoeken.
The robbery of the wicked shall destroy them; because they refuse to do judgment.	7	De verwoesting der goddelozen zal hen doorsnijden, omdat zij weigeren recht te doen.
The way of man is froward and strange: but as for the pure, his work is right.	8	De weg des mensen is gans verkeerd en vreemd; maar het werk des zuiveren is recht.
It is better to dwell in a corner of the housetop, than with a brawling woman in a wide house.	9	Het is beter te wonen op een hoek van het dak, dan met een kijfachtige huisvrouw, en dat in een huis van gezelschap.
The soul of the wicked desireth evil: his neighbour findeth no favour in his eyes.	10	De ziel des goddelozen begeert het kwaad; zijn naaste krijgt geen genade in zijn ogen.
When the scorner is punished, the simple is made wise: and when the wise is instructed, he receiveth knowledge.	11	Als men den spotter straft, wordt de slechte wijs; en als men den wijze onderricht, neemt hij wetenschap aan.
The righteous man wisely considereth the house of the wicked: but God overthroweth the wicked for their wickedness.	12	De rechtvaardige let verstandelijk op des goddelozen huis, als God de goddelozen in het kwaad stort.
Whoso stoppeth his ears at the cry of the poor, he also shall cry himself, but shall not be heard.	13	Die zijn oor stopt voor het geschrei des armen, die zal ook roepen, en niet verhoord worden.
A gift in secret pacifieth anger: and a reward in the bosom strong wrath.	14	Een gift in het verborgene houdt den toorn onder, en een geschenk in den schoot de sterke grimmigheid.
It is joy to the just to do judgment: but destruction shall be to the workers of iniquity.	15	Het is den rechtvaardige een blijdschap recht te doen; maar voor de werkers der ongerechtigheid is het verschrikking.
The man that wandereth out of the way of understanding shall remain in the congregation of the dead.	16	Een mens, die van den weg des verstands afdwaalt, zal in de gemeente der doden rusten.
He that loveth pleasure shall be a poor man: he that loveth wine and oil shall not be rich.	17	Die blijdschap liefheeft, die zal gebrek lijden; die wijn en olie liefheeft, zal niet rijk worden.
The wicked shall be a ransom for the righteous, and the transgressor for the upright.	18	De goddeloze is een rantsoen voor de rechtvaardigen, en de trouweloze voor de oprechten.
It is better to dwell in the wilderness, than with a contentious and an angry woman.	19	Het is beter te wonen in een woest land, dan bij een zeer kijfachtige en toornige huisvrouw.
There is treasure to be desired and oil in the dwelling of the wise; but a foolish man spendeth it up.	20	In des wijzen woning is een gewenste schat, en olie; maar een zot mens verslindt zulks.
He that followeth after righteousness and mercy findeth life, righteousness, and honour.	21	Die rechtvaardigheid en weldadigheid najaagt, zal het leven, rechtvaardigheid en eer vinden.
A wise man scaleth the city of the mighty, and casteth down the strength of the confidence thereof.	22	De wijze beklimt de stad der geweldigen, en werpt de sterkte huns vertrouwens neder.
Whoso keepeth his mouth and his tongue keepeth his soul from troubles.	23	Die zijn mond en zijn tong bewaart, bewaart zijn ziel van benauwdheden.
Proud and haughty scorner is his name, who dealeth in proud wrath.	24	Die een hovaardig pocher is, zijn naam is spotter; hij gaat met hovaardige verbolgenheid te werk.
The desire of the slothful killeth him; for his hands refuse to labour.	25	De begeerte des luiaards zal hem doden, want zijn handen weigeren te werken.
He coveteth greedily all the day long: but the righteous giveth and spareth not.	26	Den gansen dag begeert hij begeerlijke dingen; maar de rechtvaardige zal geven, en niet inhouden.
The sacrifice of the wicked is abomination: how much more, when he bringeth it with a wicked mind?	27	Het offer der goddelozen is een gruwel; hoeveel te meer, als zij het met een schandelijk voornemen brengen!
A false witness shall perish: but the man that heareth speaketh constantly.	28	Een leugenachtig getuige zal vergaan; en een man, die hoort, zal spreken tot overwinning.

	A wicked man hardeneth his face: but as for the upright, he directeth his way.	29	Een goddeloos man sterkt zich in zijn aangezicht; maar de oprechte, die maakt zijn weg vast.
	There is no wisdom nor understanding nor counsel against the LORD.	30	Er is geen wijsheid, en er is geen verstand, en er is geen raad tegen den HEERE.
	The horse is prepared against the day of battle: but safety is of the LORD.	31	Het paard wordt bereid tegen den dag des strijds; maar de overwinning is des HEEREN.

Proverbs (22) Spreuken

	A good name is rather to be chosen than great riches, and loving favour rather than silver and gold.	1	De naam is uitgelezener dan grote rijkdom, de goede gunst dan zilver en dan goud.
	The rich and poor meet together: the LORD is the maker of them all.	2	Rijken en armen ontmoeten elkander; de HEERE heeft hen allen gemaakt.
	A prudent man foreseeth the evil, and hideth himself: but the simple pass on, and are punished.	3	Een kloekzinnig mens ziet het kwaad, en verbergt zich; maar de slechten gaan henen door, en worden gestraft.
	By humility and the fear of the LORD are riches, and honour, and life.	4	Het loon der nederigheid, met de vreze des HEEREN, is rijkdom, en eer, en leven.
	Thorns and snares are in the way of the froward: he that doth keep his soul shall be far from them.	5	Doornen en strikken, zijn in den weg des verkeerden; die zijn ziel bewaart, zal zich verre van die maken.
	Train up a child in the way he should go: and when he is old, he will not depart from it.	6	Leer den jongen de eerste beginselen naar den eis zijns wegs; als hij ook oud zal geworden zijn, zal hij daarvan niet afwijken.
	The rich ruleth over the poor, and the borrower is servant to the lender.	7	De rijke heerst over de armen; en die ontleent, is des leners knecht.
	He that soweth iniquity shall reap vanity: and the rod of his anger shall fail.	8	Die onrecht zaait, zal moeite maaien; en de roede zijner verbolgenheid zal een einde nemen.
	He that hath a bountiful eye shall be blessed; for he giveth of his bread to the poor.	9	Die goed van oog is, die zal gezegend worden; want hij heeft van zijn brood den armen gegeven.
	Cast out the scorner, and contention shall go out; yea, strife and reproach shall cease.	10	Drijf den spotter uit, en het gekijf zal weggaan, en het geschil met de schande zal ophouden.
	He that loveth pureness of heart, for the grace of his lips the king shall be his friend.	11	Die de reinheid des harten liefheeft, wiens lippen aangenaam zijn, diens vriend is de koning.
	The eyes of the LORD preserve knowledge, and he overthroweth the words of the transgressor.	12	De ogen des HEEREN bewaren de wetenschap; maar de zaken des trouwelozen zal Hij omkeren.
	The slothful man saith, There is a lion without, I shall be slain in the streets.	13	De luiaard zegt: Er is een leeuw buiten; ik mocht op het midden der straten gedood worden!
	The mouth of strange women is a deep pit: he that is abhorred of the LORD shall fall therein.	14	De mond der vreemde vrouwen is een diepe gracht; op welken de HEERE vergramd is, zal daarin vallen.
	Foolishness is bound in the heart of a child; but the rod of correction shall drive it far from him.	15	De dwaasheid is in het hart des jongen gebonden; de roede der tucht zal ze verre van hem wegdoen.
	He that oppresseth the poor to increase his riches, and he that giveth to the rich, shall surely come to want.	16	Die den arme verdrukt, om het zijne te vermeerderen, en den rijke geeft, komt zekerlijk tot gebrek.
	Bow down thine ear, and hear the words of the wise, and apply thine heart unto my knowledge.	17	Neig uw oor, en hoor de woorden der wijzen, en stel uw hart tot mijn wetenschap;
	For it is a pleasant thing if thou keep them within thee; they shall withal be fitted in thy lips.	18	Want het is liefelijk, als gij die in uw binnenste bewaart; zij zullen samen op uw lippen gepast worden.
	That thy trust may be in the LORD, I have made known to thee this day, even to thee.	19	Opdat uw vertrouwen op den HEERE zij, maak ik u die heden bekend; gij ook maak ze bekend.
	Have not I written to thee excellent things in counsels and knowledge,	20	Heb ik u niet heerlijke dingen geschreven van allerlei raad en wetenschap?
	That I might make thee know the certainty of the words of truth; that thou mightest answer the words of truth to them that send unto thee?	21	Om u bekend te maken de zekerheid van de redenen der waarheid; opdat gij de redenen der waarheid antwoorden moogt dengenen, die u zenden.
	Rob not the poor, because he is poor: neither oppress the afflicted in the gate:	22	Beroof den arme niet, omdat hij arm is; en verbrijzel den ellendige niet in de poort.
	For the LORD will plead their cause, and spoil the soul of those that spoiled them.	23	Want de HEERE zal hun twistzaak twisten, en Hij zal dengenen, die hen beroven, de ziel roven.
	Make no friendship with an angry man; and with a furious man thou shalt not go:	24	Vergezelschap u niet met een grammoedige, en ga niet om met een zeer grimmig man;
	Lest thou learn his ways, and get a snare to thy soul.	25	Opdat gij zijn paden niet leert, en een strik over uw ziel haalt.
	Be not thou one of them that strike hands, or of them that are sureties for debts.	26	Wees niet onder degenen, die in de hand klappen, onder degenen, die voor schulden borg zijn.
	If thou hast nothing to pay, why should he take away thy bed from under thee?	27	Zo gij niet hadt om te betalen, waarom zou men uw bed van onder u wegnemen?
	Remove not the ancient landmark, which thy fathers have set.	28	Zet de oude palen niet terug, die uw vaderen gemaakt hebben.
	Seest thou a man diligent in his business? he shall stand before kings; he shall not stand before mean men.	29	Hebt gij een man gezien, die vaardig in zijn werk is? Hij zal voor het aangezicht der koningen gesteld worden; voor het aangezicht der ongeachte lieden zal hij niet gesteld worden.

Proverbs (23) Spreuken

	When thou sittest to eat with a ruler, consider diligently what is before thee:	1	Als gij aangezeten zult zijn om met een heerser te eten, zo zult gij scherpelijk letten op dengene, die voor uw aangezicht is.
	And put a knife to thy throat, if thou be a man given to appetite.	2	En zet een mes aan uw keel, indien gij een gulzig mens zijt;

Be not desirous of his dainties: for they are deceitful meat.		3	Laat u niet gelusten zijner smakelijke spijzen, want het is een leugenachtig brood.
Labour not to be rich: cease from thine own wisdom.		4	Vermoei u niet om rijk te worden; sta af van uw vernuft.
Wilt thou set thine eyes upon that which is not? for riches certainly make themselves wings; they fly away as an eagle toward heaven.		5	Zult gij uw ogen laten vliegen op hetgeen niets is? Want het zal zich gewisselijk vleugelen maken gelijk een arend, die naar den hemel vliegt.
Eat thou not the bread of him that hath an evil eye, neither desire thou his dainty meats:		6	Eet het brood niet desgenen, die boos is van oog, en wees niet belust op zijn smakelijke spijzen;
For as he thinketh in his heart, so is he: Eat and drink, saith he to thee; but his heart is not with thee.		7	Want gelijk hij bedacht heeft in zijn ziel, alzo zal hij tot u zeggen: Eet en drink! maar zijn hart is niet met u;
The morsel which thou hast eaten shalt thou vomit up, and lose thy sweet words.		8	Uw bete, die gij gegeten hebt, zoudt gij uitspuwen; en gij zoudt uw liefelijke woorden verderven.
Speak not in the ears of a fool: for he will despise the wisdom of thy words.		9	Spreek niet voor het oor van een zot, want hij zou het verstand uwer woorden verachten.
Remove not the old landmark; and enter not into the fields of the fatherless:		10	Zet de oude palen niet terug; en kom op de akkers der wezen niet;
For their redeemer is mighty; he shall plead their cause with thee.		11	Want hun Verlosser is sterk; Die zal hun twistzaak tegen u twisten.
Apply thine heart unto instruction, and thine ears to the words of knowledge.		12	Begeef uw hart tot de tucht, en uw oren tot de redenen der wetenschap.
Withhold not correction from the child: for if thou beatest him with the rod, he shall not die.		13	Weer de tucht van den jongen niet; als gij hem met de roede zult slaan, zal hij niet sterven.
Thou shalt beat him with the rod, and shalt deliver his soul from hell.		14	Gij zult hem met de roede slaan, en zijn ziel van de hel redden.
My son, if thine heart be wise, my heart shall rejoice, even mine.		15	Mijn zoon! zo uw hart wijs is, mijn hart zal blijde zijn, ja, ik.
Yea, my reins shall rejoice, when thy lips speak right things.		16	En mijn nieren zullen van vreugde opspringen, als uw lippen billijkheden spreken zullen.
Let not thine heart envy sinners: but be thou in the fear of the LORD all the day long.		17	Uw hart zij niet nijdig over de zondaren; maar zijt ten allen dage in de vreze des HEEREN.
For surely there is an end; and thine expectation shall not be cut off.		18	Want zekerlijk, er is een beloning; en uw verwachting zal niet afgesneden worden.
Hear thou, my son, and be wise, and guide thine heart in the way.		19	Hoor gij, mijn zoon! en word wijs, en richt uw hart op den weg.
Be not among winebibbers; among riotous eaters of flesh:		20	Zijt niet onder de wijnzuipers, noch onder de vleesvreters;
For the drunkard and the glutton shall come to poverty: and drowsiness shall clothe a man with rags.		21	Want een zuiper en vraat zal arm worden; en de sluimering doet verscheurde kleideren dragen.
Hearken unto thy father that begat thee, and despise not thy mother when she is old.		22	Hoor naar uw vader, die u gewonnen heeft; en veracht uw moeder niet, als zij oud geworden is.
Buy the truth, and sell it not; also wisdom, and instruction, and understanding.		23	Koop de waarheid, en verkoop ze niet, mitsgaders wijsheid, en tucht, en verstand.
The father of the righteous shall greatly rejoice: and he that begetteth a wise child shall have joy of him.		24	De vader des rechtvaardigen zal zich zeer verheugen; en die een wijzen zoon gewint, zal zich over hem verblijden.
Thy father and thy mother shall be glad, and she that bare thee shall rejoice.		25	Laat uw vader zich verblijden, ook uw moeder; en laat haar zich verheugen, die u gebaard heeft.
My son, give me thine heart, and let thine eyes observe my ways.		26	Mijn zoon! geef mij uw hart, en laat uw ogen mijn wegen bewaren.
For a whore is a deep ditch; and a strange woman is a narrow pit.		27	Want een hoer is een diepe gracht, en een vreemde vrouw is een enge put.
She also lieth in wait as for a prey, and increaseth the transgressors among men.		28	Ook loert zij als een rover; en zij vermenigvuldigt de trouwelozen onder de mensen.
Who hath woe? who hath sorrow? who hath contentions? who hath babbling? who hath wounds without cause? who hath redness of eyes?		29	Bij wien is wee? bij wien och arme? bij wien gekijf? bij wien het beklag? bij wien wonden zonder oorzaak? bij wien de roodheid der ogen?
They that tarry long at the wine; they that go to seek mixed wine.		30	Bij degenen, die bij den wijn vertoeven; bij degenen, die komen om gemengde drank na te zoeken.
Look not thou upon the wine when it is red, when it giveth his colour in the cup, when it moveth itself aright.		31	Zie den wijn niet aan, als hij zich rood vertoont, als hij in den beker zijn verve geeft, als hij recht opgaat;
At the last it biteth like a serpent, and stingeth like an adder.		32	In zijn einde zal hij als een slang bijten, en steken als een adder.
Thine eyes shall behold strange women, and thine heart shall utter perverse things.		33	Uw ogen zullen naar vreemde vrouwen zien, en uw hart zal verkeerdheden spreken.
Yea, thou shalt be as he that lieth down in the midst of the sea, or as he that lieth upon the top of a mast.		34	En gij zult zijn, gelijk een, die in het hart van de zee slaapt; en gelijk een, die in het opperste van den mast slaapt.
They have stricken me, shalt thou say, and I was not sick; they have beaten me, and I felt it not: when shall I awake? I will seek it yet again.		35	Men heeft mij geslagen, zult gij zeggen, ik ben niet ziek geweest; men heeft mij gebeukt, ik heb het niet gevoeld; wanneer zal ik opwaken? Ik zal hem nog meer zoeken!

Proverbs (24) Spreuken

Be not thou envious against evil men, neither desire to be with them.		1	Zijt niet nijdig over de boze lieden, en laat u niet gelusten, om bij hen te zijn.
For their heart studieth destruction, and their lips talk of mischief.		2	Want hun hart bedenkt verwoesting, en hun lippen spreken moeite.

	Through wisdom is an house builded; and by understanding it is established:	3	Door wijsheid wordt een huis gebouwd, en door verstandigheid bevestigd;
	And by knowledge shall the chambers be filled with all precious and pleasant riches.	4	En door wetenschap worden de binnenkameren vervuld met alle kostelijk en liefelijk goed.
	A wise man is strong; yea, a man of knowledge increaseth strength.	5	Een wijs man is sterk; en een man van wetenschap maakt de kracht vast.
	For by wise counsel thou shalt make thy war: and in multitude of counsellers there is safety.	6	Want door wijze raadslagen zult gij voor u den krijg voeren, en in de veelheid der raadgevers is de overwinning.
	Wisdom is too high for a fool: he openeth not his mouth in the gate.	7	Alle wijsheid is voor den dwaze te hoog; hij zal in de poort zijn mond niet opendoen.
	He that deviseth to do evil shall be called a mischievous person.	8	Die denkt om kwaad te doen, dien zal men een meester van schandelijke verdichtselen noemen.
	The thought of foolishness is sin: and the scorner is an abomination to men.	9	De gedachte der dwaasheid is zonde; en een spotter is den mens een gruwel.
	If thou faint in the day of adversity, thy strength is small.	10	Vertoont gij u slap ten dage uwer benauwdheid, uw kracht is nauw.
	If thou forbear to deliver them that are drawn unto death, and those that are ready to be slain;	11	Red degenen, die ter dood gegrepen zijn; want zij wankelen ter doding, zo gij u onthoudt.
	If thou sayest, Behold, we knew it not; doth not he that pondereth the heart consider it? and he that keepeth thy soul, doth not he know it? and shall not he render to every man according to his works?	12	Wanneer gij zegt: Ziet, wij weten dat niet; zal Hij, Die de harten weegt, dat niet merken? En Die uwe ziel gadeslaat, zal Hij het niet weten? Want Hij zal den mens vergelden naar zijn werk.
	My son, eat thou honey, because it is good; and the honeycomb, which is sweet to thy taste:	13	Eet honig, mijn zoon! want hij is goed, en honigzeem is zoet voor uw gehemelte.
	So shall the knowledge of wisdom be unto thy soul: when thou hast found it, then there shall be a reward, and thy expectation shall not be cut off.	14	Zodanig is de kennis der wijsheid voor uw ziel; als gij ze vindt, zo zal er beloning wezen, en uw verwachting zal niet afgesneden worden.
	Lay not wait, O wicked man, against the dwelling of the righteous; spoil not his resting place:	15	Loer niet, o goddeloze! op de woning des rechtvaardigen; verwoest zijn legerplaats niet.
	For a just man falleth seven times, and riseth up again: but the wicked shall fall into mischief.	16	Want de rechtvaardige zal zevenmaal vallen, en opstaan; maar de goddelozen zullen in het kwaad nederstruikelen.
	Rejoice not when thine enemy falleth, and let not thine heart be glad when he stumbleth:	17	Verblijd u niet als uw vijand valt; en als hij nederstruikelt, laat uw hart zich niet verheugen;
	Lest the LORD see it, and it displease him, and he turn away his wrath from him.	18	Opdat het de HEERE niet zie, en het kwaad zij in Zijn ogen en Hij Zijn toorn van hem afkere.
	Fret not thyself because of evil men, neither be thou envious at the wicked;	19	Ontsteek u niet over de boosdoeners; zijt niet nijdig over de goddelozen.
	For there shall be no reward to the evil man; the candle of the wicked shall be put out.	20	Want de kwade zal geen beloning hebben, de lamp der goddelozen zal uitgeblust worden.
	My son, fear thou the LORD and the king: and meddle not with them that are given to change:	21	Mijn zoon! vrees den HEERE en den koning; vermeng u niet met hen, die naar verandering staan;
	For their calamity shall rise suddenly; and who knoweth the ruin of them both?	22	Want hun verderf zal haastelijk ontstaan; en wie weet hun beider ondergang?
	These things also belong to the wise. It is not good to have respect of persons in judgment.	23	Deze spreuken zijn ook van de wijzen. Het aangezicht in het gericht te kennen, is niet goed.
	He that saith unto the wicked, Thou art righteous; him shall the people curse, nations shall abhor him:	24	Die tot den goddeloze zegt: Gij zijt rechtvaardig; dien zullen de volken vervloeken, de natien zullen hem gram zijn.
	But to them that rebuke him shall be delight, and a good blessing shall come upon them.	25	Maar voor degenen, die hem bestraffen, zal liefelijkheid zijn; en de zegen des goeds zal op hem komen.
	Every man shall kiss his lips that giveth a right answer.	26	Men zal de lippen kussen desgenen, die rechte woorden antwoordt.
	Prepare thy work without, and make it fit for thyself in the field; and afterwards build thine house.	27	Beschik uw werk daarbuiten, en bereid het voor u op den akker, en bouw daarna uw huis.
	Be not a witness against thy neighbour without cause; and deceive not with thy lips.	28	Wees niet zonder oorzaak getuige tegen uw naaste; want zoudt gij verleiden met uw lip?
	Say not, I will do so to him as he hath done to me: I will render to the man according to his work.	29	Zeg niet: Gelijk als hij mij gedaan heeft, zo zal ik hem doen; ik zal een ieder vergelden naar zijn werk.
	I went by the field of the slothful, and by the vineyard of the man void of understanding;	30	Ik ging voorbij den akker eens luiaards, en voorbij den wijngaard van een verstandeloos mens;
	And, lo, it was all grown over with thorns, and nettles had covered the face thereof, and the stone wall thereof was broken down.	31	En ziet, hij was gans opgeschoten van distelen; zijn gedaante was met netelen bedekt, en zijn stenen scheidsmuur was afgebroken.
	Then I saw, and considered it well: I looked upon it, and received instruction.	32	Als ik dat aanschouwde, nam ik het ter harte; ik zag het, en nam onderwijzing aan;
	Yet a little sleep, a little slumber, a little folding of the hands to sleep:	33	Een weinig slapens, een weinig sluimerens, en weinig handvouwens, al nederliggende;
	So shall thy poverty come as one that travelleth; and thy want as an armed man.	34	Zo zal uw armoede u overkomen, als een wandelaar, en uw velerlei gebrek als een gewapend man.

Proverbs (25) Spreuken

	These are also proverbs of Solomon, which the men of Hezekiah king of Judah copied out.	1	Dit zijn ook spreuken van Salomo, die de mannen van Hizkia, den koning van Juda, uitgeschreven hebben.

	It is the glory of God to conceal a thing: but the honour of kings is to search out a matter.	2	Het is Gods eer een zaak te verbergen; maar de eer der koningen een zaak te doorgronden.
	The heaven for height, and the earth for depth, and the heart of kings is unsearchable.	3	Aan de hoogte des hemels, en aan de diepte der aarde, en aan het hart der koningen is geen doorgronding.
	Take away the dross from the silver, and there shall come forth a vessel for the finer.	4	Doe het schuim van het zilver weg, en er zal een vat voor den smelter uitkomen;
	Take away the wicked from before the king, and his throne shall be established in righteousness.	5	Doe den goddelozen weg van het aangezicht des konings, en zijn troon zal door gerechtigheid bevestigd worden.
	Put not forth thyself in the presence of the king, and stand not in the place of great men:	6	Praal niet voor het aangezicht des konings, en sta niet in de plaats der groten;
	For better it is that it be said unto thee, Come up hither; than that thou shouldest be put lower in the presence of the prince whom thine eyes have seen.	7	Want het is beter, dat men tot u zegge: Kom hier bovenaan, dan dat men u vernedere voor het aangezicht eens prinsen, dien uw ogen gezien hebben.
	Go not forth hastily to strive, lest thou know not what to do in the end thereof, when thy neighbour hath put thee to shame.	8	Vaar niet haastelijk voort om te twisten, opdat gij misschien in het laatste daarvan niet wat doet, als uw naaste u zou mogen beschaamd hebben.
	Debate thy cause with thy neighbour himself; and discover not a secret to another:	9	Twist uw twistzaak met uw naaste; maar openbaar het heimelijke van een ander niet;
	Lest he that heareth it put thee to shame, and thine infamy turn not away.	10	Opdat degene, die het hoort, u niet smade; want uw kwaad gerucht zou niet afgekeerd worden.
	A word fitly spoken is like apples of gold in pictures of silver.	11	Een rede, op zijn pas gesproken, is als gouden appelen in zilveren gebeelde schalen.
	As an earring of gold, and an ornament of fine gold, so is a wise reprover upon an obedient ear.	12	Een wijs bestraffer bij een horend oor, is een gouden oorsiersel, en een halssieraad van het fijnste goud.
	As the cold of snow in the time of harvest, so is a faithful messenger to them that send him: for he refresheth the soul of his masters.	13	Een trouw gezant is dengenen, die hem zenden, als de koude der sneeuw ten dage des oogstes; want hij verkwikt zijns heren ziel.
	Whoso boasteth himself of a false gift is like clouds and wind without rain.	14	Een man, die zichzelven beroemt over een valse gift, is als wolken en wind, waar geen regen bij is.
	By long forbearing is a prince persuaded, and a soft tongue breaketh the bone.	15	Een overste wordt door lankmoedigheid overreed; en een zachte tong breekt het gebeente.
	Hast thou found honey? eat so much as is sufficient for thee, lest thou be filled therewith, and vomit it.	16	Hebt gij honig gevonden, eet dat u genoeg is; opdat gij misschien daarvan niet zat wordt, en dien uitspuwt.
	Withdraw thy foot from thy neighbour's house; lest he be weary of thee, and so hate thee.	17	Spaar uw voet van het huis uws naasten, opdat hij niet zat van u worde, en u hate.
	A man that beareth false witness against his neighbour is a maul, and a sword, and a sharp arrow.	18	Een man, tegen zijn naaste een valse getuigenis sprekende, is een hamer, en zwaard, en scherpe pijl.
	Confidence in an unfaithful man in time of trouble is like a broken tooth, and a foot out of joint.	19	Het vertrouwen op een trouweloze, ten dage der benauwdheid, is als een gebroken tand en verstuikte voet.
	As he that taketh away a garment in cold weather, and as vinegar upon nitre, so is he that singeth songs to an heavy heart.	20	Die liederen zingt bij een treurig hart, is gelijk hij, die een kleed aflegt ten dage der koude, en edik op salpeter.
	If thine enemy be hungry, give him bread to eat; and if he be thirsty, give him water to drink:	21	Indien dengene, die u haat, hongert, geef hem brood te eten; en zo hij dorstig is, geef hem water te drinken;
	For thou shalt heap coals of fire upon his head, and the LORD shall reward thee.	22	Want gij zult vurige kolen op zijn hoofd hopen, en de HEERE zal het u vergelden.
	The north wind driveth away rain: so doth an angry countenance a backbiting tongue.	23	De noordenwind verdrijft den regen, en een vergramd aangezicht de verborgen tong.
	It is better to dwell in the corner of the housetop, than with a brawling woman and in a wide house.	24	Het is beter te wonen op een hoek van het dak, dan met een kijfachtige huisvrouw, en dat in een huis van gezelschap.
	As cold waters to a thirsty soul, so is good news from a far country.	25	Een goede tijding uit een ver land is als koud water op een vermoeide ziel.
	A righteous man falling down before the wicked is as a troubled fountain, and a corrupt spring.	26	De rechtvaardige, wankelende voor het aangezicht des goddelozen, is een beroerde fontein, en verdorven springader.
	It is not good to eat much honey: so for men to search their own glory is not glory.	27	Veel honigs te eten is niet goed; maar de onderzoeking van de heerlijkheid van zulke dingen is eer.
	He that hath no rule over his own spirit is like a city that is broken down, and without walls.	28	Een man, die zijn geest niet wederhouden kan, is een opengebrokene stad zonder muur.

Proverbs (26) Spreuken

	As snow in summer, and as rain in harvest, so honour is not seemly for a fool.	1	Gelijk de sneeuw in den zomer, en gelijk de regen in den oogst, alzo past den zot de eer niet.
	As the bird by wandering, as the swallow by flying, so the curse causeless shall not come.	2	Gelijk de mus is tot wegzweven, gelijk een zwaluw tot vervliegen, alzo zal een vloek, die zonder oorzaak is, niet komen.
	A whip for the horse, a bridle for the ass, and a rod for the fool's back.	3	Een zweep is voor het paard, een toom voor den ezel, en een roede voor den rug der zotten.
	Answer not a fool according to his folly, lest thou also be like unto him.	4	Antwoord den zot naar zijn dwaasheid niet, opdat gij ook hem niet gelijk wordt.
	Answer a fool according to his folly, lest he be wise in his own conceit.	5	Antwoord den zot naar zijn dwaasheid, opdat hij in zijn ogen niet wijs zij.

	He that sendeth a message by the hand of a fool cutteth off the feet, and drinketh damage.	6	Hij snijdt zich de voeten af, en drinkt geweld, die boodschappen zendt door de hand van een zot.
	The legs of the lame are not equal: so is a parable in the mouth of fools.	7	Hef de benen van den kreupele op; alzo is een spreuk in den mond der zotten.
	As he that bindeth a stone in a sling, so is he that giveth honour to a fool.	8	Gelijk hij, die een edel gesteente in een slinger bindt, alzo is hij, die den zot eer geeft.
	As a thorn goeth up into the hand of a drunkard, so is a parable in the mouth of fools.	9	Gelijk een doorn gaat in de hand eens dronkaards, alzo is een spreuk in den mond der zotten.
	The great God that formed all things both rewardeth the fool, and rewardeth transgressors.	10	De groten doen een iegelijk verdriet aan, en huren de zotten, en huren de overtreders.
	As a dog returneth to his vomit, so a fool returneth to his folly.	11	Gelijk een hond tot zijn uitspuwsel wederkeert, alzo herneemt de zot zijn dwaasheid.
	Seest thou a man wise in his own conceit? there is more hope of a fool than of him.	12	Hebt gij een man gezien, die wijs in zijn ogen is! Van een zot is meer verwachting dan van hem.
	The slothful man saith, There is a lion in the way; a lion is in the streets.	13	De luiaard zegt: Er is een felle leeuw op den weg, een leeuw is op de straten.
	As the door turneth upon his hinges, so doth the slothful upon his bed.	14	Een deur keert om op haar herre, alzo de luiaard op zijn bed.
	The slothful hideth his hand in his bosom; it grieveth him to bring it again to his mouth.	15	De luiaard verbergt zijn hand in den boezem, hij is te moede, om die weder tot zijn mond te brengen.
	The sluggard is wiser in his own conceit than seven men that can render a reason.	16	De luiaard is wijzer in zijn ogen, dan zeven, die met rede antwoorden.
	He that passeth by, and meddleth with strife belonging not to him, is like one that taketh a dog by the ears.	17	De voorbijgaande, die zich vertoornt in een twist, die hem niet aangaat, is gelijk die een hond bij de oren grijpt.
	As a mad man who casteth firebrands, arrows, and death,	18	Gelijk een, die zich veinst te razen, die vuursprankelen, pijlen en dodelijke dingen werpt;
	So is the man that deceiveth his neighbour, and saith, Am not I in sport?	19	Alzo is een man, die zijn naaste bedriegt, en zegt: Jok ik er niet mede?
	Where no wood is, there the fire goeth out: so where there is no talebearer, the strife ceaseth.	20	Als er geen hout is, gaat het vuur uit; en als er geen oorblazer is, wordt het gekijf gestild.
	As coals are to burning coals, and wood to fire; so is a contentious man to kindle strife.	21	De dove kool is om de vurige kool, en het hout om het vuur; alzo is een kijfachtig man, om twist te ontsteken.
	The words of a talebearer are as wounds, and they go down into the innermost parts of the belly.	22	De woorden des oorblazers zijn als dergenen, die geslagen zijn, en die dalen in het binnenste des buiks.
	Burning lips and a wicked heart are like a potsherd covered with silver dross.	23	Brandende lippen, en een boos hart, zijn als een potscherf met schuim van zilver overtogen.
	He that hateth dissembleth with his lips, and layeth up deceit within him;	24	Die haat draagt, gelaat zich vreemd met zijn lippen; maar in zijn binnenste stelt hij bedrog aan.
	When he speaketh fair, believe him not: for there are seven abominations in his heart.	25	Als hij met zijn stem smeekt, geloof hem niet, want zeven gruwelen zijn in zijn hart.
	Whose hatred is covered by deceit, his wickedness shall be shewed before the whole congregation.	26	Wiens haat door bedrog bedekt is, diens boosheid zal in de gemeente geopenbaard worden.
	Whoso diggeth a pit shall fall therein: and he that rolleth a stone, it will return upon him.	27	Die een kuil graaft, zal er in vallen, en die een steen wentelt, op hem zal hij wederkeren.
	A lying tongue hateth those that are afflicted by it; and a flattering mouth worketh ruin.	28	Een valse tong haat degenen, die zij verbrijzelt; en een gladde mond maakt omstoting.

Proverbs (27) Spreuken

	Boast not thyself of to morrow; for thou knowest not what a day may bring forth.	1	Beroem u niet over den dag van morgen; want gij weet niet, wat de dag zal baren.
	Let another man praise thee, and not thine own mouth; a stranger, and not thine own lips.	2	Laat u een vreemde prijzen, en niet uw mond; een onbekende, en niet uw lippen.
	A stone is heavy, and the sand weighty; but a fool's wrath is heavier than them both.	3	Een steen is zwaar, en het zand gewichtig; maar de toornigheid des dwazen is zwaarder dan die beide.
	Wrath is cruel, and anger is outrageous; but who is able to stand before envy?	4	Grimmigheid en overloping van toorn is wreedheid; maar wie zal voor nijdigheid bestaan?
	Open rebuke is better than secret love.	5	Openbare bestraffing is beter dan verborgene liefde.
	Faithful are the wounds of a friend; but the kisses of an enemy are deceitful.	6	De wonden des liefhebbers zijn getrouw; maar de kussingen des haters zijn af te bidden.
	The full soul loatheth an honeycomb; but to the hungry soul every bitter thing is sweet.	7	Een verzadigde ziel vertreedt het honigzeem; maar aan een hongerige ziel is alle bitter zoet.
	As a bird that wandereth from her nest, so is a man that wandereth from his place.	8	Gelijk een vogel is, die uit zijn nest omdoolt, alzo is een man, die omdoolt uit zijn plaats.
	Ointment and perfume rejoice the heart: so doth the sweetness of a man's friend by hearty counsel.	9	Olie en reukwerk verblijdt het hart; alzo is de zoetigheid van iemands vriend, vanwege den raad der ziel.
	Thine own friend, and thy father's friend, forsake not; neither go into thy brother's house in the day of thy calamity: for better is a neighbour that is near than a brother far off.	10	Verlaat uw vriend, noch den vriend uws vaders niet; en ga ten huize uws broeders niet op den dag van uw tegenspoed. Beter is een gebuur die nabij is, dan een broeder, die verre is.
	My son, be wise, and make my heart glad, that I may answer him that reproacheth me.	11	Zijt wijs, mijn zoon, en verblijd mijn hart; opdat ik mijn smader wat te antwoorden heb.

A prudent man foreseeth the evil, and hideth himself; but the simple pass on, and are punished.	12 De kloekzinnige ziet het kwaad, en verbergt zich; de slechten gaan henen door, en worden gestraft.
Take his garment that is surety for a stranger, and take a pledge of him for a strange woman.	13 Als iemand voor een vreemde borg geworden is, neem zijn kleed, en pand hem voor een onbekende vrouw.
He that blesseth his friend with a loud voice, rising early in the morning, it shall be counted a curse to him.	14 Die zijn vriend zegent met luider stem, zich des morgens vroeg opmakende, het zal hem tot een vloek gerekend worden.
A continual dropping in a very rainy day and a contentious woman are alike.	15 Een gedurige druiping ten dage des slagregens en een kijfachtige huisvrouw zijn even gelijk.
Whosoever hideth her hideth the wind, and the ointment of his right hand, which bewrayeth itself.	16 Elkeen, die haar verbergt, zou den wind verbergen, en de olie zijner rechterhand, die roept.
Iron sharpeneth iron; so a man sharpeneth the countenance of his friend.	17 Ijzer scherpt men met ijzer; alzo scherpt een man het aangezicht zijns naasten.
Whoso keepeth the fig tree shall eat the fruit thereof: so he that waiteth on his master shall be honoured.	18 Die den vijgeboom bewaart, zal zijn vrucht eten; en die zijn heer waarneemt, zal geeerd worden.
As in water face answereth to face, so the heart of man to man.	19 Gelijk in het water het aangezicht is tegen het aangezicht, alzo is des mensen hart tegen den mens.
Hell and destruction are never full; so the eyes of man are never satisfied.	20 De hel en het verderf worden niet verzadigd; alzo worden de ogen des mensen niet verzadigd.
As the fining pot for silver, and the furnace for gold; so is a man to his praise.	21 De smeltkroes is voor het zilver, en de oven voor het goud; alzo is een man naar zijn lof te proeven.
Though thou shouldest bray a fool in a mortar among wheat with a pestle, yet will not his foolishness depart from him.	22 Al stiet gij den dwaas in een mortier met een stamper, in het midden van het gestoten graan, zijn dwaasheid zou van hem niet afwijken.
Be thou diligent to know the state of thy flocks, and look well to thy herds.	23 Zijt naarstig, om het aangezicht uwer schapen te kennen; zet uw hart op de kudden.
For riches are not for ever: and doth the crown endure to every generation?	24 Want de schat is niet tot in eeuwigheid; of zal de kroon van geslacht tot geslacht zijn?
The hay appeareth, and the tender grass sheweth itself, and herbs of the mountains are gathered.	25 Als het gras zich openbaart, en de grasscheuten gezien worden, laat de kruiden der bergen verzameld worden.
The lambs are for thy clothing, and the goats are the price of the field.	26 De lammeren zullen zijn tot uw kleding, en de bokken de prijs des velds.
And thou shalt have goats' milk enough for thy food, for the food of thy household, and for the maintenance for thy maidens.	27 Daartoe zult gij genoegzaamheid van geitenmelk hebben tot uw spijze, tot spijze van uw huis, en leeftocht uwer maagden.

Proverbs (28) Spreuken

The wicked flee when no man pursueth: but the righteous are bold as a lion.	1 De goddelozen vlieden, waar geen vervolger is; maar elk rechtvaardige is moedig, als een jonge leeuw.
For the transgression of a land many are the princes thereof: but by a man of understanding and knowledge the state thereof shall be prolonged.	2 Om de overtreding des lands zijn deszelfs vorsten vele; maar om verstandige en wetende mensen zal insgelijks verlenging wezen.
A poor man that oppresseth the poor is like a sweeping rain which leaveth no food.	3 Een arm man, die de geringen verdrukt, is een wegvagende regen, zodat er geen brood zij.
They that forsake the law praise the wicked: but such as keep the law contend with them.	4 Die de wet verlaten, prijzen de goddelozen; maar die de wet bewaren, mengen zich in strijd tegen hen.
Evil men understand not judgment: but they that seek the LORD understand all things.	5 De kwade lieden verstaan het recht niet; maar die den HEERE zoeken, verstaan alles.
Better is the poor that walketh in his uprightness, than he that is perverse in his ways, though he be rich.	6 De arme, wandelende in zijn oprechtheid, is beter, dan die verkeerd is van wegen, al is hij rijk.
Whoso keepeth the law is a wise son: but he that is a companion of riotous men shameth his father.	7 Die de wet bewaart, is een verstandig zoon; maar die der vraten metgezel is, beschaamt zijn vader.
He that by usury and unjust gain increaseth his substance, he shall gather it for him that will pity the poor.	8 Die zijn goed vermeerdert met woeker en met overwinst, vergadert dat voor dengene, die zich des armen ontfermt.
He that turneth away his ear from hearing the law, even his prayer shall be abomination.	9 Die zijn oor afwendt van de wet te horen, diens gebed zelfs zal een gruwel zijn.
Whoso causeth the righteous to go astray in an evil way, he shall fall himself into his own pit: but the upright shall have good things in possession.	10 Die de oprechten doet dwalen op een kwaden weg, zal zelf in zijn gracht vallen; maar de vromen zullen het goede beerven.
The rich man is wise in his own conceit; but the poor that hath understanding searcheth him out.	11 Een rijk man is wijs in zijn ogen; maar de arme, die verstandig is, doorzoekt hem.
When righteous men do rejoice, there is great glory: but when the wicked rise, a man is hidden.	12 Als de rechtvaardigen opspringen van vreugde, is er grote heerlijkheid; maar als de goddelozen opkomen, wordt de mens nauw gezocht.
He that covereth his sins shall not prosper: but whoso confesseth and forsaketh them shall have mercy.	13 Die zijn overtredingen bedekt, zal niet voorspoedig zijn; maar die ze bekent en laat, zal barmhartigheid verkrijgen.
Happy is the man that feareth alway: but he that hardeneth his heart shall fall into mischief.	14 Welgelukzalig is de mens, die geduriglijk vreest; maar die zijn hart verhardt, zal in het kwaad vallen.
As a roaring lion, and a ranging bear; so is a wicked ruler over the poor people.	15 De goddeloze, heersende over een arm volk, is een brullende leeuw, en een beer, die ginds en weder loopt.
The prince that wanteth understanding is also a great oppressor: but he that hateth covetousness shall prolong his days.	16 Een vorst, die van alle verstand gebrek heeft, is ook veelvoudig in verdrukkingen; maar die de gierigheid haat, zal de dagen verlengen.

	A man that doeth violence to the blood of any person shall flee to the pit; let no man stay him.	17	Een mens, gedrukt om het bloed ener ziel, zal naar den kuil toevlieden; men ondersteune hem niet!
	Whoso walketh uprightly shall be saved: but he that is perverse in his ways shall fall at once.	18	Die oprecht wandelt, zal behouden worden; maar die zich verkeerdelijk gedraagt in twee wegen, zal in den enen vallen.
	He that tilleth his land shall have plenty of bread: but he that followeth after vain persons shall have poverty enough.	19	Die zijn land bouwt, zal met brood verzadigd worden; maar die ijdele mensen volgt, zal met armoede verzadigd worden.
	A faithful man shall abound with blessings: but he that maketh haste to be rich shall not be innocent.	20	Een gans getrouw man zal veelvoudig zijn in zegeningen; maar die haastig is, om rijk te worden, zal niet onschuldig wezen.
	To have respect of persons is not good: for for a piece of bread that man will transgress.	21	De aangezichten te kennen, is niet goed; want een man zal om een stuk broods overtreden.
	He that hasteth to be rich hath an evil eye, and considereth not that poverty shall come upon him.	22	Die zich haast naar goed, is een man van een boos oog; maar hij weet niet, dat het gebrek hem overkomen zal.
	He that rebuketh a man afterwards shall find more favour than he that flattereth with the tongue.	23	Die een mens bestraft, zal achterna gunst vinden, meer dan die met de tong vleit.
	Whoso robbeth his father or his mother, and saith, It is no transgression; the same is the companion of a destroyer.	24	Wie zijn vader of zijn moeder berooft, en zegt: Het is geen overtreding; die is des verdervenden mans gezel.
	He that is of a proud heart stirreth up strife: but he that putteth his trust in the LORD shall be made fat.	25	Die grootmoedig is, verwekt gekijf; maar die op den HEERE vertrouwt, zal vet worden.
	He that trusteth in his own heart is a fool: but whoso walketh wisely, he shall be delivered.	26	Die op zijn hart vertrouwt, die is een zot; maar die in wijsheid wandelt, die zal ontkomen.
	He that giveth unto the poor shall not lack: but he that hideth his eyes shall have many a curse.	27	Die den armen geeft, zal geen gebrek hebben; maar die zijn ogen verbergt, zal veel vervloekt worden.
	When the wicked rise, men hide themselves: but when they perish, the righteous increase.	28	Als de goddelozen opkomen, verbergt zich de mens; maar als zij omkomen, vermenigvuldigen de rechtvaardigen.

Proverbs (29) Spreuken

	He, that being often reproved hardeneth his neck, shall suddenly be destroyed, and that without remedy.	1	Een man, die, dikwijls bestraft zijnde, den nek verhardt, zal schielijk verbroken worden, zodat er geen genezen aan zij.
	When the righteous are in authority, the people rejoice: but when the wicked beareth rule, the people mourn.	2	Als de rechtvaardigen groot worden, verblijdt zich het volk; maar als de goddeloze heerst, zucht het volk.
	Whoso loveth wisdom rejoiceth his father: but he that keepeth company with harlots spendeth his substance.	3	Een man, die de wijsheid bemint, verblijdt zijn vader; maar die een metgezel der hoeren is, brengt het goed door.
	The king by judgment establisheth the land: but he that receiveth gifts overthroweth it.	4	Een koning houdt het land staande door het recht; maar een, die tot geschenken genegen is, verstoort hetzelve.
	A man that flattereth his neighbour spreadeth a net for his feet.	5	Een man, die zijn naaste vleit, spreidt een net uit voor deszelfs gangen.
	In the transgression of an evil man there is a snare: but the righteous doth sing and rejoice.	6	In de overtreding eens bozen mans is een strik; maar de rechtvaardige juicht en is blijde.
	The righteous considereth the cause of the poor: but the wicked regardeth not to know it.	7	De rechtvaardige neemt kennis van de rechtzaak der armen; maar de goddeloze begrijpt de wetenschap niet.
	Scornful men bring a city into a snare: but wise men turn away wrath.	8	Spotdrijvende lieden blazen een stad aan brand; maar de wijzen keren den toorn af.
	If a wise man contendeth with a foolish man, whether he rage or laugh, there is no rest.	9	Een wijs man, met een dwaas man in rechten zich begeven hebbende, hetzij dat hij beroerd is of lacht, zo is er toch geen rust.
	The bloodthirsty hate the upright: but the just seek his soul.	10	Bloedgierige lieden haten den vrome; maar de oprechten zoeken zijn ziel.
	A fool uttereth all his mind: but a wise man keepeth it in till afterwards.	11	Een zot laat zijn gansen geest uit, maar de wijze wederhoudt dien achterwaarts.
	If a ruler hearken to lies, all his servants are wicked.	12	Een heerser, die op leugentaal acht geeft, al zijn dienaars zijn goddeloos.
	The poor and the deceitful man meet together: the LORD lighteneth both their eyes.	13	De arme en de bedrieger ontmoeten elkander; de HEERE verlicht hun beider ogen.
	The king that faithfully judgeth the poor, his throne shall be established for ever.	14	Een koning, die de armen in trouw recht doet, diens troon zal in eeuwigheid bevestigd worden.
	The rod and reproof give wisdom: but a child left to himself bringeth his mother to shame.	15	De roede, en de bestraffing geeft wijsheid; maar een kind, dat aan zichzelf gelaten is, beschaamt zijn moeder.
	When the wicked are multiplied, transgression increaseth: but the righteous shall see their fall.	16	Als de goddelozen velen worden, wordt de overtreding veel; maar de rechtvaardigen zullen hun val aanzien.
	Correct thy son, and he shall give thee rest; yea, he shall give delight unto thy soul.	17	Tuchtig uw zoon, en hij zal u gerustheid aandoen, en hij zal uw ziel vermakelijkheden geven.
	Where there is no vision, the people perish: but he that keepeth the law, happy is he.	18	Als er geen profetie is, wordt het volk ontbloot; maar welgelukzalig is hij, die de wet bewaart.
	A servant will not be corrected by words: for though he understand he will not answer.	19	Een knecht zal door de woorden niet getuchtigd worden; hoewel hij u verstaat, nochtans zal hij niet antwoorden.
	Seest thou a man that is hasty in his words? there is more hope of a fool than of him.	20	Hebt gij een man gezien, die haastig in zijn woorden is? Van een zot is meer verwachting dan van hem.
	He that delicately bringeth up his servant from a child shall have him become his son at the length.	21	Als men zijn knecht van jongs op weeldig houdt, hij zal in zijn laatste een zoon willen zijn.
	An angry man stirreth up strife, and a furious man aboundeth in transgression.	22	Een toornig man verwekt gekijf; en de grammoedige is veelvoudig in overtreding.

	A man's pride shall bring him low: but honour shall uphold the humble in spirit.	23	De hoogmoed des mensen zal hem vernederen; maar de nederige van geest zal de eer vasthouden.
	Whoso is partner with a thief hateth his own soul: he heareth cursing, and bewrayeth it not.	24	Die met een dief deelt, haat zijn ziel; hij hoort een vloek, en hij geeft het niet te kennen.
	The fear of man bringeth a snare: but whoso putteth his trust in the LORD shall be safe.	25	De siddering des mensen legt een strik; maar die op den HEERE vertrouwt, zal in een hoog vertrek gesteld worden.
	Many seek the ruler's favour; but every man's judgment cometh from the LORD.	26	Velen zoeken het aangezicht des heersers; maar een ieders recht is van den HEERE.
	An unjust man is an abomination to the just: and he that is upright in the way is abomination to the wicked.	27	Een ongerechtig man is den rechtvaardige een gruwel; maar die recht is van weg, is den goddeloze een gruwel.

Proverbs (30) Spreuken

	The words of Agur the son of Jakeh, even the prophecy: the man spake unto Ithiel, even unto Ithiel and Ucal,	1	De woorden van Agur, den zoon van Jake; een last. De man spreekt tot Ithiel, tot Ithiel en Uchal.
	Surely I am more brutish than any man, and have not the understanding of a man.	2	Voorwaar, ik ben onvernuftiger dan iemand; en ik heb geen mensenverstand;
	I neither learned wisdom, nor have the knowledge of the holy.	3	En ik heb geen wijsheid geleerd, noch de wetenschap der heiligen gekend.
	Who hath ascended up into heaven, or descended? who hath gathered the wind in his fists? who hath bound the waters in a garment? who hath established all the ends of the earth? what is his name, and what is his son's name, if thou canst tell?	4	Wie is ten hemel opgeklommen, en nedergedaald? Wie heeft den wind in Zijn vuisten verzameld? Wie heeft de wateren in een kleed gebonden? Wie heeft al de einden der aarde gesteld? Hoe is Zijn Naam, en hoe is de Naam Zijns Zoons, zo gij het weet?
	Every word of God is pure: he is a shield unto them that put their trust in him.	5	Alle rede Gods is doorlouterd; Hij is een Schild dengenen, die op Hem betrouwen.
	Add thou not unto his words, lest he reprove thee, and thou be found a liar.	6	Doe niet tot Zijn woorden, opdat Hij u niet bestraffe, en gij leugenachtig bevonden wordt.
	Two things have I required of thee; deny me them not before I die:	7	Twee dingen heb ik van U begeerd, onthoud ze mij niet, eer ik sterve:
	Remove far from me vanity and lies: give me neither poverty nor riches; feed me with food convenient for me:	8	Ijdelheid en leugentaal doe verre van mij; armoede of rijkdom geef mij niet; voed mij met het brood mijns bescheiden deels;
	Lest I be full, and deny thee, and say, Who is the LORD? or lest I be poor, and steal, and take the name of my God in vain.	9	Opdat ik, zat zijnde, U dan niet verloochene, en zegge: Wie is de HEERE? of dat ik, verarmd zijnde, dan niet stele, en den Naam mijns Gods aantaste.
	Accuse not a servant unto his master, lest he curse thee, and thou be found guilty.	10	Achterklap niet van den knecht bij zijn heer, opdat hij u niet vloeke, en gij schuldig wordt.
	There is a generation that curseth their father, and doth not bless their mother.	11	Daar is een geslacht, dat zijn vader vervloekt, en zijn moeder niet zegent;
	There is a generation that are pure in their own eyes, and yet is not washed from their filthiness.	12	Een geslacht, dat rein in zijn ogen is, en van zijn drek niet gewassen is;
	There is a generation, O how lofty are their eyes! and their eyelids are lifted up.	13	Een geslacht, welks ogen hoog zijn, en welks oogleden verheven zijn;
	There is a generation, whose teeth are as swords, and their jaw teeth as knives, to devour the poor from off the earth, and the needy from among men.	14	Een geslacht, welks tanden zwaarden, en welks baktanden messen zijn, om de ellendigen van de aarde en de nooddruftigen van onder de mensen te verteren.
	The horseleach hath two daughters, crying, Give, give. There are three things that are never satisfied, yea, four things say not, It is enough:	15	De bloedzuiger heeft twee dochters: Geef, geef! Deze drie dingen worden niet verzadigd; ja, vier zeggen niet: Het is genoeg!
	The grave; and the barren womb; the earth that is not filled with water; and the fire that saith not, It is enough.	16	Het graf, de gesloten baarmoeder, de aarde, die van water niet verzadigd wordt, en het vuur zegt niet: Het is genoeg!
	The eye that mocketh at his father, and despiseth to obey his mother, the ravens of the valley shall pick it out, and the young eagles shall eat it.	17	Het oog, dat den vader bespot, of de gehoorzaamheid der moeder veracht, dat zullen de raven der beek uitpikken, en des arends jongen zullen het eten.
	There be three things which are too wonderful for me, yea, four which I know not:	18	Deze drie dingen zijn voor mij te wonderlijk, ja, vier, die ik niet weet:
	The way of an eagle in the air; the way of a serpent upon a rock; the way of a ship in the midst of the sea; and the way of a man with a maid.	19	De weg eens arends in den hemel; de weg ener slang op een rotssteen; de weg van een schip in het hart der zee; en de weg eens mans bij een maagd.
	Such is the way of an adulterous woman; she eateth, and wipeth her mouth, and saith, I have done no wickedness.	20	Alzo is de weg ener overspelige vrouw; zij eet en wist haar mond, en zegt: Ik heb geen ongerechtigheid gewrocht!
	For three things the earth is disquieted, and for four which it cannot bear:	21	Om drie dingen ontroert zich de aarde, ja, om vier, die zij niet dragen kan:
	For a servant when he reigneth; and a fool when he is filled with meat;	22	Om een knecht, als hij regeert; en een dwaas, als hij van brood verzadigd is;
	For an odious woman when she is married; and an handmaid that is heir to her mistress.	23	Om een hatelijke vrouw, als zij getrouwd wordt; en een dienstmaagd, als zij erfgenaam is van haar vrouw.
	There be four things which are little upon the earth, but they are exceeding wise:	24	Deze vier zijn van de kleinste der aarde; doch dezelve zijn wijs, met wijsheid wel voorzien:
	The ants are a people not strong, yet they prepare their meat in the summer;	25	De mieren zijn een onsterk volk; evenwel bereiden zij in de zomer haar spijs.
	The conies are but a feeble folk, yet make they their houses in the rocks;	26	De konijnen zijn een machteloos volk; nochtans stellen zij hun huis in den rotssteen.

The locusts have no king, yet go they forth all of them by bands;	27	De sprinkhanen hebben geen koning; nochtans gaan zij allen uit, zich verdelende in hopen.
The spider taketh hold with her hands, and is in kings' palaces.	28	De spinnekop grijpt met de handen, en is in de paleizen der koningen.
There be three things which go well, yea, four are comely in going:	29	Deze drie maken een goeden tred; ja, vier zijn er, die een goeden gang maken;
A lion which is strongest among beasts, and turneth not away for any;	30	De oude leeuw geweldig onder de gedierten, die voor niemand zal wederkeren;
A greyhound; an he goat also; and a king, against whom there is no rising up.	31	Een windhond van goede lenden, of een bok; en een koning, die niet tegen te staan is.
If thou hast done foolishly in lifting up thyself, or if thou hast thought evil, lay thine hand upon thy mouth.	32	Zo gij dwaselijk gehandeld hebt, met u te verheffen, en zo gij kwaad bedacht hebt, de hand op den mond!
Surely the churning of milk bringeth forth butter, and the wringing of the nose bringeth forth blood: so the forcing of wrath bringeth forth strife.	33	Want de drukking der melk brengt boter voort, en de drukking van den neus brengt bloed voort, en de drukking des toorns brengt twist voort.

Proverbs (31) Spreuken

The words of king Lemuel, the prophecy that his mother taught him.	1	De woorden van de koning Lemuel; de last, maarmede zijn moeder hem onderwees.
What, my son? and what, the son of my womb? and what, the son of my vows?	2	Wat, o mijn zoon, en wat, o zoon mijns buiks? ja, wat, o zoon mijner geloften?
Give not thy strength unto women, nor thy ways to that which destroyeth kings.	3	Geeft aan de vrouwen uw vermogen niet, noch uw wegen, om koningen te verdelgen.
It is not for kings, O Lemuel, it is not for kings to drink wine; nor for princes strong drink:	4	Het komt den koningen niet toe, o Lemuel! het komt den koningen niet toe wijn te drinken, en den prinsen, sterken drank te begeren;
Lest they drink, and forget the law, and pervert the judgment of any of the afflicted.	5	Opdat hij niet drinke, en het gezette vergete, en de rechtzaak van alle verdrukten verandere.
Give strong drink unto him that is ready to perish, and wine unto those that be of heavy hearts.	6	Geeft sterken drank dengene, die verloren gaat, en wijn dengenen, die bitterlijk bedroefd van ziel zijn;
Let him drink, and forget his poverty, and remember his misery no more.	7	Dat hij drinke, en zijn armoede vergete, en zijner moeite niet meer gedenke.
Open thy mouth for the dumb in the cause of all such as are appointed to destruction.	8	Open uw mond voor den stomme, voor de rechtzaak van allen, die omkomen zouden.
Open thy mouth, judge righteously, and plead the cause of the poor and needy.	9	Open uw mond; oordeel gerechtelijk, en doe den verdrukte en nooddruftige recht.
Who can find a virtuous woman? for her price is far above rubies.	10	Aleph. Wie zal een deugdelijke huisvrouw vinden? Want haar waardij is verre boven de robijnen.
The heart of her husband doth safely trust in her, so that he shall have no need of spoil.	11	Beth. Het hart haars heren vertrouwt op haar, zodat hem geen goed zal ontbreken.
She will do him good and not evil all the days of her life.	12	Gimel. Zij doet hem goed en geen kwaad, al de dagen haars levens.
She seeketh wool, and flax, and worketh willingly with her hands.	13	Daleth. Zij zoekt wol en vlas, en werkt met lust harer handen.
She is like the merchants' ships; she bringeth her food from afar.	14	He. Zij is als de schepen eens koopmans; zij doet haar brood van verre komen.
She riseth also while it is yet night, and giveth meat to her household, and a portion to her maidens.	15	Vau. En zij staat op, als het nog nacht is, en geeft haar huis spijze, en haar dienstmaagden het bescheiden deel.
She considereth a field, and buyeth it: with the fruit of her hands she planteth a vineyard.	16	Zain. Zij denkt om een akker, en krijgt hem; van de vrucht harer handen plant zij een wijngaard.
She girdeth her loins with strength, and strengtheneth her arms.	17	Cheth. Zij gordt haar lenden met kracht, en zij versterkt haar armen.
She perceiveth that her merchandise is good: her candle goeth not out by night.	18	Teth. Zij smaakt, dat haar koophandel goed is; haar lamp gaat des nachts niet uit.
She layeth her hands to the spindle, and her hands hold the distaff.	19	Jod. Zij steekt haar handen uit naar de spil, en haar handpalmen vatten den spinrok.
She stretcheth out her hand to the poor; yea, she reacheth forth her hands to the needy.	20	Caph. Zij breidt haar handpalm uit tot den ellendige; en zij steekt haar handen uit tot den nooddruftige.
She is not afraid of the snow for her household: for all her household are clothed with scarlet.	21	Lamed. Zij vreest voor haar huis niet vanwege de sneeuw; want haar ganse huis is met dubbele klederen gekleed.
She maketh herself coverings of tapestry; her clothing is silk and purple.	22	Mem. Zij maakt voor zich tapijtsieraad; haar kleding is fijn linnen en purper.
Her husband is known in the gates, when he sitteth among the elders of the land.	23	Nun. Haar man is bekend in de poorten, als hij zit met de oudsten des lands.
She maketh fine linen, and selleth it; and delivereth girdles unto the merchant.	24	Samech. Zij maakt fijn lijnwaad en verkoopt het; en zij levert den koopman gordelen.
Strength and honour are her clothing; and she shall rejoice in time to come.	25	Ain. Sterkte en heerlijkheid zijn haar kleding; en zij lacht over den nakomenden dag.
She openeth her mouth with wisdom; and in her tongue is the law of kindness.	26	Pe. Zij doet haar mond open met wijsheid; en op haar tong is leer der goeddadigheid.
She looketh well to the ways of her household, and eateth not the bread of idleness.	27	Tsade. Zij beschouwt de gangen van haar huis; en het brood der luiheid eet zij niet.

Her children arise up, and call her blessed; her husband also, and he praiseth her.

Many daughters have done virtuously, but thou excellest them all.

Favour is deceitful, and beauty is vain: but a woman that feareth the LORD, she shall be praised.

Give her of the fruit of her hands; and let her own works praise her in the gates.

28 Koph. Haar kinderen staan op, en roemen haar welgelukzalig; ook haar man, en hij prijst haar, zeggende:

29 Resch. Vele dochteren hebben deugdelijke gehandeld; maar gij gaat die allen te boven.

30 Schin. De bevalligheid is bedrog, en de schoonheid ijdelheid; maar een vrouw, die den HEERE vreest, die zal geprezen worden.

31 Thau. Geef haar van de vrucht harer handen, en laat haar werken haar prijzen in de poorten.

Ecclesiastes - Prediker

Ecclesiastes (1) Prediker

1 The words of the Preacher, the son of David, king in Jerusalem.

2 Vanity of vanities, saith the Preacher, vanity of vanities; all is vanity.

3 What profit hath a man of all his labour which he taketh under the sun?

4 One generation passeth away, and another generation cometh: but the earth abideth for ever.

5 The sun also ariseth, and the sun goeth down, and hasteth to his place where he arose.

6 The wind goeth toward the south, and turneth about unto the north; it whirleth about continually, and the wind returneth again according to his circuits.

7 All the rivers run into the sea; yet the sea is not full; unto the place from whence the rivers come, thither they return again.

8 All things are full of labour; man cannot utter it: the eye is not satisfied with seeing, nor the ear filled with hearing.

9 The thing that hath been, it is that which shall be; and that which is done is that which shall be done: and there is no new thing under the sun.

10 Is there any thing whereof it may be said, See, this is new? it hath been already of old time, which was before us.

11 There is no remembrance of former things; neither shall there be any remembrance of things that are to come with those that shall come after.

12 I the Preacher was king over Israel in Jerusalem.

13 And I gave my heart to seek and search out by wisdom concerning all things that are done under heaven: this sore travail hath God given to the sons of man to be exercised therewith.

14 I have seen all the works that are done under the sun; and, behold, all is vanity and vexation of spirit.

15 That which is crooked cannot be made straight: and that which is wanting cannot be numbered.

16 I communed with mine own heart, saying, Lo, I am come to great estate, and have gotten more wisdom than all they that have been before me in Jerusalem: yea, my heart had great experience of wisdom and knowledge.

17 And I gave my heart to know wisdom, and to know madness and folly: I perceived that this also is vexation of spirit.

18 For in much wisdom is much grief: and he that increaseth knowledge increaseth sorrow.

Ecclesiastes (2) Prediker

1 I said in mine heart, Go to now, I will prove thee with mirth, therefore enjoy pleasure: and, behold, this also is vanity.

2 I said of laughter, It is mad: and of mirth, What doeth it?

3 I sought in mine heart to give myself unto wine, yet acquainting mine heart with wisdom; and to lay hold on folly, till I might see what was that good for the sons of men, which they should do under the heaven all the days of their life.

4 I made me great works; I builded me houses; I planted me vineyards;

5 I made me gardens and orchards, and I planted trees in them of all kind of fruits:

6 I made me pools of water, to water therewith the wood that bringeth forth trees:

7 I got me servants and maidens, and had servants born in my house; also I had great possessions of great and small cattle above all that were in Jerusalem before me:

Ecclesiastes (1) Prediker

1 De woorden van den prediker, den zoon van David, den koning te Jeruzalem.

2 Ijdelheid der ijdelheden, zegt de prediker; ijdelheid der ijdelheden, het is al ijdelheid.

3 Wat voordeel heeft de mens van al zijn arbeid, dien hij arbeidt onder de zon?

4 Het ene geslacht gaat, en het andere geslacht komt; maar de aarde staat in der eeuwigheid.

5 Ook rijst de zon op, en de zon gaat onder, en zij hijgt naar haar plaats, waar zij oprees.

6 Zij gaat naar het zuiden, en zij gaat om naar het noorden; de wind gaat steeds omgaande, en de wind keert weder tot zijn omgangen.

7 Al de beken gaan in de zee, nochtans wordt de zee niet vol; naar de plaats, waar de beken heengaan, derwaarts gaande keren zij weder.

8 Al deze dingen worden zo moede, dat het niemand zou kunnen uitspreken; het oog wordt niet verzadigd met zien; en het oor wordt niet vervuld van horen.

9 Hetgeen er geweest is, hetzelve zal er zijn, en hetgeen er gedaan is, hetzelve zal er gedaan worden; zodat er niets nieuws is onder de zon.

10 Is er enig ding, waarvan men zou kunnen zeggen: Ziet dat, het is nieuw? Het is alreeds geweest in de eeuwen, die voor ons geweest zijn.

11 Er is geen gedachtenis van de voorgaande dingen; en van de navolgende dingen, die zijn zullen, van dezelve zal ook geen gedachtenis zijn bij degenen, die namaals wezen zullen.

12 Ik, prediker, was koning over Israel te Jeruzalem.

13 En ik begaf mijn hart om met wijsheid te onderzoeken, en na te speuren al wat er geschiedt onder den hemel. Deze moeilijke bezigheid heeft God den kinderen der mensen gegeven, om zich daarin te bekommeren.

14 Ik zag al de werken aan, die onder de zon geschieden; en ziet, het was al ijdelheid en kwelling des geestes.

15 Het kromme kan niet recht gemaakt worden; en hetgeen ontbreekt, kan niet geteld worden.

16 Ik sprak met mijn hart, zeggende: Zie, ik heb wijsheid vergroot en vermeerderd, boven allen, die voor mij te Jeruzalem geweest zijn; en mijn hart heeft veel wijsheid en wetenschap gezien.

17 En ik begaf mijn hart om wijsheid en wetenschap te weten, onzinnigheden en dwaasheid; ik ben gewaar geworden, dat ook dit een kwelling des geestes is.

18 Want in veel wijsheid is veel verdriet; en die wetenschap vermeerdert, vermeerdert smart.

Ecclesiastes (2) Prediker

1 Ik zeide in mijn hart: Nu, welaan, ik zal u beproeven door vreugde; derhalve zie het goede aan; maar zie, ook dat was ijdelheid.

2 Tot het lachen zeide ik: Gij zijt onzinnig, en tot de vreugde: Wat maakt deze?

3 Ik heb in mijn hart nagespeurd, om mijn vlees op te houden in den wijn, (nochtans leidende mijn hart in wijsheid) en om de dwaasheid vast te houden, totdat ik zou zien wat den kinderen der mensen het best ware, dat zij doen zouden onder den hemel, gedurende het getal der dagen huns levens.

4 Ik maakte mij grote werken, ik bouwde mij huizen, ik plantte mij wijngaarden.

5 Ik maakte mij hoven en lusthoven, en ik plantte bomen in dezelve, van allerlei vrucht.

6 Ik maakte mij vijvers van wateren, om daarmede te bewateren het woud, dat met bomen groende.

7 Ik kreeg knechten en maagden, en ik had kinderen des huizes; ook had ik een groot bezit van runderen en schapen, meer dan allen, die voor mij te Jeruzalem geweest waren.

Ecclesiastes - Prediker

I gathered me also silver and gold, and the peculiar treasure of kings and of the provinces: I gat me men singers and women singers, and the delights of the sons of men, as musical instruments, and that of all sorts.

So I was great, and increased more than all that were before me in Jerusalem: also my wisdom remained with me.

And whatsoever mine eyes desired I kept not from them, I withheld not my heart from any joy; for my heart rejoiced in all my labour: and this was my portion of all my labour.

Then I looked on all the works that my hands had wrought, and on the labour that I had laboured to do: and, behold, all was vanity and vexation of spirit, and there was no profit under the sun.

And I turned myself to behold wisdom, and madness, and folly: for what can the man do that cometh after the king? even that which hath been already done.

Then I saw that wisdom excelleth folly, as far as light excelleth darkness.

The wise man's eyes are in his head; but the fool walketh in darkness: and I myself perceived also that one event happeneth to them all.

Then said I in my heart, As it happeneth to the fool, so it happeneth even to me; and why was I then more wise? Then I said in my heart, that this also is vanity.

For there is no remembrance of the wise more than of the fool for ever; seeing that which now is in the days to come shall all be forgotten. And how dieth the wise man? as the fool.

Therefore I hated life; because the work that is wrought under the sun is grievous unto me: for all is vanity and vexation of spirit.

Yea, I hated all my labour which I had taken under the sun: because I should leave it unto the man that shall be after me.

And who knoweth whether he shall be a wise man or a fool? yet shall he have rule over all my labour wherein I have laboured, and wherein I have shewed myself wise under the sun. This is also vanity.

Therefore I went about to cause my heart to despair of all the labour which I took under the sun.

For there is a man whose labour is in wisdom, and in knowledge, and in equity; yet to a man that hath not laboured therein shall he leave it for his portion. This also is vanity and a great evil.

For what hath man of all his labour, and of the vexation of his heart, wherein he hath laboured under the sun?

For all his days are sorrows, and his travail grief; yea, his heart taketh not rest in the night. This is also vanity.

There is nothing better for a man, than that he should eat and drink, and that he should make his soul enjoy good in his labour. This also I saw, that it was from the hand of God.

For who can eat, or who else can hasten hereunto, more than I?

For God giveth to a man that is good in his sight wisdom, and knowledge, and joy: but to the sinner he giveth travail, to gather and to heap up, that he may give to him that is good before God. This also is vanity and vexation of spirit.

Ecclesiastes (3) Prediker

To every thing there is a season, and a time to every purpose under the heaven:

A time to be born, and a time to die; a time to plant, and a time to pluck up that which is planted;

A time to kill, and a time to heal; a time to break down, and a time to build up;

A time to weep, and a time to laugh; a time to mourn, and a time to dance;

A time to cast away stones, and a time to gather stones together; a time to embrace, and a time to refrain from embracing;

A time to get, and a time to lose; a time to keep, and a time to cast away;

---

8 Ik vergaderde mij ook zilver en goud, en kleinoden der koningen en der landschappen; ik bestelde mij zangers en zangeressen, en wellustigheden der mensenkinderen, snarenspel, ja, allerlei snarenspel.

9 En ik werd groot, en nam toe, meer dan iemand, die voor mij te Jeruzalem geweest was; ook bleef mijn wijsheid mij bij.

10 En al wat mijn ogen begeerden, dat onttrok ik hun niet; ik wederhield mijn hart niet van enige blijdschap, maar mijn hart was verblijd vanwege al mijn arbeid; en dit was mijn deel van al mijn arbeid.

11 Toen wendde ik mij tot al mijn werken, die mijn handen gemaakt hadden, en tot den arbeid, dien ik werkende gearbeid had; ziet, het was al ijdelheid en kwelling des geestes, en daarin was geen voordeel onder de zon.

12 Daarna wendde ik mij, om te zien wijsheid, ook onzinnigheden en dwaasheid; want hoe zou een mens, die den koning nakomen zal, doen hetgeen alrede gedaan is?

13 Toen zag ik, dat de wijsheid uitnemendheid heeft boven de dwaasheid, gelijk het licht uitnemendheid heeft boven de duisternis.

14 De ogen des wijzen zijn in zijn hoofd, maar de zot wandelt in de duisternis. Toen bemerkte ik ook, dat enerlei geval hun allen bejegent.

15 Dies zeide ik in mijn hart: Gelijk het den dwaze bejegent, zal het ook mijzelven bejegenen; waarom heb ik dan toen meer naar wijsheid gestaan? Toen sprak ik in mijn hart, dat ook hetzelve ijdelheid was.

16 Want er zal in eeuwigheid niet meer gedachtenis van een wijze, dan van een dwaas zijn; aangezien hetgeen nu is, in de toekomende dagen altemaal vergeten wordt; en hoe sterft de wijze met den zot?

17 Daarom haatte ik dit leven, want dit werk dacht mij kwaad, dat onder de zon geschiedt; want het is al ijdelheid en kwelling des geestes.

18 Ik haatte ook al mijn arbeid, dien ik bearbeid had onder de zon, dat ik dien zou achterlaten aan een mens, die na mij wezen zal.

19 Want wie weet, of hij wijs zal zijn, of dwaas? Evenwel zal hij heersen over al mijn arbeid, dien ik bearbeid heb en dien ik wijselijk beleid heb onder de zon. Dat is ook ijdelheid.

20 Daarom keerde ik mij om, om mijn hart te doen wanhopen over al den arbeid, dien ik bearbeid heb onder de zon.

21 Want er is een mens, wiens arbeid in wijsheid, en in wetenschap, en in geschikkelijkheid is; nochtans zal hij die overgeven tot zijn deel, aan een mens, die daaraan niet gearbeid heeft. Dit is ook ijdelheid en een groot kwaad.

22 Wat heeft toch die mens van al zijn arbeid, en van de kwellingen zijns harten, dien hij is bearbeidende onder de zon?

23 Want al zijn dagen zijn smarten, en zijn bezigheid is verdriet; zelfs des nachts rust zijn hart niet. Datzelve is ook ijdelheid.

24 Is het dan niet goed voor den mens, dat hij ete en drinke, en dat hij zijn ziel het goede doe genieten in zijn arbeid? Ik heb ook gezien, dat zulks van de hand Gods is.

25 (Want wie zou er van eten, of wie zou zich daartoe haasten, meer dan ik zelf?)

26 Want Hij geeft wijsheid, en wetenschap, en vreugde den mens, die goed is voor Zijn aangezicht; maar den zondaar geeft Hij bezigheid om te verzamelen en te vergaderen, opdat Hij het geve dien, die goed is voor Gods aangezicht. Dit is ook ijdelheid en kwelling des geestes.

Ecclesiastes (3) Prediker

1 Alles heeft een bestemden tijd, en alle voornemen onder den hemel heeft zijn tijd.

2 Er is een tijd om geboren te worden, en een tijd om te sterven; een tijd om te planten, en een tijd om het geplante uit te roeien;

3 Een tijd om om te doden, en een tijd om te genezen; een tijd om af te breken, en een tijd om te bouwen;

4 Een tijd om te wenen, en een tijd om te lachen; een tijd om te kermen, en een tijd om op te springen;

5 Een tijd om stenen weg te werpen, en een tijd om stenen te vergaderen; een tijd om te omhelzen, en een tijd om verre te zijn van omhelzen;

6 Een tijd om te zoeken, en een tijd om verloren te laten gaan; een tijd om te bewaren, en een tijd om weg te werpen;

A time to rend, and a time to sew; a time to keep silence, and a time to speak;

A time to love, and a time to hate; a time of war, and a time of peace.

9 What profit hath he that worketh in that wherein he laboureth?

10 I have seen the travail, which God hath given to the sons of men to be exercised in it.

11 He hath made every thing beautiful in his time: also he hath set the world in their heart, so that no man can find out the work that God maketh from the beginning to the end.

12 I know that there is no good in them, but for a man to rejoice, and to do good in his life.

13 And also that every man should eat and drink, and enjoy the good of all his labour, it is the gift of God.

14 I know that, whatsoever God doeth, it shall be for ever: nothing can be put to it, nor any thing taken from it: and God doeth it, that men should fear before him.

15 That which hath been is now; and that which is to be hath already been; and God requireth that which is past.

16 And moreover I saw under the sun the place of judgment, that wickedness was there; and the place of righteousness, that iniquity was there.

17 I said in mine heart, God shall judge the righteous and the wicked: for there is a time there for every purpose and for every work.

18 I said in mine heart concerning the estate of the sons of men, that God might manifest them, and that they might see that they themselves are beasts.

19 For that which befalleth the sons of men befalleth beasts; even one thing befalleth them: as the one dieth, so dieth the other; yea, they have all one breath; so that a man hath no preeminence above a beast: for all is vanity.

20 All go unto one place; all are of the dust, and all turn to dust again.

21 Who knoweth the spirit of man that goeth upward, and the spirit of the beast that goeth downward to the earth?

22 Wherefore I perceive that there is nothing better, than that a man should rejoice in his own works; for that is his portion: for who shall bring him to see what shall be after him?

7 Een tijd om te scheuren, en een tijd om toe te naaien; een tijd om te zwijgen, en een tijd om te spreken;

8 Een tijd om lief te hebben, en een tijd om te haten; een tijd van oorlog, en een tijd van vrede.

9 Wat voordeel heeft hij, die werkt, van hetgeen hij arbeidt?

10 Ik heb gezien de bezigheid, die God den kinderen der mensen gegeven heeft, om zichzelven daarmede te bekommeren.

11 Hij heeft ieder ding schoon gemaakt op zijn tijd; ook heeft Hij de eeuw in hun hart gelegd, zonder dat een mens het werk, dat God gemaakt heeft, kan uitvinden, van het begin tot het einde toe.

12 Ik heb gemerkt, dat er niets beters voor henlieden is, dan zich te verblijden, en goed te doen in zijn leven.

13 Ja ook, dat ieder mens ete en drinke, en het goede geniete van al zijn arbeid, Dit is een gave Gods.

14 Ik weet, dat al wat God doet, dat zal in der eeuwigheid zijn, en er is niet toe te doen, noch is er af te doen; en God doet dat, opdat men vreze voor Zijn aangezicht.

15 Hetgeen geweest is, dat is nu, en wat wezen zal, dat is alrede geweest; en God zoekt het weggedrevene.

16 Verder heb ik ook gezien onder de zon, ter plaatse des gerichts, aldaar was goddeloosheid; en ter plaatse der gerechtigheid, aldaar was goddeloosheid.

17 Ik zeide in mijn hart: God zal den rechtvaardige en den goddeloze oordelen; want aldaar is de tijd voor alle voornemen, en over alle werk.

18 Ik zeide in mijn hart van de positie der mensenkinderen, dat God hen zal verklaren, en dat zij zullen zien, dat zij als de beesten zijn aan zichzelven.

19 Want wat den kinderen der mensen wedervaart, dat wedervaart ook den beesten; en enerlei wedervaart hun beiden; gelijk die sterft, alzo sterft deze, en zij allen hebben enerlei adem, en de uitnemendheid der mensen boven de beesten is geen; want allen zijn zij ijdelheid.

20 Zij gaan allen naar een plaats; zij zijn allen uit het stof, en zij keren allen weder tot het stof.

21 Wie merkt, dat de adem van de kinderen der mensen opvaart naar boven, en de adem der beesten nederwaarts vaart in de aarde?

22 Dies ik gezien heb, dat er niets beters is, dan dat de mens zich verblijde in zijn werken, want dat is zijn deel; want wie zal hem daarhenen brengen, dat hij ziet, hetgeen na hem geschieden zal?

Ecclesiastes (4) Prediker

So I returned, and considered all the oppressions that are done under the sun: and behold the tears of such as were oppressed, and they had no comforter; and on the side of their oppressors there was power; but they had no comforter.

2 Wherefore I praised the dead which are already dead more than the living which are yet alive.

3 Yea, better is he than both they, which hath not yet been, who hath not seen the evil work that is done under the sun.

4 Again, I considered all travail, and every right work, that for this a man is envied of his neighbour. This is also vanity and vexation of spirit.

5 The fool foldeth his hands together, and eateth his own flesh.

6 Better is an handful with quietness, than both the hands full with travail and vexation of spirit.

7 Then I returned, and I saw vanity under the sun.

8 There is one alone, and there is not a second; yea, he hath neither child nor brother: yet is there no end of all his labour; neither is his eye satisfied with riches; neither saith he, For whom do I labour, and bereave my soul of good? This is also vanity, yea, it is a sore travail.

9 Two are better than one; because they have a good reward for their labour.

10 For if they fall, the one will lift up his fellow: but woe to him that is alone when he falleth; for he hath not another to help him up.

11 Again, if two lie together, then they have heat: but how can one be warm alone?

1 Daarna wende ik mij, en zag aan al de onderdrukkingen, die onder de zon geschieden; en ziet, er waren de tranen der verdrukten, en dergenen, die geen trooster hadden; en aan de zijde hunner verdrukkers was macht, zij daarentegen hadden geen vertrooster.

2 Dies prees ik de doden, die alrede gestorven waren, boven de levenden, die tot nog toe levend zijn.

3 Ja, hij is beter dan die beiden, die nog niet geweest is, die niet gezien heeft het boze werk, dat onder de zon geschiedt.

4 Verder zag ik al den arbeid en alle geschikkelijkheid des werks, dat het den mens nijd van zijn naaste aanbrengt. Dat is ook ijdelheid en kwelling des geestes.

5 De zot vouwt zijn handen samen, en eet zijn eigen vlees.

6 Een hand vol met rust is beter, dan beide de vuisten vol met arbeid en kwelling des geestes.

7 Ik wendde mij wederom, en ik zag een ijdelheid onder de zon;

8 Daar is er een, en geen tweede; hij heeft ook geen kind, noch broeder; nochtans is van al zijn arbeid geen einde; ook wordt zijn oog niet verzadigd van den rijkdom, en zegt niet: Voor wien arbeide ik toch, en doe mijn ziel gebrek hebben van het goede? Dit is ook ijdelheid, en het is een moeilijke bezigheid.

9 Twee zijn beter dan een; want zij hebben een goede beloning van hun arbeid;

10 Want indien zij vallen, de een richt zijn metgezel op; maar wee den ene, die gevallen is, want er is geen tweede om hem op te helpen.

11 Ook, indien twee te zamen liggen, zo hebben zij warmte; maar hoe zou een alleen warm worden?

Ecclesiastes - Prediker

And if one prevail against him, two shall withstand him; and a threefold cord is not quickly broken.	12 En indien iemand den een mocht overweldigen, zo zullen de twee tegen hem bestaan; en een drievoudig snoer wordt niet haast gebroken.
Better is a poor and a wise child than an old and foolish king, who will no more be admonished.	13 Beter is een arm en wijs jongeling, dan een oud en zot koning, die niet weet van meer vermaand te worden.
For out of prison he cometh to reign; whereas also he that is born in his kingdom becometh poor.	14 Want een komt uit het gevangenhuis, om koning te zijn; daar ook een, die in zijn koninkrijk geboren is, verarmt.
I considered all the living which walk under the sun, with the second child that shall stand up in his stead.	15 Ik zag al de levenden wandelen onder de zon, met de jongeling, den tweede, die in diens plaats staan zal.
There is no end of all the people, even of all that have been before them: they also that come after shall not rejoice in him. Surely this also is vanity and vexation of spirit.	16 Er is geen einde van al het volk, van allen, die voor hen geweest zijn; de nakomelingen zullen zich ook over hem niet verblijden; gewisselijk, dat is ook ijdelheid en kwelling des geestes. [(Ecclesiastes 4:17) Bewaar uw voet, als gij tot het huis Gods ingaat, en zijt liever nabij om te horen, dan om der zotten slachtoffer te geven; want zij weten niet, dat zij kwaad doen.]

Ecclesiastes (5) Prediker

Keep thy foot when thou goest to the house of God, and be more ready to hear, than to give the sacrifice of fools: for they consider not that they do evil.	1 Wees niet te snel met uw mond, en uw hart haaste niet een woord voort te brengen voor Gods aangezicht; want God is in den hemel, en gij zijt op de aarde; daarom laat uw woorden weinig zijn.
Be not rash with thy mouth, and let not thine heart be hasty to utter any thing before God: for God is in heaven, and thou upon earth: therefore let thy words be few.	2 Want gelijk de droom komt door veel bezigheid, alzo de stem des zots door de veelheid der woorden.
For a dream cometh through the multitude of business; and a fool's voice is known by multitude of words.	3 Wanneer gij een gelofte aan God zult beloofd hebben, stel niet uit dezelve te betalen; want Hij heeft geen lust aan zotten; wat gij zult beloofd hebben, betaal het.
When thou vowest a vow unto God, defer not to pay it; for he hath no pleasure in fools: pay that which thou hast vowed.	4 Het is beter, dat gij niet belooft, dan dat gij belooft en niet betaalt.
Better is it that thou shouldest not vow, than that thou shouldest vow and not pay.	5 Laat uw mond niet toe, dat hij uw vlees zou doen zondigen; en zeg niet voor het aangezicht des engels, dat het een dwaling was; waarom zou God grotelijks toornen, om uwer stemme wille, en verderven het werk uwer handen?
Suffer not thy mouth to cause thy flesh to sin; neither say thou before the angel, that it was an error: wherefore should God be angry at thy voice, and destroy the work of thine hands?	6 Want gelijk in de veelheid der dromen ijdelheden zijn, alzo in veel woorden; maar vrees gij God!
For in the multitude of dreams and many words there are also divers vanities: but fear thou God.	7 Indien gij de onderdrukking des armen, en de beroving des gerichts en der gerechtigheid ziet in een landschap, verwonder u niet over zulk een voornemen; want die hoger is dan de hoge, neemt er acht op; en daar zijn hogen boven henlieden.
If thou seest the oppression of the poor, and violent perverting of judgment and justice in a province, marvel not at the matter: for he that is higher than the highest regardeth; and there be higher than they.	8 Het voordeel des aardrijks is voor allen: de koning zelfs wordt van het veld gediend.
Moreover the profit of the earth is for all: the king himself is served by the field.	9 Die het geld liefheeft, wordt van het geld niet zat; en wie den overvloed liefheeft, wordt van het inkomen niet zat. Dit is ook ijdelheid.
He that loveth silver shall not be satisfied with silver; nor he that loveth abundance with increase: this is also vanity.	10 Waar het goed vermenigvuldigt, daar vermenigvuldigen ook die het eten; wat nuttigheid hebben dan de bezitters daarvan, dan het gezicht hunner ogen?
When goods increase, they are increased that eat them: and what good is there to the owners thereof, saving the beholding of them with their eyes?	11 De slaap des arbeiders is zoet, hij hebbe weinig of veel gegeten; maar de zatheid des rijken laat hem niet slapen.
The sleep of a labouring man is sweet, whether he eat little or much: but the abundance of the rich will not suffer him to sleep.	12 Er is een kwaad, dat krankheid aanbrengt, hetwelk ik zag onder de zon: rijkdom van zijn bezitters bewaard tot hun eigen kwaad.
There is a sore evil which I have seen under the sun, namely, riches kept for the owners thereof to their hurt.	13 Of de rijkdom zelf vergaat door een moeilijke bezigheid; en hij gewint een zoon, en er is niet met al in zijn hand.
But those riches perish by evil travail: and he begetteth a son, and there is nothing in his hand.	14 Gelijk als hij voortgekomen is uit zijner moeders buik, alzo zal hij naakt wederkeren, gaande gelijk hij gekomen was; en hij zal niet medenemen van zijn arbeid, dat hij met zijn hand zou wegdragen.
As he came forth of his mother's womb, naked shall he return to go as he came, and shall take nothing of his labour, which he may carry away in his hand.	15 Daarom is dit ook een kwaad, dat krankheid aanbrengt, dat hij in alle manier, gelijk hij gekomen is, alzo heengaat; en wat voordeel is het hem, dat hij in den wind gearbeid heeft?
And this also is a sore evil, that in all points as he came, so shall he go: and what profit hath he that hath laboured for the wind?	16 Dat hij ook alle dagen in duisternis gegeten heeft; en dat hij veel verdriets gehad heeft, ook zijn krankheid, en onstuimigen toorn?
All his days also he eateth in darkness, and he hath much sorrow and wrath with his sickness.	17 Ziet, wat ik gezien heb, een goede zaak, die schoon is: te eten en te drinken, en te genieten het goede van al zijn arbeid, die hij bearbeid heeft onder de zon, gedurende het getal der dagen zijns levens, hetwelk God hem geeft; want dat is zijn deel.
Behold that which I have seen: it is good and comely for one to eat and to drink, and to enjoy the good of all his labour that he taketh under the sun all the days of his life, which God giveth him: for it is his portion.	18 Ook een iegelijk mens, aan denwelken God rijkdom en goederen gegeven heeft, en Hij geeft hem de macht, om daarvan te eten, en om zijn deel te nemen, en om zich te verheugen van zijn arbeid, datzelve is een gave van God.

Every man also to whom God hath given riches and wealth, and hath given him power to eat thereof, and to take his portion, and to rejoice in his labour; this is the gift of God.

For he shall not much remember the days of his life; because God answereth him in the joy of his heart.

19 Want hij zal niet veel gedenken aan de dagen zijns levens, dewijl hem God hem verhoort in de blijdschap zijns harten.

20

Ecclesiastes (6) Prediker

1 There is an evil which I have seen under the sun, and it is common among men:

2 A man to whom God hath given riches, wealth, and honour, so that he wanteth nothing for his soul of all that he desireth, yet God giveth him not power to eat thereof, but a stranger eateth it: this is vanity, and it is an evil disease.

3 If a man beget an hundred children, and live many years, so that the days of his years be many, and his soul be not filled with good, and also that he have no burial; I say, that an untimely birth is better than he.

4 For he cometh in with vanity, and departeth in darkness, and his name shall be covered with darkness.

5 Moreover he hath not seen the sun, nor known any thing: this hath more rest than the other.

6 Yea, though he live a thousand years twice told, yet hath he seen no good: do not all go to one place?

7 All the labour of man is for his mouth, and yet the appetite is not filled.

8 For what hath the wise more than the fool? what hath the poor, that knoweth to walk before the living?

9 Better is the sight of the eyes than the wandering of the desire: this is also vanity and vexation of spirit.

10 That which hath been is named already, and it is known that it is man: neither may he contend with him that is mightier than he.

11 Seeing there be many things that increase vanity, what is man the better?

12 For who knoweth what is good for man in this life, all the days of his vain life which he spendeth as a shadow? for who can tell a man what shall be after him under the sun?

1 Er is een kwaad, dat ik gezien heb onder de zon, en het is veel onder de mensen:

2 Een man, denwelken God gegeven heeft rijkdom, en goederen, en eer; en hij heeft voor zijn ziel aan geen ding gebrek, van alles wat hij begeert; en God geeft hem de macht niet, om daarvan te eten, maar dat een vreemd man dat opeet. Dit is ook ijdelheid en een kwade smart.

3 Indien een man honderd kinderen gewon, en vele jaren leefde, zodat de dagen zijner jaren veel waren, doch zijn ziel niet verzadigd werd van het goed, en hij ook geen begrafenis had; ik zeg, dat een misdracht beter is dan hij.

4 Want met ijdelheid komt zij, en in duisternis gaat zij weg, en met duisternis wordt haar naam bedekt.

5 Ook heeft zij de zon niet gezien, noch bekend; zij heeft meer rust dan hij.

6 Ja, al leefde hij schoon tweemaal duizend jaren, en het goede niet zag; gaan zij niet allen naar een plaats?

7 Al de arbeid des mensen is voor zijn mond; en nochtans wordt de begeerlijkheid niet vervuld.

8 Want wat heeft de wijze meer dan de zot? Wat heeft de arme meer, die voor de levenden weet te wandelen?

9 Beter is het aanzien der ogen, dan het wandelen der begeerlijkheid. Dit is ook ijdelheid en kwelling des geestes.

10 Wat ook iemand zij, alrede is zijn naam genoemd, en het is bekend, dat hij een mens is; en dat hij niet kan rechten met dien, die sterker is dan hij.

11 Voorwaar, er zijn veel dingen, die de ijdelheid vermeerderen; wat heeft de mens te meer daarvan?

12 Want wie weet, wat goed is voor den mens in dit leven, gedurende het getal der dagen van het leven zijner ijdelheid, welke hij doorbrengt als een schaduw? Want wie kan den mens aanzeggen, wat na hem wezen zal onder de zon?

Ecclesiastes (7) Prediker

1 A good name is better than precious ointment; and the day of death than the day of one's birth.

2 It is better to go to the house of mourning, than to go to the house of feasting: for that is the end of all men; and the living will lay it to his heart.

3 Sorrow is better than laughter: for by the sadness of the countenance the heart is made better.

4 The heart of the wise is in the house of mourning; but the heart of fools is in the house of mirth.

5 It is better to hear the rebuke of the wise, than for a man to hear the song of fools.

6 For as the crackling of thorns under a pot, so is the laughter of the fool: this also is vanity.

7 Surely oppression maketh a wise man mad; and a gift destroyeth the heart.

8 Better is the end of a thing than the beginning thereof: and the patient in spirit is better than the proud in spirit.

9 Be not hasty in thy spirit to be angry: for anger resteth in the bosom of fools.

10 Say not thou, What is the cause that the former days were better than these? for thou dost not inquire wisely concerning this.

11 Wisdom is good with an inheritance: and by it there is profit to them that see the sun.

12 For wisdom is a defence, and money is a defence: but the excellency of knowledge is, that wisdom giveth life to them that have it.

13 Consider the work of God: for who can make that straight, which he hath made crooked?

1 Beter is een goede naam, dan goede olie, en de dag des doods, dan de dag dat iemand geboren wordt.

2 Het is beter te gaan in het klaaghuis, dan te gaan in het huis des maaltijds; want in hetzelve is het einde aller mensen, en de levende legt het in zijn hart.

3 Het treuren is beter dan het lachen; want door de droefheid des aangezichts wordt het hart gebeterd.

4 Het hart der wijzen is in het klaaghuis; maar het hart der zotten in het huis der vreugde.

5 Het is beter te horen het bestraffen des wijzen, dan dat iemand hore het gezang der dwazen.

6 Want gelijk het geluid der doornen onder een pot is, alzo is het lachen eens zots. Dit is ook ijdelheid.

7 Voorwaar, de onderdrukking zou wel een wijze dol maken; en het geschenk verderft het hart.

8 Het einde van een ding is beter dan zijn begin; de lankmoedige is beter dan de hoogmoedige.

9 Zijt niet haastig in uw geest om te toornen; want de toorn rust in den boezem der dwazen.

10 Zeg niet: Wat is er, dat de vorige dagen beter geweest zijn, dan deze? Want gij zoudt naar zulks niet uit wijsheid vragen.

11 De wijsheid is goed met een erfdeel; en degenen, die de zon aanschouwen, hebben voordeel daarvan.

12 Want de wijsheid is tot een schaduw, en het geld is tot een schaduw; maar de uitnemendheid der wetenschap is, dat de wijsheid haar bezitters het leven geeft.

13 Aanmerk het werk Gods; want wie kan recht maken, dat Hij krom gemaakt heeft?

	In the day of prosperity be joyful, but in the day of adversity consider: God also hath set the one over against the other, to the end that man should find nothing after him.	14	Geniet het goede ten dage des voorspoeds, maar ten dage des tegenspoeds, zie toe; want God maakt ook den een tegenover den ander, ter oorzake dat de mens niet zou vinden iets, dat na hem zal zijn.
	All things have I seen in the days of my vanity: there is a just man that perisheth in his righteousness, and there is a wicked man that prolongeth his life in his wickedness.	15	Dit alles heb ik gezien in de dagen mijner ijdelheid; er is een rechtvaardige, die in zijn gerechtigheid omkomt; daarentegen is er een goddeloze, die in zijn boosheid zijn dagen verlengt.
	Be not righteous over much; neither make thyself over wise: why shouldest thou destroy thyself?	16	Wees niet al te rechtvaardig, noch houd uzelven al te wijs; waarom zoudt gij verwoesting over u brengen?
	Be not over much wicked, neither be thou foolish: why shouldest thou die before thy time?	17	Wees niet al te goddeloos, noch wees al te dwaas; waarom zoudt gij sterven buiten uw tijd?
	It is good that thou shouldest take hold of this; yea, also from this withdraw not thine hand: for he that feareth God shall come forth of them all.	18	Het is goed, dat gij daaraan vasthoudt, en trek ook uw hand van dit niet af; want die God vreest, dien ontgaat dat al.
	Wisdom strengtheneth the wise more than ten mighty men which are in the city.	19	De wijsheid versterkt den wijze meer dan tien heerschappers, die in een stad zijn.
	For there is not a just man upon earth, that doeth good, and sinneth not.	20	Voorwaar, er is geen mens rechtvaardig op aarde, die goed doet, en niet zondigt.
	Also take no heed unto all words that are spoken; lest thou hear thy servant curse thee:	21	Geef ook uw hart niet tot alle woorden, die men spreekt, opdat gij niet hoort, dat uw knecht u vloekt.
	For oftentimes also thine own heart knoweth that thou thyself likewise hast cursed others.	22	Want uw hart heeft ook veelmalen bekend, dat gij ook anderen gevloekt hebt.
	All this have I proved by wisdom: I said, I will be wise; but it was far from me.	23	Dit alles heb ik met wijsheid verzocht; ik zeide: Ik zal wijsheid bekomen, maar zij was nog verre van mij.
	That which is far off, and exceeding deep, who can find it out?	24	Hetgeen verre af is, en zeer diep, wie zal dat vinden?
	I applied mine heart to know, and to search, and to seek out wisdom, and the reason of things, and to know the wickedness of folly, even of foolishness and madness:	25	Ik keerde mij om, en mijn hart, om te weten, en om na te sporen, en te zoeken wijsheid en een sluitrede; en om te weten de goddeloosheid der zotheid, en de dwaasheid der onzinnigheden.
	And I find more bitter than death the woman, whose heart is snares and nets, and her hands as bands: whoso pleaseth God shall escape from her; but the sinner shall be taken by her.	26	En ik vond een bitterder ding, dan de dood: een vrouw, welker hart netten en garen, en haar handen banden zijn; wie goed is voor Gods aangezicht, zal van haar ontkomen; daarentegen de zondaar zal van haar gevangen worden.
	Behold, this have I found, saith the preacher, counting one by one, to find out the account:	27	Ziet, dit heb ik gevonden, zegt de prediker, het ene bij het andere, om de sluitrede te vinden;
	Which yet my soul seeketh, but I find not: one man among a thousand have I found; but a woman among all those have I not found.	28	Dewelke mijn ziel nog zoekt, maar ik heb haar niet gevonden: een man uit duizend heb ik gevonden; maar een vrouw onder die allen heb ik niet gevonden.
	Lo, this only have I found, that God hath made man upright; but they have sought out many inventions.	29	Alleenlijk ziet, dit heb ik gevonden, dat God den mens recht gemaakt heeft, maar zij hebben veel vonden gezocht.

Ecclesiastes (8) Prediker

	Who is as the wise man? and who knoweth the interpretation of a thing? a man's wisdom maketh his face to shine, and the boldness of his face shall be changed.	1	Wie is gelijk de wijze, en wie weet de uitlegging der dingen? De wijsheid der mensen verlicht zijn aangezicht, en de stuursheid zijns aangezichts wordt daardoor veranderd.
	I counsel thee to keep the king's commandment, and that in regard of the oath of God.	2	Ik zeg: Neem acht op de mond des konings; doch naar de gelegenheid van den eed Gods.
	Be not hasty to go out of his sight: stand not in an evil thing; for he doeth whatsoever pleaseth him.	3	Haast u niet weg te gaan van zijn aangezicht; blijf niet staande in een kwade zaak; want al wat hem lust, doet hij.
	Where the word of a king is, there is power: and who may say unto him, What doest thou?	4	Waar het woord des konings is, daar is heerschappij; en wie zal tot hem zeggen: Wat doet gij?
	Whoso keepeth the commandment shall feel no evil thing: and a wise man's heart discerneth both time and judgment.	5	Wie het gebod onderhoudt, zal niets kwaads gewaar worden; en het hart eens wijzen zal tijd en wijze weten.
	Because to every purpose there is time and judgment, therefore the misery of man is great upon him.	6	Want een ieder voornemen heeft tijd en wijze, dewijl het kwaad des mensen veel is over hem.
	For he knoweth not that which shall be: for who can tell him when it shall be?	7	Want hij weet niet, wat er geschieden zal; want wie zal het hem te kennen geven, wanneer het geschieden zal?
	There is no man that hath power over the spirit to retain the spirit; neither hath he power in the day of death: and there is no discharge in that war; neither shall wickedness deliver those that are given to it.	8	Er is geen mens, die heerschappij heeft over den geest, om den geest in te houden; en hij heeft geen heerschappij over den dag des doods; ook geen geweer in dezen strijd; ook zal de goddeloosheid haar meesters niet verlossen.
	All this have I seen, and applied my heart unto every work that is done under the sun: there is a time wherein one man ruleth over another to his own hurt.	9	Dit alles heb ik gezien, toen ik mijn hart begaf tot alle werk, dat onder de zon geschiedt: er is een tijd, dat de ene mens over den anderen mens heerst, hem ten kwade.
	And so I saw the wicked buried, who had come and gone from the place of the holy, and they were forgotten in the city where they had so done: this is also vanity.	10	Alzo heb ik ook gezien de goddelozen, die begraven waren, en degenen, die kwamen, en uit de plaats des Heiligen gingen, die werden vergeten in die stad, in dewelke zij recht gedaan hadden. Dit is ook ijdelheid.
	Because sentence against an evil work is not executed speedily, therefore the heart of the sons of men is fully set in them to do evil.	11	Omdat niet haastelijk het oordeel over de boze daad geschiedt, daarom is het hart van de kinderen der mensen in hen vol om kwaad te doen.
	Though a sinner do evil an hundred times, and his days be prolonged, yet surely I know that it shall be well with them that fear God, which fear before him:	12	Hoewel een zondaar honderd maal kwaad doet, en God hem de dagen verlengt; zo weet ik toch, dat het dien zal welgaan, die God vrezen, die voor Zijn aangezicht vrezen.

But it shall not be well with the wicked, neither shall he prolong his days, which are as a shadow; because he feareth not before God.

There is a vanity which is done upon the earth; that there be just men, unto whom it happeneth according to the work of the wicked; again, there be wicked men, to whom it happeneth according to the work of the righteous: I said that this also is vanity.

Then I commended mirth, because a man hath no better thing under the sun, than to eat, and to drink, and to be merry: for that shall abide with him of his labour the days of his life, which God giveth him under the sun.

When I applied mine heart to know wisdom, and to see the business that is done upon the earth: (for also there is that neither day nor night seeth sleep with his eyes:)

Then I beheld all the work of God, that a man cannot find out the work that is done under the sun: because though a man labour to seek it out, yet he shall not find it; yea further; though a wise man think to know it, yet shall he not be able to find it.

13 Maar den goddeloze zal het niet welgaan, en hij zal de dagen niet verlengen; hij zal zijn gelijk een schaduw, omdat hij voor Gods aangezicht niet vreest.

14 Er is nog een ijdelheid, die op aarde geschiedt: dat er zijn rechtvaardigen, dien het wedervaart naar het werk der goddelozen, en er zijn goddelozen, dien het wedervaart naar het werk der rechtvaardigen. Ik zeg, dat dit ook ijdelheid is.

15 Daarom prees ik de blijdschap, dewijl de mens niets beters heeft onder de zon, dan te eten, en te drinken, en blijde te zijn; want dat zal hem aankleven van zijn arbeid, de dagen zijns levens, die hem God geeft onder de zon.

16 Als ik mijn hart begaf, om wijsheid te weten, en om aan te zien de bezigheid, die op de aarde geschiedt, dat men ook, des daags of des nachts, den slaap niet ziet met zijne ogen;

17 Toen zag ik alle werk Gods, dat de mens niet kan uitvinden, het werk, dat onder de zon geschiedt, om hetwelk een mens arbeidt om te zoeken, maar hij zal het niet uitvinden; ja, indien ook een wijze zeide, dat hij het zou weten, zo zal hij het toch niet kunnen uitvinden.

Ecclesiastes (9) Prediker

For all this I considered in my heart even to declare all this, that the righteous, and the wise, and their works, are in the hand of God: no man knoweth either love or hatred by all that is before them.

All things come alike to all: there is one event to the righteous, and to the wicked; to the good and to the clean, and to the unclean; to him that sacrificeth, and to him that sacrificeth not: as is the good, so is the sinner; and he that sweareth, as he that feareth an oath.

This is an evil among all things that are done under the sun, that there is one event unto all: yea, also the heart of the sons of men is full of evil, and madness is in their heart while they live, and after that they go to the dead.

For to him that is joined to all the living there is hope: for a living dog is better than a dead lion.

For the living know that they shall die: but the dead know not any thing, neither have they any more a reward; for the memory of them is forgotten.

Also their love, and their hatred, and their envy, is now perished; neither have they any more a portion for ever in any thing that is done under the sun.

Go thy way, eat thy bread with joy, and drink thy wine with a merry heart; for God now accepteth thy works.

Let thy garments be always white; and let thy head lack no ointment.

Live joyfully with the wife whom thou lovest all the days of the life of thy vanity, which he hath given thee under the sun, all the days of thy vanity: for that is thy portion in this life, and in thy labour which thou takest under the sun.

Whatsoever thy hand findeth to do, do it with thy might; for there is no work, nor device, nor knowledge, nor wisdom, in the grave, whither thou goest.

I returned, and saw under the sun, that the race is not to the swift, nor the battle to the strong, neither yet bread to the wise, nor yet riches to men of understanding, nor yet favour to men of skill; but time and chance happeneth to them all.

For man also knoweth not his time: as the fishes that are taken in an evil net, and as the birds that are caught in the snare; so are the sons of men snared in an evil time, when it falleth suddenly upon them.

This wisdom have I seen also under the sun, and it seemed great unto me:

There was a little city, and few men within it; and there came a great king against it, and besieged it, and built great bulwarks against it:

Now there was found in it a poor wise man, and he by his wisdom delivered the city; yet no man remembered that same poor man.

1 Zekerlijk, dit alles heb ik in mijn hart gelegd, opdat ik dit alles klaarlijk mocht verstaan, dat de rechtvaardigen, en de wijzen, en hun werken in de hand Gods zijn; ook liefde, ook haat, weet de mens niet uit al hetgeen voor zijn aangezicht is.

2 Alle ding wedervaart hun, gelijk aan alle anderen; enerlei wedervaart den rechtvaardige en den goddeloze, den goede en den reine, als den onreine; zo dien, die offert, als dien, die niet offert; gelijk den goede, alzo ook den zondaar, dien, die zweert, gelijk dien, die den eed vreest.

3 Dit is een kwaad onder alles, wat onder de zon geschiedt, dat enerlei ding allen wedervaart, en dat ook het hart der mensenkinderen vol boosheid is, en dat er in hun leven onzinnigheden zijn in hun hart; en daarna moeten zij naar de doden toe.

4 Want voor dengene, die vergezelschapt is bij alle levenden, is er hoop; want een levende hond is beter dan een dode leeuw.

5 Want de levenden weten, dat zij sterven zullen, maar de doden weten niet met al; zij hebben ook geen loon meer, maar hun gedachtenis is vergeten.

6 Ook is alrede hun liefde, ook hun haat, ook hun nijdigheid vergaan; en zij hebben geen deel meer in deze eeuw in alles, wat onder de zon geschiedt.

7 Ga dan heen, eet uw brood met vreugde, en drink uw wijn van goeder harte; want God heeft alrede een behagen aan uw werken.

8 Laat uw klederen te allen tijd wit zijn, en laat op uw hoofd geen olie ontbreken.

9 Geniet het leven met de vrouw, die gij liefhebt, al de dagen uws ijdelen levens, welke God u gegeven heeft onder de zon, al uw ijdele dagen; want dit is uw deel in dit leven, en van uw arbeid, dien gij arbeidt onder de zon.

10 Alles, wat uw hand vindt om te doen, doe dat met uw macht; want er is geen werk, noch verzinning, noch wetenschap, noch wijsheid in het graf, daar gij heengaat.

11 Ik keerde mij, en zag onder de zon, dat de loop niet is der snellen, noch de strijd der helden, noch ook de spijs der wijzen, noch ook de rijkdom der verstandigen, noch ook de gunst der welwetenden, maar dat tijd en toeval aan alle dezen wedervaart;

12 Dat ook de mens zijn tijd niet weet, gelijk de vissen, die gevangen worden met het boze net; en gelijk de vogelen, die gevangen worden met den strik; gelijk die, alzo worden de kinderen der mensen verstrikt, ter bozer tijd, wanneer derzelve haastelijk over hen valt.

13 Ook heb ik onder de zon deze wijsheid gezien, en zij was groot bij mij:

14 Er was een kleine stad, en weinig lieden waren daarin; en een groot koning kwam tegen haar, en hij omsingelde ze, en hij bouwde grote vastigheden tegen haar.

15 En men vond daar een armen wijzen man in, die de stad verloste door zijn wijsheid; maar geen mens gedacht denzelven armen man.

Then said I, Wisdom is better than strength: nevertheless the poor man's wisdom is despised, and his words are not heard.	16 Toen zeide ik: Wijsheid is beter dan kracht, hoewel de wijsheid des armen veracht, en zijn woorden niet waren gehoord geweest.
The words of wise men are heard in quiet more than the cry of him that ruleth among fools.	17 De woorden der wijzen moeten in stilheid aangehoord worden, meer dan het geroep desgenen, die over de zotten heerst.
Wisdom is better than weapons of war: but one sinner destroyeth much good.	18 De wijsheid is beter dan de krijgswapenen, maar een enig zondaar verderft veel goeds.

Ecclesiastes (10) Prediker

Dead flies cause the ointment of the apothecary to send forth a stinking savour: so doth a little folly him that is in reputation for wisdom and honour.	1 Een dode vlieg doet de zalf des apothekers stinken en opwellen; alzo een weinig dwaasheid een man, die kostelijk is van wijsheid en van eer.
A wise man's heart is at his right hand; but a fool's heart at his left.	2 Het hart des wijzen is tot zijn rechterhand, maar het hart eens zots is tot zijn linkerhand.
Yea also, when he that is a fool walketh by the way, his wisdom faileth him, and he saith to every one that he is a fool.	3 En ook wanneer de dwaas op den weg wandelt, zijn hart ontbreekt hem, en hij zegt tot een iegelijk, dat hij dwaas is.
If the spirit of the ruler rise up against thee, leave not thy place; for yielding pacifieth great offences.	4 Als de geest des heersers tegen u oprijst, verlaat uw plaats niet; want het is medicijn, het stilt grote zonden.
There is an evil which I have seen under the sun, as an error which proceedeth from the ruler:	5 Er is nog een kwaad, dat ik gezien heb onder de zon, als een dwaling, die van het aangezicht des oversten voortkomt.
Folly is set in great dignity, and the rich sit in low place.	6 Een dwaas wordt gezet in grote hoogheden, maar de rijken zitten in de laagte.
I have seen servants upon horses, and princes walking as servants upon the earth.	7 Ik heb knechten te paard gezien, en vorsten, gaande als knechten op de aarde.
He that diggeth a pit shall fall into it; and whoso breaketh an hedge, a serpent shall bite him.	8 Wie een kuil graaft, zal daarin vallen; en wie een muur doorbreekt, een slang zal hem bijten.
Whoso removeth stones shall be hurt therewith; and he that cleaveth wood shall be endangered thereby.	9 Wie stenen wegdraagt, zal smart daardoor lijden; wie hout klieft, zal daardoor in gevaar zijn.
If the iron be blunt, and he do not whet the edge, then must he put to more strength: but wisdom is profitable to direct.	10 Indien hij het ijzer heeft stomp gemaakt, en hij slijpt de snede niet, dan moet hij meerder kracht te werk stellen; maar de wijsheid is een uitnemende zaak, om iets recht te maken.
Surely the serpent will bite without enchantment; and a babbler is no better.	11 Indien de slang gebeten heeft, eer der bezwering geschied is, dan is er geen nuttigheid voor den allerwelsprekendsten bezweerder.
The words of a wise man's mouth are gracious; but the lips of a fool will swallow up himself.	12 De woorden van een wijzen mond zijn aangenaam; maar de lippen van een zot verslinden hemzelve.
The beginning of the words of his mouth is foolishness: and the end of his talk is mischievous madness.	13 Het begin der woorden zijns monds is dwaasheid, en het einde zijns monds is boze dolligheid.
A fool also is full of words: a man cannot tell what shall be; and what shall be after him, who can tell him?	14 De dwaas maakt wel veel woorden; maar de mens weet niet, wat het zij, dat geschieden zal; en wat na hem geschieden zal, wie zal het hem te kennen geven?
The labour of the foolish wearieth every one of them, because he knoweth not how to go to the city.	15 De arbeid der zotten maakt een iegelijk van hen moede; dewijl zij niet weten naar de stad te gaan.
Woe to thee, O land, when thy king is a child, and thy princes eat in the morning!	16 Wee u, land! welks koning een kind is, en welks vorsten tot in den morgenstond eten!
Blessed art thou, O land, when thy king is the son of nobles, and thy princes eat in due season, for strength, and not for drunkenness!	17 Welgelukzalig zijt gij, land! welks koning een zoon der edelen is, en welks vorsten ter rechter tijd eten, tot sterkte en niet tot drinkerij.
By much slothfulness the building decayeth; and through idleness of the hands the house droppeth through.	18 Door grote luiheid verzwakt het gebint, en door slapheid der handen wordt het huis doorlekkende.
A feast is made for laughter, and wine maketh merry: but money answereth all things.	19 Men maakt maaltijden om te lachen, en de wijn verheugt de levenden, en het geld verantwoordt alles.
Curse not the king, no not in thy thought; and curse not the rich in thy bedchamber: for a bird of the air shall carry the voice, and that which hath wings shall tell the matter.	20 Vloek den koning niet, zelfs in uw gedachten, en vloek den rijke niet in het binnenste uwer slaapkamer; want het gevogelte des hemels zou de stem wegvoeren, en het gevleugelde zou het woord te kennen geven.

Ecclesiastes (11) Prediker

Cast thy bread upon the waters: for thou shalt find it after many days.	1 Werp uw brood uit op het water, want gij zult het vinden na vele dagen.
Give a portion to seven, and also to eight; for thou knowest not what evil shall be upon the earth.	2 Geef een deel aan zeven, ja, ook aan acht; want gij weet niet, wat kwaad op de aarde wezen zal.
If the clouds be full of rain, they empty themselves upon the earth: and if the tree fall toward the south, or toward the north, in the place where the tree falleth, there it shall be.	3 Als de wolken vol geworden zijn, zo storten zij plasregen uit op de aarde; en als de boom naar het zuiden, of als hij naar het noorden valt, in de plaats, waar de boom valt, daar zal hij wezen.
He that observeth the wind shall not sow; and he that regardeth the clouds shall not reap.	4 Wie op den wind acht geeft, die zal niet zaaien, en wie op de wolken ziet, die zal niet maaien.
As thou knowest not what is the way of the spirit, nor how the bones do grow in the womb of her that is with child: even so thou knowest not the works of God who maketh all.	5 Gelijk gij niet weet, welke de weg des winds zij, of hoedanig de beenderen zijn in den buik van een zwangere vrouw, alzo weet gij het werk Gods niet, Die het alles maakt.

	In the morning sow thy seed, and in the evening withhold not thine hand: for thou knowest not whether shall prosper, either this or that, or whether they both shall be alike good.	6	Zaai uw zaad in den morgenstond, en trek uw hand des avonds niet af; want gij weet niet, wat recht wezen zal, of dit of dat, of dat die beide te zamen goed zijn zullen.
	Truly the light is sweet, and a pleasant thing it is for the eyes to behold the sun:	7	Verder, het licht is zoet, en het is den ogen goed de zon te aanschouwen;
8	But if a man live many years, and rejoice in them all; yet let him remember the days of darkness; for they shall be many. All that cometh is vanity.	8	Maar indien de mens veel jaren heeft, en verblijdt zich in die allen, zo laat hem ook gedenken aan de dagen der duisternis, want die zullen veel zijn; en al wat zal gekomen is, is ijdelheid.
	Rejoice, O young man, in thy youth; and let thy heart cheer thee in the days of thy youth, and walk in the ways of thine heart, and in the sight of thine eyes: but know thou, that for all these things God will bring thee into judgment.	9	Verblijd u, o jongeling! in uw jeugd, en laat uw hart zich vermaken in de dagen uwer jongelingschap, en wandel in de wegen uws harten, en in de aanschouwingen uwer ogen; maar weet, dat God, om al deze dingen, u zal doen komen voor het gericht.
	Therefore remove sorrow from thy heart, and put away evil from thy flesh: for childhood and youth are vanity.	10	Zo doe dan de toornigheid wijken van uw hart, en doe het kwade weg van uw vlees, want de jeugd, en de jonkheid is ijdelheid.

Ecclesiastes (12) Prediker

	Remember now thy Creator in the days of thy youth, while the evil days come not, nor the years draw nigh, when thou shalt say, I have no pleasure in them;	1	En gedenk aan de Schepper in de dagen uwer jongelingschap, eer dat de kwade dagen komen, en de jaren naderen, van dewelke gij zeggen zult: Ik heb geen lust in dezelve.
	While the sun, or the light, or the moon, or the stars, be not darkened, nor the clouds return after the rain:	2	Eer dan de zon, en het licht, en de maan, en de sterren verduisterd worden, en de wolken wederkomen na den regen.
	In the day when the keepers of the house shall tremble, and the strong men shall bow themselves, and the grinders cease because they are few, and those that look out of the windows be darkened,	3	In den dag, wanneer de wachters des huizes zullen beven, en de sterke mannen zichzelven zullen krommen, en de maalsters zullen stilstaan, omdat zij minder geworden zijn, en die door de vensteren zien, verduisterd zullen worden;
	And the doors shall be shut in the streets, when the sound of the grinding is low, and he shall rise up at the voice of the bird, and all the daughters of musick shall be brought low;	4	En de twee deuren naar de straat zullen gesloten worden, als er is een nederig geluid der maling, en hij opstaat op de stem van het vogeltje, en al de zangeressen nedergebogen zullen worden.
	Also when they shall be afraid of that which is high, and fears shall be in the way, and the almond tree shall flourish, and the grasshopper shall be a burden, and desire shall fail: because man goeth to his long home, and the mourners go about the streets:	5	Ook wanneer zij voor de hoogte zullen vrezen, en dat er verschrikkingen zullen zijn op den weg, en de amandelboom zal bloeien, en dat de sprinkhaan zichzelven een last zal wezen, en dat de lust zal vergaan; want de mens gaat naar zijn eeuwig huis, en de rouwklagers zullen in de straat omgaan.
	Or ever the silver cord be loosed, or the golden bowl be broken, or the pitcher be broken at the fountain, or the wheel broken at the cistern.	6	Eer dat het zilveren koord ontketend wordt, en de gulden schaal in stukken gestoten wordt, en de kruik aan de springader gebroken wordt, en het rad aan den bornput in stukken gestoten wordt;
	Then shall the dust return to the earth as it was: and the spirit shall return unto God who gave it.	7	En dat het stof wederom tot aarde keert, als het geweest is; en de geest weder tot God keert, Die hem gegeven heeft.
	Vanity of vanities, saith the preacher; all is vanity.	8	IJdelheid der ijdelheden, zegt de prediker; het is al ijdelheid!
	And moreover, because the preacher was wise, he still taught the people knowledge; yea, he gave good heed, and sought out, and set in order many proverbs.	9	En voorts, dewijl de prediker wijs geweest is, zo leerde hij het volk nog wetenschap, en merkte op, en onderzocht; hij stelde vele spreuken in orde.
	The preacher sought to find out acceptable words: and that which was written was upright, even words of truth.	10	De prediker zocht aangename woorden uit te vinden, en het geschrevene is recht, woorden der waarheid.
	The words of the wise are as goads, and as nails fastened by the masters of assemblies, which are given from one shepherd.	11	De woorden der wijzen zijn gelijk prikkelen, en gelijk nagelen, diep ingeslagen van de meesters der verzamelingen, die gegeven zijn van den enigen Herder.
	And further, by these, my son, be admonished: of making many books there is no end; and much study is a weariness of the flesh.	12	En wat boven dezelve is, mijn zoon! wees gewaarschuwd; van vele boeken te maken is geen einde, en veel lezens is vermoeiing des vleses.
	Let us hear the conclusion of the whole matter: Fear God, and keep his commandments: for this is the whole duty of man.	13	Van alles, wat gehoord is, is het einde van de zaak: Vrees God, en houd Zijn geboden, want dit betaamt allen mensen.
	For God shall bring every work into judgment, with every secret thing, whether it be good, or whether it be evil.	14	Want God zal ieder werk in het gericht brengen, met al wat verborgen is, hetzij goed, of hetzij kwaad.

Song of Solomon - Hooglied

Song of Solomon (1) Hooglied

1	The song of songs, which is Solomon's.
2	Let him kiss me with the kisses of his mouth: for thy love is better than wine.
3	Because of the savour of thy good ointments thy name is as ointment poured forth, therefore do the virgins love thee.
4	Draw me, we will run after thee: the king hath brought me into his chambers: we will be glad and rejoice in thee, we will remember thy love more than wine: the upright love thee.
5	I am black, but comely, O ye daughters of Jerusalem, as the tents of Kedar, as the curtains of Solomon.
6	Look not upon me, because I am black, because the sun hath looked upon me: my mother's children were angry with me; they made me the keeper of the vineyards; but mine own vineyard have I not kept.
7	Tell me, O thou whom my soul loveth, where thou feedest, where thou makest thy flock to rest at noon: for why should I be as one that turneth aside by the flocks of thy companions?
8	If thou know not, O thou fairest among women, go thy way forth by the footsteps of the flock, and feed thy kids beside the shepherds' tents.
9	I have compared thee, O my love, to a company of horses in Pharaoh's chariots.
10	Thy cheeks are comely with rows of jewels, thy neck with chains of gold.
11	We will make thee borders of gold with studs of silver.
12	While the king sitteth at his table, my spikenard sendeth forth the smell thereof.
13	A bundle of myrrh is my wellbeloved unto me; he shall lie all night betwixt my breasts.
14	My beloved is unto me as a cluster of camphire in the vineyards of Engedi.
15	Behold, thou art fair, my love; behold, thou art fair; thou hast doves' eyes.
16	Behold, thou art fair, my beloved, yea, pleasant: also our bed is green.
17	The beams of our house are cedar, and our rafters of fir.

1	Het Hooglied, hetwelk van Salomo is.
2	Hij kusse mij met de kussen Zijns monds; want Uw uitnemende liefde is beter dan wijn.
3	Uw olien zijn goed tot reuk, Uw naam is een olie, die uitgestort wordt; daarom hebben U de maagden lief.
4	Trek mij, wij zullen U nalopen! De Koning heeft mij gebracht in Zijn binnenkameren; wij zullen ons verheugen en in U verblijden; wij zullen Uw uitnemende liefde vermelden, meer dan den wijn; de oprechten hebben U lief.
5	Ik ben zwart, doch liefelijk (gij dochteren van Jeruzalem!), gelijk de tenten van Kedar, gelijk de gordijnen van Salomo.
6	Ziet mij niet aan, dat ik zwartachtig ben, omdat mij de zon heeft beschenen; de kinderen mijner moeder waren tegen mij ontstoken, zij hebben mij gezet tot een hoederin der wijngaarden. Mijn wijngaard, dien ik heb, heb ik niet gehoed.
7	Zeg mij aan, Gij, Dien mijn ziel liefheeft, waar Gij weidt, waar Gij de kudde legert in den middag; want waarom zou ik zijn als een, die zich bedekt bij de kudden Uwer metgezellen?
8	Indien gij het niet weet, o gij schoonste onder de vrouwen! zo ga uit op de voetstappen der schapen, en weid uw geiten bij de woningen der herderen.
9	Mijn vriendin! Ik vergelijk u bij de paarden aan de wagens van Farao.
10	Uw wangen zijn liefelijk in de spangen, uw hals in de parelsnoeren.
11	Wij zullen u gouden spangen maken, met zilveren stipjes.
12	Terwijl de Koning aan Zijn ronde tafel is, geeft mijn nardus zijn reuk.
13	Mijn Liefste is mij een bundeltje mirre, dat tussen mijn borsten vernacht.
14	Mijn Liefste is mij een tros van Cyprus, in de wijngaarden van En-gedi.
15	Zie, gij zijt schoon, Mijn vriendin! Zie, gij zijt schoon; uw ogen zijn duiven ogen.
16	Zie, gij zijt schoon, mijn Liefste, ja, liefelijk; ook groent onze bedstede.
17	De balken onzer huizen zijn cederen, onze galerijen zijn cypressen.

Song of Solomon (2) Hooglied

1	I am the rose of Sharon, and the lily of the valleys.
2	As the lily among thorns, so is my love among the daughters.
3	As the apple tree among the trees of the wood, so is my beloved among the sons. I sat down under his shadow with great delight, and his fruit was sweet to my taste.
4	He brought me to the banqueting house, and his banner over me was love.
5	Stay me with flagons, comfort me with apples: for I am sick of love.
6	His left hand is under my head, and his right hand doth embrace me.
7	I charge you, O ye daughters of Jerusalem, by the roes, and by the hinds of the field, that ye stir not up, nor awake my love, till he please.
8	The voice of my beloved! behold, he cometh leaping upon the mountains, skipping upon the hills.
9	My beloved is like a roe or a young hart: behold, he standeth behind our wall, he looketh forth at the windows, shewing himself through the lattice.
10	My beloved spake, and said unto me, Rise up, my love, my fair one, and come away.
11	For, lo, the winter is past, the rain is over and gone;
12	The flowers appear on the earth; the time of the singing of birds is come, and the voice of the turtle is heard in our land;

1	Ik ben een Roos van Saron, een Lelie der dalen.
2	Gelijk een lelie onder de doornen, alzo is Mijn vriendin onder de dochteren.
3	Als een appelboom onder de bomen des wouds, zo is mijn Liefste onder de zonen; ik heb groten lust in Zijn schaduw, en zit er onder, en Zijn vrucht is mijn gehemelte zoet.
4	Hij voert mij in het wijnhuis, en de liefde is Zijn banier over mij.
5	Ondersteunt gijlieden mij met de flessen, versterkt mij met de appelen, want ik ben krank van liefde.
6	Zijn linkerhand zij onder mijn hoofd, en Zijn rechterhand omhelze mij.
7	Ik bezweer u, gij, dochteren van Jeruzalem! die bij de reeen, of bij de hinden des velds zijt, dat gij die liefde niet opwekt, noch wakker maakt, totdat het dezelve luste!
8	Dat is de stem mijns Liefsten, ziet Hem, Hij komt, springende op de bergen, huppelende op de heuvelen!
9	Mijn Liefste is gelijk een ree, of een welp der herten; ziet, Hij staat achter onzen muur, kijkende uit de vensteren, blinkende uit de traliën.
10	Mijn Liefste antwoordt, en zegt tot mij: Sta op, Mijn vriendin, Mijn schone, en kom!
11	Want zie, de winter is voorbij, de plasregen is over, hij is overgegaan;
12	De bloemen worden gezien in het land, de zangtijd genaakt, en de stem der tortelduif wordt gehoord in ons land.

The fig tree putteth forth her green figs, and the vines with the tender grape give a good smell. Arise, my love, my fair one, and come away.	13 De vijgeboom brengt zijn jonge vijgjes voort, en de wijnstokken geven reuk met hun jonge druifjes. Sta op, Mijn vriendin! Mijn schone, en kom!
O my dove, that art in the clefts of the rock, in the secret places of the stairs, let me see thy countenance, let me hear thy voice; for sweet is thy voice, and thy countenance is comely.	14 Mijn duive, zijnde in de kloven der steenrotsen, in het verborgene ener steile plaats, toon Mij uw gedaante, doe Mij uw stem horen; want uw stem is zoet, en uw gedaante is liefelijk.
Take us the foxes, the little foxes, that spoil the vines: for our vines have tender grapes.	15 Vangt gijlieden ons de vossen, de kleine vossen, die de wijngaarden verderven, want onze wijngaarden hebben jonge druifjes.
My beloved is mine, and I am his: he feedeth among the lilies.	16 Mijn Liefste is mijn, en ik ben Zijn, Die weidt onder de lelien,
Until the day break, and the shadows flee away, turn, my beloved, and be thou like a roe or a young hart upon the mountains of Bether.	17 Totdat de dag aankomt, en de schaduwen vlieden; keer om, mijn Liefste! wordt Gij gelijk een ree, of een welp der herten, op de bergen van Bether.

Song of Solomon (3) Hooglied

By night on my bed I sought him whom my soul loveth: I sought him, but I found him not.	1 Ik zocht des nachts op mijn leger Hem, Dien mijn ziel liefheeft; ik zocht Hem, maar ik vond Hem niet; ik zeide:
I will rise now, and go about the city in the streets, and in the broad ways I will seek him whom my soul loveth: I sought him, but I found him not.	2 Ik zal nu opstaan, en in de stad omgaan, in de wijken en in de straten; ik zal Hem zoeken, Dien mijn ziel liefheeft; ik zocht Hem, maar ik vond Hem niet.
The watchmen that go about the city found me: to whom I said, Saw ye him whom my soul loveth?	3 De wachters, die in de stad omgingen, vonden mij: ik zeide: Hebt gij Dien gezien, Dien mijn ziel liefheeft?
It was but a little that I passed from them, but I found him whom my soul loveth: I held him, and would not let him go, until I had brought him into my mother's house, and into the chamber of her that conceived me.	4 Toen ik een weinigje van hen weggegaan was, vond ik Hem, Dien mijn ziel liefheeft; ik hield Hem vast, en liet Hem niet gaan, totdat ik Hem in mijner moeders huis gebracht had, en in de binnenste kamer van degene, die mij gebaard heeft.
I charge you, O ye daughters of Jerusalem, by the roes, and by the hinds of the field, that ye stir not up, nor awake my love, till he please.	5 Ik bezweer u, gij dochteren van Jeruzalem! die bij de reeen of bij de hinden des velds zijt, dat gij de liefde niet opwekt, noch wakker maakt, totdat het haar luste!
Who is this that cometh out of the wilderness like pillars of smoke, perfumed with myrrh and frankincense, with all powders of the merchant?	6 Wie is zij, die daar opkomt uit de woestijn, als rookpilaren, berookt met mirre en wierook, en met allerlei poeder des kruideniers?
Behold his bed, which is Solomon's; threescore valiant men are about it, of the valiant of Israel.	7 Ziet, het bed, dat Salomo heeft, daar zijn zestig helden rondom van de helden van Israel;
They all hold swords, being expert in war: every man hath his sword upon his thigh because of fear in the night.	8 Die altemaal zwaarden houden, geleerd ten oorlog, elk hebbende zijn zwaard aan zijn heup, vanwege den schrik des nachts.
King Solomon made himself a chariot of the wood of Lebanon.	9 De koning Salomo heeft zich een koets gemaakt van het hout van Libanon.
He made the pillars thereof of silver, the bottom thereof of gold, the covering of it of purple, the midst thereof being paved with love, for the daughters of Jerusalem.	10 De pilaren derzelve maakte hij van zilver, haar vloer van goud, haar gehemelte van purper; het binnenste was bespreid met de liefde van de dochteren van Jeruzalem.
Go forth, O ye daughters of Zion, and behold king Solomon with the crown wherewith his mother crowned him in the day of his espousals, and in the day of the gladness of his heart.	11 Gaat uit, en aanschouwt, gij, dochteren van Sion! den koning Salomo, met de kroon, waarmede Hem Zijn moeder kroonde op den dag Zijner bruiloft, en op den dag der vreugde Zijns harten.

Song of Solomon (4) Hooglied

Behold, thou art fair, my love; behold, thou art fair; thou hast doves' eyes within thy locks: thy hair is as a flock of goats, that appear from mount Gilead.	1 Zie, gij zijt schoon, Mijn vriendin! zie, gij zijt schoon; uw ogen zijn duiven ogen tussen uw vlechten; uw haar is als een kudde geiten, die het gras van den berg Gileads afscheren.
Thy teeth are like a flock of sheep that are even shorn, which came up from the washing; whereof every one bear twins, and none is barren among them.	2 Uw tanden zijn als een kudde schapen, die geschoren zijn, die uit de wasstede opkomen; die al te zamen tweelingen voortbrengen, en geen onder hen is jongeloos.
Thy lips are like a thread of scarlet, and thy speech is comely: thy temples are like a piece of a pomegranate within thy locks.	3 Uw lippen zijn als een scharlaken snoer, en uw spraak is liefelijk; de slaap uws hoofds is als een stuk van een granaatappel tussen uw vlechten.
Thy neck is like the tower of David builded for an armoury, whereon there hang a thousand bucklers, all shields of mighty men.	4 Uw hals is als Davids toren, die gebouwd is tot ophanging van wapentuig, waar duizend rondassen aan hangen, altemaal zijnde schilden der helden.
Thy two breasts are like two young roes that are twins, which feed among the lilies.	5 Uw twee borsten zijn gelijk twee welpen, tweelingen van een ree, die onder de lelien weiden.
Until the day break, and the shadows flee away, I will get me to the mountain of myrrh, and to the hill of frankincense.	6 Totdat de dag aankomt, en de schaduwen vlieden, zal Ik gaan tot den mirreberg, en tot den wierookheuvel.
Thou art all fair, my love; there is no spot in thee.	7 Geheel zijt gij schoon, Mijn vriendin, en er is geen gebrek aan u.
Come with me from Lebanon, my spouse, with me from Lebanon: look from the top of Amana, from the top of Shenir and Hermon, from the lions' dens, from the mountains of the leopards.	8 Bij Mij van den Libanon af, o bruid! kom bij Mij van den Libanon af; zie van den top van Amana, van den top van Senir en van Hermon, van de woningen der leeuwinnen, van de bergen der luipaarden.
Thou hast ravished my heart, my sister, my spouse; thou hast ravished my heart with one of thine eyes, with one chain of thy neck.	9 Gij hebt Mij het hart genomen, Mijn zuster, o bruid! gij hebt Mij het hart genomen, met een van uw ogen, met een keten van uw hals.
How fair is thy love, my sister, my spouse! how much better is thy love than wine! and the smell of thine ointments than all spices!	10 Hoe schoon is uw uitnemende liefde, Mijn zuster, o bruid! hoeveel beter is uw uitnemende liefde dan wijn, en de reuk uwer olien dan alle specerijen!

| | Thy lips, O my spouse, drop as the honeycomb: honey and milk are under thy tongue; and the smell of thy garments is like the smell of Lebanon. | 11 | Uw lippen, o bruid! druppen van honigzeem; honig en melk is onder uw tong, en de reuk uwer klederen is als de reuk van Libanon. |

Thy lips, O my spouse, drop as the honeycomb: honey and milk are under thy tongue; and the smell of thy garments is like the smell of Lebanon.

A garden inclosed is my sister, my spouse; a spring shut up, a fountain sealed.

Thy plants are an orchard of pomegranates, with pleasant fruits; camphire, with spikenard,

Spikenard and saffron; calamus and cinnamon, with all trees of frankincense; myrrh and aloes, with all the chief spices:

A fountain of gardens, a well of living waters, and streams from Lebanon.

Awake, O north wind; and come, thou south; blow upon my garden, that the spices thereof may flow out. Let my beloved come into his garden, and eat his pleasant fruits.

11 Uw lippen, o bruid! druppen van honigzeem; honig en melk is onder uw tong, en de reuk uwer klederen is als de reuk van Libanon.

12 Mijn zuster, o bruid! gij zijt een besloten hof, een besloten wel, een verzegelde fontein.

13 Uw scheuten zijn een paradijs van granaatappelen, met edele vruchten, cyprus met nardus;

14 Nardus en saffraan, kalmus en kaneel, met allerlei bomen van wierook, mirre en aloe, mitsgaders alle voornaamste specerijen.

15 O fontein der hoven, put der levende wateren, die uit Libanon vloeien!

16 Ontwaak, noordenwind! en kom, Gij zuidenwind! doorwaai mijn hof, dat zijn specerijen uitvloeien. O, dat mijn Liefste tot Zijn hof kwame, en ate zijn edele vruchten!

Song of Solomon (5) Hooglied

1 I am come into my garden, my sister, my spouse: I have gathered my myrrh with my spice; I have eaten my honeycomb with my honey; I have drunk my wine with my milk: eat, O friends; drink, yea, drink abundantly, O beloved.

2 I sleep, but my heart waketh: it is the voice of my beloved that knocketh, saying, Open to me, my sister, my love, my dove, my undefiled: for my head is filled with dew, and my locks with the drops of the night.

3 I have put off my coat; how shall I put it on? I have washed my feet; how shall I defile them?

4 My beloved put in his hand by the hole of the door, and my bowels were moved for him.

5 I rose up to open to my beloved; and my hands dropped with myrrh, and my fingers with sweet smelling myrrh, upon the handles of the lock.

6 I opened to my beloved; but my beloved had withdrawn himself, and was gone: my soul failed when he spake: I sought him, but I could not find him; I called him, but he gave me no answer.

7 The watchmen that went about the city found me, they smote me, they wounded me; the keepers of the walls took away my veil from me.

8 I charge you, O daughters of Jerusalem, if ye find my beloved, that ye tell him, that I am sick of love.

9 What is thy beloved more than another beloved, O thou fairest among women? what is thy beloved more than another beloved, that thou dost so charge us?

10 My beloved is white and ruddy, the chiefest among ten thousand.

11 His head is as the most fine gold, his locks are bushy, and black as a raven.

12 His eyes are as the eyes of doves by the rivers of waters, washed with milk, and fitly set.

13 His cheeks are as a bed of spices, as sweet flowers: his lips like lilies, dropping sweet smelling myrrh.

14 His hands are as gold rings set with the beryl: his belly is as bright ivory overlaid with sapphires.

15 His legs are as pillars of marble, set upon sockets of fine gold: his countenance is as Lebanon, excellent as the cedars.

16 His mouth is most sweet: yea, he is altogether lovely. This is my beloved, and this is my friend, O daughters of Jerusalem.

1 Ik ben in Mijn hof gekomen, o Mijn zuster, o bruid! Ik heb Mijn mirre geplukt met Mijn specerij; Ik heb Mijn honigraten met Mijn honig gegeten; Ik heb Mijn wijn, mitsgaders Mijn melk gedronken. Eet, vrienden! drinkt, en wordt dronken, o liefsten!

2 Ik sliep, maar mijn hart waakte, de stem mijns Liefsten, Die klopte, was: Doe Mij open, Mijn zuster, Mijn vriendin, Mijn duive, Mijn volmaakte! want Mijn hoofd is vervuld met dauw, Mijn haarlokken met nachtdruppen.

3 Ik heb mijn rok uitgetogen, hoe zal ik hem weder aantrekken? Ik heb mijn voeten gewassen, hoe zal ik ze weder bezoedelen?

4 Mijn Liefste trok Zijn hand van het gat der deur; en mijn ingewand werd ontroerd om Zijnentwil.

5 Ik stond op, om mijn Liefste open te doen; en mijn handen drupten van mirre, en mijn vingers van vloeiende mirre, op de handvaten des slots.

6 Ik deed mijn Liefste open, maar mijn Liefste was geweken, Hij was doorgegaan; mijn ziel ging uit vanwege Zijn spreken; ik zocht Hem, maar ik vond Hem niet, ik riep Hem, doch Hij antwoordde mij niet.

7 De wachters, die in de stad omgingen, vonden mij, zij sloegen mij, zij verwondden mij; de wachters op de muren namen mijn sluier van mij.

8 Ik bezweer u, gij dochters van Jeruzalem! indien gij mijn Liefste vindt, wat zult gij Hem aanzeggen? Dat ik krank ben van liefde.

9 Wat is uw Liefste meer dan een ander liefste, o gij schoonste onder de vrouwen! wat is uw Liefste meer dan een ander liefste, dat gij ons zo bezworen hebt!

10 Mijn Liefste is blank en rood, Hij draagt de banier boven tien duizend.

11 Zijn hoofd is van het fijnste goud, van het dichtste goud; Zijn haarlokken zijn gekruld, zwart als een raaf.

12 Zijn ogen zijn als der duiven bij de waterstromen, met melk gewassen, staande als in kasjes der ringen.

13 Zijn wangen zijn als een bed van specerijen, als welriekende torentjes; Zijn lippen zijn als leliën, druppende van vloeiende mirre.

14 Zijn handen zijn als gouden ringen, gevuld met turkoois; Zijn buik is als blinkend elpenbeen, overtogen met saffieren.

15 Zijn schenkelen zijn als marmeren pilaren, gegrond op voeten van het dichtste goud; Zijn gestalte is als de Libanon, uitverkoren als de cederen.

16 Zijn gehemelte is enkel zoetigheid, en al wat aan Hem is, is gans begeerlijk. Zulk een is mijn Liefste; ja, zulk een is mijn Vriend, gij dochters van Jeruzalem!

Song of Solomon (6) Hooglied

Whither is thy beloved gone, O thou fairest among women? whither is thy beloved turned aside? that we may seek him with thee.

My beloved is gone down into his garden, to the beds of spices, to feed in the gardens, and to gather lilies.

I am my beloved's, and my beloved is mine: he feedeth among the lilies.

Thou art beautiful, O my love, as Tirzah, comely as Jerusalem, terrible as an army with banners.

Turn away thine eyes from me, for they have overcome me: thy hair is as a flock of goats that appear from Gilead.

1 Waar is uw Liefste heengegaan, o gij schoonste onder de vrouwen? Waarheen heeft uw Liefste het aangezicht gewend, opdat wij Hem met u zoeken?

2 Mijn Liefste is afgegaan in Zijn hof, tot de specerijbedden, om te weiden in de hoven, en om de leliën te verzamelen.

3 Ik ben mijns Liefsten, en mijn Liefste is mijn, Die onder de leliën weidt.

4 Gij zijt schoon, Mijn vriendin, gelijk Thirza, liefelijk als Jeruzalem, schrikkelijk als slagorden met banieren.

5 Wend uw ogen van Mij af, want zij doen Mij geweld aan; uw haar is als een kudde geiten, die het gras van Gilead afscheren.

Thy teeth are as a flock of sheep which go up from the washing, whereof every one beareth twins, and there is not one barren among them.	6 Uw tanden zijn als een kudde schapen, die uit de wasstede opkomen, die al te zamen tweelingen voortbrengen, en onder dezelve is geen jongeloos.
As a piece of a pomegranate are thy temples within thy locks.	7 Uw wangen zijn als een stuk van een granaatappel tussen uw vlechten.
There are threescore queens, and fourscore concubines, and virgins without number.	8 Er zijn zestig koninginnen en tachtig bijwijven, en maagden zonder getal.
My dove, my undefiled is but one; she is the only one of her mother, she is the choice one of her that bare her. The daughters saw her, and blessed her; yea, the queens and the concubines, and they praised her.	9 Een enige is Mijn duive, Mijn volmaakte, de enige harer moeder, zij is de zuivere dergenen, die haar gebaard heeft; als de dochters haar zien, zo zullen zij haar welgelukzalig roemen, de koninginnen en de bijwijven; en zij zullen haar prijzen.
Who is she that looketh forth as the morning, fair as the moon, clear as the sun, and terrible as an army with banners?	10 Wie is zij, die er uitziet als de dageraad, schoon, gelijk de maan, zuiver als de zon, schrikkelijk als slagorden met banieren?
I went down into the garden of nuts to see the fruits of the valley, and to see whether the vine flourished, and the pomegranates budded.	11 Ik ben tot den notenhof afgegaan om de groene vruchten der vallei te zien; om te zien, of de wijnstok bloeide, de granaatbomen uitbotten.
Or ever I was aware, my soul made me like the chariots of Amminadib.	12 Eer ik het wist, zette mij mijn ziel op de wagens van mijn vrijwillig volk.
Return, return, O Shulamite; return, return, that we may look upon thee. What will ye see in the Shulamite? As it were the company of two armies.	13 Keer weder, keer weder, o Sulammith! Keer weder, keer weder, dat wij u mogen aanzien. Wat ziet gijlieden de Sulammith aan? Zij is als een rei van twee heiren.

Song of Solomon (7) Hooglied

How beautiful are thy feet with shoes, O prince's daughter! the joints of thy thighs are like jewels, the work of the hands of a cunning workman.	1 Hoe schoon zijn uw gangen in de schoenen, gij prinsendochter! de omdraaiingen uwer heupen zijn als kostelijke ketens, zijnde het werk van de handen eens kunstenaars.
Thy navel is like a round goblet, which wanteth not liquor: thy belly is like an heap of wheat set about with lilies.	2 Uw navel is als een ronde beker, dien geen drank ontbreekt; uw buik is als een hoop tarwe, rondom bezet met lelien.
Thy two breasts are like two young roes that are twins.	3 Uw twee borsten zijn als twee welpen, tweelingen van een ree.
Thy neck is as a tower of ivory; thine eyes like the fishpools in Heshbon, by the gate of Bathrabbim: thy nose is as the tower of Lebanon which looketh toward Damascus.	4 Uw hals is als een elpenbenen toren, uw ogen zijn als de vijvers te Hesbon, bij de poort van Bath-rabbim; uw neus is als de toren van Libanon, die tegen Damaskus ziet.
Thine head upon thee is like Carmel, and the hair of thine head like purple; the king is held in the galleries.	5 Uw hoofd op u is als Karmel, en de haarband uws hoofds als purper; de koning is als gebonden op de galerijen.
How fair and how pleasant art thou, O love, for delights!	6 Hoe schoon zijt gij, en hoe liefelijk zijt gij, o liefde, in wellusten!
This thy stature is like to a palm tree, and thy breasts to clusters of grapes.	7 Deze uw lengte is te vergelijken bij een palmboom, en uw borsten bij druif trossen.
I said, I will go up to the palm tree, I will take hold of the boughs thereof: now also thy breasts shall be as clusters of the vine, and the smell of thy nose like apples;	8 Ik zeide: Ik zal op den palmboom klimmen, ik zal zijn takken grijpen; zo zullen dan uw borsten zijn als druif trossen aan den wijnstok, en de reuk van uw neus als appelen.
And the roof of thy mouth like the best wine for my beloved, that goeth down sweetly, causing the lips of those that are asleep to speak.	9 En uw gehemelte als goede wijn, die recht tot mijn Beminde gaat, doende de lippen der slapenden spreken.
I am my beloved's, and his desire is toward me.	10 Ik ben mijns Liefsten, en Zijn genegenheid is tot mij.
Come, my beloved, let us go forth into the field; let us lodge in the villages.	11 Kom, mijn Liefste! laat ons uitgaan in het veld, laat ons vernachten op de dorpen.
Let us get up early to the vineyards; let us see if the vine flourish, whether the tender grape appear, and the pomegranates bud forth: there will I give thee my loves.	12 Laat ons vroeg ons opmaken naar de wijnbergen, laat ons zien, of de wijnstok bloeit, de jonge druifjes zich opendoen, de granaatappelbomen uitbotten; daar zal ik U mijn uitnemende liefde geven.
The mandrakes give a smell, and at our gates are all manner of pleasant fruits, new and old, which I have laid up for thee, O my beloved.	13 De dudaim geven reuk, en aan onze deuren zijn allerlei edele vruchten, nieuwe en oude; o mijn Liefste! die heb ik voor U weggelegd.

Song of Solomon (8) Hooglied

O that thou wert as my brother, that sucked the breasts of my mother! when I should find thee without, I would kiss thee; yea, I should not be despised.	1 Och, dat Gij mij als een Broeder waart, zuigende de borsten mijner moeder! dat ik U op de straat vond, ik zou U kussen, ook zouden zij mij niet verachten.
I would lead thee, and bring thee into my mother's house, who would instruct me: I would cause thee to drink of spiced wine of the juice of my pomegranate.	2 Ik zou U leiden, ik zou U brengen in mijner moeders huis, Gij zoudt mij leren; ik zou U van specerijwijn te drinken geven, en van het sap van mijn granaatappelen.
His left hand should be under my head, and his right hand should embrace me.	3 Zijn linkerhand zij onder mijn hoofd, en Zijn rechterhand omhelze mij.
I charge you, O daughters of Jerusalem, that ye stir not up, nor awake my love, until he please.	4 Ik bezweer u, gij dochteren van Jeruzalem! dat gij die liefde niet opwekt, noch wakker maakt, totdat het dezelve lust!
Who is this that cometh up from the wilderness, leaning upon her beloved? I raised thee up under the apple tree: there thy mother brought thee forth: there she brought thee forth that bare thee.	5 Wie is zij, die daar opklimt uit de woestijn, en liefelijk leunt op haar Liefste? Onder den appelboom heb ik u opgewekt, daar heeft u uw moeder met smart voortgebracht, daar heeft zij u met smart voortgebracht, die u gebaard heeft.
Set me as a seal upon thine heart, as a seal upon thine arm: for love is strong as death; jealousy is cruel as the grave: the coals thereof are coals of fire, which hath a most vehement flame.	6 Zet mij als een zegel op Uw hart, als een zegel op Uw arm; want de liefde is sterk als de dood; de ijver is hard als het graf; haar kolen zijn vurige kolen, vlammen des HEEREN.

Song of Solomon - Hooglied

Many waters cannot quench love, neither can the floods drown it: if a man would give all the substance of his house for love, it would utterly be contemned.

We have a little sister, and she hath no breasts: what shall we do for our sister in the day when she shall be spoken for?

If she be a wall, we will build upon her a palace of silver: and if she be a door, we will inclose her with boards of cedar.

I am a wall, and my breasts like towers: then was I in his eyes as one that found favour.

Solomon had a vineyard at Baalhamon; he let out the vineyard unto keepers; every one for the fruit thereof was to bring a thousand pieces of silver.

My vineyard, which is mine, is before me: thou, O Solomon, must have a thousand, and those that keep the fruit thereof two hundred.

Thou that dwellest in the gardens, the companions hearken to thy voice: cause me to hear it.

Make haste, my beloved, and be thou like to a roe or to a young hart upon the mountains of spices.

7 Vele wateren zouden deze liefde niet kunnen uitblussen; ja, de rivieren zouden ze niet verdrinken; al gaf iemand al het goed van zijn huis voor deze liefde, men zou hem te enenmale verachten.

8 Wij hebben een kleine zuster, die nog geen borsten heeft; wat zullen wij onze zuster doen in dien dag, als men van haar spreken zal?

9 Zo zij een muur is, wij zullen een paleis van zilver op haar bouwen; en zo zij een deur is, wij zullen haar rondom bezetten met cederen planken.

10 Ik ben een muur en mijn borsten zijn als torens. Toen was ik in Zijn ogen als een, die vrede vindt.

11 Salomo had een wijngaard, te Baal-Hamon; hij gaf dezen wijngaard aan de hoeders, een ieder bracht voor deszelfs vrucht duizend zilverlingen.

12 Mijn wijngaard, dien ik heb, is voor mijn aangezicht; de duizend zilverlingen zijn voor u, o Salomo! maar tweehonderd zijn voor de hoeders van deszelfs vrucht.

13 O gij bewoonster der hoven! de metgezellen merken op uw stem; doe ze Mij horen.

14 Kom haastelijk, mijn Liefste! en wees Gij gelijk een ree, of gelijk een welp der herten op de bergen der specerijen.

Isaiah - Jesaja
Isaiah (1) Jesaja

The vision of Isaiah the son of Amoz, which he saw concerning Judah and Jerusalem in the days of Uzziah, Jotham, Ahaz, and Hezekiah, kings of Judah.	1 Het gezicht van Jesaja, den zoon van Amoz, hetwelk hij zag over Juda en Jeruzalem, in de dagen van Uzzia, Jotham, Achaz en Hizkia, de koningen van Juda.
Hear, O heavens, and give ear, O earth: for the LORD hath spoken, I have nourished and brought up children, and they have rebelled against me.	2 Hoort, gij hemelen! en neem ter ore, gij aarde! want de HEERE spreekt: Ik heb kinderen groot gemaakt en verhoogd; maar zij hebben tegen Mij overtreden.
The ox knoweth his owner, and the ass his master's crib: but Israel doth not know, my people doth not consider.	3 Een os kent zijn bezitter, en een ezel de krib zijns heren; maar Israel heeft geen kennis, Mijn volk verstaat niet.
Ah sinful nation, a people laden with iniquity, a seed of evildoers, children that are corrupters: they have forsaken the LORD, they have provoked the Holy One of Israel unto anger, they are gone away backward.	4 Wee het zondige volk, het volk van zware ongerechtigheid, het zaad der boosdoeners, de verdervende kinderen! Zij hebben den HEERE verlaten, zij hebben den Heilige Israels gelasterd, zij hebben zich vervreemd, wijkende achterwaarts.
Why should ye be stricken any more? ye will revolt more and more: the whole head is sick, and the whole heart faint.	5 Waartoe zoudt gij meer geslagen worden? Gij zoudt des afvals des te meer maken; het ganse hoofd is krank, en het ganse hart is mat.
From the sole of the foot even unto the head there is no soundness in it; but wounds, and bruises, and putrifying sores: they have not been closed, neither bound up, neither mollified with ointment.	6 Van de voetzool af tot het hoofd toe is er niets geheels aan hetzelve; maar wonden, en striemen, en etterbuilen, die niet uitgedrukt noch verbonden zijn, en geen derzelve is met olie verzacht.
Your country is desolate, your cities are burned with fire: your land, strangers devour it in your presence, and it is desolate, as overthrown by strangers.	7 Uw aardrijk is een verwoesting, uw steden zijn met het vuur verbrand; uw land verteren de vreemden in uw tegenwoordigheid, en een verwoesting is er, als een omkering door de vreemden.
And the daughter of Zion is left as a cottage in a vineyard, as a lodge in a garden of cucumbers, as a besieged city.	8 En de dochter van Sion is overgebleven als een hutje in den wijngaard, als een nachthutje in den komkommerhof als een belegerde stad.
Except the LORD of hosts had left unto us a very small remnant, we should have been as Sodom, and we should have been like unto Gomorrah.	9 Zo niet de HEERE der heirscharen ons nog een weinig overblijfsel had gelaten, als Sodom zouden wij geworden zijn; wij zouden Gomorra gelijk zijn geworden.
Hear the word of the LORD, ye rulers of Sodom; give ear unto the law of our God, ye people of Gomorrah.	10 Hoort des HEEREN woord, gij oversten van Sodom! neemt ter ore de wet onzes Gods, gij volk van Gomorra!
To what purpose is the multitude of your sacrifices unto me? saith the LORD: I am full of the burnt offerings of rams, and the fat of fed beasts; and I delight not in the blood of bullocks, or of lambs, or of he goats.	11 Waartoe zal Mij zijn de veelheid uwer slachtoffers? zegt de HEERE; Ik ben zat van de brandoffers der rammen, en het smeer der vette beesten, en heb geen lust aan het bloed der varren, noch der lammeren, noch der bokken.
When ye come to appear before me, who hath required this at your hand, to tread my courts?	12 Wanneer gijlieden voor Mijn aangezicht komt te verschijnen, wie heeft zulks van uw hand geeist, dat gij Mijn voorhoven betreden zoudt?
Bring no more vain oblations; incense is an abomination unto me; the new moons and sabbaths, the calling of assemblies, I cannot away with; it is iniquity, even the solemn meeting.	13 Brengt niet meer vergeefs offer, het reukwerk is Mij een gruwel; de nieuwe maanden, en sabbatten, en het bijeenroepen der vergaderingen vermag Ik niet, het is ongerechtigheid, zelfs de verbodsdagen.
Your new moons and your appointed feasts my soul hateth: they are a trouble unto me; I am weary to bear them.	14 Uw nieuwe maanden en uw gezette hoogtijden haat Mijn ziel, zij zijn Mij tot een last; Ik ben moede geworden, die te dragen.
And when ye spread forth your hands, I will hide mine eyes from you: yea, when ye make many prayers, I will not hear: your hands are full of blood.	15 En als gijlieden uw handen uitbreidt, verberg Ik Mijn ogen voor u; ook wanneer gij het gebed vermenigvuldigt, hoor Ik niet; want uw handen zijn vol bloed.
Wash you, make you clean; put away the evil of your doings from before mine eyes; cease to do evil;	16 Wast u, reinigt u, doet de boosheid uwer handelingen van voor Mijn ogen weg, laat af van kwaad te doen.
Learn to do well; seek judgment, relieve the oppressed, judge the fatherless, plead for the widow.	17 Leert goed doen, zoekt het recht, helpt den verdrukte, doet den wees recht, handelt de twistzaak der weduwe.
Come now, and let us reason together, saith the LORD: though your sins be as scarlet, they shall be as white as snow; though they be red like crimson, they shall be as wool.	18 Komt dan, en laat ons samen rechten, zegt de HEERE; al waren uw zonden als scharlaken, zij zullen wit worden als sneeuw, al waren zij rood als karmozijn, zij zullen worden als witte wol.
If ye be willing and obedient, ye shall eat the good of the land:	19 Indien gijlieden willig zijt en hoort, zo zult gij het goede dezes lands eten.
But if ye refuse and rebel, ye shall be devoured with the sword: for the mouth of the LORD hath spoken it.	20 Maar indien gij weigert, en wederspannig zijt, zo zult gij van het zwaard gegeten worden; want de mond des HEEREN heeft het gesproken.
How is the faithful city become an harlot! it was full of judgment; righteousness lodged in it; but now murderers.	21 Hoe is de getrouwe stad tot een hoer geworden! Zij was vol recht, gerechtigheid herbergde daarin, maar nu doodslagers.
Thy silver is become dross, thy wine mixed with water:	22 Uw zilver is geworden tot schuim; uw wijn is vermengd met water.
Thy princes are rebellious, and companions of thieves: every one loveth gifts, and followeth after rewards: they judge not the fatherless, neither doth the cause of the widow come unto them.	23 Uw vorsten zijn afvalligen, en metgezellen der dieven, een ieder van hen heeft de geschenken lief, en zij jagen de vergeldingen na; den wezen doen zij geen recht, en de twistzaak der weduwen komt voor hen niet.

Isaiah - Jesaja

Therefore saith the Lord, the LORD of hosts, the mighty One of Israel, Ah, I will ease me of mine adversaries, and avenge me of mine enemies:	24 Daarom spreekt de Heere, HEERE der heirscharen, de Machtige Israels: O wee! Ik zal Mij troosten van Mijn wederpartijders. Ik zal Mij wreken van Mijn vijanden.
And I will turn my hand upon thee, and purely purge away thy dross, and take away all thy tin:	25 En Ik zal Mijn hand tegen u keren, en Ik zal uw schuim op het allerreinste afzuiveren, en Ik zal al uw tin wegnemen.
And I will restore thy judges as at the first, and thy counsellers as at the beginning: afterward thou shalt be called, The city of righteousness, the faithful city.	26 En Ik zal u uw rechters wedergeven, als in het eerste, en uw raadslieden als in den beginne; daarna zult gij een stad der gerechtigheid, een getrouwe stad, genoemd worden.
Zion shall be redeemed with judgment, and her converts with righteousness.	27 Sion zal door recht verlost worden, en haar wederkerenden door gerechtigheid.
And the destruction of the transgressors and of the sinners shall be together, and they that forsake the LORD shall be consumed.	28 Maar er zal verbreking zijn der overtreders, en der zondaars te zamen; en die den HEERE verlaten, zullen omkomen.
For they shall be ashamed of the oaks which ye have desired, and ye shall be confounded for the gardens that ye have chosen.	29 Want zij zullen beschaamd worden om der eiken wil, die gijlieden begeerd hebt, en gij zult schaamrood worden, om der hoven wil, die gij verkoren hebt.
For ye shall be as an oak whose leaf fadeth, and as a garden that hath no water.	30 Want gij zult zijn als een eik, welks bladeren afvallen, en als een hof, die geen water heeft.
And the strong shall be as tow, and the maker of it as a spark, and they shall both burn together, and none shall quench them.	31 En de sterke zal wezen tot grof vlas, en zijn werkmeester tot een vonk, en zij zullen beiden te zamen branden, en er zal geen uitblusser wezen.

Isaiah (2) Jesaja

The word that Isaiah the son of Amoz saw concerning Judah and Jerusalem.	1 Het woord, dat Jesaja, de zoon van Amoz, gezien heeft over Juda en Jeruzalem.
And it shall come to pass in the last days, that the mountain of the LORD'S house shall be established in the top of the mountains, and shall be exalted above the hills; and all nations shall flow unto it.	2 En het zal geschieden in het laatste der dagen, dat de berg van het huis des HEEREN zal vastgesteld zijn op den top der bergen, en dat hij zal verheven worden boven de heuvelen, en tot denzelven zullen alle heidenen toevloeien.
And many people shall go and say, Come ye, and let us go up to the mountain of the LORD, to the house of the God of Jacob; and he will teach us of his ways, and we will walk in his paths: for out of Zion shall go forth the law, and the word of the LORD from Jerusalem.	3 En vele volken zullen heengaan en zeggen: Komt, laat ons opgaan tot den berg des HEEREN, tot het huis van den God Jakobs, opdat Hij ons lere van Zijn wegen, en dat wij wandelen in Zijn paden; want uit Sion zal de wet uitgaan, en des HEEREN woord uit Jeruzalem.
And he shall judge among the nations, and shall rebuke many people: and they shall beat their swords into plowshares, and their spears into pruninghooks: nation shall not lift up sword against nation, neither shall they learn war any more.	4 En Hij zal rechten onder de heidenen, en bestraffen vele volken; en zij zullen hun zwaarden slaan tot spaden, en hun spiesen tot sikkelen; het ene volk zal tegen het andere volk geen zwaard opheffen, en zij zullen geen oorlog meer leren.
O house of Jacob, come ye, and let us walk in the light of the LORD.	5 Komt, gij huis van Jakob, en laat ons wandelen in het licht des HEEREN.
Therefore thou hast forsaken thy people the house of Jacob, because they be replenished from the east, and are soothsayers like the Philistines, and they please themselves in the children of strangers.	6 Maar Gij hebt Uw volk, het huis van Jakob, verlaten, want zij zijn vervuld met goddeloosheid, meer dan het oosten, en zij zijn guichelaars gelijk de Filistijnen, en aan de kinderen der vreemden tonen zij hun behagen.
Their land also is full of silver and gold, neither is there any end of their treasures; their land is also full of horses, neither is there any end of their chariots:	7 En hun land is vervuld met zilver en goud, en hunner schatten is geen einde; hun land is ook vervuld met paarden, en hunner wagenen is geen einde.
Their land also is full of idols; they worship the work of their own hands, that which their own fingers have made:	8 Ook is hun land vervuld met afgoden; voor het werk hunner handen buigen zij zich neder, voor hetgeen hun vingeren gemaakt hebben.
And the mean man boweth down, and the great man humbleth himself: therefore forgive them not.	9 Daar bukt zich de gemene man, en de aanzienlijke man vernedert zich; daarom zult Gij het hun niet vergeven.
Enter into the rock, and hide thee in the dust, for fear of the LORD, and for the glory of his majesty.	10 Ga in den rotssteen, en verberg u in het stof, vanwege den schrik des HEEREN, en om de heerlijkheid Zijner majesteit.
The lofty looks of man shall be humbled, and the haughtiness of men shall be bowed down, and the LORD alone shall be exalted in that day.	11 De hoge ogen der mensen zullen vernederd worden, en de hoogheid der mannen zal nedergebogen worden; en de HEERE alleen zal in dien dag verheven zijn.
For the day of the LORD of hosts shall be upon every one that is proud and lofty, and upon every one that is lifted up; and he shall be brought low:	12 Want de dag des HEEREN der heirscharen zal zijn tegen allen hovaardige en hoge, en tegen allen verhevene, opdat hij vernederd worde;
And upon all the cedars of Lebanon, that are high and lifted up, and upon all the oaks of Bashan,	13 En tegen alle hoge en verhevene cederen van Libanon, en tegen alle eiken van Basan;
And upon all the high mountains, and upon all the hills that are lifted up,	14 En tegen alle hoge bergen, en tegen alle verhevene heuvelen;
And upon every high tower, and upon every fenced wall,	15 En tegen allen hogen toren, en tegen allen vasten muur;
And upon all the ships of Tarshish, and upon all pleasant pictures.	16 En tegen alle schepen van Tarsis, en tegen alle gewenste schilderijen.
And the loftiness of man shall be bowed down, and the haughtiness of men shall be made low: and the LORD alone shall be exalted in that day.	17 En de hoogheid der mensen zal gebogen, en de hoogheid der mannen zal vernederd worden; en de HEERE alleen zal in die dag verheven zijn.
And the idols he shall utterly abolish.	18 En elkeen der afgoden zal ganselijk vergaan.
And they shall go into the holes of the rocks, and into the caves of the earth, for fear of the LORD, and for the glory of his majesty, when he ariseth to shake terribly the earth.	19 Dan zullen zij in de spelonken der rotsstenen gaan, en in de holen der aarde, vanwege den schrik des HEEREN, en vanwege de heerlijkheid Zijner majesteit, wanneer Hij Zich opmaken zal, om de aarde te verschrikken.

In that day a man shall cast his idols of silver, and his idols of gold, which they made each one for himself to worship, to the moles and to the bats;

To go into the clefts of the rocks, and into the tops of the ragged rocks, for fear of the LORD, and for the glory of his majesty, when he ariseth to shake terribly the earth.

Cease ye from man, whose breath is in his nostrils: for wherein is he to be accounted of?

20 In dien dag zal de mens zijn zilveren afgoden, en zijn gouden afgoden, welke zij zich gemaakt hadden, om zich daarvoor neder te buigen, wegwerpen voor de mollen en de vledermuizen;

21 Gaande in de reten der rotsen en in de kloven der steenrotsen, vanwege den schrik des HEEREN, en vanwege de heerlijkheid Zijner majesteit, wanneer Hij Zich opmaken zal, om de aarde geweldiglijk te verschrikken.

22 Laat gijlieden dan af van den mens, wiens adem in zijn neus is, want waarin is hij te achten?

Isaiah (3) Jesaja

1 For, behold, the Lord, the LORD of hosts, doth take away from Jerusalem and from Judah the stay and the staff, the whole stay of bread, and the whole stay of water,

2 The mighty man, and the man of war, the judge, and the prophet, and the prudent, and the ancient,

3 The captain of fifty, and the honourable man, and the counseller, and the cunning artificer, and the eloquent orator.

4 And I will give children to be their princes, and babes shall rule over them.

5 And the people shall be oppressed, every one by another, and every one by his neighbour: the child shall behave himself proudly against the ancient, and the base against the honourable.

6 When a man shall take hold of his brother of the house of his father, saying, Thou hast clothing, be thou our ruler, and let this ruin be under thy hand:

7 In that day shall he swear, saying, I will not be an healer; for in my house is neither bread nor clothing: make me not a ruler of the people.

8 For Jerusalem is ruined, and Judah is fallen: because their tongue and their doings are against the LORD, to provoke the eyes of his glory.

9 The shew of their countenance doth witness against them; and they declare their sin as Sodom, they hide it not. Woe unto their soul! for they have rewarded evil unto themselves.

10 Say ye to the righteous, that it shall be well with him: for they shall eat the fruit of their doings.

11 Woe unto the wicked! it shall be ill with him: for the reward of his hands shall be given him.

12 As for my people, children are their oppressors, and women rule over them. O my people, they which lead thee cause thee to err, and destroy the way of thy paths.

13 The LORD standeth up to plead, and standeth to judge the people.

14 The LORD will enter into judgment with the ancients of his people, and the princes thereof: for ye have eaten up the vineyard; the spoil of the poor is in your houses.

15 What mean ye that ye beat my people to pieces, and grind the faces of the poor? saith the Lord GOD of hosts.

16 Moreover the LORD saith, Because the daughters of Zion are haughty, and walk with stretched forth necks and wanton eyes, walking and mincing as they go, and making a tinkling with their feet:

17 Therefore the Lord will smite with a scab the crown of the head of the daughters of Zion, and the LORD will discover their secret parts.

18 In that day the Lord will take away the bravery of their tinkling ornaments about their feet, and their cauls, and their round tires like the moon,

19 The chains, and the bracelets, and the mufflers,

20 The bonnets, and the ornaments of the legs, and the headbands, and the tablets, and the earrings,

21 The rings, and nose jewels,

22 The changeable suits of apparel, and the mantles, and the wimples, and the crisping pins,

23 The glasses, and the fine linen, and the hoods, and the vails.

1 Want ziet, de Heere, HEERE der heirscharen, zal van Jeruzalem en van Juda wegnemen den stok en den staf, allen stok des broods, en allen stok des waters;

2 Den held en den krijgsman, den rechter en den profeet, en den waarzegger, en den oude;

3 Den overste van vijftig, en den aanzienlijke, en den raadsman, en den wijze onder de werkmeesters, en dien, die kloek ter tale is.

4 En Ik zal jongelingen stellen tot hun vorsten, en kinderen zullen over hen heersen;

5 En het volk zal gedrongen worden, de een zal zijn tegen den ander, en een iegelijk tegen zijn naaste; de jongeling zal stout zijn tegen den oude, de verachte tegen den eerlijke.

6 Wanneer iemand zijn broeder uit het huis zijns vaders zal aangrijpen, zeggende: Gij hebt een kleed, wees ons ten overste, laat toch dezen aanstoot onder uw hand wezen;

7 Zo zal hij in dien dag zijn hand opheffen, zeggende: Ik kan geen heelmeester wezen; er is ook geen brood en geen kleed in mijn huis; zet mij niet tot een overste des volks.

8 Want Jeruzalem heeft aangestoten, en Juda is gevallen, dewijl hun tong en handelingen tegen den HEERE zijn, om de ogen Zijner heerlijkheid te verbitteren.

9 Het gelaat huns aangezichts getuigt tegen hen, en hun zonden spreken zij vrij uit, gelijk Sodom; zij verbergen ze niet. Wee hunlieder ziel; want zij doen zichzelven kwaad.

10 Zegt den rechtvaardige, dat het hem wel gaan zal; dat zij de vrucht hunner werken zullen eten.

11 Wee den goddeloze, het zal hem kwalijk gaan, want de vergelding zijner handen zal hem geschieden.

12 De drijvers Mijns volks zijn kinderen, en vrouwen heersen over hetzelve. O Mijn volk! die u leiden, verleiden u, en den weg uwer paden slokken zij in.

13 De HEERE stelt Zich om te pleiten, en Hij staat, om de volken te richten.

14 De HEERE komt ten gerichte tegen de oudsten Zijns volks en deszelfs vorsten, want gijlieden hebt dezen wijngaard verteerd; de roof des ellendigen is in uwe huizen.

15 Wat is ulieden, dat gij Mijn volk verbrijzelt, en de aangezichten der ellendigen vermaalt? spreekt de Heere, HEERE der heirscharen.

16 Verder zegt de HEERE: Daarom dat de dochteren van Sion zich verheffen, en gaan met uitgestrekten hals, en lonken met de ogen, al gaande en trippelende daarhenen treden, en alsof haar voeten gebonden waren.

17 Zo zal de HEERE den schedel der dochteren van Sion schurftig maken, en de HEERE zal haar schaamte ontbloten.

18 Ten zelfden dage zal de HEERE wegnemen het sieraad der kousebanden, en de netjes, en de maantjes.

19 De reukdoosjes, en de kleine ketentjes, en de glinsterende kledingen,

20 De hoofdkroning, en de armversierselen, en de bindselen, en de reukballetjes, en de oorringen,

21 De ringen en de voorhoofdsierselen,

22 De wisselklederen, en de manteltjes, en de hoedjes, en de buidels,

23 De spiegels, en de fijn-linnen deksels, en de hulledoeken, en de sluiers.

And it shall come to pass, that instead of sweet smell there shall be stink; and instead of a girdle a rent; and instead of well set hair baldness; and instead of a stomacher a girding of sackcloth; and burning instead of beauty.	24 En het zal geschieden, dat er voor specerij stank zal zijn, en lossigheid voor een gordel, en kaalheid in plaats van haarvlechten, en omgording eens zaks in plaats van een wijden rok, en verbranding in plaats van schoonheid.
Thy men shall fall by the sword, and thy mighty in the war.	25 Uw mannen zullen door het zwaard vallen, en uw helden in den strijd.
And her gates shall lament and mourn, and she being desolate shall sit upon the ground.	26 En haar poorten zullen treuren, en leed dragen, en zij zal, ledig gemaakt zijnde, op de aarde zitten.

Isaiah (4) Jesaja

And in that day seven women shall take hold of one man, saying, We will eat our own bread, and wear our own apparel: only let us be called by thy name, to take away our reproach.	1 En te dien dage zullen zeven vrouwen een man aangrijpen, zeggende: Ons brood zullen wij eten, en met onze klederen zullen wij bekleed zijn, laat ons alleenlijk naar uw naam genoemd worden, neem onze smaadheid weg.
In that day shall the branch of the LORD be beautiful and glorious, and the fruit of the earth shall be excellent and comely for them that are escaped of Israel.	2 Te dien dage zal des HEEREN SPRUIT zijn tot sieraad en tot heerlijkheid, en de vrucht der aarde tot voortreffelijkheid en tot versiering dengenen, die het ontkomen zullen in Israel.
And it shall come to pass, that he that is left in Zion, and he that remaineth in Jerusalem, shall be called holy, even every one that is written among the living in Jerusalem:	3 En het zal geschieden, dat de overgeblevene in Sion, en de overgelatene in Jeruzalem zal heilig geheten worden, een iegelijk, die geschreven is ten leven te Jeruzalem;
When the Lord shall have washed away the filth of the daughters of Zion, and shall have purged the blood of Jerusalem from the midst thereof by the spirit of judgment, and by the spirit of burning.	4 Als de Heere zal afgewassen hebben den drek der dochteren van Sion, en de bloedschulden van Jeruzalem zal verdreven hebben uit derzelver midden, door den Geest des oordeels, en door den Geest der uitbranding.
And the LORD will create upon every dwelling place of mount Zion, and upon her assemblies, a cloud and smoke by day, and the shining of a flaming fire by night: for upon all the glory shall be a defence.	5 En de HEERE zal over alle woning van den berg Sions, en over haar vergaderingen, scheppen een wolk des daags, en een rook, en den glans eens vlammenden vuurs des nachts; want over alles wat heerlijk is, zal een beschutting wezen.
And there shall be a tabernacle for a shadow in the daytime from the heat, and for a place of refuge, and for a covert from storm and from rain.	6 En daar zal een hut zijn tot een schaduw des daags tegen de hitte, en tot een toevlucht, en tot een verberging tegen den vloed en tegen den regen.

Isaiah (5) Jesaja

Now will I sing to my wellbeloved a song of my beloved touching his vineyard. My wellbeloved hath a vineyard in a very fruitful hill:	1 Nu zal ik mijn Beminde een lied mijns Liefsten zingen van Zijn wijngaard; Mijn Beminde heeft een wijngaard op een vetten heuvel.
And he fenced it, and gathered out the stones thereof, and planted it with the choicest vine, and built a tower in the midst of it, and also made a winepress therein: and he looked that it should bring forth grapes, and it brought forth wild grapes.	2 En Hij heeft dien omtuind, en van stenen gezuiverd, en Hij heeft hem beplant met edele wijnstokken; en Hij heeft in deszelfs midden een toren gebouwd, en ook een wijnbak daarin uitgehouwen; en Hij heeft verwacht, dat hij goede druiven zou voortbrengen, maar hij heeft stinkende druiven voortgebracht.
And now, O inhabitants of Jerusalem, and men of Judah, judge, I pray you, betwixt me and my vineyard.	3 Nu dan, gij inwoners van Jeruzalem, en gij mannen van Juda, oordeelt toch tussen Mij en tussen Mijn wijngaard.
What could have been done more to my vineyard, that I have not done in it? wherefore, when I looked that it should bring forth grapes, brought it forth wild grapes?	4 Wat is er meer te doen aan Mijn wijngaard, hetwelk Ik aan hem niet gedaan heb? Waarom heb Ik verwacht, dat hij goede druiven voortbrengen zou, en hij heeft stinkende druiven voortgebracht?
And now go to; I will tell you what I will do to my vineyard: I will take away the hedge thereof, and it shall be eaten up; and break down the wall thereof, and it shall be trodden down:	5 Nu dan, Ik zal ulieden nu bekend maken, wat Ik Mijn wijngaard doen zal; Ik zal zijn tuin wegnemen, opdat hij zij tot afweiding; zijn muur zal Ik verscheuren, opdat hij zij tot vertreding.
And I will lay it waste: it shall not be pruned, nor digged; but there shall come up briers and thorns: I will also command the clouds that they rain no rain upon it.	6 En Ik zal hem tot woestheid maken; hij zal niet besnoeid, noch omgehakt worden, maar distelen en doornen zullen daarin opgaan; en Ik zal den wolken gebieden, dat zij geen regen daarop regenen.
For the vineyard of the LORD of hosts is the house of Israel, and the men of Judah his pleasant plant: and he looked for judgment, but behold oppression; for righteousness, but behold a cry.	7 Want de wijngaard van den HEERE der heirscharen is het huis van Israel, en de mannen van Juda zijn een plant Zijner verlustigingen; en Hij heeft gewacht naar recht, maar ziet, het is schurftheid, naar gerechtigheid, maar ziet, het is geschreeuw.
Woe unto them that join house to house, that lay field to field, till there be no place, that they may be placed alone in the midst of the earth!	8 Wee dengenen, die huis aan huis trekken, akker aan akker brengen, totdat er geen plaats meer zij, en dat gijlieden alleen inwoners gemaakt wordt in het midden des lands!
In mine ears said the LORD of hosts, Of a truth many houses shall be desolate, even great and fair, without inhabitant.	9 Voor mijn oren heeft de HEERE der heirscharen gesproken: Zo niet vele huizen tot verwoesting zullen worden, de grote en de treffelijke zonder inwoner!
Yea, ten acres of vineyard shall yield one bath, and the seed of an homer shall yield an ephah.	10 Ja, tien bunderen wijngaards zullen een enig bath geven, en een homer zaads zal een efa geven.
Woe unto them that rise up early in the morning, that they may follow strong drink; that continue until night, till wine inflame them!	11 Wee dengenen, die, zich vroeg opmakende in den morgenstond, sterken drank najagen, en vertoeven tot in de schemering, totdat de wijn hen heeft verhit!
And the harp, and the viol, the tabret, and pipe, and wine, are in their feasts: but they regard not the work of the LORD, neither consider the operation of his hands.	12 En harpen en luiten, trommelen en pijpen, en wijn zijn in hun maaltijden; maar zij aanschouwen het werk des HEEREN niet, en zij zien niet op het maaksel Zijner handen.
Therefore my people are gone into captivity, because they have no knowledge: and their honourable men are famished, and their multitude dried up with thirst.	13 Daarom zal mijn volk gevankelijk weggevoerd worden, omdat het geen wetenschap heeft; en deszelfs heerlijken zullen honger lijden, en hun menigte zal verdorren van dorst.

Therefore hell hath enlarged herself, and opened her mouth without measure: and their glory, and their multitude, and their pomp, and he that rejoiceth, shall descend into it.	14 Daarom zal het graf zichzelf wijd opensperren, en zijn mond opendoen, zonder maat; opdat nederdale haar heerlijkheid, en haar menigte, met haar gedruis, en die in haar van vreugde opspringt.
And the mean man shall be brought down, and the mighty man shall be humbled, and the eyes of the lofty shall be humbled:	15 Dan zal de gemene man nedergebogen worden, en de aanzienlijke man zal vernederd worden, en de ogen der hovaardigen zullen vernederd worden.
But the LORD of hosts shall be exalted in judgment, and God that is holy shall be sanctified in righteousness.	16 Doch de HEERE der heirscharen zal verhoogd worden door het recht; en God, die Heilige, zal geheiligd worden door gerechtigheid.
Then shall the lambs feed after their manner, and the waste places of the fat ones shall strangers eat.	17 En de lammeren zullen weiden naar hun wijze, en de vreemdelingen zullen de woeste plaatsen der vetten eten.
Woe unto them that draw iniquity with cords of vanity, and sin as it were with a cart rope:	18 Wee dengenen, die de ongerechtigheid trekken met koorden der ijdelheid, en de zonde als met dikke wagenzelen!
That say, Let him make speed, and hasten his work, that we may see it: and let the counsel of the Holy One of Israel draw nigh and come, that we may know it!	19 Die daar zeggen: Dat Hij haaste, dat Hij Zijn werk bespoedige, opdat wij het zien; en laat naderen en komen den raadslag des Heiligen van Israel, dat wij het vernemen!
Woe unto them that call evil good, and good evil; that put darkness for light, and light for darkness; that put bitter for sweet, and sweet for bitter!	20 Wee dengenen, die het kwade goed heten, en het goede kwaad; die duisternis tot licht stellen, en het licht tot duisternis; die het bittere tot zoet stellen, en het zoete tot bitterheid!
Woe unto them that are wise in their own eyes, and prudent in their own sight!	21 Wee dengenen, die in hun ogen wijs, en bij zichzelven verstandig zijn!
Woe unto them that are mighty to drink wine, and men of strength to mingle strong drink:	22 Wee dengenen, die helden zijn om wijn te drinken, en die kloeke mannen zijn om sterken drank te mengen!
Which justify the wicked for reward, and take away the righteousness of the righteous from him!	23 Die den goddeloze rechtvaardigen om een geschenk, en de gerechtigheid der rechtvaardigen van dezelven afwenden.
Therefore as the fire devoureth the stubble, and the flame consumeth the chaff, so their root shall be as rottenness, and their blossom shall go up as dust: because they have cast away the law of the LORD of hosts, and despised the word of the Holy One of Israel.	24 Daarom, gelijk de tong des vuurs den stoppel verteert, en het kaf door de vlam verdaan wordt, alzo zal hun wortel als een uittering wezen; en hun bloem zal als stof opvaren; omdat zij verwerpen de wet des HEEREN der heirscharen, en de rede des Heiligen van Israel versmaden.
Therefore is the anger of the LORD kindled against his people, and he hath stretched forth his hand against them, and hath smitten them: and the hills did tremble, and their carcases were torn in the midst of the streets. For all this his anger is not turned away, but his hand is stretched out still.	25 Daarom is de toorn des HEEREN ontstoken tegen Zijn volk, en Hij heeft tegen hetzelve Zijn hand uitgestrekt, en Hij heeft het geslagen, zodat de bergen hebben gebeefd, en hun dode lichamen zijn geworden als drek in het midden der straten. Om dit alles keert zich Zijn toorn niet af, maar Zijn hand is nog uitgestrekt.
And he will lift up an ensign to the nations from far, and will hiss unto them from the end of the earth: and, behold, they shall come with speed swiftly:	26 Want Hij zal een banier opwerpen onder de heidenen van verre, en Hij zal hen herwaarts sissen van het einde der aarde; en ziet, haastelijk, snellijk zullen zij aankomen.
None shall be weary nor stumble among them; none shall slumber nor sleep; neither shall the girdle of their loins be loosed, nor the latchet of their shoes be broken:	27 Geen moede, en geen struikelende zal onder hen wezen; niemand zal sluimeren noch slapen, noch de gordel zijner lendenen ontbonden worden, noch de schoenriem zijner schoenen afgescheurd worden.
Whose arrows are sharp, and all their bows bent, their horses' hoofs shall be counted like flint, and their wheels like a whirlwind:	28 Welker pijlen scherp zullen zijn, en al hun bogen gespannen; hunner paarden hoeven zullen als een rots geacht zijn, en hun raderen als een wervelwind.
Their roaring shall be like a lion, they shall roar like young lions: yea, they shall roar, and lay hold of the prey, and shall carry it away safe, and none shall deliver it.	29 Hun gebrul zal zijn als van een ouden leeuw, en zij zullen brullen als de jonge leeuwen, en zij zullen briesen, en den roof aangrijpen en wegvoeren; en er zal geen verlosser zijn.
And in that day they shall roar against them like the roaring of the sea: and if one look unto the land, behold darkness and sorrow, and the light is darkened in the heavens thereof.	30 En zij zullen tegen hetzelve te dien dage bruisen, als het bruisen der zee. Dan zal men de aarde aanzien, maar ziet, er zal duisternis en benauwdheid zijn, en het licht zal verduisterd worden in hun verwoestingen.

Isaiah (6) Jesaja

In the year that king Uzziah died I saw also the Lord sitting upon a throne, high and lifted up, and his train filled the temple.	1 In het jaar, toen de koning Uzzia stierf, zo zag ik den Heere, zittende op een hogen en verheven troon, en Zijn zomen vervullende den tempel.
Above it stood the seraphims: each one had six wings; with twain he covered his face, and with twain he covered his feet, and with twain he did fly.	2 De serafs stonden boven Hem; een iegelijk had zes vleugelen; met twee bedekte ieder zijn aangezicht, en met twee bedekte hij zijn voeten, en met twee vloog hij.
And one cried unto another, and said, Holy, holy, holy, is the LORD of hosts: the whole earth is full of his glory.	3 En de een riep tot den ander, en zeide: Heilig, heilig, heilig is de HEERE der heirscharen! De ganse aarde is van Zijn heerlijkheid vol!
And the posts of the door moved at the voice of him that cried, and the house was filled with smoke.	4 Zodat de posten der dorpels zich bewogen van de stem des roependen; en het huis werd vervuld met rook.
Then said I, Woe is me! for I am undone; because I am a man of unclean lips, and I dwell in the midst of a people of unclean lips: for mine eyes have seen the King, the LORD of hosts.	5 Toen zeide ik: Wee mij, want ik verga! dewijl ik een man van onreine lippen ben, en ik woon in het midden eens volks, dat onrein van lippen is; want mijn ogen hebben den Koning, den HEERE der heirscharen gezien.
Then flew one of the seraphims unto me, having a live coal in his hand, which he had taken with the tongs from off the altar:	6 Maar een van de serafs vloog tot mij, en had een gloeiende kool in zijn hand, die hij met de tang van het altaar genomen had.

And he laid it upon my mouth, and said, Lo, this hath touched thy lips; and thine iniquity is taken away, and thy sin purged.	7 En hij roerde mijn mond daarmede aan, en zeide: Zie, deze heeft uw lippen aangeroerd; alzo is uw misdaad van u geweken, en uw zonde is verzoend.
Also I heard the voice of the Lord, saying, Whom shall I send, and who will go for us? Then said I, Here am I; send me.	8 Daarna hoorde ik de stem des Heeren, dewelke zeide: Wien zal Ik zenden, en wie zal voor Ons henengaan? Toen zeide ik: Zie, hier ben ik, zend mij henen.
And he said, Go, and tell this people, Hear ye indeed, but understand not; and see ye indeed, but perceive not.	9 Toen zeide Hij: Ga henen, en zeg tot dit volk: Horende hoort, maar verstaat niet, en ziende ziet, maar merkt niet.
Make the heart of this people fat, and make their ears heavy, and shut their eyes; lest they see with their eyes, and hear with their ears, and understand with their heart, and convert, and be healed.	10 Maak het hart dezes volks vet, en maak hun oren zwaar, en sluit hun ogen, opdat het niet zie met zijn ogen, noch met zijn oren hore, noch met zijn hart versta, noch zich bekere, en Hij het geneze.
Then said I, Lord, how long? And he answered, Until the cities be wasted without inhabitant, and the houses without man, and the land be utterly desolate,	11 Toen zeide ik: Hoe lang, Heere? En Hij zeide: Totdat de steden verwoest worden, zodat er geen inwoner zij, en de huizen, dat er geen mens zij, en dat het land met verwoesting verstrooid worde.
And the LORD have removed men far away, and there be a great forsaking in the midst of the land.	12 Want de HEERE zal die mensen verre wegdoen, en de verlating zal groot wezen in het binnenste des lands.
But yet in it shall be a tenth, and it shall return, and shall be eaten: as a teil tree, and as an oak, whose substance is in them, when they cast their leaves: so the holy seed shall be the substance thereof.	13 Doch nog een tiende deel zal daarin zijn, en het zal wederkeren, en zijn om af te weiden; maar gelijk de eik, en gelijk de haageik, in dewelke na de afwerping der bladeren nog steunsel is, alzo zal het heilige zaad het steunsel daarvan zijn.

Isaiah (7) Jesaja

And it came to pass in the days of Ahaz the son of Jotham, the son of Uzziah, king of Judah, that Rezin the king of Syria, and Pekah the son of Remaliah, king of Israel, went up toward Jerusalem to war against it, but could not prevail against it.	1 Het geschiedde nu in de dagen van Achaz, den zoon van Jotham, den zoon van Uzzia, den koning van Juda, dat Rezin, de koning van Syrie, en Pekah, de zoon van Remalia, de koning van Israel, optoog naar Jeruzalem, ten oorlog tegen haar; maar hij vermocht met strijden niet tegen haar.
And it was told the house of David, saying, Syria is confederate with Ephraim. And his heart was moved, and the heart of his people, as the trees of the wood are moved with the wind.	2 Als men den huize Davids boodschapte, zeggende: De Syriers rusten op Efraim, zo bewoog zich zijn hart en het hart zijns volks, gelijk de bomen des wouds bewogen worden van den wind.
Then said the LORD unto Isaiah, Go forth now to meet Ahaz, thou, and Shearjashub thy son, at the end of the conduit of the upper pool in the highway of the fuller's field;	3 En de HEERE zeide tot Jesaja: Ga nu uit, Achaz tegemoet, gij en uw zoon, Schear-Jaschub, aan het einde van den watergang des oppersten vijvers, aan den hogen weg van het veld des vollers;
And say unto him, Take heed, and be quiet; fear not, neither be fainthearted for the two tails of these smoking firebrands, for the fierce anger of Rezin with Syria, and of the son of Remaliah.	4 En zeg tot hem: Wacht u, en zijt gerust, vrees niet, en uw hart worde niet week, vanwege die twee staarten dezer rokende vuurbranden; vanwege de ontsteking des toorns van Rezin en der Syriers, en van den zoon van Remalia;
Because Syria, Ephraim, and the son of Remaliah, have taken evil counsel against thee, saying,	5 Omdat de Syrier kwaad tegen u beraadslaagd heeft, met Efraim en den zoon van Remalia, zeggende:
Let us go up against Judah, and vex it, and let us make a breach therein for us, and set a king in the midst of it, even the son of Tabeal:	6 Laat ons optrekken tegen Juda, en het verdriet aandoen, en het onder ons delen, en den zoon van Tabeal koning maken in het midden van hen.
Thus saith the Lord GOD, It shall not stand, neither shall it come to pass.	7 Alzo zegt de Heere HEERE: Het zal niet bestaan, en het zal niet geschieden.
For the head of Syria is Damascus, and the head of Damascus is Rezin; and within threescore and five years shall Ephraim be broken, that it be not a people.	8 Maar Damaskus zal het hoofd van Syrie zijn, en Rezin het hoofd van Damaskus; en in nog vijf en zestig jaren zal Efraim verbroken worden, dat het geen volk zij.
And the head of Ephraim is Samaria, and the head of Samaria is Remaliah's son. If ye will not believe, surely ye shall not be established.	9 Ondertussen zal Samaria Efraims hoofd zijn, en de zoon van Remalia het hoofd van Samaria. Indien gijlieden niet gelooft, zekerlijk, gij zult niet bevestigd worden.
Moreover the LORD spake again unto Ahaz, saying,	10 En de HEERE voer voort te spreken tot Achaz, zeggende:
Ask thee a sign of the LORD thy God; ask it either in the depth, or in the height above.	11 Eis u een teken van den HEERE, uw God; eis beneden in de diepte, of eis boven uit de hoogte.
But Ahaz said, I will not ask, neither will I tempt the LORD.	12 Doch Achaz zeide: Ik zal het niet eisen, en ik zal den HEERE niet verzoeken.
And he said, Hear ye now, O house of David; Is it a small thing for you to weary men, but will ye weary my God also?	13 Toen zeide hij: Hoort gijlieden nu, gij, huis van David! is het ulieden te weinig, dat gij de mensen moede maakt, dat gij ook mijn God moede maakt?
Therefore the Lord himself shall give you a sign; Behold, a virgin shall conceive, and bear a son, and shall call his name Immanuel.	14 Daarom zal de Heere Zelf ulieden een teken geven; ziet, een maagd zal zwanger worden, en zij zal een Zoon baren, en Zijn naam IMMANUEL heten.
Butter and honey shall he eat, that he may know to refuse the evil, and choose the good.	15 Boter en honig zal Hij eten, totdat Hij wete te verwerpen het kwade, en te verkiezen het goede.
For before the child shall know to refuse the evil, and choose the good, the land that thou abhorrest shall be forsaken of both her kings.	16 Zekerlijk, eer dit Knechtje weet te verwerpen het kwade, en te verkiezen het goede, zal dat land, waarover gij verdrietig zijt, verlaten zijn van zijn twee koningen.
The LORD shall bring upon thee, and upon thy people, and upon thy father's house, days that have not come, from the day that Ephraim departed from Judah; even the king of Assyria.	17 Doch de HEERE zal over u, en over uw volk, en over uws vaders huis, dagen doen komen, hoedanige niet gekomen zijn van dien dag af, dat Efraim van Juda is afgeweken, door den koning van Assyrie.

	And it shall come to pass in that day, that the LORD shall hiss for the fly that is in the uttermost part of the rivers of Egypt, and for the bee that is in the land of Assyria.	18	Want het zal te dien dage geschieden, dat de HEERE zal toesissen de vliegen, die aan het einde der rivieren van Egypte zijn, en de bijen die in het land van Assur zijn.
	And they shall come, and shall rest all of them in the desolate valleys, and in the holes of the rocks, and upon all thorns, and upon all bushes.	19	En zij zullen komen, en zij allen zullen rusten in de woeste dalen, en in de kloven der steenrotsen, en in al de doornhagen, en in alle geprezene plaatsen.
	In the same day shall the Lord shave with a rasor that is hired, namely, by them beyond the river, by the king of Assyria, the head, and the hair of the feet: and it shall also consume the beard.	20	Te dien dage zal de Heere door een gehuurd scheermes, hetwelk aan gene zijde der rivier is, door den koning van Assyrie, afscheren het hoofd, en het haar der voeten; ja, het zal ook den baard gans wegnemen.
	And it shall come to pass in that day, that a man shall nourish a young cow, and two sheep;	21	En het zal geschieden te dien dage, dat iemand een koetje in het leven zal behouden hebben, en twee schapen;
	And it shall come to pass, for the abundance of milk that they shall give he shall eat butter: for butter and honey shall every one eat that is left in the land.	22	En het zal geschieden, dat hij vanwege de veelheid der melk, die zij geven zullen, boter zal eten; ja, een ieder, die overgebleven zal zijn in het midden des lands, die zal boter en honig eten.
	And it shall come to pass in that day, that every place shall be, where there were a thousand vines at a thousand silverlings, it shall even be for briers and thorns.	23	Ook zal het te dienzelfden dage geschieden, dat iedere plaats, alwaar duizend wijnstokken geweest zijn, van duizend zilverlingen, tot doornen en distelen zal zijn;
	With arrows and with bows shall men come thither; because all the land shall become briers and thorns.	24	Dat men met pijlen en met den boog aldaar zal moeten gaan; want het ganse land zal doornen en distelen zijn.
	And on all hills that shall be digged with the mattock, there shall not come thither the fear of briers and thorns: but it shall be for the sending forth of oxen, and for the treading of lesser cattle.	25	Ook al de bergen, die men met houwelen pleegt om te hakken, daar zal men niet komen uit vrees der doornen en der distelen; maar die zullen wezen tot inzending van den os, en tot vertreding van het kleinvee.

Isaiah (8) Jesaja

	Moreover the LORD said unto me, Take thee a great roll, and write in it with a man's pen concerning Mahershalalhashbaz.	1	Verder zeide de HEERE tot mij: Neem u een grote rol, en schrijf daarop met eens mensen griffel: Haastende tot den roof, is hij spoedig tot den buit!
	And I took unto me faithful witnesses to record, Uriah the priest, and Zechariah the son of Jeberechiah.	2	Toen nam ik mij getrouwe getuigen, Uria, den priester, en Zacharia, den zoon van Jeberechja.
	And I went unto the prophetess; and she conceived, and bare a son. Then said the LORD to me, Call his name Mahershalalhashbaz.	3	En ik was tot de profetesse genaderd, die werd zwanger, en baarde een zoon; en de HEERE zeide tot mij: Noem zijn naam MAHER-SCHALAL, CHAZ-BAZ.
	For before the child shall have knowledge to cry, My father, and my mother, the riches of Damascus and the spoil of Samaria shall be taken away before the king of Assyria.	4	Want eer dat knechtje zal kunnen roepen: Mijn vader! of, mijn moeder! zal men den rijkdom van Damaskus, en den buit van Samaria dragen voor het aangezicht van den koning van Assur.
	The LORD spake also unto me again, saying,	5	En de HEERE sprak nog verder tot mij, zeggende:
	Forasmuch as this people refuseth the waters of Shiloah that go softly, and rejoice in Rezin and Remaliah's son;	6	Dewijl dit volk veracht de wateren van Siloa, die zachtjes gaan, en er vreugde is bij Rezin en den zoon van Remalia;
	Now therefore, behold, the Lord bringeth up upon them the waters of the river, strong and many, even the king of Assyria, and all his glory: and he shall come up over all his channels, and go over all his banks:	7	Daarom ziet, zo zal de Heere over hen doen opkomen die sterke en geweldige wateren der rivier, den koning van Assyrie en al zijn heerlijkheid; en hij zal opkomen over al zijn stromen, en gaan over al zijn oevers;
	And he shall pass through Judah; he shall overflow and go over, he shall reach even to the neck; and the stretching out of his wings shall fill the breadth of thy land, O Immanuel.	8	En hij zal doortrekken in Juda, hij zal het overstromen, en er doorgaan, hij zal tot aan den hals reiken; en de uitstrekkingen zijner vleugelen zullen vervullen de breedte uws lands, o Immanuel!
	Associate yourselves, O ye people, and ye shall be broken in pieces; and give ear, all ye of far countries: gird yourselves, and ye shall be broken in pieces; gird yourselves, and ye shall be broken in pieces.	9	Vergezelt u te zamen, gij volken! doch wordt verbroken; en neemt ter ore, allen gij, die in verre landen zijt, omgordt u, doch wordt verbroken; omgordt u, doch wordt verbroken!
	Take counsel together, and it shall come to nought; speak the word, and it shall not stand: for God is with us.	10	Beraadslaagt een raad, doch hij zal vernietigd worden; spreekt een woord, doch het zal niet bestaan; want God is met ons!
	For the LORD spake thus to me with a strong hand, and instructed me that I should not walk in the way of this people, saying,	11	Want alzo heeft de HEERE tot mij gezegd, met een sterke hand, en Hij onderwees mij van niet te wandelen op den weg dezes volks, zeggende:
	Say ye not, A confederacy, to all them to whom this people shall say, A confederacy; neither fear ye their fear, nor be afraid.	12	Gijlieden zult niet zeggen: Een verbintenis, van alles, waar dit volk van zegt: Het is een verbintenis; en vreest gijlieden hun vreze niet, en verschrikt niet.
	Sanctify the LORD of hosts himself; and let him be your fear, and let him be your dread.	13	Den HEERE der heirscharen, Dien zult gijlieden heiligen, en Hij zij uw vreze, en Hij zij uw verschrikking.
	And he shall be for a sanctuary; but for a stone of stumbling and for a rock of offence to both the houses of Israel, for a gin and for a snare to the inhabitants of Jerusalem.	14	Dan zal Hij ulieden tot een Heiligdom zijn; maar tot een steen des aanstoots en tot een rotssteen der struikeling den twee huizen van Israel, tot een strik en tot een net den inwoners te Jeruzalem.
	And many among them shall stumble, and fall, and be broken, and be snared, and be taken.	15	En velen onder hen zullen struikelen, en vallen, en verbroken worden, en zullen verstrikt en gevangen worden.
	Bind up the testimony, seal the law among my disciples.	16	Bind de getuigenis toe; verzegel de wet onder mijn leerlingen.
	And I will wait upon the LORD, that hideth his face from the house of Jacob, and I will look for him.	17	Daarom zal ik den Heere verbeiden, Die Zijn aangezicht verbergt voor het huis van Jakob, en ik zal Hem verwachten.
	Behold, I and the children whom the LORD hath given me are for signs and for wonders in Israel from the LORD of hosts, which dwelleth in mount Zion.	18	Ziet, ik en de kinderen, die mij de HEERE gegeven heeft, zijn tot tekenen en tot wonderen in Israel, van den HEERE der heirscharen, Die op den berg Sion woont.

Isaiah - Jesaja

And when they shall say unto you, Seek unto them that have familiar spirits, and unto wizards that peep, and that mutter: should not a people seek unto their God? for the living to the dead?	19 Wanneer zij dan tot ulieden zeggen zullen: Vraagt waarzeggers en duivelskunstenaars, die daar piepen, en binnensmonds mompelen; zo zegt: Zal niet een volk zijn God vragen? zal men voor de levenden de doden vragen?
To the law and to the testimony: if they speak not according to this word, it is because there is no light in them.	20 Tot de wet en tot de getuigenis! zo zij niet spreken naar dit woord, het zal zijn, dat zij geen dageraad zullen hebben.
And they shall pass through it, hardly bestead and hungry: and it shall come to pass, that when they shall be hungry, they shall fret themselves, and curse their king and their God, and look upward.	21 En een ieder van hen zal doorgaan, hard gedrukt en hongerig; en het zal geschieden, wanneer hem hongert, en hij zeer toornig zal zijn, dan zal hij vloeken op zijn koning en op zijn God, als hij opwaarts zal zien;
And they shall look unto the earth; and behold trouble and darkness, dimness of anguish; and they shall be driven to darkness.	22 Als hij de aarde aanschouwen zal, ziet, er zal benauwdheid en duisternis zijn; hij zal verduisterd zijn door angst, en voortgedreven door donkerheid.

Isaiah (9) Jesaja

Nevertheless the dimness shall not be such as was in her vexation, when at the first he lightly afflicted the land of Zebulun and the land of Naphtali, and afterward did more grievously afflict her by the way of the sea, beyond Jordan, in Galilee of the nations.	1 (8:23) Maar het land, dat beangstigd was, zal niet gans verduisterd worden; gelijk als Hij het in den eersten tijd verachtelijk gemaakt heeft, naar het land van Zebulon aan, en naar het land van Nafthali aan, alzo heeft Hij het in het laatste heerlijk gemaakt, naar den weg zeewaarts aan gelegen over de Jordaan, aan Galilea der heidenen.
The people that walked in darkness have seen a great light: they that dwell in the land of the shadow of death, upon them hath the light shined.	2 (9:1) Het volk, dat in duisternis wandelt, zal een groot licht zien; degenen, die wonen in het land van de schaduw des doods, over dezelve zal een licht schijnen.
Thou hast multiplied the nation, and not increased the joy: they joy before thee according to the joy in harvest, and as men rejoice when they divide the spoil.	3 (9:2) Gij hebt dit volk vermenigvuldigd, maar Gij hebt de blijdschap niet groot gemaakt; zij zullen nochtans blijde wezen voor Uw aangezicht, gelijk men zich verblijdt in den oogst, gelijk men verheugd is, wanneer men de buit uitdeelt.
For thou hast broken the yoke of his burden, and the staff of his shoulder, the rod of his oppressor, as in the day of Midian.	4 (9:3) Want het juk van hun last, en den stok hunner schouders, en den staf desgenen, die hen dreef, hebt Gij verbroken, gelijk ten dage der Midianieten;
For every battle of the warrior is with confused noise, and garments rolled in blood; but this shall be with burning and fuel of fire.	5 (9:4) Toen de ganse strijd dergenen, die streden, met gedruis geschiedde, en de klederen in het bloed gewenteld en verbrand werden, tot een voedsel des vuurs.
For unto us a child is born, unto us a son is given: and the government shall be upon his shoulder: and his name shall be called Wonderful, Counseller, The mighty God, The everlasting Father, The Prince of Peace.	6 (9:5) Want een Kind is ons geboren, een Zoon is ons gegeven, en de heerschappij is op Zijn schouder; en men noemt Zijn naam Wonderlijk, Raad, Sterke God, Vader der eeuwigheid, Vredevorst;
Of the increase of his government and peace there shall be no end, upon the throne of David, and upon his kingdom, to order it, and to establish it with judgment and with justice from henceforth even for ever. The zeal of the LORD of hosts will perform this.	7 (9:6) Der grootheid dezer heerschappij en des vredes zal geen einde zijn op den troon van David en in zijn koninkrijk, om dat te bevestigen, en dat te sterken met gericht en met gerechtigheid, van nu aan tot in eeuwigheid toe. De ijver des HEEREN der heirscharen zal zulks doen.
The Lord sent a word into Jacob, and it hath lighted upon Israel.	8 (9:7) De Heere heeft een woord gezonden in Jakob, en het is gevallen in Israel.
And all the people shall know, even Ephraim and the inhabitant of Samaria, that say in the pride and stoutness of heart,	9 (9:8) En al dit volk zal het gewaar worden, Efraim en de inwoner van Samaria; in hoogmoed en grootsheid des harten, zeggende:
The bricks are fallen down, but we will build with hewn stones: the sycomores are cut down, but we will change them into cedars.	10 (9:9) De tichelstenen zijn gevallen, maar met uitgehouwen stenen zullen wij wederom bouwen; de wilde vijgebomen zijn afgehouwen, maar wij zullen ze in cederen veranderen.
Therefore the LORD shall set up the adversaries of Rezin against him, and join his enemies together;	11 (9:10) Want de HEERE zal Rezins tegenpartijders tegen hem verheffen, en Hij zal zijn vijanden samen vermengen:
The Syrians before, and the Philistines behind; and they shall devour Israel with open mouth. For all this his anger is not turned away, but his hand is stretched out still.	12 (9:11) De Syriers van voren, en de Filistijnen van achteren, dat zij Israel opeten met vollen mond. Om dit alles keert Zijn toorn zich niet af, maar Zijn hand is nog uitgestrekt.
For the people turneth not unto him that smiteth them, neither do they seek the LORD of hosts.	13 (9:12) Want dit volk keert zich niet tot Dien, Die het slaat, en den HEERE der heirscharen zoeken zij niet.
Therefore the LORD will cut off from Israel head and tail, branch and rush, in one day.	14 (9:13) Daarom zal de HEERE afhouwen uit Israel den kop en den staart, den tak en de bieze, op een dag.
The ancient and honourable, he is the head; and the prophet that teacheth lies, he is the tail.	15 (9:14) (De oude en aanzienlijke, die is de kop; maar de profeet, die valsheid leert, die is de staart.)
For the leaders of this people cause them to err; and they that are led of them are destroyed.	16 (9:15) Want de leiders dezes volks zijn verleiders, en die van hen geleid worden, worden ingeslokt.
Therefore the Lord shall have no joy in their young men, neither shall have mercy on their fatherless and widows: for every one is an hypocrite and an evildoer, and every mouth speaketh folly. For all this his anger is not turned away, but his hand is stretched out still.	17 (9:16) Daarom zal zich de Heere niet verblijden over hun jongelingen, en hunner wezen en hunner weduwen zal Hij zich niet ontfermen, want zij zijn allen te zamen huichelaars en boosdoeners, en alle mond spreekt dwaasheid. Om dit alles keert Zijn toorn zich niet af, maar Zijn hand is nog uitgestrekt.
For wickedness burneth as the fire: it shall devour the briers and thorns, and shall kindle in the thickets of the forest, and they shall mount up like the lifting up of smoke.	18 (9:17) Want de goddeloosheid brandt als vuur, doornen en distelen zal zij verteren, en zal aansteken de verwarde struiken des wouds, die zich verheven hebben als de verheffing des rooks.
Through the wrath of the LORD of hosts is the land darkened, and the people shall be as the fuel of the fire: no man shall spare his brother.	19 (9:18) Vanwege de verbolgenheid des HEEREN der heirscharen, zal het land verduisterd worden; en het volk zal zijn als een voedsel des vuurs: de een zal den ander niet verschonen.

	And he shall snatch on the right hand, and be hungry; and he shall eat on the left hand, and they shall not be satisfied: they shall eat every man the flesh of his own arm:	20	(9:19) Zo hij ter rechterhand snijdt, zal hij toch hongeren, en zo hij ter linkerhand eet, zal hij toch niet verzadigd worden; een iegelijk zal het vlees zijns arms eten;
	Manasseh, Ephraim; and Ephraim, Manasseh: and they together shall be against Judah. For all this his anger is not turned away, but his hand is stretched out still.	21	(9:20) Manasse Efraim, en Efraim Manasse, en zij zullen te zamen tegen Juda zijn. Om dit alles keert Zijn toorn zich niet af, maar Zijn hand is nog uitgestrekt.

Isaiah (10) Jesaja

	Woe unto them that decree unrighteous decrees, and that write grievousness which they have prescribed;	1	Wee dengenen, die ongerechte inzettingen inzetten, en den schrijvers, die moeite voorschrijven;
	To turn aside the needy from judgment, and to take away the right from the poor of my people, that widows may be their prey, and that they may rob the fatherless!	2	Om de armen van het recht af te wenden, en om het recht der ellendigen Mijns volks te roven, opdat de weduwen hun buit worden, en opdat zij de wezen mogen plunderen!
	And what will ye do in the day of visitation, and in the desolation which shall come from far? to whom will ye flee for help? and where will ye leave your glory?	3	Maar wat zult gijlieden doen ten dage der bezoeking, en der verwoesting, die van verre komen zal? Tot wien zult gij vlieden om hulp, en waar zult gij uw heerlijkheid laten?
	Without me they shall bow down under the prisoners, and they shall fall under the slain. For all this his anger is not turned away, but his hand is stretched out still.	4	Dat elkeen zich niet zou buigen onder de gevangenen, en vallen onder de gedoden? Om dit alles keert Zijn toorn zich niet af, maar Zijn hand is nog uitgestrekt.
	O Assyrian, the rod of mine anger, and the staff in their hand is mine indignation.	5	Wee den Assyriër, die de roede Mijns toorns is, en Mijn grimmigheid is een stok in hun hand!
	I will send him against an hypocritical nation, and against the people of my wrath will I give him a charge, to take the spoil, and to take the prey, and to tread them down like the mire of the streets.	6	Ik zal hem zenden tegen een huichelachtig volk, en Ik zal hem bevel geven tegen het volk Mijner verbolgenheid; opdat hij den roof rove, en plundere de plundering, en stelle het ter vertreding, gelijk het slijk der straten.
	Howbeit he meaneth not so, neither doth his heart think so; but it is in his heart to destroy and cut off nations not a few.	7	Hoewel hij het zo niet meent, en zijn hart alzo niet denkt, maar hij zal in zijn hart hebben te verdelgen, en uit te roeien niet weinige volken.
	For he saith, Are not my princes altogether kings?	8	Want hij zegt: Zijn niet mijn vorsten al te zamen koningen?
	Is not Calno as Carchemish? is not Hamath as Arpad? is not Samaria as Damascus?	9	Is niet Kalno gelijk Karchemis? Is Hamath niet gelijk Arfad? Is niet Samaria gelijk Damaskus?
	As my hand hath found the kingdoms of the idols, and whose graven images did excel them of Jerusalem and of Samaria;	10	Gelijk als mijn hand gevonden heeft de koninkrijken der afgoden, ofschoon hun gesneden beelden beter zijn, dan die van Jeruzalem, en dan die van Samaria;
	Shall I not, as I have done unto Samaria and her idols, so do to Jerusalem and her idols?	11	Gelijk als ik gedaan heb aan Samaria en aan haar afgoden, zou ik alzo niet kunnen doen aan Jeruzalem en aan haar afgoden?
	Wherefore it shall come to pass, that when the Lord hath performed his whole work upon mount Zion and on Jerusalem, I will punish the fruit of the stout heart of the king of Assyria, and the glory of his high looks.	12	Want het zal geschieden, als de HEERE een einde zal gemaakt hebben van al Zijn werk op den berg Sion en te Jeruzalem, dan zal Ik te huis zoeken de vrucht van de grootsheid des harten van den koning van Assyrië, en de pracht van de hoogheid zijner ogen.
	For he saith, By the strength of my hand I have done it, and by my wisdom; for I am prudent: and I have removed the bounds of the people, and have robbed their treasures, and I have put down the inhabitants like a valiant man:	13	Omdat hij gezegd heeft: Door de kracht mijner hand heb ik het gedaan, en door mijn wijsheid, want ik ben verstandig; en ik heb de landpalen der volken weggenomen, en heb hun voorraad geroofd, en heb als een geweldige de inwoners doen nederdalen;
	And my hand hath found as a nest the riches of the people: and as one gathereth eggs that are left, have I gathered all the earth; and there was none that moved the wing, or opened the mouth, or peeped.	14	En mijn hand heeft gevonden het vermogen der volken, als een nest, en ik heb het ganse aardrijk samengeraapt, gelijk men de eieren die verlaten zijn, samenraapt; en er is niemand geweest, die een vleugel verroerde, of den bek opendeed, of piepte.
	Shall the axe boast itself against him that heweth therewith? or shall the saw magnify itself against him that shaketh it? as if the rod should shake itself against them that lift it up, or as if the staff should lift up itself, as if it were no wood.	15	Zal een bijl zich beroemen tegen dien, die daarmede houwt? Zal een zaag pochen tegen dien, die ze trekt? Alsof een staf bewoog degenen, die hem opheffen? Als men een stok opheft, is het geen hout?
	Therefore shall the Lord, the Lord of hosts, send among his fat ones leanness; and under his glory he shall kindle a burning like the burning of a fire.	16	Daarom zal de Heere HEERE der heirscharen onder zijn vetten een magerheid zenden; en onder zijn heerlijkheid zal Hij een brand doen branden, als den brand des vuurs.
	And the light of Israel shall be for a fire, and his Holy One for a flame: and it shall burn and devour his thorns and his briers in one day;	17	Want het Licht van Israel zal tot een vuur zijn, en zijn Heilige tot een vlam, welke in brand steken en verteren zal zijn doornen en zijn distelen, op een dag.
	And shall consume the glory of his forest, and of his fruitful field, both soul and body: and they shall be as when a standardbearer fainteth.	18	Ook zal Hij verteren de heerlijkheid zijns wouds en zijns vruchtbaren velds; van de ziel af, tot het vlees toe; en hij zal zijn, gelijk als wanneer een vaandrager versmelt.
	And the rest of the trees of his forest shall be few, that a child may write them.	19	En de overgebleven bomen zijns wouds zullen weinig in getal zijn, ja, een jongen zou ze opschrijven.
	And it shall come to pass in that day, that the remnant of Israel, and such as are escaped of the house of Jacob, shall no more again stay upon him that smote them; but shall stay upon the LORD, the Holy One of Israel, in truth.	20	En het zal geschieden te dien dage, dat het overblijfsel van Israel, en de ontkomenen van het huis Jakobs niet meer steunen zullen op dien, die ze geslagen heeft; maar zij zullen steunen op den HEERE, den Heilige Israels, oprechtelijk.
	The remnant shall return, even the remnant of Jacob, unto the mighty God.	21	Het overblijfsel zal wederkeren, het overblijfsel van Jakob, tot den sterken God!
	For though thy people Israel be as the sand of the sea, yet a remnant of them shall return: the consumption decreed shall overflow with righteousness.	22	Want ofschoon uw volk, o Israel! is gelijk het zand der zee, zo zal toch maar het overblijfsel daarvan wederkeren; de verdelging is vastelijk besloten, overvloeiende met gerechtigheid.

For the Lord GOD of hosts shall make a consumption, even determined, in the midst of all the land.	23	Want een verdelging, die vastelijk besloten is, zal de Heere HEERE der heirscharen doen in het midden dezes gansen lands.
Therefore thus saith the Lord GOD of hosts, O my people that dwellest in Zion, be not afraid of the Assyrian: he shall smite thee with a rod, and shall lift up his staff against thee, after the manner of Egypt.	24	Daarom zegt de Heere HEERE der heirscharen alzo: Vreest niet, gij Mijn volk, dat te Sion woont! voor Assur, als hij u met de roede zal slaan, en hij zijn staf tegen u zal opheffen, naar de wijze der Egyptenaren;
For yet a very little while, and the indignation shall cease, and mine anger in their destruction.	25	Want nog een klein weinig, zo zal volbracht worden de gramschap, en Mijn toorn tot hun vernieling.
And the LORD of hosts shall stir up a scourge for him according to the slaughter of Midian at the rock of Oreb: and as his rod was upon the sea, so shall he lift it up after the manner of Egypt.	26	Want de HEERE der heirscharen zal tegen hem een gesel verwekken, gelijk de slachting van Midian was aan de rots van Oreb; en gelijk Zijn staf over de zee was, denwelken Hij verheffen zal, naar de wijze der Egyptenaren.
And it shall come to pass in that day, that his burden shall be taken away from off thy shoulder, and his yoke from off thy neck, and the yoke shall be destroyed because of the anointing.	27	En het zal geschieden ten zelfden dage, dat zijn last zal afwijken van uw schouder, en zijn juk van uw hals; en het juk zal verdorven worden, om des Gezalfden wil.
He is come to Aiath, he is passed to Migron; at Michmash he hath laid up his carriages:	28	Hij komt te Ajath, hij trekt door Migron; te Michmas legt hij zijn gereedschap af.
They are gone over the passage: they have taken up their lodging at Geba; Ramah is afraid; Gibeah of Saul is fled.	29	Zij trekken door den doorgang, te Geba houden zij hun vernachting; Rama beeft, Gibea Sauls vlucht.
Lift up thy voice, O daughter of Gallim: cause it to be heard unto Laish, O poor Anathoth.	30	Roep luide met uw stem, gij dochter van Gallim! laat ze horen tot Lais toe, o ellendige Anathoth!
Madmenah is removed; the inhabitants of Gebim gather themselves to flee.	31	Madmena vliedt weg, de inwoners van Gebim vluchten met hopen.
As yet shall he remain at Nob that day: he shall shake his hand against the mount of the daughter of Zion, the hill of Jerusalem.	32	Nog een dag blijft hij te Nob; hij zal zijn hand bewegen tegen den berg der dochter van Sion, den heuvel van Jeruzalem.
Behold, the Lord, the LORD of hosts, shall lop the bough with terror: and the high ones of stature shall be hewn down, and the haughty shall be humbled.	33	Doch ziet, de Heere HEERE der heirscharen zal met geweld de takken afkappen, en die hoog van gestalte zijn, zullen nedergehouwen worden; en de verhevenen zullen vernederd worden.
And he shall cut down the thickets of the forest with iron, and Lebanon shall fall by a mighty one.	34	En Hij zal met ijzer de verwarde struiken des wouds omhouwen; en de Libanon zal vallen door den Heerlijke.

Isaiah (11) Jesaja

And there shall come forth a rod out of the stem of Jesse, and a Branch shall grow out of his roots:	1	Want er zal een Rijsje voortkomen uit den afgehouwen tronk van Isai, en een Scheut uit zijn wortelen zal Vrucht voortbrengen.
And the spirit of the LORD shall rest upon him, the spirit of wisdom and understanding, the spirit of counsel and might, the spirit of knowledge and of the fear of the LORD;	2	En op Hem zal de Geest des HEEREN rusten, de Geest der wijsheid en des verstands, de Geest des raads en der sterkte, de Geest der kennis en der vreze des HEEREN.
And shall make him of quick understanding in the fear of the LORD: and he shall not judge after the sight of his eyes, neither reprove after the hearing of his ears:	3	En Zijn rieken zal zijn in de vreze des HEEREN; en Hij zal naar het gezicht Zijner ogen niet richten; Hij zal ook naar het gehoor Zijner oren niet bestraffen.
But with righteousness shall he judge the poor, and reprove with equity for the meek of the earth: and he shall smite the earth with the rod of his mouth, and with the breath of his lips shall he slay the wicked.	4	Maar Hij zal de armen met gerechtigheid richten, en de zachtmoedigen des lands met rechtmatigheid bestraffen; doch Hij zal de aarde slaan met de roede Zijns monds, en met den adem Zijner lippen zal Hij den goddeloze doden.
And righteousness shall be the girdle of his loins, and faithfulness the girdle of his reins.	5	Want gerechtigheid zal de gordel Zijner lendenen zijn; ook zal de waarheid de gordel Zijner lendenen zijn.
The wolf also shall dwell with the lamb, and the leopard shall lie down with the kid; and the calf and the young lion and the fatling together; and a little child shall lead them.	6	En de wolf zal met het lam verkeren, en de luipaard bij den geitenbok nederliggen; en het kalf, en de jonge leeuw, en het mestvee te zamen, en een klein jongske zal ze drijven.
And the cow and the bear shall feed; their young ones shall lie down together: and the lion shall eat straw like the ox.	7	De koe en de berin zullen te zamen weiden, haar jongen zullen te zamen nederliggen, en de leeuw zal stro eten, gelijk de os.
And the sucking child shall play on the hole of the asp, and the weaned child shall put his hand on the cockatrice' den.	8	En een zoogkind zal zich vermaken over het hol van een adder; en een gespeend kind zal zijn hand uitsteken in de kuil van den basilisk.
They shall not hurt nor destroy in all my holy mountain: for the earth shall be full of the knowledge of the LORD, as the waters cover the sea.	9	Men zal nergens leed doen noch verderven op den gansen berg Mijner heiligheid; want de aarde zal vol van kennis des HEEREN zijn, gelijk de wateren den bodem der zee bedekken.
And in that day there shall be a root of Jesse, which shall stand for an ensign of the people; to it shall the Gentiles seek: and his rest shall be glorious.	10	Want het zal geschieden ten zelven dage, dat de heidenen naar den Wortel van Isai, Die staan zal tot een banier der volken, zullen vragen, en Zijn rust zal heerlijk zijn.
And it shall come to pass in that day, that the Lord shall set his hand again the second time to recover the remnant of his people, which shall be left, from Assyria, and from Egypt, and from Pathros, and from Cush, and from Elam, and from Shinar, and from Hamath, and from the islands of the sea.	11	Want het zal geschieden te dien dage, dat de Heere ten anderen male Zijn hand aanleggen zal om weder te verwerven het overblijfsel Zijns volks, hetwelk overgebleven zal zijn van Assyrie, en van Egypte, en van Pathros, en van Morenland, en van Elam, en van Sinear, en van Hamath, en van de eilanden der zee.
And he shall set up an ensign for the nations, and shall assemble the outcasts of Israel, and gather together the dispersed of Judah from the four corners of the earth.	12	En Hij zal een banier oprichten onder de heidenen, en Hij zal de verdrevenen van Israel verzamelen, en de verstrooiden uit Juda vergaderen, van de vier einden des aardrijks.
The envy also of Ephraim shall depart, and the adversaries of Judah shall be cut off: Ephraim shall not envy Judah, and Judah shall not vex Ephraim.	13	En de nijd van Efraim zal wegwijken, en de tegenpartijders van Juda zullen uitgeroeid worden; Efraim zal Juda niet benijden, en Juda zal Efraim niet benauwen.

But they shall fly upon the shoulders of the Philistines toward the west; they shall spoil them of the east together: they shall lay their hand upon Edom and Moab; and the children of Ammon shall obey them.

And the LORD shall utterly destroy the tongue of the Egyptian sea; and with his mighty wind shall he shake his hand over the river, and shall smite it in the seven streams, and make men go over dryshod.

And there shall be an highway for the remnant of his people, which shall be left, from Assyria; like as it was to Israel in the day that he came up out of the land of Egypt.

Isaiah (12) Jesaja

1 And in that day thou shalt say, O LORD, I will praise thee: though thou wast angry with me, thine anger is turned away, and thou comfortedst me.

2 Behold, God is my salvation; I will trust, and not be afraid: for the LORD JEHOVAH is my strength and my song; he also is become my salvation.

3 Therefore with joy shall ye draw water out of the wells of salvation.

4 And in that day shall ye say, Praise the LORD, call upon his name, declare his doings among the people, make mention that his name is exalted.

5 Sing unto the LORD; for he hath done excellent things: this is known in all the earth.

6 Cry out and shout, thou inhabitant of Zion: for great is the Holy One of Israel in the midst of thee.

Isaiah (13) Jesaja

1 The burden of Babylon, which Isaiah the son of Amoz did see.

2 Lift ye up a banner upon the high mountain, exalt the voice unto them, shake the hand, that they may go into the gates of the nobles.

3 I have commanded my sanctified ones, I have also called my mighty ones for mine anger, even them that rejoice in my highness.

4 The noise of a multitude in the mountains, like as of a great people; a tumultuous noise of the kingdoms of nations gathered together: the LORD of hosts mustereth the host of the battle.

5 They come from a far country, from the end of heaven, even the LORD, and the weapons of his indignation, to destroy the whole land.

6 Howl ye; for the day of the LORD is at hand; it shall come as a destruction from the Almighty.

7 Therefore shall all hands be faint, and every man's heart shall melt:

8 And they shall be afraid: pangs and sorrows shall take hold of them; they shall be in pain as a woman that travaileth: they shall be amazed one at another; their faces shall be as flames.

9 Behold, the day of the LORD cometh, cruel both with wrath and fierce anger, to lay the land desolate: and he shall destroy the sinners thereof out of it.

10 For the stars of heaven and the constellations thereof shall not give their light: the sun shall be darkened in his going forth, and the moon shall not cause her light to shine.

11 And I will punish the world for their evil, and the wicked for their iniquity; and I will cause the arrogancy of the proud to cease, and will lay low the haughtiness of the terrible.

12 I will make a man more precious than fine gold; even a man than the golden wedge of Ophir.

13 Therefore I will shake the heavens, and the earth shall remove out of her place, in the wrath of the LORD of hosts, and in the day of his fierce anger.

14 And it shall be as the chased roe, and as a sheep that no man taketh up: they shall every man turn to his own people, and flee every one into his own land.

15 Every one that is found shall be thrust through; and every one that is joined unto them shall fall by the sword.

16 Their children also shall be dashed to pieces before their eyes; their houses shall be spoiled, and their wives ravished.

---

14 Maar zij zullen den Filistijnen op den schouder vliegen tegen het westen, en zij zullen te zamen die van het oosten beroven; aan Edom en Moab zullen zij hun handen slaan, en de kinderen Ammons zullen hun gehoorzaam zijn.

15 Ook zal de HEERE den inham der zee van Egypte verbannen, en Hij zal Zijn hand bewegen tegen de rivier, door de sterkte Zijns winds; en Hij zal dezelve slaan in de zeven stromen, en Hij zal maken, dat men met schoenen daardoor zal gaan.

16 En er zal een gebaande weg zijn voor het overblijfsel Zijns volks, dat overgebleven zal zijn van Assur, gelijk als Israel geschiedde ten dage, toen het uit Egypteland optoog.

Isaiah (12) Jesaja

1 En te dienzelfden dage zult gij zeggen: Ik dank U, HEERE! dat Gij toornig op mij geweest zijt, maar Uw toorn is afgekeerd, en Gij troost mij.

2 Ziet, God is mijn Heil, ik zal vertrouwen en niet vrezen; want de Heere HEERE is mijn Sterkte en mijn Psalm, en Hij is mij tot Heil geworden.

3 En gijlieden zult water scheppen met vreugde uit de fonteinen des heils;

4 En zult te dienzelfden dage zeggen: Dankt den HEERE, roept Zijn Naam aan, maakt Zijn daden bekend onder de volken! vermeldt, dat Zijn Naam verhoogd is.

5 Psalmzingt den HEERE, want Hij heeft heerlijk dingen gedaan; zulks zij bekend op den gansen aardbodem.

6 Juich en zing vrolijk, gij inwoneres van Sion! want de Heilige Israels is groot in het midden van u.

Isaiah (13) Jesaja

1 De last van Babel, dien Jesaja, de zoon van Amoz, gezien heeft.

2 Heft op een banier, op een hogen berg; verheft een stem tot hen; beweegt de hand omhoog, dat zij intrekken door de deuren der prinsen.

3 Ik heb aan Mijn geheiligden bevel gegeven; ook heb Ik tot Mijn toorn geroepen Mijn helden, de vrolijken Mijner hoogheid.

4 Er is een ruisende stem op de bergen, gelijk eens groten volks; een stem van gedruis der koninkrijken, der verzamelde heidenen; de HEERE der heirscharen monstert het krijgsheir.

5 Zij komen uit verren lande, van het einde des hemels; de HEERE en de instrumenten Zijner gramschap, om dat ganse land te verderven.

6 Huilt gijlieden, want de dag des HEEREN is nabij; hij komt als een verwoesting van den Almachtige.

7 Daarom zullen alle handen slap worden, en aller mensen hart zal versmelten;

8 En zij zullen verschrikt worden, smarten en weeen zullen hen aangrijpen, zij zullen bang zijn als een barende vrouw; een iegelijk zal over zijn naaste verbaasd zijn; hun aangezichten zullen vlammende aangezichten zijn.

9 Ziet, de dag des HEEREN komt, gruwelijk, met verbolgenheid en hittigen toorn, om het land te stellen tot verwoesting, en deszelfs zondaars daaruit te verdelgen.

10 Want de sterren des hemels en zijn gesternten zullen haar licht niet laten lichten; de zon zal verduisterd worden, wanneer zij zal opgaan, en de maan zal haar licht niet laten schijnen.

11 Want Ik zal over de wereld de boosheid bezoeken, en over de goddelozen hun ongerechtigheid; en Ik zal den hoogmoed der stouten doen ophouden, en de hovaardij der tirannen zal Ik vernederen.

12 Ik zal maken, dat een man dierbaarder zal zijn dan dicht goud, en een mens dan fijn goud van Ofir.

13 Daarom zal Ik den hemel beroeren, en de aarde zal bewogen worden van haar plaats, vanwege de verbolgenheid des HEEREN der heirscharen, en vanwege den dag Zijns hittigen toorns.

14 En een iegelijk zal zijn als een verjaagde ree, en als een schaap, dat niemand vergadert; een iegelijk zal naar zijn volk omzien, en een iegelijk zal naar zijn land vluchten.

15 Al wie gevonden wordt, zal doorstoken worden, en al wie daarbij gevoegd is, zal door het zwaard vallen.

16 Ook zullen hun kinderkens voor hun ogen verpletterd worden; hun huizen zullen geplunderd, en hun vrouwen geschonden worden.

Isaiah - Jesaja

Behold, I will stir up the Medes against them, which shall not regard silver; and as for gold, they shall not delight in it.

Their bows also shall dash the young men to pieces; and they shall have no pity on the fruit of the womb; their eye shall not spare children.

And Babylon, the glory of kingdoms, the beauty of the Chaldees' excellency, shall be as when God overthrew Sodom and Gomorrah.

It shall never be inhabited, neither shall it be dwelt in from generation to generation: neither shall the Arabian pitch tent there; neither shall the shepherds make their fold there.

But wild beasts of the desert shall lie there; and their houses shall be full of doleful creatures; and owls shall dwell there, and satyrs shall dance there.

And the wild beasts of the islands shall cry in their desolate houses, and dragons in their pleasant palaces: and her time is near to come, and her days shall not be prolonged.

17 Ziet, Ik zal de Meden tegen hen verwekken, die het zilver niet zullen achten, en aan het goud zullen zij geen lust hebben.

18 Maar hun bogen zullen de jongelingen verpletteren, en zij zullen zich niet ontfermen over de vrucht des buiks; hun oog zal de kinderen niet verschonen.

19 Alzo zal Babel, het sieraad der koninkrijken, de heerlijkheid, de hovaardigheid der Chaldeen, zijn gelijk als God Sodom en Gomorra omgekeerd heeft.

20 Daar zal geen woonplaats zijn in der eeuwigheid, en zij zal niet bewoond worden van geslacht tot geslacht; en de Arabier zal daar geen tent spannen, en de herders zullen er niet legeren.

21 Maar daar zullen nederliggen de wilde dieren der woestijnen, en hun huizen zullen vervuld worden met schrikkelijke gedierten, en daar zullen de jonge struisen wonen, en de duivelen zullen er huppelen.

22 En wilde dieren der eilanden zullen in zijn verlaten plaatsen elkander toeroepen, mitsgaders de draken in de wellustige paleizen; hun tijd toch is nabij om te komen, en hun dagen zullen niet vertogen worden.

Isaiah (14) Jesaja

For the LORD will have mercy on Jacob, and will yet choose Israel, and set them in their own land: and the strangers shall be joined with them, and they shall cleave to the house of Jacob.

And the people shall take them, and bring them to their place: and the house of Israel shall possess them in the land of the LORD for servants and handmaids: and they shall take them captives, whose captives they were; and they shall rule over their oppressors.

And it shall come to pass in the day that the LORD shall give thee rest from thy sorrow, and from thy fear, and from the hard bondage wherein thou wast made to serve,

That thou shalt take up this proverb against the king of Babylon, and say, How hath the oppressor ceased! the golden city ceased!

The LORD hath broken the staff of the wicked, and the sceptre of the rulers.

He who smote the people in wrath with a continual stroke, he that ruled the nations in anger, is persecuted, and none hindereth.

The whole earth is at rest, and is quiet: they break forth into singing.

Yea, the fir trees rejoice at thee, and the cedars of Lebanon, saying, Since thou art laid down, no feller is come up against us.

Hell from beneath is moved for thee to meet thee at thy coming: it stirreth up the dead for thee, even all the chief ones of the earth; it hath raised up from their thrones all the kings of the nations.

All they shall speak and say unto thee, Art thou also become weak as we? art thou become like unto us?

Thy pomp is brought down to the grave, and the noise of thy viols: the worm is spread under thee, and the worms cover thee.

How art thou fallen from heaven, O Lucifer, son of the morning! how art thou cut down to the ground, which didst weaken the nations!

For thou hast said in thine heart, I will ascend into heaven, I will exalt my throne above the stars of God: I will sit also upon the mount of the congregation, in the sides of the north:

I will ascend above the heights of the clouds; I will be like the most High.

Yet thou shalt be brought down to hell, to the sides of the pit.

They that see thee shall narrowly look upon thee, and consider thee, saying, Is this the man that made the earth to tremble, that did shake kingdoms;

That made the world as a wilderness, and destroyed the cities thereof; that opened not the house of his prisoners?

All the kings of the nations, even all of them, lie in glory, every one in his own house.

1 Want de HEERE zal Zich over Jakob ontfermen, en Hij zal Israel nog verkiezen, en Hij zal hen in hun land zetten; en de vreemdeling zal zich tot hen vervoegen, en zij zullen het huis van Jakob aanhangen.

2 En de volken zullen hen aannemen, en in hun plaats brengen; en het huis Israels zal hen erfelijk bezitten in het land des HEEREN tot knechten en tot maagden; en zij zullen gevangen houden degenen, die hen gevangen hielden, en zij zullen heersen over hun drijvers.

3 En het zal geschieden ten dage, wanneer u de HEERE rust geven zal van uw smart, en van uw beroering, en van de harde dienstbaarheid, waarin men u heeft doen dienen;

4 Dan zult gij deze spreuk opnemen tegen den koning van Babel, en zeggen: Hoe houdt de drijver op? Hoe houdt de goudene op?

5 De HEERE heeft den stok der goddelozen gebroken, den scepter der heersers.

6 Die de volken plaagde in verbolgenheid met een plaag zonder ophouden, die in toorn over de heidenen heerste, die wordt vervolgd, zonder dat het iemand afweren kan.

7 De ganse aarde rust, zij is stil; zij maken groot geschal met gejuich.

8 Ook verheugen zich de dennen over u, en de cederen van Libanon, zeggende: Sinds dat gij daar nederligt, komt niemand tegen ons op, die ons afhouwe.

9 De hel van onderen was beroerd om uwentwil, om u tegemoet te gaan, als gij kwaamt; zij wekt om uwentwil de doden op, al de bokken der aarde; zij doet al de koningen der heidenen van hun tronen opstaan.

10 Die altegader zullen antwoorden, en tot u zeggen: Gij zijt ook krank geworden, gelijk wij, gij zijt ons gelijk geworden.

11 Uw hovaardij is in de hel nedergestort, met het geklank uwer luiten; de maden zullen onder u gestrooid worden, en de wormen zullen u bedekken.

12 Hoe zijt gij uit den hemel gevallen, o morgenster, gij zoon des dageraads! hoe zijt gij ter aarde nedergehouwen, gij, die de heidenen krenktet!

13 En zeidet in uw hart: Ik zal ten hemel opklimmen, ik zal mijn troon boven de sterren Gods verhogen; en ik zal mij zetten op den berg der samenkomst aan de zijden van het noorden.

14 Ik zal boven de hoogten der wolken klimmen, ik zal den Allerhoogste gelijk worden.

15 Ja, in de hel zult gij nedergestoten worden, aan de zijden van den kuil!

16 Die u zien zullen, zullen u aanschouwen, zij zullen op u letten, en zeggen: Is dat die man, die de aarde beroerde, die de koninkrijken deed beven?

17 Die de wereld als een woestijn stelde, en derzelver steden verstoorde, die zijn gevangenen niet liet los gaan naar huis toe?

18 Al de koningen der heidenen, zij allen liggen neder met eer, een iegelijk in zijn huis;

But thou art cast out of thy grave like an abominable branch, and as the raiment of those that are slain, thrust through with a sword, that go down to the stones of the pit; as a carcase trodden under feet.	19 Maar gij zijt verworpen van uw graf, als een gruwelijke scheut, als een kleed der gedoden, die met het zwaard doorstoken zijn; als die nederdalen in een steenkuil, als een vertreden dood lichaam.
Thou shalt not be joined with them in burial, because thou hast destroyed thy land, and slain thy people: the seed of evildoers shall never be renowned.	20 Gij zult bij dezelve niet gevoegd worden in de begrafenis; want gij hebt uw land verdorven, en uw volk gedood; het zaad der boosdoeners zal in der eeuwigheid niet genoemd worden.
Prepare slaughter for his children for the iniquity of their fathers; that they do not rise, nor possess the land, nor fill the face of the world with cities.	21 Maakt de slachting voor zijn kinderen gereed, om hunner vaderen ongerechtigheid wil; dat zij niet opstaan, en de aarde erven, en de wereld vervullen met steden;
For I will rise up against them, saith the LORD of hosts, and cut off from Babylon the name, and remnant, and son, and nephew, saith the LORD.	22 Want Ik zal tegen hen opstaan, spreekt de HEERE der heirscharen, en Ik zal van Babel uitroeien den naam en het overblijfsel, en den zoon en den zoonszoon, spreekt de HEERE.
I will also make it a possession for the bittern, and pools of water: and I will sweep it with the besom of destruction, saith the LORD of hosts.	23 En Ik zal hen stellen tot een erve der nachtuilen, en tot waterpoelen; en Ik zal hen met een bezem des verderfs uitvagen, spreekt de HEERE der heirscharen.
The LORD of hosts hath sworn, saying, Surely as I have thought, so shall it come to pass; and as I have purposed, so shall it stand:	24 De HEERE der heirscharen heeft gezworen, zeggende: Indien niet, gelijk Ik gedacht heb, het alzo geschiede, en gelijk Ik beraadslaagd heb, het bestaan zal!
That I will break the Assyrian in my land, and upon my mountains tread him under foot: then shall his yoke depart from off them, and his burden depart from off their shoulders.	25 Dat Ik Assur in Mijn land zal verbreken, en hem op Mijn bergen vertreden; opdat zijn juk van hen afwijke, en zijn last van hun schouder wijke.
This is the purpose that is purposed upon the whole earth: and this is the hand that is stretched out upon all the nations.	26 Dit is de raadslag, die beraadslaagd is over dat ganse land; en dit is de hand, die uitgestrekt is over alle volken.
For the LORD of hosts hath purposed, and who shall disannul it? and his hand is stretched out, and who shall turn it back?	27 Want de HEERE der heirscharen heeft het in Zijn raad besloten, wie zal het dan breken? en Zijn hand is uitgestrekt, wie zal ze dan keren?
In the year that king Ahaz died was this burden.	28 In het jaar, toen de koning Achaz stierf, geschiedde deze last.
Rejoice not thou, whole Palestina, because the rod of him that smote thee is broken: for out of the serpent's root shall come forth a cockatrice, and his fruit shall be a fiery flying serpent.	29 Verheug u niet, gij gans Palestina! dat de roede die u sloeg, gebroken is; want uit de wortel der slang zal een basilisk voortkomen, en haar vrucht zal een vurige vliegende draak zijn.
And the firstborn of the poor shall feed, and the needy shall lie down in safety: and I will kill thy root with famine, and he shall slay thy remnant.	30 En de eerstgeborenen der armen zullen weiden, en de nooddruftigen zullen zeker nederliggen; uw wortel daarentegen zal Ik door den honger doden, en uw overblijfsel zal hij ombrengen.
Howl, O gate; cry, O city; thou, whole Palestina, art dissolved: for there shall come from the north a smoke, and none shall be alone in his appointed times.	31 Huil, gij poort, schreeuw, gij stad! gij zijt gesmolten, gij gans Palestina! want van het noorden komt een rook, en er is geen eenzame in zijn samenkomsten.
What shall one then answer the messengers of the nation? That the LORD hath founded Zion, and the poor of his people shall trust in it.	32 Wat zal men dan antwoorden den boden des volks? Dat de HEERE Sion gegrond heeft, opdat de bedrukten Zijns volks een toevlucht daarin hebben zouden.

Isaiah (15) Jesaja

The burden of Moab. Because in the night Ar of Moab is laid waste, and brought to silence; because in the night Kir of Moab is laid waste, and brought to silence;	1 De last van Moab. Zekerlijk, in den nacht is Ar-Moabs verwoest, zij is uitgeroeid; zekerlijk, in den nacht is Kir-Moabs verwoest, zij is uitgeroeid!
He is gone up to Bajith, and to Dibon, the high places, to weep: Moab shall howl over Nebo, and over Medeba: on all their heads shall be baldness, and every beard cut off.	2 Hij gaat op naar Baith en Dibon, en naar Bamoth, om te wenen; over Nebo en over Medeba zal Moab huilen; op al hun hoofden is kaalheid, aller baard is afgesneden.
In their streets they shall gird themselves with sackcloth: on the tops of their houses, and in their streets, every one shall howl, weeping abundantly.	3 Op hun wijken hebben zij zakken aangegord; op hun daken en op hun straten huilen zij altemaal, afgaande met geween.
And Heshbon shall cry, and Elealeh: their voice shall be heard even unto Jahaz: therefore the armed soldiers of Moab shall cry out; his life shall be grievous unto him.	4 Zo Hesbon als Eleale schreeuwt, hun stem wordt gehoord tot Jahaz toe; daarom maken de toegerusten van Moab een geschrei, eens iegelijks ziel in hem is kwalijk gesteld.
My heart shall cry out for Moab; his fugitives shall flee unto Zoar, an heifer of three years old: for by the mounting up of Luhith with weeping shall they go it up; for in the way of Horonaim they shall raise up a cry of destruction.	5 Mijn hart schreeuwt over Moab, haar grendelen zijn naar Zoar toe, de driejarige vaars; want hij gaat op met geween naar den opgang van Luhith, want op den weg naar Horonaim verwekken zij een jammergeschrei.
For the waters of Nimrim shall be desolate: for the hay is withered away, the grass faileth, there is no green thing.	6 Want de wateren van Nimrim zullen enkel verwoesting wezen; want het gras is verdord, het tedere gras is vergaan, er is geen groente.
Therefore the abundance they have gotten, and that which they have laid up, shall they carry away to the brook of the willows.	7 Daarom zullen zij den overvloed, dien zij vergaderd hebben, en hetgeen zij weggelegd hebben, aan de beek der wilgen voeren.
For the cry is gone round about the borders of Moab; the howling thereof unto Eglaim, and the howling thereof unto Beerelim.	8 Want dat geschreeuw zal omgaan door de landpale van Moab, haar gehuil tot Eglaim toe, ja, tot Beer-Elim toe zal haar gehuil zijn.
For the waters of Dimon shall be full of blood: for I will bring more upon Dimon, lions upon him that escapeth of Moab, and upon the remnant of the land.	9 Want de wateren van Dimon zijn vol bloeds, want Ik zal Dimon nog meer toeschikken: te weten leeuwen over de ontkomenen van Moab, mitsgaders over het overblijfsel des lands.

Isaiah (16) Jesaja

Send ye the lamb to the ruler of the land from Sela to the wilderness, unto the mount of the daughter of Zion.	1 Zendt de lammeren van den heerser des lands van Sela af, naar de woestijn henen, tot den berg der dochter van Sion.

For it shall be, that, as a wandering bird cast out of the nest, so the daughters of Moab shall be at the fords of Arnon.	2	Anderszins zal het geschieden, dat de dochteren van Moab aan de veren van Arnon zullen zijn, als een zwervende vogel, uit het nest gedreven zijnde.
Take counsel, execute judgment; make thy shadow as the night in the midst of the noonday; hide the outcasts; bewray not him that wandereth.	3	Brengt een raad aan, houdt gericht, maakt uw schaduw op het midden van den middag, gelijk van den nacht; verbergt de verdrevenen, en meldt den omzwervende niet.
Let mine outcasts dwell with thee, Moab; be thou a covert to them from the face of the spoiler: for the extortioner is at an end, the spoiler ceaseth, the oppressors are consumed out of the land.	4	Laat mijn verdrevenen onder u verkeren, o Moab! wees gij hun een schuilplaats voor het aangezicht des verstoorders; want de onderdrukker heeft een einde, de verstoring is te niet geworden, de vertreders zijn van de aarde verdaan.
And in mercy shall the throne be established: and he shall sit upon it in truth in the tabernacle of David, judging, and seeking judgment, and hasting righteousness.	5	Want er zal een troon bevestigd worden in goedertierenheid, en op denzelven zal bestendig een zitten in de tent van David, een, die oordeelt en het recht zoekt, en vaardig is ter gerechtigheid.
We have heard of the pride of Moab; he is very proud: even of his haughtiness, and his pride, and his wrath: but his lies shall not be so.	6	Wij hebben gehoord de hovaardij van Moab, hij is zeer hovaardig; zijn hoogmoed, en zijn hovaardij, en zijn verbolgenheid, zijn alzo zijn grendelen niet.
Therefore shall Moab howl for Moab, every one shall howl: for the foundations of Kirhareseth shall ye mourn; surely they are stricken.	7	Daarom zal Moab over Moab huilen, altemaal zullen zij huilen; over de fondamenten van Kir-Hareseth zult gijlieden zuchten, gewisselijk, zij zijn gebroken.
For the fields of Heshbon languish, and the vine of Sibmah: the lords of the heathen have broken down the principal plants thereof, they are come even unto Jazer, they wandered through the wilderness: her branches are stretched out, they are gone over the sea.	8	Want de velden van Hesbon zijn verflauwd, ook de wijnstok van Sibma, de heren der heidenen hebben zijn uitgelezen planten verpletterd; zij reiken tot Jaezer toe, zij dwalen door de woestijn; hun scheuten zijn uitgespreid, zij zijn gegaan over zee.
Therefore I will bewail with the weeping of Jazer the vine of Sibmah: I will water thee with my tears, O Heshbon, and Elealeh: for the shouting for thy summer fruits and for thy harvest is fallen.	9	Daarom beween ik, in de wening over Jaezer, den wijnstok van Sibma, ik maak u doornat met mijn tranen, o Hesbon en Eleale! want het vreugdegeschrei over uw zomervruchten en over uw oogst is gevallen;
And gladness is taken away, and joy out of the plentiful field; and in the vineyards there shall be no singing, neither shall there be shouting: the treaders shall tread out no wine in their presses; I have made their vintage shouting to cease.	10	Alzo dat de blijdschap en vrolijkheid weggenomen is van het vruchtbare veld, en in de wijngaarden wordt niet gezongen, noch enig gejuich gemaakt; de druiven treder treedt geen wijn uit in de wijnbakken, ik heb het vreugdegeschrei doen ophouden.
Wherefore my bowels shall sound like an harp for Moab, and mine inward parts for Kirharesh.	11	Daarom rommelt mijn ingewand over Moab, als een harp, en mijn binnenste over Kir-heres.
And it shall come to pass, when it is seen that Moab is weary on the high place, that he shall come to his sanctuary to pray; but he shall not prevail.	12	En het zal geschieden, als men zien zal, dat Moab vermoeid is geworden op de hoogten, dan zal hij in zijn heiligdom gaan om te aanbidden, maar hij zal niet vermogen.
This is the word that the LORD hath spoken concerning Moab since that time.	13	Dit is het woord, dat de HEERE tegen Moab gesproken heeft, van toen af.
But now the LORD hath spoken, saying, Within three years, as the years of an hireling, and the glory of Moab shall be contemned, with all that great multitude; and the remnant shall be very small and feeble.	14	Maar nu spreekt de HEERE, zeggende: Binnen drie jaren (als de jaren eens huurlings), dan zal de eer van Moab verachtzaam gemaakt worden, met al die grote menigte; en het overblijfsel zal klein, weinig, onmachtig wezen.

Isaiah (17) Jesaja

The burden of Damascus. Behold, Damascus is taken away from being a city, and it shall be a ruinous heap.	1	De last van Damaskus. Ziet, Damaskus zal weggenomen worden, dat zij geen stad meer zij, maar zij zal een vervallen steenhoop zijn.
The cities of Aroer are forsaken: they shall be for flocks, which shall lie down, and none shall make them afraid.	2	De steden van Aroer zullen verlaten worden; voor de kudden zullen zij wezen, die zullen daar nederliggen, en niemand zal ze verschrikken.
The fortress also shall cease from Ephraim, and the kingdom from Damascus, and the remnant of Syria: they shall be as the glory of the children of Israel, saith the LORD of hosts.	3	En de vesting zal ophouden van Efraim, en het koninkrijk van Damaskus, en het overblijfsel der Syriers; zij zullen zijn gelijk de heerlijkheid der kinderen Israels, spreekt de HEERE der heirscharen.
And in that day it shall come to pass, that the glory of Jacob shall be made thin, and the fatness of his flesh shall wax lean.	4	En het zal geschieden te dien dage, dat de heerlijkheid van Jakob verdund zal worden, en dat de vettigheid van zijn vlees mager worden zal.
And it shall be as when the harvestman gathereth the corn, and reapeth the ears with his arm; and it shall be as he that gathereth ears in the valley of Rephaim.	5	Want hij zal zijn, gelijk wanneer een maaier het staande koren verzamelt, en zijn arm aren afmaait; ja, hij zal zijn, gelijk wanneer iemand aren leest in het dal Refraim.
Yet gleaning grapes shall be left in it, as the shaking of an olive tree, two or three berries in the top of the uppermost bough, four or five in the outmost fruitful branches thereof, saith the LORD God of Israel.	6	Doch een nalezing zal daarin overig blijven, gelijk in de afschudding eens olijfbooms, twee of drie bezien in den top der opperste twijg, en vier of vijf aan zijn vruchtbare takken, spreekt de HEERE, de God Israels.
At that day shall a man look to his Maker, and his eyes shall have respect to the Holy One of Israel.	7	Te dien dage zal de mens zien naar Dien, Die hem gemaakt heeft, en zijn ogen zullen op den Heilige Israels zien.
And he shall not look to the altars, the work of his hands, neither shall respect that which his fingers have made, either the groves, or the images.	8	En hij zal niet aanschouwen de altaren, het werk zijner handen, ook hetgeen zijn vingeren gemaakt hebben, zal hij niet aanzien, noch de bossen, noch de zonnebeelden.
In that day shall his strong cities be as a forsaken bough, and an uppermost branch, which they left because of the children of Israel: and there shall be desolation.	9	Te dien dage zullen zijn sterke steden zijn, als een verlaten struik, en opperste tak, welke zij verlaten hebben, om der kinderen Israels wil, hoewel daar verwoesting zal wezen.

Because thou hast forgotten the God of thy salvation, and hast not been mindful of the rock of thy strength, therefore shalt thou plant pleasant plants, and shalt set it with strange slips:

In the day shalt thou make thy plant to grow, and in the morning shalt thou make thy seed to flourish: but the harvest shall be a heap in the day of grief and of desperate sorrow.

Woe to the multitude of many people, which make a noise like the noise of the seas; and to the rushing of nations, that make a rushing like the rushing of mighty waters!

The nations shall rush like the rushing of many waters: but God shall rebuke them, and they shall flee far off, and shall be chased as the chaff of the mountains before the wind, and like a rolling thing before the whirlwind.

And behold at eveningtide trouble; and before the morning he is not. This is the portion of them that spoil us, and the lot of them that rob us.

10 Want gij hebt den God uws heils vergeten, en niet gedacht aan den Rotssteen uwer sterkte; daarom zult gij wel liefelijke planten planten, en gij zult hem met uitlandse ranken bezetten;

11 Ten dage, als gij ze zult geplant hebben, zult gij die doen wassen, en in den morgenstond zult gij uw zaad doen bloeien; doch het zal maar een hoop van het gemaaide zijn, in den dag der krankheid en der pijnlijke smart.

12 Wee der veelheid der grote volken, die daar bruisen, gelijk de zeeen bruisen; en wee het geruis der natien, die daar ruisen, gelijk de geweldige wateren ruisen!

13 De natien zullen wel ruisen, gelijk grote wateren ruisen; doch Hij zal hem schelden, zo zal hij verre wegvlieden, ja, hij zal gejaagd worden, als het kaf der bergen van den wind, en gelijk een kloot van den wervelwind.

14 Ten tijde des avonds, ziet, zo is er verschrikking, eer het morgen is, is hij er niet meer. Dit is het deel dergenen, die ons beroven, en het lot dergenen, die ons plunderen.

Isaiah (18) Jesaja

Woe to the land shadowing with wings, which is beyond the rivers of Ethiopia:

That sendeth ambassadors by the sea, even in vessels of bulrushes upon the waters, saying, Go, ye swift messengers, to a nation scattered and peeled, to a people terrible from their beginning hitherto; a nation meted out and trodden down, whose land the rivers have spoiled!

All ye inhabitants of the world, and dwellers on the earth, see ye, when he lifteth up an ensign on the mountains; and when he bloweth a trumpet, hear ye.

For so the LORD said unto me, I will take my rest, and I will consider in my dwelling place like a clear heat upon herbs, and like a cloud of dew in the heat of harvest.

For afore the harvest, when the bud is perfect, and the sour grape is ripening in the flower, he shall both cut off the sprigs with pruning hooks, and take away and cut down the branches.

They shall be left together unto the fowls of the mountains, and to the beasts of the earth: and the fowls shall summer upon them, and all the beasts of the earth shall winter upon them.

In that time shall the present be brought unto the LORD of hosts of a people scattered and peeled, and from a people terrible from their beginning hitherto; a nation meted out and trodden under foot, whose land the rivers have spoiled, to the place of the name of the LORD of hosts, the mount Zion.

1 Wee het land, dat schaduwachtig is aan de frontieren, dat aan de zijde der rivieren van Morenland is;

2 Dat gezanten zendt over de zee, en in schepen van biezen op de wateren! Gaat henen, gij snelle boden! tot een volk, dat getrokken is en geplukt, tot een volk, dat vreselijk is van dat het was en voortaan; een volk van regel en regel, en van vertreding, welks land de rivieren beroven.

3 Allen gij ingezetenen der wereld, en gij inwoners der aarde! als men de banier zal oprichten op de bergen, zult gijlieden het zien, en als de bazuin zal blazen, zult gijlieden het horen.

4 Want alzo heeft de HEERE tot mij gezegd: Ik zal stil zijn, en zien in Mijn woning, als de glinsterende hitte op den regen, als een wolk des dauws in de hitte des oogstes;

5 Want voor den oogst, als de botte volkomen is, en de onrijpe druif rijp wordt na den bloesem, zo zal Hij de ranken met snoeimessen afsnijden, en de takken wegdoen, en afkappen.

6 Zij zullen te zamen gelaten worden den roofvogelen der bergen, en den dieren der aarde; en de roofvogelen zullen op hen overzomeren, en alle dieren der aarde zullen daarop overwinteren.

7 Te dien tijd zal den HEERE der heirscharen een geschenk gebracht worden van het volk, dat getrokken is en geplukt, en van het volk, dat vreselijk is van dat het was en voortaan; een volk van regel en regel, en van vertreding, welks land de rivieren beroven; tot de plaats van den Naam des HEEREN der heirscharen, tot den berg Sion.

Isaiah (19) Jesaja

The burden of Egypt. Behold, the LORD rideth upon a swift cloud, and shall come into Egypt: and the idols of Egypt shall be moved at his presence, and the heart of Egypt shall melt in the midst of it.

And I will set the Egyptians against the Egyptians: and they shall fight every one against his brother, and every one against his neighbour; city against city, and kingdom against kingdom.

And the spirit of Egypt shall fail in the midst thereof; and I will destroy the counsel thereof: and they shall seek to the idols, and to the charmers, and to them that have familiar spirits, and to the wizards.

And the Egyptians will I give over into the hand of a cruel lord; and a fierce king shall rule over them, saith the Lord, the LORD of hosts.

And the waters shall fail from the sea, and the river shall be wasted and dried up.

And they shall turn the rivers far away; and the brooks of defence shall be emptied and dried up: the reeds and flags shall wither.

The paper reeds by the brooks, by the mouth of the brooks, and every thing sown by the brooks, shall wither, be driven away, and be no more.

The fishers also shall mourn, and all they that cast angle into the brooks shall lament, and they that spread nets upon the waters shall languish.

Moreover they that work in fine flax, and they that weave networks, shall be confounded.

1 De last van Egypte. Ziet, de HEERE rijdt op een snelle wolk, en Hij zal in Egypte komen; en de afgoden van Egypte zullen bewogen worden van Zijn aangezicht, en het hart der Egyptenaren zal smelten in het binnenste van hen.

2 Want Ik zal de Egyptenaren tegen de Egyptenaren verwarren, dat zij zullen strijden een iegelijk tegen zijn broeder, en een iegelijk tegen zijn naaste, stad tegen stad, koninkrijk tegen koninkrijk.

3 En de geest der Egyptenaren zal uitgeledigd worden in het binnenste van hen, en hun raad zal Ik verslinden; dan zullen zij hun afgoden vragen, en den bezweerders, en den waarzeggers, en den duivelskunstenaars.

4 En Ik zal de Egyptenaars besluiten in de hand van harde heren, en een strenge koning zal over hen heersen, spreekt de Heere HEERE der heirscharen.

5 En zij zullen de wateren uit de zee doen vergaan, en de rivier zal verzijpen en verdrogen.

6 Zij zullen ook de rivieren verre terugdrijven, zij zullen ze uithozen, en de gedamde stromen opdrogen; het riet en het schilf zullen verwelken.

7 Het papiergewas bij de stromen, aan de oevers der stromen, en al het gezaaide aan de stromen, zal verdrogen; het zal weggestoten worden, en niet meer zijn.

8 En de vissers zullen treuren, en allen, die den angel in de stromen werpen, zullen rouw maken; en die het werpnet uitbreiden op de wateren, zullen kwijnen.

9 En de werkers in het fijne vlas zullen beschaamd worden, ook de wevers van de witte stof.

Isaiah - Jesaja

And they shall be broken in the purposes thereof, all that make sluices and ponds for fish.	10 En zij zullen met hun fondamenten verbrijzeld worden, allen, die voor loon lustige staande wateren maken.
Surely the princes of Zoan are fools, the counsel of the wise counsellers of Pharaoh is become brutish: how say ye unto Pharaoh, I am the son of the wise, the son of ancient kings?	11 Gewisselijk, de vorsten van Zoan zijn dwazen, de raad der wijzen, der raadgevers van Farao, is onvernuftig geworden; hoe kunt gijlieden dan zeggen tot Farao; Ik ben een zoon der wijzen, een zoon der oude koningen?
Where are they? where are thy wise men? and let them tell thee now, and let them know what the LORD of hosts hath purposed upon Egypt.	12 Waar zijn nu uw wijzen? Dat zij u nu te kennen geven of vernemen, wat de HEERE der heirscharen beraadslaagd heeft tegen Egypte.
The princes of Zoan are become fools, the princes of Noph are deceived; they have also seduced Egypt, even they that are the stay of the tribes thereof.	13 De vorsten van Zoan zijn zot geworden, de vorsten van Nof zijn bedrogen; zij zullen ook Egypte doen dwalen, tot den uitersten hoek zijner stammen.
The LORD hath mingled a perverse spirit in the midst thereof: and they have caused Egypt to err in every work thereof, as a drunken man staggereth in his vomit.	14 De HEERE heeft een zeer verkeerden geest ingeschonken in het midden van hen, en zij hebben Egypte doen dwalen in al zijn doen, gelijk een dronkaard zich om en om wentelt in zijn uitspuwsel.
Neither shall there be any work for Egypt, which the head or tail, branch or rush, may do.	15 En er zal geen werk wezen voor de Egyptenaren, hetwelk het hoofd of de staart, de tak of de bieze doen mag.
In that day shall Egypt be like unto women: and it shall be afraid and fear because of the shaking of the hand of the LORD of hosts, which he shaketh over it.	16 Te dien dage zullen de Egyptenaars zijn als de vrouwen; en zij zullen beven en vrezen vanwege de beweging van de hand des HEEREN der heirscharen, welke Hij tegen hen bewegen zal.
And the land of Judah shall be a terror unto Egypt, every one that maketh mention thereof shall be afraid in himself, because of the counsel of the LORD of hosts, which he hath determined against it.	17 En het land van Juda zal den Egyptenaren tot een schrik zijn; zo wie het vermelden zal, die zal in zichzelven bevreesd wezen vanwege den raad des HEEREN der heirscharen, dien Hij tegen hen beraadslaagd heeft.
In that day shall five cities in the land of Egypt speak the language of Canaan, and swear to the LORD of hosts; one shall be called, The city of destruction.	18 Te dien dage zullen er vijf steden in Egypteland zijn, sprekende de spraak van Kanaän, en zwerende den HEERE der heirscharen; een zal genoemd zijn een stad der verstoring.
In that day shall there be an altar to the LORD in the midst of the land of Egypt, and a pillar at the border thereof to the LORD.	19 Te dien dage zal de HEERE een altaar hebben in het midden van Egypteland, en een opgericht teken aan haar landpalen voor den HEERE.
And it shall be for a sign and for a witness unto the LORD of hosts in the land of Egypt: for they shall cry unto the LORD because of the oppressors, and he shall send them a saviour, and a great one, and he shall deliver them.	20 En het zal zijn tot een teken, en tot een getuigenis den HEERE der heirscharen in Egypteland, want zij zullen tot den HEERE roepen vanwege de verdrukkers, en Hij zal hun een Heiland en Meester zenden, Die zal hen verlossen.
And the LORD shall be known to Egypt, and the Egyptians shall know the LORD in that day, and shall do sacrifice and oblation; yea, they shall vow a vow unto the LORD, and perform it.	21 En de HEERE zal den Egyptenaren bekend worden, en de Egyptenaars zullen den HEERE kennen te dien dage; en zij zullen Hem dienen met slachtoffer, en spijsoffer, en zij zullen den HEERE een gelofte beloven en betalen.
And the LORD shall smite Egypt: he shall smite and heal it: and they shall return even to the LORD, and he shall be intreated of them, and shall heal them.	22 En de HEERE zal de Egyptenaars dapper slaan, en genezen; en zij zullen zich tot den HEERE bekeren, en Hij zal Zich van hen verbidden laten, en Hij zal hen genezen.
In that day shall there be a highway out of Egypt to Assyria, and the Assyrian shall come into Egypt, and the Egyptian into Assyria, and the Egyptians shall serve with the Assyrians.	23 Te dien dage zal er een gebaande weg wezen van Egypte in Assyrie, dat de Assyriers in Egypte, en de Egyptenaars in Assyrie komen zullen; en de Egyptenaars zullen met de Assyriers den Heere dienen.
In that day shall Israel be the third with Egypt and with Assyria, even a blessing in the midst of the land:	24 Te dien dage zal Israel de derde wezen met de Egyptenaren en met de Assyriers, een zegen in het midden van het land.
Whom the LORD of hosts shall bless, saying, Blessed be Egypt my people, and Assyria the work of my hands, and Israel mine inheritance.	25 Want de HEERE der heirscharen zal hen zegenen, zeggende: Gezegend zij Mijn volk, de Egyptenaars, en de Assyriers, het werk Mijner handen, en Israel, Mijn erfdeel!

Isaiah (20) Jesaja

In the year that Tartan came unto Ashdod, (when Sargon the king of Assyria sent him,) and fought against Ashdod, and took it;	1 In het jaar, toen Tartan naar Asdod kwam, als hem Sargon, de koning van Assyrie gezonden had, toen hij krijg voerde tegen Asdod, en het innam;
At the same time spake the LORD by Isaiah the son of Amoz, saying, Go and loose the sackcloth from off thy loins, and put off thy shoe from thy foot. And he did so, walking naked and barefoot.	2 Ter zelfder tijd sprak de HEERE, door den dienst van Jesaja, den zoon van Amoz, zeggende: Ga heen, en ontbind den zak van uw lendenen, en doe uw schoenen van uw voeten. En hij deed alzo, gaande naakt en barrevoets.
And the LORD said, Like as my servant Isaiah hath walked naked and barefoot three years for a sign and wonder upon Egypt and upon Ethiopia;	3 Toen zeide de HEERE: Gelijk als Mijn knecht Jesaja naakt en barrevoets wandelt, drie jaren, tot een teken en wonder over Egypte en over Morenland;
So shall the king of Assyria lead away the Egyptians prisoners, and the Ethiopians captives, young and old, naked and barefoot, even with their buttocks uncovered, to the shame of Egypt.	4 Alzo zal de koning van Assyrie voortdrijven de gevangenen der Egyptenaren, en de Moren, die weggevoerd zullen worden, jongen en ouden, naakt en barrevoets, en met blote billen, den Egyptenaren tot schaamte.
And they shall be afraid and ashamed of Ethiopia their expectation, and of Egypt their glory.	5 En zij zullen verschrikken en beschaamd zijn van de Moren, op dewelke zij zagen, en van de Egyptenaars, hun roem.
And the inhabitant of this isle shall say in that day, Behold, such is our expectation, whither we flee for help to be delivered from the king of Assyria: and how shall we escape?	6 En de inwoners van dit eiland zullen te dien dage zeggen: Ziet, alzo is het gegaan dien, op welken wij zagen, werwaarts wij henenvloden om hulp, om gered te worden van het aangezicht des konings van Assyrie; hoe zullen wij dan ontkomen?

Isaiah (21) Jesaja

The burden of the desert of the sea. As whirlwinds in the south pass through; so it cometh from the desert, from a terrible land.	1	De last der woestijn aan de zee. Gelijk de wervelwinden in het zuiden henen doorgaan, zal hij uit de woestijn komen, uit een vreselijk land.
A grievous vision is declared unto me; the treacherous dealer dealeth treacherously, and the spoiler spoileth. Go up, O Elam: besiege, O Media; all the sighing thereof have I made to cease.	2	Een hard gezicht is mij te kennen gegeven: die trouweloze handelt trouwelooslijk, en die verstoorder verstoort; trek op, o Elam! beleger ze, o Media! Ik heb al haar zuchting doen ophouden.
Therefore are my loins filled with pain: pangs have taken hold upon me, as the pangs of a woman that travaileth: I was bowed down at the hearing of it; I was dismayed at the seeing of it.	3	Daarom zijn mijn lendenen vol van grote krankheid, bange weeen hebben mij aangegrepen, gelijk de bange weeen van een, die baart; ik krom mij van horen, ik word ontsteld van het aanzien.
My heart panted, fearfulness affrighted me: the night of my pleasure hath he turned into fear unto me.	4	Mijn hart dwaalt, gruwen verschrikt mij, de schemering, waar ik naar verlangd heb, stelt Hij mij tot beving.
Prepare the table, watch in the watchtower, eat, drink: arise, ye princes, and anoint the shield.	5	Bereid de tafel, zie toe, gij wachter! eet, drink; maakt u op, gij vorsten, bestrijkt het schild!
For thus hath the Lord said unto me, Go, set a watchman, let him declare what he seeth.	6	Want aldus heeft de Heere tot mij gezegd: Ga heen, zet een wachter, laat hem aanzeggen, wat hij ziet.
And he saw a chariot with a couple of horsemen, a chariot of asses, and a chariot of camels; and he hearkened diligently with much heed:	7	En hij zag een wagen, een paar ruiters, een wagen met ezels, een wagen met kemels; en hij merkte zeer nauw op, met grote opmerking.
And he cried, A lion: My lord, I stand continually upon the watchtower in the daytime, and I am set in my ward whole nights:	8	En hij riep: Een leeuw, Heere! ik sta op den wachttoren geduriglijk bij dag, en op mijn hoede zet ik mij ganse nachten.
And, behold, here cometh a chariot of men, with a couple of horsemen. And he answered and said, Babylon is fallen, is fallen; and all the graven images of her gods he hath broken unto the ground.	9	En zie nu, daar komt een wagen mannen, en een paar ruiters! Toen antwoordde hij, en zeide: Babel is gevallen, zij is gevallen! en al de gesneden beelden harer goden heeft Hij verbroken tegen de aarde.
O my threshing, and the corn of my floor: that which I have heard of the LORD of hosts, the God of Israel, have I declared unto you.	10	O mijn dorsing, en de tarwe mijns dorsvloers! wat ik gehoord heb van den HEERE der heirscharen, den God Israels, dat heb ik ulieden aangezegd.
The burden of Dumah. He calleth to me out of Seir, Watchman, what of the night? Watchman, what of the night?	11	De last van Duma. Men roept tot mij uit Seir: Wachter! wat is er van den nacht? Wachter! wat is er van den nacht?
The watchman said, The morning cometh, and also the night: if ye will inquire, inquire ye: return, come.	12	De wachter zeide: De morgenstond is gekomen, en het is nog nacht; wilt gijlieden vragen, vraagt; keert weder, komt.
The burden upon Arabia. In the forest in Arabia shall ye lodge, O ye travelling companies of Dedanim.	13	De last tegen Arabie. In het woud van Arabie zult gijlieden vernachten, o gij reizende gezelschappen van Dedanieten!
The inhabitants of the land of Tema brought water to him that was thirsty, they prevented with their bread him that fled.	14	Komt den dorstige tegemoet met water; de inwoners des lands van Thema zijn den vluchtende met zijn brood bejegend.
For they fled from the swords, from the drawn sword, and from the bent bow, and from the grievousness of war.	15	Want zij vluchten voor de zwaarden, voor het uitgetrokken zwaard, en voor den gespannen boog, en voor de zwarigheid des krijgs.
For thus hath the Lord said unto me, Within a year, according to the years of an hireling, and all the glory of Kedar shall fail:	16	Want alzo heeft de HEERE tot mij gezegd: Nog binnen een jaar, gelijk de jaren eens dagloners zijn, zo zal de heerlijkheid van Kedar ten ondergaan.
And the residue of the number of archers, the mighty men of the children of Kedar, shall be diminished: for the LORD God of Israel hath spoken it.	17	En het overgebleven getal der schutters, de helden der Kedarenen, zullen minder worden, want de HEERE, de God Israels, heeft het gesproken.

Isaiah (22) Jesaja

The burden of the valley of vision. What aileth thee now, that thou art wholly gone up to the housetops?	1	De last van het dal des gezichts. Wat is u nu, dat gij altegader op de daken klimt?
Thou that art full of stirs, a tumultuous city, a joyous city: thy slain men are not slain with the sword, nor dead in battle.	2	Gij, die vol van groot gedruis waart, gij woelige stad, gij, vrolijk huppelende stad! Uw verslagenen zijn niet verslagen met het zwaard, noch gestorven in den strijd.
All thy rulers are fled together, they are bound by the archers: all that are found in thee are bound together, which have fled from far.	3	Al uw oversten zijn te zamen weggevlucht; zij zijn van de schutters gebonden, allen, die in u gevonden zijn, zijn samengebonden, zij zijn van verre gevloden.
Therefore said I, Look away from me; I will weep bitterly, labour not to comfort me, because of the spoiling of the daughter of my people.	4	Daarom zeg ik: Wendt het gezicht van mij af; laat mij bitterlijk wenen; dringt niet aan, om mij te troosten over de verstoring der dochteren mijns volks.
For it is a day of trouble, and of treading down, and of perplexity by the Lord GOD of hosts in the valley of vision, breaking down the walls, and of crying to the mountains.	5	Want het is een dag van beroering, en van vertreding, en van verwarring van den Heere, den HEERE der heirscharen, in het dal des gezicht, een dag van ontmuring des muurs, en van geschreeuw naar het gebergte toe.
And Elam bare the quiver with chariots of men and horsemen, and Kir uncovered the shield.	6	Want Elam heeft den pijlkoker genomen, de man is op den wagen, er zijn ruiters; en Kir ontbloot het schild.
And it shall come to pass, that thy choicest valleys shall be full of chariots, and the horsemen shall set themselves in array at the gate.	7	En het zal geschieden, dat uw uitgelezen dalen vol wagenen zullen zijn, en dat de ruiters zich gewisselijk zullen zetten ter poorten aan.
And he discovered the covering of Judah, and thou didst look in that day to the armour of the house of the forest.	8	En hij zal het deksel van Juda ontdekken; en te dien dage zult gij zien naar de wapenen in het huis des wouds.

Isaiah - Jesaja

Ye have seen also the breaches of the city of David, that they are many: and ye gathered together the waters of the lower pool.	9 En gijlieden zult bezien de reten der stad Davids, omdat zij vele zijn; en gij zult de wateren des ondersten vijvers vergaderen.
And ye have numbered the houses of Jerusalem, and the houses have ye broken down to fortify the wall.	10 Gij zult ook de huizen van Jeruzalem tellen; en gij zult huizen afbreken, om de muren te bevestigen.
Ye made also a ditch between the two walls for the water of the old pool: but ye have not looked unto the maker thereof, neither had respect unto him that fashioned it long ago.	11 Ook zult gij een gracht maken tussen beide de muren, voor de wateren des ouden vijvers; maar gij zult niet opwaarts zien op Dien, Die zulks gedaan heeft, noch aanmerken Dien, Die dat van verre tijden geformeerd heeft.
And in that day did the Lord GOD of hosts call to weeping, and to mourning, and to baldness, and to girding with sackcloth:	12 En te dien dage zal de Heere, de HEERE der heirscharen, roepen tot geween, en tot rouwklage, en tot kaalheid, en tot omgording des zaks.
And behold joy and gladness, slaying oxen, and killing sheep, eating flesh, and drinking wine: let us eat and drink; for to morrow we shall die.	13 Maar ziet, er is vreugde en blijdschap met runderen te doden, en schapen te kelen, vlees te eten, en wijn te drinken, en te zeggen: Laat ons eten en drinken, want morgen zullen wij sterven.
And it was revealed in mine ears by the LORD of hosts, Surely this iniquity shall not be purged from you till ye die, saith the Lord GOD of hosts.	14 Maar de HEERE der heirscharen heeft Zich voor mijn oren geopenbaard, zeggende: Indien ulieden deze ongerechtigheid verzoend wordt, totdat gij sterft! zegt de Heere, de HEERE der heirscharen.
Thus saith the Lord GOD of hosts, Go, get thee unto this treasurer, even unto Shebna, which is over the house, and say,	15 Alzo zegt de Heere, de HEERE der heirscharen: Ga heen, ga in tot dien schatmeester, tot Sebna, den hofmeester, en spreek:
What hast thou here? and whom hast thou here, that thou hast hewed thee out a sepulchre here, as he that heweth him out a sepulchre on high, and that graveth an habitation for himself in a rock?	16 Wat hebt gij hier, of wien hebt gij hier, dat gij u hier een graf uitgehouwen hebt als die zijn graf in de hoogte uithouwt, die een woning voor zich op een rotssteen laat aftekenen?
Behold, the LORD will carry thee away with a mighty captivity, and will surely cover thee.	17 Zie, de HEERE zal u wegwerpen met een mannelijke wegwerping, en Hij zal u ganselijk overdekken.
He will surely violently turn and toss thee like a ball into a large country: there shalt thou die, and there the chariots of thy glory shall be the shame of thy lord's house.	18 Hij zal u gewisselijk voortrollen, gelijk men een bal rolt, in een land, wijd van begrip; aldaar zult gij sterven, en aldaar zullen uw heerlijke wagenen zijn, o gij schandvlek van het huis uws heren!
And I will drive thee from thy station, and from thy state shall he pull thee down.	19 En Ik zal u afstoten van uw staat, en van uw stand zal Hij u verstoren.
And it shall come to pass in that day, that I will call my servant Eliakim the son of Hilkiah:	20 En het zal te dien dage geschieden, dat Ik Mijn knecht, Eljakim, den zoon van Hilkia, roepen zal.
And I will clothe him with thy robe, and strengthen him with thy girdle, and I will commit thy government into his hand: and he shall be a father to the inhabitants of Jerusalem, and to the house of Judah.	21 En Ik zal hem met uw rok bekleden, en Ik zal hem met uw gordel sterken, en uw heerschappij zal Ik in zijn hand geven; en hij zal den inwoneren te Jeruzalem en den huize van Juda tot een vader zijn.
And the key of the house of David will I lay upon his shoulder; so he shall open, and none shall shut; and he shall shut, and none shall open.	22 En Ik zal den sleutel van het huis van David op zijn schouder leggen; en hij zal opendoen, en niemand zal sluiten, en hij zal sluiten, en niemand zal opendoen.
And I will fasten him as a nail in a sure place; and he shall be for a glorious throne to his father's house.	23 En Ik zal hem als een nagel inslaan in een vaste plaats; en hij zal wezen tot een stoel der eer voor het huis zijns vaders.
And they shall hang upon him all the glory of his father's house, the offspring and the issue, all vessels of small quantity, from the vessels of cups, even to all the vessels of flagons.	24 En men zal aan hem hangen alle heerlijkheid van het huis zijns vaders, der uitspruitelingen en der afkomelingen, ook alle kleine vaten, van de vaten der bekers af, zelfs tot al de vaten der flessen.
In that day, saith the LORD of hosts, shall the nail that is fastened in the sure place be removed, and be cut down, and fall; and the burden that was upon it shall be cut off: for the LORD hath spoken it.	25 Te dien dage, spreekt de HEERE der heirscharen, zal die nagel, die aan een vaste plaats gestoken was, weggenomen worden; en hij zal afgehouwen worden, en hij zal vallen, en de last, die daaraan is, zal afgesneden worden; want de HEERE heeft het gesproken.

Isaiah (23) Jesaja

The burden of Tyre. Howl, ye ships of Tarshish; for it is laid waste, so that there is no house, no entering in: from the land of Chittim it is revealed to them.	1 De last van Tyrus. Huilt, gij schepen van Tarsis! want zij is verwoest, dat er geen huis meer is, dat niemand er meer ingaat; uit het land Chittim is het aan hen openbaar geworden.
Be still, ye inhabitants of the isle; thou whom the merchants of Zidon, that pass over the sea, have replenished.	2 Zwijgt, gij inwoners des eilands! gij, die de kooplieden van Sidon, over zee varende, vervulden,
And by great waters the seed of Sihor, the harvest of the river, is her revenue; and she is a mart of nations.	3 En wiens inkomst was het zaad van Sichor over de grote wateren, de oogst der rivier; en zij was de markt der heidenen.
Be thou ashamed, O Zidon: for the sea hath spoken, even the strength of the sea, saying, I travail not, nor bring forth children, neither do I nourish up young men, nor bring up virgins.	4 Word beschaamd, o Sidon! want de zee spreekt, ja, de sterkte der zee, zeggende: Ik heb geen barensnood gehad, ik heb ook niet gebaard, en ik heb geen jongelingen groot gemaakt, en geen jonge dochters opgebracht.
As at the report concerning Egypt, so shall they be sorely pained at the report of Tyre.	5 Gelijk als geweest is de tijding van Egypte, zal men ook in weedom zijn, als men van Tyrus horen zal.
Pass ye over to Tarshish; howl, ye inhabitants of the isle.	6 Vaart over naar Tarsis, huilt, gij inwoners des eilands!
Is this your joyous city, whose antiquity is of ancient days? her own feet shall carry her afar off to sojourn.	7 Is dit uw vrolijk huppelende stad? welker oudheid wel van oude dagen af is; maar haar eigen voeten zullen haar verre wegdragen, om in vreemdelingschap te verkeren.
Who hath taken this counsel against Tyre, the crowning city, whose merchants are princes, whose traffickers are the honourable of the earth?	8 Wie heeft dit beraadslaagd over Tyrus, die kronende stad, welker kooplieden vorsten zijn, welker handelaars de heerlijkste in het land zijn?

The LORD of hosts hath purposed it, to stain the pride of all glory, and to bring into contempt all the honourable of the earth.

Pass through thy land as a river, O daughter of Tarshish: there is no more strength.

He stretched out his hand over the sea, he shook the kingdoms: the LORD hath given a commandment against the merchant city, to destroy the strong holds thereof.

And he said, Thou shalt no more rejoice, O thou oppressed virgin, daughter of Zidon: arise, pass over to Chittim; there also shalt thou have no rest.

Behold the land of the Chaldeans; this people was not, till the Assyrian founded it for them that dwell in the wilderness: they set up the towers thereof, they raised up the palaces thereof; and he brought it to ruin.

Howl, ye ships of Tarshish: for your strength is laid waste.

And it shall come to pass in that day, that Tyre shall be forgotten seventy years, according to the days of one king: after the end of seventy years shall Tyre sing as an harlot.

Take an harp, go about the city, thou harlot that hast been forgotten; make sweet melody, sing many songs, that thou mayest be remembered.

And it shall come to pass after the end of seventy years, that the LORD will visit Tyre, and she shall turn to her hire, and shall commit fornication with all the kingdoms of the world upon the face of the earth.

And her merchandise and her hire shall be holiness to the LORD: it shall not be treasured nor laid up; for her merchandise shall be for them that dwell before the LORD, to eat sufficiently, and for durable clothing.

9 De HEERE der heirscharen heeft het beraadslaagd, opdat Hij ontheilige de hovaardij van alle sieraad, om al de heerlijksten der aarde verachtelijk te maken.

10 Ga door naar uw land, als een rivier, gij dochter van Tarsis! er is geen gordel meer.

11 Hij heeft Zijn hand uitgestrekt over de zee, Hij heeft de koninkrijken beroerd; de HEERE heeft bevel gegeven tegen Kanaän, om haar sterkten te verdelgen.

12 En Hij heeft gezegd: Gij zult niet meer vrolijk huppelen, o gij verdrukte maagd, gij dochter van Sidon! Naar Chittim toe, maak u op, vaar over; ook zult gij aldaar geen rust hebben.

13 Ziet, het land der Chaldeen; dit volk was er niet; Assur heeft het gefondeerd voor degenen, die in de wildernissen woonden; zij richtten hun sterkten op, en bouwden hun paleizen, maar Hij heeft het tot een vervallen hoop gesteld.

14 Huilt, gij schepen van Tarsis! want ulieder sterkte is verstoord.

15 En het zal geschieden te dien dage, dat Tyrus zal vergeten worden zeventig jaren, gelijk eens konings dagen; maar ten einde van zeventig jaren zal in Tyrus als een hoerenlied zijn:

16 Neem de harp, ga in de stad rondom, gij vergeten hoer! speel wel, zing veel liederen, opdat uwer gedacht worde!

17 Want het zal geschieden ten einde van zeventig jaren, dat de HEERE Tyrus zal bezoeken, en dat zij wederkeren zal tot haar hoerenloon, en zij zal hoererij bedrijven met alle koninkrijken der aarde, die op den aardbodem zijn.

18 En haar koophandel en haar hoerenloon zal den HEERE heilig zijn, het zal niet ten schat vergaderd noch opgesloten worden; maar haar koophandel zal wezen voor hen, die voor den HEERE wonen, opdat zij eten tot verzadiging, en dat zij durig deksel hebben.

Isaiah (24) Jesaja

Behold, the LORD maketh the earth empty, and maketh it waste, and turneth it upside down, and scattereth abroad the inhabitants thereof.

And it shall be, as with the people, so with the priest; as with the servant, so with his master; as with the maid, so with her mistress; as with the buyer, so with the seller; as with the lender, so with the borrower; as with the taker of usury, so with the giver of usury to him.

The land shall be utterly emptied, and utterly spoiled: for the LORD hath spoken this word.

The earth mourneth and fadeth away, the world languisheth and fadeth away, the haughty people of the earth do languish.

The earth also is defiled under the inhabitants thereof; because they have transgressed the laws, changed the ordinance, broken the everlasting covenant.

Therefore hath the curse devoured the earth, and they that dwell therein are desolate: therefore the inhabitants of the earth are burned, and few men left.

The new wine mourneth, the vine languisheth, all the merryhearted do sigh.

The mirth of tabrets ceaseth, the noise of them that rejoice endeth, the joy of the harp ceaseth.

They shall not drink wine with a song; strong drink shall be bitter to them that drink it.

The city of confusion is broken down: every house is shut up, that no man may come in.

There is a crying for wine in the streets; all joy is darkened, the mirth of the land is gone.

In the city is left desolation, and the gate is smitten with destruction.

When thus it shall be in the midst of the land among the people, there shall be as the shaking of an olive tree, and as the gleaning grapes when the vintage is done.

They shall lift up their voice, they shall sing for the majesty of the LORD, they shall cry aloud from the sea.

Wherefore glorify ye the LORD in the fires, even the name of the LORD God of Israel in the isles of the sea.

1 Ziet, de HEERE maakt het land ledig, en Hij maakt het woest; en Hij keert deszelfs gestaltenis om, en Hij verstrooit zijn inwoners.

2 En gelijk het volk, alzo zal de priester wezen; gelijk de knecht, alzo zijn heer; gelijk de dienstmaagd, alzo haar vrouw; gelijk de koper, alzo de verkoper; gelijk de lener, alzo de ontlener; gelijk de woekeraar, alzo die, van welken hij woeker ontvangt.

3 Dat land zal ganselijk ledig gemaakt worden, en het zal ganselijk beroofd worden; want de HEERE heeft dit woord gesproken.

4 Het land treurt, het verwelkt; het aardrijk kweelt, het verwelkt; de hoogsten van het volk des lands kwelen.

5 Want het land is bevlekt vanwege zijn inwoners; want zij overtreden de wetten, zij veranderen de inzettingen, zij vernietigen het eeuwig verbond.

6 Daarom verteert de vloek het land, en die daarin wonen, zullen verwoest worden; daarom zullen de inwoners des lands verbrand worden, en er zullen weinig mensen overblijven.

7 De most treurt, de wijnstok kweelt, allen die blijhartig waren, zuchten.

8 De vreugde der trommelen rust; het geluid der vrolijk huppelenden houdt op, de vreugde der harp rust.

9 Zij zullen geen wijn drinken met gezang; de sterke drank zal bitter zijn dengenen, die hem drinken.

10 De woeste stad is verbroken, al de huizen staan gesloten, dat er niemand inkomen kan.

11 Er is een klagelijk geroep op de straten, om des wijns wil; alle blijdschap is verduisterd, de vreugde des lands is heengevaren.

12 Verwoesting is in de stad overgebleven, en met gekraak wordt de poort in stukken verbroken.

13 Want in het binnenste van het land, in het midden dezer volken, zal het alzo wezen, gelijk de afschudding des olijfbooms, gelijk de nalezingen, wanneer de wijnoogst geeindigd is.

14 Die zullen hun stem opheffen, zij zullen vrolijk zingen; vanwege de heerlijkheid des HEEREN zullen zij juichen van de zee af.

15 Daarom eert den HEERE in de valleien, in de eilanden der zee den Naam des HEEREN, des Gods van Israel.

From the uttermost part of the earth have we heard songs, even glory to the righteous. But I said, My leanness, my leanness, woe unto me! the treacherous dealers have dealt treacherously; yea, the treacherous dealers have dealt very treacherously.

Fear, and the pit, and the snare, are upon thee, O inhabitant of the earth.

And it shall come to pass, that he who fleeth from the noise of the fear shall fall into the pit; and he that cometh up out of the midst of the pit shall be taken in the snare: for the windows from on high are open, and the foundations of the earth do shake.

The earth is utterly broken down, the earth is clean dissolved, the earth is moved exceedingly.

The earth shall reel to and fro like a drunkard, and shall be removed like a cottage; and the transgression thereof shall be heavy upon it; and it shall fall, and not rise again.

And it shall come to pass in that day, that the LORD shall punish the host of the high ones that are on high, and the kings of the earth upon the earth.

And they shall be gathered together, as prisoners are gathered in the pit, and shall be shut up in the prison, and after many days shall they be visited.

Then the moon shall be confounded, and the sun ashamed, when the LORD of hosts shall reign in mount Zion, and in Jerusalem, and before his ancients gloriously.

16 Van het uiterste einde der aarde horen wij psalmen, tot verheerlijking des Rechtvaardigen. Doch nu zeg ik: Ik word mager, ik word mager, wee mij! de trouwelozen handelen trouwelooslijk, en met trouweloosheid handelen de trouwelozen trouwelooslijk.

17 De vrees, en de kuil, en de strik over u, o inwoners des lands!

18 En het zal geschieden, zo wie voor de stem der vreze vlieden zal, die zal in den kuil vallen; en die uit den kuil opklimt, die zal in den strik gevangen worden; want de sluizen in de hoogte zijn opengedaan, en de fondementen der aarde zullen beven.

19 De aarde zal ganselijk verbroken worden, de aarde zal ganselijk vaneen gescheurd worden, de aarde zal ganselijk bewogen worden.

20 De aarde zal ganselijk waggelen, gelijk een dronkaard, en zij zal heen en weder bewogen worden, gelijk een nachthut; en haar overtreding zal zwaar op haar zijn, en zij zal vallen, en niet weder opstaan.

21 En het zal geschieden te dien dage, dat de HEERE bezoeking doen zal over de heirscharen des hogen in de hoogte, en over de koningen des aardbodems op den aardbodem.

22 En zij zullen samenvergaderd worden, gelijk de gevangenen in een put, en zij zullen besloten worden in een gevangenis, maar na vele dagen weder bezocht worden.

23 En de maan zal schaamrood worden, en de zon zal beschaamd worden, als de HEERE der heirscharen regeren zal op den berg Sion en te Jeruzalem, en voor zijn oudsten zal heerlijkheid zijn.

Isaiah (25) Jesaja

O LORD, thou art my God; I will exalt thee, I will praise thy name; for thou hast done wonderful things; thy counsels of old are faithfulness and truth.

For thou hast made of a city an heap; of a defenced city a ruin: a palace of strangers to be no city; it shall never be built.

Therefore shall the strong people glorify thee, the city of the terrible nations shall fear thee.

For thou hast been a strength to the poor, a strength to the needy in his distress, a refuge from the storm, a shadow from the heat, when the blast of the terrible ones is as a storm against the wall.

Thou shalt bring down the noise of strangers, as the heat in a dry place; even the heat with the shadow of a cloud: the branch of the terrible ones shall be brought low.

And in this mountain shall the LORD of hosts make unto all people a feast of fat things, a feast of wines on the lees, of fat things full of marrow, of wines on the lees well refined.

And he will destroy in this mountain the face of the covering cast over all people, and the vail that is spread over all nations.

He will swallow up death in victory; and the Lord GOD will wipe away tears from off all faces; and the rebuke of his people shall he take away from off all the earth: for the LORD hath spoken it.

And it shall be said in that day, Lo, this is our God; we have waited for him, and he will save us: this is the LORD; we have waited for him, we will be glad and rejoice in his salvation.

For in this mountain shall the hand of the LORD rest, and Moab shall be trodden down under him, even as straw is trodden down for the dunghill.

And he shall spread forth his hands in the midst of them, as he that swimmeth spreadeth forth his hands to swim: and he shall bring down their pride together with the spoils of their hands.

And the fortress of the high fort of thy walls shall he bring down, lay low, and bring to the ground, even to the dust.

1 HEERE! Gij zijt mijn God, U zal ik verhogen, Uw Naam zal ik loven, want Gij hebt wonder gedaan; Uw raadslagen van verre zijn waarheid en vastigheid.

2 Want Gij hebt van de stad een steenhoop gemaakt; de vaste stad tot een vervallen hoop; het paleis der vreemdelingen, dat het geen stad meer zij, in eeuwigheid zal zij niet herbouwd worden.

3 Daarom zal U een machtig volk eren, de stad der tirannische volken zal U vrezen.

4 Want Gij zijt den arme een Sterkte geweest, een Sterkte den nooddruftige, als hem bange was; een Toevlucht tegen den vloed, een Schaduw tegen de hitte; want het blazen der tirannen is als een vloed tegen een wand.

5 Gelijk de hitte in een dorre plaats, zult Gij de onstuimigheid der vreemdelingen nederdrukken; gelijk de hitte door de schaduw ener dikke wolk, zal het gezang der tirannen vernederd worden.

6 En de HEERE der heirscharen zal op dezen berg allen volken een vetten maaltijd maken, een maaltijd van reinen wijn, van vet vol mergs, van reine wijnen, die gezuiverd zijn.

7 En Hij zal op dezen berg verslinden het bewindsel des aangezichts, waarmede alle volken bewonden zijn, en het deksel, waarmede alle natien bedekt zijn.

8 Hij zal den dood verslinden tot overwinning, en de Heere HEERE zal de tranen van alle aangezichten afwissen; en Hij zal de smaadheid Zijns volks van de ganse aarde wegnemen; want de HEERE heeft het gesproken.

9 En men zal te dien dage zeggen: Ziet, Deze is onze God; wij hebben Hem verwacht, en Hij zal ons zalig maken. Deze is de HEERE, wij hebben Hem verwacht, wij zullen ons verheugen en verblijden in Zijn zaligheid.

10 Want de hand des HEEREN zal op dezen berg rusten; maar Moab zal onder Hem verdorst worden, gelijk het stro verdorst wordt tot mest.

11 En Hij zal Zijn handen uitbreiden in het midden van hen, gelijk als een zwemmer die uitbreidt om te zwemmen, en Hij zal hun hoogmoed vernederen met de lagen hunner handen.

12 En Hij zal de hoge vesten uwer muren buigen, vernederen, ja, Hij zal ze ter aarde tot het stof toe doen reiken.

Isaiah (26) Jesaja

In that day shall this song be sung in the land of Judah; We have a strong city; salvation will God appoint for walls and bulwarks.

Open ye the gates, that the righteous nation which keepeth the truth may enter in.

1 Te dien dage zal dit lied gezongen worden in het land van Juda; Wij hebben een sterke stad, God stelt heil tot muren en voorschansen.

2 Doet de poorten open, dat het rechtvaardige volk daarin ga, hetwelk de getrouwigheden bewaart.

| | Thou wilt keep him in perfect peace, whose mind is stayed on thee: because he trusteth in thee. | 3 | Het is een bevestigd voornemen, Gij zult allerlei vrede bewaren, want men heeft op U vertrouwd. |

Thou wilt keep him in perfect peace, whose mind is stayed on thee: because he trusteth in thee.

Trust ye in the LORD for ever: for in the LORD JEHOVAH is everlasting strength:

For he bringeth down them that dwell on high; the lofty city, he layeth it low: he layeth it low, even to the ground; he bringeth it even to the dust.

The foot shall tread it down, even the feet of the poor, and the steps of the needy.

The way of the just is uprightness: thou, most upright, dost weigh the path of the just.

Yea, in the way of thy judgments, O LORD, have we waited for thee; the desire of our soul is to thy name, and to the remembrance of thee.

With my soul have I desired thee in the night; yea, with my spirit within me will I seek thee early: for when thy judgments are in the earth, the inhabitants of the world will learn righteousness.

Let favour be shewed to the wicked, yet will he not learn righteousness: in the land of uprightness will he deal unjustly, and will not behold the majesty of the LORD.

LORD, when thy hand is lifted up, they will not see: but they shall see, and be ashamed for their envy at the people; yea, the fire of thine enemies shall devour them.

LORD, thou wilt ordain peace for us: for thou also hast wrought all our works in us.

O LORD our God, other lords beside thee have had dominion over us: but by thee only will we make mention of thy name.

They are dead, they shall not live; they are deceased, they shall not rise: therefore hast thou visited and destroyed them, and made all their memory to perish.

Thou hast increased the nation, O LORD, thou hast increased the nation: thou art glorified: thou hadst removed it far unto all the ends of the earth.

LORD, in trouble have they visited thee, they poured out a prayer when thy chastening was upon them.

Like as a woman with child, that draweth near the time of her delivery, is in pain, and crieth out in her pangs; so have we been in thy sight, O LORD.

We have been with child, we have been in pain, we have as it were brought forth wind; we have not wrought any deliverance in the earth; neither have the inhabitants of the world fallen.

Thy dead men shall live, together with my dead body shall they arise. Awake and sing, ye that dwell in dust: for thy dew is as the dew of herbs, and the earth shall cast out the dead.

Come, my people, enter thou into thy chambers, and shut thy doors about thee: hide thyself as it were for a little moment, until the indignation be overpast.

For, behold, the LORD cometh out of his place to punish the inhabitants of the earth for their iniquity: the earth also shall disclose her blood, and shall no more cover her slain.

3 Het is een bevestigd voornemen, Gij zult allerlei vrede bewaren, want men heeft op U vertrouwd.

4 Vertrouwt op den HEERE tot in der eeuwigheid; want in den Heere HEERE is een eeuwige rotssteen.

5 Want Hij buigt de hooggezetenen neder, de verheven stad; Hij vernedert ze, Hij vernedert ze tot de aarde toe, Hij doet ze tot aan het stof reiken.

6 De voet zal ze vertreden, de voeten des ellendigen, de treden der armen.

7 Het pad des rechtvaardigen is geheel effen, den gang des rechtvaardigen weegt Gij recht.

8 Wij hebben ook in den weg Uwer gerichten, U, o HEERE! verwacht; tot Uw Naam en tot Uw gedachtenis is de begeerte onzer ziel.

9 Met mijn ziel heb ik U begeerd in den nacht, ook zal ik met mijn geest, die in het binnenste van mij is, U vroeg zoeken; want wanneer Uw gerichten op de aarde zijn, zo leren de inwoners der wereld gerechtigheid.

10 Wordt den goddeloze genade bewezen, hij leert evenwel geen gerechtigheid, hij drijft onrecht in een gans richtig land, en hij ziet de hoogheid des HEEREN niet aan.

11 HEERE! is Uw hand verhoogd, zij zien het niet; maar zij zullen het zien, en beschaamd worden, vanwege den ijver over Uw volk, ook zal het vuur Uw wederpartijders verteren.

12 HEERE! Gij zult ons vrede bestellen, want Gij hebt ons ook al onze zaken uitgericht.

13 HEERE, onze God! andere heren, behalve Gij, hebben over ons geheerst; doch door U alleen gedenken wij Uws Naams.

14 Dood zijnde zullen zij niet weder leven, overleden zijnde zullen zij niet opstaan; daarom hebt Gij hen bezocht, en hebt hen verdelgd, en Gij hebt al hun gedachtenis doen vergaan.

15 Gij, o HEERE! hadt dit volk vermeerderd, Gij hadt dit volk vermeerderd; Gij waart verheerlijkt geworden; maar Gij hebt hen in al de einden des aardrijks verre weggedaan.

16 HEERE! in benauwdheid hebben zij U bezocht; zij hebben hun stil gebed uitgestort, als Uw tuchtiging over hen was.

17 Gelijk een bevruchte vrouw, als zij nadert tot het baren, smarten heeft, en schreeuwt in haar weeen, alzo zijn wij geweest, o HEERE! vanwege Uw aangezicht.

18 Wij waren bevrucht, wij hadden de smarten, maar wij hebben niet dan wind gebaard; wij deden het land geen behoudenis aan, en de inwoners der wereld vielen niet neder.

19 Uw doden zullen leven, ook mijn dood lichaam, zij zullen opstaan; waakt op en juicht, gij, die in het stof woont! want uw dauw zal zijn als een dauw der moeskruiden, en het land zal de overledenen uitwerpen.

20 Ga henen, mijn volk! ga in uw binnenste kamers, en sluit uw deuren na u toe; verberg u als een klein ogenblik, totdat de gramschap overga.

21 Want ziet, de HEERE zal uit Zijn plaats uitgaan, om de ongerechtigheid van de inwoners der aarde over hen te bezoeken; en de aarde zal haar bloed ontdekken, en zal haar doodgeslagenen niet langer bedekt houden.

Isaiah (27) Jesaja

In that day the LORD with his sore and great and strong sword shall punish leviathan the piercing serpent, even leviathan that crooked serpent; and he shall slay the dragon that is in the sea.

In that day sing ye unto her, A vineyard of red wine.

I the LORD do keep it; I will water it every moment: lest any hurt it, I will keep it night and day.

Fury is not in me: who would set the briers and thorns against me in battle? I would go through them, I would burn them together.

Or let him take hold of my strength, that he may make peace with me; and he shall make peace with me.

He shall cause them that come of Jacob to take root: Israel shall blossom and bud, and fill the face of the world with fruit.

Hath he smitten him, as he smote those that smote him? or is he slain according to the slaughter of them that are slain by him?

1 Te dien dage zal de HEERE met Zijn hard, en groot, en sterk zwaard bezoeken den Leviathan, de langwemelende slang, ja, den Leviathan, de kromme slomme slang; en Hij zal den draak, die in de zee is, doden.

2 Te dien dage zal er een wijngaard van roden wijn zijn; zingt van denzelven bij beurte.

3 Ik, de HEERE, behoede dien, alle ogenblik zal Ik hem bevochtigen; opdat de vijand hem niet bezoeke, zal Ik hem bewaren nacht en dag.

4 Grimmigheid is bij Mij niet; wie zou Mij als een doorn en distel in oorlog stellen, dat Ik tegen hem zou aanvallen, en hem te gelijk verbranden zou?

5 Of hij moest Mijn sterkte aangrijpen, hij zal vrede met Mij maken; vrede zal hij met Mij maken.

6 In de toekomende zal Jakob wortelen schieten, Israel zal bloeien en groeien; en zij zullen de wereld met inkomsten vervullen.

7 Heeft Hij hem geslagen, gelijk Hij dien geslagen heeft, die hem sloeg? Is hij gedood, gelijk zijn gedoden gedood zijn geworden?

Isaiah - Jesaja

In measure, when it shooteth forth, thou wilt debate with it: he stayeth his rough wind in the day of the east wind.	8 Met mate hebt Gij met hem getwist, wanneer Gij hem wegstiet; als Hij hem wegnam door Zijn harden wind, in den dag des oostenwinds.
By this therefore shall the iniquity of Jacob be purged; and this is all the fruit to take away his sin; when he maketh all the stones of the altar as chalkstones that are beaten in sunder, the groves and images shall not stand up.	9 Daarom zal daardoor de ongerechtigheid van Jakob verzoend worden, en dit is de ganse vrucht, dat Hij deszelfs zonde zal wegdoen, wanneer Hij al de stenen des altaar maken zal als verstrooide kalkstenen, de bossen en de zonnebeelden zullen niet bestaan.
Yet the defenced city shall be desolate, and the habitation forsaken, and left like a wilderness: there shall the calf feed, and there shall he lie down, and consume the branches thereof.	10 Want de vaste stad zal eenzaam, de woonstede zal verstoten en verlaten worden, gelijk een woestijn; daar zullen de kalveren weiden, en daar zullen zij nederliggen, en zullen haar takken verslinden.
When the boughs thereof are withered, they shall be broken off: the women come, and set them on fire: for it is a people of no understanding: therefore he that made them will not have mercy on them, and he that formed them will shew them no favour.	11 Als haar takken verdord zullen zijn, zullen zij afgebroken worden, en de vrouwen, komende, zullen ze aansteken; want het is geen volk van enig verstand; daarom zal Hij, Die het gemaakt heeft, Zich deszelven niet ontfermen, en Die het geformeerd heeft, zal aan hetzelve geen genade bewijzen.
And it shall come to pass in that day, that the LORD shall beat off from the channel of the river unto the stream of Egypt, and ye shall be gathered one by one, O ye children of Israel.	12 En het zal te dien dage geschieden, dat de HEERE dorsen zal, van den stroom der rivier af tot aan de rivier van Egypte; doch gijlieden zult opgelezen worden, een bij een, o gij kinderen Israels!
And it shall come to pass in that day, that the great trumpet shall be blown, and they shall come which were ready to perish in the land of Assyria, and the outcasts in the land of Egypt, and shall worship the LORD in the holy mount at Jerusalem.	13 En het zal te dien dage geschieden, dat er met een grote bazuin geblazen zal worden; dan zullen die komen, die in het land van Assur verloren zijn, en de heengedrevenen in het land van Egypte; en zij zullen den HEERE aanbidden op den heiligen berg te Jeruzalem.

Isaiah (28) Jesaja

Woe to the crown of pride, to the drunkards of Ephraim, whose glorious beauty is a fading flower, which are on the head of the fat valleys of them that are overcome with wine!	1 Wee de hovaardige kroon der dronkenen van Efraim, welker heerlijk sieraad is een afvallende bloem, die daar is op het hoofd der zeer vette vallei, der geslagenen van den wijn.
Behold, the Lord hath a mighty and strong one, which as a tempest of hail and a destroying storm, as a flood of mighty waters overflowing, shall cast down to the earth with the hand.	2 Ziet, de Heere heeft een sterke en machtige, er is gelijk een hagelvloed, een poort des verderfs; gelijk een vloed der sterke wateren; die overvloeien, zal Hij ze ter aarde nederwerpen met de hand.
The crown of pride, the drunkards of Ephraim, shall be trodden under feet:	3 De hovaardige kronen der dronkenen van Efraim zullen met voeten vertreden worden.
And the glorious beauty, which is on the head of the fat valley, shall be a fading flower, and as the hasty fruit before the summer; which when he that looketh upon it seeth, while it is yet in his hand he eateth it up.	4 En de afvallende bloem zijns heerlijken sieraads, die op het hoofd der zeer vette vallei is, zal zijn gelijk een vroegrijpe vrucht voor den zomer, welke, wanneer ze iemand ziet, terwijl zij nog in zijn hand is, slokt hij ze op.
In that day shall the LORD of hosts be for a crown of glory, and for a diadem of beauty, unto the residue of his people,	5 Te dien dage zal de HEERE der heirscharen tot een heerlijke Kroon en tot een sierlijken Krans zijn den overgeblevenen Zijns volks.
And for a spirit of judgment to him that sitteth in judgment, and for strength to them that turn the battle to the gate.	6 En tot een Geest des oordeels dien, die ten oordeel zit, en tot een sterkte dengenen, die den strijd afkeren tot de poort toe.
But they also have erred through wine, and through strong drink are out of the way; the priest and the prophet have erred through strong drink, they are swallowed up of wine, they are out of the way through strong drink; they err in vision, they stumble in judgment.	7 En ook dwalen dezen van den wijn, en zij dolen van den sterken drank; de priester en de profeet dwalen van den sterken drank; zij zijn verslonden van den wijn, zij dolen van sterken drank; zij dwalen in het gezicht; zij waggelen in het gericht.
For all tables are full of vomit and filthiness, so that there is no place clean.	8 Want alle tafels zijn vol van uitspuwsel en van drek, zodat er geen plaats schoon is.
Whom shall he teach knowledge? and whom shall he make to understand doctrine? them that are weaned from the milk, and drawn from the breasts.	9 Wien zou Hij dan de kennis leren, en wien zou Hij het gehoorde te verstaan geven? Den gespeenden van de melk, den afgetrokkenen van de borsten?
For precept must be upon precept, precept upon precept; line upon line, line upon line; here a little, and there a little:	10 Want het is gebod op gebod, gebod op gebod, regel op regel, regel op regel, hier een weinig, daar een weinig.
For with stammering lips and another tongue will he speak to this people.	11 Daarom zal Hij door belachelijke lippen, en door een andere tong tot dit volk spreken;
To whom he said, This is the rest wherewith ye may cause the weary to rest; and this is the refreshing: yet they would not hear.	12 Tot dewelken Hij gezegd heeft: Dit is de rust, geeft den moeden rust, en dit is de verkwikking; doch zij hebben niet willen horen.
But the word of the LORD was unto them precept upon precept, precept upon precept; line upon line, line upon line; here a little, and there a little; that they might go, and fall backward, and be broken, and snared, and taken.	13 Zo zal hun het woord des HEEREN zijn; gebod op gebod, gebod op gebod, regel op regel, regel op regel, hier een weinig, daar een weinig; opdat zij heengaan, en achterwaarts vallen, en verbreken, en verstrikt en gevangen worden.
Wherefore hear the word of the LORD, ye scornful men, that rule this people which is in Jerusalem.	14 Daarom, hoort des HEEREN woord, gij bespotters, gij heersers over dit volk, dat te Jeruzalem is!
Because ye have said, We have made a covenant with death, and with hell are we at agreement; when the overflowing scourge shall pass through, it shall not come unto us: for we have made lies our refuge, and under falsehood have we hid ourselves:	15 Omdat gijlieden zegt: Wij hebben een verbond met den dood gemaakt, en met de hel hebben wij een voorzichtig verdrag gemaakt; wanneer de overvloeiende gesel doortrekken zal, zal hij tot ons niet komen; want wij hebben de leugen ons tot een toevlucht gesteld, en onder de valsheid hebben wij ons verborgen.

	Therefore thus saith the Lord GOD, Behold, I lay in Zion for a foundation a stone, a tried stone, a precious corner stone, a sure foundation: he that believeth shall not make haste.	16	Daarom, alzo zegt de Heere HEERE: Ziet, Ik leg een grondsteen in Sion, een beproefden steen, een kostelijken hoeksteen, die wel vast gegrondvest is; wie gelooft, die zal niet haasten.
	Judgment also will I lay to the line, and righteousness to the plummet: and the hail shall sweep away the refuge of lies, and the waters shall overflow the hiding place.	17	En Ik zal het gericht stellen naar het richtsnoer, en de gerechtigheid naar het paslood; en de hagel zal de toevlucht der leugen wegvagen, en de wateren zullen de schuilplaats overlopen.
	And your covenant with death shall be disannulled, and your agreement with hell shall not stand; when the overflowing scourge shall pass through, then ye shall be trodden down by it.	18	En ulieder verbond met den dood zal te niet worden, en uw voorzichtig verdrag met de hel zal niet bestaan; wanneer de overvloeiende gesel doortrekken zal, dan zult gijlieden van denzelven vertreden worden.
	From the time that it goeth forth it shall take you: for morning by morning shall it pass over, by day and by night: and it shall be a vexation only to understand the report.	19	Van den tijd af, als hij doortrekt, zal hij ulieden wegnemen, want allen morgen zal hij doortrekken, bij dag en bij nacht; en het zal geschieden, dat het gerucht te verstaan, enkel beroering wezen zal.
	For the bed is shorter than that a man can stretch himself on it: and the covering narrower than that he can wrap himself in it.	20	Want het bed zal korter zijn, dan dat men zich daarop uitstrekken kunne; en het deksel zal te smal wezen, als men zich daaronder voegt.
	For the LORD shall rise up as in mount Perazim, he shall be wroth as in the valley of Gibeon, that he may do his work, his strange work; and bring to pass his act, his strange act.	21	Want de HEERE zal Zich opmaken, gelijk op den berg Perazim, Hij zal beroerd zijn, gelijk in het dal van Gibeon, om Zijn werk te doen, Zijn werk zal vreemd zijn; en om Zijn daad te doen, Zijn daad zal vreemd zijn!
	Now therefore be ye not mockers, lest your bands be made strong: for I have heard from the Lord GOD of hosts a consumption, even determined upon the whole earth.	22	Nu dan, drijft den spot niet, opdat uw banden niet vaster gemaakt worden; want ik heb van den Heere HEERE der heirscharen gehoord een verdelging, ja, een, die vast besloten is over het ganse land.
	Give ye ear, and hear my voice; hearken, and hear my speech.	23	Neemt ter ore en hoort mijn stem, merkt op en hoort mijn rede!
	Doth the plowman plow all day to sow? doth he open and break the clods of his ground?	24	Ploegt de ploeger den gehelen dag om te zaaien? Opent en egt hij zijn land den gehelen dag?
	When he hath made plain the face thereof, doth he not cast abroad the fitches, and scatter the cummin, and cast in the principal wheat and the appointed barley and the rie in their place?	25	Is het niet alzo? Wanneer hij het bovenste van hetzelve effen gemaakt heeft, dan strooit hij wikken, en spreidt komijn, of hij werpt er van de beste tarwe in, of uitgelezen gerst, of spelt, elk aan zijn plaats.
	For his God doth instruct him to discretion, and doth teach him.	26	En zijn God onderricht hem van de wijze, Hij leert hem.
	For the fitches are not threshed with a threshing instrument, neither is a cart wheel turned about upon the cummin; but the fitches are beaten out with a staff, and the cummin with a rod.	27	Want men dorst de wikken niet met den dorswagen, en men laat het wagenrad niet rondom over het komijn gaan; maar de wikken slaat men uit met een staf, en het komijn met een stok;
	Bread corn is bruised; because he will not ever be threshing it, nor break it with the wheel of his cart, nor bruise it with his horsemen.	28	Het brood koren moet verbrijzeld worden, maar hij dorst het niet gedurig dorsende; noch hij breekt het met het wiel zijn wagens, noch hij verbrijzelt het met zijn paarden.
	This also cometh forth from the LORD of hosts, which is wonderful in counsel, and excellent in working.	29	Zulks komt ook voort van den HEERE der heirscharen; Hij is wonderlijk van raad, Hij is groot van daad.

Isaiah (29) Jesaja

	Woe to Ariel, to Ariel, the city where David dwelt! add ye year to year; let them kill sacrifices.	1	Wee Ariel, Ariel! de stad, waarin David gelegerd heeft; doet jaar tot jaar; laat ze feestoffen slachten.
	Yet I will distress Ariel, and there shall be heaviness and sorrow: and it shall be unto me as Ariel.	2	Evenwel zal Ik Ariel beangstigen, en er zal treuring en droefheid wezen, en die stad zal Mij gelijk Ariel zijn.
	And I will camp against thee round about, and will lay siege against thee with a mount, and I will raise forts against thee.	3	Want Ik zal een leger in het rond om u slaan, en Ik zal u belegeren met bolwerken, en Ik zal vestingen tegen u opwerpen.
	And thou shalt be brought down, and shalt speak out of the ground, and thy speech shall be low out of the dust, and thy voice shall be, as of one that hath a familiar spirit, out of the ground, and thy speech shall whisper out of the dust.	4	Dan zult gij vernederd worden, gij zult uit de aarde spreken, en uw spraak zal uit het stof zachtjes voortkomen; en uw stem zal zijn uit de aarde als van een tovenaar, en uw spraak zal uit het stof piepen.
	Moreover the multitude of thy strangers shall be like small dust, and the multitude of the terrible ones shall be as chaff that passeth away: yea, it shall be at an instant suddenly.	5	En de menigte uwer vreemde soldaten zal zijn gelijk dun stof, en de menigte der tirannen als voorbijvliegend kaf; en het zal in een ogenblik haastelijk geschieden.
	Thou shalt be visited of the LORD of hosts with thunder, and with earthquake, and great noise, with storm and tempest, and the flame of devouring fire.	6	Gij zult van den HEERE der heirscharen bezocht worden met donder, en met aardbeving, en groot geluid, met wervelwind, en onweder, en de vlam eens verterenden vuurs.
	And the multitude of all the nations that fight against Ariel, even all that fight against her and her munition, and that distress her, shall be as a dream of a night vision.	7	En gelijk de droom van een nachtgezicht is, alzo zal de veelheid aller heidenen zijn, die tegen Ariel strijden zullen; zelfs allen, die tegen haar en haar vestingen strijden, en haar beangstigen zullen.
	It shall even be as when an hungry man dreameth, and, behold, he eateth; but he awaketh, and his soul is empty: or as when a thirsty man dreameth, and, behold, he drinketh; but he awaketh, and, behold, he is faint, and his soul hath appetite: so shall the multitude of all the nations be, that fight against mount Zion.	8	Het zal alzo zijn, gelijk wanneer een hongerige droomt, en ziet, hij eet; maar als hij ontwaakt, zo is zijn ziel ledig; of, gelijk als wanneer een dorstige droomt, en ziet, hij drinkt; maar als hij ontwaakt, ziet, zo is hij nog mat, en zijn ziel is begerig; alzo zal de menigte aller heidenen zijn, die tegen den berg Sion krijgen.
	Stay yourselves, and wonder; cry ye out, and cry: they are drunken, but not with wine; they stagger, but not with strong drink.	9	Zij vertoeven, daarom verwondert u; zij zijn vrolijk, derhalve roept gijlieden; zij zijn dronken, maar niet van wijn; zij waggelen, maar niet van sterken drank.
	For the LORD hath poured out upon you the spirit of deep sleep, and hath closed your eyes: the prophets and your rulers, the seers hath he covered.	10	Want de HEERE heeft over ulieden uitgegoten een geest des diepen slaaps, en Hij heeft uw ogen toegesloten; de profeten, en uw hoofden, en de zieners heeft Hij verblind.

	And the vision of all is become unto you as the words of a book that is sealed, which men deliver to one that is learned, saying, Read this, I pray thee: and he saith, I cannot; for it is sealed:	11	Daarom is ulieden alle gezicht geworden als de woorden van een verzegeld boek, hetwelk men geeft aan een, die lezen kan, zeggende: Lees toch dit; en hij zegt: Ik kan niet, want het is verzegeld.
	And the book is delivered to him that is not learned, saying, Read this, I pray thee: and he saith, I am not learned.	12	Of men geeft het boek aan een, die niet lezen kan, zeggende: Lees toch dit; en hij zegt: Ik kan niet lezen.
	Wherefore the Lord said, Forasmuch as this people draw near me with their mouth, and with their lips do honour me, but have removed their heart far from me, and their fear toward me is taught by the precept of men:	13	Want de Heere heeft gezegd: Daarom dat dit volk tot Mij nadert met zijn mond, en zij Mij met hun lippen eren, doch hun hart verre van Mij doen; en hun vreze, waarmede zij Mij vrezen, mensengeboden zijn, die hun geleerd zijn;
	Therefore, behold, I will proceed to do a marvellous work among this people, even a marvellous work and a wonder: for the wisdom of their wise men shall perish, and the understanding of their prudent men shall be hid.	14	Daarom, ziet, Ik zal voorts wonderlijk handelen met dit volk, wonderlijk en wonderbaarlijk; want de wijsheid zijner wijzen zal vergaan, en het verstand zijner verstandigen zal zich verbergen.
	Woe unto them that seek deep to hide their counsel from the LORD, and their works are in the dark, and they say, Who seeth us? and who knoweth us?	15	Wee dengenen, die zich diep versteken willen voor den HEERE, hun raad verbergende; en welker werken in duisterheid geschieden, en zij zeggen: Wie ziet ons, en wie kent ons?
	Surely your turning of things upside down shall be esteemed as the potter's clay: for shall the work say of him that made it, He made me not? or shall the thing framed say of him that framed it, He had no understanding?	16	Ulieder omkeren is, alsof de pottenbakker geacht werd als leem, dat het maaksel zeide van zijn maker: Hij heeft mij niet gemaakt; en het geformeerde vat van zijn pottenbakker zeide: Hij verstaat het niet.
	Is it not yet a very little while, and Lebanon shall be turned into a fruitful field, and the fruitful field shall be esteemed as a forest?	17	Is het niet nog om een klein weinig, dat de Libanon in een vruchtbaar veld zal veranderd worden, en het vruchtbare veld voor een woud geacht zal worden?
	And in that day shall the deaf hear the words of the book, and the eyes of the blind shall see out of obscurity, and out of darkness.	18	En te dien dage zullen de doven horen de woorden des Boeks; en de ogen der blinden, zijnde uit de donkerheid en uit de duisternis, zullen zien.
	The meek also shall increase their joy in the LORD, and the poor among men shall rejoice in the Holy One of Israel.	19	En de zachtmoedigen zullen vreugde op vreugde hebben in den HEERE; en de behoeftigen onder de mensen zullen zich in de Heilige Israels verheugen.
	For the terrible one is brought to nought, and the scorner is consumed, and all that watch for iniquity are cut off:	20	Wanneer de tiran een einde zal hebben, en dat het met den bespotter uit zal zijn, en dat allen, die tot ongerechtigheid waken, uitgeroeid zullen zijn;
	That make a man an offender for a word, and lay a snare for him that reproveth in the gate, and turn aside the just for a thing of nought.	21	Die een mens schuldig maken om een woord, en leggen dien strikken, die hen bestraft in de poort; en die den rechtvaardige verdrijven in het woeste.
	Therefore thus saith the LORD, who redeemed Abraham, concerning the house of Jacob, Jacob shall not now be ashamed, neither shall his face now wax pale.	22	Daarom zegt de HEERE, Die Abraham verlost heeft, tot het huis van Jakob alzo: Jakob zal nu niet meer beschaamd worden, en nu zal zijn aangezicht niet meer bleek worden;
	But when he seeth his children, the work of mine hands, in the midst of him, they shall sanctify my name, and sanctify the Holy One of Jacob, and shall fear the God of Israel.	23	Want als hij zijn kinderen, het werk Mijner handen, zien zal in het midden van hen, zullen zij Mijn Naam heiligen; en zij zullen den Heilige Jakobs heiligen, en den God van Israel vrezen.
	They also that erred in spirit shall come to understanding, and they that murmured shall learn doctrine.	24	En die dwalende van geest zijn, zullen tot verstand komen, en de murmureerders zullen de lering aannemen.

Isaiah (30) Jesaja

	Woe to the rebellious children, saith the LORD, that take counsel, but not of me; and that cover with a covering, but not of my spirit, that they may add sin to sin:	1	Wee den kinderen, die afvallen, spreekt de HEERE, om een raadslag te maken, maar niet uit Mij, en om zich met een bedekking te bedekken, maar niet uit Mijn Geest, om zonde tot zonde te doen;
	That walk to go down into Egypt, and have not asked at my mouth; to strengthen themselves in the strength of Pharaoh, and to trust in the shadow of Egypt!	2	Die gaan, om af te trekken in Egypte, en vragen Mijn mond niet; om zich te sterken met de macht van Farao, en om hun toevlucht te nemen onder de schaduw van Egypte.
	Therefore shall the strength of Pharaoh be your shame, and the trust in the shadow of Egypt your confusion.	3	Want de sterkte van Farao zal ulieden tot schaamte zijn, en die toevlucht onder de schaduw van Egypte tot schande.
	For his princes were at Zoan, and his ambassadors came to Hanes.	4	Wanneer zijn vorsten zullen geweest zijn tot Zoan, en zijn gezanten zullen gekomen zijn tot nabij Chanes;
	They were all ashamed of a people that could not profit them, nor be an help nor profit, but a shame, and also a reproach.	5	Hij zal hen allen beschaamd maken door een volk, dat hun geen nut kan doen, noch tot hulp, noch tot voordeel, maar tot schande en ook tot smaadheid zijn zal.
	The burden of the beasts of the south: into the land of trouble and anguish, from whence come the young and old lion, the viper and fiery flying serpent, they will carry their riches upon the shoulders of young asses, and their treasures upon the bunches of camels, to a people that shall not profit them.	6	De last der beesten, van het zuiden, naar het land des angstes, en der benauwdheid, van waar de sterke leeuw en de oude leeuw is, de basilisk en de vurige vliegende draak; hun goederen zullen zij voeren op den rug der veulens, en hun schatten op de bulten der kemelen, tot het volk, dat hun geen nut doen zal.
	For the Egyptians shall help in vain, and to no purpose: therefore have I cried concerning this, Their strength is to sit still.	7	Want Egypte zal ijdellijk en te vergeefs helpen; daarom heb Ik hierover geroepen; Stilzitten zal hun sterkte zijn.
	Now go, write it before them in a table, and note it in a book, that it may be for the time to come for ever and ever:	8	Nu dan, ga henen, schrijf voor hen op een tafel, en teken het in een boek, opdat het blijve tot den laatsten dag, voor altoos, tot in eeuwigheid.
	That this is a rebellious people, lying children, children that will not hear the law of the LORD:	9	Want het is een wederspannig volk; het zijn leugenachtige kinderen; kinderen, die des HEEREN wet niet horen willen.
	Which say to the seers, See not; and to the prophets, Prophesy not unto us right things, speak unto us smooth things, prophesy deceits:	10	Die daar zeggen tot de zieners: Ziet niet; en tot de schouwers: Schouwt ons niet, wat recht is; spreekt tot ons zachte dingen, schouwt ons bedriegerijen.

	Get you out of the way, turn aside out of the path, cause the Holy One of Israel to cease from before us.	11	Wijkt af van den weg, maakt u van de baan; laat den Heilige Israels van ons ophouden!
	Wherefore thus saith the Holy One of Israel, Because ye despise this word, and trust in oppression and perverseness, and stay thereon:	12	Daarom, zo zegt de Heilige Israels: Omdat gijlieden dit woord verwerpt, en vertrouwt op onderdrukking en verkeerdheid, en steunt daarop:
	Therefore this iniquity shall be to you as a breach ready to fall, swelling out in a high wall, whose breaking cometh suddenly at an instant.	13	Daarom zal ulieden deze misdaad zijn gelijk een vallende scheur, uitwaarts gebogen in een hogen muur, welks breuk haastelijk in een ogenblik komen zal.
	And he shall break it as the breaking of the potters' vessel that is broken in pieces; he shall not spare: so that there shall not be found in the bursting of it a sherd to take fire from the hearth, or to take water withal out of the pit.	14	Ja, Hij zal ze verbreken, gelijk een pottenbakkerskruik verbroken wordt; in het brijzelen zal Hij niet verschonen; alzo dat van haar verbrijzeling niet een scherf zal gevonden worden, om vuur uit den haard te nemen, of om water te scheppen uit een gracht.
	For thus saith the Lord GOD, the Holy One of Israel; In returning and rest shall ye be saved; in quietness and in confidence shall be your strength: and ye would not.	15	Want alzo zegt de Heere HEERE, de Heilige Israels: Door wederkering en rust zoudt gijlieden behouden worden, in stilheid en in vertrouwen zou uw sterkte zijn; doch gij hebt niet gewild.
	But ye said, No; for we will flee upon horses; therefore shall ye flee: and, We will ride upon the swift; therefore shall they that pursue you be swift.	16	En gij zegt: Neen, maar op paarden zullen wij vlieden; daarom zult gij vlieden! En: Op snelle paarden zullen wij rijden; daarom zullen uw vervolgers ook snel zijn!
	One thousand shall flee at the rebuke of one; at the rebuke of five shall ye flee: till ye be left as a beacon upon the top of a mountain, and as an ensign on an hill.	17	Een duizend van het schelden van een enige, van het schelden van vijf zult gij allen vlieden; totdat gij overgelaten wordt, gelijk een mast op den top van een berg, en als een banier op een heuvel.
	And therefore will the LORD wait, that he may be gracious unto you, and therefore will he be exalted, that he may have mercy upon you: for the LORD is a God of judgment: blessed are all they that wait for him.	18	En daarom zal de HEERE wachten, opdat Hij u genadig zij, en daarom zal Hij verhoogd worden, opdat Hij Zich over ulieden ontferme, want de HEERE is een God des gerichts; welgelukzalig zijn die allen, die Hem verwachten.
	For the people shall dwell in Zion at Jerusalem: thou shalt weep no more: he will be very gracious unto thee at the voice of thy cry; when he shall hear it, he will answer thee.	19	Want het volk zal in Sion wonen, te Jeruzalem; gij zult ganselijk niet wenen; gewisselijk zal Hij u genadig zijn op de stem uws geroeps; zo haast Hij die horen zal, zal Hij u antwoorden.
	And though the Lord give you the bread of adversity, and the water of affliction, yet shall not thy teachers be removed into a corner any more, but thine eyes shall see thy teachers:	20	De Heere zal ulieden wel brood der benauwdheid, en wateren der verdrukking geven; maar uw leraars zullen niet meer als met vleugelen wegvliegen, maar uw ogen zullen uw leraars zien;
	And thine ears shall hear a word behind thee, saying, This is the way, walk ye in it, when ye turn to the right hand, and when ye turn to the left.	21	En uw oren zullen horen het woord desgenen, die achter u is, zeggende: Dit is de weg, wandelt in denzelven; als gij zoudt afwijken ter rechterhand of ter linkerhand.
	Ye shall defile also the covering of thy graven images of silver, and the ornament of thy molten images of gold: thou shalt cast them away as a menstruous cloth; thou shalt say unto it, Get thee hence.	22	En gijlieden zult voor onrein houden het deksel uwer zilveren gesneden beelden, en het overtreksel uwer gouden gegoten beelden; gij zult ze wegwerpen gelijk een maanstondig kleed, en tot elk van die zeggen: Henen uit!
	Then shall he give the rain of thy seed, that thou shalt sow the ground withal; and bread of the increase of the earth, and it shall be fat and plenteous: in that day shall thy cattle feed in large pastures.	23	Dan zal Hij uw zaad, waarmede gij het land bezaaid hebt, regen geven, en brood van des lands inkomen, en hetzelve zal vet en smoutig zijn; uw vee zal te dien dage in een wijde landouwe weiden.
	The oxen likewise and the young asses that ear the ground shall eat clean provender, which hath been winnowed with the shovel and with the fan.	24	En de ossen, en ezelveulens, die het land bouwen, zullen zuiver voeder eten, hetwelk verschud is met de werpschoffel en met de wan.
	And there shall be upon every high mountain, and upon every high hill, rivers and streams of waters in the day of the great slaughter, when the towers fall.	25	En er zullen op allen hogen berg, en op allen verhevenen heuvel beekjes en watervlieten zijn, in den dag der grote slachting, wanneer de torens vallen zullen.
	Moreover the light of the moon shall be as the light of the sun, and the light of the sun shall be sevenfold, as the light of seven days, in the day that the LORD bindeth up the breach of his people, and healeth the stroke of their wound.	26	En het licht der maan zal zijn als het licht der zon, en het licht der zon zal zevenvoudig zijn als het licht van zeven dagen; ten dage als de HEERE de breuk Zijns volks zal verbinden, en de wonde, waarmede het geslagen is, genezen.
	Behold, the name of the LORD cometh from far, burning with his anger, and the burden thereof is heavy: his lips are full of indignation, and his tongue as a devouring fire:	27	Ziet, de Naam des HEEREN komt van verre, Zijn toorn brandt, en de last is zwaar; Zijn lippen zijn vol gramschap, en Zijn tong, als een verterend vuur;
	And his breath, as an overflowing stream, shall reach to the midst of the neck, to sift the nations with the sieve of vanity: and there shall be a bridle in the jaws of the people, causing them to err.	28	En Zijn adem is als een overlopende beek, die tot aan den hals toe raakt; om de heidenen te schudden met een schudding der ijdelheid, en als een misleidende toom in de kinnebakkens der volken.
	Ye shall have a song, as in the night when a holy solemnity is kept; and gladness of heart, as when one goeth with a pipe to come into the mountain of the LORD, to the mighty One of Israel.	29	Er zal een lofzang bij ulieden zijn, gelijk in den nacht, wanneer het feest geheiligd wordt; en blijdschap des harten, gelijk van een, die met pijpen wandelt, om te komen tot den berg des HEEREN, tot den Rotssteen van Israel.
	And the LORD shall cause his glorious voice to be heard, and shall shew the lighting down of his arm, with the indignation of his anger, and with the flame of a devouring fire, with scattering, and tempest, and hailstones.	30	En de HEERE zal Zijn heerlijke stem doen horen, en de nederlating Zijns arms doen zien, met grimmigheid van toorn, en een vlam van verterend vuur, stralen, en een vloed, en hagelstenen.
	For through the voice of the LORD shall the Assyrian be beaten down, which smote with a rod.	31	Want door de stem des HEEREN zal Assur te morzel geslagen worden, die met de roede sloeg.
	And in every place where the grounded staff shall pass, which the LORD shall lay upon him, it shall be with tabrets and harps: and in battles of shaking will he fight with it.	32	En alwaar die gegrondveste staf doorgegaan zal zijn (op welken de HEERE dien zal hebben doen rusten), daar zal men met trommelen en harpen zijn; want met bewegende bestrijdingen zal Hij tegen hen strijden.

For Tophet is ordained of old; yea, for the king it is prepared; he hath made it deep and large: the pile thereof is fire and much wood; the breath of the LORD, like a stream of brimstone, doth kindle it.		33	Want Tofeth is van gisteren bereid; ja, hij is ook voor den koning bereid; Hij heeft hem diep en wijd gemaakt, het vuur en hout van zijn brandstapel is veel; de adem des HEEREN zal hem aansteken als een zwavelstroom.

Isaiah (31) Jesaja

Woe to them that go down to Egypt for help; and stay on horses, and trust in chariots, because they are many; and in horsemen, because they are very strong; but they look not unto the Holy One of Israel, neither seek the LORD!	1		Wee dengenen, die in Egypte om hulp aftrekken, en steunen op paarden, en vertrouwen op wagenen, omdat er vele zijn, en op ruiters, omdat die zeer machtig zijn; en zien niet op den Heilige Israels, en zoeken den HEERE niet.
Yet he also is wise, and will bring evil, and will not call back his words: but will arise against the house of the evildoers, and against the help of them that work iniquity.	2		Nochtans is Hij ook wijs, en Hij doet het kwaad komen, en trekt Zijn woorden niet terug; maar Hij zal Zich opmaken tegen het huis der boosdoeners, en tegen de hulp dergenen, die ongerechtigheid werken.
Now the Egyptians are men, and not God; and their horses flesh, and not spirit. When the LORD shall stretch out his hand, both he that helpeth shall fall, and he that is holpen shall fall down, and they all shall fail together.	3		Want de Egyptenaren zijn mensen, en geen God, en hun paarden zijn vlees, en geen geest; en de HEERE zal Zijn hand uitstrekken, dat de helper struikelen zal, en die geholpen wordt, zal nedervallen, en zij zullen al te zamen te niet komen.
For thus hath the LORD spoken unto me, Like as the lion and the young lion roaring on his prey, when a multitude of shepherds is called forth against him, he will not be afraid of their voice, nor abase himself for the noise of them: so shall the LORD of hosts come down to fight for mount Zion, and for the hill thereof.	4		Want alzo heeft de HEERE tot mij gezegd: Gelijk als een leeuw, en een jonge leeuw over zijn roof brult, wanneer schoon een volle menigte der herderen samengeroepen wordt tegen hem, verschrikt hij voor hun stem niet, en vernedert zich niet vanwege hun veelheid; alzo zal de HEERE der heirscharen nederdalen, om te strijden voor den berg Sions en voor haar heuvel.
As birds flying, so will the LORD of hosts defend Jerusalem; defending also he will deliver it; and passing over he will preserve it.	5		Gelijk vliegende vogelen, alzo zal de HEERE der heirscharen Jeruzalem beschutten, beschuttende zal Hij haar ook verlossen, doorgaande zal Hij haar ook uithelpen.
Turn ye unto him from whom the children of Israel have deeply revolted.	6		Bekeert u tot Hem, van Denwelken de kinderen Israels diep afgeweken zijn.
For in that day every man shall cast away his idols of silver, and his idols of gold, which your own hands have made unto you for a sin.	7		Want te dien dage zullen zij verwerpen, een ieder zijn zilveren afgoden en zijn gouden afgoden, welke u uw handen tot zonde gemaakt hadden;
Then shall the Assyrian fall with the sword, not of a mighty man; and the sword, not of a mean man, shall devour him: but he shall flee from the sword, and his young men shall be discomfited.	8		En Assur zal vallen door het zwaard, niet eens mans, en het zwaard, niet eens mensen, zal hem verteren; en hij zal voor het zwaard vlieden, en zijn jongelingen zullen versmelten.
And he shall pass over to his strong hold for fear, and his princes shall be afraid of the ensign, saith the LORD, whose fire is in Zion, and his furnace in Jerusalem.	9		En hij zal van vreze doorgaan naar zijn rotssteen, en zijn vorsten zullen voor de banier verschrikken, spreekt de HEERE, die te Sion vuur, en te Jeruzalem een oven heeft.

Isaiah (32) Jesaja

Behold, a king shall reign in righteousness, and princes shall rule in judgment.	1		Ziet, een koning zal regeren in gerechtigheid, en de vorsten zullen heersen naar recht.
And a man shall be as an hiding place from the wind, and a covert from the tempest; as rivers of water in a dry place, as the shadow of a great rock in a weary land.	2		En die man zal zijn als een verberging tegen den wind, en een schuilplaats tegen den vloed, als waterbeken in een dorre plaats, als de schaduw van een zwaren rotssteen in een dorstig land.
And the eyes of them that see shall not be dim, and the ears of them that hear shall hearken.	3		En de ogen dergenen, die zien, zullen niet terugzien, en de oren dergenen, die horen, zullen opmerken.
The heart also of the rash shall understand knowledge, and the tongue of the stammerers shall be ready to speak plainly.	4		En het hart der onbedachtzamen zal de wetenschap verstaan, en de tong der stamelenden zal vaardig zijn, om bescheidenlijk te spreken.
The vile person shall be no more called liberal, nor the churl said to be bountiful.	5		De dwaas zal niet meer genoemd worden milddadig, en de gierige zal niet meer mild geheten worden.
For the vile person will speak villany, and his heart will work iniquity, to practise hypocrisy, and to utter error against the LORD, to make empty the soul of the hungry, and he will cause the drink of the thirsty to fail.	6		Want een dwaas spreekt dwaasheid, en zijn hart doet ongerechtigheid, om huichelarij te plegen, en om dwaling te spreken tegen den HEERE, om de ziel des hongerigen ledig te laten, en den dorstige drank te doen ontbreken.
The instruments also of the churl are evil: he deviseth wicked devices to destroy the poor with lying words, even when the needy speaketh right.	7		En eens gierigaards ganse gereedschap is kwaad; hij beraadslaagt schandelijke verdichtselen, om de ellendigen te bederven met valse redenen, en het recht, als de arme spreekt.
But the liberal deviseth liberal things; and by liberal things shall he stand.	8		Maar een milddadige beraadslaagt milddadigheden, en staat op milddadigheden.
Rise up, ye women that are at ease; hear my voice, ye careless daughters; give ear unto my speech.	9		Staat op, gij geruste vrouwen, hoort mijn stem; gij dochters, die zo zeker zijt, neemt mijn redenen ter ore.
Many days and years shall ye be troubled, ye careless women: for the vintage shall fail, the gathering shall not come.	10		Vele dagen over het jaar zult gij beroerd zijn, gij dochters, die zo zeker zijt, want de wijnoogst zal uit zijn, er zal geen inzameling komen.
Tremble, ye women that are at ease; be troubled, ye careless ones: strip you, and make you bare, and gird sackcloth upon your loins.	11		Beeft, gij geruste vrouwen; weest beroerd, dochters, die zo zeker zijt; trekt u uit, en ontbloot u, en gordt zakken om uw lendenen.
They shall lament for the teats, for the pleasant fields, for the fruitful vine.	12		Men zal rouwklagen over de borsten, over de gewenste akkers, over de vruchtbare wijnstokken.

	Upon the land of my people shall come up thorns and briers; yea, upon all the houses of joy in the joyous city:	13	Op het land mijns volks zal de doorn en de distel opgaan; ja, op alle vreugdehuizen, in de vrolijk huppelende stad.
	Because the palaces shall be forsaken; the multitude of the city shall be left; the forts and towers shall be for dens for ever, a joy of wild asses, a pasture of flocks;	14	Want het paleis zal verlaten zijn, het gewoel der stad zal ophouden; Ofel en de wachttorens zullen tot spelonken zijn, tot in der eeuwigheid, een vreugde der woudezelen, een weide der kudden.
	Until the spirit be poured upon us from on high, and the wilderness be a fruitful field, and the fruitful field be counted for a forest.	15	Totdat over ons uitgegoten worde de Geest uit de hoogte; dan zal de woestijn tot een vruchtbaar veld worden, en het vruchtbare veld zal voor een woud geacht worden.
	Then judgment shall dwell in the wilderness, and righteousness remain in the fruitful field.	16	En het recht zal in de woestijn wonen, en de gerechtigheid zal op het vruchtbare veld verblijven.
	And the work of righteousness shall be peace; and the effect of righteousness quietness and assurance for ever.	17	En het werk der gerechtigheid zal vrede zijn; en de werking der gerechtigheid zal zijn gerustheid en zekerheid tot in eeuwigheid.
	And my people shall dwell in a peaceable habitation, and in sure dwellings, and in quiet resting places;	18	En mijn volk zal in een woonplaats des vredes wonen, en in welverzekerde woningen, en in stille geruste plaatsen.
	When it shall hail, coming down on the forest; and the city shall be low in a low place.	19	Maar het zal hagelen, waar men afgaat in het woud, en de stad zal laag worden in de laagte.
	Blessed are ye that sow beside all waters, that send forth thither the feet of the ox and the ass.	20	Welgelukzalig zijt gijlieden, die aan alle wateren zaait; gij, die den voet des osses en des ezels derwaarts henenzendt!

Isaiah (33) Jesaja

	Woe to thee that spoilest, and thou wast not spoiled; and dealest treacherously, and they dealt not treacherously with thee! when thou shalt cease to spoil, thou shalt be spoiled; and when thou shalt make an end to deal treacherously, they shall deal treacherously with thee.	1	Wee u, gij verwoester, die niet verwoest zijt, en gij, die trouwelooslijk handelt, waar men niet trouwelooslijk tegen u gehandeld heeft! Als gij het verwoesten zult volbracht hebben, zult gij verwoest worden; als gij het trouweloos handelen zult voleind hebben, zal men trouwelooslijk tegen u handelen.
	O LORD, be gracious unto us; we have waited for thee: be thou their arm every morning, our salvation also in the time of trouble.	2	HEERE, wees ons genadig, wij hebben op U gewacht; wees hun arm allen morgen, daartoe onze behoudenis ten tijde der benauwdheid.
	At the noise of the tumult the people fled; at the lifting up of thyself the nations were scattered.	3	Van het geluid des rumoers zullen de volken wegvlieden; van Uw verhoging zullen de heidenen verstrooid worden.
	And your spoil shall be gathered like the gathering of the caterpiller: as the running to and fro of locusts shall he run upon them.	4	Dan zal ulieder buit verzameld worden, gelijk de kevers verzameld worden; men zal daarin ginds en weder huppelen, gelijk de sprinkhanen ginds en weder huppelen.
	The LORD is exalted; for he dwelleth on high: he hath filled Zion with judgment and righteousness.	5	De HEERE is verheven, want Hij woont in de hoogte; Hij heeft Sion vervuld met gericht en gerechtigheid.
	And wisdom and knowledge shall be the stability of thy times, and strength of salvation: the fear of the LORD is his treasure.	6	En het zal geschieden, dat de vastigheid uwer tijden, de sterkte van uw behoudenissen zal zijn wijsheid en kennis; de vreze des HEEREN zal zijn schat zijn.
	Behold, their valiant ones shall cry without: the ambassadors of peace shall weep bitterly.	7	Ziet, hun allersterksten roepen daar buiten; de boden des vredes wenen bitterlijk.
	The highways lie waste, the wayfaring man ceaseth: he hath broken the covenant, he hath despised the cities, he regardeth no man.	8	De gebaande wegen zijn verwoest, die door de paden gaat, houdt op; hij vernietigt het verbond, hij veracht de steden, hij acht geen mens.
	The earth mourneth and languisheth: Lebanon is ashamed and hewn down: Sharon is like a wilderness; and Bashan and Carmel shake off their fruits.	9	Het land treurt, het kweelt; de Libanon schaamt zich, hij verwelkt; Saron is geworden als een woestijn; zo Basan als Karmel zijn geschud.
	Now will I rise, saith the LORD; now will I be exalted; now will I lift up myself.	10	Nu zal Ik opstaan, zegt de HEERE, nu zal Ik verhoogd worden, nu zal Ik verheven worden.
	Ye shall conceive chaff, ye shall bring forth stubble: your breath, as fire, shall devour you.	11	Gijlieden gaat met stro zwanger, gij zult stoppelen baren; uw geest zal u als vuur verslinden.
	And the people shall be as the burnings of lime: as thorns cut up shall they be burned in the fire.	12	En de volken zullen zijn als de verbrandingen des kalks; als afgehouwen doornen zullen zij met het vuur verbrand worden.
	Hear, ye that are far off, what I have done; and, ye that are near, acknowledge my might.	13	Hoort gijlieden, die verre zijt, wat Ik gedaan heb; en gijlieden, die nabij zijt, bekent Mijn macht!
	The sinners in Zion are afraid; fearfulness hath surprised the hypocrites. Who among us shall dwell with the devouring fire? who among us shall dwell with everlasting burnings?	14	De zondaren te Sion zijn verschrikt; beving heeft de huichelaren aangegrepen; zij zeggen: Wie is er onder ons, die bij een verterend vuur wonen kan? Wie is er onder ons, die bij een eeuwigen gloed wonen kan?
	He that walketh righteously, and speaketh uprightly; he that despiseth the gain of oppressions, that shaketh his hands from holding of bribes, that stoppeth his ears from hearing of blood, and shutteth his eyes from seeing evil;	15	Die in gerechtigheden wandelt, en die billijkheden spreekt; die het gewin der onderdrukkingen verwerpt; die zijn handen uitschudt, dat zij geen geschenken behouden; die zijn oor stopt, dat hij geen bloedschulden hore, en zijn ogen toesluit; dat hij het kwade niet aanzie;
	He shall dwell on high: his place of defence shall be the munitions of rocks: bread shall be given him; his waters shall be sure.	16	Die zal in de hoogten wonen, de sterkten der steenrotsen zullen zijn hoog vertrek zijn; zijn brood wordt hem gegeven, zijn wateren zijn gewis.
	Thine eyes shall see the king in his beauty: they shall behold the land that is very far off.	17	Uw ogen zullen den Koning zien in Zijn schoonheid; zij zullen een ver gelegen land zien.
	Thine heart shall meditate terror. Where is the scribe? where is the receiver? where is he that counted the towers?	18	Uw hart zal de verschrikking overdenken, zeggende: Waar is de schrijver? Waar is de betaalsheer? Waar is hij, die de torens telt?
	Thou shalt not see a fierce people, a people of a deeper speech than thou canst perceive; of a stammering tongue, that thou canst not understand.	19	Gij zult niet meer dat stuurse volk zien, het volk, dat zo diep van spraak is, dat men het niet horen kan, van belachelijke tong, hetwelk men niet verstaan kan.

Isaiah - Jesaja

Look upon Zion, the city of our solemnities: thine eyes shall see Jerusalem a quiet habitation, a tabernacle that shall not be taken down; not one of the stakes thereof shall ever be removed, neither shall any of the cords thereof be broken.

But there the glorious LORD will be unto us a place of broad rivers and streams; wherein shall go no galley with oars, neither shall gallant ship pass thereby.

For the LORD is our judge, the LORD is our lawgiver, the LORD is our king; he will save us.

Thy tacklings are loosed; they could not well strengthen their mast, they could not spread the sail: then is the prey of a great spoil divided; the lame take the prey.

And the inhabitant shall not say, I am sick: the people that dwell therein shall be forgiven their iniquity.

20 Schouwt Sion aan, de stad onzer bijeenkomsten; uw ogen zullen Jeruzalem zien, een geruste woonplaats, een tent, die niet ter neder geworpen zal worden, welker pinnen in der eeuwigheid niet zullen uitgetogen worden, en van welker zelen geen verscheurd worden.

21 Maar de HEERE zal aldaar bij ons heerlijk zijn, het zal zijn een plaats van rivieren, van wijde stromen; geen roeischuit zal daar doorvaren, en geen treffelijk schip zal daar overvaren.

22 Want de HEERE is onze Rechter, de HEERE is onze Wetgever, de HEERE is onze Koning. Hij zal ons behouden.

23 Uw touwen zijn slap geworden, zij zullen hun mastboom niet kunnen recht stijf houden, zij zullen het zeil niet uitspannen; dan zal de roof van een overvloedigen buit uitgedeeld worden, zelfs zullen de lammen den roof roven.

24 En geen inwoner zal zeggen: Ik ben ziek, want het volk, dat daarin woont, zal vergeving van ongerechtigheid hebben.

Isaiah (34) Jesaja

Come near, ye nations, to hear; and hearken, ye people: let the earth hear, and all that is therein; the world, and all things that come forth of it.

For the indignation of the LORD is upon all nations, and his fury upon all their armies: he hath utterly destroyed them, he hath delivered them to the slaughter.

Their slain also shall be cast out, and their stink shall come up out of their carcases, and the mountains shall be melted with their blood.

And all the host of heaven shall be dissolved, and the heavens shall be rolled together as a scroll: and all their host shall fall down, as the leaf falleth off from the vine, and as a falling fig from the fig tree.

For my sword shall be bathed in heaven: behold, it shall come down upon Idumea, and upon the people of my curse, to judgment.

The sword of the LORD is filled with blood, it is made fat with fatness, and with the blood of lambs and goats, with the fat of the kidneys of rams: for the LORD hath a sacrifice in Bozrah, and a great slaughter in the land of Idumea.

And the unicorns shall come down with them, and the bullocks with the bulls; and their land shall be soaked with blood, and their dust made fat with fatness.

For it is the day of the LORD'S vengeance, and the year of recompences for the controversy of Zion.

And the streams thereof shall be turned into pitch, and the dust thereof into brimstone, and the land thereof shall become burning pitch.

It shall not be quenched night nor day; the smoke thereof shall go up for ever: from generation to generation it shall lie waste; none shall pass through it for ever and ever.

But the cormorant and the bittern shall possess it; the owl also and the raven shall dwell in it: and he shall stretch out upon it the line of confusion, and the stones of emptiness.

They shall call the nobles thereof to the kingdom, but none shall be there, and all her princes shall be nothing.

And thorns shall come up in her palaces, nettles and brambles in the fortresses thereof: and it shall be an habitation of dragons, and a court for owls.

The wild beasts of the desert shall also meet with the wild beasts of the island, and the satyr shall cry to his fellow; the screech owl also shall rest there, and find for herself a place of rest.

There shall the great owl make her nest, and lay, and hatch, and gather under her shadow: there shall the vultures also be gathered, every one with her mate.

Seek ye out of the book of the LORD, and read: no one of these shall fail, none shall want her mate: for my mouth it hath commanded, and his spirit it hath gathered them.

And he hath cast the lot for them, and his hand hath divided it unto them by line: they shall possess it for ever, from generation to generation shall they dwell therein.

1 Nadert, gij heidenen, om te horen, en gij volken, luistert toe; de aarde hore, en haar volheid, de wereld en al wat daaruit voortkomt.

2 Want de verbolgenheid des HEEREN is over al de heidenen, en grimmigheid over al hun heir; Hij heeft hen verbannen, Hij heeft ze ter slachting overgegeven.

3 En hun verslagenen zullen weggeworpen worden, en van hun dode lichamen zal hun stank opgaan; en de bergen zullen smelten van hun bloed.

4 En al het heir der hemelen zal uitteren, en de hemelen zullen toegerold worden, gelijk een boek, en al hun heir zal afvallen, gelijk een blad van den wijnstok afvalt, en gelijk een vijg afvalt van den vijgeboom.

5 Want Mijn zwaard is dronken geworden in den hemel; ziet, het zal ten oordeel nederdalen op Edom, en op het volk, hetwelk Ik verbannen heb.

6 Het zwaard des HEEREN is vol van bloed, het is vet geworden van smeer, van het bloed der lammeren en der bokken, van het smeer der nieren van de rammen; want de HEERE heeft een slachtoffer te Bozra, en een grote slachting in het land der Edomieten.

7 En de eenhoornen zullen met hen afgaan, en de varren met de stieren; en hun land zal doordronken zijn van het bloed, en hun stof zal van het smeer vet gemaakt worden.

8 Want het zal zijn de dag der wraak des HEEREN, een jaar der vergeldingen, om Sions twistzaak.

9 En hun beken zullen in pek verkeerd worden, en hun stof in zwavel; ja, hun aarde zal tot brandend pek worden.

10 Het zal des nachts of des daags niet uitgeblust worden, tot in der eeuwigheid zal zijn rook opgaan; van geslacht tot geslacht zal het woest zijn, tot in eeuwigheid der eeuwigheden zal niemand daar doorgaan.

11 Maar de roerdomp en de nachtuil zullen het erfelijk bezitten, en de schuifuit, en de raaf zal daarin wonen; want Hij zal een richtsnoer der woestigheid over hen trekken, en een richtlood der ledigheid.

12 Hun edelen (doch zij zijn er niet) zullen zij tot het koninkrijk roepen, maar al hun vorsten zullen niets zijn.

13 En in hun paleizen zullen doornen opgaan, netelen en distelen in hun vestingen; en het zal een woning der draken zijn, een zaal voor de jongen der struisen.

14 En de wilde dieren der woestijnen zullen de wilde dieren der eilanden daar ontmoeten, en de duivel zal zijn metgezel toeroepen; ook zal het nachtgediere zich aldaar nederzetten, en het zal een rustplaats voor zich vinden.

15 Daar zal de wilde meerle nestelen en leggen, en haar jongen uitbikken, en onder haar schaduw vergaderen; ook zullen aldaar de gieren met elkaar verzameld worden.

16 Zoekt in het boek des HEEREN, en leest; niet een van dezen zal er feilen, het een noch het ander zal men missen; want mijn mond zelf heeft het geboden, en Zijn Geest Zelf zal ze samenbrengen.

17 Want Hij Zelf heeft voor hen het lot geworpen, en Zijn hand heeft het hun uitgedeeld met het richtsnoer; tot in der eeuwigheid zullen zij dat erfelijk bezitten, van geslacht tot geslacht zullen zij daarin wonen.

Isaiah (35) Jesaja

1 The wilderness and the solitary place shall be glad for them; and the desert shall rejoice, and blossom as the rose.
2 It shall blossom abundantly, and rejoice even with joy and singing: the glory of Lebanon shall be given unto it, the excellency of Carmel and Sharon, they shall see the glory of the LORD, and the excellency of our God.
3 Strengthen ye the weak hands, and confirm the feeble knees.
4 Say to them that are of a fearful heart, Be strong, fear not: behold, your God will come with vengeance, even God with a recompence; he will come and save you.
5 Then the eyes of the blind shall be opened, and the ears of the deaf shall be unstopped.
6 Then shall the lame man leap as an hart, and the tongue of the dumb sing: for in the wilderness shall waters break out, and streams in the desert.
7 And the parched ground shall become a pool, and the thirsty land springs of water: in the habitation of dragons, where each lay, shall be grass with reeds and rushes.
8 And an highway shall be there, and a way, and it shall be called The way of holiness; the unclean shall not pass over it; but it shall be for those: the wayfaring men, though fools, shall not err therein.
9 No lion shall be there, nor any ravenous beast shall go up thereon, it shall not be found there; but the redeemed shall walk there:
10 And the ransomed of the LORD shall return, and come to Zion with songs and everlasting joy upon their heads: they shall obtain joy and gladness, and sorrow and sighing shall flee away.

1 De woestijn en de dorre plaatsen zullen hierover vrolijk zijn, en de wildernis zal zich verheugen, en zal bloeien als een roos.
2 Zij zal lustig bloeien, en zich verheugen, ja, met verheuging, en juichen; de heerlijkheid van Libanon is haar gegeven, het sieraard van Karmel en Saron; zij zullen zien de heerlijkheid des HEEREN, het sieraad onzes Gods.
3 Versterkt de slappe handen, en stelt de struikelende knieen vast.
4 Zegt den onbedachtzamen van harte: Weest sterk, en vreest niet; ziet, ulieder God zal ter wrake komen met de vergelding Gods. Hij zal komen en ulieden verlossen.
5 Alsdan zullen der blinden ogen opengedaan worden, en der doven oren zullen geopend worden.
6 Alsdan zal de kreupele springen als een hert, en de tong des stommen zal juichen; want in de woestijn zullen wateren uitbarsten, en beken in de wildernis.
7 En het dorre land zal tot staand water worden, en het dorstige land tot springaders der wateren; in de woningen der draken, waar zij gelegen hebben, zal gras met riet en biezen zijn.
8 En aldaar zal een verheven baan en een weg zijn, welke de heilige weg zal genaamd worden; de onreine zal er niet doorgaan, maar hij zal voor deze zijn; die dezen weg wandelt, zelfs de dwazen zullen niet dwalen.
9 Er zal geen leeuw zijn, en geen verscheurend gedierte zal daarop komen, noch aldaar gevonden worden; maar de verlosten zullen daarop wandelen.
10 En de vrijgekochten des HEEREN zullen wederkeren, en tot Sion komen met gejuich, en eeuwige blijdschap zal op hun hoofd wezen; vrolijkheid en blijdschap zullen zij verkrijgen, maar droefenis en zuchting zullen wegvlieden.

Isaiah (36) Jesaja

1 Now it came to pass in the fourteenth year of king Hezekiah, that Sennacherib king of Assyria came up against all the defenced cities of Judah, and took them.
2 And the king of Assyria sent Rabshakeh from Lachish to Jerusalem unto king Hezekiah with a great army. And he stood by the conduit of the upper pool in the highway of the fuller's field.
3 Then came forth unto him Eliakim, Hilkiah's son, which was over the house, and Shebna the scribe, and Joah, Asaph's son, the recorder.
4 And Rabshakeh said unto them, Say ye now to Hezekiah, Thus saith the great king, the king of Assyria, What confidence is this wherein thou trustest?
5 I say, sayest thou, (but they are but vain words) I have counsel and strength for war: now on whom dost thou trust, that thou rebellest against me?
6 Lo, thou trustest in the staff of this broken reed, on Egypt; whereon if a man lean, it will go into his hand, and pierce it: so is Pharaoh king of Egypt to all that trust in him.
7 But if thou say to me, We trust in the LORD our God: is it not he, whose high places and whose altars Hezekiah hath taken away, and said to Judah and to Jerusalem, Ye shall worship before this altar?
8 Now therefore give pledges, I pray thee, to my master the king of Assyria, and I will give thee two thousand horses, if thou be able on thy part to set riders upon them.
9 How then wilt thou turn away the face of one captain of the least of my master's servants, and put thy trust on Egypt for chariots and for horsemen?
10 And am I now come up without the LORD against this land to destroy it? the LORD said unto me, Go up against this land, and destroy it.
11 Then said Eliakim and Shebna and Joah unto Rabshakeh, Speak, I pray thee, unto thy servants in the Syrian language; for we understand it: and speak not to us in the Jews' language, in the ears of the people that are on the wall.
12 But Rabshakeh said, Hath my master sent me to thy master and to thee to speak these words? hath he not sent me to the men that sit upon the wall, that they may eat their own dung, and drink their own piss with you?

1 En het geschiedde in het veertiende jaar van den koning Hizkia, dat Sanherib, de koning van Assyrie, optoog tegen alle vaste steden van Juda, en nam ze in.
2 En de koning van Assyrie zond Rabsake van Lachis naar Jeruzalem tot den koning Hizkia, met een zwaar heir; en hij stond aan den watergang des oppersten vijvers, aan den hogen weg van het veld des vollers.
3 Toen ging tot hem uit Eljakim, de zoon van Hilkia, de hofmeester, en Sebna, de schrijver, en Joah, de zoon van Asaf, de kanselier.
4 En Rabsake zeide tot hen: Zegt nu tot Hizkia: Zo zegt de grote koning, de koning van Assyrie: Wat vertrouwen is dit, waarmede gij vertrouwt;
5 Ik mocht zeggen (doch het is een woord der lippen): Er is raad en macht tot den oorlog; op wien vertrouwt gij nu, dat gij tegen mij rebelleert?
6 Zie, gij vertrouwt op dien gebrokenen rietstaf, op Egypte; op denwelken zo iemand leunt, zo zal hij in zijn hand gaan en die doorboren; alzo is Farao, de koning van Egypte, al dengenen, die op hem vertrouwen.
7 Maar zo gij tot mij zegt: Wij vertrouwen op den HEERE, onzen God; is Hij Die niet, Wiens hoogten en Wiens altaren Hizkia weggenomen heeft, en Die tot Juda en tot Jeruzalem gezegd heeft: Voor dit altaar zult gij u nederbuigen?
8 Nu dan, wed toch met mijn heer, den koning van Assyrie; en ik zal u twee duizend paarden geven, zo gij voor u de ruiters daarop zult kunnen geven.
9 Hoe zoudt gij dan het aangezicht van een enigen vorst, van de geringste knechten mijns heren, afkeren? Maar gij vertrouwt op Egypte, om de wagenen en om de ruiteren.
10 En nu ben ik zonder den HEERE opgetogen tegen dit land, om dat te verderven. De HEERE heeft tot mij gezegd: Trek op tegen dat land, en verderf het.
11 Toen zeide Eljakim, en Sebna, en Joah tot Rabsake: Spreek toch tot uw knechten in het Syrisch, want wij verstaan het wel; en spreek niet met ons in het Joods, voor de oren des volks, dat op den muur is.
12 Maar Rabsake zeide: Heeft mijn heer mij tot uw heer en tot u gezonden, om deze woorden te spreken? Is het niet tot de mannen, die op den muur zitten, dat zij met ulieden hun drek eten, en hun water drinken zullen?

Isaiah - Jesaja

Then Rabshakeh stood, and cried with a loud voice in the Jews' language, and said, Hear ye the words of the great king, the king of Assyria.	13 Alzo stond Rabsake, en riep met luider stem in het Joods, en zeide: Hoort de woorden des groten konings, des konings van Assyrie!
Thus saith the king, Let not Hezekiah deceive you: for he shall not be able to deliver you.	14 Alzo zegt de koning: Dat Hizkia u niet bedriege, want hij zal u niet kunnen redden.
Neither let Hezekiah make you trust in the LORD, saying, The LORD will surely deliver us: this city shall not be delivered into the hand of the king of Assyria.	15 Daartoe, dat Hizkia u niet doe vertrouwen op den HEERE, zeggende: De HEERE zal ons zekerlijk redden; deze stad zal niet in de hand des konings van Assyrie gegeven worden.
Hearken not to Hezekiah: for thus saith the king of Assyria, Make an agreement with me by a present, and come out to me: and eat ye every one of his vine, and every one of his fig tree, and drink ye every one the waters of his own cistern;	16 Hoort naar Hizkia niet; want alzo zegt de koning van Assyrie: Handelt met mij door een geschenk, en komt tot mij uit, en eet, een ieder van zijn wijnstok, en een ieder van zijn vijgeboom, en drinkt een ieder het water zijns bornputs;
Until I come and take you away to a land like your own land, a land of corn and wine, a land of bread and vineyards.	17 Totdat ik kom en u haal in een land, als ulieder land is, een land van koren en van most, een land van brood en van wijngaarden.
Beware lest Hezekiah persuade you, saying, The LORD will deliver us. Hath any of the gods of the nations delivered his land out of the hand of the king of Assyria?	18 Dat Hizkia ulieden niet verleide, zeggende: De HEERE zal ons redden; hebben de goden der volken, een ieder zijn land, gered uit de hand des konings van Assyrie?
Where are the gods of Hamath and Arphad? where are the gods of Sepharvaim? and have they delivered Samaria out of my hand?	19 Waar zijn de goden van Hamath en Arpad? Waar zijn de goden van Sefarvaim? Hebben zij ook Samaria van mijn hand gered?
Who are they among all the gods of these lands, that have delivered their land out of my hand, that the LORD should deliver Jerusalem out of my hand?	20 Welke zijn ze onder al de goden dezer landen, die hun land uit mijn hand gered hebben, dat de HEERE Jeruzalem uit mijn hand zou redden?
But they held their peace, and answered him not a word: for the king's commandment was, saying, Answer him not.	21 Doch zij zwegen stil, en antwoordden hem niet een woord; want het gebod des konings was, zeggende: Gij zult hem niet antwoorden.
Then came Eliakim, the son of Hilkiah, that was over the household, and Shebna the scribe, and Joah, the son of Asaph, the recorder, to Hezekiah with their clothes rent, and told him the words of Rabshakeh.	22 Toen kwam Eljakim, de zoon van Hilkia, de hofmeester, en Sebna, de schrijver, en Joah, de zoon van Asaf, de kanselier, tot Hizkia met gescheurde klederen; en zij gaven hem de woorden van Rabsake te kennen.

Isaiah (37) Jesaja

And it came to pass, when king Hezekiah heard it, that he rent his clothes, and covered himself with sackcloth, and went into the house of the LORD.	1 En het geschiedde, als de koning Hizkia dat hoorde, zo scheurde hij zijn klederen, en bedekte zich met een zak, en ging in het huis des HEEREN.
And he sent Eliakim, who was over the household, and Shebna the scribe, and the elders of the priests covered with sackcloth, unto Isaiah the prophet the son of Amoz.	2 Daarna zond hij Eljakim, den hofmeester, en Sebna, den schrijver, en de oudsten der priesteren, met zakken bedekt, tot Jesaja, den profeet, den zoon van Amoz;
And they said unto him, Thus saith Hezekiah, This day is a day of trouble, and of rebuke, and of blasphemy: for the children are come to the birth, and there is not strength to bring forth.	3 En zij zeiden tot hem: Alzo zegt Hizkia: Deze dag is een dag der benauwdheid, en der schelding, en der lastering; want de kinderen zijn gekomen tot aan de geboorte, en er is geen kracht om te baren.
It may be the LORD thy God will hear the words of Rabshakeh, whom the king of Assyria his master hath sent to reproach the living God, and will reprove the words which the LORD thy God hath heard: wherefore lift up thy prayer for the remnant that is left.	4 Misschien zal de HEERE, uw God, horen de woorden van Rabsake, denwelken zijn heer, de koning van Assyrie, gezonden heeft, om den levenden God te honen, en te schelden met woorden, die de HEERE, uw God, gehoord heeft; hef dan een gebed op voor het overblijfsel, dat gevonden wordt.
So the servants of king Hezekiah came to Isaiah.	5 En de knechten van den koning Hizkia kwamen tot Jesaja.
And Isaiah said unto them, Thus shall ye say unto your master, Thus saith the LORD, Be not afraid of the words that thou hast heard, wherewith the servants of the king of Assyria have blasphemed me.	6 En Jesaja zeide tot hen: Zo zult gijlieden tot uw heer zeggen: Zo zegt de HEERE: Vrees niet voor de woorden, die gij gehoord hebt, waarmede Mij de dienaars des konings van Assyrie gelasterd hebben.
Behold, I will send a blast upon him, and he shall hear a rumour, and return to his own land; and I will cause him to fall by the sword in his own land.	7 Zie, Ik zal een geest in hem geven, dat hij een gerucht horen zal, en weder in zijn land keren; en Ik zal hem door het zwaard in zijn land vellen.
So Rabshakeh returned, and found the king of Assyria warring against Libnah: for he had heard that he was departed from Lachish.	8 Zo kwam Rabsake weder, en hij vond den koning van Assyrie strijdende tegen Libna; want hij had gehoord, dat hij van Lachis vertrokken was.
And he heard say concerning Tirhakah king of Ethiopia, He is come forth to make war with thee. And when he heard it, he sent messengers to Hezekiah, saying,	9 Als hij nu hoorde van Tirhaka, den koning van Cusch, zeggen: Hij is uitgetogen, om tegen u te strijden; toen hij zulks hoorde, zo zond hij weder boden tot Hizkia, zeggende:
Thus shall ye speak to Hezekiah king of Judah, saying, Let not thy God, in whom thou trustest, deceive thee, saying, Jerusalem shall not be given into the hand of the king of Assyria.	10 Zo zult gijlieden spreken tot Hizkia, den koning van Juda, zeggende: Laat u uw God niet bedriegen, op Welken gij vertrouwt, zeggende: Jeruzalem zal in de hand des konings van Assyrie niet gegeven worden.
Behold, thou hast heard what the kings of Assyria have done to all lands by destroying them utterly; and shalt thou be delivered?	11 Zie, gij hebt gehoord, wat de koningen van Assyrie aan alle landen gedaan hebben, die verbannende; en zoudt gij gered worden?
Have the gods of the nations delivered them which my fathers have destroyed, as Gozan, and Haran, and Rezeph, and the children of Eden which were in Telassar?	12 Hebben de goden der volken die mijn vaders verdorven hebben, dezelven gered, als Gozan, en Haran, en Rezef, en de kinderen van Eden, die in Telasser waren?
Where is the king of Hamath, and the king of Arphad, and the king of the city of Sepharvaim, Hena, and Ivah?	13 Waar is de koning van Hamath, en de koning van Arpad, en de koning der stad Sefarvaim, Hena en Ivva?

And Hezekiah received the letter from the hand of the messengers, and read it: and Hezekiah went up unto the house of the LORD, and spread it before the LORD.

And Hezekiah prayed unto the LORD, saying,

O LORD of hosts, God of Israel, that dwellest between the cherubims, thou art the God, even thou alone, of all the kingdoms of the earth: thou hast made heaven and earth.

Incline thine ear, O LORD, and hear; open thine eyes, O LORD, and see: and hear all the words of Sennacherib, which hath sent to reproach the living God.

Of a truth, LORD, the kings of Assyria have laid waste all the nations, and their countries,

And have cast their gods into the fire: for they were no gods, but the work of men's hands, wood and stone: therefore they have destroyed them.

Now therefore, O LORD our God, save us from his hand, that all the kingdoms of the earth may know that thou art the LORD, even thou only.

Then Isaiah the son of Amoz sent unto Hezekiah, saying, Thus saith the LORD God of Israel, Whereas thou hast prayed to me against Sennacherib king of Assyria:

This is the word which the LORD hath spoken concerning him; The virgin, the daughter of Zion, hath despised thee, and laughed thee to scorn; the daughter of Jerusalem hath shaken her head at thee.

Whom hast thou reproached and blasphemed? and against whom hast thou exalted thy voice, and lifted up thine eyes on high? even against the Holy One of Israel.

By thy servants hast thou reproached the Lord, and hast said, By the multitude of my chariots am I come up to the height of the mountains, to the sides of Lebanon; and I will cut down the tall cedars thereof, and the choice fir trees thereof: and I will enter into the height of his border, and the forest of his Carmel.

I have digged, and drunk water; and with the sole of my feet have I dried up all the rivers of the besieged places.

Hast thou not heard long ago, how I have done it; and of ancient times, that I have formed it? now have I brought it to pass, that thou shouldest be to lay waste defenced cities into ruinous heaps.

Therefore their inhabitants were of small power, they were dismayed and confounded: they were as the grass of the field, and as the green herb, as the grass on the housetops, and as corn blasted before it be grown up.

But I know thy abode, and thy going out, and thy coming in, and thy rage against me.

Because thy rage against me, and thy tumult, is come up into mine ears, therefore will I put my hook in thy nose, and my bridle in thy lips, and I will turn thee back by the way by which thou camest.

And this shall be a sign unto thee, Ye shall eat this year such as groweth of itself; and the second year that which springeth of the same: and in the third year sow ye, and reap, and plant vineyards, and eat the fruit thereof.

And the remnant that is escaped of the house of Judah shall again take root downward, and bear fruit upward:

For out of Jerusalem shall go forth a remnant, and they that escape out of mount Zion: the zeal of the LORD of hosts shall do this.

Therefore thus saith the LORD concerning the king of Assyria, He shall not come into this city, nor shoot an arrow there, nor come before it with shields, nor cast a bank against it.

By the way that he came, by the same shall he return, and shall not come into this city, saith the LORD.

For I will defend this city to save it for mine own sake, and for my servant David's sake.

Then the angel of the LORD went forth, and smote in the camp of the Assyrians a hundred and fourscore and five thousand: and when they arose early in the morning, behold, they were all dead corpses.

So Sennacherib king of Assyria departed, and went and returned, and dwelt at Nineveh.

14 Als nu Hizkia de brieven uit der boden hand ontvangen, en die gelezen had, ging hij op in het huis des HEEREN; en Hizkia breidde die uit voor het aangezicht des HEEREN.

15 En Hizkia bad tot den HEERE, zeggende:

16 O HEERE der heirscharen, Gij, God van Israel, Die tussen de cherubim woont! Gij Zelf, Gij alleen zijt de God van alle koninkrijken der aarde; Gij hebt den hemel en de aarde gemaakt!

17 O HEERE! neig Uw oor en hoor, HEERE! doe Uw ogen open, en zie; en hoor al de woorden van Sanherib, die gezonden heeft om den levenden God te honen.

18 Waarlijk, HEERE! hebben de koningen van Assyrie al de landen, mitsgaders derzelver landerijen verwoest;

19 En hebben hun goden in het vuur geworpen; want zij waren geen goden, maar het werk van mensenhanden, hout en steen; daarom hebben zij die verdorven.

20 Nu dan, HEERE, onze God, verlos ons uit zijn hand, zo zullen alle koninkrijken der aarde weten, dat Gij alleen de HEERE zijt.

21 Toen zond Jesaja, de zoon van Amoz, tot Hizkia, om te zeggen: Alzo zegt de HEERE, de God Israels: Dat gij tot Mij gebeden hebt tegen Sanherib, den koning van Assyrie, heb Ik gehoord.

22 Dit is het woord, dat de HEERE over hem gesproken heeft: De jonkvrouw, de dochter van Sion, veracht u, zij bespot u, de dochter van Jeruzalem schudt het hoofd achter u.

23 Wien hebt gij gehoond, en gij gelasterd, en tegen Wien hebt gij de stem verheven, en uw ogen omhoog opgeheven? Tegen den Heilige Israels!

24 Door middel uwer dienstknechten hebt gij den HEERE gehoond, en gezegd: Ik heb met de menigte mijner wagenen beklommen de hoogte der bergen, de zijden van Libanon; en ik zal zijn hoge cederbomen en zijn uitgelezen dennebomen afhouwen; en zal komen tot zijn uiterste hoogte, in het woud zijns schonen velds.

25 Ik heb gegraven en de wateren gedronken; en ik heb met mijn voetzolen alle rivieren der belegerde plaatsen verdroogd.

26 Hebt gij niet gehoord, dat Ik zulks lang te voren gedaan heb, en dat van de oude dagen af geformeerd heb? Nu heb Ik dat doen komen, dat gij zoudt zijn, om de vaste steden te verstoren tot woeste hopen.

27 Daarom waren haar inwoners handeloos, zij waren verslagen en beschaamd; zij waren als het gras des velds en de groene grasscheutjes, als het hooi der daken, en het brandkoren, eer het overeind staat.

28 Maar Ik weet uw zitten, en uw uitgaan, en uw inkomen, en uw woeden tegen Mij.

29 Om uw woeden tegen Mij, en dat uw woeling voor Mijn oren opgekomen is, zo zal Ik Mijn haak in uw neus leggen, en Mijn gebit in uw lippen, en Ik zal u doen wederkeren door dien weg, door denwelken gij gekomen zijt.

30 En dat zij u een teken, dat men in dit jaar, wat van zelf gewassen is, eten zal, en in het tweede jaar, wat daarvan weder uitspruit; maar zaait in het derde jaar, en maait, en plant wijngaarden, en eet hun vruchten.

31 Want het ontkomene, dat overgebleven is van het huis van Juda, zal wederom nederwaarts wortelen, en het zal opwaarts vrucht dragen.

32 Want van Jeruzalem zal het overblijfsel uitgaan, en het ontkomene van den berg Sion; de ijver des HEEREN der heirscharen zal dit doen.

33 Daarom, zo zegt de HEERE van den koning van Assyrie: Hij zal in deze stad niet komen, noch daar een pijl inschieten; ook zal hij met geen schild daarvoor komen, en zal geen wal daartegen opwerpen.

34 Door den weg, dien hij gekomen is, door dien zal hij wederkeren; maar in deze stad zal hij niet komen, zegt de HEERE.

35 Want Ik zal deze stad beschermen, om die te verlossen, om Mijnentwil, en om Davids, Mijns knechts wil.

36 Toen voer de engel des HEEREN uit, en sloeg in het leger van Assyrie honderd vijf en tachtig duizend. En toen zij zich des morgens vroeg opmaakten, ziet, die allen waren dode lichamen.

37 Zo vertrok Sanherib, de koning van Assyrie, en toog henen, en keerde weder; en hij bleef te Nineve.

And it came to pass, as he was worshipping in the house of Nisroch his god, that Adrammelech and Sharezer his sons smote him with the sword; and they escaped into the land of Armenia: and Esarhaddon his son reigned in his stead.

38 Het geschiedde nu, als hij in het huis van Nisroch, zijn god, zich nederboog, dat Adramelech en Sarezer, zijn zonen, hem met het zwaard versloegen; doch zij ontkwamen in het land van Ararat; en Esar-Haddon, zijn zoon, werd koning in zijn plaats.

Isaiah (38) Jesaja

In those days was Hezekiah sick unto death. And Isaiah the prophet the son of Amoz came unto him, and said unto him, Thus saith the LORD, Set thine house in order: for thou shalt die, and not live.

1 In die dagen werd Hizkia krank tot stervens toe; en de profeet Jesaja, de zoon van Amoz, kwam tot hem, en zeide tot hem: Alzo zegt de HEERE: Geef bevel aan uw huis; want gij zult sterven, en niet leven.

Then Hezekiah turned his face toward the wall, and prayed unto the LORD,

2 Toen keerde Hizkia zijn aangezicht om naar den wand, en hij bad tot den HEERE.

And said, Remember now, O LORD, I beseech thee, how I have walked before thee in truth and with a perfect heart, and have done that which is good in thy sight. And Hezekiah wept sore.

3 En hij zeide: Och HEERE, gedenk toch, dat ik voor Uw aangezicht in waarheid en met een volkomen hart gewandeld, en wat goed in Uw ogen is, gedaan heb. En Hizkia weende gans zeer.

Then came the word of the LORD to Isaiah, saying,

4 Toen geschiedde het woord des HEEREN tot Jesaja, zeggende:

Go, and say to Hezekiah, Thus saith the LORD, the God of David thy father, I have heard thy prayer, I have seen thy tears: behold, I will add unto thy days fifteen years.

5 Ga henen, en zeg tot Hizkia: Zo zegt de HEERE, de God van uw vader David: Ik heb uw gebed gehoord, Ik heb uw tranen gezien; zie, Ik zal vijftien jaren tot uw dagen toedoen;

And I will deliver thee and this city out of the hand of the king of Assyria: and I will defend this city.

6 En Ik zal u uit de hand des konings van Assyrie verlossen, mitsgaders deze stad; en Ik zal deze stad beschermen.

And this shall be a sign unto thee from the LORD, that the LORD will do this thing that he hath spoken;

7 En dit zal u een teken zijn van den HEERE, dat de HEERE het woord, dat Hij gesproken heeft, doen zal:

Behold, I will bring again the shadow of the degrees, which is gone down in the sun dial of Ahaz, ten degrees backward. So the sun returned ten degrees, by which degrees it was gone down.

8 Zie, Ik zal de schaduw der graden, die met de zon in de graden van Achaz' zonnewijzer nederwaarts gegaan is, tien graden achterwaarts doen keren. Dies is de zon tien graden teruggekeerd, in de graden, die zij nederwaarts gegaan was.

The writing of Hezekiah king of Judah, when he had been sick, and was recovered of his sickness:

9 Dit is het schrift van Hizkia, koning van Juda, toen hij ziek geweest en van zijn ziekte genezen was.

I said in the cutting off of my days, I shall go to the gates of the grave: I am deprived of the residue of my years.

10 Ik zeide: Vanwege de afsnijding mijner dagen, zal ik tot de poorten des grafs heengaan, ik word beroofd van het overige mijner jaren.

I said, I shall not see the LORD, even the LORD, in the land of the living: I shall behold man no more with the inhabitants of the world.

11 Ik zeide: Ik zal den HEERE niet meer zien, den HEERE, in het land der levenden; ik zal de mensen niet meer aanschouwen met de inwoners der wereld.

Mine age is departed, and is removed from me as a shepherd's tent: I have cut off like a weaver my life: he will cut me off with pining sickness: from day even to night wilt thou make an end of me.

12 Mijn levenstijd is weggetogen, en van mij weggevoerd gelijk eens herders hut; ik heb mijn leven afgesneden, gelijk een wever zijn web; Hij zal mij afsnijden, als van den drom; van den dag tot den nacht zult Gij mij ten einde gebracht hebben.

I reckoned till morning, that, as a lion, so will he break all my bones: from day even to night wilt thou make an end of me.

13 Ik stelde mij voor tot den morgenstond toe; gelijk een leeuw, alzo zal Hij al mijn beenderen breken; van den dag tot den nacht, zult Gij mij ten einde gebracht hebben.

Like a crane or a swallow, so did I chatter: I did mourn as a dove: mine eyes fail with looking upward: O LORD, I am oppressed; undertake for me.

14 Gelijk een kraan of zwaluw, alzo piepte ik; ik kirde als een duif; mijn ogen verhieven zich omhoog; o HEERE! ik word onderdrukt, wees Gij mijn Borg.

What shall I say? he hath both spoken unto me, and himself hath done it: I shall go softly all my years in the bitterness of my soul.

15 Wat zal ik spreken? Gelijk Hij het mij heeft toegezegd, alzo heeft Hij het gedaan; ik zal nu al zoetjes voorttreden al mijn jaren, vanwege de bitterheid mijner ziel.

O Lord, by these things men live, and in all these things is the life of my spirit: so wilt thou recover me, and make me to live.

16 Heere, bij deze dingen leeft men, en in dit alles is het leven van mijn geest; want Gij hebt mij gezond gemaakt en mij genezen.

Behold, for peace I had great bitterness: but thou hast in love to my soul delivered it from the pit of corruption: for thou hast cast all my sins behind thy back.

17 Zie, in vrede is mij de bitterheid bitter geweest; maar Gij hebt mijn ziel liefelijk omhelsd, dat zij in de groeve der vertering niet kwame; want Gij hebt al mijn zonden achter Uw rug geworpen.

For the grave cannot praise thee, death can not celebrate thee: they that go down into the pit cannot hope for thy truth.

18 Want het graf zal U niet loven, de dood zal U niet prijzen; die in den kuil nederdalen, zullen op Uw waarheid niet hopen.

The living, the living, he shall praise thee, as I do this day: the father to the children shall make known thy truth.

19 De levende, de levende, die zal U loven, gelijk ik heden doe; de vader zal den kinderen Uw waarheid bekend maken.

The LORD was ready to save me: therefore we will sing my songs to the stringed instruments all the days of our life in the house of the LORD.

20 De HEERE was gereed om mij te verlossen; daarom zullen wij op mijn snarenspel spelen; al de dagen onzes levens, in het huis des HEEREN.

For Isaiah had said, Let them take a lump of figs, and lay it for a plaister upon the boil, and he shall recover.

21 Jesaja nu had gezegd: Laat men nemen een klomp vijgen, en tot een pleister op het gezwel maken, en hij zal genezen.

Hezekiah also had said, What is the sign that I shall go up to the house of the LORD?

22 En Hizkia had gezegd: Welk zal het teken zijn, dat ik ten huize des HEEREN zal opgaan?

Isaiah (39) Jesaja

At that time Merodachbaladan, the son of Baladan, king of Babylon, sent letters and a present to Hezekiah: for he had heard that he had been sick, and was recovered.

1 Te dien tijd zond Merodach Baladan, de zoon van Baladan, de koning van Babel, brieven en een geschenk aan Hizkia; want hij had gehoord dat hij krank geweest en weder sterk geworden was.

	And Hezekiah was glad of them, and shewed them the house of his precious things, the silver, and the gold, and the spices, and the precious ointment, and all the house of his armour, and all that was found in his treasures: there was nothing in his house, nor in all his dominion, that Hezekiah shewed them not.	2	En Hizkia verblijdde zich over hen, en hij toonde hun zijn schathuis, het zilver, en het goud, en de specerijen, en de beste olie, en zijn ganse wapenhuis, en al wat gevonden werd in zijn schatten; er was geen ding in zijn huis, noch in zijn ganse heerschappij, dat Hizkia hun niet toonde.
	Then came Isaiah the prophet unto king Hezekiah, and said unto him, What said these men? and from whence came they unto thee? And Hezekiah said, They are come from a far country unto me, even from Babylon.	3	Toen kwam de profeet Jesaja tot den koning Hizkia, en zeide tot hem: Wat hebben die mannen gezegd, en van waar zijn zij tot u gekomen? En Hizkia zeide: Zij zijn uit verren lande tot mij gekomen, uit Babel.
	Then said he, What have they seen in thine house? And Hezekiah answered, All that is in mine house have they seen: there is nothing among my treasures that I have not shewed them.	4	En hij zeide: Wat hebben zij gezien in uw huis? En Hizkia zeide: Zij hebben alles gezien, wat in mijn huis is; geen ding is er in mijn schatten, dat ik hun niet getoond heb.
	Then said Isaiah to Hezekiah, Hear the word of the LORD of hosts:	5	Toen zeide Jesaja tot Hizkia: Hoor het woord des HEEREN der heirscharen.
	Behold, the days come, that all that is in thine house, and that which thy fathers have laid up in store until this day, shall be carried to Babylon: nothing shall be left, saith the LORD.	6	Zie, de dagen komen, dat al wat in uw huis is, en wat uw vaders opgelegd hebben tot een schat tot op dezen dag, naar Babel weggevoerd zal worden; er zal niets overgelaten worden, zegt de HEERE.
	And of thy sons that shall issue from thee, which thou shalt beget, shall they take away; and they shall be eunuchs in the palace of the king of Babylon.	7	Daartoe zullen zij van uw zonen, die uit u zullen voortkomen, die gij gewinnen zult, nemen, dat zij hovelingen zijn in het paleis des konings van Babel.
	Then said Hezekiah to Isaiah, Good is the word of the LORD which thou hast spoken. He said moreover, For there shall be peace and truth in my days.	8	Maar Hizkia zeide tot Jesaja: Het woord des HEEREN, dat gij gesproken hebt, is goed. Ook zeide hij: Doch het zij vrede en waarheid in mijn dagen!

Isaiah (40) Jesaja

	Comfort ye, comfort ye my people, saith your God.	1	Troost, troost Mijn volk, zal ulieder God zeggen.
	Speak ye comfortably to Jerusalem, and cry unto her, that her warfare is accomplished, that her iniquity is pardoned: for she hath received of the LORD'S hand double for all her sins.	2	Spreekt naar het hart van Jeruzalem, en roept haar toe, dat haar strijd vervuld is, dat haar ongerechtigheid verzoend is, dat zij van de hand des HEEREN dubbel ontvangen heeft voor al haar zonden.
	The voice of him that crieth in the wilderness, Prepare ye the way of the LORD, make straight in the desert a highway for our God.	3	Een stem des roependen in de woestijn: Bereidt den weg des HEEREN, maakt recht in de wildernis een baan voor onzen God!
	Every valley shall be exalted, and every mountain and hill shall be made low: and the crooked shall be made straight, and the rough places plain:	4	Alle dalen zullen verhoogd worden, en alle bergen en heuvelen zullen vernederd worden; en wat krom is, dat zal recht, en wat hobbelachtig is, dat zal tot een vallei gemaakt worden.
	And the glory of the LORD shall be revealed, and all flesh shall see it together: for the mouth of the LORD hath spoken it.	5	En de heerlijkheid des HEEREN zal geopenbaard worden; en alle vlees te gelijk zal zien, dat het de mond des HEEREN gesproken heeft.
	The voice said, Cry. And he said, What shall I cry? All flesh is grass, and all the goodliness thereof is as the flower of the field:	6	Een stem zegt: Roept! En hij zegt: Wat zal ik roepen? Alle vlees is gras, en al zijn goedertierenheid als een bloem des velds.
	The grass withereth, the flower fadeth: because the spirit of the LORD bloweth upon it: surely the people is grass.	7	Het gras verdort, de bloem valt af, als de Geest des HEEREN daarin blaast; voorwaar, het volk is gras.
	The grass withereth, the flower fadeth: but the word of our God shall stand for ever.	8	Het gras verdort, de bloem valt af; maar het Woord onzes Gods bestaat in der eeuwigheid.
	O Zion, that bringest good tidings, get thee up into the high mountain; O Jerusalem, that bringest good tidings, lift up thy voice with strength; lift it up, be not afraid; say unto the cities of Judah, Behold your God!	9	O Sion, gij verkondigster van goede boodschap, klim op een hogen berg; o Jeruzalem, gij verkondigster van goede boodschap, hef uw stem op met macht, hef ze op, vrees niet, zeg den steden van Juda: Zie hier is uw God!
	Behold, the Lord GOD will come with strong hand, and his arm shall rule for him: behold, his reward is with him, and his work before him.	10	Ziet, de Heere HEERE zal komen tegen den sterke, en Zijn arm zal heersen; ziet, Zijn loon is bij Hem, en Zijn arbeidsloon is voor Zijn aangezicht.
	He shall feed his flock like a shepherd: he shall gather the lambs with his arm, and carry them in his bosom, and shall gently lead those that are with young.	11	Hij zal Zijn kudde weiden gelijk een herder; Hij zal de lammeren in Zijn armen vergaderen, en in Zijn schoot dragen; de zogenden zal Hij zachtjes leiden.
	Who hath measured the waters in the hollow of his hand, and meted out heaven with the span, and comprehended the dust of the earth in a measure, and weighed the mountains in scales, and the hills in a balance?	12	Wie heeft de wateren met Zijn vuist gemeten, en van de hemelen met de span de maat genomen, en heeft met een drieling het stof der aarde begrepen, en de bergen gewogen in een waag, en de heuvelen in een weegschaal?
	Who hath directed the Spirit of the LORD, or being his counseller hath taught him?	13	Wie heeft den Geest des HEEREN bestierd, en wie heeft Hem als Zijn raadsman onderwezen?
	With whom took he counsel, and who instructed him, and taught him in the path of judgment, and taught him knowledge, and shewed to him the way of understanding?	14	Met wien heeft Hij raad gehouden, die Hem verstand zou geven, en Hem zou leren van het pad des rechts, en Hem wetenschap zou leren, en Hem zou bekend maken den weg des veelvoudigen verstands?
	Behold, the nations are as a drop of a bucket, and are counted as the small dust of the balance: behold, he taketh up the isles as a very little thing.	15	Ziet, de volken zijn geacht als een druppel van een emmer, en als een stofje van de weegschaal; ziet, Hij werpt de eilanden henen als dun stof!
	And Lebanon is not sufficient to burn, nor the beasts thereof sufficient for a burnt offering.	16	En de Libanon is niet genoegzaam om te branden, en zijn gedierte is niet genoegzaam ten brandoffer.
	All nations before him are as nothing; and they are counted to him less than nothing, and vanity.	17	Alle volken zijn als niets voor Hem; en zij worden bij Hem geacht minder dan niet, en ijdelheid.

	To whom then will ye liken God? or what likeness will ye compare unto him?	18	Bij wien dan zult gij God vergelijken, of wat gelijkenis zult gij op Hem toepassen?
	The workman melteth a graven image, and the goldsmith spreadeth it over with gold, and casteth silver chains.	19	De werkmeester giet een beeld, en de goudsmid overtrekt het met goud, en giet er zilveren ketenen toe.
	He that is so impoverished that he hath no oblation chooseth a tree that will not rot; he seeketh unto him a cunning workman to prepare a graven image, that shall not be moved.	20	Die verarmd is, dat hij niet te offeren heeft, die kiest een hout uit, dat niet verrotte; hij zoekt zich een wijzen werkmeester, om een beeld te bereiden, dat niet wankele.
	Have ye not known? have ye not heard? hath it not been told you from the beginning? have ye not understood from the foundations of the earth?	21	Weet gijlieden niet? Hoort gij niet? Is het u van den beginne aan niet bekend gemaakt! Hebt gij op de grondvesten der aarde niet gelet?
	It is he that sitteth upon the circle of the earth, and the inhabitants thereof are as grasshoppers; that stretcheth out the heavens as a curtain, and spreadeth them out as a tent to dwell in:	22	Hij is het, Die daar zit boven den kloot der aarde, en derzelver inwoners zijn als sprinkhanen; Hij is het, Die de hemelen uitspant als een dunnen doek, en breidt ze uit als een tent, om te bewonen;
	That bringeth the princes to nothing; he maketh the judges of the earth as vanity.	23	Die de vorsten te niet maakt; de richters der aarde maakt Hij tot ijdelheid.
	Yea, they shall not be planted; yea, they shall not be sown: yea, their stock shall not take root in the earth: and he shall also blow upon them, and they shall wither, and the whirlwind shall take them away as stubble.	24	Ja, zij worden niet geplant, ja, zij worden niet gezaaid, ja, hun afgehouwen stam wortelt niet in de aarde; ook als Hij op hen blazen zal, zo zullen zij verdorren, en een stormwind zal hen als een stoppel wegnemen.
	To whom then will ye liken me, or shall I be equal? saith the Holy One.	25	Bij wien dan zult gijlieden Mij vergelijken, dien Ik gelijk zij? zegt de Heilige.
	Lift up your eyes on high, and behold who hath created these things, that bringeth out their host by number: he calleth them all by names by the greatness of his might, for that he is strong in power; not one faileth.	26	Heft uw ogen op omhoog, en ziet, Wie deze dingen geschapen heeft; Die in getal hun heir voortbrengt; Die ze alle bij name roept, vanwege de grootheid Zijner krachten, en omdat Hij sterk van vermogen is; er wordt er niet een gemist.
	Why sayest thou, O Jacob, and speakest, O Israel, My way is hid from the LORD, and my judgment is passed over from my God?	27	Waarom zegt gij dan, o Jakob! en spreekt, o Israel! mijn weg is voor den HEERE verborgen, en mijn recht gaat van mijn God voorbij?
	Hast thou not known? hast thou not heard, that the everlasting God, the LORD, the Creator of the ends of the earth, fainteth not, neither is weary? there is no searching of his understanding.	28	Weet gij het niet? Hebt gij niet gehoord, dat de eeuwige God, de HEERE, de Schepper van de einden der aarde, noch moede noch mat wordt? Er is geen doorgronding van Zijn verstand.
	He giveth power to the faint; and to them that have no might he increaseth strength.	29	Hij geeft den moeden kracht, en Hij vermenigvuldigt de sterkte dien, die geen krachten heeft.
	Even the youths shall faint and be weary, and the young men shall utterly fall:	30	De jongen zullen moede en mat worden, en de jongelingen zullen gewisselijk vallen;
	But they that wait upon the LORD shall renew their strength; they shall mount up with wings as eagles; they shall run, and not be weary; and they shall walk, and not faint.	31	Maar dien den HEERE verwachten, zullen de kracht vernieuwen; zij zullen opvaren met vleugelen, gelijk de arenden; zij zullen lopen, en niet moede worden, zij zullen wandelen, en niet mat worden.

Isaiah (41) Jesaja

	Keep silence before me, O islands; and let the people renew their strength: let them come near; then let them speak: let us come near together to judgment.	1	Zwijgt voor Mij, gij eilanden! en laat de volken de kracht vernieuwen; laat ze toetreden, laat ze dan spreken; laat ons samen ten gerichte naderen.
	Who raised up the righteous man from the east, called him to his foot, gave the nations before him, and made him rule over kings? he gave them as the dust to his sword, and as driven stubble to his bow.	2	Wie heeft van den opgang dien rechtvaardige verwekt? heeft hem geroepen op zijn voet? de heidenen voor zijn aangezicht gegeven, en gemaakt, dat hij over koningen heerste? heeft ze zijn zwaard gegeven als stof, zijn boog als een voortgedreven stoppel?
	He pursued them, and passed safely; even by the way that he had not gone with his feet.	3	Dat hij ze najaagde en doortrok met vrede, door een pad, hetwelk hij met zijn voeten niet gegaan had?
	Who hath wrought and done it, calling the generations from the beginning? I the LORD, the first, and with the last; I am he.	4	Wie heeft dit gewrocht en gedaan, roepende de geslachten van den beginne? Ik, de HEERE, Die de Eerste ben, en met den Laatste ben Ik Dezelfde.
	The isles saw it, and feared; the ends of the earth were afraid, drew near, and came.	5	De eilanden zagen het, en zij vreesden; de einden der aarde beefden; zij naderden en kwamen toe;
	They helped every one his neighbour; and every one said to his brother, Be of good courage.	6	De een hielp den ander, en zeide tot zijn metgezel: Wees sterk!
	So the carpenter encouraged the goldsmith, and he that smootheth with the hammer him that smote the anvil, saying, It is ready for the sodering: and he fastened it with nails, that it should not be moved.	7	En de werkmeester versterkte den goudsmid; die met den hamer glad maakt, dien, die op het aambeeld slaat, zeggende van het soldeersel: Het is goed; daarna maakt hij het vast met nagelen, dat het niet wankele.
	But thou, Israel, art my servant, Jacob whom I have chosen, the seed of Abraham my friend.	8	Maar gij, Israel, Mijn knecht! gij Jakob, dien Ik verkoren heb! het zaad van Abraham, Mijn liefhebber!
	Thou whom I have taken from the ends of the earth, and called thee from the chief men thereof, and said unto thee, Thou art my servant; I have chosen thee, and not cast thee away.	9	Gij, welken Ik gegrepen heb van de einden der aarde, en uit haar bijzonderste geroepen heb; en zeide tot u: Gij zijt Mijn knecht; u heb Ik uitverkoren, en heb u niet verworpen.
	Fear thou not; for I am with thee: be not dismayed; for I am thy God: I will strengthen thee; yea, I will help thee; yea, I will uphold thee with the right hand of my righteousness.	10	Vrees niet, want Ik ben met u; zijt niet verbaasd, want Ik ben uw God; Ik sterk u, ook help Ik u, ook ondersteun Ik u met de rechterhand Mijner gerechtigheid.
	Behold, all they that were incensed against thee shall be ashamed and confounded: they shall be as nothing; and they that strive with thee shall perish.	11	Ziet, zij zullen beschaamd en te schande worden, allen, die tegen u ontstoken zijn; zij zullen worden als niet, en die lieden, die met u twisten, zullen vergaan.

	Thou shalt seek them, and shalt not find them, even them that contended with thee: they that war against thee shall be as nothing, and as a thing of nought.	12	Gij zult hen zoeken, maar zult hen niet vinden; de lieden, die met u kijven, zullen worden als niet, en die lieden, die met u oorlogen, als een nietig ding.
	For I the LORD thy God will hold thy right hand, saying unto thee, Fear not; I will help thee.	13	Want Ik, de HEERE, uw God, grijp uw rechterhand aan, Die tot u zeg: Vrees niet, Ik help u.
	Fear not, thou worm Jacob, and ye men of Israel; I will help thee, saith the LORD, and thy redeemer, the Holy One of Israel.	14	Vrees niet, gij wormpje Jakobs, gij volkje Israels! Ik help u, spreekt de HEERE, en uw Verlosser is de Heilige Israels!
	Behold, I will make thee a new sharp threshing instrument having teeth: thou shalt thresh the mountains, and beat them small, and shalt make the hills as chaff.	15	Ziet, Ik heb u tot een scherpe nieuwe dorsslede gesteld, die scherpe pinnen heeft; gij zult bergen dorsen en vermalen, en heuvelen zult gij stellen gelijk kaf.
	Thou shalt fan them, and the wind shall carry them away, and the whirlwind shall scatter them: and thou shalt rejoice in the LORD, and shalt glory in the Holy One of Israel.	16	Gij zult ze wannen, en de wind zal ze wegnemen, en de stormwind zal ze verstrooien; maar gij zult u verheugen in den HEERE; in den Heilige Israels zult gij u roemen.
	When the poor and needy seek water, and there is none, and their tongue faileth for thirst, I the LORD will hear them, I the God of Israel will not forsake them.	17	De ellendigen en nooddruftigen zoeken water, maar er is geen, hun tong versmacht van dorst; Ik, de HEERE zal hen verhoren, Ik, de God Israels, zal hen niet verlaten.
	I will open rivers in high places, and fountains in the midst of the valleys: I will make the wilderness a pool of water, and the dry land springs of water.	18	Ik zal rivieren op de hoge plaatsen openen, en fonteinen in het midden der valleien; Ik zal de woestijn tot een waterpoel zetten, en het dorre land tot watertochten.
	I will plant in the wilderness the cedar, the shittah tree, and the myrtle, and the oil tree; I will set in the desert the fir tree, and the pine, and the box tree together:	19	Ik zal in de woestijn den cederboom, den sittimboom, en den mirteboom, en den olieachtigen boom zetten; Ik zal in de wildernis stellen den denneboom, den beuk, en den busboom te gelijk;
	That they may see, and know, and consider, and understand together, that the hand of the LORD hath done this, and the Holy One of Israel hath created it.	20	Opdat zij zien, en bekennen, en overleggen, en te gelijk verstaan, dat de hand des HEEREN zulks gedaan, en dat de Heilige Israels zulks geschapen heeft.
	Produce your cause, saith the LORD; bring forth your strong reasons, saith the King of Jacob.	21	Brengt ulieder twistzaak voor, zegt de HEERE; brengt uw vaste bewijsredenen bij, zegt de Koning van Jakob.
	Let them bring them forth, and shew us what shall happen: let them shew the former things, what they be, that we may consider them, and know the latter end of them; or declare us things for to come.	22	Laat hen voortbrengen en ons verkondigen de dingen, die gebeuren zullen; verkondigt de vorige dingen, welke die geweest zijn, opdat wij het ter harte nemen, en het einde daarvan weten; of doet ons de toekomende dingen horen.
	Shew the things that are to come hereafter, that we may know that ye are gods: yea, do good, or do evil, that we may be dismayed, and behold it together.	23	Verkondigt dingen, die hierna komen zullen, opdat wij weten, dat gij goden zijt; ja, doet goed, en doet kwaad, dat wij verbaasd staan, en te zamen toezien.
	Behold, ye are of nothing, and your work of nought: an abomination is he that chooseth you.	24	Ziet, gijlieden zijt minder dan niet, en ulieder werk is erger dan een adder; hij is een gruwel, die ulieden verkiest.
	I have raised up one from the north, and he shall come: from the rising of the sun shall he call upon my name: and he shall come upon princes as upon morter, and as the potter treadeth clay.	25	Ik verwek een van het noorden, en hij zal opkomen van den opgang der zon; hij zal Mijn Naam aanroepen; en hij zal komen over de overheden als over leem, en gelijk een pottenbakker het slijk treedt.
	Who hath declared from the beginning, that we may know? and beforetime, that we may say, He is righteous? yea, there is none that sheweth, yea, there is none that declareth, yea, there is none that heareth your words.	26	Wie heeft wat verkondigd van den beginne aan, dat wij het weten mogen, of van te voren, dat wij zeggen mogen: Hij is rechtvaardig; maar er is niemand, die het verkondigt, ook niemand, die wat horen doet, ook niemand, die ulieder woorden hoort.
	The first shall say to Zion, Behold, behold them: and I will give to Jerusalem one that bringeth good tidings.	27	Ik, de Eerste zeg tot Sion: Zie, zie ze daar! en tot Jeruzalem; Ik zal een blijden boodschapper geven.
	For I beheld, and there was no man; even among them, and there was no counsellor, that, when I asked of them, could answer a word.	28	Want Ik zag toe, maar er was niemand, zelfs onder dezen, maar er was geen raadgever, dat Ik hen zou vragen, en zij Mij antwoord geven zouden.
	Behold, they are all vanity; their works are nothing: their molten images are wind and confusion.	29	Ziet, zij zijn altemaal ijdelheid, hun werken zijn een nietig ding, hun gegoten beelden zijn wind, en een ijdel ding.

Isaiah (42) Jesaja

	Behold my servant, whom I uphold; mine elect, in whom my soul delighteth; I have put my spirit upon him: he shall bring forth judgment to the Gentiles.	1	Ziet, Mijn Knecht, Dien Ik ondersteun, Mijn Uitverkorene, in Denwelken Mijn ziel een welbehagen heeft! Ik heb Mijn geest op Hem gegeven; Hij zal het recht den heidenen voortbrengen.
	He shall not cry, nor lift up, nor cause his voice to be heard in the street.	2	Hij zal niet schreeuwen, noch Zijn stem verheffen, noch Zijn stem op de straat horen laten.
	A bruised reed shall he not break, and the smoking flax shall he not quench: he shall bring forth judgment unto truth.	3	Het gekrookte riet zal Hij niet verbreken, en de rokende vlaswiek zal Hij niet uitblussen; met waarheid zal Hij het recht voortbrengen.
	He shall not fail nor be discouraged, till he have set judgment in the earth: and the isles shall wait for his law.	4	Hij zal niet verdonkerd worden, en Hij zal niet verbroken worden, totdat Hij het recht op aarde zal hebben besteld; en de eilanden zullen naar Zijn leer wachten.
	Thus saith God the LORD, he that created the heavens, and stretched them out; he that spread forth the earth, and that which cometh out of it; he that giveth breath unto the people upon it, and spirit to them that walk therein:	5	Alzo zegt God, de HEERE, Die de hemelen geschapen, en dezelve uitgebreid heeft, Die de aarde uitgespannen heeft, en wat daaruit voortkomt; Die den volke, dat daarop is, den adem geeft, en den geest dengenen, die daarop wandelen:
	I the LORD have called thee in righteousness, and will hold thine hand, and will keep thee, and give thee for a covenant of the people, for a light of the Gentiles;	6	Ik, de HEERE, heb u geroepen in gerechtigheid, en Ik zal u bij uw hand grijpen; en Ik zal u behoeden, en Ik zal u geven tot een Verbond des volks, tot een Licht der heidenen.

	To open the blind eyes, to bring out the prisoners from the prison, and them that sit in darkness out of the prison house.	7	Om te openen de blinde ogen, om de gebondenen uit te voeren uit de gevangenis, en uit het gevangenhuis, die in duisternis zitten.
	I am the LORD: that is my name: and my glory will I not give to another, neither my praise to graven images.	8	Ik ben de HEERE, dat is Mijn Naam; en Mijn eer zal Ik geen anderen geven, noch Mijn lof den gesneden beelden.
	Behold, the former things are come to pass, and new things do I declare: before they spring forth I tell you of them.	9	Ziet, de voorgaande dingen zijn gekomen, en nieuwe dingen verkondig Ik; eer dat zij uitspruiten, doe Ik ulieden die horen.
	Sing unto the LORD a new song, and his praise from the end of the earth, ye that go down to the sea, and all that is therein; the isles, and the inhabitants thereof.	10	Zingt den HEERE een nieuw lied, Zijn lof van het einde der aarde; gij, die ter zee vaart, en al wat daarin is, gij eilanden en hun inwoners.
	Let the wilderness and the cities thereof lift up their voice, the villages that Kedar doth inhabit: let the inhabitants of the rock sing, let them shout from the top of the mountains.	11	Laat de woestijn en haar steden de stem verheffen, met de dorpen, die Kedar bewoont; laat hen juichen, die in de rotsstenen wonen, en van den top der bergen af schreeuwen.
	Let them give glory unto the LORD, and declare his praise in the islands.	12	Laat ze den HEERE de eer geven, en Zijn lof in de eilanden verkondigen.
	The LORD shall go forth as a mighty man, he shall stir up jealousy like a man of war: he shall cry, yea, roar; he shall prevail against his enemies.	13	De HEERE zal uittrekken als een held; Hij zal den ijver opwekken als een krijgsman; Hij zal juichen, ja, Hij zal een groot getier maken; Hij zal Zijn vijanden overweldigen.
	I have long time holden my peace; I have been still, and refrained myself: now will I cry like a travailing woman; I will destroy and devour at once.	14	Ik heb van ouds gezwegen, Ik heb Mij stil gehouden en Mij ingehouden; Ik zal uitschreeuwen, als een, die baart, Ik zal ze verwoesten, en te zamen opslokken.
	I will make waste mountains and hills, and dry up all their herbs; and I will make the rivers islands, and I will dry up the pools.	15	Ik zal bergen en heuvelen woest maken, en al hun gras zal Ik doen verdorren; en Ik zal de rivieren tot eilanden maken, en de poelen uitdrogen.
	And I will bring the blind by a way that they knew not; I will lead them in paths that they have not known: I will make darkness light before them, and crooked things straight. These things will I do unto them, and not forsake them.	16	En Ik zal de blinden leiden door den weg, dien zij niet geweten hebben, Ik zal ze doen treden door de paden, die zij niet geweten hebben; Ik zal de duisternis voor hun aangezicht ten licht maken, en het kromme tot recht; deze dingen zal Ik hun doen, en Ik zal hen niet verlaten.
	They shall be turned back, they shall be greatly ashamed, that trust in graven images, that say to the molten images, Ye are our gods.	17	Maar die zich op gesneden beelden verlaten, die tot de gegoten beelden zeggen: Gij zijt onze goden; die zullen achterwaarts keren, en met schaamte beschaamd worden.
	Hear, ye deaf; and look, ye blind, that ye may see.	18	Hoort, gij doven! en schouwt aan, gij blinden! om te zien.
	Who is blind, but my servant? or deaf, as my messenger that I sent? who is blind as he that is perfect, and blind as the LORD'S servant?	19	Wie is er blind als Mijn knecht, en doof, gelijk Mijn bode, dien Ik zende? Wie is blind, gelijk de volmaakte, en blind, gelijk de knecht des HEEREN?
	Seeing many things, but thou observest not; opening the ears, but he heareth not.	20	Gij ziet wel veel dingen, maar gij bewaart ze niet; of schoon hij de oren opendoet, zo hoort hij toch niet.
	The LORD is well pleased for his righteousness' sake; he will magnify the law, and make it honourable.	21	De HEERE had lust aan hem, om Zijner gerechtigheid wil; Hij maakte hem groot door de wet, en Hij maakte hem heerlijk.
	But this is a people robbed and spoiled; they are all of them snared in holes, and they are hid in prison houses: they are for a prey, and none delivereth; for a spoil, and none saith, Restore.	22	Maar nu is het een beroofd en geplunderd volk; zij zijn allen verstrikt in de holen, en verstoken in de gevangenhuizen; zij zijn tot een roof geworden, en er is niemand, die ze redt; tot een plundering, en niemand zegt: Geeft ze weder.
	Who among you will give ear to this? who will hearken and hear for the time to come?	23	Wie onder ulieden neemt zulks ter oren? Wie merkt op en hoort, wat hierna zijn zal?
	Who gave Jacob for a spoil, and Israel to the robbers? did not the LORD, he against whom we have sinned? for they would not walk in his ways, neither were they obedient unto his law.	24	Wie heeft Jakob tot een plundering overgegeven, en Israel den rovers? Is het niet de HEERE, Hij, tegen Wien wij gezondigd hebben? Want zij wilden niet wandelen in Zijn wegen, en zij hoorden niet naar Zijn wet.
	Therefore he hath poured upon him the fury of his anger, and the strength of battle: and it hath set him on fire round about, yet he knew not; and it burned him, yet he laid it not to heart.	25	Daarom heeft Hij over hen uitgestort de grimmigheid Zijns toorns en de macht des oorlogs; en Hij heeft ze rondom in vlam gezet, doch zij merken het niet; en Hij heeft ze in brand gestoken, doch zij nemen het niet ter harte.

Isaiah (43) Jesaja

	But now thus saith the LORD that created thee, O Jacob, and he that formed thee, O Israel, Fear not: for I have redeemed thee, I have called thee by thy name; thou art mine.	1	Maar nu, alzo zegt de HEERE, uw Schepper, o Jakob! en uw Formeerder, o Israel! vrees niet, want Ik heb u verlost; Ik heb u bij uw naam geroepen, gij zijt Mijn.
	When thou passest through the waters, I will be with thee; and through the rivers, they shall not overflow thee: when thou walkest through the fire, thou shalt not be burned; neither shall the flame kindle upon thee.	2	Wanneer gij zult gaan door het water, Ik zal bij u zijn, en door de rivieren, zij zullen u niet overstromen; wanneer gij door het vuur zult gaan, zult gij niet verbranden, en de vlam zal u niet aansteken.
	For I am the LORD thy God, the Holy One of Israel, thy Saviour: I gave Egypt for thy ransom, Ethiopia and Seba for thee.	3	Want Ik ben de HEERE, uw God, de Heilige Israels, uw Heiland; Ik heb Egypte, Morenland en Seba gegeven tot uw losgeld in uw plaats.
	Since thou wast precious in my sight, thou hast been honourable, and I have loved thee: therefore will I give men for thee, and people for thy life.	4	Van toen af, dat gij kostelijk zijt geweest in Mijn ogen, zijt gij verheerlijkt geweest, en Ik heb u liefgehad; daarom heb Ik mensen in uw plaats gegeven, en volken in plaats van uw ziel.
	Fear not: for I am with thee: I will bring thy seed from the east, and gather thee from the west;	5	Vrees niet, want Ik ben met u; Ik zal uw zaad van den opgang brengen, en Ik zal u verzamelen van den ondergang.
	I will say to the north, Give up; and to the south, Keep not back: bring my sons from far, and my daughters from the ends of the earth;	6	Ik zal zeggen tot het noorden: Geef; en tot het zuiden: Houd niet terug; breng Mijn zonen van verre, en Mijn dochters van het einde der aarde;

	Even every one that is called by my name: for I have created him for my glory, I have formed him; yea, I have made him.	7	Een ieder, die naar Mijn Naam genoemd is, en dien Ik geschapen heb tot Mijn eer, dien Ik geformeerd heb, dien Ik ook gemaakt heb.
	Bring forth the blind people that have eyes, and the deaf that have ears.	8	Breng voort het blinde volk, hetwelk ogen heeft, en de doven, die oren hebben.
	Let all the nations be gathered together, and let the people be assembled: who among them can declare this, and shew us former things? let them bring forth their witnesses, that they may be justified: or let them hear, and say, It is truth.	9	Laat al de heidenen samen vergaderd worden, en laat de volken verzameld worden; wie onder hen zal dit verkondigen? Of laat hen ons doen horen de vorige dingen, laat hen hun getuigen voortbrengen, opdat zij gerechtvaardigd worden, en men het hore en zegge: Het is de waarheid.
	Ye are my witnesses, saith the LORD, and my servant whom I have chosen: that ye may know and believe me, and understand that I am he: before me there was no God formed, neither shall there be after me.	10	Gijlieden zijt Mijn getuigen, spreekt de HEERE, en Mijn knecht, dien Ik uitverkoren heb; opdat gij het weet, en Mij gelooft, en verstaat, dat Ik Dezelve ben, dat voor Mij geen God geformeerd is, en na Mij geen zijn zal.
	I, even I, am the LORD; and beside me there is no saviour.	11	Ik, Ik ben de HEERE, en er is geen Heiland behalve Mij.
	I have declared, and have saved, and I have shewed, when there was no strange god among you: therefore ye are my witnesses, saith the LORD, that I am God.	12	Ik heb verkondigd, en Ik heb verlost, en Ik heb het doen horen, en geen vreemd god was onder ulieden; en gij zijt Mijn getuigen, spreekt de HEERE, dat Ik God ben.
	Yea, before the day was I am he; and there is none that can deliver out of my hand: I will work, and who shall let it?	13	Ook eer de dag was, ben Ik, en er is niemand, die uit Mijn hand redden kan; Ik zal werken, en wie zal het keren?
	Thus saith the LORD, your redeemer, the Holy One of Israel; For your sake I have sent to Babylon, and have brought down all their nobles, and the Chaldeans, whose cry is in the ships.	14	Alzo zegt de HEERE, uw Verlosser, de Heilige Israels: Om ulieder wil heb Ik naar Babel gezonden, en heb hen allen vluchtig doen nederdalen, te weten de Chaldeen, in de schepen, op welke zij juichten.
	I am the LORD, your Holy One, the creator of Israel, your King.	15	Ik ben de HEERE, uw Heilige; de Schepper van Israel, ulieder Koning.
	Thus saith the LORD, which maketh a way in the sea, and a path in the mighty waters;	16	Alzo zegt de HEERE, Die in de zee een weg, en in de sterke wateren een pad maakte;
	Which bringeth forth the chariot and horse, the army and the power; they shall lie down together, they shall not rise: they are extinct, they are quenched as tow.	17	Die wagenen en paarden, heir en macht voortbracht; te zamen zijn zij nedergelegen, zij zullen niet weder opstaan, zij zijn uitgeblust, gelijk een vlaswiek zijn zij uitgegaan.
	Remember ye not the former things, neither consider the things of old.	18	Gedenkt der vorige dingen niet, en overlegt de oude dingen niet.
	Behold, I will do a new thing; now it shall spring forth; shall ye not know it? I will even make a way in the wilderness, and rivers in the desert.	19	Ziet, Ik zal wat nieuws maken, nu zal het uitspruiten, zult gijlieden dat niet weten? Ja, Ik zal in de woestijn een weg leggen, en rivieren in de wildernis.
	The beast of the field shall honour me, the dragons and the owls: because I give waters in the wilderness, and rivers in the desert, to give drink to my people, my chosen.	20	Het gedierte des velds zal Mij eren, de draken en de jonge struisen; want Ik zal in de woestijn wateren geven, en rivieren in de wildernis, om Mijn volk, Mijn uitverkorenen drinken te geven.
	This people have I formed for myself; they shall shew forth my praise.	21	Dit volk heb Ik Mij geformeerd, zij zullen Mijn lof vertellen.
	But thou hast not called upon me, O Jacob; but thou hast been weary of me, O Israel.	22	Doch gij hebt Mij niet aangeroepen, o Jakob! als gij u tegen Mij vermoeid hebt, o Israel!
	Thou hast not brought me the small cattle of thy burnt offerings; neither hast thou honoured me with thy sacrifices. I have not caused thee to serve with an offering, nor wearied thee with incense.	23	Mij hebt gij niet gebracht het kleine vee uwer brandofferen, en met uw slachtofferen hebt gij Mij niet geeerd; Ik heb u Mij niet doen dienen met spijsoffer, en Ik heb u niet vermoeid met wierook.
	Thou hast bought me no sweet cane with money, neither hast thou filled me with the fat of thy sacrifices: but thou hast made me to serve with thy sins, thou hast wearied me with thine iniquities.	24	Mij hebt gij geen kalmus voor geld gekocht, en met het vette uwer slachtoffers hebt gij Mij niet gedrenkt; maar gij hebt Mij arbeid gemaakt, met uw zonden, gij hebt Mij vermoeid met uw ongerechtigheden.
	I, even I, am he that blotteth out thy transgressions for mine own sake, and will not remember thy sins.	25	Ik, Ik ben het, Die uw overtredingen uitdelg, om Mijnentwil, en Ik gedenk uwer zonden niet.
	Put me in remembrance: let us plead together: declare thou, that thou mayest be justified.	26	Maakt Mij indachtig, laat ons te zamen richten, vertelt gij uw redenen, opdat gij moogt gerechtvaardigd worden.
	Thy first father hath sinned, and thy teachers have transgressed against me.	27	Uw eerste vader heeft gezondigd, en uw uitleggers hebben tegen Mij overtreden.
	Therefore I have profaned the princes of the sanctuary, and have given Jacob to the curse, and Israel to reproaches.	28	Daarom zal Ik de oversten des heiligdoms ontheiligen, en Jakob ten ban overgeven, en Israel tot beschimpingen.

Isaiah (44) Jesaja

	Yet now hear, O Jacob my servant; and Israel, whom I have chosen:	1	Maar hoor nu Mijn knecht Jakob, en Israel, dien Ik verkoren heb!
	Thus saith the LORD that made thee, and formed thee from the womb, which will help thee; Fear not, O Jacob, my servant; and thou, Jesurun, whom I have chosen.	2	Zo zegt de HEERE, uw Maker, en uw Formeerder van den buik af, Die u helpt: Vrees niet, o Jakob, Mijn knecht, en gij, Jeschurun, dien Ik uitverkoren heb!
	For I will pour water upon him that is thirsty, and floods upon the dry ground: I will pour my spirit upon thy seed, and my blessing upon thine offspring:	3	Want Ik zal water gieten op de dorstigen, en stromen op het droge; Ik zal Mijn Geest op uw zaad gieten, en Mijn zegen op uw nakomelingen.
	And they shall spring up as among the grass, as willows by the water courses.	4	En zij zullen uitspruiten tussen in het gras, als de wilgen aan de waterbeken.
	One shall say, I am the LORD'S; and another shall call himself by the name of Jacob; and another shall subscribe with his hand unto the LORD, and surname himself by the name of Israel.	5	Deze zal zeggen: Ik ben des HEEREN; en die zal zich noemen met den naam van Jakob; en gene zal met zijn hand schrijven: Ik ben des HEEREN, en zich toenoemen met den naam van Israel.

Isaiah - Jesaja

Thus saith the LORD the King of Israel, and his redeemer the LORD of hosts; I am the first, and I am the last; and beside me there is no God.

And who, as I, shall call, and shall declare it, and set it in order for me, since I appointed the ancient people? and the things that are coming, and shall come, let them shew unto them.

Fear ye not, neither be afraid: have not I told thee from that time, and have declared it? ye are even my witnesses. Is there a God beside me? yea, there is no God; I know not any.

They that make a graven image are all of them vanity; and their delectable things shall not profit; and they are their own witnesses; they see not, nor know; that they may be ashamed.

Who hath formed a god, or molten a graven image that is profitable for nothing?

Behold, all his fellows shall be ashamed: and the workmen, they are of men: let them all be gathered together, let them stand up; yet they shall fear, and they shall be ashamed together.

The smith with the tongs both worketh in the coals, and fashioneth it with hammers, and worketh it with the strength of his arms: yea, he is hungry, and his strength faileth: he drinketh no water, and is faint.

The carpenter stretcheth out his rule; he marketh it out with a line; he fitteth it with planes, and he marketh it out with the compass, and maketh it after the figure of a man, according to the beauty of a man; that it may remain in the house.

He heweth him down cedars, and taketh the cypress and the oak, which he strengtheneth for himself among the trees of the forest: he planteth an ash, and the rain doth nourish it.

Then shall it be for a man to burn: for he will take thereof, and warm himself; yea, he kindleth it, and baketh bread; yea, he maketh a god, and worshippeth it; he maketh it a graven image, and falleth down thereto.

He burneth part thereof in the fire; with part thereof he eateth flesh; he roasteth roast, and is satisfied: yea, he warmeth himself, and saith, Aha, I am warm, I have seen the fire:

And the residue thereof he maketh a god, even his graven image: he falleth down unto it, and worshippeth it, and prayeth unto it, and saith, Deliver me; for thou art my god.

They have not known nor understood: for he hath shut their eyes, that they cannot see; and their hearts, that they cannot understand.

And none considereth in his heart, neither is there knowledge nor understanding to say, I have burned part of it in the fire; yea, also I have baked bread upon the coals thereof; I have roasted flesh, and eaten it: and shall I make the residue thereof an abomination? shall I fall down to the stock of a tree?

He feedeth on ashes: a deceived heart hath turned him aside, that he cannot deliver his soul, nor say, Is there not a lie in my right hand?

Remember these, O Jacob and Israel; for thou art my servant: I have formed thee; thou art my servant: O Israel, thou shalt not be forgotten of me.

I have blotted out, as a thick cloud, thy transgressions, and, as a cloud, thy sins: return unto me; for I have redeemed thee.

Sing, O ye heavens; for the LORD hath done it: shout, ye lower parts of the earth: break forth into singing, ye mountains, O forest, and every tree therein: for the LORD hath redeemed Jacob, and glorified himself in Israel.

Thus saith the LORD, thy redeemer, and he that formed thee from the womb, I am the LORD that maketh all things; that stretcheth forth the heavens alone; that spreadeth abroad the earth by myself;

That frustrateth the tokens of the liars, and maketh diviners mad; that turneth wise men backward, and maketh their knowledge foolish;

---

6 Zo zegt de HEERE, de Koning van Israel, en zijn Verlosser, de HEERE der heirscharen: Ik ben de Eerste, en Ik ben de Laatste, en behalve Mij is er geen God.

7 En wie zal, gelijk als Ik, roepen en het verkondigen, en het ordentelijk voor Mij stellen, sedert dat Ik een eeuwig volk gesteld heb? en laat ze de toekomstige dingen, en die komen zullen, hun verkondigen.

8 Verschrikt niet, en vreest niet; heb Ik het u van toen af niet doen horen en verkondigd? Want gijlieden zijt Mijn getuigen: is er ook een God behalve Mij? Immers, er is geen andere rotssteen: Ik ken er geen?

9 De formeerders van gesneden beelden zijn al te zamen ijdelheid, en hun gewenste dingen doen geen nut; ja, zij zelven zijn hun getuigen; zij zien niet, en zij weten niet, daarom zullen zij beschaamd worden.

10 Wie formeert een god, en giet een beeld, dat geen nut doet?

11 Ziet, al hun medegenoten zullen beschaamd worden, want de werkmeesters zijn uit de mensen; dat zij zich altemaal vergaderen, dat zij opstaan, zij zullen verschrikken, zij zullen te zamen beschaamd worden.

12 De ijzersmid maakt een bijl, en werkt in den gloed, en formeert het met hamers, en werkt het met zijn sterken arm; ook lijdt hij honger, totdat hij krachteloos wordt, hij drinkt geen water, totdat hij amechtig wordt.

13 De timmerman trekt het richtsnoer uit, hij tekent het af met den draad, hij maakt het effen met de schaven, en tekent het met den passer, en maakt het naar de beeltenis eens mans, naar de schoonheid van een mens, dat het in het huis blijve.

14 Als hij zich cederen afhouwt, zo neemt hij een cypressenboom of een eik, en hij versterkt zich onder de bomen des wouds; hij plant een olmboom, en de regen maakt dien groot.

15 Dan is het voor den mens om te verbranden, dan neemt hij daarvan, en warmt er zich bij; ook ontsteekt hij het, en bakt er brood bij; daarenboven maakt hij er een god van, en buigt zich daarvoor, hij maakt er een gesneden beeld van, en knielt er voor neder.

16 Zijn helft brandt hij in het vuur, bij de andere helft daarvan eet hij vlees; hij braadt een gebraad, en hij wordt verzadigd; ook warmt hij zichzelven, en hij zegt: Hei! ik ben warm geworden, ik heb het vuur gezien!

17 Het overige nu daarvan maakt hij tot een god, tot zijn gesneden beeld; hij knielt er voor neder, en buigt zich, en bidt het aan, en zegt: Red mij, want gij zijt mijn god!

18 Zij weten niet, en verstaan niet, want het heeft hun ogen bestreken, dat zij niet zien, en hun harten, dat zij niet verstaan.

19 En niemand van hen brengt het in zijn hart, en er is noch kennis noch verstand, dat hij zeggen zou: De helft daarvan heb ik verbrand in het vuur, ja, ook op de kolen daarvan heb ik brood gebakken, ik heb vlees daarbij gebraden, en heb het gegeten; en zou ik het overblijfsel daarvan tot een gruwel maken, zou ik nederknielen voor hetgeen van een boom gekomen is?

20 Hij voedt zich met as, het bedrogen hart heeft hem ter zijde afgeleid; zodat hij zijn ziel niet redden kan, noch zeggen: Is er niet een leugen in mijn rechterhand?

21 Gedenk aan deze dingen, o Jakob, en Israel! Want gij zijt Mijn knecht, Ik heb u geformeerd; gij zijt Mijn knecht, Israel, gij zult van Mij niet vergeten worden.

22 Ik delg uw overtredingen uit als een nevel, en uw zonden als een wolk; keer weder tot Mij, want Ik heb u verlost.

23 Zingt met vreugde, gij hemelen! want de HEERE heeft het gedaan; juicht, gij benedenste delen der aarde! gij bergen! maakt een groot gedreun met vreugdegezang, gij bossen, en alle geboomte daarin! Want de HEERE heeft Jakob verlost, en Zich heerlijk gemaakt in Israel.

24 Alzo zegt de HEERE, uw Verlosser, en die u geformeerd heeft van den buik af: Ik ben de HEERE, Die alles doet, Die den hemel uitbreidt, Ik alleen, en Die de aarde uitspant door Mijzelven;

25 Die de tekenen der leugendichters vernietigt, en de waarzeggers dol maakt; Die de wijzen achterwaarts doet keren, en Die hun wetenschap verdwaast;

That confirmeth the word of his servant, and performeth the counsel of his messengers; that saith to Jerusalem, Thou shalt be inhabited; and to the cities of Judah, Ye shall be built, and I will raise up the decayed places thereof:

That saith to the deep, Be dry, and I will dry up thy rivers:

That saith of Cyrus, He is my shepherd, and shall perform all my pleasure: even saying to Jerusalem, Thou shalt be built; and to the temple, Thy foundation shall be laid.

26 Die het woord Zijns knechts bevestigt, en den raad Zijner boden volbrengt; Die tot Jeruzalem zegt: Gij zult bewoond worden; en tot de steden van Juda: Gij zult herbouwd worden, en Ik zal haar verwoeste plaatsen oprichten.

27 Die tot de diepte zegt: Verdroog, en uw rivieren zal Ik verdrogen.

28 Die van Cores zegt: Hij is Mijn herder, en hij zal al Mijn welgevallen volbrengen; zeggende ook tot Jeruzalem: Word gebouwd; en tot den tempel: Word gegrond.

Isaiah (45) Jesaja

Thus saith the LORD to his anointed, to Cyrus, whose right hand I have holden, to subdue nations before him; and I will loose the loins of kings, to open before him the two leaved gates; and the gates shall not be shut;

I will go before thee, and make the crooked places straight: I will break in pieces the gates of brass, and cut in sunder the bars of iron:

And I will give thee the treasures of darkness, and hidden riches of secret places, that thou mayest know that I, the LORD, which call thee by thy name, am the God of Israel.

For Jacob my servant's sake, and Israel mine elect, I have even called thee by thy name: I have surnamed thee, though thou hast not known me.

I am the LORD, and there is none else, there is no God beside me: I girded thee, though thou hast not known me:

That they may know from the rising of the sun, and from the west, that there is none beside me. I am the LORD, and there is none else.

I form the light, and create darkness: I make peace, and create evil: I the LORD do all these things.

Drop down, ye heavens, from above, and let the skies pour down righteousness: let the earth open, and let them bring forth salvation, and let righteousness spring up together; I the LORD have created it.

Woe unto him that striveth with his Maker! Let the potsherd strive with the potsherds of the earth. Shall the clay say to him that fashioneth it, What makest thou? or thy work, He hath no hands?

Woe unto him that saith unto his father, What begettest thou? or to the woman, What hast thou brought forth?

Thus saith the LORD, the Holy One of Israel, and his Maker, Ask me of things to come concerning my sons, and concerning the work of my hands command ye me.

I have made the earth, and created man upon it: I, even my hands, have stretched out the heavens, and all their host have I commanded.

I have raised him up in righteousness, and I will direct all his ways: he shall build my city, and he shall let go my captives, not for price nor reward, saith the LORD of hosts.

Thus saith the LORD, The labour of Egypt, and merchandise of Ethiopia and of the Sabeans, men of stature, shall come over unto thee, and they shall be thine: they shall come after thee; in chains they shall come over, and they shall fall down unto thee, they shall make supplication unto thee, saying, Surely God is in thee; and there is none else, there is no God.

Verily thou art a God that hidest thyself, O God of Israel, the Saviour.

They shall be ashamed, and also confounded, all of them: they shall go to confusion together that are makers of idols.

But Israel shall be saved in the LORD with an everlasting salvation: ye shall not be ashamed nor confounded world without end.

For thus saith the LORD that created the heavens; God himself that formed the earth and made it; he hath established it, he created it not in vain, he formed it to be inhabited: I am the LORD; and there is none else.

I have not spoken in secret, in a dark place of the earth: I said not unto the seed of Jacob, Seek ye me in vain: I the LORD speak righteousness, I declare things that are right.

1 Alzo zegt de HEERE tot Zijn gezalfde, tot Cores, wiens rechterhand Ik vat, om de volken voor zijn aangezicht neder te werpen; en Ik zal de lendenen der koningen ontbinden, om voor zijn aangezicht de deuren te openen, en de poorten zullen niet gesloten worden:

2 Ik zal voor uw aangezicht gaan, en Ik zal de kromme wegen recht maken; de koperen deuren zal Ik verbreken, en de ijzeren grendelen zal Ik in stukken slaan.

3 En Ik zal u geven de schatten, die in de duisternissen zijn, en de verborgene rijkdommen; opdat gij moogt weten, dat Ik de HEERE ben, Die u bij uw naam roept, de God van Israel;

4 Om Jakobs, Mijns knechts wil, en Israels, Mijns uitverkorenen; ja, Ik riep u bij uw naam, Ik noemde u toe, hoewel gij Mij niet kendet.

5 Ik ben de HEERE, en niemand meer, buiten Mij is er geen God; Ik zal u gorden, hoewel gij Mij niet kent.

6 Opdat men wete, van den opgang der zon en van den ondergang, dat er buiten Mij niets is, Ik ben de HEERE, en niemand meer.

7 Ik formeer het licht, en schep de duisternis; Ik maak den vrede en schep het kwaad, Ik, de HEERE, doe al deze dingen.

8 Drupt, gij hemelen! van boven af, en dat de wolken vloeien van gerechtigheid; en de aarde opene zich, en dat allerlei heil uitwasse, en gerechtigheid te zamen uitspruiten; Ik, de HEERE, heb ze geschapen.

9 Wee dien, die met zijn Formeerder twist, gelijk een potscherf met aarden potscherven! Zal ook het leem tot zijn formeerder zeggen: Wat maakt gij? of zal uw werk zeggen: Hij heeft geen handen?

10 Wee dien, die tot den vader zegt: Wat genereert gij? en tot de vrouw: Wat baart gij?

11 Alzo zegt de HEERE, de Heilige Israels, en deszelfs Formeerder: Zij hebben Mij van toekomende dingen gevraagd; van Mijn kinderen, zoudt gij Mij van het werk Mijner handen bevel geven?

12 Ik heb de aarde gemaakt, en Ik heb den mens daarop geschapen; Ik ben het! Mijn handen hebben de hemelen uitgebreid, en Ik heb al hun heir bevel gegeven.

13 Ik heb hem verwekt in gerechtigheid, en al zijn wegen zal Ik recht maken; hij zal Mijn stad bouwen, en hij zal Mijn gevangenen loslaten, niet voor prijs, noch voor geschenk, zegt de HEERE der heirscharen.

14 Alzo zegt de HEERE: De arbeid der Egyptenaren en de koophandel der Moren en der Sabeers, der mannen van grote lengte, zullen tot u overkomen, en zij zullen de uwe zijn, zij zullen u navolgen, in boeien zullen zij overkomen; en zij zullen zich voor u buigen, zij zullen u smeken, zeggende: Gewisselijk, God is in u, en er is anders geen God meer.

15 Voorwaar, Gij zijt een God, Die Zich verborgen houdt, de God Israels, de Heiland.

16 Zij zullen beschaamd en ook tot schande worden, zij allen; te zamen zullen zij met schande heengaan, die de afgoden maken.

17 Maar Israel wordt verlost door den HEERE, met een eeuwige verlossing; gijlieden zult niet beschaamd noch tot schande worden, tot in alle eeuwigheden.

18 Want alzo zegt de HEERE, Die de hemelen geschapen heeft, Die God, Die de aarde geformeerd, en Die ze gemaakt heeft; Hij heeft ze bevestigd, Hij heeft ze niet geschapen, dat zij ledig zijn zou, maar heeft ze geformeerd, opdat men daarin wonen zou: Ik ben de HEERE, en niemand meer.

19 Ik heb niet in het verborgene gesproken, in een donkere plaats der aarde; Ik heb tot het zaad van Jakob niet gezegd: Zoekt Mij te vergeefs; Ik ben de HEERE, Die gerechtigheid spreekt, Die rechtmatige dingen verkondigt.

	Assemble yourselves and come; draw near together, ye that are escaped of the nations: they have no knowledge that set up the wood of their graven image, and pray unto a god that cannot save.	20	Verzamelt u, en komt, treedt hier toe samen, gijlieden, die van de heidenen ontkomen zijt! Zij weten niets, die hun houten gesneden beelden dragen, en een god aanbidden, die niet verlossen kan.
	Tell ye, and bring them near; yea, let them take counsel together: who hath declared this from ancient time? who hath told it from that time? have not I the LORD? and there is no God else beside me; a just God and a Saviour; there is none beside me.	21	Verkondigt en treedt hier toe, ja, beraadslaagt samen: wie heeft dat laten horen van ouds her? Wie heeft dat van toen af verkondigd? Ben Ik het niet, de HEERE? en er is geen God meer behalve Mij, een rechtvaardig God, en een Heiland, niemand is er dan Ik.
	Look unto me, and be ye saved, all the ends of the earth: for I am God, and there is none else.	22	Wendt U naar Mij toe, wordt behouden, alle gij einden der aarde! want Ik ben God, en niemand meer.
	I have sworn by myself, the word is gone out of my mouth in righteousness, and shall not return, That unto me every knee shall bow, every tongue shall swear.	23	Ik heb gezworen bij Mijzelven, er is een woord der gerechtigheid uit Mijn mond gegaan, en het zal niet wederkeren: dat Mij alle knie zal gebogen worden, alle tong Mij zal zweren.
	Surely, shall one say, in the LORD have I righteousness and strength: even to him shall men come; and all that are incensed against him shall be ashamed.	24	Men zal van Mij zeggen: Gewisselijk, in den HEERE zijn gerechtigheden en sterkte; tot Hem zal men komen; maar zij zullen beschaamd worden allen, die tegen Hem ontstoken zijn.
	In the LORD shall all the seed of Israel be justified, and shall glory.	25	Maar in den HEERE zullen gerechtvaardigd worden en zich beroemen, het ganse zaad van Israel.

Isaiah (46) Jesaja

	Bel boweth down, Nebo stoopeth, their idols were upon the beasts, and upon the cattle: your carriages were heavy loaden; they are a burden to the weary beast.	1	Bel is gekromd, Nebo wordt nedergebogen, hun afgoden zijn geworden voor de dieren en voor de beesten; uw opgeladen pakken zijn een last voor de vermoeide beesten.
	They stoop, they bow down together; they could not deliver the burden, but themselves are gone into captivity.	2	Samen zijn zij nedergebogen, zij zijn gekromd, zij hebben den last niet kunnen redden, maar zijzelven zijn in de gevangenis gegaan.
	Hearken unto me, O house of Jacob, and all the remnant of the house of Israel, which are borne by me from the belly, which are carried from the womb:	3	Hoor naar Mij, o huis van Jakob, en het ganse overblijfsel van het huis Israels! die van Mij gedragen zijt van den buik aan, en opgenomen van de baarmoeder af.
	And even to your old age I am he; and even to hoar hairs will I carry you: I have made, and I will bear; even I will carry, and will deliver you.	4	En tot de ouderdom toe zal Ik Dezelfde zijn, ja, tot de grijsheid toe zal Ik ulieden dragen; Ik heb het gedaan, en Ik zal u opnemen, en Ik zal dragen en redden.
	To whom will ye liken me, and make me equal, and compare me, that we may be like?	5	Wien zoudt gijlieden Mij nabeelden, en evengelijk maken, en Mij vergelijken, dat wij elkander gelijken zouden?
	They lavish gold out of the bag, and weigh silver in the balance, and hire a goldsmith; and he maketh it a god: they fall down, yea, they worship.	6	Zij verkwisten het goud uit de beurs, en wegen het zilver met de waag; zij huren een goudsmid, en die maakt het tot een god, zij knielen neder, ook buigen zij zich daarvoor.
	They bear him upon the shoulder, they carry him, and set him in his place, and he standeth; from his place shall he not remove: yea, one shall cry unto him, yet can he not answer, nor save him out of his trouble.	7	Zij nemen hem op den schouder, zij dragen hem, en zetten hem aan zijn plaats; daar staat hij, hij wijkt van zijn stede niet; ja, roept iemand tot hem, zo antwoordt hij niet, hij verlost hem niet uit zijn benauwdheid.
	Remember this, and shew yourselves men: bring it again to mind, O ye transgressors.	8	Gedenkt hieraan, en houdt u kloekelijk, brengt het weder in het hart, o gij overtreders!
	Remember the former things of old: for I am God, and there is none else; I am God, and there is none like me,	9	Gedenkt der vorige dingen van oude tijden af, dat Ik God ben, en er is geen God meer, en er is niet gelijk Ik;
	Declaring the end from the beginning, and from ancient times the things that are not yet done, saying, My counsel shall stand, and I will do all my pleasure:	10	Die van den beginne aan verkondigt het einde, en van ouds af die dingen, die nog niet geschied zijn; Die zegt: Mijn raad zal bestaan, en Ik zal al Mijn welbehagen doen.
	Calling a ravenous bird from the east, the man that executeth my counsel from a far country: yea, I have spoken it, I will also bring it to pass; I have purposed it, I will also do it.	11	Die een roofvogel roept van het oosten, een man Mijns raads uit verren lande; ja, Ik heb het gesproken, Ik zal het ook doen opkomen; Ik heb het geformeerd, Ik zal het ook doen.
	Hearken unto me, ye stouthearted, that are far from righteousness:	12	Hoort naar Mij, gij stijven van harte, gij, die verre van de gerechtigheid zijt!
	I bring near my righteousness; it shall not be far off, and my salvation shall not tarry: and I will place salvation in Zion for Israel my glory.	13	Ik breng Mijn gerechtigheid nabij, zij zal niet verre wezen, en Mijn heil zal niet vertoeven; maar Ik zal heil geven in Sion, aan Israel Mijn heerlijkheid.

Isaiah (47) Jesaja

	Come down, and sit in the dust, O virgin daughter of Babylon, sit on the ground: there is no throne, O daughter of the Chaldeans: for thou shalt no more be called tender and delicate.	1	Daal af, en zit in het stof, gij jonkvrouw, dochter van Babel! zit op de aarde, er is geen troon meer, gij dochter der Chaldeen! want gij zult niet meer genaamd worden de tedere, noch de wellustige.
	Take the millstones, and grind meal: uncover thy locks, make bare the leg, uncover the thigh, pass over the rivers.	2	Neem de molen, en maal meel; ontdek uw vlechten, ontbloot de enkelen, ontdek de schenkelen, ga door de rivieren.
	Thy nakedness shall be uncovered, yea, thy shame shall be seen: I will take vengeance, and I will not meet thee as a man.	3	Uw schaamte zal ontdekt worden, ook zal uw schande gezien worden; Ik zal wraak nemen, en Ik zal op u niet aanvallen als een mens.
	As for our redeemer, the LORD of hosts is his name, the Holy One of Israel.	4	Onzes Verlossers Naam is HEERE der heirscharen, de Heilige Israels.
	Sit thou silent, and get thee into darkness, O daughter of the Chaldeans: for thou shalt no more be called, The lady of kingdoms.	5	Zit stilzwijgende, en ga in de duisternis, gij dochter der Chaldeen! want gij zult niet meer genoemd worden koningin der koninkrijken.

I was wroth with my people, I have polluted mine inheritance, and given them into thine hand: thou didst shew them no mercy; upon the ancient hast thou very heavily laid thy yoke.

And thou saidst, I shall be a lady for ever: so that thou didst not lay these things to thy heart, neither didst remember the latter end of it.

Therefore hear now this, thou that art given to pleasures, that dwellest carelessly, that sayest in thine heart, I am, and none else beside me; I shall not sit as a widow, neither shall I know the loss of children:

But these two things shall come to thee in a moment in one day, the loss of children, and widowhood: they shall come upon thee in their perfection for the multitude of thy sorceries, and for the great abundance of thine enchantments.

For thou hast trusted in thy wickedness: thou hast said, None seeth me. Thy wisdom and thy knowledge, it hath perverted thee; and thou hast said in thine heart, I am, and none else beside me.

Therefore shall evil come upon thee; thou shalt not know from whence it riseth: and mischief shall fall upon thee; thou shalt not be able to put it off: and desolation shall come upon thee suddenly, which thou shalt not know.

Stand now with thine enchantments, and with the multitude of thy sorceries, wherein thou hast laboured from thy youth; if so be thou shalt be able to profit, if so be thou mayest prevail.

Thou art wearied in the multitude of thy counsels. Let now the astrologers, the stargazers, the monthly prognosticators, stand up, and save thee from these things that shall come upon thee.

Behold, they shall be as stubble; the fire shall burn them; they shall not deliver themselves from the power of the flame: there shall not be a coal to warm at, nor fire to sit before it.

Thus shall they be unto thee with whom thou hast laboured, even thy merchants, from thy youth: they shall wander every one to his quarter; none shall save thee.

6 Ik was op Mijn volk zeer toornig, Ik ontheiligde Mijn erve, en Ik gaf hen over in uw hand; doch gij beweest hun geen barmhartigheden, ja, zelfs over den oude maaktet gij uw juk zeer zwaar.

7 En gij zeidet: Ik zal koningin zijn in eeuwigheid; tot nog toe hebt gij deze dingen niet in uw hart genomen, gij hebt aan het einde daarvan niet gedacht.

8 Nu dan, hoor dit, gij weelderige! die zo zeker woont, die in haar hart zegt: Ik ben het, en niemand meer dan ik: ik zal geen weduwe zitten, noch de beroving van kinderen kennen.

9 Doch deze beide dingen zullen u in een ogenblik overkomen, op een dag, de beroving van kinderen en weduwschap; volkomenlijk zullen zij u overkomen, vanwege de veelheid uwer toverijen, vanwege de menigte uwer bezweringen.

10 Want gij hebt op uw boosheid vertrouwd; gij hebt gezegd: Niemand ziet mij; uw wijsheid en uw wetenschap heeft u afkerig gemaakt; en gij hebt in uw hart gezegd: Ik ben het, en niemand meer dan ik.

11 Daarom zal er over u een kwaad komen, gij zult den dageraad daarvan niet weten; en een verderf zal er op u vallen, hetwelk gij niet zult kunnen verzoenen; want er zal snellijk een onstuimige verwoesting over u komen, dat gij het niet weten zult.

12 Sta nu met uw bezweringen, en met de veelheid uwer toverijen, waarin gij gearbeid hebt van uw jeugd af; of gij misschien voordeel kondet doen, of gij misschien u kondet sterken.

13 Gij zijt moede geworden in de veelheid uwer raadslagen; laat nu opstaan, die den hemel waarnemen, die in de sterren kijken, die naar de nieuwe manen voorzeggen; en laat ze u verlossen van die dingen, die over u komen zullen.

14 Ziet, zij zullen zijn als stoppelen, het vuur zal ze verbranden, zij zullen zichzelven niet kunnen rukken uit de macht der vlam; het zal geen kool zijn om bij te warmen, geen vuur om daarvoor neder te zitten.

15 Alzo zullen zij u zijn, met dewelke gij gearbeid hebt, uw handelaars van uw jeugd aan, elk zal zijns weegs dwalen, niemand zal u verlossen.

Isaiah (48) Jesaja

Hear ye this, O house of Jacob, which are called by the name of Israel, and are come forth out of the waters of Judah, which swear by the name of the LORD, and make mention of the God of Israel, but not in truth, nor in righteousness.

For they call themselves of the holy city, and stay themselves upon the God of Israel; The LORD of hosts is his name.

I have declared the former things from the beginning; and they went forth out of my mouth, and I shewed them; I did them suddenly, and they came to pass.

Because I knew that thou art obstinate, and thy neck is an iron sinew, and thy brow brass;

I have even from the beginning declared it to thee; before it came to pass I shewed it thee: lest thou shouldest say, Mine idol hath done them, and my graven image, and my molten image, hath commanded them.

Thou hast heard, see all this; and will not ye declare it? I have shewed thee new things from this time, even hidden things, and thou didst not know them.

They are created now, and not from the beginning; even before the day when thou heardest them not; lest thou shouldest say, Behold, I knew them.

Yea, thou heardest not; yea, thou knewest not; yea, from that time that thine ear was not opened: for I knew that thou wouldest deal very treacherously, and wast called a transgressor from the womb.

For my name's sake will I defer mine anger, and for my praise will I refrain for thee, that I cut thee not off.

Behold, I have refined thee, but not with silver; I have chosen thee in the furnace of affliction.

For mine own sake, even for mine own sake, will I do it: for how should my name be polluted? and I will not give my glory unto another.

Hearken unto me, O Jacob and Israel, my called; I am he; I am the first, I also am the last.

1 Hoort dit, gij huis van Jakob, die genoemd wordt met den naam van Israel, en uit de wateren van Juda voortgekomen zijt! die daar zweert bij den Naam des HEEREN, en vermeldt den God Israels, maar niet in waarheid, noch in gerechtigheid.

2 Ja, van de heilige stad worden zij genoemd, en zij steunen op den God Israels; HEERE der heirscharen is Zijn Naam.

3 De vorige dingen heb Ik verkondigd van toen af, en uit Mijn mond zijn zij voortgekomen, en Ik heb ze doen horen; Ik heb ze snellijk gedaan, en zij zijn gekomen;

4 Omdat Ik wist, dat gij hard zijt, en uw nek een ijzeren zenuw is, en uw voorhoofd koper;

5 Daarom heb Ik het u van toen af verkondigd, eer dat het kwam, heb Ik het u doen horen; opdat gij niet misschien zoudt zeggen: Mijn afgod heeft die dingen gedaan, of mijn gesneden beeld, of mijn gegoten beeld heeft ze bevolen.

6 Gij hebt het gehoord, aanmerkt dat alles; zult gijlieden het ook niet verkondigen? Van nu af doe Ik u nieuwe dingen horen, en verborgen dingen, en die gij niet geweten hebt.

7 Nu zijn zij geschapen, en niet van toen af, en voor dezen dag hebt gij ze ook niet gehoord; opdat gij niet misschien zeggen zoudt: Ziet, ik heb ze geweten.

8 Ook hebt gij ze niet gehoord, ook hebt gij ze niet geweten, ook van toen af is uw oor niet geopend geweest; want Ik heb geweten, dat gij gans trouwelooslijk handelen zoudt, en dat gij van den buik af een overtreder genaamd zijt.

9 Om Mijns Naams wil zal Ik Mijn toorn langer uitstellen, en om Mijns roems wil zal Ik, u ten goede, Mij bedwingen, opdat Ik u niet afhouwe.

10 Ziet, Ik heb u gelouterd, doch niet als zilver, Ik heb u gekeurd in den smeltkroes der ellende.

11 Om Mijnentwil, om Mijnentwil zal Ik het doen, want hoe zou Hij ontheiligd worden? en Ik zal Mijn eer aan geen ander geven.

12 Hoor naar Mij, o Jakob! en gij Israel, Mijn geroepene! Ik ben Dezelfde; Ik ben de Eerste, ook ben Ik de Laatste.

	Mine hand also hath laid the foundation of the earth, and my right hand hath spanned the heavens: when I call unto them, they stand up together.	13	Ook heeft Mijn hand de aarde gegrond, en Mijn rechterhand heeft de hemelen met de palm afgemeten; wanneer Ik ze roep, staan zij daar te zamen.
	All ye, assemble yourselves, and hear; which among them hath declared these things? The LORD hath loved him: he will do his pleasure on Babylon, and his arm shall be on the Chaldeans.	14	Vergadert u, gij allen, en hoort; wie onder hen heeft deze dingen verkondigd? De HEERE heeft hem lief, Hij zal Zijn welbehagen tegen Babel doen, en Zijn arm zal tegen de Chaldeen zijn.
	I, even I, have spoken, yea, I have called him. I have brought him, and he shall make his way prosperous.	15	Ik, Ik heb het gesproken, ook heb Ik hem geroepen; Ik zal hem doen komen, en hij zal voorspoedig zijn op zijn weg.
	Come ye near unto me, hear ye this; I have not spoken in secret from the beginning; from the time that it was, there am I: and now the Lord GOD, and his Spirit, hath sent me.	16	Nadert gijlieden tot Mij, hoort dit: Ik heb van den beginne niet in het verborgene gesproken, maar van dien tijd af, dat het geschied is, ben Ik daar; en nu, de Heere HEERE, en Zijn Geest heeft Mij gezonden.
	Thus saith the LORD, thy Redeemer, the Holy One of Israel; I am the LORD thy God which teacheth thee to profit, which leadeth thee by the way that thou shouldest go.	17	Alzo zegt de HEERE, uw Verlosser, de Heilige Israels: Ik ben de HEERE, uw God, Die u leert, wat nut is, Die u leidt op den weg, dien gij gaan moet.
	O that thou hadst hearkened to my commandments! then had thy peace been as a river, and thy righteousness as the waves of the sea:	18	Och, dat gij naar Mijn geboden geluisterd hadt! zo zou uw vrede geweest zijn als een rivier, en uw gerechtigheid als de golven der zee.
	Thy seed also had been as the sand, and the offspring of thy bowels like the gravel thereof; his name should not have been cut off nor destroyed from before me.	19	Ook zou uw zaad geweest zijn als het zand, en die uit uw ingewanden voortkomen als deszelfs steentjes; wiens naam niet zou worden afgehouwen, noch verdelgd van voor Mijn aangezicht.
	Go ye forth of Babylon, flee ye from the Chaldeans, with a voice of singing declare ye, tell this, utter it even to the end of the earth; say ye, The LORD hath redeemed his servant Jacob.	20	Gaat uit van Babel, vliedt van de Chaldeen, verkondigt met de stemme des gejuichs, doet zulks horen, brengt het uit tot aan het einde der aarde, zegt: De HEERE heeft Zijn knecht Jakob verlost!
	And they thirsted not when he led them through the deserts: he caused the waters to flow out of the rock for them: he clave the rock also, and the waters gushed out.	21	En: Zij hadden geen dorst, toen Hij hen leidde door de woeste plaatsen; Hij deed hun water uit den rotssteen vlieten; als Hij den rotssteen kliefde, zo vloeiden de wateren daarhenen.
	There is no peace, saith the LORD, unto the wicked.	22	Maar de goddelozen hebben geen vrede, zegt de HEERE.

Isaiah (49) Jesaja

	Listen, O isles, unto me; and hearken, ye people, from far; The LORD hath called me from the womb; from the bowels of my mother hath he made mention of my name.	1	Hoort naar Mij, gij eilanden! en luistert toe, gij volken van verre! De HEERE heeft Mij geroepen van den buik af, van Mijner moeders ingewand af heeft Hij Mijn Naam gemeld.
	And he hath made my mouth like a sharp sword; in the shadow of his hand hath he hid me, and made me a polished shaft; in his quiver hath he hid me;	2	En Hij heeft Mijn mond gemaakt als een scherp zwaard, onder de schaduw Zijner hand heeft Hij Mij bedekt; en Hij heeft Mij tot een zuiveren pijl gesteld, in Zijn pijlkoker heeft Hij Mij verborgen.
	And said unto me, Thou art my servant, O Israel, in whom I will be glorified.	3	En Hij heeft tot Mij gezegd: Gij zijt Mijn Knecht, Israel, door Welken Ik verheerlijkt zal worden.
	Then I said, I have laboured in vain, I have spent my strength for nought, and in vain: yet surely my judgment is with the LORD, and my work with my God.	4	Doch Ik zeide: Ik heb te vergeefs gearbeid, Ik heb Mijn kracht onnuttelijk en ijdelijk toegebracht; gewisselijk, Mijn recht is bij den HEERE, en Mijn werkloon is bij Mijn God.
	And now, saith the LORD that formed me from the womb to be his servant, to bring Jacob again to him, Though Israel be not gathered, yet shall I be glorious in the eyes of the LORD, and my God shall be my strength.	5	En nu zegt de HEERE, Die Mij Zich van moeders buik af tot een Knecht geformeerd heeft, dat Ik Jakob tot Hem wederbrengen zou; maar Israel zal zich niet verzamelen laten; nochtans zal Ik verheerlijkt worden in de ogen des HEEREN, en Mijn God zal Mijn Sterkte zijn.
	And he said, It is a light thing that thou shouldest be my servant to raise up the tribes of Jacob, and to restore the preserved of Israel: I will also give thee for a light to the Gentiles, that thou mayest be my salvation unto the end of the earth.	6	Verder zeide Hij: Het is te gering, dat Gij Mij een Knecht zoudt zijn, om op te richten de stammen van Jakob, en om weder te brengen de bewaarden in Israel; Ik heb U ook gegeven tot een Licht der heidenen, om Mijn heil te zijn tot aan het einde der aarde.
	Thus saith the LORD, the Redeemer of Israel, and his Holy One, to him whom man despiseth, to him whom the nation abhorreth, to a servant of rulers, Kings shall see and arise, princes also shall worship, because of the LORD that is faithful, and the Holy One of Israel, and he shall choose thee.	7	Alzo zegt de HEERE, de Verlosser van Israel, Zijn Heilige, tot de verachte ziel, tot Dien, aan Welken het volk een gruwel heeft, tot den Knecht dergenen, die heersen: Koningen zullen het zien en opstaan, ook vorsten, en zij zullen zich voor U buigen; om des HEEREN wil, Die getrouw is, om den Heilige Israels, Die U verkoren heeft.
	Thus saith the LORD, In an acceptable time have I heard thee, and in a day of salvation have I helped thee: and I will preserve thee, and give thee for a covenant of the people, to establish the earth, to cause to inherit the desolate heritages;	8	Alzo zegt de HEERE: In dien tijd des welbehagens heb Ik U verhoord, en ten dage des heils heb Ik U geholpen; en Ik zal U bewaren, en Ik zal U geven tot een verbond des volks, om het aardrijk op te richten, om de verwoeste erfenissen te doen beerven;
	That thou mayest say to the prisoners, Go forth; to them that are in darkness, Shew yourselves. They shall feed in the ways, and their pastures shall be in all high places.	9	Om te zeggen tot de gebondenen: Gaat uit; tot hen, die in duisternis zijn: Komt te voorschijn; zij zullen op de wegen weiden, en op alle hoge plaatsen zal hun weide wezen.
	They shall not hunger nor thirst; neither shall the heat nor sun smite them: for he that hath mercy on them shall lead them, even by the springs of water shall he guide them.	10	Zij zullen niet hongeren, noch dorsten, en de hitte en de zon zal hen niet steken; want hun Ontfermer zal ze leiden, en Hij zal hen aan de springaders der wateren zachtjes leiden.
	And I will make all my mountains a way, and my highways shall be exalted.	11	En Ik zal al Mijn bergen tot een weg maken, en Mijn banen zullen verhoogd zijn.
	Behold, these shall come from far: and, lo, these from the north and from the west; and these from the land of Sinim.	12	Zie, deze zullen van verre komen; en zie, die van het noorden en van het westen, en geen uit het land van Sinim.

	Sing, O heavens; and be joyful, O earth; and break forth into singing, O mountains: for the LORD hath comforted his people, and will have mercy upon his afflicted.	13	Juicht, gij hemelen! en verheug u, gij aarde! en gij bergen! maakt gedreun met gejuich; want de HEERE heeft Zijn volk vertroost, en Hij zal Zich over Zijn ellendigen ontfermen.
	But Zion said, The LORD hath forsaken me, and my Lord hath forgotten me.	14	Doch Sion zegt: De HEERE heeft mij verlaten, en de HEERE heeft mij vergeten.
	Can a woman forget her sucking child, that she should not have compassion on the son of her womb? yea, they may forget, yet will I not forget thee.	15	Kan ook een vrouw haar zuigeling vergeten, dat zij zich niet ontferme over den zoon haars buiks? Ofschoon deze vergate, zo zal Ik toch u niet vergeten.
	Behold, I have graven thee upon the palms of my hands; thy walls are continually before me.	16	Zie, Ik heb u in de beide handpalmen gegraveerd; uw muren zijn steeds voor Mij.
	Thy children shall make haste; thy destroyers and they that made thee waste shall go forth of thee.	17	Uw zonen zullen zich haasten; maar uw verstoorders en uw verwoesters zullen van u uitgaan.
	Lift up thine eyes round about, and behold: all these gather themselves together, and come to thee. As I live, saith the LORD, thou shalt surely clothe thee with them all, as with an ornament, and bind them on thee, as a bride doeth.	18	Hef uw ogen op rondom, en zie, alle deze vergaderen zich, zij komen tot u; Zo waarachtig als Ik leef, spreekt de HEERE, zekerlijk, gij zult u met alle dezen als met een sieraad bekleden, en gij zult ze u aanbinden, gelijk een bruid.
	For thy waste and thy desolate places, and the land of thy destruction, shall even now be too narrow by reason of the inhabitants, and they that swallowed thee up shall be far away.	19	Want in uw woeste en uw eenzame plaatsen, en uw verstoord land, gewisselijk, nu zult gij benauwd worden van inwoners; en die u verslonden, zullen zich verre van u maken.
	The children which thou shalt have, after thou hast lost the other, shall say again in thine ears, The place is too strait for me: give place to me that I may dwell.	20	Nog zullen de kinderen, waarvan gij beroofd waart, zeggen voor uw oren: De plaats is mij te nauw, wijk van mij, dat ik wonen moge.
	Then shalt thou say in thine heart, Who hath begotten me these, seeing I have lost my children, and am desolate, a captive, and removing to and fro? and who hath brought up these? Behold, I was left alone; these, where had they been?	21	En gij zult zeggen in uw hart: Wie heeft mij dezen gegenereerd, aangezien ik van kinderen beroofd en eenzaam was? Ik was in de gevangenis gegaan, en weggeweken; wie heeft mij dan deze opgevoed? Ziet, ik was alleen overgelaten, waar waren dezen?
	Thus saith the Lord GOD, Behold, I will lift up mine hand to the Gentiles, and set up my standard to the people: and they shall bring thy sons in their arms, and thy daughters shall be carried upon their shoulders.	22	Alzo zegt de Heere HEERE: Ziet, Ik zal Mijn hand opheffen tot de heidenen, en tot de volken zal Ik Mijn banier opsteken; dan zullen zij uw zonen in de armen brengen, en uw dochters zullen op den schouders gedragen worden.
	And kings shall be thy nursing fathers, and their queens thy nursing mothers: they shall bow down to thee with their face toward the earth, and lick up the dust of thy feet; and thou shalt know that I am the LORD: for they shall not be ashamed that wait for me.	23	En koningen zullen uw voedsterheren zijn, hun vorstinnen uw zoogvrouwen; zij zullen zich voor u buigen met het aangezicht ter aarde, en zij zullen het stof uwer voeten lekken; en gij zult weten, dat Ik de HEERE ben, dat zij niet beschaamd zullen worden die Mij verwachten.
	Shall the prey be taken from the mighty, or the lawful captive delivered?	24	Zou ook een machtige de vangst ontnomen worden, of zouden de gevangenen eens rechtvaardigen ontkomen?
	But thus saith the LORD, Even the captives of the mighty shall be taken away, and the prey of the terrible shall be delivered: for I will contend with him that contendeth with thee, and I will save thy children.	25	Doch alzo zegt de HEERE: Ja, de gevangenen des machtigen zullen hem ontnomen worden, en de vangst des tirans zal ontkomen; want met uw twisters zal Ik twisten, en uw kinderen zal Ik verlossen.
	And I will feed them that oppress thee with their own flesh; and they shall be drunken with their own blood, as with sweet wine: and all flesh shall know that I the LORD am thy Saviour and thy Redeemer, the mighty One of Jacob.	26	En Ik zal uw verdrukkers spijzen met hun eigen vlees, en van hun eigen bloed zullen zij dronken worden, als van zoeten wijn; en alle vlees zal gewaar worden, dat Ik, de HEERE, uw Heiland ben, en uw Verlosser, de Machtige Jakobs.

Isaiah (50) Jesaja

	Thus saith the LORD, Where is the bill of your mother's divorcement, whom I have put away? or which of my creditors is it to whom I have sold you? Behold, for your iniquities have ye sold yourselves, and for your transgressions is your mother put away.	1	Alzo zegt de HEERE: Waar is de scheidbrief van ulieder moeder, waarmede Ik haar weggezonden heb? Of wie is er van Mijn schuldeisers, aan wien Ik u verkocht heb? Ziet, om uw ongerechtigheden zijt gij verkocht, en om uw overtredingen is uw moeder weggezonden.
	Wherefore, when I came, was there no man? when I called, was there none to answer? Is my hand shortened at all, that it cannot redeem? or have I no power to deliver? behold, at my rebuke I dry up the sea, I make the rivers a wilderness: their fish stinketh, because there is no water, and dieth for thirst.	2	Waarom kwam Ik, en er was niemand, waarom riep Ik, en niemand antwoordde? Is Mijn hand dus gans kort geworden, dat zij niet verlossen kan, of is er in Mij geen kracht om uit te redden? Ziet, door Mijn schelding maak Ik de zee droog, Ik stel de rivieren tot een woestijn, dat haar vis stinkt, omdat er geen water is, en sterft van dorst.
	I clothe the heavens with blackness, and I make sackcloth their covering.	3	Ik bekleed den hemel met zwartheid, en stel een zak tot zijn deksel.
	The Lord GOD hath given me the tongue of the learned, that I should know how to speak a word in season to him that is weary: he wakeneth morning by morning, he wakeneth mine ear to hear as the learned.	4	De Heere HEERE heeft Mij een tong der geleerden gegeven, opdat Ik wete met den moede een woord ter rechter tijd te spreken; Hij wekt allen morgen, Hij wekt Mij het oor, dat Ik hore, gelijk die geleerd worden.
	The Lord GOD hath opened mine ear, and I was not rebellious, neither turned away back.	5	De Heere HEERE heeft Mij het oor geopend, en Ik ben niet wederspannig, Ik wijk niet achterwaarts.
	I gave my back to the smiters, and my cheeks to them that plucked off the hair: I hid not my face from shame and spitting.	6	Ik geef Mijn rug dengenen, die Mij slaan, en Mijn wangen dengenen, die Mij het haar uitplukken; Mijn aangezicht verberg Ik niet voor smaadheden en speeksel.
	For the Lord GOD will help me; therefore shall I not be confounded: therefore have I set my face like a flint, and I know that I shall not be ashamed.	7	Want de Heere HEERE helpt Mij, daarom word Ik niet te schande; daarom heb Ik Mijn aangezicht gesteld als een keisteen, want Ik weet, dat Ik niet zal beschaamd worden.
	He is near that justifieth me; who will contend with me? let us stand together: who is mine adversary? let him come near to me.	8	Hij is nabij, Die Mij rechtvaardigt, wie zal met Mij twisten? Laat ons te zamen staan; wie heeft een rechtzaak tegen Mij? hij kome herwaarts tot Mij.

Behold, the Lord GOD will help me; who is he that shall condemn me? lo, they all shall wax old as a garment; the moth shall eat them up.	9 Ziet, de Heere HEERE helpt Mij, wie is het, die Mij zal verdoemen? Ziet, zij zullen altemaal als een kleed verouden, die mot zal hen eten.
Who is among you that feareth the LORD, that obeyeth the voice of his servant, that walketh in darkness, and hath no light? let him trust in the name of the LORD, and stay upon his God.	10 Wie is er onder ulieden, die den HEERE vreest, die naar de stem Zijns Knechts hoort? Als hij in de duisternissen wandelt, en geen licht heeft, dat hij betrouwe op den Naam des HEEREN, en steune op zijn God.
Behold, all ye that kindle a fire, that compass yourselves about with sparks: walk in the light of your fire, and in the sparks that ye have kindled. This shall ye have of mine hand; ye shall lie down in sorrow.	11 Ziet, gij allen, die een vuur aansteekt, die u met spranken omgordt! wandelt in de vlam van uw vuur, en in de spranken, die gij ontstoken hebt. Dat geschiedt u van Mijn hand, in smart zult gijlieden liggen.

Isaiah (51) Jesaja

Hearken to me, ye that follow after righteousness, ye that seek the LORD: look unto the rock whence ye are hewn, and to the hole of the pit whence ye are digged.	1 Hoort naar Mij, gij, die de gerechtigheid najaagt, gij, die den HEERE zoekt! aanschouwt den rotssteen, waaruit gijlieden gehouwen zijt, en de holligheid des bornputs, waaruit gij gegraven zijt.
Look unto Abraham your father, and unto Sarah that bare you: for I called him alone, and blessed him, and increased him.	2 Aanschouwt Abraham, ulieder vader, en Sara, die ulieden gebaard heeft; want Ik riep hem, toen hij nog alleen was, en Ik zegende hem, en Ik vermenigvuldigde hem.
For the LORD shall comfort Zion: he will comfort all her waste places; and he will make her wilderness like Eden, and her desert like the garden of the LORD; joy and gladness shall be found therein, thanksgiving, and the voice of melody.	3 Want de HEERE zal Sion troosten, Hij zal troosten al haar woeste plaatsen, en Hij zal haar woestijn maken als Eden, en haar wildernis als den hof des HEEREN; vreugde en blijdschap zal daarin gevonden worden, dankzegging en een stem des gezangs.
Hearken unto me, my people; and give ear unto me, O my nation: for a law shall proceed from me, and I will make my judgment to rest for a light of the people.	4 Luistert naar Mij, Mijn volk! en Mijn lieden, neigt naar Mij het oor! want een wet zal van Mij uitgaan, en Ik zal Mijn recht doen rusten tot een licht der volken.
My righteousness is near; my salvation is gone forth, and mine arms shall judge the people; the isles shall wait upon me, and on mine arm shall they trust.	5 Mijn gerechtigheid is nabij, Mijn heil trekt uit, en Mijn armen zullen de volken richten; op Mij zullen de eilanden wachten, en op Mijn arm zullen zij hopen.
Lift up your eyes to the heavens, and look upon the earth beneath: for the heavens shall vanish away like smoke, and the earth shall wax old like a garment, and they that dwell therein shall die in like manner: but my salvation shall be for ever, and my righteousness shall not be abolished.	6 Heft ulieder ogen op naar den hemel, en aanschouwt de aarde beneden; want de hemel zal als een rook verdwijnen, en de aarde zal als een kleed verouden, en haar inwoners zullen van gelijken sterven; maar Mijn heil zal in eeuwigheid zijn, Mijn gerechtigheid zal niet verbroken worden.
Hearken unto me, ye that know righteousness, the people in whose heart is my law; fear ye not the reproach of men, neither be ye afraid of their revilings.	7 Hoort naar Mij, gijlieden, die de gerechtigheid kent, gij volk, in welks hart Mijn wet is! vreest niet de smaadheid van den mens, en voor hun smaadredenen ontzet u niet.
For the moth shall eat them up like a garment, and the worm shall eat them like wool: but my righteousness shall be for ever, and my salvation from generation to generation.	8 Want de mot zal ze opeten als een kleed, en het schietwormpje zal ze opeten als wol; maar Mijn gerechtigheid zal in eeuwigheid zijn, en Mijn heil van geslacht tot geslachten.
Awake, awake, put on strength, O arm of the LORD; awake, as in the ancient days, in the generations of old. Art thou not it that hath cut Rahab, and wounded the dragon?	9 Ontwaak, ontwaak, trek sterkte aan, Gij arm des HEEREN! ontwaak als in de verledene dagen, als in de geslachten van ouds; zijt Gij het niet, Die Rahab uitgehouwen hebt, Die den zeedraak verwond hebt?
Art thou not it which hath dried the sea, the waters of the great deep; that hath made the depths of the sea a way for the ransomed to pass over?	10 Zijt Gij het niet, Die de zee, de wateren des groten afgronds, droog gemaakt hebt? Die de diepten der zee gemaakt hebt tot een weg, opdat de verlosten daardoor gingen?
Therefore the redeemed of the LORD shall return, and come with singing unto Zion; and everlasting joy shall be upon their head: they shall obtain gladness and joy; and sorrow and mourning shall flee away.	11 Alzo zullen de vrijgekochten des HEEREN wederkeren, en met gejuich tot Sion komen; en eeuwige blijdschap zal op hun hoofd wezen; vreugde en blijdschap zullen zij aangrijpen, treuring en zuchting zullen wegvlieden.
I, even I, am he that comforteth you: who art thou, that thou shouldest be afraid of a man that shall die, and of the son of man which shall be made as grass;	12 Ik, Ik ben het, Die u troost; wie zijt gij, dat gij vreest voor den mens, die sterven zal? en voor eens mensen kind, dat hooi worden zal?
And forgettest the LORD thy maker, that hath stretched forth the heavens, and laid the foundations of the earth; and hast feared continually every day because of the fury of the oppressor, as if he were ready to destroy? and where is the fury of the oppressor?	13 En vergeet den HEERE, Die u gemaakt heeft, Die de hemelen heeft uitgebreid, en de aarde gegrond heeft, en vreest gedurigljk den gansen dag, vanwege de grimmigheid des benauwers, wanneer hij zich bereidt om te verderven? Waar is dan de grimmigheid des benauwers?
The captive exile hasteneth that he may be loosed, and that he should not die in the pit, nor that his bread should fail.	14 De omzwevende gevangene zal haastelijk los gelaten worden; en hij zal in den kuil niet sterven, en zijn brood zal hem niet ontbreken.
But I am the LORD thy God, that divided the sea, whose waves roared: The LORD of hosts is his name.	15 Want Ik ben de HEERE, uw God, Die de zee klieft, dat haar golven bruisen; HEERE der heirscharen is Zijn Naam.
And I have put my words in thy mouth, and I have covered thee in the shadow of mine hand, that I may plant the heavens, and lay the foundations of the earth, and say unto Zion, Thou art my people.	16 En Ik leg Mijn woorden in uw mond, en bedek u onder de schaduw Mijner hand; om den hemel te planten, en om de aarde te gronden, en om te zeggen tot Sion: Gij zijt Mijn volk.
Awake, awake, stand up, O Jerusalem, which hast drunk at the hand of the LORD the cup of his fury; thou hast drunken the dregs of the cup of trembling, and wrung them out.	17 Waak op, waak op, sta op, Jeruzalem! gij, die gedronken hebt van de hand des HEEREN den beker Zijner grimmigheid; den droesem van den beker der zwijmeling hebt gij gedronken, ja, uitgezogen.

There is none to guide her among all the sons whom she hath brought forth; neither is there any that taketh her by the hand of all the sons that she hath brought up.	18 Er is niemand van al de kinderen, die zij gebaard heeft, die haar zachtjes leidt; en niemand van al de kinderen, die zij opgevoed heeft, die haar bij de hand grijpt.
These two things are come unto thee; who shall be sorry for thee? desolation, and destruction, and the famine, and the sword: by whom shall I comfort thee?	19 Deze twee dingen zijn u wedervaren, wie heeft medelijden met u? Er is verwoesting, en verbreking, en honger, en zwaard, door wien zal Ik u troosten?
Thy sons have fainted, they lie at the head of all the streets, as a wild bull in a net: they are full of the fury of the LORD, the rebuke of thy God.	20 Uw kinderen zijn in bezwijming gevallen, zij liggen vooraan op alle straten, gelijk een wilde os in het net; zij zijn vol van de grimmigheid des HEEREN, van de schelding uws Gods.
Therefore hear now this, thou afflicted, and drunken, but not with wine:	21 Daarom hoort nu dit, gij bedrukten! en gij dronkenen, maar niet van wijn!
Thus saith thy Lord the LORD, and thy God that pleadeth the cause of his people, Behold, I have taken out of thine hand the cup of trembling, even the dregs of the cup of my fury; thou shalt no more drink it again:	22 Alzo zegt uw Heere, de HEERE en uw God, Die Zijns volks zaak twisten zal: Zie, Ik neem den beker der zwijmeling van uw hand, den droesem van den beker Mijner grimmigheid; gij zult dien voortaan niet meer drinken.
But I will put it into the hand of them that afflict thee; which have said to thy soul, Bow down, that we may go over: and thou hast laid thy body as the ground, and as the street, to them that went over.	23 Maar Ik zal hem dien, die u bedroefd hebben, in de hand zetten, die tot uw ziel zeiden: Buig u neder, dat wij over u gaan; en gij legdet uw rug neder als aarde, en als een straat dergenen, die daarover gaan.

Isaiah (52) Jesaja

Awake, awake; put on thy strength, O Zion; put on thy beautiful garments, O Jerusalem, the holy city: for henceforth there shall no more come into thee the uncircumcised and the unclean.	1 Waak op, waak op, trek uw sterkte aan, o Sion! trek uw sierlijke klederen aan, o Jeruzalem, gij heilige stad? want in u zal voortaan geen onbesnedene noch onreine meer komen.
Shake thyself from the dust; arise, and sit down, O Jerusalem: loose thyself from the bands of thy neck, O captive daughter of Zion.	2 Schud u uit het stof, maak u op, zit neder, o Jeruzalem! maak u los van de banden van uw hals, gij gevangene dochter van Sion!
For thus saith the LORD, Ye have sold yourselves for nought; and ye shall be redeemed without money.	3 Want zo zegt de HEERE; Gijlieden zijt om niet verkocht, gij zult ook zonder geld gelost worden.
For thus saith the Lord GOD, My people went down aforetime into Egypt to sojourn there; and the Assyrian oppressed them without cause.	4 Want zo zegt de Heere HEERE: In vorige tijden trok Mijn volk af in Egypte, om als vreemdeling aldaar te verkeren; en Assur heeft hetzelve om niet onderdrukt.
Now therefore, what have I here, saith the LORD, that my people is taken away for nought? they that rule over them make them to howl, saith the LORD; and my name continually every day is blasphemed.	5 En nu, wat heb Ik hier te doen? spreekt de HEERE, dewijl Mijn volk om niet weggenomen is, en degenen die over hetzelve heersen, het doen huilen, spreekt de HEERE, en Mijn Naam geduriglijk den gansen dag gelasterd wordt;
Therefore my people shall know my name: therefore they shall know in that day that I am he that doth speak: behold, it is I.	6 Daarom zal Mijn volk, daarom zal het Mijn Naam in dien dag kennen, dat Ik het Zelf ben, Die spreekt: Zie, hier ben Ik.
How beautiful upon the mountains are the feet of him that bringeth good tidings, that publisheth peace; that bringeth good tidings of good, that publisheth salvation; that saith unto Zion, Thy God reigneth!	7 Hoe liefelijk zijn op de bergen de voeten desgenen, die het goede boodschapt, die den vrede doet horen; desgenen, die goede boodschap brengt van het goede, die het heil doet horen; desgenen, die tot Sion zegt: Uw God is Koning.
Thy watchmen shall lift up the voice; with the voice together shall they sing: for they shall see eye to eye, when the LORD shall bring again Zion.	8 Er is een stem uwer wachters; zij verheffen de stem, zij juichen te zamen; want zij zullen oog aan oog zien, als de HEERE Sion wederbrengen zal.
Break forth into joy, sing together, ye waste places of Jerusalem: for the LORD hath comforted his people, he hath redeemed Jerusalem.	9 Maakt een geschal, juicht te zamen, gij woeste plaatsen van Jeruzalem! want de HEERE heeft Zijn volk getroost, Hij heeft Jeruzalem verlost.
The LORD hath made bare his holy arm in the eyes of all the nations; and all the ends of the earth shall see the salvation of our God.	10 De HEERE heeft Zijn heiligen arm ontbloot voor de ogen aller heidenen; en al de einden der aarde zullen zien het heil onzes Gods.
Depart ye, depart ye, go ye out from thence, touch no unclean thing; go ye out of the midst of her; be ye clean, that bear the vessels of the LORD.	11 Vertrekt, vertrekt, gaat uit van daar, raakt het onreine niet aan; gaat uit het midden van hen, reinigt u, gij, die de vaten des HEEREN draagt!
For ye shall not go out with haste, nor go by flight: for the LORD will go before you; and the God of Israel will be your rereward.	12 Want gijlieden zult niet met haast uitgaan, noch met der vlucht henengaan; want de HEERE zal voor ulieder aangezicht henentrekken, en de God van Israel zal uw achtertocht wezen.
Behold, my servant shall deal prudently, he shall be exalted and extolled, and be very high.	13 Ziet, Mijn Knecht zal verstandelijk handelen; Hij zal verhoogd en verheven, ja, zeer hoog worden.
As many were astonied at thee; his visage was so marred more than any man, and his form more than the sons of men:	14 Gelijk als velen zich over u ontzet hebben, alzo verdorven was Zijn gelaat, meer dan van iemand, en Zijn gedaante, meer dan van andere mensenkinderen;
So shall he sprinkle many nations; the kings shall shut their mouths at him: for that which had not been told them shall they see; and that which they had not heard shall they consider.	15 Alzo zal Hij vele heidenen besprengen, ja, de koningen zullen hun mond over Hem toehouden; want denwelken het niet verkondigd was, die zullen het zien, en welken het niet gehoord hebben, die zullen het verstaan.

Isaiah (53) Jesaja

Who hath believed our report? and to whom is the arm of the LORD revealed?	1 Wie heeft onze prediking geloofd, en aan wien is de arm des HEEREN geopenbaard?
For he shall grow up before him as a tender plant, and as a root out of a dry ground: he hath no form nor comeliness; and when we shall see him, there is no beauty that we should desire him.	2 Want Hij is als een rijsje voor Zijn aangezicht opgeschoten, en als een wortel uit een dorre aarde; Hij had geen gedaante noch heerlijkheid; als wij Hem aanzagen, zo was er geen gestalte, dat wij Hem zouden begeerd hebben.

Isaiah - Jesaja

He is despised and rejected of men; a man of sorrows, and acquainted with grief: and we hid as it were our faces from him; he was despised, and we esteemed him not.	3 Hij was veracht, en de onwaardigste onder de mensen, een Man van smarten, en verzocht in krankheid; en een iegelijk was als verbergende het aangezicht voor Hem; Hij was veracht, en wij hebben Hem niet geacht.
Surely he hath borne our griefs, and carried our sorrows: yet we did esteem him stricken, smitten of God, and afflicted.	4 Waarlijk, Hij heeft onze krankheden op Zich genomen, en onze smarten heeft Hij gedragen; doch wij achtten Hem, dat Hij geplaagd, van God geslagen en verdrukt was.
But he was wounded for our transgressions, he was bruised for our iniquities: the chastisement of our peace was upon him; and with his stripes we are healed.	5 Maar Hij is om onze overtredingen verwond, om onze ongerechtigheden is Hij verbrijzeld; de straf, die ons den vrede aanbrengt, was op Hem, en door Zijn striemen is ons genezing geworden.
All we like sheep have gone astray; we have turned every one to his own way; and the LORD hath laid on him the iniquity of us all.	6 Wij dwaalden allen als schapen, wij keerden ons een iegelijk naar zijn weg; doch de HEERE heeft onzer aller ongerechtigheid op Hem doen aanlopen.
He was oppressed, and he was afflicted, yet he opened not his mouth: he is brought as a lamb to the slaughter, and as a sheep before her shearers is dumb, so he openeth not his mouth.	7 Als dezelve geëist werd, toen werd Hij verdrukt; doch Hij deed Zijn mond niet open; als een lam werd Hij ter slachting geleid, en als een schaap, dat stom is voor het aangezicht zijner scheerders, alzo deed Hij Zijn mond niet open.
He was taken from prison and from judgment: and who shall declare his generation? for he was cut off out of the land of the living: for the transgression of my people was he stricken.	8 Hij is uit den angst en uit het gericht weggenomen; en wie zal Zijn leeftijd uitspreken? Want Hij is afgesneden uit het land der levenden; om de overtreding Mijns volks is de plage op Hem geweest.
And he made his grave with the wicked, and with the rich in his death; because he had done no violence, neither was any deceit in his mouth.	9 En men heeft Zijn graf bij de goddelozen gesteld, en Hij is bij den rijke in Zijn dood geweest, omdat Hij geen onrecht gedaan heeft, noch bedrog in Zijn mond geweest is.
Yet it pleased the LORD to bruise him; he hath put him to grief: when thou shalt make his soul an offering for sin, he shall see his seed, he shall prolong his days, and the pleasure of the LORD shall prosper in his hand.	10 Doch het behaagde den HEERE Hem te verbrijzelen; Hij heeft Hem krank gemaakt; als Zijn ziel Zich tot een schuldoffer gesteld zal hebben, zo zal Hij zaad zien, Hij zal de dagen verlengen; en het welbehagen des HEEREN zal door Zijn hand gelukkiglijk voortgaan.
He shall see of the travail of his soul, and shall be satisfied: by his knowledge shall my righteous servant justify many; for he shall bear their iniquities.	11 Om den arbeid Zijner ziel zal Hij het zien, en verzadigd worden; door Zijn kennis zal Mijn Knecht, de Rechtvaardige, velen rechtvaardig maken, want Hij zal hun ongerechtigheden dragen.
Therefore will I divide him a portion with the great, and he shall divide the spoil with the strong; because he hath poured out his soul unto death: and he was numbered with the transgressors; and he bare the sin of many, and made intercession for the transgressors.	12 Daarom zal Ik Hem een deel geven van velen, en Hij zal de machtigen als een roof delen, omdat Hij Zijn ziel uitgestort heeft in den dood, en met de overtreders is geteld geweest, en Hij veler zonden gedragen heeft, en voor de overtreders gebeden heeft.

Isaiah (54) Jesaja

Sing, O barren, thou that didst not bear; break forth into singing, and cry aloud, thou that didst not travail with child: for more are the children of the desolate than the children of the married wife, saith the LORD.	1 Zing vrolijk, gij onvruchtbare, die niet gebaard hebt! maak geschal met vrolijk gezang, en juich, die geen barensnood gehad hebt! want de kinderen der eenzame zijn meer, dan de kinderen der getrouwde, zegt de HEERE.
Enlarge the place of thy tent, and let them stretch forth the curtains of thine habitations: spare not, lengthen thy cords, and strengthen thy stakes;	2 Maak de plaats uwer tenten wijd, en dat men de gordijnen uwer woningen uitbreide, verhinder het niet; maak uw koorden lang, en steek uw pinnen vast in.
For thou shalt break forth on the right hand and on the left; and thy seed shall inherit the Gentiles, and make the desolate cities to be inhabited.	3 Want gij zult uitbreken ter rechterhand en ter linkerhand; en uw zaad zal de heidenen erven, en zij zullen de verwoeste steden doen bewonen.
Fear not; for thou shalt not be ashamed: neither be thou confounded; for thou shalt not be put to shame: for thou shalt forget the shame of thy youth, and shalt not remember the reproach of thy widowhood any more.	4 Vrees niet, want gij zult niet beschaamd worden, en word niet schaamrood, want gij zult niet te schande worden; maar gij zult de schaamte uwer jonkheid vergeten, en den smaad uws weduwschaps zult gij niet meer gedenken.
For thy Maker is thine husband; the LORD of hosts is his name; and thy Redeemer the Holy One of Israel; The God of the whole earth shall he be called.	5 Want uw Maker is uw Man, HEERE der heirscharen is Zijn Naam; en de Heilige Israels is uw Verlosser; Hij zal de God des gansen aardbodems genaamd worden.
For the LORD hath called thee as a woman forsaken and grieved in spirit, and a wife of youth, when thou wast refused, saith thy God.	6 Want de HEERE heeft u geroepen, als een verlaten vrouw en bedroefde van geest; nochtans zijt gij de huisvrouw der jeugd, hoewel gij versmaad zijt geweest, zegt uw God.
For a small moment have I forsaken thee; but with great mercies will I gather thee.	7 Voor een klein ogenblik heb Ik u verlaten; maar met grote ontfermingen zal Ik u vergaderen.
In a little wrath I hid my face from thee for a moment; but with everlasting kindness will I have mercy on thee, saith the LORD thy Redeemer.	8 In een kleinen toorn heb Ik Mijn aangezicht van u een ogenblik verborgen; maar met eeuwige goedertierenheid zal Ik Mij uwer ontfermen, zegt de HEERE, uw Verlosser.
For this is as the waters of Noah unto me: for as I have sworn that the waters of Noah should no more go over the earth; so have I sworn that I would not be wroth with thee, nor rebuke thee.	9 Want dat zal Mij zijn als de wateren van Noach, toen Ik zwoer, dat de wateren van Noach niet meer over de aarde zouden gaan; alzo heb Ik gezworen, dat Ik niet meer op u toornen, noch u schelden zal.
For the mountains shall depart, and the hills be removed; but my kindness shall not depart from thee, neither shall the covenant of my peace be removed, saith the LORD that hath mercy on thee.	10 Want bergen zullen wijken, en heuvelen wankelen; maar Mijn goedertierenheid zal van u niet wijken, en het verbond Mijns vredes zal niet wankelen, zegt de HEERE, uw Ontfermer.
O thou afflicted, tossed with tempest, and not comforted, behold, I will lay thy stones with fair colours, and lay thy foundations with sapphires.	11 Gij verdrukte, door onweder voortgedrevene, ongetrooste! zie, Ik zal uw stenen gans sierlijk leggen, en Ik zal u op saffieren grondvesten.

And I will make thy windows of agates, and thy gates of carbuncles, and all thy borders of pleasant stones.

And all thy children shall be taught of the LORD; and great shall be the peace of thy children.

In righteousness shalt thou be established: thou shalt be far from oppression; for thou shalt not fear: and from terror; for it shall not come near thee.

Behold, they shall surely gather together, but not by me: whosoever shall gather together against thee shall fall for thy sake.

Behold, I have created the smith that bloweth the coals in the fire, and that bringeth forth an instrument for his work; and I have created the waster to destroy.

No weapon that is formed against thee shall prosper; and every tongue that shall rise against thee in judgment thou shalt condemn. This is the heritage of the servants of the LORD, and their righteousness is of me, saith the LORD.

12 En uw glasvensters zal Ik kristallijnen maken, en uw poorten van robijnstenen, en uw ganse landpale van aangename stenen.

13 En al uw kinderen zullen van den HEERE geleerd zijn, en de vrede uwer kinderen zal groot zijn.

14 Gij zult door gerechtigheid bevestigd worden; wees verre van verdrukking, want gij zult niet vrezen; en verre van verschrikking, want zij zal tot u niet naken.

15 Ziet, zij zullen zich zekerlijk vergaderen, doch niet uit Mij; wie zich tegen u vergaderen zal, die zal om uwentwil vallen.

16 Zie, Ik heb den smid geschapen, die de kolen in het vuur opblaast, en die het instrument voortbrengt tot zijn werk; ook heb Ik den verderver geschapen, om te vernielen.

17 Alle instrument, dat tegen u bereid wordt, zal niet gelukken, en alle tong, die in gericht tegen u opstaat, zult gij verdoemen; dit is de erve der knechten des HEEREN, en hun gerechtigheid is uit Mij, spreekt de HEERE.

Isaiah (55) Jesaja

Ho, every one that thirsteth, come ye to the waters, and he that hath no money; come ye, buy, and eat; yea, come, buy wine and milk without money and without price.

Wherefore do ye spend money for that which is not bread? and your labour for that which satisfieth not? hearken diligently unto me, and eat ye that which is good, and let your soul delight itself in fatness.

Incline your ear, and come unto me: hear, and your soul shall live; and I will make an everlasting covenant with you, even the sure mercies of David.

Behold, I have given him for a witness to the people, a leader and commander to the people.

Behold, thou shalt call a nation that thou knowest not, and nations that knew not thee shall run unto thee because of the LORD thy God, and for the Holy One of Israel; for he hath glorified thee.

Seek ye the LORD while he may be found, call ye upon him while he is near:

Let the wicked forsake his way, and the unrighteous man his thoughts: and let him return unto the LORD, and he will have mercy upon him; and to our God, for he will abundantly pardon.

For my thoughts are not your thoughts, neither are your ways my ways, saith the LORD.

For as the heavens are higher than the earth, so are my ways higher than your ways, and my thoughts than your thoughts.

For as the rain cometh down, and the snow from heaven, and returneth not thither, but watereth the earth, and maketh it bring forth and bud, that it may give seed to the sower, and bread to the eater:

So shall my word be that goeth forth out of my mouth: it shall not return unto me void, but it shall accomplish that which I please, and it shall prosper in the thing whereto I sent it.

For ye shall go out with joy, and be led forth with peace: the mountains and the hills shall break forth before you into singing, and all the trees of the field shall clap their hands.

Instead of the thorn shall come up the fir tree, and instead of the brier shall come up the myrtle tree: and it shall be to the LORD for a name, for an everlasting sign that shall not be cut off.

1 O alle gij dorstigen! komt tot de wateren, en gij, die geen geld hebt, komt, koopt en eet, ja komt, koopt zonder geld, en zonder prijs, wijn en melk!

2 Waarom weegt gijlieden geld uit voor hetgeen geen brood is, en uw arbeid voor hetgeen niet verzadigen kan? Hoort aandachtiglijk naar Mij, en eet het goede, en laat uw ziel in vettigheid zich verlustigen.

3 Neigt uw oor, en komt tot Mij, hoort, en uw ziel zal leven; want Ik zal met u een eeuwig verbond maken, en u geven de gewisse weldadigheden van David.

4 Ziet, Ik heb hem tot een getuige der volken gegeven, een vorst en gebieder der volken.

5 Ziet, gij zult een volk roepen, dat gij niet kendet, en het volk, dat u niet kende, zal tot u lopen, om des HEEREN uws Gods wil, en om des Heiligen Israels wil, want Hij heeft u verheerlijkt.

6 Zoekt den HEERE, terwijl Hij te vinden is; roept Hem aan, terwijl Hij nabij is.

7 De goddeloze verlate zijn weg, en de ongerechtige man zijn gedachten; en hij bekere zich tot den HEERE, zo zal Hij Zich Zijner ontfermen, en tot onzen God, want Hij vergeeft menigvuldiglijk.

8 Want Mijn gedachten zijn niet ulieder gedachten, en uw wegen zijn niet Mijn wegen, spreekt de HEERE.

9 Want gelijk de hemelen hoger zijn dan de aarde, alzo zijn Mijn wegen hoger dan uw wegen, en Mijn gedachten dan ulieder gedachten.

10 Want gelijk de regen en de sneeuw van den hemel nederdaalt, en derwaarts niet wederkeert; maar doorvochtigt de aarde, en maakt, dat zij voortbrenge en uitspruite, en zaad geve den zaaier, en brood den eter;

11 Alzo zal Mijn woord, dat uit Mijn mond uitgaat, ook zijn, het zal niet ledig tot Mij wederkeren; maar het zal doen, hetgeen Mij behaagt, en het zal voorspoedig zijn in hetgeen, waartoe Ik het zende.

12 Want in blijdschap zult gijlieden uittrekken, en met vrede voortgeleid worden; de bergen en heuvelen zullen geschal maken met vrolijk gezang voor uw aangezicht, en alle bomen des velds zullen de handen samenklappen.

13 Voor een doorn zal een denneboom opgaan, voor een distel zal een mirteboom opgaan; en het zal den HEERE wezen tot een naam, tot een eeuwig teken, dat niet uitgeroeid zal worden.

Isaiah (56) Jesaja

Thus saith the LORD, Keep ye judgment, and do justice: for my salvation is near to come, and my righteousness to be revealed.

Blessed is the man that doeth this, and the son of man that layeth hold on it; that keepeth the sabbath from polluting it, and keepeth his hand from doing any evil.

Neither let the son of the stranger, that hath joined himself to the LORD, speak, saying, The LORD hath utterly separated me from his people: neither let the eunuch say, Behold, I am a dry tree.

1 Alzo zegt de HEERE: Bewaart het recht, en doet gerechtigheid; want Mijn heil is nabij om te komen, en Mijn gerechtigheid om geopenbaard te worden.

2 Welgelukzalig is de mens, die zulks doet, en des mensen kind, dat daaraan vasthoudt; die den sabbat houdt, zodat gij dien niet ontheiligt, en die zijn hand bewaart van enig kwaad te doen.

3 En de vreemde, die zich tot den HEERE gevoegd heeft, spreke niet, zeggende: De HEERE heeft mij gans en al van Zijn volk gescheiden; en de gesnedene zegge niet: Ziet, ik ben een dorre boom.

	For thus saith the LORD unto the eunuchs that keep my sabbaths, and choose the things that please me, and take hold of my covenant;	4	Want alzo zegt de HEERE van de gesnedenen, die Mijn sabbatten houden, en verkiezen hetgeen, waartoe Ik lust heb, en vasthouden aan Mijn verbond;
	Even unto them will I give in mine house and within my walls a place and a name better than of sons and of daughters: I will give them an everlasting name, that shall not be cut off.	5	Ik zal hen ook in Mijn huis en binnen Mijn muren een plaats en een naam geven, beter dan der zonen en dan der dochteren; een eeuwigen naam zal Ik een ieder van hen geven, die niet uitgeroeid zal worden.
	Also the sons of the stranger, that join themselves to the LORD, to serve him, and to love the name of the LORD, to be his servants, every one that keepeth the sabbath from polluting it, and taketh hold of my covenant;	6	En de vreemden, die zich tot den HEERE voegen, om Hem te dienen, en om den Naam des HEEREN lief te hebben, om Hem tot knechten te zijn; al wie den sabbat houdt, dat hij dien niet onthelige, en die aan Mijn verbond vasthouden;
	Even them will I bring to my holy mountain, and make them joyful in my house of prayer: their burnt offerings and their sacrifices shall be accepted upon mine altar; for mine house shall be called an house of prayer for all people.	7	Die zal Ik ook brengen tot Mijn heiligen berg, en Ik zal hen verheugen in Mijn bedehuis; hun brandoffers en hun slachtoffers zullen aangenaam wezen op Mijn altaar; want Mijn huis zal een bedehuis genoemd worden voor alle volken.
	The Lord GOD which gathereth the outcasts of Israel saith, Yet will I gather others to him, beside those that are gathered unto him.	8	De Heere HEERE, Die de verdrevenen van Israel vergadert, spreekt: Ik zal tot hem nog meer vergaderen, nevens hen, die tot hem vergaderd zijn.
	All ye beasts of the field, come to devour, yea, all ye beasts in the forest.	9	Al gij gedierten des velds, komt om te eten, ja, al gij gedierten in het woud!
	His watchmen are blind: they are all ignorant, they are all dumb dogs, they cannot bark; sleeping, lying down, loving to slumber.	10	Hun wachters zijn allen blind, zij weten niet; zij allen zijn stomme honden, zij kunnen niet bassen; zij zijn slaperig, zij liggen neder, zij hebben het sluimeren lief.
	Yea, they are greedy dogs which can never have enough, and they are shepherds that cannot understand: they all look to their own way, every one for his gain, from his quarter.	11	En deze honden zijn sterk van begeerte, zij kunnen niet verzadigd worden, ja, het zijn herders, die niet verstaan kunnen; zij allen keren zich naar hun weg, elkeen naar zijn gewin, elk uit zijn einde.
	Come ye, say they, I will fetch wine, and we will fill ourselves with strong drink; and to morrow shall be as this day, and much more abundant.	12	Komt herwaarts, zeggen zij: ik zal wijn halen, en wij zullen sterken drank zuipen; en de dag van morgen zal zijn als deze, ja, groter, veel treffelijker.

Isaiah (57) Jesaja

	The righteous perisheth, and no man layeth it to heart: and merciful men are taken away, none considering that the righteous is taken away from the evil to come.	1	De rechtvaardige komt om, en er is niemand, die het ter harte neemt; en de weldadige lieden worden weggeraapt, zonder dat er iemand op let, dat de rechtvaardige weggeraapt wordt voor het kwaad.
	He shall enter into peace: they shall rest in their beds, each one walking in his uprightness.	2	Hij zal ingaan in den vrede; zij zullen rusten op hun slaapsteden, een iegelijk, die in zijn oprechtheid gewandeld heeft.
	But draw near hither, ye sons of the sorceress, the seed of the adulterer and the whore.	3	Doch nadert gijlieden hier toe, gij kinderen der guichelares! gij overspelig zaad, en gij, die hoererij bedrijft!
	Against whom do ye sport yourselves? against whom make ye a wide mouth, and draw out the tongue? are ye not children of transgression, a seed of falsehood,	4	Over wien maakt gij u lustig, over wien spert gij den mond wijd open en steekt de tong lang uit? Zijt gij niet kinderen der overtreding, een zaad der valsheid,
	Enflaming yourselves with idols under every green tree, slaying the children in the valleys under the clifts of the rocks?	5	Die hittig zijt in de eikenbossen, onder allen groenen boom; slachtende de kinderen aan de beken, onder de hoeken der steenrotsen.
	Among the smooth stones of the stream is thy portion; they, they are thy lot: even to them hast thou poured a drink offering, thou hast offered a meat offering. Should I receive comfort in these?	6	Aan de gladde stenen der beken is uw deel, die, die zijn uw lot; ook stort gij denzelven drankoffer uit, gij offert hun spijsoffer; zou Ik Mij over deze dingen troosten laten?
	Upon a lofty and high mountain hast thou set thy bed: even thither wentest thou up to offer sacrifice.	7	Gij stelt uw leger op een hogen en verhevenen berg; ook klimt gij derwaarts op, om slachtoffer te offeren.
	Behind the doors also and the posts hast thou set up thy remembrance: for thou hast discovered thyself to another than me, and art gone up; thou hast enlarged thy bed, and made thee a covenant with them; thou lovedst their bed where thou sawest it.	8	En achter de deur en posten zet gij uw gedenkteken; want van Mij wijkende ontdekt gij u, en klimt op; gij maakt uw leger wijd, en maakt u een verbond met enigen uit dezelve, gij hebt hun leger lief in elke plaats, die gij ziet.
	And thou wentest to the king with ointment, and didst increase thy perfumes, and didst send thy messengers far off, and didst debase thyself even unto hell.	9	En gij trekt met olie tot den koning, en gij vermenigvuldigt uw welriekende zalven; en gij zendt uw gezanten verre weg, en vernedert u tot de hel toe.
	Thou art wearied in the greatness of thy way; yet saidst thou not, There is no hope: thou hast found the life of thine hand; therefore thou wast not grieved.	10	Gij zijt vermoeid door uw grote reis, maar gij zegt niet: Het is buiten hoop; gij hebt het leven uwer hand gevonden, daarom wordt gij niet ziek.
	And of whom hast thou been afraid or feared, that thou hast lied, and hast not remembered me, nor laid it to thy heart? have not I held my peace even of old, and thou fearest me not?	11	Maar voor wien hebt gij geschroomd of gevreesd? Want gij hebt gelogen, en zijt Mijner niet gedachtig geweest, gij hebt Mij op uw hart niet gelegd; is het niet, om dat Ik zwijg, en dat van ouds af, en gij vreest Mij niet?
	I will declare thy righteousness, and thy works; for they shall not profit thee.	12	Ik zal uw gerechtigheid bekend maken, en uw werken, dat zij u geen nut doen zullen.
	When thou criest, let thy companies deliver thee; but the wind shall carry them all away; vanity shall take them: but he that putteth his trust in me shall possess the land, and shall inherit my holy mountain;	13	Wanneer gij roepen zult, zo laat die, die van u vergaderd zijn, u redden; doch de wind zal hen allen wegvoeren, de ijdelheid zal hen wegnemen. Maar die op Mij betrouwt, die zal het aardrijk erven, en Mijn heiligen berg erfelijk bezitten.
	And shall say, Cast ye up, cast ye up, prepare the way, take up the stumblingblock out of the way of my people.	14	En men zal zeggen: Verhoogt de baan, verhoogt de baan, bereidt den weg, neemt den aanstoot uit den weg Mijns volks.

For thus saith the high and lofty One that inhabiteth eternity, whose name is Holy; I dwell in the high and holy place, with him also that is of a contrite and humble spirit, to revive the spirit of the humble, and to revive the heart of the contrite ones.

For I will not contend for ever, neither will I be always wroth: for the spirit should fail before me, and the souls which I have made.

For the iniquity of his covetousness was I wroth, and smote him: I hid me, and was wroth, and he went on frowardly in the way of his heart.

I have seen his ways, and will heal him: I will lead him also, and restore comforts unto him and to his mourners.

I create the fruit of the lips; Peace, peace to him that is far off, and to him that is near, saith the LORD; and I will heal him.

But the wicked are like the troubled sea, when it cannot rest, whose waters cast up mire and dirt.

There is no peace, saith my God, to the wicked.

15 Want alzo zegt de Hoge en Verhevene, Die in de eeuwigheid woont, en Wiens Naam heilig is: Ik woon in de hoogte en in het heilige, en bij dien, die van een verbrijzelden en nederigen geest is, opdat Ik levend make den geest der nederigen, en opdat Ik levend make het hart der verbrijzelden.

16 Want Ik zal niet eeuwiglijk twisten, en Ik zal niet geduriglijk verbolgen zijn; want de geest zou van voor Mijn aangezicht overstelpt worden, en de zielen, die Ik gemaakt heb.

17 Ik was verbolgen over de ongerechtigheid hunner gierigheid, en sloeg hen; Ik verborg Mij, en was verbolgen; evenwel gingen zij afkerig henen in den weg huns harten.

18 Ik zie hun wegen, en Ik zal hen genezen; en Ik zal hen geleiden, en hun vertroostingen wedergeven, namelijk aan hun treurigen.

19 Ik schep de vrucht der lippen, vrede, vrede dengenen, die verre zijn, en dengenen, die nabij zijn, zegt de HEERE, en Ik zal hen genezen.

20 Doch de goddelozen zijn als een voortgedreven zee, want die kan niet rusten, en haar wateren werpen slijk en modder op.

21 De goddelozen, zegt mijn God, hebben geen vrede.

Isaiah (58) Jesaja

1 Cry aloud, spare not, lift up thy voice like a trumpet, and shew my people their transgression, and the house of Jacob their sins.

2 Yet they seek me daily, and delight to know my ways, as a nation that did righteousness, and forsook not the ordinance of their God: they ask of me the ordinances of justice; they take delight in approaching to God.

3 Wherefore have we fasted, say they, and thou seest not? wherefore have we afflicted our soul, and thou takest no knowledge? Behold, in the day of your fast ye find pleasure, and exact all your labours.

4 Behold, ye fast for strife and debate, and to smite with the fist of wickedness: ye shall not fast as ye do this day, to make your voice to be heard on high.

5 Is it such a fast that I have chosen? a day for a man to afflict his soul? is it to bow down his head as a bulrush, and to spread sackcloth and ashes under him? wilt thou call this a fast, and an acceptable day to the LORD?

6 Is not this the fast that I have chosen? to loose the bands of wickedness, to undo the heavy burdens, and to let the oppressed go free, and that ye break every yoke?

7 Is it not to deal thy bread to the hungry, and that thou bring the poor that are cast out to thy house? when thou seest the naked, that thou cover him; and that thou hide not thyself from thine own flesh?

8 Then shall thy light break forth as the morning, and thine health shall spring forth speedily: and thy righteousness shall go before thee; the glory of the LORD shall be thy rereward.

9 Then shalt thou call, and the LORD shall answer; thou shalt cry, and he shall say, Here I am. If thou take away from the midst of thee the yoke, the putting forth of the finger, and speaking vanity;

10 And if thou draw out thy soul to the hungry, and satisfy the afflicted soul; then shall thy light rise in obscurity, and thy darkness be as the noonday:

11 And the LORD shall guide thee continually, and satisfy thy soul in drought, and make fat thy bones: and thou shalt be like a watered garden, and like a spring of water, whose waters fail not.

12 And they that shall be of thee shall build the old waste places: thou shalt raise up the foundations of many generations; and thou shalt be called, The repairer of the breach, The restorer of paths to dwell in.

13 If thou turn away thy foot from the sabbath, from doing thy pleasure on my holy day; and call the sabbath a delight, the holy of the LORD, honourable; and shalt honour him, not doing thine own ways, nor finding thine own pleasure, nor speaking thine own words:

14 Then shalt thou delight thyself in the LORD; and I will cause thee to ride upon the high places of the earth, and feed thee with the heritage of Jacob thy father: for the mouth of the LORD hath spoken it.

1 Roep uit de keel, houd niet in, verhef uw stem als een bazuin, en verkondig Mijn volk hun overtreding, en het huis Jakobs hun zonden.

2 Hoewel zij Mij dagelijks zoeken, en een lust hebben aan de kennis Mijner wegen, als een volk, dat gerechtigheid doet en het recht zijns Gods niet verlaat, vragen zij Mij naar de rechten der gerechtigheid; zij hebben een lust tot God te naderen;

3 Zeggende: Waarom vasten wij, en Gij ziet het niet aan, waarom kwellen wij onze ziel, en Gij weet het niet? Ziet, ten dage, wanneer gijlieden vast, zo vindt gij uw lust, en gij eist gestrengelijk al uw arbeid.

4 Ziet, tot twist en gekijf vast gijlieden, en om goddelooslijk met de vuist te slaan; vast niet gelijk heden, om uw stem te doen horen in de hoogte.

5 Zou het zulk een vasten zijn, dat Ik verkiezen zou, dat de mens zijn ziel een dag kwelle, dat hij zijn hoofd kromme gelijk een bieze, en een zak en as onder zich spreide? Zoudt gij dat een vasten heten, en een dag den HEERE aangenaam?

6 Is niet dit het vasten, dat Ik verkies: dat gij losmaakt de knopen der goddeloosheid, dat gij ontdoet de banden des juks, en dat gij vrij loslaat de verpletterden, en alle juk verscheurt?

7 Is het niet, dat gij den hongerige uw brood mededeelt, en de armen, verdrevenen in huis brengt? Als gij een naakte ziet, dat gij hem dekt, en dat gij u voor uw vlees niet verbergt?

8 Dan zal uw licht voortbreken als de dageraad, en uw genezing zal snellijk uitspruiten; en uw gerechtigheid zal voor uw aangezicht heengaan, en de heerlijkheid des HEEREN zal uw achtertocht wezen.

9 Dan zult gij roepen, en de HEERE zal antwoorden; gij zult schreeuwen, en Hij zal zeggen: Ziet, hier ben Ik. Zo gij uit het midden van u wegdoet het juk, het uitsteken des vingers, en het spreken der ongerechtigheid;

10 En zo gij uw ziel opent voor den hongerige, en de bedrukte ziel verzadigt; dan zal uw licht in de duisternis opgaan, en uw donkerheid zal zijn als de middag.

11 En de HEERE zal u geduriglijk leiden, en Hij zal uw ziel verzadigen in grote droogten, en uw beenderen vaardig maken; en gij zult zijn als een gewaterde hof, en als een springader der wateren, welker wateren niet ontbreken.

12 En die uit u voortkomen, zullen bouwen de oude verwoeste plaatsen; de fondamenten, van geslacht tot geslacht verwoest, zult gij oprichten; en gij zult genaamd worden: Die de bressen toemuurt, die de paden weder opmaakt, om te bewonen.

13 Indien gij uw voet van den sabbat afkeert, van te doen uw lust op Mijn heiligen dag; en indien gij den sabbat noemt een verlustiging, opdat de HEERE geheiligd worde, Die te eren is; en indien gij dien eert, dat gij uw wegen niet doet, en uw eigen lust niet vindt, noch een woord daarvan spreekt;

14 Dan zult gij u verlustigen in den HEERE, en Ik zal u doen rijden op de hoogten der aarde, en Ik zal u spijzigen met de erve van uw vader Jakob; want de mond des HEEREN heeft het gesproken.

Isaiah (59) Jesaja

	English		Dutch
	Behold, the LORD'S hand is not shortened, that it cannot save; neither his ear heavy, that it cannot hear:	1	Ziet, de hand des HEEREN is niet verkort, dat zij niet zou kunnen verlossen; en Zijn oor is niet zwaar geworden, dat het niet zou kunnen horen.
	But your iniquities have separated between you and your God, and your sins have hid his face from you, that he will not hear.	2	Maar uw ongerechtigheden maken een scheiding tussen ulieden en tussen uw God, en uw zonden verbergen het aangezicht van ulieden, dat Hij niet hoort.
	For your hands are defiled with blood, and your fingers with iniquity; your lips have spoken lies, your tongue hath muttered perverseness.	3	Want uw handen zijn met bloed bevlekt; en uw vingeren met ongerechtigheid; uw lippen spreken valsheid, uw tong dicht onrecht.
	None calleth for justice, nor any pleadeth for truth: they trust in vanity, and speak lies; they conceive mischief, and bring forth iniquity.	4	Er is niemand, die voor de gerechtigheid roept, en niemand, die voor de waarheid in het gericht zich begeeft; zij vertrouwen op ijdelheid, en spreken leugen; met moeite zijn zij zwanger, en zij baren ongerechtigheid.
	They hatch cockatrice' eggs, and weave the spider's web: he that eateth of their eggs dieth, and that which is crushed breaketh out into a viper.	5	Zij broeden basiliskus-eieren uit, en zij weven spinnewebben; die van hun eieren eet, moet sterven, en als het in stukken gedrukt wordt, er berst een adder uit.
	Their webs shall not become garments, neither shall they cover themselves with their works: their works are works of iniquity, and the act of violence is in their hands.	6	Hun webben deugen niet tot klederen, en zij zullen zichzelven niet kunnen dekken met hun werken; hun werken zijn werken der ongerechtigheid, en een maaksel des wrevels is in hun handen.
	Their feet run to evil, and they make haste to shed innocent blood: their thoughts are thoughts of iniquity; wasting and destruction are in their paths.	7	Hun voeten lopen tot het kwade, en zij haasten om onschuldig bloed te vergieten; hun gedachten zijn gedachten der ongerechtigheid, verstoring en verbreking is op hun banen.
	The way of peace they know not; and there is no judgment in their goings: they have made them crooked paths: whosoever goeth therein shall not know peace.	8	Den weg des vredes kennen zij niet; en er is geen recht in hun gangen; hun paden maken zij verkeerd voor zich zelven, al wie daarop gaat, die kent den vrede niet.
	Therefore is judgment far from us, neither doth justice overtake us: we wait for light, but behold obscurity; for brightness, but we walk in darkness.	9	Daarom is het recht verre van ons, en de gerechtigheid achterhaalt ons niet; wij wachten op het licht, maar ziet, er is duisternis, op een groten glans, maar wij wandelen in donkerheden.
	We grope for the wall like the blind, and we grope as if we had no eyes: we stumble at noonday as in the night; we are in desolate places as dead men.	10	Wij tasten naar den wand, gelijk de blinden, en, gelijk die geen ogen hebben, tasten wij; wij stoten ons op den middag, als in de schemering, wij zijn in woeste plaatsen gelijk de doden.
	We roar all like bears, and mourn sore like doves: we look for judgment, but there is none; for salvation, but it is far off from us.	11	Wij brommen allen gelijk als de beren, en wij kirren doorgaans gelijk de duiven; wij wachten naar recht, maar er is geen, naar heil, maar het is verre van ons.
	For our transgressions are multiplied before thee, and our sins testify against us: for our transgressions are with us; and as for our iniquities, we know them;	12	Want onze overtredingen zijn vele voor U, en onze zonden getuigen tegen ons; want onze overtredingen zijn bij ons, en onze ongerechtigheden kennen wij;
	In transgressing and lying against the LORD, and departing away from our God, speaking oppression and revolt, conceiving and uttering from the heart words of falsehood.	13	Het overtreden en het liegen tegen den HEERE, en het achterwaarts wijken van onzen God; het spreken van onderdrukking en afval, het ontvangen en het dichten van valse woorden uit het hart.
	And judgment is turned away backward, and justice standeth afar off: for truth is fallen in the street, and equity cannot enter.	14	Daarom is het recht achterwaarts geweken, en de gerechtigheid staat van verre; want de waarheid struikelt op de straat, en wat recht is, kan er niet ingaan.
	Yea, truth faileth; and he that departeth from evil maketh himself a prey: and the LORD saw it, and it displeased him that there was no judgment.	15	Ja, de waarheid ontbreekt er, en wie van het boze wijkt, stelt zich tot een roof; en de HEERE zag het, en het was kwaad in Zijn ogen, dat er geen recht was.
	And he saw that there was no man, and wondered that there was no intercessor: therefore his arm brought salvation unto him; and his righteousness, it sustained him.	16	Dewijl Hij zag, dat er niemand was, zo ontzette Hij Zich, omdat er geen voorbidder was; daarom bracht Hem Zijn arm heil aan, en Zijn gerechtigheid ondersteunde Hem.
	For he put on righteousness as a breastplate, and an helmet of salvation upon his head; and he put on the garments of vengeance for clothing, and was clad with zeal as a cloke.	17	Want Hij trok gerechtigheid aan als een pantser, en den helm des heils zette Hij op Zijn hoofd, en de klederen der wraak trok Hij aan tot kleding, en Hij deed den ijver aan als een mantel.
	According to their deeds, accordingly he will repay, fury to his adversaries, recompence to his enemies; to the islands he will repay recompence.	18	Even naar de werken, even daarnaar zal Hij vergelden, grimmigheid aan Zijn wederpartijders, vergelding aan Zijn vijanden; den eilanden zal Hij het loon vergelden.
	So shall they fear the name of the LORD from the west, and his glory from the rising of the sun. When the enemy shall come in like a flood, the Spirit of the LORD shall lift up a standard against him.	19	Dan zullen zij den Naam des HEEREN vrezen van den nedergang, en Zijn heerlijkheid van den opgang der zon; als de vijand zal komen gelijk een stroom, zal de Geest des HEEREN de banier tegen hen oprichten.
	And the Redeemer shall come to Zion, and unto them that turn from transgression in Jacob, saith the LORD.	20	En er zal een Verlosser tot Sion komen, namelijk voor hen, die zich bekeren van de overtreding in Jakob, spreekt de HEERE.
	As for me, this is my covenant with them, saith the LORD; My spirit that is upon thee, and my words which I have put in thy mouth, shall not depart out of thy mouth, nor out of the mouth of thy seed, nor out of the mouth of thy seed's seed, saith the LORD, from henceforth and for ever.	21	Mij aangaande, dit is Mijn Verbond met hen, zegt de HEERE: Mijn Geest, Die op u is, en Mijn woorden, die Ik in uw mond gelegd heb, die zullen van uw mond niet wijken, noch van den mond van uw zaad, noch van den mond van het zaad uws zaads, zegt de HEERE, van nu aan tot in eeuwigheid toe.

Isaiah (60) Jesaja

	English		Dutch
	Arise, shine; for thy light is come, and the glory of the LORD is risen upon thee.	1	Maak u op, word verlicht, want uw Licht komt, en de heerlijkheid des HEEREN gaat over u op.

2	For, behold, the darkness shall cover the earth, and gross darkness the people: but the LORD shall arise upon thee, and his glory shall be seen upon thee.	2	Want zie, de duisternis zal de aarde bedekken, en donkerheid de volken; doch over u zal de HEERE opgaan, en Zijn heerlijkheid zal over u gezien worden.
3	And the Gentiles shall come to thy light, and kings to the brightness of thy rising.	3	En de heidenen zullen tot uw licht gaan, en koningen tot den glans, die u is opgegaan.
4	Lift up thine eyes round about, and see: all they gather themselves together, they come to thee: thy sons shall come from far, and thy daughters shall be nursed at thy side.	4	Hef uw ogen rondom op, en zie, die allen zijn vergaderd, zij komen tot u; uw zonen zullen van verre komen, en uw dochters zullen aan uw zijde gevoedsterd worden.
5	Then thou shalt see, and flow together, and thine heart shall fear, and be enlarged; because the abundance of the sea shall be converted unto thee, the forces of the Gentiles shall come unto thee.	5	Dan zult gij het zien en samenvloeien, en uw hart zal vervaard zijn en verwijd worden; want de menigte de zee zal tot u gekeerd worden, het heir der heidenen zal tot u komen.
6	The multitude of camels shall cover thee, the dromedaries of Midian and Ephah; all they from Sheba shall come: they shall bring gold and incense; and they shall shew forth the praises of the LORD.	6	Een hoop kemelen zal u bedekken, de snelle kemelen van Midian en Hefa; zij allen uit Scheba zullen komen; goud en wierook zullen zij aanbrengen, en zij zullen den overvloedigen lof des HEEREN boodschappen.
7	All the flocks of Kedar shall be gathered together unto thee, the rams of Nebaioth shall minister unto thee: they shall come up with acceptance on mine altar, and I will glorify the house of my glory.	7	Al de schapen van Kedar zullen tot u verzameld worden; de rammen van Nebajoth zullen u dienen; zij zullen met welgevallen komen op Mijn altaar, en Ik zal het huis Mijner heerlijkheid heerlijk maken.
8	Who are these that fly as a cloud, and as the doves to their windows?	8	Wie zijn deze, die daar komen gevlogen als een wolk, en als duiven tot haar vensters?
9	Surely the isles shall wait for me, and the ships of Tarshish first, to bring thy sons from far, their silver and their gold with them, unto the name of the LORD thy God, and to the Holy One of Israel, because he hath glorified thee.	9	Want de eilanden zullen Mij verwachten, en de schepen van Tarsis vooreerst, om uw kinderen van verre te brengen, hun zilver en hun goud met hen, tot den Naam des HEEREN uws Gods, en tot den Heilige Israels, dewijl Hij u heerlijk gemaakt heeft.
10	And the sons of strangers shall build up thy walls, and their kings shall minister unto thee: for in my wrath I smote thee, but in my favour have I had mercy on thee.	10	En de vreemden zullen uw muren bouwen, en hun koningen zullen u dienen; want in Mijn verbolgenheid heb Ik u geslagen, maar in Mijn welbehagen heb Ik Mij over u ontfermd.
11	Therefore thy gates shall be open continually; they shall not be shut day nor night; that men may bring unto thee the forces of the Gentiles, and that their kings may be brought.	11	En uw poorten zullen steeds openstaan, zij zullen des daags of des nachts niet toegesloten worden; opdat men tot u inbrenge het heir der heidenen, en hun koningen tot u geleid worden.
12	For the nation and kingdom that will not serve thee shall perish; yea, those nations shall be utterly wasted.	12	Want het volk en het koninkrijk, welke u niet zullen dienen, die zullen vergaan; en die volken zullen gans verwoest worden.
13	The glory of Lebanon shall come unto thee, the fir tree, the pine tree, and the box together, to beautify the place of my sanctuary; and I will make the place of my feet glorious.	13	De heerlijkheid van Libanon zal tot u komen, de denneboom, de beukeboom en de busboom te gelijk, om te versieren de plaats Mijns heiligdoms, en Ik zal de plaats Mijner voeten heerlijk maken.
14	The sons also of them that afflicted thee shall come bending unto thee; and all they that despised thee shall bow themselves down at the soles of thy feet; and they shall call thee, The city of the LORD, The Zion of the Holy One of Israel.	14	Ook zullen, zich buigende, tot u komen de kinderen dergenen, die u onderdrukt hebben, en allen, die u gelasterd hebben zullen zich nederbuigen aan de planten uwer voeten; en zij zullen u noemen de stad des HEEREN, het Sion van den Heilige Israels.
15	Whereas thou hast been forsaken and hated, so that no man went through thee, I will make thee an eternal excellency, a joy of many generations.	15	In plaats dat gij verlaten en gehaat zijt geweest, zodat niemand door u henen ging, zo zal Ik u stellen tot een eeuwige heerlijkheid, tot een vreugde van geslacht tot geslacht.
16	Thou shalt also suck the milk of the Gentiles, and shalt suck the breast of kings: and thou shalt know that I the LORD am thy Saviour and thy Redeemer, the mighty One of Jacob.	16	En gij zult de melk der heidenen zuigen, en gij zult de borsten der koningen zuigen; en gij zult weten, dat Ik de HEERE ben, uw Heiland, en uw Verlosser, de Machtige Jakobs.
17	For brass I will bring gold, and for iron I will bring silver, and for wood brass, and for stones iron: I will also make thy officers peace, and thine exactors righteousness.	17	Voor koper zal Ik goud brengen, en voor ijzer zal Ik zilver brengen, en voor hout koper, en voor stenen ijzer; en zal uw opzieners vreedzaam maken, en uw drijvers rechtvaardigen.
18	Violence shall no more be heard in thy land, wasting nor destruction within thy borders; but thou shalt call thy walls Salvation, and thy gates Praise.	18	Er zal geen geweld meer gehoord worden in uw land, verstoring noch verbreking in uw landpale; maar uw muren zult gij Heil heten, en uw poorten Lof.
19	The sun shall be no more thy light by day; neither for brightness shall the moon give light unto thee: but the LORD shall be unto thee an everlasting light, and thy God thy glory.	19	De zon zal u niet meer wezen tot een licht des daags, en tot een glans zal u de maan niet lichten; maar de HEERE zal u wezen tot een eeuwig Licht, en uw God tot uw Sierlijkheid.
20	Thy sun shall no more go down; neither shall thy moon withdraw itself: for the LORD shall be thine everlasting light, and the days of thy mourning shall be ended.	20	Uw zon zal niet meer ondergaan, en uw maan zal haar licht niet intrekken; want de HEERE zal u tot een eeuwig licht wezen, en de dagen uwer treuring zullen een einde nemen.
21	Thy people also shall be all righteous: they shall inherit the land for ever, the branch of my planting, the work of my hands, that I may be glorified.	21	En uw volk zullen allen te zamen rechtvaardigen zijn, zij zullen in eeuwigheid de aarde erfelijk bezitten; zij zullen zijn een spruit Mijner plantingen, een werk Mijner handen, opdat Ik verheerlijkt worde.
22	A little one shall become a thousand, and a small one a strong nation: I the LORD will hasten it in his time.	22	De kleinste zal tot duizend worden, en de minste tot een machtig volk; Ik, de HEERE, zal zulks te zijner tijd snellijk doen komen.

Isaiah (61) Jesaja

1	The Spirit of the Lord GOD is upon me; because the LORD hath anointed me to preach good tidings unto the meek; he hath sent me to bind up the brokenhearted, to proclaim liberty to the captives, and the opening of the prison to them that are bound;	1	De Geest des Heeren HEEREN is op Mij, omdat de Heere Mij gezalfd heeft, om een blijde boodschap te brengen den zachtmoedigen; Hij heeft Mij gezonden om te verbinden de gebrokenen van harte, om den gevangenen vrijheid uit te roepen, en den gebondenen opening der gevangenis;

	To proclaim the acceptable year of the LORD, and the day of vengeance of our God; to comfort all that mourn;	2	Om uit te roepen het jaar van het welbehagen des HEEREN, en den dag der wraak onzes Gods; om alle treurigen te troosten;
	To appoint unto them that mourn in Zion, to give unto them beauty for ashes, the oil of joy for mourning, the garment of praise for the spirit of heaviness; that they might be called trees of righteousness, the planting of the LORD, that he might be glorified.	3	Om den treurigen Sions te beschikken dat hun gegeven worde sieraad voor as, vreugdeolie voor treurigheid, het gewaad des lofs voor een benauwden geest; opdat zij genaamd worden eikebomen der gerechtigheid, een planting des HEEREN, opdat Hij verheerlijkt worde.
	And they shall build the old wastes, they shall raise up the former desolations, and they shall repair the waste cities, the desolations of many generations.	4	En zij zullen de oude verwoeste plaatsen bouwen, de vorige verstoringen weder oprichten, en de verwoeste steden vernieuwen, die verstoord waren van geslacht tot geslacht.
	And strangers shall stand and feed your flocks, and the sons of the alien shall be your plowmen and your vinedressers.	5	En uitlanders zullen staan, en uw kudden weiden; en vreemden zullen uw akkerlieden en uw wijngaardeniers zijn.
	But ye shall be named the Priests of the LORD: men shall call you the Ministers of our God: ye shall eat the riches of the Gentiles, and in their glory shall ye boast yourselves.	6	Doch gijlieden zult priesters des HEEREN heten, men zal u dienaren onzes Gods noemen; gij zult het vermogen der heidenen eten, en in hun heerlijkheid zult gij u roemen.
	For your shame ye shall have double; and for confusion they shall rejoice in their portion: therefore in their land they shall possess the double: everlasting joy shall be unto them.	7	Voor uw dubbele schaamte en schande zullen zij juichen over hun deel; daarom zullen zij in hun land erfelijk het dubbele bezitten; zij zullen eeuwige vreugde hebben.
	For I the LORD love judgment, I hate robbery for burnt offering; and I will direct their work in truth, and I will make an everlasting covenant with them.	8	Want Ik, de HEERE, heb het recht lief, Ik haat den roof in het brandoffer, en Ik zal geven, dat hun werk in der waarheid zal zijn; en Ik zal een eeuwig verbond met hen maken.
	And their seed shall be known among the Gentiles, and their offspring among the people: all that see them shall acknowledge them, that they are the seed which the LORD hath blessed.	9	En hun zaad zal onder de heidenen bekend worden, en hun nakomelingen in het midden der volken; allen, die hen zien zullen, zullen hen kennen, dat zij zijn een zaad, dat de HEERE gezegend heeft.
	I will greatly rejoice in the LORD, my soul shall be joyful in my God; for he hath clothed me with the garments of salvation, he hath covered me with the robe of righteousness, as a bridegroom decketh himself with ornaments, and as a bride adorneth herself with her jewels.	10	Ik ben zeer vrolijk in den HEERE, mijn ziel verheugt zich in mijn God, want Hij heeft mij bekleed met de klederen des heils, den mantel der gerechtigheid heeft Hij mij omgedaan; gelijk een bruidegom zich met priesterlijk sieraad versiert, en als een bruid zich versiert met haar gereedschap.
	For as the earth bringeth forth her bud, and as the garden causeth the things that are sown in it to spring forth; so the Lord GOD will cause righteousness and praise to spring forth before all the nations.	11	Want gelijk de aarde haar spruit voortbrengt, en gelijk een hof, hetgeen in hem gezaaid is, doet uitspruiten; alzo zal de Heere HEERE gerechtigheid en lof doen uitspruiten voor al de volken.

Isaiah (62) Jesaja

	For Zion's sake will I not hold my peace, and for Jerusalem's sake I will not rest, until the righteousness thereof go forth as brightness, and the salvation thereof as a lamp that burneth.	1	Om Sions wil zal ik niet zwijgen, en om Jeruzalems wil zal ik niet stil zijn; totdat haar gerechtigheid voortkome als een glans, en haar heil als een fakkel, die brandt.
	And the Gentiles shall see thy righteousness, and all kings thy glory: and thou shalt be called by a new name, which the mouth of the LORD shall name.	2	En de heidenen zullen uw gerechtigheid zien, en alle koningen uw heerlijkheid; en gij zult met een nieuwen naam genoemd worden, welken des HEEREN mond uitdrukkelijk noemen zal.
	Thou shalt also be a crown of glory in the hand of the LORD, and a royal diadem in the hand of thy God.	3	En gij zult een sierlijke kroon zijn in de hand des HEEREN, en een koninklijke hoed in de hand uws Gods.
	Thou shalt no more be termed Forsaken; neither shall thy land any more be termed Desolate: but thou shalt be called Hephzibah, and thy land Beulah: for the LORD delighteth in thee, and thy land shall be married.	4	Tot u zal niet meer gezegd worden: De verlatene, en tot uw land zal niet meer gezegd worden: Het verwoeste; maar gij zult genoemd worden: Mijn lust is aan haar! en uw land: Het getrouwde; want de HEERE heeft een lust aan u, en uw land zal getrouwd worden.
	For as a young man marrieth a virgin, so shall thy sons marry thee: and as the bridegroom rejoiceth over the bride, so shall thy God rejoice over thee.	5	Want gelijk een jongeling een jonkvrouw trouwt, alzo zullen uw kinderen u trouwen; en gelijk de bruidegom vrolijk is over de bruid, alzo zal uw God over u vrolijk zijn.
	I have set watchmen upon thy walls, O Jerusalem, which shall never hold their peace day nor night: ye that make mention of the LORD, keep not silence,	6	O Jeruzalem! Ik heb wachters op uw muren besteld, die geduriglijk al den dag en al den nacht niet zullen zwijgen. O gij, die des HEEREN doet gedenken, laat geen stilzwijgen bij ulieden wezen!
	And give him no rest, till he establish, and till he make Jerusalem a praise in the earth.	7	En zwijgt niet stil voor Hem, totdat Hij bevestige, en totdat Hij Jeruzalem stelle tot een lof op aarde.
	The LORD hath sworn by his right hand, and by the arm of his strength, Surely I will no more give thy corn to be meat for thine enemies; and the sons of the stranger shall not drink thy wine, for the which thou hast laboured:	8	De HEERE heeft gezworen bij Zijn rechterhand, en bij den arm Zijner sterkte: indien Ik uw koren meer zal geven tot spijs voor uw vijanden, en indien de vreemden zullen drinken uw most, waaraan gij gearbeid hebt!
	But they that have gathered it shall eat it, and praise the LORD; and they that have brought it together shall drink it in the courts of my holiness.	9	Maar die het inzamelen zullen, die zullen het eten, en zij zullen den HEERE prijzen; en die hem vergaderen zullen, zullen hem drinken in de voorhoven Mijns heiligdoms.
	Go through, go through the gates; prepare ye the way of the people; cast up, cast up the highway; gather out the stones; lift up a standard for the people.	10	Gaat door, gaat door, door de poorten, bereidt den weg des volks; verhoogt, verhoogt een baan, ruimt de stenen weg, steekt een banier omhoog tot de volken!
	Behold, the LORD hath proclaimed unto the end of the world, Say ye to the daughter of Zion, Behold, thy salvation cometh; behold, his reward is with him, and his work before him.	11	Ziet, de HEERE heeft doen horen, tot aan het einde der aarde: zegt de dochter van Sion: Zie, uw Heil komt; zie, Zijn loon is met Hem, en Zijn arbeidsloon is voor Zijn aangezicht.
	And they shall call them, The holy people, The redeemed of the LORD: and thou shalt be called, Sought out, A city not forsaken.	12	En zij zullen hen noemen het heilige volk, de verlosten des HEEREN; en gij zult genoemd worden de gezochte, de stad, die niet verlaten is.

Isaiah (63) Jesaja

Who is this that cometh from Edom, with dyed garments from Bozrah? this that is glorious in his apparel, travelling in the greatness of his strength? I that speak in righteousness, mighty to save.

Wherefore art thou red in thine apparel, and thy garments like him that treadeth in the winefat?

I have trodden the winepress alone; and of the people there was none with me: for I will tread them in mine anger, and trample them in my fury; and their blood shall be sprinkled upon my garments, and I will stain all my raiment.

For the day of vengeance is in mine heart, and the year of my redeemed is come.

And I looked, and there was none to help; and I wondered that there was none to uphold: therefore mine own arm brought salvation unto me; and my fury, it upheld me.

And I will tread down the people in mine anger, and make them drunk in my fury, and I will bring down their strength to the earth.

I will mention the lovingkindnesses of the LORD, and the praises of the LORD, according to all that the LORD hath bestowed on us, and the great goodness toward the house of Israel, which he hath bestowed on them according to his mercies, and according to the multitude of his lovingkindnesses.

For he said, Surely they are my people, children that will not lie: so he was their Saviour.

In all their affliction he was afflicted, and the angel of his presence saved them: in his love and in his pity he redeemed them; and he bare them, and carried them all the days of old.

But they rebelled, and vexed his holy Spirit: therefore he was turned to be their enemy, and he fought against them.

Then he remembered the days of old, Moses, and his people, saying, Where is he that brought them up out of the sea with the shepherd of his flock? where is he that put his holy Spirit within him?

That led them by the right hand of Moses with his glorious arm, dividing the water before them, to make himself an everlasting name?

That led them through the deep, as an horse in the wilderness, that they should not stumble?

As a beast goeth down into the valley, the Spirit of the LORD caused him to rest: so didst thou lead thy people, to make thyself a glorious name.

Look down from heaven, and behold from the habitation of thy holiness and of thy glory: where is thy zeal and thy strength, the sounding of thy bowels and of thy mercies toward me? are they restrained?

Doubtless thou art our father, though Abraham be ignorant of us, and Israel acknowledge us not: thou, O LORD, art our father, our redeemer; thy name is from everlasting.

O LORD, why hast thou made us to err from thy ways, and hardened our heart from thy fear? Return for thy servants' sake, the tribes of thine inheritance.

The people of thy holiness have possessed it but a little while: our adversaries have trodden down thy sanctuary.

We are thine: thou never barest rule over them; they were not called by thy name.

Isaiah (64) Jesaja

Oh that thou wouldest rend the heavens, that thou wouldest come down, that the mountains might flow down at thy presence,

As when the melting fire burneth, the fire causeth the waters to boil, to make thy name known to thine adversaries, that the nations may tremble at thy presence!

When thou didst terrible things which we looked not for, thou camest down, the mountains flowed down at thy presence.

For since the beginning of the world men have not heard, nor perceived by the ear, neither hath the eye seen, O God, beside thee, what he hath prepared for him that waiteth for him.

Isaiah (63) Jesaja

1 Wie is Deze, Die van Edom komt met besprenkelde klederen, van Bozra? Deze, Die versierd is in Zijn gewaad? Die voorttrekt in Zijn grote kracht? Ik ben het, Die in gerechtigheid spreek, Die machtig ben te verlossen.

2 Waarom zijt Gij rood aan Uw gewaad, en Uw klederen als van een, die in de wijnpers treedt?

3 Ik heb de pers alleen getreden, en er was niemand van de volken met Mij; en Ik heb hen getreden in Mijn toorn, en heb hen vertrapt in Mijn grimmigheid; en hun kracht is gesprengd op Mijn klederen, en al Mijn gewaad heb Ik bezoedeld.

4 Want de dag der wraak was in Mijn hart, en het jaar Mijner verlosten was gekomen.

5 En Ik zag toe, en er was niemand die hielp; en Ik ontzette Mij, en er was niemand, die ondersteunde; daarom heeft Mijn arm Mij heil beschikt, en Mijn grimmigheid heeft Mij ondersteund,

6 En Ik heb de volken vertreden in Mijn toorn, en Ik heb hen dronken gemaakt in Mijn grimmigheid; en Ik heb hun kracht ter aarde doen nederdalen.

7 Ik zal de goedertierenheden des HEEREN vermelden, den veelvoudigen lof des HEEREN, naar alles, wat de HEERE ons heeft bewezen, en de grote goedigheid aan het huis van Israel, die Hij hun bewezen heeft, naar Zijn barmhartigheden, en naar de veelheid Zijner goedertierenheden.

8 Want Hij zeide: Zij zijn immers Mijn volk, kinderen, die niet liegen zullen? Alzo is Hij hun geworden tot een Heiland.

9 In al hun benauwdheid was Hij benauwd, en de Engel Zijns aangezichts heeft hen behouden; door Zijn liefde en door Zijn genade heeft Hij hen verlost; en Hij nam hen op, en Hij droeg hen al de dagen van ouds.

10 Maar zij zijn wederspannig geworden, en zij hebben Zijn Heiligen Geest smarten aangedaan; daarom is Hij hun in een vijand verkeerd, Hij Zelf heeft tegen hen gestreden.

11 Nochtans dacht Hij aan de dagen van ouds, aan Mozes en Zijn volk; maar nu, waar is Hij, Die hen uit de zee opgebracht heeft, met de herders Zijner kudde? Waar is Hij, Die Zijn Heiligen Geest in het midden van hen stelde?

12 Die den arm Zijner heerlijkheid heeft doen gaan aan de rechterhand van Mozes; Die de wateren voor hunlieder aangezicht kliefde opdat Hij Zich een eeuwigen Naam maakte?

13 Die hen leidde door de afgronden; als een paard in de woestijn, struikelden zij niet.

14 Gelijk een beest, dat afgaat in de valleien, heeft hun de Geest des HEEREN rust gegeven. Alzo hebt Gij Uw volk geleid, opdat Gij U een heerlijken Naam zoudt maken.

15 Zie van den hemel af, en aanschouw van Uw heilige en Uw heerlijke woning; waar zijn Uw ijver en Uw mogendheden, het gerommel Uws ingewands en Uwer barmhartigheden? Zij houden zich tegen mij in.

16 Gij zijt toch onze Vader, want Abraham weet van ons niet, en Israel kent ons niet; Gij, o HEERE! zijt onze Vader, onze Verlosser van ouds af is Uw Naam.

17 HEERE! waarom doet Gij ons van Uw wegen dwalen, waarom verstokt Gij ons hart, dat wij U niet vrezen? Keer weder om Uwer knechten wil, de stammen Uws erfdeels.

18 Uw heilig volk heeft het maar een weinig tijds bezeten; onze wederpartijders hebben Uw heiligdom vertreden.

19 Wij zijn geworden als die, over welke Gij van ouds niet hebt geheerst, en die naar Uw Naam niet zijn genoemd.

Isaiah (64) Jesaja

1 Och, dat Gij de hemelen scheurdet, dat Gij nederkwaamt, dat de bergen van Uw aangezicht vervloten;

2 Gelijk een smeltvuur brandt, en het vuur de wateren doet opbobbelen, om Uw Naam aan Uw wederpartijders bekend te maken! Laat alzo de heidenen voor Uw aangezicht beven.

3 Toen Gij vreselijke dingen deedt, die wij niet verwachtten; Gij kwaamt neder, van Uw aangezicht vervloten de bergen.

4 Ja, van ouds heeft men het niet gehoord, noch met oren vernomen, en geen oog heeft het gezien, behalve Gij, o God! wat Hij doen zal dien, die op Hem wacht.

	Thou meetest him that rejoiceth and worketh righteousness, those that remember thee in thy ways: behold, thou art wroth; for we have sinned: in those is continuance, and we shall be saved.	5	Gij ontmoet den vrolijke, en die gerechtigheid doet dengenen, die Uwer gedenken op Uw wegen; zie, Gij waart verbolgen, omdat wij gezondigd hebben; in dezelve is de eeuwigheid, opdat wij behouden wierden.
	But we are all as an unclean thing, and all our righteousnesses are as filthy rags; and we all do fade as a leaf; and our iniquities, like the wind, have taken us away.	6	Doch wij allen zijn als een onreine, en al onze gerechtigheden zijn als een wegwerpelijk kleed; en wij allen vallen af als een blad, en onze misdaden voeren ons henen weg als een wind.
	And there is none that calleth upon thy name, that stirreth up himself to take hold of thee: for thou hast hid thy face from us, and hast consumed us, because of our iniquities.	7	En er is niemand, die Uw Naam aanroept, die zich opwekt, dat hij U aangrijpe; want Gij verbergt Uw aangezicht voor ons, en Gij doet ons smelten, door middel van onze ongerechtigheden.
	But now, O LORD, thou art our father; we are the clay, and thou our potter; and we all are the work of thy hand.	8	Doch nu, HEERE! Gij zijt onze Vader; wij zijn leem, en Gij zijt onze pottenbakker, en wij allen zijn Uwer handen werk.
	Be not wroth very sore, O LORD, neither remember iniquity for ever: behold, see, we beseech thee, we are all thy people.	9	HEERE! wees niet zo zeer verbolgen, en gedenk niet eeuwiglijk der ongerechtigheid; zie, aanschouw toch, wij allen zijn Uw volk.
	Thy holy cities are a wilderness, Zion is a wilderness, Jerusalem a desolation.	10	Uw heilige steden zijn een woestijn geworden, Sion is een woestijn geworden, Jeruzalem een verwoesting.
	Our holy and our beautiful house, where our fathers praised thee, is burned up with fire: and all our pleasant things are laid waste.	11	Ons heilig en ons heerlijk huis, waarin onze vaders U loofden, is met vuur verbrand; en al onze gewenste dingen zijn tot woestheid geworden.
	Wilt thou refrain thyself for these things, O LORD? wilt thou hold thy peace, and afflict us very sore?	12	HEERE! zoudt Gij U over deze dingen inhouden, zoudt Gij stilzwijgen, en ons zozeer bedrukken?

Isaiah (65) Jesaja

	I am sought of them that asked not for me; I am found of them that sought me not: I said, Behold me, behold me, unto a nation that was not called by my name.	1	Ik ben gevonden van hen, die naar Mij niet vraagden; Ik ben gevonden van degenen, die Mij niet zochten; tot het volk, dat naar Mijn Naam niet genoemd was, heb Ik gezegd: Ziet, hier ben Ik, ziet, hier ben Ik.
	I have spread out my hands all the day unto a rebellious people, which walketh in a way that was not good, after their own thoughts;	2	Ik heb Mijn handen uitgebreid, den gansen dag tot een wederstrevig volk, die wandelen op een weg, die niet goed is, naar hun eigen gedachten.
	A people that provoketh me to anger continually to my face; that sacrificeth in gardens, and burneth incense upon altars of brick;	3	Een volk, Mij geduriglijk tergende in Mijn aangezicht, in hoven offerende, en rokende op tichelstenen;
	Which remain among the graves, and lodge in the monuments, which eat swine's flesh, and broth of abominable things is in their vessels;	4	Zittende bij de graven, zo vernachten zij bij degenen, die bewaard worden, etende zwijnenvlees, en er is sap van gruwelijke dingen in hun vaten.
	Which say, Stand by thyself, come not near to me; for I am holier than thou. These are a smoke in my nose, a fire that burneth all the day.	5	Die daar zeggen: Houd u tot uzelven, en naak tot mij niet, want ik ben heiliger dan gij. Dezen zijn een rook in Mijn neus, een vuur, den gansen dag brandende.
	Behold, it is written before me: I will not keep silence, but will recompense, even recompense into their bosom,	6	Ziet, het is voor Mijn aangezicht geschreven; Ik zal niet zwijgen, maar Ik zal vergelden, ja, in hun boezem zal Ik vergelden;
	Your iniquities, and the iniquities of your fathers together, saith the LORD, which have burned incense upon the mountains, and blasphemed me upon the hills: therefore will I measure their former work into their bosom.	7	Uw ongerechtigheden, en uwer vaderen ongerechtigheden tegelijk, zegt de HEERE, die gerookt hebben op de bergen, en Mij smaadheid aangedaan hebben op de heuvelen; daarom zal Ik hun vorig werkloon in hun boezem weder toemeten.
	Thus saith the LORD, As the new wine is found in the cluster, and one saith, Destroy it not; for a blessing is in it: so will I do for my servants' sakes, that I may not destroy them all.	8	Alzo zegt de HEERE: Gelijk wanneer men most in een bos druiven vindt, men zegt: Verderf ze niet, want er is een zegen in; alzo zal Ik het om Mijner knechten wil doen, dat Ik hen niet allen verderve.
	And I will bring forth a seed out of Jacob, and out of Judah an inheritor of my mountains: and mine elect shall inherit it, and my servants shall dwell there.	9	En Ik zal zaad uit Jakob voortbrengen, en uit Juda een erfbezitter van Mijn bergen; en Mijn uitverkorenen zullen het erfelijk bezitten, en Mijn knechten zullen aldaar wonen.
	And Sharon shall be a fold of flocks, and the valley of Achor a place for the herds to lie down in, for my people that have sought me.	10	En Saron zal tot een schaapskooi worden, en het dal van Achor tot een runderleger, voor Mijn volk, dat Mij gezocht heeft.
	But ye are they that forsake the LORD, that forget my holy mountain, that prepare a table for that troop, and that furnish the drink offering unto that number.	11	Maar gij verlaters des HEEREN, gij vergeters van den berg Mijner heiligheid, gij aanrichters ener tafel voor die bende, en gij opvullers des dranks voor dat getal!
	Therefore will I number you to the sword, and ye shall all bow down to the slaughter: because when I called, ye did not answer; when I spake, ye did not hear; but did evil before mine eyes, and did choose that wherein I delighted not.	12	Ik zal ulieden ook ten zwaarde tellen, dat gij allen u ter slachting zult krommen, omdat Ik geroepen heb, maar gij hebt niet geantwoord, Ik gesproken heb, maar gij hebt niet gehoord, maar hebt gedaan, dat kwaad was in Mijn ogen, en hebt verkoren hetgeen, waaraan Ik geen lust heb.
	Therefore thus saith the Lord GOD, Behold, my servants shall eat, but ye shall be hungry: behold, my servants shall drink, but ye shall be thirsty: behold, my servants shall rejoice, but ye shall be ashamed:	13	Daarom zegt de Heere HEERE alzo: Ziet, Mijn knechten zullen eten, doch gijlieden zult hongeren; ziet, Mijn knechten zullen drinken, doch gijlieden zult dorsten; ziet, Mijn knechten zullen blijde zijn, doch gijlieden zult beschaamd zijn.
	Behold, my servants shall sing for joy of heart, but ye shall cry for sorrow of heart, and shall howl for vexation of spirit.	14	Ziet, Mijn knechten zullen juichen van goeder harte, maar gijlieden zult schreeuwen van weedom des harten, en van verbreking des geestes zult gij huilen.
	And ye shall leave your name for a curse unto my chosen: for the Lord GOD shall slay thee, and call his servants by another name:	15	En gijlieden zult uw naam Mijn uitverkorenen tot een vervloeking laten; en de Heere HEERE zal ulieden doden, maar Zijn knechten zal Hij met een anderen naam noemen;

	That he who blesseth himself in the earth shall bless himself in the God of truth; and he that sweareth in the earth shall swear by the God of truth; because the former troubles are forgotten, and because they are hid from mine eyes.	16	Zodat, wie zich zegenen zal op aarde, die zal zich zegenen in den God der waarheid; en wie zal zweren op aarde, die zal zweren bij den God der waarheid, omdat de vorige benauwdheden zullen vergeten zijn, en omdat zij voor Mijn ogen verborgen zijn.
	For, behold, I create new heavens and a new earth: and the former shall not be remembered, nor come into mind.	17	Want ziet, Ik schep nieuwe hemelen en een nieuwe aarde; en de vorige dingen zullen niet meer gedacht worden, en zullen in het hart niet opkomen.
	But be ye glad and rejoice for ever in that which I create: for, behold, I create Jerusalem a rejoicing, and her people a joy.	18	Maar weest gijlieden vrolijk, en verheugt u tot in der eeuwigheid in hetgeen Ik schep; want ziet, Ik schep Jeruzalem een verheuging, en haar volk een vrolijkheid.
	And I will rejoice in Jerusalem, and joy in my people: and the voice of weeping shall be no more heard in her, nor the voice of crying.	19	En Ik zal Mij verheugen over Jeruzalem, en vrolijk zijn over Mijn volk; en in haar zal niet meer gehoord worden de stem der wening, noch de stem des geschreeuws.
	There shall be no more thence an infant of days, nor an old man that hath not filled his days: for the child shall die an hundred years old; but the sinner being an hundred years old shall be accursed.	20	Van daar zal niet meer wezen een zuigeling van weinig dagen, noch een oud man, die zijn dagen niet zal vervullen; want een jongeling zal sterven, honderd jaren oud zijnde, maar een zondaar, honderd jaren oud zijnde, zal vervloekt worden.
	And they shall build houses, and inhabit them; and they shall plant vineyards, and eat the fruit of them.	21	En zij zullen huizen bouwen en bewonen, en zij zullen wijngaarden planten, en derzelver vrucht eten.
	They shall not build, and another inhabit; they shall not plant, and another eat: for as the days of a tree are the days of my people, and mine elect shall long enjoy the work of their hands.	22	Zij zullen niet bouwen, dat het een ander bewone; zij zullen niet planten, dat het een ander ete, want de dagen Mijns volks zullen zijn als de dagen eens booms, en Mijn uitverkorenen zullen het werk hunner handen verslijten.
	They shall not labour in vain, nor bring forth for trouble; for they are the seed of the blessed of the LORD, and their offspring with them.	23	Zij zullen niet tevergeefs arbeiden, noch baren ter verstoring; want zij zijn het zaad der gezegenden des HEEREN, en hun nakomelingen met hen.
	And it shall come to pass, that before they call, I will answer; and while they are yet speaking, I will hear.	24	En het zal geschieden, eer zij roepen, zo zal Ik antwoorden; terwijl zij nog spreken, zo zal Ik horen.
	The wolf and the lamb shall feed together, and the lion shall eat straw like the bullock: and dust shall be the serpent's meat. They shall not hurt nor destroy in all my holy mountain, saith the LORD.	25	De wolf en het lam zullen te zamen weiden, en de leeuw zal stro eten als een rund, en stof zal de spijze der slang zijn; zij zullen geen kwaad doen noch verderven op Mijn gansen heiligen berg zegt de HEERE.

Isaiah (66) Jesaja

	Thus saith the LORD, The heaven is my throne, and the earth is my footstool: where is the house that ye build unto me? and where is the place of my rest?	1	Alzo zegt de HEERE: De hemel is Mijn troon, en de aarde is de voetbank Mijner voeten; waar zou dat huis zijn, dat gijlieden Mij zoudt bouwen, en waar is de plaats Mijner rust?
	For all those things hath mine hand made, and all those things have been, saith the LORD: but to this man will I look, even to him that is poor and of a contrite spirit, and trembleth at my word.	2	Want Mijn hand heeft al deze dingen gemaakt, en al deze dingen zijn geweest, spreekt de HEERE; maar op dezen zal Ik zien, op den arme en verslagene van geest, en die voor Mijn woord beeft.
	He that killeth an ox is as if he slew a man; he that sacrificeth a lamb, as if he cut off a dog's neck; he that offereth an oblation, as if he offered swine's blood; he that burneth incense, as if he blessed an idol. Yea, they have chosen their own ways, and their soul delighteth in their abominations.	3	Wie een os slacht, slaat een man; wie een lam offert, breekt een hond den hals; wie spijsoffer offert, is als die zwijnenbloed offert; wie wierook brandt ten gedenkoffer, is als die een afgod zegent. Dezen verkiezen ook hun wegen, en hun ziel heeft lust aan hun verfoeiselen.
	I also will choose their delusions, and will bring their fears upon them; because when I called, none did answer; when I spake, they did not hear: but they did evil before mine eyes, and chose that in which I delighted not.	4	Ik zal ook verkiezen het loon hunner handelingen, en hun vreze zal Ik over hen doen komen, omdat Ik geroepen heb, en niemand antwoordde, Ik gesproken heb, en zij niet hoorden, maar deden dat kwaad is in Mijn ogen, en verkoren hetgeen waartoe Ik geen lust had.
	Hear the word of the LORD, ye that tremble at his word; Your brethren that hated you, that cast you out for my name's sake, said, Let the LORD be glorified: but he shall appear to your joy, and they shall be ashamed.	5	Hoort des HEEREN woord, gij, die voor Zijn woord beeft! Uw broeders, die u haten, die u verre afzonderen, om Mijns Naams wil, zeggen: Dat de HEERE heerlijk worde! Doch Hij zal verschijnen tot ulieder vreugde, zij daarentegen zullen beschaamd worden.
	A voice of noise from the city, a voice from the temple, a voice of the LORD that rendereth recompence to his enemies.	6	Er zal een stem van een groot rumoer uit de stad zijn, een stem uit den tempel, de stem des HEEREN, Die Zijn vijanden de verdiensten vergeldt.
	Before she travailed, she brought forth; before her pain came, she was delivered of a man child.	7	Eer zij barensnood had, heeft zij gebaard, eer haar smart overkwam, zo is zij van een knechtje verlost.
	Who hath heard such a thing? who hath seen such things? Shall the earth be made to bring forth in one day? or shall a nation be born at once? for as soon as Zion travailed, she brought forth her children.	8	Wie heeft ooit zulks gehoord? Wie heeft dergelijks gezien? Zou een land kunnen geboren worden op een enigen dag? Zou een volk kunnen geboren worden op een enige reize? Maar Sion heeft weeën gekregen, en zij heeft haar zonen gebaard.
	Shall I bring to the birth, and not cause to bring forth? saith the LORD: shall I cause to bring forth, and shut the womb? saith thy God.	9	Zou Ik de baarmoeder openbreken, en niet genereren? zegt de HEERE; zou Ik, Die genereer, voortaan toesluiten? zegt uw God.
	Rejoice ye with Jerusalem, and be glad with her, all ye that love her: rejoice for joy with her, all ye that mourn for her:	10	Verblijdt u met Jeruzalem, en verheugt u over haar, al haar liefhebbers! Weest vrolijk over haar met vreugde, gij allen, die over haar zijt treurig geweest!
	That ye may suck, and be satisfied with the breasts of her consolations; that ye may milk out, and be delighted with the abundance of her glory.	11	Opdat gij moogt zuigen, en verzadigd worden van de borsten harer vertroostingen; opdat gij moogt uitzuigen, en u verlusten met den glans harer heerlijkheid.

Isaiah - Jesaja

	For thus saith the LORD, Behold, I will extend peace to her like a river, and the glory of the Gentiles like a flowing stream: then shall ye suck, ye shall be borne upon her sides, and be dandled upon her knees.	12	Want alzo zegt de HEERE: Ziet, Ik zal den vrede over haar uitstrekken als een rivier, en de heerlijkheid der heidenen als een overlopende beek; dan zult gijlieden zuigen; gij zult op de zijden gedragen worden, en op de knieën zeer vriendelijk getroeteld worden.
	As one whom his mother comforteth, so will I comfort you; and ye shall be comforted in Jerusalem.	13	Als een, dien zijn moeder troost, alzo zal Ik u troosten; ja, gij zult te Jeruzalem getroost worden.
	And when ye see this, your heart shall rejoice, and your bones shall flourish like an herb: and the hand of the LORD shall be known toward his servants, and his indignation toward his enemies.	14	En gij zult het zien, en uw hart zal vrolijk zijn, en uw beenderen zullen groenen als het tedere gras; dan zal de hand des HEEREN bekend worden aan Zijn knechten, en Hij zal Zijn vijanden gram worden.
	For, behold, the LORD will come with fire, and with his chariots like a whirlwind, to render his anger with fury, and his rebuke with flames of fire.	15	Want ziet, de HEERE zal met vuur komen, en Zijn wagenen als een wervelwind; om met grimmigheid Zijn toorn hiertoe te wenden, en Zijn schelding met vuurvlammen.
	For by fire and by his sword will the LORD plead with all flesh: and the slain of the LORD shall be many.	16	Want met vuur, en met Zijn zwaard zal de HEERE in het recht treden met alle vlees; en de verslagenen des HEEREN zullen vermenigvuldigd zijn.
	They that sanctify themselves, and purify themselves in the gardens behind one tree in the midst, eating swine's flesh, and the abomination, and the mouse, shall be consumed together, saith the LORD.	17	Die zichzelven heiligen, en zichzelven reinigen in de hoven, achter een in het midden derzelve, die zwijnenvlees eten, en verfoeisel, en muizen; te zamen zullen zij verteerd worden, spreekt de HEERE.
	For I know their works and their thoughts: it shall come, that I will gather all nations and tongues; and they shall come, and see my glory.	18	Hun werken en hun gedachten! Het komt, dat Ik vergaderen zal alle heidenen en tongen, en zij zullen komen, en zij zullen Mijn heerlijkheid zien.
	And I will set a sign among them, and I will send those that escape of them unto the nations, to Tarshish, Pul, and Lud, that draw the bow, to Tubal, and Javan, to the isles afar off, that have not heard my fame, neither have seen my glory; and they shall declare my glory among the Gentiles.	19	En Ik zal een teken aan hen zetten, en uit hen, die het ontkomen zullen zijn, zal Ik zenden tot de heidenen naar Tarsis, Pul, en Lud, de boogschutters, naar Tubal en Javan, tot de ver gelegen eilanden, die Mijn gerucht niet gehoord, noch Mijn heerlijkheid gezien hebben; en zij zullen Mijn heerlijkheid onder de heidenen verkondigen.
	And they shall bring all your brethren for an offering unto the LORD out of all nations upon horses, and in chariots, and in litters, and upon mules, and upon swift beasts, to my holy mountain Jerusalem, saith the LORD, as the children of Israel bring an offering in a clean vessel into the house of the LORD.	20	En zij zullen al uw broeders uit alle heidenen den HEERE ten spijsoffer brengen, op paarden, en op wagenen, en op rosbaren, en op muildieren, en op snelle lopers, naar Mijn heiligen berg toe, naar Jeruzalem, zegt de HEERE, gelijk als de kinderen Israëls het spijsoffer in een rein vat brengen ten huize des HEEREN.
	And I will also take of them for priests and for Levites, saith the LORD.	21	En ook zal Ik uit dezelve enigen tot priesters en tot Levieten nemen, zegt de HEERE.
	For as the new heavens and the new earth, which I will make, shall remain before me, saith the LORD, so shall your seed and your name remain.	22	Want gelijk als die nieuwe hemel en die nieuwe aarde, die Ik maken zal, voor Mijn aangezicht zullen staan, spreekt de HEERE, alzo zal ook ulieder zaad en ulieder naam staan.
	And it shall come to pass, that from one new moon to another, and from one sabbath to another, shall all flesh come to worship before me, saith the LORD.	23	En het zal geschieden, dat van de ene nieuwe maan tot de andere, en van den enen sabbat tot den anderen, alle vlees komen zal om aan te bidden voor Mijn aangezicht, zegt de HEERE.
	And they shall go forth, and look upon the carcases of the men that have transgressed against me: for their worm shall not die, neither shall their fire be quenched; and they shall be an abhorring unto all flesh.	24	En zij zullen henen uitgaan, en zij zullen de dode lichamen der lieden zien, die tegen Mij overtreden hebben; want hun worm zal niet sterven, en hun vuur zal niet uitgeblust worden, en zij zullen allen vlees een afgrijzing wezen.

Jeremiah - Jeremia

Jeremiah (1) Jeremia

1 The words of Jeremiah the son of Hilkiah, of the priests that were in Anathoth in the land of Benjamin:

2 To whom the word of the LORD came in the days of Josiah the son of Amon king of Judah, in the thirteenth year of his reign.

3 It came also in the days of Jehoiakim the son of Josiah king of Judah, unto the end of the eleventh year of Zedekiah the son of Josiah king of Judah, unto the carrying away of Jerusalem captive in the fifth month.

4 Then the word of the LORD came unto me, saying,

5 Before I formed thee in the belly I knew thee; and before thou camest forth out of the womb I sanctified thee, and I ordained thee a prophet unto the nations.

6 Then said I, Ah, Lord GOD! behold, I cannot speak: for I am a child.

7 But the LORD said unto me, Say not, I am a child: for thou shalt go to all that I shall send thee, and whatsoever I command thee thou shalt speak.

8 Be not afraid of their faces: for I am with thee to deliver thee, saith the LORD.

9 Then the LORD put forth his hand, and touched my mouth. And the LORD said unto me, Behold, I have put my words in thy mouth.

10 See, I have this day set thee over the nations and over the kingdoms, to root out, and to pull down, and to destroy, and to throw down, to build, and to plant.

11 Moreover the word of the LORD came unto me, saying, Jeremiah, what seest thou? And I said, I see a rod of an almond tree.

12 Then said the LORD unto me, Thou hast well seen: for I will hasten my word to perform it.

13 And the word of the LORD came unto me the second time, saying, What seest thou? And I said, I see a seething pot; and the face thereof is toward the north.

14 Then the LORD said unto me, Out of the north an evil shall break forth upon all the inhabitants of the land.

15 For, lo, I will call all the families of the kingdoms of the north, saith the LORD; and they shall come, and they shall set every one his throne at the entering of the gates of Jerusalem, and against all the walls thereof round about, and against all the cities of Judah.

16 And I will utter my judgments against them touching all their wickedness, who have forsaken me, and have burned incense unto other gods, and worshipped the works of their own hands.

17 Thou therefore gird up thy loins, and arise, and speak unto them all that I command thee: be not dismayed at their faces, lest I confound thee before them.

18 For, behold, I have made thee this day a defenced city, and an iron pillar, and brasen walls against the whole land, against the kings of Judah, against the princes thereof, against the priests thereof, and against the people of the land.

19 And they shall fight against thee; but they shall not prevail against thee; for I am with thee, saith the LORD, to deliver thee.

Jeremiah (2) Jeremia

1 Moreover the word of the LORD came to me, saying,

2 Go and cry in the ears of Jerusalem, saying, Thus saith the LORD; I remember thee, the kindness of thy youth, the love of thine espousals, when thou wentest after me in the wilderness, in a land that was not sown.

3 Israel was holiness unto the LORD, and the firstfruits of his increase: all that devour him shall offend; evil shall come upon them, saith the LORD.

4 Hear ye the word of the LORD, O house of Jacob, and all the families of the house of Israel:

5 Thus saith the LORD, What iniquity have your fathers found in me, that they are gone far from me, and have walked after vanity, and are become vain?

---

1 De woorden van Jeremia, den zoon van Hilkia, uit de priesteren, die te Anathoth waren, in het land van Benjamin;

2 Tot welken het woord des HEEREN geschiedde, in de dagen van Josia, zoon van Amon, koning van Juda, in het dertiende jaar zijner regering.

3 Ook geschiedde het tot hem in de dagen van Jojakim, zoon van Josia, koning van Juda, totdat voleind werd het elfde jaar van Zedekia, zoon van Josia, koning van Juda; totdat Jeruzalem gevankelijk werd weggevoerd in de vijfde maand.

4 Het woord des HEEREN dan geschiedde tot mij, zeggende:

5 Eer Ik u in moeders buik formeerde, heb Ik u gekend, en eer gij uit de baarmoeder voortkwaamt, heb Ik u geheiligd; Ik heb u den volken tot een profeet gesteld.

6 Toen zeide ik: Ach, Heere HEERE! zie, ik kan niet spreken, want ik ben jong.

7 Maar de HEERE zeide tot mij: Zeg niet: Ik ben jong; want overal, waarhenen Ik u zenden zal, zult gij gaan, en alles, wat Ik u gebieden zal, zult gij spreken.

8 Vrees niet voor hun aangezicht, want Ik ben met u, om u te redden, spreekt de HEERE.

9 En de HEERE stak Zijn hand uit, en roerde mijn mond aan; en de HEERE zeide tot mij: Zie, Ik geef Mijn woorden in uw mond.

10 Zie, Ik stel u te dezen dage over de volken en over de koninkrijken, om uit te rukken, en af te breken, en te verderven, en te verstoren; ook om te bouwen en te planten.

11 Wijders geschiedde des HEEREN woord tot mij, zeggende: Wat ziet gij, Jeremia? En ik zeide: Ik zie een amandelroede.

12 En de HEERE zeide tot mij: Gij hebt wel gezien; want Ik zal wakker zijn over Mijn woord, om dat te doen.

13 En des HEEREN woord geschiedde ten tweeden male tot mij, zeggende: Wat ziet gij? En ik zeide: Ik zie een ziedenden pot, welks voorste deel tegen het noorden is.

14 En de HEERE zeide tot mij: Van het noorden zal zich dit kwaad opdoen over alle inwoners des lands.

15 Want zie, Ik roep alle geslachten der koninkrijken van het noorden, spreekt de HEERE; en zij zullen komen, en zetten een iegelijk zijn troon voor de deur der poorten van Jeruzalem, en tegen al haar muren rondom, en tegen alle steden van Juda.

16 En Ik zal Mijn oordelen tegen hen uitspreken over al hun boosheid; dat zij Mij verlaten hebben, en anderen goden gerookt, en zich gebogen hebben voor de werken hunner handen.

17 Gij dan, gord uw lendenen, en maakt u op, en spreek tot hen alles, wat Ik u gebieden zal; wees niet verslagen voor hun aangezicht, opdat Ik u voor hun aangezicht niet versla.

18 Want zie, Ik stel u heden tot een vaste stad, en tot een ijzeren pilaar, en tot koperen muren tegen het ganse land; tegen de koningen van Juda, tegen haar vorsten, tegen haar priesteren, en tegen het volk van het land.

19 En zij zullen tegen u strijden, maar tegen u niet vermogen; want Ik ben met u, spreekt de HEERE, om u uit te helpen.

Jeremiah (2) Jeremia

1 En des HEEREN woord geschiedde tot mij, zeggende:

2 Ga en roep voor de oren van Jeruzalem, zeggende: Zo zegt de HEERE: Ik gedenk der weldadigheid uwer jeugd, der liefde uwer ondertrouw, toen gij Mij nawandeldet in de woestijn, in onbezaaid land.

3 Israel was den HEERE een heiligheid, de eerstelingen Zijner inkomste; allen, die hem opaten, werden voor schuldig gehouden; kwaad kwam hun over, spreekt de HEERE.

4 Hoort des HEEREN woord, gij huis van Jakob, en alle geslachten van het huis Israels!

5 Zo zegt de HEERE: Wat voor onrecht hebben uw vaders aan Mij gevonden, dat zij verre van Mij geweken zijn, en hebben de ijdelheid nagewandeld, en zij zijn ijdel geworden?

Jeremiah - Jeremia

Neither said they, Where is the LORD that brought us up out of the land of Egypt, that led us through the wilderness, through a land of deserts and of pits, through a land of drought, and of the shadow of death, through a land that no man passed through, and where no man dwelt?

And I brought you into a plentiful country, to eat the fruit thereof and the goodness thereof: but when ye entered, ye defiled my land, and made mine heritage an abomination.

The priests said not, Where is the LORD? and they that handle the law knew me not: the pastors also transgressed against me, and the prophets prophesied by Baal, and walked after things that do not profit.

Wherefore I will yet plead with you, saith the LORD, and with your children's children will I plead.

For pass over the isles of Chittim, and see; and send unto Kedar, and consider diligently, and see if there be such a thing.

Hath a nation changed their gods, which are yet no gods? but my people have changed their glory for that which doth not profit.

Be astonished, O ye heavens, at this, and be horribly afraid, be ye very desolate, saith the LORD.

For my people have committed two evils; they have forsaken me the fountain of living waters, and hewed them out cisterns, broken cisterns, that can hold no water.

Is Israel a servant? is he a homeborn slave? why is he spoiled?

The young lions roared upon him, and yelled, and they made his land waste: his cities are burned without inhabitant.

Also the children of Noph and Tahapanes have broken the crown of thy head.

Hast thou not procured this unto thyself, in that thou hast forsaken the LORD thy God, when he led thee by the way?

And now what hast thou to do in the way of Egypt, to drink the waters of Sihor? or what hast thou to do in the way of Assyria, to drink the waters of the river?

Thine own wickedness shall correct thee, and thy backslidings shall reprove thee: know therefore and see that it is an evil thing and bitter, that thou hast forsaken the LORD thy God, and that my fear is not in thee, saith the Lord GOD of hosts.

For of old time I have broken thy yoke, and burst thy bands; and thou saidst, I will not transgress; when upon every high hill and under every green tree thou wanderest, playing the harlot.

Yet I had planted thee a noble vine, wholly a right seed: how then art thou turned into the degenerate plant of a strange vine unto me?

For though thou wash thee with nitre, and take thee much soap, yet thine iniquity is marked before me, saith the Lord GOD.

How canst thou say, I am not polluted, I have not gone after Baalim? see thy way in the valley, know what thou hast done: thou art a swift dromedary traversing her ways;

A wild ass used to the wilderness, that snuffeth up the wind at her pleasure; in her occasion who can turn her away? all they that seek her will not weary themselves; in her month they shall find her.

Withhold thy foot from being unshod, and thy throat from thirst: but thou saidst, There is no hope: no; for I have loved strangers, and after them will I go.

As the thief is ashamed when he is found, so is the house of Israel ashamed; they, their kings, their princes, and their priests, and their prophets,

Saying to a stock, Thou art my father; and to a stone, Thou hast brought me forth: for they have turned their back unto me, and not their face: but in the time of their trouble they will say, Arise, and save us.

But where are thy gods that thou hast made thee? let them arise, if they can save thee in the time of thy trouble: for according to the number of thy cities are thy gods, O Judah.

Wherefore will ye plead with me? ye all have transgressed against me, saith the LORD.

6 En zeiden niet: Waar is de HEERE, Die ons opvoerde uit Egypteland, Die ons leidde in de woestijn, in een land van wildernissen en kuilen, in een land van dorheid en schaduw des doods, in een land, waar niemand doorging, en waar geen mens woonde?

7 En Ik bracht u in een vruchtbaar land, om de vrucht van hetzelve en het goede er van te eten; maar toen gij daarin kwaamt, verontreinigdet gij Mijn land, en steldet Mijn erfenis tot een gruwel.

8 De priesters zeiden niet: Waar is de HEERE? en die de wet handelden, kenden Mij niet; en de herders overtraden tegen Mij; en de profeten profeteerden door Baal, en wandelden naar dingen, die geen nut doen.

9 Daarom zal Ik nog met ulieden twisten, spreekt de HEERE; ja, met uw kindskinderen zal Ik twisten.

10 Want, gaat over in de eilanden der Chitteers, en ziet toe, en zendt naar Kedar, en merkt er wel op; en ziet, of diesgelijks geschied zij?

11 Heeft ook een volk de goden veranderd, hoewel dezelve geen goden zijn? Nochtans heeft Mijn volk zijn Eer veranderd in hetgeen geen nut doet.

12 Ontzet u hierover, gij hemelen, en zijt verschrikt, wordt zeer woest, spreekt de HEERE.

13 Want Mijn volk heeft twee boosheden begaan; Mij, den Springader des levenden waters, hebben zij verlaten, om zichzelven bakken uit te houwen, gebroken bakken, die geen water houden.

14 Is dan Israel een knecht, of is hij een ingeborene des huizes? Waarom is hij dan ten roof geworden?

15 De jonge leeuwen hebben over hem gebruld, zij hebben hun stem verheven; en zij hebben zijn land gezet in verwoesting; zijn steden zijn verbrand, dat er niemand in woont.

16 Ook hebben u de kinderen van Nof en Tachpanhes den schedel afgeweid.

17 Doet gij dit niet zelven, doordien gij den HEERE, uw God, verlaat, ten tijde als Hij u op den weg leidt?

18 En nu, wat hebt gij te doen met den weg van Egypte, om de wateren van Sihor te drinken? En wat hebt gij te doen met den weg van Assur, om de wateren der rivier te drinken?

19 Uw boosheid zal u kastijden, en uw afkeringen zullen u straffen; weet dan en ziet, dat het kwaad en bitter is, dat gij den HEERE, uw God, verlaat, en Mijn vreze niet bij u is, spreekt de Heere, de HEERE der heirscharen.

20 Als Ik van ouds uw juk verbroken, en uw banden verscheurd had, zo zeidet gij: Ik zal niet dienen; maar op allen hogen heuvel en onder allen groenen boom loopt gij om, hoererende.

21 Ik had u toch geplant, een edelen wijnstok, een geheel getrouw zaad; hoe zijt gij Mij dan veranderd in verbasterde ranken van een vreemden wijnstok?

22 Want, al wiest gij u met salpeter, en naamt u veel zeep, zo is toch uw ongerechtigheid voor Mijn aangezicht getekend, spreekt de Heere HEERE.

23 Hoe zegt gij: Ik ben niet verontreinigd, ik heb de Baals niet nagewandeld? Zie uw weg in het dal, ken, wat gij gedaan hebt, gij lichte, snelle kemelin, die haar wegen verdraait!

24 Zij is een woudezelin, gewend in de woestijn, naar den lust harer ziel schept zij den wind, wie zou haar ontmoeting afkeren? Allen, die haar zoeken, zullen niet moede worden, in haar maand zullen zij haar vinden.

25 Bedwing uw voet van ontschoeiing, en uw keel van dorst; maar gij zegt: Het is buiten hoop; neen, want ik heb de vreemden lief, en die zal ik nawandelen!

26 Gelijk een dief beschaamd wordt, wanneer hij gevonden wordt, alzo zijn die van het huis Israels beschaamd; zij, hun koningen, hun vorsten, en hun priesters, en hun profeten;

27 Die tot een hout zeggen: Gij zijt mijn vader; en tot een steen: Gij hebt mij gegenereerd; want zij keren Mij den nek toe, en niet het aangezicht; maar ten tijde huns kwaads zeggen zij: Sta op en verlos ons.

28 Waar zijn dan uw goden, die gij u gemaakt hebt? Laat ze opstaan, of zij u ten tijde uws kwaads zullen verlossen; want naar het getal uwer steden zijn uw goden, o Juda!

29 Waarom twist gij tegen Mij? Gij hebt allen tegen Mij overtreden, spreekt de HEERE.

30	In vain have I smitten your children; they received no correction: your own sword hath devoured your prophets, like a destroying lion.	30	Tevergeefs heb Ik uw kinderen geslagen; zij hebben de tucht niet aangenomen; ulieder zwaard heeft uw profeten verteerd, als een verdorven leeuw.
31	O generation, see ye the word of the LORD. Have I been a wilderness unto Israel? a land of darkness? wherefore say my people, We are lords; we will come no more unto thee?	31	O geslacht, aanmerkt toch gijlieden des HEEREN woord! Ben Ik Israel een woestijn geweest, of een land der uiterste donkerheid? Waarom zegt dan Mijn volk: Wij zijn heren, wij zullen niet meer tot U komen?
32	Can a maid forget her ornaments, or a bride her attire? yet my people have forgotten me days without number.	32	Vergeet ook een jonkvrouw haar versiersel, of een bruid haar bindselen? Nochtans heeft Mijn volk Mij vergeten, dagen zonder getal.
33	Why trimmest thou thy way to seek love? therefore hast thou also taught the wicked ones thy ways.	33	Wat maakt gij uw weg goed, daar gij boelering zoekt? Waarom gij ook de booste hoeren uw wegen geleerd hebt.
34	Also in thy skirts is found the blood of the souls of the poor innocents: I have not found it by secret search, but upon all these.	34	Ja, het bloed van de zielen der onschuldige nooddruftigen is in uw zomen gevonden; Ik heb dat niet met opgraven gevonden, maar aan alle die.
35	Yet thou sayest, Because I am innocent, surely his anger shall turn from me. Behold, I will plead with thee, because thou sayest, I have not sinned.	35	Nog zegt gij: Zeker, ik ben onschuldig; Zijn toorn is immers van mij afgekeerd. Ziet, Ik zal met u rechten, omdat gij zegt: Ik heb niet gezondigd.
36	Why gaddest thou about so much to change thy way? thou also shalt be ashamed of Egypt, as thou wast ashamed of Assyria.	36	Wat reist gij veel uit, veranderende uw weg? Gij zult ook van Egypte beschaamd worden, gelijk als gij van Assur beschaamd zijt.
37	Yea, thou shalt go forth from him, and thine hands upon thine head: for the LORD hath rejected thy confidences, and thou shalt not prosper in them.	37	Gij zult ook van hier uitgaan met uw handen op uw hoofd; want de HEERE heeft al uw vertrouwen verworpen, zodat gij daarmede niet zult gedijen.

Jeremiah (3) Jeremia

1	They say, If a man put away his wife, and she go from him, and become another man's, shall he return unto her again? shall not that land be greatly polluted? but thou hast played the harlot with many lovers; yet return again to me, saith the LORD.	1	Men zegt: Zo een man zijn huisvrouw verlaat, en zij gaat van hem, en wordt eens anderen mans, zal hij ook tot haar nog wederkeren? Zou datzelve land niet grotelijks ontheiligd worden? Gij nu hebt met veel boeleerders gehoereerd, keer nochtans weder tot Mij, spreekt de HEERE.
2	Lift up thine eyes unto the high places, and see where thou hast not been lien with. In the ways hast thou sat for them, as the Arabian in the wilderness; and thou hast polluted the land with thy whoredoms and with thy wickedness.	2	Hef uw ogen op naar de hoge plaatsen, en zie toe, waar zijt gij niet beslapen? Gij hebt voor hen gezeten aan de wegen, als een Arabier in de woestijn; alzo hebt gij het land ontheiligd met uw hoererijen en met uw boosheid.
3	Therefore the showers have been withholden, and there hath been no latter rain; and thou hadst a whore's forehead, thou refusedst to be ashamed.	3	Daarom zijn de regendruppelen ingehouden, en er is geen spade regen geweest. Maar gij hebt een hoerenvoorhoofd, gij weigert schaamrood te worden.
4	Wilt thou not from this time cry unto me, My father, thou art the guide of my youth?	4	Zult gij niet van nu af tot Mij roepen: Mijn Vader! Gij zijt de leidsman mijner jeugd!
5	Will he reserve his anger for ever? will he keep it to the end? Behold, thou hast spoken and done evil things as thou couldest.	5	Zal Hij in eeuwigheid den toorn behouden? Zal Hij dien gestadig bewaren? Zie, gij spreekt en doet die boosheden, en neemt de overhand.
6	The LORD said also unto me in the days of Josiah the king, Hast thou seen that which backsliding Israel hath done? she is gone up upon every high mountain and under every green tree, and there hath played the harlot.	6	Voorts zeide de HEERE tot mij, in de dagen van den koning Josia: Hebt gij gezien, wat de afgekeerde Israel gedaan heeft? Zij ging henen op allen hogen berg, en tot onder allen groenen boom, en hoereerde aldaar.
7	And I said after she had done all these things, Turn thou unto me. But she returned not. And her treacherous sister Judah saw it.	7	En Ik zeide, nadat zij zulks alles gedaan had: Bekeer u tot Mij; maar zij bekeerde zich niet. Dit zag de trouweloze, haar zuster Juda.
8	And I saw, when for all the causes whereby backsliding Israel committed adultery I had put her away, and given her a bill of divorce; yet her treacherous sister Judah feared not, but went and played the harlot also.	8	En Ik zag, als Ik ter oorzake van alles, waarin de afgekeerde Israel overspel bedreven had, haar verlaten, en haar haar scheidbrief gegeven had, dat de trouweloze, haar zuster Juda, niet vreesde, maar ging henen, en hoereerde zelve ook.
9	And it came to pass through the lightness of her whoredom, that she defiled the land, and committed adultery with stones and with stocks.	9	Ja, het geschiedde, vanwege het gerucht harer hoererij, dat zij het land ontheiligde; want zij bedreef overspel met steen en met hout.
10	And yet for all this her treacherous sister Judah hath not turned unto me with her whole heart, but feignedly, saith the LORD.	10	En zelfs in dit alles heeft zich haar trouweloze zuster Juda tot Mij niet bekeerd met haar ganse hart, maar valselijk, spreekt de HEERE.
11	And the LORD said unto me, The backsliding Israel hath justified herself more than treacherous Judah.	11	Dies de HEERE tot mij zeide: De afgekeerde Israel heeft haar ziel gerechtvaardigd, meer dan de trouweloze Juda.
12	Go and proclaim these words toward the north, and say, Return, thou backsliding Israel, saith the LORD; and I will not cause mine anger to fall upon you: for I am merciful, saith the LORD, and I will not keep anger for ever.	12	Gij henen, en roep deze woorden uit tegen het noorden, en zeg: Bekeer u, gij afgekeerde Israel! spreekt de HEERE, zo zal Ik Mijn toorn op ulieden niet doen vallen; want Ik ben goedertieren, spreekt de HEERE. Ik zal den toorn niet in eeuwigheid behouden.
13	Only acknowledge thine iniquity, that thou hast transgressed against the LORD thy God, and hast scattered thy ways to the strangers under every green tree, and ye have not obeyed my voice, saith the LORD.	13	Alleen ken uw ongerechtigheid, dat gij tegen den HEERE, uw God, hebt overtreden, en uw wegen verstrooid hebt tot de vreemden, onder allen groenen boom, maar gij zijt Mijner stem niet gehoorzaam geweest, spreekt de HEERE.
14	Turn, O backsliding children, saith the LORD; for I am married unto you: and I will take you one of a city, and two of a family, and I will bring you to Zion:	14	Bekeert u, gij afkerige kinderen! spreekt de HEERE, want Ik heb u getrouwd, en Ik zal u aannemen, een uit een stad, en twee uit een geslacht, en zal u brengen te Sion.
15	And I will give you pastors according to mine heart, which shall feed you with knowledge and understanding.	15	En Ik zal ulieden herders geven naar Mijn hart; die zullen u weiden met wetenschap en verstand.

Jeremiah - Jeremia

And it shall come to pass, when ye be multiplied and increased in the land, in those days, saith the LORD, they shall say no more, The ark of the covenant of the LORD: neither shall it come to mind: neither shall they remember it; neither shall they visit it; neither shall that be done any more.	16 En het zal geschieden, wanneer gij vermenigvuldigd en vruchtbaar zult geworden zijn in het land, in die dagen, spreekt de HEERE, zullen zij niet meer zeggen: De ark des verbonds des HEEREN, ook zal zij in het hart niet opkomen; en zij zullen aan haar niet gedenken, en haar niet bezoeken, en zij zal niet weder gemaakt worden.
At that time they shall call Jerusalem the throne of the LORD; and all the nations shall be gathered unto it, to the name of the LORD, to Jerusalem: neither shall they walk any more after the imagination of their evil heart.	17 Te dier tijd zullen zij Jeruzalem noemen, des HEEREN troon; en al de heidenen zullen tot haar vergaderd worden, om des HEEREN Naams wil, te Jeruzalem; en zij zullen niet meer wandelen naar het goeddunken van hun boos hart.
In those days the house of Judah shall walk with the house of Israel, and they shall come together out of the land of the north to the land that I have given for an inheritance unto your fathers.	18 In die dagen zal het huis van Juda gaan tot het huis van Israel; en zij zullen te zamen komen uit het land van het noorden, in het land, dat Ik uw vaderen ten erve gegeven heb.
But I said, How shall I put thee among the children, and give thee a pleasant land, a goodly heritage of the hosts of nations? and I said, Thou shalt call me, My father; and shalt not turn away from me.	19 Ik zeide wel: Hoe zal Ik u onder de kinderen zetten, en u geven het gewenste land, de sierlijke erfenis van de heirscharen der heidenen? Maar Ik zeide: Gij zult tot Mij roepen: Mijn Vader! en gij zult van achter Mij niet afkeren.
Surely as a wife treacherously departeth from her husband, so have ye dealt treacherously with me, O house of Israel, saith the LORD.	20 Waarlijk, gelijk een vrouw trouwelooslijk scheidt van haar vriend, alzo hebt gijlieden trouwelooslijk tegen Mij gehandeld, gij huis Israels! spreekt de HEERE.
A voice was heard upon the high places, weeping and supplications of the children of Israel: for they have perverted their way, and they have forgotten the LORD their God.	21 Er is een stem gehoord op de hoge plaatsen, een geween en smekingen der kinderen Israels, omdat zij hun weg verkeerd, en den HEERE, hun God, vergeten hebben.
Return, ye backsliding children, and I will heal your backslidings. Behold, we come unto thee; for thou art the LORD our God.	22 Keert weder, gij afkerige kinderen! Ik zal uw afkeringen genezen. Zie, hier zijn wij, wij komen tot U, want Gij zijt de HEERE, onze God!
Truly in vain is salvation hoped for from the hills, and from the multitude of mountains: truly in the LORD our God is the salvation of Israel.	23 Waarlijk, tevergeefs verwacht men het van de heuvelen en de menigte der bergen; waarlijk, in den HEERE, onzen God, is Israels heil!
For shame hath devoured the labour of our fathers from our youth; their flocks and their herds, their sons and their daughters.	24 Want de schaamte heeft den arbeid onzer vaderen opgegeten, van onze jeugd aan; hun schapen en hun runderen, hun zonen en hun dochteren.
We lie down in our shame, and our confusion covereth us: for we have sinned against the LORD our God, we and our fathers, from our youth even unto this day, and have not obeyed the voice of the LORD our God.	25 Wij liggen in onze schaamte, en onze schande overdekt ons, want wij hebben tegen den HEERE, onzen God, gezondigd, wij en onze vaderen, van onze jeugd aan tot op dezen dag; en wij zijn der stem des HEEREN, onzes Gods, niet gehoorzaam geweest.

Jeremiah (4) Jeremia

If thou wilt return, O Israel, saith the LORD, return unto me: and if thou wilt put away thine abominations out of my sight, then shalt thou not remove.	1 Zo gij u bekeren zult, Israel! spreekt de HEERE, bekeer u tot Mij; en zo gij uw verfoeiselen van Mijn aangezicht zult wegdoen, zo zwerft niet om.
And thou shalt swear, The LORD liveth, in truth, in judgment, and in righteousness; and the nations shall bless themselves in him, and in him shall they glory.	2 Maar zweer: Zo waarachtig als de HEERE leeft! in waarheid, in recht en in gerechtigheid; zo zullen zich de heidenen in Hem zegenen, en zich in Hem beroemen.
For thus saith the LORD to the men of Judah and Jerusalem, Break up your fallow ground, and sow not among thorns.	3 Want zo zegt de HEERE tot de mannen van Juda, en tot Jeruzalem: Braakt ulieden een braakland, en zaait niet onder de doornen.
Circumcise yourselves to the LORD, and take away the foreskins of your heart, ye men of Judah and inhabitants of Jerusalem: lest my fury come forth like fire, and burn that none can quench it, because of the evil of your doings.	4 Besnijdt u den HEERE en doet weg de voorhuiden uwer harten, gij mannen van Juda en inwoners van Jeruzalem! opdat Mijner grimmigheid niet uitvare als een vuur, en brande, dat niemand blussen kunne, vanwege de boosheid uwer handelingen.
Declare ye in Judah, and publish in Jerusalem; and say, Blow ye the trumpet in the land: cry, gather together, and say, Assemble yourselves, and let us go into the defenced cities.	5 Verkondigt in Juda, en laat het horen te Jeruzalem, en zegt het; ja, blaast de bazuin in het land; roept met volle stem en zegt: Verzamelt ulieden, en laat ons ingaan in de vaste steden!
Set up the standard toward Zion: retire, stay not: for I will bring evil from the north, and a great destruction.	6 Werpt de banier op naar Sion, vlucht met hopen, blijft niet staan! want Ik breng een kwaad aan van het noorden, en een grote breuk.
The lion is come up from his thicket, and the destroyer of the Gentiles is on his way; he is gone forth from his place to make thy land desolate; and thy cities shall be laid waste, without an inhabitant.	7 De leeuw is opgekomen uit zijn haag, en de verderver der heidenen is opgetrokken, hij is uitgegaan uit zijn plaats, om uw land te stellen in verwoestingen; uw steden zullen verstoord worden, dat er niemand in wone.
For this gird you with sackcloth, lament and howl: for the fierce anger of the LORD is not turned back from us.	8 Hierom, gordt zakken aan, bedrijft misbaar en huilt; want de hittigheid van des HEEREN toorn is niet van ons afgekeerd.
And it shall come to pass at that day, saith the LORD, that the heart of the king shall perish, and the heart of the princes; and the priests shall be astonished, and the prophets shall wonder.	9 En het zal te dier tijd geschieden, spreekt de HEERE, dat het hart des konings en het hart der vorsten vergaan zal; en de priesters zullen zich ontzetten, en de profeten zich verwonderen.
Then said I, Ah, Lord GOD! surely thou hast greatly deceived this people and Jerusalem, saying, Ye shall have peace; whereas the sword reacheth unto the soul.	10 Toen zeide ik: Ach, Heere HEERE! waarlijk, Gij hebt dit volk en Jeruzalem grotelijks bedrogen, zeggende: Gijlieden zult vrede hebben; daar het zwaard tot aan de ziel raakt.
At that time shall it be said to this people and to Jerusalem, A dry wind of the high places in the wilderness toward the daughter of my people, not to fan, nor to cleanse,	11 Te dier tijd zal tot dit volk en tot Jeruzalem gezegd worden: Een dorre wind van de hoge plaatsen in de woestijn, van den weg der dochter Mijns volks; niet om te wannen, noch om te zuiveren.

	Even a full wind from those places shall come unto me: now also will I give sentence against them.	12	Er zal Mij een wind komen, die hun te sterk zal zijn. Nu zal Ik ook oordelen tegen hen uitspreken.
	Behold, he shall come up as clouds, and his chariots shall be as a whirlwind: his horses are swifter than eagles. Woe unto us! for we are spoiled.	13	Ziet, hij komt op als wolken, en zijn wagenen zijn als een wervelwind, zijn paarden zijn sneller dan arenden; wee ons, want wij zijn verwoest!
	O Jerusalem, wash thine heart from wickedness, that thou mayest be saved. How long shall thy vain thoughts lodge within thee?	14	Was uw hart van boosheid, o Jeruzalem! opdat gij behouden wordt; hoe lang zult gij de gedachten uwer ijdelheid in het binnenste van u laten vernachten?
	For a voice declareth from Dan, and publisheth affliction from mount Ephraim.	15	Want een stem verkondigt van Dan af, en doet ellende horen van het gebergte van Efraim.
	Make ye mention to the nations; behold, publish against Jerusalem, that watchers come from a far country, and give out their voice against the cities of Judah.	16	Vermeldt den volke, ziet, doet het horen tegen Jeruzalem; daar komen hoeders uit verren lande; en zij verheffen hun stem tegen de steden van Juda.
	As keepers of a field, are they against her round about; because she hath been rebellious against me, saith the LORD.	17	Als de wachters der velden zijn zij rondom tegen haar; omdat zij tegen Mij wederspannig geweest is, spreekt de HEERE.
	Thy way and thy doings have procured these things unto thee; this is thy wickedness, because it is bitter, because it reacheth unto thine heart.	18	Uw weg en uw handelingen hebben u deze dingen gedaan; dit is uw boosheid, dat het zo bitter is, dat het tot aan uw hart raakt.
	My bowels, my bowels! I am pained at my very heart; my heart maketh a noise in me; I cannot hold my peace, because thou hast heard, O my soul, the sound of the trumpet, the alarm of war.	19	O mijn ingewand, mijn ingewand! ik heb barensweeë, o wanden mijns harten! mijn hart maakt getier in mij, ik kan niet zwijgen; want gij, mijn ziel! hoort het geluid der bazuin en het krijgsgeschrei.
	Destruction upon destruction is cried; for the whole land is spoiled: suddenly are my tents spoiled, and my curtains in a moment.	20	Breuk op breuk wordt er uitgeroepen; want het ganse land is verstoord; haastelijk zijn mijn tenten verstoord, mijn gordijnen in een ogenblik!
	How long shall I see the standard, and hear the sound of the trumpet?	21	Hoe lang zal ik de banier zien, het geluid der bazuin horen?
	For my people is foolish, they have not known me; they are sottish children, and they have none understanding: they are wise to do evil, but to do good they have no knowledge.	22	Zekerlijk, Mijn volk is dwaas, Mij kennen zij niet; het zijn zotte kinderen, en zij zijn niet verstandig; wijs zijn zij om kwaad te doen, maar goed te doen weten zij niet.
	I beheld the earth, and, lo, it was without form, and void; and the heavens, and they had no light.	23	Ik zag het land aan, en ziet, het was woest en ledig; ook naar den hemel, en zijn licht was er niet.
	I beheld the mountains, and, lo, they trembled, and all the hills moved lightly.	24	Ik zag de bergen aan, en ziet, zij beefden; en al de heuvelen schudden.
	I beheld, and, lo, there was no man, and all the birds of the heavens were fled.	25	Ik zag, en ziet, er was geen mens; en alle vogelen des hemels waren weggevlogen.
	I beheld, and, lo, the fruitful place was a wilderness, and all the cities thereof were broken down at the presence of the LORD, and by his fierce anger.	26	Ik zag, en ziet, het vruchtbare land was een woestijn, en al zijn steden waren afgebroken, vanwege den HEERE, vanwege de hittigheid Zijns toorns.
	For thus hath the LORD said, The whole land shall be desolate; yet will I not make a full end.	27	Want zo zegt de HEERE: Dit ganse land zal een woestijn zijn (doch Ik zal geen voleinding maken);
	For this shall the earth mourn, and the heavens above be black: because I have spoken it, I have purposed it, and will not repent, neither will I turn back from it.	28	Hierom zal de aarde treuren, en de hemel daarboven zwart zijn; omdat Ik het heb gesproken, Ik heb het voorgenomen en het zal Mij niet rouwen, en Ik zal Mij daarvan niet afkeren.
	The whole city shall flee for the noise of the horsemen and bowmen; they shall go into thickets, and climb up upon the rocks: every city shall be forsaken, and not a man dwell therein.	29	Van het geroep der ruiteren en boogschutters vluchten al de steden; zij gaan in de wolken, en klimmen op de rotsen; al de steden zijn verlaten, zodat niemand in dezelve woont.
	And when thou art spoiled, what wilt thou do? Though thou clothest thyself with crimson, though thou deckest thee with ornaments of gold, though thou rentest thy face with painting, in vain shalt thou make thyself fair; thy lovers will despise thee, they will seek thy life.	30	Wat zult gij dan doen, gij verwoeste? Al kleeddet gij u met scharlaken, al versierdet gij u met gouden sieraad, al schuurdet gij uw ogen met blanketsel, zo zoudt gij u toch tevergeefs oppronken; de boelen versmaden u, zij zullen uw ziel zoeken.
	For I have heard a voice as of a woman in travail, and the anguish as of her that bringeth forth her first child, the voice of the daughter of Zion, that bewaileth herself, that spreadeth her hands, saying, Woe is me now! for my soul is wearied because of murderers.	31	Want ik hoor een stem als van een vrouw, die in arbeid is, een benauwdheid als van een, die in des eersten kinds nood is, de stem van de dochter Sions; zij hijgt, zij breidt haar handen uit, zeggende: O, wee mij nu, want mijn ziel is moede vanwege de doodslagers!

Jeremiah (5) Jeremia

	Run ye to and fro through the streets of Jerusalem, and see now, and know, and seek in the broad places thereof, if ye can find a man, if there be any that executeth judgment, that seeketh the truth; and I will pardon it.	1	Gaat om door de wijken van Jeruzalem, en ziet nu toe, en verneemt, en zoekt op haar straten, of gij iemand vindt, of er een is, die recht doet, die waarheid zoekt, zo zal Ik haar genadig zijn.
	And though they say, The LORD liveth; surely they swear falsely.	2	En of zij al zeggen: Zo waarachtig als de HEERE leeft! zo zweren zij toch valselijk.
	O LORD, are not thine eyes upon the truth? thou hast stricken them, but they have not grieved; thou hast consumed them, but they have refused to receive correction: they have made their faces harder than a rock; they have refused to return.	3	O HEERE! zien Uw ogen niet naar waarheid? Gij hebt hen geslagen, maar zij hebben geen pijn gevoeld; Gij hebt hen verteerd, maar zij hebben geweigerd de tucht aan te nemen; zij hebben hun aangezichten harder gemaakt dan een steenrots, zij hebben geweigerd zich te bekeren.
	Therefore I said, Surely these are poor; they are foolish: for they know not the way of the LORD, nor the judgment of their God.	4	Doch ik zeide: Zekerlijk, deze zijn arm; zij handelen zottelijk, omdat zij den weg des HEEREN, het recht hun Gods niet weten.

Jeremiah - Jeremia

I will get me unto the great men, and will speak unto them; for they have known the way of the LORD, and the judgment of their God: but these have altogether broken the yoke, and burst the bonds.

Wherefore a lion out of the forest shall slay them, and a wolf of the evenings shall spoil them, a leopard shall watch over their cities: every one that goeth out thence shall be torn in pieces: because their transgressions are many, and their backslidings are increased.

How shall I pardon thee for this? thy children have forsaken me, and sworn by them that are no gods: when I had fed them to the full, they then committed adultery, and assembled themselves by troops in the harlots' houses.

They were as fed horses in the morning: every one neighed after his neighbour's wife.

Shall I not visit for these things? saith the LORD: and shall not my soul be avenged on such a nation as this?

Go ye up upon her walls, and destroy; but make not a full end: take away her battlements; for they are not the LORD'S.

For the house of Israel and the house of Judah have dealt very treacherously against me, saith the LORD.

They have belied the LORD, and said, It is not he; neither shall evil come upon us; neither shall we see sword nor famine:

And the prophets shall become wind, and the word is not in them: thus shall it be done unto them.

Wherefore thus saith the LORD God of hosts, Because ye speak this word, behold, I will make my words in thy mouth fire, and this people wood, and it shall devour them.

Lo, I will bring a nation upon you from far, O house of Israel, saith the LORD: it is a mighty nation, it is an ancient nation, a nation whose language thou knowest not, neither understandest what they say.

Their quiver is as an open sepulchre, they are all mighty men.

And they shall eat up thine harvest, and thy bread, which thy sons and thy daughters should eat: they shall eat up thy flocks and thine herds: they shall eat up thy vines and thy fig trees: they shall impoverish thy fenced cities, wherein thou trustedst, with the sword.

Nevertheless in those days, saith the LORD, I will not make a full end with you.

And it shall come to pass, when ye shall say, Wherefore doeth the LORD our God all these things unto us? then shalt thou answer them, Like as ye have forsaken me, and served strange gods in your land, so shall ye serve strangers in a land that is not yours.

Declare this in the house of Jacob, and publish it in Judah, saying,

Hear now this, O foolish people, and without understanding; which have eyes, and see not; which have ears, and hear not:

Fear ye not me? saith the LORD: will ye not tremble at my presence, which have placed the sand for the bound of the sea by a perpetual decree, that it cannot pass it: and though the waves thereof toss themselves, yet can they not prevail; though they roar, yet can they not pass over it?

But this people hath a revolting and a rebellious heart; they are revolted and gone.

Neither say they in their heart, Let us now fear the LORD our God, that giveth rain, both the former and the latter, in his season: he reserveth unto us the appointed weeks of the harvest.

Your iniquities have turned away these things, and your sins have withholden good things from you.

For among my people are found wicked men: they lay wait, as he that setteth snares; they set a trap, they catch men.

As a cage is full of birds, so are their houses full of deceit: therefore they are become great, and waxen rich.

They are waxen fat, they shine: yea, they overpass the deeds of the wicked: they judge not the cause, the cause of the fatherless, yet they prosper; and the right of the needy do they not judge.

---

5 Ik zal gaan tot de groten, en met hen spreken, want die weten den weg des HEEREN, het recht huns Gods; maar zij hadden te zamen het juk verbroken, en de banden verscheurd.

6 Daarom heeft hen een leeuw uit het woud verslagen, een wolf der wildernissen zal hen verwoesten; een luipaard waakt tegen hun steden: al wie uit dezelve uitgaat, zal verscheurd worden; want hun overtredingen zijn vermenigvuldigd, hun afkeringen zijn machtig veel geworden.

7 Hoe zou Ik over zulks u vergeven? Uw kinderen verlaten Mij, en zweren bij hen, die geen God zijn; als Ik hen verzadigd heb, zo bedrijven zij overspel, en verzamelen bij hopen in het hoerenhuis.

8 Als welgevoederde hengsten zijn zij vroeg op; zij hunkeren een iegelijk naar zijns naasten huisvrouw.

9 Zou Ik over die dingen geen bezoeking doen? spreekt de HEERE. Of zou Mijn ziel zich niet wreken aan zulk een volk, als dit is?

10 Beklimt haar muren, en verderft ze (doch maakt geen voleinding); doet haar spitsen weg, want zij zijn des HEEREN niet.

11 Want het huis van Israel en het huis van Juda hebben gans trouwelooslijk tegen Mij gehandeld, spreekt de HEERE.

12 Zij verloochenen den HEERE, en zeggen: Hij is het niet, en ons zal geen kwaad overkomen, wij zullen noch zwaard noch honger zien.

13 Ja, die profeten zullen tot wind worden, want het woord is niet bij hen; hun zelven zal zo geschieden.

14 Daarom zegt de HEERE, de God der heirscharen, alzo, omdat gijlieden dit woord spreekt: Ziet, Ik zal Mijn woorden in uw mond tot vuur maken, en dit volk tot hout, en het zal hen verteren.

15 Ziet, Ik zal over ulieden een volk van verre brengen, o huis Israels! spreekt de HEERE; het is een sterk volk, het is een zeer oud volk, een volk, welks spraak gij niet zult kennen, en niet horen, wat het spreken zal.

16 Zijn pijlkoker is als een open graf; zij zijn altemaal helden.

17 En het zal uw oogst en uw brood opeten, dat uw zonen en uw dochteren zouden eten; het zal uw schapen en uw runderen opeten; het zal uw wijnstok en uw vijgeboom opeten; uw vaste steden, op dewelke gij vertrouwt, zal het arm maken, door het zwaard.

18 Nochtans zal Ik ook in die dagen, spreekt de HEERE, geen voleinding met ulieden maken.

19 En het zal geschieden, wanneer gij zult zeggen: Waarom heeft ons de HEERE, onze God, al deze dingen gedaan? dat gij tot hen zeggen zult: Gelijk als gijlieden Mij hebt verlaten, en vreemde goden in uw land gediend, alzo zult gij de uitlandse dienen, in een land, dat het uwe niet is.

20 Verkondigt dit in het huis van Jakob, en laat het horen in Juda, zeggende:

21 Hoort nu dit, gij dwaas en harteloos volk! die ogen hebben, maar zien niet, die oren hebben, maar horen niet.

22 Zult gijlieden Mij niet vrezen? spreekt de HEERE; zult gij voor Mijn aangezicht niet beven? Die der zee het zand tot een paal gesteld heb, met een eeuwige inzetting, dat zij daarover niet zal gaan; ofschoon haar golven zich bewegen, zo zullen zij toch niet vermogen, ofschoon zij bruisen, zo zullen zij toch daarover niet gaan.

23 Maar dit volk heeft een afvallig en wederspannig hart; zij zijn afgevallen en heengegaan;

24 En zij zeggen niet in hun hart: Laat ons nu den HEERE, onzen God, vrezen, Die den regen geeft, zo vroegen regen als spaden regen, op Zijn tijd; Die ons de weken, de gezette tijden van den oogst, bewaart.

25 Uw ongerechtigheden wenden die dingen af, en uw zonden weren dat goede van ulieden.

26 Want onder Mijn volk worden goddelozen gevonden; een ieder van hen loert, gelijk zich de vogelvangers schikken; zij zetten een verderfelijken strik, zij vangen de mensen.

27 Gelijk een kouw vol is van gevogelte, alzo zijn hun huizen vol van bedrog; daarom zijn zij groot en rijk geworden.

28 Zij zijn vet, zij zijn glad, zelfs de daden der bozen gaan zij te boven; de rechtzaak richten zij niet, zelfs de rechtzaak des wezen, nochtans zijn zij voorspoedig; ook oordelen zij het recht der nooddruftigen niet.

Shall I not visit for these things? saith the LORD: shall not my soul be avenged on such a nation as this?

A wonderful and horrible thing is committed in the land;

The prophets prophesy falsely, and the priests bear rule by their means; and my people love to have it so: and what will ye do in the end thereof?

29 Zou Ik over die dingen geen bezoeking doen? spreekt de HEERE; zou Mijn ziel zich niet wreken aan zulk een volk als dit is?

30 Een schrikkelijke en afschuwelijke zaak geschiedt er in het land.

31 De profeten profeteren valselijk, en de priesters heersen door hun handen; en Mijn volk heeft het gaarne alzo; maar wat zult gij ten einde van dien maken?

Jeremiah (6) Jeremia

O ye children of Benjamin, gather yourselves to flee out of the midst of Jerusalem, and blow the trumpet in Tekoa, and set up a sign of fire in Bethhaccerem: for evil appeareth out of the north, and great destruction.

I have likened the daughter of Zion to a comely and delicate woman.

The shepherds with their flocks shall come unto her; they shall pitch their tents against her round about; they shall feed every one in his place.

Prepare ye war against her; arise, and let us go up at noon. Woe unto us! for the day goeth away, for the shadows of the evening are stretched out.

Arise, and let us go by night, and let us destroy her palaces.

For thus hath the LORD of hosts said, Hew ye down trees, and cast a mount against Jerusalem: this is the city to be visited; she is wholly oppression in the midst of her.

As a fountain casteth out her waters, so she casteth out her wickedness: violence and spoil is heard in her; before me continually is grief and wounds.

Be thou instructed, O Jerusalem, lest my soul depart from thee; lest I make thee desolate, a land not inhabited.

Thus saith the LORD of hosts, They shall throughly glean the remnant of Israel as a vine: turn back thine hand as a grapegatherer into the baskets.

To whom shall I speak, and give warning, that they may hear? behold, their ear is uncircumcised, and they cannot hearken: behold, the word of the LORD is unto them a reproach; they have no delight in it.

Therefore I am full of the fury of the LORD; I am weary with holding in: I will pour it out upon the children abroad, and upon the assembly of young men together: for even the husband with the wife shall be taken, the aged with him that is full of days.

And their houses shall be turned unto others, with their fields and wives together: for I will stretch out my hand upon the inhabitants of the land, saith the LORD.

For from the least of them even unto the greatest of them every one is given to covetousness; and from the prophet even unto the priest every one dealeth falsely.

They have healed also the hurt of the daughter of my people slightly, saying, Peace, peace; when there is no peace.

Were they ashamed when they had committed abomination? nay, they were not at all ashamed, neither could they blush: therefore they shall fall among them that fall: at the time that I visit them they shall be cast down, saith the LORD.

Thus saith the LORD, Stand ye in the ways, and see, and ask for the old paths, where is the good way, and walk therein, and ye shall find rest for your souls. But they said, We will not walk therein.

Also I set watchmen over you, saying, Hearken to the sound of the trumpet. But they said, We will not hearken.

Therefore hear, ye nations, and know, O congregation, what is among them.

Hear, O earth: behold, I will bring evil upon this people, even the fruit of their thoughts, because they have not hearkened unto my words, nor to my law, but rejected it.

To what purpose cometh there to me incense from Sheba, and the sweet cane from a far country? your burnt offerings are not acceptable, nor your sacrifices sweet unto me.

Therefore thus saith the LORD, Behold, I will lay stumblingblocks before this people, and the fathers and the sons together shall fall upon them; the neighbour and his friend shall perish.

1 Vlucht met hopen, gij kinderen van Benjamin! uit het midden van Jeruzalem, en blaast de bazuin te Thekoa, en heft een vuurteken op te Beth-Cherem; want er kijkt een kwaad uit van het noorden, en een grote breuk.

2 Ik heb wel de dochter Sions bij een schone en wellustige vrouw vergeleken.

3 Maar er zullen herders tot haar komen met hun kudden; zij zullen tenten rondom tegen haar opslaan; zij zullen een iegelijk zijn ruimte afweiden.

4 Heiligt den krijg tegen haar, maakt u op, en laat ons optrekken op den middag; o, wee ons! want de dag heeft zich gewend, want de avondschaduwen neigen zich.

5 Maakt u op, en laat ons optrekken in den nacht, en haar paleizen verderven!

6 Want zo zegt de HEERE der heirscharen: Houwt bomen af, en werpt een wal op tegen Jeruzalem; zij is de stad, die bezocht zal worden; in het midden van haar is enkel verdrukking.

7 Gelijk een bornput zijn water opgeeft, alzo geeft zij haar boosheid op; geweld en verstoring wordt in haar gehoord, weedom en plaging is steeds voor Mijn aangezicht.

8 Laat u tuchtigen, Jeruzalem! opdat Mijn ziel niet van u afgetrokken worde, opdat Ik u niet stelle tot een woestheid, tot een onbewoond land.

9 Zo zegt de HEERE der heirscharen: Zij zullen Israels overblijfsel vlijtiglijk nalezen, gelijk een wijnstok; breng uw hand weder, gelijk een wijnlezer, aan de korven.

10 Tot wie zal ik spreken en betuigen, dat zij het horen? Ziet, hun oor is onbesneden, dat zij niet kunnen toeluisteren; ziet, het woord des HEEREN is hun tot een smaad, zij hebben geen lust daartoe.

11 Daarom ben ik vol van des HEEREN grimmigheid, ik ben moede geworden van inhouden; ik zal ze uitstorten over de kinderkens op de straat, en over de vergadering der jongelingen te zamen; want zelfs de man met de vrouw zullen gevangen worden, de oude met dien, die vol is van dagen.

12 En hun huizen zullen omgewend worden tot anderen, met te zamen de akkers en vrouwen; want Ik zal Mijn hand uitstrekken tegen de inwoners dezes lands, spreekt de HEERE.

13 Want van hun kleinste aan tot hun grootste toe pleegt een ieder van hen gierigheid, en van den profeet aan tot den priester toe bedrijft een ieder van hen valsheid.

14 En zij genezen de breuk van de dochter Mijns volks op het lichtste, zeggende: Vrede, vrede! doch daar is geen vrede.

15 Zijn zij beschaamd, omdat zij gruwel bedreven hebben? Ja, zij schamen zich in het minste niet, weten ook niet van schaamrood te maken; daarom zullen zij vallen onder de vallenden, ten tijde als Ik hen bezoeken zal, zullen zij struikelen, zegt de HEERE.

16 Zo zegt de HEERE: Staat op de wegen, en ziet toe, en vraagt naar de oude paden, waar toch de goede weg zij, en wandelt daarin; zo zult gij rust vinden voor uw ziel; maar zij zeggen: Wij zullen daarin niet wandelen.

17 Ik heb ook wachters over ulieden gesteld, zeggende: Luistert naar het geluid der bazuin; maar zij zeggen: Wij zullen niet luisteren.

18 Daarom hoort, gij heidenen! en verneem, o gij vergadering! wat onder hen is.

19 Hoor toe, gij aarde! Zie, Ik zal een kwaad brengen over dit volk, de vrucht hunner gedachten; want zij merken niet op Mijn woorden, en Mijn wet verwerpen zij.

20 Waartoe zal dan de wierook voor Mij uit Scheba komen, en de beste kalmus uit verren lande? Uw brandoffer zijn Mij niet behagelijk, en uw slachtoffer zijn Mij niet zoet.

21 Daarom zegt de HEERE alzo: Ziet, Ik zal dit volk allerlei aanstoot stellen; en daaraan zullen zich stoten te zamen vaders en kinderen, de nabuur en zijn metgezel, en zullen omkomen.

Thus saith the LORD, Behold, a people cometh from the north country, and a great nation shall be raised from the sides of the earth.	22 Zo zegt de HEERE: Ziet, er komt een volk uit het land van het noorden, en een grote natie zal opgewekt worden uit de zijden der aarde.
They shall lay hold on bow and spear; they are cruel, and have no mercy; their voice roareth like the sea; and they ride upon horses, set in array as men for war against thee, O daughter of Zion.	23 Boog en spies zullen zij voeren, het is een wreed volk, en zij zullen niet barmhartig zijn; hun stem zal bruisen als de zee, en op paarden zullen zij rijden; het is toegerust, als een man ten oorlog tegen u, o dochter van Sion!
We have heard the fame thereof: our hands wax feeble: anguish hath taken hold of us, and pain, as of a woman in travail.	24 Wij hebben zijn gerucht gehoord, onze handen zijn slap geworden; benauwdheid heeft ons aangegrepen, weedom als van een barende vrouw.
Go not forth into the field, nor walk by the way; for the sword of the enemy and fear is on every side.	25 Gaat niet uit in het veld, noch wandelt op den weg; want des vijands zwaard is er, schrik van rondom!
O daughter of my people, gird thee with sackcloth, and wallow thyself in ashes: make thee mourning, as for an only son, most bitter lamentation: for the spoiler shall suddenly come upon us.	26 O dochter Mijns volks! gord een zak aan, en wentel u in de as, maak u rouw eens enigen zoons, een zeer bitter misbaar; want de verstoorder zal ons snellijk overkomen.
I have set thee for a tower and a fortress among my people, that thou mayest know and try their way.	27 Ik heb u onder Mijn volk gesteld, tot een wachttoren, tot een vesting; opdat gij hun weg zoudt weten en proeven.
They are all grievous revolters, walking with slanders: they are brass and iron; they are all corrupters.	28 Zij zijn allen de afvalligsten der afvalligen, wandelende in achterklap; zij zijn koper en ijzer; zij zijn altemaal verdervers.
The bellows are burned, the lead is consumed of the fire; the founder melteth in vain: for the wicked are not plucked away.	29 De blaasbalg is verbrand, het lood is van het vuur verteerd; te vergeefs heeft de smelter zo vlijtiglijk gesmolten, dewijl de bozen niet afgetrokken zijn.
Reprobate silver shall men call them, because the LORD hath rejected them.	30 Men noemt ze een verworpen zilver; want de HEERE heeft hen verworpen.

Jeremiah (7) Jeremia

The word that came to Jeremiah from the LORD, saying,	1 Het woord, dat tot Jeremia geschied is, van den HEERE, zeggende:
Stand in the gate of the LORD'S house, and proclaim there this word, and say, Hear the word of the LORD, all ye of Judah, that enter in at these gates to worship the LORD.	2 Sta in de poort van des HEEREN huis, en roep aldaar dit woord uit, en zeg: Hoort des HEEREN woord, o gans Juda! gij, die door deze poorten ingaat, om den HEERE aan te bidden.
Thus saith the LORD of hosts, the God of Israel, Amend your ways and your doings, and I will cause you to dwell in this place.	3 Zo zegt de HEERE der heirscharen, de God Israels: Maakt uw wegen en uw handelingen goed, zo zal Ik ulieden doen wonen in deze plaats.
Trust ye not in lying words, saying, The temple of the LORD, The temple of the LORD, The temple of the LORD, are these.	4 Vertrouwt niet op valse woorden, zeggende: Des HEEREN tempel, des HEEREN tempel, des HEEREN tempel, zijn deze!
For if ye throughly amend your ways and your doings; if ye throughly execute judgment between a man and his neighbour;	5 Maar indien gij uw wegen en uw handelingen waarlijk zult goed maken; indien gij waarlijk zult recht doen tussen den man en tussen zijn naaste;
If ye oppress not the stranger, the fatherless, and the widow, and shed not innocent blood in this place, neither walk after other gods to your hurt:	6 De vreemdeling, wees en weduwe niet zult verdrukken, en geen onschuldig bloed in deze plaats vergieten; en andere goden niet zult nawandelen, ulieden ten kwade;
Then will I cause you to dwell in this place, in the land that I gave to your fathers, for ever and ever.	7 Zo zal Ik u in deze plaats, in het land, dat Ik uw vaderen gegeven heb, doen wonen van eeuw tot eeuw.
Behold, ye trust in lying words, that cannot profit.	8 Ziet, gij vertrouwt u op valse woorden, die geen nut doen.
Will ye steal, murder, and commit adultery, and swear falsely, and burn incense unto Baal, and walk after other gods whom ye know not;	9 Zult gij stelen, doodslaan en overspel bedrijven, en valselijk zweren, en Baal roken, en andere goden nawandelen, die gij niet kent?
And come and stand before me in this house, which is called by my name, and say, We are delivered to do all these abominations?	10 En dan komen en staan voor Mijn aangezicht in dit huis, dat naar Mijn Naam genoemd is, en zeggen: Wij zijn verlost, om al deze gruwelen te doen?
Is this house, which is called by my name, become a den of robbers in your eyes? Behold, even I have seen it, saith the LORD.	11 Is dan dit huis, dat naar Mijn Naam genoemd is, in uw ogen een spelonk der moordenaren? Ziet, Ik heb het ook gezien, spreekt de HEERE.
But go ye now unto my place which was in Shiloh, where I set my name at the first, and see what I did to it for the wickedness of my people Israel.	12 Want gaat nu henen naar Mijn plaats, die te Silo was, alwaar Ik Mijn Naam in het eerst had doen wonen; en ziet, wat Ik daaraan gedaan heb vanwege de boosheid van Mijn volk Israel.
And now, because ye have done all these works, saith the LORD, and I spake unto you, rising up early and speaking, but ye heard not; and I called you, but ye answered not;	13 En nu, omdat gijlieden al deze werken doet, spreekt de HEERE, en Ik tot u gesproken heb, vroeg op zijnde en sprekende, maar gij niet gehoord hebt, en Ik u geroepen, maar gij niet geantwoord hebt;
Therefore will I do unto this house, which is called by my name, wherein ye trust, and unto the place which I gave to you and to your fathers, as I have done to Shiloh.	14 Zo zal Ik aan dit huis, dat naar Mijn Naam genoemd is, waarop gij vertrouwt, en aan deze plaats, die Ik u en uw vaderen gegeven heb, doen, gelijk als Ik aan Silo gedaan heb.
And I will cast you out of my sight, as I have cast out all your brethren, even the whole seed of Ephraim.	15 En Ik zal ulieden van Mijn aangezicht wegwerpen, gelijk als Ik al uw broederen, het ganse zaad van Efraim, weggeworpen heb.
Therefore pray not thou for this people, neither lift up cry nor prayer for them, neither make intercession to me: for I will not hear thee.	16 Gij dan, bid niet voor dit volk, en hef geen geschrei noch gebed voor hen op, en loop Mij niet aan; want Ik zal u niet horen.
Seest thou not what they do in the cities of Judah and in the streets of Jerusalem?	17 Ziet gij niet, wat zij doen in de steden van Juda, en op de straten van Jeruzalem?

The children gather wood, and the fathers kindle the fire, and the women knead their dough, to make cakes to the queen of heaven, and to pour out drink offerings unto other gods, that they may provoke me to anger.	18 De kinderen lezen hout op, en de vaders steken het vuur aan, en de vrouwen kneden het deeg, om gebeelde koeken te maken voor de Melecheth des hemels, en anderen goden drankofferen te offeren, om Mij verdriet aan te doen.
Do they provoke me to anger? saith the LORD: do they not provoke themselves to the confusion of their own faces?	19 Doen zij Mij verdriet aan? spreekt de HEERE. Doen zij het zichzelven niet aan, tot beschaming huns aangezichts?
Therefore thus saith the Lord GOD; Behold, mine anger and my fury shall be poured out upon this place, upon man, and upon beast, and upon the trees of the field, and upon the fruit of the ground; and it shall burn, and shall not be quenched.	20 Daarom zegt de Heere HEERE alzo: Ziet, Mijn toorn en Mijn grimmigheid zal uitgestort worden over deze plaats, over de mensen en over de beesten, en over het geboomte des velds, en over de vrucht des aardrijks; en zal branden, en niet uitgeblust worden.
Thus saith the LORD of hosts, the God of Israel; Put your burnt offerings unto your sacrifices, and eat flesh.	21 Zo zegt de HEERE der heirscharen, de God Israels: Doet uw brandofferen tot uw slachtofferen, en eet vlees.
For I spake not unto your fathers, nor commanded them in the day that I brought them out of the land of Egypt, concerning burnt offerings or sacrifices:	22 Want Ik heb met uw vaderen, ten dage als Ik hen uit Egypteland uitvoerde, niet gesproken, noch hun geboden van zaken des brandoffers of slachtoffers.
But this thing commanded I them, saying, Obey my voice, and I will be your God, and ye shall be my people: and walk ye in all the ways that I have commanded you, that it may be well unto you.	23 Maar deze zaak heb Ik hun geboden, zeggende: Hoort naar Mijn stem, zo zal Ik u tot een God zijn, en gij zult Mij tot een volk zijn; en wandelt in al den weg, dien Ik u gebieden zal, opdat het u welga.
But they hearkened not, nor inclined their ear, but walked in the counsels and in the imagination of their evil heart, and went backward, and not forward.	24 Doch zij hebben niet gehoord, noch hun oor geneigd, maar gewandeld in de raadslagen, in het goeddunken van hun boos hart; en zij zijn achterwaarts gekeerd, en niet voorwaarts.
Since the day that your fathers came forth out of the land of Egypt unto this day I have even sent unto you all my servants the prophets, daily rising up early and sending them:	25 Van dien dag af, dat uw vaders uit Egypteland zijn uitgegaan, tot op dezen dag, zo heb Ik tot u gezonden al Mijn knechten, de profeten, dagelijks vroeg op zijnde en zendende.
Yet they hearkened not unto me, nor inclined their ear, but hardened their neck: they did worse than their fathers.	26 Doch zij hebben naar Mij niet gehoord, noch hun oor geneigd; maar zij hebben hun nek verhard, zij hebben het erger gemaakt dan hun vaders.
Therefore thou shalt speak all these words unto them; but they will not hearken to thee: thou shalt also call unto them; but they will not answer thee.	27 Ook zult gij al deze woorden tot hen spreken, maar zij zullen naar u niet horen; gij zult wel tot hen roepen, maar zij zullen u niet antwoorden.
But thou shalt say unto them, This is a nation that obeyeth not the voice of the LORD their God, nor receiveth correction: truth is perished, and is cut off from their mouth.	28 Daarom zeg tot hen: Dit is het volk, dat naar de stem des HEEREN, zijns Gods, niet hoort, en de tucht niet aanneemt; de waarheid is ondergegaan, en uitgeroeid van hun mond.
Cut off thine hair, O Jerusalem, and cast it away, and take up a lamentation on high places; for the LORD hath rejected and forsaken the generation of his wrath.	29 Scheer uw hoofdhaar af, o Jeruzalem! en werp het weg, en verhef een weeklacht op de hoge plaatsen; want de HEERE heeft het geslacht Zijner verbolgenheid verworpen en verlaten.
For the children of Judah have done evil in my sight, saith the LORD: they have set their abominations in the house which is called by my name, to pollute it.	30 Want de kinderen van Juda hebben gedaan, dat kwaad is in Mijn ogen, spreekt de HEERE; zij hebben hun verfoeiselen gesteld in het huis, dat naar Mijn Naam genoemd is, om dat te verontreinigen.
And they have built the high places of Tophet, which is in the valley of the son of Hinnom, to burn their sons and their daughters in the fire; which I commanded them not, neither came it into my heart.	31 En zij hebben gebouwd de hoogten van Tofeth, dat in het dal des zoons van Hinnom is, om hun zonen en hun dochteren met vuur te verbranden; hetwelk Ik niet heb geboden, noch in Mijn hart is opgekomen.
Therefore, behold, the days come, saith the LORD, that it shall no more be called Tophet, nor the valley of the son of Hinnom, but the valley of slaughter: for they shall bury in Tophet, till there be no place.	32 Daarom ziet, de dagen komen, spreekt de HEERE, dat het niet meer zal geheten worden Tofeth, noch dal des zoons van Hinnom, maar moorddal; en zij zullen ze in Tofeth begraven, omdat er geen plaats zal zijn.
And the carcases of this people shall be meat for the fowls of the heaven, and for the beasts of the earth; and none shall fray them away.	33 En de dode lichamen dezes volks zullen het gevogelte des hemels, en het gedierte der aarde tot spijze zijn, en niemand zal ze afschrikken.
Then will I cause to cease from the cities of Judah, and from the streets of Jerusalem, the voice of mirth, and the voice of gladness, the voice of the bridegroom, and the voice of the bride: for the land shall be desolate.	34 En Ik zal uit de steden van Juda en uit de straten van Jeruzalem doen ophouden de stem der vrolijkheid en de stem der vreugde, de stem des bruidegoms en de stem der bruid; want het land zal tot een verwoesting worden.

Jeremiah (8) Jeremia

At that time, saith the LORD, they shall bring out the bones of the kings of Judah, and the bones of his princes, and the bones of the priests, and the bones of the prophets, and the bones of the inhabitants of Jerusalem, out of their graves:	1 Ter zelfder tijd, spreekt de HEERE, zullen zij de beenderen der koningen van Juda, en de beenderen hunner vorsten, en de beenderen der priesteren, en de beenderen der profeten, en de beenderen der inwoners van Jeruzalem, uit hun graven uithalen.
And they shall spread them before the sun, and the moon, and all the host of heaven, whom they have loved, and whom they have served, and after whom they have walked, and whom they have sought, and whom they have worshipped: they shall not be gathered, nor be buried; they shall be for dung upon the face of the earth.	2 En zij zullen ze uitspreiden voor de zon, en voor de maan, en voor het ganse heir des hemels, die zij liefgehad, en die zij gediend, en die zij nagewandeld, en die zij gezocht hebben, en voor dewelke zij zich nedergebogen hebben; zij zullen niet verzameld noch begraven worden; tot mest op den aardbodem zullen zij zijn.
And death shall be chosen rather than life by all the residue of them that remain of this evil family, which remain in all the places whither I have driven them, saith the LORD of hosts.	3 En de dood zal voor het leven verkoren worden, bij het ganse overblijfsel der overgeblevenen uit dit boze geslacht, in al de plaatsen der overgeblevenen, waar Ik hen henengedreven zal hebben, spreekt de HEERE der heirscharen.
Moreover thou shalt say unto them, Thus saith the LORD; Shall they fall, and not arise? shall he turn away, and not return?	4 Zeg wijders tot hen: Zo zegt de HEERE: Zal men vallen, en niet weder opstaan? Zal men afkeren, en niet wederkeren?

Why then is this people of Jerusalem slidden back by a perpetual backsliding? they hold fast deceit, they refuse to return.	5 Waarom keert dan dit volk te Jeruzalem af met een altoosdurende afkering? Zij houden vast aan bedrog, zij weigeren weder te keren.
I hearkened and heard, but they spake not aright: no man repented him of his wickedness, saying, What have I done? every one turned to his course, as the horse rusheth into the battle.	6 Ik heb geluisterd en toegehoord, zij spreken dat niet recht is, er is niemand, die berouw heeft over zijn boosheid, zeggende: Wat heb ik gedaan? Een ieder keert zich om in zijn loop, gelijk een onbesuisd paard in den strijd.
Yea, the stork in the heaven knoweth her appointed times; and the turtle and the crane and the swallow observe the time of their coming; but my people know not the judgment of the LORD.	7 Zelfs een ooievaar aan den hemel weet zijn gezette tijden, en een tortelduif, en kraan, en zwaluw, nemen den tijd hunner aankomst waar; maar Mijn volk weet het recht des HEEREN niet.
How do ye say, We are wise, and the law of the LORD is with us? Lo, certainly in vain made he it; the pen of the scribes is in vain.	8 Hoe zegt gij dan: Wij zijn wijs en de wet des HEEREN is bij ons! Ziet, waarlijk tevergeefs werkt de valse pen der schriftgeleerden.
The wise men are ashamed, they are dismayed and taken: lo, they have rejected the word of the LORD; and what wisdom is in them?	9 De wijzen zijn beschaamd, verschrikt en gevangen; ziet, zij hebben des HEEREN woord verworpen, wat wijsheid zouden zij dan hebben?
Therefore will I give their wives unto others, and their fields to them that shall inherit them: for every one from the least even unto the greatest is given to covetousness, from the prophet even unto the priest every one dealeth falsely.	10 Daarom zal Ik hun vrouwen aan anderen geven, hun akkers aan andere bezitters; want van den kleinste aan tot den grootste toe pleegt een ieder van hen gierigheid; van den profeet aan tot den priester toe bedrijft een ieder van hen valsheid.
For they have healed the hurt of the daughter of my people slightly, saying, Peace, peace; when there is no peace.	11 En zij genezen de breuk van de dochter Mijns volks op het lichtste, zeggende: Vrede, vrede! doch daar is geen vrede.
Were they ashamed when they had committed abomination? nay, they were not at all ashamed, neither could they blush: therefore shall they fall among them that fall: in the time of their visitation they shall be cast down, saith the LORD.	12 Zijn zij beschaamd, omdat zij gruwel bedreven hebben? Ja, zij schamen zich in het minste niet, en weten niet schaamrood te worden; daarom zullen zij vallen onder de vallenden; ten tijde hunner bezoeking zullen zij struikelen, zegt de HEERE.
I will surely consume them, saith the LORD: there shall be no grapes on the vine, nor figs on the fig tree, and the leaf shall fade; and the things that I have given them shall pass away from them.	13 Ik zal hen voorzeker wegrapen, spreekt de HEERE; er zijn geen druiven aan den wijnstok, en geen vijgen aan den vijgeboom, ja, het blad is afgevallen; en de geboden, die Ik hun gegeven heb, die overtreden zij.
Why do we sit still? assemble yourselves, and let us enter into the defenced cities, and let us be silent there: for the LORD our God hath put us to silence, and given us water of gall to drink, because we have sinned against the LORD.	14 Waarom blijven wij zitten? Verzamelt u, en laat ons ingaan in de vaste steden, en aldaar stilzwijgen; immers heeft ons de HEERE, onze God, doen stilzwijgen, en ons met gallewater gedrenkt, omdat wij tegen den HEERE gezondigd hebben.
We looked for peace, but no good came; and for a time of health, and behold trouble!	15 Men wacht naar vrede, maar er is niets goeds, naar tijd van genezing, maar ziet, er is verschrikking.
The snorting of his horses was heard from Dan: the whole land trembled at the sound of the neighing of his strong ones; for they are come, and have devoured the land, and all that is in it; the city, and those that dwell therein.	16 Van Dan af wordt het gesnuif zijner paarden gehoord; het ganse land beeft van het geluid der briesingen zijner sterken; en zij komen daarheen, dat zij het land opeten en diens volheid, de stad en die daarin wonen.
For, behold, I will send serpents, cockatrices, among you, which will not be charmed, and they shall bite you, saith the LORD.	17 Want ziet, Ik zend slangen, basilisken onder ulieden, tegen dewelke geen bezwering is; die zullen u bijten, spreekt de HEERE.
When I would comfort myself against sorrow, my heart is faint in me.	18 Mijn verkwikking is in droefenis; mijn hart is flauw in mij.
Behold the voice of the cry of the daughter of my people because of them that dwell in a far country: Is not the LORD in Zion? is not her king in her? Why have they provoked me to anger with their graven images, and with strange vanities?	19 Ziet, de stem van het geschrei der dochteren mijns volks is uit zeer verren lande: Is dan de HEERE niet te Sion, is haar koning niet bij haar? Waarom hebben zij Mij vertoornd met hun gesneden beelden, met ijdelheden der vreemden?
The harvest is past, the summer is ended, and we are not saved.	20 De oogst is voorbijgaande, de zomer is ten einde; nog zijn wij niet verlost.
For the hurt of the daughter of my people am I hurt; I am black; astonishment hath taken hold on me.	21 Ik ben gebroken vanwege de breuk der dochter mijns volks; ik ga in het zwart, ontzetting heeft mij aangegrepen.
Is there no balm in Gilead; is there no physician there? why then is not the health of the daughter of my people recovered?	22 Is er geen balsem in Gilead? Is er geen heelmeester aldaar? Want waarom is de gezondheid der dochter mijns volks niet gerezen?

Jeremiah (9) Jeremia

Oh that my head were waters, and mine eyes a fountain of tears, that I might weep day and night for the slain of the daughter of my people!	1 Och, dat mijn hoofd water ware, en mijn oog een springader van tranen! zo zou ik dag en nacht bewenen de verslagenen van de dochter mijns volks.
Oh that I had in the wilderness a lodging place of wayfaring men; that I might leave my people, and go from them! for they be all adulterers, an assembly of treacherous men.	2 Och, dat ik in de woestijn een herberg der wandelaars had, zo zou ik mijn volk verlaten, en van hen trekken; want zij zijn allen overspelers, een trouweloze hoop.
And they bend their tongues like their bow for lies: but they are not valiant for the truth upon the earth; for they proceed from evil to evil, and they know not me, saith the LORD.	3 En zij spannen hun tong als hun boog tot leugen; zij worden geweldig in het land, doch niet tot waarheid; want zij gaan voort van boosheid tot boosheid, maar Mij kennen zij niet, spreekt de HEERE.
Take ye heed every one of his neighbour, and trust ye not in any brother: for every brother will utterly supplant, and every neighbour will walk with slanders.	4 Wacht u, een iegelijk van zijn vriend, en vertrouwt niet op enigen broeder; want elk broeder doet niet dan bedriegen, en elk vriend wandelt in achterklap.
And they will deceive every one his neighbour, and will not speak the truth: they have taught their tongue to speak lies, and weary themselves to commit iniquity.	5 En zij handelen bedriegelijk, een ieder met zijn vriend, en spreken de waarheid niet; zij leren hun tong leugen spreken, zij maken zich moede met verkeerdelijk te handelen.

Thine habitation is in the midst of deceit; through deceit they refuse to know me, saith the LORD.

Therefore thus saith the LORD of hosts, Behold, I will melt them, and try them; for how shall I do for the daughter of my people?

Their tongue is as an arrow shot out; it speaketh deceit: one speaketh peaceably to his neighbour with his mouth, but in heart he layeth his wait.

Shall I not visit them for these things? saith the LORD: shall not my soul be avenged on such a nation as this?

For the mountains will I take up a weeping and wailing, and for the habitations of the wilderness a lamentation, because they are burned up, so that none can pass through them; neither can men hear the voice of the cattle; both the fowl of the heavens and the beast are fled; they are gone.

And I will make Jerusalem heaps, and a den of dragons; and I will make the cities of Judah desolate, without an inhabitant.

Who is the wise man, that may understand this? and who is he to whom the mouth of the LORD hath spoken, that he may declare it, for what the land perisheth and is burned up like a wilderness, that none passeth through?

And the LORD saith, Because they have forsaken my law which I set before them, and have not obeyed my voice, neither walked therein;

But have walked after the imagination of their own heart, and after Baalim, which their fathers taught them:

Therefore thus saith the LORD of hosts, the God of Israel; Behold, I will feed them, even this people, with wormwood, and give them water of gall to drink.

I will scatter them also among the heathen, whom neither they nor their fathers have known: and I will send a sword after them, till I have consumed them.

Thus saith the LORD of hosts, Consider ye, and call for the mourning women, that they may come; and send for cunning women, that they may come:

And let them make haste, and take up a wailing for us, that our eyes may run down with tears, and our eyelids gush out with waters.

For a voice of wailing is heard out of Zion, How are we spoiled! we are greatly confounded, because we have forsaken the land, because our dwellings have cast us out.

Yet hear the word of the LORD, O ye women, and let your ear receive the word of his mouth, and teach your daughters wailing, and every one her neighbour lamentation.

For death is come up into our windows, and is entered into our palaces, to cut off the children from without, and the young men from the streets.

Speak, Thus saith the LORD, Even the carcases of men shall fall as dung upon the open field, and as the handful after the harvestman, and none shall gather them.

Thus saith the LORD, Let not the wise man glory in his wisdom, neither let the mighty man glory in his might, let not the rich man glory in his riches:

But let him that glorieth glory in this, that he understandeth and knoweth me, that I am the LORD which exercise lovingkindness, judgment, and righteousness, in the earth: for in these things I delight, saith the LORD.

Behold, the days come, saith the LORD, that I will punish all them which are circumcised with the uncircumcised;

Egypt, and Judah, and Edom, and the children of Ammon, and Moab, and all that are in the utmost corners, that dwell in the wilderness: for all these nations are uncircumcised, and all the house of Israel are uncircumcised in the heart.

6 Uw woning is in het midden van bedrog; door bedrog weigeren zij Mij te kennen, spreekt de HEERE.

7 Daarom zegt de HEERE der heirscharen alzo: Ziet, Ik zal hen smelten en zal hen beproeven; want hoe zou Ik anders doen ten aanzien der dochter Mijns volks?

8 Hun tong is een moordpijl, zij spreekt bedrog; een ieder spreekt met zijn naaste van vrede met zijn mond, maar in zijn binnenste legt hij lagen.

9 Zou Ik hen om deze dingen niet bezoeken? spreekt de HEERE; zou Mijn ziel zich niet wreken aan zulk een volk, als dit is?

10 Ik zal een geween en een weeklage opheffen over de bergen, en een klaaglied over de herdershutten der woestijn; want zij zijn afgebrand, dat er niemand doorgaat, en men hoort er geen stem van vee; van de vogelen des hemels aan tot de beesten toe zijn zij weggezworven, doorgegaan!

11 En Ik zal Jeruzalem stellen tot steen hopen, tot een woning der draken; en de steden van Juda zal Ik stellen tot een verwoesting, zonder inwoner.

12 Wie is de wijze man, die dit versta? En tot wien heeft de mond des HEEREN gesproken, dat hij het verkondige, waarom het land vergaan en afgebrand zij als een woestijn, dat er niemand doorgaat?

13 En de HEERE zeide: Omdat zij Mijn wet, die Ik voor hun aangezicht gegeven had, verlaten hebben, en naar Mijn stem niet gehoord, noch daarnaar gewandeld hebben;

14 Maar hebben gewandeld naar het goeddunken huns harten, en naar de Baals, hetwelk hun vaders hun geleerd hadden.

15 Daarom zegt de HEERE der heirscharen, de God Israels, alzo: Ziet, Ik zal dit volk spijzen met alsem, en Ik zal hen drenken met gallewater;

16 En Ik zal hen verstrooien onder de heidenen, die zij niet gekend hebben, zij noch hun vaders; en Ik zal het zwaard achter hen zenden, totdat Ik hen verteerd zal hebben.

17 Zo zegt de HEERE der heirscharen: Merkt daarop, en roept klaagvrouwen, dat zij komen; en zendt henen naar de wijze vrouwen, dat zij komen.

18 En haasten, en een weeklage over ons opheffen, dat onze ogen van tranen nederdalen, en onze oogleden van water vlieten.

19 Want er is een stem van weeklage gehoord uit Sion: Hoe zijn wij verstoord! wij zijn zeer beschaamd, omdat wij het land hebben verlaten, omdat zij onze woningen hebben omgeworpen.

20 Hoort dan des HEEREN woord, gij vrouwen! en uw oor ontvange het woord Zijns monds, en leert uw dochters weeklagen, en elke een haar metgezellin klaagliederen.

21 Want de dood is geklommen in onze vensteren, hij is in onze paleizen gekomen, om de kinderkens uit te roeien van de wijken, de jongelingen van de straten.

22 Spreek: Zo spreekt de HEERE: Ja, een dood lichaam des mensen zal liggen, als mest op het open veld, en als een garve achter den maaier, die niemand opzamelt.

23 Zo zegt de HEERE: Een wijze beroeme zich niet in zijn wijsheid, en de sterke beroeme zich niet in zijn sterkheid; een rijke beroeme zich niet in zijn rijkdom;

24 Maar die zich beroemt, beroeme zich hierin, dat hij verstaat, en Mij kent, dat Ik de HEERE ben, doende weldadigheid, recht en gerechtigheid op de aarde, want in die dingen heb Ik lust, spreekt de HEERE.

25 Ziet, de dagen komen, spreekt de HEERE, dat Ik bezoeking zal doen over alle besnedenen, met degenen, die de voorhuid hebben;

26 Over Egypte, en over Juda, en over Edom, en over de kinderen Ammons, en over Moab, en over allen, die aan de hoeken afgekort zijn, die in de woestijn wonen; want al de heidenen hebben de voorhuid, maar het ganse huis Israels heeft de voorhuid des harten.

Jeremiah (10) Jeremia

Hear ye the word which the LORD speaketh unto you, O house of Israel:

Thus saith the LORD, Learn not the way of the heathen, and be not dismayed at the signs of heaven; for the heathen are dismayed at them.

1 Hoort het woord, dat de HEERE tot ulieden spreekt, o huis Israels!

2 Zo zegt de HEERE: Leert den weg der heidenen niet, en ontzet u niet voor de tekenen des hemels, dewijl zich de heidenen voor dezelve ontzetten.

Jeremiah - Jeremia

	For the customs of the people are vain: for one cutteth a tree out of the forest, the work of the hands of the workman, with the axe.	3	Want de inzettingen der volken zijn ijdelheid; want het is hout, dat men uit het woud gehouwen heeft, een werk van des werkmeesters handen met de bijl.
	They deck it with silver and with gold; they fasten it with nails and with hammers, that it move not.	4	Men pronkt het op met zilver en met goud; zij hechten ze met nagelen en met hameren, opdat het niet waggele.
	They are upright as the palm tree, but speak not: they must needs be borne, because they cannot go. Be not afraid of them; for they cannot do evil, neither also is it in them to do good.	5	Zij zijn gelijk een palmboom van dicht werk, maar kunnen niet spreken; zij moeten gedragen worden, want zij kunnen niet gaan; vreest niet voor hen, want zij kunnen geen kwaad doen, ook is er geen goeddoen bij hen.
	Forasmuch as there is none like unto thee, O LORD; thou art great, and thy name is great in might.	6	Omdat niemand U gelijk is, o HEERE! zo zijt Gij groot, en groot is Uw Naam in mogendheid.
	Who would not fear thee, O King of nations? for to thee doth it appertain: forasmuch as among all the wise men of the nations, and in all their kingdoms, there is none like unto thee.	7	Wie zou U niet vrezen, Gij Koning der heidenen? Want het komt U toe; omdat toch onder alle wijzen der heidenen, en in hun ganse koninkrijk, niemand U gelijk is.
	But they are altogether brutish and foolish: the stock is a doctrine of vanities.	8	In een ding zijn zij toch onvernuftig en zot: een hout is een onderwijs der ijdelheden.
	Silver spread into plates is brought from Tarshish, and gold from Uphaz, the work of the workman, and of the hands of the founder: blue and purple is their clothing: they are all the work of cunning men.	9	Uitgerekt zilver wordt van Tarsis gebracht, en goud van Ufaz, tot een werk des werkmeesters en van de handen des goudsmids; hemelsblauw en purper is hun kleding, een werk der wijzen zijn zij al te zamen.
	But the LORD is the true God, he is the living God, and an everlasting king: at his wrath the earth shall tremble, and the nations shall not be able to abide his indignation.	10	Maar de HEERE God is de Waarheid, Hij is de levende God, en een eeuwig Koning; van Zijn verbolgenheid beeft de aarde, en de heidenen kunnen Zijn gramschap niet verdragen.
	Thus shall ye say unto them, The gods that have not made the heavens and the earth, even they shall perish from the earth, and from under these heavens.	11	(Aldus zult gijlieden tot hen zeggen: De goden, die den hemel en de aarde niet gemaakt hebben, zullen vergaan van de aarde, en van onder dezen hemel.)
	He hath made the earth by his power, he hath established the world by his wisdom, and hath stretched out the heavens by his discretion.	12	Die de aarde gemaakt heeft door Zijn kracht, Die de wereld bereid heeft door Zijn wijsheid, en den hemel uitgebreid door Zijn verstand.
	When he uttereth his voice, there is a multitude of waters in the heavens, and he causeth the vapours to ascend from the ends of the earth; he maketh lightnings with rain, and bringeth forth the wind out of his treasures.	13	Als Hij Zijn stem geeft, zo is er een gedruis van wateren in den hemel, en Hij doet de dampen opklimmen van het einde der aarde; Hij maakt de bliksemen met den regen, en doet den wind voortkomen uit Zijn schatkameren.
	Every man is brutish in his knowledge: every founder is confounded by the graven image: for his molten image is falsehood, and there is no breath in them.	14	Een ieder mens is onvernuftig geworden, zodat hij geen wetenschap heeft, een ieder goudsmid is beschaamd van het gesneden beeld; want zijn gegoten beeld is leugen; en er is geen geest in hen.
	They are vanity, and the work of errors: in the time of their visitation they shall perish.	15	Ijdelheid zijn zij, een werk van verleidingen; ten tijde hunner bezoeking zullen zij vergaan.
	The portion of Jacob is not like them: for he is the former of all things; and Israel is the rod of his inheritance: The LORD of hosts is his name.	16	Jakobs deel is niet gelijk die, want Hij is de Formeerder van alles, en Israel is de roede Zijner erfenis; HEERE der heirscharen is Zijn Naam.
	Gather up thy wares out of the land, O inhabitant of the fortress.	17	Raap uw kramerij weg uit het land, gij inwoneres der vesting!
	For thus saith the LORD, Behold, I will sling out the inhabitants of the land at this once, and will distress them, that they may find it so.	18	Want zo zegt de HEERE: Ziet, Ik zal de inwoners des lands op ditmaal wegslingeren, en zal ze benauwen, opdat zij het vinden.
	Woe is me for my hurt! my wound is grievous: but I said, Truly this is a grief, and I must bear it.	19	O, wee mij over mijn breuk! mijn plage is smartelijk; en ik had gezegd: Dit is immers een krankheid, die ik wel dragen zal!
	My tabernacle is spoiled, and all my cords are broken: my children are gone forth of me, and they are not: there is none to stretch forth my tent any more, and to set up my curtains.	20	Mijn tent is verstoord, en al mijn zelen zijn verscheurd; mijn kinderen zijn van mij uitgegaan, en zij zijn er niet; er is niemand meer, die mijn tent uitspant, en mijn gordijnen opricht.
	For the pastors are become brutish, and have not sought the LORD: therefore they shall not prosper, and all their flocks shall be scattered.	21	Want de herders zijn onvernuftig geworden, en hebben den HEERE niet gezocht; daarom hebben zij niet verstandiglijk gehandeld, en hun ganse weide is verstrooid.
	Behold, the noise of the bruit is come, and a great commotion out of the north country, to make the cities of Judah desolate, and a den of dragons.	22	Ziet, er komt een stem des geruchts, en een groot beven uit het land van het noorden; dat men de steden van Juda zal stellen tot een verwoesting, een woning der draken.
	O LORD, I know that the way of man is not in himself: it is not in man that walketh to direct his steps.	23	Ik weet, o HEERE! dat bij den mens zijn weg niet is; het is niet bij een man, die wandelt, dat hij zijn gang richte.
	O LORD, correct me, but with judgment; not in thine anger, lest thou bring me to nothing.	24	Kastijd mij, HEERE! doch met mate; niet in Uw toorn, opdat Gij mij niet te niet maakt.
	Pour out thy fury upon the heathen that know thee not, and upon the families that call not on thy name: for they have eaten up Jacob, and devoured him, and consumed him, and have made his habitation desolate.	25	Stort Uw grimmigheid uit over de heidenen, die U niet kennen, en over de geslachten, die Uw Naam niet aanroepen; want zij hebben Jakob opgegeten, ja, zij hebben hem opgegeten, en hem verteerd, en zijn woning verwoest.

Jeremiah (11) Jeremia

	The word that came to Jeremiah from the LORD, saying,	1	Het woord, dat tot Jeremia geschied is, van den HEERE, zeggende:
	Hear ye the words of this covenant, and speak unto the men of Judah, and to the inhabitants of Jerusalem;	2	Hoort gijlieden de woorden dezes verbonds, en spreekt tot de mannen van Juda, en tot de inwoners van Jeruzalem;
	And say thou unto them, Thus saith the LORD God of Israel; Cursed be the man that obeyeth not the words of this covenant,	3	Zeg dan tot hen: Zo zegt de HEERE, de God Israels: Vervloekt zij de man, die niet hoort de woorden deze verbonds.

Which I commanded your fathers in the day that I brought them forth out of the land of Egypt, from the iron furnace, saying, Obey my voice, and do them, according to all which I command you: so shall ye be my people, and I will be your God:

That I may perform the oath which I have sworn unto your fathers, to give them a land flowing with milk and honey, as it is this day. Then answered I, and said, So be it, O LORD.

Then the LORD said unto me, Proclaim all these words in the cities of Judah, and in the streets of Jerusalem, saying, Hear ye the words of this covenant, and do them.

For I earnestly protested unto your fathers in the day that I brought them up out of the land of Egypt, even unto this day, rising early and protesting, saying, Obey my voice.

Yet they obeyed not, nor inclined their ear, but walked every one in the imagination of their evil heart: therefore I will bring upon them all the words of this covenant, which I commanded them to do; but they did them not.

And the LORD said unto me, A conspiracy is found among the men of Judah, and among the inhabitants of Jerusalem.

They are turned back to the iniquities of their forefathers, which refused to hear my words; and they went after other gods to serve them: the house of Israel and the house of Judah have broken my covenant which I made with their fathers.

Therefore thus saith the LORD, Behold, I will bring evil upon them, which they shall not be able to escape; and though they shall cry unto me, I will not hearken unto them.

Then shall the cities of Judah and inhabitants of Jerusalem go, and cry unto the gods unto whom they offer incense: but they shall not save them at all in the time of their trouble.

For according to the number of thy cities were thy gods, O Judah; and according to the number of the streets of Jerusalem have ye set up altars to that shameful thing, even altars to burn incense unto Baal.

Therefore pray not thou for this people, neither lift up a cry or prayer for them: for I will not hear them in the time that they cry unto me for their trouble.

What hath my beloved to do in mine house, seeing she hath wrought lewdness with many, and the holy flesh is passed from thee? when thou doest evil, then thou rejoicest.

The LORD called thy name, A green olive tree, fair, and of goodly fruit: with the noise of a great tumult he hath kindled fire upon it, and the branches of it are broken.

For the LORD of hosts, that planted thee, hath pronounced evil against thee, for the evil of the house of Israel and of the house of Judah, which they have done against themselves to provoke me to anger in offering incense unto Baal.

And the LORD hath given me knowledge of it, and I know it: then thou shewedst me their doings.

But I was like a lamb or an ox that is brought to the slaughter; and I knew not that they had devised devices against me, saying, Let us destroy the tree with the fruit thereof, and let us cut him off from the land of the living, that his name may be no more remembered.

But, O LORD of hosts, that judgest righteously, that triest the reins and the heart, let me see thy vengeance on them: for unto thee have I revealed my cause.

Therefore thus saith the LORD of the men of Anathoth, that seek thy life, saying, Prophesy not in the name of the LORD, that thou die not by our hand:

Therefore thus saith the LORD of hosts, Behold, I will punish them: the young men shall die by the sword; their sons and their daughters shall die by famine:

And there shall be no remnant of them: for I will bring evil upon the men of Anathoth, even the year of their visitation.

4 Dat Ik uw vaderen geboden heb, ten dage als Ik hen uit Egypteland, uit den ijzeroven, uitvoerde, zeggende: Zijt Mijner stem gehoorzaam, en doet dezelve, naar alles wat Ik ulieden gebiede; zo zult gij Mij tot een volk zijn, en Ik zal u tot een God zijn;

5 Opdat Ik den eed bevestige, dien Ik uw vaderen gezworen heb, hun te geven een land, vloeiende van melk en honig, als het is te dezen dage. Toen antwoordde ik en zeide: Amen, o HEERE!

6 En de HEERE zeide tot mij: Roep al deze woorden uit in de steden van Juda, en in de straten van Jeruzalem, zeggende: Hoort de woorden dezes verbonds, en doet dezelve.

7 Want Ik heb uw vaderen ernstiglijk betuigd, ten dage als Ik hen uit Egypteland opvoerde, tot op dezen dag, vroeg op zijnde en betuigende, zeggende: Hoort naar Mijn stem!

8 Maar zij hebben niet gehoord, noch hun oor geneigd, maar hebben gewandeld, een iegelijk naar het goeddunken van hunlieder boos hart; daarom heb Ik over hen gebracht al de woorden dezes verbonds, dat Ik geboden heb te doen, maar zij niet gedaan hebben.

9 Voorts zeide de HEERE tot mij: Er is een verbintenis bevonden onder de mannen van Juda, en onder de inwoners van Jeruzalem.

10 Zij zijn wedergekeerd tot de ongerechtigheden hunner voorvaderen, die Mijn woorden geweigerd hebben te horen; en zij hebben andere goden nagewandeld, om die te dienen; het huis Israels en het huis van Juda hebben Mijn verbond gebroken, dat Ik met hun vaderen gemaakt heb.

11 Daarom zegt de HEERE alzo: Ziet, Ik zal een kwaad over hen brengen, uit hetwelk zij niet zullen kunnen uitkomen; als zij dan tot Mij zullen roepen, zal Ik naar hen niet horen.

12 Dan zullen de steden van Juda en de inwoners van Jeruzalem henengaan, en roepen tot de goden, dien zij gerookt hebben; maar zij zullen hen gans niet kunnen verlossen ten tijde huns kwaads.

13 Want naar het getal uwer steden zijn uw goden geweest, o Juda! en naar het getal der straten van Jeruzalem hebt gijlieden altaren gesteld voor die schaamte, altaren om den Baal te roken.

14 Gij dan, bid niet voor dit volk, en hef geen geschrei noch gebed voor hen op; want Ik zal niet horen, ten tijde als zij over hun kwaad tot Mij zullen roepen.

15 Wat heeft Mijn beminde in Mijn huis te doen, dewijl zij die schandelijke daad met velen doet, en het heilige vlees van u geweken is? Wanneer gij kwaad doet, dan springt gij op van vreugde.

16 De HEERE had uw naam genoemd een groenen olijfboom, schoon van liefelijke vruchten; maar nu heeft Hij met een geluid van een groot geroep een vuur om denzelven aangestoken, en zijn takken zullen verbroken worden.

17 Want de HEERE der heirscharen, Die u heeft geplant, heeft een kwaad over u uitgesproken; om der boosheid wil van het huis Israels en van het huis van Juda, die zij onder zich bedrijven, om Mij te vertoornen, rokende den Baal.

18 De HEERE nu heeft het mij te kennen gegeven, dat ik het wete; toen hebt Gij mij hun handelingen doen zien.

19 En ik was als een lam, als een os, die geleid wordt om te slachten; want ik wist niet, dat zij gedachten tegen mij dachten, zeggende: Laat ons den boom met zijn vrucht verderven, en laat ons hem uit het land der levenden uitroeien, dat zijn naam niet meer gedacht worde.

20 Maar, o HEERE der heirscharen, Gij rechtvaardige Rechter, Die de nieren en het hart proeft! laat mij Uw wraak van hen zien; want aan U heb ik mijn twistzaak ontdekt.

21 Daarom, zo zegt de HEERE van de mannen van Anathoth, die uw ziel zoeken, zeggende: Profeteer niet in den Naam des HEEREN, opdat gij van onze handen niet sterft.

22 Daarom, zo zegt de HEERE der heirscharen: Ziet, Ik zal bezoeking over hen doen: de jongelingen zullen door het zwaard sterven, hun zonen en hun dochteren zullen van honger sterven.

23 En zij zullen geen overblijfsel hebben; want Ik zal een kwaad brengen over de mannen van Anathoth, in het jaar hunner bezoeking.

Jeremiah (12) Jeremia

1 Righteous art thou, O LORD, when I plead with thee: yet let me talk with thee of thy judgments: Wherefore doth the way of the wicked prosper? wherefore are all they happy that deal very treacherously?

2 Thou hast planted them, yea, they have taken root: they grow, yea, they bring forth fruit: thou art near in their mouth, and far from their reins.

3 But thou, O LORD, knowest me: thou hast seen me, and tried mine heart toward thee: pull them out like sheep for the slaughter, and prepare them for the day of slaughter.

4 How long shall the land mourn, and the herbs of every field wither, for the wickedness of them that dwell therein? the beasts are consumed, and the birds; because they said, He shall not see our last end.

5 If thou hast run with the footmen, and they have wearied thee, then how canst thou contend with horses? and if in the land of peace, wherein thou trustedst, they wearied thee, then how wilt thou do in the swelling of Jordan?

6 For even thy brethren, and the house of thy father, even they have dealt treacherously with thee; yea, they have called a multitude after thee: believe them not, though they speak fair words unto thee.

7 I have forsaken mine house, I have left mine heritage; I have given the dearly beloved of my soul into the hand of her enemies.

8 Mine heritage is unto me as a lion in the forest; it crieth out against me: therefore have I hated it.

9 Mine heritage is unto me as a speckled bird, the birds round about are against her; come ye, assemble all the beasts of the field, come to devour.

10 Many pastors have destroyed my vineyard, they have trodden my portion under foot, they have made my pleasant portion a desolate wilderness.

11 They have made it desolate, and being desolate it mourneth unto me; the whole land is made desolate, because no man layeth it to heart.

12 The spoilers are come upon all high places through the wilderness: for the sword of the LORD shall devour from the one end of the land even to the other end of the land: no flesh shall have peace.

13 They have sown wheat, but shall reap thorns: they have put themselves to pain, but shall not profit: and they shall be ashamed of your revenues because of the fierce anger of the LORD.

14 Thus saith the LORD against all mine evil neighbours, that touch the inheritance which I have caused my people Israel to inherit; Behold, I will pluck them out of their land, and pluck out the house of Judah from among them.

15 And it shall come to pass, after that I have plucked them out I will return, and have compassion on them, and will bring them again, every man to his heritage, and every man to his land.

16 And it shall come to pass, if they will diligently learn the ways of my people, to swear by my name, The LORD liveth; as they taught my people to swear by Baal; then shall they be built in the midst of my people.

17 But if they will not obey, I will utterly pluck up and destroy that nation, saith the LORD.

Jeremiah (13) Jeremia

1 Thus saith the LORD unto me, Go and get thee a linen girdle, and put it upon thy loins, and put it not in water.

2 So I got a girdle according to the word of the LORD, and put it on my loins.

3 And the word of the LORD came unto me the second time, saying,

4 Take the girdle that thou hast got, which is upon thy loins, and arise, go to Euphrates, and hide it there in a hole of the rock.

5 So I went, and hid it by Euphrates, as the LORD commanded me.

Jeremiah (12) Jeremia

1 Gij zoudt rechtvaardig zijn, o HEERE! wanneer ik tegen U zou twisten; ik zal nochtans van Uw oordelen met U spreken; waarom is der goddelozen weg voorspoedig, waarom hebben zij rust, allen, die trouwelooslijk trouweloosheid bedrijven?

2 Gij hebt ze geplant, zij zijn ook ingeworteld, zij gaan voort, ook dragen zij vrucht; Gij zijt wel nabij in hun mond, maar verre van hun nieren.

3 Maar Gij, o HEERE! kent mij, Gij ziet mij, en proeft mijn hart, dat het met U is. Ruk ze uit als schapen ter slachting, en heilig ze tot den dag der doding.

4 Hoe lang zal het land treuren, en het kruid des gansen velds verdorren? Vanwege de boosheid dergenen, die daarin wonen, vergaan de beesten en het gevogelte; dewijl zij zeggen: Hij ziet ons einde niet.

5 Als gij loopt met de voetgangers, zo maken zij u moede; hoe zult gij u dan mengen met de paarden? Zo gij alleenlijk vertrouwt in een land van vrede, hoe zult gij het dan maken in de verheffing van de Jordaan?

6 Want ook uw broeders en uws vaders huis, ook diezelve handelen trouwelooslijk tegen u; ook diezelve roepen u met volle stem achterna; geloof hen niet, wanneer zij vriendelijk tot u spreken.

7 Ik heb Mijn huis verlaten, Ik heb Mijn erfenis laten varen; Ik heb de beminde Mijner ziel in de hand harer vijanden gegeven.

8 Mijn erfenis is Mij geworden als een leeuw in het woud; zij heeft haar stem tegen Mij verheven, daarom heb Ik haar gehaat.

9 Mijn erfenis is Mij een gesprenkelde vogel; de vogelen zijn rondom tegen haar; komt aan, verzamelt, al gij gedierte des velds, komt om te eten!

10 Veel herders hebben Mijn wijngaard verdorven, zij hebben Mijn akker vertreden; zij hebben Mijn gewensten akker gesteld tot een woeste wildernis.

11 Men heeft hem gesteld tot een woestheid, verwoest zijnde treurt hij tot Mij; het ganse land is verwoest, omdat er niemand is, die het ter harte neemt.

12 Op alle hoge plaatsen in de woestijn zijn verstoorders gekomen, want het zwaard des HEEREN verteert van het ene einde des lands tot aan het andere einde des lands; er is geen vrede voor enig vlees.

13 Zij hebben tarwe gezaaid, maar doornen gemaaid; zij hebben zich gepijnigd, maar niet gevorderd; wordt alzo beschaamd vanwege ulieder inkomsten, vanwege de hittigheid van den toorn des HEEREN.

14 Alzo zegt de HEERE: Aangaande al Mijn boze naburen, die Mijn erfenis aanroeren, dewelke Ik Mijn volke Israel erfelijk gegeven heb; ziet, Ik zal hen uit hun land uitrukken, maar het huis van Juda zal Ik uit hunlieder midden uitrukken.

15 En het zal geschieden, nadat Ik hen zal uitgerukt hebben, zo zal Ik wederkeren, en Mij hunner ontfermen; en Ik zal hen wederbrengen, een iegelijk tot zijn erfenis, en een iegelijk tot zijn land.

16 En het zal geschieden, indien zij de wegen Mijns volks vlijtiglijk zullen leren, zwerende bij Mijn Naam: Zo waarachtig als de HEERE leeft! gelijk als zij Mijn volk geleerd hebben te zweren bij Baal, zo zullen zij in het midden Mijns volks gebouwd worden.

17 Maar indien zij niet zullen horen, zo zal Ik diezelve natie ten enenmale uitrukken en verdoen, spreekt de HEERE.

Jeremiah (13) Jeremia

1 Alzo heeft de HEERE tot mij gezegd: Ga henen, en koop u een linnen gordel, en doe dien aan uw lenden, maar breng hem niet in het water.

2 En ik kocht een gordel naar het woord des HEEREN, en ik deed dien aan mijn lenden.

3 Toen geschiedde des HEEREN woord ten tweeden male tot mij, zeggende:

4 Neem den gordel, dien gij gekocht hebt, die aan uw lenden is, en maak u op, en ga henen naar den Frath, en versteek dien aldaar in de klove ener steenrots.

5 Zo ging ik henen, en verstak dien bij den Frath, gelijk als de HEERE mij geboden had.

	And it came to pass after many days, that the LORD said unto me, Arise, go to Euphrates, and take the girdle from thence, which I commanded thee to hide there.	6	Het geschiedde nu ten einde van vele dagen, dat de HEERE tot mij zeide: Maak u op, ga henen naar den Frath, en neem den gordel van daar, dien Ik u geboden heb aldaar te versteken.
	Then I went to Euphrates, and digged, and took the girdle from the place where I had hid it: and, behold, the girdle was marred, it was profitable for nothing.	7	Zo ging ik naar den Frath, en groef, en nam den gordel van de plaats, alwaar ik dien verstoken had; en ziet, de gordel was verdorven en deugde nergens toe.
	Then the word of the LORD came unto me, saying,	8	Toen geschiedde des HEEREN woord tot mij, zeggende:
	Thus saith the LORD, After this manner will I mar the pride of Judah, and the great pride of Jerusalem.	9	Zo zegt de HEERE: Alzo zal Ik verderven de hovaardij van Juda, en die grote hovaardij van Jeruzalem.
	This evil people, which refuse to hear my words, which walk in the imagination of their heart, and walk after other gods, to serve them, and to worship them, shall even be as this girdle, which is good for nothing.	10	Ditzelve boze volk, dat Mijn woorden weigert te horen, dat in het goeddunken zijns harten wandelt, en andere goden navolgt, om die te dienen, en voor die zich neder te buigen; dat zal worden gelijk deze gordel, die nergens toe deugt.
	For as the girdle cleaveth to the loins of a man, so have I caused to cleave unto me the whole house of Israel and the whole house of Judah, saith the LORD; that they might be unto me for a people, and for a name, and for a praise, and for a glory: but they would not hear.	11	Want gelijk als een gordel kleeft aan de lenden eens mans, alzo heb Ik het ganse huis Israels en het ganse huis van Juda aan Mij doen kleven, spreekt de HEERE, om Mij te zijn tot een volk, en tot een naam, en tot lof, en tot heerlijkheid; maar zij hebben niet gehoord.
	Therefore thou shalt speak unto them this word; Thus saith the LORD God of Israel, Every bottle shall be filled with wine: and they shall say unto thee, Do we not certainly know that every bottle shall be filled with wine?	12	Daarom zeg dit woord tot hen: Zo zegt de HEERE, de God Israels: Alle flessen zullen met wijn gevuld worden. Dan zullen zij tot u zeggen: Weten wij niet zeer wel, dat alle flessen met wijn gevuld zullen worden?
	Then shalt thou say unto them, Thus saith the LORD, Behold, I will fill all the inhabitants of this land, even the kings that sit upon David's throne, and the priests, and the prophets, and all the inhabitants of Jerusalem, with drunkenness.	13	Maar zij zult tot hen zeggen: Zo zegt de HEERE: Ziet, Ik zal alle inwoners deze lands, zelfs de koningen, die op Davids troon zitten, en de priesters, en de profeten, en alle inwoners van Jeruzalem, opvullen met dronkenschap.
	And I will dash them one against another, even the fathers and the sons together, saith the LORD: I will not pity, nor spare, nor have mercy, but destroy them.	14	En Ik zal hen in stukken slaan, den een tegen den ander, zo de vaders als de kinderen te zamen, spreekt de HEERE; Ik zal niet verschonen noch sparen, noch Mij ontfermen, dat Ik hen niet zou verderven.
	Hear ye, and give ear; be not proud: for the LORD hath spoken.	15	Hoort en neemt ter ore, verheft u niet; want de HEERE heeft het gesproken.
	Give glory to the LORD your God, before he cause darkness, and before your feet stumble upon the dark mountains, and, while ye look for light, he turn it into the shadow of death, and make it gross darkness.	16	Geeft eer den HEERE, uw God, eer dat Hij het duister maakt, en eer uw voeten zich stoten aan de schemerende bergen; dat gij naar licht wacht, en Hij datzelve tot een schaduw des doods stelle, en tot een donkerheid zette.
	But if ye will not hear it, my soul shall weep in secret places for your pride; and mine eye shall weep sore, and run down with tears, because the LORD'S flock is carried away captive.	17	Zult gijlieden dat dan nog niet horen, zo zal mijn ziel in verborgene plaatsen wenen vanwege den hoogmoed, en mijn oog zal bitterlijk tranen, ja, van tranen nederdalen, omdat des HEEREN kudde gevankelijk is weggevoerd.
	Say unto the king and to the queen, Humble yourselves, sit down: for your principalities shall come down, even the crown of your glory.	18	Zeg tot den koning en tot de koningin: Vernedert u, zet u neder; want uw ganse hoofdsieraad, de kroon uwer heerlijkheid, is nedergedaald.
	The cities of the south shall be shut up, and none shall open them: Judah shall be carried away captive all of it, it shall be wholly carried away captive.	19	De steden van het zuiden zijn toegesloten, en er is niemand, die ze opent; het ganse Juda is weggevoerd, het is geheel en al weggevoerd.
	Lift up your eyes, and behold them that come from the north: where is the flock that was given thee, thy beautiful flock?	20	Hef uw ogen op, en zie, die daar van het noorden komen! waar is de kudde, die u gegeven was, de schapen uwer heerlijkheid?
	What wilt thou say when he shall punish thee? for thou hast taught them to be captains, and as chief over thee: shall not sorrows take thee, as a woman in travail?	21	Wat zult gij zeggen, wanneer Hij bezoeking over u doen zal, daar gij hem geleerd hebt tot vorsten, tot een hoofd over u te zijn; zullen u de smarten niet aangrijpen, als een barende vrouw?
	And if thou say in thine heart, Wherefore come these things upon me? For the greatness of thine iniquity are thy skirts discovered, and thy heels made bare.	22	Wanneer gij dan in uw hart zult zeggen: Waarom zijn mij deze dingen bejegend? Om de veelheid uwer ongerechtigheid, zijn uw zomen ontdekt, en uw hielen hebben geweld geleden.
	Can the Ethiopian change his skin, or the leopard his spots? then may ye also do good, that are accustomed to do evil.	23	Zal ook een Moorman zijn huid veranderen? of een luipaard zijn vlekken? Zo zult gijlieden ook kunnen goed doen, die geleerd zijt kwaad te doen.
	Therefore will I scatter them as the stubble that passeth away by the wind of the wilderness.	24	Daarom zal Ik hen verstrooien als een stoppel, die doorgaat, door een wind der woestijn.
	This is thy lot, the portion of thy measures from me, saith the LORD; because thou hast forgotten me, and trusted in falsehood.	25	Dit zal uw lot, het deel uwer maten zijn van Mij, spreekt de HEERE; gij, die Mij hebt vergeten, en op leugen vertrouwt.
	Therefore will I discover thy skirts upon thy face, that thy shame may appear.	26	Zo zal Ik ook uw zomen ontbloten boven uw aangezicht, en uw schande zal gezien worden.
	I have seen thine adulteries, and thy neighings, the lewdness of thy whoredom, and thine abominations on the hills in the fields. Woe unto thee, O Jerusalem! wilt thou not be made clean? when shall it once be?	27	Uw overspelen en uw hunkeringen, de schandelijkheid uws hoerdoms, op heuvelen, in het veld; Ik heb uw verfoeiselen gezien; wee u, Jeruzalem! zult gij niet rein worden? Hoe lang nog na dezen?

Jeremiah (14) Jeremia

	The word of the LORD that came to Jeremiah concerning the dearth.	1	Het woord des HEEREN, dat tot Jeremia geschied is, over de zaken der grote droogte.
	Judah mourneth, and the gates thereof languish; they are black unto the ground; and the cry of Jerusalem is gone up.	2	Juda treurt en haar poorten zijn verzwakt; zij zijn in het zwart gekleed ter aarde toe, en Jeruzalems geschrei klimt op.

	And their nobles have sent their little ones to the waters: they came to the pits, and found no water; they returned with their vessels empty; they were ashamed and confounded, and covered their heads.	3	En hun voortreffelijken zenden hun kleinen naar water; zij komen tot de grachten, zij vinden geen water, zij komen met hun vaten ledig weder; zij zijn beschaamd, ja, worden schaamrood, en bedekken hun hoofd.
	Because the ground is chapt, for there was no rain in the earth, the plowmen were ashamed, they covered their heads.	4	Omdat het aardrijk gescheurd is, dewijl er geen regen op de aarde is; de akkerlieden zijn beschaamd, zij bedekken hun hoofd.
	Yea, the hind also calved in the field, and forsook it, because there was no grass.	5	Want ook de hinden in het veld werpen jongen, en verlaten die, omdat er geen jong gras is.
	And the wild asses did stand in the high places, they snuffed up the wind like dragons; their eyes did fail, because there was no grass.	6	En de woudezels staan op de hoge plaatsen, zij scheppen den wind gelijk de draken; hun ogen versmachten, omdat er geen kruid is.
	O LORD, though our iniquities testify against us, do thou it for thy name's sake: for our backslidings are many; we have sinned against thee.	7	Hoewel onze ongerechtigheden tegen ons getuigen, o HEERE! doe het om Uws Naams wil; want onze afkeringen zijn menigvuldig, wij hebben tegen U gezondigd.
	O the hope of Israel, the saviour thereof in time of trouble, why shouldest thou be as a stranger in the land, and as a wayfaring man that turneth aside to tarry for a night?	8	O Israels Verwachting, Zijn Verlosser in tijd van benauwdheid! waarom zoudt Gij zijn als een vreemdeling in het land, en als een reiziger, die slechts inkeert om te vernachten?
	Why shouldest thou be as a man astonied, as a mighty man that cannot save? yet thou, O LORD, art in the midst of us, and we are called by thy name; leave us not.	9	Waarom zoudt Gij zijn als een versaagd man, als een held, die niet kan verlossen? Gij zijt toch in het midden van ons, o HEERE! en wij zijn naar Uw Naam genoemd, verlaat ons niet.
	Thus saith the LORD unto this people, Thus have they loved to wander, they have not refrained their feet, therefore the LORD doth not accept them; he will now remember their iniquity, and visit their sins.	10	Alzo zegt de HEERE van dit volk: Zij hebben zo liefgehad te zwerven, zij hebben hun voeten niet bedwongen; daarom heeft de HEERE geen welgevallen aan hen, nu zal Hij hunner ongerechtigheden gedenken, en hun zonden bezoeken.
	Then said the LORD unto me, Pray not for this people for their good.	11	Wijders zeide de HEERE tot mij: Bid niet voor dit volk ten goede.
	When they fast, I will not hear their cry; and when they offer burnt offering and an oblation, I will not accept them: but I will consume them by the sword, and by the famine, and by the pestilence.	12	Ofschoon zij vasten, Ik zal naar hun geschrei niet horen, en ofschoon zij brandoffer en spijsoffer offeren, Ik zal aan hen geen welgevallen hebben; maar door het zwaard, en door den honger, en door de pestilentie zal Ik hen verteren.
	Then said I, Ah, Lord GOD! behold, the prophets say unto them, Ye shall not see the sword, neither shall ye have famine; but I will give you assured peace in this place.	13	Toen zeide ik: Ach, Heere HEERE! zie, die profeten zeggen hun: Gij zult geen zwaard zien, en gij zult geen honger hebben; maar Ik zal u een gewissen vrede geven in deze plaats.
	Then the LORD said unto me, The prophets prophesy lies in my name: I sent them not, neither have I commanded them, neither spake unto them: they prophesy unto you a false vision and divination, and a thing of nought, and the deceit of their heart.	14	En de HEERE zeide tot mij: Die profeten profeteren vals in Mijn Naam; Ik heb hen niet gezonden, noch hun bevel gegeven, noch tot hen gesproken; zij profeteren ulieden een vals gezicht, en waarzegging, en nietigheid, en bedriegerij huns harten.
	Therefore thus saith the LORD concerning the prophets that prophesy in my name, and I sent them not, yet they say, Sword and famine shall not be in this land; By sword and famine shall those prophets be consumed.	15	Daarom zegt de HEERE alzo: Aangaande de profeten, die in Mijn Naam profeteren, daar Ik hen niet gezonden heb, en zij dan nog zeggen: Er zal geen zwaard noch honger in dit land zijn; diezelve profeten zullen door het zwaard en door den honger verteerd worden.
	And the people to whom they prophesy shall be cast out in the streets of Jerusalem because of the famine and the sword; and they shall have none to bury them, them, their wives, nor their sons, nor their daughters: for I will pour their wickedness upon them.	16	En het volk, tot hetwelk zij profeteren, zullen op de straten van Jeruzalem weggeworpen zijn vanwege den honger en het zwaard; en er zal niemand zijn, die hen begrave, hen, hun vrouwen, en hun zonen, en hun dochteren; alzo zal Ik hun boosheid over hen uitstorten.
	Therefore thou shalt say this word unto them; Let mine eyes run down with tears night and day, and let them not cease: for the virgin daughter of my people is broken with a great breach, with a very grievous blow.	17	Daarom zult gij dit woord tot hen zeggen: Mijn ogen zullen van tranen nederdalen nacht en dag, en niet ophouden; want de jonkvrouw der dochter Mijns volks is gebroken met een grote breuk, een plage, die zeer smartelijk is.
	If I go forth into the field, then behold the slain with the sword! and if I enter into the city, then behold them that are sick with famine! yea, both the prophet and the priest go about into a land that they know not.	18	Zo ik uitga in het veld, ziet daar de verslagenen van het zwaard, en zo ik in de stad kom, ziet daar de kranken van honger! Ja, zowel de profeten als de priesters lopen om in het land, en weten niet.
	Hast thou utterly rejected Judah? hath thy soul lothed Zion? why hast thou smitten us, and there is no healing for us? we looked for peace, and there is no good; and for the time of healing, and behold trouble!	19	Hebt Gij dan Juda ganselijk verworpen? Heeft Uw ziel een walging aan Sion? Waarom hebt Gij ons geslagen, dat er geen genezing voor ons is? Men wacht naar vrede, maar daar is niets goeds, en naar tijd van genezing, maar ziet, daar is verschrikking.
	We acknowledge, O LORD, our wickedness, and the iniquity of our fathers: for we have sinned against thee.	20	HEERE! wij kennen onze goddeloosheid, en onzer vaderen ongerechtigheid, want wij hebben tegen U gezondigd.
	Do not abhor us, for thy name's sake, do not disgrace the throne of thy glory: remember, break not thy covenant with us.	21	Versmaad ons niet, om Uws Naams wil; werp den troon Uwer heerlijkheid niet neder; gedenk, vernietig niet Uw verbond met ons.
	Are there any among the vanities of the Gentiles that can cause rain? or can the heavens give showers? art not thou he, O LORD our God? therefore we will wait upon thee: for thou hast made all these things.	22	Zijn er onder de ijdelheden der heidenen, die doen regenen, of kan de hemel druppelen geven? Zijt Gij die niet, o HEERE, onze God? Daarom zullen wij op U wachten, want Gij doet al die dingen.

Jeremiah (15) Jeremia

	Then said the LORD unto me, Though Moses and Samuel stood before me, yet my mind could not be toward this people: cast them out of my sight, and let them go forth.	1	Maar de HEERE zeide tot mij: Al stond Mozes en Samuel voor Mijn aangezicht, zo zou toch Mijn ziel tot dit volk niet wezen; drijf ze weg van Mijn aangezicht, en laat ze uitgaan.

And it shall come to pass, if they say unto thee, Whither shall we go forth? then thou shalt tell them, Thus saith the LORD; Such as are for death, to death; and such as are for the sword, to the sword; and such as are for the famine, to the famine; and such as are for the captivity, to the captivity.

And I will appoint over them four kinds, saith the LORD: the sword to slay, and the dogs to tear, and the fowls of the heaven, and the beasts of the earth, to devour and destroy.

And I will cause them to be removed into all kingdoms of the earth, because of Manasseh the son of Hezekiah king of Judah, for that which he did in Jerusalem.

For who shall have pity upon thee, O Jerusalem? or who shall bemoan thee? or who shall go aside to ask how thou doest?

Thou hast forsaken me, saith the LORD, thou art gone backward: therefore will I stretch out my hand against thee, and destroy thee; I am weary with repenting.

And I will fan them with a fan in the gates of the land; I will bereave them of children, I will destroy my people, since they return not from their ways.

Their widows are increased to me above the sand of the seas: I have brought upon them against the mother of the young men a spoiler at noonday: I have caused him to fall upon it suddenly, and terrors upon the city.

She that hath borne seven languisheth: she hath given up the ghost; her sun is gone down while it was yet day: she hath been ashamed and confounded: and the residue of them will I deliver to the sword before their enemies, saith the LORD.

Woe is me, my mother, that thou hast borne me a man of strife and a man of contention to the whole earth! I have neither lent on usury, nor men have lent to me on usury; yet every one of them doth curse me.

The LORD said, Verily it shall be well with thy remnant; verily I will cause the enemy to entreat thee well in the time of evil and in the time of affliction.

Shall iron break the northern iron and the steel?

Thy substance and thy treasures will I give to the spoil without price, and that for all thy sins, even in all thy borders.

And I will make thee to pass with thine enemies into a land which thou knowest not: for a fire is kindled in mine anger, which shall burn upon you.

O LORD, thou knowest: remember me, and visit me, and revenge me of my persecutors; take me not away in thy longsuffering: know that for thy sake I have suffered rebuke.

Thy words were found, and I did eat them; and thy word was unto me the joy and rejoicing of mine heart: for I am called by thy name, O LORD God of hosts.

I sat not in the assembly of the mockers, nor rejoiced; I sat alone because of thy hand: for thou hast filled me with indignation.

Why is my pain perpetual, and my wound incurable, which refuseth to be healed? wilt thou be altogether unto me as a liar, and as waters that fail?

Therefore thus saith the LORD, If thou return, then will I bring thee again, and thou shalt stand before me: and if thou take forth the precious from the vile, thou shalt be as my mouth: let them return unto thee; but return not thou unto them.

And I will make thee unto this people a fenced brasen wall: and they shall fight against thee, but they shall not prevail against thee: for I am with thee to save thee and to deliver thee, saith the LORD.

And I will deliver thee out of the hand of the wicked, and I will redeem thee out of the hand of the terrible.

Jeremiah (16) Jeremia

The word of the LORD came also unto me, saying,

Thou shalt not take thee a wife, neither shalt thou have sons or daughters in this place.

For thus saith the LORD concerning the sons and concerning the daughters that are born in this place, and concerning their mothers that bare them, and concerning their fathers that begat them in this land;

---

2 En het zal geschieden, wanneer zij tot u zullen zeggen: Waarhenen zullen wij uitgaan? dat gij tot hen zult zeggen: Zo zegt de HEERE: Wie ten dood, ten dode; en wie tot het zwaard, ten zwaarde, en wie tot den honger, ten honger; en wie ter gevangenis, ter gevangenis!

3 Want Ik zal bezoeking over hen doen met vier geslachten, spreekt de HEERE: met het zwaard, om te doden; en met de honden, om te slepen; en met het gevogelte des hemels, en met het gedierte der aarde, om op te eten en te verderven.

4 En Ik zal hen overgeven tot een beroering aan alle koninkrijken der aarde, vanwege Manasse, zoon van Jehizkia, koning van Juda, om hetgeen hij te Jeruzalem gedaan heeft.

5 Want wie zou u verschonen, o Jeruzalem? of wie zou medelijden met u hebben, of wie zou aftreden, om u naar vrede te vragen?

6 Gij hebt Mij verlaten, spreekt de HEERE; gij zijt achterwaarts gegaan; daarom zal Ik Mijn hand tegen u uitstrekken en u verderven; Ik ben des berouwens moede geworden.

7 En Ik zal hen wannen met een wan, in de poorten des lands; Ik heb Mijn volk van kinderen beroofd en verdaan; zij zijn van hun wegen niet wedergekeerd.

8 Hun weduwen zijn Mij meerder geworden dan zand der zeeen; Ik heb hun over de moeder doen komen een jongeling, een verwoester op den middag; Ik heb hem haastelijk hen doen overvallen, de stad met verschrikkingen.

9 Zij, die zeven baarde, is zwak geworden; zij heeft haar ziel uitgeblazen, haar zon is ondergegaan, als het nog dag was; zij is beschaamd en schaamrood geworden; en hunlieder overblijfsel zal Ik aan het zwaard overgeven, voor het aangezicht hunner vijanden, spreekt de HEERE.

10 Wee mij, mijn moeder, dat gij mij gebaard hebt, een man van twist, en een man van krakeel den gansen lande! Ik heb hun niet op woeker gegeven, ook hebben zij mij niet op woeker gegeven, nog vloekt mij een ieder van hen.

11 De HEERE zeide: Zo niet uw overblijfsel ten goede zal zijn; zo Ik niet, in de tijd des kwaads en in tijd der benauwdheid, bij den vijand voor u tussenkome!

12 Zal ook enig ijzer het ijzer van het noorden of koper verbreken?

13 Ik zal uw vermogen en uw schatten tot een roof geven, zonder prijs; en dat om al uw zonden, en in al uw landpalen.

14 En Ik zal u overvoeren met uw vijanden, in een land, dat gij niet kent; want een vuur is aangestoken in Mijn toorn, het zal over u branden.

15 O HEERE! Gij weet het, gedenk mijner, en bezoek mij, en wreek mij van mijn vervolgers; neem mij niet weg in Uw lankmoedigheid over hen; weet, dat ik om Uwentwil versmaadheid drage.

16 Als Uw woorden gevonden zijn, zo heb ik ze opgegeten, en Uw woord is mij geweest tot vreugde en tot blijdschap mijns harten; want ik ben naar Uw Naam genoemd, o HEERE, God der heirscharen!

17 Ik heb in den raad der bespotters niet gezeten, noch ben van vreugde opgesprongen; vanwege Uw hand heb ik alleen gezeten, want Gij hebt mij met gramschap vervuld.

18 Waarom is mijn pijn steeds durende, en mijn plage smartelijk? Zij weigert geheeld te worden; zoudt Gij mij ganselijk zijn als een leugenachtige, als wateren, die niet bestendig zijn?

19 Daarom zegt de HEERE alzo: Zo gij zult wederkeren, zo zal Ik u doen wederkeren; gij zult voor Mijn aangezicht staan; en zo gij het kostelijke van het snode uittrekt, zult gij als Mijn mond zijn; laat hen tot u wederkeren, maar gij zult tot hen niet wederkeren.

20 Want Ik heb u tegen dit volk gesteld tot een koperen vasten muur; zij zullen wel tegen u strijden, maar u niet overmogen; want Ik ben met u, om u te behouden en om u uit te rukken, spreekt de HEERE.

21 Ja, Ik zal u rukken uit de hand der bozen, en Ik zal u verlossen uit de handpalm der tirannen.

Jeremiah (16) Jeremia

1 En des HEEREN woord geschiedde tot mij, zeggende:

2 Gij zult u geen vrouw nemen, en gij zult geen zonen noch dochteren hebben in deze plaats.

3 Want zo zegt de HEERE van de zonen en van de dochteren, die in deze plaats geboren worden; daartoe van hun moeders, die ze baren, en van hun vaders, die ze gewinnen in dit land:

	They shall die of grievous deaths; they shall not be lamented; neither shall they be buried; but they shall be as dung upon the face of the earth: and they shall be consumed by the sword, and by famine; and their carcases shall be meat for the fowls of heaven, and for the beasts of the earth.	4	Zij zullen pijnlijke doden sterven, zij zullen niet beklaagd noch begraven worden, zij zullen tot mest op den aardbodem zijn, en zij zullen door het zwaard en door den honger verteerd worden, en hun dode lichamen zullen het gevogelte des hemels en het gediertte der aarde tot spijze zijn.
	For thus saith the LORD, Enter not into the house of mourning, neither go to lament nor bemoan them: for I have taken away my peace from this people, saith the LORD, even lovingkindness and mercies.	5	Want zo zegt de HEERE: Ga niet in het huis desgenen, die een rouwmaaltijd houdt, en ga niet henen om te rouwklagen, en heb geen medelijden met hen; want Ik heb van dit volk (spreekt de HEERE) weggenomen Mijn vrede, goedertierenheid en barmhartigheden.
	Both the great and the small shall die in this land: they shall not be buried, neither shall men lament for them, nor cut themselves, nor make themselves bald for them:	6	Zodat groten en kleinen in dit land zullen sterven, zij zullen niet begraven worden; en men zal hen niet beklagen, noch zichzelven insnijden, noch kaal maken om hunnentwil.
	Neither shall men tear themselves for them in mourning, to comfort them for the dead; neither shall men give them the cup of consolation to drink for their father or for their mother.	7	Ook zal men hun niets uitdelen over den rouw, om iemand te troosten over een dode; noch hun te drinken geven uit den troostbeker, over iemands vader of over iemands moeder.
	Thou shalt not also go into the house of feasting, to sit with them to eat and to drink.	8	Ga ook niet in een huis des maaltijds, om bij hen te zitten, om te eten en te drinken.
	For thus saith the LORD of hosts, the God of Israel; Behold, I will cause to cease out of this place in your eyes, and in your days, the voice of mirth, and the voice of gladness, the voice of the bridegroom, and the voice of the bride.	9	Want zo zegt de HEERE der heirscharen, de God Israels: Ziet, Ik zal van deze plaats, voor ulieder ogen en in ulieder dagen, doen ophouden de stem der vreugde en de stem der blijdschap, de stem des bruidegoms en de stem der bruid.
	And it shall come to pass, when thou shalt shew this people all these words, and they shall say unto thee, Wherefore hath the LORD pronounced all this great evil against us? or what is our iniquity? or what is our sin that we have committed against the LORD our God?	10	En het zal geschieden, als gij dit volk al deze woorden zult aanzeggen, en zij tot u zeggen: Waarom spreekt de HEERE al dit grote kwaad over ons, en welke is onze misdaad, en welke is onze zonde, die wij tegen den HEERE, onzen God, gezondigd hebben?
	Then shalt thou say unto them, Because your fathers have forsaken me, saith the LORD, and have walked after other gods, and have served them, and have worshipped them, and have forsaken me, and have not kept my law;	11	Dat gij tot hen zult zeggen: Omdat uw vaders Mij verlaten hebben, spreekt de HEERE, en hebben andere goden nagewandeld, en die gediend, en zich voor die nedergebogen; maar Mij verlaten, en Mijn wet niet gehouden hebben;
	And ye have done worse than your fathers; for, behold, ye walk every one after the imagination of his evil heart, that they may not hearken unto me:	12	En gijlieden erger gedaan hebt dan uw vaderen; want ziet, gijlieden wandelt, een iegelijk naar het goeddunken van zijn boos hart, om naar Mij niet te horen.
	Therefore will I cast you out of this land into a land that ye know not, neither ye nor your fathers; and there shall ye serve other gods day and night; where I will not shew you favour.	13	Daarom zal Ik ulieden uit dit land werpen, in een land, dat gij niet gekend hebt, gij noch uw vaders; en aldaar zult gij andere goden dienen, dag en nacht, omdat Ik u geen genade zal geven.
	Therefore, behold, the days come, saith the LORD, that it shall no more be said, The LORD liveth, that brought up the children of Israel out of the land of Egypt;	14	Daarom, ziet, de dagen komen, spreekt de HEERE, dat er niet meer zal gezegd worden: Zo waarachtig als de HEERE leeft, Die de kinderen Israels uit Egypteland heeft opgevoerd!
	But, The LORD liveth, that brought up the children of Israel from the land of the north, and from all the lands whither he had driven them: and I will bring them again into their land that I gave unto their fathers.	15	Maar: Zo waarachtig als de HEERE leeft, Die de kinderen Israels heeft opgevoerd uit het land van het noorden, en uit al de landen waarhenen Hij hen gedreven had! want Ik zal hen wederbrengen in hun land, dat Ik hun vaderen gegeven heb.
	Behold, I will send for many fishers, saith the LORD, and they shall fish them; and after will I send for many hunters, and they shall hunt them from every mountain, and from every hill, and out of the holes of the rocks.	16	Ziet, Ik zal zenden tot veel vissers, spreekt de HEERE, die zullen hen vissen; en daarna zal Ik zenden tot veel jagers, die zullen hen jagen, van op allen berg, en van op allen heuvel, ja, uit de kloven der steenrotsen.
	For mine eyes are upon all their ways: they are not hid from my face, neither is their iniquity hid from mine eyes.	17	Want Mijn ogen zijn op al hun wegen; zij zijn voor Mijn aangezicht niet verborgen, noch hun ongerechtigheid verholen van voor Mijn ogen.
	And first I will recompense their iniquity and their sin double; because they have defiled my land, they have filled mine inheritance with the carcases of their detestable and abominable things.	18	Dies zal Ik eerst hun ongerechtigheid en hun zonde dubbel vergelden, omdat zij Mijn land ontheiligd hebben; zij hebben Mijn erfenis met de dode lichamen hunner verfoeiselen en hunner gruwelen vervuld.
	O LORD, my strength, and my fortress, and my refuge in the day of affliction, the Gentiles shall come unto thee from the ends of the earth, and shall say, Surely our fathers have inherited lies, vanity, and things wherein there is no profit.	19	O HEERE! Gij zijt mijn Sterkte, en mijn Sterkheid, en mijn Toevlucht ten dage der benauwdheid; tot U zullen de heidenen komen van de einden der aarde, en zeggen: Immers hebben onze vaders leugen erfelijk bezeten, en ijdelheid, waarin toch niets was, dat nut deed.
	Shall a man make gods unto himself, and they are no gods?	20	Zal een mens zich goden maken? Zij zijn toch geen goden.
	Therefore, behold, I will this once cause them to know, I will cause them to know mine hand and my might; and they shall know that my name is The LORD.	21	Daarom, ziet, Ik zal hun bekend maken op ditmaal; Ik zal hun bekend maken Mijn hand en Mijn macht; en zij zullen weten, dat Mijn Naam is HEERE.

Jeremiah (17) Jeremia

	The sin of Judah is written with a pen of iron, and with the point of a diamond: it is graven upon the table of their heart, and upon the horns of your altars;	1	De zonde van Juda is geschreven met een ijzeren griffie, met de punt eens diamants; gegraven in de tafel van hunlieder hart, en aan de hoornen uwer altaren;
	Whilst their children remember their altars and their groves by the green trees upon the high hills.	2	Gelijk hun kinderen hunner altaren gedenken, en hunner bossen, bij het groen geboomte, op de hoge heuvelen.
	O my mountain in the field, I will give thy substance and all thy treasures to the spoil, and thy high places for sin, throughout all thy borders.	3	Ik zal Mijn berg met het veld, uw vermogen en al uw schatten ten roof geven, mitsgaders uw hoogten, om de zonde in al uw landpalen.

And thou, even thyself, shalt discontinue from thine heritage that I gave thee; and I will cause thee to serve thine enemies in the land which thou knowest not: for ye have kindled a fire in mine anger, which shall burn for ever.

Thus saith the LORD; Cursed be the man that trusteth in man, and maketh flesh his arm, and whose heart departeth from the LORD.

For he shall be like the heath in the desert, and shall not see when good cometh; but shall inhabit the parched places in the wilderness, in a salt land and not inhabited.

Blessed is the man that trusteth in the LORD, and whose hope the LORD is.

For he shall be as a tree planted by the waters, and that spreadeth out her roots by the river, and shall not see when heat cometh, but her leaf shall be green; and shall not be careful in the year of drought, neither shall cease from yielding fruit.

The heart is deceitful above all things, and desperately wicked: who can know it?

I the LORD search the heart, I try the reins, even to give every man according to his ways, and according to the fruit of his doings.

As the partridge sitteth on eggs, and hatcheth them not; so he that getteth riches, and not by right, shall leave them in the midst of his days, and at his end shall be a fool.

A glorious high throne from the beginning is the place of our sanctuary.

O LORD, the hope of Israel, all that forsake thee shall be ashamed, and they that depart from me shall be written in the earth, because they have forsaken the LORD, the fountain of living waters.

Heal me, O LORD, and I shall be healed; save me, and I shall be saved: for thou art my praise.

Behold, they say unto me, Where is the word of the LORD? let it come now.

As for me, I have not hastened from being a pastor to follow thee: neither have I desired the woeful day; thou knowest: that which came out of my lips was right before thee.

Be not a terror unto me: thou art my hope in the day of evil.

Let them be confounded that persecute me, but let not me be confounded: let them be dismayed, but let not me be dismayed: bring upon them the day of evil, and destroy them with double destruction.

Thus said the LORD unto me; Go and stand in the gate of the children of the people, whereby the kings of Judah come in, and by the which they go out, and in all the gates of Jerusalem;

And say unto them, Hear ye the word of the LORD, ye kings of Judah, and all Judah, and all the inhabitants of Jerusalem, that enter in by these gates:

Thus saith the LORD; Take heed to yourselves, and bear no burden on the sabbath day, nor bring it in by the gates of Jerusalem;

Neither carry forth a burden out of your houses on the sabbath day, neither do ye any work, but hallow ye the sabbath day, as I commanded your fathers.

But they obeyed not, neither inclined their ear, but made their neck stiff, that they might not hear, nor receive instruction.

And it shall come to pass, if ye diligently hearken unto me, saith the LORD, to bring in no burden through the gates of this city on the sabbath day, but hallow the sabbath day, to do no work therein;

Then shall there enter into the gates of this city kings and princes sitting upon the throne of David, riding in chariots and on horses, they, and their princes, the men of Judah, and the inhabitants of Jerusalem: and this city shall remain for ever.

4 Alzo zult gij aflaten (en dat om u zelven) van uw erfenis, die Ik u gegeven heb, en Ik zal u uw vijanden doen dienen in een land, dat gij niet kent; want gijlieden hebt een vuur aangestoken in Mijn toorn, tot in eeuwigheid zal het branden.

5 Zo zegt de HEERE: Vervloekt is de man, die op een mens vertrouwt, en vlees tot zijn arm stelt, en wiens hart van den HEERE afwijkt!

6 Want hij zal zijn als de heide in de wildernis, die het niet gevoelt, wanneer het goede komt; maar blijft in dorre plaatsen in de woestijn, in zout en onbewoond land.

7 Gezegend daarentegen is de man, die op den HEERE vertrouwt, en wiens vertrouwen de HEERE is!

8 Want hij zal zijn als een boom, die aan het water geplant is, en zijn wortelen uitschiet aan een rivier, en gevoelt het niet, wanneer er een hitte komt, maar zijn loof blijft groen; en in een jaar van droogte zorgt hij niet, en houdt niet op van vrucht te dragen.

9 Arglistig is het hart, meer dan enig ding, ja, dodelijk is het, wie zal het kennen?

10 Ik, de HEERE, doorgrond het hart, en proef de nieren; en dat, om een iegelijk te geven naar zijn wegen, naar de vrucht zijner handelingen.

11 Gelijk een veldhoen eieren vergadert, maar broedt ze niet uit, alzo is hij, die rijkdom vergadert, doch niet met recht; in de helft zijner dagen zal hij dien moeten verlaten, en in zijn laatste een dwaas zijn.

12 Een troon der heerlijkheid, een hoogheid van het eerste aan, is de plaats onzes heiligdoms.

13 O HEERE, Israels Verwachting! allen, die U verlaten, zullen beschaamd worden; en die van mij afwijken, zullen in de aarde geschreven worden; want zij verlaten den HEERE, den Springader des levenden waters.

14 Genees mij, HEERE! zo zal ik genezen worden, behoud mij, zo zal ik behouden worden; want Gij zijt mijn Lof.

15 Ziet, zij zeggen tot mij: Waar is het woord des HEEREN? Laat het nu komen!

16 Ik heb toch niet aangedrongen, meer dan een herder achter U betaamde; ook heb ik den dodelijken dag niet begeerd, Gij weet het; wat uit mijn lippen is gegaan, is voor Uw aangezicht geweest.

17 Wees Gij mij niet tot een verschrikking; Gij zijt mijn Toevlucht ten dage des kwaads.

18 Laat mijn vervolgers beschaamd worden, maar laat mij niet beschaamd worden; laat hen verschrikt worden, maar laat mij niet verschrikt worden; breng over hen den dag des kwaads, en verbreek hen met een dubbele verbreking.

19 Alzo heeft de HEERE tot mij gezegd: Ga henen en sta in de poort van de kinderen des volks, door dewelke de koningen van Juda ingaan, en door dewelke zij uitgaan, ja, in alle poorten van Jeruzalem;

20 En zeg tot hen: Hoort des HEEREN woord, gij koningen van Juda, en gans Juda, en alle inwoners van Jeruzalem, die door deze poorten ingaat!

21 Zo zegt de HEERE: Wacht u op uw zielen, en draagt geen last op den sabbatdag, noch brengt in door de poorten van Jeruzalem.

22 Ook zult gijlieden geen last uitvoeren uit uw huizen op den sabbatdag, noch enig werk doen; maar gij zult den sabbatdag heiligen, gelijk als Ik uw vaderen geboden heb.

23 Maar zij hebben niet gehoord, noch hun oor geneigd; maar zij hebben hun nek verhard, om niet te horen, en om de tucht niet aan te nemen.

24 Het zal dan geschieden, indien gij vlijtiglijk naar Mij zult horen, spreekt de HEERE, dat gij geen last door de poorten dezer stad op den sabbatdag inbrengt, en gij den sabbatdag heiligt, dat gij geen werk daarop doet;

25 Zo zullen door de poorten dezer stad ingaan koningen en vorsten, zittende op den troon van David, rijdende op wagenen en op paarden, zij en hun vorsten, de mannen van Juda en de inwoners van Jeruzalem; en deze stad zal bewoond worden in eeuwigheid.

And they shall come from the cities of Judah, and from the places about Jerusalem, and from the land of Benjamin, and from the plain, and from the mountains, and from the south, bringing burnt offerings, and sacrifices, and meat offerings, and incense, and bringing sacrifices of praise, unto the house of the LORD.	26 En zij zullen komen uit de steden van Juda, en uit de plaatsen rondom Jeruzalem, en uit het land van Benjamin, en uit de laagte, en van het gebergte, en van het zuiden, aanbrengende brandoffer, en slachtoffer, en spijsoffer, en wierook, en aanbrengende lofoffer, ten huize des HEEREN.
But if ye will not hearken unto me to hallow the sabbath day, and not to bear a burden, even entering in at the gates of Jerusalem on the sabbath day; then will I kindle a fire in the gates thereof, and it shall devour the palaces of Jerusalem, and it shall not be quenched.	27 Maar indien gij naar Mij niet zult horen, om den sabbatdag te heiligen, en om geen last te dragen als gij op den sabbatdag door de poorten van Jeruzalem ingaat; zo zal Ik een vuur in haar poorten aansteken, dat de paleizen van Jeruzalem zal verteren, en niet worden uitgeblust.

Jeremiah (18) Jeremia

The word which came to Jeremiah from the LORD, saying,	1 Het woord, dat tot Jeremia geschied is van den HEERE, zeggende:
Arise, and go down to the potter's house, and there I will cause thee to hear my words.	2 Maak u op, en ga af in het huis des pottenbakkers, en aldaar zal Ik u Mijn woorden doen horen.
Then I went down to the potter's house, and, behold, he wrought a work on the wheels.	3 Zo ging ik af in het huis des pottenbakkers; en ziet, hij maakte een werk op de schijven.
And the vessel that he made of clay was marred in the hand of the potter: so he made it again another vessel, as seemed good to the potter to make it.	4 En het vat, dat hij maakte, werd verdorven, als leem, in de hand des pottenbakkers; toen maakte hij daarvan weder een ander vat, gelijk als het recht was in de ogen des pottenbakkers te maken.
Then the word of the LORD came to me, saying,	5 Toen geschiedde des HEEREN woord tot mij, zeggende:
O house of Israel, cannot I do with you as this potter? saith the LORD. Behold, as the clay is in the potter's hand, so are ye in mine hand, O house of Israel.	6 Zal Ik ulieden niet kunnen doen, gelijk deze pottenbakker, o huis Israels? spreekt de HEERE; ziet, gelijk leem in de hand des pottenbakkers, alzo zijt gijlieden in Mijn hand, o huis Israels!
At what instant I shall speak concerning a nation, and concerning a kingdom, to pluck up, and to pull down, and to destroy it;	7 In een ogenblik zal Ik spreken over een volk en over een koninkrijk, dat Ik het zal uitrukken, en afbreken, en verdoen;
If that nation, against whom I have pronounced, turn from their evil, I will repent of the evil that I thought to do unto them.	8 Maar indien datzelve volk, over hetwelk Ik zulks gesproken heb, zich van zijn boosheid bekeert, zo zal Ik berouw hebben over het kwaad, dat Ik hetzelve gedacht te doen.
And at what instant I shall speak concerning a nation, and concerning a kingdom, to build and to plant it;	9 Ook zal Ik in een ogenblik spreken over een volk en over een koninkrijk, dat Ik het zal bouwen en planten;
If it do evil in my sight, that it obey not my voice, then I will repent of the good, wherewith I said I would benefit them.	10 Maar indien het doet, dat kwaad is in Mijn ogen, dat het naar Mijn stem niet hoort, zo zal Ik berouw hebben over het goede, met hetwelk Ik gezegd had hetzelve te zullen weldoen.
Now therefore go to, speak to the men of Judah, and to the inhabitants of Jerusalem, saying, Thus saith the LORD; Behold, I frame evil against you, and devise a device against you: return ye now every one from his evil way, and make your ways and your doings good.	11 Nu dan, spreek nu tot de mannen van Juda en tot de inwoners van Jeruzalem, zeggende: Zo zegt de HEERE: Ziet, Ik formeer een kwaad tegen ulieden, en denk tegen ulieden een gedachte; zo bekeert u nu, een iegelijk van zijn bozen weg, en maakt uw wegen en uw handelingen goed.
And they said, There is no hope: but we will walk after our own devices, and we will every one do the imagination of his evil heart.	12 Doch zij zeggen: Het is buiten hoop; maar wij zullen naar onze gedachten wandelen, en wij zullen doen, een iegelijk het goeddunken van zijn boos hart.
Therefore thus saith the LORD; Ask ye now among the heathen, who hath heard such things: the virgin of Israel hath done a very horrible thing.	13 Daarom, zo zegt de HEERE: Vraagt nu onder de heidenen; wie heeft alzulks gehoord? De jonkvrouw Israels doet een zeer afschuwelijke zaak.
Will a man leave the snow of Lebanon which cometh from the rock of the field? or shall the cold flowing waters that come from another place be forsaken?	14 Zal men ook om een rotssteen des velds verlaten de sneeuw van Libanon? Zullen ook de vreemde, koude, vlietende wateren verlaten worden?
Because my people hath forgotten me, they have burned incense to vanity, and they have caused them to stumble in their ways from the ancient paths, to walk in paths, in a way not cast up;	15 Nochtans heeft Mijn volk Mij vergeten, zij roken der ijdelheid; want zij hebben hen doen aanstoten op hun wegen, op de oude paden, opdat zij mochten wandelen in stegen van een weg, die niet opgehoogd is;
To make their land desolate, and a perpetual hissing; every one that passeth thereby shall be astonished, and wag his head.	16 Om hun land te stellen tot een ontzetting, tot eeuwige aanfluitingen; al wie daar voorbijgaat, zal zich ontzetten, en met zijn hoofd schudden.
I will scatter them as with an east wind before the enemy; I will shew them the back, and not the face, in the day of their calamity.	17 Als een oostenwind zal Ik hen verstrooien voor het aangezicht des vijands; Ik zal hun den nek en niet het aangezicht laten zien, ten dage huns verderfs.
Then said they, Come, and let us devise devices against Jeremiah; for the law shall not perish from the priest, nor counsel from the wise, nor the word from the prophet. Come, and let us smite him with the tongue, and let us not give heed to any of his words.	18 Toen zeiden zij: Komt aan, laat ons gedachten tegen Jeremia denken; want de wet zal niet vergaan van den priester, noch de raad van den wijze, noch het woord van den profeet; komt aan, en laat ons hem slaan met de tong, en laat ons niet luisteren naar enige zijner woorden!
Give heed to me, O LORD, and hearken to the voice of them that contend with me.	19 HEERE! luister naar mij, en hoor naar de stem mijner twisters.
Shall evil be recompensed for good? for they have digged a pit for my soul. Remember that I stood before thee to speak good for them, and to turn away thy wrath from them.	20 Zal dan kwaad voor goed vergolden worden? want zij hebben mijn ziel een kuil gegraven; gedenk, dat ik voor Uw aangezicht gestaan heb, om goed voor hen te spreken, om Uw grimmigheid van hen af te wenden.

Therefore deliver up their children to the famine, and pour out their blood by the force of the sword; and let their wives be bereaved of their children, and be widows; and let their men be put to death; let their young men be slain by the sword in battle.	21 Daarom, geef hun zonen den honger over, en doe ze wegvloeien door het geweld des zwaards, en laat hun vrouwen van kinderen beroofd en weduwen worden, en laat hun mannen door den dood omgebracht, en hun jongelingen met het zwaard geslagen worden in den strijd.
Let a cry be heard from their houses, when thou shalt bring a troop suddenly upon them: for they have digged a pit to take me, and hid snares for my feet.	22 Laat er een geschrei uit hun huizen gehoord worden, wanneer Gij haastelijk een bende over hen zult brengen; dewijl zij een kuil gegraven hebben om mij te vangen, en strikken verborgen voor mijn voeten.
Yet, LORD, thou knowest all their counsel against me to slay me: forgive not their iniquity, neither blot out their sin from thy sight, but let them be overthrown before thee; deal thus with them in the time of thine anger.	23 Doch Gij, HEERE! weet al hun raad tegen mij ten dode; maak geen verzoening over hun ongerechtigheid, en delg hun zonde niet uit van voor Uw aangezicht; maar laat hen nedergeveld worden voor Uw aangezicht; handel alzo met hen, ten tijde Uws toorns.

Jeremiah (19) Jeremia

Thus saith the LORD, Go and get a potter's earthen bottle, and take of the ancients of the people, and of the ancients of the priests;	1 Zo zegt de HEERE: Ga henen en koop een pottenbakkerskruik, en neem tot u van de oudsten des volks, en van de oudsten der priesteren.
And go forth unto the valley of the son of Hinnom, which is by the entry of the east gate, and proclaim there the words that I shall tell thee,	2 En ga uit naar het dal des zoons van Hinnom, dat voor de deur der Zonnepoort is, en roep aldaar uit de woorden, die Ik tot u spreken zal;
And say, Hear ye the word of the LORD, O kings of Judah, and inhabitants of Jerusalem; Thus saith the LORD of hosts, the God of Israel; Behold, I will bring evil upon this place, the which whosoever heareth, his ears shall tingle.	3 En zeg: Hoort des HEEREN woord, gij koningen van Juda en inwoners van Jeruzalem! Alzo zegt de HEERE der heirscharen, de God Israels: Ziet, Ik zal een kwaad brengen over deze plaats, van hetwelk een ieder, die het hoort, zijn oren klinken zullen;
Because they have forsaken me, and have estranged this place, and have burned incense in it unto other gods, whom neither they nor their fathers have known, nor the kings of Judah, and have filled this place with the blood of innocents;	4 Omdat zij Mij verlaten, en deze plaats vervreemd, en andere goden daarin gerookt hebben die zij niet gekend hebben, zij, noch hun vaderen, noch de koningen van Juda; en hebben deze plaats vervuld met bloed der onschuldigen.
They have built also the high places of Baal, to burn their sons with fire for burnt offerings unto Baal, which I commanded not, nor spake it, neither came it into my mind:	5 Want zij hebben de hoogten van Baal gebouwd, om hun zonen met vuur te verbranden, aan Baal tot brandoffers; hetwelk Ik niet geboden, noch gesproken heb, noch in Mijn hart is opgekomen?
Therefore, behold, the days come, saith the LORD, that this place shall no more be called Tophet, nor The valley of the son of Hinnom, but The valley of slaughter.	6 Daarom, ziet, de dagen komen, spreekt de HEERE, dat deze plaats niet meer zal genoemd worden het Tofeth, of dat des zoons van Hinnom, maar Moorddal.
And I will make void the counsel of Judah and Jerusalem in this place; and I will cause them to fall by the sword before their enemies, and by the hands of them that seek their lives: and their carcases will I give to be meat for the fowls of the heaven, and for the beasts of the earth.	7 Want Ik zal den raad van Juda en Jeruzalem in deze plaats verijdelen, en zal hen voor het aangezicht hunner vijanden doen vallen door het zwaard, en door de hand dergenen, die hun ziel zoeken; en Ik zal hun dode lichamen het gevogelte des hemels en het gedierte der aarde tot spijze geven.
And I will make this city desolate, and an hissing; every one that passeth thereby shall be astonished and hiss because of all the plagues thereof.	8 En Ik zal deze stad zetten tot een ontzetting en tot een aanfluiting; al wie voorbij haar gaat, zal zich ontzetten en fluiten over al haar plagen.
And I will cause them to eat the flesh of their sons and the flesh of their daughters, and they shall eat every one the flesh of his friend in the siege and straitness, wherewith their enemies, and they that seek their lives, shall straiten them.	9 En Ik zal hunlieden het vlees hunner zonen en het vlees hunner dochteren doen eten, en zij zullen eten, een iegelijk het vlees zijns naasten, in de belegering en in de benauwing, waarmede hen hun vijanden, en die hun ziel zoeken, benauwen zullen.
Then shalt thou break the bottle in the sight of the men that go with thee,	10 Dan zult gij de kruik verbreken voor de ogen der mannen, die met u gegaan zijn;
And shalt say unto them, Thus saith the LORD of hosts; Even so will I break this people and this city, as one breaketh a potter's vessel, that cannot be made whole again: and they shall bury them in Tophet, till there be no place to bury.	11 En gij zult tot hen zeggen: Zo zegt de HEERE der heirscharen: Alzo zal Ik dit volk en deze stad verbreken, gelijk als men een pottenbakkersvat verbreekt, dat niet weder geheeld kan worden; en zij zullen hen in Tofeth begraven, omdat er geen andere plaats zal zijn om te begraven.
Thus will I do unto this place, saith the LORD, and to the inhabitants thereof, and even make this city as Tophet:	12 Zo zal Ik deze plaats doen, spreekt de HEERE, en haar inwoners; en dat om deze stad te stellen als een Tofeth.
And the houses of Jerusalem, and the houses of the kings of Judah, shall be defiled as the place of Tophet, because of all the houses upon whose roofs they have burned incense unto all the host of heaven, and have poured out drink offerings unto other gods.	13 En de huizen van Jeruzalem en de huizen der koningen van Juda zullen, gelijk alle plaatsen van Tofeth, onrein worden, met al de huizen, op welker daken zij aan al het heir des hemels gerookt en aan vreemde goden drankofferen geofferd hebben.
Then came Jeremiah from Tophet, whither the LORD had sent him to prophesy; and he stood in the court of the LORD'S house; and said to all the people,	14 Toen nu Jeremia van Tofeth kwam, waarhenen hem de HEERE gezonden had, om te profeteren, stond hij in het voorhof van des HEEREN huis, en zeide tot al het volk:
Thus saith the LORD of hosts, the God of Israel; Behold, I will bring upon this city and upon all her towns all the evil that I have pronounced against it, because they have hardened their necks, that they might not hear my words.	15 Zo zegt de HEERE der heirscharen, de God Israels: Ziet, Ik zal over deze stad, en over al haar steden, al het kwaad brengen, dat Ik over haar gesproken heb; omdat zij hun nek verhard hebben, om Mijn woorden niet te horen.

Jeremiah (20) Jeremia

Now Pashur the son of Immer the priest, who was also chief governor in the house of the LORD, heard that Jeremiah prophesied these things.	1 Als Pashur, de zoon van Immer, de priester (deze nu was bestelde voorganger in het huis des HEEREN), Jeremia hoorde, diezelve woorden profeterende,

	Then Pashur smote Jeremiah the prophet, and put him in the stocks that were in the high gate of Benjamin, which was by the house of the LORD.	2	Zo sloeg Pashur den profeet Jeremia, en hij stelde hem in de gevangenis, dewelke is in de bovenste poort van Benjamin, die aan het huis des HEEREN is.
	And it came to pass on the morrow, that Pashur brought forth Jeremiah out of the stocks. Then said Jeremiah unto him, The LORD hath not called thy name Pashur, but Magormissabib.	3	Maar het geschiedde des anderen daags, dat Pashur Jeremia uit de gevangenis voortbracht; toen zeide Jeremia tot hem: De HEERE noemt uw naam niet Pashur, maar Magor-missabib.
	For thus saith the LORD, Behold, I will make thee a terror to thyself, and to all thy friends: and they shall fall by the sword of their enemies, and thine eyes shall behold it: and I will give all Judah into the hand of the king of Babylon, and he shall carry them captive into Babylon, and shall slay them with the sword.	4	Want zo zegt de HEERE: Zie, Ik stel u tot een schrik voor uzelven en voor al uw liefhebbers; die zullen vallen door het zwaard hunner vijanden, dat het uw ogen aanzien; en Ik zal gans Juda geven in de hand des konings van Babel, die hen naar Babel gevankelijk zal wegvoeren, en slaan hen met het zwaard.
	Moreover I will deliver all the strength of this city, and all the labours thereof, and all the precious things thereof, and all the treasures of the kings of Judah will I give into the hand of their enemies, which shall spoil them, and take them, and carry them to Babylon.	5	Ook zal Ik geven al het vermogen dezer stad, en al haar arbeid, en al haar kostelijkheid, en alle schatten der koningen van Juda, Ik zal ze geven in de hand hunner vijanden, die zullen ze roven, zullen ze nemen, en zullen ze brengen naar Babel.
	And thou, Pashur, and all that dwell in thine house shall go into captivity: and thou shalt come to Babylon, and there thou shalt die, and shalt be buried there, thou, and all thy friends, to whom thou hast prophesied lies.	6	En gij, Pashur, en alle inwoners van uw huis! gijlieden zult gaan in de gevangenis; en gij zult te Babel komen, en aldaar sterven, en aldaar begraven worden, gij en al uw vrienden, denwelken gij valselijk geprofeteerd hebt.
	O LORD, thou hast deceived me, and I was deceived: thou art stronger than I, and hast prevailed: I am in derision daily, every one mocketh me.	7	HEERE! Gij hebt mij overreed, en ik ben overreed geworden; Gij zijt mij te sterk geweest, en hebt overmocht; ik ben den gansen dag tot een belachen, een ieder van hen bespot mij.
	For since I spake, I cried out, I cried violence and spoil; because the word of the LORD was made a reproach unto me, and a derision, daily.	8	Want sinds ik spreke, roep ik uit, ik roep geweld en verstoring; omdat mij des HEEREN woord den gansen dag tot smaad en tot schimp is.
	Then I said, I will not make mention of him, nor speak any more in his name. But his word was in mine heart as a burning fire shut up in my bones, and I was weary with forbearing, and I could not stay.	9	Dies zeide ik: Ik zal Zijner niet gedenken, en niet meer in Zijn Naam spreken; maar het werd in mijn hart als een brandend vuur, besloten in mijn beenderen; en ik bemoeide mij om te verdragen, maar konde niet.
	For I heard the defaming of many, fear on every side. Report, say they, and we will report it. All my familiars watched for my halting, saying, Peradventure he will be enticed, and we shall prevail against him, and we shall take our revenge on him.	10	Want ik heb gehoord de naspraak van velen, van Magor-missabib, zeggende: Geef ons te kennen, en wij zullen het te kennen geven; al mijn vredegenoten nemen acht op mijn hinking; zij zeggen: Misschien zal hij overreed worden, dan zullen wij hem overmogen, en onze wraak van hem nemen.
	But the LORD is with me as a mighty terrible one: therefore my persecutors shall stumble, and they shall not prevail: they shall be greatly ashamed; for they shall not prosper: their everlasting confusion shall never be forgotten.	11	Maar de HEERE is met mij als een verschrikkelijk Held; daarom zullen mijn vervolgers struikelen, en niets vermogen; zij zijn zeer beschaamd geworden, omdat zij niet verstandiglijk gehandeld hebben; het zal een eeuwige schande zijn, zij zal niet vergeten worden.
	But, O LORD of hosts, that triest the righteous, and seest the reins and the heart, let me see thy vengeance on them: for unto thee have I opened my cause.	12	Gij dan, o HEERE der heirscharen, Die den rechtvaardige proeft, Die de nieren en het hart ziet, laat mij Uw wraak van hen zien, want ik heb U mijn twistzaak ontdekt.
	Sing unto the LORD, praise ye the LORD: for he hath delivered the soul of the poor from the hand of evildoers.	13	Zingt den HEERE, prijst den HEERE; want Hij heeft de ziel des nooddruftigen uit de hand der boosdoeners verlost.
	Cursed be the day wherein I was born: let not the day wherein my mother bare me be blessed.	14	Vervloekt zij de dag, op welken ik geboren ben; de dag, op welken mijn moeder mij gebaard heeft, zij niet gezegend!
	Cursed be the man who brought tidings to my father, saying, A man child is born unto thee; making him very glad.	15	Vervloekt zij de man, die mijn vader geboodschapt heeft, zeggende: U is een jonge zoon geboren, verblijdende hem grotelijks!
	And let that man be as the cities which the LORD overthrew, and repented not: and let him hear the cry in the morning, and the shouting at noontide;	16	Ja, dezelve man zij, als de steden, die de HEERE heeft omgekeerd, en het heeft Hem niet berouwd; en hij hore in den morgenstond een geroep, en op den middagtijd een geschrei.
	Because he slew me not from the womb; or that my mother might have been my grave, and her womb to be always great with me.	17	Dat Hij mij niet gedood heeft van de baarmoeder af! Of mijn moeder mijn graf geweest is, of haar baarmoeder als van een, die eeuwiglijk zwanger is!
	Wherefore came I forth out of the womb to see labour and sorrow, that my days should be consumed with shame?	18	Waarom ben ik toch uit de baarmoeder voortgekomen, om moeite en droefenis te zien, en dat mijn dagen in beschaamdheid vergaan?

Jeremiah (21) Jeremia

	The word which came unto Jeremiah from the LORD, when king Zedekiah sent unto him Pashur the son of Melchiah, and Zephaniah the son of Maaseiah the priest, saying,	1	Het woord, dat van den HEERE geschied is tot Jeremia, als koning Zekekia tot hem zond Pashur, den zoon van Malchia, en Zefanja, den zoon van Maaseja, den priester, zeggende:
	Inquire, I pray thee, of the LORD for us; for Nebuchadrezzar king of Babylon maketh war against us; if so be that the LORD will deal with us according to all his wondrous works, that he may go up from us.	2	Vraag toch den HEERE voor ons, want Nebukadrezar, de koning van Babel, strijdt tegen ons; misschien zal de HEERE met ons doen naar al Zijn wonderen, dat hij van ons optrekke.
	Then said Jeremiah unto them, Thus shall ye say to Zedekiah:	3	Toen zeide Jeremia tot hen: Zo zult gijlieden tot Zedekia zeggen:
	Thus saith the LORD God of Israel; Behold, I will turn back the weapons of war that are in your hands, wherewith ye fight against the king of Babylon, and against the Chaldeans, which besiege you without the walls, and I will assemble them into the midst of this city.	4	Zo zegt de HEERE, de God Israels: Ziet, Ik zal de krijgswapenen omwenden, die in ulieder hand zijn, met dewelke gij strijdt tegen den koning van Babel en tegen de Chaldeen, die u belegeren, van buiten aan den muur; en Ik zal ze verzamelen in het midden van deze stad.

And I myself will fight against you with an outstretched hand and with a strong arm, even in anger, and in fury, and in great wrath.	5 En Ik Zelf zal tegen ulieden strijden, met een uitgestrekte hand en met een sterken arm, ja, met toorn, en met grimmigheid, en met grote verbolgenheid.
And I will smite the inhabitants of this city, both man and beast: they shall die of a great pestilence.	6 En Ik zal de inwoners dezer stad slaan, zowel de mensen als de beesten; door een grote pestilentie zullen zij sterven.
And afterward, saith the LORD, I will deliver Zedekiah king of Judah, and his servants, and the people, and such as are left in this city from the pestilence, from the sword, and from the famine, into the hand of Nebuchadrezzar king of Babylon, and into the hand of their enemies, and into the hand of those that seek their life: and he shall smite them with the edge of the sword; he shall not spare them, neither have pity, nor have mercy.	7 En daarna, spreekt de HEERE, zal Ik Zedekia, den koning van Juda, en zijn knechten, en het volk, en die in deze stad overgebleven zijn, van de pestilentie, van het zwaard en van den honger, geven in de hand van Nebukadrezar, den koning van Babel, en in de hand hunner vijanden, en in de hand dergenen, die hun ziel zoeken; en hij zal ze slaan met de scherpte des zwaards; hij zal ze niet sparen, noch verschonen, noch zich ontfermen.
And unto this people thou shalt say, Thus saith the LORD; Behold, I set before you the way of life, and the way of death.	8 En tot dit volk zult gij zeggen: Zo zegt de HEERE: Ziet, Ik stel voor ulieder aangezicht den weg des levens en den weg des doods.
He that abideth in this city shall die by the sword, and by the famine, and by the pestilence: but he that goeth out, and falleth to the Chaldeans that besiege you, he shall live, and his life shall be unto him for a prey.	9 Die in deze stad blijft, zal sterven door het zwaard, of door den honger, of door de pestilentie; maar die er uitgaat en valt tot de Chaldeen, die ulieden belegeren, die zal leven, en zijn ziel zal hem tot een buit zijn.
For I have set my face against this city for evil, and not for good, saith the LORD: it shall be given into the hand of the king of Babylon, and he shall burn it with fire.	10 Want Ik heb Mijn aangezicht tegen deze stad gesteld ten kwade en niet ten goede, spreekt de HEERE; zij zal gegeven worden in de hand des konings van Babel, en hij zal ze met vuur verbranden.
And touching the house of the king of Judah, say, Hear ye the word of the LORD;	11 En aangaande het huis des konings van Juda, hoort des HEEREN woord.
O house of David, thus saith the LORD; Execute judgment in the morning, and deliver him that is spoiled out of the hand of the oppressor, lest my fury go out like fire, and burn that none can quench it, because of the evil of your doings.	12 O huis Davids! zo zegt de HEERE: Richt des morgens recht, en verlost den beroofde uit den hand des verdrukkers; opdat Mijn gramschap niet uitvare als een vuur, en brande, dat niemand blussen kunne, vanwege de boosheid uwer handelingen.
Behold, I am against thee, O inhabitant of the valley, and rock of the plain, saith the LORD; which say, Who shall come down against us? or who shall enter into our habitations?	13 Ziet, Ik wil aan u, gij inwoneres des dals, gij rots van het plein! spreekt de HEERE; gijlieden, die zegt: Wie zou tegen ons afkomen, of wie zou komen in onze woningen?
But I will punish you according to the fruit of your doings, saith the LORD: and I will kindle a fire in the forest thereof, and it shall devour all things round about it.	14 En Ik zal over ulieden bezoeking doen naar de vrucht uwer handelingen, spreekt de HEERE; en Ik zal een vuur aansteken in haar woud, dat zal verteren al wat rondom haar is.

Jeremiah (22) Jeremia

Thus saith the LORD; Go down to the house of the king of Judah, and speak there this word,	1 Alzo zegt de HEERE: Ga af in het huis des konings van Juda, en spreek aldaar dit woord.
And say, Hear the word of the LORD, O king of Judah, that sittest upon the throne of David, thou, and thy servants, and thy people that enter in by these gates:	2 En zeg: Hoor het woord des HEEREN, gij koning van Juda, gij, die zit op Davids troon, gij, en uw knechten, en uw volk, die door deze poorten ingaan!
Thus saith the LORD; Execute ye judgment and righteousness, and deliver the spoiled out of the hand of the oppressor: and do no wrong, do no violence to the stranger, the fatherless, nor the widow, neither shed innocent blood in this place.	3 Zo zegt de HEERE: Doet recht en gerechtigheid, en redt den beroofde uit de hand des verdrukkers; en onderdrukt den vreemdeling niet, den wees noch de weduwe; doet geen geweld en vergiet geen onschuldig bloed in deze plaats.
For if ye do this thing indeed, then shall there enter in by the gates of this house kings sitting upon the throne of David, riding in chariots and on horses, he, and his servants, and his people.	4 Want indien gijlieden deze zaak ernstiglijk zult doen, zo zullen door de poorten van dit huis koningen ingaan, zittende den David op zijn troon, rijdende op wagens en op paarden, hij, en zijn knechten, en zijn volk.
But if ye will not hear these words, I swear by myself, saith the LORD, that this house shall become a desolation.	5 Indien gij daarentegen deze woorden niet zult horen, zo heb Ik bij Mij gezworen, spreekt de HEERE, dat dit huis tot een woestheid worden zal.
For thus saith the LORD unto the king's house of Judah; Thou art Gilead unto me, and the head of Lebanon: yet surely I will make thee a wilderness, and cities which are not inhabited.	6 Want zo zegt de HEERE van het huis des konings van Juda: Gij zijt Mij een Gilead, een hoogte van Libanon; maar zo Ik u niet zette als een woestijn en onbewoonde steden!
And I will prepare destroyers against thee, every one with his weapons: and they shall cut down thy choice cedars, and cast them into the fire.	7 Want Ik zal verdervers tegen u heiligen, elk met zijn gereedschap, die zullen uw uitgelezen cederen omhouwen, en in het vuur werpen.
And many nations shall pass by this city, and they shall say every man to his neighbour, Wherefore hath the LORD done thus unto this great city?	8 Dan zullen veel heidenen voorbij deze stad gaan, en zullen zeggen, een ieder tot zijn naaste: Waarom heeft de HEERE alzo gedaan aan deze grote stad?
Then they shall answer, Because they have forsaken the covenant of the LORD their God, and worshipped other gods, and served them.	9 En zij zullen zeggen: Omdat zij het verbond des HEEREN, huns Gods, hebben verlaten, en hebben zich voor andere goden nedergebogen, en die gediend.
Weep ye not for the dead, neither bemoan him: but weep sore for him that goeth away: for he shall return no more, nor see his native country.	10 Weent niet over den dode, en beklaagt hem niet; weent vrij over dien, die weggegaan is, want hij zal nimmermeer wederkomen, dat hij het land zijner geboorte zie.
For thus saith the LORD touching Shallum the son of Josiah king of Judah, which reigned instead of Josiah his father, which went forth out of this place; He shall not return thither any more:	11 Want zo zegt de HEERE van Sallum, den zoon van Josia, koning van Juda, die in de plaats van zijn vader Josia regeerde, die uit deze plaats is uitgegaan: Hij zal daar nimmermeer wederkomen.
But he shall die in the place whither they have led him captive, and shall see this land no more.	12 Maar in de plaats, waarhenen zij hem gevankelijk hebben weggevoerd, zal hij sterven, en dit land zal hij niet meer zien.

Woe unto him that buildeth his house by unrighteousness, and his chambers by wrong; that useth his neighbour's service without wages, and giveth him not for his work;	13 Wee dien, die zijn huis bouwt met ongerechtigheid, en zijn opperzalen met onrecht; die zijns naasten dienst om niet gebruikt, en geeft hen zijn arbeidsloon niet!
That saith, I will build me a wide house and large chambers, and cutteth him out windows; and it is cieled with cedar, and painted with vermilion.	14 Die daar zegt: Ik zal mij een zeer hoog huis bouwen, en doorluchtige opperzalen; en hij houwt zich vensteren uit, en het is bedekt met ceder, en aangestreken met menie.
Shalt thou reign, because thou closest thyself in cedar? did not thy father eat and drink, and do judgment and justice, and then it was well with him?	15 Zoudt gij regeren, omdat gij u mengt met den ceder? Heeft niet uw vader gegeten en gedronken, en recht en gerechtigheid gedaan, en het ging hem toen wel?
He judged the cause of the poor and needy; then it was well with him: was not this to know me? saith the LORD.	16 Hij heeft de rechtzaak des ellendigen en nooddruftigen gericht, toen ging het hem wel; is dat niet Mij te kennen? spreekt de HEERE.
But thine eyes and thine heart are not but for thy covetousness, and for to shed innocent blood, and for oppression, and for violence, to do it.	17 Maar uw ogen en uw hart zijn niet dan op uw gierigheid, en op onschuldig bloed, om dat te vergieten, en op verdrukking en overlast, om die te doen.
Therefore thus saith the LORD concerning Jehoiakim the son of Josiah king of Judah; They shall not lament for him, saying, Ah my brother! or, Ah sister! they shall not lament for him, saying, Ah lord! or, Ah his glory!	18 Daarom zegt de HEERE alzo van Jojakim, zoon van Josia, koning van Juda: Zij zullen hem niet beklagen: Och mijn broeder! of, och zuster! Zij zullen hem niet beklagen: Och, heer! of, och zijn majesteit!
He shall be buried with the burial of an ass, drawn and cast forth beyond the gates of Jerusalem.	19 Met een ezelsbegrafenis zal hij begraven worden; men zal hem slepen en daarhenen werpen, verre weg van de poorten van Jeruzalem.
Go up to Lebanon, and cry; and lift up thy voice in Bashan, and cry from the passages: for all thy lovers are destroyed.	20 Klim op den Libanon en roep, en verhef uw stem op den Basan; roep ook van de veren; maar al uw liefhebbers zijn verbroken.
I spake unto thee in thy prosperity; but thou saidst, I will not hear. This hath been thy manner from thy youth, that thou obeyedst not my voice.	21 Ik sprak u aan in uw groten voorspoed, maar gij zeidet: Ik zal niet horen. Dit is uw weg van uw jeugd af, dat gij Mijner stem niet hebt gehoorzaamd.
The wind shall eat up all thy pastors, and thy lovers shall go into captivity: surely then shalt thou be ashamed and confounded for all thy wickedness.	22 De wind zal al uw herders weiden, en uw liefhebbers zullen in de gevangenis gaan; dan zult gij zekerlijk beschaamd en te schande worden, vanwege al uw boosheid.
O inhabitant of Lebanon, that makest thy nest in the cedars, how gracious shalt thou be when pangs come upon thee, the pain as of a woman in travail!	23 O gij, die nu op den Libanon woont, en in de cederen nestelt! hoe begenadigd zult gij zijn, als u de smarten zullen aankomen, het wee als ener barende vrouw!
As I live, saith the LORD, though Coniah the son of Jehoiakim king of Judah were the signet upon my right hand, yet would I pluck thee thence;	24 Zo waarachtig als Ik leef, spreekt de HEERE, ofschoon Chonia, de zoon van Jojakim, den koning van Juda, een zegelring ware aan Mijn rechterhand, zo zal Ik u toch van daar wegrukken.
And I will give thee into the hand of them that seek thy life, and into the hand of them whose face thou fearest, even into the hand of Nebuchadrezzar king of Babylon, and into the hand of the Chaldeans.	25 En Ik zal u geven in de hand dergenen, die uw ziel zoeken, en in de hand dergenen, voor welker aangezicht gij schrikt, namelijk in de hand van Nebukadrezar, den koning van Babel, en in de hand der Chaldeeën.
And I will cast thee out, and thy mother that bare thee, into another country, where ye were not born; and there shall ye die.	26 En Ik zal u, en uw moeder, die u gebaard heeft, uitwerpen in een ander land, waarin gijlieden niet geboren zijt, en daar zult gij sterven.
But to the land whereunto they desire to return, thither shall they not return.	27 En in het land, naar hetwelk hun ziel verlangt om daar weder te komen, daarhenen zullen zij niet wederkomen.
Is this man Coniah a despised broken idol? is he a vessel wherein is no pleasure? wherefore are they cast out, he and his seed, and are cast into a land which they know not?	28 Is dan deze man Chonia een veracht, verstrooid, afgodisch beeld? Of is hij een vat, waaraan men geen lust heeft? Waarom zijn hij en zijn zaad uitgeworpen, ja, weggeworpen in een land, dat zij niet kennen?
O earth, earth, earth, hear the word of the LORD.	29 O land, land, land! hoor des HEEREN woord!
Thus saith the LORD, Write ye this man childless, a man that shall not prosper in his days: for no man of his seed shall prosper, sitting upon the throne of David, and ruling any more in Judah.	30 Zo zegt de HEERE: Schrijft dezen zelfden man kinderloos, een man, die niet voorspoedig zal zijn in zijn dagen; want er zal niemand van zijn zaad voorspoedig zijn, zittende op den troon Davids, en heersende meer in Juda.

Jeremiah (23) Jeremia

Woe be unto the pastors that destroy and scatter the sheep of my pasture! saith the LORD.	1 Wee den herderen, die de schapen Mijner weide ombrengen en verstrooien! spreekt de HEERE.
Therefore thus saith the LORD God of Israel against the pastors that feed my people; Ye have scattered my flock, and driven them away, and have not visited them: behold, I will visit upon you the evil of your doings, saith the LORD.	2 Daarom zegt de HEERE, de God Israels, alzo van de herderen, die Mijn volk weiden: Gijlieden hebt Mijn schapen verstrooid, en hebt ze verdreven, en hebt ze niet bezocht; ziet, Ik zal over u bezoeken de boosheid uwer handelingen, spreekt de HEERE.
And I will gather the remnant of my flock out of all countries whither I have driven them, and will bring them again to their folds; and they shall be fruitful and increase.	3 En Ik zal het overblijfsel Mijner schapen Zelf vergaderen uit al de landen, waarhenen Ik ze verdreven heb; en Ik zal ze wederbrengen tot hun kooien, en zij zullen vruchtbaar zijn, en vermenigvuldigen.
And I will set up shepherds over them which shall feed them: and they shall fear no more, nor be dismayed, neither shall they be lacking, saith the LORD.	4 En Ik zal herderen over hen verwekken, die ze weiden zullen; en zij zullen niet meer vrezen, noch verschrikt worden, noch gemist worden, spreekt de HEERE.
Behold, the days come, saith the LORD, that I will raise unto David a righteous Branch, and a King shall reign and prosper, and shall execute judgment and justice in the earth.	5 Ziet, de dagen komen, spreekt de HEERE, dat Ik aan David een rechtvaardige Spruit zal verwekken; Die zal Koning zijnde regeren, en voorspoedig zijn, en recht en gerechtigheid doen op de aarde.

	In his days Judah shall be saved, and Israel shall dwell safely: and this is his name whereby he shall be called, THE LORD OUR RIGHTEOUSNESS.	6	In Zijn dagen zal Juda verlost worden, en Israel zeker wonen; en dit zal Zijn naam zijn, waarmede men Hem zal noemen: De HEERE: ONZE GERECHTIGHEID.
	Therefore, behold, the days come, saith the LORD, that they shall no more say, The LORD liveth, which brought up the children of Israel out of the land of Egypt;	7	Daarom, ziet, de dagen komen, spreekt de HEERE, dat zij niet meer zullen zeggen: Zo waarachtig als de HEERE leeft, Die de kinderen Israels uit Egypteland heeft opgevoerd.
	But, The LORD liveth, which brought up and which led the seed of the house of Israel out of the north country, and from all countries whither I had driven them; and they shall dwell in their own land.	8	Maar: Zo waarachtig als de HEERE leeft, Die het zaad van het huis Israels heeft opgevoerd, en Die het aangebracht heeft uit het land van het noorden, en uit al de landen, waarheen Ik ze gedreven had! want zij zullen wonen in hun land.
	Mine heart within me is broken because of the prophets; all my bones shake; I am like a drunken man, and like a man whom wine hath overcome, because of the LORD, and because of the words of his holiness.	9	Aangaande de profeten. Mijn hart wordt in mijn binnenste gebroken, al mijn beenderen bewegen zich; ik ben als een dronken man, en als een man, dien de wijn te boven gaat; vanwege den HEERE, en vanwege de woorden Zijner heiligheid.
	For the land is full of adulterers; for because of swearing the land mourneth; the pleasant places of the wilderness are dried up, and their course is evil, and their force is not right.	10	Want het land is vol overspelers, want het land treurt vanwege den vloek, de weiden der woestijn verdorren, omdat hun loop boos is, en hun macht niet recht.
	For both prophet and priest are profane; yea, in my house have I found their wickedness, saith the LORD.	11	Want beiden, profeten en priesters, zijn huichelaars; zelfs in Mijn huis vind Ik hun boosheid, spreekt de HEERE.
	Wherefore their way shall be unto them as slippery ways in the darkness: they shall be driven on, and fall therein: for I will bring evil upon them, even the year of their visitation, saith the LORD.	12	Daarom zal hun weg hun zijn als zeer gladde plaatsen in de donkerheid; zij zullen aangedreven worden en daarin vallen; want Ik zal een kwaad over hen brengen in het jaar hunner bezoeking, spreekt de HEERE.
	And I have seen folly in the prophets of Samaria; they prophesied in Baal, and caused my people Israel to err.	13	Ik heb wel ongerijmdheid gezien in de profeten van Samaria, die door Baal, profeteerden, en Mijn volk Israel verleidden.
	I have seen also in the prophets of Jerusalem an horrible thing: they commit adultery, and walk in lies: they strengthen also the hands of evildoers, that none doth return from his wickedness: they are all of them unto me as Sodom, and the inhabitants thereof as Gomorrah.	14	Maar in de profeten van Jeruzalem zie Ik afschuwelijkheid; zij bedrijven overspel, en gaan om met valsheid, en sterken de handen der boosdoeners, opdat zij zich niet bekeren, een iegelijk van zijn boosheid; zij allen zijn Mij als Sodom, en haar inwoners als Gomorra.
	Therefore thus saith the LORD of hosts concerning the prophets; Behold, I will feed them with wormwood, and make them drink the water of gall: for from the prophets of Jerusalem is profaneness gone forth into all the land.	15	Daarom zegt de HEERE der heirscharen van deze profeten alzo: Ziet, Ik zal hen met alsem spijzigen, en met gallewater drenken; want van Jeruzalems profeten is de huichelarij uitgegaan in het ganse land.
	Thus saith the LORD of hosts, Hearken not unto the words of the prophets that prophesy unto you: they make you vain: they speak a vision of their own heart, and not out of the mouth of the LORD.	16	Zo zegt de HEERE der heirscharen: Hoort niet naar de woorden der profeten, die u profeteren; zij maken u ijdel; zij spreken het gezicht huns harten, niet uit des HEEREN mond.
	They say still unto them that despise me, The LORD hath said, Ye shall have peace; and they say unto every one that walketh after the imagination of his own heart, No evil shall come upon you.	17	Zij zeggen steeds tot degenen, die Mij lasteren: De HEERE heeft het gesproken, gijlieden zult vrede hebben; en tot al wie naar zijns harten goeddunken wandelt, zeggen zij: Ulieden zal geen kwaad overkomen.
	For who hath stood in the counsel of the LORD, and hath perceived and heard his word? who hath marked his word, and heard it?	18	Want wie heeft in des HEEREN raad gestaan, en Zijn woord gezien of gehoord? Wie heeft Zijn woord aangemerkt en gehoord?
	Behold, a whirlwind of the LORD is gone forth in fury, even a grievous whirlwind: it shall fall grievously upon the head of the wicked.	19	Ziet, een onweder des HEEREN, een grimmigheid is uitgegaan, ja, een pijnlijk onweder, het zal blijven op der goddelozen hoofd.
	The anger of the LORD shall not return, until he have executed, and till he have performed the thoughts of his heart: in the latter days ye shall consider it perfectly.	20	Des HEEREN toorn zal zich niet afwenden, totdat Hij zal hebben gedaan, en totdat Hij zal hebben daargesteld de gedachten Zijns harten; in het laatste der dagen zult gij met verstand daarop letten.
	I have not sent these prophets, yet they ran: I have not spoken to them, yet they prophesied.	21	Ik heb die profeten niet gezonden, nochtans hebben zij gelopen; Ik heb tot hen niet gesproken, nochtans hebben zij geprofeteerd.
	But if they had stood in my counsel, and had caused my people to hear my words, then they should have turned them from their evil way, and from the evil of their doings.	22	Maar zo zij in Mijn raad hadden gestaan, zo zouden zij Mijn volk Mijn woorden hebben doen horen, en zouden hen afgekeerd hebben van hun bozen weg, en van de boosheid hunner handelingen.
	Am I a God at hand, saith the LORD, and not a God afar off?	23	Ben Ik een God van nabij, spreekt de HEERE, en niet een God van verre?
	Can any hide himself in secret places that I shall not see him? saith the LORD. Do not I fill heaven and earth? saith the LORD.	24	Zou zich iemand in verborgene plaatsen kunnen verbergen, dat Ik hem niet zou zien? spreekt de HEERE; vervul Ik niet den hemel en de aarde? spreekt de HEERE.
	I have heard what the prophets said, that prophesy lies in my name, saying, I have dreamed, I have dreamed.	25	Ik heb gehoord, wat de profeten zeggen, die in Mijn Naam leugen profeteren, zeggende: Ik heb gedroomd, ik heb gedroomd.
	How long shall this be in the heart of the prophets that prophesy lies? yea, they are prophets of the deceit of their own heart;	26	Hoe lang? Is er dan een droom in het hart der profeten, die de leugen profeteren? Ja, het zijn profeten van huns harten bedriegerij.
	Which think to cause my people to forget my name by their dreams which they tell every man to his neighbour, as their fathers have forgotten my name for Baal.	27	Die daar denken om Mijn volk Mijn Naam te doen vergeten, door hun dromen, die zij, een ieder zijn naaste, vertellen; gelijk als hun vaders Mijn Naam vergeten hebben door Baal.
	The prophet that hath a dream, let him tell a dream; and he that hath my word, let him speak my word faithfully. What is the chaff to the wheat? saith the LORD.	28	De profeet, bij welken een droom is, die vertelle den droom; en bij welken Mijn woord is, die spreke Mijn woord waarachtiglijk; wat heeft het stro met het koren te doen? spreekt de HEERE.

Is not my word like as a fire? saith the LORD; and like a hammer that breaketh the rock in pieces?	29 Is Mijn woord niet alzo, als een vuur? spreekt de HEERE, en als een hamer, die een steenrots te morzel slaat?
Therefore, behold, I am against the prophets, saith the LORD, that steal my words every one from his neighbour.	30 Daarom, ziet, Ik wil aan de profeten, spreekt de HEERE, die Mijn woorden stelen, een ieder van zijn naaste;
Behold, I am against the prophets, saith the LORD, that use their tongues, and say, He saith.	31 Ziet, Ik wil aan de profeten, spreekt de HEERE, die hun tong nemen, en spreken: Hij heeft het gesproken;
Behold, I am against them that prophesy false dreams, saith the LORD, and do tell them, and cause my people to err by their lies, and by their lightness; yet I sent them not, nor commanded them: therefore they shall not profit this people at all, saith the LORD.	32 Ziet, Ik wil aan degenen, die valse dromen profeteren, spreekt de HEERE, en vertellen die, en verleiden Mijn volk met hun leugenen en met hun lichtvaardigheid; daar Ik hen niet gezonden, en hun niets bevolen heb, en zij dit volk gans geen nut doen, spreekt de HEERE.
And when this people, or the prophet, or a priest, shall ask thee, saying, What is the burden of the LORD? thou shalt then say unto them, What burden? I will even forsake you, saith the LORD.	33 Wanneer dan dit volk, of een profeet, of priester u vragen zal, zeggende: Wat is des HEEREN last? Zo zult gij tot hen zeggen: Wat last? Dat Ik ulieden verlaten zal, spreekt de HEERE.
And as for the prophet, and the priest, and the people, that shall say, The burden of the LORD, I will even punish that man and his house.	34 En aangaande den profeet, of den priester, of het volk, dat zeggen zal: Des HEEREN last; dat Ik bezoeking zal doen over dien man en over zijn huis.
Thus shall ye say every one to his neighbour, and every one to his brother, What hath the LORD answered? and, What hath the LORD spoken?	35 Aldus zult gijlieden zeggen, een iegelijk tot zijn naaste, en een iegelijk tot zijn broeder: Wat heeft de HEERE geantwoord, en wat heeft de HEERE gesproken?
And the burden of the LORD shall ye mention no more: for every man's word shall be his burden; for ye have perverted the words of the living God, of the LORD of hosts our God.	36 Maar des HEEREN last zult gij niet meer gedenken; want een iegelijk zal zijn eigen woord een last zijn, dewijl gij verkeert de woorden van den levenden God, den HEERE der heirscharen, onzen God.
Thus shalt thou say to the prophet, What hath the LORD answered thee? and, What hath the LORD spoken?	37 Aldus zult gij zeggen tot den profeet: Wat heeft u de HEERE geantwoord en wat heeft de HEERE gesproken?
But since ye say, The burden of the LORD; therefore thus saith the LORD; Because ye say this word, The burden of the LORD, and I have sent unto you, saying, Ye shall not say, The burden of the LORD;	38 Maar dewijl gij zegt: Des HEEREN last; daarom, zo zegt de HEERE: Omdat gij dit woord zegt: Des HEEREN last, daar Ik tot u gezonden heb, zeggende: Gij zult niet zeggen: Des HEEREN last;
Therefore, behold, I, even I, will utterly forget you, and I will forsake you, and the city that I gave you and your fathers, and cast you out of my presence:	39 Daarom, ziet, Ik zal u ook ganselijk vergeten, en u, mitsgaders de stad, die Ik u en uw vaderen gegeven heb, van Mijn aangezicht laten varen.
And I will bring an everlasting reproach upon you, and a perpetual shame, which shall not be forgotten.	40 En Ik zal u eeuwige smaadheid aandoen, en eeuwige schande, die niet zal worden vergeten.

Jeremiah (24) Jeremia

The LORD shewed me, and, behold, two baskets of figs were set before the temple of the LORD, after that Nebuchadrezzar king of Babylon had carried away captive Jeconiah the son of Jehoiakim king of Judah, and the princes of Judah, with the carpenters and smiths, from Jerusalem, and had brought them to Babylon.	1 De HEERE deed mij zien, en ziet, er waren twee vijgenkorven, gezet voor den tempel des HEEREN; nadat Nebukadrezar, koning van Babel, gevankelijk had weggevoerd Jechonia, den zoon van Jojakim, den koning van Juda, mitsgaders de vorsten van Juda, en de timmerlieden, en de smeden van Jeruzalem, en hen te Babel gebracht had.
One basket had very good figs, even like the figs that are first ripe: and the other basket had very naughty figs, which could not be eaten, they were so bad.	2 In den enen korf waren zeer goede vijgen, als de eerste rijpe vijgen zijn; maar in den anderen korf waren zeer boze vijgen, die vanwege de boosheid niet konden gegeten worden.
Then said the LORD unto me, What seest thou, Jeremiah? And I said, Figs; the good figs, very good; and the evil, very evil, that cannot be eaten, they are so evil.	3 En de HEERE zeide tot mij: Wat ziet gij, Jeremia? En ik zeide: Vijgen; de goede vijgen zijn zeer goed, en de boze zeer boos, die vanwege de boosheid niet kunnen gegeten worden.
Again the word of the LORD came unto me, saying,	4 Toen geschiedde des HEEREN woord tot mij, zeggende:
Thus saith the LORD, the God of Israel; Like these good figs, so will I acknowledge them that are carried away captive of Judah, whom I have sent out of this place into the land of the Chaldeans for their good.	5 Zo zegt de HEERE, de God Israels: Gelijk die goede vijgen, alzo zal Ik kennen de gevankelijk weggevoerden van Juda, die Ik uit deze plaats naar het land der Chaldeen heb weggeschikt, ten goede.
For I will set mine eyes upon them for good, and I will bring them again to this land: and I will build them, and not pull them down; and I will plant them, and not pluck them up.	6 En Ik zal Mijn oog op hen stellen ten goede, en zal hen wederbrengen in dit land; en Ik zal hen bouwen, en niet afbreken; en zal hen planten, en niet uitrukken.
And I will give them an heart to know me, that I am the LORD: and they shall be my people, and I will be their God: for they shall return unto me with their whole heart.	7 En Ik zal hun een hart geven om Mij te kennen, dat Ik de HEERE ben; en zij zullen Mij tot een volk zijn, en Ik zal hun tot een God zijn; want zij zullen zich tot Mij met hun ganse hart bekeren.
And as the evil figs, which cannot be eaten, they are so evil; surely thus saith the LORD, So will I give Zedekiah the king of Judah, and his princes, and the residue of Jerusalem, that remain in this land, and them that dwell in the land of Egypt:	8 En gelijk de boze vijgen, die vanwege de boosheid niet kunnen gegeten worden (want aldus zegt de HEERE), alzo zal Ik maken Zedekia, den koning van Juda, mitsgaders zijn vorsten, en het overblijfsel van Jeruzalem, die in dit land zijn overgebleven, en die in Egypteland wonen;
And I will deliver them to be removed into all the kingdoms of the earth for their hurt, to be a reproach and a proverb, a taunt and a curse, in all places whither I shall drive them.	9 En Ik zal hen overgeven tot een beroering ten kwade, allen koninkrijken der aarde; tot smaadheid, en tot een spreekwoord, tot een spotrede, en tot een vloek, in al de plaatsen, waarhenen Ik hen gedreven zal hebben.
And I will send the sword, the famine, and the pestilence, among them, till they be consumed from off the land that I gave unto them and to their fathers.	10 En Ik zal onder hen zenden het zwaard, den honger en de pestilentie, totdat zij verteerd zullen zijn uit het land, dat Ik hun en hun vaderen gegeven had.

Jeremiah (25) Jeremia

	English		Dutch
1	The word that came to Jeremiah concerning all the people of Judah in the fourth year of Jehoiakim the son of Josiah king of Judah, that was the first year of Nebuchadrezzar king of Babylon;	1	Het woord, dat tot Jeremia geschied is over het ganse volk van Juda, in het vierde jaar van Jojakim, zoon van Josia, koning van Juda (dit was het eerste jaar van Nebukadrezar, koning van Babel);
2	The which Jeremiah the prophet spake unto all the people of Judah, and to all the inhabitants of Jerusalem, saying,	2	Hetwelk de profeet Jeremia gesproken heeft tot het ganse volk van Juda, en tot al de inwoners van Jeruzalem, zeggende:
3	From the thirteenth year of Josiah the son of Amon king of Judah, even unto this day, that is the three and twentieth year, the word of the LORD hath come unto me, and I have spoken unto you, rising early and speaking; but ye have not hearkened.	3	Van het dertiende jaar van Josia, den zoon van Amon, den koning van Juda, tot op dezen dag toe (dit is het drie en twintigste jaar) is het woord des HEEREN tot mij geschied; en ik heb tot ulieden gesproken, vroeg op zijnde en sprekende, maar gij hebt niet gehoord.
4	And the LORD hath sent unto you all his servants the prophets, rising early and sending them; but ye have not hearkened, nor inclined your ear to hear.	4	Ook heeft de HEERE tot u gezonden al Zijn knechten, de profeten, vroeg op zijnde en zendende (maar gij hebt niet gehoord, noch uw oor geneigd om te horen);
5	They said, Turn ye again now every one from his evil way, and from the evil of your doings, and dwell in the land that the LORD hath given unto you and to your fathers for ever and ever:	5	Zeggende: Bekeert u toch, een iegelijk van zijn bozen weg, en van de boosheid uwer handelingen, en woont in het land, dat de HEERE u en uw vaderen gegeven heeft, van eeuw tot eeuw;
6	And go not after other gods to serve them, and to worship them, and provoke me not to anger with the works of your hands; and I will do you no hurt.	6	En wandelt andere goden niet na, om die te dienen, en u voor die neder te buigen; en vertoornt Mij niet door uwer handen werk, opdat Ik u geen kwaad doe.
7	Yet ye have not hearkened unto me, saith the LORD; that ye might provoke me to anger with the works of your hands to your own hurt.	7	Maar gij hebt naar Mij niet gehoord, spreekt de HEERE; opdat gij Mij vertoorndet door het werk uwer handen, u zelven ten kwade.
8	Therefore thus saith the LORD of hosts; Because ye have not heard my words,	8	Daarom, zo zegt de HEERE der heirscharen; Omdat gij Mijn woorden niet hebt gehoord;
9	Behold, I will send and take all the families of the north, saith the LORD, and Nebuchadrezzar the king of Babylon, my servant, and will bring them against this land, and against the inhabitants thereof, and against all these nations round about, and will utterly destroy them, and make them an astonishment, and an hissing, and perpetual desolations.	9	Ziet, Ik zal zenden, en nemen alle geslachten van het noorden, spreekt de HEERE; en tot Nebukadrezar, den koning van Babel, Mijn knecht; en zal ze brengen over dit land, en over de inwoners van hetzelve, en over al deze volken rondom; en Ik zal ze verbannen, en zal ze stellen tot een ontzetting, en tot een aanfluiting, en tot eeuwige woestheden.
10	Moreover I will take from them the voice of mirth, and the voice of gladness, the voice of the bridegroom, and the voice of the bride, the sound of the millstones, and the light of the candle.	10	En Ik zal van hen doen vergaan de stem der vrolijkheid en de stem de vreugde, de stem des bruidegoms en de stem der bruid, het geluid der molens en het licht der lamp.
11	And this whole land shall be a desolation, and an astonishment; and these nations shall serve the king of Babylon seventy years.	11	En dit ganse land zal worden tot een woestheid, tot een ontzetting; en deze volken zullen den koning van Babel dienen zeventig jaren.
12	And it shall come to pass, when seventy years are accomplished, that I will punish the king of Babylon, and that nation, saith the LORD, for their iniquity, and the land of the Chaldeans, and will make it perpetual desolations.	12	Maar het zal geschieden, als de zeventig jaren vervuld zijn, dan zal Ik over den koning van Babel, en over dat volk, spreekt de HEERE, hun ongerechtigheid bezoeken, mitsgaders over het land der Chaldeen, en zal dat stellen tot eeuwige verwoestingen.
13	And I will bring upon that land all my words which I have pronounced against it, even all that is written in this book, which Jeremiah hath prophesied against all the nations.	13	En Ik zal over dat land brengen al Mijn woorden, die Ik daarover gesproken heb; al wat in dit boek geschreven is, wat Jeremia geprofeteerd heeft over al deze volken.
14	For many nations and great kings shall serve themselves of them also: and I will recompense them according to their deeds, and according to the works of their own hands.	14	Want van hen zullen zich doen dienen, die ook machtige volken en grote koningen zijn; alzo zal Ik hun vergelden naar hun doen, en naar het werk hunner handen.
15	For thus saith the LORD God of Israel unto me; Take the wine cup of this fury at my hand, and cause all the nations, to whom I send thee, to drink it.	15	Want alzo heeft de HEERE, de God Israels, tot mij gezegd: Neem dezen beker des wijns der grimmigheid van Mijn hand, en geef dien te drinken al den volken, tot welke Ik u zende;
16	And they shall drink, and be moved, and be mad, because of the sword that I will send among them.	16	Dat zij drinken, en beven, en dol worden, vanwege het zwaard, dat Ik onder hen zal zenden.
17	Then took I the cup at the LORD'S hand, and made all the nations to drink, unto whom the LORD had sent me:	17	En ik nam den beker van des HEEREN hand, en ik gaf te drinken al den volken, tot welke de HEERE mij gezonden had;
18	To wit, Jerusalem, and the cities of Judah, and the kings thereof, and the princes thereof, to make them a desolation, an astonishment, an hissing, and a curse; as it is this day;	18	Namelijk Jeruzalem en de steden van Juda, en haar koningen, en haar vorsten; om die te stellen tot een woestheid, tot een ontzetting, tot een aanfluiting en tot een vloek, gelijk het is te dezen dage;
19	Pharaoh king of Egypt, and his servants, and his princes, and all his people;	19	Farao, den koning van Egypte, en zijn knechten, en zijn vorsten, en al zijn volk;
20	And all the mingled people, and all the kings of the land of Uz, and all the kings of the land of the Philistines, and Ashkelon, and Azzah, and Ekron, and the remnant of Ashdod,	20	En den gansen gemengden hoop, en allen koningen des lands van Uz; en allen koningen van der Filistijnen land, en Askelon, en Gaza, en Ekron, en het overblijfsel van Asdod;
21	Edom, and Moab, and the children of Ammon,	21	Edom, en Moab, en den kinderen Ammons;
22	And all the kings of Tyrus, and all the kings of Zidon, and the kings of the isles which are beyond the sea,	22	En allen koningen van Tyrus, en allen koningen van Sidon; en den koningen der eilanden, die aan gene zijde der zee zijn.
23	Dedan, and Tema, and Buz, and all that are in the utmost corners,	23	Dedan, en Thema, en Buz, en allen, die aan de hoeken afgekort zijn;
24	And all the kings of Arabia, and all the kings of the mingled people that dwell in the desert,	24	En allen koningen van Arabie; en allen koningen des gemengden hoops, die in de woestijn wonen;
25	And all the kings of Zimri, and all the kings of Elam, and all the kings of the Medes,	25	En allen koningen van Zimri, en allen koningen van Elam, en allen koningen van Medie;

And all the kings of the north, far and near, one with another, and all the kingdoms of the world, which are upon the face of the earth: and the king of Sheshach shall drink after them.	26	En allen koningen van het noorden, die nabij en die verre zijn, den een met den anderen; ja, allen koninkrijken der aarde, die op den aardbodem zijn. En de koning van Sesach zal na hen drinken.
Therefore thou shalt say unto them, Thus saith the LORD of hosts, the God of Israel; Drink ye, and be drunken, and spue, and fall, and rise no more, because of the sword which I will send among you.	27	Gij zult dan tot hen zeggen: Zo zegt de HEERE der heirscharen, de God Israels: Drinkt, en wordt dronken, en spuwt, en valt neder, dat gij niet weder opstaat, vanwege het zwaard, dat Ik onder u zal zenden.
And it shall be, if they refuse to take the cup at thine hand to drink, then shalt thou say unto them, Thus saith the LORD of hosts; Ye shall certainly drink.	28	En het zal geschieden, wanneer zij weigeren zullen den beker van uw hand te nemen om te drinken, dat gij tot hen zeggen zult: Zo zegt de HEERE der heirscharen: Gij zult zekerlijk drinken!
For, lo, I begin to bring evil on the city which is called by my name, and should ye be utterly unpunished? Ye shall not be unpunished: for I will call for a sword upon all the inhabitants of the earth, saith the LORD of hosts.	29	Want ziet, in de stad, die naar Mijn Naam genoemd is, begin Ik te plagen, en zoudt gij enigszins onschuldig gehouden worden? Gij zult niet onschuldig gehouden worden; want Ik roep het zwaard over alle inwoners der aarde, spreekt de HEERE der heirscharen.
Therefore prophesy thou against them all these words, and say unto them, The LORD shall roar from on high, and utter his voice from his holy habitation; he shall mightily roar upon his habitation; he shall give a shout, as they that tread the grapes, against all the inhabitants of the earth.	30	Gij zult dan al deze woorden tot hen profeteren, en gij zult tot hen zeggen: De HEERE zal brullen uit de hoogte, en Zijn stem verheffen uit de woning Zijner heiligheid; Hij zal schrikkelijk brullen over Zijn woonstede; Hij zal een vreugdegeschrei, als de druiven treders, uitroepen tegen alle inwoners der aarde.
A noise shall come even to the ends of the earth; for the LORD hath a controversy with the nations, he will plead with all flesh; he will give them that are wicked to the sword, saith the LORD.	31	Het geschal zal komen tot aan het einde der aarde; want de HEERE heeft een twist met de volken, Hij zal gericht houden met alle vlees; de goddelozen heeft Hij aan het zwaard overgegeven, spreekt de HEERE.
Thus saith the LORD of hosts, Behold, evil shall go forth from nation to nation, and a great whirlwind shall be raised up from the coasts of the earth.	32	Zo zegt de HEERE der heirscharen: Ziet, een kwaad gaat er uit van volk tot volk. en een groot onweder zal er verwekt worden van de zijden der aarde.
And the slain of the LORD shall be at that day from one end of the earth even unto the other end of the earth: they shall not be lamented, neither gathered, nor buried; they shall be dung upon the ground.	33	En de verslagenen des HEEREN zullen te dien dage liggen van het ene einde der aarde tot aan het andere einde der aarde; zij zullen niet beklaagd, noch opgenomen, noch begraven worden; tot mest op den aardbodem zullen zij zijn.
Howl, ye shepherds, and cry; and wallow yourselves in the ashes, ye principal of the flock: for the days of your slaughter and of your dispersions are accomplished; and ye shall fall like a pleasant vessel.	34	Huilt, gij herders! en schreeuwt u in de as, gij heerlijken van de kudde! want uw dagen zijn vervuld, dat men slachten zal, en van uw verstrooiingen, dan zult gij vervallen als een kostelijk vat.
And the shepherds shall have no way to flee, nor the principal of the flock to escape.	35	En de vlucht zal vergaan van de herders, en de ontkoming van de heerlijken der kudde.
A voice of the cry of the shepherds, and an howling of the principal of the flock, shall be heard: for the LORD hath spoiled their pasture.	36	Er zal zijn een stem des geroeps der herderen, en een gehuil der heerlijken van de kudde, omdat de HEERE hun weide verstoort.
And the peaceable habitations are cut down because of the fierce anger of the LORD.	37	Want de landouwen des vredes zullen uitgeroeid worden, vanwege de hittigheid des toorns des HEEREN.
He hath forsaken his covert, as the lion: for their land is desolate because of the fierceness of the oppressor, and because of his fierce anger.	38	Hij heeft, als een jonge leeuw, Zijn hutte verlaten; want hunlieder land is geworden tot een verwoesting, vanwege de hittigheid des verdrukkers, ja, vanwege de hittigheid Zijns toorns.

Jeremiah (26) Jeremia

In the beginning of the reign of Jehoiakim the son of Josiah king of Judah came this word from the LORD, saying,	1	In het begin des koninkrijks van Jojakim, den zoon van Josia, koning van Juda, geschiedde dit woord van den HEERE, zeggende:
Thus saith the LORD; Stand in the court of the LORD'S house, and speak unto all the cities of Judah, which come to worship in the LORD'S house, all the words that I command thee to speak unto them; diminish not a word:	2	Zo zegt de HEERE: Sta in het voorhof van het huis des HEEREN, en spreek tot alle steden van Juda, die komen om aan te bidden in het huis des HEEREN, al de woorden, die Ik u geboden heb tot hen te spreken, doe er niet een woord af.
If so be they will hearken, and turn every man from his evil way, that I may repent me of the evil, which I purpose to do unto them because of the evil of their doings.	3	Misschien zullen zij horen, en zich bekeren, een iegelijk van zijn bozen weg; zo zou Ik berouw hebben over het kwaad, dat Ik hun denk te doen vanwege de boosheid hunner handelingen.
And thou shalt say unto them, Thus saith the LORD; If ye will not hearken to me, to walk in my law, which I have set before you,	4	Zeg dan tot hen: Zo zegt de HEERE: Zo gijlieden naar Mij niet zult horen, dat gij wandelt in Mijn wet, die Ik voor uw aangezicht gegeven heb;
To hearken to the words of my servants the prophets, whom I sent unto you, both rising up early, and sending them, but ye have not hearkened;	5	Horende naar de woorden Mijner knechten, de profeten, die Ik tot u zende, zelfs vroeg op zijnde en zendende; doch gij niet gehoord hebt;
Then will I make this house like Shiloh, and will make this city a curse to all the nations of the earth.	6	Zo zal Ik dit huis stellen als Silo, en deze stad zal Ik stellen tot een vloek allen volken der aarde.
So the priests and the prophets and all the people heard Jeremiah speaking these words in the house of the LORD.	7	En de priesters, en de profeten, en al het volk, hoorden Jeremia deze woorden spreken in het huis des HEEREN.
Now it came to pass, when Jeremiah had made an end of speaking all that the LORD had commanded him to speak unto all the people, that the priests and the prophets and all the people took him, saying, Thou shalt surely die.	8	Zo geschiedde het, als Jeremia geeindigd had te spreken alles, wat de HEERE geboden had tot al het volk te spreken, dat de priesters en de profeten en al het volk hem grepen, zeggende: Gij zult den dood sterven!

Why hast thou prophesied in the name of the LORD, saying, This house shall be like Shiloh, and this city shall be desolate without an inhabitant? And all the people were gathered against Jeremiah in the house of the LORD.

When the princes of Judah heard these things, then they came up from the king's house unto the house of the LORD, and sat down in the entry of the new gate of the LORD'S house.

Then spake the priests and the prophets unto the princes and to all the people, saying, This man is worthy to die; for he hath prophesied against this city, as ye have heard with your ears.

Then spake Jeremiah unto all the princes and to all the people, saying, The LORD sent me to prophesy against this house and against this city all the words that ye have heard.

Therefore now amend your ways and your doings, and obey the voice of the LORD your God; and the LORD will repent him of the evil that he hath pronounced against you.

As for me, behold, I am in your hand: do with me as seemeth good and meet unto you.

But know ye for certain, that if ye put me to death, ye shall surely bring innocent blood upon yourselves, and upon this city, and upon the inhabitants thereof: for of a truth the LORD hath sent me unto you to speak all these words in your ears.

Then said the princes and all the people unto the priests and to the prophets; This man is not worthy to die: for he hath spoken to us in the name of the LORD our God.

Then rose up certain of the elders of the land, and spake to all the assembly of the people, saying,

Micah the Morasthite prophesied in the days of Hezekiah king of Judah, and spake to all the people of Judah, saying, Thus saith the LORD of hosts; Zion shall be plowed like a field, and Jerusalem shall become heaps, and the mountain of the house as the high places of a forest.

Did Hezekiah king of Judah and all Judah put him at all to death? did he not fear the LORD, and besought the LORD, and the LORD repented him of the evil which he had pronounced against them? Thus might we procure great evil against our souls.

And there was also a man that prophesied in the name of the LORD, Urijah the son of Shemaiah of Kirjathjearim, who prophesied against this city and against this land according to all the words of Jeremiah:

And when Jehoiakim the king, with all his mighty men, and all the princes, heard his words, the king sought to put him to death: but when Urijah heard it, he was afraid, and fled, and went into Egypt;

And Jehoiakim the king sent men into Egypt, namely, Elnathan the son of Achbor, and certain men with him into Egypt.

And they fetched forth Urijah out of Egypt, and brought him unto Jehoiakim the king; who slew him with the sword, and cast his dead body into the graves of the common people.

Nevertheless the hand of Ahikam the son of Shaphan was with Jeremiah, that they should not give him into the hand of the people to put him to death.

Jeremiah (27) Jeremia

In the beginning of the reign of Jehoiakim the son of Josiah king of Judah came this word unto Jeremiah from the LORD, saying,

Thus saith the LORD to me; Make thee bonds and yokes, and put them upon thy neck,

And send them to the king of Edom, and to the king of Moab, and to the king of the Ammonites, and to the king of Tyrus, and to the king of Zidon, by the hand of the messengers which come to Jerusalem unto Zedekiah king of Judah;

And command them to say unto their masters, Thus saith the LORD of hosts, the God of Israel; Thus shall ye say unto your masters;

I have made the earth, the man and the beast that are upon the ground, by my great power and by my outstretched arm, and have given it unto whom it seemed meet unto me.

---

9 Waarom hebt gij in den Naam des HEEREN geprofeteerd, zeggende: Dit huis zal worden als Silo, en deze stad zal woest worden, dat er niemand wone? En het ganse volk werd vergaderd tegen Jeremia, in het huis des HEEREN.

10 Als nu de vorsten van Juda deze woorden hoorden, gingen zij op uit het huis des konings naar het huis des HEEREN; en zij zetten zich bij de deur der nieuwe poort des HEEREN.

11 Toen spraken de priesters en de profeten tot de vorsten en tot al het volk, zeggende: Aan dezen man is een oordeel des doods, want hij heeft geprofeteerd tegen deze stad, gelijk als gij met uw oren gehoord hebt.

12 Maar Jeremia sprak tot al de vorsten en tot al het volk, zeggende: De HEERE heeft mij gezonden, om tegen dit huis en tegen deze stad te profeteren al de woorden, die gij gehoord hebt;

13 Nu dan, maakt uw wegen en uw handelingen goed, en gehoorzaamt de stem des HEEREN, uws Gods; zo zal het den HEERE berouwen over het kwaad, dat Hij tegen u gesproken heeft.

14 Doch ik, ziet, ik ben in uw handen; doet mij, als het goed, en als het recht is in uw ogen;

15 Maar weet voorzeker, dat gij, zo gij mij doodt, gewisselijk onschuldig bloed zult brengen op u, en op deze stad, en op haar inwoners; want in der waarheid, de HEERE heeft mij tot u gezonden, om al deze woorden voor uw oren te spreken.

16 Toen zeiden de vorsten en al het volk tot de priesteren en tot de profeten: Aan dezen man is geen oordeel des doods, want hij heeft tot ons gesproken in den Naam des HEEREN, onzes Gods.

17 Ook stonden er mannen op, van de oudsten des lands, en spraken tot de ganse gemeente des volks, zeggende:

18 Micha, de Morastiet, heeft in de dagen van Hizkia, koning van Juda, geprofeteerd, en tot al het volk van Juda gesproken, zeggende: Zo zegt de HEERE des heirscharen: Sion zal als een akker geploegd, en Jeruzalem tot steen hopen worden, en de berg dezes huizes tot hoogten des wouds.

19 Hebben ook Hizkia, de koning van Juda, en gans Juda hem ooit gedood? Vreesde hij niet den HEERE, en smeekte des HEEREN aangezicht, zodat het den HEERE berouwde over het kwaad, dat Hij tegen hen gesproken had? Wij dan doen een groot kwaad tegen onze zielen.

20 Er was ook een man, die in den Naam des HEEREN profeteerde, Uria, de zoon van Semaja, van Kirjath-Jearim; die profeteerde tegen deze stad en tegen dit land, naar al de woorden van Jeremia.

21 En als de koning Jojakim, mitsgaders al zijn geweldigen, en al de vorsten zijn woorden hoorden, zocht de koning hem te doden; als Uria dat hoorde, zo vreesde hij, en vluchtte, en kwam in Egypte;

22 Maar de koning Jojakim zond mannen naar Egypte, Elnathan, den zoon van Achbor, en andere mannen met hem, in Egypte;

23 Die voerden Uria uit Egypte, en brachten hem tot den koning Jojakim, en hij sloeg hem met het zwaard, en hij wierp zijn dood lichaam in de graven van de kinderen des volks.

24 Maar de hand van Ahikam, den zoon van Safan, was met Jeremia, dat men hem niet overgaf in de hand des volk, om hem te doden.

1 In het begin des koninkrijks van Jojakim, zoon van Josia, koning van Juda, geschiedde dit woord tot Jeremia, van den HEERE, zeggende:

2 Alzo zeide de HEERE tot mij: Maak u banden en jukken, en doe die aan uw hals;

3 En zend ze tot den koning van Edom, en tot den koning van Moab, en tot den koning der kinderen Ammons, en tot den koning van Tyrus, en tot den koning van Sidon; door de hand der boden, die te Jeruzalem tot Zedekia, den koning van Juda, komen.

4 En beveel hun aan hun heren te zeggen: Zo zegt de HEERE der heirscharen, de God Israels: Zo zult gij tot uw heren zeggen:

5 Ik heb gemaakt de aarde, den mens en het vee, die op den aardbodem zijn, door Mijn grote kracht, en door Mijn uitgestrekten arm, en Ik geef ze aan welken het recht is in Mijn ogen.

And now have I given all these lands into the hand of Nebuchadnezzar the king of Babylon, my servant; and the beasts of the field have I given him also to serve him.	6 En nu, Ik heb al deze landen gegeven in de hand van Nebukadnezar, den koning van Babel, Mijn knecht; zelfs ook het gedierte des velds heb Ik hem gegeven, om hem te dienen.
And all nations shall serve him, and his son, and his son's son, until the very time of his land come: and then many nations and great kings shall serve themselves of him.	7 En alle volken zullen hem, en zijn zoon, en zijns zoons zoon dienen, totdat ook de tijd zijns eigenen lands kome; dan zullen zich machtige volken en grote koningen van hem doen dienen.
And it shall come to pass, that the nation and kingdom which will not serve the same Nebuchadnezzar the king of Babylon, and that will not put their neck under the yoke of the king of Babylon, that nation will I punish, saith the LORD, with the sword, and with the famine, and with the pestilence, until I have consumed them by his hand.	8 En het zal geschieden, het volk en het koninkrijk, dat hem, Nebukadnezar, den koning van Babel, niet zal dienen, en dat zijn hals niet zal geven onder het juk des konings van Babel; over datzelve volk zal Ik, spreekt de HEERE, bezoeking doen door het zwaard, en door den honger, en door de pestilentie, totdat Ik ze zal verteerd hebben door zijn hand.
Therefore hearken not ye to your prophets, nor to your diviners, nor to your dreamers, nor to your enchanters, nor to your sorcerers, which speak unto you, saying, Ye shall not serve the king of Babylon:	9 Gijlieden dan, hoort niet naar uw profeten, en naar uw waarzeggers, en naar uw dromers, en naar uw guichelaars, en naar uw tovenaars, dewelke tot u spreken, zeggende: Gij zult den koning van Babel niet dienen.
For they prophesy a lie unto you, to remove you far from your land; and that I should drive you out, and ye should perish.	10 Want zij profeteren u valsheid, om u verre uit uw land te brengen, en dat Ik u uitstote, en gij omkomt.
But the nations that bring their neck under the yoke of the king of Babylon, and serve him, those will I let remain still in their own land, saith the LORD; and they shall till it, and dwell therein.	11 Maar het volk, dat zijn hals zal brengen onder het juk des konings van Babel, en hem dienen, datzelve zal Ik in zijn land laten, spreekt de HEERE, en het zal dat bouwen en daarin wonen.
I spake also to Zedekiah king of Judah according to all these words, saying, Bring your necks under the yoke of the king of Babylon, and serve him and his people, and live.	12 Daarna sprak ik tot Zedekia, den koning van Juda, naar al deze woorden, zeggende: Brengt uw halzen onder het juk des konings van Babel, en dient hem en zijn volk, zo zult gij leven.
Why will ye die, thou and thy people, by the sword, by the famine, and by the pestilence, as the LORD hath spoken against the nation that will not serve the king of Babylon?	13 Waarom zoudt gij sterven, gij en uw volk door het zwaard, door den honger en door de pestilentie, gelijk als de HEERE gesproken heeft van het volk, dat den koning van Babel niet zal dienen.
Therefore hearken not unto the words of the prophets that speak unto you, saying, Ye shall not serve the king of Babylon: for they prophesy a lie unto you.	14 Hoort dan niet naar de woorden der profeten, die tot u spreken, zeggende: Gij zult den koning van Babel niet dienen; want zij profeteren u valsheid.
For I have not sent them, saith the LORD, yet they prophesy a lie in my name; that I might drive you out, and that ye might perish, ye, and the prophets that prophesy unto you.	15 Want Ik heb ze niet gezonden, spreekt de HEERE, en zij profeteren valselijk in Mijn Naam; opdat Ik u uitstote, en gij omkomt, gij en de profeten, die u profeteren.
Also I spake to the priests and to all this people, saying, Thus saith the LORD; Hearken not to the words of your prophets that prophesy unto you, saying, Behold, the vessels of the LORD'S house shall now shortly be brought again from Babylon: for they prophesy a lie unto you.	16 Ook sprak ik tot de priesteren, en tot dit ganse volk, zeggende: Zo zegt de HEERE: Hoort niet naar de woorden uwer profeten, die u profeteren, zeggende: Ziet, de vaten van des HEEREN huis zullen nu haast uit Babel wedergebracht worden; want zij profeteren u valsheid.
Hearken not unto them; serve the king of Babylon, and live: wherefore should this city be laid waste?	17 Hoort niet naar hen, maar dient den koning van Babel, zo zult gijlieden leven; waarom zou deze stad tot een woestheid worden?
But if they be prophets, and if the word of the LORD be with them, let them now make intercession to the LORD of hosts, that the vessels which are left in the house of the LORD, and in the house of the king of Judah, and at Jerusalem, go not to Babylon.	18 Maar zo zij profeten zijn, en zo des HEEREN woord bij hen is, laat hen nu bij den HEERE der heirscharen voorbidden, opdat de vaten, die in het huis des HEEREN, en in het huis des konings van Juda, en te Jeruzalem zijn overgebleven, niet naar Babel komen.
For thus saith the LORD of hosts concerning the pillars, and concerning the sea, and concerning the bases, and concerning the residue of the vessels that remain in this city,	19 Want zo zegt de HEERE der heirscharen, van de pilaren, en van de zee, en van de stellingen, en van het overige der vaten, die in deze stad zijn overgebleven,
Which Nebuchadnezzar king of Babylon took not, when he carried away captive Jeconiah the son of Jehoiakim king of Judah from Jerusalem to Babylon, and all the nobles of Judah and Jerusalem;	20 Die Nebukadnezar, de koning van Babel, niet heeft weggenomen, als hij Jechonia, den zoon van Jojakim, koning van Juda, van Jeruzalem, naar Babel gevankelijk wegvoerde, mitsgaders al de edelen van Juda en Jeruzalem.
Yea, thus saith the LORD of hosts, the God of Israel, concerning the vessels that remain in the house of the LORD, and in the house of the king of Judah and of Jerusalem;	21 Ja, zo zegt de HEERE der heirscharen, de God Israels, van de vaten, die in het huis des HEEREN, en in het huis des konings van Juda, en te Jeruzalem zijn overgebleven:
They shall be carried to Babylon, and there shall they be until the day that I visit them, saith the LORD; then will I bring them up, and restore them to this place.	22 Naar Babel zullen zij gebracht worden, en aldaar zullen zij zijn, tot den dag toe, dat Ik ze bezoeken zal, spreekt de HEERE; dan zal Ik ze opvoeren, en zal ze wederbrengen tot deze plaats.

Jeremiah (28) Jeremia

And it came to pass the same year, in the beginning of the reign of Zedekiah king of Judah, in the fourth year, and in the fifth month, that Hananiah the son of Azur the prophet, which was of Gibeon, spake unto me in the house of the LORD, in the presence of the priests and of all the people, saying,	1 Voorts geschiedde het in hetzelfde jaar, in het begin des koninkrijks van Zedekia, koning van Juda, in het vierde jaar, in de vijfde maand, dat Hananja, zoon van Azur, de profeet, die van Gibeon was, tot mij sprak, in het huis des HEEREN, voor de ogen der priesteren en des gansen volks, zeggende:
Thus speaketh the LORD of hosts, the God of Israel, saying, I have broken the yoke of the king of Babylon.	2 Zo spreekt de HEERE der heirscharen, de God Israels, zeggende: Ik heb het juk des konings van Babel verbroken.
Within two full years will I bring again into this place all the vessels of the LORD'S house, that Nebuchadnezzar king of Babylon took away from this place, and carried them to Babylon:	3 In nog twee volle jaren zal Ik tot deze plaats wederbrengen al de vaten van het huis des HEEREN, die Nebukadnezar, de koning van Babel, uit deze plaats heeft weggenomen, en dezelve naar Babel gebracht.

	And I will bring again to this place Jeconiah the son of Jehoiakim king of Judah, with all the captives of Judah, that went into Babylon, saith the LORD: for I will break the yoke of the king of Babylon.	4	Ook zal Ik Jechonia, den zoon van Jojakim, koning van Juda, en allen, die gevankelijk weggevoerd zijn van Juda, die te Babel gekomen zijn, tot deze plaats wederbrengen, spreekt de HEERE; want Ik zal het juk des konings van Babel verbreken.
	Then the prophet Jeremiah said unto the prophet Hananiah in the presence of the priests, and in the presence of all the people that stood in the house of the LORD,	5	Toen sprak de profeet Jeremia tot den profeet Hananja, voor de ogen der priesteren, en voor de ogen des gansen volks, die in het huis des HEEREN stonden;
	Even the prophet Jeremiah said, Amen: the LORD do so: the LORD perform thy words which thou hast prophesied, to bring again the vessels of the LORD'S house, and all that is carried away captive, from Babylon into this place.	6	En de profeet Jeremia zeide: Amen, de HEERE doe alzo! de HEERE bevestige uw woorden, die gij geprofeteerd hebt, dat Hij de vaten van des HEEREN huis, en allen, die gevankelijk zijn weggevoerd, van Babel wederbrenge tot deze plaats!
	Nevertheless hear thou now this word that I speak in thine ears, and in the ears of all the people;	7	Maar hoor nu dit woord, dat ik spreek voor uw oren, en voor de oren des gansen volks:
	The prophets that have been before me and before thee of old prophesied both against many countries, and against great kingdoms, of war, and of evil, and of pestilence.	8	De profeten, die voor mij en voor u van ouds geweest zijn, die hebben tegen veel landen en tegen grote koninkrijken geprofeteerd, van krijg, en van kwaad, en van pestilentie.
	The prophet which prophesieth of peace, when the word of the prophet shall come to pass, then shall the prophet be known, that the LORD hath truly sent him.	9	De profeet, die geprofeteerd zal hebben van vrede, als het woord van dien profeet komt, dan zal die profeet bekend worden, dat hem de HEERE in der waarheid gezonden heeft.
	Then Hananiah the prophet took the yoke from off the prophet Jeremiah's neck, and brake it.	10	Toen nam de profeet Hananja het juk van den hals van den profeet Jeremia, en verbrak het.
	And Hananiah spake in the presence of all the people, saying, Thus saith the LORD; Even so will I break the yoke of Nebuchadnezzar king of Babylon from the neck of all nations within the space of two full years. And the prophet Jeremiah went his way.	11	En Hananja sprak voor de ogen des gansen volks, zeggende: Zo zegt de HEERE: Alzo zal Ik verbreken het juk van Nebukadnezar, den koning van Babel, in nog twee volle jaren, van den hals al der volken. En de profeet Jeremia ging zijns weegs.
	Then the word of the LORD came unto Jeremiah the prophet, after that Hananiah the prophet had broken the yoke from off the neck of the prophet Jeremiah, saying,	12	Doch des HEEREN woord geschiedde tot Jeremia (nadat de profeet Hananja het juk van den hals van den profeet Jeremia verbroken had), zeggende:
	Go and tell Hananiah, saying, Thus saith the LORD; Thou hast broken the yokes of wood; but thou shalt make for them yokes of iron.	13	Ga henen en spreek tot Hananja, zeggende: Zo zegt de HEERE: Houten jukken hebt gij verbroken, nu zult gij in plaats van die ijzeren jukken maken.
	For thus saith the LORD of hosts, the God of Israel; I have put a yoke of iron upon the neck of all these nations, that they may serve Nebuchadnezzar king of Babylon; and they shall serve him: and I have given him the beasts of the field also.	14	Want zo zegt de HEERE der heirscharen, de God Israels: Ik heb een ijzeren juk gedaan aan den hals van al deze volken, om Nebukadnezar, den koning van Babel, te dienen, en zij zullen hem dienen; ja, Ik heb hem ook het gedierte des velds gegeven.
	Then said the prophet Jeremiah unto Hananiah the prophet, Hear now, Hananiah; The LORD hath not sent thee; but thou makest this people to trust in a lie.	15	En de profeet Jeremia zeide tot den profeet Hananja: Hoor nu, Hananja! de HEERE heeft u niet gezonden, maar gij hebt gemaakt, dat dit volk op leugen vertrouwt.
	Therefore thus saith the LORD; Behold, I will cast thee from off the face of the earth: this year thou shalt die, because thou hast taught rebellion against the LORD.	16	Daarom, zo zegt de HEERE: Zie, Ik zal u wegwerpen van den aardbodem; dit jaar zult gij sterven, omdat gij een afval gesproken hebt tegen den HEERE.
	So Hananiah the prophet died the same year in the seventh month.	17	Alzo stierf de profeet Hananja in datzelfde jaar, in de zevende maand.

Jeremiah (29) Jeremia

	Now these are the words of the letter that Jeremiah the prophet sent from Jerusalem unto the residue of the elders which were carried away captives, and to the priests, and to the prophets, and to all the people whom Nebuchadnezzar had carried away captive from Jerusalem to Babylon;	1	Voorts zijn dit de woorden des briefs, dien de profeet Jeremia zond van Jeruzalem tot de overige oudsten, die gevankelijk waren weggevoerd, mitsgaders tot de priesteren, en tot de profeten, en tot het ganse volk, dat Nebukadnezar van Jeruzalem gevankelijk had weggevoerd naar Babel.
	(After that Jeconiah the king, and the queen, and the eunuchs, the princes of Judah and Jerusalem, and the carpenters, and the smiths, were departed from Jerusalem;)	2	(Nadat de koning Jechonia, en de koningin, en de kamerlingen, de vorsten van Juda en Jeruzalem, mitsgaders de timmerlieden en smeden van Jeruzalem waren uitgegaan);
	By the hand of Elasah the son of Shaphan, and Gemariah the son of Hilkiah, (whom Zedekiah king of Judah sent unto Babylon to Nebuchadnezzar king of Babylon) saying,	3	Door de hand van Elasa, den zoon van Safan, en Gemarja, den zoon van Hilkia, die Zedekia, de koning van Juda, naar Babel zond, tot Nebukadnezar, den koning van Babel, zeggende:
	Thus saith the LORD of hosts, the God of Israel, unto all that are carried away captives, whom I have caused to be carried away from Jerusalem unto Babylon;	4	Zo zegt de HEERE der heirscharen, de God Israels, tot allen, die gevankelijk zijn weggevoerd, die Ik gevankelijk heb doen wegvoeren van Jeruzalem naar Babel:
	Build ye houses, and dwell in them; and plant gardens, and eat the fruit of them;	5	Bouwt huizen en woont daarin, en plant hoven en eet de vrucht daarvan;
	Take ye wives, and beget sons and daughters; and take wives for your sons, and give your daughters to husbands, that they may bear sons and daughters; that ye may be increased there, and not diminished.	6	Neemt vrouwen, en gewint zonen en dochteren, en neemt vrouwen voor uw zonen, en geeft uw dochteren aan mannen, dat zij zonen en dochteren baren; en wordt aldaar vermenigvuldigd, en wordt niet verminderd.
	And seek the peace of the city whither I have caused you to be carried away captives, and pray unto the LORD for it: for in the peace thereof shall ye have peace.	7	En zoekt den vrede der stad, waarhenen Ik u gevankelijk heb doen wegvoeren, en bidt voor haar tot den HEERE; want in haar vrede zult gij vrede hebben.
	For thus saith the LORD of hosts, the God of Israel; Let not your prophets and your diviners, that be in the midst of you, deceive you, neither hearken to your dreams which ye cause to be dreamed.	8	Want zo zegt de HEERE der heirscharen, de God Israels: Laat uw profeten en uw waarzeggers, die in het midden van u zijn, u niet bedriegen, en hoort niet naar uw dromers, die gij doet dromen.
	For they prophesy falsely unto you in my name: I have not sent them, saith the LORD.	9	Want zij profeteren u valselijk in Mijn Naam; Ik heb hen niet gezonden, spreekt de HEERE.

Jeremiah - Jeremia

	For thus saith the LORD, That after seventy years be accomplished at Babylon I will visit you, and perform my good word toward you, in causing you to return to this place.	10 Want zo zegt de HEERE: Zekerlijk, als zeventig jaren te Babel zullen vervuld zijn, zal Ik ulieden bezoeken, en Ik zal Mijn goed woord over u verwekken, u wederbrengende tot deze plaats.
	For I know the thoughts that I think toward you, saith the LORD, thoughts of peace, and not of evil, to give you an expected end.	11 Want Ik weet de gedachten, die Ik over u denk, spreekt de HEERE, gedachten des vredes, en niet des kwaads, dat Ik u geve het einde en de verwachting.
	Then shall ye call upon me, and ye shall go and pray unto me, and I will hearken unto you.	12 Dan zult gij Mij aanroepen, en henengaan, en tot Mij bidden; en Ik zal naar u horen.
	And ye shall seek me, and find me, when ye shall search for me with all your heart.	13 En gij zult Mij zoeken en vinden, wanneer gij naar Mij zult vragen met uw ganse hart.
	And I will be found of you, saith the LORD: and I will turn away your captivity, and I will gather you from all the nations, and from all the places whither I have driven you, saith the LORD; and I will bring you again into the place whence I caused you to be carried away captive.	14 En Ik zal van ulieden gevonden worden, spreekt de HEERE, en Ik zal uw gevangenis wenden, en u vergaderen uit al de volken, en uit al de plaatsen, waarhenen Ik u gedreven heb, spreekt de HEERE; en Ik zal u wederbrengen tot de plaats, van waar Ik u gevankelijk heb doen wegvoeren.
	Because ye have said, The LORD hath raised us up prophets in Babylon;	15 Omdat gij zegt: de HEERE heeft ons profeten naar Babel verwekt;
	Know that thus saith the LORD of the king that sitteth upon the throne of David, and of all the people that dwelleth in this city, and of your brethren that are not gone forth with you into captivity;	16 Daarom zegt de HEERE alzo van den koning, die op Davids troon zit, en van al het volk, dat in deze stad woont, te weten, uw broederen, die met u niet zijn uitgegaan in de gevangenis;
	Thus saith the LORD of hosts; Behold, I will send upon them the sword, the famine, and the pestilence, and will make them like vile figs, that cannot be eaten, they are so evil.	17 Alzo zegt de HEERE der heirscharen: Ziet, Ik zal het zwaard, den honger en de pestilentie onder hen zenden; en Ik zal ze maken als de afschuwelijke vijgen, die vanwege de boosheid niet kunnen gegeten worden.
	And I will persecute them with the sword, with the famine, and with the pestilence, and will deliver them to be removed to all the kingdoms of the earth, to be a curse, and an astonishment, and an hissing, and a reproach, among all the nations whither I have driven them:	18 En Ik zal ze achterna jagen met het zwaard, met den honger en met de pestilentie; en Ik zal ze overgeven tot een beroering, allen koninkrijken der aarde, tot een vloek, en tot een schrik, en tot een aanfluiting, en tot een smaadheid, onder al de volken, waar Ik ze henengedreven zal hebben;
	Because they have not hearkened to my words, saith the LORD, which I sent unto them by my servants the prophets, rising up early and sending them; but ye would not hear, saith the LORD.	19 Omdat zij naar Mijn woorden niet gehoord hebben, spreekt de HEERE, als Ik Mijn knechten, de profeten, tot hen zond, vroeg op zijnde en zendende; maar gijlieden hebt niet gehoord, spreekt de HEERE.
	Hear ye therefore the word of the LORD, all ye of the captivity, whom I have sent from Jerusalem to Babylon:	20 Gij dan, hoort des HEEREN woord, gij allen, die gevankelijk zijt weggevoerd, die Ik van Jeruzalem naar Babel heb weggezonden!
	Thus saith the LORD of hosts, the God of Israel, of Ahab the son of Kolaiah, and of Zedekiah the son of Maaseiah, which prophesy a lie unto you in my name; Behold, I will deliver them into the hand of Nebuchadrezzar king of Babylon; and he shall slay them before your eyes;	21 Zo zegt de HEERE der heirscharen, de God Israels, van Achab, zoon van Kolaja, en van Zedekia, zoon van Maaseja, die ulieden in Mijn Naam valselijk profeteren: Ziet, Ik zal hen geven in de hand van Nebukadrezar, den koning van Babel, en hij zal ze voor uw ogen slaan.
	And of them shall be taken up a curse by all the captivity of Judah which are in Babylon, saying, The LORD make thee like Zedekiah and like Ahab, whom the king of Babylon roasted in the fire;	22 En van hen zal een vloek genomen worden bij al de gevankelijk weggevoerden van Juda, die in Babel zijn, dat men zegge: De HEERE stelle u als Zedekia, en als Achab, die de koning van Babel aan het vuur braadde;
	Because they have committed villany in Israel, and have committed adultery with their neighbours' wives, and have spoken lying words in my name, which I have not commanded them; even I know, and am a witness, saith the LORD.	23 Omdat zij een dwaasheid deden in Israel, en overspel bedreven met de vrouwen hunner naasten, en spraken het woord valselijk in Mijn Naam, dat Ik hun niet geboden had; en Ik ben Degene, Die het weet, en een getuige daarvan, spreekt de HEERE.
	Thus shalt thou also speak to Shemaiah the Nehelamite, saying,	24 Tot Semaja nu, den Nechelamiet, zult gij spreken, zeggende:
	Thus speaketh the LORD of hosts, the God of Israel, saying, Because thou hast sent letters in thy name unto all the people that are at Jerusalem, and to Zephaniah the son of Maaseiah the priest, and to all the priests, saying,	25 Zo spreekt de HEERE der heirscharen, de God Israels, zeggende: Omdat gij brieven in uw naam gezonden hebt tot al het volk, dat te Jeruzalem is, en tot Zefanja, den zoon van Maaseja, den priester, en tot al de priesteren, zeggende:
	The LORD hath made thee priest in the stead of Jehoiada the priest, that ye should be officers in the house of the LORD, for every man that is mad, and maketh himself a prophet, that thou shouldest put him in prison, and in the stocks.	26 De HEERE heeft u tot priester gesteld, in plaats van den priester Jojada, dat gij opzieners zoudt zijn in des HEEREN huis over allen man, die onzinnig is, en zich voor een profeet uitgeeft, dat gij dien stelt in de gevangenis en in den stok.
	Now therefore why hast thou not reproved Jeremiah of Anathoth, which maketh himself a prophet to you?	27 Nu dan, waarom hebt gij Jeremia, den Anathothiet, niet gescholden, die zich bij ulieden voor een profeet uitgeeft?
	For therefore he sent unto us in Babylon, saying, This captivity is long: build ye houses, and dwell in them; and plant gardens, and eat the fruit of them.	28 Want daarom heeft hij tot ons naar Babel gezonden, zeggende: Het zal lang duren; bouwt huizen, en woont daarin en plant hoven, en eet de vrucht daarvan.
	And Zephaniah the priest read this letter in the ears of Jeremiah the prophet.	29 Zefanja nu, de priester, had dezen brief gelezen voor de oren van den profeet Jeremia.
	Then came the word of the LORD unto Jeremiah, saying,	30 Daarom geschiedde des HEEREN woord tot Jeremia, zeggende:
	Send to all them of the captivity, saying, Thus saith the LORD concerning Shemaiah the Nehelamite; Because that Shemaiah hath prophesied unto you, and I sent him not, and he caused you to trust in a lie:	31 Zend henen tot allen, die gevankelijk weggevoerd zijn, zeggende: Zo zegt de HEERE van Semaja, den Nechelamiet: Omdat Semaja ulieden geprofeteerd heeft, daar Ik hem niet gezonden heb, en heeft gemaakt, dat gij op leugen vertrouwt;
	Therefore thus saith the LORD; Behold, I will punish Shemaiah the Nehelamite, and his seed: he shall not have a man to dwell among this people; neither shall he behold the good that I will do for my people, saith the LORD; because he hath taught rebellion against the LORD.	32 Daarom zegt de HEERE alzo: Ziet, Ik zal bezoeking doen over Semaja, den Nechelamiet, en over zijn zaad; hij zal niemand hebben, die in het midden dezes volks wone, en zal het goede niet zien, dat Ik Mijn volke doen zal, spreekt de HEERE; want hij heeft een afval gesproken tegen den HEERE.

Jeremiah (30) Jeremia

The word that came to Jeremiah from the LORD, saying,

1 Het woord, dat tot Jeremia geschied is van den HEERE, zeggende:

Thus speaketh the LORD God of Israel, saying, Write thee all the words that I have spoken unto thee in a book.

2 Zo spreekt de HEERE, de God Israels, zeggende: Schrijf u al de woorden, die Ik tot u gesproken heb, in een boek.

For, lo, the days come, saith the LORD, that I will bring again the captivity of my people Israel and Judah, saith the LORD: and I will cause them to return to the land that I gave to their fathers, and they shall possess it.

3 Want zie, de dagen komen, spreekt de HEERE, dat Ik de gevangenis van Mijn volk, Israel en Juda, wenden zal, zegt de HEERE; en Ik zal hen wederbrengen in het land, dat Ik hun vaderen gegeven heb, en zij zullen het erfelijk bezitten.

And these are the words that the LORD spake concerning Israel and concerning Judah.

4 En dit zijn de woorden, die de HEERE gesproken heeft van Israel en van Juda.

For thus saith the LORD; We have heard a voice of trembling, of fear, and not of peace.

5 Want zo zegt de HEERE: Wij horen een stem der verschrikking; er is vrees en geen vrede.

Ask ye now, and see whether a man doth travail with child? wherefore do I see every man with his hands on his loins, as a woman in travail, and all faces are turned into paleness?

6 Vraagt toch en ziet, of een manspersoon baart? Waarom zie Ik dan eens iegelijken mans handen op zijn lenden, als van een barende vrouw, en alle aangezichten veranderd in bleekheid?

Alas! for that day is great, so that none is like it: it is even the time of Jacob's trouble; but he shall be saved out of it.

7 O wee! want die dag is zo groot, dat zijns gelijke niet geweest is; en het is een tijd van benauwdheid voor Jakob; nog zal hij daaruit verlost worden.

For it shall come to pass in that day, saith the LORD of hosts, that I will break his yoke from off thy neck, and will burst thy bonds, and strangers shall no more serve themselves of him:

8 Want het zal te dien dage geschieden, spreekt de HEERE der heirscharen, dat Ik zijn juk van uw hals verbreken, en uw banden verscheuren zal; en vreemden zullen zich niet meer van hem doen dienen.

But they shall serve the LORD their God, and David their king, whom I will raise up unto them.

9 Maar zij zullen dienen den HEERE, hun God, en hun koning David, dien Ik hun verwekken zal.

Therefore fear thou not, O my servant Jacob, saith the LORD; neither be dismayed, O Israel: for, lo, I will save thee from afar, and thy seed from the land of their captivity; and Jacob shall return, and shall be in rest, and be quiet, and none shall make him afraid.

10 Gij dan, vrees niet, o Mijn knecht Jakob! spreekt de HEERE, ontzet u niet, Israel! want zie, Ik zal u uit verre landen verlossen, en uw zaad uit het land hunner gevangenis; en Jakob zal wederkomen, en stil en gerust zijn, en er zal niemand zijn, die hem verschrikke.

For I am with thee, saith the LORD, to save thee: though I make a full end of all nations whither I have scattered thee, yet will I not make a full end of thee: but I will correct thee in measure, and will not leave thee altogether unpunished.

11 Want Ik ben met u, spreekt de HEERE, om u te verlossen; want Ik zal een voleinding maken met al de heidenen, waarhenen Ik u verstrooid heb; maar met u zal Ik geen voleinding maken; maar Ik zal u kastijden met mate, en u niet gans onschuldig houden.

For thus saith the LORD, Thy bruise is incurable, and thy wound is grievous.

12 Want zo zegt de HEERE: Uw breuk is dodelijk, uw plage is smartelijk.

There is none to plead thy cause, that thou mayest be bound up: thou hast no healing medicines.

13 Er is niemand, die uw zaak oordeelt, aangaande het gezwel; gij hebt geen heelpleisters.

All thy lovers have forgotten thee; they seek thee not; for I have wounded thee with the wound of an enemy, with the chastisement of a cruel one, for the multitude of thine iniquity; because thy sins were increased.

14 Al uw liefhebbers hebben u vergeten, zij vragen niet naar u; want Ik heb u geslagen met eens vijands plage, met de kastijding eens wreden; om de grootheid uwer ongerechtigheid, omdat uw zonden machtig veel zijn.

Why criest thou for thine affliction? thy sorrow is incurable for the multitude of thine iniquity: because thy sins were increased, I have done these things unto thee.

15 Wat krijt gij over uw breuk, dat uw smart dodelijk is? Om de grootheid uwer ongerechtigheid, omdat uw zonden machtig veel zijn, heb Ik u deze dingen gedaan.

Therefore all they that devour thee shall be devoured; and all thine adversaries, every one of them, shall go into captivity; and they that spoil thee shall be a spoil, and all that prey upon thee will I give for a prey.

16 Daarom, allen, die u opeten, zullen opgegeten worden, en al uw wederpartijders, zij allen zullen gaan in gevangenis; en die u beroven, zullen ter beroving zijn, en allen, die u plunderen, zal Ik ter plundering overgeven.

For I will restore health unto thee, and I will heal thee of thy wounds, saith the LORD; because they called thee an Outcast, saying, This is Zion, whom no man seeketh after.

17 Want Ik zal u de gezondheid doen rijzen, en u van uw plagen genezen, spreekt de HEERE; omdat zij u noemen: De verdrevene. Het is Sion, zeggen zij; niemand vraagt naar haar.

Thus saith the LORD; Behold, I will bring again the captivity of Jacob's tents, and have mercy on his dwellingplaces; and the city shall be builded upon her own heap, and the palace shall remain after the manner thereof.

18 Zo zegt de HEERE: Ziet, Ik zal de gevangenis der tenten Jakobs wenden, en Mij over hun woningen ontfermen; en de stad zal herbouwd worden op haar hoop, en het paleis zal liggen naar zijn wijze.

And out of them shall proceed thanksgiving and the voice of them that make merry: and I will multiply them, and they shall not be few; I will also glorify them, and they shall not be small.

19 En van hen zal dankzegging uitgaan, en een stem der spelenden; en Ik zal hen vermeerderen, en zij zullen niet verminderd worden, en Ik zal hen verheerlijken, en zij zullen niet gering worden.

Their children also shall be as aforetime, and their congregation shall be established before me, and I will punish all that oppress them.

20 En zijn zonen zullen zijn als eertijds, en zijn gemeente zal voor Mijn aangezicht bevestigd worden; en Ik zal bezoeking doen over al zijn onderdrukkers.

And their nobles shall be of themselves, and their governor shall proceed from the midst of them; and I will cause him to draw near, and he shall approach unto me: for who is this that engaged his heart to approach unto me? saith the LORD.

21 En zijn Heerlijke zal uit hem zijn, en zijn Heerser uit het midden van hem voortkomen; en Ik zal hem doen naderen, en hij zal tot Mij genaken; want wie is hij, die met zijn hart borg worde, om tot Mij te genaken? spreekt de HEERE.

And ye shall be my people, and I will be your God.

22 En gij zult Mij tot een volk zijn, en Ik zal u tot een God zijn.

Behold, the whirlwind of the LORD goeth forth with fury, a continuing whirlwind: it shall fall with pain upon the head of the wicked.

23 Ziet, een onweder des HEEREN, een grimmigheid is uitgegaan, een aanhoudend onweder; het zal blijven op het hoofd der goddelozen.

	The fierce anger of the LORD shall not return, until he have done it, and until he have performed the intents of his heart: in the latter days ye shall consider it.	24	De hittigheid van des HEEREN toorn zal zich niet afwenden, totdat Hij gedaan, en totdat Hij daargesteld zal hebben de gedachten Zijns harten; in het laatste der dagen zult gij daarop letten.

Jeremiah (31) Jeremia

	At the same time, saith the LORD, will I be the God of all the families of Israel, and they shall be my people.	1	Ter zelfder tijd, spreekt de HEERE, zal Ik allen geslachten Israels tot een God zijn; en zij zullen Mij tot een volk zijn.
	Thus saith the LORD, The people which were left of the sword found grace in the wilderness; even Israel, when I went to cause him to rest.	2	Zo zegt de HEERE: Het volk der overgeblevenen van het zwaard heeft genade gevonden in de woestijn, namelijk Israel, als Ik henenging om hem tot rust te brengen.
	The LORD hath appeared of old unto me, saying, Yea, I have loved thee with an everlasting love: therefore with lovingkindness have I drawn thee.	3	De HEERE is mij verschenen van verre tijden! Ja, Ik heb u liefgehad met een eeuwige liefde; daarom heb Ik u getrokken met goedertierenheid.
	Again I will build thee, and thou shalt be built, O virgin of Israel: thou shalt again be adorned with thy tabrets, and shalt go forth in the dances of them that make merry.	4	Ik zal u weder bouwen, en gij zult gebouwd worden, o jonkvrouw Israels! gij zult weder versierd zijn met uw trommelen, en uitgaan met den rei der spelenden.
	Thou shalt yet plant vines upon the mountains of Samaria: the planters shall plant, and shall eat them as common things.	5	Gij zult weder wijngaarden planten op de bergen van Samaria; de planters zullen planten, en de vrucht genieten.
	For there shall be a day, that the watchmen upon the mount Ephraim shall cry, Arise ye, and let us go up to Zion unto the LORD our God.	6	Want er zal een dag zijn, waarin de hoeders op Efraims gebergte zullen roepen: Maakt ulieden op, en laat ons opgaan naar Sion, tot den HEERE, onzen God!
	For thus saith the LORD; Sing with gladness for Jacob, and shout among the chief of the nations: publish ye, praise ye, and say, O LORD, save thy people, the remnant of Israel.	7	Want zo zegt de HEERE: Roept luide over Jakob met vreugde, en juicht vanwege het hoofd der heidenen; doet het horen, lofzingt, en zegt: O HEERE! behoud Uw volk, het overblijfsel van Israel.
	Behold, I will bring them from the north country, and gather them from the coasts of the earth, and with them the blind and the lame, the woman with child and her that travaileth with child together: a great company shall return thither.	8	Ziet, Ik zal ze aanbrengen uit het land van het noorden, en zal hen vergaderen van de zijden der aarde; onder hen zullen zijn blinden en lammen, zwangeren en barenden te zamen; met een grote gemeente zullen zij herwaarts wederkomen.
	They shall come with weeping, and with supplications will I lead them: I will cause them to walk by the rivers of waters in a straight way, wherein they shall not stumble: for I am a father to Israel, and Ephraim is my firstborn.	9	Zij zullen komen met geween, en met smekingen zal Ik hen voeren; Ik zal hen leiden aan de waterbeken, in een rechten weg, waarin zij zich niet zullen stoten; want Ik ben Israel tot een Vader, en Efraim is Mijn eerstgeborene.
	Hear the word of the LORD, O ye nations, and declare it in the isles afar off, and say, He that scattered Israel will gather him, and keep him, as a shepherd doth his flock.	10	Hoort des HEEREN woord, gij heidenen! en verkondigt in de eilanden, die verre zijn, en zegt: Hij, Die Israel verstrooid heeft, zal hem weder vergaderen, en hem bewaren als een herder zijn kudde.
	For the LORD hath redeemed Jacob, and ransomed him from the hand of him that was stronger than he.	11	Want de HEERE heeft Jakob vrijgekocht, en Hij heeft hem verlost uit de hand desgenen, die sterker was dan hij.
	Therefore they shall come and sing in the height of Zion, and shall flow together to the goodness of the LORD, for wheat, and for wine, and for oil, and for the young of the flock and of the herd: and their soul shall be as a watered garden; and they shall not sorrow any more at all.	12	Dies zullen zij komen, en op de hoogte van Sion juichen, en toevloeien tot des HEEREN goed, tot het koren, en tot den most, en tot de olie, en tot de jonge schapen en runderen; en hun ziel zal zijn als een gewaterde hof, en zij zullen voortaan niet meer treurig zijn.
	Then shall the virgin rejoice in the dance, both young men and old together: for I will turn their mourning into joy, and will comfort them, and make them rejoice from their sorrow.	13	Dan zal zich de jonkvrouw verblijden in den rei, daartoe de jongelingen en ouden te zamen; want Ik zal hunlieder rouw in vrolijkheid veranderen, en zal hen troosten, en zal hen verblijden naar hun droefenis.
	And I will satiate the soul of the priests with fatness, and my people shall be satisfied with my goodness, saith the LORD.	14	En Ik zal de ziel der priesteren met vettigheid dronken maken; en Mijn volk zal met Mijn goed verzadigd worden, spreekt de HEERE.
	Thus saith the LORD; A voice was heard in Ramah, lamentation, and bitter weeping; Rahel weeping for her children refused to be comforted for her children, because they were not.	15	Zo zegt de HEERE: Er is een stem gehoord in Rama, een klage, een zeer bitter geween; Rachel weent over haar kinderen; zij weigert zich te laten troosten over haar kinderen, omdat zij niet zijn.
	Thus saith the LORD; Refrain thy voice from weeping, and thine eyes from tears: for thy work shall be rewarded, saith the LORD; and they shall come again from the land of the enemy.	16	Zo zegt de HEERE: Bedwing uw stem van geween, en uw ogen van tranen; want er is loon voor uw arbeid, spreekt de HEERE; want zij zullen uit des vijands land wederkomen.
	And there is hope in thine end, saith the LORD, that thy children shall come again to their own border.	17	En er is verwachting voor uw nakomelingen, spreekt de HEERE; want uw kinderen zullen wederkomen tot hun landpale.
	I have surely heard Ephraim bemoaning himself thus; Thou hast chastised me, and I was chastised, as a bullock unaccustomed to the yoke: turn thou me, and I shall be turned; for thou art the LORD my God.	18	Ik heb wel gehoord, dat zich Efraim beklaagt, zeggende: Gij hebt mij getuchtigd, en ik ben getuchtigd geworden als een ongewend kalf. Bekeer mij, zo zal ik bekeerd zijn, want Gij zijt de HEERE, mijn God!
	Surely after that I was turned, I repented; and after that I was instructed, I smote upon my thigh: I was ashamed, yea, even confounded, because I did bear the reproach of my youth.	19	Zekerlijk, nadat ik bekeerd ben, heb ik berouw gehad, en nadat ik mijzelven ben bekend gemaakt, heb ik op de heup geklopt, ik ben beschaamd, ja, ook schaamrood geworden, omdat ik de smaadheid mijner jeugd gedragen heb.
	Is Ephraim my dear son? is he a pleasant child? for since I spake against him, I do earnestly remember him still: therefore my bowels are troubled for him; I will surely have mercy upon him, saith the LORD.	20	Is niet Efraim Mij een dierbare zoon, is hij Mij niet een troetelkind? Want sinds Ik tegen hem gesproken heb, denk Ik nog ernstelijk aan hem; daarom rommelt Mijn ingewand over hem; Ik zal Mij zijner zekerlijk ontfermen, spreekt de HEERE.
	Set thee up waymarks, make thee high heaps: set thine heart toward the highway, even the way which thou wentest: turn again, O virgin of Israel, turn again to these thy cities.	21	Richt u merktekenen op, stel u spitse pilaren, zet uw hart op de baan, op den weg, dien gij gewandeld hebt; keer weder, o jonkvrouw Israels, keer weder tot deze uw steden!

How long wilt thou go about, O thou backsliding daughter? for the LORD hath created a new thing in the earth, A woman shall compass a man.	22 Hoe lang zult gij u onttrekken, gij afkerige dochter? Want de HEERE heeft wat nieuws op de aarde geschapen: de vrouw zal den man omvangen.
Thus saith the LORD of hosts, the God of Israel; As yet they shall use this speech in the land of Judah and in the cities thereof, when I shall bring again their captivity; The LORD bless thee, O habitation of justice, and mountain of holiness.	23 Zo zegt de HEERE der heirscharen, de God Israels: Dit woord zullen zij nog zeggen in het land van Juda, en in zijn steden, als Ik hun gevangenis wenden zal: De HEERE zegene u, gij woning der gerechtigheid, gij berg der heiligheid!
And there shall dwell in Judah itself, and in all the cities thereof together, husbandmen, and they that go forth with flocks.	24 En Juda, mitsgaders al zijn steden, zullen te zamen daarin wonen; de akkerlieden, en die met de kudde reizen.
For I have satiated the weary soul, and I have replenished every sorrowful soul.	25 Want Ik heb de vermoeide ziel dronken gemaakt, en Ik heb alle treurige ziel vervuld.
Upon this I awaked, and beheld; and my sleep was sweet unto me.	26 (Hierop ontwaakte ik, en zag toe, en mijn slaap was mij zoet.)
Behold, the days come, saith the LORD, that I will sow the house of Israel and the house of Judah with the seed of man, and with the seed of beast.	27 Ziet, de dagen komen, spreekt de HEERE, dat Ik het huis van Israel en het huis van Juda bezaaien zal met zaad van mensen en zaad van beesten.
And it shall come to pass, that like as I have watched over them, to pluck up, and to break down, and to throw down, and to destroy, and to afflict; so will I watch over them, to build, and to plant, saith the LORD.	28 En het zal geschieden, gelijk als Ik over hen gewaakt heb, om uit te rukken, en af te breken, en te verstoren, en te verderven, en kwaad aan te doen; alzo zal Ik over hen waken, om te bouwen en te planten, spreekt de HEERE.
In those days they shall say no more, The fathers have eaten a sour grape, and the children's teeth are set on edge.	29 In die dagen zullen zij niet meer zeggen: De vaders hebben onrijpe druiven gegeten, en der kinderen tanden zijn stomp geworden.
But every one shall die for his own iniquity: every man that eateth the sour grape, his teeth shall be set on edge.	30 Maar een iegelijk zal om zijn ongerechtigheid sterven; een ieder mens, die de onrijpe druiven eet, zijn tanden zullen stomp worden.
Behold, the days come, saith the LORD, that I will make a new covenant with the house of Israel, and with the house of Judah:	31 Ziet, de dagen komen, spreekt de HEERE, dat Ik met het huis van Israel en met het huis van Juda een nieuw verbond zal maken;
Not according to the covenant that I made with their fathers in the day that I took them by the hand to bring them out of the land of Egypt; which my covenant they brake, although I was an husband unto them, saith the LORD:	32 Niet naar het verbond, dat Ik met hun vaderen gemaakt heb, ten dage als Ik hun hand aangreep, om hen uit Egypteland uit te voeren, welk Mijn verbond zij vernietigd hebben, hoewel Ik hen getrouwd had, spreekt de HEERE;
But this shall be the covenant that I will make with the house of Israel; After those days, saith the LORD, I will put my law in their inward parts, and write it in their hearts; and will be their God, and they shall be my people.	33 Maar dit is het verbond, dat Ik na die dagen met het huis van Israel maken zal, spreekt de HEERE: Ik zal Mijn wet in hun binnenste geven, en zal die in hun hart schrijven; en Ik zal hun tot een God zijn, en zij zullen Mij tot een volk zijn.
And they shall teach no more every man his neighbour, and every man his brother, saying, Know the LORD: for they shall all know me, from the least of them unto the greatest of them, saith the LORD: for I will forgive their iniquity, and I will remember their sin no more.	34 En zij zullen niet meer, een iegelijk zijn naaste, en een iegelijk zijn broeder, leren, zeggende: Kent den HEERE! want zij zullen Mij allen kennen, van hun kleinste af tot hun grootste toe, spreekt de HEERE; want Ik zal hun ongerechtigheid vergeven, en hunner zonden niet meer gedenken.
Thus saith the LORD, which giveth the sun for a light by day, and the ordinances of the moon and of the stars for a light by night, which divideth the sea when the waves thereof roar; The LORD of hosts is his name:	35 Zo zegt de HEERE, Die de zon ten lichte geeft des daags, de ordeningen der maan en der sterren ten lichte des nachts, Die de zee klieft, dat haar golven bruisen, HEERE der heirscharen is Zijn Naam:
If those ordinances depart from before me, saith the LORD, then the seed of Israel also shall cease from being a nation before me for ever.	36 Indien deze ordeningen van voor Mijn aangezicht zullen wijken, spreekt de HEERE, zo zal ook het zaad Israels ophouden, dat het geen volk zij voor Mijn aangezicht, al de dagen.
Thus saith the LORD; If heaven above can be measured, and the foundations of the earth searched out beneath, I will also cast off all the seed of Israel for all that they have done, saith the LORD.	37 Zo zegt de HEERE: Indien de hemelen daarboven gemeten, en de fondamenten der aarde beneden doorgrond kunnen worden, zo zal Ik ook het ganse zaad Israels verwerpen, om alles, wat zij gedaan hebben, spreekt de HEERE.
Behold, the days come, saith the LORD, that the city shall be built to the LORD from the tower of Hananeel unto the gate of the corner.	38 Ziet, de dagen komen, spreekt de HEERE, dat deze stad den HEERE zal herbouwd worden, van den toren Hananeel af tot aan de Hoekpoort.
And the measuring line shall yet go forth over against it upon the hill Gareb, and shall compass about to Goath.	39 En het meetsnoer zal wijders nevens dezelve uitgaan tot aan den heuvel Gareb, en zich naar Goath omwenden.
And the whole valley of the dead bodies, and of the ashes, and all the fields unto the brook of Kidron, unto the corner of the horse gate toward the east, shall be holy unto the LORD; it shall not be plucked up, nor thrown down any more for ever.	40 En het ganse dal der dode lichamen en der as, en al de velden tot aan de beek Kidron, tot aan den hoek van de Paardenpoort tegen het oosten, zal den HEERE een heiligheid zijn; er zal niets weder uitgerukt, noch afgebroken worden in eeuwigheid.

Jeremiah (32) Jeremia

The word that came to Jeremiah from the LORD in the tenth year of Zedekiah king of Judah, which was the eighteenth year of Nebuchadrezzar.	1 Het woord, dat tot Jeremia geschied is van den HEERE, in het tiende jaar van Zedekia, koning van Juda; dit jaar was het achttiende jaar van Nebukadrezar.
For then the king of Babylon's army besieged Jerusalem: and Jeremiah the prophet was shut up in the court of the prison, which was in the king of Judah's house.	2 (Het heir nu des konings van Babel belegerde toen Jeruzalem, en de profeet Jeremia was besloten in het voorhof der bewaring, dat in het huis des konings van Juda is.
For Zedekiah king of Judah had shut him up, saying, Wherefore dost thou prophesy, and say, Thus saith the LORD, Behold, I will give this city into the hand of the king of Babylon, and he shall take it;	3 Want Zedekia, de koning van Juda, had hem besloten, zeggende: Waarom profeteert gij, zeggende: Zo zegt de HEERE: Ziet, Ik geef deze stad in de hand des konings van Babel, en hij zal ze innemen;

Jeremiah - Jeremia

And Zedekiah king of Judah shall not escape out of the hand of the Chaldeans, but shall surely be delivered into the hand of the king of Babylon, and shall speak with him mouth to mouth, and his eyes shall behold his eyes;

And he shall lead Zedekiah to Babylon, and there shall he be until I visit him, saith the LORD: though ye fight with the Chaldeans, ye shall not prosper?

And Jeremiah said, The word of the LORD came unto me, saying,

Behold, Hanameel the son of Shallum thine uncle shall come unto thee, saying, Buy thee my field that is in Anathoth: for the right of redemption is thine to buy it.

So Hanameel mine uncle's son came to me in the court of the prison according to the word of the LORD, and said unto me, Buy my field, I pray thee, that is in Anathoth, which is in the country of Benjamin: for the right of inheritance is thine, and the redemption is thine; buy it for thyself. Then I knew that this was the word of the LORD.

And I bought the field of Hanameel my uncle's son, that was in Anathoth, and weighed him the money, even seventeen shekels of silver.

And I subscribed the evidence, and sealed it, and took witnesses, and weighed him the money in the balances.

So I took the evidence of the purchase, both that which was sealed according to the law and custom, and that which was open:

And I gave the evidence of the purchase unto Baruch the son of Neriah, the son of Maaseiah, in the sight of Hanameel mine uncle's son, and in the presence of the witnesses that subscribed the book of the purchase, before all the Jews that sat in the court of the prison.

And I charged Baruch before them, saying,

Thus saith the LORD of hosts, the God of Israel; Take these evidences, this evidence of the purchase, both which is sealed, and this evidence which is open; and put them in an earthen vessel, that they may continue many days.

For thus saith the LORD of hosts, the God of Israel; Houses and fields and vineyards shall be possessed again in this land.

Now when I had delivered the evidence of the purchase unto Baruch the son of Neriah, I prayed unto the LORD, saying,

Ah Lord GOD! behold, thou hast made the heaven and the earth by thy great power and stretched out arm, and there is nothing too hard for thee:

Thou shewest lovingkindness unto thousands, and recompensest the iniquity of the fathers into the bosom of their children after them: the Great, the Mighty God, the LORD of hosts, is his name,

Great in counsel, and mighty in work: for thine eyes are open upon all the ways of the sons of men: to give every one according to his ways, and according to the fruit of his doings:

Which hast set signs and wonders in the land of Egypt, even unto this day, and in Israel, and among other men; and hast made thee a name, as at this day;

And hast brought forth thy people Israel out of the land of Egypt with signs, and with wonders, and with a strong hand, and with a stretched out arm, and with great terror;

And hast given them this land, which thou didst swear to their fathers to give them, a land flowing with milk and honey;

And they came in, and possessed it; but they obeyed not thy voice, neither walked in thy law; they have done nothing of all that thou commandedst them to do: therefore thou hast caused all this evil to come upon them:

Behold the mounts, they are come unto the city to take it; and the city is given into the hand of the Chaldeans, that fight against it, because of the sword, and of the famine, and of the pestilence: and what thou hast spoken is come to pass; and, behold, thou seest it.

And thou hast said unto me, O Lord GOD, Buy thee the field for money, and take witnesses; for the city is given into the hand of the Chaldeans.

Then came the word of the LORD unto Jeremiah, saying,

---

4 En Zedekia, de koning van Juda, zal van de hand der Chaldeen niet ontkomen; maar hij zal zekerlijk gegeven worden in de hand des konings van Babel, en zijn mond zal tot deszelfs mond spreken, en zijn ogen zullen deszelfs ogen zien;

5 En hij zal Zedekia naar Babel voeren, en aldaar zal hij zijn, totdat Ik hem bezoek, spreekt de HEERE; ofschoon gijlieden tegen de Chaldeen strijdt, gij zult toch geen geluk hebben.)

6 Jeremia dan zeide: Des HEEREN woord is tot mij geschied, zeggende:

7 Zie, Hanameel, de zoon van Sallum, uw oom, zal tot u komen, zeggende: Koop u mijn veld, dat bij Anathoth is, want gij hebt het recht van lossing, om te kopen.

8 Alzo kwam Hanameel, mijns ooms zoon, naar des HEEREN woord, tot mij, in het voorhof der bewaring, en zeide tot mij: Koop toch mijn veld, hetwelk is bij Anathoth, dat in het land van Benjamin is; want gij hebt het erfrecht, en gij hebt de lossing, koop het voor u. Toen merkte ik, dat het des HEEREN woord was.

9 Dies kocht ik van Hanameel, mijns ooms zoon, het veld, dat bij Anathoth is; en ik woog hem het geld toe, zeventien zilveren sikkelen.

10 En ik onderschreef den brief en verzegelde dien, en deed het getuigen betuigen, als ik het geld op de weegschaal gewogen had.

11 En ik nam den koopbrief, die verzegeld was naar het gebod en de inzettingen, en den open brief;

12 En ik gaf den koopbrief aan Baruch, den zoon van Nerija, den zoon van Machseja, voor de ogen van Hanameel, mijns ooms zoon, en voor de ogen der getuigen die den koopbrief hadden onderschreven; voor de ogen van al de Joden, die in het voorhof der bewaring zaten.

13 En ik beval Baruch voor hun ogen, zeggende:

14 Zo zegt de HEERE der heirscharen, de God Israels: Neem deze brieven, dezen koopbrief, zo den verzegelden als dezen open brief, en doe ze in een aarden vat, opdat zij vele dagen mogen bestaan.

15 Want zo zegt de HEERE der heirscharen, de God Israels: Er zullen nog huizen, en velden, en wijngaarden in dit land gekocht worden.

16 Voorts, nadat ik den koopbrief aan Baruch, den zoon van Nerija, gegeven had, bad ik tot den HEERE, zeggende:

17 Ach, Heere HEERE! Zie, Gij hebt de hemelen en de aarde gemaakt, door Uw grote kracht en door Uw uitgestrekten arm; geen ding is U te wonderlijk.

18 Gij, Die goedertierenheid doet aan duizenden, en de ongerechtigheid der vaderen vergeldt in den schoot hunner kinderen na hen; Gij grote, Gij geweldige God, Wiens Naam is HEERE der heirscharen!

19 Groot van raad en machtig van daad; want Uw ogen zijn open over alle wegen der mensenkinderen, om een iegelijk te geven naar zijn wegen, en naar de vrucht zijner handelingen.

20 Gij, Die tekenen en wonderen gesteld hebt in Egypteland, tot op dezen dag, zo in Israel, als onder andere mensen, en hebt U een Naam gemaakt, als Hij is te dezen dage!

21 En hebt Uw volk Israel uit Egypteland uitgevoerd, door tekenen en door wonderen, en door een sterke hand, en door een uitgestrekten arm, en door grote verschrikking.

22 En hebt hun dit land gegeven, dat Gij hun vaderen gezworen hadt hun te zullen geven, een land vloeiende van melk en honig;

23 Zij zijn er ook ingekomen en hebben het erfelijk bezeten, maar hebben Uwer stem niet gehoorzaamd, en in Uw wet niet gewandeld; zij hebben niets gedaan van alles, wat Gij hun geboden hadt te doen; dies hebt Gij hun al dit kwaad doen bejegenen.

24 Zie, de wallen! zij zijn gekomen aan de stad, om die in te nemen, en de stad is gegeven in de hand der Chaldeen, die tegen haar strijden; vanwege het zwaard en den honger en de pestilentie; en wat Gij gesproken hebt, is geschied, en zie, Gij ziet het.

25 Evenwel hebt Gij tot mij gezegd, Heere HEERE! koop u dat veld voor geld, en doe het getuigen betuigen; daar de stad in der Chaldeen hand gegeven is.

26 Toen geschiedde des HEEREN woord tot Jeremia, zeggende:

Behold, I am the LORD, the God of all flesh: is there any thing too hard for me?

28 Therefore thus saith the LORD; Behold, I will give this city into the hand of the Chaldeans, and into the hand of Nebuchadrezzar king of Babylon, and he shall take it:

29 And the Chaldeans, that fight against this city, shall come and set fire on this city, and burn it with the houses, upon whose roofs they have offered incense unto Baal, and poured out drink offerings unto other gods, to provoke me to anger.

30 For the children of Israel and the children of Judah have only done evil before me from their youth: for the children of Israel have only provoked me to anger with the work of their hands, saith the LORD.

31 For this city hath been to me as a provocation of mine anger and of my fury from the day that they built it even unto this day; that I should remove it from before my face,

32 Because of all the evil of the children of Israel and of the children of Judah, which they have done to provoke me to anger, they, their kings, their princes, their priests, and their prophets, and the men of Judah, and the inhabitants of Jerusalem.

33 And they have turned unto me the back, and not the face: though I taught them, rising up early and teaching them, yet they have not hearkened to receive instruction.

34 But they set their abominations in the house, which is called by my name, to defile it.

35 And they built the high places of Baal, which are in the valley of the son of Hinnom, to cause their sons and their daughters to pass through the fire unto Molech; which I commanded them not, neither came it into my mind, that they should do this abomination, to cause Judah to sin.

36 And now therefore thus saith the LORD, the God of Israel, concerning this city, whereof ye say, It shall be delivered into the hand of the king of Babylon by the sword, and by the famine, and by the pestilence;

37 Behold, I will gather them out of all countries, whither I have driven them in mine anger, and in my fury, and in great wrath; and I will bring them again unto this place, and I will cause them to dwell safely:

38 And they shall be my people, and I will be their God:

39 And I will give them one heart, and one way, that they may fear me for ever, for the good of them, and of their children after them:

40 And I will make an everlasting covenant with them, that I will not turn away from them, to do them good; but I will put my fear in their hearts, that they shall not depart from me.

41 Yea, I will rejoice over them to do them good, and I will plant them in this land assuredly with my whole heart and with my whole soul.

42 For thus saith the LORD; Like as I have brought all this great evil upon this people, so will I bring upon them all the good that I have promised them.

43 And fields shall be bought in this land, whereof ye say, It is desolate without man or beast; it is given into the hand of the Chaldeans.

44 Men shall buy fields for money, and subscribe evidences, and seal them, and take witnesses in the land of Benjamin, and in the places about Jerusalem, and in the cities of Judah, and in the cities of the mountains, and in the cities of the valley, and in the cities of the south: for I will cause their captivity to return, saith the LORD.

27 Zie, Ik ben de HEERE, de God van alle vlees; zou Mij enig ding te wonderlijk zijn?

28 Daarom zegt de HEERE alzo: Zie, Ik geef deze stad in de hand der Chaldeen, en in de hand van Nebukadrezar, den koning van Babel, en hij zal ze innemen.

29 En de Chaldeen, die tegen deze stad strijden, zullen er inkomen, en deze stad met vuur aansteken, en zullen ze verbranden, met de huizen, op welker daken zij aan Baal gerookt, en anderen goden drankofferen geofferd hebben, om Mij te vertoornen.

30 Want de kinderen Israels en de kinderen van Juda hebben van hun jeugd aan alleenlijk gedaan, dat kwaad was in Mijn ogen; want de kinderen Israels hebben Mij door het werk hunner handen alleenlijk vertoornd, spreekt de HEERE.

31 Want tot Mijn toorn en tot Mijn grimmigheid is Mij deze stad geweest, van den dag af, dat zij haar gebouwd hebben, tot op dezen dag toe; opdat Ik haar van Mijn aangezicht wegdeed;

32 Om al de boosheid der kinderen Israels en der kinderen van Juda, die zij gedaan hebben om Mij te vertoornen, zij, hun koningen, hun vorsten, hun priesteren, en hun profeten, en de mannen van Juda, en de inwoners van Jeruzalem;

33 Die Mij den nek hebben toegekeerd en niet het aangezicht; hoewel Ik hen leerde, vroeg op zijnde en lerende, evenwel hoorden zij niet, om tucht aan te nemen;

34 Maar zij hebben hun verfoeiselen gesteld in het huis, dat naar Mijn Naam genoemd is, om dat te verontreinigen.

35 En zij hebben de hoogten van Baal gebouwd, die in het dal des zoons van Hinnom zijn, om hun zonen en hun dochteren den Molech door het vuur te laten gaan; hetwelk Ik hun niet heb geboden, noch in Mijn hart is opgekomen, dat zij dezen gruwel zouden doen; opdat zij Juda mochten doen zondigen.

36 En nu, daarom zegt de HEERE, de God Israels, alzo van deze stad, waar gij van zegt: Zij is gegeven in de hand des konings van Babel, door het zwaard, en door den honger, en door de pestilentie;

37 Ziet, Ik zal hen vergaderen uit al de landen, waarhenen Ik hen zal verdreven hebben in Mijn toorn, en in Mijn grimmigheid, en in grote verbolgenheid; en Ik zal hen tot deze plaats wederbrengen, en zal hen zeker doen wonen.

38 Ja, zij zullen Mij tot een volk zijn, en Ik zal hun tot een God zijn.

39 En Ik zal hun enerlei hart en enerlei weg geven, om Mij te vrezen al de dagen, hun ten goede, mitsgaders hun kinderen na hen.

40 En Ik zal een eeuwig verbond met hen maken, dat Ik van achter hen niet zal afkeren, opdat Ik hun weldoe; en Ik zal Mijn vreze in hun hart geven, dat zij niet van Mij afwijken.

41 En Ik zal Mij over hen verblijden, dat Ik hun weldoe; en Ik zal hen getrouwelijk in dat land planten, met Mijn ganse hart en met Mijn ganse ziel.

42 Want zo zegt de HEERE: Gelijk als Ik over dit volk gebracht heb al dit grote kwaad, alzo zal Ik over hen brengen al het goede, dat Ik over hen spreke.

43 En er zullen velden gekocht worden in dit land, waarvan gij zegt: Het is woest, dat er geen mens noch beest in is; het is in der Chaldeen hand gegeven.

44 Velden zal men voor geld kopen, en de brieven onderschrijven, en verzegelen, en getuigen doen betuigen, in het land van Benjamin, en in de plaatsen rondom Jeruzalem, en in de steden van Juda, en in de steden van het gebergte, en in de steden der laagte, en in de steden van het zuiden; want Ik zal hun gevangenis wenden, spreekt de HEERE.

Jeremiah (33) Jeremia

1 Moreover the word of the LORD came unto Jeremiah the second time, while he was yet shut up in the court of the prison, saying,

2 Thus saith the LORD the maker thereof, the LORD that formed it, to establish it; the LORD is his name;

3 Call unto me, and I will answer thee, and shew thee great and mighty things, which thou knowest not.

4 For thus saith the LORD, the God of Israel, concerning the houses of this city, and concerning the houses of the kings of Judah, which are thrown down by the mounts, and by the sword;

1 Voorts geschiedde des HEEREN woord ten tweeden male tot Jeremia, als hij nog in het voorhof der bewaring was opgesloten, zeggende:

2 Zo zegt de HEERE, Die het doet, de HEERE, Die dat formeert, opdat Hij het bevestige, HEERE is Zijn Naam;

3 Roep tot Mij, en Ik zal u antwoorden, en Ik zal u bekend maken grote en vaste dingen, die gij niet weet.

4 Want zo zegt de HEERE, de God Israels, van de huizen dezer stad, en van de huizen der koningen van Juda, die door de wallen en door het zwaard zijn afgebroken:

Jeremiah - Jeremia

They come to fight with the Chaldeans, but it is to fill them with the dead bodies of men, whom I have slain in mine anger and in my fury, and for all whose wickedness I have hid my face from this city.	5 Er zijn er wel ingekomen, om te strijden tegen de Chaldeen, maar het is om die te vullen met dode lichamen van mensen, die Ik verslagen heb in Mijn toorn en in Mijn grimmigheid; en omdat Ik Mijn aangezicht van deze stad verborgen heb, om al hunlieder boosheid.
Behold, I will bring it health and cure, and I will cure them, and will reveal unto them the abundance of peace and truth.	6 Zie, Ik zal haar de gezondheid en de genezing doen rijzen, en zal henlieden genezen, en zal hun openbaren overvloed van vrede en waarheid.
And I will cause the captivity of Judah and the captivity of Israel to return, and will build them, as at the first.	7 En Ik zal de gevangenis van Juda en de gevangenis van Israel wenden, en zal ze bouwen als in het eerste.
And I will cleanse them from all their iniquity, whereby they have sinned against me; and I will pardon all their iniquities, whereby they have sinned, and whereby they have transgressed against me.	8 En Ik zal hen reinigen van al hun ongerechtigheid, met dewelke zij tegen Mij gezondigd hebben; en Ik zal vergeven al hun ongerechtigheden, met dewelke zij tegen Mij gezondigd en met dewelke zij tegen Mij overtreden hebben.
And it shall be to me a name of joy, a praise and an honour before all the nations of the earth, which shall hear all the good that I do unto them: and they shall fear and tremble for all the goodness and for all the prosperity that I procure unto it.	9 En het zal Mij zijn tot een vrolijken naam, tot een roem, en tot een sieraad bij alle heidenen der aarde; die al het goede zullen horen, dat Ik hun doe; en zij zullen vrezen en beroerd zijn over al het goede, en over al den vrede, dien Ik hun beschikke.
Thus saith the LORD; Again there shall be heard in this place, which ye say shall be desolate without man and without beast, even in the cities of Judah, and in the streets of Jerusalem, that are desolate, without man, and without inhabitant, and without beast,	10 Alzo zegt de HEERE: In deze plaats (waarvan gij zegt: Zij is woest, dat er geen mens en geen beest in is), in de steden van Juda, en op de straten van Jeruzalem, die zo verwoest zijn, dat er geen mens, en geen inwoner, en geen beest in is, zal wederom gehoord worden,
The voice of joy, and the voice of gladness, the voice of the bridegroom, and the voice of the bride, the voice of them that shall say, Praise the LORD of hosts: for the LORD is good; for his mercy endureth for ever: and of them that shall bring the sacrifice of praise into the house of the LORD. For I will cause to return the captivity of the land, as at the first, saith the LORD.	11 De stem der vrolijkheid en de stem der blijdschap, de stem des bruidegoms en de stem der bruid, de stem dergenen, die zeggen: Looft den HEERE der heirscharen, want de HEERE is goed, want Zijn goedertierenheid is in eeuwigheid! de stem dergenen, die lof aanbrengen ten huize des HEEREN; want Ik zal de gevangenis des lands wenden, als in het eerste, zegt de HEERE.
Thus saith the LORD of hosts; Again in this place, which is desolate without man and without beast, and in all the cities thereof, shall be an habitation of shepherds causing their flocks to lie down.	12 Zo zegt de HEERE der heirscharen: In deze plaats, die zo woest is, dat er geen mens, zelfs tot het vee toe, in is, mitsgaders in al derzelver steden, zullen wederom woningen zijn van herderen, die de kudden doen legeren.
In the cities of the mountains, in the cities of the vale, and in the cities of the south, and in the land of Benjamin, and in the places about Jerusalem, and in the cities of Judah, shall the flocks pass again under the hands of him that telleth them, saith the LORD.	13 In de steden van het gebergte, in de steden der laagte, en in de steden van het zuiden, en in het land van Benjamin, en in de plaatsen rondom Jeruzalem, en in de steden van Juda, zullen de kudden wederom onder de handen des tellers doorgaan, zegt de HEERE.
Behold, the days come, saith the LORD, that I will perform that good thing which I have promised unto the house of Israel and to the house of Judah.	14 Ziet, de dagen komen, spreekt de HEERE, dat Ik het goede woord verwekken zal, dat Ik tot het huis van Israel en over het huis van Juda gesproken heb.
In those days, and at that time, will I cause the Branch of righteousness to grow up unto David; and he shall execute judgment and righteousness in the land.	15 In die dagen, en te dier tijd zal Ik David een SPRUIT der gerechtigheid doen uitspruiten; en Hij zal recht en gerechtigheid doen op aarde.
In those days shall Judah be saved, and Jerusalem shall dwell safely: and this is the name wherewith she shall be called, The LORD our righteousness.	16 In die dagen zal Juda verlost worden, en Jeruzalem zeker wonen; en deze is, die haar roepen zal: De HEERE, onze GERECHTIGHEID.
For thus saith the LORD; David shall never want a man to sit upon the throne of the house of Israel;	17 Want zo zegt de HEERE: Aan David zal niet worden afgesneden een Man, Die op den troon van het huis Israels zitte.
Neither shall the priests the Levites want a man before me to offer burnt offerings, and to kindle meat offerings, and to do sacrifice continually.	18 Ook zal den Levietischen priesteren, van voor Mijn aangezicht, niet worden afgesneden een Man, Die brandoffer offere, en spijsoffer aansteke, en slachtoffer bereide al de dagen.
And the word of the LORD came unto Jeremiah, saying,	19 En des HEEREN woord geschiedde tot Jeremia, zeggende:
Thus saith the LORD; If ye can break my covenant of the day, and my covenant of the night, and that there should not be day and night in their season;	20 Alzo zegt de HEERE: Indien gijlieden Mijn verbond van den dag; en Mijn verbond van den nacht kondt vernietigen, zodat dag en nacht niet zijn op hun tijd;
Then may also my covenant be broken with David my servant, that he should not have a son to reign upon his throne; and with the Levites the priests, my ministers.	21 Zo zal ook vernietigd kunnen worden Mijn verbond met Mijn knecht David, dat hij geen zoon hebbe, die op zijn troon regere, en met de Levieten, de priesteren, Mijn dienaren.
As the host of heaven cannot be numbered, neither the sand of the sea measured: so will I multiply the seed of David my servant, and the Levites that minister unto me.	22 Gelijk het heir des hemels niet geteld, en het zand der zee niet gemeten kan worden, alzo zal Ik vermenigvuldigen het zaad van Mijn knecht David, en de Levieten, die Mij dienen.
Moreover the word of the LORD came to Jeremiah, saying,	23 Voorts geschiedde des HEEREN woord tot Jeremia, zeggende:
Considerest thou not what this people have spoken, saying, The two families which the LORD hath chosen, he hath even cast them off? thus they have despised my people, that they should be no more a nation before them.	24 Hebt gij niet gezien, wat dit volk spreekt, zeggende: De twee geslachten, die de HEERE verkoren had, die heeft Hij nu verworpen? Ja, zij versmaden Mijn volk, zodat het geen volk meer is voor hun aangezicht.
Thus saith the LORD; If my covenant be not with day and night, and if I have not appointed the ordinances of heaven and earth;	25 Zo zegt de HEERE: Indien Mijn verbond niet is van dag en nacht; indien Ik de ordeningen des hemels en der aarde niet gesteld heb;
Then will I cast away the seed of Jacob, and David my servant, so that I will not take any of his seed to be rulers over the seed of Abraham, Isaac, and Jacob: for I will cause their captivity to return, and have mercy on them.	26 Zo zal Ik ook het zaad van Jakob en van Mijn knecht David verwerpen, dat Ik van zijn zaad niet neme, die daar heerse over het zaad van Abraham, Izak en Jakob; want Ik zal hun gevangenis wenden en Mij hunner ontfermen.

Jeremiah (34) Jeremia

	The word which came unto Jeremiah from the LORD, when Nebuchadnezzar king of Babylon, and all his army, and all the kingdoms of the earth of his dominion, and all the people, fought against Jerusalem, and against all the cities thereof, saying,	1 Het woord, dat tot Jeremia geschied is van den HEERE (als Nebukadrezar, koning van Babel, en zijn ganse heir, en alle koninkrijken der aarde, die onder de heerschappij zijner hand waren, en al de volken tegen Jeruzalem streden, en tegen al haar steden), zeggende:

The word which came unto Jeremiah from the LORD, when Nebuchadnezzar king of Babylon, and all his army, and all the kingdoms of the earth of his dominion, and all the people, fought against Jerusalem, and against all the cities thereof, saying,

Thus saith the LORD, the God of Israel; Go and speak to Zedekiah king of Judah, and tell him, Thus saith the LORD; Behold, I will give this city into the hand of the king of Babylon, and he shall burn it with fire:

And thou shalt not escape out of his hand, but shalt surely be taken, and delivered into his hand; and thine eyes shall behold the eyes of the king of Babylon, and he shall speak with thee mouth to mouth, and thou shalt go to Babylon.

Yet hear the word of the LORD, O Zedekiah king of Judah; Thus saith the LORD of thee, Thou shalt not die by the sword:

But thou shalt die in peace: and with the burnings of thy fathers, the former kings which were before thee, so shall they burn odours for thee; and they will lament thee, saying, Ah lord! for I have pronounced the word, saith the LORD.

Then Jeremiah the prophet spake all these words unto Zedekiah king of Judah in Jerusalem,

When the king of Babylon's army fought against Jerusalem, and against all the cities of Judah that were left, against Lachish, and against Azekah: for these defenced cities remained of the cities of Judah.

This is the word that came unto Jeremiah from the LORD, after that the king Zedekiah had made a covenant with all the people which were at Jerusalem, to proclaim liberty unto them;

That every man should let his manservant, and every man his maidservant, being an Hebrew or an Hebrewess, go free; that none should serve himself of them, to wit, of a Jew his brother.

Now when all the princes, and all the people, which had entered into the covenant, heard that every one should let his manservant, and every one his maidservant, go free, that none should serve themselves of them any more, then they obeyed, and let them go.

But afterward they turned, and caused the servants and the handmaids, whom they had let go free, to return, and brought them into subjection for servants and for handmaids.

Therefore the word of the LORD came to Jeremiah from the LORD, saying,

Thus saith the LORD, the God of Israel; I made a covenant with your fathers in the day that I brought them forth out of the land of Egypt, out of the house of bondmen, saying,

At the end of seven years let ye go every man his brother an Hebrew, which hath been sold unto thee; and when he hath served thee six years, thou shalt let him go free from thee: but your fathers hearkened not unto me, neither inclined their ear.

And ye were now turned, and had done right in my sight, in proclaiming liberty every man to his neighbour; and ye had made a covenant before me in the house which is called by my name:

But ye turned and polluted my name, and caused every man his servant, and every man his handmaid, whom ye had set at liberty at their pleasure, to return, and brought them into subjection, to be unto you for servants and for handmaids.

Therefore thus saith the LORD; Ye have not hearkened unto me, in proclaiming liberty, every one to his brother, and every man to his neighbour: behold, I proclaim a liberty for you, saith the LORD, to the sword, to the pestilence, and to the famine; and I will make you to be removed into all the kingdoms of the earth.

And I will give the men that have transgressed my covenant, which have not performed the words of the covenant which they had made before me, when they cut the calf in twain, and passed between the parts thereof,

The princes of Judah, and the princes of Jerusalem, the eunuchs, and the priests, and all the people of the land, which passed between the parts of the calf;

---

1 Het woord, dat tot Jeremia geschied is van den HEERE (als Nebukadrezar, koning van Babel, en zijn ganse heir, en alle koninkrijken der aarde, die onder de heerschappij zijner hand waren, en al de volken tegen Jeruzalem streden, en tegen al haar steden), zeggende:

2 Zo zegt de HEERE, de God Israels: Ga henen en spreek tot Zedekia, den koning van Juda, en zeg tot hem: Zo zegt de HEERE: Zie, Ik geef deze stad in de hand des konings van Babel, en hij zal ze met vuur verbranden.

3 En gij zult van zijn hand niet ontkomen, maar zekerlijk gegrepen, en in zijn hand gegeven worden; en uw ogen zullen de ogen des konings van Babel zien, en zijn mond zal tot uw mond spreken, en gij zult te Babel komen.

4 Maar hoor des HEEREN woord, o Zedekia, koning van Juda! zo zegt de HEERE van u: Gij zult door het zwaard niet sterven.

5 Gij zult sterven in vrede, en naar de brandingen van uw vaderen, de vorige koningen, die voor u geweest zijn, alzo zullen zij over u branden, en u beklagen, zeggende: Och heer! want Ik heb het woord gesproken, spreekt de HEERE.

6 En de profeet Jeremia sprak al deze woorden tot Zedekia, den koning van Juda, te Jeruzalem.

7 Als het heir des konings van Babel streed tegen Jeruzalem, en tegen al de overgeblevene steden van Juda, tegen Lachis en tegen Azeka; want deze, zijnde vaste steden, waren overgebleven onder de steden van Juda.

8 Het woord, dat tot Jeremia geschied is van den HEERE, nadat de koning Zedekia een verbond gemaakt had met het ganse volk, dat te Jeruzalem was, om vrijheid voor hen uit te roepen;

9 Dat een iegelijk zijn knecht, en een iegelijk zijn maagd, zijnde een Hebreer of een Hebreinne, zou laten vrijgaan; zodat niemand zich van hen, van een Jood, zijn broeder, zou doen dienen.

10 Nu hoorden al de vorsten en al het volk, die het verbond hadden ingegaan, dat zij, een iegelijk zijn knecht, en een iegelijk zijn maagd zouden laten vrijgaan, zodat zij zich niet meer van hen zouden doen dienen; zij hoorden dan, en lieten hen gaan;

11 Maar zij keerden daarna wederom, en deden de knechten en maagden wederkomen, die zij hadden laten vrijgaan, en zij brachten hen ten onder tot knechten en tot maagden.

12 Daarom geschiedde des HEEREN woord tot Jeremia, van den HEERE, zeggende:

13 Zo zegt de HEERE, de God Israels: Ik heb een verbond gemaakt met uw vaderen, ten dage, als Ik hen uit Egypteland, uit het diensthuis uitvoerde, zeggende:

14 Ten einde van zeven jaren zult gij laten gaan, een iegelijk zijn broeder, een Hebreer, die u zal verkocht zijn, en u zes jaren gediend heeft; gij zult hem dan van u laten vrijgaan; maar uw vaders hoorden niet naar Mij, en neigden hun oor niet.

15 Gijlieden nu waart heden wedergekeerd, en hadt gedaan, dat recht is in Mijn ogen, vrijheid uitroepende, een iegelijk voor zijn naaste; en gij hadt een verbond gemaakt voor Mijn aangezicht, in het huis, dat naar Mijn Naam genoemd is.

16 Maar gij zijt weder omgekeerd, en hebt Mijn Naam ontheiligd, en doen wederkomen, een iegelijk zijn knecht, en een iegelijk zijn maagd, die gij hadt laten vrijgaan naar hun lust; en gij hebt hen ten ondergebracht, om ulieden te wezen tot knechten en tot maagden.

17 Daarom zegt de HEERE alzo: Gijlieden hebt naar Mij niet gehoord, om vrijheid uit te roepen, een iegelijk voor zijn broeder, en een iegelijk voor zijn naaste; ziet, zo roep Ik uit tegen ulieden, spreekt de HEERE, een vrijheid ten zwaarde, ter pestilentie, en ten honger, en zal u overgeven ter beroering allen koninkrijken der aarde.

18 En Ik zal de mannen overgeven, die Mijn verbond hebben overtreden, die niet bevestigd hebben de woorden des verbonds, dat zij voor Mijn aangezicht gemaakt hadden, met het kalf, dat zij in tweeen hadden gehouwen, en waren tussen zijn stukken doorgegaan:

19 De vorsten van Juda, en de vorsten van Jeruzalem, de kamerlingen, en de priesteren, en al het volk des lands, die door de stukken des kalfs zijn doorgegaan.

I will even give them into the hand of their enemies, and into the hand of them that seek their life: and their dead bodies shall be for meat unto the fowls of the heaven, and to the beasts of the earth.	20 Ja, Ik zal hen overgeven in de hand hunner vijanden, en in de hand dergenen, die hun ziel zoeken; en hun dode lichamen zullen het gevogelte des hemels en het gedierte der aarde tot spijze zijn.
And Zedekiah king of Judah and his princes will I give into the hand of their enemies, and into the hand of them that seek their life, and into the hand of the king of Babylon's army, which are gone up from you.	21 Zelfs Zedekia, den koning van Juda, en zijn vorsten, zal Ik overgeven in de hand hunner vijanden, en in de hand dergenen, die hun ziel zoeken, te weten, in de hand van het heir des konings van Babel, die van ulieden nu zijn opgetogen.
Behold, I will command, saith the LORD, and cause them to return to this city; and they shall fight against it, and take it, and burn it with fire: and I will make the cities of Judah a desolation without an inhabitant.	22 Ziet, Ik zal bevel geven, spreekt de HEERE, en zal hen weder tot deze stad brengen, en zij zullen tegen haar strijden, en zullen ze innemen, en zullen ze met vuur verbranden; en Ik zal de steden van Juda stellen tot een verwoesting, dat er niemand in wone.

Jeremiah (35) Jeremia

The word which came unto Jeremiah from the LORD in the days of Jehoiakim the son of Josiah king of Judah, saying,	1 Het woord, dat tot Jeremia geschied is van den HEERE, in de dagen van Jojakim, den zoon van Josia, den koning van Juda, zeggende:
Go unto the house of the Rechabites, and speak unto them, and bring them into the house of the LORD, into one of the chambers, and give them wine to drink.	2 Ga henen tot der Rechabieten huis, en spreek met hen, en breng hen in des HEEREN huis, in een der kameren, en geef hun wijn te drinken.
Then I took Jaazaniah the son of Jeremiah, the son of Habaziniah, and his brethren, and all his sons, and the whole house of the Rechabites;	3 Toen nam ik Jaazanja, den zoon van Jeremia, den zoon van Habazzinja, mitsgaders zijn broederen, en al zijn zonen, en het ganse huis der Rechabieten;
And I brought them into the house of the LORD, into the chamber of the sons of Hanan, the son of Igdaliah, a man of God, which was by the chamber of the princes, which was above the chamber of Maaseiah the son of Shallum, the keeper of the door:	4 En bracht hen in des HEEREN huis, in de kamer der zonen van Hanan, den zoon van Jigdalia, den man Gods; welke is bij de kamer der oversten, die daar is boven de kamer van Maaseja, den zoon van Sallum, den dorpelbewaarder.
And I set before the sons of the house of the Rechabites pots full of wine, and cups, and I said unto them, Drink ye wine.	5 En ik zette den kinderen van het huis der Rechabieten koppen vol wijn en bekers voor; en ik zeide tot hen: Drinkt wijn.
But they said, We will drink no wine: for Jonadab the son of Rechab our father commanded us, saying, Ye shall drink no wine, neither ye, nor your sons for ever:	6 Maar zij zeiden: Wij zullen geen wijn drinken; want Jonadab, de zoon van Rechab, onze vader, heeft ons geboden, zeggende: Gijlieden zult geen wijn drinken, gij, noch uw kinderen, tot in eeuwigheid.
Neither shall ye build house, nor sow seed, nor plant vineyard, nor have any: but all your days ye shall dwell in tents; that ye may live many days in the land where ye be strangers.	7 Ook zult gijlieden geen huis bouwen, noch zaad zaaien, noch wijngaard planten, noch hebben; maar gij zult in tenten wonen al uw dagen; opdat gij veel dagen leeft in het land, alwaar gij als vreemdeling verkeert.
Thus have we obeyed the voice of Jonadab the son of Rechab our father in all that he hath charged us, to drink no wine all our days, we, our wives, our sons, nor our daughters;	8 Zo hebben wij der stemme van Jonadab, den zoon van Rechab, onzen vader, gehoorzaamd in alles, wat hij ons geboden heeft; zodat wij geen wijn drinken al onze dagen, wij, onze vrouwen, onze zonen, en onze dochteren;
Nor to build houses for us to dwell in: neither have we vineyard, nor field, nor seed:	9 En dat wij geen huizen bouwen tot onze woning; ook hebben wij geen wijngaard, noch veld, noch zaad;
But we have dwelt in tents, and have obeyed, and done according to all that Jonadab our father commanded us.	10 En wij hebben in tenten gewoond; alzo hebben wij gehoord en gedaan naar alles, wat ons onze vader Jonadab geboden heeft.
But it came to pass, when Nebuchadrezzar king of Babylon came up into the land, that we said, Come, and let us go to Jerusalem for fear of the army of the Chaldeans, and for fear of the army of the Syrians: so we dwell at Jerusalem.	11 Maar het is geschied, als Nebukadrezar, de koning van Babel, naar dit land optoog, dat wij zeiden: Komt, en laat ons naar Jeruzalem trekken vanwege het heir der Chaldeen, en vanwege het heir der Syriers; alzo zijn wij te Jeruzalem gebleven.
Then came the word of the LORD unto Jeremiah, saying,	12 Toen geschiedde des HEEREN woord tot Jeremia, zeggende:
Thus saith the LORD of hosts, the God of Israel; Go and tell the men of Judah and the inhabitants of Jerusalem, Will ye not receive instruction to hearken to my words? saith the LORD.	13 Zo zegt de HEERE der heirscharen, de God Israels: Ga henen en zeg tot de mannen van Juda en tot de inwoners van Jeruzalem: Zult gijlieden geen tucht aannemen, dat gij hoort naar Mijn woorden? spreekt de HEERE.
The words of Jonadab the son of Rechab, that he commanded his sons not to drink wine, are performed; for unto this day they drink none, but obey their father's commandment: notwithstanding I have spoken unto you, rising early and speaking; but ye hearkened not unto me.	14 De woorden van Jonadab, den zoon van Rechab, die hij zijn kinderen geboden heeft, dat zij geen wijn zouden drinken, zijn bevestigd; want zij hebben geen wijn gedronken tot op dezen dag, maar het gebod huns vaders gehoord; en Ik heb tot ulieden gesproken, vroeg op zijnde en sprekende, maar gij hebt naar Mij niet gehoord.
I have sent also unto you all my servants the prophets, rising up early and sending them, saying, Return ye now every man from his evil way, and amend your doings, and go not after other gods to serve them, and ye shall dwell in the land which I have given to you and to your fathers: but ye have not inclined your ear, nor hearkened unto me.	15 En Ik heb tot u gezonden al Mijn knechten, de profeten, vroeg op zijnde en zendende, om te zeggen: Bekeert u toch, een iegelijk van zijn bozen weg, en maakt uw handelingen goed, en wandelt andere goden niet na, om hen te dienen, zo zult gij in het land blijven, dat Ik u en uw vaderen gegeven heb; maar gij hebt uw oor niet geneigd, en naar Mij niet gehoord.
Because the sons of Jonadab the son of Rechab have performed the commandment of their father, which he commanded them; but this people hath not hearkened unto me:	16 Dewijl dan de kinderen van Jonadab, den zoon van Rechab, het gebod huns vaders, dat hij hun geboden heeft, bevestigd hebben, maar dit volk naar Mij niet hoort;
Therefore thus saith the LORD God of hosts, the God of Israel; Behold, I will bring upon Judah and upon all the inhabitants of Jerusalem all the evil that I have pronounced against them: because I have spoken unto them, but they have not heard; and I have called unto them, but they have not answered.	17 Daarom alzo zegt de HEERE, de God der heirscharen, de God Israels: Ziet, Ik zal over Juda en over alle inwoners van Jeruzalem brengen al het kwaad, dat Ik tegen hen gesproken heb; omdat Ik tot hen gesproken heb, maar zij niet gehoord hebben, en Ik tot hen geroepen heb, maar zij niet hebben geantwoord.

And Jeremiah said unto the house of the Rechabites, Thus saith the LORD of hosts, the God of Israel; Because ye have obeyed the commandment of Jonadab your father, and kept all his precepts, and done according unto all that he hath commanded you:

Therefore thus saith the LORD of hosts, the God of Israel; Jonadab the son of Rechab shall not want a man to stand before me for ever.

18 Tot het huis nu der Rechabieten zeide Jeremia: Zo zegt de HEERE der heirscharen, de God Israels: Omdat gijlieden het gebod van uw vader Jonadab zijt gehoorzaam geweest, en hebt al zijn geboden bewaard, en gedaan naar alles, wat hij ulieden geboden heeft;

19 Daarom alzo zegt de HEERE der heirscharen, de God Israels: Er zal Jonadab, den zoon van Rechab, niet worden afgesneden een man, die voor Mijn aangezicht sta, al de dagen.

Jeremiah (36) Jeremia

And it came to pass in the fourth year of Jehoiakim the son of Josiah king of Judah, that this word came unto Jeremiah from the LORD, saying,

Take thee a roll of a book, and write therein all the words that I have spoken unto thee against Israel, and against Judah, and against all the nations, from the day I spake unto thee, from the days of Josiah, even unto this day.

It may be that the house of Judah will hear all the evil which I purpose to do unto them; that they may return every man from his evil way; that I may forgive their iniquity and their sin.

Then Jeremiah called Baruch the son of Neriah: and Baruch wrote from the mouth of Jeremiah all the words of the LORD, which he had spoken unto him, upon a roll of a book.

And Jeremiah commanded Baruch, saying, I am shut up; I cannot go into the house of the LORD:

Therefore go thou, and read in the roll, which thou hast written from my mouth, the words of the LORD in the ears of the people in the LORD'S house upon the fasting day: and also thou shalt read them in the ears of all Judah that come out of their cities.

It may be they will present their supplication before the LORD, and will return every one from his evil way: for great is the anger and the fury that the LORD hath pronounced against this people.

And Baruch the son of Neriah did according to all that Jeremiah the prophet commanded him, reading in the book the words of the LORD in the LORD'S house.

And it came to pass in the fifth year of Jehoiakim the son of Josiah king of Judah, in the ninth month, that they proclaimed a fast before the LORD to all the people in Jerusalem, and to all the people that came from the cities of Judah unto Jerusalem.

Then read Baruch in the book the words of Jeremiah in the house of the LORD, in the chamber of Gemariah the son of Shaphan the scribe, in the higher court, at the entry of the new gate of the LORD'S house, in the ears of all the people.

When Michaiah the son of Gemariah, the son of Shaphan, had heard out of the book all the words of the LORD,

Then he went down into the king's house, into the scribe's chamber: and, lo, all the princes sat there, even Elishama the scribe, and Delaiah the son of Shemaiah, and Elnathan the son of Achbor, and Gemariah the son of Shaphan, and Zedekiah the son of Hananiah, and all the princes.

Then Michaiah declared unto them all the words that he had heard, when Baruch read the book in the ears of the people.

Therefore all the princes sent Jehudi the son of Nethaniah, the son of Shelemiah, the son of Cushi, unto Baruch, saying, Take in thine hand the roll wherein thou hast read in the ears of the people, and come. So Baruch the son of Neriah took the roll in his hand, and came unto them.

And they said unto him, Sit down now, and read it in our ears. So Baruch read it in their ears.

Now it came to pass, when they had heard all the words, they were afraid both one and other, and said unto Baruch, We will surely tell the king of all these words.

And they asked Baruch, saying, Tell us now, How didst thou write all these words at his mouth?

Then Baruch answered them, He pronounced all these words unto me with his mouth, and I wrote them with ink in the book.

Then said the princes unto Baruch, Go, hide thee, thou and Jeremiah; and let no man know where ye be.

And they went in to the king into the court, but they laid up the roll in the chamber of Elishama the scribe, and told all the words in the ears of the king.

1 Het gebeurde ook in het vierde jaar van Jojakim, den zoon van Josia, den koning van Juda, dat dit woord tot Jeremia geschiedde van den HEERE, zeggende:

2 Neem u een rol des boeks, en schrijf daarop al de woorden, die Ik tot u gesproken heb, over Israel, en over Juda, en over al de volken, van den dag aan, dat Ik tot u gesproken heb, van de dagen van Josia aan, tot op dezen dag.

3 Misschien zullen die van het huis van Juda horen al het kwaad, dat Ik hun gedenk te doen; opdat zij zich bekeren, een iegelijk van zijn bozen weg, en Ik hun ongerechtigheid en hun zonde vergeve.

4 Toen riep Jeremia Baruch, den zoon van Nerija; en Baruch schreef uit den mond van Jeremia alle woorden des HEEREN, die Hij tot hem gesproken had, op een rol des boeks.

5 En Jeremia gebood Baruch, zeggende: Ik ben opgehouden, ik zal in des HEEREN huis niet kunnen gaan.

6 Zo ga gij henen, en lees in de rol, in dewelke gij uit mijn mond geschreven hebt, de woorden des HEEREN, voor de oren des volks, in des HEEREN huis, op den vastendag; en gij zult ze ook lezen voor de oren van gans Juda, die uit hun steden komen.

7 Misschien zal hunlieder smeking voor des HEEREN aangezicht nedervallen, en zij zullen zich bekeren, een iegelijk van zijn bozen weg; want groot is de toorn en de grimmigheid, die de HEERE tegen dit volk heeft uitgesproken.

8 En Baruch, de zoon van Nerija, deed naar alles, wat hem de profeet Jeremia geboden had, lezende in dat boek de woorden des HEEREN, in het huis des HEEREN.

9 Want het geschiedde in het vijfde jaar van Jojakim, den zoon van Josia, den koning van Juda, in de negende maand, dat zij een vasten voor des HEEREN aangezicht uitriepen, allen volke te Jeruzalem, mitsgaders allen volke, die uit de steden van Juda te Jeruzalem kwamen.

10 Zo las Baruch in dat boek de woorden van Jeremia in des HEEREN huis, in de kamer van Gemarja, den zoon van Safan, den schrijver, in het bovenste voorhof, aan de deur der nieuwe poort van het huis des HEEREN, voor de oren des gansen volks.

11 Als nu Michaja, de zoon van Gemarja, den zoon van Safan, al de woorden des HEEREN uit dat boek gehoord had;

12 Zo ging hij af ten huize des konings in de kamer des schrijvers; en ziet, aldaar zaten al de vorsten: Elisama, de schrijver, en Delaja, de zoon van Semaja, en Elnathan, de zoon van Achbor, en Gemarja, de zoon van Safan, en Zedekia, de zoon van Hananja, en al de vorsten.

13 En Michaja maakte hun bekend al de woorden, die hij gehoord had, als Baruch uit dat boek las voor de oren des volks.

14 Toen zonden al de vorsten Jehudi, den zoon van Nethanja, den zoon van Selemja, den zoon van Cuschi, tot Baruch, om te zeggen: De rol, waarin gij voor de oren des volks gelezen hebt, neem die in uw hand, en kom. Alzo nam Baruch, de zoon van Nerija, de rol in zijn hand, en kwam tot hen.

15 En zij zeiden tot hem: Zit toch neder, en lees ze voor onze oren; en Baruch las voor hun oren.

16 En het geschiedde, als zij al de woorden hoorden, dat zij verschrikten, de een tegen den ander; en zij zeiden tot Baruch: Voorzeker zullen wij al deze woorden den koning bekend maken.

17 En zij vraagden Baruch, zeggende: Verklaar ons toch, hoe hebt gij al deze woorden uit zijn mond geschreven?

18 En Baruch zeide tot hen: Uit zijn mond las hij tot mij al deze woorden, en ik schreef ze met inkt in dit boek.

19 Toen zeiden de vorsten tot Baruch: Ga henen, verberg u, gij en Jeremia; en niemand wete, waar gijlieden zijt.

20 Zij dan gingen in tot den koning in het voorhof; maar de rol legden zij weg in de kamer van Elisama, den schrijver; en zij verklaarden al die woorden voor de oren des konings.

	So the king sent Jehudi to fetch the roll: and he took it out of Elishama the scribe's chamber. And Jehudi read it in the ears of the king, and in the ears of all the princes which stood beside the king.	21	Toen zond de koning Jehudi, om de rol te halen; en hij haalde ze uit de kamer van Elisama, den schrijver; en Jehudi las ze voor de oren des konings, en voor de oren van al de vorsten, die omtrent den koning stonden.
	Now the king sat in the winterhouse in the ninth month: and there was a fire on the hearth burning before him.	22	(De koning nu zat in het winterhuis in de negende maand; en er was een vuur voor zijn aangezicht op den haard aangestoken.)
	And it came to pass, that when Jehudi had read three or four leaves, he cut it with the penknife, and cast it into the fire that was on the hearth, until all the roll was consumed in the fire that was on the hearth.	23	En het geschiedde, als Jehudi drie stukken, of vier gelezen had, versneed hij ze met een schrijfmes, en wierp ze in het vuur, dat op den haard was, totdat de ganse rol verteerd was in het vuur, dat op den haard was.
	Yet they were not afraid, nor rent their garments, neither the king, nor any of his servants that heard all these words.	24	En zij verschrikten niet, en scheurden hun kleden niet, de koning noch al zijn knechten, die al deze woorden gehoord hadden.
	Nevertheless Elnathan and Delaiah and Gemariah had made intercession to the king that he would not burn the roll: but he would not hear them.	25	Hoewel ook Elnathan, en Delaja, en Gemarja bij den koning daarvoor spraken, dat hij de rol niet zou verbranden; doch hij hoorde naar hen niet.
	But the king commanded Jerahmeel the son of Hammelech, and Seraiah the son of Azriel, and Shelemiah the son of Abdeel, to take Baruch the scribe and Jeremiah the prophet: but the LORD hid them.	26	Daartoe gebood de koning aan Jerahmeel, den zoon van Hammelech, en Zeraja, den zoon van Azriel, en Selemja, den zoon van Abdeel, om den schrijver Baruch en den profeet Jeremia te vangen. Maar de HEERE had hen verborgen.
	Then the word of the LORD came to Jeremiah, after that the king had burned the roll, and the words which Baruch wrote at the mouth of Jeremiah, saying,	27	Toen geschiedde des HEEREN woord tot Jeremia, nadat de koning de rol en de woorden, die Baruch geschreven had uit den mond van Jeremia, verbrand had, zeggende:
	Take thee again another roll, and write in it all the former words that were in the first roll, which Jehoiakim the king of Judah hath burned.	28	Neem u weder een andere rol, en schrijf daarop al de eerste woorden, die geweest zijn op de eerste rol, die Jojakim, de koning van Juda, verbrand heeft.
	And thou shalt say to Jehoiakim king of Judah, Thus saith the LORD; Thou hast burned this roll, saying, Why hast thou written therein, saying, The king of Babylon shall certainly come and destroy this land, and shall cause to cease from thence man and beast?	29	En tot Jojakim, den koning van Juda, zult gij zeggen: Zo zegt de HEERE: Gij hebt deze rol verbrand, zeggende: Waarom hebt gij daarop geschreven, zeggende: De koning van Babel zal zekerlijk komen, en dit land verderven, en maken, dat mens en beest daarin ophouden?
	Therefore thus saith the LORD of Jehoiakim king of Judah; He shall have none to sit upon the throne of David: and his dead body shall be cast out in the day to the heat, and in the night to the frost.	30	Daarom zegt de HEERE alzo van Jojakim, den koning van Juda: Hij zal geen hebben, die op Davids troon zitte; en zijn dood lichaam zal weggeworpen zijn, des daags in de hitte, en des nachts in de vorst.
	And I will punish him and his seed and his servants for their iniquity; and I will bring upon them, and upon the inhabitants of Jerusalem, and upon the men of Judah, all the evil that I have pronounced against them; but they hearkened not.	31	En Ik zal over hem, en over zijn zaad, en over zijn knechten hunlieder ongerechtigheid bezoeken; en Ik zal over hen, en over de inwoners van Jeruzalem, en over de mannen van Juda, al het kwaad brengen, dat Ik tot hen gesproken heb; maar zij hebben niet gehoord.
	Then took Jeremiah another roll, and gave it to Baruch the scribe, the son of Neriah; who wrote therein from the mouth of Jeremiah all the words of the book which Jehoiakim king of Judah had burned in the fire: and there were added besides unto them many like words.	32	Jeremia dan nam een andere rol, en gaf ze aan den schrijver Baruch, den zoon van Nerija; die schreef daarop, uit den mond van Jeremia, al de woorden des boeks, dat Jojakim, de koning van Juda, met vuur verbrand had; en tot dezelve werden nog veel dergelijke woorden toegedaan.

Jeremiah (37) Jeremia

	And king Zedekiah the son of Josiah reigned instead of Coniah the son of Jehoiakim, whom Nebuchadrezzar king of Babylon made king in the land of Judah.	1	En Zedekia, zoon van Josia, regeerde, koning zijnde, in plaats van Chonja, Jojakims zoon, welken Zedekia Nebukadrezar, de koning van Babel, koning gemaakt had in het land van Juda.
	But neither he, nor his servants, nor the people of the land, did hearken unto the words of the LORD, which he spake by the prophet Jeremiah.	2	Maar hij hoorde niet, hij, noch zijn knechten, noch het volk des lands, naar de woorden des HEEREN, die Hij sprak door den dienst van den profeet Jeremia.
	And Zedekiah the king sent Jehucal the son of Shelemiah and Zephaniah the son of Maaseiah the priest to the prophet Jeremiah, saying, Pray now unto the LORD our God for us.	3	Nochtans zond de koning Zedekia Juchal, den zoon van Selemja, en Sefanja, den zoon van Maaseja, den priester, tot den profeet Jeremia, om te zeggen: Bid toch voor ons tot den HEERE, onzen God!
	Now Jeremiah came in and went out among the people: for they had not put him into prison.	4	(Want Jeremia was nog ingaande en uitgaande in het midden des volks, en zij hadden hem nog in het gevangenhuis niet gesteld.
	Then Pharaoh's army was come forth out of Egypt: and when the Chaldeans that besieged Jerusalem heard tidings of them, they departed from Jerusalem.	5	En Farao's heir was uit Egypte uitgetogen; en de Chaldeen, die Jeruzalem belegerden, als zij het gerucht van hen gehoord hadden, zo waren zij van Jeruzalem opgetogen.)
	Then came the word of the LORD unto the prophet Jeremiah, saying,	6	Toen geschiedde des HEEREN woord tot den profeet Jeremia, zeggende:
	Thus saith the LORD, the God of Israel; Thus shall ye say to the king of Judah, that sent you unto me to inquire of me; Behold, Pharaoh's army, which is come forth to help you, shall return to Egypt into their own land.	7	Zo zegt de HEERE, de God Israels: Zo zult gijlieden zeggen tot den koning van Juda, die u tot Mij gezonden heeft, om Mij te vragen: Ziet, Farao's heir, dat u ter hulpe uitgetogen is, zal wederkeren in zijn land, in Egypte;
	And the Chaldeans shall come again, and fight against this city, and take it, and burn it with fire.	8	En de Chaldeen zullen wederkeren, en tegen deze stad strijden; en zij zullen ze innemen, en zullen ze met vuur verbranden.
	Thus saith the LORD; Deceive not yourselves, saying, The Chaldeans shall surely depart from us: for they shall not depart.	9	Zo zegt de HEERE: Bedriegt uw zielen niet, zeggende: De Chaldeen zullen zekerlijk van ons wegtrekken; want zij zullen niet wegtrekken.

For though ye had smitten the whole army of the Chaldeans that fight against you, and there remained but wounded men among them, yet should they rise up every man in his tent, and burn this city with fire.	10 Want al sloegt gijlieden het ganse heir der Chaldeën, die tegen u strijden, en er bleven van hen enige verwonde mannen over, zo zouden zich die, een iegelijk in zijn tent, opmaken, en deze stad met vuur verbranden.
And it came to pass, that when the army of the Chaldeans was broken up from Jerusalem for fear of Pharaoh's army,	11 Voorts geschiedde het, als het heir der Chaldeën van Jeruzalem was opgetogen, vanwege Farao's heir;
Then Jeremiah went forth out of Jerusalem to go into the land of Benjamin, to separate himself thence in the midst of the people.	12 Dat Jeremia uit Jeruzalem uitging, om te gaan in het land van Benjamin, om van daar te scheiden door het midden des volks.
And when he was in the gate of Benjamin, a captain of the ward was there, whose name was Irijah, the son of Shelemiah, the son of Hananiah; and he took Jeremiah the prophet, saying, Thou fallest away to the Chaldeans.	13 Als hij in de poort van Benjamin was, zo was daar de wachtmeester, wiens naam was Jerija, de zoon van Selemja, den zoon van Hananja; die greep den profeet Jeremia, zeggende: Gij wilt tot de Chaldeën vallen!
Then said Jeremiah, It is false; I fall not away to the Chaldeans. But he hearkened not to him: so Irijah took Jeremiah, and brought him to the princes.	14 En Jeremia zeide: Het is vals, ik wil niet tot de Chaldeën vallen. Doch hij hoorde niet naar hem; maar Jerija greep Jeremia aan, en bracht hem tot de vorsten.
Wherefore the princes were wroth with Jeremiah, and smote him, and put him in prison in the house of Jonathan the scribe: for they had made that the prison.	15 En de vorsten werden zeer toornig op Jeremia en sloegen hem; en zij stelden hem in het gevangenhuis, ten huize van Jonathan, den schrijver; want zij hadden dat tot een gevangenhuis gemaakt.
When Jeremiah was entered into the dungeon, and into the cabins, and Jeremiah had remained there many days;	16 Als Jeremia in de plaats des kuils, en in de kotjes gekomen was, en Jeremia aldaar veel dagen gezeten had;
Then Zedekiah the king sent, and took him out: and the king asked him secretly in his house, and said, Is there any word from the LORD? And Jeremiah said, There is: for, said he, thou shalt be delivered into the hand of the king of Babylon.	17 Zo zond de koning Zedekia henen, en liet hem halen; en de koning vraagde hem in zijn huis, in het verborgen, en zeide: Is er ook een woord van den HEERE? En Jeremia zeide: Er is; en hij zeide: Gij zult in de hand des konings van Babel gegeven worden.
Moreover Jeremiah said unto king Zedekiah, What have I offended against thee, or against thy servants, or against this people, that ye have put me in prison?	18 Voorts zeide Jeremia tot den koning Zedekia: Wat heb ik tegen u, of tegen uw knechten, of tegen dit volk gezondigd, dat gijlieden mij in het gevangenhuis gesteld hebt?
Where are now your prophets which prophesied unto you, saying, The king of Babylon shall not come against you, nor against this land?	19 Waar zijn nu ulieder profeten, die u geprofeteerd hebben, zeggende: De koning van Babel zal niet tegen ulieden, noch tegen dit land komen.
Therefore hear now, I pray thee, O my lord the king: let my supplication, I pray thee, be accepted before thee; that thou cause me not to return to the house of Jonathan the scribe, lest I die there.	20 Nu dan, hoor toch, o mijn heer koning! laat toch mijn smeking voor uw aangezicht nedervallen, en breng mij niet weder in het huis van Jonathan, den schrijver, opdat ik aldaar niet sterve.
Then Zedekiah the king commanded that they should commit Jeremiah into the court of the prison, and that they should give him daily a piece of bread out of the bakers' street, until all the bread in the city were spent. Thus Jeremiah remained in the court of the prison.	21 Toen gaf de koning Zedekia bevel; en zij bestelden Jeremia in het voorhof der bewaring, en men gaf hem des daags een bol broods uit de Bakkerstraat, totdat al het brood van de stad op was. Alzo bleef Jeremia in het voorhof der bewaring.

Jeremiah (38) Jeremia

Then Shephatiah the son of Mattan, and Gedaliah the son of Pashur, and Jucal the son of Shelemiah, and Pashur the son of Malchiah, heard the words that Jeremiah had spoken unto all the people, saying,	1 Als Sefatja, de zoon van Matthan, en Gedalia, de zoon van Pashur, en Juchal, de zoon van Selemja, en Pashur, de zoon van Malchia, de woorden hoorden, die Jeremia tot al het volk sprak, zeggende:
Thus saith the LORD, He that remaineth in this city shall die by the sword, by the famine, and by the pestilence: but he that goeth forth to the Chaldeans shall live; for he shall have his life for a prey, and shall live.	2 Zo zegt de HEERE: Wie in deze stad blijft, zal door het zwaard, door den honger of door de pestilentie sterven; maar wie tot de Chaldeën uitgaat, die zal leven, want hij zal zijn ziel tot een buit hebben, en zal leven.
Thus saith the LORD, This city shall surely be given into the hand of the king of Babylon's army, which shall take it.	3 Zo zegt de HEERE: Deze stad zal zekerlijk gegeven worden in de hand van het heir des konings van Babel, datzelve zal ze innemen;
Therefore the princes said unto the king, We beseech thee, let this man be put to death: for thus he weakeneth the hands of the men of war that remain in this city, and the hands of all the people, in speaking such words unto them: for this man seeketh not the welfare of this people, but the hurt.	4 Zo zeiden de vorsten tot den koning: Laat toch dezen man gedood worden; want aldus maakt hij de handen der krijgslieden, die in deze stad zijn overgebleven, en de handen des gansen volks slap, alzulke woorden tot hen sprekende; want deze man zoekt den vrede dezes volks niet, maar het kwaad.
Then Zedekiah the king said, Behold, he is in your hand: for the king is not he that can do any thing against you.	5 En de koning Zedekia zeide: Ziet, hij is in uw hand; want de koning zou geen ding tegen u vermogen.
Then took they Jeremiah, and cast him into the dungeon of Malchiah the son of Hammelech, that was in the court of the prison: and they let down Jeremiah with cords. And in the dungeon there was no water, but mire: so Jeremiah sunk in the mire.	6 Toen namen zij Jeremia en wierpen hem in den kuil van Malchia, den zoon van Hammelech, die in het voorhof der bewaring was, en zij lieten Jeremia af met zelen; in den kuil nu was geen water, maar slijk; en Jeremia zonk in het slijk.
Now when Ebedmelech the Ethiopian, one of the eunuchs which was in the king's house, heard that they had put Jeremiah in the dungeon; the king then sitting in the gate of Benjamin;	7 Als nu Ebed-melech, de Moorman, een der kamerlingen, die toen in des konings huis was, hoorde, dat zij Jeremia in den kuil gedaan hadden (de koning nu zat in de poort van Benjamin);
Ebedmelech went forth out of the king's house, and spake to the king, saying,	8 Zo ging Ebed-melech uit het huis des konings uit, en hij sprak tot den koning, zeggende:
My lord the king, these men have done evil in all that they have done to Jeremiah the prophet, whom they have cast into the dungeon; and he is like to die for hunger in the place where he is: for there is no more bread in the city.	9 Mijn heer koning! deze mannen hebben kwalijk gehandeld in alles, wat zij gedaan hebben aan den profeet Jeremia, dien zij in den kuil geworpen hebben; daar hij toch in zijn plaats zou gestorven zijn vanwege den honger, dewijl geen brood meer in de stad is.

Then the king commanded Ebedmelech the Ethiopian, saying, Take from hence thirty men with thee, and take up Jeremiah the prophet out of the dungeon, before he die.	10 Toen gebood de koning den Moorman Ebed-melech, zeggende: Neem van hier dertig mannen onder uw hand, en haal den profeet Jeremia op uit den kuil, eer dat hij sterft.
So Ebedmelech took the men with him, and went into the house of the king under the treasury, and took thence old cast clouts and old rotten rags, and let them down by cords into the dungeon to Jeremiah.	11 Alzo nam Ebed-melech de mannen onder zijn hand, en ging in des konings huis tot onder de schatkamer, en nam van daar enige oude verscheurde en oude versleten lompen; en hij liet ze met zelen af tot Jeremia in den kuil.
And Ebedmelech the Ethiopian said unto Jeremiah, Put now these old cast clouts and rotten rags under thine armholes under the cords. And Jeremiah did so.	12 En Ebed-melech, de Moorman, zeide tot Jeremia: Leg nu deze oude verscheurde en versleten lompen onder de oksels uwer armen, van onder aan de zelen. En Jeremia deed alzo.
So they drew up Jeremiah with cords, and took him up out of the dungeon: and Jeremiah remained in the court of the prison.	13 En zij trokken Jeremia bij de zelen, en haalden hem op uit de kuil; en Jeremia bleef in het voorhof der bewaring.
Then Zedekiah the king sent, and took Jeremiah the prophet unto him into the third entry that is in the house of the LORD: and the king said unto Jeremiah, I will ask thee a thing; hide nothing from me.	14 Toen zond de koning Zedekia henen, en liet den profeet Jeremia tot zich halen, in den derden ingang, die aan des HEEREN huis was; en de koning zeide tot Jeremia: Ik zal u een ding vragen, verheel geen ding voor mij.
Then Jeremiah said unto Zedekiah, If I declare it unto thee, wilt thou not surely put me to death? and if I give thee counsel, wilt thou not hearken unto me?	15 En Jeremia zeide tot Zedekia: Als ik het u verklaren zal, zult gij mij niet zekerlijk doden? En als ik u raad zal geven, gij zult toch naar mij niet horen.
So Zedekiah the king sware secretly unto Jeremiah, saying, As the LORD liveth, that made us this soul, I will not put thee to death, neither will I give thee into the hand of these men that seek thy life.	16 Toen zwoer de koning Zedekia aan Jeremia in het verborgene, zeggende: Zo waarachtig als de HEERE leeft, Die ons deze ziel gemaakt heeft: Indien ik u zal doden, of indien ik u zal overgeven in de hand dezer mannen, die uw ziel zoeken!
Then said Jeremiah unto Zedekiah, Thus saith the LORD, the God of hosts, the God of Israel; If thou wilt assuredly go forth unto the king of Babylon's princes, then thy soul shall live, and this city shall not be burned with fire; and thou shalt live, and thine house:	17 Jeremia dan zeide tot Zedekia: Zo zegt de HEERE, de God der heirscharen, de God Israels: Indien gij gewilliglijk tot de vorsten des koning van Babel zult uitgaan, zo zal uw ziel leven, en deze stad zal niet verbrand worden met vuur; en gij zult leven, gij en uw huis.
But if thou wilt not go forth to the king of Babylon's princes, then shall this city be given into the hand of the Chaldeans, and they shall burn it with fire, and thou shalt not escape out of their hand.	18 Maar indien gij tot de vorsten des konings van Babel niet zult uitgaan, zo zal deze stad gegeven worden in de hand der Chaldeen, en zij zullen ze met vuur verbranden; ook zult gij van hunlieder hand niet ontkomen.
And Zedekiah the king said unto Jeremiah, I am afraid of the Jews that are fallen to the Chaldeans, lest they deliver me into their hand, and they mock me.	19 En de koning Zedekia zeide tot Jeremia: Ik ben bevreesd voor de Joden, die tot de Chaldeen gevallen zijn, dat zij mij misschien in derzelver hand overgeven, en zij den spot met mij drijven.
But Jeremiah said, They shall not deliver thee. Obey, I beseech thee, the voice of the LORD, which I speak unto thee: so it shall be well unto thee, and thy soul shall live.	20 En Jeremia zeide: Zij zullen u niet overgeven; wees toch gehoorzaam aan de stem des HEEREN, naar dewelke ik tot u spreek; zo zal het u welgaan, en uw ziel zal leven.
But if thou refuse to go forth, this is the word that the LORD hath shewed me:	21 Maar indien gij weigert uit te gaan, zo is dit het woord, dat de HEERE mij heeft doen zien;
And, behold, all the women that are left in the king of Judah's house shall be brought forth to the king of Babylon's princes, and those women shall say, Thy friends have set thee on, and have prevailed against thee: thy feet are sunk in the mire, and they are turned away back.	22 Ziedaar, al de vrouwen, die in het huis des konings van Juda zijn overgebleven, zullen uitgevoerd worden tot de vorsten des konings van Babel; en dezelve zullen zeggen: Uw vredegenoten hebben u aangehitst, en hebben u overmocht; uw voeten zijn in den modder gezonken; zij zijn achterwaarts gekeerd!
So they shall bring out all thy wives and thy children to the Chaldeans: and thou shalt not escape out of their hand, but shalt be taken by the hand of the king of Babylon: and thou shalt cause this city to be burned with fire.	23 Zij zullen dan al uw vrouwen en al uw zonen tot de Chaldeen uitvoeren; ook zult gij zelf van hun hand niet ontkomen; maar gij zult door de hand des konings van Babel gegrepen worden, en gij zult deze stad met vuur verbranden.
Then said Zedekiah unto Jeremiah, Let no man know of these words, and thou shalt not die.	24 Toen zeide Zedekia tot Jeremia: Dat niemand wete van deze woorden, zo zult gij niet sterven.
But if the princes hear that I have talked with thee, and they come unto thee, and say unto thee, Declare unto us now what thou hast said unto the king, hide it not from us, and we will not put thee to death; also what the king said unto thee:	25 En als de vorsten zullen horen, dat ik met u gesproken heb, en tot u komen, en tot u zeggen: Verklaar ons nu, wat hebt gij tot den koning gesproken? verheel het niet voor ons, zo zullen wij u niet doden; en wat heeft de koning tot u gesproken?
Then thou shalt say unto them, I presented my supplication before the king, that he would not cause me to return to Jonathan's house, to die there.	26 Zo zult gij tot hen zeggen: Ik wierp mijn smeking voor des konings aangezicht neder, dat hij mij niet zou weder laten brengen in Jonathans huis, om aldaar te sterven.
Then came all the princes unto Jeremiah, and asked him: and he told them according to all these words that the king had commanded. So they left off speaking with him; for the matter was not perceived.	27 Als dan al de vorsten tot Jeremia kwamen, en hem vraagden, verklaarde hij hun, naar al deze woorden, die de koning geboden had; en zij lieten van hem af, omdat de zaak niet was gehoord.
So Jeremiah abode in the court of the prison until the day that Jerusalem was taken: and he was there when Jerusalem was taken.	28 En Jeremia bleef in het voorhof der bewaring tot op den dag, dat Jeruzalem werd ingenomen; en hij was er nog, als Jeruzalem was ingenomen.

Jeremiah (39) Jeremia

In the ninth year of Zedekiah king of Judah, in the tenth month, came Nebuchadrezzar king of Babylon and all his army against Jerusalem, and they besieged it.	1 In het negende jaar van Zedekia, koning van Juda, in de tiende maand, kwam Nebukadrezar, de koning van Babel, en al zijn heir, tegen Jeruzalem, en zij belegerden haar.
And in the eleventh year of Zedekiah, in the fourth month, the ninth day of the month, the city was broken up.	2 In het elfde jaar van Zedekia, in de vierde maand, op den negenden der maand, werd de stad doorgebroken.
And all the princes of the king of Babylon came in, and sat in the middle gate, even Nergalsharezer, Samgarnebo, Sarsechim, Rabsaris, Nergalsharezer, Rabmag, with all the residue of the princes of the king of Babylon.	3 En alle vorsten des konings van Babel togen henen in, en hielden bij de middelste poort; namelijk Nergal-Sarezer Samgar-Nebu, Sarsechim Rab-Saris, Nergal-Sarezer Rab-Mag, en al de overige vorsten des konings van Babel.

And it came to pass, that when Zedekiah the king of Judah saw them, and all the men of war, then they fled, and went forth out of the city by night, by the way of the king's garden, by the gate betwixt the two walls: and he went out the way of the plain.

But the Chaldeans' army pursued after them, and overtook Zedekiah in the plains of Jericho: and when they had taken him, they brought him up to Nebuchadnezzar king of Babylon to Riblah in the land of Hamath, where he gave judgment upon him.

Then the king of Babylon slew the sons of Zedekiah in Riblah before his eyes: also the king of Babylon slew all the nobles of Judah.

Moreover he put out Zedekiah's eyes, and bound him with chains, to carry him to Babylon.

And the Chaldeans burned the king's house, and the houses of the people, with fire, and brake down the walls of Jerusalem.

Then Nebuzaradan the captain of the guard carried away captive into Babylon the remnant of the people that remained in the city, and those that fell away, that fell to him, with the rest of the people that remained.

But Nebuzaradan the captain of the guard left of the poor of the people, which had nothing, in the land of Judah, and gave them vineyards and fields at the same time.

Now Nebuchadrezzar king of Babylon gave charge concerning Jeremiah to Nebuzaradan the captain of the guard, saying,

Take him, and look well to him, and do him no harm; but do unto him even as he shall say unto thee.

So Nebuzaradan the captain of the guard sent, and Nebushasban, Rabsaris, and Nergalsharezer, Rabmag, and all the king of Babylon's princes;

Even they sent, and took Jeremiah out of the court of the prison, and committed him unto Gedaliah the son of Ahikam the son of Shaphan, that he should carry him home: so he dwelt among the people.

Now the word of the LORD came unto Jeremiah, while he was shut up in the court of the prison, saying,

Go and speak to Ebedmelech the Ethiopian, saying, Thus saith the LORD of hosts, the God of Israel; Behold, I will bring my words upon this city for evil, and not for good; and they shall be accomplished in that day before thee.

But I will deliver thee in that day, saith the LORD: and thou shalt not be given into the hand of the men of whom thou art afraid.

For I will surely deliver thee, and thou shalt not fall by the sword, but thy life shall be for a prey unto thee: because thou hast put thy trust in me, saith the LORD.

Jeremiah (40) Jeremia

The word that came to Jeremiah from the LORD, after that Nebuzaradan the captain of the guard had let him go from Ramah, when he had taken him being bound in chains among all that were carried away captive of Jerusalem and Judah, which were carried away captive unto Babylon.

And the captain of the guard took Jeremiah, and said unto him, The LORD thy God hath pronounced this evil upon this place.

Now the LORD hath brought it, and done according as he hath said: because ye have sinned against the LORD, and have not obeyed his voice, therefore this thing is come upon you.

And now, behold, I loose thee this day from the chains which were upon thine hand. If it seem good unto thee to come with me into Babylon, come; and I will look well unto thee: but if it seem ill unto thee to come with me into Babylon, forbear: behold, all the land is before thee: whither it seemeth good and convenient for thee to go, thither go.

Now while he was not yet gone back, he said, Go back also to Gedaliah the son of Ahikam the son of Shaphan, whom the king of Babylon hath made governor over the cities of Judah, and dwell with him among the people: or go wheresoever it seemeth convenient unto thee to go. So the captain of the guard gave him victuals and a reward, and let him go.

---

4 En het geschiedde, als Zedekia, de koning van Juda, en al de krijgslieden hen zagen, zo vloden zij, en togen bij nacht uit de stad, door den weg van des konings hof, door de poort tussen de twee muren; en hij toog uit door den weg des vlakken velds.

5 Doch het heir der Chaldeen jaagde hen achterna; en zij achterhaalden Zedekia in de vlakke velden van Jericho, en vingen hem, en brachten hem opwaarts tot Nebukadrezar, den koning van Babel, naar Ribla, in het land van Hamath; die sprak oordelen tegen hem uit.

6 En de koning van Babel slachtte de zonen van Zedekia te Ribla voor zijn ogen; ook slachtte de koning van Babel alle edelen van Juda.

7 En hij verblindde de ogen van Zedekia, en bond hem met twee koperen ketenen, om hem naar Babel te voeren.

8 En de Chaldeen verbrandden het huis des konings en de huizen des volks met vuur; en zij braken de muren van Jeruzalem af.

9 Het overige nu des volks, die in de stad waren overgebleven, en de afvalligen, die tot hem gevallen waren, met het overige des volks, die overgebleven waren, voerde Nebuzaradan, de overste der trawanten, gevankelijk naar Babel.

10 Maar van het volk, die arm waren, die niet met al hadden, liet Nebuzaradan, de overste der trawanten, enigen overig in het land van Juda; en hij gaf hun te dien dage wijngaarden en akkers.

11 Maar van Jeremia had Nebukadrezar, de koning van Babel, bevel gegeven in de hand van Nebuzaradan, den overste der trawanten, zeggende:

12 Neem hem, en stel uw ogen op hem, en doe hem niets kwaads; maar gelijk als hij tot u spreken zal, doe alzo met hem.

13 Zo zond Nebuzaradan, de overste der trawanten, mitsgaders Nebusazban Rab-Saris en Nergal-Sarezer Rab-Mag, en al de oversten des konings van Babel;

14 Zij zonden dan henen en namen Jeremia uit het voorhof der bewaring, en gaven hem over aan Gedalia, den zoon van Ahikam, den zoon van Safan, dat hij hem henen uitbracht naar huis; alzo bleef hij in het midden des volks.

15 Het woord des HEEREN was ook tot Jeremia geschied, als hij in het voorhof der bewaring besloten was, zeggende:

16 Ge henen, en spreek tot Ebed-melech, den Moorman, zeggende: Zo zegt de HEERE der heirscharen, de God Israels: Zie, Ik zal Mijn woorden brengen over deze stad, ten kwade en niet ten goede; en zij zullen te dien dage voor uw aangezicht zijn.

17 Maar Ik zal u te dien dage redden, spreekt de HEERE; en gij zult niet overgegeven worden in de hand der mannen, voor welker aangezicht gij vreest.

18 Want Ik zal u zekerlijk bevrijden, en gij zult door het zwaard niet vallen; maar gij zult uw ziel tot een buit hebben, omdat gij op Mij vertrouwd hebt, spreekt de HEERE.

Jeremiah (40) Jeremia

1 Het woord, dat van den HEERE geschied is tot Jeremia, nadat Nebuzaradan, de overste der trawanten, hem had laten gaan van Rama; als hij hem had laten halen, daar hij met ketenen gebonden was in het midden aller gevangenen van Jeruzalem en Juda, die naar Babel gevankelijk werden weggevoerd.

2 Want de overste der trawanten liet Jeremia halen, en zeide tot hem: De HEERE, uw God, heeft dit kwaad over deze plaats gesproken.

3 En de HEERE heeft het doen komen, en gedaan, gelijk als Hij gesproken had; want gijlieden hebt gezondigd tegen den HEERE, en Zijner stem niet gehoorzaamd; daarom is ulieden deze zaak geschied.

4 Nu dan, zie, ik heb u heden losgemaakt van de ketenen, die aan uw hand waren; indien het goed is in uw ogen met mij naar Babel te komen, zo kom, en ik zal mijn oog op u stellen; maar indien het kwaad is in uw ogen met mij naar Babel te komen, zo laat het; zie, het ganse land is voor uw aangezicht, waarhenen het goed en recht in uw ogen is te gaan, ga daar.

5 En dewijl hij nog niet zal wederkeren, zo keer gij tot Gedalia, den zoon van Ahikam, den zoon van Safan, dien de koning van Babel over de steden van Juda gesteld heeft; en woon bij hem in het midden des volks; of overal, waar het in uw ogen recht is te gaan, ga er henen. En de overste der trawanten gaf hem reiskost en een geschenk, en liet hem gaan.

	Then went Jeremiah unto Gedaliah the son of Ahikam to Mizpah; and dwelt with him among the people that were left in the land.	6	Alzo kwam Jeremia tot Gedalia, den zoon van Ahikam, te Mizpa; en hij woonde bij hem in het midden des volks, die in het land waren overgelaten.
	Now when all the captains of the forces which were in the fields, even they and their men, heard that the king of Babylon had made Gedaliah the son of Ahikam governor in the land, and had committed unto him men, and women, and children, and of the poor of the land, of them that were not carried away captive to Babylon;	7	Toen nu alle oversten der heiren, die in het veld waren, zij en hun mannen, hoorden, dat de koning van Babel Gedalia, den zoon van Ahikam, over het land gesteld had, en dat hij aan hem bevolen had de mannen, en de vrouwen, en de kinderkens, en van de armsten des lands, van degenen, die niet naar Babel gevankelijk waren weggevoerd;
	Then they came to Gedaliah to Mizpah, even Ishmael the son of Nethaniah, and Johanan and Jonathan the sons of Kareah, and Seraiah the son of Tanhumeth, and the sons of Ephai the Netophathite, and Jezaniah the son of a Maachathite, they and their men.	8	Zo kwamen zij tot Gedalia te Mizpa, namelijk, Ismael, de zoon van Nethanja, en Johanan en Jonathan, de zonen van Kareah, en Seraja, de zoon van Tanhumeth, en de zonen van Efai, den Netofathiet, en Jezanja, de zoon eens Maachathiets, zij en hun mannen.
	And Gedaliah the son of Ahikam the son of Shaphan sware unto them and to their men, saying, Fear not to serve the Chaldeans: dwell in the land, and serve the king of Babylon, and it shall be well with you.	9	En Gedalia, de zoon van Ahikam, den zoon van Safan, zwoer hun en hun mannen, zeggende: Vreest niet van de Chaldeen te dienen; blijft in het land, en dient den koning van Babel, zo zal het u welgaan.
	As for me, behold, I will dwell at Mizpah to serve the Chaldeans, which will come unto us: but ye, gather ye wine, and summer fruits, and oil, and put them in your vessels, and dwell in your cities that ye have taken.	10	En ziet, ik woon te Mizpa, om te staan voor het aangezicht der Chaldeen, die tot ons zullen komen; gijlieden dan verzamelt wijn, en zomervruchten, en olie, en doet ze in uw vaten, en woont in uw steden, die gij hebt ingenomen.
	Likewise when all the Jews that were in Moab, and among the Ammonites, and in Edom, and that were in all the countries, heard that the king of Babylon had left a remnant of Judah, and that he had set over them Gedaliah the son of Ahikam the son of Shaphan;	11	Als ook al de Joden, die in Moab, en onder de kinderen Ammons, en in Edom, en die in al die landen waren, hoorden, dat de koning van Babel in Juda een overblijfsel gelaten had; en dat hij Gedalia, den zoon van Ahikam, den zoon van Safan, over hen gesteld had;
	Even all the Jews returned out of all places whither they were driven, and came to the land of Judah, to Gedaliah, unto Mizpah, and gathered wine and summer fruits very much.	12	Zo keerden al de Joden weder uit al de plaatsen, waarhenen zij gedreven waren, en kwamen in het land van Juda tot Gedalia te Mizpa; en zij verzamelden zeer veel wijns en zomervruchten.
	Moreover Johanan the son of Kareah, and all the captains of the forces that were in the fields, came to Gedaliah to Mizpah,	13	Doch Johanan, de zoon van Kareah, en alle oversten der heiren, die in het veld waren, kwamen tot Gedalia te Mizpa;
	And said unto him, Dost thou certainly know that Baalis the king of the Ammonites hath sent Ishmael the son of Nethaniah to slay thee? But Gedaliah the son of Ahikam believed them not.	14	En zeiden tot hem: Weet gij wel, dat Baalis, de koning der kinderen Ammons, Ismael, den zoon van Nethanja, uitgezonden heeft, om u aan het leven te slaan? Maar Gedalia, de zoon van Ahikam, geloofde hen niet.
	Then Johanan the son of Kareah spake to Gedaliah in Mizpah secretly, saying, Let me go, I pray thee, and I will slay Ishmael the son of Nethaniah, and no man shall know it: wherefore should he slay thee, that all the Jews which are gathered unto thee should be scattered, and the remnant in Judah perish?	15	Johanan nochtans, de zoon van Kareah, sprak tot Gedalia, in het verborgene, te Mizpa, zeggende: Laat mij toch henengaan, en Ismael, den zoon van Nethanja, slaan, en niemand zal het weten; waarom zou hij u aan het leven slaan, en gans Juda, die tot u vergaderd zijn, verstrooid worden, en het overblijfsel van Juda verloren gaan?
	But Gedaliah the son of Ahikam said unto Johanan the son of Kareah, Thou shalt not do this thing: for thou speakest falsely of Ishmael.	16	Maar Gedalia, de zoon van Ahikam, zeide tot Johanan, den zoon van Kareah: Doe deze zaak niet, want gij spreekt vals van Ismael.

Jeremiah (41) Jeremia

	Now it came to pass in the seventh month, that Ishmael the son of Nethaniah the son of Elishama, of the seed royal, and the princes of the king, even ten men with him, came unto Gedaliah the son of Ahikam to Mizpah; and there they did eat bread together in Mizpah.	1	Maar het geschiedde in de zevende maand, dat Ismael, de zoon van Nethanja, den zoon van Elisama, van koninklijken zade, en de oversten des konings, te weten tien mannen, met hem kwamen tot Gedalia, den zoon van Ahikam, te Mizpa; en zij aten aldaar brood te zamen, te Mizpa.
	Then arose Ishmael the son of Nethaniah, and the ten men that were with him, and smote Gedaliah the son of Ahikam the son of Shaphan with the sword, and slew him, whom the king of Babylon had made governor over the land.	2	En Ismael, de zoon van Nethanja, maakte zich op, mitsgaders de tien mannen, die met hem waren, en zij sloegen Gedalia, den zoon van Ahikam, den zoon van Safan, met het zwaard; alzo doodde hij hem, dien de koning van Babel over het land gesteld had.
	Ishmael also slew all the Jews that were with him, even with Gedaliah, at Mizpah, and the Chaldeans that were found there, and the men of war.	3	Ook sloeg Ismael al de Joden, die met hem, namelijk met Gedalia, te Mizpa waren, en de Chaldeen, de krijgslieden, die aldaar gevonden werden.
	And it came to pass the second day after he had slain Gedaliah, and no man knew it,	4	Het geschiedde nu op den tweeden dag, nadat hij Gedalia gedood had, en niemand het wist;
	That there came certain from Shechem, from Shiloh, and from Samaria, even fourscore men, having their beards shaven, and their clothes rent, and having cut themselves, with offerings and incense in their hand, to bring them to the house of the LORD.	5	Zo kwamen er lieden van Sichem, van Silo, en van Samaria, tachtig man, hebbende den baard afgeschoren, en de klederen gescheurd, en zichzelven gesneden; en spijsoffer en wierook waren in hun hand, om ten huize des HEEREN te brengen.
	And Ishmael the son of Nethaniah went forth from Mizpah to meet them, weeping all along as he went: and it came to pass, as he met them, he said unto them, Come to Gedaliah the son of Ahikam.	6	En Ismael, de zoon van Nethanja, ging uit van Mizpa hun tegemoet, al gaande en wenende; en het geschiedde, als hij hen aantrof dat hij zeide: Komt tot Gedalia, den zoon van Ahikam!
	And it was so, when they came into the midst of the city, that Ishmael the son of Nethaniah slew them, and cast them into the midst of the pit, he, and the men that were with him.	7	Maar het geschiedde, als zij in het midden der stad gekomen waren, dat Ismael, de zoon van Nethanja, hen keelde, en wierp hen in het midden des kuils, hij en de mannen, die met hem waren.

But ten men were found among them that said unto Ishmael, Slay us not: for we have treasures in the field, of wheat, and of barley, and of oil, and of honey. So he forbare, and slew them not among their brethren.

Now the pit wherein Ishmael had cast all the dead bodies of the men, whom he had slain because of Gedaliah, was it which Asa the king had made for fear of Baasha king of Israel: and Ishmael the son of Nethaniah filled it with them that were slain.

Then Ishmael carried away captive all the residue of the people that were in Mizpah, even the king's daughters, and all the people that remained in Mizpah, whom Nebuzaradan the captain of the guard had committed to Gedaliah the son of Ahikam: and Ishmael the son of Nethaniah carried them away captive, and departed to go over to the Ammonites.

But when Johanan the son of Kareah, and all the captains of the forces that were with him, heard of all the evil that Ishmael the son of Nethaniah had done,

Then they took all the men, and went to fight with Ishmael the son of Nethaniah, and found him by the great waters that are in Gibeon.

Now it came to pass, that when all the people which were with Ishmael saw Johanan the son of Kareah, and all the captains of the forces that were with him, then they were glad.

So all the people that Ishmael had carried away captive from Mizpah cast about and returned, and went unto Johanan the son of Kareah.

But Ishmael the son of Nethaniah escaped from Johanan with eight men, and went to the Ammonites.

Then took Johanan the son of Kareah, and all the captains of the forces that were with him, all the remnant of the people whom he had recovered from Ishmael the son of Nethaniah, from Mizpah, after that he had slain Gedaliah the son of Ahikam, even mighty men of war, and the women, and the children, and the eunuchs, whom he had brought again from Gibeon:

And they departed, and dwelt in the habitation of Chimham, which is by Bethlehem, to go to enter into Egypt,

Because of the Chaldeans: for they were afraid of them, because Ishmael the son of Nethaniah had slain Gedaliah the son of Ahikam, whom the king of Babylon made governor in the land.

8 Doch onder hen werden tien mannen gevonden, die tot Ismael zeiden: Dood ons niet, want wij hebben verborgen schatten in het veld, van tarwe, en gerst, en olie, en honig. Zo liet hij af, en doodde ze niet in het midden hunner broederen.

9 De kuil nu, waarin Ismael al de dode lichamen der mannen, die hij aan de zijde van Gedalia geslagen had, henenwierp, is dezelfde, dien de koning Asa maakte vanwege Baesa, den koning Israels; dezen vulde Ismael, de zoon van Nethanja, met de verslagenen.

10 En Ismael voerde het ganse overblijfsel des volks, dat te Mizpa was, gevankelijk, te weten des konings dochteren, en al het volk, die te Mizpa waren overgelaten, die Nebuzaradan, de overste der trawanten, aan Gedalia, den zoon van Ahikam, bevolen had; Ismael dan, den zoon van Nethanja, voerde ze gevankelijk weg, en toog henen, om over te gaan tot de kinderen Ammons.

11 Toen nu Johanan, de zoon van Kareah, en al de oversten der heiren, die met hem waren, al het kwaad hoorden, dat Ismael, de zoon van Nethanja, gedaan had;

12 Zo namen zij al de mannen, en togen henen, om met Ismael, den zoon van Nethanja, te strijden; en zij vonden hem aan het grote water, dat bij Gibeon is.

13 En het geschiedde, als het volk, dat met Ismael was, Johanan zag, den zoon van Kareah, en al de oversten der heiren, die met hem waren, zo werden zij verblijd.

14 En al het volk, dat Ismael van Mizpa gevankelijk had weggevoerd, wendde zich om; en zij keerden zich en gingen over tot Johanan, den zoon van Kareah.

15 Doch Ismael, de zoon van Nethanja, ontkwam van Johanans aangezicht, met acht mannen, en hij toog tot de kinderen Ammons.

16 Toen nam Johanan, de zoon van Kareah, mitsgaders al de oversten der heiren, die met hem waren, het ganse overblijfsel des volks, dat hij wedergebracht had van Ismael, den zoon van Nethanja, van Mizpa, (nadat hij Gedalia, den zoon van Ahikam, geslagen had) te weten de mannen, die krijgslieden waren, en de vrouwen, en kinderkens, en kamerlingen, die hij van Gibeon had wedergebracht;

17 En zij togen henen, en sloegen zich neder te Geruth-Chimham, dat bij Bethlehem is, om voort te trekken, dat zij in Egypte kwamen.

18 Voor het aangezicht der Chaldeen; want zij vreesden voor hunlieder aangezicht, omdat Ismael, de zoon van Nethanja, Gedalia, den zoon van Ahikam, geslagen had, dien de koning van Babel over het land gesteld had.

Jeremiah (42) Jeremia

Then all the captains of the forces, and Johanan the son of Kareah, and Jezaniah the son of Hoshaiah, and all the people from the least even unto the greatest, came near,

And said unto Jeremiah the prophet, Let, we beseech thee, our supplication be accepted before thee, and pray for us unto the LORD thy God, even for all this remnant; (for we are left but a few of many, as thine eyes do behold us:)

That the LORD thy God may shew us the way wherein we may walk, and the thing that we may do.

Then Jeremiah the prophet said unto them, I have heard you; behold, I will pray unto the LORD your God according to your words; and it shall come to pass, that whatsoever thing the LORD shall answer you, I will declare it unto you; I will keep nothing back from you.

Then they said to Jeremiah, The LORD be a true and faithful witness between us, if we do not even according to all things for the which the LORD thy God shall send thee to us.

Whether it be good, or whether it be evil, we will obey the voice of the LORD our God, to whom we send thee; that it may be well with us, when we obey the voice of the LORD our God.

And it came to pass after ten days, that the word of the LORD came unto Jeremiah.

Then called he Johanan the son of Kareah, and all the captains of the forces which were with him, and all the people from the least even to the greatest,

1 Toen traden toe alle oversten der heiren, Johanan, de zoon van Kareah, en Jezanja, de zoon van Hosaja, en al het volk, van den kleinste tot den grootste toe;

2 En zij zeiden tot den profeet Jeremia: Laat toch onze smeking voor uw aangezicht nedervallen, en bid voor ons tot den HEERE, uw God, voor dit ganse overblijfsel; want wij zijn weinigen van velen overgelaten, gelijk als uw ogen ons zien;

3 Dat ons de HEERE, uw God, bekend make den weg, dien wij zullen ingaan, en de zaak, die wij zullen doen.

4 En de profeet Jeremia zeide tot hen: Ik heb het gehoord; ziet, ik zal tot den HEERE, uw God, bidden naar uw woorden; en het zal geschieden, het ganse woord, dat de HEERE u zal antwoorden, zal ik u bekend maken, ik zal u niet een woord onthouden.

5 Toen zeiden zij tot Jeremia: De HEERE zij tussen ons tot een waarachtig en gewis Getuige: indien wij niet naar alle woord, met hetwelk u de HEERE, uw God, tot ons zal zenden, alzo zullen doen!

6 Hetzij dan goed of kwaad, wij zullen der stem des HEEREN, onzes Gods, tot Welken wij u zenden, gehoorzaam zijn; opdat het ons welga, wanneer wij der stem des HEEREN, onzes Gods, zullen gehoorzaam zijn.

7 En het gebeurde ten einde van tien dagen, dat des HEEREN woord tot Jeremia geschiedde.

8 Toen riep hij Johanan, den zoon van Kareah, en alle oversten der heiren, die met hem waren, en al het volk, van den kleinste af tot den grootste toe;

And said unto them, Thus saith the LORD, the God of Israel, unto whom ye sent me to present your supplication before him;

If ye will still abide in this land, then will I build you, and not pull you down, and I will plant you, and not pluck you up: for I repent me of the evil that I have done unto you.

Be not afraid of the king of Babylon, of whom ye are afraid; be not afraid of him, saith the LORD: for I am with you to save you, and to deliver you from his hand.

And I will shew mercies unto you, that he may have mercy upon you, and cause you to return to your own land.

But if ye say, We will not dwell in this land, neither obey the voice of the LORD your God,

Saying, No; but we will go into the land of Egypt, where we shall see no war, nor hear the sound of the trumpet, nor have hunger of bread; and there will we dwell:

And now therefore hear the word of the LORD, ye remnant of Judah; Thus saith the LORD of hosts, the God of Israel; If ye wholly set your faces to enter into Egypt, and go to sojourn there;

Then it shall come to pass, that the sword, which ye feared, shall overtake you there in the land of Egypt, and the famine, whereof ye were afraid, shall follow close after you there in Egypt; and there ye shall die.

So shall it be with all the men that set their faces to go into Egypt to sojourn there; they shall die by the sword, by the famine, and by the pestilence: and none of them shall remain or escape from the evil that I will bring upon them.

For thus saith the LORD of hosts, the God of Israel; As mine anger and my fury hath been poured forth upon the inhabitants of Jerusalem; so shall my fury be poured forth upon you, when ye shall enter into Egypt: and ye shall be an execration, and an astonishment, and a curse, and a reproach; and ye shall see this place no more.

The LORD hath said concerning you, O ye remnant of Judah; Go ye not into Egypt: know certainly that I have admonished you this day.

For ye dissembled in your hearts, when ye sent me unto the LORD your God, saying, Pray for us unto the LORD our God; and according unto all that the LORD our God shall say, so declare unto us, and we will do it.

And now I have this day declared it to you; but ye have not obeyed the voice of the LORD your God, nor any thing for the which he hath sent me unto you.

Now therefore know certainly that ye shall die by the sword, by the famine, and by the pestilence, in the place whither ye desire to go and to sojourn.

Jeremiah (43) Jeremia

And it came to pass, that when Jeremiah had made an end of speaking unto all the people all the words of the LORD their God, for which the LORD their God had sent him to them, even all these words,

Then spake Azariah the son of Hoshaiah, and Johanan the son of Kareah, and all the proud men, saying unto Jeremiah, Thou speakest falsely: the LORD our God hath not sent thee to say, Go not into Egypt to sojourn there:

But Baruch the son of Neriah setteth thee on against us, for to deliver us into the hand of the Chaldeans, that they might put us to death, and carry us away captives into Babylon.

So Johanan the son of Kareah, and all the captains of the forces, and all the people, obeyed not the voice of the LORD, to dwell in the land of Judah.

But Johanan the son of Kareah, and all the captains of the forces, took all the remnant of Judah, that were returned from all nations, whither they had been driven, to dwell in the land of Judah;

Even men, and women, and children, and the king's daughters, and every person that Nebuzaradan the captain of the guard had left with Gedaliah the son of Ahikam the son of Shaphan, and Jeremiah the prophet, and Baruch the son of Neriah.

9 En hij zeide tot hen: Zo zegt de HEERE, de God Israels, tot Welken gij mij gezonden hebt, om uw smeking voor Zijn aangezicht neder te werpen:

10 Indien gijlieden in dit land zult blijven wonen, zo zal Ik u bouwen en niet afbreken, en u planten en niet uitrukken; want Ik heb berouw over het kwaad, dat Ik u aangedaan heb.

11 Vreest niet voor het aangezicht des konings van Babel, voor wiens aangezicht gij vreest; vreest niet voor hem, spreekt de HEERE; want Ik zal met u zijn, om u te behouden en u van zijn hand te redden.

12 En Ik zal ulieden barmhartigheid geven, dat hij zich uwer erbarme, en u weder in uw land brenge.

13 Maar zo gijlieden zult zeggen: Wij zullen in dit land niet blijven; opdat gij der stem des HEEREN, uws Gods, niet gehoorzaam zijt,

14 Zeggende: Neen, maar wij zullen gaan in Egypteland, alwaar wij geen krijg zullen zien, noch het geluid der bazuin horen, noch naar brood hongeren, en daar zullen wij blijven;

15 Nu dan, daarom hoort des HEEREN woord, gij overblijfsel van Juda! Zo zegt de HEERE der heirscharen, de God Israels: Indien gij ganselijk uw aangezichten zult stellen om in Egypte te gaan, en zult henen ingaan, om aldaar als vreemdelingen te verkeren;

16 Zo zal het geschieden, dat het zwaard, waar gij voor vreest, u aldaar in Egypteland zal achterhalen; en de honger, waar gij voor zorgt, zal u aldaar in Egypte achter aankleven, en gij zult aldaar sterven.

17 Zo zullen al de mannen zijn, die hun aangezichten stellen, om in Egypte te gaan, om aldaar als vreemdelingen te verkeren; zij zullen sterven door het zwaard, door den honger en door de pestilentie; en zij zullen niemand hebben, die overblijve of ontkome van het kwaad, dat Ik over hen zal brengen.

18 Want zo zegt de HEERE der heirscharen, de God Israels: Gelijk als Mijn toorn, en Mijn grimmigheid is uitgestort over de inwoners van Jeruzalem, alzo zal Mijn grimmigheid over ulieden uitgestort worden, als gij in Egypte zult gekomen zijn; en gij zult wezen tot een vervloeking, en tot een ontzetting, en tot een vloek, en tot smaadheid, en zult deze plaats niet meer zien.

19 De HEERE heeft tegen ulieden gesproken, gij overblijfsel van Juda! Gaat niet in Egypte; weet zekerlijk, dat ik heden tegen u betuigd heb.

20 Gewisselijk, gij hebt uw zielen verleid; want gij hebt mij tot den HEERE, uw God, gezonden, zeggende: Bid voor ons tot den HEERE, onzen God, en naar alles, wat de HEERE, onze God, zal zeggen, alzo maak het ons bekend, en wij zullen het doen.

21 Nu heb ik het u heden bekend gemaakt; maar gij hebt niet gehoord naar de stem des HEEREN, uws Gods, noch naar al hetgeen, met hetwelk Hij mij tot u gezonden heeft.

22 Zo weet nu zekerlijk, dat gij door het zwaard, door den honger en door de pestilentie sterven zult, ter plaatse, waar het u gelust heeft henen te gaan, om aldaar als vreemdelingen te verkeren.

1 En het geschiedde, als Jeremia geëindigd had tot het ganse volk te spreken al de woorden des HEEREN, huns Gods, met dewelke hem de HEERE, hun God, tot hen gezonden had, te weten al die woorden,

2 Zo sprak Azaria, de zoon van Hosaja, en Johanan, de zoon van Kareah, en al de trotse mannen, zeggende tot Jeremia: Gij spreekt leugen; de HEERE, onze God, heeft u niet gezonden, om te zeggen: Gijlieden zult niet gaan in Egypte, om aldaar als vreemdelingen te verkeren.

3 Maar Baruch, de zoon van Nerija, hitst u tegen ons op, opdat hij ons overgeve in de hand der Chaldeen, dat zij ons doden en ons gevankelijk naar Babel wegvoeren.

4 Alzo gehoorzaamde Johanan, de zoon van Kareah, en al de oversten der heiren, en al het volk, der stem des HEEREN niet, om in het land van Juda te blijven.

5 Maar Johanan, de zoon van Kareah, en al de oversten der heiren namen het ganse overblijfsel van Juda, die van al de heidenen, waar zij waren henengedreven, wedergekeerd waren, om in het land van Juda te wonen;

6 De mannen, en de vrouwen, en de kinderkens, en des konings dochteren, en alle ziel, die Nebuzaradan, de overste der trawanten, bij Gedalia, den zoon van Ahikam, den zoon van Safan, gelaten had, ook den profeet Jeremia, en Baruch, den zoon van Nerija;

So they came into the land of Egypt: for they obeyed not the voice of the LORD: thus came they even to Tahpanhes.

Then came the word of the LORD unto Jeremiah in Tahpanhes, saying,

Take great stones in thine hand, and hide them in the clay in the brickkiln, which is at the entry of Pharaoh's house in Tahpanhes, in the sight of the men of Judah;

And say unto them, Thus saith the LORD of hosts, the God of Israel; Behold, I will send and take Nebuchadrezzar the king of Babylon, my servant, and will set his throne upon these stones that I have hid; and he shall spread his royal pavilion over them.

And when he cometh, he shall smite the land of Egypt, and deliver such as are for death to death; and such as are for captivity to captivity; and such as are for the sword to the sword.

And I will kindle a fire in the houses of the gods of Egypt; and he shall burn them, and carry them away captives: and he shall array himself with the land of Egypt, as a shepherd putteth on his garment; and he shall go forth from thence in peace.

He shall break also the images of Bethshemesh, that is in the land of Egypt; and the houses of the gods of the Egyptians shall he burn with fire.

7 En zij togen in Egypteland, want zij waren der stem des HEEREN niet gehoorzaam; en zij kwamen tot Tachpanhes.

8 Toen geschiedde des HEEREN woord tot Jeremia te Tachpanhes, zeggende:

9 Neem grote stenen in uw hand, en verberg ze in de klei in den ticheloven, die bij de deur van Farao's huis te Tachpanhes is, voor de ogen der Joodse mannen;

10 En zeg tot hen: Zo zegt de HEERE der heirscharen, de God Israels: Ziet, Ik zal henenzenden, en Nebukadrezar, den koning van Babel, Mijn knecht, halen, en Ik zal zijn troon zetten boven op deze stenen, die Ik verborgen heb; en hij zal zijn schone tent daarover spannen.

11 En hij zal komen en Egypteland slaan: wie ten dood, ten dode; en wie ter gevangenis, ter gevangenis; en wie ten zwaard, ten zwaarde.

12 En Ik zal een vuur aansteken in de huizen der goden van Egypte, en hij zal ze verbranden, en gevankelijk wegvoeren; en hij zal Egypteland aantrekken, gelijk als een herder zijn kleed aantrekt, en hij zal van daar uittrekken in vrede.

13 En hij zal de opgerichte beelden van Beth-Semes, hetwelk in Egypteland is, verbreken; en hij zal de huizen der goden van Egypte met vuur verbranden.

Jeremiah (44) Jeremia

The word that came to Jeremiah concerning all the Jews which dwell in the land of Egypt, which dwell at Migdol, and at Tahpanhes, and at Noph, and in the country of Pathros, saying,

Thus saith the LORD of hosts, the God of Israel; Ye have seen all the evil that I have brought upon Jerusalem, and upon all the cities of Judah; and, behold, this day they are a desolation, and no man dwelleth therein,

Because of their wickedness which they have committed to provoke me to anger, in that they went to burn incense, and to serve other gods, whom they knew not, neither they, ye, nor your fathers.

Howbeit I sent unto you all my servants the prophets, rising early and sending them, saying, Oh, do not this abominable thing that I hate.

But they hearkened not, nor inclined their ear to turn from their wickedness, to burn no incense unto other gods.

Wherefore my fury and mine anger was poured forth, and was kindled in the cities of Judah and in the streets of Jerusalem; and they are wasted and desolate, as at this day.

Therefore now thus saith the LORD, the God of hosts, the God of Israel; Wherefore commit ye this great evil against your souls, to cut off from you man and woman, child and suckling, out of Judah, to leave you none to remain;

In that ye provoke me unto wrath with the works of your hands, burning incense unto other gods in the land of Egypt, whither ye be gone to dwell, that ye might cut yourselves off, and that ye might be a curse and a reproach among all the nations of the earth?

Have ye forgotten the wickedness of your fathers, and the wickedness of the kings of Judah, and the wickedness of their wives, and your own wickedness, and the wickedness of your wives, which they have committed in the land of Judah, and in the streets of Jerusalem?

They are not humbled even unto this day, neither have they feared, nor walked in my law, nor in my statutes, that I set before you and before your fathers.

Therefore thus saith the LORD of hosts, the God of Israel; Behold, I will set my face against you for evil, and to cut off all Judah.

And I will take the remnant of Judah, that have set their faces to go into the land of Egypt to sojourn there, and they shall all be consumed, and fall in the land of Egypt; they shall even be consumed by the sword and by the famine: they shall die, from the least even unto the greatest, by the sword and by the famine: and they shall be an execration, and an astonishment, and a curse, and a reproach.

1 Het woord, dat tot Jeremia geschiedde aan al de Joden, die in Egypteland woonden, die te Migdol woonden, en te Tachpanhes, en te Nof, en in het land Pathros, zeggende:

2 Alzo zegt de HEERE der heirscharen, de God Israels: Gij hebt gezien al het kwaad, dat Ik gebracht heb over Jeruzalem en over alle steden van Juda; en ziet, zij zijn een woestheid te deze dage, en niemand woont daarin;

3 Vanwege hun boosheid, die zij gedaan hebben, om Mij te tergen, gaande om te roken en andere goden te dienen, die zij niet kenden, zij, gij, noch uw vaders.

4 En Ik heb tot u gezonden al Mijn knechten, de profeten, vroeg op zijnde en zendende, om te zeggen: Doet toch deze gruwelijke zaak niet, die Ik haat.

5 Maar zij hebben niet gehoord, noch hun oor geneigd, om zich van hun boosheid te bekeren, dat zij anderen goden niet roken.

6 Daarom is Mijn grimmigheid en Mijn toorn uitgestort, en heeft gebrand in de steden van Juda en in de straten van Jeruzalem; zodat zij tot eenzaamheid en tot verwoesting geworden zijn, gelijk het is te dezen dage.

7 En nu, zo zegt de HEERE, de God der heirscharen, de God Israels: Waarom doet gij zulk een groot kwaad tegen uw zielen, opdat gij u den man en de vrouw, het kind en den zuigeling uit het midden van Juda uitroeit, opdat gij u geen overblijfsel overlaat?

8 Tergende Mij door de werken uwer handen, rokende anderen goden in het land van Egypte, alwaar gij gekomen zijt, om daar als vreemdeling te verkeren; opdat gij uzelven uitroeit, en opdat gij wordt tot een vloek, en tot een smaadheid onder alle volken der aarde?

9 Hebt gij vergeten de boosheden uwer vaderen, en de boosheden der koningen van Juda, en de boosheden hunner vrouwen, en uw boosheden, en de boosheden uwer vrouwen, die zij gedaan hebben in het land van Juda en in de straten van Jeruzalem?

10 Zij zijn tot op dezen dag nog niet verbrijzeld van hart, en zij hebben niet gevreesd, noch gewandeld in Mijn wet en in Mijn inzettingen, die Ik voor ulieder aangezicht en voor het aangezicht uwer vaderen gegeven heb.

11 Daarom, zo zegt de HEERE der heirscharen, de God Israels: Ziet, Ik zal Mijn aangezicht tegen ulieden stellen ten kwade, en om gans Juda uit te roeien.

12 En Ik zal het overblijfsel van Juda wegnemen, die hun aangezichten gesteld hebben, om in Egypteland te gaan, om aldaar als vreemdelingen te verkeren; en zij zullen allen in Egypteland verteerd worden; door het zwaard zullen zij vallen, door den honger zullen zij verteerd worden, van den kleinste tot den grootste toe; door het zwaard en door den honger zullen zij sterven; en zij zullen worden tot een vervloeking, tot een ontzetting en tot een vloek, en tot een smaadheid.

Jeremiah - Jeremia

For I will punish them that dwell in the land of Egypt, as I have punished Jerusalem, by the sword, by the famine, and by the pestilence:

So that none of the remnant of Judah, which are gone into the land of Egypt to sojourn there, shall escape or remain, that they should return into the land of Judah, to the which they have a desire to return to dwell there: for none shall return but such as shall escape.

Then all the men which knew that their wives had burned incense unto other gods, and all the women that stood by, a great multitude, even all the people that dwelt in the land of Egypt, in Pathros, answered Jeremiah, saying,

As for the word that thou hast spoken unto us in the name of the LORD, we will not hearken unto thee.

But we will certainly do whatsoever thing goeth forth out of our own mouth, to burn incense unto the queen of heaven, and to pour out drink offerings unto her, as we have done, we, and our fathers, our kings, and our princes, in the cities of Judah, and in the streets of Jerusalem: for then had we plenty of victuals, and were well, and saw no evil.

But since we left off to burn incense to the queen of heaven, and to pour out drink offerings unto her, we have wanted all things, and have been consumed by the sword and by the famine.

And when we burned incense to the queen of heaven, and poured out drink offerings unto her, did we make her cakes to worship her, and pour out drink offerings unto her, without our men?

Then Jeremiah said unto all the people, to the men, and to the women, and to all the people which had given him that answer, saying,

The incense that ye burned in the cities of Judah, and in the streets of Jerusalem, ye, and your fathers, your kings, and your princes, and the people of the land, did not the LORD remember them, and came it not into his mind?

So that the LORD could no longer bear, because of the evil of your doings, and because of the abominations which ye have committed; therefore is your land a desolation, and an astonishment, and a curse, without an inhabitant, as at this day.

Because ye have burned incense, and because ye have sinned against the LORD, and have not obeyed the voice of the LORD, nor walked in his law, nor in his statutes, nor in his testimonies; therefore this evil is happened unto you, as at this day.

Moreover Jeremiah said unto all the people, and to all the women, Hear the word of the LORD, all Judah that are in the land of Egypt:

Thus saith the LORD of hosts, the God of Israel, saying; Ye and your wives have both spoken with your mouths, and fulfilled with your hand, saying, We will surely perform our vows that we have vowed, to burn incense to the queen of heaven, and to pour out drink offerings unto her: ye will surely accomplish your vows, and surely perform your vows.

Therefore hear ye the word of the LORD, all Judah that dwell in the land of Egypt; Behold, I have sworn by my great name, saith the LORD, that my name shall no more be named in the mouth of any man of Judah in all the land of Egypt, saying, The Lord GOD liveth.

Behold, I will watch over them for evil, and not for good: and all the men of Judah that are in the land of Egypt shall be consumed by the sword and by the famine, until there be an end of them.

Yet a small number that escape the sword shall return out of the land of Egypt into the land of Judah, and all the remnant of Judah, that are gone into the land of Egypt to sojourn there, shall know whose words shall stand, mine, or theirs.

And this shall be a sign unto you, saith the LORD, that I will punish you in this place, that ye may know that my words shall surely stand against you for evil:

---

13 Want Ik zal bezoeking doen over degenen, die in Egypteland wonen, gelijk als Ik bezoeking gedaan heb over Jeruzalem, door het zwaard, door den honger en door de pestilentie;

14 Zodat het overblijfsel van Juda, die in Egypteland gekomen zijn, om aldaar als vreemdelingen te verkeren, geen zal hebben, die ontkome, of overblijve; te weten om weder te keren in het land van Juda, waarnaar hun ziel verlangt weder te keren, om aldaar te wonen; maar zij zullen er niet wederkeren, behalve die ontkomen zullen.

15 Toen antwoordden aan Jeremia al de mannen, die wisten, dat hun vrouwen anderen goden rookten, en al de vrouwen, die daar stonden, zijnde een grote hoop, mitsgaders al het volk, die in Egypteland, in Pathros, woonde, zeggende:

16 Aangaande het woord, dat gij tot ons in des HEEREN Naam gesproken hebt, wij zullen naar u niet horen.

17 Maar wij zullen ganselijk doen al hetgeen uit onzen mond is uitgegaan, rokende aan Melecheth des hemels, en haar drankofferen offerende, gelijk als wij gedaan hebben, wij en onze vaders, onze koningen en onze vorsten, in de steden van Juda en in de straten van Jeruzalem; toen werden wij met brood verzadigd, en waren vrolijk, en zagen geen kwaad.

18 Maar van toen af, dat wij opgehouden hebben aan Melecheth des hemels te roken, en haar drankofferen te offeren, hebben wij van alles gebrek gehad, en zijn door het zwaard en door den honger verteerd.

19 Ook wanneer wij aan Melecheth des hemels roken en haar drankofferen offeren, maken wij haar gebeelde koeken, om haar af te beelden, en offeren wij haar drankofferen, zonder onze mannen?

20 Toen sprak Jeremia tot al het volk, tot de mannen en tot de vrouwen, en tot al het volk, die hem zulks geantwoord hadden, zeggende:

21 Het roken, dat gijlieden in de steden van Juda en in de straten van Jeruzalem gerookt hebt, gij en uw vaderen, uw koningen en uw vorsten, en het volk des lands, heeft de HEERE daaraan niet gedacht, en is het niet in Zijn hart opgekomen?

22 Zodat het de HEERE niet meer kon verdragen, vanwege de boosheid uwer handelingen, vanwege de gruwelen, die gij deedt; daarom is uw land geworden tot een woestheid, en tot ontzetting, en tot een vloek, dat er niemand in woont, gelijk het is te dezen dage;

23 Vanwege dat gij gerookt hebt, en dat gij tegen den HEERE gezondigd hebt, en des HEEREN stem niet gehoorzaam zijt geweest, en in Zijn wet en in Zijn inzettingen, en in Zijn getuigenissen niet hebt gewandeld; daarom is u dit kwaad wedervaren, gelijk het is te dezen dage.

24 Voorts zeide Jeremia tot al het volk, en tot al de vrouwen: Hoort des HEEREN woord, gij gans Juda, die in Egypteland zijt!

25 Zo spreekt de HEERE der heirscharen, de God Israels, zeggende: Aangaande u en uw vrouwen, zij hebben toch met uw mond gesproken, en gij hebt het met uw handen vervuld, zeggende: Wij zullen onze geloften, die wij beloofd hebben, ganselijk houden, rokende aan Melecheth des hemels, en haar drankofferen offerende; nu, zij hebben uw geloften volkomenlijk bevestigd en uw geloften volkomenlijk gehouden.

26 Daarom hoort des HEEREN woord, gij gans Juda, die in Egypteland woont! Ziet, Ik zweer bij Mijn groten Naam, zegt de HEERE, zo Mijn Naam met den mond van enig man van Juda in gans Egypteland meer zal genoemd worden, die zegge: Zo waarachtig als de Heere HEERE leeft!

27 Ziet, Ik zal over hen waken ten kwade en niet ten goede; en alle mannen van Juda, die in Egypteland zijn, zullen door het zwaard en door den honger verteerd worden, totdat zij ten einde zijn.

28 Maar die van het zwaard ontkomen, zullen uit Egypteland wederkeren in het land van Juda, weinig in getal; en het ganse overblijfsel van Juda, die in Egypteland gekomen zijn, om aldaar als vreemdelingen te verkeren, zullen weten, wiens woord bestaan zal, het Mijn of het hunne.

29 En dit zal ulieden het teken zijn, spreekt de HEERE, dat Ik in deze plaats over u bezoeking zal doen; opdat gij weet, dat Mijn woorden zekerlijk over u bestaan zullen ten kwade;

	Thus saith the LORD; Behold, I will give Pharaohhophra king of Egypt into the hand of his enemies, and into the hand of them that seek his life; as I gave Zedekiah king of Judah into the hand of Nebuchadrezzar king of Babylon, his enemy, and that sought his life.	30	Alzo zegt de HEERE: Ziet, Ik zal Farao Hofra, den koning van Egypte, geven in de hand zijner vijanden, en in de hand dergenen, die zijn ziel zoeken, gelijk als Ik Zedekia, den koning van Juda, gegeven heb in de hand van Nebukadrezar, den koning van Babel, zijn vijand, en die zijn ziel zocht.

Jeremiah (45) Jeremia

	The word that Jeremiah the prophet spake unto Baruch the son of Neriah, when he had written these words in a book at the mouth of Jeremiah, in the fourth year of Jehoiakim the son of Josiah king of Judah, saying,	1	Het woord, dat de profeet Jeremia gesproken heeft tot Baruch, den zoon van Nerija, als hij die woorden uit den mond van Jeremia in een boek schreef, in het vierde jaar van Jojakim, den zoon van Josia, den koning van Juda, zeggende:
	Thus saith the LORD, the God of Israel, unto thee, O Baruch;	2	Alzo zegt de HEERE, de God Israels, van u, o Baruch!
	Thou didst say, Woe is me now! for the LORD hath added grief to my sorrow; I fainted in my sighing, and I find no rest.	3	Gij zegt: Wee nu mij, want de HEERE heeft droefenis tot mijn smart gedaan; ik ben moede van mijn zuchten, en vind geen rust!
	Thus shalt thou say unto him, The LORD saith thus; Behold, that which I have built will I break down, and that which I have planted I will pluck up, even this whole land.	4	Zo zult gij tot hem zeggen: Zo zegt de HEERE: Zie, dat Ik gebouwd heb, breek Ik af, en dat Ik geplant heb, ruk Ik uit, zelfs dit ganse land.
	And seekest thou great things for thyself? seek them not: for, behold, I will bring evil upon all flesh, saith the LORD: but thy life will I give unto thee for a prey in all places whither thou goest.	5	En zoudt gij u grote dingen zoeken? Zoek ze niet; want zie, Ik breng een kwaad over alle vlees, spreekt de HEERE; maar Ik zal u uw ziel tot een buit geven, in alle plaatsen, waar gij zult henentrekken.

Jeremiah (46) Jeremia

	The word of the LORD which came to Jeremiah the prophet against the Gentiles;	1	Het woord des HEEREN, dat tot den profeet Jeremia geschied is tegen de heidenen.
	Against Egypt, against the army of Pharaohnecho king of Egypt, which was by the river Euphrates in Carchemish, which Nebuchadrezzar king of Babylon smote in the fourth year of Jehoiakim the son of Josiah king of Judah.	2	Tegen Egypte; tegen het heir van Farao Necho, koning van Egypte, dat aan de rivier Frath, bij Karchemis was, dat Nebukadrezar, de koning van Babel, sloeg, in het vierde jaar van Jojakim, den zoon van Josia, den koning van Juda.
	Order ye the buckler and shield, and draw near to battle.	3	Rust het schild en de rondas toe, en nadert tot den strijd!
	Harness the horses; and get up, ye horsemen, and stand forth with your helmets; furbish the spears, and put on the brigandines.	4	Spant de paarden aan, en klimt op, gij ruiters! en stelt u met helmen; vaagt de spiesen, trekt de pantsiers aan!
	Wherefore have I seen them dismayed and turned away back? and their mighty ones are beaten down, and are fled apace, and look not back: for fear was round about, saith the LORD.	5	Waarom zie Ik, dat zij versaagd en achterwaarts gedreven zijn? Zelfs hun helden zijn verslagen, en nemen de vlucht, en zien niet om; er is schrik van rondom, spreekt de HEERE.
	Let not the swift flee away, nor the mighty man escape; they shall stumble, and fall toward the north by the river Euphrates.	6	De snelle ontvliede niet, en de held ontkome niet; tegen het noorden, aan den oever der rivier Frath zijn zij gestruikeld en gevallen.
	Who is this that cometh up as a flood, whose waters are moved as the rivers?	7	Wie is deze, die optrekt als een stroom, wiens wateren zich bewegen als de rivieren?
	Egypt riseth up like a flood, and his waters are moved like the rivers; and he saith, I will go up, and will cover the earth; I will destroy the city and the inhabitants thereof.	8	Egypte trekt op als een stroom, en zijn wateren bewegen zich als de rivieren; en hij zegt: Ik zal optrekken, ik zal de aarde bedekken, ik zal de stad, en die daarin wonen, verderven.
	Come up, ye horses; and rage, ye chariots; and let the mighty men come forth; the Ethiopians and the Libyans, that handle the shield; and the Lydians, that handle and bend the bow.	9	Trekt op, gij paarden! en raast, gij wagens! en laat de helden uittrekken: de Moren, en de Puteers, die het schild handelen, en de Lydiers, die den boog handelen en spannen.
	For this is the day of the Lord GOD of hosts, a day of vengeance, that he may avenge him of his adversaries: and the sword shall devour, and it shall be satiate and made drunk with their blood: for the Lord GOD of hosts hath a sacrifice in the north country by the river Euphrates.	10	Maar deze dag is des HEEREN, des HEEREN der heirscharen, een dag der wrake, dat Hij zich wreke van Zijn wederpartijders, en het zwaard zal vreten, en verzadigd, en dronken worden van hun bloed; want de Heere, HEERE der heirscharen, heeft een slachtoffer in het land van het noorden, aan de rivier Frath.
	Go up into Gilead, and take balm, O virgin, the daughter of Egypt: in vain shalt thou use many medicines; for thou shalt not be cured.	11	Ga henen op naar Gilead, en haal balsem, gij jonkvrouw, dochter van Egypte! Tevergeefs vermenigvuldigt gij de medicijnen, er is geen heling voor u.
	The nations have heard of thy shame, and thy cry hath filled the land: for the mighty man hath stumbled against the mighty, and they are fallen both together.	12	De volken hebben uw schande gehoord, en het land is vol van uw gekrijt; want zij hebben zich gestoten, held tegen held, zij zijn beiden te zamen gevallen.
	The word that the LORD spake to Jeremiah the prophet, how Nebuchadrezzar king of Babylon should come and smite the land of Egypt.	13	Het woord, dat de HEERE tot den profeet Jeremia sprak, van de aankomst van Nebukadrezar, den koning van Babel, om Egypteland te slaan.
	Declare ye in Egypt, and publish in Migdol, and publish in Noph and in Tahpanhes: say ye, Stand fast, and prepare thee; for the sword shall devour round about thee.	14	Verkondigt in Egypte, en doet het horen te Migdol; doet het ook horen te Nof en te Tachpanhes; zegt: Stelt er u naar, en maakt u gereed, want het zwaard heeft verteerd, wat rondom u is.
	Why are thy valiant men swept away? they stood not, because the LORD did drive them.	15	Waarom zijn uw sterken weggeveegd? Zij stonden niet, omdat hen de HEERE voortdreef.
	He made many to fall, yea, one fell upon another: and they said, Arise, and let us go again to our own people, and to the land of our nativity, from the oppressing sword.	16	Hij maakte der struikelenden veel; ja, de een viel op den ander; zodat zij zeiden: Staat op en laat ons wederkeren tot ons volk, en tot het land onzer geboorte, vanwege het verdrukkende zwaard.
	They did cry there, Pharaoh king of Egypt is but a noise; he hath passed the time appointed.	17	Daar riepen zij: Farao, de koning van Egypte, is maar een gedruis; hij heeft den gezetten tijd laten voorbijgaan.

As I live, saith the King, whose name is the LORD of hosts, Surely as Tabor is among the mountains, and as Carmel by the sea, so shall he come.	18 Zo waarachtig als Ik leef, spreekt de Koning, Wiens Naam is HEERE der heirscharen; hij zal voorzeker, als Thabor onder de bergen, en als Karmel bij de zee, aankomen!
O thou daughter dwelling in Egypt, furnish thyself to go into captivity: for Noph shall be waste and desolate without an inhabitant.	19 Maak voor u gereedschap der gevankelijke wegvoering, gij inwoneres, gij dochter van Egypte! want Nof zal ter verwoesting worden, en zal verbrand worden, dat er niemand in wone.
Egypt is like a very fair heifer, but destruction cometh, it cometh out of the north.	20 Egypte is een zeer schone vaarze; de slachter komt, hij komt van het noorden.
Also her hired men are in the midst of her like fatted bullocks; for they also are turned back, and are fled away together: they did not stand, because the day of their calamity was come upon them, and the time of their visitation.	21 Zelfs haar gehuurden in haar midden zijn als gemeste kalveren; maar die hebben zich ook gewend, zij zijn te zamen gevlucht, zij hebben niet gestaan; want de dag huns verderfs is over hen gekomen, de tijd hunner bezoeking.
The voice thereof shall go like a serpent; for they shall march with an army, and come against her with axes, as hewers of wood.	22 Haar stem zal gaan als van een slang; want zij zullen met krijgsmacht daarhenen trekken, en tot haar met bijlen komen, gelijk houthouwers.
They shall cut down her forest, saith the LORD, though it cannot be searched; because they are more than the grasshoppers, and are innumerable.	23 Zij hebben haar woud afgehouwen, spreekt de HEERE, hoewel het niet is te onderzoeken; want zij zijn meerder dan de sprinkhanen, zodat men hen niet tellen kan.
The daughter of Egypt shall be confounded; she shall be delivered into the hand of the people of the north.	24 De dochter van Egypte is beschaamd; zij is gegeven in de hand des volks van het noorden.
The LORD of hosts, the God of Israel, saith; Behold, I will punish the multitude of No, and Pharaoh, and Egypt, with their gods, and their kings; even Pharaoh, and all them that trust in him:	25 De HEERE der heirscharen, de God Israels, zegt: Ziet, Ik zal bezoeking doen over de menigte van No, en over Farao, en over Egypte, en over haar goden, en over haar koningen, ja, over Farao, en over degenen, die op hem vertrouwen.
And I will deliver them into the hand of those that seek their lives, and into the hand of Nebuchadrezzar king of Babylon, and into the hand of his servants: and afterward it shall be inhabited, as in the days of old, saith the LORD.	26 En Ik zal hen geven in de hand dergenen, die hunlieder ziel zoeken, en in de hand van Nebukadrezar, den koning van Babel, en in de hand zijner knechten. Maar daarna zal zij bewoond worden als in de dagen van ouds, spreekt de HEERE.
But fear not thou, O my servant Jacob, and be not dismayed, O Israel: for, behold, I will save thee from afar off, and thy seed from the land of their captivity; and Jacob shall return, and be in rest and at ease, and none shall make him afraid.	27 Maar gij, Mijn knecht Jakob! vrees niet, en ontzet u niet, o Israel! want zie, Ik zal u verlossen uit verre landen, en uw zaad uit het land hunner gevangenis; en Jakob zal wederkomen, en stil en gerust zijn, en niemand zal hem verschrikken.
Fear thou not, O Jacob my servant, saith the LORD: for I am with thee; for I will make a full end of all the nations whither I have driven thee: but I will not make a full end of thee, but correct thee in measure; yet will I not leave thee wholly unpunished.	28 Gij dan Mijn knecht Jakob! vrees niet, spreekt de HEERE; want Ik ben met u; want Ik zal een voleinding maken met al de heidenen, waarhenen Ik u gedreven zal hebben, doch met u zal Ik geen voleinding maken, maar u kastijden met mate, en u niet gans onschuldig houden.

Jeremiah (47) Jeremia

The word of the LORD that came to Jeremiah the prophet against the Philistines, before that Pharaoh smote Gaza.	1 Het woord des HEEREN, dat tot den profeet Jeremia geschiedde, tegen de Filistijnen; eer dat Farao Gaza sloeg.
Thus saith the LORD; Behold, waters rise up out of the north, and shall be an overflowing flood, and shall overflow the land, and all that is therein; the city, and them that dwell therein: then the men shall cry, and all the inhabitants of the land shall howl.	2 Zo zegt de HEERE: Ziet, wateren komen op van het noorden, en zullen worden tot een overlopende beek, en overlopen het land en de volheid van hetzelve, de stad en die daarin wonen; en de mensen zullen schreeuwen, en al de inwoners des lands zullen huilen;
At the noise of the stamping of the hoofs of his strong horses, at the rushing of his chariots, and at the rumbling of his wheels, the fathers shall not look back to their children for feebleness of hands;	3 Vanwege het geluid van het geklater der hoeven zijner sterke paarden, vanwege het geraas zijner wagenen, en het bulderen zijner raderen; de vaders zien niet om naar de kinderen, vanwege de slappigheid der handen.
Because of the day that cometh to spoil all the Philistines, and to cut off from Tyrus and Zidon every helper that remaineth: for the LORD will spoil the Philistines, the remnant of the country of Caphtor.	4 Vanwege den dag, die er komt om alle Filistijnen te verstoren, om Tyrus en Sidon allen overgeblevenen helper af te snijden; want de HEERE zal de Filistijnen, het overblijfsel des eilands van Kafthor, verstoren.
Baldness is come upon Gaza; Ashkelon is cut off with the remnant of their valley: how long wilt thou cut thyself?	5 Kaalheid is op Gaza gekomen; Askelon is uitgeroeid, met het overblijfsel huns dals; hoe lang zult gij uzelven insnijdingen maken?
O thou sword of the LORD, how long will it be ere thou be quiet? put up thyself into thy scabbard, rest, and be still.	6 O wee, gij zwaard des HEEREN! Hoe lang zult gij niet stil houden? Vaar in uw schede, rust en wees stil!
How can it be quiet, seeing the LORD hath given it a charge against Ashkelon, and against the sea shore? there hath he appointed it.	7 Hoe zoudt gij stil houden? De HEERE heeft toch aan het zwaard bevel gegeven; tegen Askelon en tegen de zeehaven, aldaar heeft Hij het besteld.

Jeremiah (48) Jeremia

Against Moab thus saith the LORD of hosts, the God of Israel; Woe unto Nebo! for it is spoiled: Kiriathaim is confounded and taken: Misgab is confounded and dismayed.	1 Tegen Moab zegt de HEERE der heirscharen, de God Israels, alzo: Wee over Nebo, want zij is verstoord; Kirjathaim is beschaamd, zij is ingenomen; de stad des hogen vertreks is beschaamd en verschrikt.
There shall be no more praise of Moab: in Heshbon they have devised evil against it; come, and let us cut it off from being a nation. Also thou shalt be cut down, O Madmen; the sword shall pursue thee.	2 Moabs roem van Hesbon is er niet meer; zij hebben kwaad tegen haar gedacht, zeggende: Komt, en laat ons haar uitroeien, dat zij geen volk meer zij; ook gij, o Madmen! zult nedergehouwen worden, het zwaard zal achter u heengaan.
A voice of crying shall be from Horonaim, spoiling and great destruction.	3 Er is een stem des gekrijts van Horonaim; verstoring en een grote breuk!

	Moab is destroyed; her little ones have caused a cry to be heard.	4	Moab is verbroken; haar kleine kinderen hebben een gekrijt laten horen.
	For in the going up of Luhith continual weeping shall go up; for in the going down of Horonaim the enemies have heard a cry of destruction.	5	Want in den opgang van Luhith zal geween bij geween opgaan, want in den afgang van Horonaim hebben Moabs wederpartijders een jammergeschrei gehoord.
	Flee, save your lives, and be like the heath in the wilderness.	6	Vlucht, redt ulieder ziel! en wordt als de heide in de woestijn;
	For because thou hast trusted in thy works and in thy treasures, thou shalt also be taken: and Chemosh shall go forth into captivity with his priests and his princes together.	7	Want om uw vertrouwen op uw werken, en op uw schatten, zult gij ook ingenomen worden; en Kamos zal henen uitgaan in gevangenis, zijn priesteren en zijn vorsten te zamen.
	And the spoiler shall come upon every city, and no city shall escape: the valley also shall perish, and the plain shall be destroyed, as the LORD hath spoken.	8	Want de verstoorder zal komen over elke stad, dat niet een stad ontkomen zal; en het dal zal verderven, en het effen veld verdelgd worden; want de HEERE heeft het gezegd.
	Give wings unto Moab, that it may flee and get away: for the cities thereof shall be desolate, without any to dwell therein.	9	Geeft Moab vederen, want al vliegende zal zij uitgaan; en haar steden zullen ter verwoesting worden, dat niemand in dezelve wone.
	Cursed be he that doeth the work of the LORD deceitfully, and cursed be he that keepeth back his sword from blood.	10	Vervloekt zij, die des HEEREN werk bedriegelijk doet; ja, vervloekt zij, die zijn zwaard van het bloed onthoudt!
	Moab hath been at ease from his youth, and he hath settled on his lees, and hath not been emptied from vessel to vessel, neither hath he gone into captivity: therefore his taste remained in him, and his scent is not changed.	11	Moab is van zijn jeugd aan gerust geweest, en hij heeft op zijn heffe stil gelegen, en is van vat in vat niet geledigd, en heeft niet gewandeld in gevangenis; daarom is zijn smaak in hem gebleven, en zijn reuk niet veranderd.
	Therefore, behold, the days come, saith the LORD, that I will send unto him wanderers, that shall cause him to wander, and shall empty his vessels, and break their bottles.	12	Daarom, ziet, de dagen komen, spreekt de HEERE, dat Ik hem vreemde gasten zal toeschikken, die hem in vreemde plaatsen zullen voeren, en zijn vaten ledigen, en hunlieder flessen in stukken slaan.
	And Moab shall be ashamed of Chemosh, as the house of Israel was ashamed of Bethel their confidence.	13	En Moab zal beschaamd worden vanwege Kamos, gelijk als het huis Israels beschaamd is geworden vanwege Beth-El, hunlieder vertrouwen.
	How say ye, We are mighty and strong men for the war?	14	Hoe zult gij zeggen: Wij zijn helden en dappere mannen ten strijde?
	Moab is spoiled, and gone up out of her cities, and his chosen young men are gone down to the slaughter, saith the King, whose name is the LORD of hosts.	15	Moab is verstoord, en uit zijn steden opgegaan, en de keur zijner jongelingen is ter slachting afgegaan, spreekt de Koning, Wiens Naam is HEERE der heirscharen.
	The calamity of Moab is near to come, and his affliction hasteth fast.	16	Moabs verderf is nabij om te komen, en zijn kwaad haast zeer.
	All ye that are about him, bemoan him; and all ye that know his name, say, How is the strong staff broken, and the beautiful rod!	17	Beklaagt hem, gij allen, die rondom hem zijt, en allen, die zijn naam kent; zegt: Hoe is de sterke staf, de sierlijke stok verbroken?
	Thou daughter that dost inhabit Dibon, come down from thy glory, and sit in thirst; for the spoiler of Moab shall come upon thee, and he shall destroy thy strong holds.	18	Daal neder uit uw heerlijkheid, en woon in dorst, gij inwoneres, gij dochter van Dibon! want Moabs verstoorder is tegen u opgetogen, hij heeft uw vestingen verdorven.
	O inhabitant of Aroer, stand by the way, and espy; ask him that fleeth, and her that escapeth, and say, What is done?	19	Sta aan den weg, en zie toe, gij inwoneres van Aroer! Vraag den vluchtenden man en de ontkomene vrouw; zeg: Wat is er geschied?
	Moab is confounded; for it is broken down: howl and cry; tell ye it in Arnon, that Moab is spoiled,	20	Moab is beschaamd, want hij is verslagen; huilt en krijt! verkondigt te Arnon, dat Moab verstoord is.
	And judgment is come upon the plain country; upon Holon, and upon Jahazah, and upon Mephaath,	21	En het oordeel is gekomen over het vlakke land; over Holon, en over Jahza, en over Mefaath.
	And upon Dibon, and upon Nebo, and upon Bethdiblathaim,	22	En over Dibon, en over Nebo, en over Beth-Diblathaim,
	And upon Kiriathaim, and upon Bethgamul, and upon Bethmeon,	23	En over Kirjathaim, en over Beth-Gamul, en over Beth-Meon,
	And upon Kerioth, and upon Bozrah, and upon all the cities of the land of Moab, far or near.	24	En over Kerioth, en over Bozra; ja, over alle steden van Moabs land, die verre en die nabij zijn.
	The horn of Moab is cut off, and his arm is broken, saith the LORD.	25	Moabs hoorn is afgesneden, en zijn arm verbroken, spreekt de HEERE.
	Make ye him drunken: for he magnified himself against the LORD: Moab also shall wallow in his vomit, and he also shall be in derision.	26	Maak hem dronken, omdat hij zich groot gemaakt heeft tegen den HEERE; zo zal Moab met de handen klappen in zijn uitspuwsel, en hij zelf zal ook ter belaching zijn.
	For was not Israel a derision unto thee? was he found among thieves? for since thou spakest of him, thou skippedst for joy.	27	Want is u niet Israel ter belaching geweest? Was hij onder de dieven gevonden, dat gij u zo bewoogt, van den tijd af, dat uw woorden van hem waren?
	O ye that dwell in Moab, leave the cities, and dwell in the rock, and be like the dove that maketh her nest in the sides of the hole's mouth.	28	Verlaat de steden, en woont in de steenrots, gij inwoners van Moab! en wordt gelijk een duif, die in de doorgangen van den mond eens hols nestelt.
	We have heard the pride of Moab, (he is exceeding proud) his loftiness, and his arrogancy, and his pride, and the haughtiness of his heart.	29	Wij hebben Moabs hovaardij gehoord (hij is zeer hovaardig), zijn trotsheid, en zijn hovaardij, en zijn hoogmoed, en zijns harten hoogmoed.
	I know his wrath, saith the LORD; but it shall not be so; his lies shall not so effect it.	30	Ik ken zijn verbolgenheid, spreekt de HEERE, maar niet alzo; zijn grendelen doen het zo niet.
	Therefore will I howl for Moab, and I will cry out for all Moab; mine heart shall mourn for the men of Kirheres.	31	Daarom zal Ik over Moab huilen, ja, om gans Moab zal Ik krijten; over de lieden van Kir-heres zal men zuchten.
	O vine of Sibmah, I will weep for thee with the weeping of Jazer: thy plants are gone over the sea, they reach even to the sea of Jazer: the spoiler is fallen upon thy summer fruits and upon thy vintage.	32	Boven het geween van Jaezer zal Ik u bewenen, gij wijnstok van Sibma! uw wijnranken zijn over zee gegaan, zij hebben gereikt tot aan Jaezers zee; maar de verstoorder is gevallen op uw zomervruchten en op uw wijnoogst;

	And joy and gladness is taken from the plentiful field, and from the land of Moab; and I have caused wine to fail from the winepresses: none shall tread with shouting; their shouting shall be no shouting.	33	Zodat de blijdschap en verheuging uit het vruchtbare veld, namelijk uit Moabs land, weggenomen is; want Ik heb den wijn doen ophouden uit de kuipen; men zal geen druiven treden met vreugdegeschrei; het vreugdegeschrei zal geen vreugdegeschrei zijn.
	From the cry of Heshbon even unto Elealeh, and even unto Jahaz, have they uttered their voice, from Zoar even unto Horonaim, as an heifer of three years old: for the waters also of Nimrim shall be desolate.	34	Vanwege Hesbons gekrijt tot Eleale toe, tot Jahaz toe, hebben zij hun stem verheven, van Zoar tot aan Horonaim, die driejarige vaarze; want ook de wateren van Nimrim zullen tot verwoestingen worden.
	Moreover I will cause to cease in Moab, saith the LORD, him that offereth in the high places, and him that burneth incense to his gods.	35	En Ik zal in Moab doen ophouden, spreekt de HEERE, dien, die op de hoogte offert, en die zijn goden rookt.
	Therefore mine heart shall sound for Moab like pipes, and mine heart shall sound like pipes for the men of Kirheres: because the riches that he hath gotten are perished.	36	Daarom zal Mijn hart over Moab getier maken als de fluiten; ook zal Mijn hart over de lieden van Kir-heres getier maken als de fluiten, omdat het overschot, dat hij gemaakt had, verloren is.
	For every head shall be bald, and every beard clipped: upon all the hands shall be cuttings, and upon the loins sackcloth.	37	Want alle hoofden zijn kaal, en alle baarden afgekort; op alle handen zijn insnijdingen, en op de lenden is een zak.
	There shall be lamentation generally upon all the housetops of Moab, and in the streets thereof: for I have broken Moab like a vessel wherein is no pleasure, saith the LORD.	38	Op alle daken van Moab, en op al haar straten is overal misbaar; want Ik heb Moab verbroken als een vat, waar men geen lust aan heeft, spreekt de HEERE.
	They shall howl, saying, How is it broken down! how hath Moab turned the back with shame! so shall Moab be a derision and a dismaying to all them about him.	39	Hoe is hij verslagen! zij huilen; hoe heeft Moab den nek met schaamte gewend! Alzo zal Moab allen, die rondom hem zijn, tot belaching en tot een ontzetting worden.
	For thus saith the LORD; Behold, he shall fly as an eagle, and shall spread his wings over Moab.	40	Want zo zegt de HEERE: Ziet, hij zal snel vliegen als een arend, en hij zal zijn vleugelen over Moab uitbreiden.
	Kerioth is taken, and the strong holds are surprised, and the mighty men's hearts in Moab at that day shall be as the heart of a woman in her pangs.	41	Elk een der steden is gewonnen, en elk een der vastigheden is ingenomen; en het hart van Moabs helden zal te dien dage wezen, als het hart ener vrouw, die in nood is.
	And Moab shall be destroyed from being a people, because he hath magnified himself against the LORD.	42	Want Moab zal verdelgd worden, dat hij geen volk zij, omdat hij zich groot gemaakt heeft tegen den HEERE.
	Fear, and the pit, and the snare, shall be upon thee, O inhabitant of Moab, saith the LORD.	43	De vreze, en de kuil, en de strik, over u, gij inwoner van Moab! spreekt de HEERE.
	He that fleeth from the fear shall fall into the pit; and he that getteth up out of the pit shall be taken in the snare: for I will bring upon it, even upon Moab, the year of their visitation, saith the LORD.	44	Die van de vreze ontvliedt, zal in den kuil vallen, en die uit den kuil opkomt, zal in den strik gevangen worden; want Ik zal over haar, over Moab, het jaar van hunlieder bezoeking brengen, spreekt de HEERE.
	They that fled stood under the shadow of Heshbon because of the force: but a fire shall come forth out of Heshbon, and a flame from the midst of Sihon, and shall devour the corner of Moab, and the crown of the head of the tumultuous ones.	45	Die voor des vijands macht vluchtten, bleven staan in de schaduw van Hesbon; maar een vuur is uitgegaan van Hesbon, en een vlam van tussen Sihon, en heeft de hoeken van Moab en den schedel der kinderen van het gedruis verteerd.
	Woe be unto thee, O Moab! the people of Chemosh perisheth: for thy sons are taken captives, and thy daughters captives.	46	Wee u, Moab! het volk van Kamos is verloren; want uw zonen zijn weggenomen in gevangenis; ook zijn uw dochters in gevangenis.
	Yet will I bring again the captivity of Moab in the latter days, saith the LORD. Thus far is the judgment of Moab.	47	Maar in het laatste der dagen, zal Ik Moabs gevangenis wenden, spreekt de HEERE. Tot hiertoe is Moabs oordeel.

Jeremiah (49) Jeremia

	Concerning the Ammonites, thus saith the LORD; Hath Israel no sons? hath he no heir? why then doth their king inherit Gad, and his people dwell in his cities?	1	Tegen de kinderen Ammons zegt de HEERE alzo: Heeft dan Israel geen kinderen? Heeft hij geen erfgenaam? Waarom is dan Malcham erfgenaam van Gad, en waarom woont zijn volk in deszelfs steden?
	Therefore, behold, the days come, saith the LORD, that I will cause an alarm of war to be heard in Rabbah of the Ammonites; and it shall be a desolate heap, and her daughters shall be burned with fire: then shall Israel be heir unto them that were his heirs, saith the LORD.	2	Daarom ziet, de dagen komen, spreekt de HEERE, dat Ik over Rabba der kinderen Ammons een krijgsgeschrei zal doen horen, en zij zal tot een woesten hoop worden, en haar onderhorige plaatsen zullen met vuur aangestoken worden; en Israel zal erven degenen, die hem geerfd hadden, zegt de HEERE.
	Howl, O Heshbon, for Ai is spoiled: cry, ye daughters of Rabbah, gird you with sackcloth; lament, and run to and fro by the hedges; for their king shall go into captivity, and his priests and his princes together.	3	Huil, o Hesbon! want Ai is verstoord; krijt, gij dochteren van Rabba, gordt zakken aan, drijft misbaar, en loopt om bij de tuinen; want Malcham zal wandelen in gevangenis, zijn priesteren en zijn vorsten te zamen.
	Wherefore gloriest thou in the valleys, thy flowing valley, O backsliding daughter? that trusted in her treasures, saying, Who shall come unto me?	4	Wat roemt gij op uw dalen? Uw dal is weggevloten, gij afkerige dochter! die op haar schatten vertrouwt, zeggende: Wie zou tegen mij komen?
	Behold, I will bring a fear upon thee, saith the Lord GOD of hosts, from all those that be about thee; and ye shall be driven out every man right forth; and none shall gather up him that wandereth.	5	Ziet, Ik zal vreze over u brengen, spreekt de HEERE, de HEERE der heirscharen, van allen, die rondom u zijn, en gijlieden zult, een iegelijk voor zich henen, uitgedreven worden, en niemand zal den omdolende vergaderen.
	And afterward I will bring again the captivity of the children of Ammon, saith the LORD.	6	Maar daarna zal Ik de gevangenis der kinderen Ammons wenden, spreekt de HEERE.
	Concerning Edom, thus saith the LORD of hosts; Is wisdom no more in Teman? is counsel perished from the prudent? is their wisdom vanished?	7	Tegen Edom zegt de HEERE der heirscharen alzo: Is er dan geen wijsheid meer te Theman? Is de raad vergaan van de verstandigen? Is hunlieder wijsheid onnut geworden?
	Flee ye, turn back, dwell deep, O inhabitants of Dedan; for I will bring the calamity of Esau upon him, the time that I will visit him.	8	Vliedt, wendt u, woont in diepe plaatsen, gij inwoners van Dedan! want Ik heb Ezau's verderf over hem gebracht, den tijd, dat Ik hem bezocht heb.

If grapegatherers come to thee, would they not leave some gleaning grapes? if thieves by night, they will destroy till they have enough.

But I have made Esau bare, I have uncovered his secret places, and he shall not be able to hide himself: his seed is spoiled, and his brethren, and his neighbours, and he is not.

Leave thy fatherless children, I will preserve them alive; and let thy widows trust in me.

For thus saith the LORD; Behold, they whose judgment was not to drink of the cup have assuredly drunken; and art thou he that shall altogether go unpunished? thou shalt not go unpunished, but thou shalt surely drink of it.

For I have sworn by myself, saith the LORD, that Bozrah shall become a desolation, a reproach, a waste, and a curse; and all the cities thereof shall be perpetual wastes.

I have heard a rumour from the LORD, and an ambassador is sent unto the heathen, saying, Gather ye together, and come against her, and rise up to the battle.

For, lo, I will make thee small among the heathen, and despised among men.

Thy terribleness hath deceived thee, and the pride of thine heart, O thou that dwellest in the clefts of the rock, that holdest the height of the hill: though thou shouldest make thy nest as high as the eagle, I will bring thee down from thence, saith the LORD.

Also Edom shall be a desolation: every one that goeth by it shall be astonished, and shall hiss at all the plagues thereof.

As in the overthrow of Sodom and Gomorrah and the neighbour cities thereof, saith the LORD, no man shall abide there, neither shall a son of man dwell in it.

Behold, he shall come up like a lion from the swelling of Jordan against the habitation of the strong: but I will suddenly make him run away from her: and who is a chosen man, that I may appoint over her? for who is like me? and who will appoint me the time? and who is that shepherd that will stand before me?

Therefore hear the counsel of the LORD, that he hath taken against Edom; and his purposes, that he hath purposed against the inhabitants of Teman: Surely the least of the flock shall draw them out: surely he shall make their habitations desolate with them.

The earth is moved at the noise of their fall, at the cry the noise thereof was heard in the Red sea.

Behold, he shall come up and fly as the eagle, and spread his wings over Bozrah: and at that day shall the heart of the mighty men of Edom be as the heart of a woman in her pangs.

Concerning Damascus. Hamath is confounded, and Arpad: for they have heard evil tidings: they are fainthearted; there is sorrow on the sea; it cannot be quiet.

Damascus is waxed feeble, and turneth herself to flee, and fear hath seized on her: anguish and sorrows have taken her, as a woman in travail.

How is the city of praise not left, the city of my joy!

Therefore her young men shall fall in her streets, and all the men of war shall be cut off in that day, saith the LORD of hosts.

And I will kindle a fire in the wall of Damascus, and it shall consume the palaces of Benhadad.

Concerning Kedar, and concerning the kingdoms of Hazor, which Nebuchadrezzar king of Babylon shall smite, thus saith the LORD; Arise ye, go up to Kedar, and spoil the men of the east.

Their tents and their flocks shall they take away: they shall take to themselves their curtains, and all their vessels, and their camels; and they shall cry unto them, Fear is on every side.

Flee, get you far off, dwell deep, O ye inhabitants of Hazor, saith the LORD; for Nebuchadrezzar king of Babylon hath taken counsel against you, and hath conceived a purpose against you.

Arise, get you up unto the wealthy nation, that dwelleth without care, saith the LORD, which have neither gates nor bars, which dwell alone.

9 Zo er wijnlezers tot u gekomen waren, zouden zij niet een nalezing hebben overgelaten? Zo er dieven bij nacht gekomen waren, zouden zij niet verdorven hebben zoveel hun genoeg ware?

10 Maar Ik heb Ezau ontbloot, Ik heb zijn verborgene plaatsen ontdekt, dat hij zich niet zal kunnen versteken; zijn zaad is verstoord, ook zijn broeders, en zijn naburen, en hij is er niet meer.

11 Laat uw wezen achter, en Ik zal hen in het leven behouden, en laat uw weduwen op Mij vertrouwen.

12 Want zo zegt de HEERE: Ziet, degenen, welker oordeel het niet is den beker te drinken, zullen ganselijk drinken; en zoudt gij enigszins onschuldig gehouden worden? Gij zult niet onschuldig worden gehouden, maar gij zult ganselijk drinken.

13 Want Ik heb bij Mijzelven gezworen, spreekt de HEERE, dat Bozra worden zal tot een ontzetting, tot een smaadheid, tot een woestheid, en tot een vloek; en al haar steden zullen worden tot eeuwige woestheden.

14 Ik heb een gerucht gehoord van den HEERE, en er is een gezant geschikt onder de heidenen, om te zeggen: Vergadert u, en komt aan tegen haar, en maakt u op ten strijde.

15 Want zie, Ik heb u klein gemaakt onder de heidenen, veracht onder de mensen.

16 Uw schrikkelijkheid heeft u bedrogen, en de trotsheid uws harten, gij, die woont in de kloven der steenrotsen, die u houdt op de hoogte der heuvelen! Al zoudt gij uw nest zo hoog maken als de arend, zo zal Ik u van daar nederstoten, spreekt de HEERE.

17 Alzo zal Edom worden tot een ontzetting; al wie voorbij haar gaat, zal zich ontzetten, en fluiten over al haar plagen.

18 Gelijk de omkering van Sodom en Gomorra en haar naburen, zal het zijn, zegt de HEERE; niemand zal daar wonen, en geen mensenkind daarin verkeren.

19 Ziet, gelijk een leeuw van de verheffing der Jordaan, zal hij opkomen tegen de sterke woning; want Ik zal hem in een ogenblik daaruit doen lopen; en wie daartoe verkoren is, dien zal Ik tegen haar bestellen; want wie is Mij gelijk, en wie zou Mij dagvaarden, en wie is die herder, die voor Mijn aangezicht bestaan zou?

20 Daarom hoort des HEEREN raadslag, dien Hij over Edom heeft beraadslaagd, en Zijn gedachten, die Hij gedacht heeft over de inwoners van Theman: Zo de geringsten van de kudde hen niet zullen nedertrekken! Indien hij hunlieder woning niet boven hen zal verwoesten!

21 De aarde heeft gebeefd van het geluid huns vals, van het gekrijt, welks geluid gehoord is bij de Schelfzee.

22 Ziet, hij zal opkomen en snel vliegen, als een arend, en zijn vleugelen over Bozra uitbreiden; en het hart van Edoms helden zal te dien dage wezen, als het hart ener vrouw, die in nood is.

23 Tegen Damaskus. Beschaamd is Hamath en Arpad; omdat zij een boos gerucht gehoord hebben, zijn zij gesmolten; bij de zee is bekommernis, men kan er niet rusten.

24 Damaskus is slap geworden, zij heeft zich gewend, om te vluchten, en siddering heeft haar aangegrepen; benauwdheid en smarten als van een barende vrouw hebben haar bevangen.

25 Hoe is de beroemde stad niet gelaten, de stad Mijner vrolijkheid!

26 Daarom zullen haar jongelingen vallen op haar straten; en al haar krijgslieden zullen te dien dage nedergehouwen worden, spreekt de HEERE der heirscharen.

27 En Ik zal een vuur aansteken in den muur van Damaskus, en het zal Benhadads paleizen verteren.

28 Tegen Kedar, en tegen de koninkrijken van Hazor, die Nebukadrezar, de koning van Babel, sloeg, zegt de HEERE alzo: Maakt u op, trekt op tegen Kedar, en verstoort de kinderen van het oosten.

29 Zij zullen hun tenten en hun kudden nemen, hun gordijnen en al hun gereedschap, en hun kemelen voor zich wegnemen; en zij zullen tegen hen uitroepen: Schrik van rondom!

30 Vliedt, zwerft fluks henen weg, woont in diepe plaatsen, gij inwoners van Hazor! spreekt de HEERE; want Nebukadrezar, de koning van Babel, heeft een raadslag tegen ulieden beraadslaagd, en een gedachte tegen hen gedacht.

31 Maakt u op, trekt op tegen het volk, dat rust heeft, dat in zekerheid woont, spreekt de HEERE; dat geen deuren noch grendel heeft, die alleen wonen.

And their camels shall be a booty, and the multitude of their cattle a spoil: and I will scatter into all winds them that are in the utmost corners; and I will bring their calamity from all sides thereof, saith the LORD.	32 En hun kemelen zullen ten roof zijn, en de menigte van hun vee zal ten buit zijn; en Ik zal hen verstrooien in alle winden, te weten degenen, die aan de hoeken afgekort zijn; en Ik zal hunlieder verderf van al zijn zijden aanbrengen, spreekt de HEERE.
And Hazor shall be a dwelling for dragons, and a desolation for ever: there shall no man abide there, nor any son of man dwell in it.	33 En Hazor zal worden tot een drakenwoning, een verwoesting tot in eeuwigheid; niemand zal daar wonen, en geen mensenkind daarin verkeren.
The word of the LORD that came to Jeremiah the prophet against Elam in the beginning of the reign of Zedekiah king of Judah, saying,	34 Het woord des HEEREN, dat tot den profeet Jeremia geschied is tegen Elam, in het begin des koninkrijks van Zedekia, den koning van Juda, zeggende:
Thus saith the LORD of hosts; Behold, I will break the bow of Elam, the chief of their might.	35 Zo zegt de HEERE der heirscharen: Ziet, Ik zal verbreken Elams boog, het voornaamste van hunlieder geweld.
And upon Elam will I bring the four winds from the four quarters of heaven, and will scatter them toward all those winds; and there shall be no nation whither the outcasts of Elam shall not come.	36 En Ik zal de vier winden uit de vier hoeken des hemels over Elam aanbrengen, en zal hen in al diezelve winden verstrooien; en er zal geen volk zijn, waarhenen Elams verdrevenen niet zullen komen.
For I will cause Elam to be dismayed before their enemies, and before them that seek their life: and I will bring evil upon them, even my fierce anger, saith the LORD; and I will send the sword after them, till I have consumed them:	37 En Ik zal Elam versaagd maken voor het aangezicht hunner vijanden, en voor het aangezicht dergenen, die hun ziel zoeken, en zal een kwaad over hen brengen, de hittigheid Mijns toorns, spreekt de HEERE; en Ik zal het zwaard achter hen zenden, totdat Ik hen verteerd zal hebben.
And I will set my throne in Elam, and will destroy from thence the king and the princes, saith the LORD.	38 En Ik zal Mijn troon in Elam stellen; en zal den koning en de vorsten van daar vernielen, spreekt de HEERE;
But it shall come to pass in the latter days, that I will bring again the captivity of Elam, saith the LORD.	39 Maar het zal geschieden in het laatste der dagen, dat Ik Elams gevangenis wenden zal, spreekt de HEERE.

Jeremiah (50) Jeremia

The word that the LORD spake against Babylon and against the land of the Chaldeans by Jeremiah the prophet.	1 Het woord, dat de HEERE gesproken heeft tegen Babel, tegen het land der Chaldeen, door den dienst van den profeet Jeremia.
Declare ye among the nations, and publish, and set up a standard; publish, and conceal not: say, Babylon is taken, Bel is confounded, Merodach is broken in pieces; her idols are confounded, her images are broken in pieces.	2 Verkondigt onder de heidenen, en doet horen, en werpt een banier op, laat horen, verbergt het niet; zegt: Babel is ingenomen, Bel is beschaamd, Merodach is verpletterd, haar afgoden zijn beschaamd, haar drekgoden zijn verpletterd!
For out of the north there cometh up a nation against her, which shall make her land desolate, and none shall dwell therein: they shall remove, they shall depart, both man and beast.	3 Want een volk komt tegen haar op van het noorden; dat zal haar land zetten in verwoesting, dat er geen inwoner in zal zijn; van de mensen aan tot de beesten toe zijn zij weggezworven, doorgegaan!
In those days, and in that time, saith the LORD, the children of Israel shall come, they and the children of Judah together, going and weeping: they shall go, and seek the LORD their God.	4 In dezelve dagen en ter zelver tijd, spreekt de HEERE, zullen de kinderen Israels komen, zij en de kinderen van Juda te zamen; wandelende en wenende zullen zij henengaan, en den HEERE, hun God, zoeken.
They shall ask the way to Zion with their faces thitherward, saying, Come, and let us join ourselves to the LORD in a perpetual covenant that shall not be forgotten.	5 Zij zullen naar Sion vragen; op den weg herwaarts zullen hun aangezichten zijn; zij zullen komen en den HEERE toegevoegd worden, met een eeuwig verbond, dat niet zal worden vergeten.
My people hath been lost sheep: their shepherds have caused them to go astray, they have turned them away on the mountains: they have gone from mountain to hill, they have forgotten their restingplace.	6 Mijn volk waren verloren schapen, hun herders hadden hen verleid, zij hadden hen gevoerd naar de bergen, zij gingen van berg tot heuvel, zij vergaten hun legering.
All that found them have devoured them: and their adversaries said, We offend not, because they have sinned against the LORD, the habitation of justice, even the LORD, the hope of their fathers.	7 Allen, die hen vonden, aten hen op, en hun wederpartijders zeiden: Wij zullen geen schuld hebben; daarom dat zij gezondigd hebben tegen den HEERE, in de woning der gerechtigheid, ja, tegen den HEERE, de Verwachting hunner vaderen.
Remove out of the midst of Babylon, and go forth out of the land of the Chaldeans, and be as the he goats before the flocks.	8 Vliedt weg uit het midden van Babel, en gaat uit der Chaldeen land; en weest als de bokken voor de kudde henen.
For, lo, I will raise and cause to come up against Babylon an assembly of great nations from the north country: and they shall set themselves in array against her; from thence she shall be taken: their arrows shall be as of a mighty expert man; none shall return in vain.	9 Want ziet, Ik zal een verzameling van grote volken uit het land van het noorden verwekken, en tegen Babel opbrengen; die zullen zich tegen haar rusten; van daar zal zij ingenomen worden; hun pijlen zullen zijn als eens kloeken helds, geen zal ledig wederkeren.
And Chaldea shall be a spoil: all that spoil her shall be satisfied, saith the LORD.	10 En Chaldea zal ten roof zijn; allen, die het beroven, zullen verzadigd worden, spreekt de HEERE.
Because ye were glad, because ye rejoiced, O ye destroyers of mine heritage, because ye are grown fat as the heifer at grass, and bellow as bulls;	11 Omdat gij u verblijd hebt, omdat gij van vreugde hebt opgesprongen, gij plunderaars Mijner erfenis! omdat gij geil geworden zijt als een grazige vaars, en hebt gebriest als de sterke paarden;
Your mother shall be sore confounded; she that bare you shall be ashamed: behold, the hindermost of the nations shall be a wilderness, a dry land, and a desert.	12 Zo is uw moeder zeer beschaamd; die u gebaard heeft, is schaamrood geworden; ziet, zij is geworden de achterste der heidenen, een woestijn, dorheid en wildernis.
Because of the wrath of the LORD it shall not be inhabited, but it shall be wholly desolate: every one that goeth by Babylon shall be astonished, and hiss at all her plagues.	13 Vanwege de verbolgenheid des HEEREN zal zij niet bewoond worden, maar zij zal geheel een verwoesting worden; al wie aan Babel voorbijgaat, zal zich ontzetten, en fluiten over al haar plagen.
Put yourselves in array against Babylon round about: all ye that bend the bow, shoot at her, spare no arrows: for she hath sinned against the LORD.	14 Rust u tegen Babel rondom, gij allen, die den boog spant! schiet in haar, en spaart de pijlen niet; want zij heeft tegen den HEERE gezondigd.

Shout against her round about: she hath given her hand: her foundations are fallen, her walls are thrown down: for it is the vengeance of the LORD: take vengeance upon her; as she hath done, do unto her.

Cut off the sower from Babylon, and him that handleth the sickle in the time of harvest: for fear of the oppressing sword they shall turn every one to his people, and they shall flee every one to his own land.

Israel is a scattered sheep; the lions have driven him away: first the king of Assyria hath devoured him; and last this Nebuchadrezzar king of Babylon hath broken his bones.

Therefore thus saith the LORD of hosts, the God of Israel; Behold, I will punish the king of Babylon and his land, as I have punished the king of Assyria.

And I will bring Israel again to his habitation, and he shall feed on Carmel and Bashan, and his soul shall be satisfied upon mount Ephraim and Gilead.

In those days, and in that time, saith the LORD, the iniquity of Israel shall be sought for, and there shall be none; and the sins of Judah, and they shall not be found: for I will pardon them whom I reserve.

Go up against the land of Merathaim, even against it, and against the inhabitants of Pekod: waste and utterly destroy after them, saith the LORD, and do according to all that I have commanded thee.

A sound of battle is in the land, and of great destruction.

How is the hammer of the whole earth cut asunder and broken! how is Babylon become a desolation among the nations!

I have laid a snare for thee, and thou art also taken, O Babylon, and thou wast not aware: thou art found, and also caught, because thou hast striven against the LORD.

The LORD hath opened his armoury, and hath brought forth the weapons of his indignation: for this is the work of the Lord GOD of hosts in the land of the Chaldeans.

Come against her from the utmost border, open her storehouses: cast her up as heaps, and destroy her utterly: let nothing of her be left.

Slay all her bullocks; let them go down to the slaughter: woe unto them! for their day is come, the time of their visitation.

The voice of them that flee and escape out of the land of Babylon, to declare in Zion the vengeance of the LORD our God, the vengeance of his temple.

Call together the archers against Babylon: all ye that bend the bow, camp against it round about; let none thereof escape: recompense her according to her work; according to all that she hath done, do unto her: for she hath been proud against the LORD, against the Holy One of Israel.

Therefore shall her young men fall in the streets, and all her men of war shall be cut off in that day, saith the LORD.

Behold, I am against thee, O thou most proud, saith the Lord GOD of hosts: for thy day is come, the time that I will visit thee.

And the most proud shall stumble and fall, and none shall raise him up: and I will kindle a fire in his cities, and it shall devour all round about him.

Thus saith the LORD of hosts; The children of Israel and the children of Judah were oppressed together: and all that took them captives held them fast; they refused to let them go.

Their Redeemer is strong; the LORD of hosts is his name: he shall throughly plead their cause, that he may give rest to the land, and disquiet the inhabitants of Babylon.

A sword is upon the Chaldeans, saith the LORD, and upon the inhabitants of Babylon, and upon her princes, and upon her wise men.

A sword is upon the liars; and they shall dote: a sword is upon her mighty men; and they shall be dismayed.

A sword is upon their horses, and upon their chariots, and upon all the mingled people that are in the midst of her; and they shall become as women: a sword is upon her treasures; and they shall be robbed.

15 Juicht over haar rondom, zij heeft haar hand gegeven; haar fondamenten zijn gevallen, haar muren zijn afgebroken; want dat is des HEEREN wraak, wreekt u aan haar, doet haar, gelijk als zij gedaan heeft!

16 Roeit uit van Babel den zaaier, en dien, die de sikkel handelt in den oogsttijd; laat hen vanwege het verdrukkende zwaard, zich keren, een iegelijk tot zijn volk, en vlieden, een iegelijk naar zijn land.

17 Israel is een verbijsterd lam, dat de leeuwen verjaagd hebben; de eerste, die hem heeft opgegeten, was de koning van Assur, en deze de laatste, Nebukadrezar, de koning van Babel, heeft hem de beenderen verbrijzeld.

18 Daarom, zo zegt de HEERE der heirscharen, de God Israels: Ziet, Ik zal bezoeking doen over den koning van Babel en over zijn land, gelijk als Ik bezoeking gedaan heb over den koning van Assur.

19 En Ik zal Israel weder tot zijn woning brengen, en hij zal weiden op den Karmel en op den Basan; en zijn ziel zal op het gebergte van Efraim en Gilead verzadigd worden.

20 In die dagen en te dier tijd, spreekt de HEERE, zal Israels ongerechtigheid gezocht worden, maar zij zal er niet zijn, en de zonden van Juda, maar zullen niet gevonden worden; want Ik zal ze dengenen vergeven, die Ik zal doen overblijven.

21 Tegen het land Merathaim, trek tegen hetzelve op, en tegen de inwoners van Pekod; verwoest en verban achter hen, spreekt de HEERE, en doe naar alles, wat Ik u geboden heb.

22 Er is een krijgsgeschrei in het land, en een grote breuk.

23 Hoe is de hamer der ganse aarde zo afgehouwen en verbroken! Hoe is Babel geworden tot een ontzetting onder de heidenen.

24 Ik heb u een strik gesteld, dies zijt gij ook gevangen, o Babel! dat gij het niet wist; gij zijt gevonden, en ook gegrepen, omdat gij u tegen den HEERE in strijd gemengd hebt.

25 De HEERE heeft Zijn schatkamer opengedaan, en de instrumenten Zijner gramschap voortgebracht; want dat is een werk van den HEERE, den HEERE der heirscharen, in het land der Chaldeen.

26 Komt aan tegen haar van het uiterste, opent haar schuren, vertreedt haar als korenhopen, en verbant ze; laat ze geen overblijfsel hebben.

27 Doodt met het zwaard al haar varren, laat ze afgaan ter slachting; wee over hen, want hun dag is gekomen, de tijd hunner bezoeking!

28 Er is een stem der gevluchten en ontkomenen uit het land van Babel, om in Sion te verkondigen de wraak des HEEREN, onzes Gods, de wraak Zijns tempels.

29 Laat u horen tegen Babel, gij schutters! gij allen, die den boog spant! legert u tegen haar rondom, laat niemand van hen ontkomen; vergeldt haar naar haar werk, doet haar naar alles, wat zij gedaan heeft; want zij heeft trotselijk gehandeld tegen den HEERE, tegen den Heilige Israels.

30 Daarom zullen haar jongelingen vallen op haar straten, en al haar krijgslieden te dien dage uitgeroeid worden, spreekt de HEERE.

31 Ziet, Ik wil aan u, gij trotse! spreekt de HEERE, de HEERE der heirscharen; want uw dag is gekomen, de tijd, dat Ik u bezoeken zal.

32 Dan zal de trotse aanstoten en vallen, en er zal niemand zijn, die hem opricht; ja, Ik zal een vuur aansteken in zijn steden, dat zal alle plaatsen rondom hem verteren.

33 Zo zegt de HEERE der heirscharen: De kinderen Israels en de kinderen van Juda zijn te zamen verdrukt geweest; en allen, die hen gevangen hadden, hebben hen vast gehouden; zij hebben hen geweigerd los te laten.

34 Maar hun Verlosser is sterk, HEERE der heirscharen is Zijn Naam; Hij zal hun twist zekerlijk twisten, opdat Hij het land in rust brenge, maar de inwoners van Babel beroere.

35 Het zwaard zal zijn over de Chaldeen, spreekt de HEERE; en over de inwoners van Babel, en over haar vorsten, en over haar wijzen.

36 Het zwaard zal zijn over de leugenaars, dat zij zot worden; het zwaard zal zijn over haar helden, dat zij versagen;

37 Het zwaard zal zijn over zijn paarden en over zijn wagenen, en over den gansen gemengden hoop, die in het midden van hen is, dat zij tot wijven worden; het zwaard zal zijn over haar schatten, dat zij geplunderd worden.

A drought is upon her waters; and they shall be dried up: for it is the land of graven images, and they are mad upon their idols.	38 Droogte zal zijn over haar wateren, dat zij uitdrogen; want het is een land van gesneden beelden, en zij razen naar de schrikkelijke afgoden.
Therefore the wild beasts of the desert with the wild beasts of the islands shall dwell there, and the owls shall dwell therein: and it shall be no more inhabited for ever; neither shall it be dwelt in from generation to generation.	39 Daarom zo zullen de wilde dieren der woestijnen met de wilde dieren der eilanden daarin wonen; ook zullen de jonge struisen daarin wonen; en men zal er geen verblijf meer hebben in eeuwigheid, en zij zal niet bewoond worden van geslacht tot geslacht.
As God overthrew Sodom and Gomorrah and the neighbour cities thereof, saith the LORD; so shall no man abide there, neither shall any son of man dwell therein.	40 Gelijk God Sodom en Gomorra en haar naburen heeft omgekeerd, spreekt de HEERE, alzo zal niemand aldaar wonen, en geen mensenkind in haar verkeren.
Behold, a people shall come from the north, and a great nation, and many kings shall be raised up from the coasts of the earth.	41 Ziet, daar komt een volk uit het noorden; en een grote natie, en geweldige koningen zullen van de zijden der aarde opgewekt worden.
They shall hold the bow and the lance: they are cruel, and will not shew mercy: their voice shall roar like the sea, and they shall ride upon horses, every one put in array, like a man to the battle, against thee, O daughter of Babylon.	42 Boog en spies zullen zij voeren; wreed zijn zij, en zullen niet barmhartig zijn; hun stem zal bruisen als de zee, en op paarden zullen zij rijden; het is toegerust als een man ten oorlog, tegen u, o dochter van Babel!
The king of Babylon hath heard the report of them, and his hands waxed feeble: anguish took hold of him, and pangs as of a woman in travail.	43 De koning van Babel heeft hunlieder gerucht gehoord, en zijn handen zijn slap geworden; benauwdheid heeft hem aangegrepen, weedom als van een barende vrouw.
Behold, he shall come up like a lion from the swelling of Jordan unto the habitation of the strong: but I will make them suddenly run away from her: and who is a chosen man, that I may appoint over her? for who is like me? and who will appoint me the time? and who is that shepherd that will stand before me?	44 Ziet, gelijk een leeuw van de verheffing der Jordaan, zal hij opkomen tegen de sterke woning; want Ik zal hen in een ogenblik daaruit doen lopen; en wie daartoe verkoren is, dien zal Ik tegen haar bestellen; want wie is Mij gelijk, en wie zou Mij dagvaarden? En wie is de herder, die voor Mijn aangezicht bestaan zou?
Therefore hear ye the counsel of the LORD, that he hath taken against Babylon; and his purposes, that he hath purposed against the land of the Chaldeans: Surely the least of the flock shall draw them out: surely he shall make their habitation desolate with them.	45 Daarom hoort den raadslag des HEEREN, dien Hij over Babel heeft beraadslaagd, en Zijn gedachten, die Hij gedacht heeft over het land der Chaldeen: Zo de geringsten van de kudde hen niet zullen nedertrekken! Zo hij de woning boven hen niet zal verwoesten!
At the noise of the taking of Babylon the earth is moved, and the cry is heard among the nations.	46 De aarde is bevende geworden van het geluid der inneming van Babel, en het gekrijt is gehoord onder de volken.

Jeremiah (51) Jeremia

Thus saith the LORD; Behold, I will raise up against Babylon, and against them that dwell in the midst of them that rise up against me, a destroying wind;	1 Zo zegt de HEERE: Ziet, Ik zal een verdervenden wind opwekken tegen Babel, en tegen degenen, die daar wonen in het hart van degenen, die tegen Mij opstaan.
And will send unto Babylon fanners, that shall fan her, and shall empty her land: for in the day of trouble they shall be against her round about.	2 En Ik zal Babel wanners toeschikken, die haar wannen, en haar land uitledigen zullen; want zij zullen ten dage des kwaads van rondom tegen haar zijn.
Against him that bendeth let the archer bend his bow, and against him that lifteth himself up in his brigandine: and spare ye not her young men; destroy ye utterly all her host.	3 De schutter spanne zijn boog tegen dien, die spant, en tegen dien, die zich verheft in zijn pantsier; en verschoont haar jongelingen niet, verbant al haar heir;
Thus the slain shall fall in the land of the Chaldeans, and they that are thrust through in her streets.	4 Dat de verslagenen liggen in het land der Chaldeen, en de doorstokenen op haar straten.
For Israel hath not been forsaken, nor Judah of his God, of the LORD of hosts; though their land was filled with sin against the Holy One of Israel.	5 Want Israel of Juda zal niet in weduwschap gelaten worden van zijn God, van den HEERE der heirscharen (hoewel hunlieder land vol van schuld is), van den Heilige Israels.
Flee out of the midst of Babylon, and deliver every man his soul: be not cut off in her iniquity; for this is the time of the LORD'S vengeance; he will render unto her a recompence.	6 Vliedt uit het midden van Babel, en redt, een iegelijk zijn ziel; wordt niet uitgeroeid in haar ongerechtigheid; want dit is de tijd der wraak des HEEREN, Die haar de verdienste betaalt.
Babylon hath been a golden cup in the LORD'S hand, that made all the earth drunken: the nations have drunken of her wine; therefore the nations are mad.	7 Babel was een gouden beker in de hand des HEEREN, die de ganse aarde dronken maakte; de volken hebben van haar wijn gedronken, daarom zijn de volken dol geworden.
Babylon is suddenly fallen and destroyed: howl for her; take balm for her pain, if so be she may be healed.	8 Schielijk is Babel gevallen en verbroken; huilt over haar, neemt balsem tot haar pijn, misschien zal zij genezen worden.
We would have healed Babylon, but she is not healed: forsake her, and let us go every one into his own country: for her judgment reacheth unto heaven, and is lifted up even to the skies.	9 Wij hebben Babel gemeesterd, maar zij is niet genezen; verlaat haar dan, en laat ons een iegelijk in zijn land trekken; want haar oordeel reikt tot aan den hemel, en is verheven tot aan de bovenste wolken.
The LORD hath brought forth our righteousness: come, and let us declare in Zion the work of the LORD our God.	10 De HEERE heeft onze gerechtigheden hervoor gebracht; komt en laat ons te Sion het werk des HEEREN, onzes Gods, vertellen!
Make bright the arrows; gather the shields: the LORD hath raised up the spirit of the kings of the Medes: for his device is against Babylon, to destroy it; because it is the vengeance of the LORD, the vengeance of his temple.	11 Zuivert de pijlen, rust de schilden volkomenlijk toe; de HEERE heeft den geest der koningen van Medie opgewekt; want Zijn voornemen is tegen Babel, dat Hij haar verderve; want dit is de wraak des HEEREN, de wraak Zijns tempels.
Set up the standard upon the walls of Babylon, make the watch strong, set up the watchmen, prepare the ambushes: for the LORD hath both devised and done that which he spake against the inhabitants of Babylon.	12 Verheft de banier op de muren van Babel, versterkt de wacht, stelt wachters, bereidt de lagen; want gelijk de HEERE heeft voorgenomen, alzo heeft Hij gedaan, wat Hij over de inwoners van Babel gesproken heeft.
O thou that dwellest upon many waters, abundant in treasures, thine end is come, and the measure of thy covetousness.	13 Gij, die aan vele wateren woont, die machtig zijt van schatten! uw einde is gekomen, de maat uwer gierigheid.

	The LORD of hosts hath sworn by himself, saying, Surely I will fill thee with men, as with caterpillers; and they shall lift up a shout against thee.	14 De HEERE der heirscharen heeft gezworen bij Zijn ziel: Ofschoon Ik u met mensen als met kevers vervuld heb, nochtans zullen zij elkander een vreugdegeschrei over u toeroepen!
	He hath made the earth by his power, he hath established the world by his wisdom, and hath stretched out the heaven by his understanding.	15 Die de aarde gemaakt heeft door Zijn kracht, Die de wereld bereid heeft door Zijn wijsheid, en den hemel uitgebreid door Zijn verstand;
	When he uttereth his voice, there is a multitude of waters in the heavens; and he causeth the vapours to ascend from the ends of the earth: he maketh lightnings with rain, and bringeth forth the wind out of his treasures.	16 Als Hij Zijn stem geeft, zo is er een gedruis van wateren in den hemel, en Hij doet de dampen opklimmen van het einde der aarde; Hij maakt de bliksemen met den regen, en doet den wind voortkomen uit Zijn schatkameren.
	Every man is brutish by his knowledge; every founder is confounded by the graven image: for his molten image is falsehood, and there is no breath in them.	17 Een ieder mens is onvernuftig geworden, zodat hij geen wetenschap heeft; een ieder goudsmid is beschaamd van het gesneden beeld; want zijn gegoten beeld is leugen, en er is geen geest in hen.
	They are vanity, the work of errors: in the time of their visitation they shall perish.	18 IJdelheid zijn zij, een werk van verleidingen; ten tijde hunner bezoeking zullen zij vergaan.
	The portion of Jacob is not like them; for he is the former of all things: and Israel is the rod of his inheritance: the LORD of hosts is his name.	19 Jakobs deel is niet gelijk die; want Hij is de Formeerder van alles, en Israel is de roede Zijner erfenis; HEERE der heirscharen is Zijn Naam.
	Thou art my battle axe and weapons of war: for with thee will I break in pieces the nations, and with thee will I destroy kingdoms;	20 Gij zijt Mij een voorhamer, en krijgswapenen; en door u zal Ik volken in stukken slaan, en door u zal Ik koninkrijken verderven.
	And with thee will I break in pieces the horse and his rider; and with thee will I break in pieces the chariot and his rider;	21 En door u zal Ik in stukken slaan het paard en zijn ruiter; en door u zal Ik in stukken slaan den wagen en zijn ruiter.
	With thee also will I break in pieces man and woman; and with thee will I break in pieces old and young; and with thee will I break in pieces the young man and the maid;	22 En door u zal Ik in stukken slaan den man en de vrouw; en door u zal Ik in stukken slaan den oude en den jonge; en door u zal Ik in stukken slaan den jongeling en de jonkvrouw.
	I will also break in pieces with thee the shepherd and his flock; and with thee will I break in pieces the husbandman and his yoke of oxen; and with thee will I break in pieces captains and rulers.	23 En door u zal Ik in stukken slaan den herder en zijn kudde; en door u zal Ik in stukken slaan den akkerman en zijn juk ossen; en door u zal Ik in stukken slaan landvoogden en overheden.
	And I will render unto Babylon and to all the inhabitants of Chaldea all their evil that they have done in Zion in your sight, saith the LORD.	24 Maar Ik zal Babel en allen inwoneren van Chaldea vergelden al hun boosheid, die zij gedaan hebben aan Sion, voor ulieder ogen, spreekt de HEERE.
	Behold, I am against thee, O destroying mountain, saith the LORD, which destroyest all the earth: and I will stretch out mine hand upon thee, and roll thee down from the rocks, and will make thee a burnt mountain.	25 Ziet, Ik wil aan u, gij verdervende berg! spreekt de HEERE, gij, die de ganse aarde verderft, en Ik zal Mijn hand tegen u uitstrekken, en u van de steenrotsen afwentelen, en zal u stellen tot een berg des brands.
	And they shall not take of thee a stone for a corner, nor a stone for foundations; but thou shalt be desolate for ever, saith the LORD.	26 En zij zullen uit u geen steen nemen tot een hoek, ook geen steen tot fondamenten; want gij zult tot eeuwige woestheden zijn, spreekt de HEERE.
	Set ye up a standard in the land, blow the trumpet among the nations, prepare the nations against her, call together against her the kingdoms of Ararat, Minni, and Ashchenaz; appoint a captain against her; cause the horses to come up as the rough caterpillers.	27 Verheft de banier in het land, blaast de bazuin onder de heidenen, heiligt de heidenen tegen haar, roept tegen haar bijeen de koninkrijken van Ararat, Minni en Askenaz; bestelt een krijgsoverste tegen haar, brengt paarden opwaarts, als ruige kevers!
	Prepare against her the nations with the kings of the Medes, the captains thereof, and all the rulers thereof, and all the land of his dominion.	28 Heiligt tegen haar de heidenen, de koningen van Medie, haar landvoogden en al haar overheden, ja, het ganse land harer heerschappij.
	And the land shall tremble and sorrow: for every purpose of the LORD shall be performed against Babylon, to make the land of Babylon a desolation without an inhabitant.	29 Dan zal het land beven en pijn lijden; want elk een van des HEEREN gedachten staat vast tegen Babel, om Babels land te stellen tot een verwoesting, dat er geen inwoner zij.
	The mighty men of Babylon have forborn to fight, they have remained in their holds: their might hath failed; they became as women: they have burned her dwellingplaces; her bars are broken.	30 Babels helden hebben opgehouden te strijden, zij zijn gebleven in de vestingen, hun macht is bezweken, zij zijn tot wijven geworden; zij hebben hun woningen aangestoken, hun grendels zijn verbroken.
	One post shall run to meet another, and one messenger to meet another, to shew the king of Babylon that his city is taken at one end,	31 De loper zal den loper tegemoet lopen, en de kondschapper den kondschapper tegemoet, om den koning van Babel bekend te maken, dat zijn stad van het einde is ingenomen;
	And that the passages are stopped, and the reeds they have burned with fire, and the men of war are affrighted.	32 En dat de veren ingenomen, en de rietpoelen met vuur verbrand zijn; en dat de krijgslieden verbaasd zijn.
	For thus saith the LORD of hosts, the God of Israel; The daughter of Babylon is like a threshingfloor, it is time to thresh her: yet a little while, and the time of her harvest shall come.	33 Want zo zegt de HEERE der heirscharen, de God Israels: De dochter van Babel is als een dorsvloer, het is tijd, dat men ze trede; nog een weinig, dan zal haar de tijd des oogstes overkomen.
	Nebuchadrezzar the king of Babylon hath devoured me, he hath crushed me, he hath made me an empty vessel, he hath swallowed me up like a dragon, he hath filled his belly with my delicates, he hath cast me out.	34 Nebukadrezar, de koning van Babel, heeft mij opgegeten, hij heeft mij verpletterd, hij heeft mij gesteld als een ledig vat, hij heeft mij verslonden als een draak, hij heeft zijn balg gevuld van mijn lekkernijen; hij heeft mij verdreven.
	The violence done to me and to my flesh be upon Babylon, shall the inhabitant of Zion say; and my blood upon the inhabitants of Chaldea, shall Jerusalem say.	35 Het geweld, dat mij en mijn vlees is aangedaan, zij op Babel! zegge de inwoneres van Sion; en mijn bloed zij op de inwoners van Chaldea! zegge Jeruzalem.
	Therefore thus saith the LORD; Behold, I will plead thy cause, and take vengeance for thee; and I will dry up her sea, and make her springs dry.	36 Daarom, zo zegt de HEERE: Ziet, Ik zal uw twist twisten, en uw wraak wreken; en Ik zal haar zee droog maken, en haar springader opdrogen.

Jeremiah - Jeremia

	And Babylon shall become heaps, a dwellingplace for dragons, an astonishment, and an hissing, without an inhabitant.	37 En Babel zal worden tot steen hopen, een woning der draken, een ontzetting en aanfluiting, dat er geen inwoner zij.
	They shall roar together like lions: they shall yell as lions' whelps.	38 Zij zullen te zamen brullen als jonge leeuwen, briesen als leeuwenwelpen.
	In their heat I will make their feasts, and I will make them drunken, that they may rejoice, and sleep a perpetual sleep, and not wake, saith the LORD.	39 Als zij verhit zijn, zal Ik hun drank opzetten, en zal hen dronken maken, opdat zij opspringen; maar zij zullen een eeuwigen slaap slapen, en niet opwaken, spreekt de HEERE.
	I will bring them down like lambs to the slaughter, like rams with he goats.	40 Ik zal hen afvoeren als lammeren om te slachten, als rammen met bokken.
	How is Sheshach taken! and how is the praise of the whole earth surprised! how is Babylon become an astonishment among the nations!	41 Hoe is Sesach zo veroverd, en de roem der ganse aarde ingenomen! Hoe is Babel geworden tot een ontzetting onder de heidenen!
	The sea is come up upon Babylon: she is covered with the multitude of the waves thereof.	42 Een zee is over Babel gerezen, door de veelheid harer golven is zij bedekt.
	Her cities are a desolation, a dry land, and a wilderness, a land wherein no man dwelleth, neither doth any son of man pass thereby.	43 Haar steden zijn geworden tot verwoesting, een dor land en wildernis; een land, waarin niemand woont, en waar geen mensenkind doorgaat.
	And I will punish Bel in Babylon, and I will bring forth out of his mouth that which he hath swallowed up: and the nations shall not flow together any more unto him: yea, the wall of Babylon shall fall.	44 En Ik zal bezoeking doen over Bel te Babel, en Ik zal uit zijn muil uithalen, wat hij verslonden heeft; en de heidenen zullen niet meer tot hem toevloeien, want ook Babels muur is gevallen.
	My people, go ye out of the midst of her, and deliver ye every man his soul from the fierce anger of the LORD.	45 Gaat uit, Mijn volk, uit het midden van haar, en redt een iegelijk zijn ziel, vanwege de hittigheid van den toorn des HEEREN.
	And lest your heart faint, and ye fear for the rumour that shall be heard in the land; a rumour shall both come one year, and after that in another year shall come a rumour, and violence in the land, ruler against ruler.	46 En opdat ulieder hart misschien niet week worde, en gij vreest van het gerucht, dat gehoord zal worden in het land; want er zal een gerucht komen in het ene jaar, en daarna een gerucht in het andere jaar; en er zal geweld zijn in het land, heer over heer.
	Therefore, behold, the days come, that I will do judgment upon the graven images of Babylon: and her whole land shall be confounded, and all her slain shall fall in the midst of her.	47 Daarom ziet, de dagen komen, dat Ik bezoeking zal doen over de gesneden beelden van Babel; en haar ganse land zal beschaamd worden, en al haar verslagenen zullen in het midden van haar liggen.
	Then the heaven and the earth, and all that is therein, shall sing for Babylon: for the spoilers shall come unto her from the north, saith the LORD.	48 En de hemel en de aarde, mitsgaders al wat daarin is, zullen juichen over Babel; want van het noorden zullen haar de verstoorders aankomen, spreekt de HEERE.
	As Babylon hath caused the slain of Israel to fall, so at Babylon shall fall the slain of all the earth.	49 Gelijk Babel geweest is tot een val der verslagenen van Israel, alzo zullen te Babel de verslagenen des gansen lands vallen.
	Ye that have escaped the sword, go away, stand not still: remember the LORD afar off, and let Jerusalem come into your mind.	50 Gij ontkomenen van het zwaard, gaat weg, en blijft niet staan; gedenkt des HEEREN van verre, en laat Jeruzalem in ulieder hart opkomen.
	We are confounded, because we have heard reproach: shame hath covered our faces: for strangers are come into the sanctuaries of the LORD'S house.	51 Gij moogt zeggen: Wij zijn beschaamd geworden, want wij hebben versmaadheid gehoord, schaamroodheid heeft ons aangezicht bedekt; omdat uitlandsen over de heiligdommen van des HEEREN huis gekomen zijn;
	Wherefore, behold, the days come, saith the LORD, that I will do judgment upon her graven images: and through all her land the wounded shall groan.	52 Daarom ziet, de dagen komen, spreekt de HEERE, dat Ik bezoeking doen zal over haar gesneden beelden; en de dodelijk verwonde zal kermen in haar ganse land.
	Though Babylon should mount up to heaven, and though she should fortify the height of her strength, yet from me shall spoilers come unto her, saith the LORD.	53 Al klom Babel ten hemel op, en al maakte zij vast de hoogte harer sterkte, zo zullen haar toch verstoorders van Mij overkomen, spreekt de HEERE.
	A sound of a cry cometh from Babylon, and great destruction from the land of the Chaldeans:	54 Er is een stem des gekrijts uit Babel, en een grote breuk uit het land der Chaldeen.
	Because the LORD hath spoiled Babylon, and destroyed out of her the great voice; when her waves do roar like great waters, a noise of their voice is uttered:	55 Want de HEERE verstoort Babel, en zal de grootse stem uit haar doen vergaan; want hunlieder golven zullen bruisen als grote wateren; het geruis van hunlieder geluid zal zich verheffen.
	Because the spoiler is come upon her, even upon Babylon, and her mighty men are taken, every one of their bows is broken: for the LORD God of recompences shall surely requite.	56 Want de verstoorder komt over haar, over Babel, en haar helden zullen gevangen worden; hunlieder bogen zijn verbroken; want de HEERE, de God der vergelding, zal hun zekerlijk betalen.
	And I will make drunk her princes, and her wise men, her captains, and her rulers, and her mighty men: and they shall sleep a perpetual sleep, and not wake, saith the King, whose name is the LORD of hosts.	57 En Ik zal haar vorsten, en haar wijzen, haar landvoogden, en haar overheden, en haar helden dronken maken; en zij zullen een eeuwigen slaap slapen, en niet opwaken, spreekt de Koning, Wiens Naam is HEERE der heirscharen.
	Thus saith the LORD of hosts; The broad walls of Babylon shall be utterly broken, and her high gates shall be burned with fire; and the people shall labour in vain, and the folk in the fire, and they shall be weary.	58 Zo zegt de HEERE der heirscharen: Die brede muur van Babel zal ten enenmale ontbloot worden, en haar hoge poorten zullen met vuur aangestoken worden; zodat de volken tevergeefs, en de natien ten vure zullen gearbeid hebben, dat zij mat worden.
	The word which Jeremiah the prophet commanded Seraiah the son of Neriah, the son of Maaseiah, when he went with Zedekiah the king of Judah into Babylon in the fourth year of his reign. And this Seraiah was a quiet prince.	59 Het woord, dat de profeet Jeremia beval aan Seraja, den zoon van Nerija, den zoon van Machseja, als hij van Zedekia, den koning van Juda, naar Babel toog, in het vierde jaar zijner regering; en Seraja was een vreemdzaam vorst.
	So Jeremiah wrote in a book all the evil that should come upon Babylon, even all these words that are written against Babylon.	60 Jeremia nu schreef al het kwaad, dat over Babel komen zou, in een boek, te weten al deze woorden, die tegen Babel geschreven zijn.
	And Jeremiah said to Seraiah, When thou comest to Babylon, and shalt see, and shalt read all these words;	61 En Jeremia zeide tot Seraja: Als gij te Babel komt, zo zult gij zien en lezen al deze woorden;

Then shalt thou say, O LORD, thou hast spoken against this place, to cut it off, that none shall remain in it, neither man nor beast, but that it shall be desolate for ever.

And it shall be, when thou hast made an end of reading this book, that thou shalt bind a stone to it, and cast it into the midst of Euphrates:

And thou shalt say, Thus shall Babylon sink, and shall not rise from the evil that I will bring upon her: and they shall be weary. Thus far are the words of Jeremiah.

Jeremiah (52) Jeremia

1 Zedekiah was one and twenty years old when he began to reign, and he reigned eleven years in Jerusalem. And his mother's name was Hamutal the daughter of Jeremiah of Libnah.

2 And he did that which was evil in the eyes of the LORD, according to all that Jehoiakim had done.

3 For through the anger of the LORD it came to pass in Jerusalem and Judah, till he had cast them out from his presence, that Zedekiah rebelled against the king of Babylon.

4 And it came to pass in the ninth year of his reign, in the tenth month, in the tenth day of the month, that Nebuchadrezzar king of Babylon came, he and all his army, against Jerusalem, and pitched against it, and built forts against it round about.

5 So the city was besieged unto the eleventh year of king Zedekiah.

6 And in the fourth month, in the ninth day of the month, the famine was sore in the city, so that there was no bread for the people of the land.

7 Then the city was broken up, and all the men of war fled, and went forth out of the city by night by the way of the gate between the two walls, which was by the king's garden; (now the Chaldeans were by the city round about:) and they went by the way of the plain.

8 But the army of the Chaldeans pursued after the king, and overtook Zedekiah in the plains of Jericho; and all his army was scattered from him.

9 Then they took the king, and carried him up unto the king of Babylon to Riblah in the land of Hamath; where he gave judgment upon him.

10 And the king of Babylon slew the sons of Zedekiah before his eyes: he slew also all the princes of Judah in Riblah.

11 Then he put out the eyes of Zedekiah; and the king of Babylon bound him in chains, and carried him to Babylon, and put him in prison till the day of his death.

12 Now in the fifth month, in the tenth day of the month, which was the nineteenth year of Nebuchadrezzar king of Babylon, came Nebuzaradan, captain of the guard, which served the king of Babylon, into Jerusalem,

13 And burned the house of the LORD, and the king's house; and all the houses of Jerusalem, and all the houses of the great men, burned he with fire:

14 And all the army of the Chaldeans, that were with the captain of the guard, brake down all the walls of Jerusalem round about.

15 Then Nebuzaradan the captain of the guard carried away captive certain of the poor of the people, and the residue of the people that remained in the city, and those that fell away, that fell to the king of Babylon, and the rest of the multitude.

16 But Nebuzaradan the captain of the guard left certain of the poor of the land for vinedressers and for husbandmen.

17 Also the pillars of brass that were in the house of the LORD, and the bases, and the brasen sea that was in the house of the LORD, the Chaldeans brake, and carried all the brass of them to Babylon.

18 The caldrons also, and the shovels, and the snuffers, and the bowls, and the spoons, and all the vessels of brass wherewith they ministered, took they away.

19 And the basons, and the firepans, and the bowls, and the caldrons, and the candlesticks, and the spoons, and the cups; that which was of gold in gold, and that which was of silver in silver, took the captain of the guard away.

---

62 En gij zult zeggen: O HEERE, Gij hebt over deze plaats gesproken, dat Gij ze zult uitroeien, zodat er geen inwoner in zij, van den mens tot op het beest, maar dat zij worden zal tot eeuwige woestheden.

63 En het zal geschieden, als gij geëindigd zult hebben dit boek te lezen, dan zult gij een steen daaraan binden, en werpen het in het midden van den Frath;

64 En zult zeggen: Alzo zal Babel zinken, en niet weder opkomen, vanwege het kwaad, dat Ik over haar zal brengen, en zij zullen mat worden. Tot hiertoe zijn de woorden van Jeremia.

Jeremiah (52) Jeremia

1 Zedekia was een en twintig jaren oud, als hij koning werd, en hij regeerde elf jaren te Jeruzalem; en de naam zijner moeder was Hamutal, een dochter van Jeremia, van Libna.

2 En hij deed dat kwaad was in de ogen des HEEREN, naar alles, wat Jojakim gedaan had.

3 Want het geschiedde, om den toorn des HEEREN tegen Jeruzalem en Juda, totdat Hij hen van Zijn aangezicht weggeworpen had; en Zedekia rebelleerde tegen den koning van Babel.

4 En het geschiedde in het negende jaar zijner regering, in de tiende maand, op den tienden der maand, dat Nebukadrezar, de koning van Babel, kwam tegen Jeruzalem, hij en zijn ganse heir, en zij legerden zich tegen haar, en zij bouwden tegen haar sterkten rondom.

5 Alzo kwam de stad in belegering, tot in het elfde jaar van den koning Zedekia.

6 In de vierde maand, op den negenden der maand, als de honger in de stad sterk werd, en het volk des lands geen brood had;

7 Toen werd de stad doorgebroken, en al de krijgslieden vloden, en trokken uit des nachts, uit de stad, door den weg der poort tussen de twee muren, die aan des konings hof waren (de Chaldeen nu waren tegen de stad rondom), en zij togen door den weg des vlakken velds.

8 Doch het heir der Chaldeen jaagde den koning na, en zij achterhaalden Zedekia in de vlakke velden van Jericho; en al zijn heir werd van bij hem verstrooid.

9 Zij dan grepen den koning, en voerden hem opwaarts tot den koning van Babel naar Ribla, in het land van Hamath; die sprak oordelen tegen hem.

10 En de koning van Babel slachtte de zonen van Zedekia voor zijn ogen; en hij slachtte ook al de vorsten van Juda te Ribla.

11 En hij verblindde de ogen van Zedekia, en hij bond hem met twee koperen ketenen; alzo bracht hem de koning van Babel naar Babel, en stelde hem in het gevangenhuis, tot den dag zijns doods toe.

12 Daarna, in de vijfde maand, op den tienden der maand (dit jaar was het negentiende jaar van den koning Nebukadrezar, den koning van Babel), als Nebuzaradan, de overste der trawanten, die voor het aangezicht des konings van Babel stond, te Jeruzalem gekomen was;

13 Zo verbrandde hij het huis des HEEREN en het huis des konings; mitsgaders alle huizen van Jeruzalem en alle huizen der groten verbrandde hij met vuur.

14 En het ganse heir der Chaldeen, dat met den overste der trawanten was, brak alle muren van Jeruzalem rondom af.

15 Van de armsten nu des volks en het overige des volks, die in de stad overgelaten waren, en de afvalligen, die tot den koning van Babel gevallen waren, en het overige der menigte, voerde Nebuzaradan, de overste der trawanten, gevankelijk weg.

16 Maar van de armsten des lands liet Nebuzaradan, de overste der trawanten, enigen over tot wijngaardeniers en tot akkerlieden.

17 Verder braken de Chaldeen de koperen pilaren, die in het huis des HEEREN waren, en de stellingen, en de koperen zee, die in het huis des HEEREN was; en zij voerden al het koper daarvan naar Babel.

18 Ook namen zij de potten en de schoffelen, en de gaffelen, en de sprengbekkens, en de rookschalen, en al de koperen vaten, waar men den dienst mede deed.

19 En de overste der trawanten nam weg de schalen, en de wierookvaten, en de sprengbekkens, en de potten, en de kandelaars, en de rookschalen, en de kroezen; wat geheel goud, en wat geheel zilver was.

Jeremiah - Jeremia

The two pillars, one sea, and twelve brasen bulls that were under the bases, which king Solomon had made in the house of the LORD: the brass of all these vessels was without weight.	20 De twee pilaren, de ene zee, en de twaalf koperen runderen, die in de plaats der stellingen waren, die de koning Salomo voor het huis des HEEREN gemaakt had; het koper daarvan, te weten van al deze vaten, was zonder gewicht.
And concerning the pillars, the height of one pillar was eighteen cubits; and a fillet of twelve cubits did compass it; and the thickness thereof was four fingers: it was hollow.	21 Aangaande de pilaren, achttien ellen was de hoogte eens pilaars, en een draad van twaalf ellen omving hem; en zijn dikte was vier vingeren, en hij was hol.
And a chapter of brass was upon it; and the height of one chapiter was five cubits, with network and pomegranates upon the chapiters round about, all of brass. The second pillar also and the pomegranates were like unto these.	22 En het kapiteel daarop was koper, en de hoogte des enen kapiteels was vijf ellen, en een net, en granaatappelen op het kapiteel rondom, alles koper; en dezen gelijk had de andere pilaar, met granaatappelen.
And there were ninety and six pomegranates on a side; and all the pomegranates upon the network were an hundred round about.	23 En de granaatappelen waren zes en negentig, gezet naar den wind; alle granaatappelen waren honderd, over het net rondom.
And the captain of the guard took Seraiah the chief priest, and Zephaniah the second priest, and the three keepers of the door:	24 Ook nam de overste der trawanten Seraja, den hoofdpriester, en Zefanja, den tweeden priester, en de drie dorpelbewaarders.
He took also out of the city an eunuch, which had the charge of the men of war; and seven men of them that were near the king's person, which were found in the city; and the principal scribe of the host, who mustered the people of the land; and threescore men of the people of the land, that were found in the midst of the city.	25 En uit de stad nam hij een hoveling, die over de krijgslieden gesteld was, en zeven mannen uit degenen, die des konings aangezicht zagen, die in de stad gevonden werden, mitsgaders den oversten schrijver des heirs, die het volk des lands ten oorlog opschreef, en zestig mannen van het volk des lands, die in het midden der stad gevonden werden.
So Nebuzaradan the captain of the guard took them, and brought them to the king of Babylon to Riblah.	26 Als Nebuzaradan, de overste der trawanten, dezen genomen had, zo bracht hij hen tot den koning van Babel naar Ribla.
And the king of Babylon smote them, and put them to death in Riblah in the land of Hamath. Thus Judah was carried away captive out of his own land.	27 En de koning van Babel sloeg hen en doodde hen te Ribla, in het land van Hamath. Alzo werd Juda uit zijn land gevankelijk weggevoerd.
This is the people whom Nebuchadrezzar carried away captive: in the seventh year three thousand Jews and three and twenty:	28 Dit is het volk, dat Nebukadrezar gevankelijk heeft weggevoerd; in het zevende jaar, drie duizend drie en twintig Joden;
In the eighteenth year of Nebuchadrezzar he carried away captive from Jerusalem eight hundred thirty and two persons:	29 In het achttiende jaar van Nebukadrezar, voerde hij gevankelijk weg achthonderd twee en dertig zielen uit Jeruzalem;
In the three and twentieth year of Nebuchadrezzar Nebuzaradan the captain of the guard carried away captive of the Jews seven hundred forty and five persons: all the persons were four thousand and six hundred.	30 In het drie en twintigste jaar van Nebukadrezar voerde Nebuzaradan, de overste der trawanten, gevankelijk weg van de Joden zevenhonderd vijf en veertig zielen. Alle zielen zijn vier duizend en zeshonderd.
And it came to pass in the seven and thirtieth year of the captivity of Jehoiachin king of Judah, in the twelfth month, in the five and twentieth day of the month, that Evilmerodach king of Babylon in the first year of his reign lifted up the head of Jehoiachin king of Judah, and brought him forth out of prison,	31 Het geschiedde daarna, in het zeven en dertigste jaar der gevankelijke wegvoering van Jojachin, den koning van Juda, in de twaalfde maand, op den vijf en twintigsten der maand, dat Evilmerodach, de koning van Babel, in het eerste jaar zijns koninkrijks, het hoofd van Jojachin, den koning van Juda, verhief, en hem uit het gevangenhuis uitbracht.
And spake kindly unto him, and set his throne above the throne of the kings that were with him in Babylon,	32 En hij sprak vriendelijk met hem, en stelde zijn stoel boven den stoel der koningen, die bij hem te Babel waren.
And changed his prison garments: and he did continually eat bread before him all the days of his life.	33 En hij veranderde de klederen zijner gevangenis; en hij at gedurigliijk brood voor zijn aangezicht, al de dagen zijns levens.
And for his diet, there was a continual diet given him of the king of Babylon, every day a portion until the day of his death, all the days of his life.	34 En aangaande zijn tering, een gedurige tering werd hem van den koning van Babel gegeven, elk dagelijks bestemde deel op zijn dag, tot op den dag zijns doods, al de dagen zijns levens.

Lamentations - Klaagliederen

Lamentations (1) Klaagliederen

1 How doth the city sit solitary, that was full of people! how is she become as a widow! she that was great among the nations, and princess among the provinces, how is she become tributary!

2 She weepeth sore in the night, and her tears are on her cheeks: among all her lovers she hath none to comfort her: all her friends have dealt treacherously with her, they are become her enemies.

3 Judah is gone into captivity because of affliction, and because of great servitude: she dwelleth among the heathen, she findeth no rest: all her persecutors overtook her between the straits.

4 The ways of Zion do mourn, because none come to the solemn feasts: all her gates are desolate: her priests sigh, her virgins are afflicted, and she is in bitterness.

5 Her adversaries are the chief, her enemies prosper; for the LORD hath afflicted her for the multitude of her transgressions: her children are gone into captivity before the enemy.

6 And from the daughter of Zion all her beauty is departed: her princes are become like harts that find no pasture, and they are gone without strength before the pursuer.

7 Jerusalem remembered in the days of her affliction and of her miseries all her pleasant things that she had in the days of old, when her people fell into the hand of the enemy, and none did help her: the adversaries saw her, and did mock at her sabbaths.

8 Jerusalem hath grievously sinned; therefore she is removed: all that honoured her despise her, because they have seen her nakedness: yea, she sigheth, and turneth backward.

9 Her filthiness is in her skirts; she remembereth not her last end; therefore she came down wonderfully: she had no comforter. O LORD, behold my affliction: for the enemy hath magnified himself.

10 The adversary hath spread out his hand upon all her pleasant things: for she hath seen that the heathen entered into her sanctuary, whom thou didst command that they should not enter into thy congregation.

11 All her people sigh, they seek bread; they have given their pleasant things for meat to relieve the soul: see, O LORD, and consider; for I am become vile.

12 Is it nothing to you, all ye that pass by? behold, and see if there be any sorrow like unto my sorrow, which is done unto me, wherewith the LORD hath afflicted me in the day of his fierce anger.

13 From above hath he sent fire into my bones, and it prevaileth against them: he hath spread a net for my feet, he hath turned me back: he hath made me desolate and faint all the day.

14 The yoke of my transgressions is bound by his hand: they are wreathed, and come up upon my neck: he hath made my strength to fall, the Lord hath delivered me into their hands, from whom I am not able to rise up.

15 The Lord hath trodden under foot all my mighty men in the midst of me: he hath called an assembly against me to crush my young men: the Lord hath trodden the virgin, the daughter of Judah, as in a winepress.

16 For these things I weep; mine eye, mine eye runneth down with water, because the comforter that should relieve my soul is far from me: my children are desolate, because the enemy prevailed.

17 Zion spreadeth forth her hands, and there is none to comfort her: the LORD hath commanded concerning Jacob, that his adversaries should be round about him: Jerusalem is as a menstruous woman among them.

18 The LORD is righteous; for I have rebelled against his commandment: hear, I pray you, all people, and behold my sorrow: my virgins and my young men are gone into captivity.

---

1 Aleph. Hoe zit die stad zo eenzaam, die vol volks was, zij is als een weduwe geworden, zij, die groot was onder de heidenen, een vorstin onder de landschappen, is cijnsbaar geworden.

2 Beth. Zij weent steeds des nachts, en haar tranen lopen over haar kinnebakken; zij heeft geen trooster onder al haar liefhebbers; al haar vrienden hebben trouwelooslijk met haar gehandeld, zij zijn haar tot vijanden geworden.

3 Gimel. Juda is in gevangenis gegaan vanwege de ellende, en vanwege de veelheid der dienstbaarheid; zij woont onder de heidenen, zij vindt geen rust; al haar vervolgers achterhalen ze tussen de engten.

4 Daleth. De wegen Sions treuren, omdat niemand op het feest komt; al haar poorten zijn woest, haar priesters zuchten: haar jonkvrouwen zijn bedroefd, en zij zelve is in bitterheid.

5 He. Haar tegenpartijders zijn ten hoofd geworden, haar vijanden zijn gerust; omdat haar de HEERE bedroefd heeft, vanwege de veelheid harer overtredingen; haar kinderkens gaan henen in de gevangenis voor het aangezicht des tegenpartijders.

6 Vau. En van de dochter Sions is al haar sieraad weggegaan; haar vorsten zijn als de herten, die geen weide vinden, en zij gaan krachteloos henen voor het aangezicht des vervolgers.

7 Zain. Jeruzalem is, in de dagen harer ellende en harer veelvuldige ballingschap, indachtig aan al haar gewenste dingen, die zij van oude dagen af gehad heeft; dewijl haar volk door de hand des tegenpartijders valt, en zij geen helper heeft; de tegenpartijders zien haar aan, zij spotten met haar rustdagen.

8 Cheth. Jeruzalem heeft zwaarlijk gezondigd, daarom is zij als een afgezonderde vrouw geworden; allen, die haar eerden, achten haar onwaard, dewijl zij haar naaktheid gezien hebben; zij zucht ook, en zij is achterwaarts gekeerd.

9 Teth. Haar onreinheid is in haar zomen, zij heeft niet gedacht aan haar uiterste, daarom is zij wonderbaarlijk omlaag gedaald; zij heeft geen trooster. HEERE, zie mijn ellende aan, want de vijand maakt zich groot.

10 Jod. De tegenpartijder heeft zijn hand aan al haar gewenste dingen uitgebreid; immers heeft zij aangezien, dat de heidenen in haar heiligdom gingen, waarvan Gij geboden hadt, dat zij in Uw gemeente niet komen zouden.

11 Caph. Al haar volk zucht, brood zoekende, zij hebben hun gewenste dingen voor spijs gegeven, om de ziel te verkwikken. Zie, HEERE, en aanschouw, dat ik onwaard geworden ben.

12 Lamed. Gaat het ulieden niet aan, gij allen, die over weg gaat? Schouwt het aan en ziet, of er een smart zij gelijk mijn smart, die mij aangedaan is, waarmede de HEERE mij bedroefd heeft ten dage der hittigheid Zijns toorns.

13 Mem. Van de hoogte heeft Hij een vuur in mijn beenderen gezonden, waarover Hij geheerst heeft; Hij heeft voor mijn voeten een net uitgebreid, Hij heeft mij achterwaarts doen keren, Hij heeft mij woest en ziek gemaakt den gansen dag.

14 Nun. Het juk mijner overtredingen is aangebonden door Zijn hand, zij zijn samengevlochten, zij zijn op mijn hals geklommen; Hij heeft mijn kracht doen vervallen; de HEERE heeft mij in hun handen gegeven, ik kan niet opstaan.

15 Samech. De Heere heeft al mijn sterken in het midden van mij vertreden; Hij heeft een bijeenkomst over mij uitgeroepen, om mijn jongelingen te verbreken; de Heere heeft de wijnpers der jonkvrouw, der dochter van Juda, getreden.

16 Ain. Om dezer dingen wille ween ik; mijn oog, mijn oog vliet af van water, omdat de trooster, die mijn ziel zou verkwikken, verre van mij is; mijn kinderen zijn verwoest, omdat de vijand de overhand heeft.

17 Pe. Sion breidt haar handen uit, daar is geen trooster voor haar; de HEERE heeft van Jakob geboden, dat die rondom hem zijn, zijn tegenpartijders zouden zijn; Jeruzalem is als een afgezonderde vrouw onder hen.

18 Tsade. De HEERE is rechtvaardig, want ik ben Zijn mond wederspannig geweest; hoort toch, alle gij volken, en ziet mijn smart; mijn jonkvrouwen en mijn jongelingen zijn in de gevangenis gegaan.

I called for my lovers, but they deceived me: my priests and mine elders gave up the ghost in the city, while they sought their meat to relieve their souls.

Behold, O LORD; for I am in distress: my bowels are troubled; mine heart is turned within me; for I have grievously rebelled: abroad the sword bereaveth, at home there is as death.

They have heard that I sigh: there is none to comfort me: all mine enemies have heard of my trouble; they are glad that thou hast done it: thou wilt bring the day that thou hast called, and they shall be like unto me.

Let all their wickedness come before thee; and do unto them, as thou hast done unto me for all my transgressions: for my sighs are many, and my heart is faint.

19 Koph. Ik riep tot mijn liefhebbers, maar zij hebben mij bedrogen; mijn priesters en mijn oudsten hebben in de stad den geest gegeven, als zij spijze voor zich zochten, opdat zij hun ziel mochten verkwikken.

20 Resch. Aanzie, HEERE, want mij is bange; mijn ingewand is beroerd, mijn hart heeft zich omgekeerd in het binnenste van mij, want ik ben zeer wederspannig geweest; van buiten heeft mij het zwaard van kinderen beroofd, van binnen is als de dood.

21 Schin. Zij horen, dat ik zucht, maar ik heb geen trooster; al mijn vijanden horen mijn kwaad; en zij zijn vrolijk, dat Gij het gedaan hebt; als Gij den dag zult voortgebracht hebben, dien Gij uitgeroepen hebt, zo zullen zij zijn, gelijk ik ben.

22 Thau. Laat al hun kwaad voor Uw aangezicht komen, en doe hun, gelijk als Gij mij gedaan hebt vanwege al mijn overtredingen; want mijn zuchtingen zijn vele, en mijn hart is mat.

Lamentations (2) Klaagliederen

1 How hath the Lord covered the daughter of Zion with a cloud in his anger, and cast down from heaven unto the earth the beauty of Israel, and remembered not his footstool in the day of his anger!

2 The Lord hath swallowed up all the habitations of Jacob, and hath not pitied: he hath thrown down in his wrath the strong holds of the daughter of Judah; he hath brought them down to the ground: he hath polluted the kingdom and the princes thereof.

3 He hath cut off in his fierce anger all the horn of Israel: he hath drawn back his right hand from before the enemy, and he burned against Jacob like a flaming fire, which devoureth round about.

4 He hath bent his bow like an enemy: he stood with his right hand as an adversary, and slew all that were pleasant to the eye in the tabernacle of the daughter of Zion: he poured out his fury like fire.

5 The Lord was as an enemy: he hath swallowed up Israel, he hath swallowed up all her palaces: he hath destroyed his strong holds, and hath increased in the daughter of Judah mourning and lamentation.

6 And he hath violently taken away his tabernacle, as if it were of a garden: he hath destroyed his places of the assembly: the LORD hath caused the solemn feasts and sabbaths to be forgotten in Zion, and hath despised in the indignation of his anger the king and the priest.

7 The Lord hath cast off his altar, he hath abhorred his sanctuary, he hath given up into the hand of the enemy the walls of her palaces; they have made a noise in the house of the LORD, as in the day of a solemn feast.

8 The LORD hath purposed to destroy the wall of the daughter of Zion: he hath stretched out a line, he hath not withdrawn his hand from destroying: therefore he made the rampart and the wall to lament; they languished together.

9 Her gates are sunk into the ground; he hath destroyed and broken her bars: her king and her princes are among the Gentiles: the law is no more; her prophets also find no vision from the LORD.

10 The elders of the daughter of Zion sit upon the ground, and keep silence: they have cast up dust upon their heads; they have girded themselves with sackcloth: the virgins of Jerusalem hang down their heads to the ground.

11 Mine eyes do fail with tears, my bowels are troubled, my liver is poured upon the earth, for the destruction of the daughter of my people; because the children and the sucklings swoon in the streets of the city.

12 They say to their mothers, Where is corn and wine? when they swooned as the wounded in the streets of the city, when their soul was poured out into their mothers' bosom.

13 What thing shall I take to witness for thee? what thing shall I liken to thee, O daughter of Jerusalem? what shall I equal to thee, that I may comfort thee, O virgin daughter of Zion? for thy breach is great like the sea: who can heal thee?

1 Aleph. Hoe heeft de Heere de dochter Sions in Zijn toorn bewolkt? Hij heeft de heerlijkheid van Israel van den hemel op de aarde nedergeworpen; en Hij heeft aan de voetbank Zijner voeten niet gedacht in den dag Zijns toorns.

2 Beth. De Heere heeft al de woningen Jakobs verslonden, en heeft ze niet verschoond; Hij heeft de vastigheden der dochter van Juda afgebroken in Zijn verbolgenheid, Hij heeft gemaakt, dat zij de aarde raken; Hij heeft het koninkrijk en deszelfs vorsten ontheiligd.

3 Gimel. Hij heeft, in ontsteking des toorns, den gehelen hoorn Israels afgehouwen; Hij heeft Zijn rechterhand achterwaarts getrokken, toen de vijand kwam, en Hij is tegen Jakob ontstoken als een vlammend vuur, dat rondom verteert.

4 Daleth. Hij heeft Zijn boog gespannen als een vijand; Hij heeft zich met Zijn rechterhand gesteld als een tegenpartijder, dat Hij doodde al de begeerlijke dingen der ogen; Hij heeft Zijn grimmigheid in de tent der dochter Sions uitgestort als een vuur.

5 He. De Heere is geworden als een vijand; Hij heeft Israel verslonden, Hij heeft al haar paleizen verslonden. Hij heeft deszelfs vastigheden verdorven; en Hij heeft bij de dochter van Juda het klagen en kermen vermenigvuldigd.

6 Vau. En Hij heeft Zijn hut met geweld afgerukt, als een hof, Hij heeft Zijn vergaderplaats verdorven; de HEERE heeft in Sion doen vergeten den hoogtijd en den sabbat, en Hij heeft in de gramschap Zijns toorns den koning en den priester smadelijk verworpen.

7 Zain. De Heere heeft Zijn altaar verstoten. Hij heeft Zijn heiligdom te niet gedaan, Hij heeft de muren harer paleizen in des vijands hand overgegeven; zij hebben in het huis des HEEREN een stem verheven als op den dag eens gezetten hoogtijds.

8 Cheth. De HEERE heeft gedacht te verderven den muur der dochter Sions; Hij heeft het richtsnoer daarover getogen, Hij heeft Zijn hand niet afgewend, dat Hij ze niet verslonde; en Hij heeft den voormuur en den muur te zamen treurig gemaakt, zij zijn verzwakt.

9 Teth. Haar poorten zijn in de aarde verzonken; Hij heeft haar grendelen verdorven en gebroken; haar koning en haar vorsten zijn onder de heidenen; er is geen wet; haar profeten vinden ook geen gezicht van den HEERE.

10 Jod. De oudsten der dochter Sions zitten op de aarde, zij zwijgen stil, zij werpen stof op hun hoofd, zij hebben zakken aangegord; de jonge dochters van Jeruzalem laten haar hoofd ter aarde hangen.

11 Caph. Mijn ogen zijn verteerd door tranen, mijn ingewand wordt beroerd; mijn lever is ter aarde uitgeschud, vanwege de breuk der dochter mijns volks; omdat het kind en de zuigeling op de straten der stad in onmacht zinken;

12 Lamed. Als zij tot hun moeders zeggen: Waar is koren en wijn, als zij op de straten der stad in onmacht zinken, als de verslagenen; als zich hun ziel uitschudt in den schoot hunner moeders.

13 Mem. Wat getuigen zal ik u brengen, wat zal ik bij u vergelijken, gij dochter Jeruzalems? Wat zal ik bij u vergelijken, dat ik u trooste, gij jonkvrouw, dochter Sions, want uw breuk is zo groot als de zee, wie kan u helen?

Thy prophets have seen vain and foolish things for thee: and they have not discovered thine iniquity, to turn away thy captivity; but have seen for thee false burdens and causes of banishment.

All that pass by clap their hands at thee; they hiss and wag their head at the daughter of Jerusalem, saying, Is this the city that men call The perfection of beauty, The joy of the whole earth?

All thine enemies have opened their mouth against thee: they hiss and gnash the teeth: they say, We have swallowed her up: certainly this is the day that we looked for; we have found, we have seen it.

The LORD hath done that which he had devised; he hath fulfilled his word that he had commanded in the days of old: he hath thrown down, and hath not pitied: and he hath caused thine enemy to rejoice over thee, he hath set up the horn of thine adversaries.

Their heart cried unto the Lord, O wall of the daughter of Zion, let tears run down like a river day and night: give thyself no rest; let not the apple of thine eye cease.

Arise, cry out in the night: in the beginning of the watches pour out thine heart like water before the face of the Lord: lift up thy hands toward him for the life of thy young children, that faint for hunger in the top of every street.

Behold, O LORD, and consider to whom thou hast done this. Shall the women eat their fruit, and children of a span long? shall the priest and the prophet be slain in the sanctuary of the Lord?

The young and the old lie on the ground in the streets: my virgins and my young men are fallen by the sword; thou hast slain them in the day of thine anger; thou hast killed, and not pitied.

Thou hast called as in a solemn day my terrors round about, so that in the day of the LORD'S anger none escaped nor remained: those that I have swaddled and brought up hath mine enemy consumed.

14 Nun. Uw profeten hebben u ijdelheid en ongerijmdheid gezien, en zij hebben u uw ongerechtigheid niet geopenbaard, om uw gevangenis af te wenden, maar zij hebben voor u gezien ijdele lasten en uitstotingen.

15 Samech. Allen, die over weg gaan, klappen met de handen over u, zij fluiten en schudden hun hoofd over de dochter Jeruzalems, zeggende: Is dit die stad, waar men van zeide, dat zij volkomen van schoonheid was, een vreugde der ganse aarde?

16 Pe. Al uw vijanden sperren hun mond op over u, zij fluiten en knersen met de tanden, zij zeggen: Wij hebben haar verslonden; dit is immers de dag, dien wij verwacht hebben, wij hebben hem gevonden, wij hebben hem gezien.

17 Ain. De HEERE heeft gedaan, wat Hij gedacht had, Hij heeft Zijn woord vervuld, dat Hij bevolen had van oude dagen; Hij heeft afgebroken en niet gespaard; en Hij heeft den vijand over u verblijd, Hij heeft den hoorn uwer tegenpartijders verhoogd.

18 Tsade. Hun hart schreeuwde tot den Heere: O gij muur der dochter Sions, laat dag en nacht tranen afvlieten als een beek; geef uzelve geen rust, uw oogappel houde niet op!

19 Koph. Maak u op, maak geschrei des nachts in het begin der nachtwaken, stort uw hart uit voor het aangezicht des Heeren als water; hef uw handen tot Hem op voor de ziel uwer kinderkens, die in onmacht gevallen zijn van honger, vooraan op alle straten.

20 Resch. Zie, HEERE, aanschouw toch, aan wien Gij alzo gedaan hebt; zullen dan de vrouwen haar vrucht eten, de kinderkens, die men op de handen draagt? Zullen dan de profeet en de priester in het heiligdom des Heeren gedood worden?

21 Schin. De jongen en de ouden liggen op de aarde op de straten; mijn jonkvrouwen en mijn jongelingen zijn door het zwaard gevallen; Gij hebt ze in den dag Uws toorns gedood, Gij hebt ze geslacht en niet verschoond.

22 Thau. Gij hebt mijn verschrikkingen van rondom geroepen, als tot een dag eens gezetten hoogtijds; en er is niemand aan den dag des toorns des HEEREN ontkomen of overgebleven; die ik op de handen gedragen en opgetogen heb, die heeft mijn vijand omgebracht.

Lamentations (3) Klaagliederen

I am the man that hath seen affliction by the rod of his wrath.

He hath led me, and brought me into darkness, but not into light.

Surely against me is he turned; he turneth his hand against me all the day.

My flesh and my skin hath he made old; he hath broken my bones.

He hath builded against me, and compassed me with gall and travail.

He hath set me in dark places, as they that be dead of old.

He hath hedged me about, that I cannot get out: he hath made my chain heavy.

Also when I cry and shout, he shutteth out my prayer.

He hath inclosed my ways with hewn stone, he hath made my paths crooked.

He was unto me as a bear lying in wait, and as a lion in secret places.

He hath turned aside my ways, and pulled me in pieces: he hath made me desolate.

He hath bent his bow, and set me as a mark for the arrow.

He hath caused the arrows of his quiver to enter into my reins.

I was a derision to all my people; and their song all the day.

He hath filled me with bitterness, he hath made me drunken with wormwood.

He hath also broken my teeth with gravel stones, he hath covered me with ashes.

And thou hast removed my soul far off from peace: I forgat prosperity.

1 Aleph. Ik ben de man, die ellende gezien heeft door de roede Zijner verbolgenheid.

2 Aleph. Hij heeft mij geleid en gevoerd in de duisternis, en niet in het licht.

3 Aleph. Hij heeft Zich immers tegen mij gewend, Hij heeft Zijn hand den gansen dag veranderd.

4 Beth. Hij heeft mijn vlees en mijn huid oud gemaakt, Hij heeft mijn beenderen gebroken.

5 Beth. Hij heeft tegen mij gebouwd, en Hij heeft mij met galle en moeite omringd.

6 Beth. Hij heeft mij gezet in duistere plaatsen, als degenen, die over lang dood zijn.

7 Gimel. Hij heeft mij toegemuurd, dat ik er niet uit gaan kan; Hij heeft mijn koperen boeien verzwaard.

8 Gimel. Ook wanneer ik roep en schreeuw, sluit Hij de oren voor mijn gebed.

9 Gimel. Hij heeft mij wegen toegemuurd met uitgehouwen stenen, Hij heeft mijn paden verkeerd.

10 Daleth. Hij is mij een loerende beer, een leeuw in verborgen plaatsen.

11 Daleth. Hij heeft mijn wegen afgewend; en Hij heeft mij in stukken gebroken; Hij heeft mij woest gemaakt.

12 Daleth. Hij heeft Zijn boog gespannen, en Hij heeft mij den pijl als ten doel gesteld.

13 He. Hij heeft Zijn pijlen in mijn nieren doen ingaan.

14 He. Ik ben al mijn volk tot belaching geworden, hun snarenspel den gansen dag.

15 He. Hij heeft mij met bitterheden verzadigd, Hij heeft mij met alsem dronken gemaakt.

16 Vau. Hij heeft mijn tanden met zandsteentjes verbrijzeld, Hij heeft mij in de as nedergedrukt.

17 Vau. En Gij hebt mijn ziel verre van den vrede verstoten, ik heb het goede vergeten.

Lamentations - Klaagliederen

And I said, My strength and my hope is perished from the LORD:	18 Vau. Toen zeide ik: Mijn sterkte is vergaan, en mijn hoop van den HEERE.
Remembering mine affliction and my misery, the wormwood and the gall.	19 Zain. Gedenk aan mijn ellende en aan mijn ballingschap, aan den alsem en galle.
My soul hath them still in remembrance, and is humbled in me.	20 Zain. Mijn ziel gedenkt er wel terdege aan, en zij bukt zich neder in mij.
This I recall to my mind, therefore have I hope.	21 Zain. Dit zal ik mij ter harte nemen, daarom zal ik hopen;
It is of the LORD'S mercies that we are not consumed, because his compassions fail not.	22 Cheth. Het zijn de goedertierenheden des HEEREN, dat wij niet vernield zijn, dat Zijn barmhartigheden geen einde hebben;
They are new every morning: great is thy faithfulness.	23 Cheth. Zij zijn allen morgen nieuw, Uw trouw is groot.
The LORD is my portion, saith my soul; therefore will I hope in him.	24 Cheth. De HEERE is mijn Deel, zegt mijn ziel, daarom zal ik op Hem hopen.
The LORD is good unto them that wait for him, to the soul that seeketh him.	25 Teth. De HEERE is goed dengenen, die Hem verwachten, der ziele, die Hem zoekt.
It is good that a man should both hope and quietly wait for the salvation of the LORD.	26 Teth. Het is goed, dat men hope, en stille zij op het heil des HEEREN.
It is good for a man that he bear the yoke in his youth.	27 Teth. Het is goed voor een man, dat hij het juk in zijn jeugd draagt.
He sitteth alone and keepeth silence, because he hath borne it upon him.	28 Jod. Hij zitte eenzaam, en zwijge stil, omdat Hij het hem opgelegd heeft.
He putteth his mouth in the dust; if so be there may be hope.	29 Jod. Hij steke zijn mond in het stof, zeggende: Misschien is er verwachting.
He giveth his cheek to him that smiteth him: he is filled full with reproach.	30 Jod. Hij geve zijn wang dien, die hem slaat, hij worde zat van smaad.
For the Lord will not cast off for ever:	31 Caph. Want de Heere zal niet verstoten in eeuwigheid.
But though he cause grief, yet will he have compassion according to the multitude of his mercies.	32 Caph. Maar als Hij bedroefd heeft, zo zal Hij Zich ontfermen, naar de grootheid Zijner goedertierenheden.
For he doth not afflict willingly nor grieve the children of men.	33 Caph. Want Hij plaagt of bedroeft des mensenkinderen niet van harte.
To crush under his feet all the prisoners of the earth,	34 Lamed. Dat men al de gevangenen der aarde onder Zijn voeten verbrijzelt;
To turn aside the right of a man before the face of the most High,	35 Lamed. Dat men het recht eens mans buigt voor het aangezicht des Allerhoogsten;
To subvert a man in his cause, the Lord approveth not.	36 Lamed. Dat men een mens verongelijkt in zijn twistzaak; zou het de Heere niet zien?
Who is he that saith, and it cometh to pass, when the Lord commandeth it not?	37 Mem. Wie zegt wat, hetwelk geschiedt, zo het de Heere niet beveelt?
Out of the mouth of the most High proceedeth not evil and good?	38 Mem. Gaat niet uit den mond des Allerhoogsten het kwade en het goede?
Wherefore doth a living man complain, a man for the punishment of his sins?	39 Mem. Wat klaagt dan een levend mens? Een ieder klage vanwege zijn zonden.
Let us search and try our ways, and turn again to the LORD.	40 Nun. Laat ons onze wegen onderzoeken en doorzoeken, en laat ons wederkeren tot den HEERE.
Let us lift up our heart with our hands unto God in the heavens.	41 Nun. Laat ons onze harten opheffen, mitsgaders de handen, tot God in den hemel, zeggende:
We have transgressed and have rebelled: thou hast not pardoned.	42 Nun. Wij hebben overtreden, en wij zijn wederspannig geweest, daarom hebt Gij niet gespaard.
Thou hast covered with anger, and persecuted us: thou hast slain, thou hast not pitied.	43 Samech. Gij hebt ons met toorn bedekt, en Gij hebt ons vervolgd; Gij hebt ons gedood, Gij hebt niet verschoond.
Thou hast covered thyself with a cloud, that our prayer should not pass through.	44 Samech. Gij hebt U met een wolk bedekt, zodat er geen gebed doorkwam.
Thou hast made us as the offscouring and refuse in the midst of the people.	45 Samech. Gij hebt ons tot een uitvaagsel en wegwerpsel gesteld, in het midden der volken.
All our enemies have opened their mouths against us.	46 Pe. Al onze vijanden hebben hun mond tegen ons opgesperd.
Fear and a snare is come upon us, desolation and destruction.	47 Pe. De vreze en de kuil zijn over ons gekomen, de verwoesting en de verbreking.
Mine eye runneth down with rivers of water for the destruction of the daughter of my people.	48 Pe. Met waterbeken loopt mijn oog neder, vanwege de breuk der dochter mijns volks.
Mine eye trickleth down, and ceaseth not, without any intermission,	49 Ain. Mijn oog vliet, en kan niet ophouden, omdat er geen rust is;
Till the LORD look down, and behold from heaven.	50 Ain. Totdat het de HEERE van den hemel aanschouwe, en het zie.
Mine eye affecteth mine heart because of all the daughters of my city.	51 Ain. Mijn oog doet mijn ziele moeite aan, vanwege al de dochteren mijner stad.
Mine enemies chased me sore, like a bird, without cause.	52 Tsade. Die mijn vijanden zijn zonder oorzaak, hebben mij als een vogeltje dapperlijk gejaagd.
They have cut off my life in the dungeon, and cast a stone upon me.	53 Tsade. Zij hebben mijn leven in een kuil uitgeroeid, en zij hebben een steen op mij geworpen.
Waters flowed over mine head; then I said, I am cut off.	54 Tsade. De wateren zwommen over mijn hoofd; ik zeide: Ik ben afgesneden!

I called upon thy name, O LORD, out of the low dungeon.	55	Koph. HEERE! Ik heb Uw Naam aangeroepen uit den ondersten kuil.
Thou hast heard my voice: hide not thine ear at my breathing, at my cry.	56	Koph. Gij hebt mijn stem gehoord, verberg Uw oor niet voor mijn zuchten, voor mijn roepen.
Thou drewest near in the day that I called upon thee: thou saidst, Fear not.	57	Koph. Gij hebt U genaderd ten dage, als ik U aanriep; Gij hebt gezegd: Vrees niet!
O Lord, thou hast pleaded the causes of my soul; thou hast redeemed my life.	58	Resch. Heere! Gij hebt de twistzaken mijner ziel getwist, Gij hebt mijn leven verlost.
O LORD, thou hast seen my wrong: judge thou my cause.	59	Resch. Heere! Gij hebt gezien de verkeerdheid, die men mij aangedaan heeft, oordeel mijn rechtzaak.
Thou hast seen all their vengeance and all their imaginations against me.	60	Resch. Gij hebt al hun wraak gezien, al hun gedachten tegen mij.
Thou hast heard their reproach, O LORD, and all their imaginations against me;	61	Schin. HEERE! Gij hebt hun smaden gehoord, en al hun gedachten tegen mij;
The lips of those that rose up against me, and their device against me all the day.	62	Schin. De lippen dergenen, die tegen mij opstaan, en hun dichten tegen mij den gansen dag.
Behold their sitting down, and their rising up; I am their musick.	63	Schin. Aanschouw hun zitten en opstaan; ik ben hun snarenspel.
Render unto them a recompence, O LORD, according to the work of their hands.	64	Thau. HEERE! geef hun weder die vergelding, naar het werk hunner handen.
Give them sorrow of heart, thy curse unto them.	65	Thau. Geef hun een deksel des harten; Uw vloek zij over hen!
Persecute and destroy them in anger from under the heavens of the LORD.	66	Thau. Vervolg ze met toorn, en verdelg ze van onder den hemel des HEEREN.

Lamentations (4) Klaagliederen

How is the gold become dim! how is the most fine gold changed! the stones of the sanctuary are poured out in the top of every street.	1	Aleph. Hoe is het goud zo verdonkerd, het goede fijne goud zo veranderd! Hoe zijn de stenen des heiligdoms vooraan op alle straten verworpen!
The precious sons of Zion, comparable to fine gold, how are they esteemed as earthen pitchers, the work of the hands of the potter!	2	Beth. De kostelijke kinderen Sions, tegen fijn goud geschat, hoe zijn zij nu gelijk gerekend aan de aarden flessen, het werk van de handen eens pottenbakkers!
Even the sea monsters draw out the breast, they give suck to their young ones: the daughter of my people is become cruel, like the ostriches in the wilderness.	3	Gimel. Zelfs laten de zeekalveren de borsten neder, zij zogen hun welpen; maar de dochter mijns volks is als een wrede geworden, gelijk de struisen in de woestijn.
The tongue of the sucking child cleaveth to the roof of his mouth for thirst: the young children ask bread, and no man breaketh it unto them.	4	Daleth. De tong van het zoogkind kleeft aan zijn gehemelte van dorst; de kinderkens eisen brood, er is niemand, die het hun mededeelt.
They that did feed delicately are desolate in the streets: they that were brought up in scarlet embrace dunghills.	5	He. Die lekkernijen aten, versmachten nu op de straten; die in karmozijn opgetrokken zijn, omhelzen den drek.
For the punishment of the iniquity of the daughter of my people is greater than the punishment of the sin of Sodom, that was overthrown as in a moment, and no hands stayed on her.	6	Vau. En de ongerechtigheid der dochter mijns volks is groter dan de zonden van Sodom, dat als in een ogenblik omgekeerd werd, en geen handen hadden arbeid over haar.
Her Nazarites were purer than snow, they were whiter than milk, they were more ruddy in body than rubies, their polishing was of sapphire:	7	Zain. Haar bijzondersten waren reiner dan de sneeuw, zij waren witter dan melk; zij waren roder van lichaam dan robijnen, gladder dan een saffier.
Their visage is blacker than a coal; they are not known in the streets: their skin cleaveth to their bones; it is withered, it is become like a stick.	8	Cheth. Maar nu is hun gedaante verduisterd van zwartigheid, men kent hen niet op de straten; hun huid kleeft aan hun beenderen, zij is verdord, zij is geworden als een hout.
They that be slain with the sword are better than they that be slain with hunger: for these pine away, stricken through for want of the fruits of the field.	9	Teth. De verslagenen van het zwaard zijn gelukkiger dan de verslagenen van den honger; want die vlieten daarheen, als doorstoken zijnde, omdat er geen vruchten der velden zijn.
The hands of the pitiful women have sodden their own children: they were their meat in the destruction of the daughter of my people.	10	Jod. De handen der barmhartige vrouwen hebben haar kinderen gekookt; zij zijn haar tot spijze geworden in de verbreking der dochter mijns volks.
The LORD hath accomplished his fury; he hath poured out his fierce anger, and hath kindled a fire in Zion, and it hath devoured the foundations thereof.	11	Caph. De HEERE heeft Zijn grimmigheid volbracht, Hij heeft de hittigheid Zijns toorns uitgestort; en Hij heeft te Sion een vuur aangestoken, hetwelk haar fondamenten verteerd heeft.
The kings of the earth, and all the inhabitants of the world, would not have believed that the adversary and the enemy should have entered into the gates of Jerusalem.	12	Lamed. De koningen der aarde zouden het niet geloofd hebben, noch al de inwoners der wereld, dat de tegenpartijder en vijand tot de poorten van Jeruzalem zou ingaan.
For the sins of her prophets, and the iniquities of her priests, that have shed the blood of the just in the midst of her,	13	Mem. Het is vanwege de zonden harer profeten, en de misdaden harer priesteren, die in het midden van haar het bloed der rechtvaardigen vergoten hebben.
They have wandered as blind men in the streets, they have polluted themselves with blood, so that men could not touch their garments.	14	Nun. Zij zwierven als blinden op de straten, zij waren met bloed besmet, zodat men niet kon zien, of men raakte hun klederen aan.
They cried unto them, Depart ye; it is unclean; depart, depart, touch not: when they fled away and wandered, they said among the heathen, They shall no more sojourn there.	15	Samech. Zij riepen tot hen: Wijkt, hier is een onreine wijkt, wijkt, roert niet aan! Zekerlijk, zij zijn weggevlogen, ja, weggezworven; zij zeiden onder de heidenen: Zij zullen er niet langer wonen.
The anger of the LORD hath divided them; he will no more regard them: they respected not the persons of the priests, they favoured not the elders.	16	Pe. Des HEEREN aangezicht heeft ze verdeeld. Hij zal ze voortaan niet meer aanzien; zij hebben het aangezicht der priesteren niet geeerd, zij hebben den ouden geen genade bewezen.

As for us, our eyes as yet failed for our vain help: in our watching we have watched for a nation that could not save us.	17 Ain. Nog bezweken ons onze ogen, ziende naar onze ijdele hulp; wij gaapten met ons gapen op een volk, dat niet kon verlossen.
They hunt our steps, that we cannot go in our streets: our end is near, our days are fulfilled; for our end is come.	18 Tsade. Zij hebben onze gangen nagespeurd, dat wij op onze straten niet gaan konden; ons einde is genaderd, onze dagen zijn vervuld, ja, ons einde is gekomen.
Our persecutors are swifter than the eagles of the heaven: they pursued us upon the mountains, they laid wait for us in the wilderness.	19 Koph. Onze vervolgers zijn sneller geweest dan de arenden des hemels; zij hebben ons op de bergen hittiglijk vervolgd, in de woestijn hebben zij ons lagen gelegd.
The breath of our nostrils, the anointed of the LORD, was taken in their pits, of whom we said, Under his shadow we shall live among the heathen.	20 Resch. De adem onzer neuzen, de gezalfde des HEEREN, is gevangen in hun groeven; van welken wij zeiden: Wij zullen onder zijn schaduw leven onder de heidenen!
Rejoice and be glad, O daughter of Edom, that dwellest in the land of Uz; the cup also shall pass through unto thee: thou shalt be drunken, and shalt make thyself naked.	21 Schin. Wees vrolijk, en verblijd u, gij dochter Edoms, die in het land Uz woont! doch de beker zal ook tot u komen, gij zult dronken worden, en ontbloot worden.
The punishment of thine iniquity is accomplished, O daughter of Zion; he will no more carry thee away into captivity: he will visit thine iniquity, O daughter of Edom; he will discover thy sins.	22 Thau. Uw ongerechtigheid heeft een einde, o gij dochter Sions! Hij zal u niet meer gevankelijk doen wegvoeren; maar uw ongerechtigheid, o gij dochter Edoms! zal Hij bezoeken; Hij zal uw zonden ontdekken.

Lamentations (5) Klaagliederen

Remember, O LORD, what is come upon us: consider, and behold our reproach.	1 Gedenk, HEERE, wat ons geschied is, aanschouw het, en zie onzen smaad aan.
Our inheritance is turned to strangers, our houses to aliens.	2 Ons erfdeel is tot de vreemdelingen gewend, onze huizen tot de uitlanders.
We are orphans and fatherless, our mothers are as widows.	3 Wij zijn wezen zonder vader, onze moeders zijn als de weduwen.
We have drunken our water for money; our wood is sold unto us.	4 Ons water moeten wij voor geld drinken; ons hout komt ons op prijs te staan.
Our necks are under persecution: we labour, and have no rest.	5 Wij lijden vervolging op onze halzen; zijn wij woede, men laat ons geen rust.
We have given the hand to the Egyptians, and to the Assyrians, to be satisfied with bread.	6 Wij hebben den Egyptenaar de hand gegeven, en den Assyrier, om met brood verzadigd te worden.
Our fathers have sinned, and are not; and we have borne their iniquities.	7 Onze vaders hebben gezondigd, en zijn niet meer, en wij dragen hun ongerechtigheden.
Servants have ruled over us: there is none that doth deliver us out of their hand.	8 Knechten heersen over ons; er is niemand, die ons uit hun hand rukke.
We gat our bread with the peril of our lives because of the sword of the wilderness.	9 Wij moeten ons brood met gevaar onzes levens halen, vanwege het zwaard der woestijn.
Our skin was black like an oven because of the terrible famine.	10 Onze huid is zwart geworden gelijk een oven, vanwege den geweldigen storm des hongers.
They ravished the women in Zion, and the maids in the cities of Judah.	11 Zij hebben de vrouwen te Sion verkracht, en de jonge dochters in de steden van Juda.
Princes are hanged up by their hand: the faces of elders were not honoured.	12 De vorsten zijn door hunlieder hand opgehangen; de aangezichten der ouden zijn niet geeerd geweest.
They took the young men to grind, and the children fell under the wood.	13 Zij hebben de jongelingen weggenomen, om te malen, en de jongens struikelen onder het hout.
The elders have ceased from the gate, the young men from their musick.	14 De ouden houden op van de poort, de jongelingen van hun snarenspel.
The joy of our heart is ceased; our dance is turned into mourning.	15 De vreugde onzes harten houdt op, onze rei is in treurigheid veranderd.
The crown is fallen from our head: woe unto us, that we have sinned!	16 De kroon onzes hoofds is afgevallen; o wee nu onzer, dat wij zo gezondigd hebben!
For this our heart is faint; for these things our eyes are dim.	17 Daarom is ons hart mat, om deze dingen zijn onze ogen duister geworden.
Because of the mountain of Zion, which is desolate, the foxes walk upon it.	18 Om des bergs Sions wil, die verwoest is, waar de vossen op lopen.
Thou, O LORD, remainest for ever; thy throne from generation to generation.	19 Gij, o HEERE, zit in eeuwigheid, Uw troon is van geslacht tot geslacht.
Wherefore dost thou forget us for ever, and forsake us so long time?	20 Waarom zoudt Gij ons steeds vergeten? Waarom zoudt Gij ons zo langen tijd verlaten?
Turn thou us unto thee, O LORD, and we shall be turned; renew our days as of old.	21 HEERE, bekeer ons tot U, zo zullen wij bekeerd zijn; vernieuw onze dagen als van ouds.
But thou hast utterly rejected us; thou art very wroth against us.	22 Want zoudt Gij ons ganselijk verwerpen? Zoudt Gij zozeer tegen ons verbolgen zijn?

Ezekiel - Ezechiël
Ezekiel (1) Ezechiël

1 Now it came to pass in the thirtieth year, in the fourth month, in the fifth day of the month, as I was among the captives by the river of Chebar, that the heavens were opened, and I saw visions of God.

2 In the fifth day of the month, which was the fifth year of king Jehoiachin's captivity,

3 The word of the LORD came expressly unto Ezekiel the priest, the son of Buzi, in the land of the Chaldeans by the river Chebar; and the hand of the LORD was there upon him.

4 And I looked, and, behold, a whirlwind came out of the north, a great cloud, and a fire infolding itself, and a brightness was about it, and out of the midst thereof as the colour of amber, out of the midst of the fire.

5 Also out of the midst thereof came the likeness of four living creatures. And this was their appearance; they had the likeness of a man.

6 And every one had four faces, and every one had four wings.

7 And their feet were straight feet; and the sole of their feet was like the sole of a calf's foot: and they sparkled like the colour of burnished brass.

8 And they had the hands of a man under their wings on their four sides; and they four had their faces and their wings.

9 Their wings were joined one to another; they turned not when they went; they went every one straight forward.

10 As for the likeness of their faces, they four had the face of a man, and the face of a lion, on the right side: and they four had the face of an ox on the left side; they four also had the face of an eagle.

11 Thus were their faces: and their wings were stretched upward; two wings of every one were joined one to another, and two covered their bodies.

12 And they went every one straight forward: whither the spirit was to go, they went; and they turned not when they went.

13 As for the likeness of the living creatures, their appearance was like burning coals of fire, and like the appearance of lamps: it went up and down among the living creatures; and the fire was bright, and out of the fire went forth lightning.

14 And the living creatures ran and returned as the appearance of a flash of lightning.

15 Now as I beheld the living creatures, behold one wheel upon the earth by the living creatures, with his four faces.

16 The appearance of the wheels and their work was like unto the colour of a beryl: and they four had one likeness: and their appearance and their work was as it were a wheel in the middle of a wheel.

17 When they went, they went upon their four sides: and they turned not when they went.

18 As for their rings, they were so high that they were dreadful; and their rings were full of eyes round about them four.

19 And when the living creatures went, the wheels went by them: and when the living creatures were lifted up from the earth, the wheels were lifted up.

20 Whithersoever the spirit was to go, they went, thither was their spirit to go; and the wheels were lifted up over against them: for the spirit of the living creature was in the wheels.

21 When those went, these went; and when those stood, these stood; and when those were lifted up from the earth, the wheels were lifted up over against them: for the spirit of the living creature was in the wheels.

22 And the likeness of the firmament upon the heads of the living creature was as the colour of the terrible crystal, stretched forth over their heads above.

23 And under the firmament were their wings straight, the one toward the other: every one had two, which covered on this side, and every one had two, which covered on that side, their bodies.

1 In het dertigste jaar, in de vierde maand, op den vijfden derzelve maand, als ik in het midden der weggevoerden was bij de rivier Chebar, zo geschiedde het, dat de hemelen werden geopend, en ik gezichten Gods zag.

2 Op den vijfden derzelve maand (dit was het vijfde jaar van de wegvoering van den koning Jojachin),

3 Geschiedde het woord des HEEREN uitdrukkelijk tot Ezechiël, den zoon van Buzi, den priester, in het land der Chaldeen, bij de rivier Chebar; en de hand des HEEREN was daar op hem.

4 Toen zag ik, en ziet, een stormwind kwam van het noorden af, een grote wolk, en een vuur daarin vervangen, en een glans was rondom die wolk; en uit het midden daarvan was als de verf van Hasmal, uit het midden des vuurs.

5 En uit het midden daarvan kwam de gelijkenis van vier dieren; en dit was hun gedaante: zij hadden de gelijkenis van een mens;

6 En elkeen had vier aangezichten; insgelijks had elkeen van hen vier vleugelen.

7 En hun voeten waren rechte voeten, en hun voetplanten waren gelijk de voetplanten van een kalf, en glinsterden gelijk de verf van glad koper.

8 En mensenhanden waren onder hun vleugelen, aan hun vier zijden; en die vier hadden hun aangezichten en hun vleugelen.

9 Hun vleugelen waren samengevoegd, de een aan den ander; zij keerden zich niet om, als zij gingen; zij gingen elkeen recht uit voor zijn aangezicht henen.

10 De gelijkenis nu van hun aangezicht was het aangezicht eens mensen, en het aangezicht eens leeuws hadden zij vier aan de rechterzijde; en ter linkerzijde hadden die vier eens ossen aangezicht; ook hadden die vier eens arends aangezicht.

11 Ook waren hun aangezichten en hun vleugelen opwaarts verdeeld; elkeen had er twee samengevoegd aan de andere, en twee bedekten hun lichamen.

12 En zij gingen elkeen rechtuit voor zijn aangezicht henen; waarhenen de geest was om te gaan, gingen zij; zij keerden zich niet om, als zij gingen.

13 Aangaande de gelijkenis der dieren, hun gedaante was als brandende kolen des vuurs, als de gedaante der fakkelen; datzelve vuur ging steeds tussen die dieren; en het vuur had een glans, en uit het vuur kwam een bliksem voort.

14 De dieren nu liepen en keerden weder als de gedaante van een weerlicht.

15 Als ik die dieren zag, ziet, zo was er een rad op de aarde bij die dieren, naar vier aangezichten van hetzelve.

16 De gedaante der raderen en derzelver maaksel was als de verf van een turkoois; en die vier hadden enerlei gelijkenis; daartoe was hun gedaante, en hun maaksel, alsof het ware een rad in het midden van een rad.

17 Als zij gingen, zij gingen op hun vier zijden; zij keerden zich niet om, als zij gingen.

18 En hun velgen, die waren zo hoog, dat zij vreselijk waren; en hun velgen waren vol ogen rondom aan die vier raderen.

19 Als nu de dieren gingen, gingen de raderen bij hen; en als de dieren van de aarde opgeheven werden, werden de raderen opgeheven.

20 Waarhenen de geest was om te gaan, gingen zij, waarhenen de geest was om te gaan; en de raderen werden tegenover hen opgeheven; want de geest der dieren was in de raderen.

21 Als die gingen, gingen deze; en als die stonden, stonden zij; en als die van de aarde opgeheven werden, werden de raderen tegenover hen opgeheven; want de geest der dieren was in de raderen.

22 En over de hoofden der dieren was de gelijkenis eens uitspansels, gelijk de verf van het vreselijke kristal, van boven af over hun hoofden uitgespreid.

23 En onder dat uitspansel waren hun vleugelen rechtop, de een aan den ander; ieder had er twee, die herwaarts hun lichamen bedekten, en ieder had er twee, die ze derwaarts bedekten.

Ezekiel - Ezechiël

And when they went, I heard the noise of their wings, like the noise of great waters, as the voice of the Almighty, the voice of speech, as the noise of an host: when they stood, they let down their wings.	24 En als zij gingen, hoorde ik een geruis hunner vleugelen, als het geruis van vele wateren, als de stem des Almachtigen, als de stem eens geroeps, als het gedreun eens heirlegers; als zij stonden, zo lieten zij hun vleugelen neder.
And there was a voice from the firmament that was over their heads, when they stood, and had let down their wings.	25 En er geschiedde een stem van boven het uitspansel, hetwelk boven hun hoofden was, als zij stonden, en hun vleugelen nedergelaten hadden.
And above the firmament that was over their heads was the likeness of a throne, as the appearance of a sapphire stone: and upon the likeness of the throne was the likeness as the appearance of a man above upon it.	26 En boven het uitspansel, hetwelk was boven hun hoofden, was de gelijkenis eens troons, als de gedaante van een saffiersteen; en op de gelijkenis als de gedaante eens mensen, daarboven op zijnde.
And I saw as the colour of amber, as the appearance of fire round about within it, from the appearance of his loins even upward, and from the appearance of his loins even downward, I saw as it were the appearance of fire, and it had brightness round about.	27 En ik zag als de verf van Hasmal, als de gedaante van vuur rondom daarbinnen, van de gedaante Zijner lenden en opwaarts; en van de gedaante Zijner lenden en nederwaarts, zag ik als de gedaante van vuur, en glans aan Hem rondom.
As the appearance of the bow that is in the cloud in the day of rain, so was the appearance of the brightness round about. This was the appearance of the likeness of the glory of the LORD. And when I saw it, I fell upon my face, and I heard a voice of one that spake.	28 Gelijk de gedaante van den boog, die in de wolk is ten dage des plasregens, alzo was de gedaante van den glans rondom; dit was de gedaante van de gelijkenis der heerlijkheid des HEEREN; en als ik het zag, viel ik op mijn aangezicht, en ik hoorde een stem van Een, Die sprak.

Ezekiel (2) Ezechiël

And he said unto me, Son of man, stand upon thy feet, and I will speak unto thee.	1 En Hij zeide tot mij: Mensenkind, sta op uw voeten, en Ik zal met u spreken.
And the spirit entered into me when he spake unto me, and set me upon my feet, that I heard him that spake unto me.	2 Zo kwam in mij, als Hij tot mij sprak, de Geest, Die mij stelde op mijn voeten; en ik hoorde Dien, Die tot mij sprak.
And he said unto me, Son of man, I send thee to the children of Israel, to a rebellious nation that hath rebelled against me: they and their fathers have transgressed against me, even unto this very day.	3 En Hij zeide tot mij: Mensenkind! Ik zend u tot de kinderen Israels, tot de rebellerende volken, die tegen Mij gerebelleerd hebben; zij en hun vaderen hebben overtreden tegen Mij tot op dezen zelven huidigen dag.
For they are impudent children and stiffhearted. I do send thee unto them; and thou shalt say unto them, Thus saith the Lord GOD.	4 En deze kinderen zijn hard van aangezicht, en stijf van hart; Ik zend u tot hen, en gij zult tot hen zeggen: Zo zegt de Heere HEERE!
And they, whether they will hear, or whether they will forbear, (for they are a rebellious house,) yet shall know that there hath been a prophet among them.	5 En zij, hetzij dat zij het horen zullen, of hetzij dat zij het laten zullen (want zij zijn een wederspannig huis), zo zullen zij weten, dat een profeet in het midden van hen geweest is.
And thou, son of man, be not afraid of them, neither be afraid of their words, though briers and thorns be with thee, and thou dost dwell among scorpions: be not afraid of their words, nor be dismayed at their looks, though they be a rebellious house.	6 En gij, mensenkind! vrees niet voor hen, en vrees niet voor hun woorden, hoewel wederwilligen en doornen bij u zijn, en gij bij schorpioenen woont; vrees voor hun woorden niet, en ontzet u niet voor hun aangezicht, want zij zijn een wederspannig huis.
And thou shalt speak my words unto them, whether they will hear, or whether they will forbear: for they are most rebellious.	7 Maar gij zult Mijn woorden tot hen spreken, hetzij dat zij horen zullen, of hetzij dat zij het laten zullen; want zij zijn wederspannig.
But thou, son of man, hear what I say unto thee; Be not thou rebellious like that rebellious house: open thy mouth, and eat that I give thee.	8 Doch gij, mensenkind, hoor hetgeen Ik tot u spreek; wees gij niet wederspannig, gelijk dat wederspannig huis; open uw mond, en eet, wat Ik u geef.
And when I looked, behold, an hand was sent unto me; and, lo, a roll of a book was therein;	9 Toen zag ik, en ziet, er was een hand tot mij uitgestoken; en ziet, daarin was de rol eens boeks.
And he spread it before me; and it was written within and without: and there was written therein lamentations, and mourning, and woe.	10 En Hij spreidde die voor mijn aangezicht uit; en zij was beschreven voor en achter; en daarin waren geschreven klaagliederen, en zuchting, en wee.

Ezekiel (3) Ezechiël

Moreover he said unto me, Son of man, eat that thou findest; eat this roll, and go speak unto the house of Israel.	1 Daarna zeide Hij tot mij: Mensenkind, eet, wat gij vinden zult; eet deze rol, en ga, spreek tot het huis Israels.
So I opened my mouth, and he caused me to eat that roll.	2 Toen opende ik mijn mond, en Hij gaf mij die rol te eten.
And he said unto me, Son of man, cause thy belly to eat, and fill thy bowels with this roll that I give thee. Then did I eat it; and it was in my mouth as honey for sweetness.	3 En Hij zeide tot mij: Mensenkind, geef uw buik te eten, en vul uw ingewand met deze rol, die Ik u geef. Toen at ik, en het was in mijn mond als honig, vanwege de zoetigheid.
And he said unto me, Son of man, go, get thee unto the house of Israel, and speak with my words unto them.	4 En Hij zeide tot mij: Mensenkind, ga henen, kom tot het huis Israels, en spreek tot hen met Mijn woorden.
For thou art not sent to a people of a strange speech and of an hard language, but to the house of Israel;	5 Want gij zijt niet gezonden tot een volk, diep van spraak en zwaar van tong, maar tot het huis Israels;
Not to many people of a strange speech and of an hard language, whose words thou canst not understand. Surely, had I sent thee to them, they would have hearkened unto thee.	6 Niet tot vele volken, diep van spraak en zwaar van tong, welker woorden gij niet kunt verstaan; zouden zij niet, zo Ik u tot hen gezonden had, naar u gehoord hebben?
But the house of Israel will not hearken unto thee; for they will not hearken unto me: for all the house of Israel are impudent and hardhearted.	7 Maar het huis Israels wil naar u niet horen, omdat zij naar Mij niet willen horen; want het ganse huis Israels is stijf van voorhoofd, en hard van hart zijn zij.
Behold, I have made thy face strong against their faces, and thy forehead strong against their foreheads.	8 Ziet, Ik heb uw aangezicht stijf gemaakt tegen hun aangezichten, en uw voorhoofd stijf tegen hun voorhoofd.
As an adamant harder than flint have I made thy forehead: fear them not, neither be dismayed at their looks, though they be a rebellious house.	9 Uw voorhoofd heb Ik gemaakt als een diamant, harder dan een rots; vrees hen niet, en ontzet u niet voor hun aangezichten, omdat zij een wederspannig huis zijn.

	Moreover he said unto me, Son of man, all my words that I shall speak unto thee receive in thine heart, and hear with thine ears.	10	Verder zeide Hij tot mij: Mensenkind, vat al Mijn woorden, die Ik tot u spreken zal, in uw hart, en hoor ze met uw oren.
	And go, get thee to them of the captivity, unto the children of thy people, and speak unto them, and tell them, Thus saith the Lord GOD; whether they will hear, or whether they will forbear.	11	En ga henen, kom tot de weggevoerden, tot de kinderen uws volks, en spreek tot hen, en zeg tot hen: Zo zegt de Heere HEERE, hetzij dat zij horen zullen, of hetzij dat zij het laten zullen.
	Then the spirit took me up, and I heard behind me a voice of a great rushing, saying, Blessed be the glory of the LORD from his place.	12	Toen nam de Geest mij op, en ik hoorde achter mij een stem van grote ruising, zeggende: Geloofd zij de heerlijkheid des HEEREN uit Zijn plaats!
	I heard also the noise of the wings of the living creatures that touched one another, and the noise of the wheels over against them, and a noise of a great rushing.	13	En ik hoorde het geluid van der dieren vleugelen, die de een den ander raakten, en het geluid der raderen tegenover hen; en het geluid ener grote ruising.
	So the spirit lifted me up, and took me away, and I went in bitterness, in the heat of my spirit; but the hand of the LORD was strong upon me.	14	Toen hief de Geest mij op, en nam mij weg, en ik ging henen, bitterlijk bedroefd door de hitte mijns geestes; maar de hand des HEEREN was sterk op mij.
	Then I came to them of the captivity at Telabib, that dwelt by the river of Chebar, and I sat where they sat, and remained there astonished among them seven days.	15	En ik kwam tot de weggevoerden te Tel-Abib, die aan de rivier Chebar woonden, en ik bleef daar zij woonden; ja, ik bleef daar verbaasd in het midden van hen zeven dagen.
	And it came to pass at the end of seven days, that the word of the LORD came unto me, saying,	16	Het gebeurde nu ten einde van zeven dagen, dat het woord des HEEREN tot mij geschiedde, zeggende:
	Son of man, I have made thee a watchman unto the house of Israel: therefore hear the word at my mouth, and give them warning from me.	17	Mensenkind! Ik heb u tot een wachter gesteld over het huis Israels; zo zult gij het woord uit Mijn mond horen, en hen van Mijnentwege waarschuwen.
	When I say unto the wicked, Thou shalt surely die; and thou givest him not warning, nor speakest to warn the wicked from his wicked way, to save his life; the same wicked man shall die in his iniquity; but his blood will I require at thine hand.	18	Als Ik tot den goddeloze zeg: Gij zult den dood sterven, en gij waarschuwt hem niet, en spreekt niet, om den goddeloze van zijn goddelozen weg te waarschuwen, opdat gij hem in het leven behoudt; die goddeloze zal in zijn ongerechtigheid sterven, maar zijn bloed zal Ik van uw hand eisen.
	Yet if thou warn the wicked, and he turn not from his wickedness, nor from his wicked way, he shall die in his iniquity; but thou hast delivered thy soul.	19	Doch als gij den goddeloze waarschuwt, en hij zich van zijn goddeloosheid en van zijn goddelozen weg niet bekeert, hij zal in zijn ongerechtigheid sterven; maar gij hebt uw ziel bevrijd.
	Again, When a righteous man doth turn from his righteousness, and commit iniquity, and I lay a stumblingblock before him, he shall die: because thou hast not given him warning, he shall die in his sin, and his righteousness which he hath done shall not be remembered; but his blood will I require at thine hand.	20	Als ook een rechtvaardige zich van zijn gerechtigheid afkeert, en onrecht doet, en Ik les een aanstoot voor zijn aangezicht leg, hij zal sterven; omdat gij hem niet gewaarschuwd hebt, zal hij in zijn zonde sterven, en zijn gerechtigheden, die hij gedaan heeft, zullen niet gedacht worden; maar zijn bloed zal Ik van uw hand eisen.
	Nevertheless if thou warn the righteous man, that the righteous sin not, and he doth not sin, he shall surely live, because he is warned; also thou hast delivered thy soul.	21	Doch als gij den rechtvaardige waarschuwt, opdat de rechtvaardige niet zondige, en hij niet zondigt; hij zal zekerlijk leven, omdat hij gewaarschuwd is; en gij hebt uw ziel bevrijd.
	And the hand of the LORD was there upon me; and he said unto me, Arise, go forth into the plain, and I will there talk with thee.	22	En de hand des HEEREN was daar op mij, en Hij zeide tot mij: Maak u op, ga uit in de vallei, en Ik zal daar met u spreken.
	Then I arose, and went forth into the plain: and, behold, the glory of the LORD stood there, as the glory which I saw by the river of Chebar: and I fell on my face.	23	En ik maakte mij op, en ging uit in de vallei, en ziet, de heerlijkheid des HEEREN stond aldaar, gelijk de heerlijkheid, die ik gezien had bij de rivier Chebar; en ik viel op mijn aangezicht.
	Then the spirit entered into me, and set me upon my feet, and spake with me, and said unto me, Go, shut thyself within thine house.	24	Toen kwam de Geest in mij, en stelde mij op mijn voeten, en Hij sprak met mij, en Hij zeide tot mij: Ga, besluit u binnen in uw huis.
	But thou, O son of man, behold, they shall put bands upon thee, and shall bind thee with them, and thou shalt not go out among them:	25	Want u aangaande, mensenkind, ziet, zij zouden dikke touwen aan u leggen, en zij zouden u daarmede binden; daarom zult gij niet uitgaan in het midden van hen.
	And I will make thy tongue cleave to the roof of thy mouth, that thou shalt be dumb, and shalt not be to them a reprover: for they are a rebellious house.	26	En Ik zal uw tong aan uw gehemelte doen kleven, dat gij stom worden zult, en zult hun niet zijn tot een bestraffenden man; want zij zijn een wederspannig huis.
	But when I speak with thee, I will open thy mouth, and thou shalt say unto them, Thus saith the Lord GOD; He that heareth, let him hear; and he that forbeareth, let him forbear: for they are a rebellious house.	27	Maar als Ik met u spreken zal, zal Ik uw mond opendoen, en gij zult tot hen zeggen: Zo zegt de Heere HEERE, wie hoort, die hore, en wie het laat, die late het; want zij zijn een wederspannig huis.

Ezekiel (4) Ezechiël

	Thou also, son of man, take thee a tile, and lay it before thee, and pourtray upon it the city, even Jerusalem:	1	En gij, mensenkind, neem u een tichelsteen, en leg dien voor uw aangezicht, en bewerp daarop de stad Jeruzalem.
	And lay siege against it, and build a fort against it, and cast a mount against it; set the camp also against it, and set battering rams against it round about.	2	En maak een belegering tegen haar, en bouw tegen haar sterkten, en werp tegen haar een wal op, en stel legers tegen haar, en zet tegen haar stormrammen rondom.
	Moreover take thou unto thee an iron pan, and set it for a wall of iron between thee and the city: and set thy face against it, and it shall be besieged, and thou shalt lay siege against it. This shall be a sign to the house of Israel.	3	Verder, neem gij u een ijzeren pan, en stel ze tot een ijzeren muur tussen u en tussen die stad; en richt uw aangezicht tegen haar, dat zij in belegering kome, en gij zult ze belegeren. Dit zij den huize Israels een teken.
	Lie thou also upon thy left side, and lay the iniquity of the house of Israel upon it: according to the number of the days that thou shalt lie upon it thou shalt bear their iniquity.	4	Lig gij ook neder op uw linkerzijde, en leg daarop de ongerechtigheid van het huis Israels, naar het getal der dagen, dat gij daarop zult liggen, zult gij hun ongerechtigheid dragen.
	For I have laid upon thee the years of their iniquity, according to the number of the days, three hundred and ninety days: so shalt thou bear the iniquity of the house of Israel.	5	Want Ik heb u gegeven de jaren hunner ongerechtigheid, naar het getal der dagen, driehonderd en negentig dagen, dat gij de ongerechtigheid van het huis Israels dragen zult.

Ezekiel - Ezechiël

And when thou hast accomplished them, lie again on thy right side, and thou shalt bear the iniquity of the house of Judah forty days: I have appointed thee each day for a year.

Therefore thou shalt set thy face toward the siege of Jerusalem, and thine arm shall be uncovered, and thou shalt prophesy against it.

And, behold, I will lay bands upon thee, and thou shalt not turn thee from one side to another, till thou hast ended the days of thy siege.

Take thou also unto thee wheat, and barley, and beans, and lentiles, and millet, and fitches, and put them in one vessel, and make thee bread thereof, according to the number of the days that thou shalt lie upon thy side, three hundred and ninety days shalt thou eat thereof.

And thy meat which thou shalt eat shall be by weight, twenty shekels a day: from time to time shalt thou eat it.

Thou shalt drink also water by measure, the sixth part of an hin: from time to time shalt thou drink.

And thou shalt eat it as barley cakes, and thou shalt bake it with dung that cometh out of man, in their sight.

And the LORD said, Even thus shall the children of Israel eat their defiled bread among the Gentiles, whither I will drive them.

Then said I, Ah Lord GOD! behold, my soul hath not been polluted: for from my youth up even till now have I not eaten of that which dieth of itself, or is torn in pieces; neither came there abominable flesh into my mouth.

Then he said unto me, Lo, I have given thee cow's dung for man's dung, and thou shalt prepare thy bread therewith.

Moreover he said unto me, Son of man, behold, I will break the staff of bread in Jerusalem: and they shall eat bread by weight, and with care; and they shall drink water by measure, and with astonishment:

That they may want bread and water, and be astonied one with another, and consume away for their iniquity.

6 Als gij nu deze voleinden zult, lig ten anderen male neder op uw rechterzijde, en gij zult de ongerechtigheid van het huis van Juda dragen veertig dagen; Ik heb u gegeven elken dag voor elk jaar.

7 Daarom zult gij uw aangezicht richten tegen de belegering van Jeruzalem, en uw arm zal ontbloot zijn; en gij zult tegen haar profeteren.

8 En ziet, Ik zal dikke touwen aan u leggen, dat gij u niet omkeert van uw ene zijde tot uw andere zijde, totdat gij de dagen uwer belegering voleind hebt.

9 En neemt gij voor u tarwe, en gerst, en bonen, en linzen, en gierst, en spelt; en doe die in een vat, en maak die u tot brood; naar het getal der dagen, die gij op uw zijde nederliggen zult, driehonderd en negentig dagen, zult gij dat eten.

10 Uw spijze nu, die gij eten zult, zal in gewicht zijn twintig sikkelen daags; van tijd tot tijd zult gij die eten.

11 Gij zult ook water naar zekere maat drinken, het zesde deel van een hin; van tijd tot tijd zult gij het drinken.

12 En gij zult een gerstekoek eten, en dien zult gij met drek van des mensen afgang bakken voor hun ogen.

13 En de HEERE zeide: Alzo zullen de kinderen Israels hun brood onrein eten onder de heidenen, waarhenen Ik hen verdrijven zal.

14 Toen zeide ik: Ach, Heere, HEERE, zie, mijn ziel is niet verontreinigd geweest; want ik heb, van mijn jeugd af tot nu toe, geen dood aas, noch dat verscheurd is, gegeten, en geen verfoeilijk vlees is in mijn mond gekomen.

15 En Hij zeide tot mij: Zie, Ik heb u rundermest gegeven voor mensendrek, zo zult gij uw brood daarmede bereiden.

16 Daarna zeide Hij tot mij: Gij mensenkind, zie, Ik breek den staf des broods in Jeruzalem, en zij zullen het brood met gewicht en met kommer eten, en het water met zekere maat en met verbaasdheid drinken;

17 Opdat zij des broods en des waters gebrek hebben, en de een met den ander verbaasd worden, en in hun ongerechtigheid uitteren.

Ezekiel (5) Ezechiël

And thou, son of man, take thee a sharp knife, take thee a barber's rasor, and cause it to pass upon thine head and upon thy beard: then take thee balances to weigh, and divide the hair.

Thou shalt burn with fire a third part in the midst of the city, when the days of the siege are fulfilled: and thou shalt take a third part, and smite about it with a knife: and a third part thou shalt scatter in the wind; and I will draw out a sword after them.

Thou shalt also take thereof a few in number, and bind them in thy skirts.

Then take of them again, and cast them into the midst of the fire, and burn them in the fire; for thereof shall a fire come forth into all the house of Israel.

Thus saith the Lord GOD; This is Jerusalem: I have set it in the midst of the nations and countries that are round about her.

And she hath changed my judgments into wickedness more than the nations, and my statutes more than the countries that are round about her: for they have refused my judgments and my statutes, they have not walked in them.

Therefore thus saith the Lord GOD; Because ye multiplied more than the nations that are round about you, and have not walked in my statutes, neither have kept my judgments, neither have done according to the judgments of the nations that are round about you;

Therefore thus saith the Lord GOD; Behold, I, even I, am against thee, and will execute judgments in the midst of thee in the sight of the nations.

And I will do in thee that which I have not done, and whereunto I will not do any more the like, because of all thine abominations.

Therefore the fathers shall eat the sons in the midst of thee, and the sons shall eat their fathers; and I will execute judgments in thee, and the whole remnant of thee will I scatter into all the winds.

1 En gij, mensenkind, neem u een scherp mes, een scheermes der barbieren zult gij u nemen, hetwelk gij zult laten gaan over uw hoofd en over uw baard; daarna zult gij u een weegschaal nemen, en die haren delen.

2 Een derde deel zult gij in het midden der stad met vuur verbranden, nadat de dagen der belegering vervuld worden; dan zult gij een derde deel nemen, slaande met een zwaard rondom hetzelve, en een derde deel zult gij in den wind strooien; want Ik zal het zwaard achter hen uittrekken.

3 Gij zult ook weinige in getal daarvan nemen, en in uw slippen binden.

4 En nog zult gij van die nemen, en die werpen in het midden des vuurs, en zult ze verbranden met vuur; daaruit zal voortkomen een vuur tegen het gehele huis van Israel.

5 Alzo zegt de Heere HEERE: Dit is Jeruzalem, welke Ik in het midden der heidenen gezet heb, en landen rondom haar henen.

6 Doch zij heeft Mijn rechten veranderd in goddeloosheid meer dan de heidenen, en Mijn inzettingen meer dan de landen, die rondom haar zijn; want zij hebben Mijn rechten verworpen, en in Mijn inzettingen hebben zij niet gewandeld.

7 Daarom zegt de Heere HEERE alzo: Dewijl gijlieden dies meer gemaakt hebt dan de heidenen, die rondom u zijn, in Mijn inzettingen niet gewandeld hebt, en Mijn rechten niet gedaan hebt, zelfs naar de rechten der heidenen, die rondom u zijn, niet gedaan hebt;

8 Daarom zegt de Heere HEERE alzo: Ziet, Ik wil aan u, ja Ik, want Ik zal gerichten in het midden van u oefenen, voor de ogen van die heidenen.

9 En Ik zal onder u doen, hetgeen Ik niet gedaan heb, en desgelijks Ik voortaan niet doen zal, om al uwer gruwelen wil.

10 Daarom zullen de vaders de kinderen eten in het midden van u, en de kinderen zullen hun vaderen eten; en Ik zal gerichten onder u oefenen, en zal al uw overblijfsel in alle winden verstrooien.

Wherefore, as I live, saith the Lord GOD; Surely, because thou hast defiled my sanctuary with all thy detestable things, and with all thine abominations, therefore will I also diminish thee; neither shall mine eye spare, neither will I have any pity.

A third part of thee shall die with the pestilence, and with famine shall they be consumed in the midst of thee: and a third part shall fall by the sword round about thee; and I will scatter a third part into all the winds, and I will draw out a sword after them.

Thus shall mine anger be accomplished, and I will cause my fury to rest upon them, and I will be comforted: and they shall know that I the LORD have spoken it in my zeal, when I have accomplished my fury in them.

Moreover I will make thee waste, and a reproach among the nations that are round about thee, in the sight of all that pass by.

So it shall be a reproach and a taunt, an instruction and an astonishment unto the nations that are round about thee, when I shall execute judgments in thee in anger and in fury and in furious rebukes. I the LORD have spoken it.

When I shall send upon them the evil arrows of famine, which shall be for their destruction, and which I will send to destroy you: and I will increase the famine upon you, and will break your staff of bread:

So will I send upon you famine and evil beasts, and they shall bereave thee; and pestilence and blood shall pass through thee; and I will bring the sword upon thee. I the LORD have spoken it.

11 Daarom zo waarachtig als Ik leef, spreekt de Heere HEERE (omdat gij Mijn heiligdom verontreinigd hebt met al uw verfoeiselen, en met al uw gruwelen), zo Ik ook niet daarom u verminderen, en Mijn oog u niet verschonen zal, en Ik ook niet zal sparen!

12 Een derde deel van u zal van de pestilentie sterven, en zal door honger in het midden van u te niet worden; en een derde deel zal in het zwaard vallen rondom u; en een derde deel zal Ik in alle winden verstrooien, en Ik zal het zwaard achter hen uittrekken.

13 Alzo zal Mijn toorn volbracht worden, en Ik zal Mijn grimmigheid op hen doen rusten, en Mij troosten; en zij zullen weten, dat Ik, de HEERE, in Mijn ijver gesproken heb, als Ik Mijn grimmigheid tegen hen volbracht zal hebben.

14 Daartoe zal Ik u ter woestheid en ter smaadheid zetten onder de heidenen, die rondom u zijn, voor de ogen van al degene, die voorbijgaat.

15 Zo zal de smaadheid en hoon een onderwijs en ontzetting den heidenen zijn, die rondom u zijn, wanneer Ik over u gerichten in toorn, en in grimmigheid, en in grimmige straffen oefenen zal; Ik, de HEERE, heb het gesproken!

16 Wanneer Ik de boze pijlen des hongers tegen hen uitzenden zal, die ten verderve zijn zullen, die Ik uitzenden zal om u te verderven; zo zal Ik den honger over u vermeerderen, en u den staf des broods breken.

17 Ja, honger en boos gediertte, die u van kinderen beroven zullen, zal Ik over u zenden; ook zal pestilentie en bloed onder u omgaan; en het zwaard zal Ik over u brengen; Ik, de HEERE, heb het gesproken!

Ezekiel (6) Ezechiël

1 And the word of the LORD came unto me, saying,
2 Son of man, set thy face toward the mountains of Israel, and prophesy against them,
3 And say, Ye mountains of Israel, hear the word of the Lord GOD; Thus saith the Lord GOD to the mountains, and to the hills, to the rivers, and to the valleys; Behold, I, even I, will bring a sword upon you, and I will destroy your high places.
4 And your altars shall be desolate, and your images shall be broken: and I will cast down your slain men before your idols.
5 And I will lay the dead carcases of the children of Israel before their idols; and I will scatter your bones round about your altars.
6 In all your dwellingplaces the cities shall be laid waste, and the high places shall be desolate; that your altars may be laid waste and made desolate, and your idols may be broken and cease, and your images may be cut down, and your works may be abolished.
7 And the slain shall fall in the midst of you, and ye shall know that I am the LORD.
8 Yet will I leave a remnant, that ye may have some that shall escape the sword among the nations, when ye shall be scattered through the countries.
9 And they that escape of you shall remember me among the nations whither they shall be carried captives, because I am broken with their whorish heart, which hath departed from me, and with their eyes, which go a whoring after their idols: and they shall lothe themselves for the evils which they have committed in all their abominations.
10 And they shall know that I am the LORD, and that I have not said in vain that I would do this evil unto them.
11 Thus saith the Lord GOD; Smite with thine hand, and stamp with thy foot, and say, Alas for all the evil abominations of the house of Israel! for they shall fall by the sword, by the famine, and by the pestilence.
12 He that is far off shall die of the pestilence; and he that is near shall fall by the sword; and he that remaineth and is besieged shall die by the famine: thus will I accomplish my fury upon them.
13 Then shall ye know that I am the LORD, when their slain men shall be among their idols round about their altars, upon every high hill, in all the tops of the mountains, and under every green tree, and under every thick oak, the place where they did offer sweet savour to all their idols.

1 En het woord des HEEREN geschiedde tot mij, zeggende:
2 Mensenkind, zet uw aangezicht tegen de bergen Israels, en profeteer tegen dezelve;
3 En zeg: Gij bergen Israels, hoort het woord des Heeren HEEREN! Zo zegt de Heere HEERE tot de bergen en tot de heuvelen, tot de beken en tot de dalen: Ziet, Ik, Ik breng over u het zwaard, en Ik zal uw hoogten verderven.
4 Daartoe zullen uw altaren verwoest, en uw zonnebeelden verbroken worden; en Ik zal uw verslagenen nedervellen voor het aangezicht uwer drekgoden.
5 En Ik zal de dode lichamen der kinderen Israels voor het aangezicht hunner drekgoden leggen, en Ik zal uw beenderen rondom uw altaren strooien.
6 In al uw woningen zullen de steden verwoest en de hoogten tot wildernis worden, opdat uw altaren woest en eenzaam zijn, en uw drekgoden verbroken worden en ophouden, en uw zonnebeelden afgehouwen, en uw werken uitgedelgd worden.
7 En de verslagenen zullen in het midden van u liggen, opdat gij weet, dat Ik de HEERE ben.
8 Ik zal dan nog een overblijfsel laten, als gij enigen zult hebben, die het zwaard ontkomen onder de heidenen, wanneer gij in de landen zult verstrooid worden.
9 Dan zullen uw ontkomenen Mijner gedenken onder de heidenen, waar zij gevankelijk zullen geworden zijn, omdat Ik verbroken ben door hun hoerachtig hart, dat van Mij afgeweken is, en door hun ogen, die hun drekgoden nahoereren; en zij zullen een walging aan zichzelven hebben over de boosheden, die zij in al hun gruwelen gedaan hebben.
10 En zij zullen weten, dat Ik de HEERE ben; Ik heb niet tevergeefs gesproken, van hun dit kwaad aan te doen.
11 Zo zegt de Heere HEERE: Sla met uw hand, en stamp met uw voet, en zeg: Ach, over alle gruwelen der boosheden van het huis Israels; want zij zullen door het zwaard, door den honger en door de pestilentie vallen.
12 Die verre af is, zal door de pest sterven, en die nabij is, zal door het zwaard vallen; maar die overgebleven en belegerd is, zal door honger sterven; alzo zal Ik Mijn grimmigheid tegen hen volbrengen.
13 Dan zult gij weten, dat Ik de HEERE ben, als hun verslagenen in het midden hunner drekgoden rondom hun altaren wezen zullen op alle hoge heuvelen, op alle toppen der bergen, en onder allen groenen boom, en onder alle dichte eiken, de plaats, alwaar zij al hun drekgoden liefelijken reuk maakten.

So will I stretch out my hand upon them, and make the land desolate, yea, more desolate than the wilderness toward Diblath, in all their habitations: and they shall know that I am the LORD.

14 Daarom zal Ik Mijn hand over hen uitstrekken, en zal het land woest maken, ja, woester dan de woestijn naar Diblath henen, in al hun woningen; en zij zullen bevinden, dat Ik de HEERE ben.

Ezekiel (7) Ezechiël

Moreover the word of the LORD came unto me, saying,

1 Daarna geschiedde het woord des HEEREN tot mij, zeggende:

Also, thou son of man, thus saith the Lord GOD unto the land of Israel; An end, the end is come upon the four corners of the land.

2 Verder, gij mensenkind, zo zegt de Heere HEERE, van het land Israels: Het einde is er, het einde is gekomen over de vier hoeken des lands.

Now is the end come upon thee, and I will send mine anger upon thee, and will judge thee according to thy ways, and will recompense upon thee all thine abominations.

3 Nu is het einde over u; want Ik zal Mijn toorn tegen u zenden, en Ik zal u richten naar uw wegen, en Ik zal op u brengen al uw gruwelen.

And mine eye shall not spare thee, neither will I have pity: but I will recompense thy ways upon thee, and thine abominations shall be in the midst of thee: and ye shall know that I am the LORD.

4 En Mijn oog zal u niet verschonen, en Ik zal niet sparen; maar Ik zal uw wegen op u brengen, en uw gruwelen zullen in het midden van u zijn, en gijlieden zult weten, dat Ik de HEERE ben.

Thus saith the Lord GOD; An evil, an only evil, behold, is come.

5 Zo zegt de Heere HEERE: Een kwaad, een enig kwaad, ziet, is gekomen;

An end is come, the end is come: it watcheth for thee; behold, it is come.

6 Een einde is er gekomen, dat einde is gekomen, het is opgewaakt tegen u; ziet, het kwaad is gekomen!

The morning is come unto thee, O thou that dwellest in the land: the time is come, the day of trouble is near, and not the sounding again of the mountains.

7 De morgenstond is tot u gekomen, o inwoner des lands, de tijd is gekomen, de dag der beroerte is nabij, en er is geen wederklank der bergen.

Now will I shortly pour out my fury upon thee, and accomplish mine anger upon thee: and I will judge thee according to thy ways, and will recompense thee for all thine abominations.

8 Nu zal Ik in kort Mijn grimmigheid over u uitgieten, en Mijn toorn tegen u volbrengen, en u richten naar uw wegen, en zal op u brengen al uw gruwelen.

And mine eye shall not spare, neither will I have pity: I will recompense thee according to thy ways and thine abominations that are in the midst of thee; and ye shall know that I am the LORD that smiteth.

9 En Mijn oog zal niet verschonen, en Ik zal niet sparen; Ik zal u geven naar uw wegen, en uw gruwelen zullen in het midden van u zijn; en gijlieden zult weten, dat Ik de HEERE ben, Die slaat.

Behold the day, behold, it is come: the morning is gone forth; the rod hath blossomed, pride hath budded.

10 Ziet, de dag, ziet, de morgenstond is gekomen, de morgenstond is voortgekomen, de roede heeft gebloeid, de hovaardij heeft gegroend.

Violence is risen up into a rod of wickedness: none of them shall remain, nor of their multitude, nor of any of theirs: neither shall there be wailing for them.

11 Het geweld is opgerezen tot een roede der goddeloosheid; niets van hen zal overblijven, noch van hun menigte, noch van hun gedruis, en geen klage zal over hen zijn.

The time is come, the day draweth near: let not the buyer rejoice, nor the seller mourn: for wrath is upon all the multitude thereof.

12 De tijd is gekomen, de dag is genaakt; de koper zij niet blijde, en de verkoper bedrijve geen rouw; want een brandende toorn is over de gehele menigte van het land.

For the seller shall not return to that which is sold, although they were yet alive: for the vision is touching the whole multitude thereof, which shall not return; neither shall any strengthen himself in the iniquity of his life.

13 Want de verkoper zal tot het verkochte niet wederkeren, ofschoon hun leven nog onder de levenden ware; overmits het gezicht, aangaande de gehele menigte van het land, niet zal terugkeren; en niemand zal door zijn ongerechtigheid zijn leven sterken.

They have blown the trumpet, even to make all ready; but none goeth to the battle: for my wrath is upon all the multitude thereof.

14 Zij hebben met de trompet getrompet, en hebben alles bereid, maar niemand trekt ten strijde; want Mijn brandende toorn is over de gehele menigte van het land.

The sword is without, and the pestilence and the famine within: he that is in the field shall die with the sword; and he that is in the city, famine and pestilence shall devour him.

15 Het zwaard is buiten, en de pest, en de honger van binnen; die op het veld is, zal door het zwaard sterven, en die in de stad is, dien zal de honger en de pest verteren.

But they that escape of them shall escape, and shall be on the mountains like doves of the valleys, all of them mourning, every one for his iniquity.

16 En hun ontkomenden zullen wel ontkomen, maar zij zullen op de bergen zijn, zij allen zullen zijn gelijk duiven der dalen, kermende, een ieder om zijn ongerechtigheid.

All hands shall be feeble, and all knees shall be weak as water.

17 Alle handen zullen slap worden, en alle knieën zullen henenvlieten als water.

They shall also gird themselves with sackcloth, and horror shall cover them; and shame shall be upon all faces, and baldness upon all their heads.

18 Ook zullen zij zakken aangorden, gruwen zal ze bedekken, en over alle aangezichten zal schaamte wezen, en op al hun hoofden kaalheid.

They shall cast their silver in the streets, and their gold shall be removed: their silver and their gold shall not be able to deliver them in the day of the wrath of the LORD: they shall not satisfy their souls, neither fill their bowels: because it is the stumblingblock of their iniquity.

19 Zij zullen hun zilver op de straten werpen, en hun goud zal tot onreinigheid zijn; hun zilver en hun goud zal hen niet kunnen uithelpen ten dage der verbolgenheid des HEEREN; hun ziel zullen zij niet verzadigen, en hun ingewanden zullen zij niet vullen; want het zal de aanstoot hunner ongerechtigheid zijn.

As for the beauty of his ornament, he set it in majesty: but they made the images of their abominations and of their detestable things therein: therefore have I set it far from them.

20 En Hij heeft de schoonheid Zijns sieraads ter overtreffelijkheid gezet; maar zij hebben daarin beelden hunner gruwelen en hunner verfoeiselen gemaakt; daarom heb Ik dat hun tot onreinigheid gesteld.

And I will give it into the hands of the strangers for a prey, and to the wicked of the earth for a spoil; and they shall pollute it.

21 En Ik zal het in de hand der vreemden overgeven ten roof, en den goddelozen der aarde ten buit, en zij zullen het ontheiligen.

My face will I turn also from them, and they shall pollute my secret place: for the robbers shall enter into it, and defile it.

22 Ook zal Ik Mijn aangezicht van hen omwenden, en zij zullen Mijn verborgen plaats ontheiligen; want inbrekers zullen daar inkomen en die ontheiligen.

Make a chain: for the land is full of bloody crimes, and the city is full of violence.

23 Maak een keten; want het land is vol van bloedgerichten, en de stad is vol van geweld.

Wherefore I will bring the worst of the heathen, and they shall possess their houses: I will also make the pomp of the strong to cease; and their holy places shall be defiled.

Destruction cometh; and they shall seek peace, and there shall be none.

Mischief shall come upon mischief, and rumour shall be upon rumour; then shall they seek a vision of the prophet; but the law shall perish from the priest, and counsel from the ancients.

The king shall mourn, and the prince shall be clothed with desolation, and the hands of the people of the land shall be troubled: I will do unto them after their way, and according to their deserts will I judge them; and they shall know that I am the LORD.

24 Daarom zal Ik de kwaadste der heidenen doen komen, die hun huizen erfelijk bezitten zullen, en zal den hoogmoed der sterken doen ophouden, en die hen heiligen, zullen ontheiligd worden.

25 De ondergang komt; en zij zullen den vrede zoeken, maar hij zal er niet zijn.

26 Ellende zal op ellende komen, en er zal gerucht op gerucht wezen; dan zullen zij het gezicht van een profeet zoeken; maar de wet zal vergaan van den priester, en de raad van de oudsten.

27 De koning zal rouw bedrijven, en de vorsten zullen met verwoesting bekleed zijn, en de handen van het volk des lands zullen beroerd zijn; Ik zal hun doen naar hun weg, en met hun rechten zal Ik ze richten; en zij zullen weten, dat Ik de HEERE ben.

Ezekiel (8) Ezechiël

1 And it came to pass in the sixth year, in the sixth month, in the fifth day of the month, as I sat in mine house, and the elders of Judah sat before me, that the hand of the Lord GOD fell there upon me.

2 Then I beheld, and lo a likeness as the appearance of fire: from the appearance of his loins even downward, fire; and from his loins even upward, as the appearance of brightness, as the colour of amber.

3 And he put forth the form of an hand, and took me by a lock of mine head; and the spirit lifted me up between the earth and the heaven, and brought me in the visions of God to Jerusalem, to the door of the inner gate that looketh toward the north; where was the seat of the image of jealousy, which provoketh to jealousy.

4 And, behold, the glory of the God of Israel was there, according to the vision that I saw in the plain.

5 Then said he unto me, Son of man, lift up thine eyes now the way toward the north. So I lifted up mine eyes the way toward the north, and behold northward at the gate of the altar this image of jealousy in the entry.

6 He said furthermore unto me, Son of man, seest thou what they do? even the great abominations that the house of Israel committeth here, that I should go far off from my sanctuary? but turn thee yet again, and thou shalt see greater abominations.

7 And he brought me to the door of the court; and when I looked, behold a hole in the wall.

8 Then said he unto me, Son of man, dig now in the wall: and when I had digged in the wall, behold a door.

9 And he said unto me, Go in, and behold the wicked abominations that they do here.

10 So I went in and saw; and behold every form of creeping things, and abominable beasts, and all the idols of the house of Israel, pourtrayed upon the wall round about.

11 And there stood before them seventy men of the ancients of the house of Israel, and in the midst of them stood Jaazaniah the son of Shaphan, with every man his censer in his hand; and a thick cloud of incense went up.

12 Then said he unto me, Son of man, hast thou seen what the ancients of the house of Israel do in the dark, every man in the chambers of his imagery? for they say, The LORD seeth us not; the LORD hath forsaken the earth.

13 He said also unto me, Turn thee yet again, and thou shalt see greater abominations that they do.

14 Then he brought me to the door of the gate of the LORD'S house which was toward the north; and, behold, there sat women weeping for Tammuz.

15 Then said he unto me, Hast thou seen this, O son of man? turn thee yet again, and thou shalt see greater abominations than these.

16 And he brought me into the inner court of the LORD'S house, and, behold, at the door of the temple of the LORD, between the porch and the altar, were about five and twenty men, with their backs toward the temple of the LORD, and their faces toward the east; and they worshipped the sun toward the east.

17 Then he said unto me, Hast thou seen this, O son of man? Is it a light thing to the house of Judah that they commit the abominations which they commit here? for they have filled the land with violence, and have returned to provoke me to anger: and, lo, they put the branch to their nose.

1 Het geschiedde nu in het zesde jaar, in de zesde maand, op den vijfden der maand, als ik in mijn huis zat, en de oudsten van Juda voor mijn aangezicht zaten, dat de hand des Heeren HEEREN daar over mij viel.

2 Toen zag ik, en ziet, een gelijkenis, als de gedaante van vuur; van de gedaante Zijner lenden en nederwaarts was vuur; en van Zijn lenden en opwaarts, als de gedaante ener klaarheid, als de verf van Hasmal.

3 En Hij stak de gelijkenis ener hand uit, en nam mij bij het haar mijns hoofds; en de Geest voerde mij op tussen de aarde en tussen den hemel, en bracht mij in de gezichten Gods te Jeruzalem, tot de deur der poort van het binnenste voorhof, dewelke ziet naar het noorden, alwaar de zitplaats was van een beeld der ijvering, dat tot ijver verwekt.

4 En ziet, de heerlijkheid des Gods van Israel was aldaar, naar de gedaante, die ik in de vallei gezien had.

5 En Hij zeide tot mij: Mensenkind, hef nu uw ogen op naar den weg van het noorden; en ik hief mijn ogen op naar den weg van het noorden, en ziet, tegen het noorden aan de poort van het altaar was dit beeld der ijvering, in den ingang.

6 En Hij zeide tot mij: Mensenkind, ziet gij wel, wat zij doen, de grote gruwelen, die het huis Israels hier doet, opdat Ik van Mijn heiligdom verre wegga? Doch gij zult nog wederom grote gruwelen zien.

7 Zo bracht Hij mij tot de deur van het voorhof. Toen zag ik, en ziet, er was een hol in den wand.

8 En Hij zeide tot mij: Mensenkind, graaf nu in dien wand. En ik groef in dien wand, en ziet, daar was een deur.

9 Toen zeide Hij tot mij: Ga in, en zie de boze gruwelen, die zij hier doen.

10 Zo ging ik in, en ik zag, en ziet, er was alle beeltenis van kruipende dieren en verfoeilijke beesten, en van alle drekgoden van het huis Israels, geheel rondom aan den wand gemaald.

11 En zeventig mannen uit de oudsten van het huis Israels, met Jaazanja, den zoon van Safan, staande in het midden van hen, stonden voor hun aangezichten; en een ieder had zijn rookvat in zijn hand, en een overvloedige wolk des reukwerks ging op.

12 Toen zeide Hij tot mij: Hebt gij gezien, mensenkind, wat de oudsten van het huis Israels doen in de duisternis, een ieder in zijn gebeelde binnenkameren? want zij zeggen: De HEERE ziet ons niet, de HEERE heeft het land verlaten.

13 En Hij zeide tot mij: Gij zult nog wederom grote gruwelen zien, die zij doen.

14 En Hij bracht mij tot de deur der poort van het huis des HEEREN, die naar het noorden is, en ziet, daar zaten vrouwen, bewenende den Thammuz.

15 En Hij zeide tot mij: Hebt gij, mensenkind, dat gezien? Gij zult nog wederom grotere gruwelen zien dan deze.

16 En Hij bracht mij tot het binnenste voorhof van het huis des HEEREN; en ziet, aan de deur van den tempel des HEEREN, tussen het voorhuis en tussen het altaar, waren omtrent vijf en twintig mannen; hun achterste leden waren naar den tempel des HEEREN, en hun aangezichten naar het oosten, en deze bogen zich neder naar het oosten voor de zon.

17 Toen zeide Hij tot mij: Hebt gij, mensenkind, dat gezien? Is er iets lichter geacht bij het huis van Juda, dan deze gruwelen te doen, die zij hier doen? Als zij het land met geweld vervuld hebben, zo keren zij zich, om Mij te vertoornen; want zie, zij steken de wijnranken aan hun neus.

Therefore will I also deal in fury: mine eye shall not spare, neither will I have pity: and though they cry in mine ears with a loud voice, yet will I not hear them.	18 Daarom zal Ik ook handelen in grimmigheid, Mijn oog zal niet verschonen, en Ik zal niet sparen; hoewel zij voor Mijn oren met luider stem roepen, nochtans zal Ik hen niet horen.

Ezekiel (9) Ezechiël

He cried also in mine ears with a loud voice, saying, Cause them that have charge over the city to draw near, even every man with his destroying weapon in his hand.	1 Daarna riep Hij voor mijn oren met luider stem, zeggende: Doet de opzieners der stad naderen, en elkeen met zijn verdervend wapen in zijn hand.
And, behold, six men came from the way of the higher gate, which lieth toward the north, and every man a slaughter weapon in his hand; and one man among them was clothed with linen, with a writer's inkhorn by his side: and they went in, and stood beside the brasen altar.	2 En ziet, zes mannen kwamen van den weg der Hoge poort, die gekeerd is naar het noorden, en elkeen met zijn verpletterend wapen in zijn hand; en een man in het midden van hen was met linnen bekleed, een schrijvers-inktkoker was aan zijn lenden; en zij kwamen in, en stonden bij het koperen altaar.
And the glory of the God of Israel was gone up from the cherub, whereupon he was, to the threshold of the house. And he called to the man clothed with linen, which had the writer's inkhorn by his side;	3 En de heerlijkheid des Gods van Israel hief zich op van den cherub, waarop Hij was, tot den dorpel van het huis; en Hij riep tot den man, die met linnen bekleed was, die de schrijvers-inktkoker aan zijn lenden had.
And the LORD said unto him, Go through the midst of the city, through the midst of Jerusalem, and set a mark upon the foreheads of the men that sigh and that cry for all the abominations that be done in the midst thereof.	4 En de HEERE zeide tot hem: Ga door, door het midden der stad, door het midden van Jeruzalem, en teken een teken op de voorhoofden der lieden, die zuchten en uitroepen over al deze gruwelen, die in het midden derzelve gedaan worden.
And to the others he said in mine hearing, Go ye after him through the city, and smite: let not your eye spare, neither have ye pity:	5 Maar tot die anderen zeide Hij voor mijn oren: Gaat door, door de stad achter hem, en slaat, ulieder oog verschone niet, en spaart niet!
Slay utterly old and young, both maids, and little children, and women: but come not near any man upon whom is the mark; and begin at my sanctuary. Then they began at the ancient men which were before the house.	6 Doodt ouden, jongelingen en maagden, en kinderkens en vrouwen, tot verdervens toe; maar genaakt aan niemand, op denwelken het teken is, en begint van Mijn heiligdom. En zij begonnen van de oude mannen, die voor het huis waren.
And he said unto them, Defile the house, and fill the courts with the slain: go ye forth. And they went forth, and slew in the city.	7 En Hij zeide tot hen: Verontreinigt het huis, en vervult de voorhoven met verslagenen; gaat henen uit. En zij gingen henen uit, en zij sloegen in de stad.
And it came to pass, while they were slaying them, and I was left, that I fell upon my face, and cried, and said, Ah Lord GOD! wilt thou destroy all the residue of Israel in thy pouring out of thy fury upon Jerusalem?	8 Het geschiedde nu, als zij hen geslagen hadden, en ik overgebleven was, dat ik op mijn aangezicht viel, en riep, en zeide: Ach, Heere HEERE, zult Gij al het overblijfsel van Israel verderven, met Uw grimmigheid uit te gieten over Jeruzalem?
Then said he unto me, The iniquity of the house of Israel and Judah is exceeding great, and the land is full of blood, and the city full of perverseness: for they say, The LORD hath forsaken the earth, and the LORD seeth not.	9 Toen zeide Hij tot mij: De ongerechtigheid van het huis van Israel en van Juda is gans zeer groot, en het land is met bloed vervuld, en de stad is vol van afwijking; want zij zeggen: De HEERE heeft het land verlaten, en de HEERE ziet niet.
And as for me also, mine eye shall not spare, neither will I have pity, but I will recompense their way upon their head.	10 Daarom ook, wat Mij aangaat, Mijn oog zal niet verschonen, en Ik zal niet sparen; Ik zal hun weg op hun hoofd geven.
And, behold, the man clothed with linen, which had the inkhorn by his side, reported the matter, saying, I have done as thou hast commanded me.	11 En ziet, de man, die met linnen bekleed was, aan wiens lenden de inktkoker was, bracht bescheid weder, zeggende: Ik heb gedaan, gelijk als Gij mij geboden hadt.

Ezekiel (10) Ezechiël

Then I looked, and, behold, in the firmament that was above the head of the cherubims there appeared over them as it were a sapphire stone, as the appearance of the likeness of a throne.	1 Daarna zag ik, en ziet, boven het uitspansel, hetwelk was over het hoofd der cherubs, was als een saffiersteen, als de gedaante van de gelijkenis eens troons; en Hij verscheen op dezelve.
And he spake unto the man clothed with linen, and said, Go in between the wheels, even under the cherub, and fill thine hand with coals of fire from between the cherubims, and scatter them over the city. And he went in in my sight.	2 En Hij sprak tot den man, bekleed met linnen, en Hij zeide: Ga in tot tussen de wielen, tot onder den cherub, en vul uw vuisten met vurige kolen van tussen de cherubs, en strooi ze over de stad; en hij ging in voor mijn ogen.
Now the cherubims stood on the right side of the house, when the man went in; and the cloud filled the inner court.	3 De cherubs nu stonden ter rechterzijde van het huis, als die man inging; en een wolk vervulde het binnenste voorhof.
Then the glory of the LORD went up from the cherub, and stood over the threshold of the house; and the house was filled with the cloud, and the court was full of the brightness of the LORD'S glory.	4 Toen hief zich de heerlijkheid des HEEREN omhoog van boven den cherub, op den dorpel van het huis; en het huis werd vervuld met een wolk, en het voorhof was vol van den glans der heerlijkheid des HEEREN.
And the sound of the cherubims' wings was heard even to the outer court, as the voice of the Almighty God when he speaketh.	5 En het geruis van de vleugelen der cherubs werd gehoord tot het uiterste voorhof, als de stem des almachtigen Gods, wanneer Hij spreekt.
And it came to pass, that when he had commanded the man clothed with linen, saying, Take fire from between the wheels, from between the cherubims; then he went in, and stood beside the wheels.	6 Het geschiedde nu, als Hij den man, bekleed met linnen, geboden had, zeggende: Neem vuur van tussen de wielen, van tussen de cherubs, dat hij inging en stond bij een rad.
And one cherub stretched forth his hand from between the cherubims unto the fire that was between the cherubims, and took thereof, and put it into the hands of him that was clothed with linen: who took it, and went out.	7 Toen stak een cherub zijn hand uit van tussen de cherubs tot het vuur, hetwelk was tussen de cherubs, en nam daarvan, en gaf het in de vuisten desgenen, die met linnen bekleed was; die nam het, en ging uit.
And there appeared in the cherubims the form of a man's hand under their wings.	8 Want er werd gezien aan de cherubs de gelijkenis van eens mensen hand onder hun vleugelen.
And when I looked, behold the four wheels by the cherubims, one wheel by one cherub, and another wheel by another cherub: and the appearance of the wheels was as the colour of a beryl stone.	9 Toen zag ik, en ziet, vier raderen waren bij de cherubs; een rad was bij elken cherub; en de gedaante der raderen was als de verf van een turkoois-steen.

	And as for their appearances, they four had one likeness, as if a wheel had been in the midst of a wheel.	10	En aangaande hun gedaanten, die vier hadden enerlei gelijkenis, gelijk of het ware geweest een rad in het midden van een rad.
	When they went, they went upon their four sides; they turned not as they went, but to the place whither the head looked they followed it; they turned not as they went.	11	Als die gingen, zo gingen deze op hun vier zijden; zij keerden zich niet om, als zij gingen; maar de plaats, waarheen het hoofd zag, die volgden zij na; zij keerden zich niet om, als zij gingen.
	And their whole body, and their backs, and their hands, and their wings, and the wheels, were full of eyes round about, even the wheels that they four had.	12	Hun ganse lichaam nu, en hun ruggen, en hun handen, en hun vleugelen, mitsgaders de raderen, waren vol ogen rondom; die vier hadden hun raderen.
	As for the wheels, it was cried unto them in my hearing, O wheel.	13	Aangaande de raderen, elkeen derzelve werd voor mijn ogen genoemd Galgal.
	And every one had four faces: the first face was the face of a cherub, and the second face was the face of a man, and the third the face of a lion, and the fourth the face of an eagle.	14	En elkeen had vier aangezichten; het eerste aangezicht was het aangezicht eens cherubs, en het tweede aangezicht was het aangezicht eens mensen, en het derde het aangezicht eens leeuws, en het vierde het aangezicht eens arends.
	And the cherubims were lifted up. This is the living creature that I saw by the river of Chebar.	15	En die cherubs hieven zich omhoog; dit was hetzelfde dier, dat ik bij de rivier Chebar gezien had.
	And when the cherubims went, the wheels went by them: and when the cherubims lifted up their wings to mount up from the earth, the same wheels also turned not from beside them.	16	En als de cherubs gingen, zo gingen die raderen nevens dezelven; en als de cherubs hun vleugelen ophieven, om zich van de aarde omhoog te heffen, zo keerden zich diezelve raderen ook niet om van bij hen.
	When they stood, these stood; and when they were lifted up, these lifted up themselves also: for the spirit of the living creature was in them.	17	Als die stonden, stonden deze, en als die opgeheven werden, hieven zich deze ook op; want de geest der dieren was in hen.
	Then the glory of the LORD departed from off the threshold of the house, and stood over the cherubims.	18	Toen ging de heerlijkheid des HEEREN van boven den dorpel des huizes weg, en stond boven de cherubs.
	And the cherubims lifted up their wings, and mounted up from the earth in my sight: when they went out, the wheels also were beside them, and every one stood at the door of the east gate of the LORD'S house; and the glory of the God of Israel was over them above.	19	En de cherubs hieven hun vleugelen op, en verhieven zich van de aarde omhoog voor mijn ogen, als zij uitgingen; en de raderen waren tegenover hen; en elkeen stond aan de deur der Oostpoort van het huis des HEEREN; en de heerlijkheid des Gods Israels was van boven over hen.
	This is the living creature that I saw under the God of Israel by the river of Chebar; and I knew that they were the cherubims.	20	Dit is het dier, dat ik zag onder den Gods Israels bij de rivier Chebar; en ik bemerkte, dat het cherubs waren.
	Every one had four faces apiece, and every one four wings; and the likeness of the hands of a man was under their wings.	21	Elkeen had vier aangezichten, en elkeen had vier vleugelen; en de gelijkenis van mensenhanden was onder hun vleugelen.
	And the likeness of their faces was the same faces which I saw by the river of Chebar, their appearances and themselves: they went every one straight forward.	22	En aangaande de gelijkenis van hun aangezichten, het waren dezelfde aangezichten, die ik gezien had bij de rivier Chebar, hun gedaanten en zij zelven; zij gingen ieder recht uit voor zijn aangezicht henen.

Ezekiel (11) Ezechiël

	Moreover the spirit lifted me up, and brought me unto the east gate of the LORD'S house, which looketh eastward: and behold at the door of the gate five and twenty men; among whom I saw Jaazaniah the son of Azur, and Pelatiah the son of Benaiah, princes of the people.	1	Toen hief mij de Geest op, en bracht mij tot de Oostpoort van het huis des HEEREN, dewelke ziet oostwaarts; en ziet, aan de deur der poort waren vijf en twintig mannen, en in het midden van hen zag ik Jaazanja, den zoon van Azzur, en Pelatja, den zoon van Benaja, vorsten des volks.
	Then said he unto me, Son of man, these are the men that devise mischief, and give wicked counsel in this city:	2	En Hij zeide tot mij: Mensenkind, deze zijn de mannen, die ongerechtigheid bedenken, en die kwaden raad raden in deze stad.
	Which say, It is not near; let us build houses: this city is the caldron, and we be the flesh.	3	Die zeggen: Men moet geen huizen nabij bouwen; deze stad zou de pot, en wij het vlees zijn.
	Therefore prophesy against them, prophesy, O son of man.	4	Daarom profeteer tegen hen; profeteer, o mensenkind!
	And the Spirit of the LORD fell upon me, and said unto me, Speak; Thus saith the LORD; Thus have ye said, O house of Israel: for I know the things that come into your mind, every one of them.	5	Zo viel dan de Geest des HEEREN op mij, en Hij zeide tot mij: Zeg: Zo zegt de HEERE: Alzo zegt gijlieden o huis Israels! want Ik weet elkeen der dingen, die in uw geest opklimmen.
	Ye have multiplied your slain in this city, and ye have filled the streets thereof with the slain.	6	Gij hebt uw verslagenen in deze stad vermenigvuldigd, en gij hebt derzelver straten met de verslagenen vervuld.
	Therefore thus saith the Lord GOD; Your slain whom ye have laid in the midst of it, they are the flesh, and this city is the caldron: but I will bring you forth out of the midst of it.	7	Daarom, zo zegt de Heere HEERE: Uw verslagenen, die gij in het midden derzelve nedergelegd hebt, die zijn dat vlees, en deze stad is de pot; maar ulieden zal Ik uit het midden derzelve doen uitgaan.
	Ye have feared the sword; and I will bring a sword upon you, saith the Lord GOD.	8	Gijlieden hebt het zwaard gevreesd; en het zwaard zal Ik over u brengen, spreekt de Heere HEERE.
	And I will bring you out of the midst thereof, and deliver you into the hands of strangers, and will execute judgments among you.	9	Ook zal Ik ulieden uit het midden derzelve doen uitgaan, en Ik zal u overgeven in de hand der vreemden; en Ik zal recht onder u doen.
	Ye shall fall by the sword; I will judge you in the border of Israel; and ye shall know that I am the LORD.	10	Gij zult door het zwaard vallen; in de landpale Israels zal Ik u richten, en gij zult weten, dat Ik de HEERE ben.
	This city shall not be your caldron, neither shall ye be the flesh in the midst thereof; but I will judge you in the border of Israel:	11	Deze stad zal ulieden niet tot een pot zijn, en gij zult in het midden derzelve niet tot vlees zijn; in de landpale Israels zal Ik u richten.
	And ye shall know that I am the LORD: for ye have not walked in my statutes, neither executed my judgments, but have done after the manners of the heathen that are round about you.	12	En gij zult weten, dat Ik de HEERE ben, omdat gij in Mijn inzettingen niet gewandeld, en Mijn rechten niet gedaan hebt, maar naar de rechten der heidenen, die rondom u zijn, gedaan hebt.

And it came to pass, when I prophesied, that Pelatiah the son of Benaiah died. Then fell I down upon my face, and cried with a loud voice, and said, Ah Lord GOD! wilt thou make a full end of the remnant of Israel?	13 Het geschiedde nu, als ik profeteerde, dat Pelatja, de zoon van Benaja, stierf. Toen viel ik neder op mijn aangezicht, en riep met luider stem; en zeide: Ach, Heere HEERE! zult Gij gans een voleinding maken met het overblijfsel van Israel?
Again the word of the LORD came unto me, saying,	14 Toen geschiedde het woord des HEEREN tot mij, zeggende:
Son of man, thy brethren, even thy brethren, the men of thy kindred, and all the house of Israel wholly, are they unto whom the inhabitants of Jerusalem have said, Get you far from the LORD: unto us is this land given in possession.	15 Mensenkind, het zijn uw broederen, uw broederen, de mannen uwer maagschap, en het ganse huis Israels, ja, dat ganse, tot welke de inwoners van Jeruzalem gezegd hebben: Maakt u verre af van den HEERE, ditzelve land is ons tot een erfbezitting gegeven.
Therefore say, Thus saith the Lord GOD; Although I have cast them far off among the heathen, and although I have scattered them among the countries, yet will I be to them as a little sanctuary in the countries where they shall come.	16 Daarom zeg: Zo zegt de Heere HEERE: Hoewel Ik hen verre onder de heidenen weggedaan heb, en hoewel Ik hen in de landen verstrooid heb, nochtans zal Ik hun een weinig tijds tot een heiligdom zijn, in de landen, waarin zij gekomen zijn.
Therefore say, Thus saith the Lord GOD; I will even gather you from the people, and assemble you out of the countries where ye have been scattered, and I will give you the land of Israel.	17 Daarom zeg: Alzo zegt de Heere HEERE: Ja, Ik zal ulieden vergaderen uit de volken, en Ik zal u verzamelen uit de landen, waarin gij verstrooid zijt, en Ik zal u het land Israels geven.
And they shall come thither, and they shall take away all the detestable things thereof and all the abominations thereof from thence.	18 En zij zullen daarhenen komen, en al deszelfs verfoeiselen en al deszelfs gruwelen van daar wegdoen.
And I will give them one heart, and I will put a new spirit within you; and I will take the stony heart out of their flesh, and will give them an heart of flesh:	19 En Ik zal hun enerlei hart geven, en zal een nieuwen geest in het binnenste van u geven; en Ik zal het stenen hart uit hun vlees wegnemen, en zal hun een vlesen hart geven;
That they may walk in my statutes, and keep mine ordinances, and do them: and they shall be my people, and I will be their God.	20 Opdat zij wandelen in Mijn inzettingen, en Mijn rechten bewaren, en dezelve doen; en zij zullen Mij tot een volk zijn, en Ik zal hun tot een God zijn.
But as for them whose heart walketh after the heart of their detestable things and their abominations, I will recompense their way upon their own heads, saith the Lord GOD.	21 Maar welker hart het hart hunner verfoeiselen en hunner gruwelen nawandelt, derzelver weg zal Ik op hun hoofd geven, spreekt de Heere HEERE.
Then did the cherubims lift up their wings, and the wheels beside them; and the glory of the God of Israel was over them above.	22 Toen hieven de cherubs hun vleugelen op, en de raderen tegenover hen; en de heerlijkheid des Gods van Israel was over hen van boven.
And the glory of the LORD went up from the midst of the city, and stood upon the mountain which is on the east side of the city.	23 En de heerlijkheid des HEEREN rees op van het midden der stad, en stond op den berg, die tegen het oosten der stad is.
Afterwards the spirit took me up, and brought me in a vision by the Spirit of God into Chaldea, to them of the captivity. So the vision that I had seen went up from me.	24 Daarna nam mij de Geest op, en bracht mij in gezicht door den Geest Gods in Chaldea tot de gevankelijk weggevoerden; en het gezicht, dat ik gezien had, voer van mij op.
Then I spake unto them of the captivity all the things that the LORD had shewed me.	25 En ik sprak tot de gevankelijk weggevoerden al de woorden des HEEREN, die Hij mij had doen zien.

Ezekiel (12) Ezechiël

The word of the LORD also came unto me, saying,	1 Verder geschiedde des HEEREN woord tot mij, zeggende:
Son of man, thou dwellest in the midst of a rebellious house, which have eyes to see, and see not; they have ears to hear, and hear not: for they are a rebellious house.	2 Mensenkind! gij woont in het midden van een wederspannig huis, dewelke ogen hebben om te zien, en niet zien, oren hebben om te horen, en niet horen, want zij zijn een wederspannig huis.
Therefore, thou son of man, prepare thee stuff for removing, and remove by day in their sight; and thou shalt remove from thy place to another place in their sight: it may be they will consider, though they be a rebellious house.	3 Daarom gij, mensenkind, maak u gereedschap van vertrekking; en vertrek bij dag voor hun ogen; en gij zult vertrekken van uw plaats tot een andere plaats voor hun ogen; misschien zullen zij het merken, hoewel zij een wederspannig huis zijn.
Then shalt thou bring forth thy stuff by day in their sight, as stuff for removing: and thou shalt go forth at even in their sight, as they that go forth into captivity.	4 Gij zult dan uw gereedschap bij dag voor hun ogen uitbrengen, als het gereedschap dergenen, die vertrekken; daarna zult gij in den avond uitgaan voor hun ogen, gelijk zij uitgaan, die vertrekken.
Dig thou through the wall in their sight, and carry out thereby.	5 Doorgraaf u den wand voor hun ogen, en breng daardoor uw gereedschap uit.
In their sight shalt thou bear it upon thy shoulders, and carry it forth in the twilight: thou shalt cover thy face, that thou see not the ground: for I have set thee for a sign unto the house of Israel.	6 Voor hun ogen zult gij het op de schouders dragen, in donker zult gij het uitbrengen; uw aangezicht zult gij bedekken, dat gij het land niet ziet; want Ik heb u den huize Israels tot een wonderteken gegeven.
And I did so as I was commanded: I brought forth my stuff by day, as stuff for captivity, and in the even I digged through the wall with mine hand; I brought it forth in the twilight, and I bare it upon my shoulder in their sight.	7 En ik deed alzo, gelijk als mij bevolen was; ik bracht mijn gereedschap uit bij dag, als het gereedschap dergenen, die vertrekken; daarna in den avond doorgroef ik mij den wand met de hand; ik bracht het uit in donker, en ik droeg het op den schouder voor hun ogen.
And in the morning came the word of the LORD unto me, saying,	8 En des morgens geschiedde het woord des HEEREN tot mij, zeggende:
Son of man, hath not the house of Israel, the rebellious house, said unto thee, What doest thou?	9 Mensenkind, heeft niet het huis Israels, het wederspannig huis, tot u gezegd: Wat doet gij?
Say thou unto them, Thus saith the Lord GOD; This burden concerneth the prince in Jerusalem, and all the house of Israel that are among them.	10 Zeg tot hen: Alzo zegt de Heere HEERE: Deze last is tegen den vorst te Jeruzalem, en het ganse huis Israels, dat in het midden van hen is.

Say, I am your sign: like as I have done, so shall it be done unto them: they shall remove and go into captivity.

And the prince that is among them shall bear upon his shoulder in the twilight, and shall go forth: they shall dig through the wall to carry out thereby: he shall cover his face, that he see not the ground with his eyes.

My net also will I spread upon him, and he shall be taken in my snare: and I will bring him to Babylon to the land of the Chaldeans; yet shall he not see it, though he shall die there.

And I will scatter toward every wind all that are about him to help him, and all his bands; and I will draw out the sword after them.

And they shall know that I am the LORD, when I shall scatter them among the nations, and disperse them in the countries.

But I will leave a few men of them from the sword, from the famine, and from the pestilence; that they may declare all their abominations among the heathen whither they come; and they shall know that I am the LORD.

Moreover the word of the LORD came to me, saying,

Son of man, eat thy bread with quaking, and drink thy water with trembling and with carefulness;

And say unto the people of the land, Thus saith the Lord GOD of the inhabitants of Jerusalem, and of the land of Israel; They shall eat their bread with carefulness, and drink their water with astonishment, that her land may be desolate from all that is therein, because of the violence of all them that dwell therein.

And the cities that are inhabited shall be laid waste, and the land shall be desolate; and ye shall know that I am the LORD.

And the word of the LORD came unto me, saying,

Son of man, what is that proverb that ye have in the land of Israel, saying, The days are prolonged, and every vision faileth?

Tell them therefore, Thus saith the Lord GOD; I will make this proverb to cease, and they shall no more use it as a proverb in Israel; but say unto them, The days are at hand, and the effect of every vision.

For there shall be no more any vain vision nor flattering divination within the house of Israel.

For I am the LORD: I will speak, and the word that I shall speak shall come to pass; it shall be no more prolonged: for in your days, O rebellious house, will I say the word, and will perform it, saith the Lord GOD.

Again the word of the LORD came to me, saying,

Son of man, behold, they of the house of Israel say, The vision that he seeth is for many days to come, and he prophesieth of the times that are far off.

Therefore say unto them, Thus saith the Lord GOD; There shall none of my words be prolonged any more, but the word which I have spoken shall be done, saith the Lord GOD.

11 Zeg: Ik ben ulieder wonderteken; gelijk als ik gedaan heb, alzo zal hun gedaan worden; zij zullen door wegvoering in de gevangenis heengaan.

12 En de vorst, die in het midden van hen is, zal het gereedschap op den schouder dragen in donker, en hij zal uitgaan; zij zullen door den wand graven, om hem daardoor uit te brengen; hij zal zijn aangezicht bedekken, opdat hij met het oog de aarde niet zie.

13 Ik zal ook Mijn net over hem uitspreiden, dat hij in Mijn jachtgaren gegrepen worde; en Ik zal hem brengen in Babylonië, het land der Chaldeen; ook zal hij dat niet zien, hoewel hij daar sterven zal.

14 En allen, die rondom hem zijn tot zijn hulp, en al zijn benden zal Ik in alle winden verstrooien; en Ik zal het zwaard achter hen uittrekken.

15 Alzo zullen zij weten, dat Ik de HEERE ben, wanneer Ik hen onder de heidenen verspreiden en hen in de landen verstrooien zal.

16 Doch Ik zal van hen weinige lieden doen overblijven van het zwaard, van den honger en van de pestilentie; opdat zij al hun gruwelen vertellen onder de heidenen, waarhenen zij komen zullen, en zij zullen weten, dat Ik de HEERE ben.

17 Daarna geschiedde het woord des HEEREN tot mij, zeggende:

18 Mensenkind, gij zult uw brood eten met beven, en uw water zult gij met beroerte en met kommer drinken.

19 En gij zult tot het volk des lands zeggen: Alzo zegt de Heere HEERE, van de inwoners van Jeruzalem, in het land Israels: Zij zullen hun brood met kommer eten, en hun water zullen zij met verbaasdheid drinken, omdat hun land woest zal worden van zijn volheid, vanwege het geweld van al degenen, die daarin wonen;

20 En de bewoonde steden zullen woest worden, en het land zal een wildernis zijn; en gij zult weten, dat Ik de HEERE ben.

21 Wederom geschiedde het woord des HEEREN tot mij, zeggende:

22 Mensenkind, wat is dit voor een spreekwoord, dat gijlieden hebt in het land Israels, zeggende: de dagen zullen verlengd worden, en al het gezicht zal vergaan?

23 Daarom zeg tot hen: Alzo zegt de Heere HEERE: Ik zal dit spreekwoord doen ophouden, dat zij het niet meer ten spreekwoord gebruiken zullen in Israel. Maar spreek tot hen: De dagen zijn nabij gekomen, en het woord van ieder gezicht.

24 Want geen ijdel gezicht zal er meer wezen, noch vleiende waarzegging, in het midden van het huis Israels.

25 Want Ik ben de HEERE, Ik zal spreken; het woord, de tijd zal niet meer uitgesteld worden; want in uw dagen, o wederspannig huis, zal Ik een woord spreken, en hetzelve doen, spreekt de Heere HEERE.

26 Verder geschiedde het woord des HEEREN tot mij, zeggende:

27 Mensenkind, zie, die van het huis Israels zeggen: Het gezicht dat hij ziet, is voor vele dagen, en hij profeteert van tijden, die verre zijn.

28 Daarom zeg tot hen: Alzo zegt de Heere HEERE: Geen Mijner woorden zullen meer uitgesteld worden; het woord, hetwelk Ik gesproken heb, dat zal gedaan worden, spreekt de Heere HEERE.

Ezekiel (13) Ezechiël

And the word of the LORD came unto me, saying,

Son of man, prophesy against the prophets of Israel that prophesy, and say thou unto them that prophesy out of their own hearts, Hear ye the word of the LORD;

Thus saith the Lord GOD; Woe unto the foolish prophets, that follow their own spirit, and have seen nothing!

O Israel, thy prophets are like the foxes in the deserts.

Ye have not gone up into the gaps, neither made up the hedge for the house of Israel to stand in the battle in the day of the LORD.

They have seen vanity and lying divination, saying, The LORD saith: and the LORD hath not sent them: and they have made others to hope that they would confirm the word.

Have ye not seen a vain vision, and have ye not spoken a lying divination, whereas ye say, The LORD saith it; albeit I have not spoken?

1 En des HEEREN woord geschiedde tot mij, zeggende:

2 Mensenkind, profeteer tegen de profeten Israels, die profeteren, en zeg tot degenen, die uit hun hart profeteren: Hoort des HEEREN woord.

3 Zo zegt de Heere HEERE: Wee over die dwaze profeten, die hun geest nawandelen, en hetgeen zij niet gezien hebben!

4 Uw profeten, o Israel, zijn als vossen in de woeste plaatsen.

5 Gij zijt in de bressen niet opgetreden, noch hebt den muur toegemuurd voor het huis Israels, om in den strijd te staan, ten dage des HEEREN.

6 Zij zien ijdelheid en leugenachtige voorzegging, die daar zeggen: De HEERE heeft gesproken, daar de HEERE hen niet gezonden heeft; en zij geven hope van het woord te zullen bevestigen.

7 Ziet gij niet een ijdel gezicht, en spreekt een leugenachtige voorzegging, als gij zegt: De HEERE spreekt, daar Ik niet gesproken heb?

Therefore thus saith the Lord GOD; Because ye have spoken vanity, and seen lies, therefore, behold, I am against you, saith the Lord GOD.

And mine hand shall be upon the prophets that see vanity, and that divine lies: they shall not be in the assembly of my people, neither shall they be written in the writing of the house of Israel, neither shall they enter into the land of Israel; and ye shall know that I am the Lord GOD.

Because, even because they have seduced my people, saying, Peace; and there was no peace; and one built up a wall, and, lo, others daubed it with untempered morter:

Say unto them which daub it with untempered morter, that it shall fall: there shall be an overflowing shower; and ye, O great hailstones, shall fall; and a stormy wind shall rend it.

Lo, when the wall is fallen, shall it not be said unto you, Where is the daubing wherewith ye have daubed it?

Therefore thus saith the Lord GOD; I will even rend it with a stormy wind in my fury; and there shall be an overflowing shower in mine anger, and great hailstones in my fury to consume it.

So will I break down the wall that ye have daubed with untempered morter, and bring it down to the ground, so that the foundation thereof shall be discovered, and it shall fall, and ye shall be consumed in the midst thereof: and ye shall know that I am the LORD.

Thus will I accomplish my wrath upon the wall, and upon them that have daubed it with untempered morter, and will say unto you, The wall is no more, neither they that daubed it;

To wit, the prophets of Israel which prophesy concerning Jerusalem, and which see visions of peace for her, and there is no peace, saith the Lord GOD.

Likewise, thou son of man, set thy face against the daughters of thy people, which prophesy out of their own heart; and prophesy thou against them,

And say, Thus saith the Lord GOD; Woe to the women that sew pillows to all armholes, and make kerchiefs upon the head of every stature to hunt souls! Will ye hunt the souls of my people, and will ye save the souls alive that come unto you?

And will ye pollute me among my people for handfuls of barley and for pieces of bread, to slay the souls that should not die, and to save the souls alive that should not live, by your lying to my people that hear your lies?

Wherefore thus saith the Lord GOD; Behold, I am against your pillows, wherewith ye there hunt the souls to make them fly, and I will tear them from your arms, and will let the souls go, even the souls that ye hunt to make them fly.

Your kerchiefs also will I tear, and deliver my people out of your hand, and they shall be no more in your hand to be hunted; and ye shall know that I am the LORD.

Because with lies ye have made the heart of the righteous sad, whom I have not made sad; and strengthened the hands of the wicked, that he should not return from his wicked way, by promising him life:

Therefore ye shall see no more vanity, nor divine divinations: for I will deliver my people out of your hand: and ye shall know that I am the LORD.

8 Daarom zo zegt de Heere HEERE: omdat gijlieden ijdelheid spreekt, en leugen ziet; daarom, ziet, Ik wil aan u, spreekt de Heere HEERE.

9 En Mijn hand zal zijn tegen de profeten, die ijdelheid zien, en leugen voorzeggen; zij zullen in de vergadering Mijns volks niet zijn, en in het schrift van het huis Israels niet geschreven worden, en in het land Israels niet komen; en gij zult weten, dat Ik de Heere HEERE ben.

10 Daarom, ja, daarom dat zij Mijn volk verleiden, zeggende: Vrede, daar geen vrede is; en dat de een een lemen wand bouwt, en ziet, de anderen denzelven pleisteren met loze kalk.

11 Zeg tot degenen, die met loze kalk pleisteren, dat hij omvallen zal; er zal een overstelpende plasregen zijn; en gij, o grote hagelstenen, zult vallen, en een grote stormwind zal hem splijten.

12 Ziet, als die wand zal gevallen zijn, zal dan niet tot u gezegd worden: Waar is de pleistering, waarmede gij gepleisterd hebt?

13 Daarom alzo zegt de Heere HEERE: Ja, Ik zal hem door een groten stormwind in Mijn grimmigheid splijten, en er zal een overstelpende plasregen zijn in Mijn toorn, en grote hagelstenen in Mijn grimmigheid, om dien te verdoen.

14 Zo zal Ik den wand afbreken, dien gijlieden met loze kalk gepleisterd hebt, en zal hem ter aarde nederwerpen, dat zijn grond zal ontdekt worden; alzo zal de stad vallen, en gij zult in het midden van haar omkomen; en gij zult weten, dat Ik de HEERE ben.

15 Zo zal Ik Mijn grimmigheid tegen den wand voortbrengen, en tegen degenen, die hem pleisteren met loze kalk; en Ik zal tot ulieden zeggen: Die wand is er niet meer, en die hem pleisterden, zijn er niet;

16 Te weten de profeten Israels, die van Jeruzalem profeteren, en voor haar een gezicht des vredes zien, waar geen vrede is, spreekt de Heere HEERE.

17 En gij, mensenkind, zet uw aangezicht tegen de dochteren uws volks, dewelke profeteren uit haar hart, en profeteer tegen haar;

18 En zeg: Zo zegt de Heere HEERE: Wee die vrouwen, die kussens naaien voor alle okselen der armen, en maken hoofddeksels voor het hoofd van alle statuur, om de zielen te jagen! Zult gij de zielen Mijns volks jagen, en zult gij u de zielen in het leven behouden?

19 En zult gij Mij ontheiligen bij Mijn volk, voor handvollen van gerst, en voor stukken broods, om zielen te doden, die niet zouden sterven, en om zielen in het leven te behouden, die niet zouden leven, door uw liegen tot Mijn volk, dat de leugen hoort?

20 Daarom, zo zegt de Heere HEERE: Ziet, Ik wil aan uw kussens, waarmede gij aldaar de zielen jaagt naar de bloemhoven, en Ik zal ze uit uw armen wegscheuren; en Ik zal die zielen losmaken, de zielen, die gij jaagt naar de bloemhoven.

21 Daartoe zal Ik uw hoofddeksels scheuren, en Mijn volk uit uw hand redden, zodat zij niet meer in uw hand zullen zijn tot een jacht; en gij zult weten, dat Ik de HEERE ben.

22 Omdat gijlieden het hart des rechtvaardigen door valsheid hebt bedroefd gemaakt, daar Ik hem geen smart aangedaan heb; en omdat gij de handen des goddelozen gesterkt hebt, opdat hij zich van zijn bozen weg niet afkeren zou, dat Ik hem in het leven behield;

23 Daarom zult gij niet meer ijdelheid zien, noch waarzegging gebruiken; maar Ik zal Mijn volk uit uw hand redden, en gij zult weten, dat Ik de HEERE ben.

Ezekiel (14) Ezechiël

Then came certain of the elders of Israel unto me, and sat before me.

And the word of the LORD came unto me, saying,

Son of man, these men have set up their idols in their heart, and put the stumblingblock of their iniquity before their face: should I be inquired of at all by them?

Therefore speak unto them, and say unto them, Thus saith the Lord GOD; Every man of the house of Israel that setteth up his idols in his heart, and putteth the stumblingblock of his iniquity before his face, and cometh to the prophet; I the LORD will answer him that cometh according to the multitude of his idols;

1 Daarna kwamen tot mij mannen uit de oudsten van Israel, en zaten neder voor mijn aangezicht.

2 Toen geschiedde des HEEREN woord tot mij, zeggende:

3 Mensenkind, deze mannen hebben hun drekgoden in hun hart opgezet, en hebben den aanstoot hunner ongerechtigheid recht voor hun aangezichten gesteld; word Ik dan ernstiglijk van hen gevraagd?

4 Daarom spreek met hen, en zeg tot hen: Alzo zegt de Heere HEERE: Een ieder man uit het huis Israels, die de drekgoden in zijn hart opzet, en den aanstoot zijner ongerechtigheid recht voor zijn aangezicht stelt, en komt tot den profeet, Ik, de HEERE zal hem, als hij komt, antwoorden naar de menigte zijner drekgoden;

That I may take the house of Israel in their own heart, because they are all estranged from me through their idols.

Therefore say unto the house of Israel, Thus saith the Lord GOD; Repent, and turn yourselves from your idols; and turn away your faces from all your abominations.

For every one of the house of Israel, or of the stranger that sojourneth in Israel, which separateth himself from me, and setteth up his idols in his heart, and putteth the stumblingblock of his iniquity before his face, and cometh to a prophet to inquire of him concerning me; I the LORD will answer him by myself:

And I will set my face against that man, and will make him a sign and a proverb, and I will cut him off from the midst of my people; and ye shall know that I am the LORD.

And if the prophet be deceived when he hath spoken a thing, I the LORD have deceived that prophet, and I will stretch out my hand upon him, and will destroy him from the midst of my people Israel.

And they shall bear the punishment of their iniquity: the punishment of the prophet shall be even as the punishment of him that seeketh unto him;

That the house of Israel may go no more astray from me, neither be polluted any more with all their transgressions; but that they may be my people, and I may be their God, saith the Lord GOD.

The word of the LORD came again to me, saying,

Son of man, when the land sinneth against me by trespassing grievously, then will I stretch out mine hand upon it, and will break the staff of the bread thereof, and will send famine upon it, and will cut off man and beast from it:

Though these three men, Noah, Daniel, and Job, were in it, they should deliver but their own souls by their righteousness, saith the Lord GOD.

If I cause noisome beasts to pass through the land, and they spoil it, so that it be desolate, that no man may pass through because of the beasts:

Though these three men were in it, as I live, saith the Lord GOD, they shall deliver neither sons nor daughters; they only shall be delivered, but the land shall be desolate.

Or if I bring a sword upon that land, and say, Sword, go through the land; so that I cut off man and beast from it:

Though these three men were in it, as I live, saith the Lord GOD, they shall deliver neither sons nor daughters, but they only shall be delivered themselves.

Or if I send a pestilence into that land, and pour out my fury upon it in blood, to cut off from it man and beast:

Though Noah, Daniel, and Job, were in it, as I live, saith the Lord GOD, they shall deliver neither son nor daughter; they shall but deliver their own souls by their righteousness.

For thus saith the Lord GOD; How much more when I send my four sore judgments upon Jerusalem, the sword, and the famine, and the noisome beast, and the pestilence, to cut off from it man and beast?

Yet, behold, therein shall be left a remnant that shall be brought forth, both sons and daughters: behold, they shall come forth unto you, and ye shall see their way and their doings: and ye shall be comforted concerning the evil that I have brought upon Jerusalem, even concerning all that I have brought upon it.

And they shall comfort you, when ye see their ways and their doings: and ye shall know that I have not done without cause all that I have done in it, saith the Lord GOD.

5 Opdat Ik het huis Israels in hun hart grijpe, dewijl zij allen door hun drekgoden van Mij vervreemd zijn.

6 Daarom zeg tot het huis Israels: Alzo zegt de Heere HEERE: Bekeert u, en keert u af van uw drekgoden, en keert uw aangezichten af van al uw gruwelen.

7 Want ieder man uit het huis Israels, en uit den vreemdeling, die in Israel verkeert, die zich van achter Mij afscheidt, en zet zijn drekgoden op in zijn hart, en stelt den aanstoot zijner ongerechtigheid recht voor zijn aangezicht, en komt tot den profeet, om Mij door hem te vragen; Ik ben de HEERE, hem zal geantwoord worden door Mij;

8 En Ik zal Mijn aangezicht tegen dienzelven man zetten, en zal hem stellen tot een teken en tot spreekwoorden, en zal hem uitroeien uit het midden Mijns volks; en gijlieden zult weten, dat Ik de HEERE ben.

9 Als nu een profeet overreed zal zijn, en iets gesproken zal hebben, Ik, de HEERE, heb dienzelven profeet overreed, en Ik zal Mijn hand tegen hem uitstrekken, en zal hem verdelgen uit het midden van Mijn volk Israel.

10 En zij zullen hun ongerechtigheid dragen; gelijk de ongerechtigheid des vragers zal zijn; alzo zal zijn de ongerechtigheid des profeten;

11 Opdat het huis Israels niet meer van achter Mij afdwale, en zij zich niet meer verontreinigen met al hun overtredingen; alsdan zullen zij Mij tot een volk zijn, en Ik zal hun tot een God zijn, spreekt de Heere HEERE.

12 Verder geschiedde des HEEREN woord tot mij, zeggende:

13 Mensenkind, als een land tegen Mij gezondigd zal hebben, zwaarlijk overtredende, zo zal Ik Mijn hand daartegen uitstrekken, en zal hetzelve den staf des broods breken, en een honger daarin zenden, dat Ik daaruit mensen en beesten uitroeie;

14 Ofschoon deze drie mannen, Noach, Daniel en Job, in het midden deszelven waren, zij zouden door hun gerechtigheid alleen hun ziel bevrijden, spreekt de Heere HEERE.

15 Zo Ik het boos gedierte make door het land door te gaan, hetwelk dat van kinderen berove, zodat het woest worde, dat er niemand doorga, vanwege het gedierte;

16 Die drie mannen in het midden deszelven zijnde, zo waarachtig als Ik leef, spreekt de Heere HEERE, zo zij zonen, en zo zij dochteren bevrijden zouden, zij zelven alleen zouden bevrijd worden, maar het land zou woest worden.

17 Of als Ik het zwaard brenge over datzelve land, en zegge: Zwaard! ga door, door dat land, zodat Ik daarvan uitroeie mensen en beesten;

18 Ofschoon die drie mannen in het midden deszelven waren, zo waarachtig als Ik leef, spreekt de Heere HEERE, zij zouden zonen noch dochteren bevrijden, maar zij zelven alleen zouden bevrijd worden.

19 Of als Ik de pestilentie in datzelve land zende, en Mijn grimmigheid daarover met bloed uitgiete, om daarvan mensen en beesten uit te roeien;

20 Ofschoon Noach, Daniel en Job in het midden deszelven waren, zo waarachtig als Ik leef, spreekt de Heere HEERE, zo zij een zoon, of zo zij een dochter zouden bevrijden, zij zouden alleen hun ziel door hun gerechtigheid bevrijden.

21 Want alzo zegt de Heere HEERE: Hoeveel te meer als Ik mijn vier boze gerichten, het zwaard, en den honger, en het boze gedierte, en de pestilentie gezonden zal hebben tegen Jeruzalem, om daaruit mensen en beesten uit te roeien!

22 Doch ziet, daarin zullen ontkomenen overblijven, die uitgevoerd zullen worden, zonen en dochteren; ziet, zij zullen tot ulieden uitkomen, en gij zult hun weg zien, en hun handelingen; en gij zult vertroost worden over het kwaad, dat Ik over Jeruzalem gebracht zal hebben, ja, al wat Ik zal gebracht hebben over haar.

23 Zo zullen zij u vertroosten, als gij hun weg en hun handelingen zien zult; en gij zult weten, dat Ik niet zonder oorzaak gedaan heb, al wat Ik in haar gedaan heb, spreekt de Heere HEERE.

Ezekiel (15) Ezechiël

And the word of the LORD came unto me, saying,

Son of man, What is the vine tree more than any tree, or than a branch which is among the trees of the forest?

Shall wood be taken thereof to do any work? or will men take a pin of it to hang any vessel thereon?

1 En des HEEREN woord geschiedde tot mij, zeggende:

2 Mensenkind, wat is het hout des wijnstoks meer dan alle hout, of de wijnrank meer dan dat onder het hout eens wouds is?

3 Wordt daarvan hout genomen, om een stuk werk te maken? Neemt men daarvan een pin, om enig vat daaraan te hangen?

Behold, it is cast into the fire for fuel; the fire devoureth both the ends of it, and the midst of it is burned. Is it meet for any work?	4 Ziet, het wordt aan het vuur overgegeven, opdat het verteerd worde; het vuur verteert beide zijn einden, en zijn middelste wordt verbrand; zou het deugen tot een stuk werks?
Behold, when it was whole, it was meet for no work: how much less shall it be meet yet for any work, when the fire hath devoured it, and it is burned?	5 Ziet, toen het geheel was, werd het tot geen stuk werks gemaakt; hoeveel te min als het vuur dat verteerd heeft, zodat het verbrand is, zal het dan nog tot een stuk werks gemaakt worden?
Therefore thus saith the Lord GOD; As the vine tree among the trees of the forest, which I have given to the fire for fuel, so will I give the inhabitants of Jerusalem.	6 Daarom, alzo zegt de Heere HEERE: Gelijk als het hout des wijnstoks is onder het hout des wouds, hetwelk Ik aan het vuur overgeef, opdat het verteerd worde, alzo zal Ik de inwoners van Jeruzalem overgeven.
And I will set my face against them; they shall go out from one fire, and another fire shall devour them; and ye shall know that I am the LORD, when I set my face against them.	7 Want Ik zal Mijn aangezicht tegen hen zetten; als zij van het ene vuur uitgaan, zal het andere vuur hen verteren; en gij zult weten, dat Ik de HEERE ben, als Ik Mijn aangezicht tegen hen gesteld zal hebben.
And I will make the land desolate, because they have committed a trespass, saith the Lord GOD.	8 En Ik zal het land woest maken, omdat zij zwaarlijk overtreden hebben, spreekt de Heere HEERE.

Ezekiel (16) Ezechiël

Again the word of the LORD came unto me, saying,	1 Verder geschiedde des HEEREN woord tot mij, zeggende:
Son of man, cause Jerusalem to know her abominations,	2 Mensenkind, maak Jeruzalem haar gruwelen bekend,
And say, Thus saith the Lord GOD unto Jerusalem; Thy birth and thy nativity is of the land of Canaan; thy father was an Amorite, and thy mother an Hittite.	3 En zeg: Alzo zegt de Heere HEERE tot Jeruzalem: Uw handelingen en uw geboorten zijn uit het land der Kanaänieten; uw vader was een Amoriet en uw moeder een Hethietische.
And as for thy nativity, in the day thou wast born thy navel was not cut, neither wast thou washed in water to supple thee; thou wast not salted at all, nor swaddled at all.	4 En aangaande uw geboorten: ten dage, als gij geboren waart, werd uw navel niet afgesneden; en gij waart niet met water gewassen, toen Ik u aanschouwde; gij waart ook geenszins met zout gewreven, noch in windselen gewonden.
None eye pitied thee, to do any of these unto thee, to have compassion upon thee; but thou wast cast out in the open field, to the lothing of thy person, in the day that thou wast born.	5 Geen oog had medelijden over u, om u een van deze dingen te doen, om zich over u te erbarmen; maar gij zijt geworpen geweest op het vlakke des velds, om de walgelijkheid van uw ziel, ten dage, toen gij geboren waart.
And when I passed by thee, and saw thee polluted in thine own blood, I said unto thee when thou wast in thy blood, Live; yea, I said unto thee when thou wast in thy blood, Live.	6 Als Ik bij u voorbijging, zo zag Ik u, vertreden zijnde in uw bloed, en Ik zeide tot u in uw bloed: Leef; ja, Ik zeide tot u in uw bloed: Leef!
I have caused thee to multiply as the bud of the field, and thou hast increased and waxen great, and thou art come to excellent ornaments: thy breasts are fashioned, and thine hair is grown, whereas thou wast naked and bare.	7 Ik heb u tot tien duizend, als het gewas des velds, gemaakt; en gij zijt gegroeid, en groot geworden, en zijt gekomen tot grote sierlijkheid; uw borsten zijn vast geworden, en uw haar is gewassen, doch gij waart naakt en bloot.
Now when I passed by thee, and looked upon thee, behold, thy time was the time of love; and I spread my skirt over thee, and covered thy nakedness: yea, I sware unto thee, and entered into a covenant with thee, saith the Lord GOD, and thou becamest mine.	8 Als Ik nu bij u voorbijging, zag Ik u, en ziet, uw tijd was de tijd der minne; zo breidde Ik Mijn vleugel over u uit, en dekte uw naaktheid; ja, Ik zwoer u, en kwam met u in een verbond, spreekt de Heere HEERE en gij werdt de Mijne.
Then washed I thee with water; yea, I throughly washed away thy blood from thee, and I anointed thee with oil.	9 Daarna wies Ik u met water, en Ik spoelde uw bloed van u af, en zalfde u met olie.
I clothed thee also with broidered work, and shod thee with badgers' skin, and I girded thee about with fine linen, and I covered thee with silk.	10 Ik bekleedde u ook met gestikt werk, en Ik schoeide u met dassenvellen, en omgordde u met fijn linnen, en bedekte u met zijde.
I decked thee also with ornaments, and I put bracelets upon thy hands, and a chain on thy neck.	11 Ook versierde Ik u met sieraad, en deed armringen aan uw handen, en een keten aan uw hals.
And I put a jewel on thy forehead, and earrings in thine ears, and a beautiful crown upon thine head.	12 Desgelijks deed Ik een voorhoofdsiersel aan uw aangezicht, en oorringen aan uw oren, en een kroon der heerlijkheid op uw hoofd.
Thus wast thou decked with gold and silver; and thy raiment was of fine linen, and silk, and broidered work; thou didst eat fine flour, and honey, and oil: and thou wast exceeding beautiful, and thou didst prosper into a kingdom.	13 Zo waart gij versierd met goud en zilver, en uw kleding was fijn linnen, en zijde, en gestikt werk; gij at meelbloem, en honig, en olie, en gij waart gans zeer schoon, en waart voorspoedig, dat gij een koninkrijk werdt.
And thy renown went forth among the heathen for thy beauty: for it was perfect through my comeliness, which I had put upon thee, saith the Lord GOD.	14 Daartoe ging van u een naam uit onder de heidenen om uw schoonheid; want die was volmaakt door Mijn heerlijkheid, die Ik op u gelegd had, spreekt de Heere HEERE.
But thou didst trust in thine own beauty, and playedst the harlot because of thy renown, and pouredst out thy fornications on every one that passed by; his it was.	15 Maar gij hebt vertrouwd op uw schoonheid, en hebt gehoereerd vanwege uw naam; ja, hebt uw hoererijen uitgestort aan een ieder, die voorbijging; voor hem was zij.
And of thy garments thou didst take, and deckedst thy high places with divers colours, and playedst the harlot thereupon: the like things shall not come, neither shall it be so.	16 En gij hebt van uw klederen genomen, en u gemaakt geplekte hoogten, en hebt daarop gehoereerd; zulks is niet gekomen, en zal niet geschieden.
Thou hast also taken thy fair jewels of my gold and of my silver, which I had given thee, and madest to thyself images of men, and didst commit whoredom with them,	17 Daartoe hebt gij genomen de vaten uws sieraads van Mijn goud en van Mijn zilver, dat Ik u gegeven had, en gij hebt u mansbeelden gemaakt, en gij hebt met dezelve gehoereerd.
And tookest thy broidered garments, and coveredst them: and thou hast set mine oil and mine incense before them.	18 En gij hebt uw gestikte klederen genomen, en hebt ze bedekt; en gij hebt Mijn olie en Mijn reukwerk voor hun aangezichten gesteld.

My meat also which I gave thee, fine flour, and oil, and honey, wherewith I fed thee, thou hast even set it before them for a sweet savour: and thus it was, saith the Lord GOD.

Moreover thou hast taken thy sons and thy daughters, whom thou hast borne unto me, and these hast thou sacrificed unto them to be devoured. Is this of thy whoredoms a small matter,

That thou hast slain my children, and delivered them to cause them to pass through the fire for them?

And in all thine abominations and thy whoredoms thou hast not remembered the days of thy youth, when thou wast naked and bare, and wast polluted in thy blood.

And it came to pass after all thy wickedness, (woe, woe unto thee! saith the Lord GOD;)

That thou hast also built unto thee an eminent place, and hast made thee an high place in every street.

Thou hast built thy high place at every head of the way, and hast made thy beauty to be abhorred, and hast opened thy feet to every one that passed by, and multiplied thy whoredoms.

Thou hast also committed fornication with the Egyptians thy neighbours, great of flesh; and hast increased thy whoredoms, to provoke me to anger.

Behold, therefore I have stretched out my hand over thee, and have diminished thine ordinary food, and delivered thee unto the will of them that hate thee, the daughters of the Philistines, which are ashamed of thy lewd way.

Thou hast played the whore also with the Assyrians, because thou wast unsatiable; yea, thou hast played the harlot with them, and yet couldest not be satisfied.

Thou hast moreover multiplied thy fornication in the land of Canaan unto Chaldea; and yet thou wast not satisfied herewith.

How weak is thine heart, saith the Lord GOD, seeing thou doest all these things, the work of an imperious whorish woman;

In that thou buildest thine eminent place in the head of every way, and makest thine high place in every street; and hast not been as an harlot, in that thou scornest hire;

But as a wife that committeth adultery, which taketh strangers instead of her husband!

They give gifts to all whores: but thou givest thy gifts to all thy lovers, and hirest them, that they may come unto thee on every side for thy whoredom.

And the contrary is in thee from other women in thy whoredoms, whereas none followeth thee to commit whoredoms: and in that thou givest a reward, and no reward is given unto thee, therefore thou art contrary.

Wherefore, O harlot, hear the word of the LORD:

Thus saith the Lord GOD; Because thy filthiness was poured out, and thy nakedness discovered through thy whoredoms with thy lovers, and with all the idols of thy abominations, and by the blood of thy children, which thou didst give unto them;

Behold, therefore I will gather all thy lovers, with whom thou hast taken pleasure, and all them that thou hast loved, with all them that thou hast hated; I will even gather them round about against thee, and will discover thy nakedness unto them, that they may see all thy nakedness.

And I will judge thee, as women that break wedlock and shed blood are judged; and I will give thee blood in fury and jealousy.

And I will also give thee into their hand, and they shall throw down thine eminent place, and shall break down thy high places: they shall strip thee also of thy clothes, and shall take thy fair jewels, and leave thee naked and bare.

They shall also bring up a company against thee, and they shall stone thee with stones, and thrust thee through with their swords.

And they shall burn thine houses with fire, and execute judgments upon thee in the sight of many women: and I will cause thee to cease from playing the harlot, and thou also shalt give no hire any more.

So will I make my fury toward thee to rest, and my jealousy shall depart from thee, and I will be quiet, and will be no more angry.

19 En Mijn brood, hetwelk Ik u gaf, meelbloem en olie, en honig, waarmede Ik u spijsde, dat hebt gij ook voor hun aangezichten gesteld tot een liefelijken reuk; zo is het geschied, spreekt de Heere HEERE.

20 Verder hebt gij uw zonen en uw dochteren, die gij Mij gebaard hadt, genomen, en hebt ze denzelven geofferd om te verteren; is het wat kleins van uw hoererijen,

21 Dat gij Mijn kinderen geslacht hebt, en hebt ze overgegeven, als gij dezelve voor hen door het vuur hebt doen gaan?

22 Ook hebt gij bij al uw gruwelen en uw hoererijen niet gedacht aan de dagen uwer jonkheid, als gij naakt en bloot waart, als gij vertreden waart in uw bloed.

23 Het is ook geschied na al uw boosheid,, wee, wee u, spreekt de Heere HEERE),

24 Dat gij u een verwelfsel gebouwd hebt, en u een hoge plaats gemaakt hebt in elke straat.

25 Aan elk hoofd des wegs hebt gij uw hoge plaatsen gebouwd, en hebt uw schoonheid gruwelijk gemaakt, en hebt met uw benen geschreden voor een ieder, die voorbijging, en hebt uw hoererijen vermenigvuldigd.

26 Gij hebt ook gehoereerd met de kinderen van Egypte, uw naburen, die groot van vlees zijn; en gij hebt uw hoererij vermenigvuldigd, om Mij tot toorn te verwekken.

27 Ziet, daarom strekte Ik Mijn hand over u uit, en verminderde uw bescheiden deel; en Ik gaf u over in den lust dergenen, die u haten, der dochteren der Filistijnen, die vanwege uw schandelijken weg beschaamd waren.

28 Verder hebt gij gehoereerd met de kinderen van Assur, omdat gij onverzadelijk waart; ja, als gij met hen gehoereerd hebt, zijt gij ook niet verzadigd geworden.

29 Maar gij hebt uw hoererij vermenigvuldigd in het land van Kanaän tot in Chaldea; en daarmede ook zijt gij niet verzadigd geworden.

30 Hoe zwak is uw hart (spreekt de Heere HEERE) als gij al deze dingen doet, zijnde het werk van een heersende hoerachtige vrouw!

31 Als gij uw verwelfsel bouwt aan het hoofd van iederen weg, en uw hoge plaats maakt in elke straat, en niet zijt geweest als een hoer, het hoerenloon beschimpende.

32 O, die overspelige vrouw, zij neemt in plaats van haar man de vreemden aan.

33 Men geeft loon aan alle hoeren; maar gij geeft uw loon aan al uw boelen, en gij beschenkt ze, opdat zij tot u van rondom zouden ingaan om uw hoererijen.

34 Zo geschiedt met u in uw hoererijen het tegendeel van de vrouwen, dewijl men u niet naloopt, om te hoereren; want als gij hoerenloon geeft, en het hoerenloon u niet gegeven wordt; zo zijt gij tot een tegendeel geworden.

35 Daarom, o hoer, hoor des HEEREN woord.

36 Alzo zegt de Heere HEERE: Omdat uw vergif uitgestort is, en uw schaamte door uw hoererijen met uw boelen ontdekt is, en met al de drekgoden uwer gruwelen, en na het bloed uwer kinderen, dat gij hun gegeven hebt;

37 Daarom, zie, Ik zal al uw boelen vergaderen, met dewelke gij vermengd zijt geweest, en allen, die gij liefgehad hebt, met allen, die gij gehaat hebt; en Ik zal hen van rondom vergaderen tegen u, en Ik zal voor hen uw naaktheid ontdekken, dat zij uw ganse naaktheid zien zullen.

38 Daartoe zal Ik u naar de rechten der overspeelsters en der bloedvergietsters richten; en Ik zal u overgeven aan het bloed der grimmigheid en des ijvers.

39 En Ik zal u in hun hand overgeven, en zij zullen uw verwelfsel afbreken, en uw hoge plaatsen omwerpen, en uw kleden u uittrekken, en uw sierlijke juwelen nemen, en u naakt en bloot laten.

40 Daarna zullen zij tegen u een vergadering doen opkomen, en zullen u met stenen stenigen, en u met hun zwaarden doorsteken.

41 Zij zullen ook uw huizen met vuur verbranden, en oordelen tegen u uitvoeren voor veler vrouwen ogen; en Ik zal u doen ophouden van een hoer te zijn, en gij zult ook niet meer hoerenloon geven.

42 Zo zal Ik Mijn grimmigheid op u doen rusten, en Mijn ijver zal van u afwijken; en Ik zal stil zijn, en niet meer toornig wezen.

Because thou hast not remembered the days of thy youth, but hast fretted me in all these things; behold, therefore I also will recompense thy way upon thine head, saith the Lord GOD: and thou shalt not commit this lewdness above all thine abominations.	43	Daarom dat gij niet gedacht hebt aan de dagen uwer jonkheid, en Mij tot beroering geweest zijt met dit alles, zie, zo zal Ik ook uw weg op uw hoofd geven, spreekt de Heere HEERE; en gij zult die schandelijke daad niet doen boven al uw gruwelen.
Behold, every one that useth proverbs shall use this proverb against thee, saying, As is the mother, so is her daughter.	44	Zie, een ieder, die spreekwoorden gebruikt, zal van u een spreekwoord gebruiken, zeggende: Zo de moeder is, is haar dochter.
Thou art thy mother's daughter, that lotheth her husband and her children; and thou art the sister of thy sisters, which lothed their husbands and their children: your mother was an Hittite, and your father an Amorite.	45	Gij zijt de dochter uwer moeder, die de walg had van haar man en van haar kinderen; en gij zijt de zuster uwer zusteren, die de walg gehad hebben van haar mannen en van haar kinderen; uw moeder was een Hethietische, en uw vader een Amoriet.
And thine elder sister is Samaria, she and her daughters that dwell at thy left hand: and thy younger sister, that dwelleth at thy right hand, is Sodom and her daughters.	46	Uw grote zuster nu is Samaria, zij en haar dochteren, dewelke woont aan uw linkerhand; maar uw zuster, die kleiner is dan gij, die tegen uw rechterhand woont, is Sodom en haar dochteren.
Yet hast thou not walked after their ways, nor done after their abominations: but, as if that were a very little thing, thou wast corrupted more than they in all thy ways.	47	Doch gij hebt in haar wegen niet gewandeld, noch naar haar gruwelen gedaan; het was wat gerings, een verdriet; maar gij hebt het meer verdorven dan zij, in al uw wegen.
As I live, saith the Lord GOD, Sodom thy sister hath not done, she nor her daughters, as thou hast done, thou and thy daughters.	48	Zo waarachtig als Ik leef, spreekt de Heere HEERE, indien Sodom, uw zuster, zij met haar dochteren, gedaan heeft, gelijk gij gedaan hebt en uw dochteren!
Behold, this was the iniquity of thy sister Sodom, pride, fulness of bread, and abundance of idleness was in her and in her daughters, neither did she strengthen the hand of the poor and needy.	49	Ziet, dit was de ongerechtigheid uwer zuster Sodom; hoogmoed, zatheid van brood en stille gerustheid had zij en haar dochteren; maar zij sterkte de hand des armen en nooddruftigen niet.
And they were haughty, and committed abomination before me: therefore I took them away as I saw good.	50	En zij verhieven zich, en deden gruwelijkheid voor Mijn aangezicht; daarom deed Ik ze weg, nadat Ik het gezien had.
Neither hath Samaria committed half of thy sins; but thou hast multiplied thine abominations more than they, and hast justified thy sisters in all thine abominations which thou hast done.	51	Samaria ook heeft naar de helft uwer zonden niet gezondigd; en gij hebt uw gruwelen meer dan zij vermenigvuldigd, en hebt uw zusters gerechtvaardigd door al uw gruwelen, die gij gedaan hebt.
Thou also, which hast judged thy sisters, bear thine own shame for thy sins that thou hast committed more abominable than they: they are more righteous than thou: yea, be thou confounded also, and bear thy shame, in that thou hast justified thy sisters.	52	Draag gij dan ook uw schande, gij, die voor uw zusteren geoordeeld hebt door uw zonden, die gij gruwelijker gemaakt hebt dan zij; zij zijn rechtvaardiger dan gij; wees gij dan ook beschaamd, en draag uw schande, omdat gij uw zusters gerechtvaardigd hebt.
When I shall bring again their captivity, the captivity of Sodom and her daughters, and the captivity of Samaria and her daughters, then will I bring again the captivity of thy captives in the midst of them:	53	Als Ik haar gevangenen wederbrengen zal, namelijk de gevangenen van Sodom en haar dochteren, en de gevangenen van Samaria en haar dochteren, dan zal Ik wederbrengen de gevangenen uwer gevangenis in het midden van haar.
That thou mayest bear thine own shame, and mayest be confounded in all that thou hast done, in that thou art a comfort unto them.	54	Opdat gij uw schande draagt, en te schande gemaakt wordt, om al hetgeen gij gedaan hebt, als gij haar troosten zult.
When thy sisters, Sodom and her daughters, shall return to their former estate, and Samaria and her daughters shall return to their former estate, then thou and thy daughters shall return to your former estate.	55	Als uw zusters, Sodom en haar dochteren, zullen wederkeren tot haar vorigen staat, mitsgaders Samaria en haar dochteren zullen wederkeren tot haar vorigen staat, zult gij ook en uw dochteren wederkeren tot uw vorigen staat.
For thy sister Sodom was not mentioned by thy mouth in the day of thy pride,	56	Ja, uw zuster Sodom is in uw mond niet gehoord geweest, ten dage uws groten hoogmoeds,
Before thy wickedness was discovered, as at the time of thy reproach of the daughters of Syria, and all that are round about her, the daughters of the Philistines, which despise thee round about.	57	Aleer uw boosheid ontdekt was. Als de tijd was der versmading van de dochteren van Syrie, en van al degenen, die rondom datzelve waren, de dochteren der Filistijnen, die u verachten van rondom,
Thou hast borne thy lewdness and thine abominations, saith the LORD.	58	Hebt gij uw schandelijke daden en uw gruwelen gedragen, spreekt de HEERE.
For thus saith the Lord GOD; I will even deal with thee as thou hast done, which hast despised the oath in breaking the covenant.	59	Want alzo zegt de Heere HEERE: Ik zal u ook doen, gelijk als gij gedaan hebt, die den eed veracht hebt, brekende het verbond.
Nevertheless I will remember my covenant with thee in the days of thy youth, and I will establish unto thee an everlasting covenant.	60	Evenwel zal Ik gedachtig wezen aan Mijn verbond met u, in de dagen uwer jonkheid, en Ik zal met u een eeuwig verbond oprichten.
Then thou shalt remember thy ways, and be ashamed, when thou shalt receive thy sisters, thine elder and thy younger: and I will give them unto thee for daughters, but not by thy covenant.	61	Dan zult gij uwer wegen gedenken en beschaamd zijn, als gij uw zusteren, die groter zijn dan gij, aannemen zult; want Ik zal u dezelve geven tot dochteren, maar niet uit uw verbond.
And I will establish my covenant with thee; and thou shalt know that I am the LORD:	62	Want Ik zal Mijn verbond met u oprichten, en gij zult weten, dat Ik de HEERE ben;
That thou mayest remember, and be confounded, and never open thy mouth any more because of thy shame, when I am pacified toward thee for all that thou hast done, saith the Lord GOD.	63	Opdat gij het gedachtig zijt, en u schaamt, en niet meer uw mond opent vanwege uw schande, wanneer Ik voor u verzoening doen zal over al hetgeen gij gedaan hebt, spreekt de Heere HEERE.

Ezekiel (17) Ezechiël

And the word of the LORD came unto me, saying,	1	En des HEEREN woord geschiedde tot mij, zeggende:
Son of man, put forth a riddle, and speak a parable unto the house of Israel;	2	Mensenkind, stel een raadsel voor, en gebruik een gelijkenis tot het huis Israels,

And say, Thus saith the Lord GOD; A great eagle with great wings, longwinged, full of feathers, which had divers colours, came unto Lebanon, and took the highest branch of the cedar:

He cropped off the top of his young twigs, and carried it into a land of traffick; he set it in a city of merchants.

He took also of the seed of the land, and planted it in a fruitful field; he placed it by great waters, and set it as a willow tree.

And it grew, and became a spreading vine of low stature, whose branches turned toward him, and the roots thereof were under him: so it became a vine, and brought forth branches, and shot forth sprigs.

There was also another great eagle with great wings and many feathers: and, behold, this vine did bend her roots toward him, and shot forth her branches toward him, that he might water it by the furrows of her plantation.

It was planted in a good soil by great waters, that it might bring forth branches, and that it might bear fruit, that it might be a goodly vine.

Say thou, Thus saith the Lord GOD; Shall it prosper? shall he not pull up the roots thereof, and cut off the fruit thereof, that it wither? it shall wither in all the leaves of her spring, even without great power or many people to pluck it up by the roots thereof.

Yea, behold, being planted, shall it prosper? shall it not utterly wither, when the east wind toucheth it? it shall wither in the furrows where it grew.

Moreover the word of the LORD came unto me, saying,

Say now to the rebellious house, Know ye not what these things mean? tell them, Behold, the king of Babylon is come to Jerusalem, and hath taken the king thereof, and the princes thereof, and led them with him to Babylon;

And hath taken of the king's seed, and made a covenant with him, and hath taken an oath of him: he hath also taken the mighty of the land:

That the kingdom might be base, that it might not lift itself up, but that by keeping of his covenant it might stand.

But he rebelled against him in sending his ambassadors into Egypt, that they might give him horses and much people. Shall he prosper? shall he escape that doeth such things? or shall he break the covenant, and be delivered?

As I live, saith the Lord GOD, surely in the place where the king dwelleth that made him king, whose oath he despised, and whose covenant he brake, even with him in the midst of Babylon he shall die.

Neither shall Pharaoh with his mighty army and great company make for him in the war, by casting up mounts, and building forts, to cut off many persons:

Seeing he despised the oath by breaking the covenant, when, lo, he had given his hand, and hath done all these things, he shall not escape.

Therefore thus saith the Lord GOD; As I live, surely mine oath that he hath despised, and my covenant that he hath broken, even it will I recompense upon his own head.

And I will spread my net upon him, and he shall be taken in my snare, and I will bring him to Babylon, and will plead with him there for his trespass that he hath trespassed against me.

And all his fugitives with all his bands shall fall by the sword, and they that remain shall be scattered toward all winds: and ye shall know that I the LORD have spoken it.

Thus saith the Lord GOD; I will also take of the highest branch of the high cedar, and will set it; I will crop off from the top of his young twigs a tender one, and will plant it upon an high mountain and eminent:

In the mountain of the height of Israel will I plant it: and it shall bring forth boughs, and bear fruit, and be a goodly cedar: and under it shall dwell all fowl of every wing; in the shadow of the branches thereof shall they dwell.

And all the trees of the field shall know that I the LORD have brought down the high tree, have exalted the low tree, have dried up the green tree, and have made the dry tree to flourish: I the LORD have spoken and have done it.

3 En zeg: Alzo zegt de Heere HEERE: Een arend, die groot was, groot van vleugelen, lang van vlerken, vol van vederen, die verscheidene veren had, kwam op den Libanon, en nam den oppersten tak van een ceder;

4 Hij plukte den top van zijn jonge takjes af, en bracht hem in een land van koophandel; hij zette hem in een stad van kooplieden.

5 Hij nam ook van het zaad des lands, en legde het in een zaadakker; hij nam het, hij zette het bij vele wateren met grote voorzichtigheid.

6 En het sproot uit, en werd tot een welig uitlopende wijnstok, doch nederig van stam, ziende met zijn takken naar hem, dewijl zijn wortelen onder hem waren. Zo werd hij tot een wijnstok, die ranken voortbracht en scheuten uitwierp.

7 Nog was er een grote arend, groot van vleugelen en overvloedig van vederen; en ziet, deze wijnstok voegde zijn wortelen naar denzelven toe, en wierp zijn takken tot hem uit, opdat hij hem bevochtigen zou naar de bedden zijner planting toe.

8 Hij was in een goede landouwe bij vele wateren geplant, om takken te maken en vrucht te dragen, opdat hij tot een heerlijken wijnstok worden mocht.

9 Zeg: Alzo zegt de Heere HEERE: Zal hij gedijen? Zal hij niet zijn wortelen uitrukken, en zijn vrucht afsnijden, dat hij droog worde? Hij zal aan al de bladeren van zijn gewas verdrogen; en dat niet door een groten arm, noch door veel volks, om dien van zijn wortelen weg te voeren.

10 Ja, ziet, zal hij geplant zijnde gedijen? Zal hij niet, als de oostenwind hem aanroert, gans verdrogen? Op de bedden van zijn gewas zal hij verdrogen.

11 Daarna geschiedde des HEEREN woord tot mij, zeggende:

12 Zeg nu tot dat wederspannig huis: Weet gij niet, wat deze dingen zijn? Zeg: Ziet, de koning van Babel is tot Jeruzalem gekomen, en heeft haar koning genomen, en haar vorsten, en heeft ze tot zich gevoerd naar Babel.

13 Daartoe heeft hij van het koninklijk zaad genomen, en daarmede een verbond gemaakt, en heeft hem tot een eed gebracht, en de machtigen des lands heeft hij weggenomen;

14 Opdat het koninkrijk nederig zou zijn, zich niet verheffende, en dat het, zijn verbond houdende, bestaan mocht.

15 Maar hij rebelleerde tegen hem, zendende zijn boden in Egypte, opdat men hem paarden en veel volks bestellen zou; zal hij gedijen? Zal hij ontkomen, die zulke dingen doet? Ja, zal hij het verbond breken en ontkomen?

16 Zo waarachtig als Ik leef, spreekt de Heere HEERE, zo hij niet in de plaats des konings, die hem koning gemaakt heeft, wiens eed hij veracht, en wiens verbond hij gebroken heeft, bij hem in het midden van Babel zal sterven!

17 Ook zal Farao, door een groot heir en door menigte van krijgs vergadering, met hem in oorlog niets uitrichten als men een wal zal opwerpen, en als men sterkten bouwen zal, om vele zielen uit te roeien.

18 Want hij heeft den eed veracht, brekende het verbond, daar hij, ziet, zijn hand gegeven had; dewijl hij al deze dingen gedaan heeft, zal hij niet ontkomen.

19 Daarom, alzo zegt de Heere HEERE: Zo waarachtig als Ik leef, zo Ik Mijn eed, dien hij veracht heeft, en Mijn verbond, dat hij gebroken heeft, datzelve niet op zijn hoofd geve!

20 En Ik zal Mijn net over hem uitspreiden, dat hij gegrepen zal worden in Mijn jachtgaren; en Ik zal daar met hem rechten over zijn overtreding, waardoor hij tegen Mij overtreden heeft.

21 Daartoe zullen al zijn vluchtelingen met al zijn benden door het zwaard vallen, en de overgeblevenen zullen in alle winden verstrooid worden; en gijlieden zult weten, dat Ik, de HEERE, gesproken heb.

22 Alzo zegt de Heere HEERE: Ik zal ook van den oppersten tak des hogen ceders nemen, dat Ik zetten zal; van het opperste zijner jonge takjes zal Ik een tederen afplukken, denwelken Ik op een hogen en verhevenen berg planten zal;

23 Op den berg der hoogte van Israel zal Ik hem planten; en hij zal takken voortbrengen, en vrucht dragen, en hij zal tot een heerlijken ceder worden, dat onder hem wonen zal alle gevogelte van allerlei vleugel; in de schaduw zijner takken zullen zij wonen.

24 Zo zullen alle bomen des velds weten, dat Ik, de HEERE, den hogen boom vernederd heb, den nederigen boom verdroogd, en den drogen boom bloeiende gemaakt heb; Ik, de HEERE, heb het gesproken, en zal het doen.

Ezekiel (18) Ezechiël

The word of the LORD came unto me again, saying,	1	Verder geschiedde des HEEREN woord tot mij, zeggende:
What mean ye, that ye use this proverb concerning the land of Israel, saying, The fathers have eaten sour grapes, and the children's teeth are set on edge?	2	Wat is ulieden, dat gij dit spreekwoord gebruikt van het land Israels, zeggende: De vaders hebben onrijpe druiven gegeten, en de tanden der kinderen zijn stomp geworden?
As I live, saith the Lord GOD, ye shall not have occasion any more to use this proverb in Israel.	3	Zo waarachtig als Ik leef, spreekt de Heere HEERE, zo het ulieden meer gebeuren zal, dit spreekwoord in Israel te gebruiken!
Behold, all souls are mine; as the soul of the father, so also the soul of the son is mine: the soul that sinneth, it shall die.	4	Ziet, alle zielen zijn Mijne; gelijk de ziel des vaders, alzo ook de ziel des zoons, zijn Mijne; de ziel, die zondigt, die zal sterven.
But if a man be just, and do that which is lawful and right,	5	Wanneer nu iemand rechtvaardig is, en doet recht en gerechtigheid;
And hath not eaten upon the mountains, neither hath lifted up his eyes to the idols of the house of Israel, neither hath defiled his neighbour's wife, neither hath come near to a menstruous woman,	6	Niet eet op de bergen, en zijn ogen niet opheft tot de drekgoden van het huis Israels; noch de huisvrouw zijns naasten verontreinigt, noch tot de afgezonderde vrouw nadert;
And hath not oppressed any, but hath restored to the debtor his pledge, hath spoiled none by violence, hath given his bread to the hungry, and hath covered the naked with a garment;	7	En niemand verdrukt, den schuldenaar zijn pand wedergeeft, geen roof rooft, den hongerige zijn brood geeft, en den naakte met kleding bedekt;
He that hath not given forth upon usury, neither hath taken any increase, that hath withdrawn his hand from iniquity, hath executed true judgment between man and man,	8	Niet geeft op woeker, noch overwinst neemt, zijn hand van onrecht afkeert, waarachtig recht tussen den een en den anderen oefent;
Hath walked in my statutes, and hath kept my judgments, to deal truly; he is just, he shall surely live, saith the Lord GOD.	9	In Mijn inzettingen wandelt, en Mijn rechten onderhoudt, om trouwelijk te handelen; die rechtvaardige zal gewisselijk leven, spreekt de Heere HEERE.
If he beget a son that is a robber, a shedder of blood, and that doeth the like to any one of these things,	10	Heeft hij nu een zoon gewonnen, die een inbreker is, die bloed vergiet, die zijn broeder doet een van deze dingen;
And that doeth not any of those duties, but even hath eaten upon the mountains, and defiled his neighbour's wife,	11	En die al die dingen niet doet; maar eet ook op de bergen, en verontreinigt de huisvrouw zijns naasten;
Hath oppressed the poor and needy, hath spoiled by violence, hath not restored the pledge, and hath lifted up his eyes to the idols, hath committed abomination,	12	Verdrukt den ellendige en den nooddruftige, rooft veel roofs, geeft het pand niet weder, en heft zijn ogen op tot de drekgoden, doet gruwel;
Hath given forth upon usury, and hath taken increase: shall he then live? he shall not live: he hath done all these abominations; he shall surely die; his blood shall be upon him.	13	Geeft op woeker, en neemt overwinst; zou die leven? Hij zal niet leven, al die gruwelen heeft hij gedaan; hij zal voorzeker gedood worden; zijn bloed zal op hem zijn!
Now, lo, if he beget a son, that seeth all his father's sins which he hath done, and considereth, and doeth not such like,	14	Ziet nu, heeft hij een zoon gewonnen, die al de zonden zijns vaders, die hij doet, aanziet, en toeziet, dat hij dergelijke niet doet;
That hath not eaten upon the mountains, neither hath lifted up his eyes to the idols of the house of Israel, hath not defiled his neighbour's wife,	15	Niet eet op de bergen, noch zijn ogen opheft tot de drekgoden van het huis Israels, de huisvrouw zijns naasten niet verontreinigt;
Neither hath oppressed any, hath not withholden the pledge, neither hath spoiled by violence, but hath given his bread to the hungry, and hath covered the naked with a garment,	16	En niemand verdrukt, het pand niet behoudt, en geen roof rooft, zijn brood den hongerige geeft, en den naakte met kleding bedekt;
That hath taken off his hand from the poor, that hath not received usury nor increase, hath executed my judgments, hath walked in my statutes; he shall not die for the iniquity of his father, he shall surely live.	17	Zijn hand van den ellendige afhoudt, geen woeker noch overwinst neemt, Mijn rechten doet, en in Mijn inzettingen wandelt; die zal niet sterven om de ongerechtigheid zijns vaders; hij zal gewisselijk leven.
As for his father, because he cruelly oppressed, spoiled his brother by violence, and did that which is not good among his people, lo, even he shall die in his iniquity.	18	Zijn vader, dewijl hij met onderdrukking onderdrukt heeft, des broeders goed geroofd heeft, en gedaan heeft, dat niet goed was in het midden zijner volken; ziet daar, hij zal sterven in zijn ongerechtigheid.
Yet say ye, Why? doth not the son bear the iniquity of the father? When the son hath done that which is lawful and right, and hath kept all my statutes, and hath done them, he shall surely live.	19	Maar gijlieden zegt: Waarom draagt de zoon niet de ongerechtigheid des vaders? Immers zal de zoon, die recht en gerechtigheid gedaan heeft, en al Mijn inzettingen onderhouden, en die gedaan heeft, gewisselijk leven.
The soul that sinneth, it shall die. The son shall not bear the iniquity of the father, neither shall the father bear the iniquity of the son: the righteousness of the righteous shall be upon him, and the wickedness of the wicked shall be upon him.	20	De ziel, die zondigt, die zal sterven; de zoon zal niet dragen de ongerechtigheid des vaders, en de vader zal niet dragen de ongerechtigheid des zoons; de gerechtigheid des rechtvaardigen zal op hem zijn, en de goddeloosheid des goddelozen zal op hem zijn.
But if the wicked will turn from all his sins that he hath committed, and keep all my statutes, and do that which is lawful and right, he shall surely live, he shall not die.	21	Maar wanneer de goddeloze zich bekeert van al zijn zonden, die hij gedaan heeft, en al Mijn inzettingen onderhoudt, en doet recht en gerechtigheid, hij zal gewisselijk leven, hij zal niet sterven.
All his transgressions that he hath committed, they shall not be mentioned unto him: in his righteousness that he hath done he shall live.	22	Al zijn overtredingen, die hij gedaan heeft, zullen hem niet gedacht worden; in zijn gerechtigheid, die hij gedaan heeft, zal hij leven.
Have I any pleasure at all that the wicked should die? saith the Lord GOD: and not that he should return from his ways, and live?	23	Zou Ik enigzins lust hebben aan den dood des goddelozen, spreekt de Heere HEERE; is het niet, als hij zich bekeert van zijn wegen, dat hij leve?

But when the righteous turneth away from his righteousness, and committeth iniquity, and doeth according to all the abominations that the wicked man doeth, shall he live? All his righteousness that he hath done shall not be mentioned: in his trespass that he hath trespassed, and in his sin that he hath sinned, in them shall he die.	24 Maar als de rechtvaardige zich afkeert van zijn gerechtigheid, en onrecht doet, doende naar al de gruwelen, die de goddeloze doet, zou die leven? Al zijn gerechtigheden, die hij gedaan heeft, zullen niet gedacht worden; in zijn overtreding, waardoor hij overtreden heeft, en in zijn zonde, die hij gezondigd heeft, in die zal hij sterven.
Yet ye say, The way of the Lord is not equal. Hear now, O house of Israel; Is not my way equal? are not your ways unequal?	25 Nog zegt gijlieden: De weg des HEEREN is niet recht; hoort nu, o huis Israels! is Mijn weg niet recht? Zijn niet uw wegen onrecht?
When a righteous man turneth away from his righteousness, and committeth iniquity, and dieth in them; for his iniquity that he hath done shall he die.	26 Als de rechtvaardige zich afkeert van zijn gerechtigheid, en onrecht doet, en sterft in dezelve, hij zal in zijn onrecht, dat hij gedaan heeft, sterven.
Again, when the wicked man turneth away from his wickedness that he hath committed, and doeth that which is lawful and right, he shall save his soul alive.	27 Maar als de goddeloze zich bekeert van zijn goddeloosheid, die hij gedaan heeft, en doet recht en gerechtigheid, die zal zijn ziel in het leven behouden;
Because he considereth, and turneth away from all his transgressions that he hath committed, he shall surely live, he shall not die.	28 Dewijl hij toeziet, en zich bekeert van al zijn overtredingen, die hij gedaan heeft, hij zal gewisselijk leven, hij zal niet sterven.
Yet saith the house of Israel, The way of the Lord is not equal. O house of Israel, are not my ways equal? are not your ways unequal?	29 Evenwel zegt het huis Israels: De weg des Heeren is niet recht. Zouden Mijn wegen, o huis Israels, niet recht zijn? Zijn niet uw wegen onrecht?
Therefore I will judge you, O house of Israel, every one according to his ways, saith the Lord GOD. Repent, and turn yourselves from all your transgressions; so iniquity shall not be your ruin.	30 Daarom zal Ik u richten, o huis Israels! een ieder naar zijn wegen, spreekt de Heere HEERE, keert weder, en bekeert u van al uw overtredingen, zo zal de ongerechtigheid u niet tot een aanstoot worden.
Cast away from you all your transgressions, whereby ye have transgressed; and make you a new heart and a new spirit: for why will ye die, O house of Israel?	31 Werpt van u weg al uw overtredingen, waardoor gij overtreden hebt, en maakt u een nieuw hart en een nieuwen geest; want waarom zoudt gij sterven, o huis Israels?
For I have no pleasure in the death of him that dieth, saith the Lord GOD: wherefore turn yourselves, and live ye.	32 Want Ik heb geen lust aan den dood des stervenden, spreekt de Heere HEERE; daarom bekeert u en leeft.

Ezekiël (19) Ezechiël

Moreover take thou up a lamentation for the princes of Israel,	1 Verder, hef gij een weeklage op over de vorsten van Israel,
And say, What is thy mother? A lioness: she lay down among lions, she nourished her whelps among young lions.	2 En zeg: Wat was uw moeder? Een leeuwin, onder de leeuwen nederliggende; zij bracht haar welpen op in het midden der jonge leeuwen.
And she brought up one of her whelps: it became a young lion, and it learned to catch the prey; it devoured men.	3 Zij toog nu een van haar welpen op; het werd een jonge leeuw, die leerde roof te roven, hij at mensen op.
The nations also heard of him; he was taken in their pit, and they brought him with chains unto the land of Egypt.	4 Dit hoorden de volken van hem, hij werd gegrepen in hun groeve; en zij brachten hem met haken naar Egypteland.
Now when she saw that she had waited, and her hope was lost, then she took another of her whelps, and made him a young lion.	5 Zij nu ziende, dat zij in hope was geweest, doch haar verwachting verloren was, zo nam zij een ander van haar welpen, hetwelk zij tot een jongen leeuw stelde.
And he went up and down among the lions, he became a young lion, and learned to catch the prey, and devoured men.	6 Deze wandelde steeds onder de leeuwen, werd een jonge leeuw, en leerde roof te roven, hij at mensen op.
And he knew their desolate palaces, and he laid waste their cities; and the land was desolate, and the fulness thereof, by the noise of his roaring.	7 Hij bekende zijn weduwen, en hij verwoestte hun steden; zodat het land en zijn volheid ontzet werd van de stem zijner brulling.
Then the nations set against him on every side from the provinces, and spread their net over him: he was taken in their pit.	8 Toen begaven zich de volken tegen hem rondom uit de landschappen, en zij spreidden hun net over hem uit; in hun groeve werd hij gegrepen.
And they put him in ward in chains, and brought him to the king of Babylon: they brought him into holds, that his voice should no more be heard upon the mountains of Israel.	9 En zij stelden hem in gesloten bewaring met haken, opdat zij hem brachten tot den koning van Babel; zij brachten hem in vestingen, opdat zijn stem niet meer gehoord wierde op de bergen Israels.
Thy mother is like a vine in thy blood, planted by the waters: she was fruitful and full of branches by reason of many waters.	10 Uw moeder was als een wijnstok in uw stilheid, geplant bij wateren; hij was vruchtbaar en vol ranken vanwege vele wateren.
And she had strong rods for the sceptres of them that bare rule, and her stature was exalted among the thick branches, and she appeared in her height with the multitude of her branches.	11 En hij had sterke roeden tot scepteren der heersers, en de stam van elke roede werd hoog tussen de dichte takken; en hij werd gezien door zijn hoogte, met de menigte zijner takken.
But she was plucked up in fury, she was cast down to the ground, and the east wind dried up her fruit: her strong rods were broken and withered; the fire consumed them.	12 Maar hij werd door grimmigheid uitgerukt, en ter aarde geworpen, en de oostenwind heeft zijn vrucht verdroogd; zijn sterke roeden zijn afgebroken en zijn verdroogd; het vuur heeft ze verteerd.
And now she is planted in the wilderness, in a dry and thirsty ground.	13 En nu is hij geplant in een woestijn, in een dor en dorstig land.
And fire is gone out of a rod of her branches, which hath devoured her fruit, so that she hath no strong rod to be a sceptre to rule. This is a lamentation, and shall be for a lamentation.	14 Daartoe is een vuur uitgegaan uit een roede zijner ranken, dat zijn vrucht verteerd heeft; zodat aan hem geen sterke roede is tot een scepter, om te heersen. Dit is een weeklage, en is tot een weeklage geworden.

Ezekiel (20) Ezechiël

#	English	Dutch
1	And it came to pass in the seventh year, in the fifth month, the tenth day of the month, that certain of the elders of Israel came to inquire of the LORD, and sat before me.	En het geschiedde in het zevende jaar, in de vijfde maand, op den tienden derzelver maand, dat er mannen uit de oudsten van Israel kwamen, om den HEERE te vragen; en zij zaten neder voor mijn aangezicht.
2	Then came the word of the LORD unto me, saying,	Toen geschiedde des HEEREN woord tot mij, zeggende:
3	Son of man, speak unto the elders of Israel, and say unto them, Thus saith the Lord GOD; Are ye come to inquire of me? As I live, saith the Lord GOD, I will not be inquired of by you.	Mensenkind, spreek tot de oudsten van Israel, en zeg tot hen: Alzo zegt de Heere HEERE: Komt gij, om Mij te vragen? Zo waarachtig als Ik leef, zo Ik van u gevraagd worde, spreekt de Heere HEERE.
4	Wilt thou judge them, son of man, wilt thou judge them? cause them to know the abominations of their fathers:	Zoudt gij hun recht geven, zoudt gij hun recht geven, o mensenkind? Maak hun de gruwelen hunner vaderen bekend;
5	And say unto them, Thus saith the Lord GOD; In the day when I chose Israel, and lifted up mine hand unto the seed of the house of Jacob, and made myself known unto them in the land of Egypt, when I lifted up mine hand unto them, saying, I am the LORD your God;	En zeg tot hen: Alzo zegt de Heere HEERE: Ten dage als Ik Israel verkoos, zo hief Ik Mijn hand op tot het zaad van het huis Jakobs, en maakte Mijzelven hun in Egypteland bekend; ja, Ik hief Mijn hand tot hen op, zeggende: Ik ben de HEERE, uw God.
6	In the day that I lifted up mine hand unto them, to bring them forth of the land of Egypt into a land that I had espied for them, flowing with milk and honey, which is the glory of all lands:	Ten zelven dage hief Ik Mijn hand tot hen op, dat Ik hen uit Egypteland uitvoeren zou, in een land, dat Ik voor hen uitgespeurd had, vloeiende van melk en honig, hetwelk het sieraad is van alle landen.
7	Then said I unto them, Cast ye away every man the abominations of his eyes, and defile not yourselves with the idols of Egypt: I am the LORD your God.	En Ik zeide tot hen: Een ieder werpe de verfoeiselen zijner ogen weg; en verontreinigt ulieden niet met de drekgoden van Egypte; Ik, de HEERE, ben uw God.
8	But they rebelled against me, and would not hearken unto me: they did not every man cast away the abominations of their eyes, neither did they forsake the idols of Egypt: then I said, I will pour out my fury upon them, to accomplish my anger against them in the midst of the land of Egypt.	Maar zij waren wederspannig tegen Mij, en wilden naar Mij niet horen; niemand wierp de verfoeiselen zijner ogen weg, noch verliet de drekgoden van Egypte; daarom zeide Ik, dat Ik Mijn grimmigheid over hen uitgieten zou, om Mijn toorn tegen hen te volbrengen in het midden van Egypteland.
9	But I wrought for my name's sake, that it should not be polluted before the heathen, among whom they were, in whose sight I made myself known unto them, in bringing them forth out of the land of Egypt.	Doch Ik deed het om Mijns Naams wil, opdat hij niet ontheiligd wierde voor de ogen der heidenen, in welker midden zij waren; aan welke Ik Mij, voor derzelver ogen, bekend gemaakt heb, om hen uit Egypteland uit te voeren.
10	Wherefore I caused them to go forth out of the land of Egypt, and brought them into the wilderness.	En Ik voerde hen uit Egypteland, en bracht hen in de woestijn.
11	And I gave them my statutes, and shewed them my judgments, which if a man do, he shall even live in them.	Daar gaf Ik hun Mijn inzettingen, en maakte hun Mijn rechten bekend, dewelke, zo ze een mens doet, zal hij door dezelve leven.
12	Moreover also I gave them my sabbaths, to be a sign between me and them, that they might know that I am the LORD that sanctify them.	Daartoe ook gaf Ik hun Mijn sabbatten, om een teken te zijn tussen Mij en tussen hen, opdat zij zouden weten, dat Ik de HEERE ben, Die hen heilige.
13	But the house of Israel rebelled against me in the wilderness: they walked not in my statutes, and they despised my judgments, which if a man do, he shall even live in them; and my sabbaths they greatly polluted: then I said, I would pour out my fury upon them in the wilderness, to consume them.	Maar het huis Israels werd wederspannig tegen Mij in de woestijn; zij wandelden in Mijn inzettingen niet, en verwierpen Mijn rechten; dewelke, zo ze een mens doet, zal hij door dezelve leven; en zij ontheiligden Mijn sabbatten zeer, dat Ik zeide, Mijn grimmigheid te zullen uitgieten over hen in de woestijn, om hen te verdoen.
14	But I wrought for my name's sake, that it should not be polluted before the heathen, in whose sight I brought them out.	Maar Ik deed het om Mijns Naams wil, opdat die niet ontheiligd werd voor de ogen van die heidenen, voor welker ogen Ik hen uitvoerde.
15	Yet also I lifted up my hand unto them in the wilderness, that I would not bring them into the land which I had given them, flowing with milk and honey, which is the glory of all lands;	Evenwel hief Ik ook Mijn hand op tot hen in de woestijn, dat Ik hen niet zou brengen in het land, dat Ik hun gegeven had, vloeiende van melk en honig, hetwelk het sieraad is van alle landen;
16	Because they despised my judgments, and walked not in my statutes, but polluted my sabbaths: for their heart went after their idols.	Daarom dat zij Mijn rechten verwierpen, en in Mijn inzettingen niet wandelden, en Mijn sabbatten ontheiligden; want hun hart wandelde hun drekgoden na.
17	Nevertheless mine eye spared them from destroying them, neither did I make an end of them in the wilderness.	Doch Mijn oog verschoonde hen, dat Ik hen niet verdierf, en geen voleinding met hen maakte in de woestijn.
18	But I said unto their children in the wilderness, Walk ye not in the statutes of your fathers, neither observe their judgments, nor defile yourselves with their idols:	Maar Ik zeide tot hun kinderen in de woestijn: Wandelt niet in de inzettingen uwer vaderen, en onderhoudt hun rechten niet, en verontreinigt u niet met hun drekgoden.
19	I am the LORD your God; walk in my statutes, and keep my judgments, and do them;	Ik ben de HEERE, uw God, wandelt in Mijn inzettingen, en onderhoudt Mijn rechten, en doet dezelve.
20	And hallow my sabbaths; and they shall be a sign between me and you, that ye may know that I am the LORD your God.	En heiligt Mijn sabbatten, en zij zullen tot een teken zijn tussen Mij en tussen ulieden, opdat gij weet, dat Ik, de HEERE, uw God ben.
21	Notwithstanding the children rebelled against me: they walked not in my statutes, neither kept my judgments to do them, which if a man do, he shall even live in them; they polluted my sabbaths: then I said, I would pour out my fury upon them, to accomplish my anger against them in the wilderness.	Maar die kinderen waren ook wederspannig tegen Mij; zij wandelden niet in Mijn inzettingen, en Mijn rechten namen zij niet waar, om die te doen; dewelke, zo ze een mens doet, zal hij door dezelve leven; zij ontheiligden Mijn sabbatten, dat Ik zeide, Mijn grimmigheid te zullen uitgieten over hen, volbrengende Mijn toorn tegen hen in de woestijn.

Nevertheless I withdrew mine hand, and wrought for my name's sake, that it should not be polluted in the sight of the heathen, in whose sight I brought them forth.

I lifted up mine hand unto them also in the wilderness, that I would scatter them among the heathen, and disperse them through the countries;

Because they had not executed my judgments, but had despised my statutes, and had polluted my sabbaths, and their eyes were after their fathers' idols.

Wherefore I gave them also statutes that were not good, and judgments whereby they should not live;

And I polluted them in their own gifts, in that they caused to pass through the fire all that openeth the womb, that I might make them desolate, to the end that they might know that I am the LORD.

Therefore, son of man, speak unto the house of Israel, and say unto them, Thus saith the Lord GOD; Yet in this your fathers have blasphemed me, in that they have committed a trespass against me.

For when I had brought them into the land, for the which I lifted up mine hand to give it to them, then they saw every high hill, and all the thick trees, and they offered there their sacrifices, and there they presented the provocation of their offering: there also they made their sweet savour, and poured out there their drink offerings.

Then I said unto them, What is the high place whereunto ye go? And the name thereof is called Bamah unto this day.

Wherefore say unto the house of Israel, Thus saith the Lord GOD; Are ye polluted after the manner of your fathers? and commit ye whoredom after their abominations?

For when ye offer your gifts, when ye make your sons to pass through the fire, ye pollute yourselves with all your idols, even unto this day: and shall I be inquired of by you, O house of Israel? As I live, saith the Lord GOD, I will not be inquired of by you.

And that which cometh into your mind shall not be at all, that ye say, We will be as the heathen, as the families of the countries, to serve wood and stone.

As I live, saith the Lord GOD, surely with a mighty hand, and with a stretched out arm, and with fury poured out, will I rule over you:

And I will bring you out from the people, and will gather you out of the countries wherein ye are scattered, with a mighty hand, and with a stretched out arm, and with fury poured out.

And I will bring you into the wilderness of the people, and there will I plead with you face to face.

Like as I pleaded with your fathers in the wilderness of the land of Egypt, so will I plead with you, saith the Lord GOD.

And I will cause you to pass under the rod, and I will bring you into the bond of the covenant:

And I will purge out from among you the rebels, and them that transgress against me: I will bring them forth out of the country where they sojourn, and they shall not enter into the land of Israel: and ye shall know that I am the LORD.

As for you, O house of Israel, thus saith the Lord GOD; Go ye, serve ye every one his idols, and hereafter also, if ye will not hearken unto me: but pollute ye my holy name no more with your gifts, and with your idols.

For in mine holy mountain, in the mountain of the height of Israel, saith the Lord GOD, there shall all the house of Israel, all of them in the land, serve me: there will I accept them, and there will I require your offerings, and the firstfruits of your oblations, with all your holy things.

I will accept you with your sweet savour, when I bring you out from the people, and gather you out of the countries wherein ye have been scattered; and I will be sanctified in you before the heathen.

And ye shall know that I am the LORD, when I shall bring you into the land of Israel, into the country for the which I lifted up mine hand to give it to your fathers.

And there shall ye remember your ways, and all your doings, wherein ye have been defiled; and ye shall lothe yourselves in your own sight for all your evils that ye have committed.

---

22 Doch Ik keerde Mijn hand af, en deed het om Mijns Naams wil, opdat hij voor de ogen der heidenen niet zou ontheiligd worden, voor welker ogen Ik hen uitgevoerd had.

23 Ik hief ook Mijn hand tot hen op in de woestijn, dat Ik hen verspreiden zou onder de heidenen, en hen verstrooien in de landen;

24 Omdat zij Mijn rechten niet gedaan hadden, maar Mijn inzettingen verworpen en Mijn sabbatten ontheiligd hadden, en hun ogen achter de drekgoden hunner vaderen waren.

25 Daarom gaf Ik hun ook besluitingen, die niet goed waren, en rechten, waarbij zij niet leven zouden.

26 En Ik verontreinigde hen in hun giften, omdat zij door het vuur deden doorgaan al wat de baarmoeder opent; opdat Ik ze verwoesten zou, ten einde dat zij zouden weten, dat Ik de HEERE ben.

27 Daarom, mensenkind, spreek tot het huis Israels, en zeg tot hen: Alzo zegt de Heere HEERE: Hiermede nog hebben Mij uw vaderen gesmaad, dat zij door overtreding tegen Mij overtreden hebben.

28 Als Ik hen in het land gebracht had, over hetwelk Ik Mijn hand opgeheven had, om hetzelve hun te geven, zo zagen zij naar allen hogen heuvel, en alle dicht geboomte, en offerden daar hun offeren, en gaven daar hun tergende offeranden, en daar zetten zij hun liefelijken reuk, en daar offerden zij hun drankofferen.

29 En Ik zeide tot hen: Wat is die hoogte, waarhenen gij gaat? Nochtans is de naam daarvan genoemd hoogte, tot op dezen dag toe.

30 Daarom zeg tot het huis Israels: Alzo zegt de Heere HEERE: Zijt gij verontreinigd geworden in den weg uwer vaderen, en hoereert gij achter hun verfoeiselen?

31 Ja, met het offeren uwer gaven, met uw kinderen door het vuur te doen doorgaan, zijt gij verontreinigd aan al uw drekgoden tot op dezen dag toe; en zou Ik van u gevraagd worden, o huis Israels? Zo waarachtig als Ik leef, spreekt de Heere HEERE, zo Ik van u gevraagd worde!

32 Daarom, dat in uw geest opgeklommen is, zal geenszins geschieden, dat gij zegt: Wij zullen als de heidenen en als de geslachten der landen zijn, dienende hout en steen.

33 Zo waarachtig als Ik leef, spreekt de Heere HEERE: Zo Ik niet met een sterke hand, en uitgestrekten arm, en met een uitgegoten grimmigheid over u zal regeren!

34 Want Ik zal u uit de volken voeren, en u vergaderen uit de landen, waarin gij verstrooid zijt, door een sterke hand, en door een uitgestrekten arm, en door een uitgegoten grimmigheid.

35 Daartoe zal Ik u brengen in de woestijn der volken, en Ik zal met u aldaar rechten, aangezicht aan aangezicht.

36 Gelijk als Ik gerecht heb met uw vaderen in de woestijn van Egypteland, alzo zal Ik met u rechten, spreekt de Heere HEERE.

37 En Ik zal ulieden onder de roede doen doorgaan, en Ik zal u brengen onder den band des verbonds.

38 Daartoe zal Ik, die rebel zijn, en die tegen Mij overtreden, uit ulieden uitzuiveren; Ik zal hen uit het land hunner vreemdelingschappen uitvoeren, en zij zullen in het landschap Israels niet weder komen, en gij zult weten, dat Ik de HEERE ben.

39 En gijlieden, o huis Israels, alzo zegt de Heere HEERE: Gaat henen, dient een ieder zijn drekgoden, ook hierna, dewijl gijlieden naar Mij niet hoort; doch ontheiligt niet meer Mijn heiligen Naam, met uw giften en met uw drekgoden.

40 Want op Mijn heiligen berg, op den hogen berg Israels, spreekt de Heere HEERE, daar zal Mij het ganse huis Israels in het land dienen, zij allen; daar zal Ik welgevallen aan hen nemen, en daar zal Ik uw hefofferen eisen, en de eerstelingen uwer heffingen met al uw geheiligde dingen.

41 Ik zal een welgevallen aan ulieden nemen om den liefelijken reuk, wanneer Ik u van de volken uitvoeren, en u vergaderen zal uit de landen, in dewelke gij zult verstrooid zijn, en Ik zal in u geheiligd worden voor de ogen der heidenen.

42 En gij zult weten, dat Ik de HEERE ben, als Ik u in het landschap Israels gebracht zal hebben, in het land, waarover Ik Mijn hand opgeheven heb, om hetzelve uw vaderen te geven.

43 Daar zult gij dan gedenken aan uw wegen, en aan al uw handelingen waarmede gij u verontreinigd hebt, en gij zult van u zelven een walging hebben over al uw boosheden, die gij gedaan hebt.

And ye shall know that I am the LORD, when I have wrought with you for my name's sake, not according to your wicked ways, nor according to your corrupt doings, O ye house of Israel, saith the Lord GOD.	44 Zo zult gij weten, dat Ik de HEERE ben, als Ik met u gedaan zal hebben, om Mijns Naams wil, niet naar uw boze wegen, noch naar uw verdorven handelingen, o huis Israels, spreekt de Heere HEERE.
Moreover the word of the LORD came unto me, saying,	45 Verder geschiedde des HEEREN woord tot mij, zeggende:
Son of man, set thy face toward the south, and drop thy word toward the south, and prophesy against the forest of the south field;	46 Mensenkind, zet uw aangezicht naar den weg van het zuiden, en drup tegen het zuiden; en profeteer tegen het woud van het veld in het zuiden.
And say to the forest of the south, Hear the word of the LORD; Thus saith the Lord GOD; Behold, I will kindle a fire in thee, and it shall devour every green tree in thee, and every dry tree: the flaming flame shall not be quenched, and all faces from the south to the north shall be burned therein.	47 En zeg tot het zuiderwoud: Hoor des HEEREN woord: Alzo zegt de Heere HEERE: Ziet, Ik zal een vuur in u aansteken, hetwelk in u allen groenen boom en allen dorren boom verteren zal; de vlammende vlam zal niet uitgeblust worden, maar daardoor zullen verbrand worden alle aangezichten van het zuiden tot het noorden toe.
And all flesh shall see that I the LORD have kindled it: it shall not be quenched.	48 En alle vlees zal zien, dat Ik, de HEERE, dat aangestoken heb; het zal niet uitgeblust worden.
Then said I, Ah Lord GOD! they say of me, Doth he not speak parables?	49 En ik zeide: Ach, Heere HEERE, zij zeggen van mij: Is hij niet een verdichter van gelijkenissen?

Ezekiel (21) Ezechiël

And the word of the LORD came unto me, saying,	1 En des HEEREN woord geschiedde tot mij, zeggende:
Son of man, set thy face toward Jerusalem, and drop thy word toward the holy places, and prophesy against the land of Israel,	2 Mensenkind! zet uw aangezicht tegen Jeruzalem, en drup tegen de heiligdommen, en profeteer tegen het land van Israel;
And say to the land of Israel, Thus saith the LORD; Behold, I am against thee, and will draw forth my sword out of his sheath, and will cut off from thee the righteous and the wicked.	3 En zeg tot het land van Israel: Alzo zegt de HEERE: Ziet, Ik wil aan u, en Ik zal Mijn zwaard uit zijn schede trekken; en Ik zal van u uitroeien den rechtvaardige en den goddeloze.
Seeing then that I will cut off from thee the righteous and the wicked, therefore shall my sword go forth out of his sheath against all flesh from the south to the north:	4 Omdat Ik dan van u uitroeien zal den rechtvaardige en den goddeloze, daarom zal Mijn zwaard uit zijn schede uitgaan tegen alle vlees, van het zuiden tot het noorden.
That all flesh may know that I the LORD have drawn forth my sword out of his sheath: it shall not return any more.	5 En alle vlees zal weten, dat Ik, de HEERE, Mijn zwaard uit zijn schede getrokken heb; het zal niet meer wederkeren.
Sigh therefore, thou son of man, with the breaking of thy loins; and with bitterness sigh before their eyes.	6 Maar gij, mensenkind, zucht; zucht voor hun ogen met verbreking der lenden en met bitterheid.
And it shall be, when they say unto thee, Wherefore sighest thou? that thou shalt answer, For the tidings; because it cometh: and every heart shall melt, and all hands shall be feeble, and every spirit shall faint, and all knees shall be weak as water: behold, it cometh, and shall be brought to pass, saith the Lord GOD.	7 En het zal geschieden, als zij tot u zeggen zullen: Waarom zucht gij, dat gij zeggen zult: Om het gerucht, want het komt! en alle hart zal versmelten, en alle handen zullen verslappen, en alle geest zal inkrimpen, en alle knieen als water henenvlieten; ziet, het komt, en het zal geschieden, spreekt de Heere HEERE.
Again the word of the LORD came unto me, saying,	8 Wederom geschiedde des HEEREN woord tot mij, zeggende:
Son of man, prophesy, and say, Thus saith the LORD; Say, A sword, a sword is sharpened, and also furbished:	9 Mensenkind, profeteer en zeg: Alzo zegt de HEERE: Zeg: Het zwaard, het zwaard is gescherpt, en ook geveegd.
It is sharpened to make a sore slaughter; it is furbished that it may glitter: should we then make mirth? it contemneth the rod of my son, as every tree.	10 Het is gescherpt, opdat het een slachting slachte; het is geveegd, opdat het een glinster hebbe; of wij dan zullen vrolijk zijn? het is de roede Mijns Zoons, die alle hout versmaadt.
And he hath given it to be furbished, that it may be handled: this sword is sharpened, and it is furbished, to give it into the hand of the slayer.	11 En Hij heeft hetzelve te vegen gegeven, opdat men het met de hand handelen zou; dat zwaard is gescherpt, en dat is geveegd, om hetzelve in de hand des doodslagers te geven.
Cry and howl, son of man: for it shall be upon my people, it shall be upon all the princes of Israel: terrors by reason of the sword shall be upon my people: smite therefore upon thy thigh.	12 Schreeuw en huil, o mensenkind, want hetzelve zal zijn tegen Mijn volk, het zal zijn tegen al de vorsten van Israel; verschrikkingen zullen vanwege het zwaard bij Mijn volk zijn; daarom klop op de heup.
Because it is a trial, and what if the sword contemn even the rod? it shall be no more, saith the Lord GOD.	13 Als er beproeving was, wat was het toen? Zou er dan ook geen versmadende roede zijn, spreekt de Heere HEERE.
Thou therefore, son of man, prophesy, and smite thine hands together, and let the sword be doubled the third time, the sword of the slain: it is the sword of the great men that are slain, which entereth into their privy chambers.	14 Daarom gij, mensenkind, profeteer, en sla hand tegen hand; want het zwaard zal verdubbeld worden ten derden male, het is het zwaard dergenen, die verslagen zullen worden; het is het zwaard der groten, die verslagen zullen worden, dat tot hen in de binnenste kameren indringen zal.
I have set the point of the sword against all their gates, that their heart may faint, and their ruins be multiplied: ah! it is made bright, it is wrapped up for the slaughter.	15 Ik heb de punt des zwaards gezet tegen al hun poorten, opdat het hart versmelte, en de aanstoten vermenigvuldigen; ach, het is toegemaakt, opdat het glinstere, het is ingewonden om te slachten.
Go thee one way or other, either on the right hand, or on the left, whithersoever thy face is set.	16 Houd u bijeen, o zwaard! keer u rechtsom, schik u, keer u linksom, waarhenen uw aangezicht gesteld is.
I will also smite mine hands together, and I will cause my fury to rest: I the LORD have said it.	17 En Ik Zelf zal ook Mijn hand tegen Mijn hand slaan, en Mijn grimmigheid doen rusten; Ik, de HEERE, heb het gesproken.
The word of the LORD came unto me again, saying,	18 Wederom geschiedde des HEEREN woord tot mij, zeggende:
Also, thou son of man, appoint thee two ways, that the sword of the king of Babylon may come: both twain shall come forth out of one land: and choose thou a place, choose it at the head of the way to the city.	19 Gij nu, mensenkind, stel u twee wegen voor, waardoor het zwaard des konings van Babel komt; uit een land zullen zij beide voortkomen; en kies een zijde, kies ze aan het hoofd van den weg der stad.

	Appoint a way, that the sword may come to Rabbath of the Ammonites, and to Judah in Jerusalem the defenced.	20	Gij zult een weg voorstellen, waardoor het zwaard inkomen zal tegen Rabba der kinderen Ammons, of tegen Juda, tot de vaste stad Jeruzalem.
	For the king of Babylon stood at the parting of the way, at the head of the two ways, to use divination: he made his arrows bright, he consulted with images, he looked in the liver.	21	Want de koning van Babel zal aan de wegscheiding staan, aan het hoofd van de twee wegen, om waarzegging te gebruiken; hij zal zijn pijlen slijpen; hij zal de terafim vragen, hij zal de lever bezien.
	At his right hand was the divination for Jerusalem, to appoint captains, to open the mouth in the slaughter, to lift up the voice with shouting, to appoint battering rams against the gates, to cast a mount, and to build a fort.	22	De waarzegging zal aan zijn rechterhand zijn op Jeruzalem, om hoofdmannen te stellen, om den mond te openen in het doodslaan, om de stem op te heffen met gejuich, om stormrammen te stellen tegen de poorten, om sterkten op te werpen, om bolwerken te bouwen.
	And it shall be unto them as a false divination in their sight, to them that have sworn oaths: but he will call to remembrance the iniquity, that they may be taken.	23	Dit zal hun in hun ogen als een ijdel waarzeggen zijn, omdat zij met eden beedigd zijn onder hen; maar hij zal der ongerechtigheid gedenken, opdat zij gegrepen worden.
	Therefore thus saith the Lord GOD; Because ye have made your iniquity to be remembered, in that your transgressions are discovered, so that in all your doings your sins do appear; because, I say, that ye are come to remembrance, ye shall be taken with the hand.	24	Daarom zegt de Heere HEERE alzo: Omdat gijlieden uwer ongerechtigheid doet gedenken, doordien uw overtredingen ontdekt worden, zodat uw zonden gezien worden in al uw handelingen; omdat uwer gedacht wordt, zult gij met de hand gegrepen worden.
	And thou, profane wicked prince of Israel, whose day is come, when iniquity shall have an end,	25	En gij, o onheilig, goddeloos vorst van Israel, wiens dag komen zal, ten tijde der uiterste ongerechtigheid;
	Thus saith the Lord GOD; Remove the diadem, and take off the crown: this shall not be the same: exalt him that is low, and abase him that is high.	26	Alzo zegt de Heere HEERE: Doe dien hoed weg, en hef dien kroon af, deze zal dezelfde niet wezen; Ik zal verhogen dien, die nederig is, en vernederen dien, die hoog is.
	I will overturn, overturn, overturn, it: and it shall be no more, until he come whose right it is; and I will give it him.	27	Ik zal die kroon omgekeerd, omgekeerd, omgekeerd stellen; ja, zij zal niet zijn, totdat hij kome, die daartoe recht heeft, en dien Ik dat geven zal.
	And thou, son of man, prophesy and say, Thus saith the Lord GOD concerning the Ammonites, and concerning their reproach; even say thou, The sword, the sword is drawn: for the slaughter it is furbished, to consume because of the glittering:	28	En gij, mensenkind, profeteer en zeg: Alzo zegt de Heere HEERE, van de kinderen Ammons, en van hun smading; zo zeg: Het zwaard, het zwaard is uitgetrokken, het is ter slachting geveegd om te verdoen, om te glinsteren;
	Whiles they see vanity unto thee, whiles they divine a lie unto thee, to bring thee upon the necks of them that are slain, of the wicked, whose day is come, when their iniquity shall have an end.	29	Terwijl zij u ijdelheid zien, terwijl zij u leugen voorzeggen, om u op de halzen te stellen dergenen, die van de goddelozen verslagen zijn, welker dag gekomen was ten tijde der uiterste ongerechtigheid.
	Shall I cause it to return into his sheath? I will judge thee in the place where thou wast created, in the land of thy nativity.	30	Keer uw zwaard weder in zijn schede! In de plaats, waar gij geschapen zijt, in het land uwer woningen zal Ik u richten.
	And I will pour out mine indignation upon thee, I will blow against thee in the fire of my wrath, and deliver thee into the hand of brutish men, and skilful to destroy.	31	En Ik zal over u Mijn gramschap uitgieten, Ik zal tegen u door het vuur Mijner verbolgenheid blazen; en Ik zal u overgeven in de hand van brandende mensen, smeders des verderfs.
	Thou shalt be for fuel to the fire; thy blood shall be in the midst of the land; thou shalt be no more remembered: for I the LORD have spoken it.	32	Het vuur zult gij tot spijze zijn, uw bloed zal zijn in het midden des lands; uwer zal niet gedacht worden; want Ik, de HEERE, heb het gesproken.

Ezekiel (22) Ezechiël

	Moreover the word of the LORD came unto me, saying,	1	Verder geschiedde des HEEREN woord tot mij, zeggende:
	Now, thou son of man, wilt thou judge, wilt thou judge the bloody city? yea, thou shalt shew her all her abominations.	2	Gij nu, mensenkind, zoudt gij der bloedstad recht geven? Zoudt gij ze recht geven? Ja, maak haar bekend al haar gruwelen.
	Then say thou, Thus saith the Lord GOD, The city sheddeth blood in the midst of it, that her time may come, and maketh idols against herself to defile herself.	3	En zeg: Alzo zegt de Heere HEERE: O stad, die in haar midden bloed vergiet, opdat haar tijd kome, en drekgoden tegen zichzelve maakt, om zich te verontreinigen!
	Thou art become guilty in thy blood that thou hast shed; and hast defiled thyself in thine idols which thou hast made; and thou hast caused thy days to draw near, and art come even unto thy years: therefore have I made thee a reproach unto the heathen, and a mocking to all countries.	4	Door uw bloed, dat gij vergoten hebt, zijt gij schuldig geworden, en met uw drekgoden, die gij gemaakt hebt, hebt gij u verontreinigd, en hebt uw dagen doen naderen, en zijt tot uw jaren gekomen; daarom heb Ik u den heidenen overgegeven tot een smaad, en allen landen tot een spot.
	Those that be near, and those that be far from thee, shall mock thee, which art infamous and much vexed.	5	Die nabij en verre van u zijn, zullen u bespotten, gij onreine van naam en vol van onrust!
	Behold, the princes of Israel, every one were in thee to their power to shed blood.	6	Ziet, de vorsten Israels zijn in u geweest, een ieder naar zijn kracht, om bloed te vergieten.
	In thee have they set light by father and mother: in the midst of thee have they dealt by oppression with the stranger: in thee have they vexed the fatherless and the widow.	7	Vader en moeder hebben zij in u licht geacht; met den vreemdeling hebben zij in het midden van u door verdrukking gehandeld; zij hebben in u den wees en de weduwe verdrukt.
	Thou hast despised mine holy things, and hast profaned my sabbaths.	8	Mijn heilige dingen hebt gij veracht, en Mijn sabbatten hebt gij ontheiligd.
	In thee are men that carry tales to shed blood: and in thee they eat upon the mountains: in the midst of thee they commit lewdness.	9	Achterklappers zijn in u geweest om bloed te vergieten, en in u hebben zij op de bergen gegeten, zij hebben schandelijkheid in het midden van u gedaan.
	In thee have they discovered their fathers' nakedness: in thee have they humbled her that was set apart for pollution.	10	Men heeft de schaamte des vaders in u ontdekt; die onrein was door afzondering, hebben zij in u verkracht.
	And one hath committed abomination with his neighbour's wife; and another hath lewdly defiled his daughter in law; and another in thee hath humbled his sister, his father's daughter.	11	Daartoe heeft de een gruwel gedaan met zijns naasten huisvrouw, en een ander heeft zijns zoons vrouw met schandelijkheid verontreinigd; nog een ander heeft in u zijn zuster, zijns vaders dochter; verkracht.

In thee have they taken gifts to shed blood; thou hast taken usury and increase, and thou hast greedily gained of thy neighbours by extortion, and hast forgotten me, saith the Lord GOD.	12 Zij hebben geschenken in u genomen, om bloed te vergieten; woeker en overwinst hebt gij genomen, en gij hebt gierigheid gepleegd aan uw naaste door verdrukking; maar gij hebt Mijner vergeten, spreekt de Heere HEERE.
Behold, therefore I have smitten mine hand at thy dishonest gain which thou hast made, and at thy blood which hath been in the midst of thee.	13 Ziet dan, Ik heb Mijn hand geslagen, om uw gierigheid, die gij bedreven hebt, en om uw bloed, die in het midden van u geweest zijn.
Can thine heart endure, or can thine hands be strong, in the days that I shall deal with thee? I the LORD have spoken it, and will do it.	14 Zal uw hart bestaan? zullen uw handen sterk zijn, in de dagen, als Ik met u handelen zal? Ik, de HEERE, heb het gesproken, en zal het doen.
And I will scatter thee among the heathen, and disperse thee in the countries, and will consume thy filthiness out of thee.	15 En Ik zal u verstrooien onder de heidenen, en u verspreiden in de landen, en uw ontreinigheid uit u verteren.
And thou shalt take thine inheritance in thyself in the sight of the heathen, and thou shalt know that I am the LORD.	16 Zo zult gij in u ontheiligd zijn voor de ogen der heidenen; en gij zult weten, dat Ik de HEERE ben.
And the word of the LORD came unto me, saying,	17 Wijders geschiedde des HEEREN woord tot mij, zeggende:
Son of man, the house of Israel is to me become dross: all they are brass, and tin, and iron, and lead, in the midst of the furnace; they are even the dross of silver.	18 Mensenkind, die van het huis Israels zijn Mij tot schuim geworden; zij zijn allen koper, of tin, of ijzer, of lood, in het midden des ovens; zilverschuim zijn zij geworden.
Therefore thus saith the Lord GOD; Because ye are all become dross, behold, therefore I will gather you into the midst of Jerusalem.	19 Daarom, alzo zegt de Heere HEERE: Omdat gijlieden allen tot schuim geworden zijt, daarom ziet, Ik zal u in het midden van Jeruzalem vergaderen.
As they gather silver, and brass, and iron, and lead, and tin, into the midst of the furnace, to blow the fire upon it, to melt it; so will I gather you in mine anger and in my fury, and I will leave you there, and melt you.	20 Gelijk zilver, of koper, of ijzer, of lood, of tin in het midden eens ovens vergaderd wordt, om het vuur daarover op te blazen, opdat men het smelte; alzo zal Ik ulieden vergaderen in Mijn toorn, en in Mijn grimmigheid daar laten, en smelten.
Yea, I will gather you, and blow upon you in the fire of my wrath, and ye shall be melted in the midst thereof.	21 Ja, Ik zal u bijeenbrengen, en zal op u blazen in het vuur Mijner verbolgenheid, dat gij in het midden van haar zult gesmolten worden.
As silver is melted in the midst of the furnace, so shall ye be melted in the midst thereof; and ye shall know that I the LORD have poured out my fury upon you.	22 Gelijk het zilver in het midden des ovens gesmolten wordt, alzo zult gijlieden in het midden van haar gesmolten worden; en gij zult weten, dat Ik, de HEERE, Mijn grimmigheid over u uitgegoten heb.
And the word of the LORD came unto me, saying,	23 Voorts geschiedde des HEEREN woord tot mij, zeggende:
Son of man, say unto her, Thou art the land that is not cleansed, nor rained upon in the day of indignation.	24 Mensenkind, zeg tot haar; Gij zijt een land, dat niet gereinigd is, dat zijn plasregen niet heeft gehad ten dage der gramschap.
There is a conspiracy of her prophets in the midst thereof, like a roaring lion ravening the prey; they have devoured souls; they have taken the treasure and precious things; they have made her many widows in the midst thereof.	25 De verbintenis harer profeten is in het midden van haar als een brullende leeuw, die een roof rooft; zij eten de zielen op, den schat en het kostelijke nemen zij weg; haar weduwen vermenigvuldigen zij in het midden van haar.
Her priests have violated my law, and have profaned mine holy things: they have put no difference between the holy and profane, neither have they shewed difference between the unclean and the clean, and have hid their eyes from my sabbaths, and I am profaned among them.	26 Haar priesters doen Mijn wet geweld aan, en zij ontheiligen Mijn heilige dingen; tussen het heilige en het onheilige maken zij geen onderscheid, en het verschil tussen het onreine en reine geven zij niet te kennen; daartoe verbergen zij hun ogen van Mijn sabbatten; ja, Ik word in het midden van hen ontheiligd.
Her princes in the midst thereof are like wolves ravening the prey, to shed blood, and to destroy souls, to get dishonest gain.	27 Haar vorsten zijn in het midden van haar als wolven, die een roof roven, om bloed te vergieten, en om zielen te verderven; opdat zij gierigheid zouden plegen.
And her prophets have daubed them with untempered morter, seeing vanity, and divining lies unto them, saying, Thus saith the Lord GOD, when the LORD hath not spoken.	28 Haar profeten nu pleisteren hen met loze kalk; ziende ijdelheid en hun leugen voorzeggende, zeggende: Alzo zegt de Heere HEERE! en de HEERE heeft niet gesproken.
The people of the land have used oppression, and exercised robbery, and have vexed the poor and needy: yea, they have oppressed the stranger wrongfully.	29 Het volk des lands pleegt enkel verdrukking, en bedrijft enkel roverij, ook onderdrukken zij den ellendige en nooddruftige, en den vreemdeling verdrukken zij zonder recht.
And I sought for a man among them, that should make up the hedge, and stand in the gap before me for the land, that I should not destroy it: but I found none.	30 Ik zocht nu een man uit hen, die den muur mocht toemuren, en voor Mijn aangezicht in de bresse staan voor het land, opdat Ik het niet mocht verderven; maar Ik vond niemand.
Therefore have I poured out mine indignation upon them; I have consumed them with the fire of my wrath: their own way have I recompensed upon their heads, saith the Lord GOD.	31 Daarom heb Ik Mijn gramschap over hen uitgegoten; door het vuur Mijner verbolgenheid heb Ik hen verteerd; hun weg heb Ik op hun hoofd gegeven, spreekt de Heere HEERE.

Ezekiel (23) Ezechiël

The word of the LORD came again unto me, saying,	1 Verder geschiedde des HEEREN woord tot mij, zeggende:
Son of man, there were two women, the daughters of one mother:	2 Mensenkind! daar waren twee vrouwen, dochteren van een moeder.
And they committed whoredoms in Egypt; they committed whoredoms in their youth: there were their breasts pressed, and there they bruised the teats of their virginity.	3 Dezen hoereerden in Egypte; in haar jeugd hoereerden zij; daar werden haar borsten gedrukt, en daar werden de tepelen haars maagdoms betast.
And the names of them were Aholah the elder, and Aholibah her sister: and they were mine, and they bare sons and daughters. Thus were their names; Samaria is Aholah, and Jerusalem Aholibah.	4 Haar namen nu waren: Ohola, de grootste, en Oholiba, haar zuster; en zij werden de Mijne, en baarden zonen en dochteren; dit waren haar namen: Samaria is Ohola, en Jeruzalem Oholiba.
And Aholah played the harlot when she was mine; and she doted on her lovers, on the Assyrians her neighbours,	5 Ohola nu hoereerde, zijnde onder Mij; en zij werd verliefd op haar boelen, op de Assyriers, die nabij waren;

	Which were clothed with blue, captains and rulers, all of them desirable young men, horsemen riding upon horses.	6	Bekleed met hemelsblauw, vorsten en overheden, altemaal gewenste jongelingen, ruiteren, rijdende op paarden.
	Thus she committed her whoredoms with them, with all them that were the chosen men of Assyria, and with all on whom she doted: with all their idols she defiled herself.	7	Alzo dreef zij haar hoererijen met dezelve, die allen de keure der kinderen van Assur waren; en met allen, op dewelke zij verliefd was, met al derzelver drekgoden, verontreinigde zij zich.
	Neither left she her whoredoms brought from Egypt: for in her youth they lay with her, and they bruised the breasts of her virginity, and poured their whoredom upon her.	8	Zij verliet ook haar hoererijen niet, gebracht uit Egypte; want zij hadden bij haar in haar jeugd gelegen, en zij hadden de tepelen haars maagdoms betast, en zij hadden hun hoererij over haar uitgestort.
	Wherefore I have delivered her into the hand of her lovers, into the hand of the Assyrians, upon whom she doted.	9	Daarom gaf Ik haar in de hand van haar boelen over, in de hand der kinderen van Assur, op dewelke zij verliefd was.
	These discovered her nakedness: they took her sons and her daughters, and slew her with the sword: and she became famous among women; for they had executed judgment upon her.	10	Dezen ontdekten haar schaamte, haar zonen en haar dochteren namen zij weg, maar haar doodden zij met het zwaard; en zij kreeg een naam onder de vrouwen, nadat men gerichten over haar geoefend had.
	And when her sister Aholibah saw this, she was more corrupt in her inordinate love than she, and in her whoredoms more than her sister in her whoredoms.	11	Als haar zuster, Oholiba, dit zag, zo verdierf zij haar minne nog meer dan zij, en haar hoererijen meer dan de hoererijen van haar zuster.
	She doted upon the Assyrians her neighbours, captains and rulers clothed most gorgeously, horsemen riding upon horses, all of them desirable young men.	12	Zij werd verliefd op de kinderen van Assur, de vorsten en overheden, die nabij waren, bekleed met volkomen sieraad, ruiteren, rijdende op paarden, altemaal gewenste jongelingen.
	Then I saw that she was defiled, that they took both one way,	13	Toen zag Ik, dat zij verontreinigd was; zij hadden beiden enerlei weg.
	And that she increased her whoredoms: for when she saw men pourtrayed upon the wall, the images of the Chaldeans pourtrayed with vermilion,	14	Ja, zij deed tot haar hoererijen nog meer toe; want toen zij geschilderde mannen aan den wand zag, de beelden der Chaldeen, geschilderd met menie,
	Girded with girdles upon their loins, exceeding in dyed attire upon their heads, all of them princes to look to, after the manner of the Babylonians of Chaldea, the land of their nativity:	15	Gegord met een gordel aan hun lenden, hebbende overvloedig geverfde hoeden op hun hoofden, die allen in het aanzien hoofdmannen waren, naar de gelijkenis der kinderen van Babel, van Chaldea, het land hunner geboorte;
	And as soon as she saw them with her eyes, she doted upon them, and sent messengers unto them into Chaldea.	16	Zo werd zij op dezelve verliefd met het opzien van haar ogen, en zij zond boden tot hen, naar Chaldea.
	And the Babylonians came to her into the bed of love, and they defiled her with their whoredom, and she was polluted with them, and her mind was alienated from them.	17	De kinderen van Babel nu kwamen tot haar in tot het leger der minne, en verontreinigden haar met hun hoererij; ook verontreinigde zij zich met hen; daarna werd haar ziel van hen afgetrokken.
	So she discovered her whoredoms, and discovered her nakedness: then my mind was alienated from her, like as my mind was alienated from her sister.	18	Alzo ontdekte zij haar hoererijen, en ontdekte haar schaamte; toen werd Mijn ziel van haar afgetrokken, gelijk als Mijn ziel was afgetrokken van haar zuster.
	Yet she multiplied her whoredoms, in calling to remembrance the days of her youth, wherein she had played the harlot in the land of Egypt.	19	Doch zij vermenigvuldigde haar hoererijen, gedenkende aan de dagen van haar jeugd, als zij gehoereerd had in het land van Egypte.
	For she doted upon their paramours, whose flesh is as the flesh of asses, and whose issue is like the issue of horses.	20	En zij werd verliefd meer dan derzelver bijwijven, welker vlees is als het vlees der ezelen, en welker vloed is als de vloed der paarden.
	Thus thou calledst to remembrance the lewdness of thy youth, in bruising thy teats by the Egyptians for the paps of thy youth.	21	Alzo hebt gij weder opgehaald de schandelijke daad uwer jeugd, als die van Egypte uw tepelen betastten, vanwege de borsten uwer jeugd.
	Therefore, O Aholibah, thus saith the Lord GOD; Behold, I will raise up thy lovers against thee, from whom thy mind is alienated, and I will bring them against thee on every side;	22	Daarom, o Oholiba! alzo zegt de Heere HEERE: Zie, Ik zal uw boelen, van welke uw ziel is afgetrokken, tegen u verwekken, en Ik zal hen van rondom tegen u aanbrengen.
	The Babylonians, and all the Chaldeans, Pekod, and Shoa, and Koa, and all the Assyrians with them: all of them desirable young men, captains and rulers, great lords and renowned, all of them riding upon horses.	23	De kinderen van Babel en alle Chaldeen, Pekod, en Soa, en Koa, en alle kinderen van Assur met hen; gewenste jongelingen, die allen vorsten en overheden zijn, hoofdmannen en vermaarde lieden, die allen te paard rijden.
	And they shall come against thee with chariots, wagons, and wheels, and with an assembly of people, which shall set against thee buckler and shield and helmet round about: and I will set judgment before them, and they shall judge thee according to their judgments.	24	Die zullen tegen u komen met karren, wagenen en wielen, en met een vergadering van volken, rondassen, en schilden, en helmen; zij zullen zich rondom tegen u zetten; en Ik zal voor hun aangezicht het gericht stellen, en zij zullen u richten naar hun rechten.
	And I will set my jealousy against thee, and they shall deal furiously with thee: they shall take away thy nose and thine ears; and thy remnant shall fall by the sword: they shall take thy sons and thy daughters; and thy residue shall be devoured by the fire.	25	En Ik zal Mijn ijver tegen u zetten, dat zij in grimmigheid met u zullen handelen; zij zullen uw neus en uw oren afnemen, en het laatste van u zal door het zwaard vallen; zij zullen uw zonen en uw dochteren wegnemen, en het laatste van u zal door het vuur verteerd worden.
	They shall also strip thee out of thy clothes, and take away thy fair jewels.	26	Zij zullen u ook uw klederen uittrekken, en uw sieraadtuig wegnemen.
	Thus will I make thy lewdness to cease from thee, and thy whoredom brought from the land of Egypt: so that thou shalt not lift up thine eyes unto them, nor remember Egypt any more.	27	Zo zal Ik uw schandelijkheid van u doen ophouden, mitsgaders uw hoererij, gebracht uit Egypteland; en gij zult uw ogen naar hen niet opheffen, en aan Egypte niet meer gedenken.
	For thus saith the Lord GOD; Behold, I will deliver thee into the hand of them whom thou hatest, into the hand of them from whom thy mind is alienated:	28	Want alzo zegt de Heere HEERE: Zie, Ik zal u overgeven in de hand dergenen, die gij haat, in de hand dergenen, van dewelken uw ziel is afgetrokken.

And they shall deal with thee hatefully, and shall take away all thy labour, and shall leave thee naked and bare: and the nakedness of thy whoredoms shall be discovered, both thy lewdness and thy whoredoms.	29 Die zullen met u handelen uit haat, en al uw arbeid wegnemen, en u naakt en bloot laten, dat uw hoerenschaamte ontdekt worde, mitsgaders uw schandelijkheid en uw hoererijen.
I will do these things unto thee, because thou hast gone a whoring after the heathen, and because thou art polluted with their idols.	30 Deze dingen zal men u doen, dewijl gij de heidenen nagehoereerd hebt, en omdat gij u met hun drekgoden verontreinigd hebt.
Thou hast walked in the way of thy sister; therefore will I give her cup into thine hand.	31 In den weg uwer zuster hebt gij gewandeld, daarom zal Ik haar beker in uw hand geven.
Thus saith the Lord GOD; Thou shalt drink of thy sister's cup deep and large: thou shalt be laughed to scorn and had in derision; it containeth much.	32 Alzo zegt de Heere HEERE: Gij zult den beker uwer zuster drinken, die diep en wijd is; gij zult tot belaching en spot worden; de beker houdt veel in.
Thou shalt be filled with drunkenness and sorrow, with the cup of astonishment and desolation, with the cup of thy sister Samaria.	33 Van dronkenschap en jammer zult gij vol worden; de beker van uw zuster Samaria is een beker der verwoesting en der eenzaamheid.
Thou shalt even drink it and suck it out, and thou shalt break the sherds thereof, and pluck off thine own breasts: for I have spoken it, saith the Lord GOD.	34 Gij zult hem drinken en uitzuigen, en zijn scherven zult gij brijzelen, en uw borsten zult gij afrukken; want Ik heb het gesproken, spreekt de Heere HEERE.
Therefore thus saith the Lord GOD; Because thou hast forgotten me, and cast me behind thy back, therefore bear thou also thy lewdness and thy whoredoms.	35 Daarom, alzo zegt de Heere HEERE: Omdat gij Mijner vergeten, en Mij achter uw rug geworpen hebt, zo draagt gij ook uw schandelijkheid en uw hoererijen.
The LORD said moreover unto me; Son of man, wilt thou judge Aholah and Aholibah? yea, declare unto them their abominations;	36 En de HEERE zeide tot mij: Mensenkind! zoudt gij Ohola en Oholiba recht geven? Ja, vertoon haar haar gruwelen.
That they have committed adultery, and blood is in their hands, and with their idols have they committed adultery, and have also caused their sons, whom they bare unto me, to pass for them through the fire, to devour them.	37 Want zij hebben overspel gedaan, en er is bloed in haar handen; en zij hebben met haar drekgoden overspel gedaan; daartoe hebben zij ook haar kinderen, die zij Mij gebaard hadden, voor hen door het vuur laten doorgaan, tot spijze.
Moreover this they have done unto me: they have defiled my sanctuary in the same day, and have profaned my sabbaths.	38 Nog hebben zij Mij dit gedaan; zij hebben Mijn heiligdom ten zelven dage verontreinigd, en Mijn sabbatten ontheiligd.
For when they had slain their children to their idols, then they came the same day into my sanctuary to profane it; and, lo, thus have they done in the midst of mine house.	39 Want als zij hun kinderen hun drekgoden geslacht hadden, zo kwamen zij op dienzelven dag in Mijn heiligdom, om dat te ontheiligen; en ziet, alzo hebben zij gedaan in het midden van Mijn huis.
And furthermore, that ye have sent for men to come from far, unto whom a messenger was sent; and, lo, they came: for whom thou didst wash thyself, paintedst thy eyes, and deckedst thyself with ornaments,	40 Dit is er ook, dat zij gezonden hebben tot mannen, die van verre zouden komen; tot dewelken als een bode gezonden was, ziet, zo kwamen zij, voor dewelken gij u wiest, uw ogen blankettet en u met sieraad versierdet;
And satest upon a stately bed, and a table prepared before it, whereupon thou hast set mine incense and mine oil.	41 En gij zat op een heerlijk bed, voor hetwelk een tafel toegericht was, en op hetwelk gij Mijn reukwerk en Mijn olie gezet hadt.
And a voice of a multitude being at ease was with her: and with the men of the common sort were brought Sabeans from the wilderness, which put bracelets upon their hands, and beautiful crowns upon their heads.	42 Als nu het geruis der menigte daarop stil was, zo zonden zij tot mannen uit de menigte der mensen, en daar werden wijnzuipers aangebracht uit de woestijn; die deden armringen aan haar handen, en een sierlijke kroon op haar hoofden.
Then said I unto her that was old in adulteries, Will they now commit whoredoms with her, and she with them?	43 Toen zeide Ik van deze, die van overspelerijen verouderd was: Nu zullen zij hoereren de hoererijen dezer hoer, en die ook.
Yet they went in unto her, as they go in unto a woman that playeth the harlot: so went they in unto Aholah and unto Aholibah, the lewd women.	44 En men ging tot haar in, gelijk men ingaat tot een vrouw, die een hoer is; alzo gingen zij in tot Ohola en tot Oholiba, die schandelijke vrouwen.
And the righteous men, they shall judge them after the manner of adulteresses, and after the manner of women that shed blood; because they are adulteresses, and blood is in their hands.	45 Rechtvaardige mannen dan, die zullen haar richten naar het recht der overspeelsters, en naar het recht der bloedvergietsters; want zij zijn overspeelsters, en bloed is in haar handen.
For thus saith the Lord GOD; I will bring up a company upon them, and will give them to be removed and spoiled.	46 Want alzo zegt de Heere HEERE: Ik zal een vergadering tegen haar doen opkomen, en zal ze ter beroering en ten roof overgeven.
And the company shall stone them with stones, and dispatch them with their swords; they shall slay their sons and their daughters, and burn up their houses with fire.	47 En de vergadering zal ze met stenen stenigen, en dezelve met hun zwaarden nederhouwen; haar zonen en haar dochteren zullen zij doden, en haar huizen met vuur verbranden.
Thus will I cause lewdness to cease out of the land, that all women may be taught not to do after your lewdness.	48 Alzo zal Ik de schandelijkheid uit het land doen ophouden; opdat alle vrouwen onderwezen worden, dat zij naar uw schandelijkheid niet doen.
And they shall recompense your lewdness upon you, and ye shall bear the sins of your idols: and ye shall know that I am the Lord GOD.	49 Alzo zullen zij uw schandelijkheid op u leggen, en gij zult de zonden uwer drekgoden dragen; en gijlieden zult weten, dat Ik de Heere HEERE ben.

Ezekiel (24) Ezechiël

Again in the ninth year, in the tenth month, in the tenth day of the month, the word of the LORD came unto me, saying,	1 Wijders geschiedde des HEEREN woord tot mij, in het negende jaar, in de tiende maand, op den tienden der maand, zeggende:
Son of man, write thee the name of the day, even of this same day: the king of Babylon set himself against Jerusalem this same day.	2 Mensenkind! schrijf u den naam van den dag op, even van dezen zelfden dag; de koning van Babel legt zich voor Jeruzalem, even op dezen zelfden dag.
And utter a parable unto the rebellious house, and say unto them, Thus saith the Lord GOD; Set on a pot, set it on, and also pour water into it:	3 En gebruik een gelijkenis tot dat wederspannig huis, en zeg tot hen: Alzo zegt de Heere HEERE: Zet een pot toe, zet hem toe, en giet ook water daarin.

	Gather the pieces thereof into it, even every good piece, the thigh, and the shoulder; fill it with the choice bones.	4	Doe zijn stukken te zamen daarin, alle goede stukken, de dij en den schouder, vul hem met de keur der beenderen.
	Take the choice of the flock, and burn also the bones under it, and make it boil well, and let them seethe the bones of it therein.	5	Neem de keur van de kudde, en stook ook een brandstapel van de beenderen daaronder; doe hem wel opzieden; ook zullen zijn beenderen daarin gekookt worden.
	Wherefore thus saith the Lord GOD; Woe to the bloody city, to the pot whose scum is therein, and whose scum is not gone out of it! bring it out piece by piece; let no lot fall upon it.	6	Daarom, alzo zegt de Heere HEERE: Wee der bloedstad, den pot, welks schuim in hem is, en van welken zijn schuim en niet is uitgegaan! trek stuk bij stuk daaruit, en laat het lot over hem niet vallen.
	For her blood is in the midst of her; she set it upon the top of a rock; she poured it not upon the ground, to cover it with dust;	7	Want haar bloed is in het midden van haar; op een gladde steenrots heeft zij dat gelegd; zij heeft het op de aarde niet uitgestort, om hetzelve met stof te bedekken.
	That it might cause fury to come up to take vengeance; I have set her blood upon the top of a rock, that it should not be covered.	8	Opdat Ik de grimmigheid doe opgaan om wraak te oefenen, heb Ik ook haar bloed op een gladde steenrots gelegd, opdat het niet bedekt worde.
	Therefore thus saith the Lord GOD; Woe to the bloody city! I will even make the pile for fire great.	9	Daarom, alzo zegt de Heere HEERE: Wee der bloedstad! Ik zal ook den brandstapel groot maken!
	Heap on wood, kindle the fire, consume the flesh, and spice it well, and let the bones be burned.	10	Draag veel houts toe, steek het vuur aan, verteer het vlees, en kruid het met specerijen, en laat de beenderen verbranden.
	Then set it empty upon the coals thereof, that the brass of it may be hot, and may burn, and that the filthiness of it may be molten in it, that the scum of it may be consumed.	11	Stel hem daarna ledig op zijn kolen, opdat hij heet worde, en zijn roest verbrande, en zijn onreinigheid in het midden van hem versmelte, zijn schuim verteerd worde.
	She hath wearied herself with lies, and her great scum went not forth out of her: her scum shall be in the fire.	12	Met ijdelheden heeft zij Mij moede gemaakt; nog is haar overvloedig schuim van haar niet uitgegaan; haar schuim moet in het vuur.
	In thy filthiness is lewdness: because I have purged thee, and thou wast not purged, thou shalt not be purged from thy filthiness any more, till I have caused my fury to rest upon thee.	13	In uw onreinigheid is schandelijkheid, omdat Ik u gereinigd heb, en gij niet gereinigd zijt, zo zult gij van uw onreinigheid niet meer gereinigd worden, totdat Ik Mijn grimmigheid op u zal hebben doen rusten.
	I the LORD have spoken it: it shall come to pass, and I will do it; I will not go back, neither will I spare, neither will I repent; according to thy ways, and according to thy doings, shall they judge thee, saith the Lord GOD.	14	Ik, de HEERE, heb het gesproken; het zal komen, en Ik zal het doen; Ik zal er niet van wijken, en Ik zal niet verschonen noch berouw hebben; naar uw wegen en naar uw handelingen zullen zij u richten, spreekt de Heere HEERE.
	Also the word of the LORD came unto me, saying,	15	Wijders geschiedde des HEEREN woord tot mij, zeggende:
	Son of man, behold, I take away from thee the desire of thine eyes with a stroke: yet neither shalt thou mourn nor weep, neither shall thy tears run down.	16	Mensenkind! zie, Ik zal den lust uwer ogen van u wegnemen door een plage; nochtans zult gij niet rouwklagen, noch wenen, en uw tranen zullen niet voortkomen.
	Forbear to cry, make no mourning for the dead, bind the tire of thine head upon thee, and put on thy shoes upon thy feet, and cover not thy lips, and eat not the bread of men.	17	Houd stil van kermen, gij zult geen dodenrouw maken, bind uw hoed op u, en doe uw schoenen aan uw voeten; en de bovenste lip zult gij niet bewinden, en zult der lieden brood niet eten.
	So I spake unto the people in the morning: and at even my wife died; and I did in the morning as I was commanded.	18	Dit sprak ik tot het volk in den morgenstond, en mijn huisvrouw stierf in den avond; en ik deed in den morgenstond, gelijk mij geboden was.
	And the people said unto me, Wilt thou not tell us what these things are to us, that thou doest so?	19	En het volk zeide tot mij: Zult gij ons niet te kennen geven, wat ons deze dingen zijn, dat gij aldus doet?
	Then I answered them, The word of the LORD came unto me, saying,	20	En ik zeide tot hen: Het woord des HEEREN is tot mij geschied, zeggende:
	Speak unto the house of Israel, Thus saith the Lord GOD; Behold, I will profane my sanctuary, the excellency of your strength, the desire of your eyes, and that which your soul pitieth; and your sons and your daughters whom ye have left shall fall by the sword.	21	Zeg tot het huis Israels: Alzo zegt de Heere HEERE: Ziet, Ik zal Mijn heiligdom ontheiligen, de heerlijkheid uwer sterkte, de begeerte uwer ogen, en de verschoning uwer ziel; en uw zonen en uw dochteren, die gij verlaten hebt, zullen door het zwaard vallen.
	And ye shall do as I have done: ye shall not cover your lips, nor eat the bread of men.	22	Dan zult gijlieden doen, gelijk als ik gedaan heb; de bovenste lip zult gij niet bewinden, en der lieden brood zult gij niet eten.
	And your tires shall be upon your heads, and your shoes upon your feet: ye shall not mourn nor weep; but ye shall pine away for your iniquities, and mourn one toward another.	23	En uw hoeden zullen op uw hoofden zijn, en uw schoenen aan uw voeten; gij zult niet rouwklagen, noch wenen, maar gij zult in uw ongerechtigheden versmachten, en een iegelijk tegen zijn broeder zuchten.
	Thus Ezekiel is unto you a sign: according to all that he hath done shall ye do: and when this cometh, ye shall know that I am the Lord GOD.	24	Alzo zal ulieden Ezechiel tot een wonderteken zijn; naar alles, wat hij gedaan heeft, zult gij doen; als dit komt, dan zult gij weten, dat Ik de Heere HEERE ben.
	Also, thou son of man, shall it not be in the day when I take from them their strength, the joy of their glory, the desire of their eyes, and that whereupon they set their minds, their sons and their daughters,	25	En gij, mensenkind! zal het niet zijn, ten dage, als Ik van hen zal wegnemen hun sterkte, de vreugde huns sieraads, den lust hunner ogen en het verlangen hunner zielen, hun zonen en hun dochteren;
	That he that escapeth in that day shall come unto thee, to cause thee to hear it with thine ears?	26	Dat ten zelfden dage een ontkomene tot u zal komen, om uw oren dat te doen horen?
	In that day shall thy mouth be opened to him which is escaped, and thou shalt speak, and be no more dumb: and thou shalt be a sign unto them; and they shall know that I am the LORD.	27	Ten zelven dage zal uw mond bij dien, die ontkomen is, opengedaan worden, en gij zult spreken, en niet meer stom zijn; alzo zult gij hun tot een wonderteken zijn, en zij zullen weten, dat Ik de HEERE ben.

Ezekiel (25) Ezechiël

	The word of the LORD came again unto me, saying,	1	En des HEEREN woord geschiedde tot mij, zeggende:

Son of man, set thy face against the Ammonites, and prophesy against them;		2	Mensenkind! zet uw aangezicht tegen de kinderen Ammons, en profeteer tegen dezelve;
And say unto the Ammonites, Hear the word of the Lord GOD; Thus saith the Lord GOD; Because thou saidst, Aha, against my sanctuary, when it was profaned; and against the land of Israel, when it was desolate; and against the house of Judah, when they went into captivity;		3	En zeg tot de kinderen Ammons: Hoort des Heeren HEEREN woord: Alzo zegt de Heere HEERE: Omdat gij gezegd hebt: Heah! over Mijn heiligdom, als het ontheiligd werd, en over het land Israels, als het verwoest werd, en over het huis van Juda, als zij in gevangenis gingen;
Behold, therefore I will deliver thee to the men of the east for a possession, and they shall set their palaces in thee, and make their dwellings in thee: they shall eat thy fruit, and they shall drink thy milk.		4	Daarom, ziet, Ik zal u aan die van het oosten overgeven tot een bezitting, dat zij hun burgen in u zetten, en hun woningen in u stellen, die zullen uw vruchten eten, en die zullen uw melk drinken.
And I will make Rabbah a stable for camels, and the Ammonites a couchingplace for flocks: and ye shall know that I am the LORD.		5	En Ik zal Rabba tot een kemelstal maken, en de kinderen Ammons tot een schaapskooi; en gij zult weten, dat Ik de HEERE ben.
For thus saith the Lord GOD; Because thou hast clapped thine hands, and stamped with the feet, and rejoiced in heart with all thy despite against the land of Israel;		6	Want alzo zegt de Heere HEERE: Omdat gij met de hand geklapt, en met den voet gestampt hebt, en van harte verblijd zijt geweest in al uw plundering, over het land Israels;
Behold, therefore I will stretch out mine hand upon thee, and will deliver thee for a spoil to the heathen; and I will cut thee off from the people, and I will cause thee to perish out of the countries: I will destroy thee; and thou shalt know that I am the LORD.		7	Daarom, ziet, Ik zal Mijn hand tegen u uitstrekken, en u den heidenen ten buit geven, en zal u uit de volken uitroeien, en u uit de landen verdoen; Ik zal u verdelgen; en gij zult weten, dat Ik de HEERE ben.
Thus saith the Lord GOD; Because that Moab and Seir do say, Behold, the house of Judah is like unto all the heathen;		8	Alzo zegt de Heere HEERE: Omdat Moab en Seir zeggen: Ziet, het huis van Juda is gelijk al de heidenen;
Therefore, behold, I will open the side of Moab from the cities, from his cities which are on his frontiers, the glory of the country, Bethjeshimoth, Baalmeon, and Kiriathaim,		9	Daarom, ziet, Ik zal de zijde van Moab openen, van de steden af, van zijn steden, die van zijn grenzen af zijn, het sieraad des lands, Beth-Jesimoth, Baal-Meon, en tot Kiriathaim toe;
Unto the men of the east with the Ammonites, and will give them in possession, that the Ammonites may not be remembered among the nations.		10	Voor die van het oosten, met het land der kinderen Ammons, hetwelk Ik ter bezitting zal overgeven; opdat der kinderen Ammons onder de heidenen niet meer gedacht worde.
And I will execute judgments upon Moab; and they shall know that I am the LORD.		11	Ik zal ook in Moab gerichten oefenen; en zij zullen weten, dat Ik de HEERE ben.
Thus saith the Lord GOD; Because that Edom hath dealt against the house of Judah by taking vengeance, and hath greatly offended, and revenged himself upon them;		12	Alzo zegt de Heere HEERE: Omdat Edom met enkel wraakgierigheid gehandeld heeft tegen het huis van Juda; en zij zich zeer schuldig gemaakt hebben, dat zij zich aan hen gewroken hebben:
Therefore thus saith the Lord GOD; I will also stretch out mine hand upon Edom, and will cut off man and beast from it; and I will make it desolate from Teman; and they of Dedan shall fall by the sword.		13	Daarom, alzo zegt de Heere HEERE: Ik zal ook Mijn hand uitstrekken tegen Edom, en Ik zal mens en beest uit haar uitroeien; en zal haar tot een woestheid stellen van Theman af; en zij zullen tot Dedan toe door het zwaard vallen.
And I will lay my vengeance upon Edom by the hand of my people Israel: and they shall do in Edom according to mine anger and according to my fury; and they shall know my vengeance, saith the Lord GOD.		14	En Ik zal Mijn wraak doen aan Edom, door de hand van Mijn volk Israel; en zij zullen tegen Edom naar Mijn toorn en naar Mijn grimmigheid handelen; alzo zullen zij Mijn wraak gewaar worden, spreekt de Heere HEERE.
Thus saith the Lord GOD; Because the Philistines have dealt by revenge, and have taken vengeance with a despiteful heart, to destroy it for the old hatred;		15	Alzo zegt de Heere HEERE: Omdat de Filistijnen door wraak gehandeld hebben, en van harte wraak geoefend hebben door plundering, om te vernielen door een eeuwige vijandschap;
Therefore thus saith the Lord GOD; Behold, I will stretch out mine hand upon the Philistines, and I will cut off the Cherethims, and destroy the remnant of the sea coast.		16	Daarom, alzo zegt de Heere HEERE: Ziet, Ik strek Mijn hand uit tegen de Filistijnen, en zal de Cherethieten uitroeien, en het overblijfsel van de zeehaven verdoen.
And I will execute great vengeance upon them with furious rebukes; and they shall know that I am the LORD, when I shall lay my vengeance upon them.		17	En Ik zal grote wraak met grimmige straffingen onder hen doen; en zij zullen weten, dat Ik de HEERE ben, als Ik Mijn wraak aan hen gedaan zal hebben.

Ezekiel (26) Ezechiël

And it came to pass in the eleventh year, in the first day of the month, that the word of the LORD came unto me, saying,		1	En het gebeurde in het elfde jaar, op den eersten der maand, dat des HEEREN woord tot mij geschiedde, zeggende:
Son of man, because that Tyrus hath said against Jerusalem, Aha, she is broken that was the gates of the people: she is turned unto me: I shall be replenished, now she is laid waste:		2	Mensenkind! daarom dat Tyrus van Jeruzalem gezegd heeft: Heah! zij is verbroken, de poort der volken; zij is tot mij omgewend; ik zal vervuld worden, zij is verwoest!
Therefore thus saith the Lord GOD; Behold, I am against thee, O Tyrus, and will cause many nations to come up against thee, as the sea causeth his waves to come up.		3	Daarom, alzo zegt de Heere HEERE: Ziet, Ik wil aan u, o Tyrus! en Ik zal vele heidenen tegen u doen opkomen, alsof Ik de zee met haar golven deed opkomen.
And they shall destroy the walls of Tyrus, and break down her towers: I will also scrape her dust from her, and make her like the top of a rock.		4	Die zullen de muren van Tyrus verderven, en haar torens afbreken; ja, Ik zal haar stof van haar wegvagen, en zal haar tot een gladde steenrots maken.
It shall be a place for the spreading of nets in the midst of the sea: for I have spoken it, saith the Lord GOD: and it shall become a spoil to the nations.		5	Zij zal in het midden der zee zijn tot uitspreiding van netten; want Ik heb het gesproken, spreekt de Heere HEERE; en zij zal den heidenen ten roof worden.
And her daughters which are in the field shall be slain by the sword; and they shall know that I am the LORD.		6	En haar dochteren, die in het veld zijn, zullen met het zwaard gedood worden; en zij zullen weten, dat Ik de HEERE ben.
For thus saith the Lord GOD; Behold, I will bring upon Tyrus Nebuchadrezzar king of Babylon, a king of kings, from the north, with horses, and with chariots, and with horsemen, and companies, and much people.		7	Want alzo zegt de Heere HEERE: Ziet, Ik zal Nebukadrezar, den koning van Babel, den koning der koningen, van het noorden, tegen Tyrus brengen, met paarden en met wagenen, en met ruiteren, en krijgs vergaderingen, en veel volks.

He shall slay with the sword thy daughters in the field: and he shall make a fort against thee, and cast a mount against thee, and lift up the buckler against thee.		8	Hij zal uw dochteren op het veld met het zwaard doden, en hij zal sterkten tegen u maken, en een wal tegen u opwerpen, en rondassen tegen u opheffen.
And he shall set engines of war against thy walls, and with his axes he shall break down thy towers.		9	En hij zal muurbrekers tegen uw muren stellen, en uw torens met zijn zwaarden afbreken.
By reason of the abundance of his horses their dust shall cover thee: thy walls shall shake at the noise of the horsemen, and of the wheels, and of the chariots, when he shall enter into thy gates, as men enter into a city wherein is made a breach.		10	Vanwege de menigte zijner paarden zal u derzelver stof bedekken; uw muren zullen beven vanwege het gedruis der ruiteren, en wielen, en wagenen, als hij door uw poorten zal intrekken, gelijk door de ingangen ener doorbrokene stad.
With the hoofs of his horses shall he tread down all thy streets: he shall slay thy people by the sword, and thy strong garrisons shall go down to the ground.		11	Hij zal met de hoeven zijner paarden al uw straten vertreden; uw volk zal hij met het zwaard doden, en elk een van de kolommen uwer sterkten zal ter aarde nederstorten.
And they shall make a spoil of thy riches, and make a prey of thy merchandise: and they shall break down thy walls, and destroy thy pleasant houses: and they shall lay thy stones and thy timber and thy dust in the midst of the water.		12	En zij zullen uw vermogen roven, en uw koopmanswaren plunderen, en uw muren afbreken, en uw kostelijke huizen omwerpen; en uw stenen, en uw hout, en uw stof zullen zij in het midden der wateren werpen.
And I will cause the noise of thy songs to cease; and the sound of thy harps shall be no more heard.		13	Zo zal Ik het gedeun uwer liederen doen ophouden, en het geklank uwer harpen zal niet meer gehoord worden.
And I will make thee like the top of a rock: thou shalt be a place to spread nets upon; thou shalt be built no more: for I the LORD have spoken it, saith the Lord GOD.		14	Ja, Ik zal u maken tot een gladde steenrots; gij zult zijn tot uitspreiding der netten, gij zult niet meer gebouwd worden; want Ik, de HEERE, heb het gesproken, spreekt de Heere HEERE.
Thus saith the Lord GOD to Tyrus; Shall not the isles shake at the sound of thy fall, when the wounded cry, when the slaughter is made in the midst of thee?		15	Alzo zegt de Heere HEERE tot Tyrus: Zullen niet de eilanden van het geluid uws vals beven, als de dodelijk verwonde zal kermen, wanneer men in het midden van u schrikkelijk zal moorden?
Then all the princes of the sea shall come down from their thrones, and lay away their robes, and put off their broidered garments: they shall clothe themselves with trembling; they shall sit upon the ground, and shall tremble at every moment, and be astonished at thee.		16	En alle vorsten der zee zullen afdalen van hun tronen, en hun mantels van zich doen, en hun gestikte klederen uittrekken; met sidderingen zullen zij bekleed worden, op de aarde zullen zij nederzitten, en te elken ogenblik sidderen, en over u ontzet zijn;
And they shall take up a lamentation for thee, and say to thee, How art thou destroyed, that wast inhabited of seafaring men, the renowned city, which wast strong in the sea, she and her inhabitants, which cause their terror to be on all that haunt it!		17	En zij zullen een klaaglied over u opheffen, en tot u zeggen: Hoe zijt gij uit de zeeen vergaan, gij welbewoonde, gij beroemde stad, die sterk geweest is ter zee, zij en haar inwoners; die hunlieder schrik gaven aan allen, die in haar woonden!
Now shall the isles tremble in the day of thy fall; yea, the isles that are in the sea shall be troubled at thy departure.		18	Nu zullen de eilanden sidderen ten dage uws vals; ja, de eilanden, die in de zee zijn, zullen beroerd worden vanwege uw uitgang.
For thus saith the Lord GOD; When I shall make thee a desolate city, like the cities that are not inhabited; when I shall bring up the deep upon thee, and great waters shall cover thee;		19	Want alzo zegt de Heere HEERE: Als Ik u zal stellen tot een verwoeste stad, gelijk de steden, die niet bewoond worden; als Ik een afgrond over u zal doen opkomen, en de grote wateren u zullen overdekken;
When I shall bring thee down with them that descend into the pit, with the people of old time, and shall set thee in the low parts of the earth, in places desolate of old, with them that go down to the pit, that thou be not inhabited; and I shall set glory in the land of the living;		20	Dan zal Ik u doen nederdalen met degenen die in den kuil nederdalen tot het oude volk, en zal u doen nederliggen in de onderste plaatsen der aarde, in de woeste plaatsen, die van ouds geweest zijn, met degenen, die in den kuil nederdalen, opdat gij niet bewoond wordt; en Ik zal het sieraad herstellen in het land der levenden.
I will make thee a terror, and thou shalt be no more: though thou be sought for, yet shalt thou never be found again, saith the Lord GOD.		21	Maar u zal Ik tot een groten schrik stellen, en gij zult er niet meer zijn; als gij gezocht wordt, zo zult gij niet meer gevonden worden in eeuwigheid, spreekt de Heere HEERE.

Ezekiel (27) Ezechiël

The word of the LORD came again unto me, saying,		1	Wijders geschiedde des HEEREN woord tot mij, zeggende:
Now, thou son of man, take up a lamentation for Tyrus;		2	Gij dan, mensenkind! hef een klaaglied op over Tyrus;
And say unto Tyrus, O thou that art situate at the entry of the sea, which art a merchant of the people for many isles, Thus saith the Lord GOD; O Tyrus, thou hast said, I am of perfect beauty.		3	En zeg tot Tyrus, die daar woont aan de ingangen der zee, handelende met de volken in vele eilanden: Zo zegt de Heere HEERE: O Tyrus! gij zegt: Ik ben volmaakt in schoonheid.
Thy borders are in the midst of the seas, thy builders have perfected thy beauty.		4	Uw landpalen zijn in het hart der zeeen; uw bouwers hebben uw schoonheid volkomen gemaakt.
They have made all thy ship boards of fir trees of Senir: they have taken cedars from Lebanon to make masts for thee.		5	Zij hebben al uw denningen uit dennebomen van Senir gebouwd; zij hebben cederen van den Libanon gehaald, om masten voor u te maken.
Of the oaks of Bashan have they made thine oars; the company of the Ashurites have made thy benches of ivory, brought out of the isles of Chittim.		6	Zij hebben uw riemen uit eiken van Basan gemaakt; uw berderen hebben zij gemaakt uw welbetreden elpenbeen, uit de eilanden der Chittieten.
Fine linen with broidered work from Egypt was that which thou spreadest forth to be thy sail; blue and purple from the isles of Elishah was that which covered thee.		7	Fijn linnen met stiksel uit Egypte was uw uitbreidsel, dat het u tot een zeil ware; hemelsblauw en purper, uit de eilanden van Elisa, was uw deksel.
The inhabitants of Zidon and Arvad were thy mariners: thy wise men, O Tyrus, that were in thee, were thy pilots.		8	De inwoners van Sidon en Arvad waren uw roeiers; uw wijzen, o Tyrus! die in u waren, die waren uw schippers.
The ancients of Gebal and the wise men thereof were in thee thy calkers: all the ships of the sea with their mariners were in thee to occupy thy merchandise.		9	De oudsten van Gebal en haar wijzen waren in u, verbeterende uw breuken; alle schepen der zee en haar zeelieden waren in u, om onderlingen handel met u te drijven.

Ezekiel - Ezechiël

They of Persia and of Lud and of Phut were in thine army, thy men of war: they hanged the shield and helmet in thee; they set forth thy comeliness.	10 Perzen, en Lydiërs, en Puteërs waren in uw heir, uw krijgslieden; schild en helm hingen zij in u op, die maakten uw sieraad.
The men of Arvad with thine army were upon thy walls round about, and the Gammadims were in thy towers: they hanged their shields upon thy walls round about; they have made thy beauty perfect.	11 De kinderen van Arvad en uw heir waren rondom op uw muren, en de Gammadieten waren op uw torens; hun schilden hingen zij rondom aan uw muren; die maakten uw schoonheid volkomen.
Tarshish was thy merchant by reason of the multitude of all kind of riches; with silver, iron, tin, and lead, they traded in thy fairs.	12 Tarsis dreef koophandel met u vanwege de veelheid van allerlei goed; met zilver, ijzer, tin, en lood handelden zij op uw markten.
Javan, Tubal, and Meshech, they were thy merchants: they traded the persons of men and vessels of brass in thy market.	13 Javan, Tubal en Mesech waren uw kooplieden; met mensenzielen en koperen vaten dreven zij onderlingen handel met u.
They of the house of Togarmah traded in thy fairs with horses and horsemen and mules.	14 Uit het huis van Togarma leverden zij paarden, en ruiteren, en muilezels op uw markten.
The men of Dedan were thy merchants; many isles were the merchandise of thine hand: they brought thee for a present horns of ivory and ebony.	15 De kinderen van Dedan waren uw kooplieden; vele eilanden waren de koophandel uwer hand; hoornen van elpenbeen en ebbenhout gaven zij u weder tot een verering.
Syria was thy merchant by reason of the multitude of the wares of thy making: they occupied in thy fairs with emeralds, purple, and broidered work, and fine linen, and coral, and agate.	16 Syrië dreef koophandel met u, vanwege de veelheid uwer werken; met smaragden, purper, en gestikt werk, en zijde, en Ramoth, en Cadkod, handelden zij op uw markten.
Judah, and the land of Israel, they were thy merchants: they traded in thy market wheat of Minnith, and Pannag, and honey, and oil, and balm.	17 Juda en het land Israëls waren uw kooplieden; met tarwe van Minnit en Pannag, en honig, en olie, en balsem, dreven zij onderlingen handel met u.
Damascus was thy merchant in the multitude of the wares of thy making, for the multitude of all riches; in the wine of Helbon, and white wool.	18 Damaskus dreef koophandel met u, om de veelheid uwer werken, vanwege de veelheid van allerlei goed; met wijn van Chelbon en witte wol.
Dan also and Javan going to and fro occupied in thy fairs: bright iron, cassia, and calamus, were in thy market.	19 Ook leverden Dan en Javan, de omreizer, op uw markten; glad ijzer, kassie en kalmus was in uw onderlingen koophandel.
Dedan was thy merchant in precious clothes for chariots.	20 Dedan handelde met u met kostelijk gewand tot wagens.
Arabia, and all the princes of Kedar, they occupied with thee in lambs, and rams, and goats: in these were they thy merchants.	21 Arabië en alle vorsten van Kedar waren de kooplieden uwer hand; met lammeren, en rammen, en bokken, daarmede handelden zij met u.
The merchants of Sheba and Raamah, they were thy merchants: they occupied in thy fairs with chief of all spices, and with all precious stones, and gold.	22 De kooplieden van Scheba en Raema waren uw kooplieden; met alle hoofdspecerij, en met alle kostelijk gesteente en goud, handelden zij op uw markten.
Haran, and Canneh, and Eden, the merchants of Sheba, Asshur, and Chilmad, were thy merchants.	23 Haran, en Kanne, en Eden, de kooplieden van Scheba, Assur en Kilmad, handelden met u.
These were thy merchants in all sorts of things, in blue clothes, and broidered work, and in chests of rich apparel, bound with cords, and made of cedar, among thy merchandise.	24 Die waren uw kooplieden met volkomen sieradiën, met pakken van hemelsblauw en gestikt werk, en met schatkisten van schone klederen; gebonden met koorden, en in ceder gepakt, onder uw koopmanschap.
The ships of Tarshish did sing of thee in thy market: and thou wast replenished, and made very glorious in the midst of the seas.	25 De schepen van Tarsis zongen van u, vanwege den onderlingen koophandel met u; en gij waart vervuld, en zeer verheerlijkt in het hart der zeeën.
Thy rowers have brought thee into great waters: the east wind hath broken thee in the midst of the seas.	26 Die u roeien, hebben u in grote wateren gevoerd; de oostenwind heeft u verbroken in het hart der zeeën.
Thy riches, and thy fairs, thy merchandise, thy mariners, and thy pilots, thy calkers, and the occupiers of thy merchandise, and all thy men of war, that are in thee, and in all thy company which is in the midst of thee, shall fall into the midst of the seas in the day of thy ruin.	27 Uw goed, en uw marktwaren, uw onderlinge koophandel, uw zeelieden, en uw schippers; die uw breuken verbeteren, en die onderlingen handel met u drijven, en al uw krijgslieden, die in u zijn, zelfs met uw ganse gemeente, die in het midden van u is, zullen vallen in het hart der zeeën, ten dage van uw val.
The suburbs shall shake at the sound of the cry of thy pilots.	28 Van het geluid des geschreeuws uwer schippers zullen de voorsteden beven.
And all that handle the oar, the mariners, and all the pilots of the sea, shall come down from their ships, they shall stand upon the land;	29 En allen, die den riem handelen, zeelieden, en alle schippers van de zee, zullen uit hun schepen nederklimmen; op het land zullen zij staan blijven.
And shall cause their voice to be heard against thee, and shall cry bitterly, and shall cast up dust upon their heads, they shall wallow themselves in the ashes:	30 En zij zullen hun stem over u laten horen, en bitterlijk schreeuwen; en zij zullen stof op hun hoofden werpen, zij zullen zich wentelen in de as.
And they shall make themselves utterly bald for thee, and gird them with sackcloth, and they shall weep for thee with bitterness of heart and bitter wailing.	31 En zij zullen zich over u gans kaal maken, en zakken aangorden; en zullen over u wenen met bitterheid der ziel, en bittere rouwklage.
And in their wailing they shall take up a lamentation for thee, and lament over thee, saying, What city is like Tyrus, like the destroyed in the midst of the sea?	32 En zij zullen in hun gekerm een klaaglied over u opheffen, en over u weeklagen, zeggende: Wie is geweest als Tyrus, als de uitgeroeide in het midden der zee?
When thy wares went forth out of the seas, thou filledst many people; thou didst enrich the kings of the earth with the multitude of thy riches and of thy merchandise.	33 Als uw marktwaren uit de zeeën voortkwamen, hebt gij vele volken verzadigd; met de veelheid uwer goederen en uw onderlingen koophandel, hebt gij de koningen der aarde rijk gemaakt.
In the time when thou shalt be broken by the seas in the depths of the waters thy merchandise and all thy company in the midst of thee shall fall.	34 Ten tijde, dat gij uit de zeeën verbroken zijt in de diepte der wateren, zijn uw onderlinge koophandel en uw ganse gemeente in het midden van u gevallen.
All the inhabitants of the isles shall be astonished at thee, and their kings shall be sore afraid, they shall be troubled in their countenance.	35 Alle inwoners der eilanden zijn over u ontzet, en hun koningen staan de haren te berge, zij zijn verbaasd van aangezicht.

The merchants among the people shall hiss at thee; thou shalt be a terror, and never shalt be any more.	36 De handelaars onder de volken fluiten u aan; gij zijt een grote schrik geworden, en zult er niet meer zijn tot in eeuwigheid.

Ezekiel (28) Ezechiël

The word of the LORD came again unto me, saying,	1 Voorts geschiedde des HEEREN woord tot mij, zeggende:
Son of man, say unto the prince of Tyrus, Thus saith the Lord GOD; Because thine heart is lifted up, and thou hast said, I am a God, I sit in the seat of God, in the midst of the seas; yet thou art a man, and not God, though thou set thine heart as the heart of God:	2 Mensenkind! zeg tot den vorst van Tyrus: Zo zegt de Heere HEERE: Omdat uw hart zich verheft en zegt: Ik ben God, ik zit in Godes stoel, in het hart der zeeen! daar gij een mens en geen God zijt, stelt gij nochtans uw hart, als Gods hart.
Behold, thou art wiser than Daniel; there is no secret that they can hide from thee:	3 Zie, gij zijt wijzer dan Daniel; zij hebben niets toegeslotens voor u verborgen.
With thy wisdom and with thine understanding thou hast gotten thee riches, and hast gotten gold and silver into thy treasures:	4 Door uw wijsheid en door uw verstand, hebt gij vermogen voor u verkregen; ja, gij hebt goud en zilver verkregen in uw schatten.
By thy great wisdom and by thy traffick hast thou increased thy riches, and thine heart is lifted up because of thy riches:	5 Door de grootheid uwer wijsheid in uw koophandel hebt gij uw vermogen vermeerderd, en uw hart verheft zich vanwege uw vermogen.
Therefore thus saith the Lord GOD; Because thou hast set thine heart as the heart of God;	6 Daarom zegt de Heere HEERE alzo: Omdat gij uw hart gesteld hebt als Gods hart;
Behold, therefore I will bring strangers upon thee, the terrible of the nations: and they shall draw their swords against the beauty of thy wisdom, and they shall defile thy brightness.	7 Daarom zie, Ik zal vreemden over u brengen, de tirannigste der heidenen; die zullen hun zwaarden uittrekken over de schoonheid uwer wijsheid, en zullen uw glans ontheiligen.
They shall bring thee down to the pit, and thou shalt die the deaths of them that are slain in the midst of the seas.	8 Ter groeve zullen zij u doen nederdalen; en gij zult sterven den dood eens verslagenen in het hart der zeeen.
Wilt thou yet say before him that slayeth thee, I am God? but thou shalt be a man, and no God, in the hand of him that slayeth thee.	9 Zult gij dan enigszins, voor het aangezicht uws doodslagers, zeggen: Ik ben God? daar gij een mens zijt en geen God, in de hand desgenen, die u verslaat?
Thou shalt die the deaths of the uncircumcised by the hand of strangers: for I have spoken it, saith the Lord GOD.	10 Gij zult den dood der onbesnedenen sterven; door de hand der vreemden; want Ik heb het gesproken, spreekt de Heere HEERE.
Moreover the word of the LORD came unto me, saying,	11 Wijders geschiedde des HEEREN woord tot mij, zeggende:
Son of man, take up a lamentation upon the king of Tyrus, and say unto him, Thus saith the Lord GOD; Thou sealest up the sum, full of wisdom, and perfect in beauty.	12 Mensenkind! hef een klaaglied op over den koning van Tyrus, en zeg tot hem: Zo zegt de Heere HEERE: Gij verzegelaar der som, vol van wijsheid en volmaakt in schoonheid!
Thou hast been in Eden the garden of God; every precious stone was thy covering, the sardius, topaz, and the diamond, the beryl, the onyx, and the jasper, the sapphire, the emerald, and the carbuncle, and gold: the workmanship of thy tabrets and of thy pipes was prepared in thee in the day that thou wast created.	13 Gij waart in Eden, Gods hof; alle kostelijk gesteente was uw deksel, sardisstenen, topazen en diamanten, turkooizen, sardonixstenen en jaspisstenen, saffieren, robijnen, en smaragden, en goud; het werk uwer trommelen en uwer pijpen was bij u; ten dage als gij geschapen werdt, waren zij bereid.
Thou art the anointed cherub that covereth; and I have set thee so: thou wast upon the holy mountain of God; thou hast walked up and down in the midst of the stones of fire.	14 Gij waart een gezalfde, overdekkende cherub; en Ik had u alzo gezet; gij waart op Gods heiligen berg; gij wandeldet in het midden der vurige stenen.
Thou wast perfect in thy ways from the day that thou wast created, till iniquity was found in thee.	15 Gij waart volkomen in uw wegen, van den dag af, dat gij geschapen zijt, totdat er ongerechtigheid in u gevonden is.
By the multitude of thy merchandise they have filled the midst of thee with violence, and thou hast sinned: therefore I will cast thee as profane out of the mountain of God: and I will destroy thee, O covering cherub, from the midst of the stones of fire.	16 Door de veelheid uws koophandels hebben zij het midden van u met geweld vervuld, en gij hebt gezondigd; daarom zal Ik u ontheiligen van Gods berg, en zal u, gij overdekkende cherub! verdoen uit het midden der vurige stenen!
Thine heart was lifted up because of thy beauty, thou hast corrupted thy wisdom by reason of thy brightness: I will cast thee to the ground, I will lay thee before kings, that they may behold thee.	17 Uw hart verheft zich over uw schoonheid; gij hebt uw wijsheid bedorven, vanwege uw glans; Ik heb u op de aarde henengeworpen, Ik heb u voor het aangezicht der koningen gesteld, om op u te zien.
Thou hast defiled thy sanctuaries by the multitude of thine iniquities, by the iniquity of thy traffick; therefore will I bring forth a fire from the midst of thee, it shall devour thee, and I will bring thee to ashes upon the earth in the sight of all them that behold thee.	18 Vanwege de veelheid uwer ongerechtigheden, door het onrecht uws koophandels, hebt gij uw heiligdommen ontheiligd; daarom heb Ik een vuur uit het midden van u doen voortkomen, dat u heeft verteerd, en Ik heb u gemaakt tot as op de aarde, voor de ogen van al degenen, die u zien.
All they that know thee among the people shall be astonished at thee: thou shalt be a terror, and never shalt thou be any more.	19 Allen, die u kennen onder de volken, zijn over u ontzet; gij zijt een grote schrik geworden, en zult er niet meer zijn tot in eeuwigheid.
Again the word of the LORD came unto me, saying,	20 Wijders geschiedde des HEEREN woord tot mij, zeggende:
Son of man, set thy face against Zidon, and prophesy against it,	21 Mensenkind! zet uw aangezicht tegen Sidon, en profeteer tegen haar,
And say, Thus saith the Lord GOD; Behold, I am against thee, O Zidon; and I will be glorified in the midst of thee: and they shall know that I am the LORD, when I shall have executed judgments in her, and shall be sanctified in her.	22 En zeg: Zo zegt de Heere HEERE: Zie, Ik wil aan u, o Sidon! en zal in het midden van u verheerlijkt worden; en zij zullen weten, dat Ik de HEERE ben, als Ik gerichten in haar zal hebben geoefend, en in haar geheiligd zal zijn.
For I will send into her pestilence, and blood into her streets; and the wounded shall be judged in the midst of her by the sword upon her on every side; and they shall know that I am the LORD.	23 Want Ik zal de pestilentie in haar zenden, en bloed op haar straten, en de verslagenen zullen vallen in het midden van haar, door het zwaard, dat tegen haar zal zijn van rondom; en zij zullen weten, dat Ik de HEERE ben.
And there shall be no more a pricking brier unto the house of Israel, nor any grieving thorn of all that are round about them, that despised them; and they shall know that I am the Lord GOD.	24 En het huis Israels zal geen smartenden doorn noch wee doende distel meer hebben, van allen, die rondom hen zijn, die henlieden beroven; en zij zullen weten, dat Ik de Heere HEERE ben.

Thus saith the Lord GOD; When I shall have gathered the house of Israel from the people among whom they are scattered, and shall be sanctified in them in the sight of the heathen, then shall they dwell in their land that I have given to my servant Jacob.	25 Alzo zegt de Heere HEERE: Als Ik het huis Israels zal vergaderd hebben uit de volken, onder dewelke zij verstrooid zijn, en Ik onder hen voor de ogen der heidenen zal geheiligd zijn, dan zullen zij in hun land wonen, dat Ik aan Mijn knecht, aan Jakob, gegeven heb.
And they shall dwell safely therein, and shall build houses, and plant vineyards; yea, they shall dwell with confidence, when I have executed judgments upon all those that despise them round about them; and they shall know that I am the LORD their God.	26 En zij zullen daarin zeker wonen, en huizen bouwen, en wijngaarden planten; ja, zij zullen zeker wonen; als Ik gerichten zal hebben geoefend tegen allen, die henlieden beroofd hebben, van degenen, die rondom hen zijn; en zij zullen weten dat Ik, de HEERE, hunlieder God ben.

Ezekiel (29) Ezechiël

In the tenth year, in the tenth month, in the twelfth day of the month, the word of the LORD came unto me, saying,	1 In het tiende jaar, in de tiende maand, op den twaalfden der maand, geschiedde des HEEREN woord tot mij, zeggende:
Son of man, set thy face against Pharaoh king of Egypt, and prophesy against him, and against all Egypt:	2 Mensenkind! zet uw aangezicht tegen Farao, den koning van Egypte, en profeteer tegen hem, en tegen het ganse Egypte.
Speak, and say, Thus saith the Lord GOD; Behold, I am against thee, Pharaoh king of Egypt, the great dragon that lieth in the midst of his rivers, which hath said, My river is mine own, and I have made it for myself.	3 Spreek en zeg: Zo zegt de Heere HEERE: Zie, Ik wil aan u, o Farao, koning van Egypte! dien groten zeedraak, die in het midden zijner rivieren ligt; die daar zegt: Mijn rivier is de mijne, en ik heb die voor mij gemaakt.
But I will put hooks in thy jaws, and I will cause the fish of thy rivers to stick unto thy scales, and I will bring thee up out of the midst of thy rivers, and all the fish of thy rivers shall stick unto thy scales.	4 Maar Ik zal haken in uw kaken doen, en den vis uwer rivieren aan uw schubben doen kleven; en Ik zal u uit het midden uwer rivieren optrekken, en al de vis uwer rivieren zal aan uw schubben kleven.
And I will leave thee thrown into the wilderness, thee and all the fish of thy rivers: thou shalt fall upon the open fields; thou shalt not be brought together, nor gathered: I have given thee for meat to the beasts of the field and to the fowls of the heaven.	5 En Ik zal u verlaten in de woestijn, u en al den vis uwer rivieren; op het open veld zult gij vallen; gij zult niet verzameld noch vergaderd worden; aan het gedierte der aarde en aan het gevogelte des hemels heb Ik u ter spijze gegeven.
And all the inhabitants of Egypt shall know that I am the LORD, because they have been a staff of reed to the house of Israel.	6 En al de inwoners van Egypte zullen weten, dat Ik de HEERE ben, omdat zij den huize Israels een rietstaf geweest zijn.
When they took hold of thee by thy hand, thou didst break, and rend all their shoulder: and when they leaned upon thee, thou brakest, and madest all their loins to be at a stand.	7 Als zij u bij uw hand grepen, zo werdt gij gebroken, en spleet hun alle zijden; en als zij op u leunden, zo werdt gij verbroken, en liet alle lenden op zichzelven staan.
Therefore thus saith the Lord GOD; Behold, I will bring a sword upon thee, and cut off man and beast out of thee.	8 Daarom zo zegt de Heere HEERE: Zie, Ik zal het zwaard over u brengen, en Ik zal uit u mens en beest uitroeien.
And the land of Egypt shall be desolate and waste; and they shall know that I am the LORD: because he hath said, The river is mine, and I have made it.	9 En Egypteland zal worden tot een wildernis en woestheid, en zij zullen weten, dat Ik de HEERE ben; omdat hij zegt: De rivier is mijn, en ik heb die gemaakt.
Behold, therefore I am against thee, and against thy rivers, and I will make the land of Egypt utterly waste and desolate, from the tower of Syene even unto the border of Ethiopia.	10 Daarom, zie, Ik wil aan u en aan uw rivier; en Ik zal Egypteland stellen tot woeste wilde eenzaamheden, van den toren van Syrene af, tot aan de landpale van Morenland.
No foot of man shall pass through it, nor foot of beast shall pass through it, neither shall it be inhabited forty years.	11 Geen mensenvoet zal door hetzelve doorgaan, en geen beestenvoet zal door hetzelve doorgaan, en het zal veertig jaren onbewoond zijn.
And I will make the land of Egypt desolate in the midst of the countries that are desolate, and her cities among the cities that are laid waste shall be desolate forty years: and I will scatter the Egyptians among the nations, and will disperse them through the countries.	12 Want Ik zal Egypteland stellen tot een verwoesting in het midden der verwoeste landen, en zijn steden zullen een woestheid zijn in het midden der verwoeste steden, veertig jaren; en Ik zal de Egyptenaars verstrooien onder de heidenen, en zal hen verspreiden in de landen.
Yet thus saith the Lord GOD; At the end of forty years will I gather the Egyptians from the people whither they were scattered:	13 Maar zo zegt de Heere HEERE: Ten einde van veertig jaren zal Ik de Egyptenaars vergaderen uit de volken, waarhenen zij verstrooid zijn geworden.
And I will bring again the captivity of Egypt, and will cause them to return into the land of Pathros, into the land of their habitation; and they shall be there a base kingdom.	14 En Ik zal de gevangenis der Egyptenaren wenden, en hen wederbrengen in het land van Pathros, in het land huns koophandels; en aldaar zullen zij een nederig koninkrijk zijn.
It shall be the basest of the kingdoms; neither shall it exalt itself any more above the nations: for I will diminish them, that they shall no more rule over the nations.	15 En het zal nederiger zijn dan de andere koninkrijken, en zich niet meer verheffen boven de heidenen; want Ik zal hen verminderen, dat zij niet zullen heersen over de heidenen.
And it shall be no more the confidence of the house of Israel, which bringeth their iniquity to remembrance, when they shall look after them: but they shall know that I am the Lord GOD.	16 En het zal den huize Israels niet meer zijn tot een vertrouwen, dat der ongerechtigheid doet gedenken, wanneer zij naar henlieden omzien; maar zij zullen weten, dat Ik de Heere HEERE ben.
And it came to pass in the seven and twentieth year, in the first month, in the first day of the month, the word of the LORD came unto me, saying,	17 Voorts gebeurde het in het zeven en twintigste jaar, in de eerste maand, op den eersten der maand, dat het woord des HEEREN tot mij geschiedde, zeggende:
Son of man, Nebuchadrezzar king of Babylon caused his army to serve a great service against Tyrus: every head was made bald, and every shoulder was peeled: yet had he no wages, nor his army, for Tyrus, for the service that he had served against it:	18 Mensenkind! Nebukadrezar, de koning van Babel, heeft zijn heir een groten dienst doen dienen tegen Tyrus; alle hoofden zijn kaal geworden, en alle zijden zijn uitgeplukt; en noch hij, noch zijn heir heeft loon gehad vanwege Tyrus, voor den dienst, dien hij tegen haar gediend heeft.
Therefore thus saith the Lord GOD; Behold, I will give the land of Egypt unto Nebuchadrezzar king of Babylon; and he shall take her multitude, and take her spoil, and take her prey; and it shall be the wages for his army.	19 Daarom, zo zegt de Heere HEERE: Zie, Ik zal Nebukadrezar, den koning van Babel, Egypteland geven; en hij zal deszelfs buit buiten, en deszelfs roof roven, en het zal het loon zijn voor zijn heir.

I have given him the land of Egypt for his labour wherewith he served against it, because they wrought for me, saith the Lord GOD.

In that day will I cause the horn of the house of Israel to bud forth, and I will give thee the opening of the mouth in the midst of them; and they shall know that I am the LORD.

Ezekiel (30) Ezechiël

The word of the LORD came again unto me, saying,

Son of man, prophesy and say, Thus saith the Lord GOD; Howl ye, Woe worth the day!

For the day is near, even the day of the LORD is near, a cloudy day; it shall be the time of the heathen.

And the sword shall come upon Egypt, and great pain shall be in Ethiopia, when the slain shall fall in Egypt, and they shall take away her multitude, and her foundations shall be broken down.

Ethiopia, and Libya, and Lydia, and all the mingled people, and Chub, and the men of the land that is in league, shall fall with them by the sword.

Thus saith the LORD; They also that uphold Egypt shall fall; and the pride of her power shall come down: from the tower of Syene shall they fall in it by the sword, saith the Lord GOD.

And they shall be desolate in the midst of the countries that are desolate, and her cities shall be in the midst of the cities that are wasted.

And they shall know that I am the LORD, when I have set a fire in Egypt, and when all her helpers shall be destroyed.

In that day shall messengers go forth from me in ships to make the careless Ethiopians afraid, and great pain shall come upon them, as in the day of Egypt: for, lo, it cometh.

Thus saith the Lord GOD; I will also make the multitude of Egypt to cease by the hand of Nebuchadrezzar king of Babylon.

He and his people with him, the terrible of the nations, shall be brought to destroy the land: and they shall draw their swords against Egypt, and fill the land with the slain.

And I will make the rivers dry, and sell the land into the hand of the wicked: and I will make the land waste, and all that is therein, by the hand of strangers: I the LORD have spoken it.

Thus saith the Lord GOD; I will also destroy the idols, and I will cause their images to cease out of Noph; and there shall be no more a prince of the land of Egypt: and I will put a fear in the land of Egypt.

And I will make Pathros desolate, and will set fire in Zoan, and will execute judgments in No.

And I will pour my fury upon Sin, the strength of Egypt; and I will cut off the multitude of No.

And I will set fire in Egypt: Sin shall have great pain, and No shall be rent asunder, and Noph shall have distresses daily.

The young men of Aven and of Pibeseth shall fall by the sword: and these cities shall go into captivity.

At Tehaphnehes also the day shall be darkened, when I shall break there the yokes of Egypt: and the pomp of her strength shall cease in her: as for her, a cloud shall cover her, and her daughters shall go into captivity.

Thus will I execute judgments in Egypt: and they shall know that I am the LORD.

And it came to pass in the eleventh year, in the first month, in the seventh day of the month, that the word of the LORD came unto me, saying,

Son of man, I have broken the arm of Pharaoh king of Egypt; and, lo, it shall not be bound up to be healed, to put a roller to bind it, to make it strong to hold the sword.

Therefore thus saith the Lord GOD; Behold, I am against Pharaoh king of Egypt, and will break his arms, the strong, and that which was broken; and I will cause the sword to fall out of his hand.

---

20 Tot zijn arbeidsloon, omdat hij tegen haar gediend heeft, heb Ik hem Egypteland gegeven, omdat zij voor Mij gewrocht hebben, spreekt de Heere HEERE.

21 Te dien dage zal Ik den hoorn van het huis Israels doen uitspruiten, en u opening des monds geven in het midden van hen; en zij zullen weten, dat Ik de HEERE ben.

1 Wijders geschiedde des HEEREN woord tot mij, zeggende:

2 Mensenkind! profeteer, en zeg: Zo zegt de Heere HEERE: Huilt: Ach die dag!

3 Want de dag is nabij, ja, de dag des HEEREN is nabij, een wolkige dag, het zal der heidenen tijd zijn.

4 En het zwaard zal komen in Egypte, en er zal grote smart zijn in Morenland, als de verslagenen zullen vallen in Egypte; want zij zullen derzelver menigte wegnemen, en haar fondamenten zullen verbroken worden.

5 Morenland, en Put, en Lud, en al de gemengde hoop, en Cub, en de kinderen van het land des verbonds zullen met hen vallen door het zwaard.

6 Zo zegt de HEERE: Ja, zij zullen vallen, die Egypte ondersteunen, en de hovaardij harer sterkte zal nederdalen; van den toren van Syene af zullen zij daarin door het zwaard vallen, spreekt de Heere HEERE.

7 En zij zullen verwoest worden in het midden der verwoeste landen; en haar steden zullen zijn in het midden der verwoeste steden.

8 En zij zullen weten, dat Ik de HEERE ben, als Ik een vuur in Egypte zal hebben gelegd, en al haar helpers zullen verbroken worden.

9 Te dien dage zullen er boden van voor Mijn aangezicht in schepen uitvaren, om het zorgeloze Morenland te verschrikken; en er zal grote smart bij hen zijn, als in den dag van Egypte; want ziet, het komt aan!

10 Zo zegt de Heere HEERE: Ja, Ik zal de menigte van Egypte doen ophouden, door de hand van Nebukadrezar, den koning van Babel.

11 Hij, en zijn volk met hem, de tirannigste der heidenen zullen aangevoerd worden, om het land te verderven; en zij zullen hun zwaarden tegen Egypte uittrekken, en het land met verslagenen vervullen.

12 En Ik zal de rivieren tot droogte maken, en het land verkopen in de hand der bozen; en Ik zal het land met zijn volheid verwoesten door de hand der vreemden: Ik, de HEERE, heb het gesproken.

13 Zo zegt de Heere HEERE: Ik zal ook de drekgoden verdoen, en de nietige afgoden doen ophouden uit Nof; en er zal geen vorst meer zijn uit Egypteland; en Ik zal een vreze in Egypteland stellen.

14 En Ik zal Pathros verwoesten, en een vuur leggen in Zoan; en Ik zal gerichten oefenen in No.

15 En Ik zal Mijn grimmigheid uitgieten over Sin, de sterkte van Egypte; en Ik zal de menigte van No uitroeien.

16 En Ik zal een vuur in Egypte leggen; Sin zal zeer grote pijn hebben, en No zal gespleten worden, en Nof zal dagelijks zeer bang zijn.

17 De jongelingen van Aven en Pibeseth zullen door het zwaard vallen, en de dochters zullen gaan in de gevangenis.

18 En te Tachpanhes zal de dag verduisterd worden, als Ik het juk van Egypte aldaar zal verbreken, en de hovaardij harer sterkte in haar zal ophouden; haar zal een wolk bedekken, en haar dochters zullen gaan in de gevangenis.

19 Alzo zal Ik gerichten oefenen in Egypte; en zij zullen weten, dat Ik de HEERE ben.

20 Ook gebeurde het in het elfde jaar, in de eerste maand, op den zevenden der maand, dat het woord des HEEREN tot mij geschiedde, zeggende:

21 Mensenkind! Ik heb den arm van Farao, den koning van Egypte, verbroken; en ziet, hij zal niet verbonden worden, met pleisters op te leggen, met een windeldoek aan te doen, om dien te verbinden, om dien te sterken, dat hij het zwaard houde.

22 Daarom zegt de Heere HEERE alzo: Ziet, Ik wil aan Farao, den koning van Egypte, en zal zijn armen verbreken, beide den sterken en den verbrokenen; en Ik zal het zwaard uit zijn hand doen vallen.

And I will scatter the Egyptians among the nations, and will disperse them through the countries.	23	En Ik zal de Egyptenaars verstrooien onder de heidenen, en zal hen verspreiden in de landen.
And I will strengthen the arms of the king of Babylon, and put my sword in his hand: but I will break Pharaoh's arms, and he shall groan before him with the groanings of a deadly wounded man.	24	En Ik zal de armen des konings van Babel sterken, en Mijn zwaard in zijn hand geven; maar Farao's armen zal Ik verbreken, dat hij voor zijn aangezicht zal kermen, gelijk een dodelijk verwonde kermt.
But I will strengthen the arms of the king of Babylon, and the arms of Pharaoh shall fall down; and they shall know that I am the LORD, when I shall put my sword into the hand of the king of Babylon, and he shall stretch it out upon the land of Egypt.	25	Ja, Ik zal de armen des konings van Babel sterken, maar Farao's armen zullen daarhenen vallen; en zij zullen weten, dat Ik de HEERE ben, als Ik Mijn zwaard in de hand des konings van Babel zal hebben gegeven, en hij datzelve over Egypteland zal hebben uitgestrekt.
And I will scatter the Egyptians among the nations, and disperse them among the countries; and they shall know that I am the LORD.	26	En Ik zal de Egyptenaars verstrooien onder de heidenen, en zal hen verspreiden in de landen; alzo zullen zij weten, dat Ik de HEERE ben.

Ezekiel (31) Ezechiël

And it came to pass in the eleventh year, in the third month, in the first day of the month, that the word of the LORD came unto me, saying,	1	Het gebeurde ook in het elfde jaar, in de derde maand, op den eersten der maand, dat des HEEREN woord tot mij geschiedde, zeggende:
Son of man, speak unto Pharaoh king of Egypt, and to his multitude; Whom art thou like in thy greatness?	2	Mensenkind! zeg tot Farao, den koning van Egypte, en tot zijn menigte: Wien zijt gij gelijk in uw grootheid?
Behold, the Assyrian was a cedar in Lebanon with fair branches, and with a shadowing shroud, and of an high stature; and his top was among the thick boughs.	3	Zie, Assur was een ceder op den Libanon, schoon van takken, schaduwachtig van loof, en hoog van stam, en zijn top was tussen dichte takken.
The waters made him great, the deep set him up on high with her rivers running round about his plants, and sent out her little rivers unto all the trees of the field.	4	De wateren maakten hem groot, de afgrond maakte hem hoog; die ging met zijn stromen rondom zijn planting, en zond zijn waterleidingen uit tot alle bomen des velds.
Therefore his height was exalted above all the trees of the field, and his boughs were multiplied, and his branches became long because of the multitude of waters, when he shot forth.	5	Daarom werd zijn stam hoger dan alle bomen des velds; en zijn takjes werden menigvuldig, en zijn scheuten lang, vanwege de grote wateren, als hij uitschoot.
All the fowls of heaven made their nests in his boughs, and under his branches did all the beasts of the field bring forth their young, and under his shadow dwelt all great nations.	6	Alle vogelen des hemels nestelden op zijn takjes, en alle dieren des velds teelden onder zijn scheuten; en alle grote volken zaten onder zijn schaduw.
Thus was he fair in his greatness, in the length of his branches: for his root was by great waters.	7	Alzo was hij schoon in zijn grootheid en in de lengte zijner takken, omdat zijn wortel aan grote wateren was.
The cedars in the garden of God could not hide him: the fir trees were not like his boughs, and the chesnut trees were not like his branches; nor any tree in the garden of God was like unto him in his beauty.	8	De cederen in Gods hof verduisterden hem niet, de dennebomen waren zijn takken niet gelijk, en de kastanjebomen waren niet gelijk zijn scheuten; geen boom in Gods hof was hem gelijk in zijn schoonheid.
I have made him fair by the multitude of his branches: so that all the trees of Eden, that were in the garden of God, envied him.	9	Ik had hem zo schoon gemaakt door de veelheid zijner takken, dat alle bomen van Eden, die in Gods hof waren, hem benijdden.
Therefore thus saith the Lord GOD; Because thou hast lifted up thyself in height, and he hath shot up his top among the thick boughs, and his heart is lifted up in his height;	10	Daarom, zo zegt de Heere HEERE: Omdat gij u verheven hebt over uw stam, ja, hij stak zijn top op boven het midden der dichte takken, en zijn hart verhief zich over zijn hoogte;
I have therefore delivered him into the hand of the mighty one of the heathen; he shall surely deal with him: I have driven him out for his wickedness.	11	Daarom gaf Ik hem in de hand van den machtigste der heidenen, dat die hem rechtschapen zou behandelen; Ik dreef hem uit om zijn goddeloosheid.
And strangers, the terrible of the nations, have cut him off, and have left him: upon the mountains and in all the valleys his branches are fallen, and his boughs are broken by all the rivers of the land; and all the people of the earth are gone down from his shadow, and have left him.	12	En vreemden, de tirannigste der heidenen, roeiden hem uit en verlieten hem; zijn takken vielen op de bergen en in alle valleien, en zijn scheuten werden verbroken bij alle stromen des lands; en alle volken der aarde gingen af uit zijn schaduw, en verlieten hem.
Upon his ruin shall all the fowls of the heaven remain, and all the beasts of the field shall be upon his branches:	13	Alle vogelen des hemels woonden op zijn omgevallen stam, en alle dieren des velds waren op zijn scheuten;
To the end that none of all the trees by the waters exalt themselves for their height, neither shoot up their top among the thick boughs, neither their trees stand up in their height, all that drink water: for they are all delivered unto death, to the nether parts of the earth, in the midst of the children of men, with them that go down to the pit.	14	Opdat zich geen waterrijke bomen verheffen over hun stam, en hun top niet opsteken boven het midden der dichte takken, en geen bomen, die water drinken, op zichzelven staan vanwege hun hoogte; want zij zijn allen overgegeven ter dood, tot het onderste der aarde, in het midden der mensenkinderen, tot degenen, die in den kuil nederdalen.
Thus saith the Lord GOD; In the day when he went down to the grave I caused a mourning: I covered the deep for him, and I restrained the floods thereof, and the great waters were stayed: and I caused Lebanon to mourn for him, and all the trees of the field fainted for him.	15	Zo zegt de Heere HEERE: Ten dage, als hij ter helle nederdaalde, maakte Ik een treuren; Ik bedekte om zijnentwil den afgrond, en weerde de stromen van dien, en de grote wateren werden geschut; en Ik maakte den Libanon om zijnentwil zwart, en al het geboomte des velds was om zijnentwil bewonden.
I made the nations to shake at the sound of his fall, when I cast him down to hell with them that descend into the pit: and all the trees of Eden, the choice and best of Lebanon, all that drink water, shall be comforted in the nether parts of the earth.	16	Van het geluid zijns vals deed Ik de heidenen beven, als Ik hem ter helle deed nederdalen, met degenen, die in den kuil nederdalen; en alle bomen van Eden, de keur en het beste van Libanon, alle bomen, die water drinken, troostten zich in het onderste der aarde.
They also went down into hell with him unto them that be slain with the sword; and they that were his arm, that dwelt under his shadow in the midst of the heathen.	17	Diezelve daalden ook met hem neder ter helle, tot de verslagenen van het zwaard; en die zijn arm geweest waren, die onder zijn schaduw in het midden der heidenen gezeten hadden.

To whom art thou thus like in glory and in greatness among the trees of Eden? yet shalt thou be brought down with the trees of Eden unto the nether parts of the earth: thou shalt lie in the midst of the uncircumcised with them that be slain by the sword. This is Pharaoh and all his multitude, saith the Lord GOD.

18 Wien zijt gij alzo gelijk in heerlijkheid en grootheid, onder de bomen van Eden? Ja, gij zult nedergevoerd worden met de bomen van Eden, tot het onderste der aarde; in het midden der onbesnedenen zult gij liggen, met de verslagenen door het zwaard. Dat is Farao, en zijn ganse menigte, spreekt de Heere HEERE.

Ezekiel (32) Ezechiël

1 And it came to pass in the twelfth year, in the twelfth month, in the first day of the month, that the word of the LORD came unto me, saying,

2 Son of man, take up a lamentation for Pharaoh king of Egypt, and say unto him, Thou art like a young lion of the nations, and thou art as a whale in the seas: and thou camest forth with thy rivers, and troubledst the waters with thy feet, and fouledst their rivers.

3 Thus saith the Lord GOD; I will therefore spread out my net over thee with a company of many people; and they shall bring thee up in my net.

4 Then will I leave thee upon the land, I will cast thee forth upon the open field, and will cause all the fowls of the heaven to remain upon thee, and I will fill the beasts of the whole earth with thee.

5 And I will lay thy flesh upon the mountains, and fill the valleys with thy height.

6 I will also water with thy blood the land wherein thou swimmest, even to the mountains; and the rivers shall be full of thee.

7 And when I shall put thee out, I will cover the heaven, and make the stars thereof dark; I will cover the sun with a cloud, and the moon shall not give her light.

8 All the bright lights of heaven will I make dark over thee, and set darkness upon thy land, saith the Lord GOD.

9 I will also vex the hearts of many people, when I shall bring thy destruction among the nations, into the countries which thou hast not known.

10 Yea, I will make many people amazed at thee, and their kings shall be horribly afraid for thee, when I shall brandish my sword before them; and they shall tremble at every moment, every man for his own life, in the day of thy fall.

11 For thus saith the Lord GOD; The sword of the king of Babylon shall come upon thee.

12 By the swords of the mighty will I cause thy multitude to fall, the terrible of the nations, all of them: and they shall spoil the pomp of Egypt, and all the multitude thereof shall be destroyed.

13 I will destroy also all the beasts thereof from beside the great waters; neither shall the foot of man trouble them any more, nor the hoofs of beasts trouble them.

14 Then will I make their waters deep, and cause their rivers to run like oil, saith the Lord GOD.

15 When I shall make the land of Egypt desolate, and the country shall be destitute of that whereof it was full, when I shall smite all them that dwell therein, then shall they know that I am the LORD.

16 This is the lamentation wherewith they shall lament her: the daughters of the nations shall lament her: they shall lament for her, even for Egypt, and for all her multitude, saith the Lord GOD.

17 It came to pass also in the twelfth year, in the fifteenth day of the month, that the word of the LORD came unto me, saying,

18 Son of man, wail for the multitude of Egypt, and cast them down, even her, and the daughters of the famous nations, unto the nether parts of the earth, with them that go down into the pit.

19 Whom dost thou pass in beauty? go down, and be thou laid with the uncircumcised.

20 They shall fall in the midst of them that are slain by the sword: she is delivered to the sword: draw her and all her multitudes.

21 The strong among the mighty shall speak to him out of the midst of hell with them that help him: they are gone down, they lie uncircumcised, slain by the sword.

1 Het gebeurde ook in het twaalfde jaar, in de twaalfde maand op den eersten der maand, dat het woord des HEEREN tot mij geschiedde, zeggende:

2 Mensenkind! hef een klaaglied op over Farao, den koning van Egypte, en zeg tot hem: Gij waart een jongen leeuw onder de heidenen gelijk; en gij waart als een zeedraak in de zeeen, en braakt voort in uw rivieren, en beroerdet het water met uw voeten, en vermodderdet hunlieder rivieren.

3 Alzo zegt de Heere HEERE: Ik zal daarom Mijn net over u uitspreiden door een vergadering van vele volken; die zullen u optrekken in Mijn garen.

4 Dan zal Ik u laten op het land, Ik zal u henenwerpen op het open veld; en Ik zal al het gevogelte des hemels op u doen wonen, en het gedierte der ganse aarde van u verzadigen.

5 En Ik zal uw vlees henengeven op de bergen, en de dalen met uw hoogheid vervullen.

6 En Ik zal het land, waarin gij zwemt, van uw bloed drenken tot aan de bergen; en de stromen zullen van u vervuld worden.

7 En als Ik u zal uitblussen, zal Ik den hemel bedekken, en zijn sterren zwart maken; Ik zal de zon met wolken bedekken, en de maan zal haar licht niet laten lichten.

8 Alle lichtende lichten aan den hemel, die zal Ik om uwentwil zwart maken; en Ik zal een duisternis over uw land maken, spreekt de Heere HEERE.

9 Daartoe zal Ik het hart van vele volken verdrietig maken, als Ik uw verbreking onder de heidenen zal brengen in de landen, die gij niet gekend hebt.

10 En Ik zal maken, dat zich vele volken over u ontzetten, en hun koningen zullen de haren over u te berge staan, als Ik Mijn zwaard zal zwaaien voor hun aangezichten; en zij zullen elk ogenblik sidderen, een ieder voor zijn ziel, ten dage uws vals.

11 Want zo zegt de Heere HEERE: Het zwaard des konings van Babel zal u overkomen.

12 Ik zal uw menigte vellen door de zwaarden der helden, die al te zamen de tirannigste der heidenen zijn; die zullen de hovaardij van Egypte verstoren, en haar ganse menigte zal verdelgd worden.

13 En Ik zal haar beesten verdoen van bij de grote wateren; en geen mensenvoet zal ze meer beroeren, en geen beestenklauwen zullen ze beroeren.

14 Dan zal Ik hunlieder wateren doen zinken, en Ik zal hunlieder rivieren doen gaan als olie, spreekt de Heere HEERE:

15 Als Ik Egypteland zal hebben gesteld tot een verwoesting, en het land van zijn volheid zal woest zijn geworden, als Ik geslagen zal hebben allen, die daarin wonen; alzo zullen zij weten, dat Ik de HEERE ben.

16 Dat is het klaaglied, en dat zullen zij klagelijk zingen; de dochteren der heidenen zullen het klagelijk zingen; zij zullen het klagelijk zingen over Egypte en over haar ganse menigte, spreekt de Heere HEERE.

17 Voorts gebeurde het in het twaalfde jaar, op den vijftienden der maand, dat het woord des HEEREN tot mij geschiedde, zeggende:

18 Mensenkind! weeklaag over de menigte van Egypte, en doe ze nederdalen, (haar en de dochteren der prachtige heidenen) in de onderste plaatsen der aarde, bij degenen, die in den kuil zijn nedergedaald.

19 Boven wien zijt gij liefelijk! Daal neder, en leg u bij de onbesnedenen.

20 In het midden der verslagenen van het zwaard zullen zij vallen; zij is aan het zwaard overgegeven; trek haar henen met al haar menigte.

21 De machtigste der helden zullen hem, met zijn helpers, toespreken, uit het midden der hel; zij zijn nedergedaald, de onbesnedenen liggen er, verslagen van het zwaard;

	Asshur is there and all her company: his graves are about him: all of them slain, fallen by the sword:	22	Daar is Assur met haar gansen hoop, zijn graven zijn rondom hem; zij zijn allen verslagen, gevallen door het zwaard;
	Whose graves are set in the sides of the pit, and her company is round about her grave: all of them slain, fallen by the sword, which caused terror in the land of the living.	23	Welker graven gesteld zijn in de zijden des kuils, en haar hoop is rondom haar graf; zij zijn allen verslagen, gevallen door het zwaard, die een schrik gaven in het land der levenden.
	There is Elam and all her multitude round about her grave, all of them slain, fallen by the sword, which are gone down uncircumcised into the nether parts of the earth, which caused their terror in the land of the living; yet have they borne their shame with them that go down to the pit.	24	Daar is Elam met haar ganse menigte rondom haar graf; zij zijn allen verslagen, de gevallenen door het zwaard, die onbesneden zijn nedergedaald tot de onderste plaatsen der aarde, die hun schrik hadden gegeven in het land der levenden; nu dragen zij hun schande met degenen, die in den kuil zijn nedergedaald.
	They have set her a bed in the midst of the slain with all her multitude: her graves are round about him: all of them uncircumcised, slain by the sword: though their terror was caused in the land of the living, yet have they borne their shame with them that go down to the pit: he is put in the midst of them that be slain.	25	In het midden der verslagenen hebben zij haar een legerstede gesteld onder haar ganse menigte, rondom hem zijn haar graven; zij zijn allen onbesneden, verslagenen van het zwaard, omdat een schrik van hen gegeven is in het land der levenden; nu dragen zij hun schande met degenen, die in den kuil zijn nedergedaald; hij is geleid in het midden der verslagenen.
	There is Meshech, Tubal, and all her multitude: her graves are round about him: all of them uncircumcised, slain by the sword, though they caused their terror in the land of the living.	26	Daar is Mesech, en Tubal, met haar ganse menigte; rondom hem zijn haar graven; zij zijn allen onbesneden, verslagenen van het zwaard, omdat zij hun schrik gegeven hebben in het land der levenden.
	And they shall not lie with the mighty that are fallen of the uncircumcised, which are gone down to hell with their weapons of war: and they have laid their swords under their heads, but their iniquities shall be upon their bones, though they were the terror of the mighty in the land of the living.	27	Maar zij liggen niet met de helden, die onder de onbesnedenen gevallen zijn; die ter helle zijn nedergedaald met hun krijgswapenen, en welker zwaarden men gelegd heeft onder hun hoofden; welker ongerechtigheid nochtans op hun beenderen is, omdat der helden schrik in het land der levenden geweest is.
	Yea, thou shalt be broken in the midst of the uncircumcised, and shalt lie with them that are slain with the sword.	28	Gij ook zult verbroken worden in het midden der onbesnedenen, en zult liggen met de verslagenen van het zwaard.
	There is Edom, her kings, and all her princes, which with their might are laid by them that were slain by the sword: they shall lie with the uncircumcised, and with them that go down to the pit.	29	Daar is Edom, haar koningen en al haar vorsten, die met hunlieder macht gelegd zijn bij de verslagenen van het zwaard; diezelve liggen met de onbesnedenen en met degenen, die in den kuil zijn nedergedaald.
	There be the princes of the north, all of them, and all the Zidonians, which are gone down with the slain; with their terror they are ashamed of their might; and they lie uncircumcised with them that be slain by the sword, and bear their shame with them that go down to the pit.	30	Daar zijn de geweldigen van het Noorden, zij allen, en alle Sidoniers, die met de verslagenen zijn nedergedaald, beschaamd zijnde vanwege hun schrik, die uit hun macht voortkwam, en zij liggen onbesneden bij de verslagenen van het zwaard, en dragen hun schande met degenen, die in den kuil zijn nedergedaald.
	Pharaoh shall see them, and shall be comforted over all his multitude, even Pharaoh and all his army slain by the sword, saith the Lord GOD.	31	Farao zal henlieden zien, en zich troosten over zijn ganse menigte; de verslagenen van het zwaard van Farao en zijn ganse heir, spreekt de Heere HEERE.
	For I have caused my terror in the land of the living: and he shall be laid in the midst of the uncircumcised with them that are slain with the sword, even Pharaoh and all his multitude, saith the Lord GOD.	32	Want Ik heb ook Mijn schrik gegeven in het land der levenden; dies zal hij gelegd worden in het midden der onbesnedenen bij de verslagenen van het zwaard, Farao en zijn ganse menigte, spreekt de Heere HEERE.

Ezekiel (33) Ezechiël

	Again the word of the LORD came unto me, saying,	1	En des HEEREN woord geschiedde tot mij, zeggende:
	Son of man, speak to the children of thy people, and say unto them, When I bring the sword upon a land, if the people of the land take a man of their coasts, and set him for their watchman:	2	Mensenkind! spreek tot de kinderen uws volks, en zeg tot hen: Wanneer Ik het zwaard over enig land breng, en het volk des lands een man uit hun einden nemen, en dien voor zich tot een wachter stellen;
	If when he seeth the sword come upon the land, he blow the trumpet, and warn the people;	3	En hij het zwaard ziet komen over het land, en blaast met de bazuin, en waarschuwt het volk;
	Then whosoever heareth the sound of the trumpet, and taketh not warning; if the sword come, and take him away, his blood shall be upon his own head.	4	En een, die het geluid der bazuin hoort, wel hoort, maar zich niet laat waarschuwen; en het zwaard komt, en neemt hem weg, diens bloed is op zijn hoofd.
	He heard the sound of the trumpet, and took not warning; his blood shall be upon him. But he that taketh warning shall deliver his soul.	5	Hij hoorde het geluid der bazuin, maar liet zich niet waarschuwen, zijn bloed is op hem; maar hij, die zich laat waarschuwen, behoudt zijn ziel.
	But if the watchman see the sword come, and blow not the trumpet, and the people be not warned; if the sword come, and take any person from among them, he is taken away in his iniquity; but his blood will I require at the watchman's hand.	6	Wanneer daarentegen de wachter het zwaard ziet komen, en blaast niet met de bazuin, zodat het volk niet is gewaarschuwd; en het zwaard komt, en neemt een ziel uit hen weg; die is wel in zijn ongerechtigheid weggenomen, maar zijn bloed zal Ik van des hand des wachters eisen.
	So thou, O son of man, I have set thee a watchman unto the house of Israel; therefore thou shalt hear the word at my mouth, and warn them from me.	7	Gij nu, o mensenkind! Ik heb u tot een wachter gesteld over het huis Israels; zo zult gij het woord uit Mijn mond horen, en hen van Mijnentwege waarschuwen.
	When I say unto the wicked, O wicked man, thou shalt surely die; if thou dost not speak to warn the wicked from his way, that wicked man shall die in his iniquity; but his blood will I require at thine hand.	8	Als Ik tot den goddeloze zeg: O goddeloze, gij zult den dood sterven! en gij spreekt niet, om den goddeloze van zijn weg af te manen; die goddeloze zal in zijn ongerechtigheid sterven, maar zijn bloed zal Ik van uw hand eisen.
	Nevertheless, if thou warn the wicked of his way to turn from it; if he do not turn from his way, he shall die in his iniquity; but thou hast delivered thy soul.	9	Maar als gij den goddeloze van zijn weg afmaant, dat hij zich van dien bekere, en hij zich van zijn weg niet bekeert, zo zal hij in zijn ongerechtigheid sterven; maar gij hebt uw ziel bevrijd.

Therefore, O thou son of man, speak unto the house of Israel; Thus ye speak, saying, If our transgressions and our sins be upon us, and we pine away in them, how should we then live?

Say unto them, As I live, saith the Lord GOD, I have no pleasure in the death of the wicked; but that the wicked turn from his way and live: turn ye, turn ye from your evil ways; for why will ye die, O house of Israel?

Therefore, thou son of man, say unto the children of thy people, The righteousness of the righteous shall not deliver him in the day of his transgression: as for the wickedness of the wicked, he shall not fall thereby in the day that he turneth from his wickedness; neither shall the righteous be able to live for his righteousness in the day that he sinneth.

When I shall say to the righteous, that he shall surely live; if he trust to his own righteousness, and commit iniquity, all his righteousnesses shall not be remembered; but for his iniquity that he hath committed, he shall die for it.

Again, when I say unto the wicked, Thou shalt surely die; if he turn from his sin, and do that which is lawful and right;

If the wicked restore the pledge, give again that he had robbed, walk in the statutes of life, without committing iniquity; he shall surely live, he shall not die.

None of his sins that he hath committed shall be mentioned unto him: he hath done that which is lawful and right; he shall surely live.

Yet the children of thy people say, The way of the Lord is not equal: but as for them, their way is not equal.

When the righteous turneth from his righteousness, and committeth iniquity, he shall even die thereby.

But if the wicked turn from his wickedness, and do that which is lawful and right, he shall live thereby.

Yet ye say, The way of the Lord is not equal. O ye house of Israel, I will judge you every one after his ways.

And it came to pass in the twelfth year of our captivity, in the tenth month, in the fifth day of the month, that one that had escaped out of Jerusalem came unto me, saying, The city is smitten.

Now the hand of the LORD was upon me in the evening, afore he that was escaped came; and had opened my mouth, until he came to me in the morning; and my mouth was opened, and I was no more dumb.

Then the word of the LORD came unto me, saying,

Son of man, they that inhabit those wastes of the land of Israel speak, saying, Abraham was one, and he inherited the land: but we are many; the land is given us for inheritance.

Wherefore say unto them, Thus saith the Lord GOD; Ye eat with the blood, and lift up your eyes toward your idols, and shed blood: and shall ye possess the land?

Ye stand upon your sword, ye work abomination, and ye defile every one his neighbour's wife: and shall ye possess the land?

Say thou thus unto them, Thus saith the Lord GOD; As I live, surely they that are in the wastes shall fall by the sword, and him that is in the open field will I give to the beasts to be devoured, and they that be in the forts and in the caves shall die of the pestilence.

For I will lay the land most desolate, and the pomp of her strength shall cease; and the mountains of Israel shall be desolate, that none shall pass through.

Then shall they know that I am the LORD, when I have laid the land most desolate because of all their abominations which they have committed.

Also, thou son of man, the children of thy people still are talking against thee by the walls and in the doors of the houses, and speak one to another, every one to his brother, saying, Come, I pray you, and hear what is the word that cometh forth from the LORD.

And they come unto thee as the people cometh, and they sit before thee as my people, and they hear thy words, but they will not do them: for with their mouth they shew much love, but their heart goeth after their covetousness.

10 Daarom, gij mensenkind! zeg tot het huis Israels: Gijlieden spreekt aldus, zeggende: Dewijl onze overtredingen en onze zonden op ons zijn, en wij in dezelve versmachten, hoe zouden wij dan leven?

11 Zeg tot hen: Zo waarachtig als Ik leef, spreekt de Heere HEERE, zo Ik lust heb in den dood des goddelozen! maar daarin heb Ik lust, dat de goddeloze zich bekere van zijn weg en leve. Bekeert u, bekeert u van uw boze wegen, want waarom zoudt gij sterven, o huis Israels?

12 Gij dan, o mensenkind! zeg tot de kinderen uws volks: De gerechtigheid des rechtvaardigen zal hem niet redden ten dage zijner overtreding; en aangaande de goddeloosheid des goddelozen, hij zal om dezelve niet vallen, ten dage als hij zich van zijn goddeloosheid bekeert; en de rechtvaardige zal niet kunnen leven door dezelve zijn gerechtigheid, ten dage als hij zondigt.

13 Als Ik tot den rechtvaardige zeg, dat hij zekerlijk leven zal, en hij op zijn gerechtigheid vertrouwt, en onrecht doet, zo zullen al zijn gerechtigheden niet gedacht worden, maar in zijn onrecht, dat hij doet, daarin zal hij sterven.

14 Als Ik ook tot den goddeloze zeg: Gij zult den dood sterven! en hij zich van zijn zonde bekeert, en recht en gerechtigheid doet;

15 Geeft de goddeloze het pand weder, betaalt hij het geroofde, wandelt hij in de inzettingen des levens, zodat hij geen onrecht doet; hij zal zekerlijk leven, hij zal niet sterven.

16 Al zijn zonden, die hij gezondigd heeft, zullen hem niet gedacht worden; hij heeft recht en gerechtigheid gedaan, hij zal zekerlijk leven.

17 Nog zeggen de kinderen uws volks: De weg des Heeren is niet recht; daar toch hun eigen weg niet recht is.

18 Als de rechtvaardige afkeert van zijn gerechtigheid, en doet onrecht, zo zal hij daarin sterven.

19 En als de goddeloze zich bekeert van zijn goddeloosheid, en doet recht en gerechtigheid, zo zal hij daarin leven.

20 Nog zegt gij: De weg des Heeren is niet recht; Ik zal ulieden richten, een ieder naar zijn wegen, o huis Israels!

21 En het geschiedde in het twaalfde jaar onzer gevankelijke wegvoering, in de tiende maand, op den vijfden der maand, dat er een tot mij kwam, die van Jeruzalem ontkomen was, zeggende: De stad is geslagen.

22 Nu was de hand des HEEREN op mij geweest des avonds, eer die ontkomene kwam, en had mijn mond opengedaan, totdat hij des morgens tot mij kwam. Alzo werd mijn mond opengedaan, en ik was niet meer stom.

23 Toen geschiedde des HEEREN woord tot mij, zeggende:

24 Mensenkind! de inwoners van die woeste plaatsen in het land Israels spreken, zeggende: Abraham was een enig man, en bezat dit land erfelijk; maar onzer zijn velen; het land is ons gegeven tot een erfelijke bezitting.

25 Daarom zeg tot hen: Zo zegt de Heere HEERE: Gij eet vlees met het bloed, en heft uw ogen op tot uw drekgoden, en vergiet bloed; en zoudt gij het land erfelijk bezitten?

26 Gij staat op ulieder zwaard; gij doet gruwel, en verontreinigt, een ieder de huisvrouw zijns naasten; en zoudt gij het land erfelijk bezitten?

27 Alzo zult gij tot hen zeggen: De Heere HEERE zegt alzo: Zo waarachtig als Ik leef, indien niet, die in die woeste plaatsen zijn, door het zwaard zullen vallen, en zo Ik niet dien, die in het open veld is, het wild gedierte overgeve, dat het hem vrete, en die in de vestingen en in de spelonken zijn, door de pestilentie zullen sterven!

28 Want Ik zal het land tot een verwoesting en een schrik stellen, en de hovaardij zijner sterkte zal ophouden; en de bergen Israels zullen woest zijn, dat er niemand overga.

29 Dan zullen zij weten, dat Ik de HEERE ben, als Ik het land tot een verwoesting en een schrik zal gesteld hebben, om al hun gruwelen, die zij gedaan hebben.

30 En gij, o mensenkind! de kinderen uws volks spreken steeds van u bij de wanden en in de deuren der huizen; en de een spreekt met den ander, een iegelijk met zijn broeder, zeggende: Komt toch en hoort, wat het woord zij, dat van den HEERE voortkomt.

31 En zij komen tot u, gelijk het volk pleegt te komen, en zitten voor uw aangezicht als Mijn volk, en horen uw woorden, maar zij doen ze niet; want zij maken liefkozingen met hun mond, maar hun hart wandelt hun gierigheid na.

And, lo, thou art unto them as a very lovely song of one that hath a pleasant voice, and can play well on an instrument: for they hear thy words, but they do them not.

And when this cometh to pass, (lo, it will come,) then shall they know that a prophet hath been among them.

32 En ziet, gij zijt hun als een lied der minnen, als een, die schoon van stem is, of die wel speelt; daarom horen zij uw woorden, maar zij doen ze niet.

33 Maar als dat komt (zie, het zal komen!) dan zullen zij weten, dat er een profeet in het midden van hen geweest is.

Ezekiel (34) Ezechiël

And the word of the LORD came unto me, saying,

Son of man, prophesy against the shepherds of Israel, prophesy, and say unto them, Thus saith the Lord GOD unto the shepherds; Woe be to the shepherds of Israel that do feed themselves! should not the shepherds feed the flocks?

Ye eat the fat, and ye clothe you with the wool, ye kill them that are fed: but ye feed not the flock.

The diseased have ye not strengthened, neither have ye healed that which was sick, neither have ye bound up that which was broken, neither have ye brought again that which was driven away, neither have ye sought that which was lost; but with force and with cruelty have ye ruled them.

And they were scattered, because there is no shepherd: and they became meat to all the beasts of the field, when they were scattered.

My sheep wandered through all the mountains, and upon every high hill: yea, my flock was scattered upon all the face of the earth, and none did search or seek after them.

Therefore, ye shepherds, hear the word of the LORD;

As I live, saith the Lord GOD, surely because my flock became a prey, and my flock became meat to every beast of the field, because there was no shepherd, neither did my shepherds search for my flock, but the shepherds fed themselves, and fed not my flock;

Therefore, O ye shepherds, hear the word of the LORD;

Thus saith the Lord GOD; Behold, I am against the shepherds; and I will require my flock at their hand, and cause them to cease from feeding the flock; neither shall the shepherds feed themselves any more; for I will deliver my flock from their mouth, that they may not be meat for them.

For thus saith the Lord GOD; Behold, I, even I, will both search my sheep, and seek them out.

As a shepherd seeketh out his flock in the day that he is among his sheep that are scattered; so will I seek out my sheep, and will deliver them out of all places where they have been scattered in the cloudy and dark day.

And I will bring them out from the people, and gather them from the countries, and will bring them to their own land, and feed them upon the mountains of Israel by the rivers, and in all the inhabited places of the country.

I will feed them in a good pasture, and upon the high mountains of Israel shall their fold be: there shall they lie in a good fold, and in a fat pasture shall they feed upon the mountains of Israel.

I will feed my flock, and I will cause them to lie down, saith the Lord GOD.

I will seek that which was lost, and bring again that which was driven away, and will bind up that which was broken, and will strengthen that which was sick: but I will destroy the fat and the strong; I will feed them with judgment.

And as for you, O my flock, thus saith the Lord GOD; Behold, I judge between cattle and cattle, between the rams and the he goats.

Seemeth it a small thing unto you to have eaten up the good pasture, but ye must tread down with your feet the residue of your pastures? and to have drunk of the deep waters, but ye must foul the residue with your feet?

And as for my flock, they eat that which ye have trodden with your feet; and they drink that which ye have fouled with your feet.

Therefore thus saith the Lord GOD unto them; Behold, I, even I, will judge between the fat cattle and between the lean cattle.

Because ye have thrust with side and with shoulder, and pushed all the diseased with your horns, till ye have scattered them abroad;

1 En des HEEREN woord geschiedde tot mij, zeggende:

2 Mensenkind! profeteer tegen de herders van Israel; profeteer en zeg tot hen, tot de herders: Alzo zegt de Heere HEERE: Wee den herderen Israels, die zichzelven weiden! zullen niet de herders de schapen weiden?

3 Gij eet het vette, en bekleedt u met de wol, gij slacht het gemeste, maar de schapen weidt gij niet.

4 De zwakke sterkt gij niet, en het kranke heelt gij niet, en het gebrokene verbindt gij niet, en het weggedrevene brengt gij niet weder, en het verlorene zoekt gij niet; maar gij heerst over hen met strengheid en met hardigheid.

5 Alzo zijn zij verstrooid, omdat er geen herder is; en zij zijn als het wild gediertes des velds tot spijze geworden, dewijl zij verstrooid waren.

6 Mijn schapen dolen op alle bergen en op allen hogen heuvel, ja, Mijn schapen zijn verstrooid op den gansen aardbodem; en er is niemand, die er naar vraagt, en niemand, die ze zoekt.

7 Daarom, gij herders! hoort des HEEREN woord!

8 Zo waarachtig als Ik leef, spreekt de Heere HEERE, zo Ik niet! Omdat Mijn schapen geworden zijn tot een roof, en Mijn schapen al het wild gediertes des velds tot spijze geworden zijn, omdat er geen herder is, en Mijn herders naar Mijn schapen niet vragen; en de herders weiden zichzelven, maar Mijn schapen weiden zij niet;

9 Daarom, gij herders! hoort des HEEREN woord!

10 Alzo zegt de Heere HEERE: Ziet, Ik wil aan de herders, en zal Mijn schapen van hun hand eisen, en zal ze van het weiden der schapen doen ophouden, zodat de herders zichzelven niet meer zullen weiden; en Ik zal Mijn schapen uit hun mond rukken, zodat zij hun niet meer tot spijze zullen zijn.

11 Want zo zegt de Heere HEERE: Ziet, Ik, ja, Ik zal naar Mijn schapen vragen, en zal ze opzoeken.

12 Gelijk een herder zijn kudde opzoekt, ten dage als hij in het midden zijner verspreide schapen is, alzo zal Ik Mijn schapen opzoeken; en Ik zal ze redden uit al de plaatsen, waarhenen zij verstrooid zijn, ten dage der wolke en der donkerheid.

13 En Ik zal ze uitvoeren van de volken, en zal ze vergaderen uit de landen, en brengen ze in hun land; en Ik zal ze weiden op de bergen Israels, bij de stromen en in alle bewoonbare plaatsen des lands.

14 Op een goede weide zal Ik ze weiden, en op de hoge bergen Israels zal hun kooi zijn; aldaar zullen zij nederliggen in een goede kooi, en zullen weiden in een vette weide, op de bergen Israels.

15 Ik zal Mijn schapen weiden, en Ik zal ze legeren, spreekt de Heere HEERE.

16 Het verlorene zal Ik zoeken, en het weggedrevene zal Ik wederbrengen, en het gebrokene zal Ik verbinden, en het kranke zal Ik sterken; maar het vette en het sterke zal Ik verdelgen, Ik zal ze weiden met oordeel.

17 Want gij, o Mijn schapen! de Heere HEERE zegt alzo: Ziet, Ik zal richten tussen klein vee en klein vee, tussen de rammen en de bokken.

18 Is het u te weinig, dat gij de goede weide afweidt? Zult gij nog het overige uwer weide met uw voeten vertreden? En zult gij de bezonken wateren drinken, en de overgelatene met uw voeten vermodderen?

19 Mijn schapen dan, zullen zij afweiden, wat met uw voeten vertreden is, en drinken, wat met uw voeten vermoddert is?

20 Daarom zegt de Heere HEERE alzo tot hen: Ziet Ik, ja, Ik zal richten tussen het vette klein vee, en tussen het magere klein vee.

21 Omdat gij al de zwakken met de zijde en met den schouder verdringt, en met uw hoornen stoot, totdat gij dezelve naar buiten toe verstrooid hebt;

	Therefore will I save my flock, and they shall no more be a prey; and I will judge between cattle and cattle.	22	Daarom zal Ik Mijn schapen verlossen, dat zij niet meer tot een roof zullen zijn; en Ik zal richten tussen klein vee en klein vee.
	And I will set up one shepherd over them, and he shall feed them, even my servant David; he shall feed them, and he shall be their shepherd.	23	En Ik zal een enigen Herder over hen verwekken, en Hij zal hen weiden, namelijk Mijn knecht David; die zal ze weiden, en Die zal hun tot een Herder zijn.
	And I the LORD will be their God, and my servant David a prince among them; I the LORD have spoken it.	24	En Ik, de HEERE, zal hun tot een God zijn; en Mijn knecht David zal Vorst zijn in het midden van hen, Ik, de HEERE, heb het gesproken.
	And I will make with them a covenant of peace, and will cause the evil beasts to cease out of the land: and they shall dwell safely in the wilderness, and sleep in the woods.	25	En Ik zal een verbond des vredes met hen maken, en zal het boos gediertte uit het land doen ophouden; en zij zullen zeker wonen in de woestijn, en slapen in de wouden.
	And I will make them and the places round about my hill a blessing; and I will cause the shower to come down in his season; there shall be showers of blessing.	26	Want Ik zal dezelve, en de plaatsen rondom Mijn heuvel, stellen tot een zegen; en Ik zal den plasregen doen nederdalen op zijn tijd, plasregens van zegen zullen er zijn.
	And the tree of the field shall yield her fruit, and the earth shall yield her increase, and they shall be safe in their land, and shall know that I am the LORD, when I have broken the bands of their yoke, and delivered them out of the hand of those that served themselves of them.	27	En het geboomte des velds zal zijn vrucht geven, en het land zal zijn inkomst geven, en zij zullen zeker zijn in hun land; en zullen weten, dat Ik de HEERE ben, als Ik de disselbomen huns juks zal hebben verbroken, en hen gerukt uit de hand dergenen, die zich van hen deden dienen.
	And they shall no more be a prey to the heathen, neither shall the beast of the land devour them; but they shall dwell safely, and none shall make them afraid.	28	En zij zullen den heidenen niet meer ten roof zijn, en het wild gedierte der aarde zal ze niet meer vreten; maar zij zullen zeker wonen, en er zal niemand zijn, die ze verschrikke.
	And I will raise up for them a plant of renown, and they shall be no more consumed with hunger in the land, neither bear the shame of the heathen any more.	29	En Ik zal hun een plant van naam verwekken; en zij zullen niet meer weggeraapt worden door honger in het land, en den smaad der heidenen niet meer dragen.
	Thus shall they know that I the LORD their God am with them, and that they, even the house of Israel, are my people, saith the Lord GOD.	30	Maar zij zullen weten, dat Ik, de HEERE, hun God, met hen ben, en dat zij Mijn volk zijn, het huis Israels, spreekt de Heere HEERE.
	And ye my flock, the flock of my pasture, are men, and I am your God, saith the Lord GOD.	31	Gij nu, o Mijn schapen, schapen Mijner weide! gij zijt mensen; maar Ik ben uw God, spreekt de Heere HEERE.

Ezekiel (35) Ezechiël

	Moreover the word of the LORD came unto me, saying,	1	Wijders geschiedde des HEEREN woord tot mij, zeggende:
	Son of man, set thy face against mount Seir, and prophesy against it,	2	Mensenkind! zet uw aangezicht tegen het gebergte Seir, en profeteer tegen hetzelve,
	And say unto it, Thus saith the Lord GOD; Behold, O mount Seir, I am against thee, and I will stretch out mine hand against thee, and I will make thee most desolate.	3	En zeg tot hetzelve: Alzo zegt de Heere HEERE: Zie, Ik wil aan u, o gebergte Seir! en Ik zal Mijn hand tegen u uitstrekken, en zal u stellen tot een verwoesting en een schrik.
	I will lay thy cities waste, and thou shalt be desolate, and thou shalt know that I am the LORD.	4	Ik zal uw steden stellen tot eenzaamheid, en gij zult een verwoesting worden, en zult weten, dat Ik de HEERE ben.
	Because thou hast had a perpetual hatred, and hast shed the blood of the children of Israel by the force of the sword in the time of their calamity, in the time that their iniquity had an end:	5	Omdat gij een eeuwige vijandschap hebt, en hebt de kinderen Israels doen wegvloeien door het geweld des zwaards, ten tijde huns verderfs, ten tijde der uiterste ongerechtigheid;
	Therefore, as I live, saith the Lord GOD, I will prepare thee unto blood, and blood shall pursue thee: sith thou hast not hated blood, even blood shall pursue thee.	6	Daarom, zo waarachtig als Ik leef, spreekt de Heere HEERE; Ik zal u voorzeker ten bloede bereiden, en het bloed zal u vervolgen; alzo gij het bloed niet hebt gehaat, zal u het bloed ook vervolgen.
	Thus will I make mount Seir most desolate, and cut off from it him that passeth out and him that returneth.	7	En Ik zal het gebergte Seir tot de uiterste verwoesting stellen; en Ik zal uit hetzelve uitroeien dien, die er doorgaat, en dien, die wederkeert.
	And I will fill his mountains with his slain men: in thy hills, and in thy valleys, and in all thy rivers, shall they fall that are slain with the sword.	8	En Ik zal zijn bergen met zijn verslagenen vervullen; uw heuvelen, en uw dalen, en al uw stromen, in dezelve zullen de verslagenen van het zwaard liggen.
	I will make thee perpetual desolations, and thy cities shall not return: and ye shall know that I am the LORD.	9	Tot eeuwige verwoestingen zal Ik u stellen, en uw steden zullen niet bewoond worden; alzo zult gij weten, dat Ik de HEERE ben.
	Because thou hast said, These two nations and these two countries shall be mine, and we will possess it; whereas the LORD was there:	10	Omdat gij zegt: Die twee volken en die twee landen zullen mij geworden, en wij zullen ze erfelijk bezitten, ofschoon de HEERE daar ware;
	Therefore, as I live, saith the Lord GOD, I will even do according to thine anger, and according to thine envy which thou hast used out of thy hatred against them; and I will make myself known among them, when I have judged thee.	11	Daarom, zo waarachtig als Ik leef, spreekt de Heere HEERE: Ik zal ook handelen naar uw toorn en naar uw nijdigheid, die gij uit uw haat tegen hen hebt te werk gesteld; en Ik zal bij hen bekend worden, wanneer Ik u zal gericht hebben.
	And thou shalt know that I am the LORD, and that I have heard all thy blasphemies which thou hast spoken against the mountains of Israel, saying, They are laid desolate, they are given us to consume.	12	En gij zult weten, dat Ik, de HEERE, al uw lasteringen gehoord heb, die gij tegen de bergen Israels gesproken hebt, zeggende: Zij zijn verwoest, zij zijn ons ter spijze gegeven.
	Thus with your mouth ye have boasted against me, and have multiplied your words against me: I have heard them.	13	Alzo hebt gij u met uw mond tegen Mij groot gemaakt, en uw woorden tegen Mij vermenigvuldigd; Ik heb het gehoord.
	Thus saith the Lord GOD; When the whole earth rejoiceth, I will make thee desolate.	14	Alzo zegt de Heere HEERE: Gelijk het ganse land verblijd is, alzo zal Ik u de verwoesting aandoen.
	As thou didst rejoice at the inheritance of the house of Israel, because it was desolate, so will I do unto thee: thou shalt be desolate, O mount Seir, and all Idumea, even all of it: and they shall know that I am the LORD.	15	Gelijk gij u verblijd hebt over de erfenis van het huis Israels, omdat zij verwoest is, alzo zal Ik aan u doen; het gebergte van Seir, en gans Edom, zal geheel een verwoesting worden; en zij zullen weten, dat Ik de HEERE ben.

Ezekiel (36) Ezechiël

	Also, thou son of man, prophesy unto the mountains of Israel, and say, Ye mountains of Israel, hear the word of the LORD:	1	En gij, mensenkind! profeteer tot de bergen Israels, en zeg: Gij bergen Israels! hoort des HEEREN woord.
	Thus saith the Lord GOD; Because the enemy hath said against you, Aha, even the ancient high places are ours in possession:	2	Alzo zegt de Heere HEERE: Omdat de vijand van u zegt: Heah! zelfs de eeuwige hoogten zijn ons ten erve geworden!
	Therefore prophesy and say, Thus saith the Lord GOD; Because they have made you desolate, and swallowed you up on every side, that ye might be a possession unto the residue of the heathen, and ye are taken up in the lips of talkers, and are an infamy of the people:	3	Daarom profeteer en zeg: Zo zegt de Heere HEERE: Daarom, omdat men u van rondom verwoest en opgeslokt heeft, opdat gij voor het overblijfsel der heidenen ten erve zoudt zijn, en gij gebracht zijt op de klapachtige lip en in opspraak des volks;
	Therefore, ye mountains of Israel, hear the word of the Lord GOD; Thus saith the Lord GOD to the mountains, and to the hills, to the rivers, and to the valleys, to the desolate wastes, and to the cities that are forsaken, which became a prey and derision to the residue of the heathen that are round about;	4	Daarom, gij bergen Israels! hoort het woord des Heeren HEEREN: Zo zegt de Heere HEERE tot de bergen en tot de heuvelen, tot de stromen en tot de dalen, tot de verwoeste eenzame plaatsen en tot de verlaten steden, die tot een roof en tot een spot geworden zijn voor het overblijfsel der heidenen, die rondom zijn;
	Therefore thus saith the Lord GOD; Surely in the fire of my jealousy have I spoken against the residue of the heathen, and against all Idumea, which have appointed my land into their possession with the joy of all their heart, with despiteful minds, to cast it out for a prey.	5	Daarom, zo zegt de Heere HEERE: Zo Ik niet in het vuur Mijns ijvers gesproken heb tegen het overblijfsel der heidenen, en tegen het ganse Edom; die Mijn land zichzelven ten erve gegeven hebben met blijdschap des gansen harten, met begerige plundering, opdat de landerij daarvan ten rove zou zijn!
	Prophesy therefore concerning the land of Israel, and say unto the mountains, and to the hills, to the rivers, and to the valleys, Thus saith the Lord GOD; Behold, I have spoken in my jealousy and in my fury, because ye have borne the shame of the heathen:	6	Daarom profeteer van het land Israels, en zeg tot de bergen en tot de heuvelen, tot de stromen en tot de dalen: Zo zegt de Heere HEERE: Ziet, Ik heb in Mijn ijver en in Mijn grimmigheid gesproken, omdat gij den smaad der heidenen gedragen hebt;
	Therefore thus saith the Lord GOD; I have lifted up mine hand, Surely the heathen that are about you, they shall bear their shame.	7	Daarom, zo zegt de Heere HEERE: Ik heb Mijn hand opgeheven; zo niet de heidenen, die rondom u zijn, zelf hun schande zullen dragen!
	But ye, O mountains of Israel, ye shall shoot forth your branches, and yield your fruit to my people of Israel; for they are at hand to come.	8	Maar gij, o bergen Israels! gij zult weder uw takken geven, en uw vrucht voor Mijn volk Israel dragen, want zij naderen te komen.
	For, behold, I am for you, and I will turn unto you, and ye shall be tilled and sown:	9	Want ziet, Ik ben bij u, en Ik zal u aanzien, en gij zult gebouwd en bezaaid worden.
	And I will multiply men upon you, all the house of Israel, even all of it: and the cities shall be inhabited, and the wastes shall be builded:	10	En Ik zal mensen op u vermenigvuldigen, het ganse huis Israels, ja, dat geheel; en de steden zullen bewoond, en de eenzame plaatsen bebouwd worden.
	And I will multiply upon you man and beast; and they shall increase and bring fruit: and I will settle you after your old estates, and will do better unto you than at your beginnings: and ye shall know that I am the LORD.	11	Ja, Ik zal mensen en beesten op u vermenigvuldigen, en zij zullen vermenigvuldigd worden en vruchtbaar zijn; en Ik zal u doen bewonen, als in uw vorige tijden, ja, Ik zal het beter maken dan in uw beginselen; en gij zult weten, dat Ik de HEERE ben.
	Yea, I will cause men to walk upon you, even my people Israel; and they shall possess thee, and thou shalt be their inheritance, and thou shalt no more henceforth bereave them of men.	12	En Ik zal mensen op u doen wandelen, namelijk Mijn volk Israel, die zullen u erfelijk bezitten, en gij zult hun ter erfenis zijn, en gij zult ze voortaan niet meer beroven.
	Thus saith the Lord GOD; Because they say unto you, Thou land devourest up men, and hast bereaved thy nations;	13	Zo zegt de Heere HEERE: Omdat zij tot u zeggen: Gij zijt een land, dat mensen opeet, en gij zijt een land, dat uw volken berooft;
	Therefore thou shalt devour men no more, neither bereave thy nations any more, saith the Lord GOD.	14	Daarom zult gij niet meer mensen opeten, en uw volken niet meer doen struikelen, spreekt de Heere HEERE.
	Neither will I cause men to hear in thee the shame of the heathen any more, neither shalt thou bear the reproach of the people any more, neither shalt thou cause thy nations to fall any more, saith the Lord GOD.	15	En Ik zal maken, dat men den schimp der heidenen niet meer over u hore, en gij zult den smaad der natien niet meer dragen; en gij zult uw volken niet meer doen struikelen, spreekt de Heere HEERE.
	Moreover the word of the LORD came unto me, saying,	16	Wijders geschiedde des HEEREN woord tot mij, zeggende:
	Son of man, when the house of Israel dwelt in their own land, they defiled it by their own way and by their doings: their way was before me as the uncleanness of a removed woman.	17	Mensenkind! het huis Israels, als zij in hun land woonden, toen verontreinigden zij datzelve met hun weg en met hun handelingen; hun weg was voor Mijn aangezicht als de onreinigheid ener afgezonderde vrouw.
	Wherefore I poured my fury upon them for the blood that they had shed upon the land, and for their idols wherewith they had polluted it:	18	Daarom goot Ik Mijn grimmigheid over hen uit, om des bloeds wil, dat zij in het land vergoten hadden, en om hun drekgoden, waarmede zij dat verontreinigd hadden.
	And I scattered them among the heathen, and they were dispersed through the countries: according to their way and according to their doings I judged them.	19	En Ik verstrooide hen onder de heidenen, en zij werden verspreid in de landen; Ik oordeelde ze naar hun weg en naar hun handelingen.
	And when they entered into the heathen, whither they went, they profaned my holy name, when they said to them, These are the people of the LORD, and are gone forth out of his land.	20	Als zij nu tot de heidenen kwamen, waarhenen zij getogen waren, ontheiligden zij Mijn heiligen Naam, omdat men van hen zeide: Dezen zijn het volk des HEEREN, en zijn uit Zijn land uitgegaan.
	But I had pity for mine holy name, which the house of Israel had profaned among the heathen, whither they went.	21	Maar Ik verschoonde hen om Mijn heiligen Naam, dien het huis Israels ontheiligde onder de heidenen, waarhenen zij gekomen waren.

Therefore say unto the house of Israel, Thus saith the Lord GOD; I do not this for your sakes, O house of Israel, but for mine holy name's sake, which ye have profaned among the heathen, whither ye went.	22 Daarom zeg tot het huis Israels: Zo zegt de Heere HEERE: Ik doe het niet om uwentwil, gij huis Israels! maar om Mijn heiligen Naam, dien gijlieden ontheiligd hebt onder de heidenen, waarhenen gij gekomen zijt.
And I will sanctify my great name, which was profaned among the heathen, which ye have profaned in the midst of them; and the heathen shall know that I am the LORD, saith the Lord GOD, when I shall be sanctified in you before their eyes.	23 Want Ik zal Mijn groten Naam heiligen, die onder de heidenen ontheiligd is, dien gij in het midden van hen ontheiligd hebt; en de heidenen zullen weten, dat Ik de HEERE ben, spreekt de Heere HEERE, als Ik aan u voor hun ogen zal geheiligd zijn.
For I will take you from among the heathen, and gather you out of all countries, and will bring you into your own land.	24 Want Ik zal u uit de heidenen halen, en zal u uit al de landen vergaderen; en Ik zal u in uw land brengen.
Then will I sprinkle clean water upon you, and ye shall be clean: from all your filthiness, and from all your idols, will I cleanse you.	25 Dan zal Ik rein water op u sprengen, en gij zult rein worden; van al uw onreinigheden en van al uw drekgoden zal Ik u reinigen.
A new heart also will I give you, and a new spirit will I put within you: and I will take away the stony heart out of your flesh, and I will give you an heart of flesh.	26 En Ik zal u een nieuw hart geven, en zal een nieuwen geest geven in het binnenste van u; en Ik zal het stenen hart uit uw vlees wegnemen, en zal u een vlesen hart geven.
And I will put my spirit within you, and cause you to walk in my statutes, and ye shall keep my judgments, and do them.	27 En Ik zal Mijn Geest geven in het binnenste van u; en Ik zal maken, dat gij in Mijn inzettingen zult wandelen, en Mijn rechten zult bewaren en doen.
And ye shall dwell in the land that I gave to your fathers; and ye shall be my people, and I will be your God.	28 En gij zult wonen in het land, dat Ik uw vaderen gegeven heb, en gij zult Mij tot een volk zijn, en Ik zal u tot een God zijn.
I will also save you from all your uncleannesses: and I will call for the corn, and will increase it, and lay no famine upon you.	29 En Ik zal u verlossen van al uw onreinigheden; en Ik zal roepen tot het koren, en zal dat vermenigvuldigen, en Ik zal geen honger op u leggen.
And I will multiply the fruit of the tree, and the increase of the field, that ye shall receive no more reproach of famine among the heathen.	30 En Ik zal de vrucht van het geboomte en de inkomst des velds vermenigvuldigen; opdat gij de smaadheid des hongers niet meer ontvangt onder de heidenen.
Then shall ye remember your own evil ways, and your doings that were not good, and shall lothe yourselves in your own sight for your iniquities and for your abominations.	31 Dan zult gij gedenken aan uw boze wegen en uw handelingen, die niet goed waren; en gij zult een walging van u zelf hebben over uw ongerechtigheden en over uw gruwelen.
Not for your sakes do I this, saith the Lord GOD, be it known unto you: be ashamed and confounded for your own ways, O house of Israel.	32 Ik doe het niet om uwentwil, spreekt de Heere HEERE, het zij u bekend! Schaamt u en wordt schaamrood van uw wegen, gij huis Israels!
Thus saith the Lord GOD; In the day that I shall have cleansed you from all your iniquities I will also cause you to dwell in the cities, and the wastes shall be builded.	33 Alzo zegt de Heere HEERE: Ten dage, als Ik u reinigen zal van al uw ongerechtigheden, dan zal Ik de steden doen bewonen, en de eenzame plaatsen zullen bebouwd worden.
And the desolate land shall be tilled, whereas it lay desolate in the sight of all that passed by.	34 En het verwoeste land zal bebouwd worden, in plaats dat het een verwoesting was, voor de ogen van een ieder, die er doorging.
And they shall say, This land that was desolate is become like the garden of Eden; and the waste and desolate and ruined cities are become fenced, and are inhabited.	35 En zij zullen zeggen: Dit land, dat verwoest was, is geworden als een hof van Eden; en de eenzame, en de verwoeste en verstoorde steden zijn vast en bewoond.
Then the heathen that are left round about you shall know that I the LORD build the ruined places, and plant that that was desolate: I the LORD have spoken it, and I will do it.	36 Dan zullen de heidenen, die in de plaatsen rondom u zullen overgelaten zijn, weten, dat Ik, de HEERE, de verstoorde plaatsen bebouw, en het verwoeste beplant. Ik, de HEERE, heb het gesproken en zal het doen.
Thus saith the Lord GOD; I will yet for this be inquired of by the house of Israel, to do it for them; I will increase them with men like a flock.	37 Alzo zegt de Heere HEERE: Daarenboven zal Ik hierom van het huis Israels verzocht worden, dat Ik het hun doe; Ik zal ze vermenigvuldigen van mensen, als schapen.
As the holy flock, as the flock of Jerusalem in her solemn feasts; so shall the waste cities be filled with flocks of men: and they shall know that I am the LORD.	38 Gelijk de geheiligde schapen, gelijk de schapen van Jeruzalem op hun gezette hoogtijden, alzo zullen de eenzame steden vol zijn van mensenkudden; en zij zullen weten, dat Ik de HEERE ben.

Ezekiel (37) Ezechiël

The hand of the LORD was upon me, and carried me out in the spirit of the LORD, and set me down in the midst of the valley which was full of bones,	1 De hand des HEEREN was op mij, en de HEERE voerde mij uit in den geest, en zette mij neder in het midden ener vallei; dezelve nu was vol beenderen.
And caused me to pass by them round about: and, behold, there were very many in the open valley; and, lo, they were very dry.	2 En Hij deed mij bij dezelve voorbijgaan geheel rondom; en ziet, er waren zeer vele op den grond der vallei; en ziet, zij waren zeer dor.
And he said unto me, Son of man, can these bones live? And I answered, O Lord GOD, thou knowest.	3 En Hij zeide tot mij: Mensenkind! zullen deze beenderen levend worden? En ik zeide: Heere HEERE, Gij weet het!
Again he said unto me, Prophesy upon these bones, and say unto them, O ye dry bones, hear the word of the LORD.	4 Toen zeide Hij tot mij: Profeteer over deze beenderen, en zeg tot dezelve: Gij dorre beenderen! hoort des HEEREN woord.
Thus saith the Lord GOD unto these bones; Behold, I will cause breath to enter into you, and ye shall live:	5 Alzo zegt de Heere HEERE tot deze beenderen: Ziet, Ik zal den geest in u brengen, en gij zult levend worden.
And I will lay sinews upon you, and will bring up flesh upon you, and cover you with skin, and put breath in you, and ye shall live; and ye shall know that I am the LORD.	6 En Ik zal zenuwen op u leggen, en vlees op u doen opkomen, en een huid over u trekken, en den geest in u geven, en gij zult levend worden; en gij zult weten, dat Ik de HEERE ben.
So I prophesied as I was commanded: and as I prophesied, there was a noise, and behold a shaking, and the bones came together, bone to his bone.	7 Toen profeteerde ik, gelijk mij bevolen was, en er werd een geluid, als ik profeteerde, en ziet een beroering! en de beenderen naderden, elk been tot zijn been.
And when I beheld, lo, the sinews and the flesh came up upon them, and the skin covered them above: but there was no breath in them.	8 En ik zag, en ziet, en er werden zenuwen op dezelve, en er kwam vlees op; en Hij trok een huid boven over dezelve, maar er was geen geest in hen.

Then said he unto me, Prophesy unto the wind, prophesy, son of man, and say to the wind, Thus saith the Lord GOD; Come from the four winds, O breath, and breathe upon these slain, that they may live.	9 En Hij zeide tot mij: Profeteer tot den geest; profeteer, mensenkind! en zeg tot den geest: Zo zegt de Heere HEERE: Gij geest! kom aan van de vier winden, en blaas in deze gedoden, opdat zij levend worden.
So I prophesied as he commanded me, and the breath came into them, and they lived, and stood up upon their feet, an exceeding great army.	10 En ik profeteerde, gelijk als Hij mij bevolen had. Toen kwam de geest in hen, en zij werden levend en stonden op hun voeten, een gans zeer groot heir.
Then he said unto me, Son of man, these bones are the whole house of Israel: behold, they say, Our bones are dried, and our hope is lost: we are cut off for our parts.	11 Toen zeide Hij tot mij: Mensenkind! deze beenderen zijn het ganse huis Israels; ziet, zij zeggen: Onze beenderen zijn verdord, en onze verwachting is verloren, wij zijn afgesneden.
Therefore prophesy and say unto them, Thus saith the Lord GOD; Behold, O my people, I will open your graves, and cause you to come up out of your graves, and bring you into the land of Israel.	12 Daarom, profeteer en zeg tot hen: Zo zegt de Heere HEERE: Ziet, Ik zal uw graven openen, en zal ulieden uit uw graven doen opkomen, o Mijn volk! en Ik zal u brengen in het land Israels.
And ye shall know that I am the LORD, when I have opened your graves, O my people, and brought you up out of your graves,	13 En gij zult weten, dat Ik de HEERE ben, als Ik uw graven zal hebben geopend, en als Ik u uit uw graven zal hebben doen opkomen, o Mijn volk!
And shall put my spirit in you, and ye shall live, and I shall place you in your own land: then shall ye know that I the LORD have spoken it, and performed it, saith the LORD.	14 En Ik zal Mijn Geest in u geven, en gij zult leven, en Ik zal u in uw land zetten; en gij zult weten, dat Ik, de HEERE, dit gesproken en gedaan heb, spreekt de HEERE.
The word of the LORD came again unto me, saying,	15 Wijders geschiedde des HEEREN woord tot mij, zeggende:
Moreover, thou son of man, take thee one stick, and write upon it, For Judah, and for the children of Israel his companions: then take another stick, and write upon it, For Joseph, the stick of Ephraim, and for all the house of Israel his companions:	16 Gij nu, mensenkind! neem u een hout, en schrijf daarop: Voor Juda, en voor de kinderen Israels, zijn metgezellen; en neem een ander hout, en schrijf daarop: Voor Jozef, het hout van Efraim, en van het ganse huis Israels, zijn metgezellen.
And join them one to another into one stick; and they shall become one in thine hand.	17 Doe gij ze dan naderen, het een tot het ander tot een enig hout; en zij zullen tot een worden in uw hand.
And when the children of thy people shall speak unto thee, saying, Wilt thou not shew us what thou meanest by these?	18 En wanneer de kinderen uws volks tot u zullen spreken, zeggende: Zult gij ons niet te kennen geven, wat u deze dingen zijn?
Say unto them, Thus saith the Lord GOD; Behold, I will take the stick of Joseph, which is in the hand of Ephraim, and the tribes of Israel his fellows, and will put them with him, even with the stick of Judah, and make them one stick, and they shall be one in mine hand.	19 Zo spreek tot hen: Alzo zegt de Heere HEERE: Ziet, Ik zal het hout van Jozef, dat in Efraims hand geweest is, en van de stammen Israels, zijn metgezellen, nemen, en Ik zal dezelve met hem voegen tot het hout van Juda, en zal ze maken tot een enig hout; en zij zullen een worden in Mijn hand.
And the sticks whereon thou writest shall be in thine hand before their eyes.	20 De houten nu, op dewelke gij zult geschreven hebben, zullen in uw hand zijn voor hunlieder ogen.
And say unto them, Thus saith the Lord GOD; Behold, I will take the children of Israel from among the heathen, whither they be gone, and will gather them on every side, and bring them into their own land:	21 Spreek dan tot hen: Zo zegt de Heere HEERE: Ziet, Ik zal de kinderen Israels halen uit het midden der heidenen, waarhenen zij getogen zijn, en zal ze vergaderen van rondom, en brengen hen in hun land;
And I will make them one nation in the land upon the mountains of Israel; and one king shall be king to them all: and they shall be no more two nations, neither shall they be divided into two kingdoms any more at all:	22 En Ik zal ze maken tot een enig volk in het land, op de bergen Israels; en zij zullen allen te zamen een enigen Koning tot koning hebben; en zij zullen niet meer tot twee volken zijn, noch voortaan meer in twee koninkrijken verdeeld zijn.
Neither shall they defile themselves any more with their idols, nor with their detestable things, nor with any of their transgressions: but I will save them out of all their dwellingplaces, wherein they have sinned, and will cleanse them: so shall they be my people, and I will be their God.	23 En zij zullen zich niet meer verontreinigen met hun drekgoden, en met hun verfoeiselen, en met al hun overtredingen; en Ik zal ze verlossen uit al hun woonplaatsen, in dewelke zij gezondigd hebben, en zal ze reinigen; zo zullen zij Mij tot een volk zijn, en Ik zal hun tot een God zijn.
And David my servant shall be king over them; and they all shall have one shepherd: they shall also walk in my judgments, and observe my statutes, and do them.	24 En Mijn Knecht David zal Koning over hen zijn; en zij zullen allen te zamen een Herder hebben; en zij zullen in Mijn rechten wandelen, en Mijn inzettingen bewaren en die doen.
And they shall dwell in the land that I have given unto Jacob my servant, wherein your fathers have dwelt; and they shall dwell therein, even they, and their children, and their children's children for ever: and my servant David shall be their prince for ever.	25 En zij zullen wonen in het land, dat Ik Mijn knecht Jakob gegeven heb, waarin uw vaders gewoond hebben; ja, daarin zullen zij wonen, zij en hun kinderen, en hun kindskinderen tot in eeuwigheid, en Mijn Knecht David zal hunlieder Vorst zijn tot in eeuwigheid.
Moreover I will make a covenant of peace with them; it shall be an everlasting covenant with them: and I will place them, and multiply them, and will set my sanctuary in the midst of them for evermore.	26 En Ik zal een verbond des vredes met hen maken, het zal een eeuwig verbond met hen zijn; en Ik zal ze inzetten en zal ze vermenigvuldigen, en Ik zal Mijn heiligdom in het midden van hen zetten tot in eeuwigheid.
My tabernacle also shall be with them: yea, I will be their God, and they shall be my people.	27 En Mijn tabernakel zal bij hen zijn, en Ik zal hun tot een God zijn, en zij zullen Mij tot een volk zijn.
And the heathen shall know that I the LORD do sanctify Israel, when my sanctuary shall be in the midst of them for evermore.	28 En de heidenen zullen weten, dat Ik de HEERE ben, Die Israel heilige, als Mijn heiligdom in het midden van hen zal zijn tot in eeuwigheid.

Ezekiel (38) Ezechiël

And the word of the LORD came unto me, saying,	1 Wijders geschiedde des HEEREN woord tot mij, zeggende:
Son of man, set thy face against Gog, the land of Magog, the chief prince of Meshech and Tubal, and prophesy against him,	2 Mensenkind! zet uw aangezicht tegen Gog, het land van Magog, den hoofdvorst van Mesech en Tubal; en profeteer tegen hem,
And say, Thus saith the Lord GOD; Behold, I am against thee, O Gog, the chief prince of Meshech and Tubal:	3 En zeg: Zo zegt de Heere HEERE: Zie, Ik wil aan u, o Gog, gij hoofdvorst van Mesech en Tubal!

	And I will turn thee back, and put hooks into thy jaws, and I will bring thee forth, and all thine army, horses and horsemen, all of them clothed with all sorts of armour, even a great company with bucklers and shields, all of them handling swords:	4	En Ik zal u omwenden, en haken in uw kaken leggen, en Ik zal u uitvoeren, mitsgaders uw ganse heir, paarden en ruiteren, die altemaal volkomen wel gekleed zijn, een grote vergadering, met rondas en schild, die altemaal zwaarden handelen;

And I will turn thee back, and put hooks into thy jaws, and I will bring thee forth, and all thine army, horses and horsemen, all of them clothed with all sorts of armour, even a great company with bucklers and shields, all of them handling swords:

4 En Ik zal u omwenden, en haken in uw kaken leggen, en Ik zal u uitvoeren, mitsgaders uw ganse heir, paarden en ruiteren, die altemaal volkomen wel gekleed zijn, een grote vergadering, met rondas en schild, die altemaal zwaarden handelen;

Persia, Ethiopia, and Libya with them; all of them with shield and helmet:

5 Perzen, Moren en Puteers met hen, die altemaal schild en helm voeren;

Gomer, and all his bands; the house of Togarmah of the north quarters, and all his bands: and many people with thee.

6 Gomer en al zijn benden, en het huis van Togarma, aan de zijden van het noorden, en al zijn benden; vele volken met u.

Be thou prepared, and prepare for thyself, thou, and all thy company that are assembled unto thee, and be thou a guard unto them.

7 Zijt bereid en maakt u gereed, gij en uw ganse vergadering, die tot u vergaderd zijn; en wees gij hun tot een wacht.

After many days thou shalt be visited: in the latter years thou shalt come into the land that is brought back from the sword, and is gathered out of many people, against the mountains of Israel, which have been always waste: but it is brought forth out of the nations, and they shall dwell safely all of them.

8 Na vele dagen zult gij bezocht worden; in het laatste der jaren zult gij komen in het land, dat wedergebracht is van het zwaard, dat vergaderd is uit vele volken, op de bergen Israels, die steeds tot verwoesting geweest zijn; als hetzelve land uit de volken zal uitgevoerd zijn, en zij allemaal zeker zullen wonen.

Thou shalt ascend and come like a storm, thou shalt be like a cloud to cover the land, thou, and all thy bands, and many people with thee.

9 Dan zult gij optrekken, gij zult aankomen als een onstuimige verwoesting, gij zult zijn als een wolk, om het land te bedekken; gij en al uw benden, en vele volken met u.

Thus saith the Lord GOD; It shall also come to pass, that at the same time shall things come into thy mind, and thou shalt think an evil thought:

10 Alzo zegt de Heere HEERE: Te dien dage zal het ook geschieden, dat er raadslagen in uw hart zullen opkomen, en gij zult een kwade gedachte denken,

And thou shalt say, I will go up to the land of unwalled villages; I will go to them that are at rest, that dwell safely, all of them dwelling without walls, and having neither bars nor gates,

11 En zult zeggen: Ik zal optrekken naar dat dorpland, ik zal komen tot degenen, die in rust zijn, die zeker wonen, die altemaal wonen zonder muur, en grendel noch deuren hebben.

To take a spoil, and to take a prey; to turn thine hand upon the desolate places that are now inhabited, and upon the people that are gathered out of the nations, which have gotten cattle and goods, that dwell in the midst of the land.

12 Om buit te buiten, en om roof te roven; om uw hand te wenden tegen de woeste plaatsen, die nu bewoond zijn, en tegen een volk, dat uit de heidenen verzameld is, dat vee en have verkregen heeft, wonende in het midden des lands.

Sheba, and Dedan, and the merchants of Tarshish, with all the young lions thereof, shall say unto thee, Art thou come to take a spoil? hast thou gathered thy company to take a prey? to carry away silver and gold, to take away cattle and goods, to take a great spoil?

13 Scheba, en Dedan, en de kooplieden van Tarsis, en alle hun jonge leeuwen zullen tot u zeggen: Komt gij, om buit te buiten? hebt gij uw vergadering vergaderd, om roof te roven? om zilver en goud weg te voeren, om vee en have weg te nemen, om een groten buit te buiten?

Therefore, son of man, prophesy and say unto Gog, Thus saith the Lord GOD; In that day when my people of Israel dwelleth safely, shalt thou not know it?

14 Daarom profeteer, o mensenkind! en zeg tot Gog: Zo zegt de Heere HEERE: Zult gij het, te dien dage, als Mijn volk Israel zeker woont, niet gewaar worden?

And thou shalt come from thy place out of the north parts, thou, and many people with thee, all of them riding upon horses, a great company, and a mighty army:

15 Gij zult dan komen uit uw plaats, uit de zijden van het noorden, gij en vele volken met u; die altemaal op paarden zullen rijden, een grote vergadering, en een machtig heir;

And thou shalt come up against my people of Israel, as a cloud to cover the land; it shall be in the latter days, and I will bring thee against my land, that the heathen may know me, when I shall be sanctified in thee, O Gog, before their eyes.

16 En gij zult optrekken tegen Mijn volk Israel, als een wolk, om het land te bedekken; in het laatste der dagen zal het geschieden; dan zal Ik u aanbrengen tegen Mijn land, opdat de heidenen Mij kennen, als Ik aan u, o Gog! voor hun ogen zal geheiligd worden.

Thus saith the Lord GOD; Art thou he of whom I have spoken in old time by my servants the prophets of Israel, which prophesied in those days many years that I would bring thee against them?

17 Zo zegt de Heere HEERE: Zijt gij die, van welken Ik in verleden dagen gesproken heb, door den dienst Mijner knechten, de profeten Israels, die in die dagen geprofeteerd hebben, jaren lang, dat Ik u tegen hen zou aanbrengen?

And it shall come to pass at the same time when Gog shall come against the land of Israel, saith the Lord GOD, that my fury shall come up in my face.

18 Maar het zal geschieden te dien dage, ten dage als Gog tegen het land Israels zal aankomen, spreekt de Heere HEERE, dat Mijn grimmigheid in Mijn neus zal opkomen.

For in my jealousy and in the fire of my wrath have I spoken, Surely in that day there shall be a great shaking in the land of Israel;

19 Want Ik heb gesproken in Mijn ijver, in het vuur Mijner verbolgenheid: Zo er niet, te dien dage, een groot beven zal zijn in het land Israels!

So that the fishes of the sea, and the fowls of the heaven, and the beasts of the field, and all creeping things that creep upon the earth, and all the men that are upon the face of the earth, shall shake at my presence, and the mountains shall be thrown down, and the steep places shall fall, and every wall shall fall to the ground.

20 Zodat van Mijn aangezicht beven zullen de vissen der zee, en het gevogelte des hemels, en het gedierte des velds, en al het kruipend gedierte, dat op het aardrijk kruipt, en alle mensen, die op den aardbodem zijn; en de bergen zullen nedergeworpen worden, en de steile plaatsen zullen nedervallen, en alle muren zullen ter aarde nedervallen.

And I will call for a sword against him throughout all my mountains, saith the Lord GOD: every man's sword shall be against his brother.

21 Want Ik zal het zwaard over hem roepen op al Mijn bergen, spreekt de Heere HEERE; het zwaard van een ieder zal tegen zijn broeder zijn.

And I will plead against him with pestilence and with blood; and I will rain upon him, and upon his bands, and upon the many people that are with him, an overflowing rain, and great hailstones, fire, and brimstone.

22 En Ik zal met hem rechten, door pestilentie en door bloed; en Ik zal een overstelpenden plasregen, en grote hagelstenen, vuur en zwavel regenen op hem, en op zijn benden, en op de vele volken, die met hem zullen zijn.

Thus will I magnify myself, and sanctify myself; and I will be known in the eyes of many nations, and they shall know that I am the LORD.

23 Alzo zal Ik Mij groot maken, en Mij heiligen, en bekend worden voor de ogen van vele heidenen; en zij zullen weten, dat Ik de HEERE ben.

Ezekiel (39) Ezechiël

Therefore, thou son of man, prophesy against Gog, and say, Thus saith the Lord GOD; Behold, I am against thee, O Gog, the chief prince of Meshech and Tubal:

1 Voorts, gij mensenkind! profeteer tegen Gog, en zeg: Zo zegt de Heere HEERE: Zie, Ik wil aan u, o Gog, hoofdvorst van Mesech en Tubal!

	And I will turn thee back, and leave but the sixth part of thee, and will cause thee to come up from the north parts, and will bring thee upon the mountains of Israel:	2	En Ik zal u omwenden, en een zeshaak in u slaan, en u optrekken uit de zijden van het noorden, en Ik zal u brengen op de bergen Israels.
	And I will smite thy bow out of thy left hand, and will cause thine arrows to fall out of thy right hand.	3	Maar Ik zal uw boog uit uw linkerhand slaan, en Ik zal uw pijlen uit uw rechterhand doen vallen.
	Thou shalt fall upon the mountains of Israel, thou, and all thy bands, and the people that is with thee: I will give thee unto the ravenous birds of every sort, and to the beasts of the field to be devoured.	4	Op de bergen Israels zult gij vallen, gij en al uw benden, en de volken, die met u zijn; Ik heb u aan de roofvogelen, aan het gevogelte van allen vleugel, en aan het gedierte des velds ter spijze gegeven.
	Thou shalt fall upon the open field: for I have spoken it, saith the Lord GOD.	5	Op het open veld zult gij vallen; want Ik heb het gesproken, spreekt de Heere HEERE.
	And I will send a fire on Magog, and among them that dwell carelessly in the isles: and they shall know that I am the LORD.	6	En Ik zal een vuur zenden in Magog, en onder degenen, die in de eilanden zeker wonen; en zij zullen weten, dat Ik de HEERE ben.
	So will I make my holy name known in the midst of my people Israel; and I will not let them pollute my holy name any more: and the heathen shall know that I am the LORD, the Holy One in Israel.	7	En Ik zal Mijn heiligen Naam in het midden van Mijn volk Israel bekend maken, en zal Mijn heiligen Naam niet meer laten ontheiligen; en de heidenen zullen weten, dat Ik de HEERE ben, de Heilige in Israel.
	Behold, it is come, and it is done, saith the Lord GOD; this is the day whereof I have spoken.	8	Ziet, het komt en zal geschieden, spreekt de Heere HEERE; dit is de dag, van welken Ik gesproken heb.
	And they that dwell in the cities of Israel shall go forth, and shall set on fire and burn the weapons, both the shields and the bucklers, the bows and the arrows, and the handstaves, and the spears, and they shall burn them with fire seven years:	9	En de inwoners der steden Israels zullen uitgaan, en vuur stoken en branden van de wapenen, zo van schilden als rondassen, van bogen en van pijlen, zo van handstokken als van spiesen; en zij zullen daarvan vuur stoken zeven jaren;
	So that they shall take no wood out of the field, neither cut down any out of the forests; for they shall burn the weapons with fire: and they shall spoil those that spoiled them, and rob those that robbed them, saith the Lord GOD.	10	Zodat zij geen hout uit het veld zullen dragen, noch uit de wouden houwen, maar van de wapenen vuur stoken; en zij zullen beroven degenen, die hen beroofd hadden, en plunderen, die hen geplunderd hadden, spreekt de Heere HEERE.
	And it shall come to pass in that day, that I will give unto Gog a place there of graves in Israel, the valley of the passengers on the east of the sea: and it shall stop the noses of the passengers: and there shall they bury Gog and all his multitude: and they shall call it The valley of Hamongog.	11	En het zal te dien dage geschieden, dat Ik aan Gog aldaar een grafstede in Israel zal geven, het dal der doorgangers naar het oosten der zee; en datzelve zal den doorgangers den neus stoppen; en aldaar zullen zij begraven Gog en zijn ganse menigte, en zullen het noemen: Het dal van Gogs menigte.
	And seven months shall the house of Israel be burying of them, that they may cleanse the land.	12	Het huis Israels nu zal hen begraven, om het land te reinigen, zeven maanden lang.
	Yea, all the people of the land shall bury them; and it shall be to them a renown the day that I shall be glorified, saith the Lord GOD.	13	Ja, al het volk des lands zal begraven, en het zal hun tot een naam zijn, ten dage als Ik zal verheerlijkt zijn, spreekt de Heere HEERE.
	And they shall sever out men of continual employment, passing through the land to bury with the passengers those that remain upon the face of the earth, to cleanse it: after the end of seven months shall they search.	14	Ook zullen zij mannen uitscheiden, die gestadig door het land doorgaan, en doodgravers met de doorgangers, om te begraven degenen, die op den aardbodem zijn overgelaten, om dien te reinigen; ten einde van zeven maanden zullen zij onderzoek doen.
	And the passengers that pass through the land, when any seeth a man's bone, then shall he set up a sign by it, till the buriers have buried it in the valley of Hamongog.	15	En deze doorgangers zullen door het land doorgaan, en als iemand een mensenbeen ziet, zo zal hij een merkteken daarbij oprichten; totdat de doodgravers hetzelve zullen hebben begraven in het dal van Gogs menigte.
	And also the name of the city shall be Hamonah. Thus shall they cleanse the land.	16	Ook zo zal de naam der stad Hamona zijn. Alzo zullen zij het land reinigen.
	And, thou son of man, thus saith the Lord GOD; Speak unto every feathered fowl, and to every beast of the field, Assemble yourselves, and come; gather yourselves on every side to my sacrifice that I do sacrifice for you, even a great sacrifice upon the mountains of Israel, that ye may eat flesh, and drink blood.	17	Gij dan, mensenkind! zo zegt de Heere HEERE: Zeg tot het gevogelte van allen vleugel, en tot al het gedierte des velds: Vergadert u, en komt aan, verzamelt u van rondom, tot Mijn slachtoffer, dat Ik voor u geslacht heb, een groot slachtoffer, op de bergen Israels, en eet vlees, en drink bloed.
	Ye shall eat the flesh of the mighty, and drink the blood of the princes of the earth, of rams, of lambs, and of goats, of bullocks, all of them fatlings of Bashan.	18	Het vlees der helden zult gij eten, en het bloed van de vorsten der aarde drinken; der rammen, der lammeren, en bokken, en varren, die altemaal gemesten van Basan zijn.
	And ye shall eat fat till ye be full, and drink blood till ye be drunken, of my sacrifice which I have sacrificed for you.	19	En gij zult het vette eten tot verzadiging toe, en bloed drinken tot dronkenschap toe; van Mijn slachtoffer, dat Ik voor u geslacht heb.
	Thus ye shall be filled at my table with horses and chariots, with mighty men, and with all men of war, saith the Lord GOD.	20	En gij zult verzadigd worden aan Mijn tafel van rij paarden en wagen paarden, van helden en alle krijgslieden, spreekt de Heere HEERE.
	And I will set my glory among the heathen, and all the heathen shall see my judgment that I have executed, and my hand that I have laid upon them.	21	En Ik zal Mijn eer zetten onder de heidenen; en alle heidenen zullen Mijn oordeel zien, dat Ik gedaan heb, en Mijn hand, die Ik aan hen gelegd heb.
	So the house of Israel shall know that I am the LORD their God from that day and forward.	22	En die van het huis Israels zullen weten, dat Ik, de HEERE, hunlieder God ben, van dien dag af en voortaan.
	And the heathen shall know that the house of Israel went into captivity for their iniquity: because they trespassed against me, therefore hid I my face from them, and gave them into the hand of their enemies: so fell they all by the sword.	23	En de heidenen zullen weten, dat die van het huis Israels gevankelijk zijn weggevoerd om hun ongerechtigheid, omdat zij tegen Mij hadden overtreden, en dat Ik Mijn aangezicht voor hen verborgen had, en heb ze overgegeven in de hand hunner wederpartijders, zodat zij altemaal door het zwaard gevallen zijn;
	According to their uncleanness and according to their transgressions have I done unto them, and hid my face from them.	24	Naar hun onreinigheid en naar hun overtredingen heb Ik met hen gehandeld, en Ik heb Mijn aangezicht voor hen verborgen.

Therefore thus saith the Lord GOD; Now will I bring again the captivity of Jacob, and have mercy upon the whole house of Israel, and will be jealous for my holy name;

After that they have borne their shame, and all their trespasses whereby they have trespassed against me, when they dwelt safely in their land, and none made them afraid.

When I have brought them again from the people, and gathered them out of their enemies' lands, and am sanctified in them in the sight of many nations;

Then shall they know that I am the LORD their God, which caused them to be led into captivity among the heathen: but I have gathered them unto their own land, and have left none of them any more there.

Neither will I hide my face any more from them: for I have poured out my spirit upon the house of Israel, saith the Lord GOD.

25 Daarom zo zegt de Heere HEERE: Nu zal Ik Jakobs gevangenen wederbrengen, en zal Mij ontfermen over het ganse huis Israels, en Ik zal ijveren over Mijn heiligen Naam;

26 Als zij hun schande zullen gedragen hebben, en al hun overtreding, met dewelke zij tegen Mij hebben overtreden, toen zij in hun land zeker woonden, en er niemand was, die hen verschrikte.

27 Als Ik hen zal hebben wedergebracht uit de volken, en hen vergaderd zal hebben uit de landen hunner vijanden, en Ik aan hen geheiligd zal zijn voor de ogen van vele heidenen;

28 Dan zullen zij weten, dat Ik, de HEERE, hunlieder God ben, dewijl Ik ze gevankelijk heb doen wegvoeren onder de heidenen, maar heb ze weder verzameld in hun land, en heb aldaar niemand van hen meer overgelaten.

29 En Ik zal Mijn aangezicht voor hen niet meer verbergen, wanneer Ik Mijn Geest over het huis Israels zal hebben uitgegoten, spreekt de Heere HEERE.

Ezekiel (40) Ezechiël

In the five and twentieth year of our captivity, in the beginning of the year, in the tenth day of the month, in the fourteenth year after that the city was smitten, in the selfsame day the hand of the LORD was upon me, and brought me thither.

In the visions of God brought he me into the land of Israel, and set me upon a very high mountain, by which was as the frame of a city on the south.

And he brought me thither, and, behold, there was a man, whose appearance was like the appearance of brass, with a line of flax in his hand, and a measuring reed; and he stood in the gate.

And the man said unto me, Son of man, behold with thine eyes, and hear with thine ears, and set thine heart upon all that I shall shew thee; for to the intent that I might shew them unto thee art thou brought hither: declare all that thou seest to the house of Israel.

And behold a wall on the outside of the house round about, and in the man's hand a measuring reed of six cubits long by the cubit and an hand breadth: so he measured the breadth of the building, one reed; and the height, one reed.

Then came he unto the gate which looketh toward the east, and went up the stairs thereof, and measured the threshold of the gate, which was one reed broad; and the other threshold of the gate, which was one reed broad.

And every little chamber was one reed long, and one reed broad; and between the little chambers were five cubits; and the threshold of the gate by the porch of the gate within was one reed.

He measured also the porch of the gate within, one reed.

Then measured he the porch of the gate, eight cubits; and the posts thereof, two cubits; and the porch of the gate was inward.

And the little chambers of the gate eastward were three on this side, and three on that side; they three were of one measure: and the posts had one measure on this side and on that side.

And he measured the breadth of the entry of the gate, ten cubits; and the length of the gate, thirteen cubits.

The space also before the little chambers was one cubit on this side, and the space was one cubit on that side: and the little chambers were six cubits on this side, and six cubits on that side.

He measured then the gate from the roof of one little chamber to the roof of another: the breadth was five and twenty cubits, door against door.

He made also posts of threescore cubits, even unto the post of the court round about the gate.

And from the face of the gate of the entrance unto the face of the porch of the inner gate were fifty cubits.

And there were narrow windows to the little chambers, and to their posts within the gate round about, and likewise to the arches: and windows were round about inward: and upon each post were palm trees.

Then brought he me into the outward court, and, lo, there were chambers, and a pavement made for the court round about: thirty chambers were upon the pavement.

1 In het vijf en twintigste jaar onzer gevankelijke wegvoering, in het begin des jaars, op den tienden der maand, in het veertiende jaar, nadat de stad geslagen was; even op dienzelfden dag, was de hand des HEEREN op mij, en Hij bracht mij derwaarts.

2 In de gezichten Gods bracht Hij mij in het land Israels, en Hij zette mij op een zeer hogen berg; en aan denzelven was als een gebouw ener stad tegen het zuiden.

3 Als Hij mij daarhenen gebracht had, ziet, zo was er een man, wiens gedaante was als de gedaante van koper; en in zijn hand was een linnen snoer, en een meetriet; en hij stond in de poort.

4 En die man sprak tot mij: Mensenkind! zie met uw ogen, en hoor met uw oren, en zet uw hart op alles, wat ik u zal doen zien; want, opdat ik u zou doen zien, zijt gij herwaarts gebracht; verkondig daarna den huize Israels alles, wat gij ziet.

5 En ziet, er was een muur buiten aan het huis, rondom henen, en in des mans hand was een meetriet van zes ellen, elke el van een el en een handbreed, en hij mat de breedte des gebouws een riet, en de hoogte een riet.

6 Toen kwam hij tot de poort, welke zag den weg naar het oosten, en hij ging bij derzelver trappen op, en mat den dorpel der poort een riet de breedte, en den anderen dorpel een riet de breedte.

7 En elk kamertje een riet de lengte, en een riet de breedte; en tussen de kamertjes vijf ellen; en den dorpel der poort, bij het voorhuis der poort van binnen, een riet.

8 Ook mat hij het voorhuis der poort van binnen, een riet.

9 Toen mat hij het andere voorhuis der poort, acht ellen, en haar posten twee ellen; en het voorhuis der poort was van binnen.

10 En de kamertjes der poort, den weg naar het oosten, waren drie van deze, en drie van gene zijde; die drie hadden enerlei maat; ook hadden de posten, van deze en van gene zijde, enerlei maat.

11 Voorts mat hij de wijdte der deur van de poort, tien ellen; de lengte der poort, dertien ellen.

12 En er was een ruim voor aan de kamertjes, van een el van deze, en een ruim van een el van gene zijde; en elk kamertje zes ellen van deze, en zes ellen van gene zijde.

13 Toen mat hij de poort van het dak van het ene kamertje af tot aan het dak van een ander; de breedte was vijf en twintig ellen; deur was tegenover deur.

14 Ook maakte hij posten van zestig ellen, namelijk tot den post des voorhofs, rondom de poort henen.

15 En van het voorste deel der poort des ingangs, tot aan het voorste deel van het voorhuis van de binnenpoort, waren vijftig ellen.

16 En er waren gesloten vensters aan de kamertjes, en aan hun posten inwaarts in de poort rondom henen; alzo ook aan de voorhuizen; de vensters nu waren rondom henen inwaarts, en aan de posten waren palmbomen.

17 Voorts bracht hij mij in het buitenste voorhof, en ziet, er waren kameren, en een plaveisel, dat gemaakt was in het voorhof rondom henen, dertig kameren waren er op het plaveisel.

Ezekiel - Ezechiël

	And the pavement by the side of the gates over against the length of the gates was the lower pavement.	18 Het plaveisel nu was aan de zijde van de poorten, tegenover de lengte van de poorten; dit was het benedenste plaveisel.
	Then he measured the breadth from the forefront of the lower gate unto the forefront of the inner court without, an hundred cubits eastward and northward.	19 En hij mat de breedte, van het voorste deel der benedenste poort af, voor aan het binnenste voorhof, van buiten, honderd ellen, oostwaarts en noordwaarts.
	And the gate of the outward court that looked toward the north, he measured the length thereof, and the breadth thereof.	20 Aangaande de poort nu, die den weg naar het noorden zag, aan het buitenste voorhof, hij mat derzelver lengte en derzelver breedte.
	And the little chambers thereof were three on this side and three on that side; and the posts thereof and the arches thereof were after the measure of the first gate: the length thereof was fifty cubits, and the breadth five and twenty cubits.	21 En haar kamertjes, drie van deze en drie van gene zijde; en haar posten en haar voorhuizen waren naar de maat der eerste poort; vijftig ellen haar lengte, en de breedte van vijf en twintig ellen.
	And their windows, and their arches, and their palm trees, were after the measure of the gate that looketh toward the east; and they went up unto it by seven steps; and the arches thereof were before them.	22 En haar vensters, en haar voorhuizen, en haar palmbomen, waren naar de maat der poort, die den weg naar het oosten zag; en men ging daarin op met zeven trappen, en haar voorhuizen waren voor aan dezelve.
	And the gate of the inner court was over against the gate toward the north, and toward the east; and he measured from gate to gate an hundred cubits.	23 De poort nu van het binnenste voorhof was tegenover de poort van het noorden en van het oosten; en hij mat van poort tot poort honderd ellen.
	After that he brought me toward the south, and behold a gate toward the south: and he measured the posts thereof and the arches thereof according to these measures.	24 Daarna voerde hij mij den weg naar het zuiden; en ziet, er was een poort den weg naar het zuiden; en hij mat derzelver posten, en derzelver voorhuizen, naar deze maten.
	And there were windows in it and in the arches thereof round about, like those windows: the length was fifty cubits, and the breadth five and twenty cubits.	25 En zij had vensteren, ook aan haar voorhuizen, rondom henen, gelijk deze vensteren; de lengte was vijftig ellen, en de breedte vijf en twintig ellen.
	And there were seven steps to go up to it, and the arches thereof were before them: and it had palm trees, one on this side, and another on that side, upon the posts thereof.	26 En haar opgangen waren van zeven trappen, en haar voorhuizen waren voor aan dezelve; en zij had palmbomen, een van deze, en een van gene zijde aan haar posten.
	And there was a gate in the inner court toward the south: and he measured from gate to gate toward the south an hundred cubits.	27 Ook was er een poort in het binnenste voorhof, den weg naar het zuiden; en hij mat van poort tot poort, den weg naar het zuiden, honderd ellen.
	And he brought me to the inner court by the south gate: and he measured the south gate according to these measures;	28 Voorts bracht hij mij door de zuiderpoort tot het binnenvoorhof; en hij mat de zuiderpoort naar deze maten.
	And the little chambers thereof, and the posts thereof, and the arches thereof, according to these measures: and there were windows in it and in the arches thereof round about: it was fifty cubits long, and five and twenty cubits broad.	29 En haar kamertjes, en haar posten, en haar voorhuizen waren naar deze maten; en zij had vensteren, ook in haar voorhuizen, rondom henen; de lengte was vijftig ellen, en de breedte vijf en twintig ellen.
	And the arches round about were five and twenty cubits long, and five cubits broad.	30 En er waren voorhuizen rondom henen; de lengte was vijf en twintig ellen, en de breedte vijf ellen.
	And the arches thereof were toward the utter court; and palm trees were upon the posts thereof: and the going up to it had eight steps.	31 En haar voorhuizen waren aan het buitenste voorhof, ook waren er palmbomen aan haar posten, en haar opgangen waren van acht trappen.
	And he brought me into the inner court toward the east: and he measured the gate according to these measures.	32 Daarna bracht hij mij tot het binnenste voorhof, den weg naar het oosten; en hij mat de poort, naar deze maten;
	And the little chambers thereof, and the posts thereof, and the arches thereof, were according to these measures: and there were windows therein and in the arches thereof round about: it was fifty cubits long, and five and twenty cubits broad.	33 Ook haar kamertjes, en haar posten, en haar voorhuizen naar deze maten; en zij had vensteren ook aan haar voorhuizen, rondom henen; de lengte was vijftig ellen, en de breedte vijf en twintig ellen.
	And the arches thereof were toward the outward court; and palm trees were upon the posts thereof, on this side, and on that side: and the going up to it had eight steps.	34 En haar voorhuizen waren aan het buitenste voorhof; ook waren er palmbomen aan haar posten, van deze en van gene zijde; en haar opgangen waren van acht trappen.
	And he brought me to the north gate, and measured it according to these measures;	35 Daarna bracht hij mij tot de noorderpoort; en hij mat naar deze maten.
	The little chambers thereof, the posts thereof, and the arches thereof, and the windows to it round about: the length was fifty cubits, and the breadth five and twenty cubits.	36 Haar kamertjes, haar posten en haar voorhuizen; ook had zij vensteren rondom henen; de lengte was vijftig ellen, en de breedte vijf en twintig ellen.
	And the posts thereof were toward the utter court; and palm trees were upon the posts thereof, on this side, and on that side: and the going up to it had eight steps.	37 En haar posten waren aan het buitenste voorhof; ook waren er palmbomen aan haar posten, van deze en van gene zijde; en haar opgangen waren van acht trappen.
	And the chambers and the entries thereof were by the posts of the gates, where they washed the burnt offering.	38 Haar kameren nu en haar deuren waren bij de posten der poorten; aldaar wies men het brandoffer.
	And in the porch of the gate were two tables on this side, and two tables on that side, to slay thereon the burnt offering and the sin offering and the trespass offering.	39 En in het voorhuis der poort waren twee tafelen van deze, en twee tafelen van gene zijde, om daarop te slachten het brandoffer, en het zondoffer, en het schuldoffer.
	And at the side without, as one goeth up to the entry of the north gate, were two tables; and on the other side, which was at the porch of the gate, were two tables.	40 Ook waren er aan de zijde van buiten des opgangs, aan de deur der noorderpoort, twee tafelen; en aan de andere zijde, die aan het voorhuis der poort was, twee tafelen.
	Four tables were on this side, and four tables on that side, by the side of the gate; eight tables, whereupon they slew their sacrifices.	41 Vier tafelen van deze, en vier tafelen van gene zijde, aan de zijde der poort, acht tafelen, waarop men slachtte.
	And the four tables were of hewn stone for the burnt offering, of a cubit and an half long, and a cubit and an half broad, and one cubit high: whereupon also they laid the instruments wherewith they slew the burnt offering and the sacrifice.	42 Maar de vier tafelen voor het brandoffer waren van gehouwen stenen, de lengte een el en een halve, en de breedte een el en een halve, en de hoogte een el; op dezelve nu legde men het gereedschap henen, waarmede men het brandoffer en slachtoffer slachtte.

And within were hooks, an hand broad, fastened round about: and upon the tables was the flesh of the offering.

And without the inner gate were the chambers of the singers in the inner court, which was at the side of the north gate; and their prospect was toward the south: one at the side of the east gate having the prospect toward the north.

And he said unto me, This chamber, whose prospect is toward the south, is for the priests, the keepers of the charge of the house.

And the chamber whose prospect is toward the north is for the priests, the keepers of the charge of the altar: these are the sons of Zadok among the sons of Levi, which come near to the LORD to minister unto him.

So he measured the court, an hundred cubits long, and an hundred cubits broad, foursquare; and the altar that was before the house.

And he brought me to the porch of the house, and measured each post of the porch, five cubits on this side, and five cubits on that side: and the breadth of the gate was three cubits on this side, and three cubits on that side.

The length of the porch was twenty cubits, and the breadth eleven cubits; and he brought me by the steps whereby they went up to it: and there were pillars by the posts, one on this side, and another on that side.

43 De haardstenen nu waren een handbreed dik, ordentelijk geschikt in het huis rondom henen; en op de tafelen was het offervlees.

44 En van buiten de binnenste poort waren de kameren der zangers, in het binnenste voorhof, dat aan de zijde van de noorderpoort was; en het voorste deel derzelve was den weg naar het zuiden; een was er aan de zijde van de oostpoort, ziende den weg naar het noorden.

45 En hij sprak tot mij: Deze kamer, welker voorste deel den weg naar het zuiden is, is voor de priesteren, die de wacht des huizes waarnemen.

46 Maar de kamer, welker voorste deel den weg naar het noorden is, is voor de priesteren, die de wacht des altaars waarnemen; dat zijn de kinderen van Zadok, die uit de kinderen van Levi tot den HEERE naderen, om Hem te dienen.

47 En hij mat het voorhof: de lengte honderd ellen, en de breedte honderd ellen, vierkant; en het altaar was voor aan het huis.

48 Toen bracht hij mij tot het voorhuis des huizes, en hij mat elken post van het voorhuis, vijf ellen van deze, en vijf ellen van gene zijde; en de breedte der poort, drie ellen van deze, en drie ellen van gene zijde.

49 De lengte van het voorhuis twintig ellen, en de breedte elf ellen; en het was met trappen, bij dewelke men daarin opging; ook waren er pilaren aan de posten, een van deze, en een van gene zijde.

Ezekiel (41) Ezechiël

1 Afterward he brought me to the temple, and measured the posts, six cubits broad on the one side, and six cubits broad on the other side, which was the breadth of the tabernacle.

And the breadth of the door was ten cubits; and the sides of the door were five cubits on the one side, and five cubits on the other side: and he measured the length thereof, forty cubits: and the breadth, twenty cubits.

Then went he inward, and measured the post of the door, two cubits; and the door, six cubits; and the breadth of the door, seven cubits.

So he measured the length thereof, twenty cubits; and the breadth, twenty cubits, before the temple: and he said unto me, This is the most holy place.

After he measured the wall of the house, six cubits; and the breadth of every side chamber, four cubits, round about the house on every side.

And the side chambers were three, one over another, and thirty in order; and they entered into the wall which was of the house for the side chambers round about, that they might have hold, but they had not hold in the wall of the house.

And there was an enlarging, and a winding about still upward to the side chambers: for the winding about of the house went still upward round about the house: therefore the breadth of the house was still upward, and so increased from the lowest chamber to the highest by the midst.

I saw also the height of the house round about: the foundations of the side chambers were a full reed of six great cubits.

The thickness of the wall, which was for the side chamber without, was five cubits: and that which was left was the place of the side chambers that were within.

And between the chambers was the wideness of twenty cubits round about the house on every side.

And the doors of the side chambers were toward the place that was left, one door toward the north, and another door toward the south: and the breadth of the place that was left was five cubits round about.

Now the building that was before the separate place at the end toward the west was seventy cubits broad; and the wall of the building was five cubits thick round about, and the length thereof ninety cubits.

So he measured the house, an hundred cubits long; and the separate place, and the building, with the walls thereof, an hundred cubits long;

Also the breadth of the face of the house, and of the separate place toward the east, an hundred cubits.

1 Voorts bracht hij mij tot den tempel; en hij mat de posten, zes ellen de breedte van deze, en zes ellen de breedte van gene zijde, de breedte der tent.

2 En de breedte der deur, tien ellen, en de zijden der deur, vijf ellen van deze, en vijf ellen van gene zijde; ook mat hij de lengte daarvan, veertig ellen, en de breedte twintig ellen.

3 Daarna ging hij in naar binnen, en mat den post der deur, twee ellen; en de deur zes ellen, en de breedte der deur zeven ellen.

4 Ook mat hij de lengte daarvan, twintig ellen, en de breedte twintig ellen voor aan den tempel; en hij zeide tot mij: Dit is de heiligheid der heiligheden.

5 En hij mat den wand des huizes zes ellen; en de breedte van elke zijkamer, vier ellen, rondom het huis henen rondom.

6 De zijkameren nu waren zijkamer boven zijkamer, drie, en dat dertig malen, en zij kwamen in den wand, die aan het huis was, tot die zijkamers rondom henen, opdat zij vastgehouden mochten worden; want zij werden niet vastgehouden in den wand des huizes.

7 En het was voor de zijkameren opwaarts naar boven al wijder, en gaf zich rondom; want het huis was omsingeld opwaarts naar boven, rondom het huis henen; daarom was de breedte des huizes naar boven; en alzo ging het onderste op naar het bovenste door het middelste.

8 En ik zag de hoogte des huizes rondom henen. De fondamenten der zijkameren waren van een vol riet, zes ellen, de el tot den oksel toe genomen.

9 De breedte van den wand, die tot de zijkameren was naar buiten, was vijf ellen; en dat ledig gelaten was, was de plaats der zijkameren, die aan het huis waren.

10 En tussen de kameren was een breedte van twintig ellen, rondom het huis, rondom henen.

11 De deuren nu van de zijkameren waren naar het ledig gelatene toe, de ene deur den weg naar het noorden, en de andere deur naar het zuiden; en de breedte van de ledig gelatene plaats was vijf ellen rondom henen.

12 Voorts van het gebouw, dat voor aan de afgesneden plaats was in den hoek des wegs naar het westen, was de breedte zeventig ellen, en van den wand des gebouws was de breedte vijf ellen rondom henen, en de lengte daarvan negentig ellen.

13 Voorts mat hij het huis, de lengte honderd ellen; ook de afgesneden plaats en het gebouw, en de wanden daarvan, de lengte honderd ellen.

14 En de breedte van het voorste deel des huizes, en der afgesneden plaats tegen het oosten, honderd ellen.

And he measured the length of the building over against the separate place which was behind it, and the galleries thereof on the one side and on the other side, an hundred cubits, with the inner temple, and the porches of the court;

The door posts, and the narrow windows, and the galleries round about on their three stories, over against the door, cieled with wood round about, and from the ground up to the windows, and the windows were covered;

To that above the door, even unto the inner house, and without, and by all the wall round about within and without, by measure.

And it was made with cherubims and palm trees, so that a palm tree was between a cherub and a cherub; and every cherub had two faces;

So that the face of a man was toward the palm tree on the one side, and the face of a young lion toward the palm tree on the other side: it was made through all the house round about.

From the ground unto above the door were cherubims and palm trees made, and on the wall of the temple.

The posts of the temple were squared, and the face of the sanctuary; the appearance of the one as the appearance of the other.

The altar of wood was three cubits high, and the length thereof two cubits; and the corners thereof, and the length thereof, and the walls thereof, were of wood: and he said unto me, This is the table that is before the LORD.

And the temple and the sanctuary had two doors.

And the doors had two leaves apiece, two turning leaves; two leaves for the one door, and two leaves for the other door.

And there were made on them, on the doors of the temple, cherubims and palm trees, like as were made upon the walls; and there were thick planks upon the face of the porch without.

And there were narrow windows and palm trees on the one side and on the other side, on the sides of the porch, and upon the side chambers of the house, and thick planks.

15 Ook mat hij de lengte des gebouws voor aan de afgesneden plaats dat achter dezelve was, en derzelver galerijen van deze en van gene zijde, honderd ellen; met den binnensten tempel, en de voorhuizen des voorhofs.

16 De dorpelen, en de gesloten vensters en de galerijen rondom die drie, tegenover den dorpel, waren beschoten met hout rondom henen, en van de aarde tot aan de vensteren; de vensteren waren bedekt;

17 Tot hetgeen boven de deur was, en tot het binnenste en buitenste huis toe, en aan den gansen wand rondom henen in het binnenste en buitenste, al bij maten.

18 En het was gemaakt met cherubs en palmbomen; zodat er een palmboom was tussen cherub en cherub, en elke cherub had twee aangezichten;

19 Namelijk, eens mensen aangezicht tegen den palmboom van deze, en eens jongen leeuws aangezicht tegen den palmboom van gene zijde; gemaakt in het ganse huis rondom henen.

20 Van de aarde af tot boven de deur waren de cherubs en de palmbomen gemaakt, ook aan den wand des tempels.

21 De posten des tempels waren vierkant; en aangaande het voorste deel des heiligdoms, de ene gedaante was als de andere gedaante.

22 De hoogte des houten altaars was drie ellen, en zijn lengte twee ellen, en het had zijn hoeken; en zijn lengte en zijn wanden waren van hout. En hij sprak tot mij: Dit is de tafel, die voor des HEEREN aangezicht zal zijn.

23 De tempel nu en het heiligdom hadden beide twee deuren.

24 En er waren twee bladen aan de deuren; te weten twee bladen, die men omdraaien kon; twee aan de ene deur, en twee bladen aan de andere.

25 En aan dezelve, namelijk aan de deuren des tempels, waren cherubs en palmbomen gemaakt, gelijk als er aan de wanden gemaakt waren; en het hout aan het voorste deel van het voorhuis van buiten was dik.

26 En aan de gesloten vensteren waren ook palmbomen van deze en van gene zijde, aan de zijden van het voorhuis; en aan de zijkameren van het huis, en aan de dikke planken.

Ezekiel (42) Ezechiël

Then he brought me forth into the utter court, the way toward the north: and he brought me into the chamber that was over against the separate place, and which was before the building toward the north.

Before the length of an hundred cubits was the north door, and the breadth was fifty cubits.

Over against the twenty cubits which were for the inner court, and over against the pavement which was for the utter court, was gallery against gallery in three stories.

And before the chambers was a walk of ten cubits breadth inward, a way of one cubit; and their doors toward the north.

Now the upper chambers were shorter: for the galleries were higher than these, than the lower, and than the middlemost of the building.

For they were in three stories, but had not pillars as the pillars of the courts: therefore the building was straitened more than the lowest and the middlemost from the ground.

And the wall that was without over against the chambers, toward the utter court on the forepart of the chambers, the length thereof was fifty cubits.

For the length of the chambers that were in the utter court was fifty cubits: and, lo, before the temple were an hundred cubits.

And from under these chambers was the entry on the east side, as one goeth into them from the utter court.

The chambers were in the thickness of the wall of the court toward the east, over against the separate place, and over against the building.

And the way before them was like the appearance of the chambers which were toward the north, as long as they, and as broad as they: and all their goings out were both according to their fashions, and according to their doors.

And according to the doors of the chambers that were toward the south was a door in the head of the way, even the way directly before the wall toward the east, as one entereth into them.

1 Daarna bracht hij mij uit tot het buitenste voorhof; den weg naar den weg van het noorden; en hij bracht mij tot de kameren, die tegenover de afgesneden plaats, en die tegenover het gebouw tegen het noorden waren:

2 Voor aan de lengte van de honderd ellen naar de deur van het noorden; en de breedte was vijftig ellen.

3 Tegenover de twintig ellen, die het binnenste voorhof had, en tegenover het plaveisel, dat het buitenste voorhof had, was galerij tegen galerij, in drie rijen.

4 En voor de kameren was een wandeling van tien ellen de breedte; naar binnen toe, en een weg van een el; en de deuren van dezelve waren tegen het noorden.

5 De bovenste kameren nu waren nauwer (omdat de galerijen hoger waren dan dezelve), dan de onderste en dan de middelste des gebouws.

6 Want zij waren wel van drie rijen, maar hadden geen pilaren gelijk de pilaren der voorhoven; daarom waren zij benauwder dan de onderste en dan de middelste van de aarde af.

7 De muur nu, die naar buiten tegenover de kameren was, den weg naar het buitenste voorhof, voor aan de kameren, de lengte van dien was vijftig ellen.

8 Want de lengte der kameren, die het buitenste voorhof had, was vijftig ellen; en ziet, voor aan den tempel waren honderd ellen.

9 Van onder deze kameren nu was de ingang van het oosten, als iemand tot dezelve ingaat, uit het buitenste voorhof.

10 Aan de breedte van den muur des voorhofs, den weg naar het oosten, voor aan de afgesneden plaats, en voor aan het gebouw, waren kameren.

11 En de weg voor dezelve henen was als de gedaante der kameren, die den weg naar het noorden waren, naar derzelver lengte, alzo naar derzelver breedte; en al haar uitgangen waren ook naar derzelver wijzen en naar derzelver deuren.

12 En gelijk de deuren der kameren, die den weg naar het zuiden waren, was er een deur in het hoofd van den weg, den weg voor aan den rechten muur, den weg naar het oosten, als men daar ingaat.

Then said he unto me, The north chambers and the south chambers, which are before the separate place, they be holy chambers, where the priests that approach unto the LORD shall eat the most holy things: there shall they lay the most holy things, and the meat offering, and the sin offering, and the trespass offering; for the place is holy.

When the priests enter therein, then shall they not go out of the holy place into the utter court, but there they shall lay their garments wherein they minister; for they are holy; and shall put on other garments, and shall approach to those things which are for the people.

Now when he had made an end of measuring the inner house, he brought me forth toward the gate whose prospect is toward the east, and measured it round about.

He measured the east side with the measuring reed, five hundred reeds, with the measuring reed round about.

He measured the north side, five hundred reeds, with the measuring reed round about.

He measured the south side, five hundred reeds, with the measuring reed.

He turned about to the west side, and measured five hundred reeds with the measuring reed.

He measured it by the four sides: it had a wall round about, five hundred reeds long, and five hundred broad, to make a separation between the sanctuary and the profane place.

13 Toen zeide hij tot mij: De kameren van het noorden, en de kameren van het zuiden, die voor aan de afgesneden plaats zijn, dat zijn heilige kameren, waarin de priesters, die tot den HEERE naderen, die allerheiligste dingen zullen eten; aldaar zullen zij de allerheiligste dingen henenleggen, en het spijsoffer, en het zondoffer, en het schuldoffer, want de plaats is heilig.

14 Als de priesters ingegaan zullen zijn, zo zullen zij uit het heiligdom niet weder uitgaan in het buitenste voorhof, maar aldaar hun klederen henenleggen, in dewelke zij gediend hebben, want die zijn een heiligheid; en zij zullen andere klederen aantrekken, en naderen tot hetgeen voor het volk is.

15 Als hij nu de maten van het binnenste huis geëindigd had, zo bracht hij mij uit, den weg naar de poort, die den weg naar het oosten zag, en hij mat ze rondom henen.

16 Hij mat de oostzijde met het meetriet; vijfhonderd rieten, met het meetriet, rondom.

17 Hij mat de noordzijde, vijfhonderd rieten, met het meetriet, rondom.

18 De zuidzijde mat hij, vijfhonderd rieten, met het meetriet.

19 Hij ging om naar de westzijde, en hij mat vijfhonderd rieten, met het meetriet.

20 Hij mat het aan de vier zijden; het had een muur rondom henen, de lengte was vijfhonderd rieten, en de breedte vijfhonderd, om onderscheid te maken tussen het heilige en onheilige.

Ezekiel (43) Ezechiël

Afterward he brought me to the gate, even the gate that looketh toward the east:

And, behold, the glory of the God of Israel came from the way of the east: and his voice was like a noise of many waters: and the earth shined with his glory.

And it was according to the appearance of the vision which I saw, even according to the vision that I saw when I came to destroy the city: and the visions were like the vision that I saw by the river Chebar; and I fell upon my face.

And the glory of the LORD came into the house by the way of the gate whose prospect is toward the east.

So the spirit took me up, and brought me into the inner court; and, behold, the glory of the LORD filled the house.

And I heard him speaking unto me out of the house; and the man stood by me.

And he said unto me, Son of man, the place of my throne, and the place of the soles of my feet, where I will dwell in the midst of the children of Israel for ever, and my holy name, shall the house of Israel no more defile, neither they, nor their kings, by their whoredom, nor by the carcases of their kings in their high places.

In their setting of their threshold by my thresholds, and their post by my posts, and the wall between me and them, they have even defiled my holy name by their abominations that they have committed: wherefore I have consumed them in mine anger.

Now let them put away their whoredom, and the carcases of their kings, far from me, and I will dwell in the midst of them for ever.

Thou son of man, shew the house to the house of Israel, that they may be ashamed of their iniquities: and let them measure the pattern.

And if they be ashamed of all that they have done, shew them the form of the house, and the fashion thereof, and the goings out thereof, and the comings in thereof, and all the forms thereof, and all the ordinances thereof, and all the forms thereof, and all the laws thereof: and write it in their sight, that they may keep the whole form thereof, and all the ordinances thereof, and do them.

This is the law of the house; Upon the top of the mountain the whole limit thereof round about shall be most holy. Behold, this is the law of the house.

And these are the measures of the altar after the cubits: The cubit is a cubit and an hand breadth; even the bottom shall be a cubit, and the breadth a cubit, and the border thereof by the edge thereof round about shall be a span: and this shall be the higher place of the altar.

1 Toen leidde hij mij tot de poort, de poort, die den weg naar het oosten zag.

2 En ziet, de heerlijkheid des Gods van Israel kwam van den weg naar het oosten; en Zijn stem was als het geruis van vele wateren, en de aarde werd verlicht van Zijn heerlijkheid.

3 En alzo was de gedaante van het gezicht, dat ik zag, gelijk het gezicht, dat ik gezien had, toen ik kwam, om de stad te verderven; en het waren gezichten, als het gezicht, dat ik gezien had aan de rivier Chebar; en ik viel op mijn aangezicht.

4 En de heerlijkheid des HEEREN kwam in het huis, door den weg der poort, die den weg naar het oosten zag.

5 En de Geest nam mij op, en bracht mij in het binnenste voorhof; en ziet, de heerlijkheid des HEEREN had het huis vervuld.

6 En ik hoorde Een, Die met mij sprak, uit het huis; en de man was bij mij staande.

7 En Hij zeide tot mij: Mensenkind! dit is de plaats Mijns troons, en de plaats der zolen Mijner voeten, alwaar Ik wonen zal in het midden der kinderen Israels, in eeuwigheid; en die van het huis Israels zullen Mijn heiligen Naam niet meer verontreinigen, zij noch hun koningen, met hun hoererij en met de dode lichamen hunner koningen, op hun hoogten;

8 Als zij hun dorpel stelden aan Mijn dorpel, en hun post nevens Mijn post, dat er maar een wand tussen Mij en tussen hen was, en verontreinigden Mijn heiligen Naam met hun gruwelen, die zij deden; waarom Ik ze verteerd heb in Mijn toorn.

9 Nu zullen zij hun hoererij en de dode lichamen hunner koningen verre van Mij wegdoen; en Ik zal in het midden van hen wonen in eeuwigheid.

10 Gij mensenkind; wijs den huize Israels dit huis, opdat zij schaamrood worden vanwege hun ongerechtigheden, en laat ze het patroon afmeten.

11 En indien zij schaamrood worden vanwege alles, wat zij gedaan hebben, zo maak hun bekend den vorm van het huis, en zijn gestaltenis, en zijn uitgangen, en zijn ingangen, en al zijn vormen, en al zijn ordinantien, ja, al zijn vormen en al zijn wetten; en schrijf het voor hun ogen, opdat zij zijn gansen vorm en al zijn ordinantien bewaren, en dezelve doen.

12 Dit is de wet van het huis: op de hoogte des bergs zal zijn ganse grens, rondom henen, een heiligheid der heiligheden zijn; ziet, dit is de wet van het huis.

13 En dit zijn de maten des altaars, naar de ellen, zijnde de el een el en een handbreed; de boezem van een el, en een el de breedte; en zijn einde aan zijn rand rondom een span; en dit is de rug des altaars.

And from the bottom upon the ground even to the lower settle shall be two cubits, and the breadth one cubit; and from the lesser settle even to the greater settle shall be four cubits, and the breadth one cubit.

So the altar shall be four cubits; and from the altar and upward shall be four horns.

And the altar shall be twelve cubits long, twelve broad, square in the four squares thereof.

And the settle shall be fourteen cubits long and fourteen broad in the four squares thereof; and the border about it shall be half a cubit; and the bottom thereof shall be a cubit about; and his stairs shall look toward the east.

And he said unto me, Son of man, thus saith the Lord GOD; These are the ordinances of the altar in the day when they shall make it, to offer burnt offerings thereon, and to sprinkle blood thereon.

And thou shalt give to the priests the Levites that be of the seed of Zadok, which approach unto me, to minister unto me, saith the Lord GOD, a young bullock for a sin offering.

And thou shalt take of the blood thereof, and put it on the four horns of it, and on the four corners of the settle, and upon the border round about: thus shalt thou cleanse and purge it.

Thou shalt take the bullock also of the sin offering, and he shall burn it in the appointed place of the house, without the sanctuary.

And on the second day thou shalt offer a kid of the goats without blemish for a sin offering; and they shall cleanse the altar, as they did cleanse it with the bullock.

When thou hast made an end of cleansing it, thou shalt offer a young bullock without blemish, and a ram out of the flock without blemish.

And thou shalt offer them before the LORD, and the priests shall cast salt upon them, and they shall offer them up for a burnt offering unto the LORD.

Seven days shalt thou prepare every day a goat for a sin offering: they shall also prepare a young bullock, and a ram out of the flock, without blemish.

Seven days shall they purge the altar and purify it; and they shall consecrate themselves.

And when these days are expired, it shall be, that upon the eighth day, and so forward, the priests shall make your burnt offerings upon the altar, and your peace offerings; and I will accept you, saith the Lord GOD.

14 Van den boezem nu op de aarde tot aan het onderste afzetsel, twee ellen; en de breedte een el; en van het kleinste afzetsel tot aan het grootste afzetsel, vier ellen, en de breedte een el.

15 En de Harel vier ellen; en van den Ariel voorts opwaarts, de vier hoornen.

16 De Ariel nu, twaalf ellen de lengte, met twaalf ellen breedte, vierkant aan zijn vier zijden.

17 En het afzetsel veertien ellen de lengte, met veertien ellen breedte, aan zijn vier zijden, en de rand rondom hetzelve, de helft ener el; en de boezem daaraan, een el rondom; en zijn trappen ziende naar het oosten.

18 En Hij zeide tot mij: Mensenkind! zo zegt de Heere HEERE: Dit zijn de ordinantien des altaars, ten dage als men het zal maken, om brandoffer daarop te offeren, en om bloed daarop te sprengen.

19 En gij zult aan de Levietische priesteren, dewelke uit het zaad van Zadok zijn, die tot Mij naderen (spreekt de Heere HEERE), om Mij te dienen, geven een var, een jong rund, ten zondoffer.

20 En gij zult van deszelfs bloed nemen, en doen het aan zijn vier hoornen, en aan de vier hoeken der afzetsels, en aan den rand rondom; alzo zult gij het ontzondigen, en het verzoenen.

21 Daarna zult gij den var des zondoffers nemen; en hij zal hem verbranden in een bestelde plaats van het huis buiten het heiligdom.

22 En op den tweeden dag zult gij een volkomen geitenbok offeren ten zondoffer; en zij zullen het altaar ontzondigen, gelijk als zij dat ontzondigd hebben met den var.

23 Als gij een einde zult gemaakt hebben van het ontzondigen, dan zult gij een var, een volkomen jong rund, offeren, en een volkomen ram van de kudde.

24 En gij zult ze offeren voor het aangezicht des HEEREN; en de priesteren zullen zout daarop werpen, en zullen ze offeren ten brandoffer den HEERE.

25 Zeven dagen zult gij dagelijks een bok des zondoffers bereiden; ook zullen zij een var, een jong rund, en een ram van de kudde, beide volkomen bereiden.

26 Zeven dagen zullen zij het altaar verzoenen, en het reinigen, en zijn handen vullen.

27 Als zij nu deze dagen zullen voleind hebben, dan zal het op den achtsten dag en voortaan geschieden, dat de priesters uw brandofferen en uw dankofferen op het altaar zullen bereiden; en Ik zal een welgevallen aan ulieden hebben, spreekt de Heere HEERE.

Ezekiel (44) Ezechiël

Then he brought me back the way of the gate of the outward sanctuary which looketh toward the east; and it was shut.

Then said the LORD unto me; This gate shall be shut, it shall not be opened, and no man shall enter in by it; because the LORD, the God of Israel, hath entered in by it, therefore it shall be shut.

It is for the prince; the prince, he shall sit in it to eat bread before the LORD; he shall enter by the way of the porch of that gate, and shall go out by the way of the same.

Then brought he me the way of the north gate before the house: and I looked, and, behold, the glory of the LORD filled the house of the LORD: and I fell upon my face.

And the LORD said unto me, Son of man, mark well, and behold with thine eyes, and hear with thine ears all that I say unto thee concerning all the ordinances of the house of the LORD, and all the laws thereof; and mark well the entering in of the house, with every going forth of the sanctuary.

And thou shalt say to the rebellious, even to the house of Israel, Thus saith the Lord GOD; O ye house of Israel, let it suffice you of all your abominations,

In that ye have brought into my sanctuary strangers, uncircumcised in heart, and uncircumcised in flesh, to be in my sanctuary, to pollute it, even my house, when ye offer my bread, the fat and the blood, and they have broken my covenant because of all your abominations.

And ye have not kept the charge of mine holy things: but ye have set keepers of my charge in my sanctuary for yourselves.

1 Toen deed hij mij wederkeren den weg naar de poort van het buitenste heiligdom, die naar het oosten zag; en die was toegesloten.

2 En de HEERE zeide tot mij: Deze poort zal toegesloten zijn, zij zal niet geopend worden, noch iemand door dezelve ingaan, omdat de HEERE, de God Israels, door dezelve is ingegaan; daarom zal zij toegesloten zijn.

3 De vorst, de vorst, die zal in dezelve zitten, om brood te eten voor het aangezicht des HEEREN; door den weg van het voorhuis der poort zal hij ingaan, en door den weg van hetzelve zal hij uitgaan.

4 Daarna bracht hij mij den weg der noorderpoort, voor aan het huis; en ik zag, en ziet, de heerlijkheid des HEEREN had het huis des HEEREN vervuld; toen viel ik op mijn aangezicht.

5 En de HEERE zeide tot mij: Mensenkind! zet er uw hart op, en zie met uw ogen, en hoor met uw oren alles, wat Ik met u spreken zal, van alle inzettingen van het huis des HEEREN, en van al zijn wetten; en zet uw hart op den ingang van het huis, met alle uitgangen des heiligdoms.

6 En zeg tot die wederspannigen, tot het huis Israels: Zo zegt de Heere HEERE: Het is te veel voor ulieden, vanwege al uw gruwelen, o huis Israels.

7 Dewijl gijlieden vreemden hebt ingebracht, onbesnedenen van hart en onbesnedenen van vlees, om in Mijn heiligdom te zijn, om dat te ontheiligen, te weten Mijn huis; als gij Mijn brood, het vette en het bloed offerdet, en zij Mijn verbond verbraken, nevens al uw gruwelen.

8 En gijlieden hebt de wacht van Mijn heilige dingen niet waargenomen; maar gij hebt uzelven enigen tot wachters Mijner wacht gesteld in Mijn heiligdom.

Thus saith the Lord GOD; No stranger, uncircumcised in heart, nor uncircumcised in flesh, shall enter into my sanctuary, of any stranger that is among the children of Israel.	9 Alzo zegt de Heere HEERE: Geen vreemde, onbesneden van hart, en onbesneden van vlees, zal in Mijn heiligdom ingaan, van enigen vreemde, die in het midden der kinderen Israels is.
And the Levites that are gone away far from me, when Israel went astray, which went astray away from me after their idols; they shall even bear their iniquity.	10 Maar de Levieten, die verre van Mij geweken zijn, als Israel ging dolen, die van Mij zijn afgedwaald, hun drekgoden achterna, zullen wel hun ongerechtigheid dragen;
Yet they shall be ministers in my sanctuary, having charge at the gates of the house, and ministering to the house: they shall slay the burnt offering and the sacrifice for the people, and they shall stand before them to minister unto them.	11 Nochtans zullen zij in Mijn heiligdom bedienaars zijn, in de ambten aan de poorten van het huis, en zij zullen het huis bedienen; zij zullen het brandoffer en het slachtoffer voor het volk slachten, en zullen voor hun aangezicht staan, om hen te dienen;
Because they ministered unto them before their idols, and caused the house of Israel to fall into iniquity; therefore have I lifted up mine hand against them, saith the Lord GOD, and they shall bear their iniquity.	12 Omdat zij henlieden gediend hebben voor het aangezicht hunner drekgoden, en den huize Israels tot een aanstoot der ongerechtigheid geweest zijn, daarom heb Ik Mijn hand tegen hen opgeheven, spreekt de Heere HEERE, dat zij hun ongerechtigheid zullen dragen.
And they shall not come near unto me, to do the office of a priest unto me, nor to come near to any of my holy things, in the most holy place: but they shall bear their shame, and their abominations which they have committed.	13 En zij zullen tot Mij niet naderen, om Mij het priesterambt te bedienen, en om te naderen tot al Mijn heilige dingen, tot de allerheiligste dingen; maar zullen hun schande dragen, en hun gruwelen, die zij gedaan hebben.
But I will make them keepers of the charge of the house, for all the service thereof, and for all that shall be done therein.	14 Daarom zal Ik hen stellen tot wachters van de wacht des huizes, aan al zijn dienst, en aan alles, wat daarin zal gedaan worden.
But the priests the Levites, the sons of Zadok, that kept the charge of my sanctuary when the children of Israel went astray from me, they shall come near to me to minister unto me, and they shall stand before me to offer unto me the fat and the blood, saith the Lord GOD:	15 Maar de Levietische priesters, de kinderen van Zadok, die de wacht Mijns heiligdoms hebben waargenomen, als de kinderen Israels van Mij afdwaalden, die zullen tot Mij naderen, om Mij te dienen; en zullen voor Mijn aangezicht staan, om Mij het vette en het bloed te offeren, spreekt de Heere HEERE;
They shall enter into my sanctuary, and they shall come near to my table, to minister unto me, and they shall keep my charge.	16 Die zullen in Mijn heiligdom ingaan, en die zullen tot Mijn tafel naderen, om Mij te dienen, en zij zullen Mijn wacht waarnemen.
And it shall come to pass, that when they enter in at the gates of the inner court, they shall be clothed with linen garments; and no wool shall come upon them, whiles they minister in the gates of the inner court, and within.	17 En het zal geschieden, als zij tot de poorten van het binnenste voorhof zullen ingaan, dat zij linnen klederen zullen aantrekken; maar wol zal op hen niet komen, als zij dienen in de poorten van het binnenste voorhof, en inwaarts.
They shall have linen bonnets upon their heads, and shall have linen breeches upon their loins; they shall not gird themselves with any thing that causeth sweat.	18 Linnen huiven zullen op hun hoofd zijn, en linnen onderbroeken zullen op hun lenden zijn; zij zullen zich niet gorden in het zweet.
And when they go forth into the utter court, even into the utter court to the people, they shall put off their garments wherein they ministered, and lay them in the holy chambers, and they shall put on other garments; and they shall not sanctify the people with their garments.	19 En als zij uitgaan tot het buitenste voorhof, namelijk tot het buitenste voorhof tot het volk, zullen zij hun klederen, in dewelke zij gediend hebben, uittrekken, en dezelve henenleggen in de heilige kameren; en zullen andere klederen aantrekken, opdat zij het volk niet heiligen met hun klederen.
Neither shall they shave their heads, nor suffer their locks to grow long; they shall only poll their heads.	20 En zij zullen hun hoofd niet glad afscheren, ook de lokken niet lang laten wassen; behoorlijk zullen zij hun hoofden bescheren.
Neither shall any priest drink wine, when they enter into the inner court.	21 Ook zal geen priester wijn drinken, als zij in het binnenste voorhof zullen ingaan.
Neither shall they take for their wives a widow, nor her that is put away: but they shall take maidens of the seed of the house of Israel, or a widow that had a priest before.	22 Ook zullen zij zich geen weduwe of verstotene tot vrouwen nemen; maar jonge dochters van het zaad van het huis Israels, of een weduwe, die een weduwe zal geweest zijn van een priester, zullen zij nemen.
And they shall teach my people the difference between the holy and profane, and cause them to discern between the unclean and the clean.	23 En zij zullen Mijn volk onderscheid leren tussen het heilige en onheilige, en hun bekend maken het onderscheid tussen het onreine en reine.
And in controversy they shall stand in judgment; and they shall judge it according to my judgments: and they shall keep my laws and my statutes in all mine assemblies; and they shall hallow my sabbaths.	24 En over een twistzaak zullen zij staan om te richten; naar Mijn rechten zullen zij hen richten; en zij zullen Mijn wetten en Mijn inzettingen op al Mijn gezette hoogtijden houden, en Mijn sabbatten heiligen.
And they shall come at no dead person to defile themselves: but for father, or for mother, or for son, or for daughter, for brother, or for sister that hath had no husband, they may defile themselves.	25 Ook zal geen van hen tot een doden mens ingaan, dat hij onrein worde; maar om een vader, of om een moeder, of om een zoon, of om een dochter, om een broeder of om een zuster, die geens mans geweest is, zullen zij zich mogen verontreinigen.
And after he is cleansed, they shall reckon unto him seven days.	26 En na zijn reiniging zullen zij hem zeven dagen tellen.
And in the day that he goeth into the sanctuary, unto the inner court, to minister in the sanctuary, he shall offer his sin offering, saith the Lord GOD.	27 En ten dage, als hij in het heilige zal ingaan, in het binnenste voorhof, om in het heilige te dienen, zal hij zijn zondoffer offeren, spreekt de Heere HEERE.
And it shall be unto them for an inheritance: I am their inheritance: and ye shall give them no possession in Israel: I am their possession.	28 Dit nu zal hun tot een erfenis zijn: Ik ben hun Erfenis; daarom zult gij hunlieden geen bezitting geven in Israel; Ik ben hun Bezitting.
They shall eat the meat offering, and the sin offering, and the trespass offering; and every dedicated thing in Israel shall be theirs.	29 Het spijsoffer, en het zondoffer, en het schuldoffer, die zullen zij eten; ook zal al het verbannene in Israel het hunne zijn.
And the first of all the firstfruits of all things, and every oblation of all, of every sort of your oblations, shall be the priest's: ye shall also give unto the priest the first of your dough, that he may cause the blessing to rest in thine house.	30 En de eerstelingen van alle eerste vruchten van alles, en alle hefoffer van alles, van al uw hefofferen, zullen der priesteren zijn; ook zult gij de eerstelingen van uw deeg den priester geven, om den zegen op uw huis te doen rusten.
The priests shall not eat of any thing that is dead of itself, or torn, whether it be fowl or beast.	31 Geen aas, noch wat verscheurd is van het gevogelte, of van het vee, zullen de priesters eten.

Ezekiel (45) Ezechiël

1 Moreover, when ye shall divide by lot the land for inheritance, ye shall offer an oblation unto the LORD, an holy portion of the land: the length shall be the length of five and twenty thousand reeds, and the breadth shall be ten thousand. This shall be holy in all the borders thereof round about.

2 Of this there shall be for the sanctuary five hundred in length, with five hundred in breadth, square round about; and fifty cubits round about for the suburbs thereof.

3 And of this measure shalt thou measure the length of five and twenty thousand, and the breadth of ten thousand: and in it shall be the sanctuary and the most holy place.

4 The holy portion of the land shall be for the priests the ministers of the sanctuary, which shall come near to minister unto the LORD: and it shall be a place for their houses, and an holy place for the sanctuary.

5 And the five and twenty thousand of length, and the ten thousand of breadth, shall also the Levites, the ministers of the house, have for themselves, for a possession for twenty chambers.

6 And ye shall appoint the possession of the city five thousand broad, and five and twenty thousand long, over against the oblation of the holy portion: it shall be for the whole house of Israel.

7 And a portion shall be for the prince on the one side and on the other side of the oblation of the holy portion, and of the possession of the city, before the oblation of the holy portion, and before the possession of the city, from the west side westward, and from the east side eastward: and the length shall be over against one of the portions, from the west border unto the east border.

8 In the land shall be his possession in Israel: and my princes shall no more oppress my people; and the rest of the land they shall give to the house of Israel according to their tribes.

9 Thus saith the Lord GOD; Let it suffice you, O princes of Israel: remove violence and spoil, and execute judgment and justice, take away your exactions from my people, saith the Lord GOD.

10 Ye shall have just balances, and a just ephah, and a just bath.

11 The ephah and the bath shall be of one measure, that the bath may contain the tenth part of an homer, and the ephah the tenth part of an homer: the measure thereof shall be after the homer.

12 And the shekel shall be twenty gerahs: twenty shekels, five and twenty shekels, fifteen shekels, shall be your maneh.

13 This is the oblation that ye shall offer; the sixth part of an ephah of an homer of wheat, and ye shall give the sixth part of an ephah of an homer of barley:

14 Concerning the ordinance of oil, the bath of oil, ye shall offer the tenth part of a bath out of the cor, which is an homer of ten baths; for ten baths are an homer:

15 And one lamb out of the flock, out of two hundred, out of the fat pastures of Israel; for a meat offering, and for a burnt offering, and for peace offerings, to make reconciliation for them, saith the Lord GOD.

16 All the people of the land shall give this oblation for the prince in Israel.

17 And it shall be the prince's part to give burnt offerings, and meat offerings, and drink offerings, in the feasts, and in the new moons, and in the sabbaths, in all solemnities of the house of Israel: he shall prepare the sin offering, and the meat offering, and the burnt offering, and the peace offerings, to make reconciliation for the house of Israel.

18 Thus saith the Lord GOD; In the first month, in the first day of the month, thou shalt take a young bullock without blemish, and cleanse the sanctuary:

19 And the priest shall take of the blood of the sin offering, and put it upon the posts of the house, and upon the four corners of the settle of the altar, and upon the posts of the gate of the inner court.

20 And so thou shalt do the seventh day of the month for every one that erreth, and for him that is simple: so shall ye reconcile the house.

---

1 Als gijlieden nu het land zult doen vallen in erfenis, zo zult gij een hefoffer den HEERE offeren, tot een heilige plaats, van het land; de lengte zal zijn de lengte van vijf en twintig duizend meetrieten, en de breedte tien duizend; dat zal in zijn gehele grenzen rondom heilig zijn.

2 Hiervan zullen tot het heiligdom zijn vijfhonderd met vijfhonderd, vierkant rondom; en het zal vijftig ellen hebben tot een buitenruim rondom.

3 Alzo zult gij meten van deze maat, de lengte van vijf en twintig duizend, en de breedte van tien duizend; en daarin zal het heiligdom zijn met het heilige der heiligen.

4 Dat zal een heilige plaats zijn van het land; zij zal zijn voor de priesteren, die het heiligdom bedienen, die naderen om den HEERE te dienen; en het zal hun een plaats zijn tot huizen, en een heilige plaats voor het heiligdom.

5 Voorts zullen de Levieten, die dienaars des huizes, ook de lengte hebben van vijf en twintig duizend, en de breedte van tien duizend, hunlieden tot een bezitting, voor twintig kameren.

6 En tot bezitting van de stad zult gij geven de breedte van vijf duizend en de lengte van vijf en twintig duizend, tegenover het heilig hefoffer; voor het ganse huis Israels zal het zijn.

7 De vorst nu zal zijn deel hebben van deze en van gene zijde des heiligen hefoffers en der bezitting der stad, voor aan het heilig hefoffer, en voor aan de bezitting der stad; van den westerhoek westwaarts, en van den oosterhoek oostwaarts; en de lengte zal zijn tegenover een der delen, van de westergrens tot de oostergrens toe.

8 Dit land aangaande, het zal hem tot een bezitting zijn in Israel; en Mijn vorsten zullen Mijn volk niet meer verdrukken, maar den huize Israels het land laten, naar hun stammen.

9 Alzo zegt de Heere HEERE: Het is te veel voor u, gij vorsten Israels! doet geweld en verstoring weg, en doet recht en gerechtigheid; neemt uw uitstortingen op van Mijn volk, spreekt de Heere HEERE.

10 Een rechte waag, en een rechte efa, en een rechte bath zult gijlieden hebben.

11 Een efa en een bath zullen van enerlei mate zijn, dat een bath het tiende deel van een homer houde; ook een efa het tiende deel van een homer; de mate daarvan zal zijn naar den homer.

12 En de sikkel zal zijn van twintig gera; twintig sikkelen, vijf en twintig sikkelen, en vijftien sikkelen, zal ulieden een pond zijn.

13 Dit is het hefoffer, dat gijlieden offeren zult: het zesde deel van een efa van een homer tarwe; ook zult gij het zesde deel van een efa geven van een homer gerst.

14 Aangaande de inzetting van olie, van een bath olie; gij zult offeren het tiende deel van een bath uit een kor, hetwelk is een homer van tien bath, want tien bath zijn een homer.

15 Voorts een lam uit de kudde, uit de tweehonderd, uit het waterrijke land van Israel, tot spijsoffer, en tot brandoffer, en tot dankofferen om verzoening over hen te doen, spreekt de Heere HEERE.

16 Al het volk des lands zal in dit hefoffer zijn, voor den vorst in Israel.

17 En het zal den vorst opleggen te offeren de brandofferen, en het spijsoffer, en het drankoffer, op de feesten, en op de nieuwe maanden, en op de sabbatten, op alle gezette hoogtijden van het huis Israels; hij zal het zondoffer, en het spijsoffer, en het brandoffer, en de dankofferen doen, om verzoening te doen voor het huis Israels.

18 Alzo zegt de Heere HEERE: In de eerste maand, op den eersten der maand, zult gij een volkomen var, een jong rund, nemen; en gij zult het heiligdom ontzondigen.

19 En de priester zal van het bloed des zondoffers nemen, en doen het aan de posten des huizes, en aan de vier hoeken van het afzetsel des altaars, en aan de posten der poorten van het binnenste voorhof.

20 Alzo zult gij ook doen op den zevenden in die maand; vanwege den afdwalende, en vanwege den slechte; alzo zult gijlieden het huis verzoenen.

	In the first month, in the fourteenth day of the month, ye shall have the passover, a feast of seven days; unleavened bread shall be eaten.	21	In de eerste maand, op den veertienden dag der maand, zal ulieden het pascha zijn; een feest van zeven dagen, ongezuurde broden zal men eten.
	And upon that day shall the prince prepare for himself and for all the people of the land a bullock for a sin offering.	22	En de vorst zal op denzelven dag voor zichzelven, en voor al het volk des lands, bereiden een var des zondoffers.
	And seven days of the feast he shall prepare a burnt offering to the LORD, seven bullocks and seven rams without blemish daily the seven days; and a kid of the goats daily for a sin offering.	23	En de zeven dagen van het feest zal hij een brandoffer den HEERE bereiden, van zeven varren en zeven rammen, die volkomen zijn, dagelijks, de zeven dagen lang, en een zondoffer van een geitenbok, dagelijks.
	And he shall prepare a meat offering of an ephah for a bullock, and an ephah for a ram, and an hin of oil for an ephah.	24	Ook zal hij een spijsoffer bereiden, een efa tot een var, en een efa tot een ram; en een hin olie tot een efa.
	In the seventh month, in the fifteenth day of the month, shall he do the like in the feast of the seven days, according to the sin offering, according to the burnt offering, and according to the meat offering, and according to the oil.	25	In de zevende maand, op den vijftienden dag der maand zal hij op het feest desgelijks doen, zeven dagen lang; gelijk het zondoffer, gelijk het brandoffer, en gelijk het spijsoffer, en gelijk de olie.

Ezekiel (46) Ezechiël

	Thus saith the Lord GOD; The gate of the inner court that looketh toward the east shall be shut the six working days; but on the sabbath it shall be opened, and in the day of the new moon it shall be opened.	1	Alzo zegt de Heere HEERE: De poort van het binnenste voorhof, die naar het oosten ziet; zal de zes werkdagen gesloten zijn; maar op den sabbatdag zal zij geopend worden; ook zal zij geopend worden op den dag van de nieuwe maan.
	And the prince shall enter by the way of the porch of that gate without, and shall stand by the post of the gate, and the priests shall prepare his burnt offering and his peace offerings, and he shall worship at the threshold of the gate: then he shall go forth; but the gate shall not be shut until the evening.	2	En de vorst zal ingaan door den weg van het voorhuis derzelve poort van buiten, en zal staan aan den post van de poort; en de priesters zullen zijn brandofferen en zijn dankofferen bereiden, en hij zal aanbidden aan den dorpel der poort, en daarna uitgaan; doch de poort zal niet gesloten worden tot op den avond.
	Likewise the people of the land shall worship at the door of this gate before the LORD in the sabbaths and in the new moons.	3	Ook zal het volk des lands aanbidden voor de deur derzelve poort, op de sabbatten en op de nieuwe manen, voor het aangezicht des HEEREN.
	And the burnt offering that the prince shall offer unto the LORD in the sabbath day shall be six lambs without blemish, and a ram without blemish.	4	Het brandoffer nu, dat de vorst den HEERE zal offeren, zal op den sabbatdag zijn, zes volkomen lammeren, en een volkomen ram.
	And the meat offering shall be an ephah for a ram, and the meat offering for the lambs as he shall be able to give, and an hin of oil to an ephah.	5	En het spijsoffer, een efa tot den ram, maar tot de lammeren zal het spijsoffer een gave zijner hand zijn; en olie, een hin tot een efa.
	And in the day of the new moon it shall be a young bullock without blemish, and six lambs, and a ram: they shall be without blemish.	6	Maar op den dag van de nieuwe maan, een var, een jong rund, van de volkomene, en zes lammeren, en een ram; volkomen zullen zij zijn.
	And he shall prepare a meat offering, an ephah for a bullock, and an ephah for a ram, and for the lambs according as his hand shall attain unto, and an hin of oil to an ephah.	7	En ten spijsoffer zal hij bereiden een efa tot den var, en een efa tot den ram; maar tot de lammeren, zoals zijn hand bekomen zal; en een hin olie tot een efa.
	And when the prince shall enter, he shall go in by the way of the porch of that gate, and he shall go forth by the way thereof.	8	En als de vorst ingaat, zal hij door den weg van het voorhuis der poort ingaan, en door deszelfs weg weder uitgaan.
	But when the people of the land shall come before the LORD in the solemn feasts, he that entereth in by the way of the north gate to worship shall go out by the way of the south gate; and he that entereth by the way of the south gate shall go forth by the way of the north gate: he shall not return by the way of the gate whereby he came in, but shall go forth over against it.	9	Maar als het volk des lands voor het aangezicht des HEEREN komt, op de gezette hoogtijden, die door den weg van de noorderpoort ingaat om te aanbidden, zal door den weg van de zuiderpoort weder uitgaan; en die door den weg van de zuiderpoort ingaat, zal door den weg van de noorderpoort weder uitgaan; hij zal niet wederkeren door den weg der poort, door dewelke hij is ingegaan, maar recht voor zich henen uitgaan.
	And the prince in the midst of them, when they go in, shall go in; and when they go forth, shall go forth.	10	De vorst nu zal in het midden van hen ingaan, als zij ingaan; en als zij uitgaan, zullen zij samen uitgaan.
	And in the feasts and in the solemnities the meat offering shall be an ephah to a bullock, and an ephah to a ram, and to the lambs as he is able to give, and an hin of oil to an ephah.	11	Voorts op de feesten, en op de gezette hoogtijden zal het spijsoffer zijn, een efa tot een var, en een efa tot een ram; maar tot de lammeren, een gave zijner hand; en olie, een hin tot een efa.
	Now when the prince shall prepare a voluntary burnt offering or peace offerings voluntarily unto the LORD, one shall then open him the gate that looketh toward the east, and he shall prepare his burnt offering and his peace offerings, as he did on the sabbath day: then he shall go forth; and after his going forth one shall shut the gate.	12	En als de vorst een vrijwillig offer zal doen, een brandoffer of dankofferen tot een vrijwillig offer den HEERE, zo zal men hem de poort openen, die naar het oosten ziet; en hij zal zijn brandoffer en zijn dankofferen doen, gelijk als hij zal gedaan hebben op den sabbatdag; en als hij weder uitgaat, zal men de poort sluiten, nadat hij uitgegaan zal zijn.
	Thou shalt daily prepare a burnt offering unto the LORD of a lamb of the first year without blemish: thou shalt prepare it every morning.	13	Wijders zult gij een volkomen eenjarig lam dagelijks bereiden ten brandoffer den HEERE; alle morgens zult gij dat bereiden.
	And thou shalt prepare a meat offering for it every morning, the sixth part of an ephah, and the third part of an hin of oil, to temper with the fine flour; a meat offering continually by a perpetual ordinance unto the LORD.	14	En gij zult ten spijsoffer daarop doen, alle morgens een zesde deel van een efa, en olie een derde deel van een hin, om de meelbloem te bedruipen; tot een spijsoffer den HEERE, tot eeuwige inzettingen, geduriglijk.
	Thus shall they prepare the lamb, and the meat offering, and the oil, every morning for a continual burnt offering.	15	Zij zullen dan het lam, en het spijsoffer, en de olie alle morgens bereiden tot een gedurig brandoffer.
	Thus saith the Lord GOD; If the prince give a gift unto any of his sons, the inheritance thereof shall be his sons'; it shall be their possession by inheritance.	16	Alzo zegt de Heere HEERE: Wanneer de vorst aan iemand van zijn zonen een geschenk zal geven van zijn erfenis, dat zullen zijn zonen hebben; het zal hun bezitting zijn in erfenis.

	But if he give a gift of his inheritance to one of his servants, then it shall be his to the year of liberty; after it shall return to the prince: but his inheritance shall be his sons' for them.	17	Maar wanneer hij van zijn erfenis een geschenk zal geven aan een van zijn knechten, die zal dat hebben tot het vrijjaar toe; dan zal het tot den vorst wederkeren; het is immers zijn erfenis, zijn zonen zullen het hebben.
	Moreover the prince shall not take of the people's inheritance by oppression, to thrust them out of their possession; but he shall give his sons inheritance out of his own possession: that my people be not scattered every man from his possession.	18	En de vorst zal niets nemen van de erfenis des volks, om hen van hun bezitting te beroven; van zijn bezitting zal hij zijn zonen erf nalaten; opdat niet Mijn volk, een iegelijk uit zijn erfenis, verstrooid worde.
	After he brought me through the entry, which was at the side of the gate, into the holy chambers of the priests, which looked toward the north: and, behold, there was a place on the two sides westward.	19	Daarna bracht hij mij door den ingang, die aan de zijde der poort was, tot de heilige kameren, den priesteren toe behoorende, die naar het noorden zagen, en ziet, aldaar was een plaats aan beide zijden, naar het westen.
	Then said he unto me, This is the place where the priests shall boil the trespass offering and the sin offering, where they shall bake the meat offering; that they bear them not out into the utter court, to sanctify the people.	20	En hij zeide tot mij: Dit is de plaats, alwaar de priesters het schuldoffer en het zondoffer zullen koken; en waar zij het spijsoffer zullen bakken, opdat zij het niet uitbrengen in het buitenste voorhof, om het volk te heiligen.
	Then he brought me forth into the utter court, and caused me to pass by the four corners of the court; and, behold, in every corner of the court there was a court.	21	Toen bracht hij mij in het buitenste voorhof, en voerde mij om in de vier hoeken des voorhofs; en ziet, in elken hoek des voorhofs was een ander voorhofje.
	In the four corners of the court there were courts joined of forty cubits long and thirty broad: these four corners were of one measure.	22	In de vier hoeken des voorhofs waren voorhofjes met schoorstenen, van veertig ellen de lengte, en dertig de breedte; dezelve vier hoekhofjes hadden enerlei maat.
	And there was a row of building round about in them, round about them four, and it was made with boiling places under the rows round about.	23	En er was rondom in dezelve een ringmuur, rondom deze vier; en er waren keukens gemaakt beneden aan de ringmuren rondom.
	Then said he unto me, These are the places of them that boil, where the ministers of the house shall boil the sacrifice of the people.	24	En hij zeide tot mij: Dit zijn de keukens, alwaar de dienaars des huizes het slachtoffer des volks zullen koken.

Ezekiel (47) Ezechiël

	Afterward he brought me again unto the door of the house; and, behold, waters issued out from under the threshold of the house eastward: for the forefront of the house stood toward the east, and the waters came down from under from the right side of the house, at the south side of the altar.	1	Daarna bracht hij mij weder tot de deur van het huis, en ziet, er vloten wateren uit, van onder den dorpel des huizes naar het oosten; want het voorste deel van het huis was in het oosten, en de wateren daalden af van onderen, uit de rechterzijde des huizes, van het zuiden des altaars.
	Then brought he me out of the way of the gate northward, and led me about the way without unto the utter gate by the way that looketh eastward; and, behold, there ran out waters on the right side.	2	En hij bracht mij uit door den weg van de noorderpoort, en voerde mij om door den weg van buiten, tot de buitenpoort, den weg, die naar het oosten ziet; en ziet, de wateren sprongen uit de rechterzijde.
	And when the man that had the line in his hand went forth eastward, he measured a thousand cubits, and he brought me through the waters; the waters were to the ancles.	3	Als nu die man naar het oosten uitging, zo was er een meetsnoer in zijn hand; en hij mat duizend ellen, en deed mij door de wateren doorgaan, en de wateren raakten tot aan de enkelen.
	Again he measured a thousand, and brought me through the waters; the waters were to the knees. Again he measured a thousand, and brought me through; the waters were to the loins.	4	Toen mat hij nog duizend ellen, en deed mij door de wateren doorgaan, en de wateren raakten tot aan de knieën; en hij mat nog duizend, en deed mij doorgaan, en de wateren raakten tot aan de lenden.
	Afterward he measured a thousand; and it was a river that I could not pass over: for the waters were risen, waters to swim in, a river that could not be passed over.	5	Voorts mat hij nog duizend, en het was een beek, waar ik niet kon doorgaan; want de wateren waren hoge wateren, waar men door zwemmen moest, een beek, waar men niet kon doorgaan.
	And he said unto me, Son of man, hast thou seen this? Then he brought me, and caused me to return to the brink of the river.	6	En hij zeide tot mij: Hebt gij het gezien, mensenkind? Toen voerde hij mij, en bracht mij weder tot aan den oever der beek.
	Now when I had returned, behold, at the bank of the river were very many trees on the one side and on the other.	7	Als ik wederkeerde, ziet, zo was er aan den oever der beek zeer veel geboomte, van deze en van gene zijde.
	Then said he unto me, These waters issue out toward the east country, and go down into the desert, and go into the sea: which being brought forth into the sea, the waters shall be healed.	8	Toen zeide hij tot mij: Deze wateren vlieten uit naar het voorste Galilea, en dalen af in het vlakke veld; daarna komen zij in de zee; in de zee uitgebracht zijnde, zo worden de wateren gezond.
	And it shall come to pass, that every thing that liveth, which moveth, whithersoever the rivers shall come, shall live: and there shall be a very great multitude of fish, because these waters shall come thither: for they shall be healed; and every thing shall live whither the river cometh.	9	Ja, het zal geschieden, dat alle levende ziel, die er wemelt, overal, waarhenen een der twee beken zal komen, leven zal, en daar zal zeer veel vis zijn, omdat deze wateren daarhenen zullen gekomen zijn, en zij zullen gezond worden, en het zal leven, alles, waarhenen deze beek zal komen.
	And it shall come to pass, that the fishers shall stand upon it from Engedi even unto Eneglaim; they shall be a place to spread forth nets; their fish shall be according to their kinds, as the fish of the great sea, exceeding many.	10	Ook zal het geschieden, dat er vissers aan dezelve zullen staan, van En-gedi aan tot En-eglaim toe; daar zullen plaatsen zijn tot uitspreiding der netten; haar vis zal naar zijn aard wezen als de vis van de grote zee, zeer menigvuldig.
	But the miry places thereof and the marishes thereof shall not be healed; they shall be given to salt.	11	Doch haar modderige plaatsen en haar moerassen zullen niet gezond worden, zij zijn tot zout overgegeven.
	And by the river upon the bank thereof, on this side and on that side, shall grow all trees for meat, whose leaf shall not fade, neither shall the fruit thereof be consumed: it shall bring forth new fruit according to his months, because their waters they issued out of the sanctuary: and the fruit thereof shall be for meat, and the leaf thereof for medicine.	12	Aan de beek nu, aan haar oever, zal van deze en van gene zijde opgaan allerlei spijsgeboomte, welks blad niet zal afvallen, noch de vrucht daarvan vergaan; in zijn maanden zal het nieuwe vruchten voortbrengen; want zijn wateren vlieten uit het heiligdom; en zijn vrucht zal zijn tot spijze, en zijn blad tot heling.

Thus saith the Lord GOD; This shall be the border, whereby ye shall inherit the land according to the twelve tribes of Israel: Joseph shall have two portions.	13 Alzo zegt de Heere HEERE: Dit zal de landpale zijn, naar dewelke gij het land ten erve zult nemen, naar de twaalf stammen Israels: Jozef twee snoeren.
And ye shall inherit it, one as well as another: concerning the which I lifted up mine hand to give it unto your fathers: and this land shall fall unto you for inheritance.	14 En gij zult dat erven, de een zowel als de ander; over hetwelk Ik Mijn hand heb opgeheven, dat Ik het uw vaderen zou geven; en ditzelve land zal ulieden in erfenis vallen.
And this shall be the border of the land toward the north side, from the great sea, the way of Hethlon, as men go to Zedad;	15 Dit nu zal de landpale des lands zijn: aan den noorderhoek, van de grote zee af, den weg van Hethlon, waar men komt te Zedad.
Hamath, Berothah, Sibraim, which is between the border of Damascus and the border of Hamath; Hazarhatticon, which is by the coast of Hauran.	16 Hamath, Berotha, Sibraim, dat tussen de landpale van Damaskus en tussen de landpale van Hamath is; Hazar Hattichon, dat aan de landpale van Havran is.
And the border from the sea shall be Hazarenan, the border of Damascus, and the north northward, and the border of Hamath. And this is the north side.	17 Alzo zal de landpale van de zee af zijn, Hazar-Enon, de landpale van Damaskus, en het noorden noordwaarts, en de landpale van Hamath; en dat zal de noorderhoek zijn.
And the east side ye shall measure from Hauran, and from Damascus, and from Gilead, and from the land of Israel by Jordan, from the border unto the east sea. And this is the east side.	18 Den oosterhoek nu zult gijlieden meten van tussen Havran, en van tussen Damaskus, en van tussen Gilead, en van tussen het land Israels aan den Jordaan, van de landpale af tot de Oostzee toe; en dat zal de oosterhoek zijn.
And the south side southward, from Tamar even to the waters of strife in Kadesh, the river to the great sea. And this is the south side southward.	19 En den zuiderhoek zuidwaarts van Thamar af, tot aan het twistwater van Kades, voorts naar de beek henen, tot aan de grote zee; en dat zal de zuiderhoek zuidwaarts zijn.
The west side also shall be the great sea from the border, till a man come over against Hamath. This is the west side.	20 En den westerhoek, de grote zee, van de landpale af tot daar men recht tegenover Hamath komt; dat zal de westerhoek zijn.
So shall ye divide this land unto you according to the tribes of Israel.	21 Ditzelve land nu zult gij ulieden uitdelen naar de stammen Israels.
And it shall come to pass, that ye shall divide it by lot for an inheritance unto you, and to the strangers that sojourn among you, which shall beget children among you: and they shall be unto you as born in the country among the children of Israel; they shall have inheritance with you among the tribes of Israel.	22 Maar het zal geschieden, dat gij hetzelve zult doen vallen in erfenis voor ulieden, en voor de vreemdelingen, die in het midden van u verkeren, die kinderen in het midden van u zullen gewonnen hebben; en zij zullen ulieden zijn, als een inboorling onder de kinderen Israels; zij zullen met ulieden in erfenis vallen, in het midden der stammen Israels.
And it shall come to pass, that in what tribe the stranger sojourneth, there shall ye give him his inheritance, saith the Lord GOD.	23 Ook zal het geschieden, in den stam, bij welken de vreemdeling verkeert, aldaar zult gij hem zijn erfenis geven, spreekt de Heere HEERE.

Ezekiel (48) Ezechiël

Now these are the names of the tribes. From the north end to the coast of the way of Hethlon, as one goeth to Hamath, Hazarenan, the border of Damascus northward, to the coast of Hamath; for these are his sides east and west; a portion for Dan.	1 Dit nu zijn de namen der stammen. Van het einde noordwaarts, aan de zijde des wegs van Hethlon, waar men komt te Hamath, Hazar-Enon, de landpale van Damaskus, noordwaarts aan de zijde van Hamath (ook zal hij den oosterhoek en westerhoek hebben), zal Dan een snoer hebben.
And by the border of Dan, from the east side unto the west side, a portion for Asher.	2 En aan de landpale van Dan, van den oosterhoek tot den westerhoek toe, Aser een.
And by the border of Asher, from the east side even unto the west side, a portion for Naphtali.	3 En aan de landpale van Aser, van den oosterhoek af tot den westerhoek toe, Nafthali een.
And by the border of Naphtali, from the east side unto the west side, a portion for Manasseh.	4 En aan de landpale van Nafthali, van den oosterhoek tot den westerhoek toe, Manasse een.
And by the border of Manasseh, from the east side unto the west side, a portion for Ephraim.	5 En aan de landpale van Manasse, van den oosterhoek tot den westerhoek toe, Efraim een.
And by the border of Ephraim, from the east side even unto the west side, a portion for Reuben.	6 En aan de landpale van Efraim, van den oosterhoek tot den westerhoek toe, Ruben een.
And by the border of Reuben, from the east side unto the west side, a portion for Judah.	7 En aan de landpale van Ruben, van den oosterhoek tot den westerhoek toe, Juda een.
And by the border of Judah, from the east side unto the west side, shall be the offering which ye shall offer of five and twenty thousand reeds in breadth, and in length as one of the other parts, from the east side unto the west side: and the sanctuary shall be in the midst of it.	8 Aan de landpale nu van Juda, van den oosterhoek tot den westerhoek toe, zal het hefoffer zijn, dat gijlieden zult offeren, vijf en twintig duizend meetrieten in breedte, en de lengte, als van een der andere delen, van den oosterhoek tot den westerhoek toe; en het heiligdom zal in het midden deszelven zijn.
The oblation that ye shall offer unto the LORD shall be of five and twenty thousand in length, and of ten thousand in breadth.	9 Het hefoffer, dat gijlieden den HEERE zult offeren, zal wezen de lengte van vijf en twintig duizend, en de breedte van tien duizend.
And for them, even for the priests, shall be this holy oblation; toward the north five and twenty thousand in length, and toward the west ten thousand in breadth, and toward the east ten thousand in breadth, and toward the south five and twenty thousand in length: and the sanctuary of the LORD shall be in the midst thereof.	10 En daarin zal het heilig hefoffer zijn voor de priesteren, noordwaarts de lengte van vijf en twintig duizend, en westwaarts de breedte van tien duizend, en oostwaarts, de breedte van tien duizend, en zuidwaarts de lengte van vijf en twintig duizend; en het heiligdom des HEEREN zal in het midden deszelven zijn.
It shall be for the priests that are sanctified of the sons of Zadok; which have kept my charge, which went not astray when the children of Israel went astray, as the Levites went astray.	11 Het zal zijn voor de priesteren, die geheiligd zijn uit de kinderen van Zadok, die Mijn wacht hebben waargenomen; die niet gedwaald hebben, als de kinderen Israels dwaalden; gelijk als de andere Levieten gedwaald hebben.
And this oblation of the land that is offered shall be unto them a thing most holy by the border of the Levites.	12 En het geofferde van het hefoffer des lands zal hunlieden een heiligheid der heiligheden zijn, aan de landpale der Levieten.

Ezekiel - Ezechiël

And over against the border of the priests the Levites shall have five and twenty thousand in length, and ten thousand in breadth: all the length shall be five and twenty thousand, and the breadth ten thousand.

And they shall not sell of it, neither exchange, nor alienate the firstfruits of the land: for it is holy unto the LORD.

And the five thousand, that are left in the breadth over against the five and twenty thousand, shall be a profane place for the city, for dwelling, and for suburbs: and the city shall be in the midst thereof.

And these shall be the measures thereof; the north side four thousand and five hundred, and the south side four thousand and five hundred, and on the east side four thousand and five hundred, and the west side four thousand and five hundred.

And the suburbs of the city shall be toward the north two hundred and fifty, and toward the south two hundred and fifty, and toward the east two hundred and fifty, and toward the west two hundred and fifty.

And the residue in length over against the oblation of the holy portion shall be ten thousand eastward, and ten thousand westward: and it shall be over against the oblation of the holy portion; and the increase thereof shall be for food unto them that serve the city.

And they that serve the city shall serve it out of all the tribes of Israel.

All the oblation shall be five and twenty thousand by five and twenty thousand: ye shall offer the holy oblation foursquare, with the possession of the city.

And the residue shall be for the prince, on the one side and on the other of the holy oblation, and of the possession of the city, over against the five and twenty thousand of the oblation toward the east border, and westward over against the five and twenty thousand toward the west border, over against the portions for the prince: and it shall be the holy oblation; and the sanctuary of the house shall be in the midst thereof.

Moreover from the possession of the Levites, and from the possession of the city, being in the midst of that which is the prince's, between the border of Judah and the border of Benjamin, shall be for the prince.

As for the rest of the tribes, from the east side unto the west side, Benjamin shall have a portion.

And by the border of Benjamin, from the east side unto the west side, Simeon shall have a portion.

And by the border of Simeon, from the east side unto the west side, Issachar a portion.

And by the border of Issachar, from the east side unto the west side, Zebulun a portion.

And by the border of Zebulun, from the east side unto the west side, Gad a portion.

And by the border of Gad, at the south side southward, the border shall be even from Tamar unto the waters of strife in Kadesh, and to the river toward the great sea.

This is the land which ye shall divide by lot unto the tribes of Israel for inheritance, and these are their portions, saith the Lord GOD.

And these are the goings out of the city on the north side, four thousand and five hundred measures.

And the gates of the city shall be after the names of the tribes of Israel: three gates northward; one gate of Reuben, one gate of Judah, one gate of Levi.

And at the east side four thousand and five hundred: and three gates; and one gate of Joseph, one gate of Benjamin, one gate of Dan.

And at the south side four thousand and five hundred measures: and three gates; one gate of Simeon, one gate of Issachar, one gate of Zebulun.

At the west side four thousand and five hundred, with their three gates; one gate of Gad, one gate of Asher, one gate of Naphtali.

It was round about eighteen thousand measures: and the name of the city from that day shall be, The LORD is there.

---

13 Voorts zullen de Levieten tegenover de landpale der priesteren hebben de lengte van vijf en twintig duizend, en de breedte van tien duizend; de ganse lengte zal zijn vijf en twintig duizend, en de breedte tien duizend.

14 En zij zullen daarvan niet verkopen, noch de eerstelingen des lands verwisselen, noch overdragen; want het is een heiligheid den HEERE.

15 Maar de vijf duizend, dat is hetgeen overgelaten is in de breedte, voor aan de vijf en twintig duizend, dat zal onheilig zijn, voor de stad, tot bewoning en tot voorsteden; en de stad zal in het midden daarvan zijn.

16 En dit zullen haar maten zijn: de noorderhoek, vier duizend en vijfhonderd meetrieten; en de zuiderhoek vier duizend en vijfhonderd en van den oosterhoek vier duizend en vijfhonderd; en de westerhoek vier duizend en vijfhonderd.

17 De voorsteden nu der stad zullen zijn, noordwaarts tweehonderd en vijftig, en zuidwaarts tweehonderd en vijftig, en oostwaarts tweehonderd en vijftig, en westwaarts tweehonderd en vijftig.

18 En het overgelatene in de lengte, tegenover het heilig hefoffer, zal zijn tien duizend oostwaarts, en tien duizend westwaarts; en het zal tegenover het heilig hefoffer zijn; en de inkomst daarvan zal wezen tot onderhoud voor degenen, die de stad dienen.

19 En die de stad dienen, zullen haar dienen uit alle stammen Israels.

20 Het ganse hefoffer zal zijn van vijf en twintig duizend meetrieten, met vijf en twintig duizend; vierkant zult gijlieden het heilig hefoffer offeren, met de bezitting der stad.

21 En het overgelatene zal voor den vorst zijn, van deze en van gene zijde des heiligen hefoffers, en van de bezitting der stad, voor aan de vijf en twintig duizend meetrieten des hefoffers, tot aan de oosterlandpale en westerlandpale, voor aan de vijf en twintig duizend aan de westerlandpale, tegenover de andere delen, dat zal voor den vorst zijn; en het heilig hefoffer, en het heiligdom des huizes, zal in het midden daarvan zijn.

22 Van de bezitting nu der Levieten, en van de bezitting der stad af, zijnde in het midden van hetgeen des vorsten zal zijn; wat tussen de landpale van Juda, en tussen de landpale van Benjamin is, zal des vorsten zijn.

23 Aangaande voorts het overige der stammen; van den oosterhoek tot den westerhoek toe, Benjamin een snoer.

24 En aan de landpale van Benjamin, van den oosterhoek tot den westerhoek toe, Simeon een.

25 En aan de landpale van Simeon, van den oosterhoek tot de westerhoek toe, Issaschar een.

26 En aan de landpale van Issaschar, van den oosterhoek tot aan den westerhoek toe, Zebulon een.

27 En aan de landpale van Zebulon, van den oosterhoek tot den westerhoek toe, Gad een.

28 Aan de landpale nu van Gad, aan den zuiderhoek zuidwaarts, daar zal de landpale zijn van Thamar af, naar het twistwater van Kades, voorts naar de beek henen, tot aan de grote zee.

29 Dit is het land, dat gijlieden zult doen vallen in erfenis, voor de stammen Israels, en dit zullen hun delen zijn, spreekt de Heere HEERE.

30 Voorts zullen dit de uitgangen der stad zijn: van den noorderhoek, vier duizend en vijfhonderd maten.

31 En de poorten der stad zullen zijn naar de namen der stammen Israels; drie poorten noordwaarts; een poort van Ruben, een poort van Juda, een poort van Levi.

32 En aan den oosterhoek, vier duizend en vijfhonderd maten, en drie poorten: namelijk, een poort van Jozef, een poort van Benjamin, een poort van Dan.

33 De zuiderhoek ook vier duizend en vijfhonderd maten, en drie poorten: een poort van Simeon, een poort van Issaschar, een poort van Zebulon.

34 De westerhoek, vier duizend en vijfhonderd; derzelver poorten drie: een poort van Gad, een poort van Aser, een poort van Nafthali.

35 Rondom achttien duizend; en de naam der stad zal van dien dag af zijn: De HEERE Is ALDAAR.

Daniel - Daniël

Daniel (1) Daniël

In the third year of the reign of Jehoiakim king of Judah came Nebuchadnezzar king of Babylon unto Jerusalem, and besieged it.	1 In het derde jaar des koninkrijks van Jojakim, den koning van Juda, kwam Nebukadnezar, de koning van Babel, te Jeruzalem, en belegerde haar.
And the Lord gave Jehoiakim king of Judah into his hand, with part of the vessels of the house of God: which he carried into the land of Shinar to the house of his god; and he brought the vessels into the treasure house of his god.	2 En de HEERE gaf Jojakim, den koning van Juda, in zijn hand, en een deel der vaten van het huis Gods; en hij bracht ze in het land van Sinear, in het huis zijns gods; en de vaten bracht hij in het schathuis zijns gods.
And the king spake unto Ashpenaz the master of his eunuchs, that he should bring certain of the children of Israel, and of the king's seed, and of the princes;	3 En de koning zeide tot Aspenaz, den overste zijner kamerlingen, dat hij voorbrengen zou enigen uit de kinderen Israels, te weten, uit het koninklijk zaad, en uit de prinsen;
Children in whom was no blemish, but well favoured, and skilful in all wisdom, and cunning in knowledge, and understanding science, and such as had ability in them to stand in the king's palace, and whom they might teach the learning and the tongue of the Chaldeans.	4 Jongelingen, aan dewelke geen gebrek ware, maar schoon van aangezicht, en vernuftig in alle wijsheid, en ervaren in wetenschap, en kloek van verstand, en in dewelke bekwaamheid ware, om te staan in des konings paleis; en dat men hen onderwees in de boeken en spraak der Chaldeen.
And the king appointed them a daily provision of the king's meat, and of the wine which he drank: so nourishing them three years, that at the end thereof they might stand before the king.	5 En de koning verordende hun, wat men ze dag bij dag geven zou van de stukken der spijs des konings, en van den wijn zijns dranks, en dat men hen drie jaren alzo optoog, en dat zij ten einde derzelve zouden staan voor het aangezicht des konings.
Now among these were of the children of Judah, Daniel, Hananiah, Mishael, and Azariah:	6 Onder dezelve nu waren uit de kinderen van Juda: Daniel, Hananja, Misael en Azarja.
Unto whom the prince of the eunuchs gave names: for he gave unto Daniel the name of Belteshazzar; and to Hananiah, of Shadrach; and to Mishael, of Meshach; and to Azariah, of Abednego.	7 En de overste der kamerlingen gaf hun andere namen, en Daniel noemde hij Beltsazar, en Hananja Sadrach, en Misael Mesach, en Azarja Abed-nego.
But Daniel purposed in his heart that he would not defile himself with the portion of the king's meat, nor with the wine which he drank: therefore he requested of the prince of the eunuchs that he might not defile himself.	8 Daniel nu nam voor in zijn hart, dat hij zich niet zou ontreinigen met de stukken van de spijs des konings, noch met den wijn zijns dranks; daarom verzocht hij van den overste der kamerlingen, dat hij zich niet mocht ontreinigen.
Now God had brought Daniel into favour and tender love with the prince of the eunuchs.	9 En God gaf Daniel genade en barmhartigheid voor het aangezicht van den overste der kamerlingen.
And the prince of the eunuchs said unto Daniel, I fear my lord the king, who hath appointed your meat and your drink: for why should he see your faces worse liking than the children which are of your sort? then shall ye make me endanger my head to the king.	10 Want de overste der kamerlingen zeide tot Daniel: Ik vreze mijn heer, den koning, die ulieder spijs, en ulieder drank verordend heeft; want waarom zou hij ulieder aangezichten droeviger zien, dan der jongelingen, die in gelijkheid met ulieden zijn? Alzo zoudt gij mijn hoofd bij den koning schuldig maken.
Then said Daniel to Melzar, whom the prince of the eunuchs had set over Daniel, Hananiah, Mishael, and Azariah,	11 Toen zeide Daniel tot Melzar, dien de overste der kamerlingen gesteld had over Daniel, Hananja, Misael en Azarja:
Prove thy servants, I beseech thee, ten days; and let them give us pulse to eat, and water to drink.	12 Beproef toch uw knechten tien dagen lang, en men geve ons van het gezaaide te eten, en water te drinken.
Then let our countenances be looked upon before thee, and the countenance of the children that eat of the portion of the king's meat: and as thou seest, deal with thy servants.	13 En men zie voor uw aangezicht onze gedaanten, en de gedaante der jongelingen, die de stukken van de spijs des konings eten; en doe met uw knechten, naar dat gij zien zult.
So he consented to them in this matter, and proved them ten days.	14 Toen hoorde hij hen in deze zaak, en hij beproefde ze tien dagen.
And at the end of ten days their countenances appeared fairer and fatter in flesh than all the children which did eat the portion of the king's meat.	15 Ten einde nu der tien dagen, zag men dat hun gedaanten schoner waren, en zij vetter waren van vlees dan al de jongelingen, die de stukken van de spijze des konings aten.
Thus Melzar took away the portion of their meat, and the wine that they should drink; and gave them pulse.	16 Toen geschiedde het, dat Melzar de stukken hunner spijs wegnam, mitsgaders den wijn huns dranks, en hij gaf hun van het gezaaide.
As for these four children, God gave them knowledge and skill in all learning and wisdom: and Daniel had understanding in all visions and dreams.	17 Aan deze vier jongelingen nu gaf God wetenschap en verstand in alle boeken, en wijsheid; maar Daniel gaf Hij verstand in allerlei gezichten en dromen.
Now at the end of the days that the king had said he should bring them in, then the prince of the eunuchs brought them in before Nebuchadnezzar.	18 Ten einde nu der dagen, waarvan de koning gezegd had, dat men hen zou inbrengen, zo bracht ze de overste der kamerlingen in voor het aangezicht van Nebukadnezar,
And the king communed with them; and among them all was found none like Daniel, Hananiah, Mishael, and Azariah: therefore stood they before the king.	19 En de koning sprak met hen; doch er werd uit hen allen niemand gevonden, gelijk Daniel, Hananja, Misael en Azarja; en zij stonden voor het aangezicht des konings.
And in all matters of wisdom and understanding, that the king inquired of them, he found them ten times better than all the magicians and astrologers that were in all his realm.	20 En in alle zaken van verstandige wijsheid, die de koning hun afvroeg, zo vond hij hen tienmaal boven al de tovenaars en sterrekijkers, die in zijn ganse koninkrijk waren.
And Daniel continued even unto the first year of king Cyrus.	21 En Daniel bleef tot het eerste jaar van den koning Kores toe.

Daniel (2) Daniël

And in the second year of the reign of Nebuchadnezzar Nebuchadnezzar dreamed dreams, wherewith his spirit was troubled, and his sleep brake from him.	1 In het tweede jaar nu des koninkrijks van Nebukadnezar, droomde Nebukadnezar dromen; daarvan werd zijn geest verslagen, en zijn slaap werd in hem gebroken.

	Then the king commanded to call the magicians, and the astrologers, and the sorcerers, and the Chaldeans, for to shew the king his dreams. So they came and stood before the king.	2	Toen zeide de koning, dat men roepen zou de tovenaars, en de sterrekijkers, en de guichelaars, en de Chaldeen, om den koning zijn dromen te kennen te geven; zij nu kwamen, en stonden voor het aangezicht des konings.
	And the king said unto them, I have dreamed a dream, and my spirit was troubled to know the dream.	3	En de koning zeide tot hen: Ik heb een droom gedroomd; en mijn geest is ontsteld om dien droom te weten.
	Then spake the Chaldeans to the king in Syriack, O king, live for ever: tell thy servants the dream, and we will shew the interpretation.	4	Toen spraken de Chaldeen, tot den koning in het Syrisch: O koning, leef in eeuwigheid! Zeg uw knechten den droom, zo zullen wij de uitlegging te kennen geven.
	The king answered and said to the Chaldeans, The thing is gone from me: if ye will not make known unto me the dream, with the interpretation thereof, ye shall be cut in pieces, and your houses shall be made a dunghill.	5	De koning antwoordde en zeide tot de Chaldeen: De zaak is mij ontgaan; indien gij mij den droom en zijn uitlegging niet bekend maakt, gij zult in stukken gehouwen worden, en uw huizen zullen tot een drekhoop gemaakt worden.
	But if ye shew the dream, and the interpretation thereof, ye shall receive of me gifts and rewards and great honour: therefore shew me the dream, and the interpretation thereof.	6	Maar indien gijlieden den droom en zijn uitlegging te kennen geeft, zo zult gij geschenken en gaven, en grote eer van mij ontvangen; daarom geeft mij den droom en zijn uitlegging te kennen.
	They answered again and said, Let the king tell his servants the dream, and we will shew the interpretation of it.	7	Zij antwoordden ten tweeden male, en zeiden: De koning zegge zijn knechten den droom, dan zullen wij de uitlegging te kennen geven.
	The king answered and said, I know of certainty that ye would gain the time, because ye see the thing is gone from me.	8	De koning antwoordde en zeide: Ik weet vastelijk, dat gijlieden den tijd uitkoopt, dewijl gij ziet, dat de zaak mij ontgaan is.
	But if ye will not make known unto me the dream, there is but one decree for you: for ye have prepared lying and corrupt words to speak before me, till the time be changed: therefore tell me the dream, and I shall know that ye can shew me the interpretation thereof.	9	Indien gijlieden mij dien droom niet te kennen geeft, ulieder vonnis is enerlei; daarom hebt gij een leugenachtig en verdicht woord voor mij te zeggen bereid, totdat de tijd verandere; daarom zegt mij den droom, dan zal ik weten, dat gij mij deszelfs uitlegging zult te kennen geven.
	The Chaldeans answered before the king, and said, There is not a man upon the earth that can shew the king's matter: therefore there is no king, lord, nor ruler, that asked such things at any magician, or astrologer, or Chaldean.	10	De Chaldeen antwoordden voor den koning, en zeiden: Er is geen mens op den aardbodem, die des konings woord zou kunnen te kennen geven; daarom is er geen koning, grote of heerser, die zulk een zaak begeerd heeft van enigen tovenaar, of sterrekijker, of Chaldeer.
	And it is a rare thing that the king requireth, and there is none other that can shew it before the king, except the gods, whose dwelling is not with flesh.	11	Want de zaak die de koning begeert, is te zwaar; en er is niemand anders, die dezelve voor den koning te kennen kan geven, dan de goden, welker woning bij het vlees niet is.
	For this cause the king was angry and very furious, and commanded to destroy all the wise men of Babylon.	12	Daarom werd de koning toornig en zeer verbolgen, en zeide, dat men al de wijzen te Babel zou ombrengen.
	And the decree went forth that the wise men should be slain; and they sought Daniel and his fellows to be slain.	13	Die wet dan ging uit, en de wijzen werden gedood; men zocht ook Daniel en zijn metgezellen, om gedood te worden.
	Then Daniel answered with counsel and wisdom to Arioch the captain of the king's guard, which was gone forth to slay the wise men of Babylon:	14	Toen bracht Daniel een raad en oordeel in, aan Arioch, den overste der trawanten des konings, die uitgetogen was, om de wijzen van Babel te doden.
	He answered and said to Arioch the king's captain, Why is the decree so hasty from the king? Then Arioch made the thing known to Daniel.	15	Hij antwoordde en zeide tot Arioch, den bevelhebber des konings: Waarom zou de wet van 's konings wege zo verhaast worden? Toen gaf Arioch aan Daniel de zaak te kennen.
	Then Daniel went in, and desired of the king that he would give him time, and that he would shew the king the interpretation.	16	En Daniel ging in, en verzocht van den koning, dat hij hem een bestemden tijd wilde geven, dat hij den koning de uitlegging te kennen gave.
	Then Daniel went to his house, and made the thing known to Hananiah, Mishael, and Azariah, his companions:	17	Toen ging Daniel naar zijn huis, en hij gaf de zaak zijn metgezellen, Hananja, Misael, en Azarja te kennen;
	That they would desire mercies of the God of heaven concerning this secret; that Daniel and his fellows should not perish with the rest of the wise men of Babylon.	18	Opdat zij van den God des hemels barmhartigheden verzochten over deze verborgenheid, dat Daniel en zijn metgezellen met de overige wijzen van Babel niet omkwamen.
	Then was the secret revealed unto Daniel in a night vision. Then Daniel blessed the God of heaven.	19	Toen werd aan Daniel in een nachtgezicht de verborgenheid geopenbaard; toen loofde Daniel den God des hemels.
	Daniel answered and said, Blessed be the name of God for ever and ever: for wisdom and might are his:	20	Daniel antwoordde en zeide: De Naam Gods zij geloofd van eeuwigheid tot in eeuwigheid, want Zijn is de wijsheid en de kracht.
	And he changeth the times and the seasons: he removeth kings, and setteth up kings: he giveth wisdom unto the wise, and knowledge to them that know understanding:	21	Want Hij verandert de tijden en stonden; Hij zet de koningen af, en Hij bevestigt de koningen; Hij geeft den wijzen wijsheid, en wetenschap dengenen, die verstand hebben;
	He revealeth the deep and secret things: he knoweth what is in the darkness, and the light dwelleth with him.	22	Hij openbaart diepe en verborgen dingen; Hij weet, wat in het duister is, want het licht woont bij Hem.
	I thank thee, and praise thee, O thou God of my fathers, who hast given me wisdom and might, and hast made known unto me now what we desired of thee: for thou hast now made known unto us the king's matter.	23	Ik dank en ik loof U, o God mijner vaderen! omdat Gij mij wijsheid en kracht gegeven hebt, en mij nu bekend gemaakt hebt, wat wij van U verzocht hebben, want Gij hebt ons des konings zaak bekend gemaakt.
	Therefore Daniel went in unto Arioch, whom the king had ordained to destroy the wise men of Babylon: he went and said thus unto him; Destroy not the wise men of Babylon: bring me in before the king, and I will shew unto the king the interpretation.	24	Daarom ging Daniel in tot Arioch, dien de koning gesteld had om de wijzen van Babel om te brengen; hij ging henen en zeide aldus tot hem: Breng de wijzen van Babel niet om, maar breng mij in voor den koning, en ik zal den koning de uitlegging te kennen geven.

Then Arioch brought in Daniel before the king in haste, and said thus unto him, I have found a man of the captives of Judah, that will make known unto the king the interpretation.	25 Toen bracht Arioch met haast Daniel in voor den koning, en hij sprak alzo tot hem: Ik heb een man van de gevankelijk weggevoerden van Juda gevonden, die den koning de uitlegging zal bekend maken.
The king answered and said to Daniel, whose name was Belteshazzar, Art thou able to make known unto me the dream which I have seen, and the interpretation thereof?	26 De koning antwoordde en zeide tot Daniel, wiens naam Beltsazar was: Zijt gij machtig mij bekend te maken den droom, dien ik gezien heb, en zijn uitlegging?
Daniel answered in the presence of the king, and said, The secret which the king hath demanded cannot the wise men, the astrologers, the magicians, the soothsayers, shew unto the king;	27 Daniel antwoordde voor den koning, en zeide: De verborgenheid, die de koning eist, kunnen de wijzen, de sterrekijkers, de tovenaars, en de waarzeggers den koning niet te kennen geven;
But there is a God in heaven that revealeth secrets, and maketh known to the king Nebuchadnezzar what shall be in the latter days. Thy dream, and the visions of thy head upon thy bed, are these;	28 Maar er is een God in den hemel, Die verborgenheden openbaart, Die heeft den koning Nebukadnezar bekend gemaakt, wat er geschieden zal in het laatste der dagen; uw droom, en de gezichten uws hoofds op uw leger, zijn deze:
As for thee, O king, thy thoughts came into thy mind upon thy bed, what should come to pass hereafter: and he that revealeth secrets maketh known to thee what shall come to pass.	29 Gij, o koning! op uw leger zijnde, klommen uw gedachten op, wat hierna geschieden zou; en Hij, Die verborgen dingen openbaart, heeft u te kennen gegeven, wat er geschieden zal.
But as for me, this secret is not revealed to me for any wisdom that I have more than any living, but for their sakes that shall make known the interpretation to the king, and that thou mightest know the thoughts of thy heart.	30 Mij nu, mij is de verborgenheid geopenbaard, niet door wijsheid, die in mij is boven alle levenden; maar daarom, opdat men den koning de uitlegging zou bekend maken, en opdat gij de gedachten uws harten zoudt weten.
Thou, O king, sawest, and behold a great image. This great image, whose brightness was excellent, stood before thee; and the form thereof was terrible.	31 Gij, o koning! zaagt, en ziet, er was een groot beeld (dit beeld was treffelijk, en deszelfs glans was uitnemend), staande tegen u over; en zijn gedaante was schrikkelijk.
This image's head was of fine gold, his breast and his arms of silver, his belly and his thighs of brass,	32 Het hoofd van dit beeld was van goed goud; zijn borst en zijn armen van zilver; zijn buik en zijn dijen van koper;
His legs of iron, his feet part of iron and part of clay.	33 Zijn schenkelen van ijzer; zijn voeten eensdeels van ijzer, en eensdeels van leem.
Thou sawest till that a stone was cut out without hands, which smote the image upon his feet that were of iron and clay, and brake them to pieces.	34 Dit zaagt gij, totdat er een steen afgehouwen werd zonder handen, die sloeg dat beeld aan zijn voeten van ijzer en leem, en vermaalde ze.
Then was the iron, the clay, the brass, the silver, and the gold, broken to pieces together, and became like the chaff of the summer threshingfloors; and the wind carried them away, that no place was found for them: and the stone that smote the image became a great mountain, and filled the whole earth.	35 Toen werden te zamen vermaald het ijzer, leem, koper, zilver en goud, en zij werden gelijk kaf van de dorsvloeren des zomers, en de wind nam ze weg, en er werd geen plaats voor dezelve gevonden; maar de steen, die het beeld geslagen heeft, werd tot een groten berg, alzo dat hij de gehele aarde vervulde.
This is the dream; and we will tell the interpretation thereof before the king.	36 Dit is de droom; zijn uitlegging nu zullen wij voor de koning zeggen.
Thou, O king, art a king of kings: for the God of heaven hath given thee a kingdom, power, and strength, and glory.	37 Gij, o koning! zijt een koning der koningen; want de God des hemels heeft u een koninkrijk, macht, en sterkte, en eer gegeven;
And wheresoever the children of men dwell, the beasts of the field and the fowls of the heaven hath he given into thine hand, and hath made thee ruler over them all. Thou art this head of gold.	38 En overal, waar mensenkinderen wonen, heeft Hij de beesten des velds en de vogelen des hemels in uw hand gegeven; en Hij heeft u gesteld tot een heerser over al dezelve; gij zijt dat gouden hoofd.
And after thee shall arise another kingdom inferior to thee, and another third kingdom of brass, which shall bear rule over all the earth.	39 En na u zal een ander koninkrijk opstaan, lager dan het uwe; daarna een ander, het derde koninkrijk van koper, hetwelk heersen zal over de gehele aarde.
And the fourth kingdom shall be strong as iron: forasmuch as iron breaketh in pieces and subdueth all things: and as iron that breaketh all these, shall it break in pieces and bruise.	40 En het vierde koninkrijk zal hard zijn, gelijk ijzer; aangezien het ijzer alles vermaalt en verzwakt; gelijk nu het ijzer, dat zulks alles verbreekt, alzo zal het vermalen en verbreken.
And whereas thou sawest the feet and toes, part of potters' clay, and part of iron, the kingdom shall be divided; but there shall be in it of the strength of the iron, forasmuch as thou sawest the iron mixed with miry clay.	41 En dat gij gezien hebt de voeten en de tenen, ten dele van pottenbakkersleem, en ten dele van ijzer, dat zal een gedeeld koninkrijk zijn, doch daar zal van des ijzers vastigheid in zijn, ten welken aanzien gij gezien hebt ijzer vermengd met modderig leem;
And as the toes of the feet were part of iron, and part of clay, so the kingdom shall be partly strong, and partly broken.	42 En de tenen der voeten, ten dele ijzer, en ten dele leem; dat koninkrijk zal ten dele hard zijn, en ten dele broos.
And whereas thou sawest iron mixed with miry clay, they shall mingle themselves with the seed of men: but they shall not cleave one to another, even as iron is not mixed with clay.	43 En dat gij gezien hebt ijzer vermengd met modderig leem, zij zullen zich wel door menselijk zaad vermengen, maar zij zullen de een aan den ander niet hechten, gelijk als zich ijzer met leem niet vermengt.
And in the days of these kings shall the God of heaven set up a kingdom, which shall never be destroyed: and the kingdom shall not be left to other people, but it shall break in pieces and consume all these kingdoms, and it shall stand for ever.	44 Doch in de dagen van die koningen zal de God des hemels een Koninkrijk verwekken, dat in der eeuwigheid niet zal verstoord worden; en dat Koninkrijk zal aan geen ander volk overgelaten worden; het zal al die koninkrijken vermalen, en te niet doen, maar zelf zal het in alle eeuwigheid bestaan.
Forasmuch as thou sawest that the stone was cut out of the mountain without hands, and that it brake in pieces the iron, the brass, the clay, the silver, and the gold; the great God hath made known to the king what shall come to pass hereafter: and the dream is certain, and the interpretation thereof sure.	45 Daarom hebt gij gezien, dat uit den berg een steen zonder handen afgehouwen is geworden, die het ijzer, koper, leem, zilver en goud vermaalde; de grote God heeft den koning bekend gemaakt, wat hierna geschieden zal; de droom nu is gewis, en zijn uitlegging is zeker.
Then the king Nebuchadnezzar fell upon his face, and worshipped Daniel, and commanded that they should offer an oblation and sweet odours unto him.	46 Toen viel de koning Nebukadnezar op zijn aangezicht, en aanbad Daniel; en hij zeide, dat men hem met spijsoffer en liefelijk reukwerk een drankoffer doen zou.

	The king answered unto Daniel, and said, Of a truth it is, that your God is a God of gods, and a Lord of kings, and a revealer of secrets, seeing thou couldest reveal this secret.	47	De koning antwoordde Daniel en zeide: Het is de waarheid, dat ulieder God een God der goden is, en een Heere der koningen, en Die de verborgenheden openbaart, dewijl gij deze verborgenheid hebt kunnen openbaren.
	Then the king made Daniel a great man, and gave him many great gifts, and made him ruler over the whole province of Babylon, and chief of the governors over all the wise men of Babylon.	48	Toen maakte de koning Daniel groot, en hij gaf hem vele grote geschenken, en hij stelde hem tot een heerser over het ganse landschap van Babel, en een overste der overheden over al de wijzen van Babel.
	Then Daniel requested of the king, and he set Shadrach, Meshach, and Abednego, over the affairs of the province of Babylon: but Daniel sat in the gate of the king.	49	Toen verzocht Daniel van den koning; en hij stelde Sadrach, Mesach en Abed-nego over de bediening van het landschap van Babel; maar Daniel bleef aan de poort des konings.

Daniel (3) Daniël

1	Nebuchadnezzar the king made an image of gold, whose height was threescore cubits, and the breadth thereof six cubits: he set it up in the plain of Dura, in the province of Babylon.	1	De koning Nebukadnezar maakte een beeld van goud, welks hoogte was zestig ellen, zijn breedte zes ellen; hij richtte het op in het dal Dura, in het landschap van Babel.
	Then Nebuchadnezzar the king sent to gather together the princes, the governors, and the captains, the judges, the treasurers, the counsellers, the sheriffs, and all the rulers of the provinces, to come to the dedication of the image which Nebuchadnezzar the king had set up.	2	En de koning Nebukadnezar zond henen, om te verzamelen, de stadhouders, de overheden, en de landvoogden, de wethouders, de schatmeesters, de raadsheren, de ambtlieden, en al de heerschappers der landschappen, dat zij komen zouden tot de inwijding van het beeld, hetwelk de koning Nebukadnezar had opgericht.
	Then the princes, the governors, and captains, the judges, the treasurers, the counsellers, the sheriffs, and all the rulers of the provinces, were gathered together unto the dedication of the image that Nebuchadnezzar the king had set up; and they stood before the image that Nebuchadnezzar had set up.	3	Toen verzamelden zich de stadhouders, de overheden, de landvoogden, de wethouders, de schatmeesters, de raadsheren, de ambtlieden, en al de heerschappers der landschappen, tot inwijding van het beeld, hetwelk de koning Nebukadnezar had opgericht; en zij stonden voor het beeld, dat Nebukadnezar had opgericht.
	Then an herald cried aloud, To you it is commanded, O people, nations, and languages,	4	En een heraut riep met kracht: Men zegt u aan, gij volken, gij natien, en tongen!
	That at what time ye hear the sound of the cornet, flute, harp, sackbut, psaltery, dulcimer, and all kinds of musick, ye fall down and worship the golden image that Nebuchadnezzar the king hath set up:	5	Ten tijde als gij horen zult het geluid des hoorns, der pijp, der citer, der vedel, der psalteren, des akkoordgezangs, en allerlei soorten van muziek, zo zult gijlieden nedervallen, en aanbidden het gouden beeld, hetwelk de koning Nebukadnezar heeft opgericht;
	And whoso falleth not down and worshippeth shall the same hour be cast into the midst of a burning fiery furnace.	6	En wie niet nedervalt en aanbidt, die zal te dierzelfder ure in het midden van den oven des brandenden vuurs geworpen worden.
	Therefore at that time, when all the people heard the sound of the cornet, flute, harp, sackbut, psaltery, and all kinds of musick, all the people, the nations, and the languages, fell down and worshipped the golden image that Nebuchadnezzar the king had set up.	7	Daarom te dier tijd, als al die volken hoorden het geluid des hoorns, der pijp, der citer, der vedel, der psalteren, en allerlei soorten der muziek, alle volken, natien, en tongen nedervallende, aanbaden het gouden beeld, hetwelk de koning Nebukadnezar had opgericht.
	Wherefore at that time certain Chaldeans came near, and accused the Jews.	8	Daarom naderden even ter zelfder tijd Chaldeeuwse mannen, die de Joden openlijk beschuldigden;
	They spake and said to the king Nebuchadnezzar, O king, live for ever.	9	Zij antwoordden en zeiden tot den koning Nebukadnezar: O koning! leef in der eeuwigheid!
	Thou, O king, hast made a decree, that every man that shall hear the sound of the cornet, flute, harp, sackbut, psaltery, and dulcimer, and all kinds of musick, shall fall down and worship the golden image:	10	Gij, o koning! hebt een bevel gegeven, dat alle mensen, die horen zouden het geluid des hoorns, der pijp, der citer, der vedel, der psalteren, en des akkoordgezangs, en allerlei soorten van muziek, nedervallen, en het gouden beeld aanbidden zouden;
	And whoso falleth not down and worshippeth, that he should be cast into the midst of a burning fiery furnace.	11	En wie niet nederviel, en aanbad, die zou in het midden van den oven des brandenden vuurs geworpen worden.
	There are certain Jews whom thou hast set over the affairs of the province of Babylon, Shadrach, Meshach, and Abednego; these men, O king, have not regarded thee: they serve not thy gods, nor worship the golden image which thou hast set up.	12	Er zijn Joodse mannen, die gij over de bediening van het landschap van Babel gesteld hebt, Sadrach, Mesach en Abed-nego; deze mannen hebben, o koning! op u geen acht gesteld; uw goden eren zij niet, en zij bidden het gouden beeld niet aan, hetwelk gij opgericht hebt.
	Then Nebuchadnezzar in his rage and fury commanded to bring Shadrach, Meshach, and Abednego. Then they brought these men before the king.	13	Toen zeide Nebukadnezar in toorn en grimmigheid, dat men Sadrach, Mesach en Abed-nego voorbrengen zou; toen werden die mannen voor den koning gebracht.
	Nebuchadnezzar spake and said unto them, Is it true, O Shadrach, Meshach, and Abednego, do not ye serve my gods, nor worship the golden image which I have set up?	14	Nebukadnezar antwoordde en zeide tot hen: Is het met opzet, Sadrach, Mesach en Abed-nego, dat gijlieden mijn goden niet eert, en het gouden beeld, dat ik opgericht heb, niet aanbidt?
	Now if ye be ready that at what time ye hear the sound of the cornet, flute, harp, sackbut, psaltery, and dulcimer, and all kinds of musick, ye fall down and worship the image which I have made; well: but if ye worship not, ye shall be cast the same hour into the midst of a burning fiery furnace; and who is that God that shall deliver you out of my hands?	15	Nu dan, zo gijlieden gereed zijt, dat gij ten tijde, als gij horen zult het geluid des hoorns, der pijp, der citer, der vedel, der psalteren, en des akkoordgezangs, en allerlei soort der muziek, nedervalt, en aanbidt het beeld, dat ik gemaakt heb, zo is het wel; maar zo gijlieden het niet aanbidt; ter zelfder ure zult gijlieden geworpen worden in het midden van den oven des brandenden vuurs; en wie is de God, Die ulieden uit mijn handen verlossen zou?
	Shadrach, Meshach, and Abednego, answered and said to the king, O Nebuchadnezzar, we are not careful to answer thee in this matter.	16	Sadrach, Mesach en Abed-nego antwoordden en zeiden tot den koning Nebukadnezar: Wij hebben niet nodig u op deze zaak te antwoorden.

If it be so, our God whom we serve is able to deliver us from the burning fiery furnace, and he will deliver us out of thine hand, O king.

But if not, be it known unto thee, O king, that we will not serve thy gods, nor worship the golden image which thou hast set up.

Then was Nebuchadnezzar full of fury, and the form of his visage was changed against Shadrach, Meshach, and Abednego: therefore he spake, and commanded that they should heat the furnace one seven times more than it was wont to be heated.

And he commanded the most mighty men that were in his army to bind Shadrach, Meshach, and Abednego, and to cast them into the burning fiery furnace.

Then these men were bound in their coats, their hosen, and their hats, and their other garments, and were cast into the midst of the burning fiery furnace.

Therefore because the king's commandment was urgent, and the furnace exceeding hot, the flame of the fire slew those men that took up Shadrach, Meshach, and Abednego.

And these three men, Shadrach, Meshach, and Abednego, fell down bound into the midst of the burning fiery furnace.

Then Nebuchadnezzar the king was astonied, and rose up in haste, and spake, and said unto his counsellers, Did not we cast three men bound into the midst of the fire? They answered and said unto the king, True, O king.

He answered and said, Lo, I see four men loose, walking in the midst of the fire, and they have no hurt; and the form of the fourth is like the Son of God.

Then Nebuchadnezzar came near to the mouth of the burning fiery furnace, and spake, and said, Shadrach, Meshach, and Abednego, ye servants of the most high God, come forth, and come hither. Then Shadrach, Meshach, and Abednego, came forth of the midst of the fire.

And the princes, governors, and captains, and the king's counsellers, being gathered together, saw these men, upon whose bodies the fire had no power, nor was an hair of their head singed, neither were their coats changed, nor the smell of fire had passed on them.

Then Nebuchadnezzar spake, and said, Blessed be the God of Shadrach, Meshach, and Abednego, who hath sent his angel, and delivered his servants that trusted in him, and have changed the king's word, and yielded their bodies, that they might not serve nor worship any god, except their own God.

Therefore I make a decree, That every people, nation, and language, which speak any thing amiss against the God of Shadrach, Meshach, and Abednego, shall be cut in pieces, and their houses shall be made a dunghill: because there is no other God that can deliver after this sort.

Then the king promoted Shadrach, Meshach, and Abednego, in the province of Babylon.

17 Zal het zo zijn, onze God, Dien wij eren, is machtig ons te verlossen uit den oven des brandenden vuurs, en Hij zal ons uit uw hand, o koning! verlossen.

18 Maar zo niet, u zij bekend, o koning! dat wij uw goden niet zullen eren, noch het gouden beeld, dat gij hebt opgericht, zullen aanbidden.

19 Toen werd Nebukadnezar vol grimmigheid, en de gedaante zijns aangezichts veranderde tegen Sadrach, Mesach en Abed-nego; hij antwoordde en zeide, dat men den oven zevenmaal meer heet zou maken dan men dien pleegt heet te maken.

20 En tot de sterkste mannen van kracht, die in zijn heir waren, zeide hij, dat zij Sadrach, Mesach en Abed-nego binden zouden, om te werpen in den oven des brandenden vuurs.

21 Toen werden die mannen gebonden in hun mantels, hun broeken, en hun hoeden, en hun andere klederen, en zij wierpen hen in het midden van den oven des brandenden vuurs.

22 Daarom dan, dewijl het woord des konings aandreef, en de oven zeer heet was, zo hebben de vonken des vuurs die mannen, die Sadrach, Mesach en Abed-nego opgeheven hadden, gedood.

23 Maar als die drie mannen, Sadrach, Mesach en Abed-nego, in het midden van den oven des brandenden vuurs, gebonden zijnde, gevallen waren,

24 Toen ontzette zich de koning Nebukadnezar, en hij stond op in der haast, antwoordde en zeide tot zijn raadsheren: Hebben wij niet drie mannen in het midden des vuurs, gebonden zijnde, geworpen? Zij antwoordden en zeiden tot den koning: Het is gewis, o koning!

25 Hij antwoordde en zeide: Ziet, ik zie vier mannen, los wandelende in het midden des vuurs, en er is geen verderf aan hen; en de gedaante des vierden is gelijk eens zoons der goden.

26 Toen naderde Nebukadnezar tot de deur van den oven des brandenden vuurs, antwoordde en sprak: Gij Sadrach, Mesach en Abed-nego, gij knechten des allerhoogsten Gods! gaat uit en komt hier! Toen gingen Sadrach, Mesach en Abed-nego uit het midden des vuurs.

27 Toen vergaderden de stadhouders, de overheden, en de landvoogden, en de raadsheren des konings, deze mannen beziende, omdat het vuur over hun lichamen niet geheerst had, en dat het haar huns hoofds niet verbrand was, en hun mantels niet veranderd waren, ja, dat de reuk des vuurs daardoor niet gegaan was.

28 Nebukadnezar antwoordde en zeide: Geloofd zij de God van Sadrach, Mesach en Abed-nego, Die Zijn engel gezonden, en Zijn knechten verlost heeft, die op Hem vertrouwd hebben, en des konings woord veranderd, en hun lichamen overgegeven hebben, opdat zij geen god eerden noch aanbaden, dan hun God.

29 Daarom wordt van mij een bevel gegeven, dat alle volk, natie en tong, die lastering spreekt tegen den God van Sadrach, Mesach en Abed-nego, in stukken gehouwen worde, en zijn huis tot een drekhoop gesteld worde; want er is geen ander God, Die alzo verlossen kan.

30 Toen maakte de koning Sadrach, Mesach en Abed-nego voorspoedig in het landschap van Babel.

Daniel (4) Daniël

Nebuchadnezzar the king, unto all people, nations, and languages, that dwell in all the earth; Peace be multiplied unto you.

I thought it good to shew the signs and wonders that the high God hath wrought toward me.

How great are his signs! and how mighty are his wonders! his kingdom is an everlasting kingdom, and his dominion is from generation to generation.

I Nebuchadnezzar was at rest in mine house, and flourishing in my palace:

I saw a dream which made me afraid, and the thoughts upon my bed and the visions of my head troubled me.

Therefore made I a decree to bring in all the wise men of Babylon before me, that they might make known unto me the interpretation of the dream.

Then came in the magicians, the astrologers, the Chaldeans, and the soothsayers: and I told the dream before them; but they did not make known unto me the interpretation thereof.

1 De koning Nebukadnezar aan alle volken, natien en tongen, die op den gansen aardbodem wonen: uw vrede worde vermenigvuldigd!

2 Het behaagt mij te verkondigen de tekenen en wonderen, die de allerhoogste God aan mij gedaan heeft.

3 Hoe groot zijn Zijn tekenen! en hoe machtig Zijn wonderen! Zijn Rijk is een eeuwig Rijk, en Zijn heerschappij is van geslacht tot geslacht.

4 Ik, Nebukadnezar, gerust zijnde in mijn huis, en in mijn paleis groenende,

5 Zag een droom, die mij vervaarde, en de gedachten, die ik op mijn bed had, en de gezichten mijns hoofds beroerden mij.

6 Daarom is er een bevel van mij gesteld, dat men voor mij zou inbrengen al de wijzen van Babel, opdat zij mij de uitlegging van dien droom zouden bekend maken.

7 Toen kwamen in de tovenaars, de sterrekijkers, de Chaldeen en de waarzeggers; en ik zeide den droom voor hen; maar zij maakten mij zijn uitlegging niet bekend;

Daniel - Daniël

But at the last Daniel came in before me, whose name was Belteshazzar, according to the name of my god, and in whom is the spirit of the holy gods: and before him I told the dream, saying,	8 Totdat ten laatste Daniel voor mij inkwam, wiens naam Beltsazar is, naar den naam mijns gods, in wien ook de geest der heilige goden is; en ik vertelde den droom voor hem, zeggende:
O Belteshazzar, master of the magicians, because I know that the spirit of the holy gods is in thee, and no secret troubleth thee, tell me the visions of my dream that I have seen, and the interpretation thereof.	9 Beltsazar, gij overste der tovenaars! dewijl ik weet, dat de geest der heilige goden in u is, zo zeg de gezichten mijns drooms, dien ik gezien heb, te weten zijn uitlegging.
Thus were the visions of mine head in my bed; I saw, and behold a tree in the midst of the earth, and the height thereof was great.	10 De gezichten nu mijns hoofds op mijn leger waren deze: Ik zag, en ziet, er was een boom in het midden der aarde, en zijn hoogte was groot.
The tree grew, and was strong, and the height thereof reached unto heaven, and the sight thereof to the end of all the earth:	11 De boom werd groot en sterk; en zijn hoogte reikte aan den hemel, en hij werd gezien tot aan het einde der ganse aarde;
The leaves thereof were fair, and the fruit thereof much, and in it was meat for all: the beasts of the field had shadow under it, and the fowls of the heaven dwelt in the boughs thereof, and all flesh was fed of it.	12 Zijn loof was schoon, en zijn vruchten vele, en er was spijze aan denzelve voor allen; onder hem vond het gedierte des velds schaduw, en de vogelen des hemels woonden in haar takken, en alle vlees werd daarvan gevoed.
I saw in the visions of my head upon my bed, and, behold, a watcher and an holy one came down from heaven;	13 Ik zag verder in de gezichten mijns hoofds, op mijn leger; en ziet, een wachter, namelijk een heilige, kwam af van den hemel,
He cried aloud, and said thus, Hew down the tree, and cut off his branches, shake off his leaves, and scatter his fruit: let the beasts get away from under it, and the fowls from his branches:	14 Roepende met kracht, en aldus zeggende: Houwt dien boom af, en kapt zijn takken af; stroopt zijn loof af, en verstrooit zijn vruchten, dat de dieren van onder hem wegzwerven, en de vogelen van zijn takken;
Nevertheless leave the stump of his roots in the earth, even with a band of iron and brass, in the tender grass of the field; and let it be wet with the dew of heaven, and let his portion be with the beasts in the grass of the earth:	15 Doch laat den stam met zijn wortelen in de aarde, en met een ijzeren en koperen band in het tedere gras des velds; en laat hem in de dauw des hemels nat gemaakt worden, en zijn deel zij met het gedierte in het kruid der aarde.
Let his heart be changed from man's, and let a beast's heart be given unto him; and let seven times pass over him.	16 Zijn hart worde veranderd, dat het geens mensen hart meer zij, en hem worde eens beesten hart gegeven, en laat zeven tijden over hem voorbijgaan.
This matter is by the decree of the watchers, and the demand by the word of the holy ones: to the intent that the living may know that the most High ruleth in the kingdom of men, and giveth it to whomsoever he will, and setteth up over it the basest of men.	17 Deze zaak is in het besluit der wachters, en deze begeerte is in het woord der heiligen; opdat de levenden bekennen, dat de Allerhoogste heerschappij heeft over de koninkrijken der mensen, en geeft ze aan wien Hij wil, ja, zet daarover den laagste onder de mensen.
This dream I king Nebuchadnezzar have seen. Now thou, O Belteshazzar, declare the interpretation thereof, forasmuch as all the wise men of my kingdom are not able to make known unto me the interpretation: but thou art able; for the spirit of the holy gods is in thee.	18 Dezen droom heb ik, koning Nebukadnezar gezien; gij nu, Beltsazar! zeg de uitlegging van dien, dewijl als de wijzen mijns koninkrijks mij de uitlegging niet hebben kunnen bekend maken; maar gij kunt wel, dewijl de geest der heilige goden in u is.
Then Daniel, whose name was Belteshazzar, was astonied for one hour, and his thoughts troubled him. The king spake, and said, Belteshazzar, let not the dream, or the interpretation thereof, trouble thee. Belteshazzar answered and said, My lord, the dream be to them that hate thee, and the interpretation thereof to thine enemies.	19 Toen ontzette zich Daniel, wiens naam Beltsazar is, bij een uur lang, en zijn gedachten beroerden hem. De koning antwoordde en zeide: Beltsazar! laat u de droom en zijn uitlegging niet beroeren. Beltsazar antwoordde en zeide: Mijn heer! de droom wedervare uw hateren, en zijn uitlegging uw wederpartijders!
The tree that thou sawest, which grew, and was strong, whose height reached unto the heaven, and the sight thereof to all the earth;	20 De boom, dien gij gezien hebt, die groot en sterk geworden was, en wiens hoogte tot aan den hemel reikte, en die over het ganse aardrijk gezien werd;
Whose leaves were fair, and the fruit thereof much, and in it was meat for all; under which the beasts of the field dwelt, and upon whose branches the fowls of the heaven had their habitation:	21 En wiens loof schoon, en wiens vruchten vele waren, en waar spijze aan was voor allen, onder wien het gedierte des velds woonde, en in wiens takken de vogelen des hemels nestelden;
It is thou, O king, that art grown and become strong: for thy greatness is grown, and reacheth unto heaven, and thy dominion to the end of the earth.	22 Dat zijt gij, o koning! die groot en sterk zijt geworden; want uw grootheid is zo gewassen, dat zij reikt aan den hemel, en uw heerschappij aan het einde des aardrijks.
And whereas the king saw a watcher and an holy one coming down from heaven, and saying, Hew the tree down, and destroy it; yet leave the stump of the roots thereof in the earth, even with a band of iron and brass, in the tender grass of the field; and let it be wet with the dew of heaven, and let his portion be with the beasts of the field, till seven times pass over him;	23 Dat nu de koning, een wachter, namelijk een heilige gezien heeft, van den hemel afkomende, die zeide: Houwt dezen boom af, en verderft hem; doch laat den stam met zijn wortelen in de aarde, en met een ijzeren en koperen band in het tedere gras des velds, en in de dauw des hemels nat gemaakt worden, en dat zijn deel zij met het gedierte des velds, totdat er zeven tijden over hem voorbijgaan;
This is the interpretation, O king, and this is the decree of the most High, which is come upon my lord the king:	24 Dit is de beduiding, o koning! en dit is een besluit des Allerhoogsten, hetwelk over mijn heer, den koning komen zal:
That they shall drive thee from men, and thy dwelling shall be with the beasts of the field, and they shall make thee to eat grass as oxen, and they shall wet thee with the dew of heaven, and seven times shall pass over thee, till thou know that the most High ruleth in the kingdom of men, and giveth it to whomsoever he will.	25 Te weten, men zal u van de mensen verstoten, en met het gedierte des velds zal uw woning zijn, en men zal u het kruid, als den ossen, te smaken geven; en gij zult van den dauw des hemels nat gemaakt worden, en er zullen zeven tijden over u voorbijgaan, totdat gij bekent, dat de Allerhoogste heerschappij heeft over de koninkrijken der mensen, en geeft ze, wien Hij wil.
And whereas they commanded to leave the stump of the tree roots; thy kingdom shall be sure unto thee, after that thou shalt have known that the heavens do rule.	26 Dat er ook gezegd is, dat men den stam met de wortelen van dien boom laten zou; uw koninkrijk zal u bestendig zijn, nadat gij zult bekend hebben, dat de Hemel heerst.
Wherefore, O king, let my counsel be acceptable unto thee, and break off thy sins by righteousness, and thine iniquities by shewing mercy to the poor; if it may be a lengthening of thy tranquillity.	27 Daarom, o koning! laat mijn raad u behagen, en breek uw zonden af door gerechtigheid, en uw ongerechtigheid door genade te bewijzen aan de ellendigen, of er verlenging van uw vrede mocht wezen.

All this came upon the king Nebuchadnezzar.	28 Dit alles overkwam den koning Nebukadnezar.
At the end of twelve months he walked in the palace of the kingdom of Babylon.	29 Want op het einde van twaalf maanden, toen hij op het koninklijk paleis van Babel wandelde,
The king spake, and said, Is not this great Babylon, that I have built for the house of the kingdom by the might of my power, and for the honour of my majesty?	30 Sprak de koning, en zeide: Is dit niet het grote Babel, dat ik gebouwd heb tot een huis des koninkrijks, door de sterkte mijner macht, en ter ere mijner heerlijkheid!
While the word was in the king's mouth, there fell a voice from heaven, saying, O king Nebuchadnezzar, to thee it is spoken; The kingdom is departed from thee.	31 Dit woord nog zijnde in des konings mond, viel er een stem uit den hemel: U, o koning Nebukadnezar! wordt gezegd: Het koninkrijk is van u gegaan.
And they shall drive thee from men, and thy dwelling shall be with the beasts of the field: they shall make thee to eat grass as oxen, and seven times shall pass over thee, until thou know that the most High ruleth in the kingdom of men, and giveth it to whomsoever he will.	32 En men zal u van de mensen verstoten, en uw woning zal bij de beesten des velds zijn; men zal u gras te smaken geven, als den ossen, en er zullen zeven tijden over u voorbijgaan, totdat gij bekent, dat de Allerhoogste over de koninkrijken der mensen heerschappij heeft, en dat Hij ze geeft, aan wien Hij wil.
The same hour was the thing fulfilled upon Nebuchadnezzar: and he was driven from men, and did eat grass as oxen, and his body was wet with the dew of heaven, till his hairs were grown like eagles' feathers, and his nails like birds' claws.	33 Ter zelfder ure werd dat woord volbracht over Nebukadnezar, want hij werd uit de mensen verstoten, en hij at gras als de ossen, en zijn lichaam werd van den dauw des hemels nat gemaakt, totdat zijn haar wies als der arenden vederen, en zijn nagelen als der vogelen.
And at the end of the days I Nebuchadnezzar lifted up mine eyes unto heaven, and mine understanding returned unto me, and I blessed the most High, and I praised and honoured him that liveth for ever, whose dominion is an everlasting dominion, and his kingdom is from generation to generation:	34 Ten einde dezer dagen nu, hief ik, Nebukadnezar, mijn ogen op ten hemel, want mijn verstand kwam weer in mij; en ik loofde den Allerhoogste, en ik prees en verheerlijkte den Eeuwiglevende, omdat Zijn heerschappij is een eeuwige heerschappij, en Zijn Koninkrijk is van geslacht tot geslacht;
And all the inhabitants of the earth are reputed as nothing: and he doeth according to his will in the army of heaven, and among the inhabitants of the earth: and none can stay his hand, or say unto him, What doest thou?	35 En al de inwoners der aarde zijn als niets geacht, en Hij doet naar Zijn wil met het heir des hemels en de inwoners der aarde, en er is niemand, die Zijn hand afslaan, of tot Hem zeggen kan: Wat doet Gij?
At the same time my reason returned unto me; and for the glory of my kingdom, mine honour and brightness returned unto me; and my counsellers and my lords sought unto me; and I was established in my kingdom, and excellent majesty was added unto me.	36 Ter zelfder tijd kwam mijn verstand weder in mij; ook kwam de heerlijkheid mijns koninkrijks, mijn majesteit en mijn glans weder op mij; en mijn raadsheren en mijn geweldigen zochten mij, en ik werd in mijn koninkrijk bevestigd; en mij werd groter heerlijkheid toegevoegd.
Now I Nebuchadnezzar praise and extol and honour the King of heaven, all whose works are truth, and his ways judgment: and those that walk in pride he is able to abase.	37 Nu prijs ik, Nebukadnezar, en verhoog, en verheerlijk den Koning des hemels, omdat al Zijn werken waarheid, en Zijn paden gerichten zijn; en Hij is machtig te vernederen degenen, die in hoogmoed wandelen.

Daniel (5) Daniël

Belshazzar the king made a great feast to a thousand of his lords, and drank wine before the thousand.	1 De koning Belsazar maakte een groten maaltijd voor zijn duizend geweldigen, en hij dronk wijn voor die duizend.
Belshazzar, whiles he tasted the wine, commanded to bring the golden and silver vessels which his father Nebuchadnezzar had taken out of the temple which was in Jerusalem; that the king, and his princes, his wives, and his concubines, might drink therein.	2 Als Belsazar den wijn geproefd had, zeide hij, dat men de gouden en zilveren vaten voorbrengen zou, die zijn vader Nebukadnezar uit den tempel, die te Jeruzalem geweest was, weggevoerd had; opdat de koning en zijn geweldigen, zijn vrouwen en zijn bijwijven uit dezelve dronken.
Then they brought the golden vessels that were taken out of the temple of the house of God which was at Jerusalem; and the king, and his princes, his wives, and his concubines, drank in them.	3 Toen bracht men voor de gouden vaten, die men uit den tempel van het huis Gods, die te Jeruzalem geweest was, weggevoerd had; en de koning en zijn geweldigen, zijn vrouwen, en zijn bijwijven dronken daaruit.
They drank wine, and praised the gods of gold, and of silver, of brass, of iron, of wood, and of stone.	4 Zij dronken den wijn, en prezen de gouden, en de zilveren, de koperen, de ijzeren, de houten en de stenen goden.
In the same hour came forth fingers of a man's hand, and wrote over against the candlestick upon the plaister of the wall of the king's palace: and the king saw the part of the hand that wrote.	5 Ter zelfder ure kwamen er vingeren van eens mensen hand voort, die schreven tegenover den kandelaar, op de kalk van den wand van het koninklijk paleis, en de koning zag het deel der hand, die daar schreef.
Then the king's countenance was changed, and his thoughts troubled him, so that the joints of his loins were loosed, and his knees smote one against another.	6 Toen veranderde zich de glans des konings, en zijn gedachten verschrikten hem; en de banden zijner lendenen werden los, en zijn knieën stieten tegen elkander aan.
The king cried aloud to bring in the astrologers, the Chaldeans, and the soothsayers. And the king spake, and said to the wise men of Babylon, Whosoever shall read this writing, and shew me the interpretation thereof, shall be clothed with scarlet, and have a chain of gold about his neck, and shall be the third ruler in the kingdom.	7 Zodat de koning met kracht riep dat men de sterrekijkers, de Chaldeen en de waarzeggers inbrengen zou; en de koning antwoordde en zeide tot de wijzen van Babel: Alle man, die dit schrift lezen, en deszelfs uitlegging mij te kennen zal geven, die zal met purper gekleed worden, met een gouden keten om zijn hals, en hij zal de derde heerser in dit koninkrijk zijn.
Then came in all the king's wise men: but they could not read the writing, nor make known to the king the interpretation thereof.	8 Toen kwamen al de wijzen des konings in; maar zij konden dit schrift niet lezen, noch den koning deszelfs uitlegging bekend maken.
Then was king Belshazzar greatly troubled, and his countenance was changed in him, and his lords were astonied.	9 Toen verschrikte de koning Belsazar zeer, en zijn glans werd aan hem veranderd, en zijn geweldigen werden verbaasd.
Now the queen, by reason of the words of the king and his lords, came into the banquet house: and the queen spake and said, O king, live for ever: let not thy thoughts trouble thee, nor let thy countenance be changed:	10 Om deze woorden des konings en zijner geweldigen, ging de koningin in het huis des maaltijds. De koningin sprak en zeide: O koning, leef in eeuwigheid! laat u uw gedachten niet verschrikken, en uw glans niet veranderd worden.

Daniel - Daniël

	There is a man in thy kingdom, in whom is the spirit of the holy gods; and in the days of thy father light and understanding and wisdom, like the wisdom of the gods, was found in him; whom the king Nebuchadnezzar thy father, the king, I say, thy father, made master of the magicians, astrologers, Chaldeans, and soothsayers;	11	Er is een man in uw koninkrijk, in wien de geest der heilige goden is, want in de dagen uws vaders is bij hem gevonden licht, en verstand, en wijsheid, gelijk de wijsheid der goden is; daarom stelde hem de koning Nebukadnezar, uw vader, tot een overste der tovenaars, der sterrekijkers, der Chaldeen, en der waarzeggers, uw vader, o koning!
	Forasmuch as an excellent spirit, and knowledge, and understanding, interpreting of dreams, and shewing of hard sentences, and dissolving of doubts, were found in the same Daniel, whom the king named Belteshazzar: now let Daniel be called, and he will shew the interpretation.	12	Omdat een voortreffelijke geest, en wetenschap, en verstand van een, die dromen uitlegt, en der aanwijzing van raadselen, en van een, die knopen ontbindt, gevonden werd in hem, in Daniel, dien de koning den naam van Beltsazar gaf; laat nu Daniel geroepen worden, die zal de uitlegging te kennen geven.
	Then was Daniel brought in before the king. And the king spake and said unto Daniel, Art thou that Daniel, which art of the children of the captivity of Judah, whom the king my father brought out of Jewry?	13	Toen werd Daniel voor den koning ingebracht. De koning antwoordde en zeide tot Daniel: Zijt gij die Daniel, een uit de gevankelijk weggevoerden van Juda, die de koning, mijn vader, uit Juda gebracht heeft?
	I have even heard of thee, that the spirit of the gods is in thee, and that light and understanding and excellent wisdom is found in thee.	14	Ik heb toch van u gehoord, dat de geest der goden in u is, en dat er licht, en verstand, en voortreffelijke wijsheid in u gevonden wordt.
	And now the wise men, the astrologers, have been brought in before me, that they should read this writing, and make known unto me the interpretation thereof: but they could not shew the interpretation of the thing:	15	Nu, zo zijn voor mij ingebracht de wijzen en de sterrekijkers, om dit schrift te lezen, en deszelfs uitlegging mij bekend te maken; maar zij kunnen de uitlegging dezer woorden niet te kennen geven.
	And I have heard of thee, that thou canst make interpretations, and dissolve doubts: now if thou canst read the writing, and make known to me the interpretation thereof, thou shalt be clothed with scarlet, and have a chain of gold about thy neck, and shalt be the third ruler in the kingdom.	16	Doch van u heb ik gehoord, dat gij uitleggingen kunt geven, en knopen ontbinden; nu, indien gij dit schrift zult kunnen lezen, en deszelfs uitlegging mij bekend maken, gij zult met purper bekleed worden, met een gouden keten om uw hals, en gij zult de derde heerser in dit koninkrijk zijn.
	Then Daniel answered and said before the king, Let thy gifts be to thyself, and give thy rewards to another; yet I will read the writing unto the king, and make known to him the interpretation.	17	Toen antwoordde Daniel, en zeide voor den koning: Heb uw gaven voor uzelven, en geef uw vereringen aan een ander; ik zal nochtans het schrift voor den koning lezen, en de uitlegging zal ik hem bekend maken.
	O thou king, the most high God gave Nebuchadnezzar thy father a kingdom, and majesty, and glory, and honour:	18	Wat u aangaat, o koning! de allerhoogste God heeft uw vader Nebukadnezar het koninkrijk, en grootheid, en eer, en heerlijkheid gegeven;
	And for the majesty that he gave him, all people, nations, and languages, trembled and feared before him: whom he would he slew; and whom he would he kept alive; and whom he would he set up; and whom he would he put down.	19	En vanwege de grootheid, die Hij hem gegeven had, beefden en sidderden alle volken, natien en tongen voor hem; dien hij wilde, doodde hij, en dien hij wilde, behield hij in het leven, en dien hij wilde, verhoogde hij, en dien hij wilde, vernederde hij.
	But when his heart was lifted up, and his mind hardened in pride, he was deposed from his kingly throne, and they took his glory from him:	20	Maar toen zich zijn hart verhief, en zijn geest verstijfd werd ter hovaardij, werd hij van den troon zijns koninkrijks afgestoten, en men nam de eer van hem weg.
	And he was driven from the sons of men; and his heart was made like the beasts, and his dwelling was with the wild asses: they fed him with grass like oxen, and his body was wet with the dew of heaven; till he knew that the most high God ruled in the kingdom of men, and that he appointeth over it whomsoever he will.	21	En hij werd van de kinderen der mensen verstoten, en zijn hart werd den beesten gelijk gemaakt, en zijn woning was bij de woudezelen; men gaf hem gras te smaken gelijk den ossen; en zijn lichaam werd van den dauw des hemels nat gemaakt, totdat hij bekende, dat God, de Allerhoogste, Heerser is over de koninkrijken der mensen, en over dezelve stelt, wien Hij wil.
	And thou his son, O Belshazzar, hast not humbled thine heart, though thou knewest all this;	22	En gij, Belsazar, zijn zoon! hebt uw hart niet vernederd, alhoewel gij dit alles wel geweten hebt.
	But hast lifted up thyself against the Lord of heaven; and they have brought the vessels of his house before thee, and thou, and thy lords, thy wives, and thy concubines, have drunk wine in them; and thou hast praised the gods of silver, and gold, of brass, iron, wood, and stone, which see not, nor hear, nor know: and the God in whose hand thy breath is, and whose are all thy ways, hast thou not glorified:	23	Maar gij hebt u verheven tegen den Heere des hemels, en men heeft de vaten van Zijn huis voor u gebracht, en gij, en uw geweldigen, uw vrouwen, en uw bijwijven hebben wijn uit dezelve gedronken, en de goden van zilver en goud, koper, ijzer, hout en steen, die niet zien, noch horen, noch weten, hebt gij geprezen; maar dien God, in Wiens hand uw adem is, en bij Wien al uw paden zijn, hebt gij niet verheerlijkt.
	Then was the part of the hand sent from him; and this writing was written.	24	Toen is dat deel der hand van Hem gezonden, en dit schrift getekend geworden.
	And this is the writing that was written, MENE, MENE, TEKEL, UPHARSIN.	25	Dit nu is het schrift, dat daar getekend is: MENE, MENE, TEKEL, UPHARSIN.
	This is the interpretation of the thing: MENE; God hath numbered thy kingdom, and finished it.	26	Dit is de uitlegging dezer woorden: MENE; God heeft uw koninkrijk geteld, en Hij heeft het voleind.
	TEKEL; Thou art weighed in the balances, and art found wanting.	27	TEKEL; gij zijt in weegschalen gewogen; en gij zijt te licht gevonden.
	PERES; Thy kingdom is divided, and given to the Medes and Persians.	28	PERES; uw koninkrijk is verdeeld, en het is den Meden en den Perzen gegeven.
	Then commanded Belshazzar, and they clothed Daniel with scarlet, and put a chain of gold about his neck, and made a proclamation concerning him, that he should be the third ruler in the kingdom.	29	Toen beval Belsazar, en zij bekleedden Daniel met purper, met een gouden keten om zijn hals, en zij riepen overluid van hem, dat hij de derde heerser in dat koninkrijk was.
	In that night was Belshazzar the king of the Chaldeans slain.	30	In dienzelfden nacht, werd Belsazar, der Chaldeen koning, gedood.
	And Darius the Median took the kingdom, being about threescore and two years old.	31	(6:1) Darius, de Meder nu, ontving het koninkrijk, omtrent twee en zestig jaren oud zijnde.

Daniel (6) Daniël

It pleased Darius to set over the kingdom an hundred and twenty princes, which should be over the whole kingdom;	1	(6:2) En het dacht Darius goed, dat hij over het koninkrijk stelde honderd en twintig stadhouders, die over het ganse koninkrijk zijn zouden;
And over these three presidents; of whom Daniel was first: that the princes might give accounts unto them, and the king should have no damage.	2	(6:3) En over dezelve drie vorsten, van dewelke Daniel de eerste zou zijn, denwelken die stadhouders zelfs zouden rekenschap geven, opdat de koning geen schade leed.
Then this Daniel was preferred above the presidents and princes, because an excellent spirit was in him; and the king thought to set him over the whole realm.	3	(6:4) Toen overtrof deze Daniel die vorsten en die stadhouders, daarom dat een voortreffelijke geest in hem was; en de koning dacht hem te stellen over het gehele koninkrijk.
Then the presidents and princes sought to find occasion against Daniel concerning the kingdom; but they could find none occasion nor fault; forasmuch as he was faithful, neither was there any error or fault found in him.	4	(6:5) Toen zochten de vorsten en de stadhouders gelegenheid te vinden, tegen Daniel vanwege het koninkrijk; maar zij konden geen gelegenheid noch misdaad vinden, dewijl hij getrouw was, en geen vergrijping noch misdaad in hem gevonden werd.
Then said these men, We shall not find any occasion against this Daniel, except we find it against him concerning the law of his God.	5	(6:6) Toen zeiden die mannen: Wij zullen tegen dezen Daniel geen gelegenheid vinden, tenzij wij tegen hem iets vinden in de wet zijns Gods.
Then these presidents and princes assembled together to the king, and said thus unto him, King Darius, live for ever.	6	(6:7) Zo kwamen deze vorsten en de stadhouders met hopen tot den koning, en zeiden aldus tot hem: O koning Darius, leef in eeuwigheid!
All the presidents of the kingdom, the governors, and the princes, the counsellers, and the captains, have consulted together to establish a royal statute, and to make a firm decree, that whosoever shall ask a petition of any God or man for thirty days, save of thee, O king, he shall be cast into the den of lions.	7	(6:8) Al de vorsten des rijks, de overheden en stadhouders, de raadsheren en landvoogden hebben zich beraadslaagd een koninklijke ordonnantie te stellen, en een sterk gebod te maken, dat al wie in dertig dagen een verzoek zal doen van enigen god of mens, behalve van u, o koning! die zal in den kuil der leeuwen geworpen worden.
Now, O king, establish the decree, and sign the writing, that it be not changed, according to the law of the Medes and Persians, which altereth not.	8	(6:9) Nu, o koning! gij zult een gebod bevestigen, en een schrift tekenen, dat niet veranderd worde, naar de wet der Meden en der Perzen, die niet mag wederroepen worden.
Wherefore king Darius signed the writing and the decree.	9	(6:10) Daarom tekende de koning Darius dat schrift en gebod.
Now when Daniel knew that the writing was signed, he went into his house; and his windows being open in his chamber toward Jerusalem, he kneeled upon his knees three times a day, and prayed, and gave thanks before his God, as he did aforetime.	10	(6:11) Toen nu Daniel verstond, dat dit schrift getekend was, ging hij in zijn huis (hij nu had in zijn opperzaal open vensters tegen Jeruzalem aan), en hij knielde drie tijden 's daags op zijn knieen, en hij bad, en deed belijdenis voor zijn God, ganselijk gelijk hij voor dezen gedaan had.
Then these men assembled, and found Daniel praying and making supplication before his God.	11	(6:12) Toen kwamen die mannen met hopen, en zij vonden Daniel biddende en smekende voor zijn God.
Then they came near, and spake before the king concerning the king's decree; Hast thou not signed a decree, that every man that shall ask a petition of any God or man within thirty days, save of thee, O king, shall be cast into the den of lions? The king answered and said, The thing is true, according to the law of the Medes and Persians, which altereth not.	12	(6:13) Toen kwamen zij nader, en spraken voor den koning van het gebod des konings: Hebt gij niet een gebod getekend, dat alle man, die in dertig dagen van enigen god of mens iets verzoeken zou, behalve van u, o koning! in den kuil der leeuwen zou geworpen worden? De koning antwoordde en zeide: Het is een vaste rede, naar de wet der Meden en Perzen, die niet mag herroepen worden.
Then answered they and said before the king, That Daniel, which is of the children of the captivity of Judah, regardeth not thee, O king, nor the decree that thou hast signed, but maketh his petition three times a day.	13	(6:14) Toen antwoordden zij, en zeiden voor den koning: Daniel, een van de gevankelijk weggevoerden uit Juda heeft, o koning! op u geen acht gesteld, noch op het gebod dat gij getekend hebt; maar hij bidt op drie tijden 's daags zijn gebed.
Then the king, when he heard these words, was sore displeased with himself, and set his heart on Daniel to deliver him: and he laboured till the going down of the sun to deliver him.	14	(6:15) Toen de koning deze rede hoorde, was hij zeer bedroefd bij zichzelven, en hij stelde het hart op Daniel om hem te verlossen; ja, tot den ondergang der zon toe bemoeide hij zich, om hem te redden.
Then these men assembled unto the king, and said unto the king, Know, O king, that the law of the Medes and Persians is, That no decree nor statute which the king establisheth may be changed.	15	(6:16) Toen kwamen die mannen met hopen tot den koning, en zij zeiden tot den koning: Weet, o koning! dat der Meden en der Perzen wet is, dat geen gebod noch ordonnantie, die de koning verordend heeft, mag veranderd worden.
Then the king commanded, and they brought Daniel, and cast him into the den of lions. Now the king spake and said unto Daniel, Thy God whom thou servest continually, he will deliver thee.	16	(6:17) Toen beval de koning, en zij brachten Daniel voor, en wierpen hem in den kuil der leeuwen; en de koning antwoordde en zeide tot Daniel: Uw God, Dien gij geduriglijk eert, Die verlosse u!
And a stone was brought, and laid upon the mouth of the den; and the king sealed it with his own signet, and with the signet of his lords; that the purpose might not be changed concerning Daniel.	17	(6:18) En er werd een steen gebracht, en op den mond des kuils gelegd: en de koning verzegelde denzelven met zijn ring, en met den ring zijner geweldigen, opdat de wil aangaande Daniel niet zou veranderd worden.
Then the king went to his palace, and passed the night fasting: neither were instruments of musick brought before him: and his sleep went from him.	18	(6:19) Toen ging de koning naar zijn paleis, en overnachtte nuchteren, en liet geen vreugdespel voor zich brengen; en zijn slaap week verre van hem.
Then the king arose very early in the morning, and went in haste unto the den of lions.	19	(6:20) Toen stond de koning in den vroegen morgenstond met het licht op, en hij ging met haast henen tot den kuil der leeuwen.
And when he came to the den, he cried with a lamentable voice unto Daniel: and the king spake and said to Daniel, O Daniel, servant of the living God, is thy God, whom thou servest continually, able to deliver thee from the lions?	20	(6:21) Als hij nu tot den kuil genaderd was, riep hij tot Daniel met een droeve stem; de koning antwoordde en zeide tot Daniel: O Daniel, gij knecht des levenden Gods! heeft ook uw God, Dien gij geduriglijk eert, u van de leeuwen kunnen verlossen?

Daniel - Daniël

Then said Daniel unto the king, O king, live for ever.

My God hath sent his angel, and hath shut the lions' mouths, that they have not hurt me: forasmuch as before him innocency was found in me; and also before thee, O king, have I done no hurt.

Then was the king exceeding glad for him, and commanded that they should take Daniel up out of the den. So Daniel was taken up out of the den, and no manner of hurt was found upon him, because he believed in his God.

And the king commanded, and they brought those men which had accused Daniel, and they cast them into the den of lions, them, their children, and their wives; and the lions had the mastery of them, and brake all their bones in pieces or ever they came at the bottom of the den.

Then king Darius wrote unto all people, nations, and languages, that dwell in all the earth; Peace be multiplied unto you.

I make a decree, That in every dominion of my kingdom men tremble and fear before the God of Daniel: for he is the living God, and stedfast for ever, and his kingdom that which shall not be destroyed, and his dominion shall be even unto the end.

He delivereth and rescueth, and he worketh signs and wonders in heaven and in earth, who hath delivered Daniel from the power of the lions.

So this Daniel prospered in the reign of Darius, and in the reign of Cyrus the Persian.

21 (6:22) Toen sprak Daniel tot den koning: O koning, leef in eeuwigheid!

22 (6:23) Mijn God heeft Zijn engel gezonden, en Hij heeft den muil der leeuwen toegesloten, dat zij mij niet beschadigd hebben, omdat voor Hem onschuld in mij gevonden is; ook heb ik, o koning! tegen u geen misdaad gedaan.

23 (6:24) Toen werd de koning bij zichzelven zeer vrolijk, en zeide, dat men Daniel uit den kuil trekken zou. Toen Daniel uit den kuil opgetrokken was, zo werd er geen schade aan hem gevonden, dewijl hij in zijn God geloofd had.

24 (6:25) Toen beval de koning, en zij brachten die mannen voor, die Daniel overluid beschuldigd hadden, en zij wierpen in den kuil der leeuwen hen, hun kinderen, en hun vrouwen; en zij kwamen niet op den grond des kuils, of de leeuwen heersten over hen, zij vermorzelden ook al hun beenderen.

25 (6:26) Toen schreef de koning Darius aan alle volken, natien en tongen, die op de ganse aarde woonden: Uw vrede worde vermenigvuldigd!

26 (6:27) Van mij is een bevel gegeven, dat men in de ganse heerschappij mijns koninkrijks beve en siddere voor het aangezicht van den God van Daniel; want Hij is de levende God, en bestendig in eeuwigheden, en Zijn koninkrijk is niet verderfelijk, en Zijn heerschappij is tot het einde toe.

27 (6:28) Hij verlost en redt, en Hij doet tekenen en wonderen in den hemel en op de aarde; Die heeft Daniel uit het geweld der leeuwen verlost.

28 (6:29) Deze Daniel nu had voorspoed in het koninkrijk van Darius, en in het koninkrijk van Kores, den Perziaan.

Daniel (7) Daniël

1 In the first year of Belshazzar king of Babylon Daniel had a dream and visions of his head upon his bed: then he wrote the dream, and told the sum of the matters.

1 In het eerste jaar van Belsazar, den koning van Babel, zag Daniel een droom, en gezichten zijns hoofds, op zijn leger; toen schreef hij dien droom, en hij zeide de hoofdsom der zaken.

2 Daniel spake and said, I saw in my vision by night, and, behold, the four winds of the heaven strove upon the great sea.

2 Daniel antwoordde en zeide: Ik zag in mijn gezicht bij nacht, en ziet, de vier winden des hemels braken voort op de grote zee.

3 And four great beasts came up from the sea, diverse one from another.

3 En er klommen vier grote dieren op uit de zee, het ene van het andere verscheiden.

4 The first was like a lion, and had eagle's wings: I beheld till the wings thereof were plucked, and it was lifted up from the earth, and made stand upon the feet as a man, and a man's heart was given to it.

4 Het eerste was als een leeuw, en het had arendsvleugelen; ik zag toe, totdat zijn vleugelen uitgeplukt waren, en het werd van de aarde opgeheven, en op de voeten gesteld, als een mens, en aan hetzelve werd eens mensen hart gegeven.

5 And behold another beast, a second, like to a bear, and it raised up itself on one side, and it had three ribs in the mouth of it between the teeth of it: and they said thus unto it, Arise, devour much flesh.

5 Daarna, ziet, het andere dier, het tweede, was gelijk een beer, en stelde zich aan de ene zijde, en het had drie ribben in zijn muil tussen zijn tanden; en men zeide aldus tot hetzelve: Sta op, eet veel vlees.

6 After this I beheld, and lo another, like a leopard, which had upon the back of it four wings of a fowl; the beast had also four heads; and dominion was given to it.

6 Daarna zag ik, en ziet, er was een ander dier, gelijk een luipaard, en het had vier vleugels eens vogels op zijn rug; ook had hetzelve dier vier hoofden, en aan hetzelve werd de heerschappij gegeven.

7 After this I saw in the night visions, and behold a fourth beast, dreadful and terrible, and strong exceedingly; and it had great iron teeth: it devoured and brake in pieces, and stamped the residue with the feet of it: and it was diverse from all the beasts that were before it; and it had ten horns.

7 Daarna zag ik in de nachtgezichten, en ziet, het vierde dier was schrikkelijk en gruwelijk, en zeer sterk; en het had grote ijzeren tanden, het at, en verbrijzelde, en vertrad het overige met zijn voeten; en het was verscheiden van al de dieren, die voor hetzelve geweest waren; en het had tien hoornen.

8 I considered the horns, and, behold, there came up among them another little horn, before whom there were three of the first horns plucked up by the roots: and, behold, in this horn were eyes like the eyes of man, and a mouth speaking great things.

8 Ik nam acht op de hoornen, en ziet, een andere kleine hoorn kwam op tussen dezelve, en drie uit de vorige hoornen werden uitgerukt voor denzelven; en ziet, in dienzelven hoorn waren ogen als mensenogen, en een mond, grote dingen sprekende.

9 I beheld till the thrones were cast down, and the Ancient of days did sit, whose garment was white as snow, and the hair of his head like the pure wool: his throne was like the fiery flame, and his wheels as burning fire.

9 Dit zag ik, totdat er tronen gezet werden, en de Oude van dagen Zich zette, Wiens kleed wit was als de sneeuw, en het haar Zijns hoofds als zuivere wol; Zijn troon was vuurvonken, deszelfs raderen een brandend vuur.

10 A fiery stream issued and came forth from before him: thousand thousands ministered unto him, and ten thousand times ten thousand stood before him: the judgment was set, and the books were opened.

10 Een vurige rivier vloeide, en ging van voor Hem uit, duizendmaal duizenden dienden Hem, en tien duizendmaal tien duizenden stonden voor Hem; het gericht zette zich, en de boeken werden geopend.

11 I beheld then because of the voice of the great words which the horn spake: I beheld even till the beast was slain, and his body destroyed, and given to the burning flame.

11 Toen zag ik toe vanwege de stem der grote woorden, welke die hoorn sprak; ik zag toe, totdat het dier gedood, en zijn lichaam verdaan werd, en overgegeven om van het vuur verbrand te worden.

12 As concerning the rest of the beasts, they had their dominion taken away: yet their lives were prolonged for a season and time.

12 Aangaande ook de overige dieren, men nam hun heerschappij weg, want verlenging van het leven was hun gegeven tot tijd en stonde toe.

13 I saw in the night visions, and, behold, one like the Son of man came with the clouds of heaven, and came to the Ancient of days, and they brought him near before him.

13 Verder zag ik in de nachtgezichten, en ziet, er kwam Een met de wolken des hemels, als eens mensen zoon, en Hij kwam tot den Oude van dagen, en zij deden Hem voor Denzelven naderen.

	And there was given him dominion, and glory, and a kingdom, that all people, nations, and languages, should serve him: his dominion is an everlasting dominion, which shall not pass away, and his kingdom that which shall not be destroyed.	14	En Hem werd gegeven heerschappij, en eer, en het Koninkrijk, dat Hem alle volken, natiën en tongen eren zouden; Zijn heerschappij is een eeuwige heerschappij, die niet vergaan zal, en Zijn Koninkrijk zal niet verdorven worden.
	I Daniel was grieved in my spirit in the midst of my body, and the visions of my head troubled me.	15	Mij, Daniel werd mijn geest doorstoken in het midden van het lichaam, en de gezichten mijns hoofds verschrikten mij.
	I came near unto one of them that stood by, and asked him the truth of all this. So he told me, and made me know the interpretation of the things.	16	Ik naderde tot een dergenen, die daar stonden, en verzocht van hem de zekerheid over dit alles; en hij zeide ze mij, en gaf mij de uitlegging dezer zaken te kennen.
	These great beasts, which are four, are four kings, which shall arise out of the earth.	17	Deze grote dieren, die vier zijn, zijn vier koningen, die uit de aarde opstaan zullen.
	But the saints of the most High shall take the kingdom, and possess the kingdom for ever, even for ever and ever.	18	Maar de heiligen der hoge plaatsen zullen dat Koninkrijk ontvangen, en zij zullen het Rijk bezitten tot in der eeuwigheid, ja, tot in eeuwigheid der eeuwigheden.
	Then I would know the truth of the fourth beast, which was diverse from all the others, exceeding dreadful, whose teeth were of iron, and his nails of brass; which devoured, brake in pieces, and stamped the residue with his feet;	19	Toen wenste ik naar de waarheid van het vierde dier, hetwelk verscheiden was van al de andere, zeer gruwelijk, welks tanden van ijzer waren, en zijn klauwen van koper; het at, het verbrijzelde, en vertrad het overige met zijn voeten.
	And of the ten horns that were in his head, and of the other which came up, and before whom three fell; even of that horn that had eyes, and a mouth that spake very great things, whose look was more stout than his fellows.	20	En aangaande de tien hoornen die op zijn hoofd waren, en den anderen, die opkwam, en voor denwelken drie afgevallen waren, namelijk dien hoorn, die ogen had, en een mond, die grote dingen sprak, en wiens aanzien groter was, dan van zijn metgezellen.
	I beheld, and the same horn made war with the saints, and prevailed against them;	21	Ik had gezien, dat diezelve hoorn krijg voerde tegen de heiligen, en dat hij die overmocht,
	Until the Ancient of days came, and judgment was given to the saints of the most High; and the time came that the saints possessed the kingdom.	22	Totdat de Oude van dagen kwam, en het gericht gegeven werd aan de heiligen der hoge plaatsen, en dat de bestemde tijd kwam, dat de heiligen het Rijk bezaten.
	Thus he said, The fourth beast shall be the fourth kingdom upon earth, which shall be diverse from all kingdoms, and shall devour the whole earth, and shall tread it down, and break it in pieces.	23	Hij zeide aldus: Het vierde dier zal het vierde rijk op aarde zijn, dat verscheiden zal zijn van al die rijken, en het zal de ganse aarde opeten, en het zal dezelve vertreden, en het zal ze verbrijzelen.
	And the ten horns out of this kingdom are ten kings that shall arise: and another shall rise after them; and he shall be diverse from the first, and he shall subdue three kings.	24	Belangende nu de tien hoornen: uit dat koninkrijk zullen tien koningen opstaan, en een ander zal na hen opstaan; en dat zal verscheiden zijn van de vorigen, en het zal drie koningen vernederen.
	And he shall speak great words against the most High, and shall wear out the saints of the most High, and think to change times and laws: and they shall be given into his hand until a time and times and the dividing of time.	25	En het zal woorden spreken tegen den Allerhoogste, en het zal de heiligen der hoge plaatsen verstoren, en het zal menen de tijden en de wet te veranderen, en zij zullen in deszelfs hand overgegeven worden tot een tijd, en tijden, en een gedeelte eens tijds.
	But the judgment shall sit, and they shall take away his dominion, to consume and to destroy it unto the end.	26	Daarna zal het gericht zitten, en men zal zijn heerschappij wegnemen, hem verdelgende en verdoende, tot het einde toe.
	And the kingdom and dominion, and the greatness of the kingdom under the whole heaven, shall be given to the people of the saints of the most High, whose kingdom is an everlasting kingdom, and all dominions shall serve and obey him.	27	Maar het rijk, en de heerschappij, en de grootheid der koninkrijken onder den gansen hemel, zal gegeven worden den volke der heiligen der hoge plaatsen, welks Rijk een eeuwig Rijk zijn zal; en alle heerschappijen zullen Hem eren en gehoorzamen.
	Hitherto is the end of the matter. As for me Daniel, my cogitations much troubled me, and my countenance changed in me: but I kept the matter in my heart.	28	Tot hiertoe is het einde dezer rede. Wat mij Daniel aangaat, mijn gedachten verschrikken mij zeer, en mijn glans veranderde aan mij; doch ik bewaarde dat woord in mijn hart.

Daniel (8) Daniël

	In the third year of the reign of king Belshazzar a vision appeared unto me, even unto me Daniel, after that which appeared unto me at the first.	1	In het derde jaar des koninkrijks van den koning Belsazar, verscheen mij een gezicht, mij Daniel, na hetgeen mij in het eerste verschenen was.
	And I saw in a vision; and it came to pass, when I saw, that I was at Shushan in the palace, which is in the province of Elam; and I saw in a vision, and I was by the river of Ulai.	2	En ik zag een gezicht, (het geschiedde nu, toen ik het zag, dat ik in den burg Susan was, welke in het landschap Elam is) ik zag dan in een gezicht, dat ik aan den vloed Ulai was.
	Then I lifted up mine eyes, and saw, and, behold, there stood before the river a ram which had two horns: and the two horns were high; but one was higher than the other, and the higher came up last.	3	En ik hief mijn ogen op, en ik zag, en ziet, een ram stond voor dien vloed, die had twee hoornen, en die twee hoornen waren hoog, en de een was hoger dan de andere, en de hoogste kwam in het laatste op.
	I saw the ram pushing westward, and northward, and southward; so that no beasts might stand before him, neither was there any that could deliver out of his hand; but he did according to his will, and became great.	4	Ik zag, dat de ram met de hoornen tegen het westen stiet, en tegen het noorden, en tegen het zuiden, en geen dieren konden voor zijn aangezicht bestaan, en er was niemand, die uit zijn hand verloste; maar hij deed naar zijn welgevallen, en hij maakte zich groot.
	And as I was considering, behold, an he goat came from the west on the face of the whole earth, and touched not the ground: and the goat had a notable horn between his eyes.	5	Toen ik dit overlegde, ziet, er kwam een geitenbok van het westen over den gansen aardbodem, en roerde de aarde niet aan; en die bok had een aanzienlijken hoorn tussen zijn ogen.
	And he came to the ram that had two horns, which I had seen standing before the river, and ran unto him in the fury of his power.	6	En hij kwam tot den ram, die de twee hoornen had, dien ik had zien staan voor den vloed; en hij liep op hem aan in de grimmigheid zijner kracht.

And I saw him come close unto the ram, and he was moved with choler against him, and smote the ram, and brake his two horns: and there was no power in the ram to stand before him, but he cast him down to the ground, and stamped upon him: and there was none that could deliver the ram out of his hand.	7 En ik zag hem, nakende aan den ram, en hij verbitterde zich tegen hem, en hij stiet den ram, en hij brak zijn beide hoornen; en in den ram was geen kracht, om voor zijn aangezicht te bestaan; en hij wierp hem ter aarde, en hij vertrad hem, en er was niemand, die den ram uit zijn hand verloste.
Therefore the he goat waxed very great: and when he was strong, the great horn was broken; and for it came up four notable ones toward the four winds of heaven.	8 En de geitenbok maakte zich uitermate groot; maar toen hij sterk geworden was, brak die grote hoorn, en er kwamen op aan deszelfs plaats vier aanzienlijke, naar de vier winden des hemels.
And out of one of them came forth a little horn, which waxed exceeding great, toward the south, and toward the east, and toward the pleasant land.	9 En uit een van die kwam voort een kleine hoorn, welke uitnemend groot werd, tegen het zuiden, en tegen het oosten, en tegen het sierlijke land.
And it waxed great, even to the host of heaven; and it cast down some of the host and of the stars to the ground, and stamped upon them.	10 En hij werd groot tot aan het heir des hemels; en hij wierp er sommigen van dat heir, namelijk van de sterren, ter aarde neder, en hij vertrad ze.
Yea, he magnified himself even to the prince of the host, and by him the daily sacrifice was taken away, and the place of his sanctuary was cast down.	11 Ja, hij maakte zich groot tot aan den Vorst diens heirs, en van Denzelven werd weggenomen het gedurig offer, en de woning Zijns heiligdoms werd nedergeworpen.
And an host was given him against the daily sacrifice by reason of transgression, and it cast down the truth to the ground; and it practised, and prospered.	12 En het heir werd in den afval overgegeven tegen het gedurig offer; en hij wierp de waarheid ter aarde; en deed het, en het gelukte wel.
Then I heard one saint speaking, and another saint said unto that certain saint which spake, How long shall be the vision concerning the daily sacrifice, and the transgression of desolation, to give both the sanctuary and the host to be trodden under foot?	13 Daarna hoorde ik een heilige spreken; en de heilige zeide tot den onbenoemde, die daar sprak: Tot hoelang zal dat gezicht van het gedurig offer en van den verwoestenden afval zijn, dat zo het heiligdom als het heir ter vertreding zal overgegeven worden?
And he said unto me, Unto two thousand and three hundred days; then shall the sanctuary be cleansed.	14 En hij zeide tot mij: Tot twee duizend en driehonderd avonden en morgens; dan zal het heiligdom gerechtvaardigd worden.
And it came to pass, when I, even I Daniel, had seen the vision, and sought for the meaning, then, behold, there stood before me as the appearance of a man.	15 En het geschiedde, toen ik dat gezicht zag, ik Daniel, zo zocht ik het verstand deszelven, en ziet, er stond voor mij als de gedaante eens mans.
And I heard a man's voice between the banks of Ulai, which called, and said, Gabriel, make this man to understand the vision.	16 En ik hoorde tussen Ulai eens mensen stem, die riep en zeide: Gabriel! geef dezen het gezicht te verstaan.
So he came near where I stood: and when he came, I was afraid, and fell upon my face: but he said unto me, Understand, O son of man: for at the time of the end shall be the vision.	17 En hij kwam nevens waar ik stond; en als hij kwam, verschrikte ik, en viel op mijn aangezicht. Toen zeide hij tot mij: Versta, gij mensenkind! want dit gezicht zal zijn tot den tijd van het einde.
Now as he was speaking with me, I was in a deep sleep on my face toward the ground: but he touched me, and set me upright.	18 Als hij nu met mij sprak, viel ik in een diepen slaap op mijn aangezicht ter aarde; toen roerde hij mij aan, en hij stelde mij op mijn standplaats.
And he said, Behold, I will make thee know what shall be in the last end of the indignation: for at the time appointed the end shall be.	19 En hij zeide: Zie, ik zal u te kennen geven, wat er geschieden zal ten einde dezer gramschap; want ter bestemder tijd zal het einde zijn.
The ram which thou sawest having two horns are the kings of Media and Persia.	20 De ram met de twee hoornen, dien gij gezien hebt, zijn de koningen der Meden en der Perzen.
And the rough goat is the king of Grecia: and the great horn that is between his eyes is the first king.	21 Die harige bok nu, is de koning van Griekenland; en de grote hoorn, welke tussen zijn ogen is, is de eerste koning.
Now that being broken, whereas four stood up for it, four kingdoms shall stand up out of the nation, but not in his power.	22 Dat er nu vier aan zijn plaats stonden, toen hij verbroken was; vier koninkrijken zullen uit dat volk ontstaan, doch niet met zijn kracht.
And in the latter time of their kingdom, when the transgressors are come to the full, a king of fierce countenance, and understanding dark sentences, shall stand up.	23 Doch op het laatste huns koninkrijks, als het de afvalligen op het hoogste gebracht zullen hebben, zo zal er een koning staan, stijf van aangezicht, en raadselen verstaande;
And his power shall be mighty, but not by his own power: and he shall destroy wonderfully, and shall prosper, and practise, and shall destroy the mighty and the holy people.	24 En zijn kracht zal sterk worden, doch niet door zijn kracht; en hij zal het wonderlijk verderven, en zal geluk hebben, en zal het doen; en hij zal de sterken, mitsgaders het heilige volk verderven:
And through his policy also he shall cause craft to prosper in his hand; and he shall magnify himself in his heart, and by peace shall destroy many: he shall also stand up against the Prince of princes; but he shall be broken without hand.	25 En door zijn kloekheid zo zal hij de bedriegerij doen gedijen in zijn hand; en hij zal zich in zijn hart verheffen; en in stille rust zal hij er velen verderven, en zal staan tegen den Vorst der vorsten, doch hij zal zonder hand verbroken worden.
And the vision of the evening and the morning which was told is true: wherefore shut thou up the vision; for it shall be for many days.	26 Het gezicht nu van avond en morgen, dat er gezegd is, is de waarheid; en gij, sluit dit gezicht toe, want er zijn nog vele dagen toe.
And I Daniel fainted, and was sick certain days; afterward I rose up, and did the king's business; and I was astonished at the vision, but none understood it.	27 Toen werd ik, Daniel, zwak, en was enige dagen krank; daarna stond ik op, en deed des konings werk; en ik was ontzet over dit gezicht; maar niemand merkte het.

Daniel (9) Daniël

In the first year of Darius the son of Ahasuerus, of the seed of the Medes, which was made king over the realm of the Chaldeans;	1 In het eerste jaar van Darius, den zoon van Ahasveros, uit het zaad der Meden, die koning gemaakt was over het koninkrijk der Chaldeen;

	In the first year of his reign I Daniel understood by books the number of the years, whereof the word of the LORD came to Jeremiah the prophet, that he would accomplish seventy years in the desolations of Jerusalem.	2	In het eerste jaar zijner regering, merkte ik, Daniel, in de boeken, dat het getal der jaren, van dewelke het woord des HEEREN tot den profeet Jeremia geschied was, in het vervullen der verwoestingen van Jeruzalem, zeventig jaren was.
	And I set my face unto the Lord God, to seek by prayer and supplications, with fasting, and sackcloth, and ashes:	3	En ik stelde mijn aangezicht tot God, den Heere, om Hem te zoeken met het gebed, en smekingen, met vasten, en zak, en as.
	And I prayed unto the LORD my God, and made my confession, and said, O Lord, the great and dreadful God, keeping the covenant and mercy to them that love him, and to them that keep his commandments;	4	Ik bad dan tot den HEERE, mijn God, en deed belijdenis, en zeide: Och Heere! Gij grote en verschrikkelijke God, Die het verbond en de weldadigheid houdt dien, die Hem liefhebben en Zijn geboden houden.
	We have sinned, and have committed iniquity, and have done wickedly, and have rebelled, even by departing from thy precepts and from thy judgments:	5	Wij hebben gezondigd, en hebben onrecht gedaan, en goddelooslijk gehandeld, en gerebelleerd, met af te wijken van Uw geboden, en van Uw rechten.
	Neither have we hearkened unto thy servants the prophets, which spake in thy name to our kings, our princes, and our fathers, and to all the people of the land.	6	En wij hebben niet gehoord naar Uw dienstknechten, de profeten, die in Uw Naam spraken tot onze koningen, onze vorsten en onze vaders, en tot al het volk des lands.
	O Lord, righteousness belongeth unto thee, but unto us confusion of faces, as at this day; to the men of Judah, and to the inhabitants of Jerusalem, and unto all Israel, that are near, and that are far off, through all the countries whither thou hast driven them, because of their trespass that they have trespassed against thee.	7	Bij U, o Heere! is de gerechtigheid, maar bij ons de beschaamdheid der aangezichten, gelijk het is te deze dage; bij de mannen van Juda, en de inwoners van Jeruzalem, en geheel Israel, die nabij en die verre zijn, in al de landen, waar Gij ze henengedreven hebt, zij tegen U overtreden hebben.
	O Lord, to us belongeth confusion of face, to our kings, to our princes, and to our fathers, because we have sinned against thee.	8	O Heere! bij ons is de beschaamdheid der aangezichten, bij onze koningen, bij onze vorsten, en bij onze vaders, omdat wij tegen U gezondigd hebben.
	To the Lord our God belong mercies and forgivenesses, though we have rebelled against him;	9	Bij den Heere, onzen God, zijn de barmhartigheden en vergevingen, alhoewel wij tegen Hem gerebelleerd hebben.
	Neither have we obeyed the voice of the LORD our God, to walk in his laws, which he set before us by his servants the prophets.	10	En wij hebben der stem des HEEREN, onzes Gods, niet gehoorzaamd, dat wij in Zijn wetten wandelen zouden, die Hij gegeven heeft voor onze aangezichten, door de hand van Zijn knechten, de profeten.
	Yea, all Israel have transgressed thy law, even by departing, that they might not obey thy voice; therefore the curse is poured upon us, and the oath that is written in the law of Moses the servant of God, because we have sinned against him.	11	Maar geheel Israel heeft Uw wet overtreden, met af te wijken, dat zij Uwer stem niet gehoorzaamden; daarom is over ons uitgestort die vloek, en die eed, die geschreven is in de wet van Mozes, den knecht Gods, dewijl wij tegen Hem gezondigd hebben.
	And he hath confirmed his words, which he spake against us, and against our judges that judged us, by bringing upon us a great evil: for under the whole heaven hath not been done as hath been done upon Jerusalem.	12	En Hij heeft Zijn woorden bevestigd, die Hij gesproken heeft tegen ons, en tegen onze richters, die ons richtten, brengende over ons een groot kwaad, hetwelk niet geschied is onder den gansen hemel, gelijk aan Jeruzalem geschied is.
	As it is written in the law of Moses, all this evil is come upon us: yet made we not our prayer before the LORD our God, that we might turn from our iniquities, and understand thy truth.	13	Gelijk als in de wet van Mozes geschreven is, alzo is al dat kwaad over ons gekomen; en wij smeekten het aangezicht des HEEREN, onzes Gods, niet, afkerende van onze ongerechtigheden, en verstandelijk acht gevende op Uw waarheid.
	Therefore hath the LORD watched upon the evil, and brought it upon us: for the LORD our God is righteous in all his works which he doeth: for we obeyed not his voice.	14	Daarom heeft de HEERE over het kwade gewaakt, en Hij heeft het over ons gebracht; want de HEERE, onze God, is rechtvaardig in al Zijn werken, die Hij gedaan heeft, dewijl wij Zijner stem niet gehoorzaamden.
	And now, O Lord our God, that hast brought thy people forth out of the land of Egypt with a mighty hand, and hast gotten thee renown, as at this day; we have sinned, we have done wickedly.	15	En nu, o Heere, onze God! Die Uw volk uit Egypteland gevoerd hebt, met een sterke hand, en hebt U een Naam gemaakt, gelijk hij is te dezen dage; wij hebben gezondigd, wij zijn goddeloos geweest.
	O Lord, according to all thy righteousness, I beseech thee, let thine anger and thy fury be turned away from thy city Jerusalem, thy holy mountain: because for our sins, and for the iniquities of our fathers, Jerusalem and thy people are become a reproach to all that are about us.	16	O Heere! naar al Uw gerechtigheden, laat toch Uw toorn en Uw grimmigheid afgekeerd worden van Uw stad Jeruzalem, Uw heiligen berg; want om onzer zonden wil en om onzer vaderen ongerechtigheden, zijn Jeruzalem en Uw volk tot versmaadheid bij allen, die rondom ons zijn.
	Now therefore, O our God, hear the prayer of thy servant, and his supplications, and cause thy face to shine upon thy sanctuary that is desolate, for the Lord's sake.	17	En nu, o onze God! hoor naar het gebed Uws knechts, en naar zijn smekingen; en doe Uw aangezicht lichten over Uw heiligdom, dat verwoest is; om des HEEREN wil.
	O my God, incline thine ear, and hear; open thine eyes, and behold our desolations, and the city which is called by thy name: for we do not present our supplications before thee for our righteousnesses, but for thy great mercies.	18	Neig Uw oor, mijn God! en hoor, doe Uw ogen op, en zie onze verwoestingen, en de stad, die naar Uw Naam genoemd is; want wij werpen onze smekingen voor Uw aangezicht niet neder op onze gerechtigheden, maar op Uw barmhartigheden, die groot zijn.
	O Lord, hear; O Lord, forgive; O Lord, hearken and do; defer not, for thine own sake, O my God: for thy city and thy people are called by thy name.	19	O Heere, hoor! o Heere, vergeef! o Heere, merk op en doe het, vertraag het niet! Om Uws Zelfs wil, o mijn God! Want Uw stad, en Uw volk is naar Uw Naam genoemd.
	And whiles I was speaking, and praying, and confessing my sin and the sin of my people Israel, and presenting my supplication before the LORD my God for the holy mountain of my God;	20	Als ik nog sprak, en bad, en beleed mijn zonde, en de zonde mijns volks van Israel, en mijn smeking nederwierp voor het aangezicht des HEEREN, mijns Gods, om des heiligen bergs wil mijns Gods;
	Yea, whiles I was speaking in prayer, even the man Gabriel, whom I had seen in the vision at the beginning, being caused to fly swiftly, touched me about the time of the evening oblation.	21	Als ik nog sprak in het gebed, zo kwam de man Gabriel, die ik in het begin in een gezicht gezien had, snellijk gevlogen, mij aanrakende, omtrent den tijd des avondoffers.

And he informed me, and talked with me, and said, O Daniel, I am now come forth to give thee skill and understanding.	22 En hij onderrichtte mij en sprak met mij, en zeide: Daniel! nu ben ik uitgegaan, om u den zin te doen verstaan.
At the beginning of thy supplications the commandment came forth, and I am come to shew thee; for thou art greatly beloved: therefore understand the matter, and consider the vision.	23 In het begin uwer smekingen is het woord uitgegaan, en ik ben gekomen, om u dat te kennen te geven; want gij zijt een zeer gewenst man; versta dan dit woord, en merk op dit gezicht.
Seventy weeks are determined upon thy people and upon thy holy city, to finish the transgression, and to make an end of sins, and to make reconciliation for iniquity, and to bring in everlasting righteousness, and to seal up the vision and prophecy, and to anoint the most Holy.	24 Zeventig weken zijn bestemd over uw volk, en over uw heilige stad, om de overtreding te sluiten, en om de zonden te verzegelen, en om de ongerechtigheid te verzoenen, en om een eeuwige gerechtigheid aan te brengen, en om het gezicht, en den profeet te verzegelen, en om de heiligheid der heiligheden te zalven.
Know therefore and understand, that from the going forth of the commandment to restore and to build Jerusalem unto the Messiah the Prince shall be seven weeks, and threescore and two weeks: the street shall be built again, and the wall, even in troublous times.	25 Weet dan, en versta: van den uitgang des woords, om te doen wederkeren, en om Jeruzalem te bouwen, tot op Messias den Vorst, zijn zeven weken, en twee en zestig weken; de straten, en de grachten zullen wederom gebouwd worden, doch in benauwdheid der tijden.
And after threescore and two weeks shall Messiah be cut off, but not for himself: and the people of the prince that shall come shall destroy the city and the sanctuary; and the end thereof shall be with a flood, and unto the end of the war desolations are determined.	26 En na die twee en zestig weken zal de Messias uitgeroeid worden, maar het zal niet voor Hem zelven zijn; en een volk des vorsten, hetwelk komen zal, zal de stad en het heiligdom verderven, en zijn einde zal zijn met een overstromende vloed, en tot het einde toe zal er krijg zijn, en vastelijk besloten verwoestingen.
And he shall confirm the covenant with many for one week: and in the midst of the week he shall cause the sacrifice and the oblation to cease, and for the overspreading of abominations he shall make it desolate, even until the consummation, and that determined shall be poured upon the desolate.	27 En hij zal velen het verbond versterken een week; en in de helft der week zal hij het slachtoffer en het spijsoffer doen ophouden, en over den gruwelijken vleugel zal een verwoester zijn, ook tot de voleinding toe, die vastelijk besloten zijnde, zal uitgestort worden over den verwoeste.

Daniel (10) Daniël

In the third year of Cyrus king of Persia a thing was revealed unto Daniel, whose name was called Belteshazzar; and the thing was true, but the time appointed was long: and he understood the thing, and had understanding of the vision.	1 In het derde jaar van Kores, den koning van Perzie, werd aan Daniel, wiens naam genoemd werd Beltsazar, een zaak geopenbaard, en die zaak is de waarheid, doch in een gezetten groten tijd; en hij verstond die zaak, en hij had verstand van het gezicht.
In those days I Daniel was mourning three full weeks.	2 In die dagen was ik, Daniel, treurende drie weken der dagen.
I ate no pleasant bread, neither came flesh nor wine in my mouth, neither did I anoint myself at all, till three whole weeks were fulfilled.	3 Begeerlijke spijze at ik niet, en vlees of wijn kwam in mijn mond niet; ook zalfde ik mij gans niet, totdat die drie weken der dagen vervuld waren.
And in the four and twentieth day of the first month, as I was by the side of the great river, which is Hiddekel;	4 En op den vier en twintigsten dag der eerste maand, zo was ik aan den oever der grote rivier, welke is Hiddekel.
Then I lifted up mine eyes, and looked, and behold a certain man clothed in linen, whose loins were girded with fine gold of Uphaz:	5 En ik hief mijn ogen op, en zag, en ziet, er was een Man met linnen bekleed, en Zijn lenden waren omgord met fijn goud van Ufaz.
His body also was like the beryl, and his face as the appearance of lightning, and his eyes as lamps of fire, and his arms and his feet like in colour to polished brass, and the voice of his words like the voice of a multitude.	6 En Zijn lichaam was gelijk een turkoois, en Zijn aangezicht gelijk de gedaante des bliksems, en Zijn ogen gelijk vurige fakkelen, en Zijn armen en Zijn voeten gelijk de verf van gepolijst koper; en de stem Zijner woorden was gelijk de stem ener menigte.
And I Daniel alone saw the vision: for the men that were with me saw not the vision; but a great quaking fell upon them, so that they fled to hide themselves.	7 En ik, Daniel, alleen zag dat gezicht, maar de mannen, die bij mij waren, zagen dat gezicht niet; doch een grote verschrikking viel op hen, en zij vloden, om zich te versteken.
Therefore I was left alone, and saw this great vision, and there remained no strength in me: for my comeliness was turned in me into corruption, and I retained no strength.	8 Ik dan werd alleen overgelaten, en zag dit grote gezicht, en er bleef in mij geen kracht overig; en mijn sierlijkheid werd aan mij veranderd in een verderving, zodat ik geen kracht behield.
Yet heard I the voice of his words: and when I heard the voice of his words, then was I in a deep sleep on my face, and my face toward the ground.	9 En ik hoorde de stem Zijner woorden; en toen ik de stem Zijner woorden hoorde, zo viel ik in een diepen slaap op mijn aangezicht, met mijn aangezicht ter aarde.
And, behold, an hand touched me, which set me upon my knees and upon the palms of my hands.	10 En ziet, een hand roerde mij aan, en maakte, dat ik mij bewoog op mijn knieen, en de palmen mijner handen.
And he said unto me, O Daniel, a man greatly beloved, understand the words that I speak unto thee, and stand upright: for unto thee am I now sent. And when he had spoken this word unto me, I stood trembling.	11 En Hij zeide tot mij: Daniel, gij zeer gewenste man! merk op de woorden, die Ik tot u spreken zal, en sta op uw standplaats, want Ik ben alnu tot u gezonden; en toen Hij dat woord tot mij sprak, stond ik bevende.
Then said he unto me, Fear not, Daniel: for from the first day that thou didst set thine heart to understand, and to chasten thyself before thy God, thy words were heard, and I am come for thy words.	12 Toen zeide Hij tot mij: Vrees niet, Daniel! want van den eersten dag aan, dat gij uw hart begaaft, om te verstaan en om uzelven te verootmoedigen, voor het aangezicht uws Gods, zijn uw woorden gehoord, en om uwer woorden wil ben Ik gekomen.
But the prince of the kingdom of Persia withstood me one and twenty days: but, lo, Michael, one of the chief princes, came to help me; and I remained there with the kings of Persia.	13 Doch de vorst des koninkrijks van Perzie stond tegenover Mij een en twintig dagen; en ziet, Michael, een van de eerste vorsten, kwam om Mij te helpen, en Ik werd aldaar gelaten bij de koningen van Perzie.
Now I am come to make thee understand what shall befall thy people in the latter days: for yet the vision is for many days.	14 Nu ben Ik gekomen, om u te doen verstaan, hetgeen uw volk bejegenen zal in het vervolg der dagen, want het gezicht is nog voor vele dagen.
And when he had spoken such words unto me, I set my face toward the ground, and I became dumb.	15 En toen Hij deze woorden met mij sprak, sloeg ik mijn aangezicht ter aarde, en ik werd stom.

And, behold, one like the similitude of the sons of men touched my lips: then I opened my mouth, and spake, and said unto him that stood before me, O my lord, by the vision my sorrows are turned upon me, and I have retained no strength.

For how can the servant of this my lord talk with this my lord? for as for me, straightway there remained no strength in me, neither is there breath left in me.

Then there came again and touched me one like the appearance of a man, and he strengthened me,

And said, O man greatly beloved, fear not: peace be unto thee, be strong, yea, be strong. And when he had spoken unto me, I was strengthened, and said, Let my lord speak; for thou hast strengthened me.

Then said he, Knowest thou wherefore I come unto thee? and now will I return to fight with the prince of Persia: and when I am gone forth, lo, the prince of Grecia shall come.

But I will shew thee that which is noted in the scripture of truth: and there is none that holdeth with me in these things, but Michael your prince.

Daniel (11) Daniël

Also I in the first year of Darius the Mede, even I, stood to confirm and to strengthen him.

And now will I shew thee the truth. Behold, there shall stand up yet three kings in Persia; and the fourth shall be far richer than they all: and by his strength through his riches he shall stir up all against the realm of Grecia.

And a mighty king shall stand up, that shall rule with great dominion, and do according to his will.

And when he shall stand up, his kingdom shall be broken, and shall be divided toward the four winds of heaven; and not to his posterity, nor according to his dominion which he ruled: for his kingdom shall be plucked up, even for others beside those.

And the king of the south shall be strong, and one of his princes; and he shall be strong above him, and have dominion; his dominion shall be a great dominion.

And in the end of years they shall join themselves together; for the king's daughter of the south shall come to the king of the north to make an agreement: but she shall not retain the power of the arm; neither shall he stand, nor his arm: but she shall be given up, and they that brought her, and he that begat her, and he that strengthened her in these times.

But out of a branch of her roots shall one stand up in his estate, which shall come with an army, and shall enter into the fortress of the king of the north, and shall deal against them, and shall prevail:

And shall also carry captives into Egypt their gods, with their princes, and with their precious vessels of silver and of gold; and he shall continue more years than the king of the north.

So the king of the south shall come into his kingdom, and shall return into his own land.

But his sons shall be stirred up, and shall assemble a multitude of great forces: and one shall certainly come, and overflow, and pass through: then shall he return, and be stirred up, even to his fortress.

And the king of the south shall be moved with choler, and shall come forth and fight with him, even with the king of the north: and he shall set forth a great multitude; but the multitude shall be given into his hand.

And when he hath taken away the multitude, his heart shall be lifted up; and he shall cast down many ten thousands: but he shall not be strengthened by it.

For the king of the north shall return, and shall set forth a multitude greater than the former, and shall certainly come after certain years with a great army and with much riches.

And in those times there shall many stand up against the king of the south: also the robbers of thy people shall exalt themselves to establish the vision; but they shall fall.

16 En ziet, Een, den mensenkinderen gelijk, raakte mijn lippen aan, toen deed ik mijn mond open, en ik sprak, en zeide tot Dien, Die tegenover mij stond: Mijn Heere! om des gezichts wil keren zich mijn weeen over mij, zodat ik geen kracht behoude.

17 En hoe kan de knecht van dezen mijn Heere spreken met dien mijn Heere? Want wat mij aangaat, van nu af bestaat geen kracht in mij, en geen adem is in mij overgebleven.

18 Toen raakte mij wederom aan Een, als in de gedaante van een mens; en Hij versterkte mij.

19 En Hij zeide: Vrees niet, gij zeer gewenste man! vrede zij u, wees sterk, ja, wees sterk! En terwijl Hij met mij sprak, werd ik versterkt, en zeide: Mijn Heere spreke, want Gij hebt mij versterkt.

20 Toen zeide Hij: Weet gij, waarom dat Ik tot u gekomen ben? Doch nu zal Ik wederkeren om te strijden tegen den vorst der Perzen; en als Ik zal uitgegaan zijn, ziet, zo zal de vorst van Griekenland komen.

21 Doch Ik zal u te kennen geven, hetgeen getekend is in het geschrift der waarheid; en er is niet een, die zich met Mij versterkt tegen dezen, dan uw vorst Michael.

1 Ik nu, ik stond in het eerste jaar van Darius den Meder, om hem te versterken en te stijven.

2 En nu, ik zal u de waarheid te kennen geven; ziet, er zullen nog drie koningen in Perzie staan, en de vierde zal verrijkt worden met grote rijkdom, meer dan al de anderen; en nadat hij zich in zijn rijkdom zal versterkt hebben, zal hij ze allen verwekken tegen het koninkrijk van Griekenland.

3 Daarna zal er een geweldig koning opstaan, die met grote heerschappij heersen zal, en hij zal doen naar zijn welgevallen.

4 En als hij zal staan, zal zijn rijk gebroken, en in de vier winden des hemels verdeeld worden, maar niet aan zijn nakomelingen, ook niet naar zijn heerschappij, waarmede hij heerste; want zijn rijk zal uitgerukt worden, en dat voor anderen dan deze.

5 En de koning van het Zuiden, die een van zijn vorsten is, zal sterk worden; doch een ander zal sterker worden dan hij, en hij zal heersen; zijn heerschappij zal een grote heerschappij zijn.

6 Op het einde nu van sommige jaren, zullen zij zich met elkander bevrienden, en de dochter des konings van het Zuiden zal komen tot den koning van het Noorden, om billijke voorwaarden te maken; doch zij zal de macht des arms niet behouden, daarom zal hij, noch zijn arm, niet bestaan; maar zij zal overgegeven worden, en die haar gebracht hebben, en die haar gegenereerd heeft, en die haar gesterkt heeft in die tijden.

7 Doch uit de spruit van haar wortelen zal er een opstaan in zijn staat, die zal met heirkracht komen, en hij zal komen tegen die sterke plaatsen des konings van het Noorden, en hij zal tegen dezelve doen, en hij zal ze bemachtigen.

8 Ook zal hij hun goden, met hun vorsten, met hun gewenste vaten van zilver en goud, in de gevangenis naar Egypte brengen; en hij zal enige jaren staande blijven boven den koning van het Noorden.

9 Alzo zal de koning van het Zuiden in het koninkrijk komen, en hij zal wederom in zijn land trekken.

10 Doch zijn zonen zullen zich in strijd mengen, en zij zullen een menigte van grote heiren verzamelen; en een van hen zal snellijk komen, en als een vloed overstromen en doortrekken; en hij zal wederom komen, en zich in den strijd mengen, tot aan zijn sterke plaats toe.

11 En de koning van het Zuiden zal verbitterd worden, en hij zal uittrekken, en strijden tegen hem, tegen den koning van het Noorden, die ook een grote menigte oprichten zal, doch die menigte zal in zijn hand gegeven worden.

12 Als die menigte zal weggenomen zijn, zal zijn hart zich verheffen, en hij zal er enige tien duizenden nedervellen; evenwel zal hij niet gesterkt worden.

13 Want de koning van het Noorden zal wederkeren, en hij zal een groter menigte dan de eerste was, oprichten; en aan het einde van de tijden der jaren, zal hij snellijk komen met een grote heirkracht, en met groot goed.

14 Ook zullen er in die tijden velen opstaan tegen den koning van het Zuiden; en de scheurmakers uws volks zullen verheven worden, om het gezicht te bevestigen, doch zij zullen vallen.

Daniel - Daniël

So the king of the north shall come, and cast up a mount, and take the most fenced cities: and the arms of the south shall not withstand, neither his chosen people, neither shall there be any strength to withstand.

But he that cometh against him shall do according to his own will, and none shall stand before him: and he shall stand in the glorious land, which by his hand shall be consumed.

He shall also set his face to enter with the strength of his whole kingdom, and upright ones with him; thus shall he do: and he shall give him the daughter of women, corrupting her: but she shall not stand on his side, neither be for him.

After this shall he turn his face unto the isles, and shall take many: but a prince for his own behalf shall cause the reproach offered by him to cease; without his own reproach he shall cause it to turn upon him.

Then he shall turn his face toward the fort of his own land: but he shall stumble and fall, and not be found.

Then shall stand up in his estate a raiser of taxes in the glory of the kingdom: but within few days he shall be destroyed, neither in anger, nor in battle.

And in his estate shall stand up a vile person, to whom they shall not give the honour of the kingdom: but he shall come in peaceably, and obtain the kingdom by flatteries.

And with the arms of a flood shall they be overflown from before him, and shall be broken; yea, also the prince of the covenant.

And after the league made with him he shall work deceitfully: for he shall come up, and shall become strong with a small people.

He shall enter peaceably even upon the fattest places of the province; and he shall do that which his fathers have not done, nor his fathers' fathers; he shall scatter among them the prey, and spoil, and riches: yea, and he shall forecast his devices against the strong holds, even for a time.

And he shall stir up his power and his courage against the king of the south with a great army; and the king of the south shall be stirred up to battle with a very great and mighty army; but he shall not stand: for they shall forecast devices against him.

Yea, they that feed of the portion of his meat shall destroy him, and his army shall overflow: and many shall fall down slain.

And both these kings' hearts shall be to do mischief, and they shall speak lies at one table; but it shall not prosper: for yet the end shall be at the time appointed.

Then shall he return into his land with great riches; and his heart shall be against the holy covenant; and he shall do exploits, and return to his own land.

At the time appointed he shall return, and come toward the south; but it shall not be as the former, or as the latter.

For the ships of Chittim shall come against him: therefore he shall be grieved, and return, and have indignation against the holy covenant: so shall he do; he shall even return, and have intelligence with them that forsake the holy covenant.

And arms shall stand on his part, and they shall pollute the sanctuary of strength, and shall take away the daily sacrifice, and they shall place the abomination that maketh desolate.

And such as do wickedly against the covenant shall he corrupt by flatteries: but the people that do know their God shall be strong, and do exploits.

And they that understand among the people shall instruct many: yet they shall fall by the sword, and by flame, by captivity, and by spoil, many days.

Now when they shall fall, they shall be holpen with a little help: but many shall cleave to them with flatteries.

And some of them of understanding shall fall, to try them, and to purge, and to make them white, even to the time of the end: because it is yet for a time appointed.

15 En de koning van het Noorden zal komen, en een wal opwerpen, en vaste steden innemen; en de armen van het Zuiden zullen niet bestaan, noch zijn uitgelezen volk, ja, er zal geen kracht zijn om te bestaan.

16 Maar hij, die tegen hem komt, zal doen naar zijn welgevallen, en niemand zal voor zijn aangezicht bestaan; hij zal ook staan in het land des sieraads, en de verderving zal in zijn hand wezen.

17 En hij zal zijn aangezicht stellen, om met de kracht zijns gansen rijks te komen, en hij zal billijke voorwaarden medebrengen, en hij zal het doen; want hij zal hem een dochter der vrouwen geven, om haar te verderven, maar zij zal niet vast staan, en zij zal voor hem niet zijn.

18 Daarna zal hij zijn aangezicht tot de eilanden keren, en hij zal er vele innemen; doch een overste zal zijn smaad tegen hem doen ophouden, behalve dat hij zijn smaad op hem zal doen wederkeren.

19 En hij zal zijn aangezicht keren naar de sterkten zijns lands, en hij zal aanstoten, en vallen, en niet gevonden worden.

20 En in zijn staat zal er een opstaan, doende een geldeiser doortrekken, in koninklijke heerlijkheid; maar hij zal in enige dagen gebroken worden, nochtans niet door toornigheden, noch door oorlog.

21 Daarna zal er een verachte in zijn staat staan, denwelken men de koninklijke waardigheid niet zal geven; doch hij zal in stilheid komen, en het koninkrijk door vleierijen bemachtigen.

22 En de armen der overstroming zullen overstroomd worden van voor zijn aangezicht, en zij zullen verbroken worden, en ook de vorst des verbonds.

23 En na de vereniging met hem zal hij bedrog plegen, en hij zal optrekken, en hij zal met weinig volks gesterkt worden.

24 Met stilheid zal hij ook in de vette plaatsen des landschaps komen, en hij zal doen, dat zijn vaders, of de vaders zijner vaderen, niet gedaan hebben; roof, en buit, en goederen, zal hij onder hen uitstrooien, en hij zal tegen de vastigheden zijn gedachten denken, doch tot een zekeren tijd toe.

25 En hij zal zijn kracht en zijn hart verwekken tegen den koning van het Zuiden, met een grote heirkracht; en de koning van het Zuiden zal zich in den strijd mengen met een grote en zeer machtige heirkracht; doch hij zal niet bestaan, want zij zullen gedachten tegen hem denken.

26 En die de stukken zijner spijze zullen eten, zullen hem breken, en de heirkracht deszelven zal overstromen, en vele verslagenen zullen vallen.

27 En het hart van beide deze koningen zal wezen om kwaad te doen, en aan een tafel zullen zij leugen spreken; en het zal niet gelukken, want het zal nog een einde hebben ter bestemder tijd.

28 En hij zal in zijn land wederkeren met groot goed, en zijn hart zal zijn tegen het heilig verbond; en hij zal het doen, en wederkeren in zijn land.

29 Ter bestemder tijd zal hij wederkeren, en tegen het Zuiden komen, doch het zal niet zijn gelijk de eerste, noch gelijk de laatste reize.

30 Want er zullen schepen van Chittim tegen hem komen, daarom zal hij met smart bevangen worden, en hij zal wederkeren, en gram worden tegen het heilig verbond, en hij zal het doen; want wederkerende zal hij acht geven op de verlaters des heiligen verbonds.

31 En er zullen armen uit hem ontstaan, en zij zullen het heiligdom ontheiligen, en de sterkte, en zij zullen het gedurige offer wegnemen, en een verwoestenden gruwel stellen.

32 En die goddelooslijk handelen tegen het verbond, zal hij doen huichelen door vleierijen; maar het volk, die hun God kennen, zullen zij grijpen, en zullen het doen.

33 En de leraars des volks zullen er velen onderwijzen, en zij zullen vallen door het zwaard en door vlam, door gevangenis en door beroving, vele dagen.

34 Als zij nu zullen vallen, zullen zij met een kleine hulp geholpen worden; doch velen zullen zich door vleierijen tot hen vervoegen.

35 En van de leraars zullen er sommigen vallen, om hen te louteren en te reinigen, en wit te maken, tot den tijd van het einde toe; want het zal nog zijn voor een bestemden tijd.

And the king shall do according to his will; and he shall exalt himself, and magnify himself above every god, and shall speak marvellous things against the God of gods, and shall prosper till the indignation be accomplished: for that that is determined shall be done.	36	En die koning zal doen naar zijn welgevallen, en hij zal zichzelven verheffen, en groot maken boven allen God, en hij zal tegen den God der goden wonderlijke dingen spreken; en hij zal voorspoedig zijn, totdat de gramschap voleind zij, want het is vastelijk besloten, het zal geschieden.
Neither shall he regard the God of his fathers, nor the desire of women, nor regard any god: for he shall magnify himself above all.	37	En op de goden zijner vaderen zal hij geen acht geven, noch op de begeerte der vrouwen; hij zal ook op geen God acht geven, maar hij zal zich boven alles groot maken.
But in his estate shall he honour the God of forces: and a god whom his fathers knew not shall he honour with gold, and silver, and with precious stones, and pleasant things.	38	En hij zal den god Mauzzim in zijn standplaats eren; namelijk den god, welken zijn vaders niet gekend hebben, zal hij eren met goud, en met zilver, en met kostelijk gesteente, en met gewenste dingen.
Thus shall he do in the most strong holds with a strange god, whom he shall acknowledge and increase with glory: and he shall cause them to rule over many, and shall divide the land for gain.	39	En hij zal de vastigheden der sterkten maken met den vreemden god; dengenen, die hij kennen zal, zal hij de eer vermenigvuldigen, en hij zal ze doen heersen over velen, en hij zal het land uitdelen om prijs.
And at the time of the end shall the king of the south push at him: and the king of the north shall come against him like a whirlwind, with chariots, and with horsemen, and with many ships; and he shall enter into the countries, and shall overflow and pass over.	40	En op den tijd van het einde, zal de koning van het Zuiden tegen hem met hoornen stoten; en de koning van het Noorden zal tegen hem aanstormen, met wagenen, en met ruiteren, en met vele schepen; en hij zal in de landen komen, en hij zal ze overstromen en doortrekken.
He shall enter also into the glorious land, and many countries shall be overthrown: but these shall escape out of his hand, even Edom, and Moab, and the chief of the children of Ammon.	41	En hij zal komen in het land des sieraads, en vele landen zullen ter nedergeworpen worden; doch deze zullen zijn hand ontkomen, Edom en Moab, en de eerstelingen der kinderen Ammons.
He shall stretch forth his hand also upon the countries: and the land of Egypt shall not escape.	42	En hij zal zijn hand aan de landen leggen, ook zal het land van Egypte niet ontkomen.
But he shall have power over the treasures of gold and of silver, and over all the precious things of Egypt: and the Libyans and the Ethiopians shall be at his steps.	43	En hij zal heersen over de verborgen schatten des gouds en des zilvers, en over al de gewenste dingen van Egypte; en die van Libye, en de Moren zullen in zijn gangen wezen.
But tidings out of the east and out of the north shall trouble him: therefore he shall go forth with great fury to destroy, and utterly to make away many.	44	Maar de geruchten van het Oosten en van het Noorden zullen hem verschrikken; daarom zal hij uittrekken met grote grimmigheid om velen te verdelgen en te verbannen.
And he shall plant the tabernacles of his palace between the seas in the glorious holy mountain; yet he shall come to his end, and none shall help him.	45	En hij zal de tenten van zijn paleis planten tussen de zeeen aan den berg des heiligen sieraads; en hij zal tot zijn einde komen, en zal geen helper hebben.

Daniel (12) Daniël

And at that time shall Michael stand up, the great prince which standeth for the children of thy people: and there shall be a time of trouble, such as never was since there was a nation even to that same time: and at that time thy people shall be delivered, every one that shall be found written in the book.	1	En te dier tijd zal Michael opstaan, die grote vorst, die voor de kinderen uws volks staat, als het zulk een tijd der benauwdheid zijn zal, als er niet geweest is, sinds dat er een volk geweest is, tot op dienzelven tijd toe; en te dier tijd zal uw volk verlost worden, al wie gevonden wordt geschreven te zijn in het boek.
And many of them that sleep in the dust of the earth shall awake, some to everlasting life, and some to shame and everlasting contempt.	2	En velen van die, die in het stof der aarde slapen, zullen ontwaken, dezen ten eeuwigen leven, en genen tot versmaadheden, en tot eeuwige afgrijzing.
And they that be wise shall shine as the brightness of the firmament; and they that turn many to righteousness as the stars for ever and ever.	3	De leraars nu zullen blinken, als de glans des uitspansels, en die er velen rechtvaardigen, gelijk de sterren, altoos en eeuwiglijk.
But thou, O Daniel, shut up the words, and seal the book, even to the time of the end: many shall run to and fro, and knowledge shall be increased.	4	En gij, Daniel! sluit deze woorden toe, en verzegel dit boek, tot den tijd van het einde; velen zullen het naspeuren, en de wetenschap zal vermenigvuldigd worden.
Then I Daniel looked, and, behold, there stood other two, the one on this side of the bank of the river, and the other on that side of the bank of the river.	5	En ik, Daniel, zag, en ziet, er stonden twee anderen, de een aan deze zijde van den oever der rivier, en de ander aan gene zijde van den oever der rivier.
And one said to the man clothed in linen, which was upon the waters of the river, How long shall it be to the end of these wonders?	6	En hij zeide tot den Man, bekleed met linnen, Die boven op het water der rivier was: Tot hoe lang zal het zijn, dat er een einde van deze wonderen zal wezen?
And I heard the man clothed in linen, which was upon the waters of the river, when he held up his right hand and his left hand unto heaven, and sware by him that liveth for ever that it shall be for a time, times, and an half; and when he shall have accomplished to scatter the power of the holy people, all these things shall be finished.	7	En ik hoorde dien Man, bekleed met linnen, Die boven op het water van de rivier was, en Hij hief Zijn rechterhand en Zijn linkerhand op naar den hemel, en zwoer bij Dien, Die eeuwiglijk leeft, dat na een bestemden tijd, bestemde tijden, en een helft, en als Hij zal voleind hebben te verstrooien de hand des heiligen volks, al deze dingen voleind zullen worden.
And I heard, but I understood not: then said I, O my Lord, what shall be the end of these things?	8	Dit hoorde ik, doch ik verstond het niet; en ik zeide: Mijn Heere! wat zal het einde zijn van deze dingen?
And he said, Go thy way, Daniel: for the words are closed up and sealed till the time of the end.	9	En Hij zeide: Ga henen, Daniel! want deze woorden zijn toegesloten en verzegeld tot den tijd van het einde.
Many shall be purified, and made white, and tried; but the wicked shall do wickedly: and none of the wicked shall understand; but the wise shall understand.	10	Velen zullen er gereinigd en wit gemaakt, en gelouterd worden; doch de goddelozen zullen goddelooslijk handelen, en geen van de goddelozen zullen het verstaan, maar de verstandigen zullen het verstaan.
And from the time that the daily sacrifice shall be taken away, and the abomination that maketh desolate set up, there shall be a thousand two hundred and ninety days.	11	En van dien tijd af, dat het gedurig offer zal weggenomen, en de verwoestende gruwel zal gesteld zijn, zullen zijn duizend tweehonderd en negentig dagen.

Daniel - Daniël

Blessed is he that waiteth, and cometh to the thousand three hundred and five and thirty days.

But go thou thy way till the end be: for thou shalt rest, and stand in thy lot at the end of the days.

12 Welgelukzalig is hij, die verwacht en raakt tot duizend driehonderd vijf en dertig dagen.

13 Maar gij, ga henen tot het einde, want gij zult rusten, en zult opstaan in uw lot, in het einde der dagen.

Hosea - Hosea

Hosea (1) Hosea

1 The word of the LORD that came unto Hosea, the son of Beeri, in the days of Uzziah, Jotham, Ahaz, and Hezekiah, kings of Judah, and in the days of Jeroboam the son of Joash, king of Israel.

2 The beginning of the word of the LORD by Hosea. And the LORD said to Hosea, Go, take unto thee a wife of whoredoms and children of whoredoms: for the land hath committed great whoredom, departing from the LORD.

3 So he went and took Gomer the daughter of Diblaim; which conceived, and bare him a son.

4 And the LORD said unto him, Call his name Jezreel; for yet a little while, and I will avenge the blood of Jezreel upon the house of Jehu, and will cause to cease the kingdom of the house of Israel.

5 And it shall come to pass at that day, that I will break the bow of Israel in the valley of Jezreel.

6 And she conceived again, and bare a daughter. And God said unto him, Call her name Loruhamah: for I will no more have mercy upon the house of Israel; but I will utterly take them away.

7 But I will have mercy upon the house of Judah, and will save them by the LORD their God, and will not save them by bow, nor by sword, nor by battle, by horses, nor by horsemen.

8 Now when she had weaned Loruhamah, she conceived, and bare a son.

9 Then said God, Call his name Loammi: for ye are not my people, and I will not be your God.

10 Yet the number of the children of Israel shall be as the sand of the sea, which cannot be measured nor numbered; and it shall come to pass, that in the place where it was said unto them, Ye are not my people, there it shall be said unto them, Ye are the sons of the living God.

11 Then shall the children of Judah and the children of Israel be gathered together, and appoint themselves one head, and they shall come up out of the land: for great shall be the day of Jezreel.

1 Het woord des HEEREN, dat geschied is tot Hosea, den zoon van Beeri, in de dagen van Uzzia, Jotham, Achaz, Hizkia, koningen van Juda, en in de dagen van Jerobeam, zoon van Joas, koning van Israel.

2 Het begin van het woord des HEEREN door Hosea. De HEERE dan zeide tot Hosea: Ga henen, neem u een vrouw der hoererijen, en kinderen der hoererijen; want het land hoereert ganselijk van achter den HEERE.

3 Zo ging hij henen, en nam Gomer, een dochter van Diblaim; en zij ontving; en baarde hem een zoon.

4 En de HEERE zeide tot hem: Noem zijn naam Jizreel, want nog een weinig tijds, zo zal Ik de bloedschulden van Jizreel bezoeken over het huis van Jehu, en zal het koninkrijk van het huis van Israel doen ophouden.

5 En het zal te dien dage geschieden, dat Ik Israels boog verbreken zal, in het dal van Jizreel.

6 En zij ontving wederom, en baarde een dochter; en Hij zeide tot hem: Noem haar naam Lo-Ruchama; want Ik zal Mij voortaan niet meer ontfermen over het huis Israels, maar Ik zal ze zekerlijk wegvoeren.

7 Maar over het huis van Juda zal Ik Mij ontfermen, en zal ze verlossen door den HEERE, hun God, en Ik zal ze niet verlossen door boog, noch door zwaard, noch door krijg, door paarden noch door ruiteren.

8 Als zij nu Lo-Ruchama gespeend had, ontving zij, en baarde een zoon.

9 En Hij zeide: Noem zijn naam Lo-Ammi; want gijlieden zijt Mijn volk niet, zo zal Ik ook de uwe niet zijn.

10 Nochtans zal het getal der kinderen Israels zijn als het zand der zee, dat niet gemeten noch geteld kan worden; en het zal geschieden, dat ter plaatse, waar tot hen gezegd zal zijn: Gijlieden zijt Mijn volk niet; tot hen gezegd zal worden: Gij zijt kinderen des levenden Gods.

11 En de kinderen van Juda, en de kinderen Israels zullen samenvergaderd worden, en zich een enig hoofd stellen, en uit het land optrekken; want de dag van Jizreel zal groot zijn.

Hosea (2) Hosea

1 Say ye unto your brethren, Ammi; and to your sisters, Ruhamah.

2 Plead with your mother, plead: for she is not my wife, neither am I her husband: let her therefore put away her whoredoms out of her sight, and her adulteries from between her breasts;

3 Lest I strip her naked, and set her as in the day that she was born, and make her as a wilderness, and set her like a dry land, and slay her with thirst.

4 And I will not have mercy upon her children; for they be the children of whoredoms.

5 For their mother hath played the harlot: she that conceived them hath done shamefully: for she said, I will go after my lovers, that give me my bread and my water, my wool and my flax, mine oil and my drink.

6 Therefore, behold, I will hedge up thy way with thorns, and make a wall, that she shall not find her paths.

7 And she shall follow after her lovers, but she shall not overtake them; and she shall seek them, but shall not find them: then shall she say, I will go and return to my first husband; for then was it better with me than now.

8 For she did not know that I gave her corn, and wine, and oil, and multiplied her silver and gold, which they prepared for Baal.

9 Therefore will I return, and take away my corn in the time thereof, and my wine in the season thereof, and will recover my wool and my flax given to cover her nakedness.

10 And now will I discover her lewdness in the sight of her lovers, and none shall deliver her out of mine hand.

1 (1:12) Zegt tot uw broederen: Ammi, en tot uw zusteren: Ruchama.

2 (2:1) Twist tegen ulieder moeder, twist, omdat zij Mijn vrouw niet is, en Ik haar Man niet ben; en laat ze haar hoererijen van haar aangezicht, en haar overspelerijen van tussen haar borsten wegdoen.

3 (2:2) Opdat Ik ze niet naakt uitstrope, en zette ze als ten dage, toen zij geboren werd; ja, make ze als een woestijn, en zette ze als een dor land, en dode ze door dorst;

4 (2:3) En Mij harer kinderen niet ontferme, omdat zij kinderen der hoererijen zijn.

5 (2:4) Want hunlieder moeder hoereert, die henlieden ontvangen heeft, handelt schandelijk; want zij zegt: Ik zal mijn boelen nagaan, die mij mijn brood en mijn water, mijn wol en mijn vlas, mijn olie en mijn drank geven.

6 (2:5) Daarom, ziet, Ik zal uw weg met doornen betuinen, en Ik zal een heiningmuur maken, dat zij haar paden niet zal vinden.

7 (2:6) En zij zal haar boelen nalopen, maar dezelve niet aantreffen; en zij zal hen zoeken, maar niet vinden; dan zal zij zeggen: Ik zal henengaan, en keren weder tot mijn vorigen Man, want toen was mij beter dan nu.

8 (2:7) Zij bekent toch niet, dat Ik haar het koren, en den most, en de olie gegeven heb, en haar het zilver en goud vermenigvuldigd heb, dat zij tot den Baal gebruikt hebben.

9 (2:8) Daarom zal Ik wederkomen, en Mijn koren wegnemen op zijn tijd, en Mijn most op zijn gezetten tijd; en Ik zal wegrukken Mijn wol en Mijn vlas, dienende om haar naaktheid te bedekken.

10 (2:9) En nu zal Ik haar dwaasheid ontdekken voor de ogen harer boelen; en niemand zal haar uit Mijn hand verlossen.

	I will also cause all her mirth to cease, her feast days, her new moons, and her sabbaths, and all her solemn feasts.	11	(2:10) En Ik zal doen ophouden al haar vrolijkheid, haar feesten, haar nieuwe maanden, en haar sabbatten, ja, al haar gezette hoogtijden.
	And I will destroy her vines and her fig trees, whereof she hath said, These are my rewards that my lovers have given me: and I will make them a forest, and the beasts of the field shall eat them.	12	(2:11) En Ik zal verwoesten haar wijnstok en haar vijgeboom, waarvan zij zegt: Deze zijn mij een hoerenloon, dat mij mijn boelen gegeven hebben; maar Ik zal ze stellen tot een woud, en het wild gedierte des velds zal ze vreten.
	And I will visit upon her the days of Baalim, wherein she burned incense to them, and she decked herself with her earrings and her jewels, and she went after her lovers, and forgat me, saith the LORD.	13	(2:12) En Ik zal over haar bezoeken de dagen des Baals, waarin zij dien gerookt heeft, en zich versierd met haar voorhoofdsiersel, en haar halssieraad, en is haar boelen nagegaan, maar heeft Mij vergeten, spreekt de HEERE.
	Therefore, behold, I will allure her, and bring her into the wilderness, and speak comfortably unto her.	14	(2:13) Daarom, ziet, Ik zal haar lokken, en zal haar voeren in de woestijn; en Ik zal naar haar hart spreken.
	And I will give her her vineyards from thence, and the valley of Achor for a door of hope: and she shall sing there, as in the days of her youth, and as in the day when she came up out of the land of Egypt.	15	(2:14) En Ik zal haar geven haar wijngaarden van daar af, en het dal Achor, tot een deur der hoop; en aldaar zal zij zingen, als in de dagen harer jeugd, en als ten dage, toen zij optoog uit Egypteland.
	And it shall be at that day, saith the LORD, that thou shalt call me Ishi; and shalt call me no more Baali.	16	(2:15) En het zal te dien dage geschieden, spreekt de HEERE, dat gij Mij noemen zult: Mijn Man; en Mij niet meer noemen zult: Mijn Baal!
	For I will take away the names of Baalim out of her mouth, and they shall no more be remembered by their name.	17	(2:16) En Ik zal de namen der Baals van haar mond wegdoen; zij zullen niet meer bij hun namen gedacht worden.
	And in that day will I make a covenant for them with the beasts of the field, and with the fowls of heaven, and with the creeping things of the ground: and I will break the bow and the sword and the battle out of the earth, and will make them to lie down safely.	18	(2:17) En Ik zal te dien dage een verbond voor hen maken met het wild gedierte des velds, en met het gevogelte des hemels, en het kruipend gedierte des aardbodems; en Ik zal den boog, en het zwaard, en den krijg van de aarde verbreken, en zal hen in zekerheid doen nederliggen.
	And I will betroth thee unto me for ever; yea, I will betroth thee unto me in righteousness, and in judgment, and in lovingkindness, and in mercies.	19	(2:18) En Ik zal u Mij ondertrouwen in eeuwigheid; ja, Ik zal u Mij ondertrouwen in gerechtigheid en in gericht, en in goedertierenheid en in barmhartigheden.
	I will even betroth thee unto me in faithfulness: and thou shalt know the LORD.	20	(2:19) En Ik zal u Mij ondertrouwen in geloof; en gij zult den HEERE kennen.
	And it shall come to pass in that day, I will hear, saith the LORD, I will hear the heavens, and they shall hear the earth;	21	(2:20) En het zal te dien dage geschieden, dat Ik verhoren zal, spreekt de HEERE; Ik zal den hemel verhoren, en die zal de aarde verhoren.
	And the earth shall hear the corn, and the wine, and the oil; and they shall hear Jezreel.	22	(2:21) En de aarde zal het koren verhoren, mitsgaders den most en de olie; en die zullen Jizreel verhoren.
	And I will sow her unto me in the earth; and I will have mercy upon her that had not obtained mercy; and I will say to them which were not my people, Thou art my people; and they shall say, Thou art my God.	23	(2:22) En Ik zal ze Mij op de aarde zaaien, en zal Mij ontfermen over Lo-Ruchama; en Ik zal zeggen tot Lo-Ammi: Gij zijt Mijn volk; en dat zal zeggen: O, mijn God!

Hosea (3) Hosea

	Then said the LORD unto me, Go yet, love a woman beloved of her friend, yet an adulteress, according to the love of the LORD toward the children of Israel, who look to other gods, and love flagons of wine.	1	En de HEERE zeide tot mij: Ga wederom henen, bemin een vrouw, die, bemind zijnde van haar vriend, nochtans overspel doet; gelijk de HEERE de kinderen Israels bemint, maar zij zien om, naar andere goden, en beminnen de flessen der druiven.
	So I bought her to me for fifteen pieces of silver, and for an homer of barley, and an half homer of barley:	2	En ik kocht ze mij voor vijftien zilverlingen, en een homer gerst, en een halven homer gerst.
	And I said unto her, Thou shalt abide for me many days; thou shalt not play the harlot, and thou shalt not be for another man: so will I also be for thee.	3	En ik zeide tot haar: Gij zult vele dagen na mij blijven zitten (gij zult niet hoereren, noch een anderen man geworden), en ik ook na u.
	For the children of Israel shall abide many days without a king, and without a prince, and without a sacrifice, and without an image, and without an ephod, and without teraphim:	4	Want de kinderen Israels zullen vele dagen blijven zitten, zonder koning, en zonder vorst, en zonder offer, en zonder opgericht beeld, en zonder efod en terafim.
	Afterward shall the children of Israel return, and seek the LORD their God, and David their king; and shall fear the LORD and his goodness in the latter days.	5	Daarna zullen zich de kinderen Israels bekeren, en zoeken den HEERE, hun God, en David, hun koning; en zij zullen vrezende komen tot den HEERE en tot Zijn goedheid, in het laatste der dagen.

Hosea (4) Hosea

	Hear the word of the LORD, ye children of Israel: for the LORD hath a controversy with the inhabitants of the land, because there is no truth, nor mercy, nor knowledge of God in the land.	1	Hoort des HEEREN woord, gij kinderen Israels! want de HEERE heeft een twist met de inwoners des lands, omdat er geen trouw, en geen weldadigheid, en geen kennis van God in het land is;
	By swearing, and lying, and killing, and stealing, and committing adultery, they break out, and blood toucheth blood.	2	Maar vloeken en liegen, en doodslaan, en stelen, en overspel doen; zij breken door, en bloedschulden raken aan bloedschulden.
	Therefore shall the land mourn, and every one that dwelleth therein shall languish, with the beasts of the field, and with the fowls of heaven; yea, the fishes of the sea also shall be taken away.	3	Daarom zal het land treuren, en een iegelijk, die daarin woont, kwelen, met het gedierte des velds, en met het gevogelte des hemels; ja, ook de vissen der zee zullen weggeraapt worden.
	Yet let no man strive, nor reprove another: for thy people are as they that strive with the priest.	4	Doch niemand twiste noch bestraffe iemand; want uw volk is als die met den priester twisten.

	Therefore shalt thou fall in the day, and the prophet also shall fall with thee in the night, and I will destroy thy mother.	5	Daarom zult gij vallen bij dag, ja, zelfs de profeet zal met u vallen bij nacht; en Ik zal uw moeder uitroeien.
	My people are destroyed for lack of knowledge: because thou hast rejected knowledge, I will also reject thee, that thou shalt be no priest to me: seeing thou hast forgotten the law of thy God, I will also forget thy children.	6	Mijn volk is uitgeroeid, omdat het zonder kennis is; dewijl gij de kennis verworpen hebt, heb Ik u ook verworpen, dat gij Mij het priesterambt niet zult bedienen; dewijl gij de wet uws Gods vergeten hebt, zal Ik ook uw kinderen vergeten.
	As they were increased, so they sinned against me: therefore will I change their glory into shame.	7	Gelijk zij meerder geworden zijn, alzo hebben zij tegen Mij gezondigd; Ik zal hunlieder eer in schande veranderen.
	They eat up the sin of my people, and they set their heart on their iniquity.	8	Zij eten de zonde Mijns volks, en verlangen, een ieder met zijn ziel, naar hun ongerechtigheid.
	And there shall be, like people, like priest: and I will punish them for their ways, and reward them their doings.	9	Daarom, gelijk het volk, alzo zal de priester zijn; en Ik zal zijn wegen over hem bezoeken, en zijn handelingen hem vergelden.
	For they shall eat, and not have enough: they shall commit whoredom, and shall not increase: because they have left off to take heed to the LORD.	10	En zij zullen eten, maar niet zat worden, zullen hoereren, maar niet uitbreken in menigte; want zij hebben nagelaten den HEERE in acht te nemen.
	Whoredom and wine and new wine take away the heart.	11	Hoererij, en wijn, en most neemt het hart weg.
	My people ask counsel at their stocks, and their staff declareth unto them: for the spirit of whoredoms hath caused them to err, and they have gone a whoring from under their God.	12	Mijn volk vraagt zijn hout, en zijn stok zal het hem bekend maken; want de geest der hoererijen verleidt hen, dat zij van onder hun God weghoereren.
	They sacrifice upon the tops of the mountains, and burn incense upon the hills, under oaks and poplars and elms, because the shadow thereof is good: therefore your daughters shall commit whoredom, and your spouses shall commit adultery.	13	Op de hoogten der bergen offeren zij, en op de heuvelen roken zij, onder een eik, en populier, en iepeboom, omdat derzelver schaduw goed is; daarom hoereren uw dochteren, en uw bruiden bedrijven overspel.
	I will not punish your daughters when they commit whoredom, nor your spouses when they commit adultery: for themselves are separated with whores, and they sacrifice with harlots: therefore the people that doth not understand shall fall.	14	Ik zal over uw dochteren geen bezoeking doen, omdat zij hoereren, en over uw bruiden, omdat zij overspel doen; want zij zelven scheiden zich af met de hoeren, en offeren met de snoodste hoeren; het volk dan, dat geen verstand heeft zal omgekeerd worden.
	Though thou, Israel, play the harlot, yet let not Judah offend; and come not ye unto Gilgal, neither go ye up to Bethaven, nor swear, The LORD liveth.	15	Zo gij, o Israel! wilt hoereren, dat immers Juda niet schuldig worde; komt gij toch niet te Gilgal, en gaat niet op naar Beth-Aven, en zweert niet: Zo waarachtig als de HEERE leeft.
	For Israel slideth back as a backsliding heifer: now the LORD will feed them as a lamb in a large place.	16	Want Israel is onbandig, als een onbandige koe; nu zal hen de HEERE weiden, als een lam in de ruimte.
	Ephraim is joined to idols: let him alone.	17	Efraim is vergezeld met de afgoden; laat hem varen.
	Their drink is sour: they have committed whoredom continually: her rulers with shame do love, Give ye.	18	Hunlieder zuiperij is afvallig; zij doen niet dan hoereren; hun schilden (het is een schande!) beminnen het woord: Geeft.
	The wind hath bound her up in her wings, and they shall be ashamed because of their sacrifices.	19	Een wind heeft hen gebonden in zijn vleugelen, en zij zullen beschaamd worden vanwege hun offeranden.

Hosea (5) Hosea

	Hear ye this, O priests; and hearken, ye house of Israel; and give ye ear, O house of the king; for judgment is toward you, because ye have been a snare on Mizpah, and a net spread upon Tabor.	1	Hoort dit, gij priesters! en merkt op, gij huis Israels! en neemt ter oren, gij huis des konings! want ulieden gaat dit oordeel aan, omdat gij een strik zijt geworden te Mizpa, en een uitgespannen net op Thabor.
	And the revolters are profound to make slaughter, though I have been a rebuker of them all.	2	En die afwijken, verdiepen zich om te slachten; maar Ik zal hun allen een tuchtmeester zijn.
	I know Ephraim, and Israel is not hid from me: for now, O Ephraim, thou committest whoredom, and Israel is defiled.	3	Ik ken Efraim, en Israel is voor Mij niet verborgen; dat gij, o Efraim! nu hoereert, en Israel verontreinigd is.
	They will not frame their doings to turn unto their God: for the spirit of whoredoms is in the midst of them, and they have not known the LORD.	4	Zij stellen hun handelingen niet aan, om zich tot hun God te bekeren; want de geest der hoererijen is in het midden van hen, en den HEERE kennen zij niet.
	And the pride of Israel doth testify to his face: therefore shall Israel and Ephraim fall in their iniquity; Judah also shall fall with them.	5	Dies zal Israel hovaardij in zijn aangezicht getuigen; en Israel en Efraim zullen vallen door hun ongerechtigheid; ook zal Juda met hen vallen.
	They shall go with their flocks and with their herds to seek the LORD; but they shall not find him; he hath withdrawn himself from them.	6	Met hun schapen, en met hun runderen zullen zij dan gaan, om den HEERE te zoeken, maar niet vinden; Hij heeft Zich van hen onttrokken.
	They have dealt treacherously against the LORD: for they have begotten strange children: now shall a month devour them with their portions.	7	Zij hebben trouwelooslijk gehandeld tegen den HEERE; want zij hebben vreemde kinderen gewonnen; nu zal hen de nieuwe maand verteren met hun delen.
	Blow ye the cornet in Gibeah, and the trumpet in Ramah: cry aloud at Bethaven, after thee, O Benjamin.	8	Blaast de bazuin te Gibea, de trompet te Rama; roept luide te Beth-Aven; achter u, Benjamin!
	Ephraim shall be desolate in the day of rebuke: among the tribes of Israel have I made known that which shall surely be.	9	Efraim zal tot verwoesting worden, ten dage der straf; onder de stammen Israels heb Ik bekend gemaakt, dat gewis is.
	The princes of Judah were like them that remove the bound: therefore I will pour out my wrath upon them like water.	10	De vorsten van Juda zijn geworden, gelijk die de landpalen verrukken; Ik zal Mijn verbolgenheid, als water, over hen uitgieten.
	Ephraim is oppressed and broken in judgment, because he willingly walked after the commandment.	11	Efraim is verdrukt, hij is verpletterd met recht; want hij heeft zo gewild; hij heeft gewandeld naar het gebod.
	Therefore will I be unto Ephraim as a moth, and to the house of Judah as rottenness.	12	Daarom zal Ik Efraim zijn als een mot, en den huize van Juda als een verrotting.
	When Ephraim saw his sickness, and Judah saw his wound, then went Ephraim to the Assyrian, and sent to king Jareb: yet could he not heal you, nor cure you of your wound.	13	Als Efraim zijn krankheid zag, en Juda zijn gezwel, zo toog Efraim tot Assur, en hij zond tot den koning Jareb; maar die zal ulieden niet kunnen genezen, en zal het gezwel van ulieden niet helen.

For I will be unto Ephraim as a lion, and as a young lion to the house of Judah: I, even I, will tear and go away; I will take away, and none shall rescue him.		14	Want Ik zal Efraim zijn als een felle leeuw, en den huize van Juda als een jonge leeuw; Ik, Ik zal verscheuren en henengaan; Ik zal wegvoeren, en er zal geen redder zijn.
I will go and return to my place, till they acknowledge their offence, and seek my face: in their affliction they will seek me early.		15	Ik zal henengaan en keren weder tot Mijn plaats, totdat zij zichzelven schuldig kennen en Mijn aangezicht zoeken; als hun bange zal zijn, zullen zij Mij vroeg zoeken.

Hosea (6) Hosea

Come, and let us return unto the LORD: for he hath torn, and he will heal us; he hath smitten, and he will bind us up.		1	Komt en laat ons wederkeren tot den HEERE, want Hij heeft verscheurd, en Hij zal ons genezen; Hij heeft geslagen, en Hij zal ons verbinden.
After two days will he revive us: in the third day he will raise us up, and we shall live in his sight.		2	Hij zal ons na twee dagen levend maken; op den derden dag zal Hij ons doen verrijzen, en wij zullen voor Zijn aangezicht leven.
Then shall we know, if we follow on to know the LORD: his going forth is prepared as the morning; and he shall come unto us as the rain, as the latter and former rain unto the earth.		3	Dan zullen wij kennen, wij zullen vervolgen, om den HEERE te kennen; Zijn uitgang is bereid als de dageraad; en Hij zal tot ons komen als een regen, als de spade regen en vroege regen des lands.
O Ephraim, what shall I do unto thee? O Judah, what shall I do unto thee? for your goodness is as a morning cloud, and as the early dew it goeth away.		4	Wat zal Ik u doen, o Efraim! wat zal Ik u doen, o Juda! dewijl uw weldadigheid is als een morgenwolk, en als een vroegkomende dauw, die henengaat.
Therefore have I hewed them by the prophets; I have slain them by the words of my mouth: and thy judgments are as the light that goeth forth.		5	Daarom heb Ik hen behouwen door de profeten; Ik heb ze gedood door de redenen Mijns monds; en uw oordelen zullen voortkomen aan het licht.
For I desired mercy, and not sacrifice; and the knowledge of God more than burnt offerings.		6	Want Ik heb lust tot weldadigheid, en niet tot offer; en tot de kennis Gods, meer dan tot brandofferen.
But they like men have transgressed the covenant: there have they dealt treacherously against me.		7	Maar zij hebben het verbond overtreden als Adam; daar hebben zij trouwelooslijk tegen Mij gehandeld.
Gilead is a city of them that work iniquity, and is polluted with blood.		8	Gilead is een stad van werkers der ongerechtigheid; zij is betreden van bloed.
And as troops of robbers wait for a man, so the company of priests murder in the way by consent: for they commit lewdness.		9	Gelijk de benden der straatschenders op iemand wachten, alzo is het gezelschap der priesteren; zij moorden op den weg naar Sichem, waarlijk, zij doen schandelijke daden.
I have seen an horrible thing in the house of Israel: there is the whoredom of Ephraim, Israel is defiled.		10	Ik zie een afschuwelijke zaak in het huis Israels; aldaar is Efraims hoererij, Israel is verontreinigd.
Also, O Judah, he hath set an harvest for thee, when I returned the captivity of my people.		11	Ook heeft hij u, o Juda! een oogst gezet, als Ik de gevangenen Mijns volks wederbracht.

Hosea (7) Hosea

When I would have healed Israel, then the iniquity of Ephraim was discovered, and the wickedness of Samaria: for they commit falsehood; and the thief cometh in, and the troop of robbers spoileth without.		1	Terwijl Ik Israel genees, zo wordt Efraims ongerechtigheid ontdekt, mitsgaders de boosheden van Samaria; want zij werken valsheid; en de dief gaat er in, de bende der straatschenders stroopt daar buiten.
And they consider not in their hearts that I remember all their wickedness: now their own doings have beset them about; they are before my face.		2	En zij zeggen niet in hun hart, dat Ik al hunner boosheid gedachtig ben; nu omsingelen hen hun handelingen, zij zijn voor Mijn aangezicht.
They make the king glad with their wickedness, and the princes with their lies.		3	Zij verblijden den koning met hun boosheid, en de vorsten met hun leugenen.
They are all adulterers, as an oven heated by the baker, who ceaseth from raising after he hath kneaded the dough, until it be leavened.		4	Zij bedrijven al te zamen overspel, zij zijn gelijk een bakoven, die heet gemaakt is van den bakker; die ophoudt van wakker te zijn, nadat hij het deeg heeft gekneed, totdat het doorgezuurd zij.
In the day of our king the princes have made him sick with bottles of wine; he stretched out his hand with scorners.		5	Het is de dag onzes konings; de vorsten maken hem krank door verhitting van den wijn; hij strekt zijn hand voort met de spotters.
For they have made ready their heart like an oven, whiles they lie in wait: their baker sleepeth all the night; in the morning it burneth as a flaming fire.		6	Want zij voeren hun hart aan, als een bakoven, tot hun lagen; hunlieder bakker slaapt den gansen nacht; 's morgens brandt hij als een vlammend vuur.
They are all hot as an oven, and have devoured their judges; all their kings are fallen: there is none among them that calleth unto me.		7	Zij zijn allen te zamen verhit als een bakoven, en zij verteren hun rechters; al hun koningen vallen; er is niemand onder hen, die tot Mij roept.
Ephraim, he hath mixed himself among the people; Ephraim is a cake not turned.		8	Efraim, die verwart zich met de volken; Efraim is een koek, die niet is omgekeerd;
Strangers have devoured his strength, and he knoweth it not: yea, gray hairs are here and there upon him, yet he knoweth not.		9	Vreemden verteren zijn kracht, en hij merkt het niet; ook is de grauwigheid op hem verspreid, en hij merkt het niet.
And the pride of Israel testifieth to his face: and they do not return to the LORD their God, nor seek him for all this.		10	Dies zal de hovaardij van Israel in zijn aangezicht getuigen; dewijl zij zich niet bekeren tot den HEERE, hun God, noch Hem zoeken in alle deze.
Ephraim also is like a silly dove without heart: they call to Egypt, they go to Assyria.		11	Want Efraim is als een botte duif, zonder hart; zij roepen Egypte aan, zij gaan henen tot Assur.
When they shall go, I will spread my net upon them; I will bring them down as the fowls of the heaven; I will chastise them, as their congregation hath heard.		12	Wanneer zij zullen henengaan, zal Ik Mijn net over hen uitspreiden, Ik zal ze als vogelen des hemels doen nederdalen. Ik zal ze tuchtigen, gelijk gehoord is in hun vergadering.

Woe unto them! for they have fled from me: destruction unto them! because they have transgressed against me: though I have redeemed them, yet they have spoken lies against me.

And they have not cried unto me with their heart, when they howled upon their beds: they assemble themselves for corn and wine, and they rebel against me.

Though I have bound and strengthened their arms, yet do they imagine mischief against me.

They return, but not to the most High: they are like a deceitful bow: their princes shall fall by the sword for the rage of their tongue: this shall be their derision in the land of Egypt.

13 Wee hen, want zij zijn van Mij afgezworven; verstoring over hen, want zij hebben tegen Mij overtreden! Ik zou hen wel verlossen, maar zij spreken leugenen tegen Mij.

14 Zij roepen ook niet tot Mij met hun hart, wanneer zij huilen op hun legers; om koren en most verzamelen zij zich, maar zij wederstreven tegen Mij.

15 Ik heb hen wel getuchtigd, en hunlieder armen gesterkt; maar zij denken kwaad tegen Mij.

16 Zij keren zich, maar niet tot den Allerhoogste, zij zijn als een bedrieglijke boog; hun vorsten vallen door het zwaard; vanwege de gramschap hunner tong; dat is hunlieder bespotting in Egypteland.

Hosea (8) Hosea

Set the trumpet to thy mouth. He shall come as an eagle against the house of the LORD, because they have transgressed my covenant, and trespassed against my law.

Israel shall cry unto me, My God, we know thee.

Israel hath cast off the thing that is good: the enemy shall pursue him.

They have set up kings, but not by me: they have made princes, and I knew it not: of their silver and their gold have they made them idols, that they may be cut off.

Thy calf, O Samaria, hath cast thee off; mine anger is kindled against them: how long will it be ere they attain to innocency?

For from Israel was it also: the workman made it; therefore it is not God: but the calf of Samaria shall be broken in pieces.

For they have sown the wind, and they shall reap the whirlwind: it hath no stalk: the bud shall yield no meal: if so be it yield, the strangers shall swallow it up.

Israel is swallowed up: now shall they be among the Gentiles as a vessel wherein is no pleasure.

For they are gone up to Assyria, a wild ass alone by himself: Ephraim hath hired lovers.

Yea, though they have hired among the nations, now will I gather them, and they shall sorrow a little for the burden of the king of princes.

Because Ephraim hath made many altars to sin, altars shall be unto him to sin.

I have written to him the great things of my law, but they were counted as a strange thing.

They sacrifice flesh for the sacrifices of mine offerings, and eat it; but the LORD accepteth them not; now will he remember their iniquity, and visit their sins: they shall return to Egypt.

For Israel hath forgotten his Maker, and buildeth temples; and Judah hath multiplied fenced cities: but I will send a fire upon his cities, and it shall devour the palaces thereof.

1 De bazuin aan uw mond; hij komt als een arend tegen het huis des HEEREN; omdat zij Mijn verbond hebben overtreden, en zijn tegen Mijn wet afvallig geworden.

2 Dan zullen zij tot Mij roepen: Mijn God! wij, Israel, kennen U.

3 Israel heeft het goede verstoten; de vijand zal hem vervolgen.

4 Zij hebben koningen gemaakt, maar niet uit Mij; zij hebben vorsten gesteld, maar Ik heb het niet gekend; van hun zilver en hun goud hebben zij voor zichzelven afgoden gemaakt, opdat zij uitgeroeid worden.

5 Uw kalf, o Samaria! heeft u verstoten; Mijn toorn is tegen hen ontstoken; hoe lang zullen zij de reinigheid niet verdragen?

6 Want dat is ook uit Israel; een werkmeester heeft het gemaakt, en het is geen God, maar het zal tot stukken worden, het kalf van Samaria.

7 Want zij hebben wind gezaaid, en zullen een wervelwind maaien; het zal geen staande koren hebben, het uitspruitsel zal geen meel maken; of het misschien maakte, vreemden zullen het verslinden.

8 Israel is verslonden; nu zijn zij onder de heidenen geworden, gelijk een vat, waar men geen lust toe heeft.

9 Want zij zijn opgetogen naar Assur, een woudezel, die alleen voor zichzelven is; die van Efraim hebben boelen om hoerenloon gehuurd.

10 Dewijl zij dan onder de heidenen boelen om hoerenloon gehuurd hebben, zo zal Ik die nu ook verzamelen; ja, zij hebben al een weinig begonnen, vanwege den last van den koning der vorsten.

11 Omdat Efraim de altaren vermenigvuldigd heeft tot zondigen, zo zijn hem de altaren geworden tot zondigen.

12 Ik schrijf hem de voortreffelijkheden Mijner wet voor; maar die zijn geacht als wat vreemds.

13 Aangaande de offeranden Mijner gaven, zij offeren vlees, en eten het, maar de HEERE heeft aan hen geen welgevallen. Nu zal Hij hunner ongerechtigheid gedenken, en hun zonden bezoeken; zij zullen weder in Egypte keren.

14 Want Israel heeft zijn Maker vergeten, en tempelen gebouwd, en Juda heeft vaste steden vermenigvuldigd; maar Ik zal een vuur zenden in zijn steden, dat zal haar paleizen verteren.

Hosea (9) Hosea

Rejoice not, O Israel, for joy, as other people: for thou hast gone a whoring from thy God, thou hast loved a reward upon every cornfloor.

The floor and the winepress shall not feed them, and the new wine shall fail in her.

They shall not dwell in the LORD'S land; but Ephraim shall return to Egypt, and they shall eat unclean things in Assyria.

They shall not offer wine offerings to the LORD, neither shall they be pleasing unto him: their sacrifices shall be unto them as the bread of mourners; all that eat thereof shall be polluted: for their bread for their soul shall not come into the house of the LORD.

What will ye do in the solemn day, and in the day of the feast of the LORD?

For, lo, they are gone because of destruction: Egypt shall gather them up, Memphis shall bury them: the pleasant places for their silver, nettles shall possess them: thorns shall be in their tabernacles.

1 Verblijd u niet, o Israel! tot opspringens toe, gelijk de volken; want gij hoereert van uw God af; gij hebt hoerenloon lief, op alle dorsvloeren des korens.

2 De dors vloer en de wijnkuip zal henlieden niet voeden; en de most zal hun liegen.

3 Zij zullen in des HEEREN land niet blijven; maar Efraim zal weder tot Egypte keren, en zij zullen in Assyrie het onreine eten.

4 Zij zullen den HEERE geen drankofferen doen van wijn, ook zouden zij Hem niet zoet zijn, hun offeranden zouden hun zijn als treurbrood; allen, die dat zouden eten, zouden onrein worden; want hun brood zal voor hun ziel zijn, het zal in des HEEREN huis niet komen.

5 Wat zult gijlieden dan doen op een gezetten hoogtijdsdag, en op een feestdag des HEEREN?

6 Want ziet, zij gaan daarheen vanwege de verstoring; Egypte zal ze verzamelen, Mof zal ze begraven; begeerte zal er zijn naar hun zilver, netelen zullen hen erfelijk bezitten, doornen zullen in hun tenten zijn.

	The days of visitation are come, the days of recompence are come; Israel shall know it: the prophet is a fool, the spiritual man is mad, for the multitude of thine iniquity, and the great hatred.	7	De dagen der bezoeking zijn gekomen, de dagen der vergelding zijn gekomen; die van Israel zullen het gewaar worden; de profeet is een dwaas, de man des geestes is onzinnig; om de grootheid uwer ongerechtigheid is de haat ook groot.
	The watchman of Ephraim was with my God: but the prophet is a snare of a fowler in all his ways, and hatred in the house of his God.	8	De wachter van Efraim is met mijn God, maar de profeet is een vogelvangersstrik, op al zijn wegen, een haat in het huis zijns Gods.
	They have deeply corrupted themselves, as in the days of Gibeah: therefore he will remember their iniquity, he will visit their sins.	9	Zij hebben zich zeer diep verdorven, als in de dagen van Gibea; Hij zal hunner ongerechtigheid gedenken, Hij zal hun zonden bezoeken.
	I found Israel like grapes in the wilderness; I saw your fathers as the firstripe in the fig tree at her first time: but they went to Baalpeor, and separated themselves unto that shame; and their abominations were according as they loved.	10	Ik vond Israel als druiven in de woestijn, Ik zag uw vaderen als de eerste vrucht aan den vijgeboom in haar beginsel; maar zij gingen in tot Baal-Peor, en zonderden zich af tot die schaamte, en werden gans verfoeilijk naar hun boelerij.
	As for Ephraim, their glory shall fly away like a bird, from the birth, and from the womb, and from the conception.	11	Aangaande Efraim, hunlieder heerlijkheid zal wegvlieden als een vogel; van de geboorte, en van moeders buik, en van de ontvangenis af.
	Though they bring up their children, yet will I bereave them, that there shall not be a man left: yea, woe also to them when I depart from them!	12	Ofschoon zij hun kinderen mochten groot maken, Ik zal er hen toch van beroven, dat zij onder de mensen niet zullen zijn; want ook, wee hun, als Ik van hen zal geweken zijn!
	Ephraim, as I saw Tyrus, is planted in a pleasant place: but Ephraim shall bring forth his children to the murderer.	13	Efraim is, gelijk als Ik Tyrus aanzag, die geplant is in een liefelijke woonplaats; maar Efraim zal zijn kinderen moeten uitbrengen tot den doodslager.
	Give them, O LORD: what wilt thou give? give them a miscarrying womb and dry breasts.	14	Geef hun, HEERE! Wat zult Gij geven? Geef hun een misdragende baarmoeder, en uitdrogende borsten.
	All their wickedness is in Gilgal: for there I hated them: for the wickedness of their doings I will drive them out of mine house, I will love them no more: all their princes are revolters.	15	Al hun boosheid is te Gilgal, want daar heb Ik ze gehaat, om de boosheid van hun handelingen; Ik zal ze uit Mijn huis uitdrijven, Ik zal ze voortaan niet meer liefhebben; al hun vorsten zijn afvalligen.
	Ephraim is smitten, their root is dried up, they shall bear no fruit: yea, though they bring forth, yet will I slay even the beloved fruit of their womb.	16	Efraim is geslagen, hunlieder wortel is verdord, zij zullen geen vrucht voortbrengen; ja, ofschoon zij genereerden, zo zal Ik toch de gewenste vruchten van hun buik doden.
	My God will cast them away, because they did not hearken unto him: and they shall be wanderers among the nations.	17	Mijn God zal ze verwerpen, omdat zij naar Hem niet horen; en zij zullen omzwervende zijn onder de heidenen.

Hosea (10) Hosea

	Israel is an empty vine, he bringeth forth fruit unto himself: according to the multitude of his fruit he hath increased the altars; according to the goodness of his land they have made goodly images.	1	Israel is een uitgeledigde wijnstok, hij brengt weder vrucht voor zich; maar naar de veelheid zijner vrucht heeft hij de altaren vermenigvuldigd; naar de goedheid zijns lands, hebben zij de opgerichte beelden goed gemaakt.
	Their heart is divided; now shall they be found faulty: he shall break down their altars, he shall spoil their images.	2	Hij heeft hun hart verdeeld, nu zullen zij verwoest worden; Hij zal hun altaren doorhouwen, Hij zal hun opgerichte beelden verstoren.
	For now they shall say, We have no king, because we feared not the LORD; what then should a king do to us?	3	Want nu zullen zij zeggen: Wij hebben geen koning; want wij hebben den HEERE niet gevreesd; wat zou ons dan een koning doen?
	They have spoken words, swearing falsely in making a covenant: thus judgment springeth up as hemlock in the furrows of the field.	4	Zij hebben woorden gesproken, valselijk zwerende in het verbond maken; daarom zal het oordeel als een vergiftig kruid groenen, op de voren der velden.
	The inhabitants of Samaria shall fear because of the calves of Bethaven: for the people thereof shall mourn over it, and the priests thereof that rejoiced on it, for the glory thereof, because it is departed from it.	5	De inwoners van Samaria zullen verschrikt zijn over het kalf van Beth-Aven; want zijn volk zal over hetzelve treuren, mitsgaders zijn Chemarim (die zich over hetzelve verheugden), over zijn heerlijkheid, omdat zij van hetzelve is weggevaren.
	It shall be also carried unto Assyria for a present to king Jareb: Ephraim shall receive shame, and Israel shall be ashamed of his own counsel.	6	Ja, datzelve zal naar Assur gevoerd worden, tot een geschenk voor den koning Jareb; Efraim zal schaamte behalen, en Israel zal beschaamd worden vanwege zijn raadslag.
	As for Samaria, her king is cut off as the foam upon the water.	7	De koning van Samaria is afgehouwen, als schuim op het water.
	The high places also of Aven, the sin of Israel, shall be destroyed: the thorn and the thistle shall come up on their altars; and they shall say to the mountains, Cover us; and to the hills, Fall on us.	8	En de hoogten van Aven, Israels zonde, zullen verdelgd worden; doornen en distelen zullen op hunlieder altaren opkomen; en zij zullen zeggen tot de bergen: Bedekt ons! en tot de heuvelen: Valt op ons!
	O Israel, thou hast sinned from the days of Gibeah: there they stood: the battle in Gibeah against the children of iniquity did not overtake them.	9	Sinds de dagen van Gibea, hebt gij gezondigd, o Israel; daar zijn zij staande gebleven; de strijd te Gibea, tegen de kinderen der verkeerdheid, zal ze niet aangrijpen.
	It is in my desire that I should chastise them; and the people shall be gathered against them, when they shall bind themselves in their two furrows.	10	Het is in Mijn lust, dat Ik ze zal binden; en volken zullen tegen henlieden verzameld worden, als Ik ze binden zal in hun twee voren.
	And Ephraim is as an heifer that is taught, and loveth to tread out the corn; but I passed over upon her fair neck: I will make Ephraim to ride; Judah shall plow, and Jacob shall break his clods.	11	Dewijl Efraim een vaars is, gewend gaarne te dorsen, zo ben Ik over de schoonheid van haar hals overgegaan; Ik zal Efraim berijden, Juda zal ploegen, Jakob zal voor zich eggen.
	Sow to yourselves in righteousness, reap in mercy; break up your fallow ground: for it is time to seek the LORD, till he come and rain righteousness upon you.	12	Zaait u tot gerechtigheid, maait tot weldadigheid; braakt u een braakland; dewijl het tijd is den HEERE te zoeken, totdat Hij kome, en over u de gerechtigheid regene.

Ye have plowed wickedness, ye have reaped iniquity; ye have eaten the fruit of lies: because thou didst trust in thy way, in the multitude of thy mighty men.

Therefore shall a tumult arise among thy people, and all thy fortresses shall be spoiled, as Shalman spoiled Betharbel in the day of battle: the mother was dashed in pieces upon her children.

So shall Bethel do unto you because of your great wickedness: in a morning shall the king of Israel utterly be cut off.

13 Gij hebt goddeloosheid geploegd, verkeerdheid gemaaid, en de vrucht der leugen gegeten; want gij hebt vertrouwd op uw weg, op de veelheid uwer helden.

14 Daarom zal er een groot gedruis ontstaan onder uw volken, en al uw vestingen zullen verstoord worden, gelijk Salman Beth-Arbel verstoorde ten dage des krijgs; de moeder werd er verpletterd met de zonen.

15 Alzo heeft Beth-El ulieden gedaan, vanwege de boosheid uwer boosheid; Israels koning is in den dageraad ten enenmale uitgeroeid.

Hosea (11) Hosea

When Israel was a child, then I loved him, and called my son out of Egypt.

As they called them, so they went from them: they sacrificed unto Baalim, and burned incense to graven images.

I taught Ephraim also to go, taking them by their arms; but they knew not that I healed them.

I drew them with cords of a man, with bands of love: and I was to them as they that take off the yoke on their jaws, and I laid meat unto them.

He shall not return into the land of Egypt, but the Assyrian shall be his king, because they refused to return.

And the sword shall abide on his cities, and shall consume his branches, and devour them, because of their own counsels.

And my people are bent to backsliding from me: though they called them to the most High, none at all would exalt him.

How shall I give thee up, Ephraim? how shall I deliver thee, Israel? how shall I make thee as Admah? how shall I set thee as Zeboim? mine heart is turned within me, my repentings are kindled together.

I will not execute the fierceness of mine anger, I will not return to destroy Ephraim: for I am God, and not man; the Holy One in the midst of thee: and I will not enter into the city.

They shall walk after the LORD: he shall roar like a lion: when he shall roar, then the children shall tremble from the west.

They shall tremble as a bird out of Egypt, and as a dove out of the land of Assyria: and I will place them in their houses, saith the LORD.

Ephraim compasseth me about with lies, and the house of Israel with deceit: but Judah yet ruleth with God, and is faithful with the saints.

1 Als Israel een kind was, toen heb Ik hem liefgehad, en Ik heb Mijn zoon uit Egypte uitgeroepen.

2 Maar gelijk zij henlieden riepen, alzo gingen zij van hun aangezicht weg; zij offerden den Baals, en rookten den gesnedenen beelden.

3 Ik nochtans leerde Efraim gaan; Hij nam ze op Zijn armen, maar zij bekenden niet, dat Ik ze genas.

4 Ik trok ze met mensenzelen, met touwen der liefde, en was hun, als degenen, die het juk van op hun kinnebakken oplichten, en Ik reikte hem voeder toe.

5 Hij zal in Egypteland niet wederkeren; maar Assur, die zal zijn koning zijn; omdat zij zich weigerden te bekeren.

6 En het zwaard zal in zijn steden blijven, en zijn grendelen verteren, en opeten, vanwege hun beraadslagingen.

7 Want Mijn volk blijft hangen aan de afkering van Mij; zij roepen het wel tot den Allerhoogste, maar niet een verhoogt Hem.

8 Hoe zou Ik u overgeven, o Efraim? u overleveren, o Israel? Hoe zou Ik u maken als Adama, u stellen als Zeboim? Mijn hart is in Mij omgekeerd, al Mijn berouw is te zamen ontstoken.

9 Ik zal de hittigheid Mijns toorns niet uitvoeren; Ik zal niet wederkeren om Efraim te verderven; want Ik ben God en geen mens, de Heilige in het midden van u, en Ik zal in de stad niet komen.

10 Zij zullen den HEERE achterna wandelen, Hij zal brullen als een leeuw, wanneer Hij brullen zal, dan zullen de kinderen van de zee af al bevende aankomen.

11 Zij zullen bevende aankomen als een vogeltje uit Egypte, en als een duif uit het land van Assur; en Ik zal hen doen wonen in hun huizen, spreekt de HEERE.

12 (12:1) Die van Efraim hebben Mij omsingeld met leugen, en het huis Israels met bedrog; maar Juda heerste nog met God, en was met de heiligen getrouw.

Hosea (12) Hosea

Ephraim feedeth on wind, and followeth after the east wind: he daily increaseth lies and desolation; and they do make a covenant with the Assyrians, and oil is carried into Egypt.

The LORD hath also a controversy with Judah, and will punish Jacob according to his ways; according to his doings will he recompense him.

He took his brother by the heel in the womb, and by his strength he had power with God:

Yea, he had power over the angel, and prevailed: he wept, and made supplication unto him: he found him in Bethel, and there he spake with us;

Even the LORD God of hosts; the LORD is his memorial.

Therefore turn thou to thy God: keep mercy and judgment, and wait on thy God continually.

He is a merchant, the balances of deceit are in his hand: he loveth to oppress.

And Ephraim said, Yet I am become rich, I have found me out substance: in all my labours they shall find none iniquity in me that were sin.

And I that am the LORD thy God from the land of Egypt will yet make thee to dwell in tabernacles, as in the days of the solemn feast.

I have also spoken by the prophets, and I have multiplied visions, and used similitudes, by the ministry of the prophets.

1 (12:2) Efraim weidt zich met wind, en jaagt den oostenwind na; den gansen dag vermenigvuldigt hij leugen en verwoesting; en zij maken verbond met Assur, en de olie wordt naar Egypte gevoerd.

2 (12:3) Ook heeft de HEERE een twist met Juda, en Hij zal bezoeking doen over Jakob naar zijn wegen, naar zijn handelingen zal Hij hem vergelden.

3 (12:4) In moeders buik hield hij zijn broeder bij de verzenen; en in zijn kracht gedroeg hij zich vorstelijk met God.

4 (12:5) Ja, hij gedroeg zich vorstelijk tegen den Engel, en overmocht Hem; hij weende en smeekte Hem. Te Beth-El vond hij Hem, en aldaar sprak Hij met ons;

5 (12:6) Namelijk, de HEERE, de God der heirscharen; HEERE is Zijn gedenknaam.

6 (12:7) Gij dan, bekeer u tot uw God, bewaar weldadigheid en recht, en wacht geduriglijk op uw God.

7 (12:8) In des koopmans hand is een bedriegelijke weegschaal, hij bemint te verdrukken;

8 (12:9) Nog zegt Efraim: Evenwel ben ik rijk geworden, ik heb mij groot goed verkregen; in al mijn arbeid zullen zij mij geen ongerechtigheid vinden, die zonde zij.

9 (12:10) Maar Ik ben de HEERE, uw God, van Egypteland af; Ik zal u nog in tenten doen wonen, als in de dagen der samenkomst;

10 (12:11) En Ik zal spreken tot de profeten, en Ik zal het gezicht vermenigvuldigen; en door den dienst der profeten zal Ik gelijkenissen voorstellen.

Hosea - Hosea

Is there iniquity in Gilead? surely they are vanity: they sacrifice bullocks in Gilgal; yea, their altars are as heaps in the furrows of the fields.

And Jacob fled into the country of Syria, and Israel served for a wife, and for a wife he kept sheep.

And by a prophet the LORD brought Israel out of Egypt, and by a prophet was he preserved.

Ephraim provoked him to anger most bitterly: therefore shall he leave his blood upon him, and his reproach shall his Lord return unto him.

11 (12:12) Zekerlijk is Gilead ongerechtigheid, zij zijn enkel ijdelheid; te Gilgal offeren zij ossen, ja, hun altaren zijn als steen hopen op de voren der velden.

12 (12:13) Jakob vlood toch naar het veld van Syrie, en Israel diende om een vrouw, en hoedde om een vrouw.

13 (12:14) Maar de HEERE voerde Israel op uit Egypte door een profeet, en door een profeet werd hij gehoed.

14 (12:15) Efraim daarentegen heeft Hem zeer bitterlijk vertoornd; daarom zal Hij zijn bloed op hem laten, en zijn Heere zal hem zijn smaad vergelden.

Hosea (13) Hosea

When Ephraim spake trembling, he exalted himself in Israel; but when he offended in Baal, he died.

And now they sin more and more, and have made them molten images of their silver, and idols according to their own understanding, all of it the work of the craftsmen: they say of them, Let the men that sacrifice kiss the calves.

Therefore they shall be as the morning cloud, and as the early dew that passeth away, as the chaff that is driven with the whirlwind out of the floor, and as the smoke out of the chimney.

Yet I am the LORD thy God from the land of Egypt, and thou shalt know no god but me: for there is no saviour beside me.

I did know thee in the wilderness, in the land of great drought.

According to their pasture, so were they filled; they were filled, and their heart was exalted; therefore have they forgotten me.

Therefore I will be unto them as a lion: as a leopard by the way will I observe them:

I will meet them as a bear that is bereaved of her whelps, and will rend the caul of their heart, and there will I devour them like a lion: the wild beast shall tear them.

O Israel, thou hast destroyed thyself; but in me is thine help.

I will be thy king: where is any other that may save thee in all thy cities? and thy judges of whom thou saidst, Give me a king and princes?

I gave thee a king in mine anger, and took him away in my wrath.

The iniquity of Ephraim is bound up; his sin is hid.

The sorrows of a travailing woman shall come upon him: he is an unwise son; for he should not stay long in the place of the breaking forth of children.

I will ransom them from the power of the grave; I will redeem them from death: O death, I will be thy plagues; O grave, I will be thy destruction: repentance shall be hid from mine eyes.

Though he be fruitful among his brethren, an east wind shall come, the wind of the LORD shall come up from the wilderness, and his spring shall become dry, and his fountain shall be dried up: he shall spoil the treasure of all pleasant vessels.

Samaria shall become desolate; for she hath rebelled against her God: they shall fall by the sword: their infants shall be dashed in pieces, and their women with child shall be ripped up.

1 Als Efraim sprak, zo beefde men, hij heeft zich verheven in Israel; maar hij is schuldig geworden aan den Baal en is gestorven.

2 En nu zijn zij voortgevaren te zondigen, en hebben zich van hun zilver een gegoten beeld gemaakt, afgoden naar hun verstand, die altemaal smedenwerk zijn; waarvan zij nochtans zeggen: De mensen, die offeren, zullen de kalveren kussen.

3 Daarom zullen zij zijn als een morgenwolk, en als een vroegkomende dauw, die henengaat; als kaf van den dorsvloer, en als rook uit den schoorsteen wordt weggestormd.

4 Ik ben toch de HEERE, uw God, van Egypteland af; daarom zoudt gij geen God kennen dan Mij alleen, want er is geen Heiland dan Ik.

5 Ik heb u gekend in de woestijn, in een zeer heet land.

6 Daarna zijn zij, naardat hunlieder weide was, zat geworden; als zij zat zijn geworden, heeft zich hun hart verheven; daarom hebben zij Mij vergeten.

7 Dies werd Ik hun als een felle leeuw; als een luipaard loerde Ik op den weg.

8 Ik ontmoette hen als een beer, die van jongen beroofd is, en scheurde het slot huns harten; en Ik verslond ze aldaar als een oude leeuw; het wild gedierte des velds verscheurde hen.

9 Het heeft u bedorven, o Israel! want in Mij is uw hulp.

10 Waar is uw koning nu? Dat hij u behoude in al uw steden! En uw richters, waar gij van zeidet: Geef mij een koning en vorsten?

11 Ik gaf u een koning in Mijn toorn en nam hem weg in Mijn verbolgenheid.

12 Efraims ongerechtigheid is samengebonden, zijn zonde is opgelegd.

13 Smarten ener barende vrouw zullen hem aankomen; hij is een onwijs kind; want anders zou hij geen tijd in de kindergeboorte blijven staan.

14 Doch Ik zal hen van het geweld der hel verlossen, Ik zal ze vrijmaken van den dood: o dood! waar zijn uw pestilentien? hel! waar is uw verderf? Berouw zal van Mijn ogen verborgen zijn,

15 Want hij zal vrucht voortbrengen onder de broederen; doch er zal een oostenwind komen, een wind des HEEREN, opkomende uit de woestijn; en zijn springader zal uitdrogen, diezelve zal den schat van alle gewenste huisraad roven.

16 (14:1) Samaria zal woest worden, want zij is wederspannig geweest tegen haar God; zij zullen door het zwaard vallen, hun kinderkens zullen verpletterd, en hun zwangere vrouwen zullen opengesneden worden.

Hosea (14) Hosea

O Israel, return unto the LORD thy God; for thou hast fallen by thine iniquity.

Take with you words, and turn to the LORD: say unto him, Take away all iniquity, and receive us graciously: so will we render the calves of our lips.

Asshur shall not save us; we will not ride upon horses: neither will we say any more to the work of our hands, Ye are our gods: for in thee the fatherless findeth mercy.

I will heal their backsliding, I will love them freely: for mine anger is turned away from him.

I will be as the dew unto Israel: he shall grow as the lily, and cast forth his roots as Lebanon.

His branches shall spread, and his beauty shall be as the olive tree, and his smell as Lebanon.

1 (14:2) Bekeer u, o Israel! tot den HEERE, uw God, toe; want gij zijt gevallen om uw ongerechtigheid.

2 (14:3) Neem deze woorden met u, en bekeer u tot den HEERE; zeg tot Hem: Neem weg alle ongerechtigheid, en geef het goede, zo zullen wij betalen de varren onzer lippen.

3 (14:4) Assur zal ons niet behouden, wij zullen niet rijden op paarden, en tot het werk onzer handen niet meer zeggen: Gij zijt onze God. Immers zal een wees bij U ontfermd worden.

4 (14:5) Ik zal hunlieder afkering genezen, Ik zal hen vrijwilliglijk liefhebben; want Mijn toorn is van hem gekeerd.

5 (14:6) Ik zal Israel zijn als de dauw; hij zal bloeien als de lelie, en hij zal zijn wortelen uitslaan als de Libanon.

6 (14:7) Zijn scheuten zullen zich uitspreiden, en zijn heerlijkheid zal zijn als des olijfbooms, en hij zal een reuk hebben als de Libanon.

They that dwell under his shadow shall return; they shall revive as the corn, and grow as the vine: the scent thereof shall be as the wine of Lebanon.

Ephraim shall say, What have I to do any more with idols? I have heard him, and observed him: I am like a green fir tree. From me is thy fruit found.

Who is wise, and he shall understand these things? prudent, and he shall know them? for the ways of the LORD are right, and the just shall walk in them: but the transgressors shall fall therein.

7 (14:8) Zij zullen wederkeren, zittende onder zijn schaduw; zij zullen ten leven voortbrengen als koren, en bloeien als de wijnstok; zijn gedachtenis zal zijn als de wijn van Libanon.

8 (14:9) Efraim! wat heb Ik meer met de afgoden te doen? Ik heb hem verhoord, en zal op hem zien; Ik zal hem zijn als een groenende denneboom; uw vrucht is uit Mij gevonden.

9 (14:10) Wie is wijs? die versta deze dingen; wie is verstandig? die bekenne ze; want des HEEREN wegen zijn recht, en de rechtvaardigen zullen daarin wandelen, maar de overtreders zullen daarin vallen.

Joel - Joël

Joel (1) Joël

1 The word of the LORD that came to Joel the son of Pethuel.

2 Hear this, ye old men, and give ear, all ye inhabitants of the land. Hath this been in your days, or even in the days of your fathers?

3 Tell ye your children of it, and let your children tell their children, and their children another generation.

4 That which the palmerworm hath left hath the locust eaten; and that which the locust hath left hath the cankerworm eaten; and that which the cankerworm hath left hath the caterpiller eaten.

5 Awake, ye drunkards, and weep; and howl, all ye drinkers of wine, because of the new wine; for it is cut off from your mouth.

6 For a nation is come up upon my land, strong, and without number, whose teeth are the teeth of a lion, and he hath the cheek teeth of a great lion.

7 He hath laid my vine waste, and barked my fig tree: he hath made it clean bare, and cast it away; the branches thereof are made white.

8 Lament like a virgin girded with sackcloth for the husband of her youth.

9 The meat offering and the drink offering is cut off from the house of the LORD; the priests, the LORD'S ministers, mourn.

10 The field is wasted, the land mourneth; for the corn is wasted: the new wine is dried up, the oil languisheth.

11 Be ye ashamed, O ye husbandmen; howl, O ye vinedressers, for the wheat and for the barley; because the harvest of the field is perished.

12 The vine is dried up, and the fig tree languisheth; the pomegranate tree, the palm tree also, and the apple tree, even all the trees of the field, are withered: because joy is withered away from the sons of men.

13 Gird yourselves, and lament, ye priests: howl, ye ministers of the altar: come, lie all night in sackcloth, ye ministers of my God: for the meat offering and the drink offering is withholden from the house of your God.

14 Sanctify ye a fast, call a solemn assembly, gather the elders and all the inhabitants of the land into the house of the LORD your God, and cry unto the LORD,

15 Alas for the day! for the day of the LORD is at hand, and as a destruction from the Almighty shall it come.

16 Is not the meat cut off before our eyes, yea, joy and gladness from the house of our God?

17 The seed is rotten under their clods, the garners are laid desolate, the barns are broken down; for the corn is withered.

18 How do the beasts groan! the herds of cattle are perplexed, because they have no pasture; yea, the flocks of sheep are made desolate.

19 O LORD, to thee will I cry: for the fire hath devoured the pastures of the wilderness, and the flame hath burned all the trees of the field.

20 The beasts of the field cry also unto thee: for the rivers of waters are dried up, and the fire hath devoured the pastures of the wilderness.

---

1 Het woord des HEEREN, dat geschied is tot Joel, den zoon van Pethuel:

2 Hoort dit, gij oudsten! en neemt ter oren, alle inwoners des lands! Is dit geschied in uw dagen, of ook in de dagen uwer vaderen?

3 Vertelt uw kinderen daarvan, en laat het uw kinderen hun kinderen vertellen, en derzelver kinderen aan een ander geslacht.

4 Wat de rups heeft overgelaten, heeft de sprinkhaan afgegeten, en wat de sprinkhaan heeft overgelaten, heeft de kever afgegeten, en wat de kever heeft overgelaten, heeft de kruidworm afgegeten.

5 Waakt op, gij dronkenen! en weent, en huilt, alle gij wijnzuipers! om den nieuwen wijn, dewijl hij van uw mond is afgesneden.

6 Want een volk is opgekomen over mijn land, machtig en zonder getal; zijn tanden zijn leeuwentanden, en het heeft baktanden eens ouden leeuws.

7 Het heeft mijn wijnstok gesteld tot een verwoesting, en mijn vijgeboom tot schuim; het heeft hem ganselijk ontbloot en nedergeworpen, zijn ranken zijn wit geworden.

8 Kermt, als een jonkvrouw, die met een zak omgord is vanwege den man van haar jeugd.

9 Spijsoffer en drankoffer is van het huis des HEEREN afgesneden; de priesters, des HEEREN dienaars, treuren.

10 Het veld is verwoest, het land treurt; want het koren is verwoest, de most is verdroogd, de olie is flauw.

11 De akkerlieden zijn beschaamd, de wijngaardeniers huilen, om de tarwe en om de gerst, want de oogst des velds is vergaan.

12 De wijnstok is verdord, de vijgeboom is flauw; de granaatappelboom, ook de palmboom en appelboom; alle bomen des velds zijn verdord; ja de vrolijkheid is verdord van de mensenkinderen.

13 Omgordt u, en rouwklaagt, gij priesters! huilt, gij dienaars des altaars! gaat in, vernacht in zakken, gij dienaars mijns Gods! want spijsoffer en drankoffer is geweerd van het huis uws Gods.

14 Heiligt een vasten, roept een verbodsdag uit, verzamelt de oudsten, en alle inwoners dezes lands, ten huize des HEEREN, uws Gods, en roept tot den HEERE.

15 Ach, die dag! want de dag des HEEREN is nabij, en zal als een verwoesting komen van den Almachtige.

16 Is niet de spijze voor onze ogen afgesneden? Blijdschap en verheuging van het huis onzes Gods?

17 De granen zijn onder hun kluiten verrot, de schathuizen zijn verwoest, de schuren zijn afgebroken, want het koren is verdord.

18 O, hoe zucht het vee, de runderkudden zijn bedwelmd, want zij hebben geen weide, ook zijn de schaapskudden verwoest.

19 Tot U, o HEERE! roep ik; want een vuur heeft de weiden der woestijn verteerd, en een vlam heeft alle bomen des velds aangestoken.

20 Ook schreeuwt elk beest des velds tot U; want de waterstromen zijn uitgedroogd, en een vuur heeft de weiden der woestijn verteerd.

Joel (2) Joël

1 Blow ye the trumpet in Zion, and sound an alarm in my holy mountain: let all the inhabitants of the land tremble: for the day of the LORD cometh, for it is nigh at hand;

2 A day of darkness and of gloominess, a day of clouds and of thick darkness, as the morning spread upon the mountains: a great people and a strong; there hath not been ever the like, neither shall be any more after it, even to the years of many generations.

---

1 Blaast de bazuin te Sion, en roept luide op den berg Mijner heiligheid; laat alle inwoners des lands beroerd zijn, want de dag des HEEREN komt, want hij is nabij.

2 Een dag van duisternis en donkerheid, een dag van wolken en dikke duisterheid, als de dageraad uitgespreid over de bergen; een groot en machtig volk, desgelijks van ouds niet geweest is, en na hetzelve niet meer zal zijn tot in jaren van vele geslachten.

	A fire devoureth before them; and behind them a flame burneth: the land is as the garden of Eden before them, and behind them a desolate wilderness; yea, and nothing shall escape them.	3	Voor hetzelve verteert een vuur, en achter hetzelve brandt een vlam; het land is voor hetzelve als een lusthof, maar achter hetzelve een woeste wildernis, en ook is er geen ontkomen van hetzelve.
	The appearance of them is as the appearance of horses; and as horsemen, so shall they run.	4	De gedaante deszelven is als de gedaante van paarden, en als ruiters zo zullen zij lopen.
	Like the noise of chariots on the tops of mountains shall they leap, like the noise of a flame of fire that devoureth the stubble, as a strong people set in battle array.	5	Zij zullen daarhenen springen als een gedruis van wagenen, op de hoogten der bergen; als het gedruis ener vuurvlam, die stoppelen verteert; als een machtig volk, dat in slagorde gesteld is.
	Before their face the people shall be much pained: all faces shall gather blackness.	6	Van deszelfs aangezicht zullen de volken in pijn zijn; alle aangezichten zullen betrekken als een pot.
	They shall run like mighty men; they shall climb the wall like men of war; and they shall march every one on his ways, and they shall not break their ranks:	7	Als helden zullen zij lopen, als krijgslieden zullen zij de muren beklimmen; en zij zullen daarhenen trekken, een iegelijk in zijn wegen, en zullen hun paden niet verdraaien.
	Neither shall one thrust another; they shall walk every one in his path: and when they fall upon the sword, they shall not be wounded.	8	Ook zullen zij de een den ander niet dringen; zij zullen daarhenen trekken elk in zijn baan; en al vielen zij op een geweer, zij zouden niet verwond worden.
	They shall run to and fro in the city; they shall run upon the wall, they shall climb up upon the houses; they shall enter in at the windows like a thief.	9	Zij zullen in de stad omlopen, zij zullen lopen op de muren, zij zullen klimmen in de huizen; zij zullen door de vensteren inkomen als een dief.
	The earth shall quake before them; the heavens shall tremble: the sun and the moon shall be dark, and the stars shall withdraw their shining:	10	De aarde is beroerd voor deszelfs aangezicht, de hemel beeft; de zon en maan worden zwart, en de sterren trekken haar glans in.
	And the LORD shall utter his voice before his army: for his camp is very great: for he is strong that executeth his word: for the day of the LORD is great and very terrible; and who can abide it?	11	En de HEERE verheft Zijn stem voor Zijn heir henen; want Zijn leger is zeer groot, want Hij is machtig, doende Zijn woord; want de dag des HEEREN is groot en zeer vreselijk, en wie zal hem verdragen?
	Therefore also now, saith the LORD, turn ye even to me with all your heart, and with fasting, and with weeping, and with mourning:	12	Nu dan ook, spreekt de HEERE, bekeert u tot Mij met uw ganse hart, en dat met vasten en met geween, en met rouwklage.
	And rend your heart, and not your garments, and turn unto the LORD your God: for he is gracious and merciful, slow to anger, and of great kindness, and repenteth him of the evil.	13	En scheurt uw hart en niet uw klederen, en bekeert u tot den HEERE, uw God; want Hij is genadig en barmhartig, lankmoedig en groot van goedertierenheid, en berouw hebbende over het kwade.
	Who knoweth if he will return and repent, and leave a blessing behind him; even a meat offering and a drink offering unto the LORD your God?	14	Wie weet, Hij mocht Zich wenden en berouw hebben; en Hij mocht een zegen achter Zich overlaten tot spijsoffer en drankoffer voor den HEERE, uw God.
	Blow the trumpet in Zion, sanctify a fast, call a solemn assembly:	15	Blaast de bazuin te Sion, heiligt een vasten, roept een verbodsdag uit.
	Gather the people, sanctify the congregation, assemble the elders, gather the children, and those that suck the breasts: let the bridegroom go forth of his chamber, and the bride out of her closet.	16	Verzamelt het volk, heiligt de gemeente, vergadert de oudsten, verzamelt de kinderkens, en die de borsten zuigen; de bruidegom ga uit zijn binnenkamer, en de bruid uit haar slaapkamer.
	Let the priests, the ministers of the LORD, weep between the porch and the altar, and let them say, Spare thy people, O LORD, and give not thine heritage to reproach, that the heathen should rule over them: wherefore should they say among the people, Where is their God?	17	Laat de priesters, des HEEREN dienaars, wenen tussen het voorhuis en het altaar, en laat hen zeggen: Spaar Uw volk, o HEERE! en geef Uw erfenis niet over tot een smaadheid, dat de heidenen over hen zouden heersen; waarom zouden zij onder de volken zeggen: Waar is hunlieder God?
	Then will the LORD be jealous for his land, and pity his people.	18	Zo zal de HEERE ijveren over Zijn land, en Hij zal Zijn volk verschonen.
	Yea, the LORD will answer and say unto his people, Behold, I will send you corn, and wine, and oil, and ye shall be satisfied therewith: and I will no more make you a reproach among the heathen:	19	En de HEERE zal antwoorden en tot Zijn volk zeggen: Ziet, Ik zend ulieden het koren, en den most, en de olie, dat gij daarvan verzadigd zult worden; en Ik zal u niet meer overgeven tot een smaadheid onder de heidenen.
	But I will remove far off from you the northern army, and will drive him into a land barren and desolate, with his face toward the east sea, and his hinder part toward the utmost sea, and his stink shall come up, and his ill savour shall come up, because he hath done great things.	20	En Ik zal dien van het noorden verre van ulieden doen vertrekken, en hem wegdrijven in een dor en woest land, zijn aangezicht naar de Oostzee, en zijn einde naar de achterste zee; en zijn stank zal opgaan, en zijn vuiligheid zal opgaan; want hij heeft grote dingen gedaan.
	Fear not, O land; be glad and rejoice: for the LORD will do great things.	21	Vrees niet, o land! verheug u, en wees blijde; want de HEERE heeft grote dingen gedaan.
	Be not afraid, ye beasts of the field: for the pastures of the wilderness do spring, for the tree beareth her fruit, the fig tree and the vine do yield their strength.	22	Vreest niet, gij beesten des velds! want de weiden der woestijn zullen weder jong gras voortbrengen; want het geboomte zal zijn vrucht dragen, de wijnstok en vijgeboom zullen hun vermogen geven.
	Be glad then, ye children of Zion, and rejoice in the LORD your God: for he hath given you the former rain moderately, and he will cause to come down for you the rain, the former rain, and the latter rain in the first month.	23	En gij, kinderen van Sion! verheugt u en zijt blijde in den HEERE, uw God; want Hij zal u geven dien Leraar ter gerechtigheid; en Hij zal u den regen doen nederdalen, den vroegen regen en den spaden regen in de eerste maand.
	And the floors shall be full of wheat, and the fats shall overflow with wine and oil.	24	En de dorsvloeren zullen vol koren zijn, en de perskuipen van most en olie overlopen.
	And I will restore to you the years that the locust hath eaten, the cankerworm, and the caterpiller, and the palmerworm, my great army which I sent among you.	25	Alzo zal Ik ulieden de jaren vergelden, die de sprinkhaan, de kever, en de kruidworm, en de rups heeft afgegeten; Mijn groot heir, dat Ik onder u gezonden heb.

	And ye shall eat in plenty, and be satisfied, and praise the name of the LORD your God, that hath dealt wondrously with you: and my people shall never be ashamed.	26	En gij zult overvloediglijk en tot verzadiging eten, en prijzen den Naam des HEEREN, uw Gods, Die wonderlijk bij u gehandeld heeft; en Mijn volk zal niet beschaamd worden tot in eeuwigheid.
	And ye shall know that I am in the midst of Israel, and that I am the LORD your God, and none else: and my people shall never be ashamed.	27	En gij zult weten, dat Ik in het midden van Israel ben, en dat Ik de HEERE, uw God, ben, en niemand meer; en Mijn volk zal niet beschaamd worden in eeuwigheid.
	And it shall come to pass afterward, that I will pour out my spirit upon all flesh; and your sons and your daughters shall prophesy, your old men shall dream dreams, your young men shall see visions:	28	En daarna zal het geschieden, dat Ik Mijn Geest zal uitgieten over alle vlees, en uw zonen en uw dochteren zullen profeteren; uw ouden zullen dromen dromen, uw jongelingen zullen gezichten zien;
	And also upon the servants and upon the handmaids in those days will I pour out my spirit.	29	Ja, ook over de dienstknechten, en over de dienstmaagden, zal Ik in die dagen Mijn Geest uitgieten.
	And I will shew wonders in the heavens and in the earth, blood, and fire, and pillars of smoke.	30	En Ik zal wondertekenen geven in den hemel en op de aarde: bloed, en vuur, en rookpilaren.
	The sun shall be turned into darkness, and the moon into blood, before the great and the terrible day of the LORD come.	31	De zon zal veranderd worden in duisternis, en de maan in bloed, eer dat die grote en vreselijke dag des HEEREN komt.
	And it shall come to pass, that whosoever shall call on the name of the LORD shall be delivered: for in mount Zion and in Jerusalem shall be deliverance, as the LORD hath said, and in the remnant whom the LORD shall call.	32	En het zal geschieden, al wie den Naam des HEEREN zal aanroepen, zal behouden worden; want op den berg Sions en te Jeruzalem zal ontkoming zijn, gelijk als de HEERE gezegd heeft; en dat, bij de overgeblevenen, die de HEERE zal roepen.

Joel (3) Joël

	For, behold, in those days, and in that time, when I shall bring again the captivity of Judah and Jerusalem,	1	Want ziet, in die dagen en te dier tijd, als Ik de gevangenis van Juda en Jeruzalem zal wenden;
	I will also gather all nations, and will bring them down into the valley of Jehoshaphat, and will plead with them there for my people and for my heritage Israel, whom they have scattered among the nations, and parted my land.	2	Dan zal Ik alle heidenen vergaderen, en zal hen afvoeren in het dal van Josafat; en Ik zal met hen aldaar richten, vanwege Mijn volk en Mijn erfdeel Israel, dat zij onder de heidenen hebben verstrooid, en Mijn land gedeeld;
	And they have cast lots for my people; and have given a boy for an harlot, and sold a girl for wine, that they might drink.	3	En hebben het lot over Mijn volk geworpen en een knechtje gegeven om een hoer, en een meisje verkocht om wijn, dat zij mochten drinken.
	Yea, and what have ye to do with me, O Tyre, and Zidon, and all the coasts of Palestine? will ye render me a recompence? and if ye recompense me, swiftly and speedily will I return your recompence upon your own head;	4	En ook, wat hebt gij met Mij te doen, gij Tyrus en Sidon, en alle grenzen van Palestina! Zoudt gij Mij een vergelding wedergeven? Maar zo gij Mij wilt vergelden, lichtelijk, haastelijk, zal Ik uw vergelding op uw hoofd wederbrengen.
	Because ye have taken my silver and my gold, and have carried into your temples my goodly pleasant things:	5	Omdat gij Mijn zilver en Mijn goud hebt weggenomen, en hebt Mijn beste kleinodien in uw tempels gebracht.
	The children also of Judah and the children of Jerusalem have ye sold unto the Grecians, that ye might remove them far from their border.	6	En gij hebt de kinderen van Juda en de kinderen van Jeruzalem verkocht aan de kinderen der Grieken, opdat gij hen verre van hun landpale, mocht brengen.
	Behold, I will raise them out of the place whither ye have sold them, and will return your recompence upon your own head:	7	Ziet, Ik zal ze opwekken uit de plaats, waarhenen gij ze hebt verkocht; en Ik zal uw vergelding wederbrengen op uw hoofd.
	And I will sell your sons and your daughters into the hand of the children of Judah, and they shall sell them to the Sabeans, to a people far off: for the LORD hath spoken it.	8	En Ik zal uw zonen en uw dochteren verkopen in de hand der kinderen van Juda, die ze verkopen zullen aan die van Scheba, aan een vergelegen volk; want de HEERE heeft het gesproken.
	Proclaim ye this among the Gentiles; Prepare war, wake up the mighty men, let all the men of war draw near; let them come up:	9	Roept dit uit onder de heidenen, heiligt een krijg; wekt de helden op, laat naderen, laat optrekken alle krijgslieden.
	Beat your plowshares into swords, and your pruninghooks into spears: let the weak say, I am strong.	10	Slaat uw spaden tot zwaarden, en uw sikkelen tot spiesen; de zwakke zegge: Ik ben een held.
	Assemble yourselves, and come, all ye heathen, and gather yourselves together round about: thither cause thy mighty ones to come down, O LORD.	11	Rot te hoop, en komt aan, alle gij volken van rondom, en vergadert u! (O HEERE, doe Uw helden derwaarts nederdalen!)
	Let the heathen be wakened, and come up to the valley of Jehoshaphat: for there will I sit to judge all the heathen round about.	12	De heidenen zullen zich opmaken, en optrekken naar het dal van Josafat; maar aldaar zal Ik zitten, om te richten alle heidenen van rondom.
	Put ye in the sickle, for the harvest is ripe: come, get you down; for the press is full, the fats overflow; for their wickedness is great.	13	Slaat de sikkel aan, want de oogst is rijp geworden; komt aan, daalt henen af, want de pers is vol, en de perskuipen lopen over; want hunlieder boosheid is groot.
	Multitudes, multitudes in the valley of decision: for the day of the LORD is near in the valley of decision.	14	Menigten, menigten in het dal des dorswagens; want de dag des HEEREN is nabij, in het dal des dorswagens.
	The sun and the moon shall be darkened, and the stars shall withdraw their shining.	15	De zon en maan zijn zwart geworden, en de sterren hebben haar glans ingetrokken.
	The LORD also shall roar out of Zion, and utter his voice from Jerusalem; and the heavens and the earth shall shake: but the LORD will be the hope of his people, and the strength of the children of Israel.	16	En de HEERE zal uit Sion brullen, en uit Jeruzalem Zijn stem geven, dat hemel en aarde beven zullen; maar de HEERE zal de Toevlucht Zijns volks, en de Sterkte der kinderen Israels zijn.
	So shall ye know that I am the LORD your God dwelling in Zion, my holy mountain: then shall Jerusalem be holy, and there shall no strangers pass through her any more.	17	En gijlieden zult weten, dat Ik de HEERE, uw God ben, wonende op Sion, den berg Mijner heiligheid; en Jeruzalem zal een heiligheid zijn, en vreemden zullen niet meer door haar doorgaan.

And it shall come to pass in that day, that the mountains shall drop down new wine, and the hills shall flow with milk, and all the rivers of Judah shall flow with waters, and a fountain shall come forth of the house of the LORD, and shall water the valley of Shittim.

Egypt shall be a desolation, and Edom shall be a desolate wilderness, for the violence against the children of Judah, because they have shed innocent blood in their land.

But Judah shall dwell for ever, and Jerusalem from generation to generation.

For I will cleanse their blood that I have not cleansed: for the LORD dwelleth in Zion.

18 En het zal te dien dage geschieden dat de bergen van zoeten wijn zullen druipen, en de heuvelen van melk vlieten, en alle stromen van Juda vol van water gaan; en er zal een fontein uit het huis des HEEREN uitgaan, en zal het dal van Sittim bewateren.

19 Egypte zal tot verwoesting worden, en Edom zal worden tot een woeste wildernis, om het geweld, gedaan aan de kinderen van Juda, in welker land zij onschuldig bloed vergoten hebben.

20 Maar Juda zal blijven in eeuwigheid, en Jeruzalem van geslacht tot geslacht.

21 En Ik zal hunlieder bloed reinigen, dat Ik niet gereinigd had; en de HEERE zal wonen op Sion.

Amos - Amos

Amos (1) Amos

The words of Amos, who was among the herdmen of Tekoa, which he saw concerning Israel in the days of Uzziah king of Judah, and in the days of Jeroboam the son of Joash king of Israel, two years before the earthquake.	1	De woorden van Amos, die onder de veeherderen was van Thekoa, dewelke hij gezien heeft over Israel, in de dagen van Uzzia, koning van Juda, en in de dagen van Jerobeam, zoon van Joas, koning van Israel; twee jaren voor de aardbeving.
And he said, The LORD will roar from Zion, and utter his voice from Jerusalem; and the habitations of the shepherds shall mourn, and the top of Carmel shall wither.	2	En hij zeide: De HEERE zal brullen uit Sion, en Zijn stem verheffen uit Jeruzalem; en de woningen der herderen zullen treuren, en de hoogte van Karmel zal verdorren.
Thus saith the LORD; For three transgressions of Damascus, and for four, I will not turn away the punishment thereof; because they have threshed Gilead with threshing instruments of iron:	3	Alzo zegt de HEERE: Om drie overtredingen van Damaskus, en om vier zal Ik dat niet afwenden; omdat zij Gilead met ijzeren dorswagens hebben gedorst.
But I will send a fire into the house of Hazael, which shall devour the palaces of Benhadad.	4	Daarom zal Ik een vuur in het huis van Hazael zenden, dat zal de paleizen van Benhadad verteren.
I will break also the bar of Damascus, and cut off the inhabitant from the plain of Aven, and him that holdeth the sceptre from the house of Eden: and the people of Syria shall go into captivity unto Kir, saith the LORD.	5	En Ik zal den grendel van Damaskus verbreken, en zal uitroeien den inwoner van Bikeat-Aven, en dien, die den scepter houdt, uit Beth-Eden; en het volk van Syrie zal gevankelijk weggevoerd worden naar Kir, zegt de HEERE.
Thus saith the LORD; For three transgressions of Gaza, and for four, I will not turn away the punishment thereof; because they carried away captive the whole captivity, to deliver them up to Edom:	6	Alzo zegt de HEERE: Om drie overtredingen van Gaza, en om vier zal Ik dat niet afwenden; omdat zij Mijn volk gevankelijk hebben weggevoerd met een volkomen wegvoering, om aan Edom over te leveren.
But I will send a fire on the wall of Gaza, which shall devour the palaces thereof:	7	Daarom zal Ik een vuur zenden in den muur van Gaza, dat zal haar paleizen verteren.
And I will cut off the inhabitant from Ashdod, and him that holdeth the sceptre from Ashkelon, and I will turn mine hand against Ekron: and the remnant of the Philistines shall perish, saith the Lord GOD.	8	En Ik zal den inwoner uitroeien uit Asdod, en dien, die den scepter houdt, uit Askelon; en Ik zal Mijn hand wenden tegen Ekron, en het overblijfsel der Filistijnen zal vergaan, zegt de Heere HEERE.
Thus saith the LORD; For three transgressions of Tyrus, and for four, I will not turn away the punishment thereof; because they delivered up the whole captivity to Edom, and remembered not the brotherly covenant:	9	Alzo zegt de HEERE: Om drie overtredingen van Tyrus, en om vier zal Ik dat niet afwenden; omdat zij Mijn volk met een volkomen wegvoering hebben overgeleverd aan Edom, en niet gedacht aan het verbond der broederen.
But I will send a fire on the wall of Tyrus, which shall devour the palaces thereof.	10	Daarom zal Ik een vuur zenden in den muur van Tyrus, dat zal haar paleizen verteren.
Thus saith the LORD; For three transgressions of Edom, and for four, I will not turn away the punishment thereof; because he did pursue his brother with the sword, and did cast off all pity, and his anger did tear perpetually, and he kept his wrath for ever:	11	Alzo zegt de HEERE: Om drie overtredingen van Edom, en om vier zal Ik dat niet afwenden; omdat hij zijn broederen met het zwaard heeft vervolgd, en zijn barmhartigheden verdorven; en dat zijn toorn eeuwiglijk verscheurt, en hij zijn verbolgenheid altoos behoudt.
But I will send a fire upon Teman, which shall devour the palaces of Bozrah.	12	Daarom zal Ik een vuur zenden in Theman, dat zal de paleizen van Bozra verteren.
Thus saith the LORD; For three transgressions of the children of Ammon, and for four, I will not turn away the punishment thereof; because they have ripped up the women with child of Gilead, that they might enlarge their border:	13	Alzo zegt de HEERE: Om drie overtredingen der kinderen Ammons, en om vier zal Ik dat niet afwenden; omdat zij de zwangere vrouwen van Gilead hebben opengesneden, om hun landpale te verwijden.
But I will kindle a fire in the wall of Rabbah, and it shall devour the palaces thereof, with shouting in the day of battle, with a tempest in the day of the whirlwind:	14	Daarom zal Ik een vuur aansteken in den muur van Rabba, dat zal haar paleizen verteren; met een gejuich ten dage des strijds, met een onweder ten dage des wervelwinds.
And their king shall go into captivity, he and his princes together, saith the LORD.	15	En hunlieder koning zal gaan in gevangenis, hij en zijn vorsten te zamen, zegt de HEERE.

Amos (2) Amos

Thus saith the LORD; For three transgressions of Moab, and for four, I will not turn away the punishment thereof; because he burned the bones of the king of Edom into lime:	1	Alzo zegt de HEERE: Om drie overtredingen van Moab, en om vier zal Ik dat niet afwenden; omdat hij de beenderen des konings van Edom tot kalk verbrand heeft.
But I will send a fire upon Moab, and it shall devour the palaces of Kerioth: and Moab shall die with tumult, with shouting, and with the sound of the trumpet:	2	Daarom zal Ik een vuur in Moab zenden, dat zal de paleizen van Kerioth verteren; en Moab zal sterven met groot gedruis, met gejuich, met geluid der bazuin.
And I will cut off the judge from the midst thereof, and will slay all the princes thereof with him, saith the LORD.	3	En Ik zal den rechter uit het midden van haar uitroeien; en al haar vorsten zal Ik met hem doden, zegt de HEERE.
Thus saith the LORD; For three transgressions of Judah, and for four, I will not turn away the punishment thereof; because they have despised the law of the LORD, and have not kept his commandments, and their lies caused them to err, after the which their fathers have walked:	4	Alzo zegt de HEERE: Om drie overtredingen van Juda, en om vier zal Ik dat niet afwenden; omdat zij de wet des HEEREN verworpen, en Zijn inzettingen niet bewaard hebben; en hun leugenen hen verleid hebben, die hun vaders hebben nagewandeld.
But I will send a fire upon Judah, and it shall devour the palaces of Jerusalem.	5	Daarom zal Ik een vuur in Juda zenden, dat zal Jeruzalems paleizen verteren.
Thus saith the LORD; For three transgressions of Israel, and for four, I will not turn away the punishment thereof; because they sold the righteous for silver, and the poor for a pair of shoes;	6	Alzo zegt de HEERE: Om drie overtredingen van Israel, en om vier zal Ik dat niet afwenden; omdat zij den rechtvaardige voor geld verkopen, en den nooddruftige om een paar schoenen.

That pant after the dust of the earth on the head of the poor, and turn aside the way of the meek: and a man and his father will go in unto the same maid, to profane my holy name:	7	Die er naar hijgen, dat het stof der aarde op het hoofd der armen zij, en den weg der zachtmoedigen verkeren; en de man en zijn vader gaan tot een jonge dochter om Mijn heiligen Naam te ontheiligen.
And they lay themselves down upon clothes laid to pledge by every altar, and they drink the wine of the condemned in the house of their god.	8	En zij leggen zich neder bij elk altaar op de verpande klederen, en drinken den wijn der geboeten in het huis van hun goden.
Yet destroyed I the Amorite before them, whose height was like the height of the cedars, and he was strong as the oaks; yet I destroyed his fruit from above, and his roots from beneath.	9	Ik daarentegen heb den Amoriet voor hunlieder aangezicht verdelgd, wiens hoogte was als de hoogte der cederen, en hij was sterk als de eiken; maar Ik heb zijn vrucht van boven, en zijn wortelen van onderen verdelgd.
Also I brought you up from the land of Egypt, and led you forty years through the wilderness, to possess the land of the Amorite.	10	Ook heb Ik ulieden uit Egypteland opgevoerd; en Ik heb u veertig jaren in de woestijn geleid, opdat gij het land van den Amoriet erfelijk bezat.
And I raised up of your sons for prophets, and of your young men for Nazarites. Is it not even thus, O ye children of Israel? saith the LORD.	11	En Ik heb sommigen uit uw zonen tot profeten verwekt, en uit uw jongelingen tot Nazireen; is dit niet alzo, gij kinderen Israels? spreekt de HEERE.
But ye gave the Nazarites wine to drink; and commanded the prophets, saying, Prophesy not.	12	Maar gijlieden hebt aan de Nazireen wijn te drinken gegeven, en gij hebt den profeten geboden zeggende: Gij zult niet profeteren.
Behold, I am pressed under you, as a cart is pressed that is full of sheaves.	13	Ziet, Ik zal uw plaatsen drukken, gelijk als een wagen drukt, die vol garven is.
Therefore the flight shall perish from the swift, and the strong shall not strengthen his force, neither shall the mighty deliver himself:	14	Zodat de snelle niet zal ontvlieden, en de sterke zijn kracht niet verkloeken, en een held zal zijn ziel niet bevrijden.
Neither shall he stand that handleth the bow; and he that is swift of foot shall not deliver himself: neither shall he that rideth the horse deliver himself.	15	En die den boog handelt, zal niet bestaan, en die licht is op zijn voeten, zal zich niet bevrijden; ook zal, die te paard rijdt, zijn ziel niet bevrijden.
And he that is courageous among the mighty shall flee away naked in that day, saith the LORD.	16	En de kloekhartigste onder de helden zal te dien dage naakt heenvlieden, spreekt de HEERE.

Amos (3) Amos

Hear this word that the LORD hath spoken against you, O children of Israel, against the whole family which I brought up from the land of Egypt, saying,	1	Hoort dit woord, dat de HEERE tegen ulieden spreekt, gij kinderen van Israel! namelijk tegen het ganse geslacht, dat Ik uit Egypteland heb opgevoerd, zeggende:
You only have I known of all the families of the earth: therefore I will punish you for all your iniquities.	2	Uit alle geslachten des aardbodems heb Ik ulieden alleen gekend; daarom zal Ik al uw ongerechtigheden over ulieden bezoeken.
Can two walk together, except they be agreed?	3	Zullen twee te zamen wandelen, tenzij dat zij bijeengekomen zijn?
Will a lion roar in the forest, when he hath no prey? will a young lion cry out of his den, if he have taken nothing?	4	Zal een leeuw brullen in het woud, als hij geen roof heeft? Zal een jonge leeuw uit zijn hol zijn stem verheffen, tenzij dat hij wat gevangen hebbe?
Can a bird fall in a snare upon the earth, where no gin is for him? shall one take up a snare from the earth, and have taken nothing at all?	5	Zal een vogel in den strik op de aarde vallen, als er geen strik voor hem is? Zal men den strik van den aardbodem opnemen, als men ganselijk niet heeft gevangen?
Shall a trumpet be blown in the city, and the people not be afraid? shall there be evil in a city, and the LORD hath not done it?	6	Zal de bazuin in de stad geblazen worden, dat het volk niet siddere? zal er een kwaad in de stad zijn, dat de HEERE niet doet?
Surely the Lord GOD will do nothing, but he revealeth his secret unto his servants the prophets.	7	Gewisselijk, de Heere HEERE zal geen ding doen, tenzij Hij Zijn verborgenheid aan Zijn knechten, de profeten, geopenbaard hebbe.
The lion hath roared, who will not fear? the Lord GOD hath spoken, who can but prophesy?	8	De leeuw heeft gebruld, wie zou niet vrezen? De Heere HEERE heeft gesproken, wie zou niet profeteren?
Publish in the palaces at Ashdod, and in the palaces in the land of Egypt, and say, Assemble yourselves upon the mountains of Samaria, and behold the great tumults in the midst thereof, and the oppressed in the midst thereof.	9	Doet het horen in de paleizen te Asdod, en in de paleizen in Egypteland, en zegt: Verzamelt u op de bergen van Samaria, en ziet de grote beroerten in het midden van haar, en de verdrukten binnen in haar.
For they know not to do right, saith the LORD, who store up violence and robbery in their palaces.	10	Want zij weten niet te doen, dat recht is, spreekt de HEERE; die in hun paleizen schatten vergaderen door geweld en verstoring.
Therefore thus saith the Lord GOD; An adversary there shall be even round about the land; and he shall bring down thy strength from thee, and thy palaces shall be spoiled.	11	Daarom, zo zegt de Heere HEERE: De vijand! en dat rondom het land! die zal uw sterkte van u nederstorten, en uw paleizen zullen uitgeplunderd worden.
Thus saith the LORD; As the shepherd taketh out of the mouth of the lion two legs, or a piece of an ear; so shall the children of Israel be taken out that dwell in Samaria in the corner of a bed, and in Damascus in a couch.	12	Alzo zegt de HEERE: Gelijk als een herder twee schenkelen, of een stukje van een oor uit des leeuwen muil redt, alzo zullen de kinderen Israels gered worden, die daar zitten te Samaria, in den hoek van het bed, en op de sponde van de koets.
Hear ye, and testify in the house of Jacob, saith the Lord GOD, the God of hosts,	13	Hoort en betuigt in het huis Jakobs, spreekt de Heere HEERE, de God der heirscharen;
That in the day that I shall visit the transgressions of Israel upon him I will also visit the altars of Bethel: and the horns of the altar shall be cut off, and fall to the ground.	14	Dat Ik, ten dage als Ik Israels overtredingen over hem bezoeken zal, ook bezoeking zal doen over de altaren van Beth-El; en de hoornen des altaars zullen worden afgehouwen, en ter aarde vallen.

	And I will smite the winter house with the summer house; and the houses of ivory shall perish, and the great houses shall have an end, saith the LORD.	15	En Ik zal het winterhuis met het zomerhuis slaan; en de elpenbenen huizen zullen vergaan, en de grote huizen een einde nemen, spreekt de HEERE.

Amos (4) Amos

	Hear this word, ye kine of Bashan, that are in the mountain of Samaria, which oppress the poor, which crush the needy, which say to their masters, Bring, and let us drink.	1	Hoort dit woord, gij koeien van Basan! gij, die op den berg van Samaria zijt, die de armen verdrukt, die de nooddruftigen verplettert; gij, die tot hunlieder heren zegt: Brengt aan, opdat wij drinken.
	The Lord GOD hath sworn by his holiness, that, lo, the days shall come upon you, that he will take you away with hooks, and your posterity with fishhooks.	2	De Heere HEERE heeft gezworen bij Zijn heiligheid, dat er, ziet, dagen over ulieden zullen komen, dat men u zal optrekken met haken, en uw nakomelingen met visangelen.
	And ye shall go out at the breaches, every cow at that which is before her; and ye shall cast them into the palace, saith the LORD.	3	En gij zult door de bressen uitgaan, een ieder voor zich henen; en gij zult, hetgeen in het paleis gebracht is, wegwerpen, spreekt de HEERE.
	Come to Bethel, and transgress; at Gilgal multiply transgression; and bring your sacrifices every morning, and your tithes after three years:	4	Komt te Beth-El, en overtreedt te Gilgal; maakt des overtredens veel, en brengt uw offers des morgens, uw tienden om de drie dagen!
	And offer a sacrifice of thanksgiving with leaven, and proclaim and publish the free offerings: for this liketh you, O ye children of Israel, saith the Lord GOD.	5	En rookt van het gedesemde een lofoffer, en roept vrijwillige offers uit, doet het horen; want alzo hebt gij het gaarne, gij kinderen Israels! spreekt de Heere HEERE.
	And I also have given you cleanness of teeth in all your cities, and want of bread in all your places: yet have ye not returned unto me, saith the LORD.	6	Daarom heb Ik ulieden ook reinheid der tanden gegeven in al uw steden, en gebrek van brood in al uw plaatsen; nochtans hebt gij u niet bekeerd tot Mij, spreekt de HEERE.
	And also I have withholden the rain from you, when there were yet three months to the harvest: and I caused it to rain upon one city, and caused it not to rain upon another city: one piece was rained upon, and the piece whereupon it rained not withered.	7	Daartoe heb Ik ook den regen van ulieden geweerd, als er nog drie maanden waren tot den oogst, en heb doen regenen over de ene stad, maar over de andere stad niet doen regenen; het ene stuk lands werd beregend, maar het andere stuk lands, waar het niet op regende, verdorde.
	So two or three cities wandered unto one city, to drink water; but they were not satisfied: yet have ye not returned unto me, saith the LORD.	8	En twee, drie steden togen om tot een stad, opdat zij water mochten drinken, maar werden niet verzadigd; nochtans hebt gij u niet bekeerd tot Mij, spreekt de HEERE.
	I have smitten you with blasting and mildew: when your gardens and your vineyards and your fig trees and your olive trees increased, the palmerworm devoured them: yet have ye not returned unto me, saith the LORD.	9	Ik heb ulieden geslagen met brandkoren en met honigdauw; de veelheid uwer hoven, en uwer wijngaarden, en uwer vijgebomen, en uwer olijfbomen at de rups op; nochtans hebt gij u niet bekeerd tot Mij, spreekt de HEERE.
	I have sent among you the pestilence after the manner of Egypt: your young men have I slain with the sword, and have taken away your horses; and I have made the stink of your camps to come up unto your nostrils: yet have ye not returned unto me, saith the LORD.	10	Ik heb de pestilentie onder ulieden gezonden, naar de wijze van Egypte; Ik heb uw jongelingen door het zwaard gedood, en uw paarden gevankelijk laten wegvoeren; en Ik heb den stank uwer heirlegeren zelfs in uw neus doen opgaan; nochtans hebt gij u niet bekeerd tot Mij, spreekt de HEERE.
	I have overthrown some of you, as God overthrew Sodom and Gomorrah, and ye were as a firebrand plucked out of the burning: yet have ye not returned unto me, saith the LORD.	11	Ik heb sommigen onder ulieden omgekeerd, gelijk God Sodom en Gomorra omkeerde, u, die waart als een vuurbrand, dat uit den brand gered is; nochtans hebt gij u niet bekeerd tot Mij, spreekt de HEERE.
	Therefore thus will I do unto thee, O Israel: and because I will do this unto thee, prepare to meet thy God, O Israel.	12	Daarom zal Ik u alzo doen, o Israel! omdat Ik u dan dit doen zal, zo schik u, o Israel! om uw God te ontmoeten.
	For, lo, he that formeth the mountains, and createth the wind, and declareth unto man what is his thought, that maketh the morning darkness, and treadeth upon the high places of the earth, The LORD, The God of hosts, is his name.	13	Want zie, Die de bergen formeert, en den wind schept, en den mens bekend maakt, wat zijn gedachte zij, Die den dageraad duisternis maakt, en op de hoogten der aarde treedt, HEERE, God der heirscharen, is Zijn Naam.

Amos (5) Amos

	Hear ye this word which I take up against you, even a lamentation, O house of Israel.	1	Hoort dit woord, dat Ik over ulieden ophef, een klaaglied, o huis Israels!
	The virgin of Israel is fallen; she shall no more rise: she is forsaken upon her land; there is none to raise her up.	2	De jonkvrouw Israels is gevallen, zij zal niet weder opstaan; zij is verlaten op haar land, er is niemand, die haar opricht.
	For thus saith the Lord GOD; The city that went out by a thousand shall leave an hundred, and that which went forth by an hundred shall leave ten, to the house of Israel.	3	Want zo zegt de Heere HEERE: De stad, die uitgaat met duizend, zal honderd overhouden, en die uitgaat met honderd, zal tien overhouden, in het huis Israels.
	For thus saith the LORD unto the house of Israel, Seek ye me, and ye shall live:	4	Want zo zegt de HEERE tot het huis Israels: Zoekt Mij, en leeft.
	But seek not Bethel, nor enter into Gilgal, and pass not to Beersheba: for Gilgal shall surely go into captivity, and Bethel shall come to nought.	5	Maar zoekt Beth-El niet, en komt niet te Gilgal, en gaat niet over naar Ber-Seba; want Gilgal zal voorzeker gevankelijk worden weggevoerd, en Beth-El zal worden tot niet.
	Seek the LORD, and ye shall live; lest he break out like fire in the house of Joseph, and devour it, and there be none to quench it in Bethel.	6	Zoekt den HEERE, en leeft; opdat Hij niet doorbreke in het huis van Jozef als een vuur, dat vertere, zodat er niemand zij, die het blusse in Beth-El;
	Ye who turn judgment to wormwood, and leave off righteousness in the earth,	7	Die het recht in alsem verkeren, en de gerechtigheid ter aarde doen liggen.
	Seek him that maketh the seven stars and Orion, and turneth the shadow of death into the morning, and maketh the day dark with night: that calleth for the waters of the sea, and poureth them out upon the face of the earth: The LORD is his name:	8	Die het Zevengesternte en den Orion maakt, en de doodsschaduw in den morgenstond verandert, en den dag als den nacht verduistert; Die de wateren der zee roept, en giet ze uit op den aardbodem, HEERE is Zijn Naam.

	That strengtheneth the spoiled against the strong, so that the spoiled shall come against the fortress.	9	Die Zich verkwikt door verwoesting over een sterke; zodat de verwoesting komt over een vesting.
	They hate him that rebuketh in the gate, and they abhor him that speaketh uprightly.	10	Zij haten in de poort dengene, die bestraft, en hebben een gruwel van dien, die oprechtelijk spreekt.
	Forasmuch therefore as your treading is upon the poor, and ye take from him burdens of wheat: ye have built houses of hewn stone, but ye shall not dwell in them; ye have planted pleasant vineyards, but ye shall not drink wine of them.	11	Daarom, omdat gij den arme vertreedt en een last koren van hem neemt, zo hebt gij wel huizen gebouwd van gehouwen steen, maar gij zult daarin niet wonen; gij hebt gewenste wijngaarden geplant, maar gij zult derzelver wijn niet drinken.
	For I know your manifold transgressions and your mighty sins: they afflict the just, they take a bribe, and they turn aside the poor in the gate from their right.	12	Want Ik weet, dat uw overtredingen menigvuldig, en uw zonden machtig vele zijn; zij benauwen den rechtvaardige, nemen zoengeld, en verstoten de nooddruftigen in de poort.
	Therefore the prudent shall keep silence in that time; for it is an evil time.	13	Daarom zal de verstandige te dier tijd zwijgen, want het zal een boze tijd zijn.
	Seek good, and not evil, that ye may live: and so the LORD, the God of hosts, shall be with you, as ye have spoken.	14	Zoekt het goede, en niet het boze, opdat gij leeft; en alzo zal de HEERE, de God der heirscharen, met ulieden zijn, gelijk als gij zegt.
	Hate the evil, and love the good, and establish judgment in the gate: it may be that the LORD God of hosts will be gracious unto the remnant of Joseph.	15	Haat het boze, en hebt lief het goede, en bestelt het recht in de poort, misschien zal de HEERE, de God der heirscharen, aan Jozefs overblijfsel genadig zijn.
	Therefore the LORD, the God of hosts, the Lord, saith thus; Wailing shall be in all streets; and they shall say in all the highways, Alas! alas! and they shall call the husbandman to mourning, and such as are skilful of lamentation to wailing.	16	Daarom, zo zegt de HEERE, de God der heirscharen, de Heere: Op alle straten zal rouwklage zijn, en in alle wijken zullen zij zeggen: Och! och! en zullen den akkerman roepen tot treuren, en rouwklage zal zijn bij degenen, die verstand van kermen hebben.
	And in all vineyards shall be wailing: for I will pass through thee, saith the LORD.	17	Ja, in alle wijngaarden zal rouwklage zijn; want Ik zal door het midden van u doorgaan; zegt de HEERE.
	Woe unto you that desire the day of the LORD! to what end is it for you? the day of the LORD is darkness, and not light.	18	Wee dien, die des HEEREN dag begeren! Waartoe toch zal ulieden de dag des HEEREN zijn? Hij zal duisternis wezen en geen licht.
	As if a man did flee from a lion, and a bear met him; or went into the house, and leaned his hand on the wall, and a serpent bit him.	19	Als wanneer iemand vlood voor het aangezicht eens leeuws, en hem ontmoette een beer; of dat hij kwam in een huis, en leunde met zijn hand aan den wand, en hem beet een slang.
	Shall not the day of the LORD be darkness, and not light? even very dark, and no brightness in it?	20	Zal dan niet des HEEREN dag duisternis zijn, en geen licht? En donkerheid, zodat er geen glans aan zij?
	I hate, I despise your feast days, and I will not smell in your solemn assemblies.	21	Ik haat, Ik versmaad uw feesten, en Ik mag uw verbods dagen niet rieken.
	Though ye offer me burnt offerings and your meat offerings, I will not accept them: neither will I regard the peace offerings of your fat beasts.	22	Want ofschoon gij Mij brandoffren offert, mitsgaders uw spijsofferen, Ik heb er toch geen welgevallen aan; en het dankoffer van uw vette beesten mag Ik niet aanzien.
	Take thou away from me the noise of thy songs; for I will not hear the melody of thy viols.	23	Doe het getier uwer liederen van Mij weg; ook mag Ik uw luiten spel niet horen.
	But let judgment run down as waters, and righteousness as a mighty stream.	24	Maar laat het oordeel zich daarhenen wenden als de wateren, en de gerechtigheid als een sterke beek.
	Have ye offered unto me sacrifices and offerings in the wilderness forty years, O house of Israel?	25	Hebt gij Mij veertig jaren in de woestijn slachtofferen en spijsoffer toegebracht, o huis Israels?
	But ye have borne the tabernacle of your Moloch and Chiun your images, the star of your god, which ye made to yourselves.	26	Ja, gij droegt de tent van uw Melech, en den Kijun, uw beelden, de ster uws gods, dien gij uzelf hadt gemaakt.
	Therefore will I cause you to go into captivity beyond Damascus, saith the LORD, whose name is The God of hosts.	27	Daarom zal Ik ulieden gevankelijk wegvoeren, ver boven Damaskus henen, zegt de HEERE, Wiens Naam is God der heirscharen.

Amos (6) Amos

	Woe to them that are at ease in Zion, and trust in the mountain of Samaria, which are named chief of the nations, to whom the house of Israel came!	1	Wee den gerusten te Sion, en den zekeren op den berg van Samaria! die de voornaamste zijn van de eerstelingen der volken, en tot dewelke die van het huis Israels komen.
	Pass ye unto Calneh, and see; and from thence go ye to Hamath the great: then go down to Gath of the Philistines: be they better than these kingdoms? or their border greater than your border?	2	Gaat over naar Kalne, en ziet toe; en gaat van daar naar Hamath, de grote stad, en trekt af naar Gath der Filistijnen; of zij beter zijn dan deze koninkrijken, of hun landpale groter dan uw landpale?
	Ye that put far away the evil day, and cause the seat of violence to come near;	3	Gij, die den bozen dag verre stelt, en den stoel des gewelds nabij brengt;
	That lie upon beds of ivory, and stretch themselves upon their couches, and eat the lambs out of the flock, and the calves out of the midst of the stall;	4	Die daar liggen op elpenbenen bedsteden, en weelderig zijn op hun koetsen, en eten de lammeren van de kudde, en de kalveren uit het midden van den meststal.
	That chant to the sound of the viol, and invent to themselves instruments of musick, like David;	5	Die op het geklank der luit kwinkeleren, en bedenken zichzelven instrumenten der muziek, gelijk David;
	That drink wine in bowls, and anoint themselves with the chief ointments: but they are not grieved for the affliction of Joseph.	6	Die wijn uit schalen drinken, en zich zalven met de voortreffelijkste olie, maar bekommeren zich niet over de verbreking van Jozef.
	Therefore now shall they go captive with the first that go captive, and the banquet of them that stretched themselves shall be removed.	7	Daarom zullen zij nu gevankelijk henengaan onder de voorsten, die in gevangenis gaan; en het banket dergenen, die weelderig zijn, zal wegwijken.

The Lord GOD hath sworn by himself, saith the LORD the God of hosts, I abhor the excellency of Jacob, and hate his palaces: therefore will I deliver up the city with all that is therein.

And it shall come to pass, if there remain ten men in one house, that they shall die.

And a man's uncle shall take him up, and he that burneth him, to bring out the bones out of the house, and shall say unto him that is by the sides of the house, Is there yet any with thee? and he shall say, No. Then shall he say, Hold thy tongue: for we may not make mention of the name of the LORD.

For, behold, the LORD commandeth, and he will smite the great house with breaches, and the little house with clefts.

Shall horses run upon the rock? will one plow there with oxen? for ye have turned judgment into gall, and the fruit of righteousness into hemlock:

Ye which rejoice in a thing of nought, which say, Have we not taken to us horns by our own strength?

But, behold, I will raise up against you a nation, O house of Israel, saith the LORD the God of hosts; and they shall afflict you from the entering in of Hemath unto the river of the wilderness.

8 De Heere HEERE heeft gezworen bij Zichzelf (spreekt de HEERE, de God der heerscharen): Ik heb een gruwel van Jakobs hovaardij, en Ik haat zijn paleizen; daarom zal Ik de stad en haar volheid overleveren.

9 En het zal geschieden, zo er tien mannen in enig huis zullen overgelaten zijn, dat zij sterven zullen.

10 En de naaste vriend zal een iegelijk van die opnemen, of die hem verbrandt, om de beenderen uit het huis uit te brengen, en zal zeggen tot dien, die binnen de zijden van het huis is: Zijn er nog meer bij u? En hij zal zeggen: Niemand. Dan zal hij zeggen: Zwijg! want zij waren niet om des HEEREN Naam te vermelden.

11 Want ziet, de HEERE geeft bevel, en Hij zal het grote huis slaan met inwatering, en het kleine huis met spleten.

12 Zullen ook paarden rennen op een steenrots? Zal men ook daarop met runderen ploegen? Want gijlieden hebt het recht in gal verkeerd, en de vrucht der gerechtigheid in alsem.

13 Gij, die blijde zijt over een nietig ding; gij, die zegt: Hebben wij ons niet door onze sterkte hoornen verkregen?

14 Want ziet, Ik zal over ulieden, o huis Israels! een volk verwekken, spreekt de HEERE, de God der heirscharen; die zullen ulieden drukken, van daar men komt te Hamath, tot aan de beek der wildernis.

Amos (7) Amos

Thus hath the Lord GOD shewed unto me; and, behold, he formed grasshoppers in the beginning of the shooting up of the latter growth; and, lo, it was the latter growth after the king's mowings.

And it came to pass, that when they had made an end of eating the grass of the land, then I said, O Lord GOD, forgive, I beseech thee: by whom shall Jacob arise? for he is small.

The LORD repented for this: It shall not be, saith the LORD.

Thus hath the Lord GOD shewed unto me: and, behold, the Lord GOD called to contend by fire, and it devoured the great deep, and did eat up a part.

Then said I, O Lord GOD, cease, I beseech thee: by whom shall Jacob arise? for he is small.

The LORD repented for this: This also shall not be, saith the Lord GOD.

Thus he shewed me: and, behold, the Lord stood upon a wall made by a plumbline, with a plumbline in his hand.

And the LORD said unto me, Amos, what seest thou? And I said, A plumbline. Then said the Lord, Behold, I will set a plumbline in the midst of my people Israel: I will not again pass by them any more:

And the high places of Isaac shall be desolate, and the sanctuaries of Israel shall be laid waste; and I will rise against the house of Jeroboam with the sword.

Then Amaziah the priest of Bethel sent to Jeroboam king of Israel, saying, Amos hath conspired against thee in the midst of the house of Israel: the land is not able to bear all his words.

For thus Amos saith, Jeroboam shall die by the sword, and Israel shall surely be led away captive out of their own land.

Also Amaziah said unto Amos, O thou seer, go, flee thee away into the land of Judah, and there eat bread, and prophesy there:

But prophesy not again any more at Bethel: for it is the king's chapel, and it is the king's court.

Then answered Amos, and said to Amaziah, I was no prophet, neither was I a prophet's son; but I was an herdman, and a gatherer of sycomore fruit:

And the LORD took me as I followed the flock, and the LORD said unto me, Go, prophesy unto my people Israel.

Now therefore hear thou the word of the LORD: Thou sayest, Prophesy not against Israel, and drop not thy word against the house of Isaac.

Therefore thus saith the LORD; Thy wife shall be an harlot in the city, and thy sons and thy daughters shall fall by the sword, and thy land shall be divided by line; and thou shalt die in a polluted land: and Israel shall surely go into captivity forth of his land.

1 De Heere HEERE deed mij aldus zien; en ziet, Hij formeerde sprinkhanen, in het begin des opkomens van het nagras; en ziet, het was het nagras, na des konings afmaaiingen.

2 En het geschiedde, als zij het kruid des lands geheel zouden hebben afgegeten, dat ik zeide: Heere HEERE! vergeef toch; wie zou er van Jakob blijven staan; want hij is klein!

3 Toen berouwde zulks den HEERE; het zal niet geschieden, zeide de HEERE.

4 Wijders deed mij de Heere HEERE aldus zien; en ziet, de Heere HEERE riep uit, dat Hij wilde twisten met vuur; en het verteerde een groten afgrond, ook verteerde het een stuk lands.

5 Toen zeide ik: Heere HEERE! houd toch op; wie zou er van Jakob blijven staan; want hij is klein!

6 Toen berouwde zulks den HEERE. Ook dit zal niet geschieden, zeide de Heere HEERE.

7 Nog deed Hij mij aldus zien; en ziet, de Heere stond op een muur, die naar het paslood gemaakt was, en een paslood was in Zijn hand.

8 En de HEERE zeide tot mij: Wat ziet gij, Amos? En ik zeide: Een paslood. Toen zeide de HEERE: Zie, Ik zal het paslood stellen in het midden van Mijn volk Israel; Ik zal het voortaan niet meer voorbijgaan.

9 Maar Izaks hoogten zullen verwoest, en Israels eigendommen verstoord worden; en Ik zal tegen Jerobeams huis opstaan met het zwaard.

10 Toen zond Amazia, de priester te Beth-El, tot Jerobeam, den koning van Israel, zeggende: Amos heeft een verbintenis tegen u gemaakt, in het midden van het huis Israels; het land zal al zijn woorden niet kunnen verdragen.

11 Want alzo zegt Amos: Jerobeam zal door het zwaard sterven, en Israel zal voorzeker uit zijn land gevankelijk worden weggevoerd.

12 Daarna zeide Amazia tot Amos: Gij ziener! ga weg, vlied in het land van Juda, en eet aldaar brood, en profeteer aldaar.

13 Maar te Beth-El zult gij voortaan niet meer profeteren; want dat is des konings heiligdom, en dat is het huis des koninkrijks.

14 Toen antwoordde Amos, en zeide tot Amazia: Ik was geen profeet, en ik was geen profetenzoon; maar ik was een ossenherder, en las wilde vijgen af.

15 Maar de HEERE nam mij van achter de kudde; en de HEERE zeide tot mij: Ga henen, profeteer tot Mijn volk Israel.

16 Nu dan, hoor des HEEREN woord: Gij zegt: Gij zult niet profeteren tegen Israel, noch druppen tegen het huis van Izak.

17 Daarom zegt de HEERE alzo: Uw vrouw zal in de stad hoereren, en uw zonen en uw dochteren zullen door het zwaard vallen, en uw land zal door het snoer uitgedeeld worden; en gij zult in een onrein land sterven, en Israel zal voorzeker uit zijn land gevankelijk worden weggevoerd.

Amos (8) Amos

1 Thus hath the Lord GOD shewed unto me: and behold a basket of summer fruit.
2 And he said, Amos, what seest thou? And I said, A basket of summer fruit. Then said the LORD unto me, The end is come upon my people of Israel; I will not again pass by them any more.
3 And the songs of the temple shall be howlings in that day, saith the Lord GOD: there shall be many dead bodies in every place; they shall cast them forth with silence.
4 Hear this, O ye that swallow up the needy, even to make the poor of the land to fail,
5 Saying, When will the new moon be gone, that we may sell corn? and the sabbath, that we may set forth wheat, making the ephah small, and the shekel great, and falsifying the balances by deceit?
6 That we may buy the poor for silver, and the needy for a pair of shoes; yea, and sell the refuse of the wheat?
7 The LORD hath sworn by the excellency of Jacob, Surely I will never forget any of their works.
8 Shall not the land tremble for this, and every one mourn that dwelleth therein? and it shall rise up wholly as a flood; and it shall be cast out and drowned, as by the flood of Egypt.
9 And it shall come to pass in that day, saith the Lord GOD, that I will cause the sun to go down at noon, and I will darken the earth in the clear day:
10 And I will turn your feasts into mourning, and all your songs into lamentation; and I will bring up sackcloth upon all loins, and baldness upon every head; and I will make it as the mourning of an only son, and the end thereof as a bitter day.
11 Behold, the days come, saith the Lord GOD, that I will send a famine in the land, not a famine of bread, nor a thirst for water, but of hearing the words of the LORD:
12 And they shall wander from sea to sea, and from the north even to the east, they shall run to and fro to seek the word of the LORD, and shall not find it.
13 In that day shall the fair virgins and young men faint for thirst.
14 They that swear by the sin of Samaria, and say, Thy god, O Dan, liveth; and, The manner of Beersheba liveth; even they shall fall, and never rise up again.

1 De Heere HEERE deed mij aldus zien; en ziet, een korf met zomervruchten.
2 En Hij zeide: Wat ziet gij Amos? En ik zeide: Een korf met zomervruchten. Toen zeide de HEERE tot mij: Het einde is gekomen over Mijn volk Israel; Ik zal het voortaan niet meer voorbijgaan.
3 Maar de gezangen des tempels zullen te dien dage huilen, spreekt de Heere HEERE; vele dode lichamen zullen er zijn, in alle plaatsen zal men ze stilzwijgend wegwerpen.
4 Hoort dit, gij, die den nooddruftige opslokt! en dat om te vernielen de ellendigen des lands;
5 Zeggende: Wanneer zal de nieuwe maan overgaan, dat wij leeftocht mogen verkopen? en de sabbat, dat wij koren mogen openen? verkleinende de efa, en den sikkel vergrotende, en verkeerdelijk handelende met bedrieglijke weegschalen;
6 Dat wij de armen voor geld mogen kopen, en den nooddruftige om een paar schoenen; dan zullen wij het kaf van het koren verkopen.
7 De HEERE heeft gezworen bij Jakobs heerlijkheid: Zo Ik al hun werken in eeuwigheid zal vergeten!
8 Zou het land hierover niet beroerd worden, en al wie daarin woont treuren? Ja, het zal geheel oprijzen als een rivier, en het zal heen en weder gedreven en verdronken worden, als door de rivier van Egypte.
9 En het zal te dien dage geschieden, spreekt de Heere HEERE, dat Ik de zon op den middag zal doen ondergaan, en het land bij lichten dage verduisteren.
10 En Ik zal uw feesten in rouw, en al uw liederen in weeklage veranderen, en op alle lenden een zak, en op alle hoofd kaalheid brengen; en Ik zal het land stellen in rouw, als er is over een enigen zoon, en deszelfs einde als een bitteren dag.
11 Ziet, de dagen komen, spreekt de Heere HEERE, dat Ik een honger in het land zal zenden; niet een honger naar brood, noch dorst naar water, maar om te horen de woorden des HEEREN.
12 En zij zullen zwerven van zee tot zee, en van het noorden tot het oosten; zij zullen omlopen om het woord des HEEREN te zoeken, maar zullen het niet vinden.
13 Te dien dage zullen de schone jonkvrouwen en de jongelingen van dorst versmachten;
14 Die daar zweren bij de schuld van Samaria, en zeggen: Zo waarachtig als uw God van Dan leeft, en de weg van Ber-seba leeft! en zij zullen vallen, en niet weder opstaan.

Amos (9) Amos

1 I saw the Lord standing upon the altar: and he said, Smite the lintel of the door, that the posts may shake: and cut them in the head, all of them; and I will slay the last of them with the sword: he that fleeth of them shall not flee away, and he that escapeth of them shall not be delivered.
2 Though they dig into hell, thence shall mine hand take them; though they climb up to heaven, thence will I bring them down:
3 And though they hide themselves in the top of Carmel, I will search and take them out thence; and though they be hid from my sight in the bottom of the sea, thence will I command the serpent, and he shall bite them:
4 And though they go into captivity before their enemies, thence will I command the sword, and it shall slay them: and I will set mine eyes upon them for evil, and not for good.
5 And the Lord GOD of hosts is he that toucheth the land, and it shall melt, and all that dwell therein shall mourn: and it shall rise up wholly like a flood; and shall be drowned, as by the flood of Egypt.
6 It is he that buildeth his stories in the heaven, and hath founded his troop in the earth; he that calleth for the waters of the sea, and poureth them out upon the face of the earth: The LORD is his name.
7 Are ye not as children of the Ethiopians unto me, O children of Israel? saith the LORD. Have not I brought up Israel out of the land of Egypt? and the Philistines from Caphtor, and the Syrians from Kir?

1 Ik zag den Heere staan op het altaar, en Hij zeide: Sla dien knoop, dat de posten beven, en doorkloof ze allen in het hoofd; en Ik zal hun achterste met het zwaard doden; en vliedende zal onder hen niet ontvlieden, noch de ontkomende onder hen behouden worden.
2 Al groeven zij tot in de hel, zo zal Mijn hand ze van daar halen, en al klommen zij in den hemel, zo zal Ik ze van daar doen nederdalen.
3 En al verstaken zij zich op de hoogte van Karmel, zo zal Ik ze naspeuren en van daar halen; en al verborgen zij zich van voor Mijn ogen in den grond van de zee, zo zal Ik van daar een slang gebieden, die zal ze bijten.
4 En al gingen zij in gevangenis voor het aangezicht hunner vijanden, zo zal Ik vandaar het zwaard gebieden, dat het hen dode; en Ik zal Mijn oog tegen hen zetten ten kwade, en niet ten goede.
5 Want de Heere HEERE der heirscharen is het, Die het land aanroert, dat het versmelte, en allen, die daarin wonen, treuren; en dat het geheel oprijze als een rivier, en verdronken worde als door de rivier van Egypte.
6 Die Zijn opperzalen in den hemel bouwt, en Zijn benden heeft Hij op aarde gefondeerd; Die de wateren der zee roept, en giet ze uit op den aardbodem; HEERE is Zijn Naam.
7 Zijt gijlieden Mij niet als de kinderen der Moren, o kinderen Israels? spreekt de HEERE. Heb Ik Israel niet opgevoerd uit Egypteland, en de Filistijnen uit Kafthor, en de Syriers uit Kir?

Behold, the eyes of the Lord GOD are upon the sinful kingdom, and I will destroy it from off the face of the earth; saving that I will not utterly destroy the house of Jacob, saith the LORD.	8 Ziet, de ogen des Heeren HEEREN zijn tegen dit zondig koninkrijk, dat Ik het van den aardbodem verdelge; behalve dat Ik het huis Jakobs niet ganselijk zal verdelgen, spreekt de HEERE.
For, lo, I will command, and I will sift the house of Israel among all nations, like as corn is sifted in a sieve, yet shall not the least grain fall upon the earth.	9 Want ziet, Ik geef bevel, en Ik zal het huis Israels onder al de heidenen schudden, gelijk als zaad geschud wordt in een zeef; en niet een steentje zal er ter aarde vallen.
All the sinners of my people shall die by the sword, which say, The evil shall not overtake nor prevent us.	10 Alle zondaars Mijns volks zullen door het zwaard sterven; die daar zeggen: Het kwaad zal tot ons niet genaken, noch ons voorkomen.
In that day will I raise up the tabernacle of David that is fallen, and close up the breaches thereof; and I will raise up his ruins, and I will build it as in the days of old:	11 Te dien dage zal Ik de vervallen hut van David weder oprichten, en Ik zal haar reten vertuinen, en wat aan haar is afgebroken, weder oprichten, en zal ze bouwen, als in de dagen van ouds;
That they may possess the remnant of Edom, and of all the heathen, which are called by my name, saith the LORD that doeth this.	12 Opdat zij erfelijk bezitten het overblijfsel van Edom, en al de heidenen, die naar Mijn Naam genoemd worden, spreekt de HEERE, Die dit doet.
Behold, the days come, saith the LORD, that the plowman shall overtake the reaper, and the treader of grapes him that soweth seed; and the mountains shall drop sweet wine, and all the hills shall melt.	13 Ziet, de dagen komen, spreekt de HEERE, dat de ploeger den maaier, en de druiventreder den zaadzaaier genaken zal; en de bergen zullen van zoeten wijn druipen, en al de heuvelen zullen smelten.
And I will bring again the captivity of my people of Israel, and they shall build the waste cities, and inhabit them; and they shall plant vineyards, and drink the wine thereof; they shall also make gardens, and eat the fruit of them.	14 En Ik zal de gevangenis van Mijn volk Israel wenden, en zij zullen de verwoeste steden herbouwen en bewonen, en wijngaarden planten, en derzelver wijn drinken; en zij zullen hoven maken, en derzelver vrucht eten.
And I will plant them upon their land, and they shall no more be pulled up out of their land which I have given them, saith the LORD thy God.	15 En Ik zal ze in hun land planten; en zij zullen niet meer worden uitgerukt uit hun land, dat Ik hunlieden gegeven heb, zegt de HEERE, uw God.

Obadiah - Obadja
Obadiah (1) Obadja

#	English	Dutch

1 The vision of Obadiah. Thus saith the Lord GOD concerning Edom; We have heard a rumour from the LORD, and an ambassador is sent among the heathen, Arise ye, and let us rise up against her in battle.

1 Het gezicht van Obadja. Alzo zegt de Heere HEERE van Edom: Wij hebben een gerucht gehoord van den HEERE, en er is een gezant geschikt onder de heidenen: Staat op, en laat ons opstaan tegen hen ten strijde.

2 Behold, I have made thee small among the heathen: thou art greatly despised.

2 Ziet, Ik heb u klein gemaakt onder de heidenen, gij zijt zeer veracht.

3 The pride of thine heart hath deceived thee, thou that dwellest in the clefts of the rock, whose habitation is high; that saith in his heart, Who shall bring me down to the ground?

3 De trotsheid uws harten heeft u bedrogen; hij, die daar woont in de kloven der steenrotsen, in zijn hoge woning; die in zijn hart zegt: Wie zou mij ter aarde nederstoten?

4 Though thou exalt thyself as the eagle, and though thou set thy nest among the stars, thence will I bring thee down, saith the LORD.

4 Al verhieft gij u gelijk de arend, en al steldet gij uw nest tussen de sterren, zo zal Ik u van daar nederstoten, spreekt de HEERE.

5 If thieves came to thee, if robbers by night, (how art thou cut off!) would they not have stolen till they had enough? if the grapegatherers came to thee, would they not leave some grapes?

5 Zo er dieven, zo er nachtrovers tot u gekomen waren (hoe zijt gij uitgeroeid!), zouden zij niet gestolen hebben zoveel hun genoeg ware? Zo er wijnlezers tot u gekomen waren, zouden zij niet een nalezing hebben overgelaten?

6 How are the things of Esau searched out! how are his hidden things sought up!

6 Hoe zijn Ezau's goederen nagespeurd, zijn verborgen schatten opgezocht!

7 All the men of thy confederacy have brought thee even to the border: the men that were at peace with thee have deceived thee, and prevailed against thee; they that eat thy bread have laid a wound under thee: there is none understanding in him.

7 Al uw bondgenoten hebben u tot aan de landpale uitgeleid; uw vredegenoten hebben u bedrogen, zij hebben u overmocht; die uw brood eten zullen een gezwel onder u zetten, er is geen verstand in hem.

8 Shall I not in that day, saith the LORD, even destroy the wise men out of Edom, and understanding out of the mount of Esau?

8 Zal het niet te dien dage zijn, spreekt de HEERE, dat Ik de wijzen uit Edom, en het verstand uit Ezau's gebergte zal doen vergaan?

9 And thy mighty men, O Teman, shall be dismayed, to the end that every one of the mount of Esau may be cut off by slaughter.

9 Ook zullen uw helden, o Theman! versaagd zijn; opdat een ieder uit Ezau's gebergte door den moord worde uitgeroeid.

10 For thy violence against thy brother Jacob shame shall cover thee, and thou shalt be cut off for ever.

10 Om het geweld, begaan aan uw broeder Jakob, zal schaamte u bedekken; en gij zult uitgeroeid worden in eeuwigheid.

11 In the day that thou stoodest on the other side, in the day that the strangers carried away captive his forces, and foreigners entered into his gates, and cast lots upon Jerusalem, even thou wast as one of them.

11 Ten dage als gij tegenover stondt, ten dage als de uitlanders zijn heir gevangen voerden, en de vreemden tot zijn poorten introkken, en over Jeruzalem het lot wierpen, waart gij ook als een van hen.

12 But thou shouldest not have looked on the day of thy brother in the day that he became a stranger; neither shouldest thou have rejoiced over the children of Judah in the day of their destruction; neither shouldest thou have spoken proudly in the day of distress.

12 Toen zoudt gij niet gezien hebben op den dag uws broeders, den dag zijner vervreemding; noch u verblijd hebben over de kinderen van Juda, ten dage huns ondergangs; noch uw mond groot gemaakt hebben, ten dage der benauwdheid;

13 Thou shouldest not have entered into the gate of my people in the day of their calamity; yea, thou shouldest not have looked on their affliction in the day of their calamity, nor have laid hands on their substance in the day of their calamity;

13 Noch ter poorte Mijns volks ingegaan zijn, ten dage huns verderfs; noch gezien hebben, ook gij, op zijn kwaad, ten dage zijns verderfs; noch uw handen uitgestrekt hebben aan zijn heir, ten dage zijns verderfs;

14 Neither shouldest thou have stood in the crossway, to cut off those of his that did escape; neither shouldest thou have delivered up those of his that did remain in the day of distress.

14 Noch gestaan hebben op de wegscheiding, om zijn ontkomenen uit te roeien; noch zijn overgeblevenen overgeleverd hebben, ten dage der benauwdheid.

15 For the day of the LORD is near upon all the heathen: as thou hast done, it shall be done unto thee: thy reward shall return upon thine own head.

15 Want de dag des HEEREN is nabij, over al de heidenen; gelijk als gij gedaan hebt, zal u gedaan worden; uw vergelding zal op uw hoofd wederkeren.

16 For as ye have drunk upon my holy mountain, so shall all the heathen drink continually, yea, they shall drink, and they shall swallow down, and they shall be as though they had not been.

16 Want gelijk gijlieden gedronken hebt op den berg Mijner heiligheid, zo zullen al de heidenen geduriglijk drinken; ja, zij zullen drinken en inzwelgen, en zullen zijn alsof zij er niet geweest waren.

17 But upon mount Zion shall be deliverance, and there shall be holiness; and the house of Jacob shall possess their possessions.

17 Maar op den berg Sions zal ontkoming zijn, en hij zal een heiligheid zijn; en die van het huis Jakobs zullen hun erfgoederen erfelijk bezitten.

18 And the house of Jacob shall be a fire, and the house of Joseph a flame, and the house of Esau for stubble, and they shall kindle in them, and devour them; and there shall not be any remaining of the house of Esau; for the LORD hath spoken it.

18 En Jakobs huis zal een vuur zijn, en Jozefs huis een vlam, en Ezau's huis tot een stoppel; en zij zullen tegen hen ontbranden, en zullen ze verteren, zodat Ezau's huis geen overgeblevene zal hebben; want de HEERE heeft het gesproken.

19 And they of the south shall possess the mount of Esau; and they of the plain the Philistines: and they shall possess the fields of Ephraim, and the fields of Samaria: and Benjamin shall possess Gilead.

19 En die van het zuiden zullen Ezau's gebergte, en die van de laagte zullen de Filistijnen erfelijk bezitten; ja, zij zullen het veld van Efraïm en het veld van Samaria erfelijk bezitten; en Benjamin Gilead.

20 And the captivity of this host of the children of Israel shall possess that of the Canaanites, even unto Zarephath; and the captivity of Jerusalem, which is in Sepharad, shall possess the cities of the south.

20 En de gevankelijk weggevoerden van dit heir der kinderen Israels, hetgeen der Kanaänieten was, tot Zarfath toe; en de gevankelijk weggevoerden van Jeruzalem, hetgeen in Sefarad is, zij zullen de steden van het zuiden erfelijk bezitten.

21 And saviours shall come up on mount Zion to judge the mount of Esau; and the kingdom shall be the LORD'S.

21 En er zullen heilanden op den berg Sions opkomen, om Ezau's gebergte te richten; en het koninkrijk zal des HEEREN zijn.

Jonah - Jona

Jonah (1) Jona

	English		Dutch
	Now the word of the LORD came unto Jonah the son of Amittai, saying,	1	En het woord des HEEREN geschiedde tot Jona, den zoon van Amitthai, zeggende:
	Arise, go to Nineveh, that great city, and cry against it; for their wickedness is come up before me.	2	Maak u op, ga naar de grote stad Nineve, en predik tegen haar; want hunlieder boosheid is opgeklommen voor Mijn aangezicht.
	But Jonah rose up to flee unto Tarshish from the presence of the LORD, and went down to Joppa; and he found a ship going to Tarshish: so he paid the fare thereof, and went down into it, to go with them unto Tarshish from the presence of the LORD.	3	Maar Jona maakte zich op om te vluchten naar Tarsis, van het aangezicht des HEEREN; en hij kwam af te Jafo, en vond een schip, gaande naar Tarsis, en hij gaf de vracht daarvan, en ging neder in hetzelve, om met henlieden te gaan naar Tarsis, van het aan gezicht des HEEREN.
	But the LORD sent out a great wind into the sea, and there was a mighty tempest in the sea, so that the ship was like to be broken.	4	Maar de HEERE wierp een groten wind op de zee; en er werd een grote storm in de zee, zodat het schip dacht te breken.
	Then the mariners were afraid, and cried every man unto his god, and cast forth the wares that were in the ship into the sea, to lighten it of them. But Jonah was gone down into the sides of the ship; and he lay, and was fast asleep.	5	Toen vreesden de zeelieden, en riepen een iegelijk tot zijn god, en wierpen de vaten, die in het schip waren, in de zee, om het van dezelve te verlichten; maar Jona was nedergegaan aan de zijden van het schip, en lag neder, en was met een diepen slaap bevangen.
	So the shipmaster came to him, and said unto him, What meanest thou, O sleeper? arise, call upon thy God, if so be that God will think upon us, that we perish not.	6	En de opperschipper naderde tot hem, en zeide tot hem: Wat is u, gij hardslapende? Sta op, roep tot uw God, misschien zal die God aan ons gedenken, dat wij niet vergaan.
	And they said every one to his fellow, Come, and let us cast lots, that we may know for whose cause this evil is upon us. So they cast lots, and the lot fell upon Jonah.	7	Voorts zeiden zij, een ieder tot zijn metgezel: Komt, en laat ons loten werpen, opdat wij mogen weten, om wiens wil ons dit kwaad overkomt. Alzo wierpen zij loten, en het lot viel op Jona.
	Then said they unto him, Tell us, we pray thee, for whose cause this evil is upon us; What is thine occupation? and whence comest thou? what is thy country? and of what people art thou?	8	Toen zeiden zij tot hem: Verklaar ons nu, om wiens wil ons dit kwaad overkomt. Wat is uw werk en van waar komt gij? Welk is uw land en van welk volk zijt gij?
	And he said unto them, I am an Hebrew; and I fear the LORD, the God of heaven, which hath made the sea and the dry land.	9	En hij zeide tot hen: Ik ben een Hebreer; en ik vreze den HEERE, den God des hemels, Die de zee en het droge gemaakt heeft.
	Then were the men exceedingly afraid, and said unto him, Why hast thou done this? For the men knew that he fled from the presence of the LORD, because he had told them.	10	Toen vreesden die mannen met grote vreze, en zeiden tot hem: Wat hebt gij dit gedaan? Want de mannen wisten, dat hij van des HEEREN aangezicht vlood; want hij had het hun te kennen gegeven.
	Then said they unto him, What shall we do unto thee, that the sea may be calm unto us? for the sea wrought, and was tempestuous.	11	Voorts zeiden zij tot hem: Wat zullen wij u doen, opdat de zee stil worde van ons? Want de zee werd hoe langer hoe onstuimiger.
	And he said unto them, Take me up, and cast me forth into the sea; so shall the sea be calm unto you: for I know that for my sake this great tempest is upon you.	12	En hij zeide tot hen: Neemt mij op, en werpt mij in de zee, zo zal de zee stil worden van ulieden; want ik weet, dat deze grote storm ulieden om mijnentwil over komt.
	Nevertheless the men rowed hard to bring it to the land; but they could not: for the sea wrought, and was tempestuous against them.	13	Maar de mannen roeiden, om het schip weder te brengen aan het droge, doch zij konden niet; want de zee werd hoe langer hoe onstuimiger tegen hen.
	Wherefore they cried unto the LORD, and said, We beseech thee, O LORD, we beseech thee, let us not perish for this man's life, and lay not upon us innocent blood: for thou, O LORD, hast done as it pleased thee.	14	Toen riepen zij tot den HEERE, en zeiden: Och HEERE! laat ons toch niet vergaan om dezes mans ziel, en leg geen onschuldig bloed op ons; want Gij, HEERE! hebt gedaan, gelijk als het U heeft behaagd.
	So they took up Jonah, and cast him forth into the sea: and the sea ceased from her raging.	15	En zij namen Jona op, en wierpen hem in de zee. Toen stond de zee stil van haar verbolgenheid.
	Then the men feared the LORD exceedingly, and offered a sacrifice unto the LORD, and made vows.	16	Dies vreesden de mannen den HEERE met grote vreze; en zij slachtten den HEERE slachtoffer, en beloofden geloften.
	Now the LORD had prepared a great fish to swallow up Jonah. And Jonah was in the belly of the fish three days and three nights.	17	De HEERE nu beschikte een groten vis, om Jona in te slokken; en Jona was in het ingewand van den vis, drie dagen en drie nachten.

Jonah (2) Jona

	English		Dutch
	Then Jonah prayed unto the LORD his God out of the fish's belly,	1	En Jona bad tot den HEERE, zijn God, uit het ingewand van den vis.
	And said, I cried by reason of mine affliction unto the LORD, and he heard me; out of the belly of hell cried I, and thou heardest my voice.	2	En hij zeide: Ik riep uit mijn benauwdheid tot den HEERE, en Hij antwoordde mij; uit den buik des grafs schreide ik, en Gij hoordet mijn stem.
	For thou hadst cast me into the deep, in the midst of the seas; and the floods compassed me about: all thy billows and thy waves passed over me.	3	Want Gij hadt mij geworpen in de diepte, in het hart der zeeen, en de stroom omving mij; al Uw baren en Uw golven gingen over mij henen.
	Then I said, I am cast out of thy sight; yet I will look again toward thy holy temple.	4	En ik zeide: Ik ben uitgestoten van voor Uw ogen; nochtans zal ik den tempel Uwer heiligheid weder aanschouwen.
	The waters compassed me about, even to the soul: the depth closed me round about, the weeds were wrapped about my head.	5	De wateren hadden mij omgeven tot de ziel toe, de afgrond omving mij; het wier was aan mijn hoofd gebonden.

I went down to the bottoms of the mountains; the earth with her bars was about me for ever: yet hast thou brought up my life from corruption, O LORD my God.	6 Ik was nedergedaald tot de gronden der bergen; de grendelen der aarde waren om mij henen in eeuwigheid; maar Gij hebt mijn leven uit het verderf opgevoerd, o HEERE, mijn God!
When my soul fainted within me I remembered the LORD: and my prayer came in unto thee, into thine holy temple.	7 Als mijn ziel in mij overstelpt was, dacht ik aan den HEERE, en mijn gebed kwam tot U, in den tempel Uwer heiligheid.
They that observe lying vanities forsake their own mercy.	8 Die de valse ijdelheden onderhouden, verlaten hunlieder weldadigheid.
But I will sacrifice unto thee with the voice of thanksgiving; I will pay that that I have vowed. Salvation is of the LORD.	9 Maar ik zal U offeren met de stem der dankzegging; wat ik beloofd heb, zal ik betalen. Het heil is des HEEREN.
And the LORD spake unto the fish, and it vomited out Jonah upon the dry land.	10 De HEERE nu sprak tot den vis; en hij spuwde Jona uit op het droge.

Jonah (3) Jona

And the word of the LORD came unto Jonah the second time, saying,	1 En het woord des HEEREN geschiedde ten anderen male tot Jona, zeggende:
Arise, go unto Nineveh, that great city, and preach unto it the preaching that I bid thee.	2 Maak u op, ga naar de grote stad Nineve; en predik tegen haar de prediking, die Ik tot u spreek.
So Jonah arose, and went unto Nineveh, according to the word of the LORD. Now Nineveh was an exceeding great city of three days' journey.	3 Toen maakte zich Jona op, en ging naar Nineve, naar het woord des HEEREN. Nineve nu was een grote stad Gods, van drie dagreizen.
And Jonah began to enter into the city a day's journey, and he cried, and said, Yet forty days, and Nineveh shall be overthrown.	4 En Jona begon in de stad te gaan, een dagreis; en hij predikte, en zeide: Nog veertig dagen, dan zal Nineve worden omgekeerd.
So the people of Nineveh believed God, and proclaimed a fast, and put on sackcloth, from the greatest of them even to the least of them.	5 En de lieden van Nineve geloofden aan God; en zij riepen een vasten uit, en bekleedden zich met zakken, van hun grootste af tot hun kleinste toe.
For word came unto the king of Nineveh, and he arose from his throne, and he laid his robe from him, and covered him with sackcloth, and sat in ashes.	6 Want dit woord geraakte tot den koning van Nineve, en hij stond op van zijn troon, en deed zijn heerlijk overkleed van zich; en hij bedekte zich met een zak, en zat neder in de as.
And he caused it to be proclaimed and published through Nineveh by the decree of the king and his nobles, saying, Let neither man nor beast, herd nor flock, taste any thing: let them not feed, nor drink water:	7 En hij liet uitroepen, en men sprak te Nineve, uit bevel des konings en zijner groten, zeggende: Laat mens noch beest, rund noch schaap, iets smaken, laat ze niet weiden, noch water drinken.
But let man and beast be covered with sackcloth, and cry mightily unto God: yea, let them turn every one from his evil way, and from the violence that is in their hands.	8 Maar mens en beest zullen met zakken bedekt zijn, en zullen sterk tot God roepen; en zij zullen zich bekeren, een iegelijk van zijn bozen weg, en van het geweld, dat in hun handen is.
Who can tell if God will turn and repent, and turn away from his fierce anger, that we perish not?	9 Wie weet, God mocht Zich wenden, en berouw hebben; en Hij mocht Zich wenden van de hittigheid Zijns toorns, dat wij niet vergingen!
And God saw their works, that they turned from their evil way; and God repented of the evil, that he had said that he would do unto them; and he did it not.	10 En God zag hun werken, dat zij zich bekeerden van hun bozen weg; en het berouwde God over het kwaad, dat Hij gesproken had hun te zullen doen, en Hij deed het niet.

Jonah (4) Jona

But it displeased Jonah exceedingly, and he was very angry.	1 Dit verdroot Jona met groot verdriet, en zijn toorn ontstak.
And he prayed unto the LORD, and said, I pray thee, O LORD, was not this my saying, when I was yet in my country? Therefore I fled before unto Tarshish: for I knew that thou art a gracious God, and merciful, slow to anger, and of great kindness, and repentest thee of the evil.	2 En hij bad tot den HEERE, en zeide: Och HEERE! was dit mijn woord niet, als ik nog in mijn land was? Daarom kwam ik het voor, vluchtende naar Tarsis; want ik wist, dat Gij een genadig en barmhartig God zijt, lankmoedig en groot van goedertierenheid, en berouw hebbende over het kwaad.
Therefore now, O LORD, take, I beseech thee, my life from me; for it is better for me to die than to live.	3 Nu dan, HEERE! neem toch mijn ziel van mij; want het is mij beter te sterven dan te leven.
Then said the LORD, Doest thou well to be angry?	4 En de HEERE zeide: Is uw toorn billijk ontstoken?
So Jonah went out of the city, and sat on the east side of the city, and there made him a booth, and sat under it in the shadow, till he might see what would become of the city.	5 Jona nu ging ter stad uit, en zette zich tegen het oosten der stad; en hij maakte zich aldaar een verdek, en zat daaronder in de schaduw, totdat hij zag, wat van de stad zou worden.
And the LORD God prepared a gourd, and made it to come up over Jonah, that it might be a shadow over his head, to deliver him from his grief. So Jonah was exceeding glad of the gourd.	6 En God, de HEERE, beschikte een wonderboom, en deed hem opschieten boven Jona, opdat er schaduw mocht zijn over zijn hoofd, om hem te redden van zijn verdriet. En Jona verblijdde zich over den wonderboom met grote blijdschap.
But God prepared a worm when the morning rose the next day, and it smote the gourd that it withered.	7 Maar God beschikte een worm des anderen daags in het opgaan van den dageraad; die stak den wonderboom, dat hij verdorde.
And it came to pass, when the sun did arise, that God prepared a vehement east wind; and the sun beat upon the head of Jonah, that he fainted, and wished in himself to die, and said, It is better for me to die than to live.	8 En het geschiedde, als de zon oprees, dat God een stillen oostenwind beschikte; en de zon stak op het hoofd van Jona, dat hij amechtig werd; en hij wenste zijner ziel te mogen sterven, en zeide: Het is mij beter te sterven dan te leven.
And God said to Jonah, Doest thou well to be angry for the gourd? And he said, I do well to be angry, even unto death.	9 Toen zeide God tot Jona: Is uw toorn billijk ontstoken over den wonderboom? En hij zeide: Billijk is mijn toorn ontstoken ter dood toe.
Then said the LORD, Thou hast had pity on the gourd, for the which thou hast not laboured, neither madest it grow; which came up in a night, and perished in a night:	10 En de HEERE zeide: Gij verschoont den wonderboom, aan welken gij niet hebt gearbeid, noch dien groot gemaakt; die in een nacht werd, en in een nacht verging;

And should not I spare Nineveh, that great city, wherein are more than sixscore thousand persons that cannot discern between their right hand and their left hand; and also much cattle?

11 En Ik zou die grote stad Nineve niet verschonen? waarin veel meer dan honderd en twintig duizend mensen zijn, die geen onderscheid weten tussen hun rechterhand, en hun linkerhand; daartoe veel vee?

Micah - Micha

Micah (1) Micha

1. The word of the LORD that came to Micah the Morasthite in the days of Jotham, Ahaz, and Hezekiah, kings of Judah, which he saw concerning Samaria and Jerusalem.
2. Hear, all ye people; hearken, O earth, and all that therein is: and let the Lord GOD be witness against you, the Lord from his holy temple.
3. For, behold, the LORD cometh forth out of his place, and will come down, and tread upon the high places of the earth.
4. And the mountains shall be molten under him, and the valleys shall be cleft, as wax before the fire, and as the waters that are poured down a steep place.
5. For the transgression of Jacob is all this, and for the sins of the house of Israel. What is the transgression of Jacob? is it not Samaria? and what are the high places of Judah? are they not Jerusalem?
6. Therefore I will make Samaria as an heap of the field, and as plantings of a vineyard: and I will pour down the stones thereof into the valley, and I will discover the foundations thereof.
7. And all the graven images thereof shall be beaten to pieces, and all the hires thereof shall be burned with the fire, and all the idols thereof will I lay desolate: for she gathered it of the hire of an harlot, and they shall return to the hire of an harlot.
8. Therefore I will wail and howl, I will go stripped and naked: I will make a wailing like the dragons, and mourning as the owls.
9. For her wound is incurable; for it is come unto Judah; he is come unto the gate of my people, even to Jerusalem.
10. Declare ye it not at Gath, weep ye not at all: in the house of Aphrah roll thyself in the dust.
11. Pass ye away, thou inhabitant of Saphir, having thy shame naked: the inhabitant of Zaanan came not forth in the mourning of Bethezel; he shall receive of you his standing.
12. For the inhabitant of Maroth waited carefully for good: but evil came down from the LORD unto the gate of Jerusalem.
13. O thou inhabitant of Lachish, bind the chariot to the swift beast: she is the beginning of the sin to the daughter of Zion: for the transgressions of Israel were found in thee.
14. Therefore shalt thou give presents to Moreshethgath: the houses of Achzib shall be a lie to the kings of Israel.
15. Yet will I bring an heir unto thee, O inhabitant of Mareshah: he shall come unto Adullam the glory of Israel.
16. Make thee bald, and poll thee for thy delicate children; enlarge thy baldness as the eagle; for they are gone into captivity from thee.

Micah (2) Micha

1. Woe to them that devise iniquity, and work evil upon their beds! when the morning is light, they practise it, because it is in the power of their hand.
2. And they covet fields, and take them by violence; and houses, and take them away: so they oppress a man and his house, even a man and his heritage.
3. Therefore thus saith the LORD; Behold, against this family do I devise an evil, from which ye shall not remove your necks; neither shall ye go haughtily: for this time is evil.
4. In that day shall one take up a parable against you, and lament with a doleful lamentation, and say, We be utterly spoiled: he hath changed the portion of my people: how hath he removed it from me! turning away he hath divided our fields.
5. Therefore thou shalt have none that shall cast a cord by lot in the congregation of the LORD.
6. Prophesy ye not, say they to them that prophesy: they shall not prophesy to them, that they shall not take shame.

---

1. Het woord des HEEREN, dat geschied is tot Micha, den Morastiet, in de dagen van Jotham, Achaz en Jehizkia, koningen van Juda; dat hij gezien heeft over Samaria en Jeruzalem.
2. Hoort, gij volken altemaal! merk op, gij aarde, mitsgaders derzelver volheid! de Heere HEERE nu zal tot een getuige zijn tegen ulieden, de Heere uit den tempel Zijner heiligheid.
3. Want ziet, de HEERE gaat uit van Zijn plaats, en Hij zal nederdalen en treden op de hoogten der aarde.
4. En de bergen zullen onder Hem versmelten, en de dalen gekloofd worden, gelijk was voor het vuur, gelijk wateren, die uitgestort worden in de laagte.
5. Dit alles, om de overtreding van Jakob, en om de zonden van het huis Israels; wie is het begin van de overtreding van Jakob? Is het niet Samaria? En wie van de hoogten van Juda? Is het niet Jeruzalem?
6. Daarom zal Ik Samaria stellen tot een steenhoop des velds, tot plantingen eens wijngaards; en Ik zal haar stenen in de vallei storten, en haar fundamenten ontdekken.
7. En al haar gesneden beelden zullen vermorzeld worden, en al haar hoerenbeloningen zullen met vuur verbrand worden, en al haar afgoden zal Ik stellen tot een woestheid; want zij heeft ze van hoerenloon vergaderd, en zij zullen tot hoerenloon wederkeren.
8. Hierom zal ik misbaar bedrijven en huilen; ik zal beroofd en naakt gaan; ik zal misbaar maken als de draken, en treuren als de jonge struisen.
9. Want haar plagen zijn dodelijk; want zij zijn gekomen tot aan Juda; hij is geraakt tot aan de poort mijns volks, tot aan Jeruzalem.
10. Verkondigt het niet te Gath, weent zo jammerlijk niet; wentelt u in het stof in het huis van Afra.
11. Ga door, gij inwoneres van Safir! met blote schaamte; de inwoneres van Zaanan gaat niet uit; rouwklage is te Beth-haezel; hij zal zijn stand van ulieden nemen.
12. Want de inwoneres van Maroth is krank om des goeds wil; want een kwaad is van den HEERE afgedaald, tot aan de poort van Jeruzalem.
13. Span de snelle dieren aan den wagen, gij inwoners van Lachis! (deze is der dochter Sions het beginsel der zonde) want in u zijn Israels overtredingen gevonden.
14. Daarom geef geschenken aan Morescheth-Gaths; de huizen van Achzib zullen den koningen van Israel tot een leugen zijn.
15. Ik zal u nog een erfgenaam toebrengen, gij inwoneres van Maresa! Hij zal komen tot aan Adullam, tot aan de heerlijkheid Israels.
16. Maak u kaal en scheer u, om uw troetelkinderen; verwijd uw kaalheid, als de arend, omdat zij gevankelijk van u zijn weggevoerd.

---

1. Wee dien, die ongerechtigheid bedenken, en kwaad werken op hun legers; in het licht van den morgenstond doen zij het, dewijl het in de macht van hunlieder hand is.
2. En zij begeren akkers, en roven ze, en huizen, en nemen ze weg; alzo doen zij geweld aan den man en zijn huis, ja, aan een iegelijk en zijn erfenis.
3. Daarom, alzo zegt de HEERE: Ziet, Ik denk een kwaad over dit geslacht, waaruit gijlieden uw halzen niet zult uittrekken, en zult zo rechtop niet gaan; want het zal een boze tijd zijn.
4. Te dien dage zal men een spreekwoord over ulieden opnemen; en men zal een klagelijke klacht klagen, en zeggen: Wij zijn ten enenmale verwoest; Hij verwisselt mijns volks deel; hoe ontwendt Hij mij; Hij deelt uit, afwendende onze akkers.
5. Daarom zult gij niemand hebben, die het snoer werpe in het lot, in de gemeente des HEEREN.
6. Profeteert gijlieden niet, zeggen zij, laat die profeteren; zij profeteren niet als die; men wijkt niet af van smaadheden.

O thou that art named the house of Jacob, is the spirit of the LORD straitened? are these his doings? do not my words do good to him that walketh uprightly?	7 O gij, die Jakobs huis geheten zijt! Is dan de Geest des HEEREN verkort? Zijn dat Zijn werken? Doen Mijn woorden geen goed bij dien, die recht wandelt?
Even of late my people is risen up as an enemy: ye pull off the robe with the garment from them that pass by securely as men averse from war.	8 Maar gisteren stelde zich Mijn volk op, tot vijand, tegenover een kleed; gij stroopt een mantel van degenen, die zeker voorbijgaan, wederkomende van den strijd.
The women of my people have ye cast out from their pleasant houses; from their children have ye taken away my glory for ever.	9 De vrouwen Mijns volks verdrijft gij, elkeen uit het huis van haar vermakingen; van haar kinderkens neemt gij Mijn sieraad in eeuwigheid.
Arise ye, and depart; for this is not your rest: because it is polluted, it shall destroy you, even with a sore destruction.	10 Maakt u dan op, en gaat henen; want dit land zal de rust niet zijn; omdat het verontreinigd is, zal het u verderven, en dat met een geweldige verderving.
If a man walking in the spirit and falsehood do lie, saying, I will prophesy unto thee of wine and of strong drink; he shall even be the prophet of this people.	11 Zo er iemand is, die met wind omgaat, en valselijk liegt, zeggende: Ik zal u profeteren voor wijn en voor sterken drank! dat is een profeet dezes volks.
I will surely assemble, O Jacob, all of thee; I will surely gather the remnant of Israel; I will put them together as the sheep of Bozrah, as the flock in the midst of their fold: they shall make great noise by reason of the multitude of men.	12 Voorzeker zal Ik u, o Jakob! gans verzamelen; voorzeker zal Ik Israels overblijfsel vergaderen; Ik zal het te zamen zetten als schapen van Bozra; als een kudde in het midden van haar kooi zullen zij van mensen deunen.
The breaker is come up before them: they have broken up, and have passed through the gate, and are gone out by it: and their king shall pass before them, and the LORD on the head of them.	13 De doorbreker zal voor hun aangezicht optrekken; zij zullen doorbreken, en door de poort gaan, en door dezelve uittrekken; en hun koning zal voor hun aangezicht henengaan; en de HEERE in hun spits.

Micah (3) Micha

And I said, Hear, I pray you, O heads of Jacob, and ye princes of the house of Israel; Is it not for you to know judgment?	1 Voorts zeide ik: Hoort nu, gij hoofden Jakobs, en gij oversten van het huis Israels! Betaamt het ulieden niet het recht te weten?
Who hate the good, and love the evil; who pluck off their skin from off them, and their flesh from off their bones;	2 Zij haten het goede, en hebben het kwade lief; zij roven hun huid van hen af, en hun vlees van hun beenderen.
Who also eat the flesh of my people, and flay their skin from off them; and they break their bones, and chop them in pieces, as for the pot, and as flesh within the caldron.	3 Ja, zij zijn het, die het vlees mijns volks eten, en hun huid afstropen, en hun beenderen verbreken; en vaneen leggen, gelijk als in een pot, en als vlees in het midden eens ketels.
Then shall they cry unto the LORD, but he will not hear them: he will even hide his face from them at that time, as they have behaved themselves ill in their doings.	4 Alsdan zullen zij roepen tot den HEERE, doch Hij zal hen niet verhoren; maar zal Zijn aangezicht te dier tijd voor hen verbergen, gelijk als zij hun handelingen kwaad gemaakt hebben.
Thus saith the LORD concerning the prophets that make my people err, that bite with their teeth, and cry, Peace; and he that putteth not into their mouths, they even prepare war against him.	5 Alzo zegt de HEERE, tegen de profeten, die Mijn volk verleiden; die met hun tanden bijten, en roepen vrede uit; maar die niets geeft in hun mond, tegen dien zo heiligen zij een krijg.
Therefore night shall be unto you, that ye shall not have a vision; and it shall be dark unto you, that ye shall not divine; and the sun shall go down over the prophets, and the day shall be dark over them.	6 Daarom zal het nacht voor ulieden worden vanwege het gezicht, en ulieden zal duisternis zijn vanwege de waarzegging; en de zon zal over deze profeten ondergaan; en de dag zal over hen zwart worden.
Then shall the seers be ashamed, and the diviners confounded: yea, they shall all cover their lips; for there is no answer of God.	7 En de zieners zullen beschaamd, en de waarzeggers schaamrood worden; en zij zullen al te zamen de bovenste lip bewimpelen; want er zal geen antwoord Gods zijn.
But truly I am full of power by the spirit of the LORD, and of judgment, and of might, to declare unto Jacob his transgression, and to Israel his sin.	8 Maar waarlijk, ik ben vol krachts van den Geest des HEEREN; en vol van gericht en dapperheid, om Jakob te verkondigen zijn overtreding, en Israel zijn zonde.
Hear this, I pray you, ye heads of the house of Jacob, and princes of the house of Israel, that abhor judgment, and pervert all equity.	9 Hoort nu dit, gij hoofden van het huis Jakobs, en gij oversten van het huis Israels! die van het gericht een gruwel hebt, en al wat recht is verkeert;
They build up Zion with blood, and Jerusalem with iniquity.	10 Bouwende Sion met bloed, en Jeruzalem met onrecht.
The heads thereof judge for reward, and the priests thereof teach for hire, and the prophets thereof divine for money: yet will they lean upon the LORD, and say, Is not the LORD among us? none evil can come upon us.	11 Haar hoofden rechten om geschenken, en haar priesters leren om loon, en haar profeten waarzeggen om geld; nog steunen zij op den HEERE, zeggende: Is de HEERE niet in het midden van ons? Ons zal geen kwaad overkomen.
Therefore shall Zion for your sake be plowed as a field, and Jerusalem shall become heaps, and the mountain of the house as the high places of the forest.	12 Daarom, om uwentwil, zal Sion als een akker geploegd worden, en Jeruzalem zal tot steenhopen worden, en de berg dezes huizes tot hoogten eens wouds.

Micah (4) Micha

But in the last days it shall come to pass, that the mountain of the house of the LORD shall be established in the top of the mountains, and it shall be exalted above the hills; and people shall flow unto it.	1 Maar in het laatste der dagen zal het geschieden, dat de berg van het huis des HEEREN zal vastgesteld zijn op den top der bergen; en hij zal verheven zijn boven de heuvelen, en de volken zullen tot hem toevloeien.
And many nations shall come, and say, Come, and let us go up to the mountain of the LORD, and to the house of the God of Jacob; and he will teach us of his ways, and we will walk in his paths: for the law shall go forth of Zion, and the word of the LORD from Jerusalem.	2 En vele heidenen zullen henengaan, en zeggen: Komt en laat ons opgaan tot den berg des HEEREN, en ten huize van den God Jakobs, opdat Hij ons lere van Zijn wegen, en wij in Zijn paden wandelen; want uit Sion zal de wet uitgaan, en des HEEREN woord uit Jeruzalem.

And he shall judge among many people, and rebuke strong nations afar off; and they shall beat their swords into plowshares, and their spears into pruninghooks: nation shall not lift up a sword against nation, neither shall they learn war any more.	3 En Hij zal onder grote volken richten, en machtige heidenen straffen, tot verre toe; en zij zullen hun zwaarden slaan tot spaden, en hun spiesen tot sikkelen; het ene volk zal tegen het andere volk geen zwaard opheffen, en zij zullen den krijg niet meer leren.
But they shall sit every man under his vine and under his fig tree; and none shall make them afraid: for the mouth of the LORD of hosts hath spoken it.	4 Maar zij zullen zitten, een ieder onder zijn wijnstok, en onder zijn vijgeboom, en er zal niemand zijn, die ze verschrikke; want de mond des HEEREN der heirscharen heeft het gesproken.
For all people will walk every one in the name of his god, and we will walk in the name of the LORD our God for ever and ever.	5 Want alle volken zullen wandelen, elk in den naam zijns gods; maar wij zullen wandelen in den Naam des HEEREN, onzes Gods, eeuwiglijk en altoos.
In that day, saith the LORD, will I assemble her that halteth, and I will gather her that is driven out, and her that I have afflicted;	6 Te dien dage, spreekt de HEERE, zal Ik haar, die hinkende was, verzamelen, en haar, die verdreven was, vergaderen, en die Ik geplaagd had.
And I will make her that halted a remnant, and her that was cast far off a strong nation: and the LORD shall reign over them in mount Zion from henceforth, even for ever.	7 En Ik zal haar, die hinkende was, maken tot een overblijfsel, en haar die verre henen verstoten was, tot een machtig volk; en de HEERE zal Koning over hen zijn op den berg Sions, van nu aan tot in eeuwigheid.
And thou, O tower of the flock, the strong hold of the daughter of Zion, unto thee shall it come, even the first dominion; the kingdom shall come to the daughter of Jerusalem.	8 En gij Schaapstoren, gij Ofel der dochter Sions! tot u zal komen, ja, daar zal komen de vorige heerschappij, het koninkrijk der dochteren van Jeruzalem.
Now why dost thou cry out aloud? is there no king in thee? is thy counseller perished? for pangs have taken thee as a woman in travail.	9 Nu, waarom zoudt gij zo groot geschrei maken? Is er geen Koning onder u? Is uw Raadgever vergaan, dat u smart, als van een barende vrouw, heeft aangegrepen?
Be in pain, and labour to bring forth, O daughter of Zion, like a woman in travail: for now shalt thou go forth out of the city, and thou shalt dwell in the field, and thou shalt go even to Babylon; there shalt thou be delivered; there the LORD shall redeem thee from the hand of thine enemies.	10 Lijd smart en arbeid om voort te brengen, o dochter Sions! als een barende vrouw; want nu zult gij wel uit de stad henen uitgaan, en op het veld wonen, en tot in Babel komen, maar aldaar zult gij gered worden; aldaar zal u de HEERE verlossen uit de hand uwer vijanden.
Now also many nations are gathered against thee, that say, Let her be defiled, and let our eye look upon Zion.	11 Nu zijn wel vele heidenen tegen u verzameld, die daar zeggen: Laat ze ontheiligd worden, en laat ons oog schouwen aan Sion.
But they know not the thoughts of the LORD, neither understand they his counsel: for he shall gather them as the sheaves into the floor.	12 Maar zij weten de gedachten des HEEREN niet, en verstaan Zijn raadslag niet; dat Hij hen vergaderd heeft als garven tot den dorsvloer.
Arise and thresh, O daughter of Zion: for I will make thine horn iron, and I will make thy hoofs brass: and thou shalt beat in pieces many people: and I will consecrate their gain unto the LORD, and their substance unto the Lord of the whole earth.	13 Maak u op en dors, o dochter Sions! Want Ik zal uw hoorn ijzer maken, en uw klauwen koper maken, en gij zult vele volken verpletteren; en Ik zal hunlieder gewin den HEERE verbannen, en hun vermogen den Heere der ganse aarde.

Micah (5) Micha

Now gather thyself in troops, O daughter of troops: he hath laid siege against us: they shall smite the judge of Israel with a rod upon the cheek.	1 (4:14) Nu, rot u met benden, gij dochter der bende, hij zal een belegering tegen ons stellen; zij zullen den rechter Israels met de roede op het kinnebakken slaan.
But thou, Bethlehem Ephratah, though thou be little among the thousands of Judah, yet out of thee shall he come forth unto me that is to be ruler in Israel; whose goings forth have been from of old, from everlasting.	2 (5:1) En gij, Bethlehem Efratha! zijt gij klein om te wezen onder de duizenden van Juda? Uit u zal Mij voortkomen, Die een Heerser zal zijn in Israel, en Wiens uitgangen zijn van ouds, van de dagen der eeuwigheid.
Therefore will he give them up, until the time that she which travaileth hath brought forth: then the remnant of his brethren shall return unto the children of Israel.	3 (5:2) Daarom zal Hij henlieden overgeven, tot den tijd toe, dat zij, die baren zal, gebaard hebbe; dan zullen de overigen Zijner broederen zich bekeren met de kinderen Israels.
And he shall stand and feed in the strength of the LORD, in the majesty of the name of the LORD his God; and they shall abide: for now shall he be great unto the ends of the earth.	4 (5:3) En Hij zal staan, en zal weiden in de kracht des HEEREN, in de hoogheid van den Naam des HEEREN, Zijns Gods, en zij zullen wonen, want nu zal Hij groot zijn tot aan de einden der aarde.
And this man shall be the peace, when the Assyrian shall come into our land: and when he shall tread in our palaces, then shall we raise against him seven shepherds, and eight principal men.	5 (5:4) En Deze zal Vrede zijn; wanneer Assur in ons land zal komen, en wanneer hij in onze paleizen zal treden, zo zullen wij tegen hem stellen zeven herders, en acht vorsten uit de mensen.
And they shall waste the land of Assyria with the sword, and the land of Nimrod in the entrances thereof: thus shall he deliver us from the Assyrian, when he cometh into our land, and when he treadeth within our borders.	6 (5:5) Die zullen het land van Assur afweiden met het zwaard, en het land van Nimrod in deszelfs ingangen. Alzo zal Hij ons redden van Assur, wanneer dezelve in ons land zal komen, en wanneer hij in onze landpale zal treden.
And the remnant of Jacob shall be in the midst of many people as a dew from the LORD, as the showers upon the grass, that tarrieth not for man, nor waiteth for the sons of men.	7 (5:6) En Jakobs overblijfsel zal zijn in het midden van vele volken, als een dauw van den HEERE, als droppelen op het kruid, dat naar geen man wacht, noch mensenkinderen verbeidt.
And the remnant of Jacob shall be among the Gentiles in the midst of many people as a lion among the beasts of the forest, as a young lion among the flocks of sheep: who, if he go through, both treadeth down, and teareth in pieces, and none can deliver.	8 (5:7) Ja, het overblijfsel van Jakob zal zijn onder de heidenen, in het midden van vele volken, als een leeuw onder de beesten des wouds, als een jonge leeuw onder de schaapskudden; dewelke, wanneer hij doorgaat, zo vertreedt en verscheurt hij, dat niemand redde.
Thine hand shall be lifted up upon thine adversaries, and all thine enemies shall be cut off.	9 (5:8) Uw hand zal verhoogd zijn boven uw wederpartijders, en al uw vijanden zullen uitgeroeid worden.
And it shall come to pass in that day, saith the LORD, that I will cut off thy horses out of the midst of thee, and I will destroy thy chariots:	10 (5:9) En het zal te dien dage geschieden, spreekt de HEERE, dat Ik uw paarden uit het midden van u zal uitroeien, en Ik zal uw wagenen verdoen.

And I will cut off the cities of thy land, and throw down all thy strong holds:	11 (5:10) En Ik zal de steden uws lands uitroeien, en Ik zal al uw vestingen afbreken.
And I will cut off witchcrafts out of thine hand; and thou shalt have no more soothsayers:	12 (5:11) En Ik zal de toverijen uit uw hand uitroeien, en gij zult geen guichelaars hebben.
Thy graven images also will I cut off, and thy standing images out of the midst of thee; and thou shalt no more worship the work of thine hands.	13 (5:12) En Ik zal uw gesneden beelden en uw opgerichte beelden uit het midden van u uitroeien, dat gij u niet meer zult nederbuigen voor het werk uwer handen.
And I will pluck up thy groves out of the midst of thee: so will I destroy thy cities.	14 (5:13) Voorts zal Ik uw bossen uit het midden van u uitroeien, en Ik zal uw steden verdelgen.
And I will execute vengeance in anger and fury upon the heathen, such as they have not heard.	15 (5:14) En Ik zal in toorn en in grimmigheid wrake doen aan de heidenen, die niet horen.

Micah (6) Micha

Hear ye now what the LORD saith; Arise, contend thou before the mountains, and let the hills hear thy voice.	1 Hoort nu, wat de HEERE zegt: Maak u op, twist met de bergen, en laat de heuvelen uw stem horen.
Hear ye, O mountains, the LORD'S controversy, and ye strong foundations of the earth: for the LORD hath a controversy with his people, and he will plead with Israel.	2 Hoort, gij bergen! den twist des HEEREN, mitsgaders gij sterke fondamenten der aarde! want de HEERE heeft een twist met Zijn volk, en Hij zal Zich met Israel in recht begeven.
O my people, what have I done unto thee? and wherein have I wearied thee? testify against me.	3 O Mijn volk! wat heb Ik u gedaan, en waarmede heb Ik u vermoeid? Betuig tegen Mij.
For I brought thee up out of the land of Egypt, and redeemed thee out of the house of servants; and I sent before thee Moses, Aaron, and Miriam.	4 Immers heb Ik u uit Egypteland opgevoerd, en u uit het diensthuis verlost; en Ik heb voor uw aangezicht henen gezonden Mozes, Aaron en Mirjam.
O my people, remember now what Balak king of Moab consulted, and what Balaam the son of Beor answered him from Shittim unto Gilgal; that ye may know the righteousness of the LORD.	5 Mijn volk! gedenk toch wat Balak, de koning van Moab, beraadslaagde, en wat hem Bileam, de zoon van Beor, antwoordde; en wat geschied is van Sittim af tot Gilgal toe, opdat gij de gerechtigheden des HEEREN kent.
Wherewith shall I come before the LORD, and bow myself before the high God? shall I come before him with burnt offerings, with calves of a year old?	6 Waarmede zal ik den HEERE tegenkomen, en mij bukken voor den hogen God? Zal ik Hem tegenkomen met brandofferen, met eenjarige kalveren?
Will the LORD be pleased with thousands of rams, or with ten thousands of rivers of oil? shall I give my firstborn for my transgression, the fruit of my body for the sin of my soul?	7 Zou de HEERE een welgevallen hebben aan duizenden van rammen, aan tien duizenden van oliebeken? Zal ik mijn eerstgeborene geven voor mijn overtreding, de vrucht mijns buiks voor de zonde mijner ziel?
He hath shewed thee, O man, what is good; and what doth the LORD require of thee, but to do justly, and to love mercy, and to walk humbly with thy God?	8 Hij heeft u bekend gemaakt, o mens! wat goed is; en wat eist de HEERE van u, dan recht te doen, en weldadigheid lief te hebben, en ootmoediglijk te wandelen met uw God?
The LORD'S voice crieth unto the city, and the man of wisdom shall see thy name: hear ye the rod, and who hath appointed it.	9 De stem des HEEREN roept tot de stad (want Uw Naam ziet het wezen): Hoort de roede, en wie ze besteld heeft!
Are there yet the treasures of wickedness in the house of the wicked, and the scant measure that is abominable?	10 Zijn er niet nog, in eens ieders goddelozen huis, schatten der goddeloosheid en een schaarse efa, dat te verfoeien is?
Shall I count them pure with the wicked balances, and with the bag of deceitful weights?	11 Zou ik rein zijn, met een goddeloze weegschaal en met een zak van bedriegelijke weegstenen?
For the rich men thereof are full of violence, and the inhabitants thereof have spoken lies, and their tongue is deceitful in their mouth.	12 Dewijl haar rijke lieden vol zijn van geweld, en haar inwoners leugen spreken, en haar tong bedriegelijk is in haar mond;
Therefore also will I make thee sick in smiting thee, in making thee desolate because of thy sins.	13 Zo zal Ik u ook krenken, u slaande, en verwoestende om uw zonden.
Thou shalt eat, but not be satisfied; and thy casting down shall be in the midst of thee; and thou shalt take hold, but shalt not deliver; and that which thou deliverest will I give up to the sword.	14 Gij zult eten, maar niet verzadigd worden, en uw nederdrukking zal in het midden van u zijn; en gij zult aangrijpen, maar niet wegbrengen, en wat gij zult wegbrengen, zal Ik aan het zwaard overgeven.
Thou shalt sow, but thou shalt not reap; thou shalt tread the olives, but thou shalt not anoint thee with oil; and sweet wine, but shalt not drink wine.	15 Gij zult zaaien, maar niet maaien; gij zult olijven treden, maar u met olie niet zalven, en most, maar geen wijn drinken.
For the statutes of Omri are kept, and all the works of the house of Ahab, and ye walk in their counsels; that I should make thee a desolation, and the inhabitants thereof an hissing: therefore ye shall bear the reproach of my people.	16 Want de inzettingen van Omri worden onderhouden, en het ganse werk van het huis van Achab; en gij wandelt in derzelver raadslagen; opdat Ik u stelle tot verwoesting, en haar inwoners tot aanfluiting; alzo zult gij de smaadheid Mijns volks dragen.

Micah (7) Micha

Woe is me! for I am as when they have gathered the summer fruits, as the grapegleanings of the vintage: there is no cluster to eat: my soul desired the firstripe fruit.	1 Ai mij! want ik ben, als wanneer de zomervruchten zijn ingezameld; als wanneer de nalezingen in den wijnoogst geschied zijn; er is geen druif om te eten; mijn ziel begeert vroegrijpe vrucht.
The good man is perished out of the earth: and there is none upright among men: they all lie in wait for blood; they hunt every man his brother with a net.	2 De goedertierene is vergaan uit het land, en er is niemand oprecht onder de mensen; zij loeren altemaal op bloed, zij jagen, een iegelijk zijn broeder, met een jachtgaren.
That they may do evil with both hands earnestly, the prince asketh, and the judge asketh for a reward; and the great man, he uttereth his mischievous desire: so they wrap it up.	3 Om met beide handen wel dapper kwaad te doen, zo eist de vorst, en de rechter oordeelt om vergelding; en de grote spreekt de verderving zijner ziel, en zij draaien ze dicht ineen.
The best of them is as a brier: the most upright is sharper than a thorn hedge: the day of thy watchmen and thy visitation cometh; now shall be their perplexity.	4 De beste van hen is als een doorn; de oprechtste is scherper dan een doornheg; de dag uwer wachters, uw bezoeking, is gekomen; nu zal hunlieder verwarring wezen.

Trust ye not in a friend, put ye not confidence in a guide: keep the doors of thy mouth from her that lieth in thy bosom.

For the son dishonoureth the father, the daughter riseth up against her mother, the daughter in law against her mother in law; a man's enemies are the men of his own house.

Therefore I will look unto the LORD; I will wait for the God of my salvation: my God will hear me.

Rejoice not against me, O mine enemy: when I fall, I shall arise; when I sit in darkness, the LORD shall be a light unto me.

I will bear the indignation of the LORD, because I have sinned against him, until he plead my cause, and execute judgment for me: he will bring me forth to the light, and I shall behold his righteousness.

Then she that is mine enemy shall see it, and shame shall cover her which said unto me, Where is the LORD thy God? mine eyes shall behold her: now shall she be trodden down as the mire of the streets.

In the day that thy walls are to be built, in that day shall the decree be far removed.

In that day also he shall come even to thee from Assyria, and from the fortified cities, and from the fortress even to the river, and from sea to sea, and from mountain to mountain.

Notwithstanding the land shall be desolate because of them that dwell therein, for the fruit of their doings.

Feed thy people with thy rod, the flock of thine heritage, which dwell solitarily in the wood, in the midst of Carmel: let them feed in Bashan and Gilead, as in the days of old.

According to the days of thy coming out of the land of Egypt will I shew unto him marvellous things.

The nations shall see and be confounded at all their might: they shall lay their hand upon their mouth, their ears shall be deaf.

They shall lick the dust like a serpent, they shall move out of their holes like worms of the earth: they shall be afraid of the LORD our God, and shall fear because of thee.

Who is a God like unto thee, that pardoneth iniquity, and passeth by the transgression of the remnant of his heritage? he retaineth not his anger for ever, because he delighteth in mercy.

He will turn again, he will have compassion upon us; he will subdue our iniquities; and thou wilt cast all their sins into the depths of the sea.

Thou wilt perform the truth to Jacob, and the mercy to Abraham, which thou hast sworn unto our fathers from the days of old.

5 Gelooft een vriend niet, vertrouwt niet op een voornaamsten vriend; bewaar de deuren uws monds voor haar, die in uw schoot ligt.

6 Want de zoon veracht den vader, de dochter staat op tegen haar moeder, de schoondochter tegen haar schoonmoeder; eens mans vijanden zijn zijn huisgenoten.

7 Maar ik zal uitzien naar den HEERE, ik zal wachten op de God mijns heils; mijn God zal mij horen.

8 Verblijd u niet over mij, o mijn vijandin! wanneer ik gevallen ben, zal ik weder opstaan; wanneer ik in duisternis zal gezeten zijn, zal de HEERE mij een licht zijn.

9 Ik zal des HEEREN gramschap dragen, want ik heb tegen Hem gezondigd; totdat Hij mijn twist twiste, en mijn recht uitvoere; Hij zal mij brengen aan het licht; ik zal mijn lust zien aan Zijn gerechtigheid.

10 En mijn vijandin zal het zien, en schaamte zal haar bedekken; die tot mij zegt: Waar is de HEERE, uw God? Mijn ogen zullen aan haar zien; nu zal zij worden tot vertreding, als slijk der straten.

11 Ten dage als Hij uw muren zal herbouwen, te dien dage zal het besluit verre heengaan.

12 Te dien dage zal het ook komen tot u toe, van Assur af, zelfs tot de vaste steden toe; en van de vestingen tot aan de rivier, en van zee tot zee, en van gebergte tot gebergte.

13 Maar dit land zal worden tot een verwoesting, zijner inwoners halve, vanwege de vrucht hunner handelingen.

14 Gij dan, weid Uw volk met Uw staf, de kudde Uwer erfenis, die alleen woont, in het woud, in het midden van een vruchtbaar land; laat ze weiden in Basan en Gilead, als in de dagen van ouds.

15 Ik zal haar wonderen doen zien, als in de dagen, toen gij uit Egypteland uittoogt.

16 De heidenen zullen het zien, en beschaamd zijn, vanwege al hun macht; zij zullen de hand op den mond leggen; hun oren zullen doof worden.

17 Zij zullen het stof lekken, als de slang; als kruipende dieren der aarde, zullen zij zich beroeren uit hun sloten; zij zullen met vervaardheid komen tot den HEERE, onzen God, en zullen voor U vrezen.

18 Wie is een God gelijk Gij, Die de ongerechtigheid vergeeft, en de overtreding van het overblijfsel Zijner erfenis voorbijgaat? Hij houdt Zijn toorn niet in eeuwigheid; want Hij heeft lust aan goedertierenheid.

19 Hij zal Zich onzer weder ontfermen; Hij zal onze ongerechtigheden dempen; ja, Gij zult al hun zonden in de diepten der zee werpen.

20 Gij zult Jakob de trouw, Abraham de goedertierenheid geven, die Gij onzen vaderen van oude dagen af gezworen hebt.

Nahum - Nahum

Nahum (1) Nahum

The burden of Nineveh. The book of the vision of Nahum the Elkoshite.

1 De last van Nineve. Het boek des gezichts van Nahum, den Elkosiet.

God is jealous, and the LORD revengeth; the LORD revengeth, and is furious; the LORD will take vengeance on his adversaries, and he reserveth wrath for his enemies.

2 Een ijverig God en een wreker is de HEERE, een wreker is de HEERE, en zeer grimmig; een wreker is de HEERE aan Zijn wederpartijders, en Hij behoudt den toorn Zijn vijanden.

The LORD is slow to anger, and great in power, and will not at all acquit the wicked: the LORD hath his way in the whirlwind and in the storm, and the clouds are the dust of his feet.

3 De HEERE is lankmoedig, doch van grote kracht, en Hij houdt den schuldige geenszins onschuldig. Des HEEREN weg is in wervelwind, en in storm, en de wolken zijn het stof Zijner voeten.

He rebuketh the sea, and maketh it dry, and drieth up all the rivers: Bashan languisheth, and Carmel, and the flower of Lebanon languisheth.

4 Hij scheldt de zee, en maakt ze droog, en Hij verdroogt alle rivieren; Basan en Karmel kwelen, ook kweelt de bloem van Libanon.

The mountains quake at him, and the hills melt, and the earth is burned at his presence, yea, the world, and all that dwell therein.

5 De bergen beven voor Hem, en de heuvelen versmelten; en de aarde licht zich op voor Zijn aangezicht, en de wereld, en allen, die daarin wonen.

Who can stand before his indignation? and who can abide in the fierceness of his anger? his fury is poured out like fire, and the rocks are thrown down by him.

6 Wie zal voor Zijn gramschap staan, en wie zal voor de hittigheid Zijns toorns bestaan? Zijn grimmigheid is uitgestort als vuur, en de rotsstenen worden van Hem vermorzeld.

The LORD is good, a strong hold in the day of trouble; and he knoweth them that trust in him.

7 De HEERE is goed, Hij is ter sterkte in den dag der benauwdheid, en Hij kent hen, die op Hem betrouwen.

But with an overrunning flood he will make an utter end of the place thereof, and darkness shall pursue his enemies.

8 En met een doorgaanden vloed zal Hij haar plaats te niet maken; en duisternis zal Zijn vijanden vervolgen.

What do ye imagine against the LORD? he will make an utter end: affliction shall not rise up the second time.

9 Wat denkt gijlieden tegen den HEERE? Hij zal zelf een voleinding maken; de benauwdheid zal niet tweemaal op rijzen.

For while they be folden together as thorns, and while they are drunken as drunkards, they shall be devoured as stubble fully dry.

10 Dewijl zij in elkander gevlochten zijn als doornen, en dronken zijn, gelijk zij plegen dronken te zijn, zo worden zij volkomen verteerd, als een dorre stoppel.

There is one come out of thee, that imagineth evil against the LORD, a wicked counseller.

11 Van u is een uitgegaan, die kwaad denkt tegen den HEERE, een Belialsraadsman.

Thus saith the LORD; Though they be quiet, and likewise many, yet thus shall they be cut down, when he shall pass through. Though I have afflicted thee, I will afflict thee no more.

12 Alzo zegt de HEERE: Zijn zij voorspoedig, en alzo velen, alzo zullen zij ook geschoren worden, en hij zal doorgaan; Ik heb u wel gedrukt, maar Ik zal u niet meer drukken.

For now will I break his yoke from off thee, and will burst thy bonds in sunder.

13 Maar nu zal Ik zijn juk van u breken, en zal uw banden verscheuren.

And the LORD hath given a commandment concerning thee, that no more of thy name be sown: out of the house of thy gods will I cut off the graven image and the molten image: I will make thy grave; for thou art vile.

14 Doch tegen u heeft de HEERE bevolen, dat er van uw naam niemand meer gezaaid zal worden; uit het huis uws gods zal Ik uitroeien de gesneden en gegoten beelden; Ik zal u daar een graf maken, als gij zult veracht zijn geworden.

Behold upon the mountains the feet of him that bringeth good tidings, that publisheth peace! O Judah, keep thy solemn feasts, perform thy vows: for the wicked shall no more pass through thee; he is utterly cut off.

15 Ziet op de bergen de voeten desgenen, die het goede boodschapt, die vrede doet horen; vier uw vierdagen, o Juda! betaal uw geloften; want de Belials- man zal voortaan niet meer door u doorgaan, hij is gans uitgeroeid.

Nahum (2) Nahum

He that dasheth in pieces is come up before thy face: keep the munition, watch the way, make thy loins strong, fortify thy power mightily.

1 De verstrooier trekt tegen uw aangezicht op, bewaar de vesting; bezichtig den weg; sterk de lenden, versterk de kracht zeer.

For the LORD hath turned away the excellency of Jacob, as the excellency of Israel: for the emptiers have emptied them out, and marred their vine branches.

2 Want de HEERE heeft de hovaardij Jakobs afgewend, gelijk de hovaardij Israels; want de ledigmakers hebben ze ledig gemaakt, en zij hebben hun wijnranken verdorven.

The shield of his mighty men is made red, the valiant men are in scarlet: the chariots shall be with flaming torches in the day of his preparation, and the fir trees shall be terribly shaken.

3 De schilden zijner helden zijn rood gemaakt, de kloeke mannen zijn scharlakenvervig; de wagens zijn in het vuur der fakkelen, ten dage als hij zich bereidt; en de spiesen worden geschud.

The chariots shall rage in the streets, they shall justle one against another in the broad ways: they shall seem like torches, they shall run like the lightnings.

4 De wagens razen door de wijken, zij lopen ginds en weder op de straten; hun gedaanten zijn als der fakkelen, zij lopen door elkander henen als de bliksemen.

He shall recount his worthies: they shall stumble in their walk; they shall make haste to the wall thereof, and the defence shall be prepared.

5 Hij zal aan zijn voortreffelijken gedenken, doch zij zullen struikelen in hun tochten; zij zullen haasten naar hun muur, als het beschutsel vaardig zal wezen.

The gates of the rivers shall be opened, and the palace shall be dissolved.

6 De poorten der rivieren zullen geopend worden, en het paleis zal versmelten.

And Huzzab shall be led away captive, she shall be brought up, and her maids shall lead her as with the voice of doves, tabering upon their breasts.

7 En Huzab zal gevankelijk weggevoerd worden, men zal haar heten voortgaan; en haar maagden zullen haar geleiden, als met een stem der duiven, trommelende op haar harten.

But Nineveh is of old like a pool of water: yet they shall flee away. Stand, stand, shall they cry; but none shall look back.

8 Nineve is wel als een watervijver, van de dagen af dat zij geweest is, doch zij zullen vluchten. Staat, staat! zal men roepen, maar niemand zal omzien.

Take ye the spoil of silver, take the spoil of gold: for there is none end of the store and glory out of all the pleasant furniture.

9 Rooft zilver, rooft goud, want er is geen einde des voorraads, der heerlijkheid van allerlei gewenste vaten.

She is empty, and void, and waste: and the heart melteth, and the knees smite together, and much pain is in all loins, and the faces of them all gather blackness.	10 Zij is geledigd, ja, uitgeledigd, uitgeput, en haar hart versmelt, en de knieën schudden, en in al de lenden is smart, en hun aller aangezichten betrekken, als een pot.
Where is the dwelling of the lions, and the feedingplace of the young lions, where the lion, even the old lion, walked, and the lion's whelp, and none made them afraid?	11 Waar is nu de woning der leeuwen, en die weide der jonge leeuwen? Alwaar de leeuw, de oude leeuw, en het leeuwenwelp wandelde, en er was niemand, die hen verschrikte.
The lion did tear in pieces enough for his whelps, and strangled for his lionesses, and filled his holes with prey, and his dens with ravin.	12 De leeuw, die genoeg roofde voor zijn welpen, en worgde voor zijn oude leeuwinnen, die zijn holen vervulde met roof, en zijn woningen met het geroofde.
Behold, I am against thee, saith the LORD of hosts, and I will burn her chariots in the smoke, and the sword shall devour thy young lions: and I will cut off thy prey from the earth, and the voice of thy messengers shall no more be heard.	13 Ziet, Ik wil aan u, spreekt de HEERE der heirscharen, en Ik zal haar wagenen in rook verbranden, en het zwaard zal uw jonge leeuwen verteren, en Ik zal uw roof uitroeien van de aarde, en de stem uwer gezanten zal niet meer gehoord worden.

Nahum (3) Nahum

Woe to the bloody city! it is all full of lies and robbery; the prey departeth not;	1 Wee der bloedstad, die gans vol leugen, en verscheuring is! de roof houdt niet op.
The noise of a whip, and the noise of the rattling of the wheels, and of the pransing horses, and of the jumping chariots.	2 Er is het geklap der zweep, en het geluid van het bulderen der raderen; en de paarden stampen, en de wagens springen op.
The horseman lifteth up both the bright sword and the glittering spear: and there is a multitude of slain, and a great number of carcases; and there is none end of their corpses; they stumble upon their corpses:	3 De ruiter steekt omhoog, zo het vlammende zwaard, als de bliksemende spies, en er zal veelheid der verslagenen zijn, en een zware menigte der dode lichamen; ja, er zal geen einde zijn der lichamen, men zal over hun lichamen struikelen;
Because of the multitude of the whoredoms of the wellfavoured harlot, the mistress of witchcrafts, that selleth nations through her whoredoms, and families through her witchcrafts.	4 Om der grote hoererijen wil der zeer bevallige hoer, der meesteres der toverijen, die met haar hoererijen volken verkocht heeft, en geslachten met haar toverijen.
Behold, I am against thee, saith the LORD of hosts; and I will discover thy skirts upon thy face, and I will shew the nations thy nakedness, and the kingdoms thy shame.	5 Ziet, Ik wil aan u, spreekt de HEERE der heirscharen, en Ik zal uw zomen ontdekken boven uw aangezicht, en Ik zal den heidenen uw naaktheid, en den koninkrijken uw schande wijzen.
And I will cast abominable filth upon thee, and make thee vile, and will set thee as a gazingstock.	6 En Ik zal verfoeilijke dingen op u werpen, en u tot schande maken, en Ik zal u als een spiegel stellen.
And it shall come to pass, that all they that look upon thee shall flee from thee, and say, Nineveh is laid waste: who will bemoan her? whence shall I seek comforters for thee?	7 En het zal geschieden, dat allen, die u zien, van u wegvlieden zullen en zeggen: Nineve is verstoord, wie zal medelijden met haar hebben? Van waar zal ik u troosters zoeken?
Art thou better than populous No, that was situate among the rivers, that had the waters round about it, whose rampart was the sea, and her wall was from the sea?	8 Zijt gij beter dan No, de volkrijke, gelegen in de rivieren? die rondom henen water heeft, welker voormuur de zee is, haar muur is van zee.
Ethiopia and Egypt were her strength, and it was infinite; Put and Lubim were thy helpers.	9 Morenland en Egypte waren haar macht, en er was geen einde; Put en Lybea waren tot uw hulp.
Yet was she carried away, she went into captivity: her young children also were dashed in pieces at the top of all the streets: and they cast lots for her honourable men, and all her great men were bound in chains.	10 Nog is zij gevankelijk gegaan in de gevangenis; ook zijn haar kinderen op het hoofd van alle straten verpletterd geworden; en over haar geeerden hebben zij het lot geworpen, en al haar groten zijn in boeien gebonden geworden.
Thou also shalt be drunken: thou shalt be hid, thou also shalt seek strength because of the enemy.	11 Ook zult gij dronken worden, gij zult u verbergen; ook zult gij een sterkte zoeken vanwege den vijand.
All thy strong holds shall be like fig trees with the firstripe figs: if they be shaken, they shall even fall into the mouth of the eater.	12 Al uw vastigheden zijn vijgebomen met de eerste vruchten; indien zij geschud worden, zo vallen zij dien op den mond, die ze eten wil.
Behold, thy people in the midst of thee are women: the gates of thy land shall be set wide open unto thine enemies: the fire shall devour thy bars.	13 Ziet, uw volk zal in het midden van u tot vrouwen worden; de poorten uws lands zullen uw vijanden wijd geopend worden; het vuur zal uw grendelen verteren.
Draw thee waters for the siege, fortify thy strong holds: go into clay, and tread the morter, make strong the brickkiln.	14 Schep u water ter belegering; versterk uw vastigheden; ga in de klei, en treed in het leem; verbeter den ticheloven.
There shall the fire devour thee; the sword shall cut thee off, it shall eat thee up like the cankerworm: make thyself many as the cankerworm, make thyself many as the locusts.	15 Het vuur zal u aldaar verteren; het zwaard zal u uitroeien, het zal u afeten, als de kevers, vermeerder u als sprinkhanen.
Thou hast multiplied thy merchants above the stars of heaven: the cankerworm spoileth, and flieth away.	16 Gij hebt meer handelaars, dan er sterren aan den hemel zijn; de kevers zullen invallen, en er van vliegen.
Thy crowned are as the locusts, and thy captains as the great grasshoppers, which camp in the hedges in the cold day, but when the sun ariseth they flee away, and their place is not known where they are.	17 Uw gekroonden zijn als de sprinkhanen, en uw krijgsoversten als de grote kevers, die zich in de heiningmuren legeren in de koude der dagen; wanneer de zon opgaat, zo vliegen zij weg, alzo dat hun plaats onbekend is, waar zij geweest zijn.
Thy shepherds slumber, O king of Assyria: thy nobles shall dwell in the dust: thy people is scattered upon the mountains, and no man gathereth them.	18 Uw herders zullen sluimeren, o koning van Assur! uw voortreffelijken zullen zich leggen, uw volk zal zich op de bergen wijd uitbreiden, en niemand zal ze verzamelen.
There is no healing of thy bruise; thy wound is grievous: all that hear the bruit of thee shall clap the hands over thee: for upon whom hath not thy wickedness passed continually?	19 Er is geen samentrekking voor uw breuk, uw plage is smartelijk; allen, die het gerucht van u horen, zullen de handen over u klappen; want over wien is uw boosheid niet geduriglijk gegaan?

Habakkuk - Habakuk

Habakkuk (1) Habakuk

1 The burden which Habakkuk the prophet did see.

2 O LORD, how long shall I cry, and thou wilt not hear! even cry out unto thee of violence, and thou wilt not save!

3 Why dost thou shew me iniquity, and cause me to behold grievance? for spoiling and violence are before me: and there are that raise up strife and contention.

4 Therefore the law is slacked, and judgment doth never go forth: for the wicked doth compass about the righteous; therefore wrong judgment proceedeth.

5 Behold ye among the heathen, and regard, and wonder marvellously: for I will work a work in your days, which ye will not believe, though it be told you.

6 For, lo, I raise up the Chaldeans, that bitter and hasty nation, which shall march through the breadth of the land, to possess the dwellingplaces that are not theirs.

7 They are terrible and dreadful: their judgment and their dignity shall proceed of themselves.

8 Their horses also are swifter than the leopards, and are more fierce than the evening wolves: and their horsemen shall spread themselves, and their horsemen shall come from far; they shall fly as the eagle that hasteth to eat.

9 They shall come all for violence: their faces shall sup up as the east wind, and they shall gather the captivity as the sand.

10 And they shall scoff at the kings, and the princes shall be a scorn unto them: they shall deride every strong hold; for they shall heap dust, and take it.

11 Then shall his mind change, and he shall pass over, and offend, imputing this his power unto his god.

12 Art thou not from everlasting, O LORD my God, mine Holy One? we shall not die. O LORD, thou hast ordained them for judgment; and, O mighty God, thou hast established them for correction.

13 Thou art of purer eyes than to behold evil, and canst not look on iniquity: wherefore lookest thou upon them that deal treacherously, and holdest thy tongue when the wicked devoureth the man that is more righteous than he?

14 And makest men as the fishes of the sea, as the creeping things, that have no ruler over them?

15 They take up all of them with the angle, they catch them in their net, and gather them in their drag: therefore they rejoice and are glad.

16 Therefore they sacrifice unto their net, and burn incense unto their drag; because by them their portion is fat, and their meat plenteous.

17 Shall they therefore empty their net, and not spare continually to slay the nations?

1 De last, welken Habakuk, de profeet, gezien heeft.

2 HEERE! hoe lang schreeuw ik, en Gij hoort niet, hoe lang roep ik geweld, tot U, en Gij verlost niet!

3 Waarom laat Gij mij ongerechtigheid zien, en aanschouwt de kwelling? Want verwoesting en geweld is tegen mij over, en er is twist, en men neemt gekijf op.

4 Daarom wordt de wet onderlaten, en het recht komt nimmermeer voort; want de goddeloze omringt den rechtvaardige; daarom komt het recht verdraaid voor.

5 Ziet onder de heidenen, en aanschouwt, en verwondert u, verwondert u, want Ik werk een werk in ulieder dagen, hetwelk gij niet geloven zult, als het verteld zal worden.

6 Want ziet, Ik verwek de Chaldeen, een bitter en snel volk, trekkende door de breedten der aarde, om erfelijk te bezitten woningen, die de zijne niet zijn.

7 Schrikkelijk en vreselijk is hetzelve; zijn recht en zijn hoogheid gaat van hemzelven uit.

8 Want zijn paarden zijn lichter dan de luipaarden, en zij zijn scherper dan de avondwolven, en zijn ruiters verspreiden zich; ja, zijn ruiters zullen van verre komen, zij zullen vliegen als een arend, zich spoedende om te eten.

9 Het zal geheellijk tot geweld komen, wat zij inslorpen zullen met hun aangezichten, zullen zij brengen naar het oosten; en het zal de gevangenen verzamelen als zand.

10 En hij zal de koningen beschimpen, en de prinsen zullen hem een belaching zijn; hij zal alle vesting belachen; want hij zal stof vergaderen, en hij zal ze innemen.

11 Dan zal hij den geest veranderen, en hij zal doortrekken, en zich schuldig maken, houdende deze zijn kracht voor zijn God.

12 Zijt Gij niet van ouds af de HEERE, mijn God, mijn Heilige? Wij zullen niet sterven; o HEERE! tot een oordeel hebt Gij hem gesteld, en o Rots! om te straffen, hebt Gij hem gegrondvest.

13 Gij zijt te rein van ogen, dan dat Gij het kwade zoudt zien, en de kwelling kunt Gij niet aanschouwen; waarom zoudt Gij aanschouwen die trouwelooslijk handelen? Waarom zoudt Gij zwijgen, als de goddeloze dien verslindt, die rechtvaardiger is dan hij?

14 En waarom zoudt Gij de mensen maken, als de vissen der zee, als het kruipend gedierte, dat geen heerser heeft?

15 Hij trekt ze allen met den angel op, hij vergadert ze in zijn garen, en hij verzamelt ze in zijn net; daarom verblijdt en verheugt hij zich.

16 Daarom offert hij aan zijn garen, en rookt aan zijn net; want door dezelve is zijn deel vet geworden, en zijn spijze smoutig.

17 Zal hij dan daarom altoos zijn garen ledig maken, en zal hij niet verschonen, met altoos de volken te doden?

Habakkuk (2) Habakuk

1 I will stand upon my watch, and set me upon the tower, and will watch to see what he will say unto me, and what I shall answer when I am reproved.

2 And the LORD answered me, and said, Write the vision, and make it plain upon tables, that he may run that readeth it.

3 For the vision is yet for an appointed time, but at the end it shall speak, and not lie: though it tarry, wait for it; because it will surely come, it will not tarry.

4 Behold, his soul which is lifted up is not upright in him: but the just shall live by his faith.

5 Yea also, because he transgresseth by wine, he is a proud man, neither keepeth at home, who enlargeth his desire as hell, and is as death, and cannot be satisfied, but gathereth unto him all nations, and heapeth unto him all people:

6 Shall not all these take up a parable against him, and a taunting proverb against him, and say, Woe to him that increaseth that which is not his! how long? and to him that ladeth himself with thick clay!

1 Ik stond op mijn wacht, en ik stelde mij op de sterkte, en ik hield wacht om te zien, wat Hij in mij spreken zou, en wat ik antwoorden zou op mijn bestraffing.

2 Toen antwoordde mij de HEERE, en zeide: Schrijf het gezicht, en stel het duidelijk op tafelen, opdat daarin leze die voorbijloopt.

3 Want het gezicht zal nog tot een bestemden tijd zijn, dan zal Hij het op het einde voortbrengen, en niet liegen; zo Hij vertoeft, verbeid Hem, want Hij zal gewisselijk komen, Hij zal niet achterblijven.

4 Ziet, zijn ziel verheft zich, zij is niet recht in hem; maar de rechtvaardige zal door zijn geloof leven.

5 En ook dewijl hij trouwelooslijk handelt bij den wijn, een trots man is, en in zijn woning niet blijft; die zijn ziel wijd opendoet als het graf, en gelijk de dood is, die niet zat wordt, en tot zich verzamelt al de heidenen, en vergadert tot zich alle volken.

6 Zouden dan niet al dezelve van hem een spreekwoord opnemen, en een uitlegging der raadselen van hem? En men zal zeggen: Wee dien, die vermeerdert hetgeen het zijne niet is (hoe lange!), en dien, die op zich laadt dik slijk.

Shall they not rise up suddenly that shall bite thee, and awake that shall vex thee, and thou shalt be for booties unto them?	7 Zullen niet onvoorziens opstaan, die u bijten zullen, en ontwaken, die u zullen bewegen, en zult gij hun niet tot plundering worden?
Because thou hast spoiled many nations, all the remnant of the people shall spoil thee; because of men's blood, and for the violence of the land, of the city, and of all that dwell therein.	8 Omdat gij vele heidenen beroofd hebt, zo zullen alle overgebleven volken u beroven; om het bloed der mensen, en het geweld aan het land, de stad, en alle inwoners derzelve.
Woe to him that coveteth an evil covetousness to his house, that he may set his nest on high, that he may be delivered from the power of evil!	9 Wee dien, die met kwade gierigheid giert voor zijn huis, opdat hij in de hoogte zijn nest stelle, om bevrijd te zijn uit de hand des kwaads.
Thou hast consulted shame to thy house by cutting off many people, and hast sinned against thy soul.	10 Gij hebt schaamte beraadslaagd voor uw huis; uitroeiende vele volken, zo hebt gij gezondigd tegen uw ziel.
For the stone shall cry out of the wall, and the beam out of the timber shall answer it.	11 Want de steen uit den muur roept, en de balk uit het hout antwoordt dien.
Woe to him that buildeth a town with blood, and stablisheth a city by iniquity!	12 Wee dien, die de stad met bloed bouwt, en die de stad met onrecht bevestigt!
Behold, is it not of the LORD of hosts that the people shall labour in the very fire, and the people shall weary themselves for very vanity?	13 Ziet, is het niet van den HEERE der heirscharen, dat de volken arbeiden ten vure, en de lieden zich vermoeien tevergeefs?
For the earth shall be filled with the knowledge of the glory of the LORD, as the waters cover the sea.	14 Want de aarde zal vervuld worden, dat zij de heerlijkheid des HEEREN bekennen, gelijk de wateren den bodem der zee bedekken.
Woe unto him that giveth his neighbour drink, that puttest thy bottle to him, and makest him drunken also, that thou mayest look on their nakedness!	15 Wee dien, die zijn naaste te drinken geeft, gij, die uw wijnfles daarbij voegt, en ook dronken maakt, opdat gij hun naaktheden aanschouwt.
Thou art filled with shame for glory: drink thou also, and let thy foreskin be uncovered: the cup of the LORD'S right hand shall be turned unto thee, and shameful spewing shall be on thy glory.	16 Gij zult ook verzadigd worden met schande, voor eer; drinkt gij ook, en ontbloot de voorhuid; de beker der rechterhand des HEEREN zal zich tot u wenden, en er zal een schandelijk uitbraaksel over uw heerlijkheid zijn.
For the violence of Lebanon shall cover thee, and the spoil of beasts, which made them afraid, because of men's blood, and for the violence of the land, of the city, and of all that dwell therein.	17 Want het geweld, dat tegen Libanon begaan is, zal u bedekken, en de verwoesting der beesten zal ze verschrikken, om des bloeds wil der mensen, en des gewelds in het land, de stad en aan alle inwoners derzelve.
What profiteth the graven image that the maker thereof hath graven it; the molten image, and a teacher of lies, that the maker of his work trusteth therein, to make dumb idols?	18 Wat zal het gesneden beeld baten, dat zijn formeerder het gesneden heeft? of het gegoten beeld, hetwelk een leugenleraar is, dat de formeerder op zijn formeersel vertrouwt, als hij stomme afgoden gemaakt heeft?
Woe unto him that saith to the wood, Awake; to the dumb stone, Arise, it shall teach! Behold, it is laid over with gold and silver, and there is no breath at all in the midst of it.	19 Wee dien, die tot het hout zegt: Word wakker! en: Ontwaak! tot den zwijgenden steen. Zou het leren? Ziet, het is met goud en zilver overtrokken, en er is gans geen geest in het midden van hetzelve.
But the LORD is in his holy temple: let all the earth keep silence before him.	20 Maar de HEERE is in Zijn heiligen tempel. Zwijg voor Zijn aangezicht, gij ganse aarde!

Habakkuk (3) Habakuk

A prayer of Habakkuk the prophet upon Shigionoth.	1 Een gebed van Habakuk, den profeet, op Sjigjonoth.
O LORD, I have heard thy speech, and was afraid: O LORD, revive thy work in the midst of the years, in the midst of the years make known; in wrath remember mercy.	2 HEERE! als ik Uw rede gehoord heb, heb ik gevreesd; Uw werk, o HEERE! behoud dat in het leven in het midden der jaren, maak het bekend in het midden der jaren; in den toorn gedenk des ontfermens.
God came from Teman, and the Holy One from mount Paran. Selah. His glory covered the heavens, and the earth was full of his praise.	3 God kwam van Theman, en de Heilige van den berg Paran. Sela. Zijn heerlijkheid bedekte de hemelen, en het aardrijk was vol van Zijn lof.
And his brightness was as the light; he had horns coming out of his hand: and there was the hiding of his power.	4 En er was een glans als des lichts, Hij had hoornen aan Zijn hand, en aldaar was Zijn sterkte verborgen.
Before him went the pestilence, and burning coals went forth at his feet.	5 Voor Zijn aangezicht ging de pestilentie, en de vurige kool ging voor Zijn voeten henen.
He stood, and measured the earth: he beheld, and drove asunder the nations; and the everlasting mountains were scattered, the perpetual hills did bow: his ways are everlasting.	6 Hij stond, en mat het land, Hij zag toe, en maakte de heidenen los, en de gedurige bergen zijn verstrooid geworden; de heuvelen der eeuwigheid hebben zich gebogen; de gangen der eeuw zijn Zijne.
I saw the tents of Cushan in affliction: and the curtains of the land of Midian did tremble.	7 Ik zag de tenten van Kusan onder de ijdelheid; de gordijnen des lands van Midian schudden.
Was the LORD displeased against the rivers? was thine anger against the rivers? was thy wrath against the sea, that thou didst ride upon thine horses and thy chariots of salvation?	8 Was de HEERE ontstoken tegen de rivieren? Was Uw toorn tegen de rivieren, was Uw verbolgenheid tegen de zee, toen Gij op Uw paarden reedt? Uw wagens waren heil.
Thy bow was made quite naked, according to the oaths of the tribes, even thy word. Selah. Thou didst cleave the earth with rivers.	9 De naakte grond werd ontbloot door Uw boog, om de eden, aan de stammen gedaan door het woord. Sela. Gij hebt de rivieren der aarde gekloofd.
The mountains saw thee, and they trembled: the overflowing of the water passed by: the deep uttered his voice, and lifted up his hands on high.	10 De bergen zagen U, en leden smart; de waterstroom ging door, de afgrond gaf zijn stem, hij hief zijn zijden op in de hoogte.
The sun and moon stood still in their habitation: at the light of thine arrows they went, and at the shining of thy glittering spear.	11 De zon en de maan stonden stil in haar woning; met het licht gingen Uw pijlen daarhenen, met glans Uw bliksemende spies.

Habakkuk - Habakuk

Thou didst march through the land in indignation, thou didst thresh the heathen in anger.

Thou wentest forth for the salvation of thy people, even for salvation with thine anointed; thou woundedst the head out of the house of the wicked, by discovering the foundation unto the neck. Selah.

Thou didst strike through with his staves the head of his villages: they came out as a whirlwind to scatter me: their rejoicing was as to devour the poor secretly.

Thou didst walk through the sea with thine horses, through the heap of great waters.

When I heard, my belly trembled; my lips quivered at the voice: rottenness entered into my bones, and I trembled in myself, that I might rest in the day of trouble: when he cometh up unto the people, he will invade them with his troops.

Although the fig tree shall not blossom, neither shall fruit be in the vines; the labour of the olive shall fail, and the fields shall yield no meat; the flock shall be cut off from the fold, and there shall be no herd in the stalls:

Yet I will rejoice in the LORD, I will joy in the God of my salvation.

The LORD God is my strength, and he will make my feet like hinds' feet, and he will make me to walk upon mine high places. To the chief singer on my stringed instruments.

12 Met gramschap tradt Gij door het land, met toorn dorstet Gij de heidenen.

13 Gij toogt uit tot verlossing Uws volks, tot verlossing met Uw Gezalfde; Gij doorwonddet het hoofd van het huis des goddelozen, ontblotende den grond tot den hals toe. Sela.

14 Gij doorboordet met zijn staven het hoofd zijner dorpliede; zij hebben gestormd, om mij te verstrooien; die zich verheugden, alsof zij de ellendigen in het verborgen zouden opeten.

15 Gij betradt met Uw paarden de zee; de geweldige wateren werden een hoop.

16 Als ik het hoorde, zo werd mijn buik beroerd; voor de stem hebben mijn lippen gebeefd; verrotting kwam in mijn gebeente, en ik werd beroerd in mijn plaats. Zekerlijk, ik zal rusten ten dage der benauwdheid, als hij optrekken zal tegen het volk, dat hij het met benden aanvalle.

17 Alhoewel de vijgeboom niet bloeien zal, en geen vrucht aan den wijnstok zijn zal, dat het werk des olijfbooms liegen zal, en de velden geen spijze voortbrengen; dat men de kudde uit de kooi afscheuren zal, en dat er geen rund in de stallingen wezen zal;

18 Zo zal ik nochtans in den HEERE van vreugde opspringen, ik zal mij verheugen in den God mijns heils.

19 De Heere HEERE is mijn Sterkte; en Hij zal mijn voeten maken als der hinden, en Hij zal mij doen treden op mijn hoogten. Voor den opperzangmeester op mijn Neginoth.

Zephaniah - Zefanja
Zephaniah (1) Zefanja

1 The word of the LORD which came unto Zephaniah the son of Cushi, the son of Gedaliah, the son of Amariah, the son of Hizkiah, in the days of Josiah the son of Amon, king of Judah.	1 Het woord des HEEREN, hetwelk geschied is tot Zefanja, den zoon van Cuschi, den zoon van Gedalja, den zoon van Amarja, den zoon van Hizkia; in de dagen van Josia, den zoon van Amon, den koning van Juda.
2 I will utterly consume all things from off the land, saith the LORD.	2 Ik zal ganselijk alles wegrapen uit dit land, spreekt de HEERE.
3 I will consume man and beast; I will consume the fowls of the heaven, and the fishes of the sea, and the stumblingblocks with the wicked; and I will cut off man from off the land, saith the LORD.	3 Ik zal wegrapen mensen en beesten; Ik zal wegrapen de vogelen des hemels, en de vissen der zee, en de ergernissen met de goddelozen; ja, Ik zal de mensen uit dit land uitroeien, spreekt de HEERE.
4 I will also stretch out mine hand upon Judah, and upon all the inhabitants of Jerusalem; and I will cut off the remnant of Baal from this place, and the name of the Chemarims with the priests;	4 En Ik zal Mijn hand uitstrekken tegen Juda, en tegen alle inwoners van Jeruzalem; en Ik zal uit deze plaats uitroeien het overblijfsel van Baal, en den naam der Chemarim met de priesters;
5 And them that worship the host of heaven upon the housetops; and them that worship and that swear by the LORD, and that swear by Malcham;	5 En die zich nederbuigen op de daken voor het heir des hemels, en die zich nederbuigende zweren bij den HEERE, en zweren bij Malcham;
6 And them that are turned back from the LORD; and those that have not sought the LORD, nor inquired for him.	6 En die terugkeren van achter den HEERE; en die den HEERE niet zoeken, en vragen naar Hem niet.
7 Hold thy peace at the presence of the Lord GOD: for the day of the LORD is at hand: for the LORD hath prepared a sacrifice, he hath bid his guests.	7 Zwijgt voor het aangezicht des Heeren HEEREN; want de dag des HEEREN is nabij; want de HEERE heeft een slachtoffer bereid, Hij heeft Zijn genoden geheiligd.
8 And it shall come to pass in the day of the LORD'S sacrifice, that I will punish the princes, and the king's children, and all such as are clothed with strange apparel.	8 En het zal geschieden in den dag van het slachtoffer des HEEREN, dat Ik bezoeking zal doen over de vorsten, en over de kinderen des konings, en over allen, die zich kleden met vreemde kleding.
9 In the same day also will I punish all those that leap on the threshold, which fill their masters' houses with violence and deceit.	9 Ook zal Ik ten zelven dage bezoeking doen over al wie over den dorpel springt; die het huis hunner heren vullen met geweld en bedrog.
10 And it shall come to pass in that day, saith the LORD, that there shall be the noise of a cry from the fish gate, and an howling from the second, and a great crashing from the hills.	10 En er zal te dien dage, spreekt de HEERE, een stem des gekrijts zijn van de Vispoort af, en een gehuil van het tweede gedeelte, en een grote breuk van de heuvelen af.
11 Howl, ye inhabitants of Maktesh, for all the merchant people are cut down; all they that bear silver are cut off.	11 Huilt, gij inwoners der laagte! Want al het volk van koophandel is uitgehouwen, al de gelddragers zijn uitgeroeid.
12 And it shall come to pass at that time, that I will search Jerusalem with candles, and punish the men that are settled on their lees: that say in their heart, The LORD will not do good, neither will he do evil.	12 En het zal geschieden te dien tijde, Ik zal Jeruzalem met lantaarnen doorzoeken; en Ik zal bezoeking doen over de mannen, die stijf geworden zijn op hun droesem, die in hun hart zeggen: De HEERE doet geen goed, en Hij doet geen kwaad.
13 Therefore their goods shall become a booty, and their houses a desolation: they shall also build houses, but not inhabit them; and they shall plant vineyards, but not drink the wine thereof.	13 Daarom zal hun vermogen ten roof worden, en hun huizen tot verwoesting; zij bouwen wel huizen, maar zij zullen ze niet bewonen; en zij planten wijngaarden, maar zij zullen derzelver wijn niet drinken.
14 The great day of the LORD is near, it is near, and hasteth greatly, even the voice of the day of the LORD: the mighty man shall cry there bitterly.	14 De grote dag des HEEREN is nabij; hij is nabij, en zeer haastende; de stem van den dag des HEEREN; de held zal aldaar bitterlijk schreeuwen.
15 That day is a day of wrath, a day of trouble and distress, a day of wasteness and desolation, a day of darkness and gloominess, a day of clouds and thick darkness,	15 Die dag zal een dag der verbolgenheid zijn; een dag der benauwdheid en des angstes, een dag der woestheid en verwoesting, een dag der duisternis en der donkerheid, een dag der wolk en der dikke donkerheid,
16 A day of the trumpet and alarm against the fenced cities, and against the high towers.	16 Een dag der bazuin en des geklanks tegen de vaste steden en tegen de hoge hoeken.
17 And I will bring distress upon men, that they shall walk like blind men, because they have sinned against the LORD: and their blood shall be poured out as dust, and their flesh as the dung.	17 En Ik zal de mensen bang maken, dat zij zullen gaan als de blinden; want zij hebben tegen den HEERE gezondigd; en hun bloed zal vergoten worden als stof, en hun vlees zal worden als drek.
18 Neither their silver nor their gold shall be able to deliver them in the day of the LORD'S wrath; but the whole land shall be devoured by the fire of his jealousy: for he shall make even a speedy riddance of all them that dwell in the land.	18 Noch hun zilver, noch hun goud zal hen kunnen redden ten dage der verbolgenheid des HEEREN; maar door het vuur Zijns ijvers zal dit ganse land verteerd worden; want Hij zal een voleinding maken, gewisselijk, een haastige, met al de inwoners dezes lands.

Zephaniah (2) Zefanja

1 Gather yourselves together, yea, gather together, O nation not desired;	1 Doorzoek u zelf nauw, ja, doorzoek nauw, gij volk, dat met geen lust bevangen wordt!
2 Before the decree bring forth, before the day pass as the chaff, before the fierce anger of the LORD come upon you, before the day of the LORD'S anger come upon you.	2 Eer het besluit bare (gelijk kaf gaat de dag voorbij), terwijl de hittigheid van des HEEREN toorn over ulieden nog niet komt; terwijl de dag van den toorn des HEEREN over ulieden nog niet komt.

Zephaniah - Zefanja

Seek ye the LORD, all ye meek of the earth, which have wrought his judgment; seek righteousness, seek meekness: it may be ye shall be hid in the day of the LORD'S anger.	3 Zoekt den HEERE, alle gij zachtmoedigen des lands, die Zijn recht werken! Zoekt gerechtigheid, zoekt zachtmoedigheid, misschien zult gij verborgen worden in den dag van den toorn des HEEREN.
For Gaza shall be forsaken, and Ashkelon a desolation: they shall drive out Ashdod at the noon day, and Ekron shall be rooted up.	4 Want Gaza zal verlaten wezen, en Askelon zal ter verwoesting wezen; Asdod zal men in den middag verdrijven, en Ekron zal uitgeworteld worden.
Woe unto the inhabitants of the sea coast, the nation of the Cherethites! the word of the LORD is against you; O Canaan, the land of the Philistines, I will even destroy thee, that there shall be no inhabitant.	5 Wee den inwonenden van de landstreek der zee, den volken der Cheretim! Het woord des HEEREN zal tegen ulieden zijn, gij Kanaän, der Filistijnen land! en Ik zal u verdoen, dat er geen inwoner zal zijn.
And the sea coast shall be dwellings and cottages for shepherds, and folds for flocks.	6 En de landstreek der zee zal wezen tot hutten, uitgegraven putten der herders, en betuiningen der kudden.
And the coast shall be for the remnant of the house of Judah; they shall feed thereupon: in the houses of Ashkelon shall they lie down in the evening: for the LORD their God shall visit them, and turn away their captivity.	7 En de landstreek zal wezen voor het overblijfsel van het huis van Juda, dat zij daarin weiden; des avonds zullen zij in de huizen van Askelon legeren, als de HEERE, hunlieder God, hen zal bezocht, en hun gevangenis zal gewend hebben.
I have heard the reproach of Moab, and the revilings of the children of Ammon, whereby they have reproached my people, and magnified themselves against their border.	8 Ik heb de beschimping van Moab gehoord, en de scheldwoorden der kinderen Ammons, waarmede zij Mijn volk beschimpt hebben, en hebben zich groot gemaakt tegen deszelfs landpale.
Therefore as I live, saith the LORD of hosts, the God of Israel, Surely Moab shall be as Sodom, and the children of Ammon as Gomorrah, even the breeding of nettles, and saltpits, and a perpetual desolation: the residue of my people shall spoil them, and the remnant of my people shall possess them.	9 Daarom, zo waarachtig als Ik leef, spreekt de HEERE der heirscharen, de God Israëls: Moab zal zekerlijk zijn als Sodom, en de kinderen Ammons als Gomorra, een netelheide, en een zoutgroeve, en een verwoesting tot in eeuwigheid! De overigen Mijns volks zullen ze beroven, en het overige Mijns volks zal ze erfelijk bezitten.
This shall they have for their pride, because they have reproached and magnified themselves against the people of the LORD of hosts.	10 Dat zullen zij hebben in plaats van hun hoogmoed; want zij hebben beschimpt, en hebben zich groot gemaakt tegen het volk van den HEERE der heirscharen.
The LORD will be terrible unto them: for he will famish all the gods of the earth; and men shall worship him, every one from his place, even all the isles of the heathen.	11 Vreselijk zal de HEERE tegen hen wezen, want Hij zal al de goden der aarde doen uitteren; en een iegelijk uit zijn plaats zal Hem aanbidden, al de eilanden der heidenen.
Ye Ethiopians also, ye shall be slain by my sword.	12 Ook gij, Moren! zult de verslagenen van Mijn zwaard zijn.
And he will stretch out his hand against the north, and destroy Assyria; and will make Nineveh a desolation, and dry like a wilderness.	13 Hij zal ook Zijn hand uitstrekken tegen het Noorden, en Hij zal Assur verdoen; en Hij zal Nineve stellen tot een verwoesting, droog als een woestijn.
And flocks shall lie down in the midst of her, all the beasts of the nations: both the cormorant and the bittern shall lodge in the upper lintels of it; their voice shall sing in the windows; desolation shall be in the thresholds: for he shall uncover the cedar work.	14 En in het midden van haar zullen den kudden legeren, al het gedierte der volken; ook de roerdomp, ook de nachtuil zullen op haar granaatappelen vernachten; een stem zal in het venster zingen, verwoesting zal in den dorpel zijn, als Hij haar cederwerk zal ontbloot hebben.
This is the rejoicing city that dwelt carelessly, that said in her heart, I am, and there is none beside me: how is she become a desolation, a place for beasts to lie down in! every one that passeth by her shall hiss, and wag his hand.	15 Dit is die stad, die opspringt van vreugde, die zeker woont, die in haar hart zegt: Ik ben het, en buiten mij is geen meer; hoe is zij geworden tot woestheid, een rustplaats van het gedierte! Een ieder, die daardoor trekt, zal ze aanfluiten, hij zal zijn hand bewegen.

Zephaniah (3) Zefanja

Woe to her that is filthy and polluted, to the oppressing city!	1 Wee der ijselijke, en der bevlekte, der verdrukkende stad!
She obeyed not the voice; she received not correction; she trusted not in the LORD; she drew not near to her God.	2 Zij hoort naar de stem niet; zij neemt de tucht niet aan; zij vertrouwt niet op den HEERE; tot haar God nadert zij niet.
Her princes within her are roaring lions; her judges are evening wolves; they gnaw not the bones till the morrow.	3 Haar vorsten zijn brullende leeuwen in het midden van haar; haar rechters zijn avondwolven, die de beenderen niet breken tot aan den morgen.
Her prophets are light and treacherous persons: her priests have polluted the sanctuary, they have done violence to the law.	4 Haar profeten zijn lichtvaardig, gans trouweloze mannen; haar priesters verontreinigen het heilige, zij doen der wet geweld aan.
The just LORD is in the midst thereof; he will not do iniquity: every morning doth he bring his judgment to light, he faileth not; but the unjust knoweth no shame.	5 De rechtvaardige HEERE is in het midden van haar, Hij doet geen onrecht; allen morgen geeft Hij Zijn recht in het licht, er ontbreekt niet; doch de verkeerde weet van geen schaamte.
I have cut off the nations: their towers are desolate; I made their streets waste, that none passeth by: their cities are destroyed, so that there is no man, that there is none inhabitant.	6 Ik heb de heidenen uitgeroeid, hun hoeken zijn verwoest, Ik heb hun straten eenzaam gemaakt, dat niemand daardoor gaat; hun steden zijn verstoord, zodat er niemand is, dat er geen inwoner is.
I said, Surely thou wilt fear me, thou wilt receive instruction; so their dwelling should not be cut off, howsoever I punished them: but they rose early, and corrupted all their doings.	7 Ik zeide: Immers zult gij Mij vrezen, gij zult de tucht aannemen, opdat haar woning niet uitgeroeid zou worden; al wat Ik haar bezocht hebbe, waarlijk, zij hebben zich vroeg opgemaakt, zij hebben al hun handelingen verdorven.
Therefore wait ye upon me, saith the LORD, until the day that I rise up to the prey: for my determination is to gather the nations, that I may assemble the kingdoms, to pour upon them mine indignation, even all my fierce anger: for all the earth shall be devoured with the fire of my jealousy.	8 Daarom verwacht Mij, spreekt de HEERE, ten dage als Ik Mij opmake tot den roof; want Mijn oordeel is, de heidenen te verzamelen, de koninkrijken te vergaderen, om over hen Mijn gramschap, de ganse hittigheid Mijns toorns uit te storten, want dit ganse land zal door het vuur van Mijn ijver verteerd worden.
For then will I turn to the people a pure language, that they may all call upon the name of the LORD, to serve him with one consent.	9 Gewisselijk, dan zal Ik tot de volken een reine spraak wenden; opdat zij allen den Naam des HEEREN aanroepen, opdat zij Hem dienen met een eenparigen schouder.

From beyond the rivers of Ethiopia my suppliants, even the daughter of my dispersed, shall bring mine offering.

In that day shalt thou not be ashamed for all thy doings, wherein thou hast transgressed against me: for then I will take away out of the midst of thee them that rejoice in thy pride, and thou shalt no more be haughty because of my holy mountain.

I will also leave in the midst of thee an afflicted and poor people, and they shall trust in the name of the LORD.

The remnant of Israel shall not do iniquity, nor speak lies; neither shall a deceitful tongue be found in their mouth: for they shall feed and lie down, and none shall make them afraid.

Sing, O daughter of Zion; shout, O Israel; be glad and rejoice with all the heart, O daughter of Jerusalem.

The LORD hath taken away thy judgments, he hath cast out thine enemy: the king of Israel, even the LORD, is in the midst of thee: thou shalt not see evil any more.

In that day it shall be said to Jerusalem, Fear thou not: and to Zion, Let not thine hands be slack.

The LORD thy God in the midst of thee is mighty; he will save, he will rejoice over thee with joy; he will rest in his love, he will joy over thee with singing.

I will gather them that are sorrowful for the solemn assembly, who are of thee, to whom the reproach of it was a burden.

Behold, at that time I will undo all that afflict thee: and I will save her that halteth, and gather her that was driven out; and I will get them praise and fame in every land where they have been put to shame.

At that time will I bring you again, even in the time that I gather you: for I will make you a name and a praise among all people of the earth, when I turn back your captivity before your eyes, saith the LORD.

10 Van de zijden der rivieren der Moren zullen Mijn ernstige aanbidders, met de dochter Mijner verstrooiden, Mijn offeranden brengen.

11 Te dien dage zult gij niet beschaamd wezen vanwege al uw handelingen, waarmede gij tegen Mij overtreden hebt; want alsdan zal Ik uit het midden van u wegnemen, die van vreugde opspringen over uw hovaardij, en gij zult u voortaan niet meer verheffen om Mijns heiligen bergs wil.

12 Maar Ik zal in het midden van u doen overblijven een ellendig en arm volk; die zullen op den Naam des HEEREN betrouwen.

13 De overgeblevenen van Israel zullen geen onrecht doen, noch leugen spreken, en in hun mond zal geen bedriegelijke tong gevonden worden; maar zij zullen weiden en nederliggen, en niemand zal hen verschrikken.

14 Zing vrolijk, gij dochter Sions, juich, Israel; wees blijde, en spring op van vreugde van ganser harte, gij dochter Jeruzalems!

15 De HEERE heeft uw oordelen weggenomen, Hij heeft uw vijand weggevaagd; de Koning Israels, de HEERE, is in het midden van u, gij zult geen kwaad meer zien.

16 Te dien dage zal tot Jeruzalem gezegd worden: Vrees niet, o Sion! laat uw handen niet slap worden.

17 De HEERE uw God, is in het midden van u, een Held, Die verlossen zal; Hij zal over u vrolijk zijn met blijdschap, Hij zal zwijgen in Zijn liefde, Hij zal Zich over u verheugen met gejuich.

18 De bedroefden, om der bijeenkomst wil, zal Ik verzamelen, zij zijn uit u; de schimping is een last op haar.

19 Ziet, Ik zal te dien tijde al uw verdrukkers verdoen; en Ik zal de hinkenden behoeden, en de uitgestotenen verzamelen; en Ik zal ze stellen tot een lof, en tot een naam, in het ganse land, waar zij beschaamd zijn geweest.

20 Te dier tijd zal Ik ulieden herwaarts brengen, ten tijde namelijk, als Ik u verzamelen zal; zekerlijk Ik zal ulieden zetten tot een naam en tot een lof, onder alle volken der aarde, als Ik uw gevangenissen voor uw ogen wenden zal, zegt de HEERE.

Haggai - Haggaï

Haggai (1) Haggaï

1 In the second year of Darius the king, in the sixth month, in the first day of the month, came the word of the LORD by Haggai the prophet unto Zerubbabel the son of Shealtiel, governor of Judah, and to Joshua the son of Josedech, the high priest, saying,

2 Thus speaketh the LORD of hosts, saying, This people say, The time is not come, the time that the LORD'S house should be built.

3 Then came the word of the LORD by Haggai the prophet, saying,

4 Is it time for you, O ye, to dwell in your cieled houses, and this house lie waste?

5 Now therefore thus saith the LORD of hosts; Consider your ways.

6 Ye have sown much, and bring in little; ye eat, but ye have not enough; ye drink, but ye are not filled with drink; ye clothe you, but there is none warm; and he that earneth wages earneth wages to put it into a bag with holes.

7 Thus saith the LORD of hosts; Consider your ways.

8 Go up to the mountain, and bring wood, and build the house; and I will take pleasure in it, and I will be glorified, saith the LORD.

9 Ye looked for much, and, lo, it came to little; and when ye brought it home, I did blow upon it. Why? saith the LORD of hosts. Because of mine house that is waste, and ye run every man unto his own house.

10 Therefore the heaven over you is stayed from dew, and the earth is stayed from her fruit.

11 And I called for a drought upon the land, and upon the mountains, and upon the corn, and upon the new wine, and upon the oil, and upon that which the ground bringeth forth, and upon men, and upon cattle, and upon all the labour of the hands.

12 Then Zerubbabel the son of Shealtiel, and Joshua the son of Josedech, the high priest, with all the remnant of the people, obeyed the voice of the LORD their God, and the words of Haggai the prophet, as the LORD their God had sent him, and the people did fear before the LORD.

13 Then spake Haggai the LORD'S messenger in the LORD'S message unto the people, saying, I am with you, saith the LORD.

14 And the LORD stirred up the spirit of Zerubbabel the son of Shealtiel, governor of Judah, and the spirit of Joshua the son of Josedech, the high priest, and the spirit of all the remnant of the people; and they came and did work in the house of the LORD of hosts, their God,

15 In the four and twentieth day of the sixth month, in the second year of Darius the king.

Haggai (2) Haggaï

1 In the seventh month, in the one and twentieth day of the month, came the word of the LORD by the prophet Haggai, saying,

2 Speak now to Zerubbabel the son of Shealtiel, governor of Judah, and to Joshua the son of Josedech, the high priest, and to the residue of the people, saying,

3 Who is left among you that saw this house in her first glory? and how do ye see it now? is it not in your eyes in comparison of it as nothing?

4 Yet now be strong, O Zerubbabel, saith the LORD; and be strong, O Joshua, son of Josedech, the high priest; and be strong, all ye people of the land, saith the LORD, and work: for I am with you, saith the LORD of hosts:

5 According to the word that I covenanted with you when ye came out of Egypt, so my spirit remaineth among you: fear ye not.

6 For thus saith the LORD of hosts; Yet once, it is a little while, and I will shake the heavens, and the earth, and the sea, and the dry land;

---

1 In het tweede jaar van den koning Darius, in de zesde maand, op den eersten dag der maand, geschiedde het woord des HEEREN, door den dienst van Haggaï, den profeet, tot Zerubbabel, den zoon van Sealthiël, den vorst van Juda, en tot Josua, den zoon van Jozadak, den hogepriester, zeggende:

2 Alzo spreekt de HEERE der heirscharen zeggende: Dit volk zegt: De tijd is niet gekomen, de tijd, dat des HEEREN huis gebouwd worde.

3 En het woord des HEEREN geschiedde door den dienst van den profeet Haggaï, zeggende:

4 Is het voor ulieden wel de tijd, dat gij woont in uw gewelfde huizen, en zal dit huis woest zijn?

5 Nu dan, alzo zegt de HEERE der heirscharen: Stelt uw hart op uw wegen.

6 Gij zaait veel, en gij brengt weinig in; gij eet, maar niet tot verzadiging; gij drinkt, maar niet tot dronken worden toe; gij kleedt u, maar niet tot uw verwarming, en wie loon ontvangt, die ontvangt dat loon in een doorgeboorden buidel.

7 Alzo zegt de HEERE der heirscharen: Stelt uw hart op uw wegen.

8 Klimt op het gebergte, en brengt hout aan, en bouwt dit huis, en Ik zal een welgevallen daaraan hebben, en verheerlijkt worden, zegt de HEERE.

9 Gij ziet om naar veel, maar ziet, gij bekomt weinig; en als gij het in huis gebracht hebt, zo blaas Ik daarin. Waarom dat? spreekt de HEERE der heirscharen; om Mijns huizes wil, hetwelk woest is, en dat gij loopt elk voor zijn eigen huis.

10 Daarom onthouden zich de hemelen over u, dat er geen dauw is, en het land onthoudt zijn vruchten.

11 Want Ik heb een droogte geroepen over het land, en over de bergen, en over het koren, en over den most, en over de olie, en over hetgeen de aardbodem zou voortbrengen; ook over de mensen, en over de beesten, en over allen arbeid der handen.

12 Toen hoorde Zerubbabel, de zoon van Sealthiël, en Josua, de zoon van Jozadak, de hogepriester, en al het overblijfsel des volks, naar de stem van den HEERE, hun God, en naar de woorden van den profeet Haggaï, gelijk als hem de HEERE, hun God, gezonden had; en het volk vreesde voor het aangezicht des HEEREN.

13 Toen sprak Haggaï, de bode des HEEREN, in de boodschap des HEEREN, tot het volk, zeggende: Ik ben met ulieden, spreekt de HEERE.

14 En de HEERE verwekte den geest van Zerubbabel, den zoon van Sealthiël, den vorst van Juda, en den geest van Josua, den zoon van Jozadak, den hogepriester, en den geest van het ganse overblijfsel des volks; en zij kwamen en maakten het werk in het huis van den HEERE der heirscharen, hun God.

15 (2:1) Op den vier en twintigsten dag der maand, in de zesde maand, in het tweede jaar van den koning Darius.

Haggai (2) Haggaï

1 (2:2) In de zevende maand, op den een en twintigsten der maand, geschiedde het woord des HEEREN door den dienst van den profeet Haggaï, zeggende:

2 (2:3) Spreek nu tot Zerubbabel, den zoon van Sealthiël, den vorst van Juda, en tot Josua, den zoon van Jozadak, den hogepriester, en tot het overblijfsel des volks, zeggende:

3 (2:4) Wie is onder ulieden overgebleven, die dit huis in zijn eerste heerlijkheid gezien heeft, en hoedanig ziet gij hetzelve nu? Is dit niet als niets in uw ogen?

4 (2:5) Doch nu, wees sterk, gij Zerubbabel! spreekt de HEERE; en wees sterk, gij Josua, zoon van Jozadak, hogepriester! en wees sterk, al gij volk des lands! spreekt de HEERE; en werkt, want Ik ben met u, spreekt de HEERE der heirscharen;

5 (2:6) Met het woord, in hetwelk Ik met ulieden een verbond gemaakt heb, als gij uit Egypte uittrokt, en Mijn Geest, staande in het midden van u; vreest niet!

6 (2:7) Want alzo zegt de HEERE der heirscharen: Nog eens, een weinig tijds zal het zijn; en Ik zal de hemelen, en de aarde, en de zee, en het droge doen beven.

	And I will shake all nations, and the desire of all nations shall come: and I will fill this house with glory, saith the LORD of hosts.	7	(2:8) Ja, Ik zal al de heidenen doen beven, en zij zullen komen tot den Wens aller heidenen, en Ik zal dit huis met heerlijkheid vervullen, zegt de HEERE der heirscharen.
	The silver is mine, and the gold is mine, saith the LORD of hosts.	8	(2:9) Mijn is het zilver, en Mijn is het goud, spreekt de HEERE der heirscharen.
	The glory of this latter house shall be greater than of the former, saith the LORD of hosts: and in this place will I give peace, saith the LORD of hosts.	9	(2:10) De heerlijkheid van dit laatste huis zal groter worden, dan van het eerste, zegt de HEERE der heirscharen; en in deze plaats zal Ik vrede geven, spreekt de HEERE der heirscharen.
	In the four and twentieth day of the ninth month, in the second year of Darius, came the word of the LORD by Haggai the prophet, saying,	10	(2:11) Op den vier en twintigsten dag der negende maand, in het tweede jaar van Darius, geschiedde het woord des HEEREN door den dienst van den profeet Haggai, zeggende:
	Thus saith the LORD of hosts; Ask now the priests concerning the law, saying,	11	(2:12) Alzo zegt de HEERE der heirscharen: Vraag nu den priesters de wet, zeggende:
	If one bear holy flesh in the skirt of his garment, and with his skirt do touch bread, or pottage, or wine, or oil, or any meat, shall it be holy? And the priests answered and said, No.	12	(2:13) Ziet, iemand draagt heilig vlees in de slip van zijn kleed, en hij raakt met zijn slip aan het brood, of aan het moes, of aan den wijn, of aan de olie, of aan enige spijze, zal het heilig worden? En de priesters antwoordden, en zeiden: Neen.
	Then said Haggai, If one that is unclean by a dead body touch any of these, shall it be unclean? And the priests answered and said, It shall be unclean.	13	(2:14) En Haggai zeide: Indien iemand, die onrein is van een dood lichaam, iets van die dingen aanroert, zal het onrein worden? En de priesters antwoordden, en zeiden: Het zal onrein worden.
	Then answered Haggai, and said, So is this people, and so is this nation before me, saith the LORD; and so is every work of their hands; and that which they offer there is unclean.	14	(2:15) Toen antwoordde Haggai, en zeide: Alzo is dit volk, en alzo is deze natie voor Mijn aangezicht, spreekt de HEERE, en alzo is al het werk hunner handen; en wat zij daar offeren, dat is onrein.
	And now, I pray you, consider from this day and upward, from before a stone was laid upon a stone in the temple of the LORD:	15	(2:16) En nu, stelt er toch ulieder hart op, van dezen dag af en opwaarts, eer er steen op steen gelegd werd aan den tempel des HEEREN;
	Since those days were, when one came to an heap of twenty measures, there were but ten: when one came to the pressfat for to draw out fifty vessels out of the press, there were but twenty.	16	(2:17) Eer die dingen geschiedden, kwam iemand tot den koren hoop van twintig maten, zo waren er maar tien; komende tot den wijnbak, om vijftig maten van de pers te scheppen, zo waren er maar twintig.
	I smote you with blasting and with mildew and with hail in all the labours of your hands; yet ye turned not to me, saith the LORD.	17	(2:18) Ik sloeg ulieden met brandkoren, met honigdauw en met hagel, al het werk uwer handen; en gij keerdet u niet tot Mij, spreekt de HEERE.
	Consider now from this day and upward, from the four and twentieth day of the ninth month, even from the day that the foundation of the LORD'S temple was laid, consider it.	18	(2:19) Stelt er toch uw hart op, van dezen dag af en opwaarts; van den vier en twintigsten dag der negende maand af, van den dag af, als het fondament aan den tempel des HEEREN is gelegd geworden, stelt er uw hart op.
	Is the seed yet in the barn? yea, as yet the vine, and the fig tree, and the pomegranate, and the olive tree, hath not brought forth: from this day will I bless you.	19	(2:20) Is er nog zaad in de schuur? Zelfs tot den wijnstok, en den vijgeboom, en den granaatappelboom, en den olijfboom, die niet gedragen heeft, die zal Ik van dezen dag af zegenen.
	And again the word of the LORD came unto Haggai in the four and twentieth day of the month, saying,	20	(2:21) Het woord des HEEREN nu geschiedde ten tweeden male tot Haggai, op den vier en twintigsten der maand, zeggende:
	Speak to Zerubbabel, governor of Judah, saying, I will shake the heavens and the earth;	21	(2:22) Spreek tot Zerubbabel, den vorst van Juda, zeggende: Ik zal de hemelen en de aarde bewegen.
	And I will overthrow the throne of kingdoms, and I will destroy the strength of the kingdoms of the heathen; and I will overthrow the chariots, and those that ride in them; and the horses and their riders shall come down, every one by the sword of his brother.	22	(2:23) En Ik zal den troon der koninkrijken omkeren, en verdelgen de vastigheid van de koninkrijken der heidenen; en Ik zal den wagen omkeren, en die daarop rijden; en de paarden, en die daarop rijden, zullen nederstorten, een iegelijk in des anderen zwaard.
	In that day, saith the LORD of hosts, will I take thee, O Zerubbabel, my servant, the son of Shealtiel, saith the LORD, and will make thee as a signet: for I have chosen thee, saith the LORD of hosts.	23	(2:24) Te dien dage, spreekt de HEERE der heirscharen, zal Ik u nemen, o Zerubbabel, gij zoon van Sealthiel, Mijn knecht! spreekt de HEERE, en Ik zal u stellen, als een zegelring; want u heb Ik verkoren, spreekt de Heere der heirscharen.

Zechariah - Zacharia

Zechariah (1) Zacharia

1 In the eighth month, in the second year of Darius, came the word of the LORD unto Zechariah, the son of Berechiah, the son of Iddo the prophet, saying,

2 The LORD hath been sore displeased with your fathers.

3 Therefore say thou unto them, Thus saith the LORD of hosts; Turn ye unto me, saith the LORD of hosts, and I will turn unto you, saith the LORD of hosts.

4 Be ye not as your fathers, unto whom the former prophets have cried, saying, Thus saith the LORD of hosts; Turn ye now from your evil ways, and from your evil doings: but they did not hear, nor hearken unto me, saith the LORD.

5 Your fathers, where are they? and the prophets, do they live for ever?

6 But my words and my statutes, which I commanded my servants the prophets, did they not take hold of your fathers? and they returned and said, Like as the LORD of hosts thought to do unto us, according to our ways, and according to our doings, so hath he dealt with us.

7 Upon the four and twentieth day of the eleventh month, which is the month Sebat, in the second year of Darius, came the word of the LORD unto Zechariah, the son of Berechiah, the son of Iddo the prophet, saying,

8 I saw by night, and behold a man riding upon a red horse, and he stood among the myrtle trees that were in the bottom; and behind him were there red horses, speckled, and white.

9 Then said I, O my lord, what are these? And the angel that talked with me said unto me, I will shew thee what these be.

10 And the man that stood among the myrtle trees answered and said, These are they whom the LORD hath sent to walk to and fro through the earth.

11 And they answered the angel of the LORD that stood among the myrtle trees, and said, We have walked to and fro through the earth, and, behold, all the earth sitteth still, and is at rest.

12 Then the angel of the LORD answered and said, O LORD of hosts, how long wilt thou not have mercy on Jerusalem and on the cities of Judah, against which thou hast had indignation these threescore and ten years?

13 And the LORD answered the angel that talked with me with good words and comfortable words.

14 So the angel that communed with me said unto me, Cry thou, saying, Thus saith the LORD of hosts; I am jealous for Jerusalem and for Zion with a great jealousy.

15 And I am very sore displeased with the heathen that are at ease: for I was but a little displeased, and they helped forward the affliction.

16 Therefore thus saith the LORD; I am returned to Jerusalem with mercies: my house shall be built in it, saith the LORD of hosts, and a line shall be stretched forth upon Jerusalem.

17 Cry yet, saying, Thus saith the LORD of hosts; My cities through prosperity shall yet be spread abroad; and the LORD shall yet comfort Zion, and shall yet choose Jerusalem.

18 Then lifted I up mine eyes, and saw, and behold four horns.

19 And I said unto the angel that talked with me, What be these? And he answered me, These are the horns which have scattered Judah, Israel, and Jerusalem.

20 And the LORD shewed me four carpenters.

21 Then said I, What come these to do? And he spake, saying, These are the horns which have scattered Judah, so that no man did lift up his head: but these are come to fray them, to cast out the horns of the Gentiles, which lifted up their horn over the land of Judah to scatter it.

Zechariah (2) Zacharia

1 I lifted up mine eyes again, and looked, and behold a man with a measuring line in his hand.

---

1 In de achtste maand, in het tweede jaar van Darius, geschiedde het woord des HEEREN tot Zacharia, den zoon van Berechja, den zoon van Iddo, den profeet, zeggende:

2 De HEERE is zeer vertoornd geweest tegen uw vaderen.

3 Daarom zeg tot hen: Alzo zegt de HEERE der heirscharen: Keert weder tot Mij, spreekt de HEERE der heirscharen, zo zal Ik weder tot ulieden keren, zegt de HEERE der heirscharen.

4 Weest niet als uw vaderen, tot dewelke de vorige profeten riepen, zeggende: Alzo zegt de HEERE der heirscharen: Bekeert u toch van uw boze wegen, en uw boze handelingen; maar zij hoorden niet, en zij luisterden niet naar Mij, spreekt de HEERE.

5 Uw vaderen, waar zijn die? En de profeten, zullen zij in eeuwigheid leven?

6 Nochtans Mijn woorden en Mijn inzettingen, die Ik Mijn knechten, den profeten, geboden had, hebben zij uw vaders niet getroffen? zodat zij wederkerende zeiden: Gelijk als de HEERE der heirscharen gedacht heeft ons te doen, naar onze wegen en naar onze handelingen, alzo heeft Hij met ons gedaan.

7 Op den vier en twintigsten dag, in de elfde maand (die de maand Schebat is), in het tweede jaar van Darius, geschiedde het woord des HEEREN tot Zacharia, den zoon van Berechja, den zoon van Iddo, den profeet, zeggende:

8 Ik zag des nachts, en ziet, een Man rijdende op een rood paard, en Hij stond tussen de mirten, die in de diepte waren; en achter Hem waren rode, bruine en witte paarden.

9 En Ik zeide: Mijn Heere! wat zijn deze? Toen zeide tot mij de Engel, Die met mij sprak: Ik zal u tonen, wat deze zijn.

10 Toen antwoordde de Man, Die tussen de mirten stond, en zeide: Deze zijn het, die de HEERE uitgezonden heeft, om het land te doorwandelen.

11 En zij antwoordden den Engel des HEEREN, Die tussen de mirten stond, en zeiden: Wij hebben het land doorwandeld, en ziet, het ganse land zit en het is stil.

12 Toen antwoordde den Engel des HEEREN, en zeide: HEERE der heirscharen! hoe lang zult Gij U niet ontfermen over Jeruzalem, en over de steden van Juda, op welke Gij gram geweest zijt, deze zeventig jaren?

13 En de HEERE antwoordde den Engel, Die met mij sprak, goede woorden, troostelijke woorden.

14 En de Engel, Die met mij sprak, zeide tot mij: Roep uit, zeggende: Alzo zegt de HEERE der heirscharen: Ik ijver over Jeruzalem en over Sion met een groten ijver.

15 En Ik ben met een zeer groten toorn vertoornd tegen die geruste heidenen; want Ik was een weinig toornig, maar zij hebben ten kwade geholpen.

16 Daarom zegt de HEERE alzo: Ik ben tot Jeruzalem wedergekeerd met ontfermingen; Mijn huis zal daarin gebouwd worden, spreekt de HEERE der heirscharen, en het richtsnoer zal over Jeruzalem uitgestrekt worden.

17 Roep nog, zeggende: Alzo zegt de HEERE der heirscharen: Mijn steden zullen nog uitgespreid worden vanwege het goede; want de HEERE zal Sion nog troosten, en Hij zal Jeruzalem nog verkiezen.

18 En ik hief mijn ogen op, en zag; en ziet, er waren vier hoornen.

19 En ik zeide tot den Engel, Die met mij sprak: Wat zijn deze? En Hij zeide tot mij: Dat zijn de hoornen, welke Juda, Israel en Jeruzalem verstrooid hebben.

20 En de HEERE toonde mij vier smeden.

21 Toen zeide ik: Wat komen die maken? En Hij sprak, zeggende: Dat zijn de hoornen, die Juda verstrooid hebben, zodat niemand zijn hoofd ophief; maar deze zijn gekomen om die te verschrikken, om de hoornen der heidenen neder te werpen, welke den hoorn verheven hebben tegen het land van Juda, om dat te verstrooien.

1 Wederom hief ik mijn ogen op, en ik zag; en ziet, er was een man, en in zijn hand was een meetsnoer.

	Then said I, Whither goest thou? And he said unto me, To measure Jerusalem, to see what is the breadth thereof, and what is the length thereof.	2	En ik zeide: Waar gaat gij henen? En hij zeide tot mij: Om Jeruzalem te meten; om te zien, hoe groot haar breedte, en hoe groot haar lengte wezen zal.
	And, behold, the angel that talked with me went forth, and another angel went out to meet him,	3	En ziet, de Engel, Die met mij sprak, ging uit; en een andere Engel ging uit, hem tegemoet.
	And said unto him, Run, speak to this young man, saying, Jerusalem shall be inhabited as towns without walls for the multitude of men and cattle therein:	4	En hij zeide tot hem: Loop, spreek dezen jongeling aan, zeggende: Jeruzalem zal dorpsgewijze bewoond worden, vanwege de veelheid der mensen en der beesten, die in het midden derzelve wezen zal.
	For I, saith the LORD, will be unto her a wall of fire round about, and will be the glory in the midst of her.	5	En Ik zal haar wezen, spreekt de HEERE, een vurige muur rondom; en Ik zal tot heerlijkheid wezen in het midden van haar.
	Ho, ho, come forth, and flee from the land of the north, saith the LORD: for I have spread you abroad as the four winds of the heaven, saith the LORD.	6	Hui, hui, vliedt toch uit het Noorderland, spreekt de HEERE; want Ik heb ulieden uitgebreid naar de vier winden des hemels, spreekt de HEERE.
	Deliver thyself, O Zion, that dwellest with the daughter of Babylon.	7	Hui, Sion! ontkomt gij, die woont bij de dochter van Babel!
	For thus saith the LORD of hosts; After the glory hath he sent me unto the nations which spoiled you: for he that toucheth you toucheth the apple of his eye.	8	Want zo zegt de HEERE der heirscharen: Naar de heerlijkheid over u, heeft Hij mij gezonden tot die heidenen, die ulieden beroofd hebben; want die ulieden aanraakt, die raakt Zijn oogappel aan.
	For, behold, I will shake mine hand upon them, and they shall be a spoil to their servants: and ye shall know that the LORD of hosts hath sent me.	9	Want ziet, Ik zal Mijn hand over henlieden bewegen, en zij zullen hunnen knechten een roof wezen. Alzo zult gijlieden weten, dat de HEERE der heirscharen mij gezonden heeft.
	Sing and rejoice, O daughter of Zion: for, lo, I come, and I will dwell in the midst of thee, saith the LORD.	10	Juich en verblijd u, gij dochter Sions; want zie, Ik kom, en Ik zal in het midden van u wonen, spreekt de HEERE.
	And many nations shall be joined to the LORD in that day, and shall be my people: and I will dwell in the midst of thee, and thou shalt know that the LORD of hosts hath sent me unto thee.	11	En vele heidenen zullen te dien dage den HEERE toegevoegd worden, en zij zullen Mij tot een volk wezen; en Ik zal in het midden van u wonen; en gij zult weten, dat de HEERE der heirscharen mij tot u gezonden heeft.
	And the LORD shall inherit Judah his portion in the holy land, and shall choose Jerusalem again.	12	Dan zal de HEERE Juda erven voor Zijn deel, in het heilige land, en Hij zal Jeruzalem nog verkiezen.
	Be silent, O all flesh, before the LORD: for he is raised up out of his holy habitation.	13	Zwijg, alle vlees, voor het aangezicht des HEEREN! want Hij is ontwaakt uit Zijn heilige woning.

Zechariah (3) Zacharia

	And he shewed me Joshua the high priest standing before the angel of the LORD, and Satan standing at his right hand to resist him.	1	Daarna toonde Hij mij Josua, den hogepriester, staande voor het aangezicht van den Engel des HEEREN; en de satan stond aan zijn rechterhand, om hem te wederstaan.
	And the LORD said unto Satan, The LORD rebuke thee, O Satan; even the LORD that hath chosen Jerusalem rebuke thee: is not this a brand plucked out of the fire?	2	Doch de HEERE zeide tot den satan: De HEERE schelde u, gij satan! ja, de HEERE schelde u, Die Jeruzalem verkiest; is deze niet een vuurbrand uit het vuur gerukt?
	Now Joshua was clothed with filthy garments, and stood before the angel.	3	Josua nu was bekleed met vuile klederen, als hij voor het aangezicht des Engels stond.
	And he answered and spake unto those that stood before him, saying, Take away the filthy garments from him. And unto him he said, Behold, I have caused thine iniquity to pass from thee, and I will clothe thee with change of raiment.	4	Toen antwoordde Hij, en sprak tot degenen, die voor Zijn aangezicht stonden, zeggende: Doet deze vuile klederen van hem weg. Daarna sprak Hij tot hem: Zie, Ik heb uw ongerechtigheid van u weggenomen, en Ik zal u wisselklederen aandoen.
	And I said, Let them set a fair mitre upon his head. So they set a fair mitre upon his head, and clothed him with garments. And the angel of the LORD stood by.	5	Dies zeg Ik: Laat ze een reinen hoed op zijn hoofd zetten. En zij zetten dien reinen hoed op zijn hoofd, en zij togen hem klederen aan; en de Engel des HEEREN stond daarbij.
	And the angel of the LORD protested unto Joshua, saying,	6	Toen betuigde de Engel des HEEREN Josua, zeggende:
	Thus saith the LORD of hosts; If thou wilt walk in my ways, and if thou wilt keep my charge, then thou shalt also judge my house, and shalt also keep my courts, and I will give thee places to walk among these that stand by.	7	Zo zegt de HEERE der heirscharen: Indien gij in Mijn wegen zult wandelen, en indien gij Mijn wacht zult waarnemen, zo zult gij ook Mijn huis richten, en ook Mijn voorhoven bewaren; en Ik zal u wandelingen geven onder dezen, die hier staan.
	Hear now, O Joshua the high priest, thou, and thy fellows that sit before thee: for they are men wondered at: for, behold, I will bring forth my servant the BRANCH.	8	Hoor nu toe, Josua, gij hogepriester! gij en uw vrienden, die voor uw aangezicht zitten, want zij zijn een wonderteken; want ziet, Ik zal Mijn Knecht, de SPRUITE, doen komen.
	For behold the stone that I have laid before Joshua; upon one stone shall be seven eyes: behold, I will engrave the graving thereof, saith the LORD of hosts, and I will remove the iniquity of that land in one day.	9	Want ziet, aangaande dien steen, welken Ik gelegd heb voor het aangezicht van Josua, op dien enen steen zullen zeven ogen wezen; ziet, Ik zal zijn graveersel graveren, spreekt de HEERE der heirscharen, en Ik zal de ongerechtigheid dezes lands op een dag wegnemen.
	In that day, saith the LORD of hosts, shall ye call every man his neighbour under the vine and under the fig tree.	10	Te dien dage, spreekt de HEERE der heirscharen, zult gijlieden een iegelijk zijn naaste nodigen tot onder den wijnstok en tot onder den vijgeboom.

Zechariah (4) Zacharia

	And the angel that talked with me came again, and waked me, as a man that is wakened out of his sleep,	1	En de Engel, Die met mij sprak, kwam weder; en Hij wekte mij op, gelijk een man, die van zijn slaap opgewekt wordt.
	And said unto me, What seest thou? And I said, I have looked, and behold a candlestick all of gold, with a bowl upon the top of it, and his seven lamps thereon, and seven pipes to the seven lamps, which are upon the top thereof:	2	En Hij zeide tot mij: Wat ziet gij? En ik zeide: Ik zie, en ziet, een geheel gouden kandelaar, en een oliekruikje boven deszelfs hoofd, en zijn zeven lampen daarop; die lampen hadden zeven en zeven pijpen, dewelke boven zijn hoofd waren;

And two olive trees by it, one upon the right side of the bowl, and the other upon the left side thereof.	3 En twee olijfbomen daarnevens, een ter rechterzijde van het oliekruikje, en een tot deszelfs linkerzijde.
So I answered and spake to the angel that talked with me, saying, What are these, my lord?	4 En ik antwoordde, en zeide tot den Engel, Die met mij sprak, zeggende: Mijn Heere! wat zijn deze dingen?
Then the angel that talked with me answered and said unto me, Knowest thou not what these be? And I said, No, my lord.	5 Toen antwoordde de Engel, Die met mij sprak, en zeide tot mij: Weet gij niet, wat deze dingen zijn? En ik zeide: Neen, mijn Heere!
Then he answered and spake unto me, saying, This is the word of the LORD unto Zerubbabel, saying, Not by might, nor by power, but by my spirit, saith the LORD of hosts.	6 Toen antwoordde Hij, en sprak tot mij, zeggende: Dit is het woord des HEEREN tot Zerubbabel, zeggende: Niet door kracht noch door geweld, maar door Mijn Geest zal het geschieden, zegt de HEERE der heirscharen.
Who art thou, O great mountain? before Zerubbabel thou shalt become a plain: and he shall bring forth the headstone thereof with shoutings, crying, Grace, grace unto it.	7 Wie zijt gij, o grote berg? Voor het aangezicht van Zerubbabel zult gij worden tot een vlak veld; want hij zal den hoofdsteen voortbrengen met toeroepingen: Genade, genade zij denzelven!
Moreover the word of the LORD came unto me, saying,	8 Het woord des HEEREN geschiedde verder tot mij, zeggende:
The hands of Zerubbabel have laid the foundation of this house; his hands shall also finish it; and thou shalt know that the LORD of hosts hath sent me unto you.	9 De handen van Zerubbabel hebben dit huis gegrondvest, zijn handen zullen het ook voleinden; opdat gij weet, dat de HEERE der heirscharen mij tot ulieden gezonden heeft.
For who hath despised the day of small things? for they shall rejoice, and shall see the plummet in the hand of Zerubbabel with those seven; they are the eyes of the LORD, which run to and fro through the whole earth.	10 Want wie veracht den dag der kleine dingen? daar zich toch die zeven verblijden zullen, als zij het tinnen gewicht zullen zien in de hand van Zerubbabel; dat zijn de ogen des HEEREN, die het ganse land doortrekken.
Then answered I, and said unto him, What are these two olive trees upon the right side of the candlestick and upon the left side thereof?	11 Verder antwoordde ik, en zeide tot Hem: Wat zijn die twee olijfbomen, ter rechterzijde des kandelaars, en aan zijn linkerzijde?
And I answered again, and said unto him, What be these two olive branches which through the two golden pipes empty the golden oil out of themselves?	12 En andermaal antwoordende, zo zeide ik tot Hem: Wat zijn die twee takjes der olijfbomen, welke in de twee gouden kruiken zijn, die goud van zich gieten?
And he answered me and said, Knowest thou not what these be? And I said, No, my lord.	13 En Hij sprak tot mij, zeggende: Weet gij niet, wat deze zijn? En ik zeide: Neen, mijn Heere!
Then said he, These are the two anointed ones, that stand by the Lord of the whole earth.	14 Toen zeide Hij: Deze zijn de twee olietakken, welke voor den Heere der ganse aarde staan.

Zechariah (5) Zacharia

Then I turned, and lifted up mine eyes, and looked, and behold a flying roll.	1 En ik hief mijn ogen weder op, en ik zag; en ziet, een vliegende rol.
And he said unto me, What seest thou? And I answered, I see a flying roll; the length thereof is twenty cubits, and the breadth thereof ten cubits.	2 En Hij zeide tot mij: Wat ziet gij? En ik zeide: Ik zie een vliegende rol, welker lengte is van twintig ellen, en haar breedte van tien ellen.
Then said he unto me, This is the curse that goeth forth over the face of the whole earth: for every one that stealeth shall be cut off as on this side according to it; and every one that sweareth shall be cut off as on that side according to it.	3 Toen zeide Hij tot mij: Dit is de vloek, die uitgaan zal over het ganse land; want een iegelijk, die steelt, zal van hier, volgens denzelven vloek, uitgeroeid worden; desgelijks een iegelijk, die valselijk zweert, zal van hier, volgens denzelven vloek, uitgeroeid worden.
I will bring it forth, saith the LORD of hosts, and it shall enter into the house of the thief, and into the house of him that sweareth falsely by my name: and it shall remain in the midst of his house, and shall consume it with the timber thereof and the stones thereof.	4 Ik breng dezen vloek voort, spreekt de HEERE der heirscharen, dat hij kome in het huis van den dief, en in het huis desgenen, die bij Mijn Naam valselijk zweer; en hij zal het verteren, met zijn houten en zijn stenen.
Then the angel that talked with me went forth, and said unto me, Lift up now thine eyes, and see what is this that goeth forth.	5 En de Engel, Die met mij sprak, ging uit, en zeide tot mij: Hef nu uw ogen op, en zie, wat dit zij, dat er voortkomt.
And I said, What is it? And he said, This is an ephah that goeth forth. He said moreover, This is their resemblance through all the earth.	6 En ik zeide: Wat is dat? En Hij zeide: Dit is een efa, die voortkomt. Verder zeide Hij: Dit is het oog over henlieden in het ganse land.
And, behold, there was lifted up a talent of lead: and this is a woman that sitteth in the midst of the ephah.	7 En ziet, een plaat van lood werd opgeheven, en er was een vrouw, zittende in het midden der efa.
And he said, This is wickedness. And he cast it into the midst of the ephah; and he cast the weight of lead upon the mouth thereof.	8 En Hij zeide: Deze is de goddeloosheid; en Hij wierp ze in het midden van de efa; en Hij wierp het loden gewicht op den mond derzelve.
Then lifted I up mine eyes, and looked, and, behold, there came out two women, and the wind was in their wings; for they had wings like the wings of a stork: and they lifted up the ephah between the earth and the heaven.	9 En ik hief mijn ogen op, en ik zag; en ziet, twee vrouwen kwamen voort, en wind was in haar vleugelen, en zij hadden vleugelen, als de vleugelen eens ooievaars; en zij voerden de efa tussen de aarde en tussen den hemel.
Then said I to the angel that talked with me, Whither do these bear the ephah?	10 Toen zeide ik tot den Engel, Die met mij sprak: Waarhenen brengen zij deze efa?
And he said unto me, To build it an house in the land of Shinar: and it shall be established, and set there upon her own base.	11 En Hij zeide tot mij: Om haar een huis te bouwen in het land Sinear; dat zij daar gevestigd en gesteld worde op haar grondvesting.

Zechariah (6) Zacharia

And I turned, and lifted up mine eyes, and looked, and, behold, there came four chariots out from between two mountains; and the mountains were mountains of brass.	1 En ik hief mijn ogen weder op, en ik zag; en ziet, vier wagens gingen er uit van tussen twee bergen, en die bergen waren bergen van koper.

In the first chariot were red horses; and in the second chariot black horses;	2 Aan den eersten wagen waren rode paarden; en aan den tweeden wagen waren zwarte paarden.
And in the third chariot white horses; and in the fourth chariot grisled and bay horses.	3 En aan den derden wagen witte paarden; en aan den vierden wagen hagelvlekkige paarden, die sterk waren.
Then I answered and said unto the angel that talked with me, What are these, my lord?	4 En ik antwoordde, en zeide tot den Engel, Die met mij sprak: Wat zijn deze, mijn Heere?
And the angel answered and said unto me, These are the four spirits of the heavens, which go forth from standing before the Lord of all the earth.	5 En de Engel antwoordde, en zeide tot mij: Deze zijn de vier winden des hemels, uitgaande van daar zij stonden voor den Heere der ganse aarde.
The black horses which are therein go forth into the north country; and the white go forth after them; and the grisled go forth toward the south country.	6 Aan welken wagen de zwarte paarden zijn, die paarden gaan uit naar het Noorderland; en de witte gaan uit, dezelve achterna; en de hagelvlekkige gaan uit naar het Zuiderland.
And the bay went forth, and sought to go that they might walk to and fro through the earth: and he said, Get you hence, walk to and fro through the earth. So they walked to and fro through the earth.	7 En die sterke paarden gingen uit, en zochten voort te gaan, om het land te doorwandelen; want Hij had gezegd: Gaat heen, doorwandelt het land. En zij doorwandelden het land.
Then cried he upon me, and spake unto me, saying, Behold, these that go toward the north country have quieted my spirit in the north country.	8 En Hij riep mij, en sprak tot mij, zeggende: Zie, deze, die uitgegaan zijn naar het Noorderland, hebben Mijn Geest doen rusten in het Noorderland.
And the word of the LORD came unto me, saying,	9 En des HEEREN woord geschiedde tot mij, zeggende:
Take of them of the captivity, even of Heldai, of Tobijah, and of Jedaiah, which are come from Babylon, and come thou the same day, and go into the house of Josiah the son of Zephaniah;	10 Neem van de gevankelijk weggevoerden van Cheldai, van Tobia, en van Jedaja, en kom gij te dien dage, en ga in ten huize van Josia, den zoon van Zefanja, dewelke uit Babel gekomen zijn;
Then take silver and gold, and make crowns, and set them upon the head of Joshua the son of Josedech, the high priest;	11 Te weten, neem zilver en goud, en maak kronen; en zet ze op het hoofd van Josua, den zoon van Jozadak, den hogepriester.
And speak unto him, saying, Thus speaketh the LORD of hosts, saying, Behold the man whose name is The BRANCH; and he shall grow up out of his place, and he shall build the temple of the LORD:	12 En spreek tot hem, zeggende: Alzo spreekt de HEERE der heirscharen, zeggende: Ziet, een Man, Wiens naam is SPRUITE, Die zal uit Zijn plaats spruiten, en Hij zal des HEEREN tempel bouwen.
Even he shall build the temple of the LORD; and he shall bear the glory, and shall sit and rule upon his throne; and he shall be a priest upon his throne: and the counsel of peace shall be between them both.	13 Ja, Hij zal den tempel des HEEREN bouwen, en Hij zal het sieraad dragen, en Hij zal zitten, en heersen op Zijn troon; en Hij zal priester zijn op Zijn troon; en de raad des vredes zal tussen die Beiden wezen.
And the crowns shall be to Helem, and to Tobijah, and to Jedaiah, and to Hen the son of Zephaniah, for a memorial in the temple of the LORD.	14 En die kronen zullen wezen voor Chelem, en voor Tobia, en voor Jedaja, en voor Chen, den zoon van Zefanja, tot een gedachtenis in den tempel des HEEREN.
And they that are far off shall come and build in the temple of the LORD, and ye shall know that the LORD of hosts hath sent me unto you. And this shall come to pass, if ye will diligently obey the voice of the LORD your God.	15 En die verre zijn, zullen komen, en zullen bouwen in den tempel des HEEREN, en gijlieden zult weten, dat de HEERE der heirscharen mij tot u gezonden heeft. Dit zal geschieden, indien gij vlijtiglijk zult horen naar de stem des HEEREN, uws Gods.

Zechariah (7) Zacharia

And it came to pass in the fourth year of king Darius, that the word of the LORD came unto Zechariah in the fourth day of the ninth month, even in Chisleu;	1 Het gebeurde nu in het vierde jaar van den koning Darius, dat het woord des HEEREN geschiedde tot Zacharia, op den vierden der negende maand, namelijk in Chisleu.
When they had sent unto the house of God Sherezer and Regemmelech, and their men, to pray before the LORD,	2 Toen men naar het huis van God gezonden had Sarezer, en Regem-Melech, en zijn mannen, om het aangezicht des HEEREN te smeken;
And to speak unto the priests which were in the house of the LORD of hosts, and to the prophets, saying, Should I weep in the fifth month, separating myself, as I have done these so many years?	3 Zeggende tot de priesters, die in het huis des HEEREN der heirscharen waren, en tot de profeten, zeggende: Moet ik wenen in de vijfde maand, mij afzonderende, gelijk als ik gedaan heb nu zo vele jaren?
Then came the word of the LORD of hosts unto me, saying,	4 Toen geschiedde het woord des HEEREN der heirscharen tot mij, zeggende:
Speak unto all the people of the land, and to the priests, saying, When ye fasted and mourned in the fifth and seventh month, even those seventy years, did ye at all fast unto me, even to me?	5 Spreek tot het ganse volk dezes lands, en tot de priesters, zeggende: Toen gij vasttet en rouwklaagdet, in de vijfde en in de zevende maand, namelijk nu zeventig jaren, hebt gijlieden Mij, Mij enigszins gevast?
And when ye did eat, and when ye did drink, did not ye eat for yourselves, and drink for yourselves?	6 Of als gij at, en als gij dronkt, waart gij het niet, die daar at, en gij, die daar dronkt?
Should ye not hear the words which the LORD hath cried by the former prophets, when Jerusalem was inhabited and in prosperity, and the cities thereof round about her, when men inhabited the south and the plain?	7 Zijn het niet de woorden, welke de HEERE uitriep door den dienst der vorige profeten, toen Jeruzalem bewoond en gerust was, en haar steden rondom haar; en het zuiden en de laagte bewoond was?
And the word of the LORD came unto Zechariah, saying,	8 Verder geschiedde het woord des HEEREN tot Zacharia, zeggende:
Thus speaketh the LORD of hosts, saying, Execute true judgment, and shew mercy and compassions every man to his brother:	9 Alzo sprak de HEERE der heirscharen, zeggende: Richt een waarachtig gericht, en doet goedertierenheid en barmhartigheden, de een aan den ander;
And oppress not the widow, nor the fatherless, the stranger, nor the poor; and let none of you imagine evil against his brother in your heart.	10 En verdrukt de weduwe noch den wees, den vreemdeling noch den ellendige; en denkt niet in uw hart de een des anderen kwaad.
But they refused to hearken, and pulled away the shoulder, and stopped their ears, that they should not hear.	11 Maar zij weigerden op te merken, en togen hun schouder terug, en zij verzwaarden hun oren, opdat zij niet hoorden.

Yea, they made their hearts as an adamant stone, lest they should hear the law, and the words which the LORD of hosts hath sent in his spirit by the former prophets: therefore came a great wrath from the LORD of hosts.

Therefore it is come to pass, that as he cried, and they would not hear; so they cried, and I would not hear, saith the LORD of hosts:

But I scattered them with a whirlwind among all the nations whom they knew not. Thus the land was desolate after them, that no man passed through nor returned: for they laid the pleasant land desolate.

12 En zij maakten hun hart als een diamant, opdat zij niet hoorden de wet en de woorden, die de HEERE der heirscharen zond in Zijn Geest, door den dienst der vorige profeten, waaruit ontstaan is een grote toorn van den HEERE der heirscharen.

13 Daarom is het geschied, gelijk als Hij geroepen had, doch zij niet gehoord hebben, alzo riepen zij ook, maar Ik hoorde niet, zegt de HEERE der heirscharen;

14 Maar Ik heb hen weggestormd onder alle heidenen, welke zij niet kenden; en het land werd achter hen verwoest, zodat er niemand doorging, noch wederkeerde; want zij stelden het gewenste land tot een verwoesting.

Zechariah (8) Zacharia

Again the word of the LORD of hosts came to me, saying,

Thus saith the LORD of hosts; I was jealous for Zion with great jealousy, and I was jealous for her with great fury.

Thus saith the LORD; I am returned unto Zion, and will dwell in the midst of Jerusalem: and Jerusalem shall be called a city of truth; and the mountain of the LORD of hosts the holy mountain.

Thus saith the LORD of hosts; There shall yet old men and old women dwell in the streets of Jerusalem, and every man with his staff in his hand for very age.

And the streets of the city shall be full of boys and girls playing in the streets thereof.

Thus saith the LORD of hosts; If it be marvellous in the eyes of the remnant of this people in these days, should it also be marvellous in mine eyes? saith the LORD of hosts.

Thus saith the LORD of hosts; Behold, I will save my people from the east country, and from the west country;

And I will bring them, and they shall dwell in the midst of Jerusalem: and they shall be my people, and I will be their God, in truth and in righteousness.

Thus saith the LORD of hosts; Let your hands be strong, ye that hear in these days these words by the mouth of the prophets, which were in the day that the foundation of the house of the LORD of hosts was laid, that the temple might be built.

For before these days there was no hire for man, nor any hire for beast; neither was there any peace to him that went out or came in because of the affliction: for I set all men every one against his neighbour.

But now I will not be unto the residue of this people as in the former days, saith the LORD of hosts.

For the seed shall be prosperous; the vine shall give her fruit, and the ground shall give her increase, and the heavens shall give their dew; and I will cause the remnant of this people to possess all these things.

And it shall come to pass, that as ye were a curse among the heathen, O house of Judah, and house of Israel; so will I save you, and ye shall be a blessing: fear not, but let your hands be strong.

For thus saith the LORD of hosts; As I thought to punish you, when your fathers provoked me to wrath, saith the LORD of hosts, and I repented not:

So again have I thought in these days to do well unto Jerusalem and to the house of Judah: fear ye not.

These are the things that ye shall do; Speak ye every man the truth to his neighbour; execute the judgment of truth and peace in your gates:

And let none of you imagine evil in your hearts against his neighbour; and love no false oath: for all these are things that I hate, saith the LORD.

And the word of the LORD of hosts came unto me, saying,

Thus saith the LORD of hosts; The fast of the fourth month, and the fast of the fifth, and the fast of the seventh, and the fast of the tenth, shall be to the house of Judah joy and gladness, and cheerful feasts; therefore love the truth and peace.

1 Daarna geschiedde het woord des HEEREN der heirscharen tot mij, zeggende:

2 Alzo zegt de HEERE der heirscharen: Ik heb geijverd over Sion met een groten ijver; ja, met grote grimmigheid heb Ik over haar geijverd.

3 Alzo zegt de HEERE: Ik ben wedergekeerd tot Sion, en Ik zal in het midden van Jeruzalem wonen; en Jeruzalem zal geheten worden een stad der waarheid, en de berg des HEEREN der heirscharen, een berg der heiligheid.

4 Alzo zegt de HEERE der heirscharen: Er zullen nog oude mannen en oude vrouwen zitten op de straten van Jeruzalem; een ieder zal zijn stok in zijn hand hebben vanwege de veelheid der dagen.

5 En de straten dier stad zullen vervuld worden met knechtjes en meisjes, spelende op haar straten.

6 Alzo zegt de HEERE der heirscharen: Omdat het wonderlijk is in de ogen van het overblijfsel dezes volks in deze dagen, zou het daarom ook in Mijn ogen wonderlijk zijn? spreekt de HEERE der heirscharen.

7 Alzo zegt de HEERE der heirscharen: Ziet, Ik zal Mijn volk verlossen uit het land des opgangs, en uit het land des nedergangs der zon.

8 En Ik zal hen herwaarts brengen, dat zij in het midden van Jeruzalem wonen zullen; en zij zullen Mij tot een volk zijn, en Ik zal hun tot een God zijn, in waarheid en in gerechtigheid.

9 Alzo zegt de HEERE der heirscharen: Laat uw handen sterk zijn, gijlieden, die in deze dagen deze woorden gehoord hebt uit den mond der profeten, die geweest zijn ten dage, als de grond van het huis des HEEREN der heirscharen gelegd is, dat de tempel gebouwd zou worden.

10 Want voor die dagen kwam des mensen loon te niet, en het loon van het vee was geen; en de uitgaande en de inkomende hadden geen vrede vanwege den vijand, want Ik zond alle mensen, een iegelijk tegen zijn naaste.

11 Maar nu zal Ik aan het overblijfsel dezes volks niet wezen, gelijk in de vorige dagen, spreekt de HEERE der heirscharen.

12 Want het zaad zal voorspoedig zijn, de wijnstok zal zijn vrucht geven, en de aarde zal haar inkomen geven, en de hemelen zullen hun dauw geven; en Ik zal het overblijfsel dezes volks dit alles doen erven.

13 En het zal geschieden, gelijk als gij, o huis van Juda! en gij, o huis Israels, geweest zijt een vloek onder de heidenen, alzo zal Ik ulieden behoeden, en gij zult een zegening wezen; vreest niet, laat uw handen sterk zijn.

14 Want alzo zegt de HEERE der heirscharen: Gelijk als Ik gedacht heb ulieden kwaad te doen, toen Mij uw vaderen grotelijks vertoornden, zegt de HEERE der heirscharen, en het heeft Mij niet berouwd;

15 Alzo denk Ik wederom in deze dagen goed te doen aan Jeruzalem, en aan het huis van Juda; vreest niet!

16 Dit zijn de dingen, die gij doen zult: spreekt de waarheid, een iegelijk met zijn naaste; oordeelt de waarheid en een oordeel des vredes in uw poorten.

17 En denkt niet de een des anderen kwaad in ulieder hart; en hebt een valsen eed niet lief; want al deze zijn dingen, die Ik haat, spreekt de HEERE.

18 Wederom geschiedde het woord des HEEREN der heirscharen tot mij, zeggende:

19 Alzo zegt de HEERE der heirscharen: Het vasten der vierde, en het vasten der vijfde, en het vasten der zevende, en het vasten der tiende maand, zal den huize van Juda tot vreugde, en tot blijdschap, en tot vrolijke hoogtijden wezen; hebt dan de waarheid en den vrede lief.

Thus saith the LORD of hosts; It shall yet come to pass, that there shall come people, and the inhabitants of many cities:	20 Alzo zegt de HEERE der heirscharen: Nog zal het geschieden, dat de volken, en de inwoners van vele steden komen zullen;
And the inhabitants of one city shall go to another, saying, Let us go speedily to pray before the LORD, and to seek the LORD of hosts: I will go also.	21 En de inwoners der ene stad zullen gaan tot de inwoners der andere, zeggende: Laat ons vlijtig henengaan, om te smeken het aangezicht des HEEREN, en om den HEERE der heirscharen te zoeken; ik zal ook henengaan.
Yea, many people and strong nations shall come to seek the LORD of hosts in Jerusalem, and to pray before the LORD.	22 Alzo zullen vele volken, en machtige heidenen komen, om den HEERE der heirscharen te Jeruzalem te zoeken, en om het aangezicht des HEEREN te smeken.
Thus saith the LORD of hosts; In those days it shall come to pass, that ten men shall take hold out of all languages of the nations, even shall take hold of the skirt of him that is a Jew, saying, We will go with you: for we have heard that God is with you.	23 Alzo zegt de HEERE der heirscharen: Het zal in die dagen geschieden, dat tien mannen, uit allerlei tongen der heidenen, grijpen zullen, ja, de slip grijpen zullen van een Joodsen man, zeggende: Wij zullen met ulieden gaan, want wij hebben gehoord, dat God met ulieden is.

Zechariah (9) Zacharia

The burden of the word of the LORD in the land of Hadrach, and Damascus shall be the rest thereof: when the eyes of man, as of all the tribes of Israel, shall be toward the LORD.	1 De last van het woord des HEEREN over het land Chadrach en Damaskus, deszelfs rust; want de HEERE heeft een oog over den mens, gelijk over al de stammen Israels.
And Hamath also shall border thereby; Tyrus, and Zidon, though it be very wise.	2 En ook zal Hij Hamath met dezelve bepalen; Tyrus en Sidon, hoewel zij zeer wijs is;
And Tyrus did build herself a strong hold, and heaped up silver as the dust, and fine gold as the mire of the streets.	3 En Tyrus zich sterkten gebouwd heeft, en zilver verzameld heeft als stof, en fijn goud als slijk der straten;
Behold, the Lord will cast her out, and he will smite her power in the sea; and she shall be devoured with fire.	4 Ziet, de HEERE zal haar uit het bezit stoten, en Hij zal haar vesting in de zee verslaan; en zij zal met vuur verteerd worden.
Ashkelon shall see it, and fear; Gaza also shall see it, and be very sorrowful, and Ekron; for her expectation shall be ashamed; and the king shall perish from Gaza, and Ashkelon shall not be inhabited.	5 Askelon zal het zien, en zal vrezen; desgelijks Gaza, en zal grote smart hebben, mitsgaders Ekron, dewijl hetgeen, waar zij op zagen, hen heeft te schande gemaakt; en de koning van Gaza zal vergaan, en Askelon zal niet bewoond worden.
And a bastard shall dwell in Ashdod, and I will cut off the pride of the Philistines.	6 En de bastaard zal te Asdod wonen, en Ik zal den hoogmoed der Filistijnen uitroeien.
And I will take away his blood out of his mouth, and his abominations from between his teeth: but he that remaineth, even he, shall be for our God, and he shall be as a governor in Judah, and Ekron as a Jebusite.	7 En Ik zal zijn bloed uit zijn mond wegdoen, en zijn verfoeiselen van tussen zijn tanden; alzo zal hij ook onzen God overblijven; ja, hij zal zijn als een vorst in Juda, en Ekron als de Jebusiet.
And I will encamp about mine house because of the army, because of him that passeth by, and because of him that returneth: and no oppressor shall pass through them any more: for now have I seen with mine eyes.	8 En Ik zal Mij rondom Mijn huis legeren, vanwege het heirleger, vanwege den doorgaande, en vanwege den wederkerende, opdat de drijver niet meer door hen doorga; want nu heb Ik het met Mijn ogen aangezien.
Rejoice greatly, O daughter of Zion; shout, O daughter of Jerusalem: behold, thy King cometh unto thee: he is just, and having salvation; lowly, and riding upon an ass, and upon a colt the foal of an ass.	9 Verheug u zeer, gij dochter Sions! juich, gij dochter Jeruzalems! Ziet, uw Koning zal u komen, rechtvaardig, en Hij is een Heiland; arm, en rijdende op een ezel, en op een veulen, een jong der ezelinnen.
And I will cut off the chariot from Ephraim, and the horse from Jerusalem, and the battle bow shall be cut off: and he shall speak peace unto the heathen: and his dominion shall be from sea even to sea, and from the river even to the ends of the earth.	10 En Ik zal de wagens uit Efraim uitroeien, en de paarden uit Jeruzalem; ook zal de strijdboog uitgeroeid worden, en Hij zal den heidenen vrede spreken; en Zijn heerschappij zal zijn van zee tot aan zee, en van de rivier tot aan de einden der aarde.
As for thee also, by the blood of thy covenant I have sent forth thy prisoners out of the pit wherein is no water.	11 U ook aangaande, o Sion! door het bloed uws verbonds, heb Ik uw gebondenen uit den kuil, daar geen water in is, uitgelaten.
Turn you to the strong hold, ye prisoners of hope: even to day do I declare that I will render double unto thee;	12 Keert gijlieden weder tot de sterkte, gij gebondenen, die daar hoopt! ook heden verkondig Ik, dat Ik u dubbel zal wedergeven;
When I have bent Judah for me, filled the bow with Ephraim, and raised up thy sons, O Zion, against thy sons, O Greece, and made thee as the sword of a mighty man.	13 Als Ik Mij Juda zal gespannen, en Ik Efraim den boog zal gevuld hebben; en Ik uw kinderen, o Sion! zal verwekt hebben tegen uw kinderen, o Griekenland! en u gesteld zal hebben als het zwaard van een held.
And the LORD shall be seen over them, and his arrow shall go forth as the lightning: and the Lord GOD shall blow the trumpet, and shall go with whirlwinds of the south.	14 En de HEERE zal over henlieden verschijnen, en Zijn pijlen zullen uitvaren als een bliksem; en de Heere HEERE zal met de bazuin blazen, en Hij zal voorttreden met stormen uit het zuiden.
The LORD of hosts shall defend them; and they shall devour, and subdue with sling stones; and they shall drink, and make a noise as through wine; and they shall be filled like bowls, and as the corners of the altar.	15 De HEERE der heirscharen zal hen beschutten, en zij zullen eten, nadat zij de slingerstenen zullen ten ondergebracht hebben; zij zullen ook drinken, en een gedruis maken als de wijn; en zij zullen vervuld worden, gelijk het bekken, gelijk de hoeken des altaars.
And the LORD their God shall save them in that day as the flock of his people: for they shall be as the stones of a crown, lifted up as an ensign upon his land.	16 En de HEERE, hun God, zal ze te dien dage behouden, als zijnde de kudde Zijns volks; want gekroonde stenen zullen in Zijn land, als een banier, opgericht worden.
For how great is his goodness, and how great is his beauty! corn shall make the young men cheerful, and new wine the maids.	17 Want hoe groot zal zijn goed wezen en hoe groot zal zijn schoonheid wezen! Het koren zal de jongelingen, en de most zal de jonkvrouwen sprekende maken.

Zechariah (10) Zacharia

Ask ye of the LORD rain in the time of the latter rain; so the LORD shall make bright clouds, and give them showers of rain, to every one grass in the field.	1 Begeert van den HEERE regen, ten tijde des spaden regens; de HEERE maakt de weerlichten; en Hij zal hun regen genoeg geven voor ieder kruid op het veld.

For the idols have spoken vanity, and the diviners have seen a lie, and have told false dreams; they comfort in vain: therefore they went their way as a flock, they were troubled, because there was no shepherd.		2	Want de terafim spreken ijdelheid, en de waarzeggers zien valsheid, en zij spreken ijdele dromen, zij troosten met ijdelheid; daarom zijn zij henengetogen als schapen, zij zijn onderdrukt geworden; want er was geen herder.
Mine anger was kindled against the shepherds, and I punished the goats: for the LORD of hosts hath visited his flock the house of Judah, and hath made them as his goodly horse in the battle.		3	Tegen de herders was Mijn toorn ontstoken, en over de bokken heb Ik bezoeking gedaan; maar de HEERE der heirscharen zal Zijn kudde bezoeken, het huis van Juda, en Hij zal hen stellen, gelijk het paard Zijner majesteit in den strijd.
Out of him came forth the corner, out of him the nail, out of him the battle bow, out of him every oppressor together.		4	Van hetzelve zal de hoeksteen, van hetzelve zal de nagel, van hetzelve zal de strijdboog, te zamen zullen van hetzelve alle drijvers voortkomen.
And they shall be as mighty men, which tread down their enemies in the mire of the streets in the battle: and they shall fight, because the LORD is with them, and the riders on horses shall be confounded.		5	En zij zullen zijn als de helden, die in het slijk der straten treden in den strijd, en zij zullen strijden; want de HEERE zal met hen wezen; en zij zullen die beschamen, die op paarden rijden.
And I will strengthen the house of Judah, and I will save the house of Joseph, and I will bring them again to place them; for I have mercy upon them: and they shall be as though I had not cast them off: for I am the LORD their God, and will hear them.		6	En Ik zal het huis van Juda versterken, en het huis van Jozef zal Ik behouden, en Ik zal hen weder inzetten; want Ik heb Mij hunner ontfermd, en zij zullen wezen, alsof Ik hen niet verstoten had; want Ik ben de HEERE, hun God, en Ik zal ze verhoren.
And they of Ephraim shall be like a mighty man, and their heart shall rejoice as through wine: yea, their children shall see it, and be glad; their heart shall rejoice in the LORD.		7	En zij zullen zijn als een held van Efraim, en hun hart zal zich verblijden, als van den wijn; en hun kinderen zullen het zien, en zich verblijden, hun hart zal zich verheugen in den HEERE.
I will hiss for them, and gather them; for I have redeemed them: and they shall increase as they have increased.		8	Ik zal hen toesissen, en zal ze vergaderen, want Ik zal ze verlossen; en zij zullen vermenigvuldigd worden, gelijk zij te voren vermenigvuldigd waren.
And I will sow them among the people: and they shall remember me in far countries; and they shall live with their children, and turn again.		9	En Ik zal hen onder de volken zaaien, en zij zullen Mijner gedenken in verre plaatsen; en zij zullen leven met hun kinderen, en wederkeren.
I will bring them again also out of the land of Egypt, and gather them out of Assyria; and I will bring them into the land of Gilead and Lebanon; and place shall not be found for them.		10	Want Ik zal ze wederbrengen uit Egypteland, en Ik zal ze vergaderen uit Assyrie; en Ik zal ze in het land van Gilead en Libanon brengen, maar het zal hun niet genoeg wezen.
And he shall pass through the sea with affliction, and shall smite the waves in the sea, and all the deeps of the river shall dry up: and the pride of Assyria shall be brought down, and the sceptre of Egypt shall depart away.		11	En Hij zal door de zee gaan, die benauwende, en Hij zal de golven in de zee slaan, en al de diepten der rivieren zullen verdrogen; dan zal de hoogmoed van Assur nedergeworpen worden, en de schepter van Egypte zal wegwijken.
And I will strengthen them in the LORD; and they shall walk up and down in his name, saith the LORD.		12	En Ik zal hen sterken in den HEERE, en in Zijn Naam zullen zij wandelen, spreekt de HEERE.

Zechariah (11) Zacharia

Open thy doors, O Lebanon, that the fire may devour thy cedars.		1	Doe uw deuren open, o Libanon! opdat het vuur uw cederen vertere.
Howl, fir tree; for the cedar is fallen; because the mighty are spoiled: howl, O ye oaks of Bashan; for the forest of the vintage is come down.		2	Huilt, gij dennen! dewijl de cederen gevallen zijn, dewijl die heerlijke bomen verwoest zijn; huilt, gij eiken van Basan! dewijl het sterke woud nedergevallen is.
There is a voice of the howling of the shepherds; for their glory is spoiled: a voice of the roaring of young lions; for the pride of Jordan is spoiled.		3	Er is een stem des gehuils der herderen, dewijl hun heerlijkheid verwoest is; een stem des gebruls der jonge leeuwen, dewijl de hoogmoed van de Jordaan verwoest is.
Thus saith the LORD my God; Feed the flock of the slaughter;		4	Alzo zegt de HEERE, mijn God: Weidt deze slachtschapen.
Whose possessors slay them, and hold themselves not guilty: and they that sell them say, Blessed be the LORD; for I am rich: and their own shepherds pity them not.		5	Welker bezitters hen doden, en houden het voor geen schuld; en een ieder dergenen, die ze verkopen, zegt: Geloofd zij de HEERE, dat ik rijk geworden ben; en niemand van degenen, die ze weiden, verschoont ze.
For I will no more pity the inhabitants of the land, saith the LORD: but, lo, I will deliver the men every one into his neighbour's hand, and into the hand of his king: and they shall smite the land, and out of their hand I will not deliver them.		6	Zekerlijk, Ik zal niet meer de inwoners dezes lands verschonen, spreekt de HEERE; maar ziet, Ik zal de mensen overleveren, elkeen in de hand zijns naasten, en in de hand zijns konings, en zij zullen dit land te morzel slaan, en Ik zal ze uit hun hand niet verlossen.
And I will feed the flock of slaughter, even you, O poor of the flock. And I took unto me two staves; the one I called Beauty, and the other I called Bands; and I fed the flock.		7	Dies heb ik deze slachtschapen geweid, dewijl zij ellendige schapen zijn; en ik heb mij genomen twee stokken, den een heb ik genoemd LIEFELIJKHEID, en den anderen heb ik genoemd SAMENBINDERS; en ik heb die schapen geweid.
Three shepherds also I cut off in one month; and my soul lothed them, and their soul also abhorred me.		8	En ik heb drie herders in een maand afgesneden; want mijn ziel was over hen verdrietig geworden, en ook had hun ziel een walg van mij.
Then said I, I will not feed you: that that dieth, let it die; and that that is to be cut off, let it be cut off; and let the rest eat every one the flesh of another.		9	En ik zeide: Ik zal ulieden niet meer weiden; wat sterft, dat sterve, en wat afgesneden is, dat zij afgesneden, en dat de overgeblevenen de een des anderen vlees verslinden.
And I took my staff, even Beauty, and cut it asunder, that I might break my covenant which I had made with all the people.		10	En ik nam mijn stok LIEFELIJKHEID, en ik verbrak denzelven, te niet doende mijn verbond, hetwelk ik met al deze volken gemaakt had.
And it was broken in that day: and so the poor of the flock that waited upon me knew that it was the word of the LORD.		11	Dus werd het te dien dage vernietigd, en alzo hebben de ellendigen onder de schapen, die op mij wachtten, bekend, dat het des HEEREN woord was.

And I said unto them, If ye think good, give me my price; and if not, forbear. So they weighed for my price thirty pieces of silver.

And the LORD said unto me, Cast it unto the potter: a goodly price that I was prised at of them. And I took the thirty pieces of silver, and cast them to the potter in the house of the LORD.

Then I cut asunder mine other staff, even Bands, that I might break the brotherhood between Judah and Israel.

And the LORD said unto me, Take unto thee yet the instruments of a foolish shepherd.

For, lo, I will raise up a shepherd in the land, which shall not visit those that be cut off, neither shall seek the young one, nor heal that that is broken, nor feed that that standeth still: but he shall eat the flesh of the fat, and tear their claws in pieces.

Woe to the idol shepherd that leaveth the flock! the sword shall be upon his arm, and upon his right eye: his arm shall be clean dried up, and his right eye shall be utterly darkened.

12 Want ik had tot henlieden gezegd: Indien het goed is in uw ogen, brengt mijn loon, en zo niet, laat het na. En zij hebben mijn loon gewogen, dertig zilverlingen.

13 Doch de HEERE zeide tot mij: Werp ze henen voor den pottenbakker: een heerlijken prijs, dien ik waard geacht ben geweest van hen! En ik nam die dertig zilverlingen, en wierp ze in het huis des HEEREN, voor den pottenbakker.

14 Toen verbrak ik mijn tweeden stok, SAMENBINDERS, te niet doende de broederschap tussen Juda en tussen Israel.

15 Verder zeide de HEERE tot mij: Neem u nog eens dwazen herders gereedschap.

16 Want ziet, Ik zal een herder verwekken in dit land; dat gereed is om afgesneden te worden, zal hij niet bezoeken; het jonge zal hij niet zoeken, en het verbrokene zal hij niet helen, en het stilstaande zal hij niet dragen; maar het vlees van het vette zal hij eten, en derzelver klauwen zal hij verscheuren.

17 Wee den nietigen herder, den verlater der kudde! Het zwaard zal over zijn arm zijn, en over zijn rechteroog; zijn arm zal ten enenmale verdorren, en zijn rechteroog zal ten enenmale donker worden.

Zechariah (12) Zacharia

The burden of the word of the LORD for Israel, saith the LORD, which stretcheth forth the heavens, and layeth the foundation of the earth, and formeth the spirit of man within him.

Behold, I will make Jerusalem a cup of trembling unto all the people round about, when they shall be in the siege both against Judah and against Jerusalem.

And in that day will I make Jerusalem a burdensome stone for all people: all that burden themselves with it shall be cut in pieces, though all the people of the earth be gathered together against it.

In that day, saith the LORD, I will smite every horse with astonishment, and his rider with madness: and I will open mine eyes upon the house of Judah, and will smite every horse of the people with blindness.

And the governors of Judah shall say in their heart, The inhabitants of Jerusalem shall be my strength in the LORD of hosts their God.

In that day will I make the governors of Judah like an hearth of fire among the wood, and like a torch of fire in a sheaf; and they shall devour all the people round about, on the right hand and on the left: and Jerusalem shall be inhabited again in her own place, even in Jerusalem.

The LORD also shall save the tents of Judah first, that the glory of the house of David and the glory of the inhabitants of Jerusalem do not magnify themselves against Judah.

In that day shall the LORD defend the inhabitants of Jerusalem; and he that is feeble among them at that day shall be as David; and the house of David shall be as God, as the angel of the LORD before them.

And it shall come to pass in that day, that I will seek to destroy all the nations that come against Jerusalem.

And I will pour upon the house of David, and upon the inhabitants of Jerusalem, the spirit of grace and of supplications: and they shall look upon me whom they have pierced, and they shall mourn for him, as one mourneth for his only son, and shall be in bitterness for him, as one that is in bitterness for his firstborn.

In that day shall there be a great mourning in Jerusalem, as the mourning of Hadadrimmon in the valley of Megiddon.

And the land shall mourn, every family apart; the family of the house of David apart, and their wives apart; the family of the house of Nathan apart, and their wives apart;

The family of the house of Levi apart, and their wives apart; the family of Shimei apart, and their wives apart;

All the families that remain, every family apart, and their wives apart.

1 De last van het woord des HEEREN over Israel. De HEERE spreekt, Die den hemel uitbreidt, en de aarde grondvest, en des mensen geest in zijn binnenste formeert.

2 Ziet, Ik zal Jeruzalem stellen tot een drinkschaal der zwijmeling allen volken rondom; ja, ook zal zij zijn over Juda, in de belegering tegen Jeruzalem.

3 En het zal te dien dage geschieden, dat Ik Jeruzalem stellen zal tot een lastigen steen allen volken; allen, die zich daarmede beladen, zullen gewisselijk doorsneden worden; en al de volken der aarde zullen zich tegen haar verzamelen.

4 Te dien dage, spreekt de HEERE, zal Ik alle paarden met schuwigheid slaan, en hun ruiters met zinneloosheid; maar over het huis van Juda zal Ik Mijn ogen openen, en alle paarden der volken zal Ik met blindheid slaan.

5 Dan zullen de leidslieden van Juda in hun hart zeggen: De inwoners van Jeruzalem zullen mij een sterkte zijn in den HEERE der heirscharen, hun God.

6 Te dien dage zal Ik de leidslieden van Juda stellen als een vurige haard onder het hout, en als een vurige fakkel onder de schoven; en zij zullen ter rechterzijde en ter linkerzijde alle volken rondom verteren; en Jeruzalem zal nog blijven in haar plaats te Jeruzalem.

7 En de HEERE zal de tenten van Juda ten voorste behouden, opdat de heerlijkheid van het huis Davids, en de heerlijkheid der inwoners van Jeruzalem, zich niet verheffe tegen Juda.

8 Te dien dage zal de HEERE de inwoners van Jeruzalem beschutten; en die, die onder hen struikelen zou, zal te dien dage zijn als David; en het huis Davids zal zijn als goden; als de Engel des HEEREN voor hun aangezicht.

9 En het zal te dien dage geschieden, dat Ik zal zoeken te verdelgen alle heidenen, die tegen Jeruzalem aankomen.

10 Doch over het huis Davids, en over de inwoners van Jeruzalem, zal Ik uitstorten den Geest der genade en der gebeden; en zij zullen Mij aanschouwen, Dien zij doorstoken hebben, en zij zullen over Hem rouwklagen, als met de rouwklage over een enigen zoon; en zij zullen over Hem bitterlijk kermen, gelijk men bitterlijk kermt over een eerstgeborene.

11 Te dien dage zal te Jeruzalem de rouwklage groot zijn, gelijk die rouwklage van Hadadrimmon, in het dal van Megiddon.

12 En het land zal rouwklagen, elk geslacht bijzonder; het geslacht van het huis Davids bijzonder, en hunlieder vrouwen bijzonder; en het geslacht van het huis van Nathan bijzonder, en hun vrouwen bijzonder;

13 Het geslacht van het huis van Levi bijzonder, en hun vrouwen bijzonder; het geslacht van Simei bijzonder, en hun vrouwen bijzonder;

14 Al de overige geslachten, elk geslacht bijzonder, en hunlieder vrouwen bijzonder.

Zechariah (13) Zacharia

In that day there shall be a fountain opened to the house of David and to the inhabitants of Jerusalem for sin and for uncleanness.

1 Te dien dage zal er een Fontein geopend zijn voor het huis Davids, en voor de inwoners van Jeruzalem, tegen de zonde en tegen de onreinigheid.

And it shall come to pass in that day, saith the LORD of hosts, that I will cut off the names of the idols out of the land, and they shall no more be remembered: and also I will cause the prophets and the unclean spirit to pass out of the land.		2	En het zal te dien dage geschieden, spreekt de HEERE der heirscharen, dat Ik uitroeien zal uit het land de namen der afgoden, dat zij niet meer gedacht zullen worden; ja, ook de profeten, en den onreinen geest zal Ik uit het land wegdoen.
And it shall come to pass, that when any shall yet prophesy, then his father and his mother that begat him shall say unto him, Thou shalt not live; for thou speakest lies in the name of the LORD: and his father and his mother that begat him shall thrust him through when he prophesieth.		3	En het zal geschieden, wanneer iemand meer profeteert, dat zijn vader en zijn moeder, die hem gegenereerd hebben, tot hem zullen zeggen: Gij zult niet leven, dewijl gij valsheid gesproken hebt in den Naam des HEEREN; en zijn vader en zijn moeder, die hem gegenereerd hebben, zullen hem doorsteken, wanneer hij profeteert.
And it shall come to pass in that day, that the prophets shall be ashamed every one of his vision, when he hath prophesied; neither shall they wear a rough garment to deceive:		4	En het zal geschieden te dien dage, dat die profeten beschaamd zullen worden, een iegelijk van wege zijn gezicht, wanneer hij profeteert; en zij zullen geen haren mantel aandoen, om te liegen;
But he shall say, I am no prophet, I am an husbandman; for man taught me to keep cattle from my youth.		5	Maar hij zal zeggen: Ik ben geen profeet, ik ben een man, die het land bouwt; want een mens heeft mij daartoe geworven van mijn jeugd aan.
And one shall say unto him, What are these wounds in thine hands? Then he shall answer, Those with which I was wounded in the house of my friends.		6	En zo iemand tot hem zegt: Wat zijn deze wonden in uw handen? zo zal hij zeggen: Het zijn de wonden, waarmede ik geslagen ben, in het huis mijner liefhebbers.
Awake, O sword, against my shepherd, and against the man that is my fellow, saith the LORD of hosts: smite the shepherd, and the sheep shall be scattered: and I will turn mine hand upon the little ones.		7	Zwaard! ontwaak tegen Mijn Herder, en tegen den Man, Die Mijn Metgezel is, spreekt de HEERE der heirscharen; sla dien Herder, en de schapen zullen verstrooid worden; maar Ik zal Mijn hand tot de kleinen wenden.
And it shall come to pass, that in all the land, saith the LORD, two parts therein shall be cut off and die; but the third shall be left therein.		8	En het zal geschieden in het ganse land, spreekt de HEERE, de twee delen daarin zullen uitgeroeid worden, en den geest geven; maar het derde deel zal daarin overblijven.
And I will bring the third part through the fire, and will refine them as silver is refined, and will try them as gold is tried: they shall call on my name, and I will hear them: I will say, It is my people: and they shall say, The LORD is my God.		9	En Ik zal dat derde deel in het vuur brengen, en Ik zal het louteren, gelijk men zilver loutert, en Ik zal het beproeven, gelijk men goud beproeft; het zal Mijn Naam aanroepen, en Ik zal het verhoren; Ik zal zeggen: Het is Mijn volk; en het zal zeggen: De HEERE is mijn God.

Zechariah (14) Zacharia

Behold, the day of the LORD cometh, and thy spoil shall be divided in the midst of thee.		1	Ziet, de dag komt den HEERE, dat uw roof zal uitgedeeld worden in het midden van u, o Jeruzalem!
For I will gather all nations against Jerusalem to battle; and the city shall be taken, and the houses rifled, and the women ravished; and half of the city shall go forth into captivity, and the residue of the people shall not be cut off from the city.		2	Want Ik zal alle heidenen tegen Jeruzalem ten strijde verzamelen; en de stad zal ingenomen, en de huizen zullen geplunderd, en de vrouwen zullen geschonden worden; en de helft der stad zal uitgaan in de gevangenis; maar het overige des volks zal uit de stad niet uitgeroeid worden.
Then shall the LORD go forth, and fight against those nations, as when he fought in the day of battle.		3	En de HEERE zal uittrekken, en Hij zal strijden tegen die heidenen, gelijk ten dage als Hij gestreden heeft, ten dage des strijds.
And his feet shall stand in that day upon the mount of Olives, which is before Jerusalem on the east, and the mount of Olives shall cleave in the midst thereof toward the east and toward the west, and there shall be a very great valley; and half of the mountain shall remove toward the north, and half of it toward the south.		4	En Zijn voeten zullen te dien dage staan op den Olijfberg, die voor Jeruzalem ligt, tegen het oosten; en de Olijfberg zal in tweeen gespleten worden naar het oosten, en naar het westen, zodat er een zeer grote vallei zal zijn; en de ene helft des bergs zal wijken naar het noorden, en de helft deszelven naar het zuiden.
And ye shall flee to the valley of the mountains; for the valley of the mountains shall reach unto Azal: yea, ye shall flee, like as ye fled from before the earthquake in the days of Uzziah king of Judah: and the LORD my God shall come, and all the saints with thee.		5	Dan zult gijlieden vlieden door de vallei Mijner bergen (want deze vallei der bergen zal reiken tot Azal), en gij zult vlieden, gelijk als gij vloodt voor de aardbeving in de dagen van Uzzia, den koning van Juda; dan zal de HEERE, mijn God, komen, en al de heiligen met U, o HEERE!
And it shall come to pass in that day, that the light shall not be clear, nor dark:		6	En het zal te dien dage geschieden, dat er niet zal zijn het kostelijke licht, en de dikke duisternis.
But it shall be one day which shall be known to the LORD, not day, nor night: but it shall come to pass, that at evening time it shall be light.		7	Maar het zal een enige dag zijn, die den HEERE bekend zal zijn; het zal noch dag, noch nacht zijn; en het zal geschieden, ten tijde des avonds, dat het licht zal wezen.
And it shall be in that day, that living waters shall go out from Jerusalem; half of them toward the former sea, and half of them toward the hinder sea: in summer and in winter shall it be.		8	Ook zal het te dien dage geschieden, dat er levende wateren uit Jeruzalem vlieten zullen, de helft van die naar de oostzee, en de helft van die naar de achterste zee aan; zij zullen des zomers en des winters zijn.
And the LORD shall be king over all the earth: in that day shall there be one LORD, and his name one.		9	En de HEERE zal tot Koning over de ganse aarde zijn; te dien dage zal de HEERE een zijn, en Zijn Naam een.
All the land shall be turned as a plain from Geba to Rimmon south of Jerusalem: and it shall be lifted up, and inhabited in her place, from Benjamin's gate unto the place of the first gate, unto the corner gate, and from the tower of Hananeel unto the king's winepresses.		10	Dit ganse land zal rondom als een vlak veld gemaakt worden, van Geba tot Rimmon toe, zuidwaarts van Jeruzalem; en zij zal verhoogd en bewoond worden in haar plaats; van de poort van Benjamin af, tot aan de plaats van de eerste poort, tot aan de Hoekpoort toe; en van den toren van Hananeel, tot aan des konings wijnbakken toe.
And men shall dwell in it, and there shall be no more utter destruction; but Jerusalem shall be safely inhabited.		11	En zij zullen daarin wonen, en er zal geen verbanning meer zijn; want Jeruzalem zal zeker wonen.

And this shall be the plague wherewith the LORD will smite all the people that have fought against Jerusalem; Their flesh shall consume away while they stand upon their feet, and their eyes shall consume away in their holes, and their tongue shall consume away in their mouth.

And it shall come to pass in that day, that a great tumult from the LORD shall be among them; and they shall lay hold every one on the hand of his neighbour, and his hand shall rise up against the hand of his neighbour.

And Judah also shall fight at Jerusalem; and the wealth of all the heathen round about shall be gathered together, gold, and silver, and apparel, in great abundance.

And so shall be the plague of the horse, of the mule, of the camel, and of the ass, and of all the beasts that shall be in these tents, as this plague.

And it shall come to pass, that every one that is left of all the nations which came against Jerusalem shall even go up from year to year to worship the King, the LORD of hosts, and to keep the feast of tabernacles.

And it shall be, that whoso will not come up of all the families of the earth unto Jerusalem to worship the King, the LORD of hosts, even upon them shall be no rain.

And if the family of Egypt go not up, and come not, that have no rain; there shall be the plague, wherewith the LORD will smite the heathen that come not up to keep the feast of tabernacles.

This shall be the punishment of Egypt, and the punishment of all nations that come not up to keep the feast of tabernacles.

In that day shall there be upon the bells of the horses, HOLINESS UNTO THE LORD; and the pots in the LORD'S house shall be like the bowls before the altar.

Yea, every pot in Jerusalem and in Judah shall be holiness unto the LORD of hosts: and all they that sacrifice shall come and take of them, and seethe therein: and in that day there shall be no more the Canaanite in the house of the LORD of hosts.

12 En dit zal de plage zijn, waarmede de HEERE al de volken plagen zal, die tegen Jeruzalem krijg gevoerd zullen hebben: Hij zal een iegelijks vlees, daar hij op zijn voeten staat, doen uitteren; en een iegelijks ogen zullen uitteren in hun holen; een eens iegelijks tong zal in hun mond uitteren.

13 Ook zal het te dien dage geschieden, dat er een groot gedruis van den HEERE onder hen zal wezen, zodat zij een ieder zijns naasten hand zullen aangrijpen, een eens ieders hand zal tegen de hand zijns naasten opgaan.

14 En ook zal Juda te Jeruzalem strijden; en het vermogen aller heidenen rondom zal verzameld worden, goud en zilver, en klederen in grote menigte.

15 Alzo zal ook de plage der paarden, der muildieren, der kemelen, en der ezelen, en aller beesten zijn, die in diezelve heirlegers geweest zullen zijn, gelijk gener plage geweest is.

16 En het zal geschieden, dat al de overgeblevenen van alle heidenen, die tegen Jeruzalem zullen gekomen zijn, die zullen van jaar tot jaar optrekken om aan te bidden den Koning, den HEERE der heirscharen, en om te vieren het feest der loofhutten.

17 En het zal geschieden, zo wie van de geslachten der aarde niet zal optrekken naar Jeruzalem, om den Koning, den HEERE der heirscharen, te aanbidden, zo zal er over henlieden geen regen wezen.

18 En indien het geslacht der Egyptenaren, over dewelke de. regen niet is, niet zal optrekken noch komen, zo zal die plage over hen zijn, met dewelke de HEERE die heidenen plagen zal, die niet optrekken zullen, om te vieren het feest der loofhutten.

19 Dit zal de zonde der Egyptenaren zijn, mitsgaders de zonde aller heidenen, die niet optrekken zullen, om te vieren het feest der loofhutten.

20 Te dien dage zal op de bellen der paarden staan: De HEILIGHEID DES HEEREN. En de potten in het huis des HEEREN zullen zijn als de sprengbekkens voor het altaar;

21 Ja, al de potten in Jeruzalem en in Juda zullen den HEERE der heirscharen heilig zijn, zodat allen, die offeren willen, zullen komen, en van dezelve nemen, en in dezelve koken; en er zal geen Kanaäniet meer zijn, in het huis des HEEREN der heirscharen, te dien dage.

Malachi - Maleachi

Malachi (1) Maleachi

#	English	Dutch
1	The burden of the word of the LORD to Israel by Malachi.	De last van het woord des HEEREN tot Israel, door den dienst van Maleachi.
2	I have loved you, saith the LORD. Yet ye say, Wherein hast thou loved us? Was not Esau Jacob's brother? saith the LORD: yet I loved Jacob,	Ik heb u liefgehad, zegt de HEERE; maar gij zegt: Waarin hebt Gij ons liefgehad? Was niet Ezau Jakobs broeder? spreekt de HEERE; nochtans heb Ik Jakob liefgehad.
3	And I hated Esau, and laid his mountains and his heritage waste for the dragons of the wilderness.	En Ezau heb Ik gehaat; en Ik heb zijn bergen gesteld tot een verwoesting, en zijn erve voor de draken der woestijn.
4	Whereas Edom saith, We are impoverished, but we will return and build the desolate places; thus saith the LORD of hosts, They shall build, but I will throw down; and they shall call them, The border of wickedness, and, The people against whom the LORD hath indignation for ever.	Ofschoon Edom zeide: Wij zijn verarmd, doch wij zullen de woeste plaatsen weder bouwen; alzo zegt de HEERE der heirscharen: Zullen zij bouwen, zo zal Ik afbreken; en men zal hen noemen: Landpale der goddeloosheid, en een volk, op hetwelk de HEERE vergramd is tot in eeuwigheid.
5	And your eyes shall see, and ye shall say, The LORD will be magnified from the border of Israel.	En uw ogen zullen het zien, en gijlieden zult zeggen: De HEERE zij groot gemaakt, van de landpale Israels af!
6	A son honoureth his father, and a servant his master: if then I be a father, where is mine honour? and if I be a master, where is my fear? saith the LORD of hosts unto you, O priests, that despise my name. And ye say, Wherein have we despised thy name?	Een zoon zal den vader eren, en een knecht zijn heer; ben Ik dan een Vader, waar is Mijn eer? En ben Ik een Heere, waar is Mijn vreze? zegt de HEERE der heirscharen tot u, o priesters, verachters Mijns Naams! Maar gij zegt: Waarmede verachten wij Uw Naam?
7	Ye offer polluted bread upon mine altar; and ye say, Wherein have we polluted thee? In that ye say, The table of the LORD is contemptible.	Gij brengt op Mijn altaar verontreinigd brood, en zegt: Waarmede verontreinigen wij U? Daarmede, dat gij zegt: Des HEEREN tafel is verachtelijk.
8	And if ye offer the blind for sacrifice, is it not evil? and if ye offer the lame and sick, is it not evil? offer it now unto thy governor; will he be pleased with thee, or accept thy person? saith the LORD of hosts.	Want als gij wat blinds aanbrengt om te offeren, het is bij u niet kwaad; en als gij wat kreupels of wat kranks aanbrengt, het is niet kwaad! Brengt dat toch uw vorst; zal hij een welgevallen aan u hebben? of zal hij uw aangezicht opnemen? zegt de HEERE der heirscharen.
9	And now, I pray you, beseech God that he will be gracious unto us: this hath been by your means: will he regard your persons? saith the LORD of hosts.	Nu dan, smeekt toch het aangezicht van God, dat Hij ons genadig zij; zulks is van uw hand geschied, zal Hij uw aangezicht opnemen? zegt de HEERE der heirscharen?
10	Who is there even among you that would shut the doors for nought? neither do ye kindle fire on mine altar for nought. I have no pleasure in you, saith the LORD of hosts, neither will I accept an offering at your hand.	Wie is er ook onder u, die de deuren om niet toesluit? En gij steekt het vuur niet aan op Mijn altaar om niet. Ik heb geen lust aan u, zegt de HEERE der heirscharen, en het spijsoffer is Mij van uw hand niet aangenaam.
11	For from the rising of the sun even unto the going down of the same my name shall be great among the Gentiles; and in every place incense shall be offered unto my name, and a pure offering: for my name shall be great among the heathen, saith the LORD of hosts.	Maar van den opgang der zon tot haar ondergang, zal Mijn Naam groot zijn onder de heidenen; en aan alle plaats zal Mijn Naam reukwerk toegebracht worden, en een rein spijsoffer; want Mijn Naam zal groot zijn onder de heidenen, zegt de HEERE der heirscharen.
12	But ye have profaned it, in that ye say, The table of the LORD is polluted; and the fruit thereof, even his meat, is contemptible.	Maar gij ontheiligt dien, als gij zegt: Des HEEREN tafel is ontreinigd, en haar inkomen, haar spijs is verachtelijk.
13	Ye said also, Behold, what a weariness is it! and ye have snuffed at it, saith the LORD of hosts; and ye brought that which was torn, and the lame, and the sick; thus ye brought an offering: should I accept this of your hand? saith the LORD.	Nog zegt gij: Ziet, wat een vermoeidheid! maar gij zoudt het kunnen wegblazen, zegt de HEERE der heirscharen; gij brengt ook hetgeen geroofd is, en dat kreupel en krank is; gij brengt ook spijsoffer; zou Mij zulks aangenaam zijn van uw hand? zegt de HEERE.
14	But cursed be the deceiver, which hath in his flock a male, and voweth, and sacrificeth unto the Lord a corrupt thing: for I am a great King, saith the LORD of hosts, and my name is dreadful among the heathen.	Ja, vervloekt zij de bedrieger, die een mannetje in zijn kudde heeft, en den Heere belooft, en offert, dat verdorven is! want Ik ben een groot Koning, zegt de HEERE der heirscharen, en Mijn Naam is vreselijk onder de heidenen.

Malachi (2) Maleachi

#	English	Dutch
1	And now, O ye priests, this commandment is for you.	En nu, gij priesters! tot u wordt dit gebod gezonden;
2	If ye will not hear, and if ye will not lay it to heart, to give glory unto my name, saith the LORD of hosts, I will even send a curse upon you, and I will curse your blessings: yea, I have cursed them already, because ye do not lay it to heart.	Indien gij het niet zult horen, en indien gij het niet zult ter harte nemen, om Mijn Naam eer te geven, zegt de HEERE der heirscharen, zo zal Ik den vloek onder u zenden, en Ik zal uw zegeningen vervloeken; ja, Ik heb ook alrede elkeen derzelve vervloekt, omdat gij het niet ter harte neemt.
3	Behold, I will corrupt your seed, and spread dung upon your faces, even the dung of your solemn feasts; and one shall take you away with it.	Ziet, Ik zal u het zaad verderven; en Ik zal drek op uw aangezichten strooien, den drek uwer feesten, zodat men u met denzelven wegnemen zal.
4	And ye shall know that I have sent this commandment unto you, that my covenant might be with Levi, saith the LORD of hosts.	Dan zult gij weten, dat Ik dit gebod tot u gezonden heb; opdat Mijn verbond met Levi zij, zegt de HEERE der heirscharen.
5	My covenant was with him of life and peace; and I gave them to him for the fear wherewith he feared me, and was afraid before my name.	Mijn verbond met hem was het leven, en de vrede; en Ik gaf hem die tot een vreze; en hij vreesde Mij, en hij werd om Mijns Naams wil verschrikt.
6	The law of truth was in his mouth, and iniquity was not found in his lips: he walked with me in peace and equity, and did turn many away from iniquity.	De wet der waarheid was in zijn mond, en er werd geen onrecht in zijn lippen gevonden; hij wandelde met Mij in vrede en in rechtmatigheid, en hij bekeerde er velen van ongerechtigheid.

	For the priest's lips should keep knowledge, and they should seek the law at his mouth: for he is the messenger of the LORD of hosts.	7	Want de lippen der priesters zullen de wetenschap bewaren, en men zal uit zijn mond de wet zoeken; want hij is een engel des HEEREN der heirscharen.
	But ye are departed out of the way; ye have caused many to stumble at the law; ye have corrupted the covenant of Levi, saith the LORD of hosts.	8	Maar gij zijt van den weg afgeweken, gij hebt er velen doen struikelen in de wet, gij hebt het verbond met Levi verdorven, zegt de HEERE der heirscharen.
	Therefore have I also made you contemptible and base before all the people, according as ye have not kept my ways, but have been partial in the law.	9	Daarom heb Ik ook u verachtelijk en onwaard gemaakt voor het ganse volk, dewijl gij Mijn wegen niet houdt, maar het aangezicht aanneemt in de wet.
	Have we not all one father? hath not one God created us? why do we deal treacherously every man against his brother, by profaning the covenant of our fathers?	10	Hebben wij niet allen een Vader? Heeft niet een God ons geschapen? Waarom handelen wij dan trouwelooslijk de een tegen den ander, ontheiligende het verbond onzer vaderen?
	Judah hath dealt treacherously, and an abomination is committed in Israel and in Jerusalem; for Judah hath profaned the holiness of the LORD which he loved, and hath married the daughter of a strange god.	11	Juda handelt trouwelooslijk, en er wordt een gruwel gedaan in Israel, en in Jeruzalem; want Juda ontheiligt de heiligheid des HEEREN, welke Hij liefheeft; want hij heeft de dochters eens vreemden gods getrouwd.
	The LORD will cut off the man that doeth this, the master and the scholar, out of the tabernacles of Jacob, and him that offereth an offering unto the LORD of hosts.	12	De HEERE zal den man, die zulks doet, uitroeien uit de hutten van Jakob, dien, die waakt, en dien, die antwoordt, en die den HEERE der heirscharen spijsoffer brengt.
	And this have ye done again, covering the altar of the LORD with tears, with weeping, and with crying out, insomuch that he regardeth not the offering any more, or receiveth it with good will at your hand.	13	Dit tweede doet gijlieden ook, dat gij het altaar des HEEREN bedekt met tranen, met wening en met zuchting; zodat Hij niet meer het spijsoffer aanschouwen, noch met welgevallen van uw hand ontvangen wil.
	Yet ye say, Wherefore? Because the LORD hath been witness between thee and the wife of thy youth, against whom thou hast dealt treacherously: yet is she thy companion, and the wife of thy covenant.	14	Gij nu zegt: Waarom? Daarom dat de HEERE een Getuige geweest is, tussen u en tussen de huisvrouw uwer jeugd, met dewelke gij trouwelooslijk handelt; daar zij toch uw gezellin, en de huisvrouw uws verbonds is.
	And did not he make one? Yet had he the residue of the spirit. And wherefore one? That he might seek a godly seed. Therefore take heed to your spirit, and let none deal treacherously against the wife of his youth.	15	Heeft Hij niet maar een gemaakt, hoewel Hij des geestes overig had? En waarom maar dien enen? Hij zocht een zaad Gods. Daarom, wacht u met uw geest, en dat niemand trouwelooslijk handele tegen de huisvrouw zijner jeugd.
	For the LORD, the God of Israel, saith that he hateth putting away: for one covereth violence with his garment, saith the LORD of hosts: therefore take heed to your spirit, that ye deal not treacherously.	16	Want de HEERE, de God Israels, zegt, dat Hij het verlaten haat, alhoewel hij den wrevel bedekt met Zijn kleed, zegt de HEERE der heirscharen; daarom wacht u met uw geest, dat gij niet trouwelooslijk handelt.
	Ye have wearied the LORD with your words. Yet ye say, Wherein have we wearied him? When ye say, Every one that doeth evil is good in the sight of the LORD, and he delighteth in them; or, Where is the God of judgment?	17	Gij vermoeit den HEERE met uw woorden; nog zegt gij: Waarmede vermoeien wij Hem? Daarmede, dat gij zegt: Al wie kwaad doet, is goed in de ogen des HEEREN, en Hij heeft lust aan zodanigen; of, waar is de God des oordeels?

Malachi (3) Maleachi

	Behold, I will send my messenger, and he shall prepare the way before me: and the Lord, whom ye seek, shall suddenly come to his temple, even the messenger of the covenant, whom ye delight in: behold, he shall come, saith the LORD of hosts.	1	Ziet, Ik zende Mijn engel, die voor Mijn aangezicht den weg bereiden zal; en snellijk zal tot Zijn tempel komen die Heere, Dien gijlieden zoekt, te weten de Engel des verbonds, aan Denwelken gij lust hebt; ziet, Hij komt, zegt de HEERE der heirscharen.
	But who may abide the day of his coming? and who shall stand when he appeareth? for he is like a refiner's fire, and like fullers' soap:	2	Maar wie zal den dag Zijner toekomst verdragen, en wie zal bestaan, als Hij verschijnt? Want Hij zal zijn als het vuur van een goudsmid, en als zeep der vollers.
	And he shall sit as a refiner and purifier of silver: and he shall purify the sons of Levi, and purge them as gold and silver, that they may offer unto the LORD an offering in righteousness.	3	En Hij zal zitten, louterende, en het zilver reinigende, en Hij zal de kinderen van Levi reinigen, en Hij zal ze doorlouteren als goud, en als zilver; dan zullen zij den HEERE spijsoffer toebrengen in gerechtigheid.
	Then shall the offering of Judah and Jerusalem be pleasant unto the LORD, as in the days of old, and as in former years.	4	Dan zal het spijsoffer van Juda en Jeruzalem den HEERE zoet wezen, als in de oude dagen, en als in de vorige jaren.
	And I will come near to you to judgment; and I will be a swift witness against the sorcerers, and against the adulterers, and against false swearers, and against those that oppress the hireling in his wages, the widow, and the fatherless, and that turn aside the stranger from his right, and fear not me, saith the LORD of hosts.	5	En Ik zal tot ulieden ten oordeel naderen; en Ik zal een snel Getuige zijn tegen de tovenaars, en tegen de overspelers, en tegen degenen, die valselijk zweren, en tegen degenen, die het loon des dagloners met geweld inhouden, die de weduwe, en den wees, en den vreemdeling het recht verkeren, en Mij niet vrezen, zegt de HEERE der heirscharen.
	For I am the LORD, I change not; therefore ye sons of Jacob are not consumed.	6	Want Ik, de HEERE, word niet veranderd; daarom zijt gij, o kinderen Jakobs! niet verteerd.
	Even from the days of your fathers ye are gone away from mine ordinances, and have not kept them. Return unto me, and I will return unto you, saith the LORD of hosts. But ye said, Wherein shall we return?	7	Van uwer vaderen dag af, zijt gij afgeweken van Mijn inzettingen, en hebt ze niet bewaard; keert weder tot Mij, en Ik zal tot u wederkeren, zegt de HEERE der heirscharen; maar gij zegt: Waarin zullen wij wederkeren?
	Will a man rob God? Yet ye have robbed me. But ye say, Wherein have we robbed thee? In tithes and offerings.	8	Zal een mens God beroven? Maar gij berooft Mij, en zegt: Waarin beroven wij U? In de tienden en het hefoffer.
	Ye are cursed with a curse: for ye have robbed me, even this whole nation.	9	Met een vloek zijt gij vervloekt, omdat gij Mij berooft, zelfs het ganse volk.
	Bring ye all the tithes into the storehouse, that there may be meat in mine house, and prove me now herewith, saith the LORD of hosts, if I will not open you the windows of heaven, and pour you out a blessing, that there shall not be room enough to receive it.	10	Brengt al de tienden in het schathuis, opdat er spijze zij in Mijn huis; en beproeft Mij nu daarin, zegt de HEERE der heirscharen, of Ik u dan niet opendoen zal de vensteren des hemels, en u zegen afgieten, zodat er geen schuren genoeg wezen zullen.

And I will rebuke the devourer for your sakes, and he shall not destroy the fruits of your ground; neither shall your vine cast her fruit before the time in the field, saith the LORD of hosts.

And all nations shall call you blessed: for ye shall be a delightsome land, saith the LORD of hosts.

Your words have been stout against me, saith the LORD. Yet ye say, What have we spoken so much against thee?

Ye have said, It is vain to serve God: and what profit is it that we have kept his ordinance, and that we have walked mournfully before the LORD of hosts?

And now we call the proud happy; yea, they that work wickedness are set up; yea, they that tempt God are even delivered.

Then they that feared the LORD spake often one to another: and the LORD hearkened, and heard it, and a book of remembrance was written before him for them that feared the LORD, and that thought upon his name.

And they shall be mine, saith the LORD of hosts, in that day when I make up my jewels; and I will spare them, as a man spareth his own son that serveth him.

Then shall ye return, and discern between the righteous and the wicked, between him that serveth God and him that serveth him not.

11 En Ik zal om uwentwil den opeter schelden, dat hij u de vrucht des lands niet verderve; en de wijnstok op het veld zal u geen misdracht voortbrengen, zegt de HEERE der heirscharen.

12 En alle heidenen zullen u gelukzalig noemen; want gijlieden zult een lustig land zijn, zegt de HEERE der heirscharen.

13 Uw woorden zijn tegen Mij te sterk geworden, zegt de HEERE; maar gij zegt: Wat hebben wij tegen U gesproken?

14 Gij zegt: Het is tevergeefs God te dienen; want wat nuttigheid is het, dat wij Zijn wacht waarnemen, en dat wij in het zwart gaan, voor het aangezicht des HEEREN der heirscharen?

15 En nu, wij achten de hoogmoedigen gelukzalig; ook die goddeloosheid doen, worden gebouwd; ook verzoeken zij den HEERE, en ontkomen.

16 Alsdan spreken, die den HEERE vrezen, een ieder tot zijn naaste: De HEERE merkt er toch op en hoort, en er is een gedenkboek voor Zijn aangezicht geschreven, voor degenen, die den HEERE vrezen, en voor degenen, die aan Zijn Naam gedenken.

17 En zij zullen, zegt de HEERE der heirscharen, te dien dage, dien Ik maken zal, Mij een eigendom zijn; en Ik zal hen verschonen, gelijk als een man zijn zoon verschoont, die hem dient.

18 Dan zult gijlieden wederom zien, het onderscheid tussen den rechtvaardige en den goddeloze, tussen dien, die God dient, en dien, die Hem niet dient.

Malachi (4) Maleachi

For, behold, the day cometh, that shall burn as an oven; and all the proud, yea, and all that do wickedly, shall be stubble: and the day that cometh shall burn them up, saith the LORD of hosts, that it shall leave them neither root nor branch.

But unto you that fear my name shall the Sun of righteousness arise with healing in his wings; and ye shall go forth, and grow up as calves of the stall.

And ye shall tread down the wicked; for they shall be ashes under the soles of your feet in the day that I shall do this, saith the LORD of hosts.

Remember ye the law of Moses my servant, which I commanded unto him in Horeb for all Israel, with the statutes and judgments.

Behold, I will send you Elijah the prophet before the coming of the great and dreadful day of the LORD:

And he shall turn the heart of the fathers to the children, and the heart of the children to their fathers, lest I come and smite the earth with a curse. {THE END OF THE PROPHETS.}

1 Want ziet, die dag komt, brandende als een oven, dan zullen alle hoogmoedigen, en al wie goddeloosheid doet, een stoppel zijn, en de toekomstige dag zal ze in brand zetten, zegt de HEERE der heirscharen, Die hun noch wortel, noch tak laten zal.

2 Ulieden daarentegen, die Mijn Naam vreest, zal de Zon der gerechtigheid opgaan, en er zal genezing zijn onder Zijn vleugelen; en gij zult uitgaan, en toenemen, als mestkalveren.

3 En gij zult de goddelozen vertreden; want zij zullen as worden onder de zolen uwer voeten, te dien dage, dien Ik maken zal, zegt de HEERE der heirscharen.

4 Gedenk der wet van Mozes, Mijn knecht, die Ik hem bevolen heb op Horeb aan gans Israel, der inzettingen en rechten.

5 Ziet, Ik zende ulieden den profeet Elia, eer dat die grote en die vreselijke dag des HEEREN komen zal.

6 En hij zal het hart der vaderen tot de kinderen wederbrengen, en het hart der kinderen tot hun vaderen; opdat Ik niet kome, en de aarde met den ban sla.

Serie "Parallel Bible"

Languages

Croatian, Czech, Danish, Dutch, English, Finnish, French, German, Greek, Hungarian, Italian, Latin, Norwegian, Polish, Portuguese, Romanian, Spanish, Turkish, Ukrainian

Structure

Volume 1. Genesis. Exodus. Leviticus. Numbers. Deuteronomy. Joshua. Judges. Ruth. 1 Samuel. 2 Samuel. 1 Kings. 2 Kings. 1 Chronicles. 2 Chronicles. Ezra. Nehemiah. Esther.

Volume 2. Job. Psalms. Proverbs. Ecclesiastes. Song of Solomon. Isaiah. Jeremiah. Lamentations. Ezekiel. Daniel. Hosea. Joel. Amos. Obadiah. Jonah. Micah. Nahum. Habakkuk. Zephaniah. Haggai. Zechariah. Malachi.

Volume 3. Matthew. Mark. Luke. John. Acts. Romans. 1 Corinthians. 2 Corinthians. Galatians. Ephesians. Philippians. Colossians. 1 Thessalonians. 2 Thessalonians. 1 Timothy. 2 Timothy. Titus. Philemon. Hebrews. James. 1 Peter. 2 Peter. 1 John. 2 John. 3 John. Jude. Revelation.

Extra volume. Psalms. Large Print

Site

https://parallel.page.link/store

https://divine-science.blogspot.com